国家出版基金项目
NATIONAL PUBLICATION FOUNDATION

艺术卷

05

中国历代图书总目

李致忠 主编

北京国图书店有限责任公司
北京广臻文化艺术有限公司 编纂

文物出版社

第五分册目录

绘　画

中国绘画作品

中国油画、漆画、
涂料画作品

J0033442
钢都　王锡珏作
北京　人民美术出版社　1965 年　38cm（6 开）
定价：CNY0.05

J0033443
高原青春　马常利作
上海　上海人民美术出版社　1965 年　38cm（6 开）
定价：CNY0.05

J0033444
回岛　陈其作
北京　人民美术出版社　1965 年　38cm（6 开）
定价：CNY0.05

J0033445
建设尖兵　尹戎生作
北京　人民美术出版社　1965 年　38cm（6 开）
定价：CNY0.15
　　作者尹戎生（1930— ），教授。四川宜宾人。毕业于北京中央美术学院。曾任中央美术学院油画系教授、中国美术家协会会员等职。主要作

品有《夺取全国胜利》《老战士》《卢浮尔博物馆藏画选集》等。

J0033446
捷报传来的时候　杨红太作
北京　人民美术出版社　1965 年　38cm（6 开）
定价：CNY0.15

J0033447
决战前夕　（油画）高虹作
北京　人民美术出版社　1965 年［1 张］
53cm（4 开）定价：CNY0.10

J0033448
雷锋和战友　许宝中作
北京　人民美术出版社　1965 年　38cm（6 开）
定价：CNY0.15
　　作者许宝中（1937— ），画家。山东莘县人。毕业于鲁迅美术学院油画系。擅长油画。曾任中国人民军事博物馆美术创作室主任。代表作品有《战友》（合作）《把一切献给党》《青春年代》等。

J0033449
列宁像　（彩色油画）
北京　人民美术出版社　1965 年［1 张］
107cm（全开）定价：CNY0.40

J0033450
列宁像　（彩色油画）
北京　人民美术出版社　1965 年［1 张］
76cm（全开）定价：CNY0.20

J0033451
刘少奇同志 （彩色油画）
北京 人民美术出版社 1965 年 ［1 张］
76cm（2 开）定价：CNY0.20

J0033452
刘少奇同志 （彩色油画）
北京 人民美术出版社 1965 年 ［1 张］
53cm（4 开）定价：CNY0.10

J0033453
刘少奇同志 （彩色油画）
北京 人民美术出版社 1965 年 ［1 张］
38cm（8 开）定价：CNY0.05

J0033454
刘主席像 （彩色油画）
北京 人民美术出版社 1965 年 ［1 张］
107cm（全开）定价：CNY0.40

J0033455
刘主席像 （彩色油画）
北京 人民美术出版社 1965 年 ［1 张］
76cm（2 开）定价：CNY0.20

J0033456
炉火正红 　高泉作
北京 人民美术出版社 1965 年 38cm（6 开）
定价：CNY0.05
　　　作者高泉（1936—2014），油画家、教授。安
徽蚌埠人。历任解放军艺术学院教授、中国革
命军事博物馆创作室主任、中国美术家协会会
员、威海海洋画院院长等。代表作包括《大海》
《肃秋》《英雄交响》《黄河壶口》。出版有《海之
歌——高泉海景画集》。

J0033457
马克思像 （彩色油画）
北京 人民美术出版社 1965 年 ［1 张］
107cm（2 开）定价：CNY0.40

J0033458
马克思像 （彩色油画）
北京 人民美术出版社 1965 年 ［1 张］
76cm（2 开）定价：CNY0.20

J0033459
毛泽东主席 （彩色油画 汉、藏文对照版）
北京 人民美术出版社 1965 年 ［1 张］
53cm（4 开）定价：CNY0.30

J0033460
毛泽东主席 （彩色油画 汉、藏文对照版）
北京 人民美术出版社 1965 年 ［1 张］
38cm（6 开）定价：CNY0.15

J0033461
毛泽东主席 （彩色油画 汉、藏文对照版）
北京 人民美术出版社 1965 年 ［1 张］
38cm（6 开）

J0033462
南海轻骑 　邓乃荣作
上海 上海人民美术出版社 1965 年 38cm（6 开）
定价：CNY0.06

J0033463
女采油工 　温葆作
北京 人民美术出版社 1965 年 38cm（6 开）
定价：CNY0.05

J0033464
青纱帐 　顾祝君作
上海 上海人民美术出版社 1965 年 38cm（6 开）
定价：CNY0.05

J0033465
三千里江山 　柳青作
上海 上海人民美术出版社 1965 年 38cm（8 开）
定价：CNY0.05

J0033466
双丰收 　项而躬作
上海 上海人民美术出版社 1965 年 38cm（6 开）
定价：CNY0.06

J0033467
斯大林像 （彩色油画）
北京 人民美术出版社 1965 年 ［1 张］
107cm（全开）定价：CNY0.40

J0033468
斯大林像 （彩色油画）
北京 人民美术出版社 1965 年 ［1 张］
76cm（全开）定价：CNY0.20

J0033469
送公粮 于怀琛作
昆明 云南人民出版社 1965 年 53cm（4 开）
定价：CNY0.08

J0033470
听毛主席的话 官布作
北京 人民美术出版社 1965 年 38cm（6 开）
定价：CNY0.05
　　作者官布（1928—2013），蒙古族，画家。毕业于齐齐哈尔军政大学。历任中国美术家协会第二、三、四届理事，北京海峡两岸书画家联谊会常务理事、常务副主席。代表作品有《傍晚》《读毛主席的书》《草原小姐妹》《壶口瀑布》《万马奔腾》等。

J0033471
晚归 张希华作
沈阳 辽宁美术出版社 1965 年 38cm（6 开）
定价：CNY0.12

J0033472
伟大的国际主义战士白求恩同志 （中、英、德、法文对照版）陈省作
北京 人民美术出版社 1965 年 38cm（6 开）

J0033473
伟大的领袖毛主席 阎善盛作
天津 天津美术出版社 1965 年 76cm（2 开）
定价：CNY0.15

J0033474
信天游 武永年作
上海 上海人民美术出版社 1965 年 38cm（6 开）
定价：CNY0.05

J0033475
雄关漫道真如铁 而今迈步从头越 彭彬作
北京 人民美术出版社 1965 年 53cm（4 开）
定价：CNY0.10

　　作者彭彬（1927— ），油画家。江苏吕四人，毕业于中央美术学院专修科。历任解放军总政文化部创作室创作员，军事博物馆美术创作员。作品有《遵义会议》《雄关漫道真如铁，而今漫步从头越》《巍巍长城一代风流》等。

J0033476
颜文梁油画小辑
上海 上海人民美术出版社 1965 年 8 张（套）
19cm（32 开）定价：CNY0.64
　　作者颜文梁（1893—1988），画家、美术教育家。字栋臣，小名二官。生于江苏苏州，曾入商务印书馆画图室和法国巴黎高等美术专科学校学习。历任苏州美术专科学校教师、中央美术学院华东分院副院长、浙江美术学院顾问、中国美术家协会顾问。代表作《画室》《美术用透视学》《色彩琐谈》，出版有《颜文梁画集》《欧游小品》《苏杭风景》等。

J0033477
夜静 王恤珠作
广州 广东人民出版社 1965 年 76cm（2 开）
定价：CNY0.20

J0033478
邕江晨渡 刘宇一作
南宁 广西壮族自治区人民出版社 1965 年
38cm（6 开）定价：CNY0.20

J0033479
油画小辑 苏天赐作
上海 上海人民美术出版社 1965 年 10 张（套）
19cm（32 开）定价：CNY0.80

J0033480
油画作品选辑 安明阳等作
天津 天津美术出版社 1965 年 8 幅 20cm（32 开）
统一书号：8073.7002 定价：CNY0.81

J0033481
越南民主共和国胡志明主席 （彩色摄影）
北京 人民美术出版社 1965 年 ［1 张］
76cm（2 开）定价：CNY0.20

J0033482

在激流中前进　杜键作

上海　上海人民美术出版社　1965年　38cm（6开）

定价：CNY0.05

J0033483

在战斗中成长　秦大虎，张定钊作

北京　人民美术出版社　1965年　38cm（6开）

定价：CNY0.05

J0033484

最后一道工序　哈琼文作

北京　人民美术出版社　1965年　38cm（6开）

定价：CNY0.05

　　作者哈琼文（1925—2012），回族，北京人。毕业于中央大学艺术系。上海人民美术出版社编审，上海文史研究馆馆员。中国美术家协会会员，美术家协会上海分会理事。擅长油画、宣传画。主要作品有油画《鲁迅——致电党中央祝贺长征胜利到达陕北》、宣传画《毛主席万岁》等。

J0033485

伟大的领袖毛主席　阎善盛作

天津　天津杨柳青画店　1966年　［1轴］

　　本作品系中国现代油画作品，纸裱卷轴装。

J0033486

毛主席和白求恩　（油画）陈省绘

北京　人民美术出版社　1967年　［1张］

76cm（2开）定价：CNY0.12

J0033487

伟大的导师　伟大的领袖　伟大的统帅伟大的舵手毛主席万岁！

北京　人民美术出版社　1967年　［1张］

［56cm］（5开）定价：CNY32.00（绫裱），CNY50.00（纸裱甲），CNY24.00（纸裱乙）

J0033488

敬祝毛主席万寿无疆　（纸裱卷轴）

［上海］东方红书画社　1968年　［1轴］

定价：CNY0.60

J0033489

毛主席去安源　（油画）刘春华等执笔；北京

院校同学集体创作

北京　北京日报社　1968年　［1张］53cm（4开）

J0033490

毛主席去安源　（油画）刘春华等执笔；北京院校同学集体创作

［石家庄］河北人民美术出版社　1968年　［1张］76cm（2开）定价：CNY0.12

J0033491

毛主席去安源　（油画）刘春华等执笔；北京院校同学集体创作

［石家庄］河北人民美术出版社　1968年　［1张］53cm（4开）定价：CNY0.08

J0033492

毛主席去安源　（油画）刘春华等执笔；北京院校同学集体创作

［石家庄］河北人民美术出版社　1968年　［1张］38cm（6开）定价：CNY0.06

J0033493

毛主席去安源　（油画）刘春华等执笔；北京院校同学集体创作

［长春］吉林日报社　1968年　［1张］53cm（4开）

　　本作品为吉林日报社与红色社员报社出版合作出版。

J0033494

毛主席去安源　（油画）刘春华等执笔；北京院校同学集体创作

［北京］解放军报社　1968年　［1张］53cm（4开）

J0033495

毛主席去安源　（油画）刘春华等执笔；北京院校同学集体创作

［沈阳］辽宁省"革命委员会"毛主席著作出版办公室　1968年　［1张］76cm（2开）定价：CNY0.14

J0033496

毛主席去安源　（油画）　刘春华等执笔；北京院校同学集体创作

北京　人民美术出版社　1968年　107cm（全开）

定价：CNY0.28

J0033497

毛主席去安源 （油画）刘春华等执笔；北京院校同学集体创作

北京　人民美术出版社　1968 年　76cm（2 开）

定价：CNY0.14

J0033498

毛主席去安源 （油画）刘春华等执笔；北京院校同学集体创作

北京　人民美术出版社　1968 年　53cm（4 开）

定价：CNY0.08

J0033499

毛主席去安源 （油画）刘春华等执笔；北京院校同学集体创作

上海　上海人民美术出版社　1968 年［1 张］

38cm（4 开）定价：CNY0.04

J0033500

毛主席去安源 （油画）刘春华等执笔；北京院校同学集体创作

天津　天津人民美术出版社　1968 年［1 张］

38cm（6 开）定价：CNY0.04

J0033501

毛主席去安源 （油画）刘春华等执笔；北京院校同学集体创作

天津　天津人民美术出版社　1968 年［1 张］

53cm（4 开）定价：CNY0.08

J0033502

毛主席去安源 （油画）刘春华等执笔；北京院校同学集体创作

［北京］文汇报社　1968 年［1 张］53cm（4 开）

J0033503

毛主席去安源 （油画　汉、维、哈、蒙文对照）刘春华等执笔；北京院校同学集体创作

［乌鲁木齐］新疆人民出版社　1968 年［1 张］

76cm（2 开）定价：CNY0.16

J0033504

毛主席去安源 （油画）刘春华等执笔；北京院校同学集体创作

［杭州］浙江人民美术出版社　1968 年［1 张］

53cm（4 开）定价：CNY0.14

J0033505

毛主席去安源 （油画）刘春华等执笔；北京院校同学集体创作

［南宁］广西人民出版社　1969 年［1 张］

53cm（4 开）

J0033506

毛主席去安源 （油画）刘春华等执笔；北京院校同学集体创作

［武汉］湖北日报社　1969 年［1 张］53cm（4 开）

J0033507

毛主席去安源 （油画）刘春华等执笔；北京院校同学集体创作

北京　人民美术出版社　1969 年　107cm（全开）

定价：CNY0.56

J0033508

毛主席去安源 （油画）

［西安］陕西人民出版社　1969 年［1 张］

38cm（6 开）

J0033509

毛主席去安源 （油画）刘春华等执笔；北京院校同学集体创作

［北京］中国人民解放军战士出版社　1969 年

［1 张］76cm（2 开）

J0033510

我们心中最红最红的红太阳毛主席万岁！

（油画）

北京　人民美术出版社　1968 年［1 张］

53cm（4 开）定价：CNY0.07

J0033511

跟着毛主席　奋勇向前进 （油画）

太原　山西人民出版社　1970 年　1 页　54cm（4 开）

定价：CNY0.07

　　本作品为中国现代舞剧《红色娘子军》油画作品。

J0033512

毛主席和钢铁工人在一起 （油画）

广州　广东人民出版社　1970年　1张　76cm（2开）
定价：CNY0.16

J0033513

毛主席和我们心连心

上海　上海市出版"革命组"1970年　1张
26cm（16开）定价：CNY0.28

　　本作品为中国现代人物油画作品。

J0033514

毛主席视察安徽舒茶"人民公社"（油画）
安徽省毛泽东思想宣传馆供稿

合肥　安徽省"革命委员会"出版发行局　1970年
1张　108cm（全开）定价：CNY0.26

J0033515

毛主席视察广东农村（油画）毛泽东同志主
办农民运动讲习所旧址纪念馆供稿

广州　广东人民出版社　1970年　1张　76cm（2开）
定价：CNY0.14

J0033516

毛主席视察广东农村　毛泽东同志主办农民
运动讲习所旧址供稿

广州　广东人民出版社　1971年　107cm（全开）
定价：CNY0.28

J0033517

毛主席视察广东农村　陈衍宁作

北京　北京美术出版社　1972年　76cm（2开）
定价：CNY0.14

　　作者陈衍宁（1945—　），广东博罗人。毕业
于广州美术学院舞台美术大专班。中国美术家
协会会员，广东画院专业画家。擅中国人物画。
代表作有《母与子》《山风》《晨光》等。

J0033518

毛主席视察广东农村　陈衍宁作

北京　人民美术出版社　1977年　1幅　39cm（8开）
定价：CNY0.14

J0033519

毛主席视察海军（油画）

广州　广东人民出版社　1970年　1张　76cm（2开）
定价：CNY0.16

J0033520

"模范共青团员"胡业桃　海军美术工作者集
体创作

太原　山西人民出版社　1971年　38cm（6开）
统一书号：8088.594　定价：CNY0.08

　　本作品反映了模范共青团员胡业桃（1949—
1970）的生平事迹。

J0033521

常青指路　奔向红区　朱绘英作

广州　广东人民出版社　1971年　76cm（2开）
定价：CNY0.12

J0033522

赤胆忠心智斗敌顽（阿庆嫂）朱绘英作

广州　广东人民出版社　1971年　76cm（2开）
定价：CNY0.12

　　本作品为中国现代宣传画。

J0033523

第一步　激扬文作

长春　吉林人民出版社　1971年［1张］
76cm（2开）定价：CNY0.14

J0033524

高举红灯　前赴后继（李铁梅）朱绘英作

广州　广东人民出版社　1971年　76cm（2开）
定价：CNY0.12

　　本作品为中国现代油画作品，内容是《红灯
记》李铁梅高举红灯画面。

J0033525

革命的智慧能胜天（杨子荣）朱绘英作

广州　广东人民出版社　1971年　76cm（2开）
定价：CNY0.12

　　本作品为中国现代京剧《智取威虎山》的油
画作品，展示了杨子荣的革命智慧。

J0033526

革命现代舞剧《红色娘子军》（常青指路　油
画）龚景充作；浙江越剧改革剧组供稿

杭州　浙江人民出版社　1971年　76cm（2开）
定价：CNY0.14

　　本作品为中国现代舞剧《红色娘子军》的油
画作品。

J0033527

跟着毛主席奋勇向前进

广州 广东人民出版社 1971 年 76cm（2 开）

定价：CNY0.14

J0033528

光荣归于毛主席　海军美术工作者集体创作

济南 山东人民出版社 1971 年 56cm（4 开）

定价：CNY0.28（铜版纸），CNY0.14（凸版纸）

　　本作品系中国现代油画，为伟大领袖毛主席审阅"八·六"海战经验总结报告。

J0033529

海军建设的伟大纲领　中国人民解放军海军美术工作者集体创作

石家庄 河北人民出版社 1971 年 76cm（2 开）

定价：CNY0.14

　　本作品系中国现代油画，为伟大领袖毛主席首次视察海军舰艇部队时题词。

J0033530

海军建设的伟大纲领　海军美术工作者集体创作

济南 山东人民出版社 1971 年 76cm（2 开）

定价：CNY0.28（铜版纸），CNY0.14（凸版纸）

　　本作品系中国现代油画，为伟大领袖毛主席于 1953 年 2 月 19 日至 24 日首次视察海军舰艇部队时题词。

J0033531

海军建设的伟大纲领　海军美术工作者集体创作

太原 山西人民出版社 1971 年 76cm（2 开）

定价：CNY0.14

J0033532

海军建设的伟大纲领　中国人民解放军海军美术工作者集体创作

天津 天津人民美术出版社 1971 年 76cm（2 开）

定价：CNY0.14

J0033533

海军建设的伟大纲领　中国人民解放军海军美术工作者集体创作

天津 天津人民美术出版社 1971 年 53cm（4 开）

定价：CNY0.07

J0033534

红灯记　（李玉和）

西宁 青海人民出版社 1971 年 53cm（4 开）

定价：CNY0.07

　　本作品为中国现代油画，内容是京剧《红灯记》人物李玉和画像。

J0033535

红色娘子军　（洪常青挥舞大刀）

西宁 青海人民出版社 1971 年 53cm（4 开）

定价：CNY0.07

　　本作品系中国现代油画，为舞剧《红色娘子军》中人物洪常青挥舞大刀剧照。

J0033536

红色娘子军　（吴清华）

西宁 青海人民出版社 1971 年 53cm（4 开）

定价：CNY0.07

　　本作品系中国现代舞剧《红色娘子军》油画。

J0033537

毛主席和钢铁工人在一起

广州 广东人民出版社 1971 年 76cm（2 开）

定价：CNY0.16

J0033538

毛主席和造船工人在一起　中国人民解放军海军美术工作者集体创作

上海 上海人民出版社 1971 年 53cm（4 开）

定价：CNY0.14

J0033539

毛主席挥手我前进　中国人民解放军海军美术工作者集体创作

上海 上海人民出版社 1971 年 53cm（4 开）

定价：CNY0.14

J0033540

毛主席来到炊事房　海军美术工作者集体创作

北京 人民出版社 1971 年 76cm（2 开）

定价：CNY0.14

J0033541
毛主席来到炊事房　海军美术工作者集体创作
太原　山西人民出版社　1971 年　76cm（2 开）
定价：CNY0.14

J0033542
毛主席来到炊事房　中国人民解放军美术工作者集体创作
天津　天津人民美术出版社　1971 年　53cm（4 开）
定价：CNY0.07

J0033543
毛主席来到炊事房　中国人民解放军美术工作者集体创作
天津　天津人民美术出版社　1971 年　76cm（2 开）
定价：CNY0.14

J0033544
毛主席来到炊事房　中国人民解放军美术工作者集体创作
天津　天津人民美术出版社　1971 年　78cm（2 开）
定价：CNY0.10

J0033545
毛主席万岁
石家庄　河北人民出版社　1971 年　1 张
107cm（全开）定价：CNY0.28

J0033546
毛主席万岁
石家庄　河北人民出版社　1971 年　53cm（4 开）
定价：CNY0.07

J0033547
毛主席万岁！
北京　人民出版社　1971 年　1 张　107cm（全开）
定价：CNY0.20

J0033548
毛主席一九五九年回韶山　韶山陈列馆供稿
长沙　湖南人民出版社　1971 年　53cm（4 开）
定价：CNY0.10

J0033549
毛主席在军舰上　中国人民解放军海军美术

工作者集体创作
昆明　云南人民出版社　1971 年　26cm（16 开）
定价：CNY0.02

J0033550
模范共青团员胡业桃　中国人民解放军海军美术工作者集体创作
北京　人民美术出版社　1971 年　76cm（2 开）
定价：CNY0.12

J0033551
模范共青团员胡业桃　中国人民解放军海军美术工作者集体创作
北京　人民美术出版社　1971 年　53cm（4 开）
定价：CNY0.06

J0033552
模范共青团员——胡业桃　中国人民解放军海军美术工作者集体创作
上海　上海人民出版社　1971 年　76cm（2 开）
定价：CNY0.11

J0033553
南京长江大桥　江苏省革命文艺学校供稿
南京　江苏人民出版社　1971 年　76cm（2 开）
定价：CNY0.14

J0033554
亲切的关怀　伟大的教导　广州部队供稿
广州　广东人民出版社　1971 年　53cm（4 开）
定价：CNY0.07

J0033555
亲切的关怀　伟大的教导
太原　山西人民出版社　1971 年　53cm（4 开）
定价：CNY0.07

J0033556
亲切的教导　海军美术工作者集体创作
北京　人民出版社　1971 年　56cm（4 开）
定价：CNY0.14

J0033557
亲切的教导　海军美术工作者集体创作
济南　山东人民出版社　1971 年　56cm（4 开）

定价：CNY0.14

J0033558

亲切的教导　　中国人民解放军海军美术工作
者集体创作
上海　上海人民出版社　1971 年　53cm（4 开）
定价：CNY0.14

J0033559

亲切的教导　　中国人民解放军海军美术工作
者集体创作
天津　天津人民美术出版社　1971 年　56cm（4 开）
定价：CNY0.14

J0033560

亲切的教导　　中国人民解放军海军美术工作
者集体创作
天津　天津人民美术出版社　1971 年　53cm（4 开）
定价：CNY0.07

J0033561

亲切的教导　　中国人民解放军海军美术工作
者集体创作
天津　天津人民美术出版社　1971 年　53cm（4 开）
定价：CNY0.14
　　本作品为中国现代油画作品，伟大领袖毛主
席于 1952 年 2 月 14 日视察海军领导机关。

J0033562

伟大领袖毛主席
济南　山东人民出版社　1971 年　1 张　76cm（2 开）
定价：CNY0.14

J0033563

伟大领袖毛主席和马钢工人在一起　　安徽
省毛泽东思想宣传馆供稿
合肥　安徽省"革命委员会"出版发行局　1971 年
1 张　107cm（全开）定价：CNY0.26

J0033564

伟大领袖毛主席在军舰上　　中国人民解放军
海军美术工作者集体创作
福州　福建省新华书店　1971 年　1 张　56cm（4 开）
定价：CNY0.14

J0033565

伟大领袖毛主席在军舰上　　中国人民解放军
海军美术工作者集体创作
石家庄　河北人民出版社　1971 年　1 张
56cm（4 开）定价：CNY0.14

J0033566

伟大领袖毛主席在军舰上　　中国人民解放军
海军美术工作者集体创作
石家庄　河北人民出版社　1971 年　1 张
107cm（全开）定价：CNY0.28

J0033567

伟大领袖毛主席在军舰上　　海军美术工作者
集体创作
南京　江苏人民出版社　1971 年　1 张　56cm（4 开）
定价：CNY0.14

J0033568

伟大领袖毛主席在军舰上　　海军美术工作者
集体创作
北京　人民出版社　1971 年　1 张　76cm（2 开）
定价：CNY0.14

J0033569

伟大领袖毛主席在军舰上　　海军美术工作者
集体创作
北京　人民美术出版社　1971 年　1 张　76cm（2 开）
定价：CNY0.14

J0033570

伟大领袖毛主席在军舰上　　海军美术工作者
集体创作
济南　山东人民出版社　1971 年　1 张　56cm（4 开）
定价：CNY0.14

J0033571

伟大领袖毛主席在军舰上　　海军美术工作者
集体创作
太原　山西人民出版社　1971 年　1 张　56cm（4 开）
定价：CNY0.14

J0033572

伟大领袖毛主席在军舰上　　中国人民解放军
海军美术工作者集体创作

天津 天津人民美术出版社 1971 年 1 张
76cm（2 开）定价：CNY0.14

J0033573
伟大统帅指方向　海军美术工作者集体创作
北京 人民出版社 1971 年 1 张 76cm（2 开）
定价：CNY0.14

J0033574
伟大统帅指方向　海军美术工作者集体创作
济南 山东人民出版社 1971 年 1 张 76cm（2 开）
定价：CNY0.28（铜版纸），CNY0.14（凸版纸）

J0033575
伟大统帅指方向　中国人民解放军海军美术
工作者集体创作
天津 天津人民美术出版社 1971 年 1 张
76cm（2 开）定价：CNY0.14

J0033576
幸福的航程　中国人民解放军海军美术工作
者集体创作
福州 福建省新华书店 1971 年 1 张 56cm（4 开）
定价：CNY0.14

J0033577
幸福的航程　中国人民解放军海军美术工作
者集体创作
石家庄 河北人民出版社 1971 年 1 张
108cm（全开）定价：CNY0.28

J0033578
幸福的航程　中国人民解放军海军美术工作
者集体创作
石家庄 河北人民出版社 1971 年 1 张
56cm（4 开）定价：CNY0.14

J0033579
幸福的航程　海军美术工作者集体创作
南京 江苏人民出版社 1971 年 1 张 56cm（4 开）
定价：CNY0.14

J0033580
幸福的航程　海军美术工作者集体创作
呼和浩特 内蒙古自治区人民出版社 1971 年

1 张 56cm（4 开）定价：CNY0.10

J0033581
幸福的航程　海军美术工作者集体创作
北京 人民出版社 1971 年 1 张 56cm（4 开）
定价：CNY0.14

J0033582
幸福的航程　海军美术工作者集体创作
北京 人民美术出版社 1971 年 1 张 56cm（4 开）
定价：CNY0.14
　　本作品为中国现代油画作品，是伟大领袖毛
主席于 1953 年 2 月首次视察海军舰艇部队，和
海军战士在一起。

J0033583
幸福的航程　海军美术工作者集体创作
济南 山东人民出版社 1971 年 1 张 56cm（4 开）
定价：CNY0.28（铜版纸），CNY0.14（凸版纸）

J0033584
幸福的航程　海军美术工作者集体创作
太原 山西人民出版社 1971 年 1 张 56cm（4 开）
定价：CNY0.14

J0033585
幸福的航程　海军美术工作者集体创作
太原 山西人民出版社 1971 年 1 张 53cm（4 开）
定价：CNY0.07

J0033586
幸福的航程　中国人民解放军海军美术工作
者集体创作
西安 陕西人民出版社 1971 年 1 张 56cm（4 开）
定价：CNY0.16

J0033587
幸福的航程　中国人民解放军海军美术工作
者集体创作
上海 上海人民出版社 1971 年 1 张 53cm（4 开）
定价：CNY0.14

J0033588
幸福的航程　中国人民解放军海军美术工作
者集体创作

天津　天津人民美术出版社 1971 年 1 张
56cm（4 开）定价：CNY0.14

J0033589
要学那泰山顶上一青松　挺然屹立傲苍穹
朱绘英作
广州　广东人民出版社 1971 年 1 张 76cm（2 开）
定价：CNY0.12

J0033590
智取威虎山　（杨子荣纵马扬鞭）
西宁　青海人民出版社 1971 年 53cm（4 开）
定价：CNY0.07
　　本作品为中国现代京剧油画作品，画面为杨子荣纵马扬鞭。

J0033591
最高的荣誉　海军美术工作者集体创作
济南　山东人民出版社 1971 年 76cm（2 开）
定价：CNY0.28（铜版纸），CNY0.14（凸版纸）

J0033592
最高的荣誉　中国人民解放军海军美术工作者集体创作
天津　天津人民美术出版社 1971 年 76cm（2 开）
定价：CNY0.07

J0033593
"八·一五"之夜　（延安军民欢庆抗日战争胜利）蔡亮作
西安　陕西人民出版社 1972 年 ［1 幅］
76cm（2 开）定价：CNY0.16
　　本作品描绘边区军民欢庆抗日战争胜利的喜庆场面。作者蔡亮（1932—1995），油画家。福建厦门人，毕业于中央美术学院绘画系。中国美术家协会会员、美术家协会浙江分会理事、浙江油画研究会副会长、浙江美术学院教授、中国美术学院教授。主要作品有《延安火炬》《贫农的儿子》《红军三大主力会师》等。

J0033594
"文武之道，一张一弛"（一九四八年四月二日毛主席对晋绥日报编辑人员的谈话）苏光作
太原　山西人民出版社 1972 年 ［1 张］
76cm（2 开）定价：CNY0.14

　　作者苏光（1918—1999），画家。原名张树森，山西洪洞县人。就读于鲁迅艺术学院美术系。曾任重庆《新华日报》社编辑，《西南画报社》社长，《人民日报》文艺部副主任、美术组副组长，山西省美术家协会主席。作品有《翻砂》《秋收》《鸟儿与草人》等。

J0033595
"我是海燕"　潘嘉峻作
北京　人民美术出版社 1972 年 ［1 张］
54cm（4 开）ISBN：8027.5595 定价：CNY0.07

J0033596
车间宣传员　王宗周，光绍天作
西宁　青海人民出版社 1972 年 39cm（4 开）
定价：CNY0.04

J0033597
初犁归来　叶锡祚画
福州　福建人民出版社 1972 年 54cm（4 开）
定价：CNY0.08

J0033598
大风大浪中前进　唐小禾作
北京　人民美术出版社 1972 年 54cm（4 开）
定价：CNY0.07
　　作者唐小禾（1941—　），画家。祖籍湖北武昌，生于四川江津。毕业于湖北艺术学院美术系。历任湖北美术学院院长、湖北省美术院副院长、湖北省美术家协会主席、中国美术家协会壁画艺术委员会主任。代表作品有《在大风大浪中前进》《葛洲坝人》《火中的凤凰》《楚乐》等。

J0033599
侗寨的早晨　冯怀荣，张正刚作
贵阳　贵州人民出版社 1972 年 76cm（2 开）
定价：CNY0.14

J0033600
侗族女民兵　曾树松作
长沙　湖南人民出版社 1972 年 54cm（4 开）
定价：CNY0.07

J0033601
跟着毛主席走社会主义道路　（伟大领袖毛

主席于一九五六年一月十一日视察南京十月"人民公社"）刘稼祥等创作
南京 江苏人民出版社 1972年 76cm（2开）
定价：CNY0.14

J0033602
古田会议 何孔德作
北京 人民美术出版社 1972年 54cm（4开）
定价：CNY0.07
　　作者何孔德（1925—2003），画家、国家一级美术家。四川西充人，毕业于国立重庆师范学校美术科。中国美术家协会会员。代表作《出击之前》《生命不息 冲锋不止》《卢沟桥战斗》，出版有《何孔德油画选》《何孔德画集》。

J0033603
横眉冷对千夫指俯首甘为孺子牛 （鲁迅画像）
上海 上海人民出版社 1972年 76cm（2开）

J0033604
护路 商丘军分区政治部供稿
郑州 河南人民出版社 1972年 54cm（4开）
定价：CNY0.07

J0033605
军民奋战起宏图 河南省军区业余美术创作组作
郑州 河南人民出版社 1972年 76cm（2开）
定价：CNY0.14

J0033606
开路先锋 陈逸飞，魏景山执笔
上海 上海人民出版社 1972年 39cm（4开）
定价：CNY0.10

J0033607
烈火炼真金 南充地区美术创作组供稿
成都 四川人民出版社 1972年 76cm（2开）
定价：CNY0.12

J0033608
刘胡兰 刘耀真作
上海 上海人民出版社 1972年 76cm（2开）
定价：CNY0.11
　　作者刘耀真（1946— ）女，画家。上海人，

毕业于上海美术专科学校。中国美术家协会会员。代表作有《刘胡兰》等。

J0033609
炉前 宋武征作
兰州 甘肃人民出版社 1972年 76cm（2开）
定价：CNY0.16

J0033610
毛主席和我们心连心 陕西省美术创作组集体创作
西安 陕西省人民出版社 1972年 76cm（2开）
定价：CNY0.16

J0033611
毛主席视察抚顺 吴云华执笔；辽宁省宣传馆美术创作组集体创作
沈阳 辽宁人民出版社 1972年 76cm（2开）
定价：CNY0.12
　　作者吴云华（1944— ），国家一级美术师。出生于黑龙江省，祖籍辽宁辽阳。毕业于鲁迅美术学院。中国美术家协会会员、中国油画学会理事、辽宁省美术家协会副主席、辽宁画院副院长。代表作品油画《采铜尖兵》《粮官奶奶》《1976年唐山》等，国画《我该是中国的一部分·斯诺》等，创作油画作品《抗美援朝 跨过鸭绿江》。画作《萌》获首届体育美展铜奖并被中国奥委会收藏。出版有《吴云华油画自选集》。

J0033612
毛主席视察抚顺 吴云华执笔
北京 人民美术出版社 1972年 54cm（4开）
定价：CNY0.07

J0033613
毛主席视察抚顺 辽宁省宣传馆供稿
［沈阳］辽宁人民出版社 1974年 ［1张］76cm（2开）定价：CNY0.14

J0033614
毛主席视察抚顺 （油画）吴云华执笔
北京 人民美术出版社 1974年 18cm（15开）
统一书号：8027.5791 定价：CNY0.40

J0033615

毛主席视察抚顺　吴云华执笔
北京 人民美术出版社 1977年 1幅 39cm（8开）
定价：CNY0.14

J0033616

毛主席视察广州造纸厂　刘秉礼执笔；广州
美术服务公司美工室集体创作
广州 广东人民出版社 1972年 76cm（2开）
定价：CNY0.14
　　作者刘秉礼（1932—2000），广东广州人。
历任电影院美术员，出版社设计组组长、创作
员，演出公司美工室美术组长，美术公司副经
理，广州市美术公司艺术指导。作品有《心怀祖
国，放眼世界》《毛主席视察广州造纸厂》《知
识是致富的宝库》等。

J0033617

毛主席视察农村
太原 山西人民出版社 1972年 54cm（4开）
定价：CNY0.07

J0033618

毛主席视察农村
乌鲁木齐 新疆人民出版社 1972年
54cm（4开）定价：CNY0.08

J0033619

毛主席一九五九年回韶山　（毛主席诗词七
律到韶山）韶山陈列馆供稿
长沙 湖南人民出版社 1972年 108cm（全开）
定价：CNY0.28

J0033620

毛主席在大生产运动中　陕西省美术创作组
集体创作
西安 陕西人民出版社 1972年 76cm（2开）
定价：CNY0.16

J0033621

毛主席在晋绥边区题词
太原 山西人民出版社 1972年 108cm（全开）
定价：CNY0.28

J0033622

南京长江大桥　江苏省革命文艺学校"革委
会"供稿
南京 江苏人民出版社 1972年 76cm（2开）
定价：CNY0.14

J0033623

劈山引水　周大正作
兰州 甘肃人民出版社 1972年 76cm（2开）
定价：CNY0.04

J0033624

千万个铁人在成长　南充地区美术创作组供稿
成都 四川人民出版社 1972年 76cm（2开）
定价：CNY0.12

J0033625

亲切的关怀　巨大的鼓舞　上海电机厂"革
命委员会"政宣组供稿
太原 山西人民出版社 1972年 54cm（4开）
定价：CNY0.07

J0033626

亲切的关怀　伟大的教导
太原 山西人民出版社 1972年 76cm（2开）
定价：CNY0.14

J0033627

亲切的教导　中国人民解放军海军美术工作
者集体创作
西安 陕西人民出版社 1972年 76cm（2开）
定价：CNY0.16

J0033628

全心全意为人民　汪国新创作
武汉 湖北人民出版社 1972年 76cm（2开）
定价：CNY0.14
　　作者汪国新（1947—　　），国家一级美术师。
湖北宜昌人。历任中国法治诗书画院院长、文
化部中国书画院国画院副院长、中国美术家协
会艺术委员会委员。代表作《长江三部曲》《汪
国新长江万里风情图》《汪国新新绘全本三国演
义》等。

J0033629
山村秋色 门头沟美术创作组作
北京 人民出版社 1972 年 36cm（6 开）
定价：CNY0.10

J0033630
深情 孙福胜作
太原 山西人民出版社 1972 年 1 张 76cm（2 开）
定价：CNY0.12

J0033631
深山春来早 张德录作
太原 山西人民出版社 1972 年 1 张 76cm（2 开）
定价：CNY0.12

J0033632
胜利的航程 许明耀等执笔
上海 上海人民出版社 1972 年 1 张
108cm（全开）定价：CNY0.26

J0033633
胜利的航程 许明耀等执笔
上海 上海人民出版社 1972 年 1 张 76cm（2 开）
定价：CNY0.11

J0033634
水乡 刘宗鹏作；吴兴县征文办公室供稿
杭州 浙江人民出版社 1972 年 1 张 76cm（2 开）
定价：CNY0.14

J0033635
送书 王晖作
北京 人民出版社 1972 年 1 幅 39cm（8 开）
定价：CNY0.10

J0033636
铜墙铁壁 陕西省美术创作组作
北京 人民美术出版社 1972 年 1 张 54cm（4 开）
定价：CNY0.07

J0033637
铜墙铁壁 （解放战争时期伟大领袖毛主席和
陕北支援前线的民兵谈话）陕西省美术创作组
集体创作
西安 陕西人民出版社 1972 年 1 张 76cm（2 开）

定价：CNY0.16

J0033638
童年 嘉兴桐作
成都 四川人民出版社 1972 年 1 张 76cm（2 开）
定价：CNY0.14

J0033639
万里千担一亩田 北京市美术公司创作组作
北京 人民出版社 1972 年 1 册 39cm（8 开）
定价：CNY0.10
（沙石峪组画 之四）

J0033640
伟大的关怀 李克非等画
成都 四川人民出版社 1972 年 1 张 76cm（2 开）
定价：CNY0.14

J0033641
伟大领袖毛主席视察哈尔滨车辆工厂 哈
尔滨车辆工厂，哈尔滨市郊区三结合美术创作
小组供稿
哈尔滨 黑龙江人民出版社 1972 年 1 张
76cm（2 开）定价：CNY0.14

J0033642
伟大领袖毛主席视察哈尔滨车辆工厂 哈
尔滨车辆工厂，哈尔滨市郊区三结合美术创作
小组供稿
哈尔滨 黑龙江人民出版社 1972 年 1 张
108cm（全开）定价：CNY0.28

J0033643
我们的朋友遍天下 任明，何纪南作
沈阳 辽宁人民出版社 1972 年 1 张 76cm（2 开）
定价：CNY0.12

J0033644
我们的朋友遍天下 任明，何纪南作
沈阳 辽宁人民出版社 1972 年 1 张
108cm（全开）定价：CNY0.24

J0033645
喜送爱国棉 于志祥画
石家庄 河北人民出版社 1972 年 1 张

76cm（2开）定价：CNY0.12

J0033646
县委委员　汤小铭作
广州　广东人民出版社　1972年　1张　76cm（2开）
定价：CNY0.14

J0033647
向井冈山进军
乌鲁木齐　新疆人民出版社　1972年　1张
56cm（4开）定价：CNY0.08
　　本作品为中国现代油画作品，有汉文、维吾尔新文字对照版。

J0033648
向毛主席汇报　陕西省美术创作组集体创作
西安　陕西人民出版社　1972年　1张　76cm（2开）
定价：CNY0.11

J0033649
宣传员　辛克靖，谢珍珠创作
武汉　湖北人民出版社　1972年　1张　76cm（2开）
定价：CNY0.14

J0033650
延安　陕西省美术创作组集体创作
西安　陕西人民出版社　1972年　1张　54cm（4开）
定价：CNY0.08

J0033651
延安的曙光　鲁迅美术学院集体创作
沈阳　辽宁人民出版社　1972年　1张　76cm（2开）
定价：CNY0.12

J0033652
要努力奋斗　为人民服务　南充地区美术创作组供稿
成都　四川人民出版社　1972年　1张　76cm（2开）
定价：CNY0.12

J0033653
一定要根治海河　（伟大领袖毛主席于一九六三年十一月十七日题词）费正画
石家庄　河北人民出版社　1972年　1张
108cm（全开）定价：CNY0.28

作者费正（1938—　），出生于重庆市，原籍江苏启东。毕业于中央美术学院。曾在解放军部队及出版部门从事美术工作。河北画院专业画家、河北美术家协会副主席。作品有《老农》《剥蒜》《春》等。

J0033654
一定要根治海河　（伟大领袖毛主席于一九六三年十一月十七日题词）费正画
石家庄　河北人民出版社　1972年　1张
76cm（2开）定价：CNY0.14

J0033655
一定要根治海河　（伟大领袖毛主席于一九六三年十一月十七日题词）费正画
石家庄　河北人民出版社　1972年　1张
54cm（4开）定价：CNY0.07

J0033656
永不休战　汤小铭作
广州　广东人民出版社　1972年　76cm（2开）
定价：CNY0.14

J0033657
油画《红色娘子军》　油画《红色娘子军》创作组作
上海　上海人民出版社　1972年　40页　29cm（16开）
统一书号：8.3.450　定价：CNY4.70

J0033658
油画选辑　上海人民出版社编辑
上海　上海人民出版社　1972年　8幅　19cm（32开）
统一书号：8.3.515　定价：CNY0.35

J0033659
在毛主席身边成长　陕西省美术创作组集体创作
西安　陕西人民出版社　1972年　76cm（2开）
定价：CNY0.16

J0033660
针刺麻醉　汤沐黎作
上海　上海人民出版社　1972年　39cm（4开）
定价：CNY0.10

J0033661

蒸蒸日上　南京市美术创作学习班供稿
南京　江苏人民出版社　1972年　76cm（2开）
定价：CNY0.14

J0033662

装配线上情谊深　河南省军区业余美术创作组作
郑州　河南人民出版社　1972年　54cm（4开）
定价：CNY0.07

J0033663

走自己的路　辽宁省毛泽东思想宣传馆创作组作
沈阳　辽宁人民出版社　1972年　76cm（2开）
定价：CNY0.12

J0033664

"文武之道，一张一弛"（毛主席《对晋绥日报编辑人员的谈话》）苏光等作
北京　人民美术出版社　1973年　1张　53cm（4开）
统一书号：8027.5620　定价：CNY0.07

J0033665

阿细新歌　孙景波作
北京　人民美术出版社　1973年　1幅　53cm（4开）
统一书号：8027.5625　定价：CNY0.05
　　作者孙景波（1945—　），画家。生于山东牟平，毕业于中央美术学院油画研究班，曾赴法国巴黎国立高等美术学院进修油画、壁画。中央美术学院教授、中国油画家学会理事、中国美术家协会会员。代表作品《阿细新歌》《阿佤山人》《青海湖》等。

J0033666

阿细新歌　孙景波作
昆明　云南人民出版社　1973年　1幅　76cm（2开）
定价：CNY0.11

J0033667

采铜尖兵　吴云华执笔
北京　人民美术出版社　1973年　53cm（4开）
定价：CNY0.07

J0033668

参军　秦大虎作
上海　上海人民出版社　1973年　38cm（6开）
定价：CNY0.10
　　作者秦大虎（1938—　），教授。历任中国美术学院油画系教授、中国美术家协会会员、中国油画家协会理事、浙江省美术家协会常务理事、浙江省美术家协会常务理事等职。作品有《在战斗中成长》《老将》《田喜嫂》等。出版有《秦大虎油画选》《秦大虎的绘画世界》和《油画创作》等。

J0033669

春暖花开　涂稚华作
广州　广东人民出版社　1973年　76cm（2开）
定价：CNY0.11

J0033670

春晓花开迎贵宾　刘海志，赵贵德作
石家庄　河北人民出版社　1973年　76cm（2开）
定价：CNY0.14

J0033671

打靶归来（汉、维、哈、蒙文标题）买买提·艾依提 作
乌鲁木齐　新疆人民出版社　1973年　76cm（2开）
定价：CNY0.14

J0033672

地方工业支农忙　王庆裕作
郑州　河南人民出版社　1973年　53cm（4开）
定价：CNY0.07

J0033673

第一炉钢　沙璘作
昆明　云南人民出版社　1973年　76cm（2开）
定价：CNY0.11

J0033674

店堂春暖　杨永康等作
上海　上海人民出版社　1973年　26cm（16开）
定价：CNY0.05

J0033675

东方欲晓　伍启宗作

天津　天津人民美术出版社　1973 年　76cm（2 开）
定价：CNY0.14

J0033676
飞向新的高度　（中国人民解放军四三〇〇部队）甘长霖作
上海　上海人民出版社　1973 年　76cm（2 开）
定价：CNY0.11

J0033677
丰收之歌　单锡和作
上海　上海人民出版社　1973 年　76cm（2 开）
定价：CNY0.11
　　作者单锡和（1940—　），画家。江西高安人。毕业于南京艺术学院油画系。任教于上海东华大学。上海服饰协会理事、全国工艺美术教学专业委员会委员。擅长水粉画、年画和装饰画。主要作品有《夏夜静静》《浓浓情怀》等，著有《单锡和装饰油画集》《单锡和线描装饰画》等。

J0033678
钢铁运输线　朱忠福作
北京　人民美术出版社　1973 年　53cm（4 开）
定价：CNY0.05

J0033679
戈壁新苗　（汉、维、哈、蒙文标题）刘士山作
乌鲁木齐　新疆人民出版社　1973 年　76cm（2 开）
定价：CNY0.14

J0033680
光荣参军　秦大虎作
上海　上海人民出版社　1973 年　76cm（2 开）
定价：CNY0.11

J0033681
行军路上　（重庆警务区美术学习班）冯东亭等［作］
成都　四川人民出版社　1973 年　76cm（2 开）
定价：CNY0.12

J0033682
红线连北京　孙承浩作
长沙　湖南人民出版社　1973 年　53cm（4 开）
定价：CNY0.07

J0033683
鸿雁　顾茂昌原作；程犁复制
昆明　云南人民出版社　1973 年　76cm（2 开）
定价：CNY0.11

J0033684
虎门民兵　汤小铭作
北京　人民美术出版社　1973 年　53cm（4 开）
定价：CNY0.07

J0033685
景颇女儿上大学　程犁作
昆明　云南人民出版社　1973 年　76cm（2 开）
定价：CNY0.11
　　作者程犁（1941—　），女，湖北武汉人。毕业于湖北美术学院。中国美术家协会会员、中国美术家协会湖北分会理事。主要作品有《楚乐》《葛洲坝人》《1976 ~ 中国的十月》等。

J0033686
军民团结一家亲　秦大虎作
上海　上海人民出版社　1973 年　76cm（2 开）
定价：CNY0.11

J0033687
开路先锋　陈逸飞，魏景山执笔
北京　人民美术出版社　1973 年　53cm（4 开）
定价：CNY0.07

J0033688
流动小学　（汉、维、哈、蒙文标题）王惠仪，赵梓雄作
乌鲁木齐　新疆人民出版社　1973 年　76cm（2 开）
定价：CNY0.14

J0033689
螺号响了　邵增虎作
北京　人民美术出版社　1973 年　53cm（4 开）
定价：CNY0.07
　　作者邵增虎（1937—　）。画家。安徽绩溪人，毕业于广州美术学院油画系。历任广州军区政治部文艺创作组副组长、中国美术家协会广东分会副主席、中国美术家协会理事、广东省画院特聘画家、国家一级美术师、中国人民解放军总政治部文化部美术作品评选委员会委员。代表

作品有《螺号响了》《农机专家之死》《在延安的日子》等。

J0033690

毛主席的信来到帕哈太克里　（汉、维、哈、蒙、文标题）苏巴洪等作

乌鲁木齐　新疆人民出版社　1973 年　76cm（2 开）

定价：CNY0.14

J0033691

毛主席和马钢工人在一起　鲍加作

合肥　安徽人民出版社　1973 年　76cm（2 开）

定价：CNY0.14

作者鲍加（1933—　），一级美术师，擅长油画。祖籍安徽歙县，生于湖北武汉市。曾在中央美术学院油画系进修。历任中国美术家协会常务理事、中国美术家协会安徽分会主席等。油画作品有《淮海大捷》《激流》《大漠千里》等。出版有《自然流韵》《山川情怀》《鲍加画集》等。

J0033692

毛主席和我们心连心　陕西省美术创作组作

北京　人民美术出版社　1973 年　76cm（2 开）

定价：CNY0.14

J0033693

毛主席视察高坎　严坚，宋福成作

沈阳　辽宁人民出版社　1973 年　76cm（2 开）

定价：CNY0.14

J0033694

毛主席视察天津大学　天津大学业余美术创作组作

天津　天津人民美术出版社　1973 年　76cm（2 开）

定价：CNY0.14

J0033695

毛主席视察新港　天津港务局美术学习班作

天津　天津人民美术出版社　1973 年　76cm（2 开）

定价：CNY0.14

J0033696

毛主席在大生产运动中　张自嶷等作

北京　人民美术出版社　1973 年　76cm（2 开）

定价：CNY0.07

J0033697

南海民兵　宣承榜作

北京　人民美术出版社　1973 年　53cm（4 开）

定价：CNY0.07

J0033698

全国美术作品展览会选辑　（油画）

北京　人民美术出版社　1973 年　16 幅（套）

19cm（32 开）定价：CNY0.52

本作品为纪念毛主席《在延安文艺座谈会上的讲话》发表三十周年。

J0033699

山村秋色　鲁若曾作

北京　人民美术出版社　1973 年　53cm（4 开）

定价：CNY0.07

J0033700

山东美术作品选　（油画选页）山东人民出版社编辑

济南　山东人民出版社　1973 年　19cm（小 32 开）

统一书号：8099.187　定价：CNY0.30

J0033701

胜利的航程　许明耀等作

上海　上海人民出版社　1973 年　26cm（16 开）

定价：CNY0.05

J0033702

手牵黄河上高山　周大正作

北京　人民美术出版社　1973 年　1 张　53cm（4 开）

定价：CNY0.07

作者周大正（1941—　），教授。湖北沙市人，毕业于浙江美术学院油画系。历任甘肃临夏州展览馆美术干部，西北民族学院艺术系美术教研室主任、副教授、教授。作品有《手牵黄河上高山》《希望》《清清夏河水》《夏河风情》《哈族婚礼》《进军腊子口》等，出版有《周大正画选》。

J0033703

田间抽水站　古月作

北京　人民美术出版社　1973 年　1 张　53cm（4 开）

定价：CNY0.07

J0033704
童年　贾兴桐作
北京　人民美术出版社 1973 年 1 张 53cm（4 开）
定价：CNY0.07

J0033705
佤族女拖拉机手　魏小安（佤族）原作；孙景波复制
昆明　云南人民出版社 1973 年 1 张 76cm（2 开）
定价：CNY0.11

J0033706
万里长城友谊歌　王光泉作
合肥　安徽人民出版社 1973 年 1 张 76cm（2 开）
定价：CNY0.11

J0033707
我爱北京天安门　（汉、维、哈、蒙文标题）马绍先，孙敏政作
乌鲁木齐　新疆人民出版社 1973 年 1 张
76cm（2 开）定价：CNY0.14

J0033708
我爱边疆　（汉、蒙文标题）张敏之作
呼和浩特　内蒙古人民出版社 1973 年 1 张
76cm（2 开）定价：CNY0.11

J0033709
我为祖国献石油　张洪赞作
沈阳　辽宁人民出版社 1973 年 1 张 76cm（2 开）
定价：CNY0.11

J0033710
喜开丰收镰　韩景琦画
长春　吉林人民出版社 1973 年 1 张 76cm（2 开）
定价：CNY0.14

J0033711
喜送爱国粮　王庆裕作
郑州　河南人民出版社 1973 年 1 张 53cm（4 开）
定价：CNY0.07

J0033712
心红火旺——张思德同志在烧炭　宋韧作
上海　上海人民出版社 1973 年 1 张 38cm（6 开）
定价：CNY0.10

J0033713
新"曼巴"（藏医）　朱乃正作
北京　人民美术出版社 1973 年 1 张 53cm（4 开）
定价：CNY0.07

J0033714
新的起点　王如何作
太原　山西人民出版社 1973 年 1 张 76cm（2 开）
定价：CNY0.12

J0033715
新来的青年　王如何作
太原　山西人民出版社 1973 年 1 张 76cm（2 开）
定价：CNY0.12

J0033716
野营路上鱼水情　方世聪作
上海　上海人民出版社 1973 年 1 张 76cm（2 开）
定价：CNY0.11
　　作者方世聪（1941—　），画家。毕业于国立上海美术专科学校油画系。历任上海美术家协会会员，上海戏剧学院美术系油画教研室主任、教授，上海黄浦画院副院长。代表作《华夏魂》《东方少女》《潜在的能量》《激情的艺术》《塞纳河夕照》等。

J0033717
一定根治海河　（伟大领袖毛主席于一九六三年十一月十七日题词）费正画
石家庄　河北人民出版社 1973 年 1 张
76cm（2 开）定价：CNY0.14

J0033718
殷切的期望　孙锡坤等执笔
上海　上海人民出版社 1973 年 1 张 76cm（2 开）
定价：CNY0.14

J0033719
殷切的期望　孙锡坤等执笔
上海　上海人民出版社 1973 年 1 张
107cm（全开）定价：CNY0.28

J0033720
永不休战　汤小铭作
北京　人民美术出版社　1973 年　53cm（4 开）
定价：CNY0.07

J0033721
永不休战　汤小铭作
天津　天津人民美术出版社　1973 年　76cm（2 开）
定价：CNY0.14

J0033722
油画作品选辑　辽宁人民出版社编辑
沈阳　辽宁人民出版社　1973 年　10 幅（套）
19cm（32 开）定价：CNY0.22
（坚决打胜辽宁农业翻身仗专辑）

J0033723
越南——中国　夏湘平作
北京　人民美术出版社　1973 年　53cm（4 开）
定价：CNY0.05

J0033724
在大风大浪中前进　唐小禾作
武汉　湖北人民出版社　1973 年　76cm（2 开）
定价：CNY0.13

J0033725
在毛主席身边成长　陕西省美术创作组作
北京　人民美术出版社　1973 年　53cm（4 开）
定价：CNY0.07

J0033726
张思德　宋韧作
上海　上海人民出版社　1973 年　76cm（2 开）
定价：CNY0.11

J0033727
长岛人歌　易利森作
长沙　湖南人民出版社　1973 年　53cm（4 开）
定价：CNY0.07

J0033728
针麻传统创奇迹　汤沐黎执笔
北京　人民美术出版社　1973 年　53cm（4 开）
定价：CNY0.07

J0033729
壮志凌云　袁浩作
北京　人民美术出版社　1973 年　53cm（4 开）
定价：CNY0.05

J0033730
茁壮成长　（波阳县文化馆）李一新作
南昌　江西人民出版社　1973 年　76cm（2 开）
定价：CNY0.11

J0033731
茁壮成长　许全群作
北京　人民出版社　1973 年　76cm（2 开）
定价：CNY0.14
　　　作者许全群(1943—　　)，画家。河南鲁山人。
毕业于北京艺术学院附中。曾任职于人民美术
出版社创作室，历任中国美术家协会会员、吉隆
坡艺术学院客座教授。出版有《许全群画集》《许
全群水墨作品精选》等。

J0033732
步调一致才能得胜利　高虹等作
北京　人民美术出版社　1974 年　[1 张]
39×54cm（4 开）定价：CNY0.05

J0033733
步调一致才能得胜利　高虹等作
北京　人民美术出版社　1974 年　[1 张]
76cm（2 开）定价：CNY0.14

J0033734
**步调一致才能得胜利——一九二八年毛
主席在桂东沙田颁布《三大纪律八项注
意》**　高虹等作
北京　人民美术出版社　1975 年　[1 张]
53cm（4 开）定价：CNY0.07

J0033735
**步调一致才能得胜利——一九二八年毛
主席在桂东沙田颁布《三大纪律八项注
意》**　高虹等作
上海　上海人民出版社　1975 年　[1 张]
38cm（6 开）定价：CNY0.10

J0033736
步调一致才能得胜利　（一九二八年毛主席在桂东沙田颁布《三大纪律八项注意》）高虹等作
北京　人民美术出版社　1977 年　39×28cm（8 开）
定价：CNY0.14

J0033737
出诊　张长德画
［成都］四川人民出版社　1974 年　［1 张］
76cm（2 开）定价：CNY0.14

J0033738
地下长城　（油画　1975〈农历乙卯年〉年历）刘三多，伍振权作
［武汉］湖北人民出版社　1974 年　38cm（6 开）
定价：CNY0.10

J0033739
地下长城　刘三多，伍振权作
北京　人民美术出版社　1974 年　［1 张］
38cm（6 开）定价：CNY0.04

J0033740
地下长城　刘三多，伍振权作
［武汉］湖北人民出版社　1975 年　［1 张］
76cm（2 开）定价：CNY0.14

J0033741
地下长城　刘三多，伍振权作
北京　人民美术出版社　1975 年　［1 张］
53cm（4 开）定价：CNY0.07

J0033742
锻炼　（油画）王利国作
上海　上海人民出版社　1974 年　［1 张］
38cm（6 开）定价：CNY0.12

J0033743
钢铁洪流　张洪文，刘荣仁作
北京　人民美术出版社　1974 年　［1 张］
53cm（4 开）定价：CNY0.04

J0033744
国际主义战士——白求恩　宋韧作

上海　上海人民出版社　1974 年　［1 张］
38cm（6 开）定价：CNY0.10

J0033745
果实　沈崇道，蒋昌一作
上海　上海人民出版社　1974 年　［1 张］
38cm（6 开）定价：CNY0.10

J0033746
哪里有石油哪安家　张洪赞作
［沈阳］辽宁人民出版社　1974 年　［1 张］
76cm（2 开）定价：CNY0.11

J0033747
铁山春雷　任梦璋作
［沈阳］辽宁人民出版社　1974 年　［1 张］
53cm（4 开）定价：CNY0.07
　　　作者任梦璋（1934—　　），画家，教授。河北束鹿（今辛集市）人，毕业于中央美术学院。曾任鲁迅美术学院教授、中国美术家协会会员、辽宁美术家协会顾问。代表作品《平型关大捷》《攻克锦州》《秋色》等。

J0033748
铜墙铁壁　（现代美术作品介绍　油画）陕西省美术创作组作
北京　人民美术出版社　1974 年　1 册　18cm（32开）
统一书号：8027.5749　定价：CNY0.40

J0033749
伟大教导　石朴，阎忠礼作
［哈尔滨］黑龙江人民出版社　1974 年　［1 张］
76cm（2 开）定价：CNY0.14

J0033750
伟大社会主义祖国欣欣向荣　（庆祝中华人民共和国建国二十五周年）沙璘作
［昆明］云南人民出版社　1974 年　［1 张］
107cm（全开）定价：CNY0.28

J0033751
我为祖国养骏马　广廷渤作
［沈阳］辽宁人民出版社　1974 年　［1 张］
53cm（4 开）定价：CNY0.07

J0033752
我为祖国养骏马　广廷渤作
[沈阳] 辽宁人民出版社 1974 年 [1 张]
76cm（2 开）定价：CNY0.11

J0033753
向雷锋叔叔学习　黄同江绘
[成都] 四川人民出版社 1974 年 [1 张]
76cm（2 开）定价：CNY0.14

J0033754
校外课堂　（汉、蒙、维、哈文标题）刘南生作
[乌鲁木齐] 新疆人民出版社 1974 年 [1 张]
76cm（2 开）定价：CNY0.14

J0033755
新牧工　（汉、维、哈、蒙文标题）列阳作
[乌鲁木齐] 新疆人民出版社 1974 年 [1 张]
76cm（2 开）定价：CNY0.14

J0033756
殷切的期望　孙锡坤等执笔
上海 上海人民出版社 1974 年 [1 张]
38cm（6 开）定价：CNY0.10

J0033757
渔港新医　陈衍宁作
北京 人民美术出版社 1974 年 [1 张]
38cm（6 开）定价：CNY0.04

J0033758
祖国的花朵　中国出口商品交易会美术组供稿
[广州] 广东人民出版社 1974 年 [1 张]
39cm（6 开）定价：CNY0.05

J0033759
钻透万山寻宝藏　吴云华作
[沈阳] 辽宁人民出版社 1974 年 [1 张]
53cm（4 开）定价：CNY0.07

J0033760
奔腾　颜贤才作
[成都] 四川人民出版社 1975 年 [1 张]
53cm（4 开）定价：CNY0.07

J0033761
成长　石宝初作
[杭州] 浙江人民出版社 1975 年 [1 张]
26cm（16 开）定价：CNY0.03

J0033762
春风杨柳　周树桥作
[沈阳] 辽宁人民出版社 1975 年 [1 张]
76cm（2 开）定价：CNY0.11

J0033763
春风杨柳　周树桥作
北京 人民美术出版社 1975 年 [1 张]
53cm（4 开）定价：CNY0.07

J0033764
春风杨柳　周树桥作
北京 人民美术出版社 1975 年 [1 张]
38cm（6 开）定价：CNY0.04

J0033765
春风杨柳　周树桥作
上海 上海人民出版社 1975 年 [1 张]
38cm（6 开）定价：CNY0.10

J0033766
春风杨柳　周树桥作
上海 上海人民出版社 1975 年 [1 张]
76cm（2 开）定价：CNY0.11

J0033767
大渡河上娘子军　夏培耀作
[成都] 四川人民出版社 1975 年 [1 张]
53cm（4 开）定价：CNY0.06

J0033768
耕海　汤集祥，余国宏作
北京 人民美术出版社 1975 年 [1 张]
38cm（6 开）定价：CNY0.04

J0033769
攻读　朱时昔，陈世琮作
[成都] 四川人民出版社 1975 年 [1 张]
53cm（4 开）定价：CNY0.06

J0033770

古田光辉染层林　王路作

北京 人民美术出版社 1975 年［1 张］

53cm（4 开）定价：CNY0.07

　　　　作者王路(1936—　)，画家。安徽霍邱人，北京书画院油画、雕塑工作室主任，北京市美术家协会理事。代表作品有《古田会址》《白洋淀上》《天山之晨》等。

J0033771

光荣的岗位　戴保华，秦大虎作

北京 人民美术出版社 1975 年［1 张］

53cm（4 开）定价：CNY0.07

J0033772

光荣的岗位　戴保华，秦大虎作

北京 人民美术出版社 1975 年［1 张］

38cm（6 开）定价：CNY0.04

J0033773

光荣的岗位　戴保华，秦大虎画

［济南］山东人民出版社 1975 年［1 张］

76cm（2 开）定价：CNY0.11

J0033774

瀚海情深　光绍天，钟楚浩作

［西宁］青海人民出版社 1975 年［1 张］

53cm（4 开）定价：CNY0.07

J0033775

护路斗争　张绍城，陈小强作

［广州］广东人民出版社 1975 年［1 张］

53cm（4 开）定价：CNY0.07

J0033776

节日之夜　汤小铭作

［广州］广东人民出版社 1975 年［1 张］

53cm（4 开）定价：CNY0.07

J0033777

决战前夕　高虹作

上海 上海人民出版社 1975 年［1 张］

53cm（4 开）定价：CNY0.07

J0033778

开钻　李树基作

北京 人民美术出版社 1975 年［1 张］

38cm（6 开）定价：CNY0.04

J0033779

康庄大道　陈钦权作

［杭州］浙江人民出版社 1975 年［1 张］

26cm（16 开）定价：CNY0.03

J0033780

课前　李秉刚作

北京 人民美术出版社 1975 年［1 张］

53cm（4 开）定价：CNY0.05

J0033781

历史不容篡改　汪洋作

北京 人民美术出版社 1975 年［1 张］

53cm（4 开）定价：CNY0.05

J0033782

连续作战　尚丁作

北京 人民美术出版社 1975 年［1 张］

53cm（4 开）定价：CNY0.07

J0033783

连续作战　尚丁作

北京 人民美术出版社 1975 年［1 张］

38cm（6 开）定价：CNY0.04

J0033784

连续作战　尚丁作

上海 上海人民出版社 1975 年［1 张］

38cm（6 开）定价：CNY0.10

J0033785

旅途寓深情　朱时雨作

［杭州］浙江人民出版社 1975 年［1 张］

26cm（16 开）定价：CNY0.03

J0033786

毛主席和我们心连心

天津 天津人民美术出版社 1975 年 重印本

18cm×26cm 统一书号：8073.60129 定价：CNY0.80

J0033787

毛主席会见白求恩同志　许荣初作

北京 人民美术出版社 1975 年 [1 张]

53cm（4 开）定价：CNY0.07

　　作者许荣初（1934—　），教授。出生于江苏武进，就读于东北鲁迅文艺学院美术部绘画系。曾任鲁迅美术学院学术委员会主任、辽宁省美术家协会副主席。

J0033788

毛主席会见白求恩同志　许荣初作

北京 人民美术出版社 1975 年 [1 张]

53cm（4 开）定价：CNY0.05

J0033789

毛主席会见白求恩同志　（油画）许荣初等作

北京 人民美术出版社 1975 年 [1 张]

76cm（2 开）定价：CNY0.14

J0033790

毛主席会见白求恩同志　许荣初作

上海 上海人民出版社 1975 年 [1 张]

38cm（6 开）定价：CNY0.10

J0033791

毛主席会见白求恩同志　（油画）许荣初等作

上海 上海人民出版社 1975 年 [1 张]

76cm（2 开）定价：CNY0.14

J0033792

青春红似火　柳青作

北京 人民美术出版社 1975 年 [1 张]

53cm（4 开）定价：CNY0.07

J0033793

入党　胡今日作

[杭州] 浙江人民出版社 1975 年 [1 张]

26cm（16 开）定价：CNY0.03

J0033794

陕西油画作品选辑

西安 陕西人民出版社 1975 年 14 幅

19cm（32 开）定价：CNY0.64

J0033795

书记在第一线　胡细枢作

[杭州] 浙江人民出版社 1975 年 [1 张]

26cm（16 开）定价：CNY0.03

J0033796

为我们伟大祖国站岗　沈加蔚作

北京 人民美术出版社 1975 年 [1 张]

53cm（4 开）定价：CNY0.07

J0033797

为我们伟大祖国站岗　沈加蔚作

北京 人民美术出版社 1975 年 [1 张]

53cm（4 开）定价：CNY0.05

J0033798

伟大的关怀　李克非等作

[成都] 四川人民出版社 1975 年 [1 张]

76cm（2 开）定价：CNY0.11

J0033799

我们都是神枪手　赵淑钦作

北京 人民美术出版社 1975 年 [1 张]

53cm（4 开）定价：CNY0.07

J0033800

我们都是神枪手　（油画）赵淑钦作

北京 人民美术出版社 1975 年 [1 张]

76cm（2 开）定价：CNY0.14

J0033801

我们见到了毛主席　邓绍义作

北京 人民美术出版社 1975 年 [1 张]

53cm（4 开）定价：CNY0.07

J0033802

我为祖国放骏马　（满族）广廷渤作

北京 人民美术出版社 1975 年 [1 张]

53cm（4 开）定价：CNY0.07

J0033803

我为祖国放骏马　（满族）广廷渤作

北京 人民美术出版社 1975 年 [1 张]

76cm（2 开）定价：CNY0.14

J0033804
西沙女民兵　裴建华作
北京　人民美术出版社 1975 年［1 张］
53cm（4 开）定价：CNY0.07

J0033805
西沙女民兵　裴建华作
上海　上海人民出版社 1975 年［1 张］
76cm（2 开）定价：CNY0.11

J0033806
西沙女民兵　裴建华作
天津　天津人民美术出版社 1975 年［1 张］
76cm（2 开）定价：CNY0.14

J0033807
西沙自卫反击战　吕恩谊,艾民有作
［沈阳］辽宁人民出版社 1975 年［1 张］
76cm（2 开）定价：CNY0.11
　　作者吕恩谊(1930—)，油画家。曾任《战
士读物》美术编辑、海军政治部文化部美术创作
室创作员、中国美术家协会会员。作品有《击沉
太平号》《幸福的航程》《东方破晓》等。
　　作者艾民有(1937—)，油画家。上海人。
毕业于中央美术学院油画系。于海军政治部创
作室从事专业美术创作。为中国美术家协会会
员、国家一级美术师。主要作品有《返航》《传经》
《看海洋》等。

J0033808
西沙自卫反击战　吕恩谊,艾民有作
上海　上海人民出版社 1975 年［1 张］
38cm（6 开）定价：CNY0.10

J0033809
喜量新田　杨受安,李加充作
［沈阳］辽宁人民出版社 1975 年［1 张］
76cm（2 开）定价：CNY0.11

J0033810
喜量新田　杨受安,李加充画
［成都］四川人民出版社 1975 年［1 张］
53cm（4 开）定价：CNY0.06

J0033811
幸福的回忆　陈国力,白仁海作
［沈阳］辽宁人民出版社 1975 年［1 张］
76cm（2 开）定价：CNY0.11

J0033812
幸福的回忆　陈国力,白仁海作
［济南］山东人民出版社 1975 年［1 张］
76cm（2 开）定价：CNY0.14

J0033813
幸福的回忆　陈国力,白仁海作
上海　上海人民出版社 1975 年［1 张］
38cm（6 开）定价：CNY0.10

J0033814
学工　林斌作
［杭州］浙江人民出版社 1975 年［1 张］
26cm（16 开）定价：CNY0.03

J0033815
巡医路上　张海如,陈延作
［兰州］甘肃人民出版社 1975 年［1 张］
53cm（4 开）定价：CNY0.07

J0033816
迎春　程犁作
［武汉］湖北人民出版社 1975 年［1 张］
53cm（4 开）定价：CNY0.07

J0033817
油画人物形象选
天津　天津人民美术出版社 1975 年 16 幅
26cm（16 开）定价：CNY1.00

J0033818
油画选辑　辽宁人民出版社编辑
沈阳　辽宁人民出版社 1975 年 20 幅
26cm（16 开）定价：CNY0.90

J0033819
又长了　宋立明,杨光间作
北京　人民美术出版社 1975 年［1 张］
53cm（4 开）定价：CNY0.05

J0033820
又长了 宋立明，杨光间作
［成都］四川人民出版社 1975 年［1 张］
53cm（4 开）定价：CNY0.06

J0033821
渔港新医 陈衍宁作
北京 人民美术出版社 1975 年［1 张］
53cm（4 开）定价：CNY0.07

J0033822
震不垮的学校 蒋光年，高玠瑜作
［成都］四川人民出版社 1975 年［1 张］
53cm（4 开）定价：CNY0.07

J0033823
自力更生造大船 余云鹏，于仪新作
北京 人民美术出版社 1975 年［1 张］
38cm（6 开）定价：CNY0.04

J0033824
白洋淀上练武忙 魏奎仲作
北京 人民美术出版社 1976 年［1 幅］
53cm（4 开）定价：CNY0.07

J0033825
春满大地 吴云华作
沈阳 辽宁人民出版社 1976 年 1 张 76cm（2 开）
定价：CNY0.11

J0033826
春满大地 吴云华作
西宁 青海人民出版社 1976 年 1 张 76cm（2 开）
定价：CNY0.11

J0033827
春满大地 吴云华作
北京 人民美术出版社 1976 年 1 张 76cm（2 开）
定价：CNY0.11

J0033828
春满大地 吴云华作
上海 上海人民出版社 1976 年［1 幅］
38cm（6 开）定价：CNY0.10

J0033829
春满大地 吴云华作
上海 上海人民出版社 1976 年 1 张 76cm（2 开）
定价：CNY0.11

J0033830
工地的早晨 李富一作
北京 人民美术出版社 1976 年［1 张］
53cm（4 开）定价：CNY0.07

J0033831
红军路上 章仁缘作
上海 上海人民出版社 1976 年［1 幅］
38cm（6 开）定价：CNY0.10

J0033832
花开三春回山来 施绍辰作
兰州 甘肃人民出版社 1976 年 1 张 76cm（2 开）
定价：CNY0.14
　　作者施绍辰（1939— ），油画家。祖籍浙江湖州，毕业于中国美术学院油画系。历任中国美术学院教授、学术委员会委员，中国美术学院附中校长，浙江美术家协会常务理事，浙江油画家协会副会长。出版专题油画集《撒哈拉风情》。

J0033833
花开三春回山来 施绍辰作
北京 人民美术出版社 1976 年 1 张 76cm（2 开）
定价：CNY0.11
　　本作品为年画形式的中国现代油画作品。

J0033834
花开三春回山来 施绍辰作
上海 上海人民出版社 1976 年 38cm（6 开）
定价：CNY0.10

J0033835
花开三春回山来 施绍辰作
上海 上海人民出版社 1976 年 1 张 76cm（2 开）
定价：CNY0.14

J0033836
火红年代 刘之光作
上海 上海人民出版社 1976 年［1 幅］
38cm（6 开）定价：CNY0.10

J0033837

火红年代　刘之光作

上海 上海人民出版社 1976 年 1 张 76cm（2 开）

定价：CNY0.11

J0033838

警惕　白铭洲作

上海 上海人民出版社 1976 年［1 幅］

38cm（6 开）定价：CNY0.10

J0033839

敬爱的周总理在四届人大第一次会议上

潘嘉峻作

广州 广东人民出版社 1976 年［1 幅］

38cm（6 开）定价：CNY0.08

J0033840

你办事　我放心　广西人民出版社美术创作

学习班作

南宁 广西人民出版社 1976 年［1 幅］

53cm（4 开）定价：CNY0.08

J0033841

你办事　我放心　广西人民出版社美术创作

学习班作

南宁 广西人民出版社 1976 年［1 张］

38cm（6 开）定价：CNY0.05

J0033842

你办事　我放心　谌北新等作

西安 陕西人民出版社 1976 年［1 幅］

76cm（2 开）定价：CNY0.22

　　作者谌北新（1932— ），画家、教授。生于北京，祖籍江西南昌。毕业于中央美术学院绘画系和中央美术学院油画训练班，被选送中央美术学院马克西莫夫油画训练班深造。就职于西安美术学院。著作有《谌北新油画风景习作辑》《谌北新风景油画选》《谌北新油画作品》。

J0033843

你办事　我放心　谌北新等作

西安 陕西人民出版社 1976 年［1 张］

53cm（4 开）定价：CNY0.15

J0033844

伟大领袖毛主席永远活在我们心中　程国英作

成都 四川人民出版社 1976 年 1 张 76cm（2 开）

定价：CNY0.14

　　作者程国英（1922—1967），黑龙江哈尔滨人。别名程果。毕业于中央美术学院。擅长油画、水彩画。曾任清华大学土木工程系教师。作品有《南京古鸡鸣寺》《井冈山风暴》《土地革命时的赤卫队》等。

J0033845

血泪的批判　张定钊作

上海 上海人民出版社 1976 年［1 张］

38cm（6 开）定价：CNY0.10

J0033846

彝族女司机　詹青，刘南作

上海 上海人民出版社 1976 年［1 幅］

38cm（6 开）定价：CNY0.10

J0033847

油画选辑

北京 人民美术出版社 1976 年 16 幅

19cm（32 开）定价：CNY0.50

J0033848

在大风大浪中成长　唐小禾，程犁作

武汉 湖北人民出版社 1976 年［1 幅］

107cm（全开）定价：CNY0.28

　　作者唐小禾（1941— ），画家。祖籍湖北武昌，生于四川江津。毕业于湖北艺术学院美术系。历任湖北美术学院院长、湖北省美术院副院长、湖北省美术家协会主席、中国美术家协会壁画艺术委员会主任。代表作品有《在大风大浪中前进》《葛洲坝人》《火中的凤凰》《楚乐》等。作者程犁（1941— ），女，湖北武汉人。毕业于湖北美术学院。历任中国美术家协会会员、中国美术家协会湖北分会理事。主要作品有《楚乐》《葛洲坝人》《1976～中国的十月》等。

J0033849

在大风大浪中成长　唐小禾，程犁作

武汉 湖北人民出版社 1976 年［1 张］

76cm（2 开）定价：CNY0.14

J0033850
"八一"南昌起义　黎冰鸿作
北京　人民美术出版社　1977 年　39cm（8 开）
定价：CNY0.14

J0033851
"文武之道，一张一弛"（毛主席《对晋绥日
报编辑人员的谈话》）苏光等作
北京　人民美术出版社　1977 年　1 幅　39cm（8 开）
定价：CNY0.14

J0033852
八一南昌起义　黎冰鸿作
上海　上海人民出版社　1977 年　39cm（8 开）
定价：CNY0.10

J0033853
八一南昌起义　黎冰鸿作
杭州　浙江人民出版社　1977 年　54cm（4 开）
定价：CNY0.14

J0033854
把战士的冷暖挂心上　柳青作
北京　人民美术出版社　1977 年　1 幅　39cm（8 开）
定价：CNY0.14

J0033855
春暖花开　杨华明作
北京　人民美术出版社　1977 年　1 幅　39cm（8 开）
定价：CNY0.14

J0033856
大海新貌　吴作人作
北京　人民美术出版社　1977 年　1 幅　39cm（8 开）
定价：CNY0.14
　　作者吴作人（1908—1997），著名画家、教
授。生于江苏苏州，祖籍安徽泾县，先后就读于
苏州工业专科学校建筑系、上海艺术大学、南国
艺术学院美术系及南京中央大学艺术系。曾任
中央美术学院院长、中国美术家协会主席等。出
版有《吴作人》《吴作人艺术馆藏品集》《吴作人
画传》等。

J0033857
大庆红花迎朝阳　王路作
北京　人民出版社　1977 年　1 幅　54cm（4 开）
定价：CNY0.18

J0033858
待到山花烂漫时　曾善庆作
北京　人民美术出版社　1977 年　54cm（4 开）
定价：CNY0.18

J0033859
东方红　张松鹤作
北京　人民美术出版社　1977 年　1 幅　39cm（8 开）
定价：CNY0.14

J0033860
东方破晓　吕恩谊，艾民有作
北京　人民美术出版社　1977 年　1 幅　39cm（8 开）
定价：CNY0.14

J0033861
东方破晓　伍启中作
北京　人民美术出版社　1977 年　1 幅　39cm（8 开）
定价：CNY0.14
　　作者伍启中（1944—　　），画家，国家一级美
术师。擅长国画。广东新会人。毕业于广州美
术学院附中。广东画院副院长、中国美术家协会
会员、广东省美术家协会常务理事。曾任《广东
画报》美术编辑。代表作品有《康有为》《浩气长
存——孙中山》，国画《心潮逐浪高》《世上无难
事》《新区故地》，油画《东方欲晓》等。

J0033862
渡江战役　张延作
南京　江苏人民出版社　1977 年　1 幅　54cm（4 开）
定价：CNY0.11

J0033863
夺取全国胜利　（毛主席和老帅们在一起）尹
戎生作
北京　人民美术出版社　1977 年　1 幅　54cm（4 开）
定价：CNY0.18

J0033864
夺取全国胜利　（毛主席和老帅们在一起）尹
戎生作
北京　人民美术出版社　1977 年　76cm（2 开）

定价：CNY0.14

J0033865

夺取全国胜利 （毛主席和老帅们在一起）尹戎生作

北京 人民美术出版社 1977年 1幅 39cm（6开）

定价：CNY0.14

J0033866

夺取全国胜利 （毛主席和老帅们在一起）尹戎生作

石家庄 河北人民出版社 1978年 53cm（4开）

定价：CNY0.07

J0033867

夺取全国胜利 （毛主席和老帅们在一起）尹戎生作

哈尔滨 黑龙江人民出版社 1978年 53cm（4开）

定价：CNY0.15

J0033868

夺取全国胜利 （毛主席和老帅们在一起）尹戎生作

南京 江苏人民出版社 1978年 53cm（4开）

定价：CNY0.16

J0033869

夺取全国胜利 （毛主席和老帅们在一起）尹戎生绘

北京 人民美术出版社 1978年 8页 26cm（16开）

统一书号：8027.6762 定价：CNY0.24

J0033870

而今迈步从头越 沈尧伊作

石家庄 河北人民出版社 1977年 1幅

54cm（4开）定价：CNY0.15

作者沈尧伊（1943—　　），画家。浙江镇海人，毕业于中央美术学院。曾任中国人民大学徐悲鸿艺术学院教授、中国美术家协会会员、北京美术家协会理事、连环画艺术委员会主任。代表作品《而今迈步从头越》《革命理想高于天》《地球的红飘带》等。

J0033871

而今迈步从头越 （全国美术作品展览作品）

沈尧伊作

沈阳 辽宁人民出版社 1977年 1幅 39cm（8开）

定价：CNY0.08

J0033872

而今迈步从头越 沈尧伊作

北京 人民美术出版社 1977年 1幅 39cm（8开）

定价：CNY0.14

J0033873

而今迈步从头越 沈尧伊作

北京 人民美术出版社 1977年 76cm（2开）

定价：CNY0.14

J0033874

而今迈步从头越 沈尧伊作

西安 陕西人民出版社 1977年 1幅 54cm（4开）

定价：CNY0.11

J0033875

而今迈步从头越 沈尧伊作

广州 广东人民出版社 1978年 38cm（6开）

定价：CNY0.09

J0033876

翻身农奴爱戴华主席 陈逸飞等作

上海 上海人民出版社 1977年 1幅 39cm（8开）

定价：CNY0.10

作者陈逸飞（1946—2005），油画家，导演。生于浙江宁波，祖籍浙江镇海。毕业于上海美术专科学校。曾在上海油画雕塑创作室就职。油画作品有《黄河颂》《占领总统府》《踱步》《周庄》等。

J0033877

干革命要刀对刀枪对枪 陈秀莪，胡钜湛作

北京 人民美术出版社 1977年 1幅 39cm（8开）

定价：CNY0.14

作者胡钜湛（1930—　　），教授。广东开平人，毕业于华南文艺学院美术部和中南美术专科学校绘画系。历任广州美术学院美术教育系教授、系主任，中国美术家协会会员，广州水彩画研究会副会长。作品有水彩画《第一代可可》《鱼水情》《乐在其中》《虾》《红梅》等，出版有《胡钜湛水彩画选集》《水与彩的对话》等。

J0033878
更喜岷山千里雪 （全国美术作品展览作品）
陈宁尔, 王方雄作
沈阳 辽宁人民出版社 1977年 1幅 39cm（8开）
定价: CNY0.08

J0033879
更喜岷山千里雪 陈宁尔, 王方雄作
北京 人民美术出版社 1977年 1幅 39cm（8开）
定价: CNY0.14

J0033880
古田会议 何孔德作
北京 人民美术出版社 1977年 1幅 39cm（8开）
定价: CNY0.14
　　作者何孔德（1925—2003），画家、国家一级美术师。四川西充人，毕业于国立重庆师范学校美术科。中国美术家协会会员。代表作《出击之前》《生命不息 冲锋不止》《卢沟桥战斗》，出版有《何孔德油画选》《何孔德画集》。

J0033881
浩气长存 张合, 林如冰作
上海 上海人民出版社 1977年 1幅 39cm（8开）
定价: CNY0.10

J0033882
湖南共产主义小组 周树桥作
北京 人民美术出版社 1977年 1幅 39cm（8开）
定价: CNY0.14

J0033883
华主席　翻身农奴热爱您 黄乃源等作
西安 陕西人民出版社 1977年 54cm（4开）
定价: CNY0.11
　　作者黄乃源（1931—2004），教授。江西萍乡人。毕业于西北艺术学院（西安美术学院前身），并留校任教。中国美术家协会会员、陕西美术家协会理事、陕西油画学会副会长。作品有《巡道工》《巨轮》《萍矿洗煤厂》等。出版画册有《黄乃源油画风景习作选》《黄乃源油画作品选》《黄乃源油画风景写生集》等。

J0033884
华主席带领我们学大寨 秦天健等作

石家庄 河北人民出版社 1977年 54cm（4开）
定价: CNY0.15

J0033885
华主席带领我们学大寨 秦天健等作
北京 人民出版社 1977年 54cm（4开）
定价: CNY0.18

J0033886
华主席带领我们学大寨 秦天健等作
西安 陕西人民出版社 1977年 54cm（4开）
定价: CNY0.11

J0033887
华主席关怀俺"震生" （全国美术作品展览作品）李树基, 郭常信作
沈阳 辽宁人民出版社 1977年 1幅 39cm（8开）
定价: CNY0.08

J0033888
华主席关怀俺"震生" 李树基, 郭常信作
上海 上海人民出版社 1977年 1幅 39cm（8开）
定价: CNY0.10

J0033889
华主席和我们心连心 张永新等作
北京 人民出版社 1977年 1幅 54cm（4开）
定价: CNY0.18

J0033890
华主席和我们在一起 周正等作
西安 陕西人民出版社 1977年 1幅 54cm（4开）
定价: CNY0.11

J0033891
华主席和我们在一起 高虹, 何孔德作
天津 天津人民出版社 1977年 54cm（4开）
定价: CNY0.24

J0033892
淮海大战 陈其等作
南京 江苏人民出版社 1977年 1幅 54cm（4开）
定价: CNY0.11

J0033893

唤起工农千百万　陈衍宁等作

北京 人民美术出版社 1977年 1幅 39cm（8开）

定价：CNY0.14

　　作者陈衍宁（1945—　），广东博罗人。毕业于广州美术学院舞台美术大专班。中国美术家协会会员、广东画院专业画家。擅中国人物画。代表作有《母与子》《山风》《晨光》等。

J0033894

黄河颂　陈逸飞作

西安 陕西人民出版社 1977年 1幅 54cm（4开）

定价：CNY0.18

　　作者陈逸飞（1946—2005），油画家，导演。生于浙江宁波，祖籍浙江镇海。毕业于上海美术专科学校。曾在上海油画雕塑创作室就职。油画作品有《黄河颂》《占领总统府》《踱步》《周庄》等。

J0033895

艰苦的岁月　伟大的友谊　高泉等作

石家庄 河北人民出版社 1977年 54cm（4开）

定价：CNY0.15

　　作者高泉（1936—2014），油画家、教授。安徽蚌埠人。历任解放军艺术学院教授、中国革命军事博物馆创作室主任、中国美术家协会会员，威海海洋画院院长等。代表作包括《大海》《肃秋》《英雄交响》《黄河壶口》。出版有《海之歌——高泉海景画集》。

J0033896

艰苦的岁月伟大的友谊　（全国美术作品展览作品）高泉等作

沈阳 辽宁人民出版社 1977年 39cm（8开）

定价：CNY0.08

J0033897

艰苦的岁月　伟大的友谊　高泉等作

北京 人民美术出版社 1977年 39cm（8开）

定价：CNY0.14

J0033898

教育全家干革命　恽圻苍，江泽成作

北京 人民美术出版社 1977年 1幅 39cm（8开）

定价：CNY0.14

J0033899

紧密地团结在华主席为首的党中央周围

张霭维作

广州 广东人民出版社 1977年 1幅 76cm（2开）

定价：CNY0.30

J0033900

紧密地团结在华主席为首的党中央周围

张霭维作

广州 广东人民出版社 1977年 1幅 54cm（4开）

定价：CNY0.15

J0033901

井冈山会师　林岗作

北京 人民美术出版社 1977年 1幅 39cm（8开）

定价：CNY0.14

J0033902

井冈山会师　李瑞祥，伍启中作

上海 上海人民出版社 1977年 1幅 39cm（8开）

定价：CNY0.10

J0033903

决战前夕　高虹作

北京 人民美术出版社 1977年 39cm（8开）

定价：CNY0.14

J0033904

列宁主义万岁　（全国美术作品展览作品）林聪，戴恒扬作

沈阳 辽宁人民出版社 1977年 1幅 39cm（8开）

定价：CNY0.08

　　作者戴恒扬（1946—　），教授。浙江奉化人，毕业于上海戏剧学院舞台美术系。历任上海戏剧学院美术系教师、副教授、教授。代表作品《在希望的田野上》《秦香莲》等。

J0033905

满腔热忱　汤小铭作

武汉 湖北人民出版社 1977年 54cm（4开）

定价：CNY0.07

J0033906

满腔热忱　汤小铭作

上海 上海人民出版社 1977年 1幅 39cm（8开）

定价：CNY0.10

J0033907

毛泽东同志去上海出席中国共产党第一次全国代表大会　谢鹏程作

北京　人民美术出版社　1977年　39cm（8开）

定价：CNY0.14

J0033908

毛主席和安源工人在一起　（全国美术作品展览作品）侯一民作

沈阳　辽宁人民出版社　1977年　1幅　39cm（8开）

定价：CNY0.08

　　作者侯一民（1930—　），蒙古族，画家、雕塑家、美术教育家。河北高阳人。历任中央美术学院教授、中国壁画学会会长、中国美术家协会常务理事、全国壁画艺术委员会主任、吴作人国际美术基金会理事长。油画代表作品有《青年地下工作者》《毛主席与安源矿工》《六亿神州尽舜尧》《百花齐放》《华夏之歌》等。

J0033909

毛主席和安源工人在一起　侯一民作

北京　人民美术出版社　1977年　1幅　39cm（8开）

定价：CNY0.14

J0033910

毛主席和安源工人在一起　（油画）侯一民作

北京　人民美术出版社　1977年　16页　26cm（16开）

定价：CNY0.30

J0033911

毛主席和社员在一起　周树桥作

北京　人民美术出版社　1977年　1幅　39cm（8开）

定价：CNY0.14

J0033912

毛主席和我们心连心　秦文美作

北京　人民美术出版社　1977年　39cm（8开）

定价：CNY0.14

J0033913

毛主席和造纸厂工人在一起　毛雄定，刘文作

北京　人民美术出版社　1977年　1幅　39cm（8开）

定价：CNY0.14

J0033914

毛主席和朱总司令在挑粮路上　邓澍，侯一民作

北京　人民美术出版社　1977年　1幅　39cm（8开）

定价：CNY0.14

J0033915

毛主席会见白求恩同志　许荣初等作

北京　人民美术出版社　1977年　1幅　39cm（8开）

定价：CNY0.14

J0033916

毛主席夸咱能文又能武　徐兆前，邵增虎作

北京　人民美术出版社　1977年　39cm（8开）

定价：CNY0.14

J0033917

毛主席视察农机展览馆　梁照堂等作

北京　人民美术出版社　1977年　39cm（8开）

定价：CNY0.14

　　作者梁照堂（1946—　），国画家、书法金石家、美术理论家。字天岳，号楚庭，广东顺德人。曾入广州画院学习中国画及书法篆刻，后修读于中央美术学院及浙江美术学院。任教于广州美术学院、中山大学、华南艺术大学诸院校，历任中国美术家协会会员、中国书法家协会会员、广东青年书法家协会副主席、广东省书法家协会理事、广州市美术家协会副主席等。出版有《梁照堂国画集》《梁照堂书法集》。

J0033918

毛主席视察造纸厂　刘秉礼，袁浩作

北京　人民美术出版社　1977年　1幅　39cm（8开）

定价：CNY0.14

J0033919

毛主席在连队建党　高泉作

北京　人民美术出版社　1977年　39cm（8开）

定价：CNY0.14

　　作者高泉（1936—2014），油画家、教授。安徽蚌埠人。历任解放军艺术学院教授、中国革命军事博物馆创作室主任、中国美术家协会会员、威海海洋画院院长等。代表作包括《大海》

《肃秋》《英雄交响》《黄河壶口》。出版有《海之歌——高泉海景画集》。

J0033920
毛主席在文家市　高虹，彭彬等［作］
北京 人民美术出版社 1977年 39cm（8开）
定价：CNY0.14

J0033921
毛主席在延安干部会议上作整风报告　罗工柳作
北京 人民美术出版社 1977年 1幅 39cm（8开）
定价：CNY0.14

J0033922
毛主席在延安窑洞著作　辛莽作
北京 人民美术出版社 1977年 1幅 39cm（8开）
定价：CNY0.14

J0033923
毛主席重上井冈山　全山石，罗工柳作
石家庄 河北人民出版社 1977年 1幅
54cm（4开）定价：CNY0.15

J0033924
毛主席重上井冈山 （全国美术作品展览作品）全山石，罗工柳作
沈阳 辽宁人民出版社 1977年 1幅 39cm（8开）
定价：CNY0.08

J0033925
毛主席重上井冈山　全山石，罗工柳作
北京 人民出版社 1977年 1幅 54cm（4开）
定价：CNY0.18

J0033926
毛主席重上井冈山　全山石，罗工柳作
北京 人民美术出版社 1977年 1幅 39cm（8开）
定价：CNY0.14

J0033927
南京解放　陈坚等作
南京 江苏人民出版社 1977年 1幅 54cm（4开）
定价：CNY0.11

J0033928
难忘的教诲　孙浩作
北京 人民美术出版社 1977年 1幅 39cm（8开）
定价：CNY0.14

J0033929
你办事　我放心　靳尚谊，彭彬作
兰州 甘肃人民出版社 1977年 54cm（4开）
定价：CNY0.15
　　作者靳尚谊(1934—　　)，满族，画家、教授。河南焦作人，毕业于中央美术学院绘画系和马克西莫夫油画训练班。曾任中央美术学院院长、教授、博士生导师，中国美术家协会主席，中国文学艺术界联合会副主席。代表作品有《塔吉克新娘》《青年歌手》《蓝衣少女》等，出版有《靳尚谊油画选》《靳尚谊肖像作品选集》等。作者彭彬(1927—　　)，油画家。江苏吕四人，毕业于中央美术学院专修科。历任解放军总政文化部创作室创作员、军事博物馆美术创作员。作品有《遵义会议》《雄关漫道真如铁，而今漫步从头越》《巍巍长城一代风流》等。

J0033930
你办事　我放心　彭彬，靳尚谊作
广州 广东人民出版社 1977年 54cm（4开）
定价：CNY0.18

J0033931
你办事　我放心　彭彬，靳尚谊作
郑州 河南人民出版社 1977年 54cm（4开）
定价：CNY0.15

J0033932
你办事　我放心　彭彬，靳尚谊作
长春 吉林人民出版社 1977年 54cm（4开）
定价：CNY0.07

J0033933
你办事　我放心　张华青，李华英作
南京 江苏人民出版社 1977年 1幅 54cm（4开）
定价：CNY0.14

J0033934
你办事　我放心 （全国美术作品展览作品）
彭彬，靳尚谊作

沈阳　辽宁人民出版社　1977 年　39cm（8 开）
定价：CNY0.08

J0033935
你办事　我放心　彭彬，靳尚谊作
北京　人民出版社　1977 年　54cm（4 开）
定价：CNY0.18

J0033936
你办事　我放心　彭彬，靳尚谊作
北京　人民美术出版社　1977 年　54cm（4 开）
定价：CNY0.18

J0033937
你办事　我放心　彭彬，靳尚谊作
北京　人民美术出版社　1977 年　39cm（6 开）
定价：CNY0.14

J0033938
你办事　我放心　彭彬，靳尚谊作
济南　山东人民出版社　1977 年　54cm（4 开）
定价：CNY0.12

J0033939
你办事　我放心　彭彬，靳尚谊作
上海　上海人民出版社　1977 年　39cm（8 开）
定价：CNY0.10

J0033940
你办事　我放心　彭彬，靳尚谊作
天津　天津人民美术出版社　1977 年　54cm（4 开）
定价：CNY0.27

J0033941
宁冈　周碧初作
上海　上海人民出版社　1977 年　1 幅　39cm（8 开）
定价：CNY0.10

J0033942
贫农的儿子　蔡亮作
北京　人民美术出版社　1977 年　39cm（8 开）
定价：CNY0.14
　　作者蔡亮（1932—1995），油画家。福建厦门人，毕业于中央美术学院绘画系。中国美术家协会会员、中国美术家协会浙江分会理事、浙江油

画研究会副会长、浙江美术学院教授、中国美术学院教授。主要作品有《延安火炬》《贫农的儿子》《红军三大主力会师》等。

J0033943
普通一兵　戈跃作
西安　陕西人民出版社　1977 年　1 幅　54cm（4 开）
定价：CNY0.18

J0033944
人民军队党指挥　许宝中，李泽浩作
北京　人民美术出版社　1977 年　1 幅　39cm（8 开）
定价：CNY0.14
　　作者许宝中（1937—　），画家。山东莘县人。毕业于鲁迅美术学院油画系。擅长油画。曾任中国人民军事博物馆美术创作室主任。代表作品有《战友》（合作）《把一切献给党》《青春年代》等。作者李泽浩（1939—　），画家、教授。辽宁辽中县人。毕业于鲁迅美术学院并留校任教。历任油画系党支部书记，美术教育系主任，学位委员会副主席、教授，中国高等院校美术教育研究会副理事长，中国美术家协会会员，辽宁省家美术家协会常务理事。作品有《垦区新兵》《第二次大沽口之战》《民族魂·聂耳·冼星海》等，出版《李泽浩画集》。

J0033945
人民军队党指挥　许宝中，李泽浩作
天津　天津人民美术出版社　1977 年　1 幅
54cm（4 开）定价：CNY0.24

J0033946
人民力量的检阅　彭强华作
北京　人民美术出版社　1977 年　39cm（8 开）
定价：CNY0.14

J0033947
三军过后尽开颜　艾轩作
北京　人民美术出版社　1977 年　1 幅　39cm（8 开）
定价：CNY0.14

J0033948
山花烂漫时　赵友萍，李天祥作
北京　人民美术出版社　1977 年　1 幅　39cm（8 开）
定价：CNY0.14

J0033949
山花烂漫时　赵友萍, 李天祥作
太原　山西人民出版社　1977 年　1 幅　54cm（4 开）
定价：CNY0.18

J0033950
韶山建党　张华清作
北京　人民美术出版社　1977 年　1 幅　39cm（8 开）
定价：CNY0.14

J0033951
胜利归来　张霭维作
广州　广东人民出版社　1977 年　1 幅　76cm（2 开）
定价：CNY0.36

J0033952
胜利归来　张霭维作
广州　广东人民出版社　1977 年　1 幅　39cm（8 开）
定价：CNY0.09

J0033953
胜利在前——毛主席，周副主席，朱总司令在西柏坡　齐捷, 费正作
北京　人民美术出版社　1977 年　1 幅　54cm（4 开）
定价：CNY0.18（54cm）

J0033954
胜利在前——毛主席，周副主席，朱总司令在西柏坡　齐捷, 费正作
北京　人民美术出版社　1977 年　1 幅　39cm（10 开）
定价：CNY0.14（39cm）

J0033955
世上无难事　只要肯登攀（毛主席视察重型机器厂）陈宏新等作
北京　人民美术出版社　1977 年　1 幅　39cm（8 开）
定价：CNY0.14

J0033956
世上无难事　只要肯登攀　潘晋拔, 夏晔作
上海　上海人民出版社　1977 年　39cm（8 开）
定价：CNY0.10

J0033957
誓将遗愿化宏图　谢兰昆作

沈阳　辽宁人民出版社　1977 年　39cm（8 开）
定价：CNY0.08

J0033958
蔬果　颜文梁作
上海　上海人民出版社　1977 年　39cm（8 开）
定价：CNY0.10

J0033959
送学员　陈衍宁作
北京　人民美术出版社　1977 年　1 幅　39cm（8 开）
定价：CNY0.14

J0033960
天山之晨　王路作
北京　人民出版社　1977 年　1 幅　54cm（4 开）
定价：CNY0.18

J0033961
同心协力　黄中知作
广州　广东人民出版社　1977 年　78cm（2 开）
定价：CNY0.10

J0033962
铜墙铁壁　陕西省美术创作组作
北京　人民美术出版社　1977 年　1 幅　39cm（8 开）
定价：CNY0.14

J0033963
万里征程诗不尽　林岗, 庞涛作
北京　人民美术出版社　1977 年　1 幅　39cm（8 开）
定价：CNY0.14

J0033964
万众心相随（全国美术作品展览作品）林岗, 葛鹏仁作
沈阳　辽宁人民出版社　1977 年　1 幅　39cm（8 开）
定价：CNY0.08

J0033965
万众心相随　林岗, 葛鹏仁作
北京　人民出版社　1977 年　1 幅　39cm（8 开）
定价：CNY0.12

J0033966
伟大的革命家、思想家、文学家鲁迅　郑毓
敏等绘
北京　人民美术出版社　1977 年　1 幅　39cm（8 开）
定价：CNY0.05

J0033967
伟大的教导　项而躬作
北京　人民美术出版社　1977 年　1 幅　39cm（8 开）
定价：CNY0.14

J0033968
伟大的进军　潘世勋，冯椒生作
北京　人民美术出版社　1977 年　39cm（8 开）
定价：CNY0.14

J0033969
伟大的领袖和导师毛主席　靳尚谊作
北京　人民美术出版社　1977 年　39cm（8 开）
定价：CNY0.14

J0033970
**伟大的马克思列宁主义者——毛泽东，周
恩来**　于牧，艾民有作
北京　人民美术出版社　1977 年　1 幅　53cm（4 开）
定价：CNY0.18

J0033971
**伟大的马克思列宁主义者——毛泽东，周
恩来**　于牧，艾民有作
天津　天津人民美术出版社　1977 年　1 幅
54cm（4 开）定价：CNY0.24

J0033972
**伟大的马克思列宁主义者——毛泽东、周
恩来**　于牧，艾民有作
哈尔滨　黑龙江人民出版社　1978 年　1 张
76cm（2 开）定价：CNY0.14

J0033973
**伟大的马克思列宁主义者——毛泽东、周
恩来**　于牧，艾民有作
沈阳　辽宁人民出版社　1978 年　1 张　38cm（6 开）
定价：CNY0.08
　　本作品为建军五十周年油画美展作品。

J0033974
**伟大的马克思列宁主义者——毛泽东、周
恩来**　于牧，艾民有作
北京　人民美术出版社　1978 年　1 张　76cm（2 开）
定价：CNY0.14

J0033975
**伟大的马克思列宁主义者——毛泽东、周
恩来**　于牧，艾民有作
天津　天津人民美术出版社　1978 年　1 张
76cm（2 开）定价：CNY0.14

J0033976
**伟大的马克思列宁主义者——毛泽东、周
恩来**　（胶印画轴）于牧，艾民有作
天津　天津杨柳青画店　1978 年　［1 轴］（胶印画）
定价：CNY0.75

J0033977
**伟大的马克思列宁主义者——毛泽东、周
恩来**　于牧，艾民有作
杭州　浙江人民出版社　1978 年　1 张　53cm（4 开）
定价：CNY0.14

J0033978
伟大的战略决策　（毛主席和周副主席、朱总
司令在西柏坡）安明阳等作
北京　人民美术出版社　1977 年　1 幅　39cm（8 开）
定价：CNY0.14

J0033979
伟大的战略决策　安明阳等作
天津　天津人民美术出版社　1977 年　1 幅
54cm（4 开）定价：CNY0.24

J0033980
伟大的战略决策　安明阳等作
石家庄　河北人民出版社　1978 年　1 张
53cm（4 开）定价：CNY0.07

J0033981
伟大的战略决策　安明阳等作
天津　天津人民美术出版社　1978 年　1 张
76cm（2 开）定价：CNY0.14

J0033982
伟大领袖毛主席和敬爱的周总理和各族人民在一起　旺亲作
北京　人民美术出版社 1977 年　1 幅　39cm（8 开）
定价：CNY0.14

J0033983
伟大领袖毛主席和周总理一九五〇年视察桦林橡胶厂　郑小朋, 杨涤江作
哈尔滨　黑龙江人民出版社 1977 年　1 幅　54cm（4 开）定价：CNY0.15

J0033984
温暖　招炽挺等作
北京　人民美术出版社 1977 年　1 幅　39cm（8 开）
定价：CNY0.14

J0033985
问苍茫大地谁主沉浮　陈衍宁作
北京　人民美术出版社 1977 年　1 幅　39cm（8 开）
定价：CNY0.14

J0033986
问苍茫大地谁主沉浮　陈衍宁作
长春　吉林人民出版社 1978 年　1 册　38cm（6 开）
定价：CNY0.04

J0033987
问苍茫大地谁主沉浮　陈衍宁作
长春　吉林人民出版社 1978 年　38cm（6 开）
定价：CNY0.04

J0033988
问苍茫大地谁主沉浮　陈衍宁作
长春　吉林人民出版社 1978 年　1 张　53cm（4 开）
定价：CNY0.07

J0033989
问苍茫大地谁主沉浮　陈衍宁作
沈阳　辽宁人民出版社 1978 年　38cm（6 开）
定价：CNY0.08
　　《毛主席永远活在我们心中》油画美术展览作品。

J0033990
问苍茫大地谁主沉浮　陈衍宁作
上海　上海人民出版社 1978 年　1 册　38cm（6 开）
定价：CNY0.12

J0033991
我们的斗争需要马克思主义　（一九三六年毛主席在保安红军大学）黄乃源, 谌北新作
北京　人民美术出版社 1977 年　76cm（2 开）
定价：CNY0.14

J0033992
我们的斗争需要马克思主义（一九三六年毛主席在保安红军大学）　黄乃源, 谌北新作
西安　陕西人民出版社 1977 年　54cm（4 开）
定价：CNY0.11

J0033993
我们的好总理　（全国美术作品展览作品选）何孔德, 高虹作
合肥　安徽人民出版社 1977 年　76cm（2 开）
定价：CNY0.14

J0033994
我们的好总理　高虹, 何孔德作
兰州　甘肃人民出版社 1977 年　54cm（4 开）
定价：CNY0.15

J0033995
我们的好总理　何孔德, 高虹作
石家庄　河北人民出版社 1977 年　1 幅　54cm（4 开）定价：CNY0.15

J0033996
我们的好总理　何孔德, 高虹作
武汉　湖北人民出版社 1977 年　54cm（4 开）
定价：CNY0.07

J0033997
我们的好总理　何孔德, 高虹作
长春　吉林人民出版社 1977 年　54cm（4 开）
定价：CNY0.07

J0033998
我们的好总理　何孔德, 高虹作

北京　人民美术出版社　1977 年　1 幅　39cm（8 开）
定价: CNY0.14

J0033999
我们的好总理　何孔德, 高虹作
济南　山东人民出版社　1977 年　76cm（2 开）
定价: CNY0.14

J0034000
我们的好总理　高虹, 何孔德作
天津　天津人民美术出版社　1977 年　54cm（4 开）
定价: CNY0.24

J0034001
我们的好总理　高虹, 何孔德作
广州　广东人民出版社　1978 年　1 张　38cm（6 开）
定价: CNY0.09

J0034002
我们的好总理　何孔德, 高虹作
哈尔滨　黑龙江人民出版社　1978 年　1 张
53cm（4 开）定价: CNY0.15

J0034003
我们的朱总司令　肖锋等作
上海　上海人民出版社　1977 年　1 幅　39cm（8 开）
定价: CNY0.10

J0034004
峡谷新颜　姚钟华作
上海　上海人民出版社　1977 年　39cm（8 开）
定价: CNY0.10
　　作者姚钟华（1939—　　）, 画家。生于云南昆明, 毕业于中央美术学院油画系。历任中国美术家协会理事, 云南画院副院长、一级美术师。作品有《黄河》《玉龙金川》《啊! 土地》等, 出版有《姚钟华画选》《姚钟华画集》等。

J0034005
向井冈山进军　陈衍宁, 伍启中作
上海　上海人民出版社　1977 年　1 幅　39cm（8 开）
定价: CNY0.10
　　作者陈衍宁（1945—　　）, 广东博罗人。毕业于广州美术学院舞台美术大专班。中国美术家协会会员, 广东画院专业画家。擅中国人物画。

代表作有《母与子》《山风》《晨光》等。作者伍启中（1944—　　）, 画家, 国家一级美术师。擅长国画。广东新会人。毕业于广州美术学院附中。广东画院副院长、中国美术家协会会员、广东省美术家协会常务理事。曾任《广东画报》美术编辑。代表作品有《康有为》《浩气长存——孙中山》, 国画《心潮逐浪高》《世上无难事》《新区故地》, 油画《东方欲晓》等。

J0034006
向阳院里尽朝晖　汪诚一等作
北京　人民出版社　1977 年　1 幅　54cm（4 开）
定价: CNY0.18

J0034007
心潮　高泉作
北京　人民美术出版社　1977 年　54cm（4 开）
定价: CNY0.18
　　作者高泉（1936—2014）, 油画家、教授。安徽蚌埠人。历任解放军艺术学院教授、中国革命军事博物馆创作室主任、中国美术家协会会员、威海海洋画院院长等。代表作包括《大海》《肃秋》《英雄交响》《黄河壶口》。出版有《海之歌——高泉海景画集》。

J0034008
心潮　高泉作
北京　人民美术出版社　1977 年　76cm（2 开）
定价: CNY0.14

J0034009
心潮　高泉作
北京　人民美术出版社　1977 年　39cm（6 开）
定价: CNY0.14

J0034010
心潮　高泉作
哈尔滨　黑龙江人民出版社　1978 年　1 张
53cm（4 开）定价: CNY0.15

J0034011
心潮　高泉作
哈尔滨　黑龙江人民出版社　1978 年　1 张
76cm（2 开）定价: CNY0.11

J0034012
心潮　高泉作
长春 吉林人民出版社 1978 年 1 张 53cm（4 开）
定价：CNY0.07

J0034013
心潮　高泉作
长春 吉林人民出版社 1978 年 38cm（6 开）
定价：CNY0.04

J0034014
心潮　高泉作
沈阳 辽宁人民出版社 1978 年 1 册 38cm（6 开）
定价：CNY0.08

J0034015
心潮　高泉作
上海 上海人民美术出版社 1978 年 1 张
76cm（2 开）定价：CNY0.28

J0034016
心潮　高泉作
上海 上海人民美术出版社 1978 年 1 册
38cm（6 开）定价：CNY0.12

J0034017
心潮　高泉绘
天津 天津人民美术出版社 1991 年 1 张
76cm（2 开）ISBN：7-5305-2216-7 定价：CNY0.55
　　本作品系中国现代油画。

J0034018
心潮　高泉作
天津 天津人民美术出版社 1992 年 1 张
77×53cm ISBN：7-5305-2200-8 定价：CNY0.60
　　本作品系中国现代油画。

J0034019
心潮　高泉作
天津 天津人民美术出版社 1992 年 1 张
68×38cm ISBN：7-5305-2216-7 定价：CNY0.40

J0034020
杨家岭的早晨　蔡亮，张自嶷作
北京 人民美术出版社 1977 年 39cm（8 开）
定价：CNY0.14
　　作者蔡亮（1932—1995），油画家。福建厦门人，毕业于中央美术学院绘画系。中国美术家协会会员、美术家协会浙江分会理事、浙江油画研究会副会长、浙江美术学院教授、中国美术学院教授。主要作品有《延安火炬》《贫农的儿子》《红军三大主力会师》等。作者张自嶷（1935— ），女，画家、教授。江西萍乡人，毕业于中央美术学院绘画系。曾在中国美术家协会陕西分会、陕西文化局创作组从事创作，中国美术学院教授。出版有《蔡亮、张自嶷油画选》《素描基础技法》。

J0034021
硬骨头六连硬骨头兵　赵文元作
南京 江苏人民出版社 1977 年 1 幅 54cm（4 开）
定价：CNY0.11
　　作者赵文元（1946— ），国家一级美术师。生于江苏镇江，就读于浙江美术学院国画系、解放军艺术学院美术系、中央美术学院国画系。历任江苏省美术家协会副主席、江苏省徐悲鸿研究会副会长、中国画马艺术研究会副会长。代表作品有《女兵》《丫丫》《雪顿节》等。

J0034022
永远跟着共产党　永远跟着毛主席　侯一民等绘
北京 人民美术出版社 1977 年 24 页 26cm（16 开）
定价：CNY0.38

J0034023
永远跟着共产党　永远跟着毛主席　侯一民作
北京 人民美术出版社 1977 年 1 幅 39cm（8 开）
定价：CNY0.14

J0034024
永远活在我们心中　刘春华作
北京 人民出版社 1977 年 1 幅 54cm（4 开）
定价：CNY0.18
　　作者刘春华（1944— ），国家一级美术师。别名刘成华。黑龙江泰来人，毕业于中央工艺美术学院。历任北京画院院长、北京美术家协会副主席、中国美术家协会理事等。代表作品有《毛主席去安源》《敬爱的周总理永远活在我们心中》《屈子求索图》等。

J0034025
油画人物写生
天津　天津人民美术出版社　1977 年　16 幅
26cm（16 开）定价：CNY0.90

J0034026
远望　尚沪生作
沈阳　辽宁人民出版社　1977年　1幅　39cm（8 开）
定价：CNY0.08

J0034027
在大风大浪中成长　唐小禾，程犁作
北京　人民美术出版社　1977 年　39cm（8 开）
定价：CNY0.14

J0034028
在毛主席身边成长　陕西省美术创作组作
北京　人民美术出版社　1977 年　1幅　39cm（8 开）
定价：CNY0.14

J0034029
战斗在岁霄山上　（陈毅同志在三年游击战争
中）邱瑞敏等作
沈阳　辽宁人民出版社　1977 年　1幅　39cm（8 开）
定价：CNY0.08

J0034030
战斗在岁霄山上　（陈毅同志在三年游击战争
中）邱瑞敏等作
北京　人民美术出版社　1977 年　1幅　39cm（8 开）
定价：CNY0.14

J0034031
战友　许宝中，李泽浩作
合肥　安徽人民出版社　1977 年　[1 张]
76cm（2 开）定价：CNY0.14

J0034032
战友　许宝中，李泽浩作
兰州　甘肃人民出版社　1977 年　1幅　54cm（4 开）
定价：CNY0.15
　　作者许宝中（1937—　），画家。山东莘县人。
毕业于鲁迅美术学院油画系。擅长油画。曾任
中国人民军事博物馆美术创作室主任。代表作
品有《战友》（合作）、《把一切献给党》、《青春年

代》等。作者李泽浩（1939—　），画家、教授。
辽宁辽中人。毕业于鲁迅美术学院并留校任教。
历任油画系党支部书记、美术教育系主任，学位
委员会副主席、教授，中国高等院校美术教育研
究会副理事长，中国美术家协会会员，辽宁省家
美术家协会常务理事。作品有《垦区新兵》《第
二次大沽口之战》《民族魂·聂耳·冼星海》等，出
版《李泽浩画集》。

J0034033
战友　许宝中，李泽浩作
石家庄　河北人民出版社　1977 年　1幅
54cm（4 开）定价：CNY0.15

J0034034
战友　许宝中，李泽浩作
郑州　河南人民出版社　1977 年　1幅　54cm（4 开）
定价：CNY0.15

J0034035
战友　许宝中，李泽浩作
哈尔滨　黑龙江人民出版社　1977 年　1 幅
54cm（4 开）定价：CNY0.15

J0034036
战友　许宝中，李泽浩作
哈尔滨　黑龙江人民出版社　1977 年　76cm（2 开）
定价：CNY0.11

J0034037
战友　许宝中，李泽浩作
武汉　湖北人民出版社　1977 年　76cm（2 开）
定价：CNY0.14

J0034038
战友　许宝中，李泽浩作
武汉　湖北人民出版社　1977 年　54cm（4 开）
定价：CNY0.07

J0034039
战友　许宝中，李泽浩画
长春　吉林人民出版社　1977 年　54cm（4 开）
定价：CNY0.07

J0034040
战友　许宝中, 李泽浩作
沈阳　辽宁人民出版社 1977 年 76cm（2 开）
定价: CNY0.11

J0034041
战友　（油画·全国作品）许宝中, 李泽浩作
沈阳　辽宁人民出版社 1977 年 1 幅 39cm（8 开）
定价: CNY0.08

J0034042
战友　许宝中, 李泽浩作
北京　人民出版社 1977 年 1 幅 54cm（4 开）
定价: CNY0.18

J0034043
战友　许宝中, 李泽浩作
北京　人民美术出版社 1977 年 1 幅 54cm（4 开）
定价: CNY0.18

J0034044
战友　许宝中, 李泽浩作
北京　人民美术出版社 1977 年 76cm（2 开）
定价: CNY0.14

J0034045
战友　许宝中, 李泽浩作
济南　山东人民出版社 1977 年 1 幅 54cm（4 开）
定价: CNY0.12

J0034046
战友　许宝中, 李泽浩画
济南　山东人民出版社 1977 年 76cm（2 开）
定价: CNY0.14

J0034047
战友　许宝中, 李泽浩作
太原　山西人民出版社 1977 年 1 幅 54cm（4 开）
定价: CNY0.18

J0034048
战友　许宝中, 李泽浩作
西安　陕西人民出版社 1977 年 1 幅 54cm（4 开）
定价: CNY0.16

J0034049
战友　许宝中, 李泽浩作
上海　上海人民出版社 1977 年 1 幅 39cm（8 开）
定价: CNY0.10

J0034050
战友　许宝中, 李泽浩作
天津　天津人民美术出版社 1977 年 1 幅
54cm（4 开）定价: CNY0.24

J0034051
战友　许宝中, 李泽浩作
天津　天津人民美术出版社 1977 年 76cm（2 开）
定价: CNY0.14

J0034052
峥嵘岁月　胡振宇作
石家庄　河北人民出版社 1977 年 76cm（2 开）
定价: CNY0.11
　　作家胡振宇（1939— ）, 画家。浙江宁波人。浙江美术学院油画系毕业, 国家选派赴比利时皇家美术学院留学。历任浙江美院油画系主任、造型学部副主任。代表作品有《功》《一生难忘 1976》《峥嵘岁月》《百年沧桑》《白求恩》, 出版有《胡振宇油画作品》画册。

J0034053
峥嵘岁月　胡振宇作
北京　人民美术出版社 1977 年 1 幅 39cm（8 开）
定价: CNY0.14

J0034054
正义的声音　（油画·全国作品）戴泽作
沈阳　辽宁人民出版社 1977 年 39cm（8 开）
定价: CNY0.08

J0034055
珠穆朗玛峰　王路作
上海　上海人民出版社 1977 年 1 幅 39cm（8 开）
定价: CNY0.10

J0034056
转战太行　（油画·全国作品）马常利作
沈阳　辽宁人民出版社 1977 年 1 幅 39cm（8 开）
定价: CNY0.08

J0034057
谆谆教导　邓乃荣执笔
北京　人民美术出版社　1977 年　1 幅　39cm（8 开）
定价：CNY0.14

J0034058
走到胜利　彭彬作
北京　人民美术出版社　1977 年　39cm（8 开）
定价：CNY0.14
　　作者彭彬（1927—　），油画家。江苏吕四人，
毕业于中央美术学院专修科。历任解放军总政
文化部创作室创作员、军事博物馆美术创作员。
作品有《遵义会议》《雄关漫道真如铁，而今漫步
从头越》《巍巍长城一代风流》等。

J0034059
走到胜利　彭彬作
上海　上海人民出版社　1977 年　39cm（8 开）
定价：CNY0.10

J0034060
爱克斯－昂－普罗旺斯原野的松树　（法）
普罗斯佩·格雷西［作］
天津　天津人民美术出版社　1978 年　1 张
53cm（4 开）定价：CNY0.20
　　本作品为法国现代油画影印作品。

J0034061
把战士冷暖挂心上　柳青作
广州　广东人民出版社　1978 年　38cm（6 开）
定价：CNY0.09

J0034062
把战士冷暖挂心上　柳青作
北京　人民美术出版社　1977 年　38cm（6 开）
统一书号：8027.6682　定价：CNY0.14

J0034063
创业艰难百战多　张祖英画
石家庄　河北人民出版社　1978 年　53cm（4 开）
定价：CNY0.07

J0034064
创业艰难百战多　张祖英作
长春　吉林人民出版社　1978 年　53cm（4 开）

定价：CNY0.07

J0034065
创业艰难百战多　张祖英作
长春　吉林人民出版社　1978 年　39cm（4 开）
定价：CNY0.04

J0034066
创业艰难百战多　张祖英作
上海　上海人民美术出版社　1978 年　38cm（6 开）
定价：CNY0.12

J0034067
春到松花江　祝林恩作
哈尔滨　黑龙江人民出版社　1978 年　53cm（4 开）
定价：CNY0.15

J0034068
春暖花开　杨华明作
天津　天津人民美术出版社　1978 年　76cm（2 开）
定价：CNY0.14

J0034069
春天树下的小道　（法）让－巴蒂斯特·科罗作
天津　天津人民美术出版社　1978 年　53cm（4 开）
定价：CNY0.20

J0034070
东方破晓　吕恩谊等作
天津　天津人民美术出版社　1978 年　76cm（2 开）
定价：CNY0.14

J0034071
杜埃附近森－勒－诺布尔的一条路　（法）
柯罗作
北京　人民美术出版社　1978 年　53cm（4 开）
定价：CNY0.18
　　作者柯罗（Camille Corot, 1796—1875），法
国画家。全名卡米耶·柯罗，出生于巴黎。主要
作品有《戴珍珠头饰的女郎》《兰衣女》《樵夫》
《夕阳的欢乐》《毕比利斯》等。

J0034072
垛草　（法）巴斯蒂昂－勒帕热作
北京　人民美术出版社　1978 年　53cm（4 开）

定价: CNY0.18

J0034073
垛草　（法）巴斯蒂昂－勒帕热（作）
天津　天津人民美术出版社　1978年　53cm（4开）
定价: CNY0.20

J0034074
飞雪迎春　宋贤珍，汪诚一画
福州　福建人民出版社　1978年　76cm（2开）
定价: CNY0.14

J0034075
好得很　詹建俊作
上海　上海人民美术出版社　1978年　38cm（6开）
定价: CNY0.12

J0034076
华政委在阳曲　刘耀真，韩辛作
太原　山西人民出版社　1978年　53cm（4开）
定价: CNY0.18
　　作者刘耀真（1946—　　），女画家。上海人，
毕业于上海美术专科学校。中国美术家协会会
员。代表作有《刘胡兰》等。作者韩辛（1955—　　），
壁画家。上海人。毕业于中央美术学院壁画系，
后入美国加州大学艺术院。代表作品有《洋房》
《抓革命》《外婆》《妈妈》《梅英》《华政委在吕
梁山》等。出版有画集《推开过去》。

J0034077
角斗　（法）雅克－雷蒙·布拉斯卡萨作
天津　天津人民美术出版社　1978年　53cm（4开）
定价: CNY0.20

J0034078
巨大的鞭策　韩承霖，马玉岩作
哈尔滨　黑龙江人民出版社　1978年　53cm（4开）
定价: CNY0.10

J0034079
列宁主义万岁　林聪，戴恒扬作
广州　广东人民出版社　1978年　38cm（6开）
定价: CNY0.09

J0034080
毛主席、周总理和朱委员长　苏高礼等作
上海　上海人民美术出版社　1978年　38cm（6开）
定价: CNY0.12

J0034081
毛主席和外国朋友　杨方景作
上海　上海人民美术出版社　1978年　38cm（6开）
定价: CNY0.12

J0034082
毛主席会见外国朋友　柏方景作
沈阳　辽宁人民出版社　1978年　38cm（6开）
定价: CNY0.08

J0034083
毛主席在连队建党　高泉作
杭州　浙江人民出版社　1978年　53cm（4开）
定价: CNY0.12
　　作者高泉（1936—2014），油画家、教授。安
徽蚌埠人。历任解放军艺术学院教授、中国革
命军事博物馆创作室主任、中国美术家协会会
员、威海海洋画院院长等。代表作包括《大海》
《肃秋》《英雄交响》《黄河壶口》。出版有《海之
歌——高泉海景画集》。

J0034084
毛主席周总理和朱委员长　苏高礼等作
哈尔滨　黑龙江人民出版社　1978年　53cm（4开）
定价: CNY0.15

J0034085
毛主席作整风报告　罗工柳作
广州　广东人民出版社　1978年　38cm（6开）
定价: CNY0.09

J0034086
难忘的教诲　孙晧作
沈阳　辽宁人民出版社　1978年　38cm（6开）
定价: CNY0.08

J0034087
普通一兵　戈跃作
太原　山西人民出版社　1978年　53cm（4开）
定价: CNY0.18

J0034088
普通一兵　戈跃作
上海　上海人民美术出版社　1978年　38cm（6开）
定价：CNY0.12

J0034089
期望　毛文彪作
哈尔滨　黑龙江人民出版社　1978年　53cm（4开）
定价：CNY0.15
　　作者毛文彪（1950—　），美术家。浙江奉化人。擅长油画、宣传画。海军政治部创作室美术创作员。主要作品有《期望》《郑和下西洋》《远航归来》等。

J0034090
亲切的关怀　（毛主席接见科学家李四光、钱学森）孙文超，章德甫作
沈阳　辽宁人民出版社　1978年　38cm（6开）
定价：CNY0.08
　　《毛主席永远活在我们心中》油画美术展览作品。

J0034091
亲切的关怀　（毛主席接见科学家李四光、钱学森）孙文超，章德甫作
北京　人民美术出版社　1978年　53cm（4开）
定价：CNY0.18

J0034092
亲切的关怀　（毛主席接见科学家李四光、钱学森）孙文超，章德甫作
上海　上海人民美术出版社　1978年　38cm（6开）
定价：CNY0.12

J0034093
庆祝中国人民解放军建军五十周年美术作品展览图录　（油画）
天津　天津人民美术出版社　1978年　157幅
19cm（32开）统一书号：8073.50105
定价：CNY0.95

J0034094
庆祝中国人民解放军建军五十周年美术作品展览油画作品选
天津　天津人民美术出版社　1978年　16幅

26cm（16开）统一书号：8073.50099
定价：CNY0.90

J0034095
山花烂漫时　赵友萍，李天祥作
哈尔滨　黑龙江人民出版社　1978年　53cm（4开）
定价：CNY0.15

J0034096
山花烂漫时　赵友萍，李天祥作
上海　上海人民美术出版社　1978年　38cm（6开）
定价：CNY0.12

J0034097
胜利在前——毛主席在西柏坡　（全国美展作品）齐捷，费正作
沈阳　辽宁人民出版社　1978年　38cm（6开）
定价：CNY0.08

J0034098
誓将遗愿化宏图　谢兰昆作
广州　广东人民出版社　1978年　38cm（6开）
定价：CNY0.09

J0034099
誓将遗愿化宏图　谢兰昆作
太原　山西人民出版社　1978年　1张　53cm（4开）
定价：CNY0.18

J0034100
铜墙铁壁　于化里等作
北京　人民美术出版社　1978年　1张　76cm（2开）
定价：CNY0.11

J0034101
万里征程诗不尽　林岗，庞涛作
北京　人民美术出版社　1978年　1张　53cm（4开）
定价：CNY0.18

J0034102
为了更灿烂的明天　刘宇一作
南宁　广西人民出版社　1978年　1张　53cm（4开）
定价：CNY0.20

J0034103
伟大的进军　潘世勋作
沈阳 辽宁人民出版社 1978年 1张 38cm（6开）
定价：CNY0.08

J0034104
伟大的时代光辉的形象　河南人民出版社
编辑
郑州 河南人民出版社 1978年 16幅 26cm（16开）
统一书号：8105.721 定价：CNY0.77

J0034105
伟大领袖毛主席和周总理一九五〇年视察
哈尔滨车辆厂　祝林恩，刘亚民作
哈尔滨 黑龙江人民出版社 1978年 1张
53cm（4开）定价：CNY0.15

J0034106
我们的好总理　艾轩作
成都 四川人民出版社 1978年 1张 76cm（2开）
定价：CNY0.14

J0034107
心心相连　高潮画
福州 福建人民出版社 1978年 1张 53cm（4开）
定价：CNY0.18

J0034108
杨家岭的早晨　张自嶷，蔡亮作
哈尔滨 黑龙江人民出版社 1978年 1张
53cm（4开）定价：CNY0.15

J0034109
一往无前　张文新作
上海 上海人民出版社 1978年 1张 38cm（6开）
定价：CNY0.12
　　　中国现代年画作品。作者张文新（1928—　），
画家。生于天津市。毕业于华北大学美术科。
中国美术家协会会员、北京画院画家。代表作品
有《工程列车》《鲁迅像雕塑》《巍巍太行》《一往
无前》《战友》等巨幅油画。

J0034110
犹在当年征途中　项而躬，李仁杰作
太原 山西人民出版社 1978年 53cm（4开）

定价：CNY0.18

J0034111
油画作品选　（庆祝中国人民解放军建军五十
周年美术作品展览）
天津 天津人民美术出版社 1978年 16幅
26cm（16开）定价：CNY1.30

J0034112
油画作品选介　上海人民美术出版社编辑
上海 上海人民美术出版社 1978年 16幅
26cm（16开）统一书号：8081.11066
定价：CNY1.25
　　　本书刊印了作者的16幅油画全图。

J0034113
远望　尚沪生作
太原 山西人民出版社 1978年 53cm（4开）
定价：CNY0.18

J0034114
战斗在罗霄山上　邱瑞敏等作
广州 广东人民出版社 1978年 38cm（6开）
定价：CNY0.09

J0034115
阵风　（法）让－巴蒂斯特·科罗作
天津 天津人民美术出版社 1978年 53cm（4开）
定价：CNY0.20

J0034116
中国人民有志气　袁耀锷作
沈阳 辽宁人民出版社 1978年 38cm（6开）
定价：CNY0.08
　　　《毛主席永远活在我们心中》油画美术展览
作品。

J0034117
中国人民有志气　袁耀锷作
上海 上海人民出版社 1978年 38cm（6开）
定价：CNY0.12

J0034118
中国应当对于人类有较大的贡献　（毛主
席、周总理和科学家在一起）姚中玉，沈兆荣作

上海　上海人民美术出版社　1978年　53cm（4开）
定价：CNY0.24

J0034119
百色风暴　曾日文作
南宁　广西人民出版社　1979年　[1张]
38cm（6开）定价：CNY0.10

J0034120
飞雪迎春　宋贤珍，汪诚一作
杭州　浙江人民出版社　1979年　[1张]
76cm（2开）定价：CNY0.14

J0034121
光辉的榜样　姜宝星作
北京　人民美术出版社　1979年　[1张]
76cm（2开）定价：CNY0.14

J0034122
清明　杜咏樵作
成都　四川人民出版社　1979年　[1张]
53cm（4开）定价：CNY0.07

J0034123
瑞雪迎春　宋贤珍，汪诚一画
济南　山东人民出版社　1979年　[1张]
76cm（2开）定价：CNY0.14

J0034124
三军过后尽开颜　艾轩作
成都　四川人民出版社　1979年　[1张]
76cm（2开）定价：CNY0.14

J0034125
无限风光　费正作
石家庄　河北人民出版社　1979年　[1张]
76cm（2开）定价：CNY0.14，CNY0.75（胶印画轴）
　　作者费正（1938—　　），出生于重庆市，原籍江苏启东。毕业于中央美术学院。曾在解放军部队及出版部门从事美术工作。河北画院专业画家、河北美术家协会副主席。作品有《老农》《剥蒜》《春》等。

J0034126
吴冠中油画写生　吴冠中绘；上海人民美术

出版社编辑
上海　上海人民美术出版社　1979年　16幅
26cm（16开）统一书号：8081.11563
定价：CNY1.38
　　作者吴冠中（1919—2010），著名画家、美术教育家。江苏宜兴人，毕业于国立杭州艺术专科学校。中央工艺美术学院教授。代表作品《长江三峡》《鲁迅的故乡》《春雪》《长城》；油画代表作有《长江三峡》《北国风光》《小鸟天堂》《黄山松》《鲁迅的故乡》等；个人文集有《吴冠中谈艺集》《吴冠中散文选》《美丑缘》等。

J0034127
新春画辑
北京　人民美术出版社　1979年　20张　38cm（6开）
定价：CNY2.50

J0034128
油画《毛主席与安源工人在一起》　侯一民绘
天津　天津人民美术出版社　1979年　42页
20cm（32开）统一书号：8073.50090
定价：CNY0.65
（美术作品分析　1）
　　作者侯一民（1930—　　），蒙古族，画家、雕塑家、美术教育家。河北高阳人。历任中央美术学院教授、中国壁画学会会长、中国美术家协会常务理事、全国壁画艺术委员会主任、吴作人国际美术基金会理事长。油画代表作品有《青年地下工作者》《毛主席与安源矿工》《六亿神州尽舜尧》《百花齐放》《华夏之歌》等。

J0034129
油画风景习作　黄乃源作
西安　陕西人民出版社　1979年　12幅　26cm（16开）
统一书号：8094.656　定价：CNY1.00
　　作者黄乃源（1931—2004），教授。江西萍乡人。毕业于西北艺术学院（西安美术学院前身），并留校任教。中国美术家协会会员、陕西美术家协会理事、陕西油画学会副会长。作品有《巡道工》《巨轮》《萍矿洗煤厂》等。出版画册有《黄乃源油画风景习作选》《黄乃源油画作品选》《黄乃源油画风景写生集》等。

J0034130
油画风景习作　谌北新绘

西安 陕西人民出版社 1979年 12幅 26cm（16开）
套装 统一书号：8094.655 定价：CNY1.00

　　作者谌北新（1932—　　　），画家、教授。生于北京，祖籍江西南昌。毕业于中央美术学院绘画系和中央美术学院油画训练班，被选送中央美术学院马克西莫夫油画训练班深造。就职于西安美术学院。著作有《谌北新油画风景习作辑》《谌北新风景油画选》《谌北新油画作品》。

J0034131
油画风景写生
郑州 河南人民出版社 1979年 24幅 26cm（16开）
统一书号：8105.817 定价：CNY1.20

J0034132
油画风景写生　　浙江美术学院供稿
济南 山东人民出版社 1979年 25幅 26cm（16开）
统一书号：8099.1823 定价：CNY1.70

J0034133
油画人物写生　　上海人民美术出版社编辑
上海 上海人民美术出版社 1979年 20幅
26cm（16开）统一书号：8081.11342
定价：CNY1.46

J0034134
油画人物写生　（2）蔡亮绘
西安 陕西人民美术出版社 1979年 16页
26cm（16开）统一书号：8199.23 定价：CNY0.90
　　作者蔡亮（1932—1995），油画家。福建厦门人，毕业于中央美术学院绘画系。中国美术家协会会员、美术家协会浙江分会理事、浙江油画研究会副会长、浙江美术学院教授、中国美术学院教授。主要作品有《延安火炬》《贫农的儿子》《红军三大主力会师》等。

J0034135
油画头像选
银川 宁夏人民出版社 1979年 20幅 26cm（16开）
统一书号：8157.298 定价：CNY1.80
　　中国现代油画肖像画画册。

J0034136
油画写生
南京 江苏人民出版社 1979年 17张 26cm（16开）

统一书号：8100.3.240 定价：CNY0.84

J0034137
油画选辑　（新长征美术作品展览 1978）
沈阳 辽宁美术出版社 1979年 12张 26cm（16开）
定价：CNY1.00
　　中国现代油画画册。

J0034138
右江的黎明　　孙耀珊作
南宁 广西人民出版社 1979年［1张］
38cm（6开）定价：CNY0.10

J0034139
俞云阶画辑　　俞云阶绘；上海人民美术出版社编辑
上海 上海人民美术出版社 1979年 18幅
26cm（16开）统一书号：8081.11774
定价：CNY1.52

J0034140
左江第一届工农兵代表大会　　莫若莹作
南宁 广西人民出版社 1979年［1张］
38cm（6开）定价：CNY0.10

J0034141
陈达青油画选　　陈达青绘
上海 上海人民美术出版社 1980年 20幅
25cm（小16开）套装 统一书号：6081.11827
定价：CNY1.65

J0034142
春花季节　　程及作
上海 上海人民美术出版社 1980年［1]张
53cm（4开）定价：CNY0.35
　　作者程及（1912—2005），画家。原名程杰，生于江苏无锡。曾入上海白鹅画会研习西画，后入沪江大学研读中国史及哲学等科目。在上海交通大学建立"程及美术馆"。曾在圣约翰大学等教授素描及水彩画课。出版《程及水彩画集》《二三行》《回家行》等。

J0034143
何孔德画选　　何孔德绘
北京 人民美术出版社 1980年 39幅 25cm（16开）

统一书号：8027.7399　定价：CNY1.70

　　本书共收入 39 幅图，以人物画为主，兼有一部分风景及静物画。

J0034144
胡善余油画选　胡善余绘
上海　上海人民美术出版社　1980 年　24 幅
25cm（16 开）套装　统一书号：8081.11949
定价：CNY1.95

　　作者胡善余（1909—1993），油画家、教授。广东开平人，毕业于巴黎国立高等美术学院。历任杭州国立艺术专科学校、中央美术学院华东分院、浙江美术学院、中国美术学院教授。代表作品有《市场一角》《舞女》《工地一角》等。

J0034145
黄叶遍地　程及作
上海　上海人民美术出版社　1980 年　[1]张
53cm（4 开）定价：CNY0.35

J0034146
继往开来志在千里　（1977 年军委全会）高虹，何孔德作
郑州　河南人民出版社　1980 年　[1]张
53cm（4 开）定价：CNY0.18

J0034147
李宗津画选　李宗津绘
北京　人民美术出版社　1980 年　33 页
25cm（小 16 开）统一书号：8027.7442
定价：CNY1.70

J0034148
刘少奇同志和安源矿工　侯一民作
北京　人民美术出版社　1980 年　[1]张
53cm（4 开）定价：CNY0.20

J0034149
现代人的幻想　吕清夫编译
台北　玉丰出版社　[1980–1999 年]　132 页
有图　26cm（16 开）精装　定价：TWD200.00
（前卫美术大系 2）

J0034150
油画风景选辑　（1）广东人民出版社编
[广州] 广东人民出版社　1980 年　25cm（小 16 开）
统一书号：8111.1942　定价：CNY1.20

J0034151
油画风景选辑　（2）广东人民出版社编
广州　广东人民出版社　1980 年　25cm（小 16 开）
统一书号：8111.1960　定价：CNY1.20

J0034152
油画人物写生　（1）
西安　陕西人民美术出版社　1980 年　24 页
13cm（60 开）统一书号：8199.10　定价：CNY1.00

J0034153
油画速写　何孔德绘画
济南　山东人民出版社　1980 年　12 幅　13cm（60 开）
统一书号：8099.1923　定价：CNY0.60

J0034154
赵以雄新疆油画写生　赵以雄绘
乌鲁木齐　新疆人民出版社　1980 年　22cm（30 开）
统一书号：M8098.346　定价：CNY2.00

　　作者赵以雄（1934—　），画家。北京人，毕业于中央美术学院油画系，曾任职于北京市美术创作室、中国历史博物馆。创作《天山》《赛里木湖》《野马渡》《火焰山》等，代表作《赵以雄新疆油画写生》《丝路画行》《丝绸古道行》《高昌壁画辑佚》《伊犁秋色》等。

J0034155
高洁　简崇志作
成都　四川人民出版社　1981 年　54cm（4 开）
定价：CNY0.10

J0034156
孔柏基固体油画　孔柏基绘
上海　上海人民美术出版社　1981 年　20 幅
25cm（小 16 开）统一书号：8081.12173
定价：CNY1.70

J0034157
孔伯基固体油画
上海　上海人民美术出版社　1981 年　20 张
27cm（大 16 开）定价：CNY1.70

J0034158

廖继春油画集　廖继春绘
台北　艺术家出版社　1981 年　96 页　有图
23cm（10 开）定价：TWD280.00, USD8.00
（艺术家丛刊 21）

J0034159

刘海粟油画选集　刘海粟绘
上海　上海人民美术出版社　1981 年
39cm（4 开）精装　统一书号：8081.11945
定价：CNY30.00
　　本书共 81 幅图，收《北京前门》《巴黎圣母
院夕照》《卢森堡之雪》《八达岭长城》《太湖工
人疗养院雪景》等。作者刘海粟（1896—1994），
画家、美术教育家。名槃，字季芳，号海翁。江
苏武进人。参与创办上海私立美术学院。曾任
华东艺术专科学校校长、南京艺术学院院长。
代表作《黄山云海奇观》《披狐皮的女孩》《九
溪十八涧》等，有画集《黄山》《海粟老人书画
集》等。

J0034160

项而躬李仁杰画选　项而躬，李仁杰绘
北京　人民美术出版社　1981 年　18 幅　26cm（16 开）
统一书号：8027.7689　定价：CNY1.20

J0034161

新疆油画写生　新疆人民出版社编辑
乌鲁木齐　新疆人民出版社　1981 年　22cm（32 开）
统一书号：M8098.436　定价：CNY3.20
　　本书选辑 30 位油画家的人物、风景写生作
品 70 幅，附有汉语、维吾尔新文字对照说明。

J0034162

油画风景写生（1）　胡一川绘
上海　上海人民美术出版社　1981 年　25cm（16 开）
套装　统一书号：8081.12134　定价：CNY1.70
　　作者胡一川（1910—2000），教育家、美术
家。原名胡以撰。生于福建永定，毕业于杭州国
立艺术专科学校。曾任广州美术学院院长、中国
美术家协会广东分会副主席。代表作品《饥民》
《失业工人》《到前线去》，出版有《胡一川画选》。

J0034163

油画风景写生（2）　苏天赐等绘
上海　上海人民美术出版社　1981 年
套装（20 幅）26cm（16 开）
统一书号：8081.12135　定价：CNY1.70

J0034164

雨过天晴　（四川油画选）王大同等绘
成都　四川人民出版社　1981 年　15 幅
25cm（小 16 开）统一书号：8118.804
定价：CNY0.95

J0034165

中央美术学院油画师生作品选　人民美术
出版社编辑室编写
北京　人民美术出版社　1981 年　54 幅
25cm（小 16 开）统一书号：8027.7603
定价：CNY1.80

J0034166

周碧初画集　周碧初绘
上海　上海人民美术出版社　1981 年　52 幅
27cm（16 开）统一书号：8081.11888
定价：CNY12.50
　　本书共收周碧初油画 52 幅。其中有他侨居
印尼时的作品《印尼风光》《沙浪安山景》《印尼
火山区》等 10 余幅，画面清新、温和、优雅动人，
表现出画家对热带大自然风光的激情。作者周
碧初（1903—1995），油画艺术家、美术教育家。
福建平和县人，毕业于上海新华艺术专科学校。
历任国立杭州艺术专科学校教授、上海市美术家
协会理事、上海市油画雕刻创作室画师等。作品
有《苹果》《春色》《梅园新村》《西湖》《英雄山》
等，著有《油画概论》等。

J0034167

陈舫枝画选　陈舫枝绘
广州　岭南美术出版社　1982 年　16 幅
25cm（小 16 开）统一书号：8260.0233
定价：CNY1.00
　　本画选收入青年舞台美术工作者陈舫枝的
油画作品 17 篇。这些作品是他近年来探索风景
画创作的初步成果。

J0034168

福建漆画　福建人民出版社编辑
福州　福建人民出版社　1982 年　24cm（24 开）

统一书号：8173.572　定价：CNY1.30

　　本画册所收 20 幅漆画是从 1980 年 3 月北京中国美术馆展出的《福建漆画艺术展览》作品中选出的。

J0034169

关良画册　关良绘

成都　四川人民出版社 1982 年 50 幅 27cm（16 开）

统一书号：8118.936　定价：CNY5.50

　　本画册收集了关良的油画风景、静物及人物作品 50 幅。作者关良（1900—1986），画家。广东番禺人，毕业于东京太平洋美术学院。曾任浙江美术学院教授、上海中国画院画师。著有《关良艺事随谈》《关良回忆录》，出版《关良京戏人物水墨画》《关良油画集》等。

J0034170

哈萨克画家阿曼　（汉、哈文对照）阿曼绘；新疆人民出版社编辑

乌鲁木齐　新疆人民出版社 1982 年 32 幅 22cm（32 开）统一书号：M8098.518

定价：CNY1.70

　　本书系新疆画家阿曼的专题画集。

J0034171

刘艺斯画选　刘艺斯绘

成都　四川人民出版社 1982 年 12 幅 25cm（小 16 开）套装 统一书号：8118.1113

定价：CNY1.20

　　本画辑选编画家的油画人物、静物、风景 12 幅。

J0034172

全山石新疆写生　全山石绘；新疆人民出版社编辑

乌鲁木齐　新疆人民出版社 1982 年 19cm（32 开）

统一书号：8098.164　定价：CNY4.80

　　本画册收入作者在新疆的人物和风景写生作品 66 幅。作者全山石（1930— ），画家，教授。浙江宁波人，毕业于中央美术学院华东分院。历任中国油画学会副主席、中国美术家协会油画艺术委员会副主任、中国美术学院教授、俄罗斯列宾美术学院荣誉教授等。代表作有收藏在中国革命博物馆的《英勇不屈》《井冈山上》《娄山关》《重上井冈山》《历史的潮流》等。

J0034173

涂克画辑　涂克绘

北京　人民美术出版社 1982 年 21 幅 39cm（8 开）套装 统一书号：8027.8068　定价：CNY1.10

　　本画辑选收老画家涂克的 21 幅油画作品，以风景为主。作者涂克（1916—2012），画家。原名涂世骧，笔名绿笛。生于广西，毕业于杭州国立艺术专科学校油画系。创办上海美术工场、上海画院、上海美术学校，曾任广西书画院院长、中国美术家协会理事、中国美术家协会广西分会主席、广西文联副主席等职。代表作《江南的春天》《我的家乡》《静静的漓江》等。画册有《江淮之波》《涂克画辑》《桂林山水》等。

J0034174

外国科学家　齐传玉等画

上海　上海教育出版社 1982 年 6 张 76cm（2 开）定价：CNY1.30

　　本书包括哥白尼、牛顿、达尔文、爱迪生、居里夫人、爱因斯坦六位科学家的肖像及简介。

J0034175

晚清中国外销画　香港艺术编

香港　香港市政局 1982 年 84 页 25×25cm（12 开）ISBN：962-215-043-8

　　外文书名：Late Qing China Trade Paintings.

J0034176

王德威油画写生　王德威绘

济南　山东人民出版社 1982 年 13 幅 19cm（32 开）套装 统一书号：8099.2298　定价：CNY0.60

　　作者王德威（1927—1984），教授。河北高阳人，毕业于杭州美术学院。历任《儿童画报》《华中少年画报》主编，浙江美术学院副教授、副院长，中国美术家协会浙江分会副主席，中国美术家协会理事。主要作品有《渡江战役》《刘少奇同志在林区》《英雄的姐妹们》等。出版有《王德威法国意大利写生（册页装）油画》。

J0034177

新疆油画写生　全山石等绘

上海　上海人民美术出版社 1982 年 16 幅 25cm（16 开）套装 统一书号：8081.12498

定价：CNY1.38

　　本画册是浙江美术学院油画系 1980 届研究

生班师生赴新疆深入生活时写生的部分作品。

J0034178

新疆油画写生　　阎文喜作

郑州　中州书画社　1982年　24幅　19cm（32开）

定价：CNY0.72

　　　这是画家阎文喜深入新疆地区的油画写生的作品，共24幅。

J0034179

油画小辑

天津　天津人民美术出版社　1982年　12幅

19cm（32开）套装　统一书号：8073.70034

定价：CNY1.10

　　　本套油画，选收了老画家涂克、周碧初、胡善余及青年画家陈钧德的风景、静物画12幅。

J0034180

油画写生　　尚德周，阎文喜绘

西安　陕西人民美术出版社　1982年　8幅

19cm（32开）统一书号：8199.327

定价：CNY0.40

J0034181

朱膺画选　　朱膺绘

上海　上海人民美术出版社　1982年　39页

19cm（32开）统一书号：8081.13084

定价：CNY1.60

　　　本画选收集作者油画39幅，其中包括《绿披千家》《破晓》《层林尽染》《繁华如花》《参天的树》《远处的光》《奔腾的山涛》等。作者朱膺（1919—2008），教授。别名瑞序，浙江萧山人，毕业于重庆国立艺术专科学校西画系。历任上海同济大学建筑系教授、上海海派现代油画会会长、中国美术家协会会员。主要作品有《世外桃源》《烟雨缭绕》《绿色小径》等。

J0034182

爱因斯坦　　方冰山作

南京　江苏人民出版社　1983年［1张］

76cm（2开）定价：CNY0.18

J0034183

达尔文　　李荣洲作

南京　江苏人民出版社　1983年　76cm（2开）

定价：CNY0.18

J0034184

冯玉琪油画选　　冯玉琪绘

广州　岭南美术出版社　1983年　24幅　25cm（15开）

统一书号：8260.0682　定价：CNY1.95

　　　作者冯玉琪（1930—2012），回族，天津人。中央美术学院绘画系毕业。曾任广州美术学院油画壁画硕士研究生导师。代表作《 夜尽》《稻香蔗甜》《春天的水杉》《中国古代名医》等。出版有《冯玉琪油画选》《冯玉琪杜沫油画选》《当代世界环境艺术》等。

J0034185

高尔基　　沈行工作

南京　江苏人民出版社　1983年　76cm（2开）

　　　作者沈行工（1943—　　），画家，艺术家。浙江宁波人，毕业于南京艺术学院。南京艺术学院教授、硕士生导师，中国美术家协会会员，中国油画学会理事，江苏省油画学会名誉主席，江苏省艺术委员会主席。代表作品《小镇春深》《秋晴》《读书人生》《蓝色的江南风景》《雪后的江南风景》等。

J0034186

胡一川油画风景选　　胡一川绘

广州　岭南美术出版社　1983年　41页　25cm（21开）

定价：CNY9.00

　　　本画选收入作者1956年至1983年所创作的风景油画作品41幅，书前有美术理论家迟轲序，书后附作者的艺术活动年表及其历史性的代表作品10多幅。作者胡一川（1910—2000），教育家、美术家。原名胡以撰。生于福建永定，毕业于杭州国立艺术专科学校。曾任广州美术学院院长、中国美术家协会广东分会副主席。代表作品《饥民》《失业工人》《到前线去》，出版有《胡一川画选》。

J0034187

居里夫人　　李荣洲作

南京　江苏人民出版社　1983年　76cm（2开）

定价：CNY0.18

J0034188
列夫·托尔斯泰　沈行工作
南京　江苏出版社 1983 年 76cm（2 开）
定价：CNY0.18

J0034189
林间小溪　（油画 1984 年年历）希施金作
杭州　西泠印社 1983 年 54cm（4 开）
定价：CNY0.20

J0034190
山东风土人情油画选　张洪祥等画
济南 山东人民出版社 1983 年 32 幅 19cm（32 开）
统一书号：8099.2657 定价：CNY1.75

J0034191
丝路画行　赵以雄绘
[乌鲁木齐] 新疆人民出版社 1983 年 78 页
26cm（16 开）统一书号：8098.163 定价：CNY4.50
　　本画集收录丝路油画 78 幅，描绘了古丝绸之路的乌孙国及唐代北庭都护府历史遗迹：久息的烽燧、残余的塞障、荒废的佛宇、风俗人物、古柳磨坊，以及桑林岩画、寺宇巴札。作者赵以雄（1934— ），画家。北京人，毕业于中央美术学院油画系，曾任职于北京市美术创作室、中国历史博物馆。创作《天山》《赛里木湖》《野马渡》《火焰山》等，代表作《赵以雄新疆油画写生》《丝路画行》《丝绸古道行》《高昌壁画辑佚》《伊犁秋色》等。

J0034192
苏天赐画选　苏天赐绘
上海 上海人民美术出版社 1983 年 40 幅
19cm（32 开）统一书号：8081.13083
定价：CNY1.60
　　本画选收录油画作品 38 幅，创作草稿 2 幅，速写 1 幅。作品中大多数为自然风景。

J0034193
伍步云画集　伍步云绘
北京 人民美术出版社 1983 年 111 幅 19cm（32 开）
精装 统一书号：8027.7634 定价：CNY37.00
　　本画辑收入作者自 1949 至 1979 年间创作的油画作品 111 幅图。以人物画为主，有部分静物和风景画。作者伍步云（1904—2001），画家。生

于广东台山，在菲律宾艺术大学深造。擅长油画，兼画国画。

J0034194
肖邦　方冰山作
南京 江苏人民出版社 1983 年 1 张 76cm（2 开）
定价：CNY0.18

J0034195
新疆油画写生选　张华清绘
南京 [1983 年] 16 张 26cm（16 开）
定价：CNY1.70

J0034196
徐悲鸿油画　徐悲鸿绘
北京 人民美术出版社 1983 年 81 页 19cm（32 开）
统一书号：8027.8310 定价：CNY1.10
（中国美术家丛书）
　　本画集收入作者油画作品 81 幅图，书前由艾中信作序，介绍徐悲鸿的油画作品。作者徐悲鸿（1895—1953），著名画家、美术教育家。原名徐寿康，江苏宜兴市屺亭镇人，毕业于巴黎国立美术学校。曾任教于国立中央大学艺术系，北平大学艺术学院和北平艺术专科学校，后任中央美术学院院长。代表作品《愚公移山图》《八骏图》《负伤之狮》《田横五百士》等。

J0034197
杨秋人油画集　杨秋人绘
广州 岭南美术出版社 1983 年 1 册 27cm（16 开）
统一书号：8260.0931 定价：CNY9.00
　　本画集收入作者油画作品 44 幅。书中附有黑白图，以及作者撰写的论文和艺术活动年表。作者杨秋人（1907—1983），画家、教授。又名杨工白。广西桂林人，毕业于上海艺术专科学校。曾任华南文艺学院教务主任、美术部教授，中南美术专科学校副校长、教授，广州美术学院副院长、教授。代表作《清道工人》《缝征衣》《水电站工地之晨》。

J0034198
早安　（四川油画选）马一平绘
成都 四川人民出版社 1983 年 25 页
25cm（小 16 开）统一书号：8118.1220
定价：CNY1.50

J0034199

张华清画选　张华清绘

上海　上海人民美术出版社　1983年　40幅

19cm（32开）统一书号：8081.13206

定价：CNY1.60

J0034200

陈均德画选　陈均德绘

上海　上海人民美术出版社　1984年　25cm（15开）

定价：CNY4.90

（中国现代美术家画丛）

　　作者陈均德，教授。生于上海，毕业于上海戏剧学院。历任上海戏剧学院教授、中国油画学会常务理事、上海油画学会会长。出版有《中国油画全集》《陈钧德油画艺术》等。

J0034201

冯玉琪杜洣油画选　冯玉琪，杜洣绘

石家庄　河北美术出版社　1984年　27cm（16开）

统一书号：8087.569 定价：CNY5.00

　　本集选编冯玉琪、杜洣夫妇的油画43幅，其中有冯玉琪的《春天的水杉》《鸟的天堂》《明月归》《洞庭湖》《奥北林区》《金鸡山》等；杜洣的《少女》《葵乡》《新渔村》《幼松》《万山群岛渔港》等。作者冯玉琪（1930—2012），回族，天津人。中央美术学院绘画系毕业。曾任广州美术学院油画壁画硕士研究生导师。代表作《夜尽》《稻香蔗甜》《春天的水杉》《中国古代名医》等。出版有《冯玉琪油画选》《冯玉琪杜洣油画选》《当代世界环境艺术》等。作者杜洣，女，广东美术学院教师。

J0034202

郭绍纲油画选　郭绍纲绘

石家庄　河北美术出版社　1984年　41页

40cm（6开）统一书号：8087.823 定价：CNY5.00

　　本画选收入作者20世纪50年代后期，在苏联列宾列宁格勒绘画雕塑建筑学院学习时的作业和20世纪60年代至80年代的油画人物写生和风景、静物作品41幅。作者郭绍纲（1932—　），画家、艺术教育家。曾用名享邑。北京昌平人，毕业于中央美术学院和苏联列宾美术学院学习油画。历任武汉中南美术专科学校教师，广州美术学院院长、教授。代表作《锻工像》《红帽姑娘》《牡丹盛开》等。

J0034203

何孔德油画静物写生　何孔德绘

济南　山东美术出版社　1984年　16张　19cm（32开）

定价：CNY1.30

　　本书系何孔德绘中国现代油画静物写生画。作者何孔德（1925—2003），画家、国家一级美术家。四川西充人，毕业于国立重庆师范学校美术科。中国美术家协会会员。代表作《出击之前》《生命不息　冲锋不止》《卢沟桥战斗》，出版有《何孔德油画选》《何孔德画集》。

J0034204

江淮之波　涂克绘

南京　江苏美术出版社　1984年　61页　27cm（16开）

统一书号：8353.6-003 定价：CNY7.00

　　本画集收有反映抗日战争、解放战争时期，长江、淮河流域军民斗争生活的作品78幅。

J0034205

靳尚谊油画选　靳尚谊绘

郑州　河南人民出版社　1984年　54幅　27cm（16开）

统一书号：8105.1279 定价：CNY5.60

J0034206

李秀实　李秀实绘

北京　人民美术出版社　1984年　32幅　25cm（15开）

统一书号：8027.9223 定价：CNY1.80

　　作者李秀实（1933—　），风景油画家。生于辽宁锦州，毕业于中央美术学院油画系。历任中华美术研究院副院长、中国美术家协会理事、中国油画学会理事。代表作品《过去·现在·未来》《从油画民族化谈起》，出版有《李秀实油画选》《我对墨骨油画的思考》等。

J0034207

李秀实油画选　李秀实绘

北京　人民美术出版社　1984年　26cm（16开）

统一书号：8027.9223 定价：CNY1.80

　　本书收入32幅图，主要介绍中年画家李秀实的油画风景作品和部分人物肖像画。

J0034208

良宵　刘宇作

南宁　广西人民出版社　1984年　2版　76cm（2开）

定价：CNY0.40

J0034209

林岗庞涛油画选　林岗，庞涛绘

石家庄　河北美术出版社　1984年　34幅

27cm（16开）统一书号：8087.597

定价：CNY4.00

　　本集选编林岗、庞涛夫妇的油画作品34幅，大部分是写生和习作。作者林岗（1925—　），油画家。生于山东宁津。在华北联合大学美术系学习，北京中央美术学院研究生；赴苏联列宾美术学院油画系学习，毕业于约干松工作室。历任中央美术学院油画系教授、第四画室主任，中国美术家协会会员。代表作有油画《峥嵘岁月》《群英会上的赵桂兰》等。作者庞涛（1934—　），江苏常熟人。画家庞薰琹之女。中央美术学院研究生毕业。曾任中央美术学院教授、中国油画学会理事。擅长油画、水彩画。代表作品有《冬》《桂林行》《青铜的启示》等。出版有《林岗·庞涛油画选》《绘画材料研究》。

J0034210

罗尔纯画集　罗尔纯绘

长沙　湖南美术出版社　1984年　36幅　27cm（16开）

统一书号：8233.603　定价：CNY7.90

　　本书收入罗氏的代表作40幅。题材以风景、花卉静物为主，旁及少数民族人物。作者罗尔纯（1930—2015），画家、教授。别名罗存，生于湖南湘乡。毕业于苏州美术专科学校西画系。曾任中央美术学院油画系教授、人民美术出版社编辑。代表作《望》《鸡冠花》《咪咪》，出版有《罗尔纯画集》《第三代中国油画家研究·罗尔纯》等。

J0034211

罗工柳人像风景画选　罗工柳绘

北京　人民美术出版社　1984年　60幅　有照片

27cm（16开）统一书号：8027.9027　定价：CNY1.80

　　作者罗工柳（1916—2004），画家、教授。广东开平人，毕业于杭州艺术专科学校和鲁迅艺术文学院美术系。中央美术学院教授。著有《罗工柳画集》《巨匠周刊·罗工柳·专集》《罗工柳艺术对话录》等。

J0034212

绿林白鹅　李松石作

重庆　重庆出版社　1984年　53cm（4开）

定价：CNY0.28

J0034213

南海红帆　李松石作

重庆　重庆出版社　1984年　53cm（4开）

定价：CNY0.28

J0034214

全山石油画肖像选　全山石绘

济南　山东美术出版社　1984年　1册（56页）

有照片　25cm（15开）精装　统一书号：8332.160

定价：CNY8.40

　　本书收入作者肖像作品40余幅。其中以农民、渔民、工人、民兵头像、肖像为主，部分作品附有细部，突出了精彩部分。

J0034215

全山石油画选　全山石绘

石家庄　河北美术出版社　1984年　1册（51页）

25cm（15开）统一书号：8087.881　定价：CNY9.50

　　本画集选入作者20世纪50年代在苏联列宾列宁格勒绘画雕塑建筑学院留学时的课堂作业和20世纪60年代至80年代的油画创作和写生作品51幅。其中包括《毛主席在井冈山上》《女大学生》《娄山关》《牧归》《水乡古屋》等。

J0034216

山东风土人情油画作品选　曹昌武等作；上海人民美术出版社编辑

上海　上海人民美术出版社　1984年　43页

27cm（12开）统一书号：8081.13511

定价：CNY11.00

　　本画选收入油画作品46幅。作者曹昌武（1932—　），江苏江阴人。擅长油画、水粉画。毕业于中央美术学院油画系。历任中国戏曲学校舞台美术专业教师，文化部艺术研究院干部，山东艺术学院美术系副教授、教授。作品有《山东渔家》《白头行》等，著有《绘画构图基础》。

J0034217

太行烈士潭　李松石作

重庆　重庆出版社　1984年　1张　53cm（4开）

定价：CNY0.28

J0034218

天津铝版漆画　黄维中绘

天津　天津人民美术出版社　1984 年　58 页

22cm（32 开）统一书号：8073.50313 定价：CNY2.50

J0034219

妥木斯油画选　妥木斯绘

北京　人民美术出版社　1984 年　1 册　26cm（16 开）

统一书号：8027.8656 定价：CNY1.60

J0034220

王德威法国意大利写生　王德威绘

济南　山东美术出版社　1984 年　18 幅　19cm（32 开）

统一书号：8332.176 定价：CNY0.95

　　作者王德威（1927—1984），教授。河北高阳人，毕业于杭州美术学院。历任《儿童画报》《华中少年画报》主编，浙江美术学院副教授、副院长，中国美术家协会浙江分会副主席，中国美术家协会理事。主要作品有《渡江战役》《刘少奇同志在林区》《英雄的姐妹们》等。出版有《王德威法国意大利写生（册页装）油画》。

J0034221

新疆油画写生选　张华清画

南京　江苏人民出版社 [1984 年] 16 幅

26cm（16 开）统一书号：8100.6.005 定价：CNY1.70

J0034222

徐君萱油画风景写生　徐君萱绘

济南　山东美术出版社　1984 年　18 幅　19cm（32 开）

套装　统一书号：8332.165 定价：CNY0.90

　　作者徐君萱（1934—　），油画家、教授。江苏江阴人，毕业于浙江美术学院油画系，留校任教。中国美术家协会会员。出版有《徐君萱油画风景写生》《徐君萱——中国当代艺术家画库》《素描研究》《水彩画技法》《美术常识》等。

J0034223

油画选刊　（1 中央美术学院油画系教师作品）

人民美术出版社编辑室编

北京　人民美术出版社　1984 年　26cm（16 开）

统一书号：8027.8923 定价：CNY1.80

　　本辑为中央美术学院油画系教师作品选。

J0034224

油画选刊　（2 人民美术出版社编辑室编）

北京　人民美术出版社　1984 年　26cm（16 开）

统一书号：8027.8794 定价：CNY1.80

J0034225

油画选刊　（3 四川美术学院师生油画选）

北京　人民美术出版社　1983 年　26cm（16 开）

统一书号：8027.8482 定价：CNY1.80

J0034226

油画选刊　（4 潘世勋、赵以雄、朱维民画选）

潘世勋等绘

北京　人民美术出版社　1984 年　26cm（16 开）

统一书号：8027.8924 定价：CNY1.80

J0034227

油画选刊　（5 张钦若、江平、周路石画选）人民美术出版社编辑室编

北京　人民美术出版社　1985 年　27 幅　26cm（16 开）

统一书号：8027.9252 定价：CNY1.90

J0034228

油画选刊　（6 山东油画选）山东美术出版社编辑室编

北京　人民美术出版社　1984 年　44 幅　26cm（16 开）

统一书号：8027.9280 定价：CNY2.45

J0034229

油画选刊　（7 戴泽、韦启美、罗尔纯画选）戴泽等绘；人民美术出版社编辑室编

北京　人民美术出版社　1985 年　26cm（16 开）

ISBN：8027.9382 定价：CNY2.25

J0034230

油画选刊　（8 马常利、张重庆、邵晶坤画选）

人民美术出版社编辑室编

北京　人民美术出版社　1985 年　26cm（16 开）

统一书号：8027.9556 定价：CNY2.40

J0034231

詹建俊画集　詹建俊绘

石家庄　河北美术出版社　1984 年　59 页

27cm（16 开）统一书号：8087.748 定价：CNY9.80

　　本作品收入作者作品 59 幅，其中包括人物

画和风景画等。作者詹建俊(1931—　)，满族，油画家、教授。辽宁盖平人，毕业于中央美术学院彩墨系。历任中央美术学院教授、博士生导师，中国油画学会主席，中国美术家协会顾问，欧洲人文艺术科学院客座院士等。代表作品《高原的歌》《鹰之乡》，出版《詹建俊画集》。

J0034232
詹建俊画集　詹建俊绘
北京　人民美术出版社　1984年　1册(86页)
25cm(小16开)　统一书号：8027.8739
定价：CNY24.00

　　本画册选辑了作者的革命历史画、风俗画、肖像画等86幅油画作品。

J0034233
湛江渔火　李松石作
重庆　重庆出版社　1984年　53cm(4开)
定价：CNY0.28

J0034234
赵友萍画选　赵友萍作
石家庄　河北美术出版社　1984年　有图
25×26cm　定价：CNY14.5

　　作者赵友萍(1932—　)，女，油画家。黑龙江依兰人。历任中央美术学院教授、中国美术家协会会员、中国油画学会理事、中国人民大学徐悲鸿艺术学院副院长等。作品有《代表会上的妇女委员》《山花烂漫时》《路漫漫》等。

J0034235
赵友萍油画选　赵友萍绘
石家庄　河北美术出版社　1984年　53幅
27cm(16开)统一书号：8087.863　定价：CNY9.50

　　本画选选入作者20年代60年代至80年代的油画创作、人物写生、静物画和风景画53幅。

J0034236
爱迪生　(1847—1931)蔡亮画
杭州　浙江教育出版社　1985年　1张　76cm(2开)
定价：CNY0.30

　　作者蔡亮(1932—1995)，油画家。福建厦门人，毕业于中央美术学院绘画系。中国美术家协会会员、美术家协会浙江分会理事、浙江油画研究会副会长、浙江美术学院教授、中国美术学院

教授。主要作品有《延安火炬》《贫农的儿子》《红军三大主力会师》等。

J0034237
爱因斯坦　(1879—1955)　宋韧画
杭州　浙江教育出版社　1985年　1张　76cm(2开)
定价：CNY0.30

J0034238
巴甫洛夫　(1849—1936)　何绍教画
杭州　浙江教育出版社　1985年　1张　76cm(2开)
定价：CNY0.30

J0034239
达尔文　(1809—1882)　宋韧画
杭州　浙江教育出版社　1985年　1张　76cm(2开)
定价：CNY0.30

J0034240
方世聪画选　方世聪绘
上海　上海人民美术出版社　1985年　20页
有照片　25cm(12开)　统一书号：8081.14298
定价：CNY4.90
(中国现代美术家画丛)

　　本画选收入作者20幅油画作品。作者方世聪(1941—　)，画家。毕业于国立上海美术专科学校油画系。历任上海美术家协会会员，上海戏剧学院美术系油画教研室主任、教授，上海黄浦画院副院长。代表作《华夏魂》《东方少女》《潜在的能量》《激情的艺术》《塞纳河夕照》等。

J0034241
高尔基　(1868—1936)　宋韧画
杭州　浙江教育出版社　1985年　1张　76cm(2开)
定价：CNY0.30

J0034242
哥白尼　(1473—1543)　张自薿画
杭州　浙江教育出版社　1985年　1张　76cm(2开)
定价：CNY0.30

J0034243
何孔德油画选　何孔德绘
石家庄　河北美术出版社　1985年　25cm(16开)
统一书号：8087.1210　定价：CNY9.50

　　本画选收集作者历史画和军事画创作，人物、风景、静物写生作品52幅。其中包括：《古田会议》《三八战士》《并肩战斗》《吐鲁番的少女》《红色少先队员》《天山朝晖》《丹东之秋》等。

J0034244
花卉　吕馥慧作
沈阳　辽宁美术出版社　1985年　1张　53cm（4开）
定价：CNY0.25

J0034245
黄葵　周玉玮作
沈阳　辽宁美术出版社　1985年　1张　53cm（4开）
定价：CNY0.25

J0034246
居里夫人　（1867—1934）　肖峰画
杭州　浙江教育出版社　1985年　1张　76cm（2开）
定价：CNY0.30

J0034247
李松石风景画选　李松石绘
北京　人民美术出版社　1985年　40页　26cm（16开）
统一书号：8027.9273　定价：CNY13.40
　　本书共收集作者42幅作品，其中油画36幅，水彩画6幅。

J0034248
毛泽东主席　王儒伯等作
郑州　河南美术出版社　1985年　1张
107cm（全开）定价：CNY1.60

J0034249
牛顿　（1642—1936）　张自嶷画
杭州　浙江教育出版社　1985年　1张　76cm（2开）
定价：CNY0.30

J0034250
秦大虎油画选　［秦大虎著］
济南　山东美术出版社　1985年　18cm（15开）
统一书号：8332.521　定价：CNY1.35

J0034251
秋　王铁牛作
沈阳　辽宁美术出版社　1985年　1张　53cm（4开）
定价：CNY0.25

J0034252
秋天的白桦　李骏作
北京　人民美术出版社　1985年　1张　53cm（4开）
定价：CNY0.24

J0034253
山花　周玉玮作
沈阳　辽宁美术出版社　1985年　1张　53cm（4开）
定价：CNY0.25

J0034254
硕果丰盛鲜花香　陆廷作
上海　上海人民美术出版社　1985年　1张
76cm（2开）定价：CNY0.20

J0034255
涂克画集　涂克绘
桂林　漓江出版社　1985年　60页　25cm（15开）
精装　统一书号：8256.164　定价：CNY16.00
　　本书是涂克以广西风光为专题的油画集，共60幅。

J0034256
万里长城　王麟坤作
上海　上海人民美术出版社　1985年　1张
76cm（2开）定价：CNY0.20
　　作者王麟坤（1939—　），美术编辑。上海人，笔名王凌昆。毕业于上海美术专科学校油画系。任上海人民美术出版社副编审。作品有《祖国万岁——庆祝中华人民共和国成立三十周年》《德国物理学家爱因斯坦》《京韵系列》《花韵系列》等。

J0034257
王德娟油画选　王德娟绘
济南　山东美术出版社　1985年　1册　19cm（32开）
统一书号：8332.417　定价：CNY1.35
　　作者王德娟（1932—　），教授。江苏武进人，毕业于中央美术学院。中央美术学院附中副教授、中国美术家协会会员。代表作品有《毛主席和女民兵》《芬芳满人间》等。出版有《王德娟油画选》《毕克官、王德娟——油画、素描、漫画集》《王德娟画集》。

J0034258
卫天霖画集　卫天霖绘
北京　人民美术出版社　1985 年　41+2641 页
26cm（16 开）统一书号：8027.8657 定价：CNY5.90
　　本画集共选画家卫天霖生前佳作 43 件，其
中包括人物、风景、静物等作品。

J0034259
谢敏适写生画选　谢敏适绘
郑州　河南美术出版社　1985 年　23 页　26cm（16 开）
统一书号：8386.224 定价：CNY2.00
　　本书选收画家的油画、水粉画 23 幅。

J0034260
徐明华油画选　徐明华绘
南京　江苏美术出版社　1985 年　12 页　25cm（16 开）
定价：CNY1.60

J0034261
颜文梁　颜文梁绘
上海　上海人民美术出版社　1985 年　1 册
27cm（16 开）精装　统一书号：8081.13378
定价：CNY35.00
　　本书共收作者的油画作品 100 幅，后附中
国画、油画、水彩画 7 幅。作者颜文梁（1893—
1988），画家、美术教育家。字栋臣，小名二官。
生于江苏苏州，曾入商务印书馆画图室和法国巴
黎高等美术专科学校学习。历任苏州美术专科
学校教师、中央美术学院华东分院副院长、浙江
美术学院顾问、中国美术家协会顾问。代表作《画
室》《美术用透视学》《色彩琐谈》，出版有《颜文
梁画集》《欧游小品》《苏杭风景》等。

J0034262
颜文樑　颜文樑作
上海　上海人民美术出版社　1985 年　20 页
19×26cm 统一书号：8081.13378 定价：CNY35.00
　　本画集收入作者不同时期创作的油画作品。
其中包括：《巴黎铁塔》《罗马斗兽场》《祖国颂》
《浦江夜航》《雁来红》等。

J0034263
杨松林油画习作选　杨松林绘

济南　山东美术出版社　1985 年　16 幅　18cm（32 开）

J0034264
油画
南京　江苏美术出版社　1985 年　12 幅　25cm
统一书号：8353.6039 定价：CNY1.80

J0034265
油画风景写生　漓江出版社编
桂林　漓江出版社　1985 年　10 张　15cm（40 开）
定价：CNY1.20

J0034266
张文源艾轩油画选　张文源，艾轩绘；四川
人民出版社编
成都　四川人民出版社　1985 年　46 页
25cm（小 16 开）统一书号：8118.1486
定价：CNY5.50

J0034267
张重庆油画风景　张重庆［作］
济南　山东美术出版社　1985 年　13×18cm
统一书号：8332.567 定价：CNY1.35

J0034268
周恩来总理　王儒伯等画
郑州　河南美术出版社　1985 年　1 张
107cm（全开）定价：CNY1.60

J0034269
第六届全国美术展览油画选　（第一辑）上
海人民美术出版社编
上海　上海人民美术出版社　1986 年　24 张
25cm（15 开）定价：CNY4.10

J0034270
第六届全国美术展览油画选　（第二辑）上
海人民美术出版社编
上海　上海人民美术出版社　1986 年　24 张
25cm（15 开）定价：CNY4.10

J0034271
风景
天津　天津人民美术出版社　1986 年　1 张
76cm（2 开）定价：CNY0.22

J0034272
桂林　张仁缘作
南昌　江西人民出版社 1986 年 1 张 53cm（4 开）
定价：CNY0.48

J0034273
荷塘月色　黄振永作
成都　四川美术出版社 1986 年 1 张 76cm（2 开）
定价：CNY0.22
　　作者黄振永（1930—　），四川成都人。擅长宣传画、年画。曾在空军美术训练班学习。历任沈阳军区美术创作员、成都军区空军政治部创作员。作品有《我爱祖国的蓝天》，年画《幽谷飞瀑》《海之歌》等。

J0034274
胡振宇油画集　胡振宇绘
石家庄　河北美术出版社 1986 年 有照片
26cm（16 开）统一书号：8087.1655
定价：CNY14.50
　　本书收入作者作品 50 幅。其中《艺校学生》《维族演员》《维族青年》《哈萨克族老汉》《阿訇》《沉思》《小提琴手》等，表现出画家扎实准确的造型能力和对人物形象、神态的刻画。外文书名：Selected Oil Paintings of Hu Zhenyu. 作者胡振宇（1939—　），画家。浙江宁波人。浙江美术学院油画系毕业，国家选派赴比利时皇家美术学院留学。历任浙江美院油画系主任、造型学部副主任。代表作品有《功》《一生难忘 1976》《峥嵘岁月》《百年沧桑》《白求恩》，出版有《胡振宇油画作品》画册。

J0034275
金色的秋天　范宇作
长沙　湖南美术出版社 1986 年 1 张 76cm（2 开）
定价：CNY3.50

J0034276
静物
天津　天津人民美术出版社 1986 年 1 张
76cm（2 开）定价：CNY0.22

J0034277
九寨秋色　何哲生作
成都　四川美术出版社 1986 年 1 张 76cm（2 开）

定价：CNY0.22

J0034278
林间小溪　邬华敏作
成都　四川美术出版社 1986 年 1 张 53cm（4 开）
定价：CNY0.10
　　作者邬华敏（1954—　），画家，擅长油画。重庆人。毕业于重庆社会大学美术系油画专业。任重庆铁路分局重庆西俱乐部主任、政工师。作品曾入选全国美术展览及年画展。作品《敬爱的元帅——徐向前、陈毅》《高瞻远瞩》，油画《金秋》。

J0034279
潘鸿海油画选辑　潘鸿海绘
合肥　安徽美术出版社 1986 年 16 张 26cm（16 开）
定价：CNY2.00
　　作者潘鸿海（1942—　），艺术家。上海人，毕业于浙江美术学院油画系。历任浙江人民美术出版社美术记者、美术编辑、编辑部主任、副总编，《富春江画报》负责人，浙江画院院长。代表作品有《又是一个丰收年》《鲁迅》。

J0034280
外国风光　郑胜天作
西安　陕西人民美术出版社 1986 年 2 张
76cm（2 开）定价：CNY0.50

J0034281
万里长城　张隆基作
上海　上海书画出版社 1986 年 1 张 76cm（2 开）
定价：CNY0.20

J0034282
王大同油画选　王大同绘
成都　四川美术出版社 1986 年 1 册 10cm（64 开）
统一书号：8373.701 定价：CNY7.00

J0034283
夏培耀油画选　夏培耀绘
成都　四川美术出版社 1986 年 56 页 有照片
10cm（64 开）统一书号：8373.700 定价：CNY9.80

J0034284
徐明华画选　徐明华绘

上海　上海人民美术出版社　1986 年　1 册
25cm（16 开）统一书号：8081.14580 定价：CNY4.90
（中国现代美术家画丛）

J0034285
油画 （第 2 辑）江苏美术出版社编
南京　江苏美术出版社　1986 年　26cm（16 开）
定价：CNY1.80

J0034286
油画人体 （第 1 集）四川美术出版社编
成都　四川美术出版社　1986 年　20 页　38cm（8 开）
统一书号：8373.733 定价：CNY5.50

J0034287
油画人体 （第 2 集）四川美术出版社编
成都　四川美术出版社　1986 年　20 页　38cm（8 开）
统一书号：8373.734 定价：CNY5.50

J0034288
油画人体 （第 3 集）夏培耀编选
成都　四川美术出版社　1987 年　20 页　38cm（8 开）
统一书号：CN8373.1103 定价：CNY5.80

J0034289
油画人体 （第 4 集）王忻作等绘
成都　四川美术出版社　1987 年　20 页　38cm（8 开）
统一书号：CN8373.1104 定价：CNY6.30

J0034290
油画人体 （第 5 集）龙力游等绘
成都　四川美术出版社　1987 年　20 页　38cm（8 开）
统一书号：CN8373.1105 定价：CNY6.30

J0034291
油画人体 （第 6 集　天津美术学院专辑）张世
范编
成都　四川美术出版社　1988 年　20 页　38cm（8 开）
ISBN：7-5410-0251-8 定价：CNY6.50

J0034292
油画人体 （第 7 集　西安美术学院专辑）潘晓
冬编选
成都　四川美术出版社　1988 年　20 页　38cm（8 开）
ISBN：7-5410-0252-6 定价：CNY6.50

J0034293
油画人体 （第 8 集）曹春生等绘
成都　四川美术出版社　1989 年　20 页　38cm（8 开）
ISBN：7-5410-0350-6 定价：CNY6.80

J0034294
油画选辑 （9 王征骅、刘力、徐明华画选）北
京人民美术出版社编
北京　人民美术出版社　1986 年　32 页　26cm（16 开）
统一书号：8027.9627 定价：CNY2.70

J0034295
油画选辑 （10 北京油画）人民美术出版社编
北京　人民美术出版社　1986 年　26cm（16 开）
统一书号：8027.9665 定价：CNY2.50

J0034296
油画选辑 （11 天津美术学院油画系教师作
品）吕小鹏等作
北京　人民美术出版社　1987 年　32 页　26cm（16 开）
统一书号：8027.9712 定价：CNY3.65

J0034297
油画选辑 （12 郑胜天、王霞、苏天赐、沈行
工画选）郑胜天等绘
北京　人民美术出版社　1987 年　26cm（16 开）
统一书号：8027.9724 定价：CNY3.50

J0034298
油画选辑 （13）胡善余等绘
北京　人民美术出版社　1987 年　26cm（16 开）
统一书号：8027.9712 定价：CNY3.50

J0034299
油画选辑 （14 鲁迅美术学院油画系教师作
品选）万今声等绘
北京　人民美术出版社［1990 年］26cm（16 开）
ISBN：7-102-00735-3 定价：CNY12.50

J0034300
长恨歌画意 李毅士绘
上海　上海人民美术出版社　1986 年　30 页
有肖像 26cm（16 开）统一书号：8081.14875
定价：CNY1.60
　　本作品取材于唐白居易的《长恨歌》，有连续

图画30幅，每幅配白居易《长恨歌》原诗，以北京故宫为蓝本，采用明代制版，故定名"画意"。于右任封面题字并作序。作者李毅士（1886—1942），画家、美术教育家。名祖鸿，江苏武进（今属常州）人，曾于英国格拉斯哥美术学院学习西画。历任南京高等师范学校教师、北京大学画法研究会黑白画教师、北京高等师范美术专科学校教授，南京高等师范学校工艺科西画教授兼主任等职。主要作品有《长恨歌画意》《粥少僧多》《艺术与科学》。

J0034301

中国当代研究生油画选　侯一民编

长沙　湖南美术出版社　1986年　25cm（15开）
统一书号：8233.921　定价：CNY13.00

　　本书选入1978—1985年各美术学院油画专业23位研究生的46幅作品，题材包括肖像、人体、风景、建筑物等。画集中的作品呈现出80年代初期中国油画艺术进入现代的前奏状态。作者侯一民（1930—　），蒙古族，画家、雕塑家、美术教育家。河北高阳人。历任中央美术学院教授、中国壁画学会会长、中国美术家协会常务理事、全国壁画艺术委员会主任、吴作人国际美术基金会理事长。油画代表作品有《青年地下工作者》《毛主席与安源矿工》《六亿神州尽舜尧》《百花齐放》《华夏之歌》等。

J0034302

中国高等美术学院油画集　（广州美术学院分卷）尹国良主编

长沙　湖南美术出版社　1986年　37cm（8开）
统一书号：8233.986　定价：CNY13.90

J0034303

中国高等美术学院油画集　（湖北美术学院分卷）尚扬主编

长沙　湖南美术出版社　1986年　34cm（12开）
统一书号：8233.982　定价：CNY11.80

　　主编尚扬（1936—　），画家。四川开县人，毕业于湖北艺术学院美术系研究生。历任湖北人民出版社美术编辑，湖北美术学院教授、副院长，华南师范大学美术研究所所长，首都师范大学美术系教授、硕士研究生导师，中国油画学会副主席，中国美术家协会理事，中国美术家协会油画艺术委员会会员等。代表作品《黄河船夫》

《爷爷的河》《二十八宿图》。

J0034304

中国高等美术学院油画集　（四川美术学院分卷）夏培耀主编

长沙　湖南美术出版社　1986年　34cm（12开）
统一书号：8233.987　定价：CNY13.90

J0034305

中国高等美术学院油画集　（天津美术学院分卷）张京生主编

长沙　湖南美术出版社　1986年　38cm（8开）
统一书号：8233.981　定价：CNY11.80

　　主编张京生（1940—　），画家。生于北京，毕业于中央美术学院油画系。天津美术学院教授、硕士生导师，中国美术家协会会员。

J0034306

中国高等美术学院油画集　（西安美术学院分卷）谌北新主编

长沙　湖南美术出版社　1986年　38cm（8开）
统一书号：8233.983　定价：CNY11.80

　　主编谌北新（1932—　），画家、教授。生于北京，祖籍江西南昌。毕业于中央美术学院绘画系和中央美术学院油画训练班，被选送中央美术学院马克西莫夫油画训练班深造。就职于西安美术学院。著作有《谌北新油画风景习作辑》《谌北新风景油画选》《谌北新油画作品》。

J0034307

中国高等美术学院油画集　（中央美术学院分卷）靳尚谊，朱乃正主编

长沙　湖南美术出版社　1986年　34cm（12开）
统一书号：8233.980　定价：CNY17.80

　　主编靳尚谊（1934—　），满族，画家、教授。河南焦作人，毕业于中央美术学院绘画系和马克西莫夫油画训练班。曾任中央美术学院院长、教授、博士生导师，中国美术家协会主席、中国文学艺术界联合会副主席。代表作品有《塔吉克新娘》《青年歌手》《蓝衣少女》等，出版有《靳尚谊油画选》《靳尚谊肖像作品选集》等。主编朱乃正（1935—2013），教授。浙江海盐人，毕业于中央美术学院。历任中央美术学院学术委员会主任、教授，中国美术家协会理事。代表作品有《金色的季节》《春华秋实》《青海长云》。

J0034308

中国高等美术学院油画集 （鲁迅美术学院分卷）任梦璋主编

长沙　湖南美术出版社　1987 年　37cm（8 开）

统一书号：8233.985　ISBN：7-5356-0003-4

定价：CNY13.90

（中国高等美术学院作品全集·油画集）

　　主编任梦璋（1934—　），画家，教授。河北束鹿（今辛集市）人，毕业于中央美术学院。曾任鲁迅美术学院教授、中国美术家协会会员、辽宁美术家协会顾问。代表作品《平型关大捷》《攻克锦州》《秋色》等。

J0034309

中国高等美术学院油画集 （浙江美术学院分卷）全山石主编

长沙　湖南美术出版社　1987 年　37cm（8 开）

ISBN：7-5356-0002-6　定价：CNY13.90

（中国高等美术学院作品全集）

　　本卷收入油画作品 30 幅。主编全山石（1930—　），画家，教授。浙江宁波人，毕业于中央美术学院华东分院。历任中国油画学会副主席、中国美术家协会油画艺术委员会副主任、中国美术学院教授、俄罗斯列宾美术学院荣誉教授等。代表作有收藏在中国革命博物馆的《英勇不屈》《井冈山上》《娄山关》《重上井冈山》《历史的潮流》等。

J0034310

《啊，东北》油画作品选　石铁民等绘

北京　人民美术出版社　1987 年　［32］页　26cm（16 开）统一书号：8027.10322

定价：CNY5.80

J0034311

曹新林绘画作品选　曹新林绘

郑州　河南美术出版社　1987 年　66 页　26cm（16 开）

统一书号：8386.683　定价：CNY3.60

（中青年画家作品采集）

J0034312

陈绍锦画集　陈绍锦绘

香港　松风画苑　1987 年　48 页　26cm（16 开）

J0034313

崔开西油画风景　崔开西绘

济南　山东美术出版社　1987 年　19cm（32 开）

ISBN：7-5330-0012-9　定价：CNY1.50

　　作者崔开西（1935—　），教授，画家。本名崔开玺，山东掖县（现莱州市）人，就读于中央美术学院。任解放军艺术学院副教授、教授，中国美术家协会会员。代表作品有《演习之后》《长征路上写生》《长征途中的贺龙与任弼时》等。

J0034314

村道

杭州　西泠印社　1987 年　1 张　53cm（4 开）

定价：CNY1.50

J0034315

郭绍纲油画选　郭绍纲作

石家庄　河北美术出版社　1987 年　有图

25×26cm　定价：CNY11.60

　　作者郭绍纲（1932—　），画家、艺术教育家。曾用名享邑。北京昌平人，毕业于中央美术学院，曾至苏联列宾美术学院学习油画。历任武汉中南美术专科学校教师、广州美术学院院长、教授。代表作《锻工像》《红帽姑娘》《牡丹盛开》等。

J0034316

何孔德画集　何孔德绘

天津　天津人民美术出版社　1987 年　115 页　22cm（32 开）精装　ISBN：7-5305-0023-6

定价：CNY32.00

　　作者何孔德（1925—2003），画家、国家一级美术家。四川西充人，毕业于国立重庆师范学校美术科。中国美术家协会会员。代表作《出击之前》《生命不息 冲锋不止》《卢沟桥战斗》，出版有《何孔德油画选》《何孔德画集》。

J0034317

金色的秋天　范宇作

长沙　湖南美术出版社　1987 年　1 张　76cm（2 开）

定价：CNY0.23

J0034318

靳尚谊肖像作品选集　靳尚谊绘

天津　天津人民美术出版社　1987 年　88 页　有照

片 21cm（32 开）精装 ISBN：7-5305-0024-4
定价：CNY20.00

J0034319
静静的书斋　贡振宝画
石家庄 河北美术出版社 1987 年 1 张
107cm（全开）定价：CNY1.20

J0034320
留学画家油画选　林日雄编
石家庄 河北美术出版社 1987 年 46 页
26cm（16 开）ISBN：7-5310-0043-1
定价：CNY12.00
　　本画选共收油画作品44幅。其中包括：王
征骅的《路易莎像》等5幅作品及其撰文《写生
几张习作发表之前》；庞清的《青铜的启示》等5
幅作品及《随想一二》；郑胜天的《雪》等5幅作
品及《蒙大拿随笔》；胡振宇的《梅克夫人肖像》
等5幅作品及《国外随感》；徐芒耀的《巴黎少女》
等5幅作品及《留法随感》等。

J0034321
牛顿、爱因斯旦、达尔文、居里夫人　庄弘
醒画
南京 江苏科学技术出版社 1987 年 4 张
76cm（2 开）定价：CNY1.30

J0034322
牛顿、爱因斯旦、达尔文、居里夫人　庄弘
醒画
南京 江苏科学技术出版社 1987 年 4 张
［78cm］（2 开）定价：CNY0.90

J0034323
牛顿、爱因斯旦、达尔文、居里夫人　庄弘
醒画
南京 江苏科学技术出版社 1987 年 4 张
53cm（4 开）定价：CNY0.70

J0034324
**七·七事变——卢沟桥抗日战争纪念馆历
史画**　何孔德等绘
石家庄 河北美术出版社 1987 年 29 页
25cm（小 16 开）ISBN：7-5310-0044-X
定价：CNY8.00

J0034325
秋色碧水图　小舟作
长沙 湖南美术出版社 1987 年 1 张
107cm（全开）定价：CNY0.80

J0034326
人体美术作品选
北京 中国文联出版公司 1987 年 26cm（16 开）
统一书号：8355.1124 ISBN：7-5059-0124-9
定价：CNY3.00

J0034327
三峡胜境　简崇志作
重庆 重庆出版社 1987 年 1 张 107cm（全开）
定价：CNY1.28

J0034328
武德祖油画选　武德祖绘
西安 陕西人民美术出版社 1987 年 48 页
26cm（16 开）定价：CNY6.80
　　该画册选收其作品50幅，其中主要作品为
油画人物肖像，重在表现人物的质朴与内在美。
作者武德祖（1923—1991），油画家、教授。别名
苏坚，陕西渭南县人。曾在抗日军政大学、鲁迅
艺术文学院美术系、中央美术学院苏联专家马克
西莫夫油画训练班学习。曾任西安美术学院教
授。作品有《婚姻自己做主》《女孩》《正月》《战
争年代》等。出版有《武德祖油画选》。

J0034329
现代油画　（北京国际艺苑第一届油画展）
沈阳 辽宁美术出版社 1987 年 82 页 26cm（16 开）
定价：CNY12.00
　　外文书名：Modern Oil Painting.

J0034330
油画花卉　（之一）
石家庄 河北美术出版社 1987 年 1 张
76cm（2 开）定价：CNY1.00

J0034331
油画花卉　（之二）
石家庄 河北美术出版社 1987 年 1 张
76cm（2 开）定价：CNY1.00

J0034332
油画花卉 （之三）
石家庄　河北美术出版社　1987 年　1 张
76cm（2 开）定价：CNY1.00

J0034333
油画花卉 （之四）
石家庄　河北美术出版社　1987 年　1 张
76cm（2 开）定价：CNY1.00

J0034334
油画花卉 （之五）
石家庄　河北美术出版社　1987 年　1 张
76cm（2 开）定价：CNY1.00

J0034335
中国油画作品展览目录 （中俄文本）中国
美术馆珍藏
北京［1987 年］48 页　25cm（小 16 开）

J0034336
朱士杰画选　朱士杰绘
上海　上海人民美术出版社　1987 年　有照片
24×26cm　定价：CNY12.00
（中国现代美术家画丛）
　　本画集收入作者从青年时期到 20 世纪 80
年代所作的现代油画作品 31 幅。作者朱士杰
（1900—1990），油画家、教授。江苏苏州人。苏
州美术专科学校和苏州美术馆创始人之一，南京
艺术学院教授。代表作品有《井冈山》《洞庭船
埠》《撒网》《长桥卧波》《寒林雪霁》等。

J0034337
白衣女郎
天津　天津人民美术出版社　1988 年　1 张
76cm（2 开）定价：CNY0.90

J0034338
风景画临本　刘海志编
石家庄　河北美术出版社　1988 年　18 页
26×37cm　ISBN：7-5310-0060-1　定价：CNY4.50
　　本作品收录 18 幅图，主题有海洋、湖泊、河
流、树林、小溪、园林、码头、港口等。作品运用
写实和概括的手法，意境幽美，色彩浑厚、明快，
笔触凝练、泼辣。

J0034339
傅乃琳沈毅油画选　傅乃琳，沈毅绘
石家庄　河北美术出版社　1988 年　32 页
25cm（15 开）ISBN：7-5310-0066-0
定价：CNY13.00
　　本画册收有傅乃琳作品 29 幅，其中包括：
《书外音》《心潮》《业余舞蹈演员》《阅读》《雨》
等。收有沈毅的作品 6 幅，其中包括：《笛》《老
农》《山城》等。外文书名：Selected Oil Paintings
of Fu Nailin ＆ Shen Yi.

J0034340
古典风油画　袁林，张晓凌编著
桂林　漓江出版社　1988 年　26cm（16 开）
ISBN：7-5407-0310-5
定价：CNY29.00，CNY35.00（精装）
（中国当代美术系列）
　　本书对中国美术发展中崛起的古典风油画
现象进行了较全面的分析和介绍，论析了古典风
油画崛起的原因、审美特征、发展流向及历史价
值。文后分别选入 50 位画家题材多样、技法精
湛的 152 幅代表作品，其中彩色近 80 幅。

J0034341
红玫瑰与少女
济南　山东美术出版社　1988 年　1 张　54cm（4 开）
定价：CNY0.40

J0034342
红头巾少女
天津　天津人民美术出版社　1988 年　1 张
76cm（2 开）定价：CNY0.90

J0034343
靳尚谊·人体·肖像　靳尚谊绘
长沙　湖南美术出版社　1988 年　有彩照
35cm（12 开）精装　ISBN：7-5356-0211-8
定价：CNY48.00
　　本书为以女性为题材的画集。选入画家的
女性人体、肖像作品 36 幅，其中有《双人体》《高
原情》等，并附有画家艺术创作年表。

J0034344
静物
天津　天津人民美术出版社　1988 年　1 张

54cm（4开）定价：CNY0.40

J0034345
蜡染画　蔡天定等著
台北　艺术图书公司　1988年　2版　128页　有图
21cm（32开）定价：TWD180.00
（现代工艺丛书 1）

J0034346
木卡姆　哈孜·艾买提画
乌鲁木齐　新疆人民出版社　1988年　1张
54cm（4开）定价：CNY0.30
　　作者哈孜·艾买提（1935—2017），新疆喀什市人，毕业于新疆大学。历任中国文联委员、中国美术家协会顾问、新疆文史馆名誉馆长、中国维吾尔历史文化研究会和中国油画学会常务理事等职。代表作品有《牛背刁羊图》《唱不尽的心声》《万方乐奏有于阗》《地毯·维吾尔人》等。

J0034347
秋
福州　福建美术出版社　1988年　1张　108cm（全开）
定价：CNY2.00

J0034348
群山迎客图
福州　福建美术出版社　1988年　1张　108cm（全开）
定价：CNY2.00

J0034349
山色艳丽图
福州　福建美术出版社　1988年　1张　108cm（全开）
定价：CNY2.00

J0034350
石林风景油画集　旭磊画
昆明　云南人民出版社［1988年］26cm（16开）
定价：CNY6.00

J0034351
硕果累累
杭州　浙江人民美术出版社　1988年　1张
108cm（全开）定价：CNY1.70

J0034352
万里长城　吴亦生作
上海　上海书画出版社　1988年　1张　78cm（2开）
定价：CNY0.26

J0034353
肖峰　宋韧油画选　肖峰，宋韧绘
上海　上海人民美术出版社　1988年　52页
26cm（16开）ISBN：7-5322-0310-7
定价：CNY20.00

J0034354
徐悲鸿油画集　徐悲鸿绘；冯法祀编
北京　人民美术出版社　1988年　1册　26cm（16开）
ISBN：7-102-00239-4　定价：CNY32.60
　　本画册由冯法祀作序，详细地介绍了徐悲鸿油画的艺术成就与技法及特点。代表作有《黄震之像》《箫声》《湖畔》等。

J0034355
徐坚白谭雪生油画选　徐坚白，谭雪生绘
广州　岭南美术出版社　1988年　49页　有彩照
25cm（16开）ISBN：7-5362-0252-0
定价：CNY29.00
　　本画集收录两位作者的作品49幅，其中有作者在渔区体验生活的真实写照，还有二人珍贵的照片及年表。作者徐坚白（1925—2017），女，画家。浙江杭州人，毕业于美国柴纳累斯学院及芝加哥艺术学院。曾任广州美术学院油画系主任、广东省美术家协会副主席、广东省文学艺术界联合会委员、广东油画会首届会长。主要作品《女解放军》《革命母亲徐大妈》《"三八"妇女号渔船》《徐坚白、谭雪生油画展》等。作者谭雪生（1921—2011），著名油画家。广东开平人，别名谭渡，毕业于国立艺术专科学校西画系。历任广州美术学院教务主任、中国美术家协会会员。作品有《圆明园秋林》《花溪飞瀑》《天山下的溪流》等。

J0034356
雪山桦影　王玉龙等作
乌鲁木齐　新疆人民出版社　1988年　1张
76cm（2开）定价：CNY0.60

J0034357

一帆风顺　黄妙发作

上海　上海书画出版社　1988年　1张　78cm（2开）

定价：CNY0.26

　　作者黄妙发（1938—　　），别名年丰，江苏常熟人。擅长年画。曾任上海人民美术出版社年画宣传画编辑室副主任。作品有年画《喜临门》《我爱中华》《儿童附捐邮票一套》（两枚）等。

J0034358

油画人体艺术大展

南宁　广西人民出版社　1988年　18cm（15开）

ISBN：7-219-00886-4　定价：CNY4.50

J0034359

油画人体艺术大展作品集

南宁　广西人民出版社　1988年　138页　26cm（16开）

ISBN：7-219-00937-2

定价：CNY34.00，CNY46.00（精装）

　　本作品集收入27位风格各异的艺术家的人体油画作品197幅。其中包括靳尚谊、闻立鹏、韦启美、朱乃正等老中青画家作品。所收作品为广西人民出版社与中央美术学院画廊、中央美术学院青年教师油画学会1987年在北京举办油画人体艺术作品大展的展品。

J0034360

张文新油画选　张文新绘

石家庄　河北美术出版社　1988年　34页

25cm（15开）ISBN：7-5310-0211-6

定价：CNY23.00

　　本书收入作者自1963年至1988年间的油画作品35幅。其中以人物为主题的风俗画有《间苗》《绿色的稻田》《巡猎》等；人物肖像画有《女律师》《北京姑娘》《穿红衣的女孩》等。作者张文新（1928—　　），画家。生于天津市。毕业于华北大学美术科。中国美术家协会会员、北京画院画家。代表作品有《工程列车》《鲁迅像雕塑》《巍巍太行》《一往无前》《战友》等巨幅油画。

J0034361

中国当代油画人体艺术　（［画册］：海外版）

张晓凌，顾上飞编

北京　华艺出版社　1988年　1册（120+17页）

29cm（16开）ISBN：7-80039-077-2

外文书名：Nude Art in the Chinese Contemporary Oil Painting.

J0034362

中国现代古典主义人体油画　刘昌华，孙志纯编

福州　福建美术出版社　1988年　52页　25×25cm

ISBN：7-5393-0032-9　定价：CNY23.00

　　本画册收入杨飞云、王玉琦、孙为民、韦尔甲、王征骅、李晓刚、朝戈、何大桥、翟新建、高延、李贵君、王路、司子洁等16位作者创作的女性人体油画作品52幅。

J0034363

中国油画　（1700—1985）　陶咏白主编

南京　江苏美术出版社　1988年　38cm（8开）

精装　ISBN：7-5344-0034-1　定价：CNY120.00

　　本画集收入1700年至1985年期间中国油画的代表作166幅。其中有《中国油画二百八十年》《桐阴仕女图》《开国大典》《狼牙山五壮士》等。外文书名：Oil Painting in China. 主编陶咏白（1937—　　），女，研究员。江苏江阴人。曾任《中国美术报》主任编辑。代表作：《中国油画280年》《女儿国的圣歌》《造型艺术研究》《赞硬邦邦的四川小伙》《众里寻他千百度》等。

J0034364

中国油画展选辑　（1）杨云飞等绘

上海　上海人民美术出版社　1988年　12幅

28cm（大16开）ISBN：7-5322-0359-X

定价：CNY4.20

J0034365

中国油画展选辑　（2）刘贵宾等绘

上海　上海人民美术出版社　1988年　26×23cm

ISBN：7-5322-0360-3　定价：CNY4.20

J0034366

88'中国油画邀请展作品集　肖峰等编

杭州　浙江美术学院出版社　1989年　82页

25cm（12开）ISBN：7-81019-055-5

定价：CNY40.00

J0034367

爱的启示　薛义复制

天津　天津人民美术出版社 1989 年　1 张

76cm（2 开）ISBN：7-5305-2161-1 定价：CNY1.00

　　本作品系中国现代油画复制作品。

J0034368

爱的启示　　薛义复制

天津　天津人民美术出版社 1989 年　1 张

107cm（全开）定价：CNY2.00

J0034369

爱神与酒神　　加贝复制

天津　天津人民美术出版社 1989 年　1 张

76cm（2 开）定价：CNY0.50

J0034370

北海春色　　王兴华绘

沈阳　辽宁美术出版社 1989 年　1 张

107cm（全开）定价：CNY2.40

J0034371

东海日出　　刘大春绘

重庆　重庆出版社 1989 年　1 张　76cm（2 开）

定价：CNY0.90

J0034372

梵净山　　王忠弟绘

贵阳　贵州美术出版社［1989 年］1 张

76cm（2 开）定价：CNY1.80

J0034373

钢琴手　　陈逸飞绘

北京　人民体育出版社 1989 年　1 张　76cm（2 开）

定价：CNY1.00

　　作者陈逸飞（1946—2005），油画家，导演。生于浙江宁波，祖籍浙江镇海。毕业于上海美术专科学校。曾在上海油画雕塑创作室就职。油画作品有《黄河颂》《占领总统府》《踱步》《周庄》等。

J0034374

古堡春色　　余之钦绘

杭州　浙江人民美术出版社 1989 年　1 张

76cm（2 开）定价：CNY1.20

J0034375

海浪　　关满生绘

沈阳　辽宁美术出版社 1989 年　1 张

107cm（全开）定价：CNY2.40

J0034376

湖光鹤影　　毛丹峰绘

杭州　浙江人民美术出版社 1989 年　1 张

76cm（2 开）定价：CNY1.20

J0034377

花神与小孩　　胡委伦绘

杭州　浙江人民美术出版社 1989 年　1 张

107cm（全开）定价：CNY2.50

　　作者胡委伦（1948—　　），上海人。别名胡惠伦。擅长油画。毕业于中国美术学院附中。曾任职于浙江遂昌婺剧团、丽水地区越剧团、丽水地区艺术研究中心，二级美术师。作品有《故乡情》《默默的路》《还是这条路》。

J0034378

黄果树大瀑布　　王忠弟绘

贵阳　贵州美术出版社［1989 年］1 张

76cm（2 开）定价：CNY1.80

J0034379

黄山奇观　　陈继武绘

杭州　浙江人民美术出版社 1989 年　1 张

76cm（2 开）定价：CNY1.20

　　作者陈继武（1942—　　），福建福州人。别名陈剑生。毕业于浙江美术学院油画系。中国美术家协会会员、中国油画家协会会员、宁波画院院长。擅长年画、油画。主要作品有《江山多娇》《面向未来》《中国之春》等。

J0034380

寂静的山谷　　陈子达绘

杭州　浙江人民美术出版社 1989 年　1 张

76cm（2 开）定价：CNY1.10

　　作者陈子达（1958—　　），浙江杭州人。毕业于中国美术学院油画系。作品《排球》被国际奥林匹克委员会收藏。

J0034381

江南风情　　（余克危油画选）余克危绘

上海　上海人民美术出版社　1989 年　有照片
18cm（15 开）ISBN：7-5322-0460-X
定价：CNY5.70

J0034382
拉大提琴的姑娘　陈逸飞绘
北京　人民体育出版社　1989 年　1 张　76cm（2 开）
定价：CNY1.00

J0034383
林中乐园　周金康绘
杭州　浙江人民美术出版社　1989 年　1 张
76cm（2 开）定价：CNY1.20

J0034384
刘迅油画作品选集　刘迅绘
沈阳　辽宁美术出版社　1989 年　59 页　25cm（15 开）
精装　ISBN：7-5314-0225-4　定价：CNY39.00
　　本画集收入作者油画作品 54 幅。外文书名：
The Works of Liuxun. 作者刘迅（1923—2007），画
家。江苏南京人，曾在延安鲁迅艺术学院进修。
历任北京画院副院长兼党委书记、北京市美术家
协会副主席、北京市文联副主席。代表作有《刘
迅油画作品集》《刘迅中国画作品集》《刘迅画
集》等。

J0034385
鹿鸣翠谷　吴云华绘
沈阳　辽宁美术出版社　1989 年　1 张
107cm（全开）定价：CNY2.40

J0034386
美女与天使
沈阳　辽宁美术出版社　1989 年　1 张　76cm（2 开）
定价：CNY1.10

J0034387
母子情深　黎纪明绘
重庆　重庆出版社　1989 年　1 张　76cm（2 开）
定价：CNY0.45

J0034388
青春
重庆　重庆出版社　1989 年　1 张　76cm（2 开）
定价：CNY0.45

J0034389
情侣　徐昊绘
重庆　重庆出版社　1989 年　1 张　107cm（全开）
定价：CNY2.50

J0034390
人体油画　（中国现代古典主义）
福州　福建美术出版社　1989 年　10 张　15cm（40 开）
定价：CNY2.40

J0034391
三塔秋色　金光远绘
杭州　浙江人民美术出版社　1989 年　1 张
76cm（2 开）定价：CNY1.20

J0034392
三塔秋色　金光远绘
杭州　浙江人民美术出版社　1989 年　1 张
107cm（全开）定价：CNY1.20

J0034393
森林之美
福州　福建美术出版社　1989 年　1 张
107cm（全开）定价：CNY2.50

J0034394
圣洁　马立娣绘
天津　天津人民美术出版社　1989 年　1 张
76cm（2 开）定价：CNY0.50

J0034395
天使的花环　魏志刚绘
天津　天津人民美术出版社　1989 年　1 张
76cm（2 开）定价：CNY0.50

J0034396
维纳斯的诞生　高冬复制
天津　天津人民美术出版社　1989 年　1 张
76cm（2 开）定价：CNY0.50
　　作者高冬（1960—　　），教授。河北人，天津
河北工业大学建筑系副教授，著有《风景素描技
法》等。

J0034397
维纳斯与爱神　胡委伦绘

杭州 浙江人民美术出版社 1989 年 1 张 76cm（2 开）定价：CNY1.10

作者胡委伦（1948— ），上海人。别名胡惠伦。擅长油画。毕业于中国美术学院附中。曾任职于浙江遂昌婺剧团、丽水地区越剧团、丽水地区艺术研究中心，二级美术师。作品有《故乡情》《默默的路》《还是这条路》。

J0034398

维纳斯与爱神　胡委伦绘

杭州 浙江人民美术出版社 1989 年 1 张 107cm（全开）定价：CNY2.20

J0034399

现代油画　（北京国际艺苑第二届油画展）

沈阳 辽宁美术出版社 1989 年 1 册 26cm（16 开） ISBN：7-5314-0213-0 定价：CNY27.00

外文书名：Modern Oily Painting:The Second Oil Painting Exhibition Sponsored by Beijing International Art Gallery.

J0034400

乡间别墅　徐俊卿绘

杭州 浙江人民美术出版社 1989 年 1 张 76cm（2 开）定价：CNY1.20

J0034401

乡间别墅　徐俊卿绘

杭州 浙江人民美术出版社 1989 年 1 张 107cm（全开）定价：CNY2.40

J0034402

徐彦洲油画选　徐彦洲绘

济南 山东美术出版社 1989 年 24 页 26cm（16 开） ISBN：7-5330-0210-5 定价：CNY12.00

作者徐彦洲（1961— ），画家、教授。字贯九，号落吉侠士。生于山东青岛市，祖籍河北。任教于山东艺术学院、中央美术学院、加拿大路德学院、美国特优来恩大学等。油画作品有《新娘》《惊蛰》《早春的风》《生与死之间的幻象》等。

J0034403

杨立光油画集　杨立光绘

长沙 湖南美术出版社 1989 年 37cm（8 开）

ISBN：7-5356-0280-0 定价：CNY12.00

本画集收入油画作品 32 幅。代表作有《马学礼像》《方保山像》《老妇像》《炼铁工人像》《鳜鱼》等。

J0034404

一帆风顺　柳泽民绘

长沙 湖南美术出版社 1989 年 1 张 107cm（全开）定价：CNY1.60

J0034405

一江春水　范文南，宋文臣绘

沈阳 辽宁美术出版社 1989 年 1 张 107cm（全开）定价：CNY2.40

J0034406

一路顺风　陈子达绘

长沙 湖南美术出版社 1989 年 1 张 107cm（全开）定价：CNY2.20

作者陈子达（1958— ），浙江杭州人。毕业于中国美术学院油画系。作品《排球》被国际奥林匹克委员会收藏。

J0034407

永恒的魅力　（高等艺术院校人体油画精选）

双木等编

昆明 云南人民出版社 1989 年 97 页 26cm（16 开） ISBN：7-222-00409-2 定价：CNY22.80

J0034408

幽谷听瀑　胡委伦绘

杭州 浙江人民美术出版社 1989 年 1 张 76cm（2 开）定价：CNY1.30

作者胡委伦（1948— ），上海人。别名胡惠伦。擅长油画。毕业于中国美术学院附中。曾任职于浙江遂昌婺剧团、丽水地区越剧团、丽水地区艺术研究中心，二级美术师。作品有《故乡情》《默默的路》《还是这条路》。

J0034409

幽谷听瀑　胡委伦绘

杭州 浙江人民美术出版社 1989 年 1 张 107cm（全开）定价：CNY2.50

J0034410
赞美　王永杨临摹
天津　天津人民美术出版社　1989 年　1 张
76cm（2 开）定价：CNY0.50

J0034411
长白秋色　张希华绘
沈阳　辽宁美术出版社　1989 年　1 张
107cm（全开）定价：CNY2.40

J0034412
赵仲玉油画选　赵仲玉绘
青岛　青岛出版社　1989 年　10 张　19cm（32 开）
定价：CNY5.00

J0034413
中国现代油画　辽宁画报社编辑
沈阳　辽宁美术出版社 1989 年 120 页 26cm（16 开）
ISBN：7-5314-0457-5

J0034414
中国油画展作品选　中国美术家协会油画艺
术委员会编
北京　人民美术出版社　1989 年　26cm（16 开）
ISBN：7-102-00464-8　定价：CNY32.00

　　本作品选选自 1988 年在上海举办的中国油画
展，所选包括多种题材、不同风格的油画作品
100 幅，显示了改革开放以来中国油画取得的成
果，反映了当年中国油画创作的面貌。

J0034415
中国中青年画家自选作品集　（油画专集）
漓江出版社编
桂林　漓江出版社　1989 年　194 页　26cm（16 开）
ISBN：7-5407-0496-9
定价：CNY56.00，CNY60.00（精装）

J0034416
艾轩画集　（英汉对译本）艾轩作
成都　四川美术出版社 1990 年 27 页 28cm（12 开）
ISBN：7-5410-0534-7　定价：CNY5.50

J0034417
布达拉宫之晨　阿布绘
拉萨　西藏人民出版社 1990 年 1 张 76cm（2 开）

定价：CNY1.80

J0034418
曹达立画集　曹达立绘
北京　中国画报出版公司 1990 年 60 页 有照片
25cm（小 16 开）ISBN：7-80024-061-4
定价：CNY28.00

　　作者曹达立（1934—　），北京通县人。曾移
居美国。毕业于北京中央美术学院油画系。曾
在北京美术公司、北京画院工作。历任北京画院
专业画家，一级美术师。中国美术家协会会员。
作品有《巴厘魂》《小舟》《风车》《蘑菇云》等。

J0034419
陈石连油画展专辑　陈石连作
台中　台中县立文化中心 1990 年 71 页
有彩图像 26cm（16 开）ISBN：957935801X
定价：TWD400.00
（台中县立文化中心出版丛书 30）
　　外文书名：Chen Shih-Lien Oil-Paintings.

J0034420
当代中国油画　（1979—1989）葛维墨主编；
中国美术家协会，中国美协山东分会编
济南　山东美术出版社 1990 年 152 页 53cm
精装　ISBN：7-5330-0393-4　定价：CNY250.00

　　本画册收入中国油画作品 152 件，其中大部
分为曾在国内外重大展览中的获奖作品。卷末
附 166 位作者的简历，介绍了这一时期最重要的
油画家。由山东美术出版社和香港地平线出版
社联合出版。全书为中、英文对照。外文书名：
Contemporary Chinese Oil Paintings.

J0034421
当代中国油画　陈瑞林等作
石家庄　河北美术出版社 1990 年 29×26cm
　　本画册收有 1929 年至 1987 年期间的中国
油画精品 244 幅。其中包括老一辈油画家李铁
夫、李毅士、陈抱一、刘海粟、林风眠等；中老
年油画家吴冠中、韦启美、秦征、徐坚白等的作
品。还有画家介绍，以及陈瑞林《当代中国油画
艺术发展概观》。作者陈瑞林（1944—　），教授。
笔名楚水，湖南人，毕业于中央美术学院美术史
系。历任清华大学美术学院教授、澳门艺术博物
馆客座研究员、南京艺术学院客座教授等职。主

要有《中国西画五十年1898—1949年》《民俗与民间美术》《当代中国油画》《东西方美术交流》《21世纪装饰艺术》等。

J0034422
风景　郭凤祥临摹
天津　天津人民美术出版社　1990年　1张
76cm（2开）ISBN：7-5305-2187-2　定价：CNY0.50

J0034423
关则驹油画选　关则驹绘
广州　岭南美术出版社　1990年　有彩照
26cm（16开）ISBN：7-5362-0437-X
定价：CNY12.40
　　本画册收入作者油画作品38幅。作品以人物画、肖像创作为主，艺术风格写实、细腻、鲜明、亲切。作画题材广泛，从海南岛的风土人情、少数民族、华侨生活，到其他城市风光及室内静物等都有涉及。作者关则驹（1941—　），画家。出生于广东阳江，毕业于广州美术学院。代表作有《到祖国需要的地方去》《春天的气息》《可可园中的姑娘》等。

J0034424
何孔德画选　何孔德绘
北京　中国华侨出版公司　1990年　74页
26cm（16开）ISBN：7-80074-274-1
定价：CNY45.00
　　本画册精选了作者近40年创作生涯中的75幅代表作品，内容为肖像、风景、静物和花卉。作者何孔德（1925—2003），画家、国家一级美术家。四川西充人，毕业于国立重庆师范学校美术科。中国美术家协会会员。代表作《出击之前》《生命不息　冲锋不止》《卢沟桥战斗》，出版有《何孔德油画选》《何孔德画集》。

J0034425
画中情　荒健绘
武汉　湖北美术出版社　1990年　1张　76cm（2开）
定价：CNY1.20

J0034426
金秋　刘运良绘
长沙　湖南美术出版社　1990年　1张　76cm（2开）
定价：CNY0.90

中国现代油画作品．

J0034427
李金明油画选集　李金明绘
广州　岭南美术出版社　1990年　26cm（16开）
ISBN：7-5362-0595-3　定价：CNY18.00
　　本书收入作者部分作品以及出访瑞士、荷兰、民主德国时的作品38幅。作品有大型风俗画、历史画、肖像、风景油画、水墨画。作者李金明（1942—　），油画家。生于香港，广东鹤山人，毕业于广州美术学院油画系。国家高级美术师，历任广东油画会常务理事和执行秘书长、中国美术家协会会员、广东省美术家协会理事。作品有《曙光初照演兵场》《喜看稻菽千重浪》等，出版《李金明油画选集》《李金明访欧作品》等。

J0034428
刘治油画选　刘治绘
哈尔滨　黑龙江美术出版社　1990年　30页
25×26cm（12开）ISBN：7-5318-0085-3
定价：CNY19.50
　　本书收入作者作品30幅，有《秋》《南方大路》《白帆》《秋虫》《秋色》等，作品题材为祖国北疆四季多变的山、水、树、木等自然风景，以及楼厦、荡船、帆影等人文景观。作者刘治（1940—　），画家。辽宁沈阳人，毕业于哈尔滨教育学院。黑龙江省刘治艺术学校任教。作品有《秋》《南方大路》《帆》，出版有《刘治油画选》。

J0034429
美的天使　加贝绘
长沙　湖南美术出版社　1990年　1张　76cm（2开）
定价：CNY3.50

J0034430
莫朴画集　莫朴绘
香港　心源美术出版社［1990—1999年］95页
26cm（16开）ISBN：902-8065-39-4
　　外文书名：Art of Mo Po．作者莫朴（1915—1996），江苏南京人。别名璞、丁甫、夏仁波。毕业于上海美术专科学校。曾任中央美术学院华东分院副院长、浙江美术学院院长、中国美术家协会常务理事、浙江美术家协会主席等职。代表作品《鲁迅》《百团大战》《我们战斗在苏北》

出版有《莫朴画集》《莫朴之路》。

J0034431
秋　华托绘
天津　天津人民美术出版社　1990年　1张
76cm（2开）ISBN：7-5305-2182-1
定价：CNY0.50

J0034432
邵增虎风景画选　（1989—1990）邵增虎作
广州　岭南美术出版社　1990年　44页　有肖像
24×26cm　精装　ISBN：7-5362-0571-6
定价：CNY33.00
　　作者邵增虎（1937—　）。画家。安徽绩溪人，毕业于广州美术学院油画系。历任广州军区政治部文艺创作组副组长、中国美术家协会广东分会副主席、中国美术家协会理事、广东省画院特聘画家、中国人民解放军总政治部文化部美术作品评选委员会委员，国家一级美术师。代表作品有《螺号响了》《农机专家之死》《在延安的日子》等。

J0034433
王路油画选　王路绘
合肥　安徽美术出版社　1990年　58页
25×26cm（12开）ISBN：7-5398-0135-2
定价：CNY35.00
　　本画选收入画家的58幅图。有《花》《长江三峡》《日月潭畔》《阿里云海》《玉山积雪》《灰撒江河》《珠穆朗玛峰》等。画册还精选画家的部分人体和静物的写生作品。外文书名：Wang Lu Oil Painting Selections. 作者王路（1936—　），画家。安徽霍邱人，北京书画院油画、雕塑工作室主任，北京市美术家协会理事。代表作品有《古田会址》《白洋淀上》《天山之晨》等。

J0034434
现代油画　（北京国际艺苑第三届油画展　汉英对照）
沈阳　辽宁美术出版社　1990年　1册　26cm（16开）
ISBN：7-5314-0727-2　定价：CNY35.00
　　外文书名：Modern Oil Painting.

J0034435
徐唯辛油画集　徐唯辛绘

台北　隔山画馆公司　1990年　23页　25cm（16开）
定价：TWD200.00

J0034436
叶武林　叶武林绘
广州　岭南美术出版社　1990年　1册
25×26cm（24开）ISBN：7-5362-0564-3
定价：CNY29.00
　　作者叶武林（1944—　），油画家。河北吴桥人，毕业于中央美术学院油画系。历任北京电影学院美术系副教授、中国美术家协会会员。出版画集有《叶武林》《逃离·回归》《敬天穆祖》等。

J0034437
张耀熙油画展专辑　张耀熙作
台中　台中县立文化中心　1990年　59页
有彩图像　26cm（16开）ISBN：957935801X
定价：TWD400.00
（台中县立文化中心出版丛书35）
　　外文书名：Chang Yao-Hsi Oil Paintings.

J0034438
中国首届风景油画邀请大展作品选　中华美术研究院主编
北京　工人出版社［1990年］84页　25cm（小16开）
ISBN：7-5008-0629-5　定价：CNY45.00
　　本册收入从20世纪30年代至90年代我国著名画家的119幅参展作品。

J0034439
班禅大师画像　安多·强巴绘
拉萨　西藏人民美术出版社［1991年］1张
76cm（全开）定价：CNY2.50

J0034440
鲍加油画集　鲍加绘
合肥　安徽美术出版社　1991年　46页　25×25cm
ISBN：7-5398-0182-4　定价：CNY29.00
　　本书选入作者20世纪60年代至90年代不同时期的作品46幅，作品风格清新、刻画细腻，用笔流畅，富有韵律、朴实自然。其中包括《淮海大捷》《在共青图九大》《激流》《大漠千里》等。外文书名：The Oil Paintings of Bao Jia. 作者鲍加（1933—　），一级美术师，擅长油画。祖籍安徽歙县，生于湖北武汉市。曾在中央美术学院油画系进修。中国美术家协会常务理事、中国美术家协会安徽分会主席等。油画作品有《淮海大捷》《激流》《大漠千里》等。出版有《自然流韵》《山川情怀》《鲍加画集》等。

J0034441
碧波翠谷　石川，百桦绘
沈阳　辽宁美术出版社　1991 年　1 张　107cm（全开）
ISBN：7-5314-0929　定价：CNY3.00

J0034442
碧湖春色　良才，良玉绘
沈阳　辽宁美术出版社　1991 年　1 张　107cm（全开）
ISBN：7-5314-0926　定价：CNY3.00

J0034443
晨雾　杨建明绘
上海　上海人民美术出版社　1991 年　1 张
76cm（2 开）定价：CNY2.20

J0034444
谌北新风景油画作品选　谌北新作
西安　陕西人民美术出版社　1991 年　33 页
25×26cm　ISBN：7-5368-0281-1　定价：CNY9.40
　　本画册收入了作者油画作品 30 多幅，其中包括作者 1988 旅欧期间所创作的作品。作者谌北新（1932—　），画家、教授。生于北京，祖籍江西南昌。毕业于中央美术学院绘画系和中央美术学院油画训练班，被选送中央美术学院马克西莫夫油画训练班深造。就职于西安美术学院。著作有《谌北新油画风景习作辑》《谌北新风景油画选》《谌北新油画作品》。

J0034445
春江波静山凝翠　林海，田原绘
北京　人民美术出版社　1991 年　1 张　119×161cm
定价：CNY1.30

J0034446
大海情歌　祖文，尹墨绘
沈阳　辽宁美术出版社　1991 年　1 张　107cm（全开）
ISBN：7-5314-0374　定价：CNY3.00

J0034447
行彪油画　薛行彪绘

福州　福建美术出版社　1991 年　50 页　有彩照
25×25cm　ISBN：7-5393-0152-X　定价：CNY39.80
　　本书收入作者创作的人物、风景油画作品 50 幅，包括《欢天喜地》《江南三月》《落日》等。外文书名：Oil Paintings by XingBiao. 作者薛行彪（1944—2018），画家。福建福清人，毕业于福建师范学院艺术系，后进修于浙江美术学院油画系。历任福建师范大学美术系主任、教授，福建省画院常务副院长，福建省美术家协会主席，中国美术家协会会员等职。

J0034448
何坚宁油画　何坚宁绘
广州　广东旅游出版社　1991 年　26cm（16 开）
ISBN：7-80521-219-8　定价：CNY28.00
　　作者何坚宁（1960—　），画家。海南人，毕业于广州美术学院油画系。历任广州画院画家、美术家协会广东分会会员。代表作品《海南风情》《故乡梦》《故乡的椰树》《故乡风情》《大自然系列》等。

J0034449
黄希舜油画集　黄希舜绘
深圳　海天出版社　1991 年　52 页　25×25cm
ISBN：7-80542-395-4　定价：CNY30.00
　　外文书名：The Collection of Huang Xi Shun's Oil Paintings. 作者黄希舜（1938—　），广东汕尾乡人，深圳市美术家协会副主席，绘有《黄希舜人物速写集》等。

J0034450
金谷银流　黄力，柳生绘
沈阳　辽宁美术出版社　1991 年　1 张　107cm（全开）
ISBN：7-5314-0390　定价：CNY3.00
　　本作品系中国现代油画。

J0034451
金鹿鸣春　石川绘
沈阳　辽宁美术出版社　1991 年　1 张　76cm（2 开）
ISBN：7-5314-0694　定价：CNY1.40
　　作者石川，北京人，历任北京华夏书画艺术研究院副院长、北京国际名人画院人物创作室主任、中国书画名人联合总会理事。代表作品有《傣家情》《太白邀月图》《指点迷津》等。

J0034452

金色的郊外　王喜臣绘

沈阳 辽宁美术出版社 1991年 1张 107cm（全开）

ISBN：7-5314-0367 定价：CNY3.00

J0034453

金玉山水甲天下　邵培文，宫智贤绘

沈阳 辽宁美术出版社 1991年 1张 107cm（全开）

ISBN：7-5314-0369 定价：CNY3.00

J0034454

静静的港湾　范文南，云波绘

沈阳 辽宁美术出版社 1991年 1张 107cm（全开）

ISBN：7-5314-0928 定价：CNY3.00

J0034455

克里木油画集　（中、英、维吾尔文对照）克
里木绘

乌鲁木齐 新疆摄影艺术出版社 1991年

25×25cm ISBN：7-80547-082-0

定价：CNY45.00，CNY52.00（精装）

　　本画集收入作者代表性作品70幅，其中15
幅人体艺术作品为首次发表。为中、英、维吾尔
文对照。作者克里木（1947—2014），全称克里
木·纳思尔丁，维吾尔族，国家一级美术师、教
授。生于新疆乌鲁木齐市。历任新疆画院院长，
新疆对外文化交流协会理事，中国油画学会常务
理事，新疆艺术学院美术学院院长、教授，新疆
油画学会主席。代表作品有《麦喜来甫》《摇篮
曲》《于田人》等。

J0034456

莲塘初夏

上海 上海人民美术出版社 1991年 1张

76cm（2开）定价：CNY2.20

　　本作品系中国现代油画。

J0034457

林筱画集　林筱绘

长沙 湖南美术出版社 1991年 有照片

25×26cm 精装 ISBN：7-5356-0487-0

定价：CNY110.00

　　本书包括作者的绘画作品以及评介、活动、
年表4部分，共收入油画作品55幅。其创作多
以西方的油画形式体现中国艺术传统，其中有法

国文化界人士的评论文章13篇及作者艺术生活
照片24幅。外文书名：Collection de Peintures de
Lin fa.

J0034458

流泉飞瀑　陈继武绘

上海 上海人民美术出版社 1991年 1张

76cm（2开）定价：CNY2.20

J0034459

罗尔纯油画集　罗尔纯绘画

合肥 安徽美术出版社 1991年 53页 25×25cm

ISBN：7-5398-0210-3 定价：CNY28.00

　　本画集选入作者不同时期的精品和在国内
外获奖作品50余幅。其中有《望》《村口》《红土》
《归》《春》《渡》。外文书名：Selected Oil Paintings
of Luo Erchun. 作者罗尔纯（1930—2015），画家、
教授。别名罗存，生于湖南湘乡。毕业于苏州美
术专科学校西画系。曾任中央美术学院油画系
教授、人民美术出版社编辑。代表作《望》《鸡冠
花》《咪咪》，出版有《罗尔纯画集》《第三代中国
油画家研究·罗尔纯》等。

J0034460

名人画像　赖征云绘

广州 广东科技出版社 [1991年] 1袋 76cm（2开）

ISBN：7-5359-0740-7

J0034461

千帆竞秀　于宝俭绘

沈阳 辽宁美术出版社 1991年 1张 107cm（全开）

ISBN：7-5314-0386 定价：CNY3.00

J0034462

秋

上海 上海人民美术出版社 1991年 1张

76cm（2开）定价：CNY2.20

　　本作品系中国现代油画。

J0034463

人民的好总理　何孔德绘

天津 天津人民美术出版社 1991年 1张

76cm（2开）ISBN：7-5305-2200-7 定价：CNY1.10

　　作者何孔德（1925—2003），画家、美术家。
四川西充人，毕业于国立重庆师范学校美术科。

中国美术家协会会员。代表作《出击之前》《生命不息 冲锋不止》《卢沟桥战斗》，出版有《何孔德油画选》《何孔德画集》。

J0034464
人民的好总理　何孔德绘
天津 天津人民美术出版社 1991 年 1 张
53cm（4 开）ISBN：7-5305-2204-2 定价：CNY0.60

J0034465
山峦秋艳　刘长，闻启绘
沈阳 辽宁美术出版社 1991 年 1 张 107cm（全开）
ISBN：7-5314-0927 定价：CNY3.00

J0034466
松壑泉鸣　黄振永绘
沈阳 辽宁美术出版社 1991 年 1 张 107cm（全开）
ISBN：7-5314-0377 定价：CNY3.00
　　作者黄振永（1930—　），四川成都人。擅长宣传画、年画。曾在空军美术训练班学习。历任沈阳军区美术创作员、成都军区空军政治部创作员。作品有《我爱祖国的蓝天》，年画《幽谷飞瀑》《海之歌》等。

J0034467
孙中山像
北京 人民美术出版社 1991 年 1 张 76cm（2 开）
定价：CNY0.65

J0034468
天河配　晓石，晓川绘
沈阳 辽宁美术出版社 1991 年 1 张 107cm（全开）
ISBN：7-5314-0366 定价：CNY3.00

J0034469
万今声画文集　万今声著
沈阳 辽宁美术出版社 1991 年 116 页 有照片
25cm（小 16 开）精装 ISBN：7-5314-0881-3
定价：CNY60.00
（画家专集）
　　本书内容包括油画作品和创作理论两部分。作者万今声（1912—1993），画家、美术教育家。辽宁本溪人。曾任吉林大学美术系主任，中国美术家协会会员、中国美术家协会辽宁分会顾问。油画作品有《攀登在祖国山岭上》《中朝会师》

《山沟有了水电站》等。

J0034470
王荣画集　王荣绘
南京 南京出版社 1991 年 34 页 25×24cm
ISBN：7-80560-352-9 定价：CNY20.00
　　作者王荣，山西大同人。字云石，号云中山人。就读于中央美术学院壁画系研究生班。国家一级美术师，中国书画艺术研究院副院长、山西省美术家协会会员、中国山水画协会会员。作品有国画《疾风》《青山浮动雨来初》《草原情》等。

J0034471
王沂东油画　王沂东绘
长沙 湖南美术出版社 1991 年 40 页 有照片
35cm（18 开）精装 ISBN：7-5356-0438-2
定价：CNY67.00
　　本书收入作者的油画代表作 40 幅。作品着重表现了中国北方山村的自然特色、风土人情和画家的真实感受与诚挚感情，题材以人物肖像画、人体画与静物画为主。外文书名：The Art of Wang Yidong. 作者王沂东（1955—　），画家、教授。山东蓬莱人，就读于山东省美术学校和中央美术学院油画系。中央美术学院教授、中国美术家协会会员。作品有《古老的山村》《当代肖像画家作品精选》《中国当代油画名家画集——王沂东》等。

J0034472
溪　杨顺泰绘
上海 上海人民美术出版社 1991 年 1 张
76cm（2 开）定价：CNY2.20

J0034473
现代油画　湖南美术出版社编
长沙 湖南美术出版社 1991 年 128页 26cm（16开）
精装 ISBN：7-5356-0412-9 定价：CNY49.00
　　本书收入 53 位湖南中青年油画家，1985 年以来的代表作 127 幅，展现了湖南中青年油画家在 20 世纪 80 年代中期的风貌。每个画家的介绍是由作者像、艺术简历、代表作 3 部分构成。

J0034474
乡村小路

上海　上海人民美术出版社　1991年　1张
76cm（2开）定价：CNY2.20

J0034475

小桥　胡维标绘
天津　天津人民美术出版社　1991年　1张
76cm（2开）ISBN：7-5305-2211-3　定价：CNY0.55
　　作者胡维标（1939—　　），著名风光摄影家。
江苏镇江人。毕业于中国人民解放军防化学兵
工程指挥学院新闻系。中国摄影家协会会员。
摄影作品以旅游风光、古今建筑、文物为主。主
要作品有《长城风光》《北京风光荟萃》《故宫》
《天安门》。

J0034476

小夜曲　范文南，云波绘
沈阳　辽宁美术出版社　1991年　1张　107cm（全开）
ISBN：7-5314-0358　定价：CNY3.00

J0034477

徐坚白油画集　徐坚白绘；黄丽娟译
台北　隔山画馆公司　1991年　69页　26cm（16开）
ISBN：957-531-113-2　定价：TWD300.00
　　外文书名：Oil Paintings of Xu Jian-Bai. 作者
徐坚白（1925—2017），女，画家。浙江杭州人，
毕业于美国柴纳累斯学院及芝加哥艺术学院。
曾任广州美术学院油画系主任、广东省美术家协
会副主席、广东省文学艺术界联合会委员、广东
油画会首届会长。主要作品《女解放军》《革命
母亲徐大妈》《"三八"妇女号渔船》《徐坚白、谭
雪生油画展》等。

J0034478

一帆风顺　徐昊绘
天津　天津人民美术出版社　1991年　1张
76cm（2开）ISBN：7-5305-2206-2　定价：CNY0.55

J0034479

一江碧波千峰翠　何孔德绘
天津　天津人民美术出版社　1991年　1张
107cm（全开）定价：CNY2.50
　　作者何孔德（1925—2003），画家、国家一级
美术家。四川西充人，毕业于国立重庆师范学校
美术科。中国美术家协会会员。代表作《出击学
校之前》《生命不息　冲锋不止》《卢沟桥战斗》，

出版有《何孔德油画选》《何孔德画集》。

J0034480

油画大观　（淮阴作品选）谢国璋，江荣主编
南京　南京出版社　1991年　26cm（16开）
ISBN：7-80560-457-6　定价：CNY12.00
　　外文书名：The Fine Spectacle of Oil Paining.

J0034481

玉泉仙鹤　车忠阳绘
南京　江苏美术出版社　1991年　1张　76cm（2开）
定价：CNY1.70

J0034482

中国当代画家·丝路作品精选　（汉英对照）
祁协玉主编
乌鲁木齐　新疆美术摄影出版社　1991年　127页
26cm（16开）精装　ISBN：7-80547-065-8
定价：CNY80.00
　　本画册收有詹建俊、张怀、闻立鹏等13位
画家以"丝绸之路"为题材的作品36幅。并对
每位作者附以简介。新疆维吾尔自治区主席铁
木尔·达瓦买提为本画册写序，并给部分作品
赋诗。中、英文对照。外文书名：Selected 'Silk
Road' Paintings of China's Contemporary Painters.
作者祁协玉，新疆美术摄影出版社总编辑、
编审。

J0034483

中央美术学院青年教师油画选集　（汉俄对
照）孙为民，张荣生编；张荣生译
济南　山东美术出版社　1991年　104页　26cm（16开）
精装　ISBN：7-5330-0337-3　定价：CNY29.00
　　外文书名：Молодые преподаватели централь-
ного художественного института.

J0034484

1992 侯锦郎油画集　（绚烂、温暖的风格·再
现活跃的生命力）[侯锦郎绘]
台北　阿波罗画廊　1992年　有照片　25×26cm

J0034485

八人油画集　（蒋昌一、周长江、邱瑞敏、鄂
圭俊、石奇人、周加华、张正刚、殷雄）蒋昌一
等绘

上海 上海书画出版社 1992 年 26cm（16 开）
精装 ISBN：7-80512-641-0 定价：CNY35.00

　　本书是一部内收上海油画家蒋昌一、周长江、邱瑞敏、鄂圭俊、石奇人、周加华、张正刚、殷雄等 8 人的作品集。在每位画家的作品之前，都附有其肖像照及个人简介。作品有花卉静物、国外风景、江南乡村、西藏风俗等；有写实性、抽象性、装饰性的表现。外文书名：A Selection of the Oil Paintings by Eight Painters.

J0034486
陈建中二十年回顾展　仇丽芬译

澳门 澳门市政厅 1992 年 有图 25×25cm

　　外文书名：Chan Kin-Chung Vinte Anos De Retrospeccao.

J0034487
飞瀑仙景　车忠阳作

南京 江苏美术出版社 1992 年 1 张 77×106cm
定价：CNY3.90

J0034488
高一呼油画集　（汉英对照）高一呼绘

福州 福建美术出版社 1992 年 有照片及图
25×26cm ISBN：7-5393-0175-9 定价：CNY32.00

　　本书收入画家油画作品 38 幅，题材有肖像、人体绘画、风景写生等。书后附有作者艺术年表和生活照，以及论文《写实性油画的我见》。外文书名：Foreword to An Album of Gao Yihu's Oil Paintings. 作者高一呼（1933—　），教授。湖南益阳人，毕业于湖南省立艺术学校和中央美术学院华东分院油画系。历任福建师范大学美术系副教授、油画教研室主任，中国美术家协会会员，福建分会理事。

J0034489
功昭日月　陈继武作

杭州 浙江人民美术出版社 1992 年 1 张
77×106cm 定价：CNY3.60

　　作者陈继武（1942—　），福建福州人。别名陈剑生。毕业于浙江美术学院油画系。中国美术家协会会员、中国油画家协会会员、宁波画院院长。擅长年画、油画。主要作品有《江山多娇》《面向未来》《中国之春》等。

J0034490
海之歌　（高泉海景画集）高泉绘

天津 天津人民美术出版社 1992 年 192 页
有照片 27×38cm 精装 ISBN：7-5305-0255-7
定价：CNY170.00

　　作者高泉（1936—2014），油画家、教授。安徽蚌埠人。历任解放军艺术学院教授、中国革命军事博物馆创作室主任、中国美术家协会会员，威海海洋画院院长等。代表作包括《大海》《肃秋》《英雄交响》《黄河壶口》。出版有《海之歌——高泉海景画集》。

J0034491
海之恋　海舟，荣滨作

杭州 浙江人民美术出版社 1992 年 1 张
77×53cm 定价：CNY1.50

J0034492
海之恋

杭州 浙江人民美术出版社 1992 年 1 张
77×106cm 定价：CNY2.70

J0034493
井士剑画集　井士剑绘

郑州 河南美术出版社 1992 年 26cm（16 开）
ISBN：7-5401-0239-X 定价：CNY14.00
（中国美术家丛书）

　　外文书名：A Collection of Paintings by Jing Shi-Jian. 作者井士剑（1960—　），教师。出生于辽宁，毕业于中国美术学院油画系。历任中国美术学院油画系副教授、多维表现绘画工作室主任等。代表作品有《油画作品》《井士剑油画作品集》。

J0034494
可爱的小天使　马乐群临摹

上海 上海人民美术出版社 1992 年 1 张
77×53cm 定价：CNY0.65

J0034495
群山朝雾　毛国富作

上海 上海人民美术出版社 1992 年 1 张
77×53cm 定价：CNY0.65

　　作者毛国富（1937—　），画家。浙江宁波人。历任浙江省宁波市展览馆美工、市甬剧团画师、宁波市展览馆美术总设计、中国美术家协会会员。主要作品:《中国之春》《东方涛》《湖光春色》《海底世界》《西双版纳》等。

J0034496

人间仙境　徐能海作

杭州　浙江人民美术出版社　1992 年　1 张

77×106cm　定价: CNY2.70

J0034497

榕鹤之乡　游龙姑作

上海　上海人民美术出版社　1992 年　1 张

77×53cm　定价: CNY0.65

作者游龙姑(1923—1993), 女, 画家。福建福州人。毕业于南京国立中央大学艺术系。曾任中国美术家协会会员、上海人民美术出版社副编审等职。主要作品有《支援世界人民的反帝斗争》《改革开放, 建设有中国特色的社会主义》等。

J0034498

沈行工油画集　沈行工绘

南京　江苏美术出版社　1992 年　25×26cm

ISBN: 7-5344-0258-1

定价: CNY45.00, CNY55.00 (精装)

外文书名: Selected Works of Shen Xinggong's Oil Painting. 作者沈行工(1943—　), 画家, 艺术家。浙江宁波人, 毕业于南京艺术学院。南京艺术学院教授、硕士生导师, 中国美术家协会会员, 中国油画学会理事, 江苏省油画学会名誉主席、艺术委员会主席。代表作品《小镇春深》《秋晴》《读书人生》《蓝色的江南风景》《雪后的江南风景》等。

J0034499

睡美人　章德明临摹

上海　上海人民美术出版社　1992 年　1 张

77×53cm　定价: CNY0.65

J0034500

徐明德画集　徐明德绘

郑州　河南美术出版社　1992 年　有照片

28cm(大 16 开)　ISBN: 7-5401-0243-8

定价: CNY14.00

(中国美术家丛书)

本书共收入画家 20 余幅油画作品。外文书名: A Collection of Paintings by Xu Mingde. 作者徐明德(1951—　), 中国美术家协会上海分会会员, 从事美术教育工作和美术创作活动。

J0034501

雪域花朵: 桑吉才让油画选　(藏汉对照)桑吉才让作

北京　民族出版社　1992 年　33cm

ISBN: 7-105-01587-X　定价: CNY4.50

J0034502

雪域圣地　(汉藏文对照)阿布作

拉萨　西藏人民出版社[1992 年]1 张

77×106cm　定价: CNY4.89

J0034503

血与火的凝铸　(辽沈战役——攻克锦州全景画集)

沈阳　辽宁美术出版社　1992 年　48 页 24×26cm

ISBN: 7-5314-0917-8　定价: CNY30.00

J0034504

幽谷秋艳　是有福作

南京　江苏美术出版社　1992 年　1 张 77×106cm

定价: CNY3.90

J0034505

赵大陆油画作品集　(汉英对照)赵大陆绘

北京　人民美术出版社　1992 年　74 页 26cm

ISBN: 7-102-00991-7　定价: CNY45.00

外文书名: Zhao Dalu A Collection of Oil Paintings. 作者赵大陆(1953—　), 北京师范学院美术系讲师、油画教研室主任, 北京市美术家协会会员。

J0034506

朱乃正小型油画风景集　朱乃正绘

北京　北京工艺美术出版社　1992 年　71 页

24×26cm　ISBN: 7-80526-077-X　定价: CNY70.00

本书收入作者从青年时期到 20 世纪 80 年代所作的小型油画 70 幅。有《山间小路回娘家》《黄河松巴峡》《夏日黄昏》《祁连山林》《云开初晴》等。外文书名: Selected Landscape Oil Painting of Zhu Naizheng. 作者朱乃正(1935—2013), 教授。浙江海盐人，毕业于中央美术学院。历任中央美术学院学术委员会主任、教授，中国美术家协会理事。代表作品有《金色的季节》《春华秋实》《青海长云》。

J0034507

'93 博雅油画大赛获奖作品集　雷子源主编
香港 博雅艺术公司 1993 年 117页 26cm（16 开）
定价：HKD90.00

J0034508

阿布都秀库尔·克里木油画集　（维、汉、英文对照）阿布都秀库尔·克里木绘
乌鲁木齐 新疆美术摄影出版社 1993 年 52 页
25×26cm ISBN：7-80547-116-9 定价：CNY30.00

J0034509

博彩　（石虎画集）石虎绘
香港 亚洲艺术出版社 1993 年 119 页 26cm（16 开）
　　外文书名：Living Colour. 作者石虎（1942— ），画家。出生于河北徐水县，就读于北京工艺美术学校和浙江美术学院。任职于人民美术出版社创作室。出版有《石虎画集》。

J0034510

蔡文雄画集　林玉娟，邵一心编辑
台北 亚洲艺术中心 1993 年 61 页 有照片
28cm（大 16 开）定价：TWD600.00
　　外文书名：Tsai Wen-Hsiung.

J0034511

曾国安油画集　（第一辑 Vol. 1）曾国安绘
台北 好来艺术中心 1993 年 60 页 有照片彩图
25×26cm 精装 定价：TWD1000.00
　　外文书名：Oil Paintings of Tseng Kuo-An.

J0034512

陈挥油画作品选　陈挥绘
广州 岭南美术出版社 1993 年 22×21cm
ISBN：7-5362-0893-6 定价：CNY22.00
　　外文书名：Seleted Works of Chen Hui's Oil Painting.

J0034513

大陆人体油画　邵大箴主编

台北 艺术图书公司 1993 年 101 页
28cm（大 16 开）精装 ISBN：957-672-110-5
定价：TWD800.00
　　外文书名：Oil Painting on Chinese Nude. 主编邵大箴（1934— ），美术理论家，国画家。江苏镇江人。历任中央美术学院教授、博士生导师、《美术研究》主编、中国国家画院美术研究院院长等。著有《现代派美术浅议》《传统美术与现代派》《欧洲绘画简史》《西方现代美术思潮》。

J0034514

邸立丰油画创意　邸立丰画
沈阳 辽宁美术出版社 1993 年 48 页 有彩图
23×25cm ISBN：7-5314-1035-4 定价：CNY24.00
（画家画库 4）
　　作者邸立丰（1958— ），辽宁锦县（现凌海市）人，鲁迅美术学院任教。

J0034515

敦煌净土　（高山油画选）高山绘
合肥 安徽美术出版社 1993 年 21 页 25×26cm
ISBN：7-5398-0262-6 定价：CNY30.00
　　外文书名：The Holyland of Dunhuang the Selected Oil Paintings of Gao Shan. 作者高山（1962— ），油画家，敦煌壁画临摹技艺传承人。法名诚林，敦煌研究院美术研究所助理研究员，兼任敦煌市道教协会秘书长。

J0034516

郭士油画展　（长江三峡行）郭士绘
澳门 澳门美术协会出版社 1993 年 26cm（16 开）

J0034517

画山画水——画阮淡水　（李永沱朴素画集）
苏振明主编
台北 县立文化中心 1993 年 107 页 有图照片
26cm（16 开）精装 ISBN：957-00-3098-4
　　外文书名：A Complete Selection of Naive Paintings by Yuan-Two Lee.

J0034518

莫朴画集　莫朴绘
杭州 浙江美术学院出版社 1993 年 65 页
25×26cm 精装 ISBN：7-81019-245-0
定价：CNY88.00

作者莫朴(1915—1996)，江苏南京人。别名璞、丁甫、夏仁波。毕业于上海美术专科学校。曾任中央美术学院华东分院副院长、浙江美术学院院长、中国美术家协会常务理事、浙江美术家协会主席等职。代表作品《鲁迅》《百团大战》《我们战斗在苏北》。出版有《莫朴画集》《莫朴之路》。

J0034519

乔十光漆画集　乔十光绘

福州　福建美术出版社　1993年　86页　25×26cm

ISBN：7-5393-0190-7

定价：CNY52.00，CNY68.00（精装）

作者乔十光(1937—　　)，漆画艺术家。河北馆陶人，毕业于中央工艺美术学院壁画专业。曾任中央工艺美术学院教授、中国漆艺研究会会长。漆画代表作《泼水节》《青藏高原》《北斗》等。

J0034520

徐殿法油画集　徐殿法绘

天津　天津人民美术出版社　1993年　103页

23×26cm　精装　ISBN：7-5305-0317-0

定价：CNY80.00

本书收有油画作品58幅。作者徐殿法(1936—　　)，山东省潍坊艺术学校任教。

J0034521

蚁美楷画集　蚁美楷绘

长春　吉林美术出版社　1993年　25×26cm

ISBN：7-5386-0333-6　定价：CNY32.00

本书收有油画作品40余幅。作者蚁美楷(1938—　　)，画家。广东澄海人，毕业于北京艺术师范学院。历任吉林艺术学院美术系教师、广州美术学院副教授。代表作品《打稻场上》《待鱼归》《炎黄子孙》等。

J0034522

张幼农漆画集　张幼农绘

贵阳　贵州民族出版社　1993年　26×23cm

ISBN：7-5412-0304-1

外文书名：Zhang Younong's Album Lacquer Painting's. 作者张幼农(1951—　　)，贵州贵阳人，中国美术家协会会员，中国漆画研究会会员。

J0034523

周碧初画集　周碧初绘

上海　学林出版社　1993年　98页　有彩图

28×28cm　ISBN：7-80510-849-8　定价：CNY120.00

本画集收作者80幅油画作品。作者周碧初，著名油画艺术家、美术教育家，教授。

J0034524

朱植人油画　朱植人绘；浙江省博物馆编

上海　上海书画出版社　1993年　27×28cm

ISBN：7-80512-743-3　定价：CNY20.00

外文书名：Zhu Zhiren's Oil Painting.

J0034525

艾中信画集

北京　北京美术摄影出版社　1994年　199页

28cm（大16开）ISBN：7-80501-178-8

定价：CNY110.00，CNY125.00（精装）

外文书名：The Paintings of Ai Zhongxin.

J0034526

安正中油画集　安正中绘

西安　陕西人民美术出版社　1994年　25×26cm

ISBN：7-5368-0612-4　定价：CNY11.80

作者安正中(1934—2003)，河南镇平人。毕业于西安美术学院油画系，擅长油画、版画。中国美术家协会会员、中国版画家协会会员，陕西美术家协会常务理事。代表作品有《源远流长》《山夜》《西望太白峰》等。

J0034527

朝戈　朝戈绘

南宁　广西美术出版社　1994年　2版　63页

21×19cm　精装　ISBN：7-80582-433-9

定价：CNY38.00

（中国现代艺术品评丛书）

J0034528

陈海油画选　陈海绘

北京　人民美术出版社　1994年　40页　26×23cm

ISBN：7-102-01420-1　定价：CNY30.00

外文书名：The Art of Chen Hai's Oil Painting.

作者陈海，画家。曾用笔名田洋，海南琼山人。毕业于广州美术学院。曾任广州美术学院油画系副教授、海口画院专职画师、海南省美术家协会理事、海口市美术家协会副主席等。著有《艺术与生活：陈海》。

J0034529
陈钧德　陈钧德绘
南宁　广西美术出版社　1994 年　67 页 21×20cm
ISBN：7-80582-744-3
定价：CNY28.00，CNY38.00（精装）
（中国现代艺术品评丛书）

J0034530
戴士和　戴士和绘
南宁　广西美术出版社　1994 年　63 页 21×20cm
ISBN：7-80582-743-5
定价：CNY28.00，CNY38.00（精装）
（中国现代艺术品评丛书）

J0034531
邓崇龙人体油画选　邓崇龙绘
南宁　广西美术出版社　1994 年　26×25cm
ISBN：7-80582-680-3
定价：CNY68.00，CNY88.00（精装）
　　本书收有人体油画作品 37 幅。

J0034532
丁方　丁方绘
南宁　广西美术出版社　1994 年　65 页 21×20cm
ISBN：7-80582-742-7
定价：CNY28.00，CNY38.00（精装）
（中国现代艺术品评丛书）

J0034533
顾国建油画选　（汉英文对照）顾国建绘
兰州　甘肃人民美术出版社　1994 年　59 页
25×24cm　ISBN：7-80588-066-2 定价：CNY48.00
　　外文书名：Selected Oil Paintings of Gu Guojian.

J0034534
沪尾画语　蔡文雄［等绘］
［台北县］淡水镇公所　1994 年　56 页　有照片彩图
29cm（16 开）　ISBN：957-00-4386-5
定价：TWD350.00

J0034535
靳尚谊画集　靳尚谊绘
北京　人民美术出版社　1994 年　53 页　有照片
26×23cm　ISBN：7-102-01163-6 定价：CNY148.00

J0034536
李锡武画集　中山市文学艺术联合会编
天津　百花文艺出版社　1994 年　24 页　有图
25×29cm　ISBN：7-5306-1539-4 定价：CNY50.00

J0034537
林达川油画集　林达川绘
杭州　中国美术学院出版社　1994 年　72 页
29×29cm　精装　ISBN：7-81019-369-4
定价：CNY180.00
　　外文书名：A Collection of Oil Paintings by Lin Dachuan.

J0034538
刘小东　刘小东绘
南宁　广西美术出版社　1994 年 2 版　66 页
21×19cm　精装　ISBN：7-80582-434-7
定价：CNY38.00
（中国现代艺术品评丛书）

J0034539
马长江画集　马长江绘
呼和浩特　内蒙古人民出版社　1994 年　40 页
29cm（16 开）ISBN：7-204-02567-9
定价：CNY22.00
　　外文书名：Ma Changjiang's Album of Paint-ings. 作者马长江（1945—　），包头钢铁稀土公司书画院专职画家、副研究员，中国美术家协会内蒙古分会理事。

J0034540
买买提油画作品选　（维、汉、英文对照）买买提·艾依提绘
乌鲁木齐　新疆美术摄影出版社　1994 年
25×26cm　ISBN：7-80547-268-8 定价：CNY35.00

J0034541
秦寒光油画集　秦寒光绘
郑州　河南美术出版社　1994 年　36 页 20×18cm
ISBN：7-5401-0311-6 定价：CNY25.60
　　外文书名：An Album of Oil Painting of Qin Hanguang.

J0034542
全山石油画集　全山石绘

香港 德艺艺术公司 1994年 205页 35cm（15开）精装 ISBN：7-81019-145-4

　　本画册收录作者的素描和油画作品160余幅。外文书名：The Art of Quan Shanshi. 本书与浙江美术学院社合作出版。作者全山石（1930— ），画家，教授。浙江宁波人，毕业于中央美术学院华东分院。历任中国油画学会副主席、中国美术家协会油画艺术委员会副主任、中国美术学院教授、俄罗斯列宾美术学院荣誉教授等。代表作有收藏在中国革命博物馆的《英勇不屈》《井冈山上》《娄山关》《重上井冈山》《历史的潮流》等。

J0034543

尚扬　尚扬绘

南宁 广西美术出版社 1994年 69页 21×20cm ISBN：7-80582-741-9

定价：CNY28.00，CNY38.00（精装）

（中国现代艺术品评丛书）

　　作者尚扬（1936— ），画家。四川开县人，毕业于湖北艺术学院美术系研究生。历任湖北人民出版社美术编辑，湖北美术学院教授、副院长，华南师范大学美术研究所所长，首都师范大学美术系教授、硕士研究生导师，中国油画学会副主席，中国美术家协会理事，中国美术家协会油画艺术委员会会员等。代表作品《黄河船夫》《爷爷的河》《二十八宿图》。

J0034544

石成峰油画选　石成峰绘

北京 中国文联出版公司 1994年 25×26cm ISBN：7-5059-1494-4 定价：CNY58.00

J0034545

宋惠民油画作品集　宋惠民绘

沈阳 辽宁美术出版社 1994年 81页 27×28cm 精装 ISBN：7-5314-1232-2 定价：CNY110.00

（画家专辑）

　　外文书名：Selected Oil Painting Works of Song Huimin. 作者宋惠民（1937— ），油画家。出生于吉林长春，毕业于鲁迅美术学院油画系。曾任鲁迅美术学院院长、教授，辽宁省美术家协会主席，中国油画学会副主席，中国美术家协会油画艺术委员会主任等。代表画作有《曹雪芹》《此地甚好》《北方四月》等，出版有《宋惠民作品集》

《宋惠民油画作品集》，论著有《当代油画的思考》《永不满足的希望》。

J0034546

孙为民　孙为民绘

南宁 广西美术出版社 1994年 2版 64页 21×19cm 精装 ISBN：7-80582-432-0

定价：CNY38.00

（中国现代艺术品评丛书）

J0034547

汪天亮漆画作品选　汪天亮绘

厦门 鹭江出版社 1994年 30页 29cm（16开）ISBN：7-80610-054-7 定价：CNY30.00

　　作者汪天亮（1950— ），画家。上海人，毕业于福建工艺美术学校。中国美术家协会会员、中国工艺美术学会理事、中国工艺美术学会漆艺专业委员会常务理事、福州工艺美术学校校长。

J0034548

王霞油画　（中英对照）王霞绘

天津 天津人民美术出版社 1994年 25×26cm ISBN：7-5305-0419-3 定价：CNY45.50

　　外文书名：Wang Xia's Oil Paintings. 作者王霞（1936— ），女，教授，画家。毕业于中央美术学院。历任南京师范大学美术系副教授、中国美术家协会会员、南京市美术家协会理事。出版有《王霞富贵花卉》《王霞油画》等。

J0034549

王恤珠油画选集　王恤珠绘

广州 广东人民出版社 1994年 48页 25×26cm ISBN：7-218-01451-8 定价：CNY60.00

　　本书收有油画作品48幅。外文书名：Selected Oil Paintings by Wang Xuzhu. 作者王恤珠（1930—2015），油画家。山东烟台人，毕业于中央美术学院。曾任广东画院专业画家、一级美术师，中国美术家协会会员，广东省美术家协会理事，广东油画会理事。代表作品有《王恤珠油画选集》《王恤珠画集》等。

J0034550

杨飞云　杨飞云绘

南宁 广西美术出版社 1994年 2版 65页 21×19cm 精装 ISBN：7-80582-431-2

定价：CNY38.00
（中国现代艺术品评丛书）

J0034551
叶苗田油画集　叶苗田绘
北京　中央民族学院出版社　1994年　40页
26×25cm　精装　ISBN：7-81001-837-X
定价：CNY80.00

J0034552
一代画风　（中国中青年油画艺术家）艾轩等绘
沈阳　辽宁美术出版社　1994年　84页　25×26cm
精装　ISBN：7-5314-1044-3　定价：CNY63.00
　　本书收有艾轩、杨飞云、王沂东等8位画家
的作品70余幅。

J0034553
余本　（画册）余本绘
广州　岭南美术出版社　1994年　140页　33cm（12开）
精装　ISBN：7-5362-1128-7　定价：CNY280.00
　　本书收有油画作品百余幅。外文书名：The
Art of Yee Bon. 作者余本（1905—1995），画家。
广东台山人，别名余建本。擅长油画、中国画。
历任广东画院副院长、中国美术家协会顾问。代
表作品有《拉琴者》《黄河渡口》《万里长城》，中
国画《江上卧青山》。出版有《余本画集》等。

J0034554
余本画册　余本绘
广州　岭南美术出版社　1994年　140页　33cm（12开）
精装　ISBN：7-5362-1128-7　定价：CNY280.00

J0034555
中国当代油画艺术　刘迅主编
北京　中国对外翻译出版公司　1994年　182页
38cm（6开）　精装　ISBN：7-5001-0272-0
定价：CNY365.00
　　外文书名：Album of Chinese Contemporary
Oil Paintings. 主编刘迅（1923—2007），画家。江
苏南京人，曾在延安鲁迅艺术学院进修。历任北
京画院副院长兼党委书记，北京市美术家协会副
主席，北京市文联副主席。代表作有《刘迅油画
作品集》《刘迅中国画作品集》《刘迅画集》等。

J0034556
中国美术馆馆藏油画图录　杨力舟主编
天津　天津人民美术出版社　1994年　144页
30cm（10开）　ISBN：7-5305-0389-8
定价：CNY74.00
　　本书收有858幅油画的图录。外文书名：
A Collection of Oil Paintings Kept by China's Art
Gallery.

J0034557
中国优秀企业家的风采　（油画肖像）首届
中国优秀企业家经济战略研讨会暨企业家风采
肖像展组委会编
北京　海潮出版社　1994年　40页　26cm（16开）
ISBN：7-80054-597-0　定价：CNY25.00
　　本书收有甘达新、李大学、姚中和等16位
优秀企业家的油画肖像。

J0034558
中央美术学院老教授油画新作集　诸迪，江
文编
北京　中央广播电视大学出版社　1994年
26cm（16开）　ISBN：7-304-00955-1
定价：CNY45.00
　　外文书名：Selected Oil Paintings by Professors
of Central Institute of Fine Arts.

J0034559
钟涵乡土小品油画　钟涵绘
天津　天津人民美术出版社　1994年　67页
25×26cm　ISBN：7-5305-0421-5
定价：CNY55.50
　　作者钟涵（1929—　　），教授、油画家、理论
家。生于江西萍乡，毕业于中央美术学院。历任
全国美术家协会油画艺术委员会副主任、中央美
术学院学术委员会副主任、吴作人国际美术基金
会艺术委员会主任、中央美术学院教授。作品有
《延河边上》《河上炊烟》《密云》《暖冬》等，出
版有《钟涵乡土小品油画》。

J0034560
澳门风景画　（赵绍之油画）赵绍之绘；傅玉
兰译
澳门　澳门海事博物馆　1995年　119页
28cm（大16开）

外文书名：Paisagem De Macau Macao Landscape.

J0034561

蔡克振漆画选 蔡克振绘

广州 岭南美术出版社 1995年 53页 25×26cm
ISBN：7-5362-1309-3 定价：CNY40.00

J0034562

曹力 曹力绘

南宁 广西美术出版社 1995年 66页 21×19cm
ISBN：7-80582-867-9
定价：CNY28.00，CNY38.00（精装）
（中国现代艺术品评丛书）

　　本书为中国现代油画作品集。作者曹力（1954—　　），画家，教师。江苏南京人。毕业于中央美术学院，并留校任壁画系教师。代表作品有《小城印象》《牧童》《牧牛图》《童声合唱》《马》等。

J0034563

丁孟芳油画集 丁孟芳绘；郑子钢主编

北京 中国妇女出版社 1995年 81页 30cm（10开）
ISBN：7-80016-454-3 定价：CNY160.00

　　外文书名：Selected Oil Paintings of Ding Mengfang.

J0034564

东西方理念汇流 （郭桓画集）郭桓绘；曹晋锋译

澳门 澳门基金会 1995年 250页 29cm（16开）
ISBN：972-8147-59-7

J0034565

宫立龙 宫立龙绘

南宁 广西美术出版社 1995年 61页 21×19cm
ISBN：7-80582-866-0
定价：CNY28.00，CNY38.00（精装）
（中国现代艺术品评丛书）

　　本书为中国现代油画作品集。作者宫立龙（1954—　　），画家。毕业于鲁迅美术学院。曾于鲁迅美术学院油画系第一工作室任教，历任中国美术家协会会员、辽宁省美术家协会理事、沈阳省美术家协会副主席。出版《新水粉表现实技》《水粉人像技法》《画例水粉人像》等。

J0034566

郭绍纲油画风景写生 郭绍纲绘

广州 广东人民出版社 1995年 62页 25×26cm
ISBN：7-218-01604-9
定价：CNY56.00，CNY78.00（精装）

　　外文书名：Guo Shaogang's Landscape Oil Paintings. 作者郭绍纲（1932—　　），画家、艺术教育家。曾用名享邑。北京昌平人，毕业于中央美术学院，曾至苏联列宾美术学院学习油画。历任武汉中南美术专科学校教师，广州美术学院院长、教授。代表作《锻工像》《红帽姑娘》《牡丹盛开》等。

J0034567

海上油画集 韩碧池编

上海 上海书画出版社 1995年 282页 39cm（8开）
精装 ISBN：7-80512-923-1 定价：CNY580.00

　　外文书名：A Collection of Oil Painting of Shanghai.

J0034568

胡善余画集 （中英文本）胡善余绘；宋忠元主编

杭州 中国美术学院出版社［1995年］80页
有照片 37cm 精装 ISBN：7-81019-375-9
定价：CNY180.00

　　外文书名：A Collection of Paintings by Hu Shanyu. 作者胡善余（1909—1993），油画家、教授。广东开平人，毕业于巴黎国立高等美术学院。历任杭州国立艺术专科学校、中央美术学院华东分院、浙江美术学院、中国美术学院教授。代表作品有《市场一角》《舞女》《工地一角》等。主编宋忠元（1932—2013），教授。上海奉贤人，毕业于浙江美术学院，留校任教。历任中国美术学院教授、副院长，中国美术家协会理事，浙江美术协会副主席，浙江省文联委员等职。代表作品《文成公主入藏图》《游春图》《邓白像》等。

J0034569

黄建新油画集 黄建新绘

乌鲁木齐 新疆美术摄影出版社 1995年 65页
29cm（16开） ISBN：7-80547-356-0
定价：CNY68.00

J0034570

黄申发画集　黄申发绘

西安　陕西人民美术出版社　1995 年　36 页

25×26cm　ISBN：7-5368-0551-9 定价：CNY26.00

　　作者黄申发（1939—　　），教授。山西新峰人，毕业于西安美术学院。历任西安美院美术教育改革研究室主任、副教授，中国美术家协会会员。作品有《毛主席在延安》《书记在田间》《芭蕾新秀》，出版有《黄申发画集》《黄申发美术教育文集》。

J0034571

黄申发油画集　黄申发绘

西安　陕西人民美术出版社　1995 年　36 页

25×26cm　ISBN：7-5368-0551-9 定价：CNY26.00

（中国当代美术家）

　　外文书名：Huang Shenfa's Paintings Collection.

J0034572

刘勉怡油画集　（中英文本）刘勉怡绘

长沙　湖南美术出版社　1995 年　20×18cm

ISBN：7-5356-0721-7 定价：CNY9.80

　　外　文　书　名：Selected Oil Paintings of Liu Mianyi. 作者刘勉怡（1944—　　），湖南湘乡人，湖南美术出版社任职。

J0034573

刘依闻油画集　刘依闻著

长沙　湖南美术出版社　1995 年　25×26cm

ISBN：7-5356-0712-8 定价：CNY28.00

　　作者刘依闻（1919—2018），油画家、美术教育家。湖北汉阳人，毕业于国立艺术专科学校油画专业，留校任教。历任湖北艺术学院、湖北美术学院教授、硕导及湖北美术院副院长，中国美术家协会会员，湖北美术家协会顾问及油画学会顾问。代表作品有油画《老妇》《画家与其妻》《丝绸之路》《母女俩》等，出版有《刘依闻油画集》《刘依闻素描像》。

J0034574

女子肖像油画集：封尘作品选之一　张勇绘

北京　中国文联出版公司　1995 年　52 页

26×23cm　ISBN：7-5059-1737-4 定价：CNY66.00

J0034575

秦大虎油画选　（中英文本）秦大虎绘

杭州　中国美术学院出版社　1995 年　27×29cm

精装　ISBN：7-81019-396-1 定价：CNY100.00

J0034576

色彩集　（1）中国美术学院出版社美术画册编辑部编

杭州　中国美术学院出版社　1995 年　42cm（8 开）

ISBN：7-81019-405-4 定价：CNY18.00

　　外文书名：Colour Selected.

J0034577

色彩集　（2）中国美术学院出版社美术画册编辑部编

杭州　中国美术学院出版社　1995 年　42cm（8 开）

ISBN：7-81019-406-2 定价：CNY18.00

　　外文书名：Colour Selected.

J0034578

王靖国油画集　王靖国绘

济南　山东美术出版社　1995 年　20 页　26×24cm

ISBN：7-5330-0911-8 定价：CNY25.00

J0034579

谢东明　谢东明绘

南宁　广西美术出版社　1995 年　61 页 21×19cm

ISBN：7-80582-868-7

定价：CNY28.00，CNY38.00（精装）

（中国现代艺术品评丛书）

　　本书为中国现代油画作品集。作者谢东明（1956—　　），画家、教授。北京人，毕业于中央美术学院油画系，后留校任教。中央美术学院油画系副主任。作品有《藏女》《守望者》《泣》等。

J0034580

徐里油画选　徐里绘

杭州　中国美术学院出版社　1995 年　29cm（16 开）

ISBN：7-81019-477-1 定价：CNY120.00

　　外　文　书　名：Xu Li Oil Painting. 作者徐里（1961—　　），油画家。生于福建，毕业于国家教委西南师范大学。历任中国文联国内联络部副主任、中国美术家协会会员、福建省美术家协会理事。出版有《徐里油画选》《徐里西域之旅》《徐里海外写生作品集》《读徐里》等。

J0034581

许江　许江绘

南宁　广西美术出版社 1995 年　65 页 21×19cm

ISBN：7-80582-865-2

定价：CNY28.00, CNY38.00（精装）

（中国现代艺术品评丛书）

　　本书为中国现代油画作品集。作者许江（1955— ），中国美术学院油画系副主任、副教授。福建人。

J0034582

油画作品集　（中央美术学院油画系教师作品展）孙为民，李志强主编

天津　天津杨柳青画社 1995 年　115 页 28cm（大 16 开）ISBN：7-80503-270-X

定价：CNY98.00

　　主编孙为民（1946— ），黑龙江人，中央美术学院任教。主编李志强（1955— ），教授。天津人，毕业于天津美术学院国画系。历任天津美术学院教授、中国美术家协会会员、中国工笔画协会会员、天津美术家协会理事。曾任天津杨柳青画社社长、总编辑。

J0034583

郑崇尧漆画艺术　郑崇尧绘

福州　福建人民出版社 1995 年　32 页 26×26cm

精装　ISBN：7-211-02394-5 定价：CNY50.00

（当代福建工艺美术家丛刊）

　　外文书名：The Art of Lacquer Painting by Zheng Chongyao. 作者郑崇尧（1934— ），漆画家。福建福州人，福建省美术家协会、漆画研究会会员。

J0034584

中国静物油画　龙起涛主编

北京　中国三峡出版社 1995 年　30cm（16 开）

精装　ISBN：7-80099-095-8 定价：CNY360.00

J0034585

朱贻德油画选　朱贻德绘

青岛　青岛出版社 1995 年　24 页 25×26cm

ISBN：7-5436-1295-X 定价：CNY25.00

J0034586

朱毅勇　朱毅勇绘

1995 年 31cm（10 开）精装

　　本书为中国现代油画画册。

J0034587

曹新林油画作品选　曹新林绘

天津　天津人民美术出版社［1996 年］29cm（16 开）

ISBN：7-5305-0611-0 定价：CNY16.00

（当代油画家自选集）

J0034588

陈章永油画作品集　陈章永绘

石家庄　河北美术出版社 1996 年　有照片 25×26cm ISBN：7-5310-0822-X 定价：CNY80.00

　　外文书名：The Works of Oil Paintings by Chen Zhangyong. 作者陈章永（1947— ），美术编辑、油画家。浙江人，毕业于北京师范学院美术系。代表作品《亲如一家》《苦与乐》《高原子孙》。

J0034589

谌北新油画作品选　谌北新绘

天津　天津人民美术出版社［1996 年］29cm（16 开）

ISBN：7-5305-0611-0 定价：CNY16.00

（当代油画家自选集）

　　作者谌北新（1932— ），画家、教授。生于北京，祖籍江西南昌。毕业于中央美术学院绘画系和中央美术学院油画训练班，被选送中央美术学院马克西莫夫油画训练班深造。就职于西安美术学院。著作有《谌北新油画风景习作辑》《谌北新风景油画选》《谌北新油画作品》。

J0034590

成都油画

成都　四川美术出版社 1996 年　74 页 29cm（16 开）

ISBN：7-5410-1119-3 定价：CNY90.00

J0034591

崔开玺油画作品选　崔开玺绘

天津　天津人民美术出版社［1996 年］29 页 29cm（16 开）ISBN：7-5305-0611-0

定价：CNY16.00

（当代油画家自选集）

　　作者崔开玺（1935— ），教授，画家。山东掖县人，就读于中央美术学院。任解放军艺术学院副教授、教授，中国美术家协会会员。代表作

品有《演习之后》《长征路上写生》《长征途中的
贺　龙与任弼时》等。

J0034592
戴士和油画作品选　戴士和绘
天津　天津人民美术出版社［1996年］29页
29cm（16开）ISBN：7-5305-0611-0
定价：CNY16.00
（当代油画家自选集）

J0034593
当代油画家自选集
天津　天津人民美术出版社［1996年］40册
29cm（16开）ISBN：7-5305-0611-0
定价：CNY640.00

J0034594
第1届中国油画学会展作品集　中国油画
学会编
南宁　广西美术出版社　1996年　37×33cm　精装
ISBN：7-80625-137-5　定价：CNY480.00

J0034595
丁一林　丁一林绘
南宁　广西美术出版社　1996年　63页　21cm（32开）
ISBN：7-80625-106-5　定价：CNY28.00
（中国现代艺术品评丛书）
　　本书为现代中国油画画册与美术评论。作
者丁一林（1953—　），教授，画家。出生于南京，
祖籍河北。毕业于中央美术学院油画系，留校任
教。历任中央美术学院油画系主任、教授、博士
生导师，造型艺术研究所副所长，中国美术家协
会会员，中国油画学会理事等。代表作品有《沧
州镇海吼》《东方之珠》《科学的春天》等。出版
有《当代素描教程》《丁一林画集》等。

J0034596
段正渠油画作品选　段正渠绘
天津　天津人民美术出版社［1996年］26页
29cm（16开）ISBN：7-5305-0611-0
定价：CNY16.00
（当代油画家自选集）

J0034597
费正油画作品选　费正绘
天津　天津人民美术出版社［1996年］29cm（16开）
ISBN：7-5305-0611-0　定价：CNY16.00
（当代油画家自选集）
　　作者费正（1938—　），出生于重庆市，原籍
江苏启东。毕业于中央美术学院。曾在解放军
部队及出版部门从事美术工作。河北画院专业
画家、河北美术家协会副主席。作品有《老农》
《剥蒜》《春》等。

J0034598
冯怀荣油画作品选　冯怀荣绘
天津　天津人民美术出版社［1996年］29页
29cm（16开）ISBN：7-5305-0611-0
定价：CNY16.00
（当代油画家自选集）

J0034599
郭北平油画作品选　郭北平绘
天津　天津人民美术出版社［1996年］29cm（16开）
ISBN：7-5305-0611-0　定价：CNY16.00
（当代油画家自选集）

J0034600
郭焕材油画展专辑　［郭焕材绘］；赖万发
［等］编辑
彰化县　彰化县立文化中心　1996年　78页
有彩照　26cm（16开）ISBN：957-00-7013-7

J0034601
哈孜·艾买提油画作品选　哈孜·艾买提绘
天津　天津人民美术出版社［1996年］29cm（16开）
ISBN：7-5305-0611-0　定价：CNY16.00
（当代油画家自选集）
　　作者哈孜·艾买提（1935—2017），新疆喀什
市人，毕业于新疆大学。历任中国文联委员、中
国美术家协会顾问、新疆文史馆名誉馆长、中国
维吾尔历史文化研究会和中国油画学会常务理
事等职。代表作品有《牛背刁羊图》《唱不尽的
心声》《万方乐奏有于阗》《地毯·维吾尔人》等。

J0034602
洪凌　洪凌绘
南宁　广西美术出版社　1996年　63页　21cm（32开）
ISBN：7-80625-132-4　定价：CNY28.00
（中国现代艺术品评丛书）

本书为现代中国油画画册与美术评论。

J0034603

洪震春油画集　　洪震春绘

长沙　湖南美术出版社　1996年　25×26cm
ISBN：7-5356-0802-7　定价：CNY28.00

　　作者洪震春（1937— ），湖南湘阴人，全国美术教育研究会会员、湖南省美术家协会会员。

J0034604

侯滨油画作品选　　侯滨绘

天津　天津人民美术出版社［1996年］29页
29cm（16开）ISBN：7-5305-0611-0
定价：CNY16.00
（当代油画家自选集）

　　作者侯滨（1950— ），教授、画家。毕业于济宁师范专科学校美术系。历任《山东青年》杂志社美术编辑室主任、山东青年美术家协会主席、山东省青年书画院院长。代表作品《我空军在抗美援朝战场》《海上旧梦》《一坛清水》等。

J0034605

黄国瑞油画作品选　　黄国瑞绘

天津　天津人民美术出版社［1996年］29cm（16开）
ISBN：7-5305-0611-0　定价：CNY16.00
（当代油画家自选集）

J0034606

黄乃源油画作品选　　黄乃源绘

天津　天津人民美术出版社［1996年］29页
29cm（16开）ISBN：7-5305-0611-0
定价：CNY16.00
（当代油画家自选集）

　　作者黄乃源（1931—2004），教授。江西萍乡市人。毕业于西北艺术学院（西安美术学院前身），并留校任教。中国美术家协会会员、陕西美术家协会理事、陕西油画学会副会长。作品有《巡道工》《巨轮》《萍矿洗煤厂》等。出版画册有《黄乃源油画风景习作选》《黄乃源油画作品选》《黄乃源油画风景写生集》等。

J0034607

贾涤非油画作品选　　贾涤非绘

天津　天津人民美术出版社［1996年］29cm（16开）
ISBN：7-5305-0611-0　定价：CNY16.00
（当代油画家自选集）

　　作者贾涤非（1957— ），教师。吉林人，毕业于鲁迅美术学院油画系。历任吉林省艺术学院副教授、中国美术家协会会员。代表作品有《十月》《阳光·温泉》《收获季节》等，出版有《贾涤非素描集》。

J0034608

贾辛光油画选　　贾辛光绘

济南　山东美术出版社　1996年　45页 17×19cm
ISBN：7-5330-0979-7
定价：CNY38.00, CNY52.00（精装）

　　外文书名：The Selection of Jia Xinguang's Oil Paintings.

J0034609

李华英油画作品选　　李华英绘

天津　天津人民美术出版社［1996年］29cm（16开）
ISBN：7-5305-0611-0　定价：CNY16.00
（当代油画家自选集）

J0034610

李鹏油画集　　李鹏绘

西安　陕西人民美术出版社　1996年　25×26cm
ISBN：7-5368-0888-7
定价：CNY48.00, CNY59.00（精装）

　　外文书名：Collection of Oil Painting by Li Peng.

J0034611

李晓伟油画作品选　　李晓伟绘

天津　天津人民美术出版社［1996年］29cm（16开）
ISBN：7-5305-0611-0　定价：CNY16.00
（当代油画家自选集）

J0034612

李秀实"京华遗韵"系列　　李秀实绘

天津　天津人民美术出版社［1996年］29页
29cm（16开）ISBN：7-5305-0611-0
定价：CNY16.00
（当代油画家自选集）

　　作者李秀实（1933— ），风景油画家。生于辽宁锦州，毕业于中央美术学院油画系。历任中华美术研究院副院长、中国美术家协会理事、中国油画学会理事。代表作品《过去·现在·未来》《从油画民族化谈起》，出版有《李秀实油画选》

《我对墨骨油画的思考》等。

J0034613
林俊寅油画　水彩画专辑　［林俊寅绘］；赖
万发［等］编辑
彰化县　彰化县立文化中心 1996 年 80 页
有照片 26cm（16 开）ISBN：957-00-6763-2

J0034614
刘德润、李燕油画集　刘德润，李燕绘
北京　人民美术出版社 1996 年 28cm（大 16 开）
精装 ISBN：7-102-01572-0 定价：CNY83.00
　　外文书名：Oil Paintings of Liu Derun ＆ Li
Yan.

J0034615
刘德维绘画集　刘德维绘
北京　人民美术出版社 1996 年 60 页 26×23cm
ISBN：7-102-01514-3 定价：CNY42.80
　　作者刘德维（1936—　），号子墨，出生于山
东青岛。历任青岛市文化宫美术科长、副高级研
究员，中国版画家协会、中国美术家协会山东分
会会员。

J0034616
刘贵宾油画作品选　刘贵宾绘
天津　天津人民美术出版社［1996 年］29 页
29cm（16 开）ISBN：7-5305-0611-0
定价：CNY16.00
（当代油画家自选集）

J0034617
刘海志油画集　刘海志绘
石家庄　河北美术出版社 1996 年 30 页
25×26cm 精装 ISBN：7-5310-0648-0
定价：CNY98.00

J0034618
刘明油画作品选　刘明绘
天津　天津人民美术出版社［1996 年］29cm（16 开）
ISBN：7-5305-0611-0 定价：CNY16.00
（当代油画家自选集）
　　作者刘明（1957—　），满族，教授。出生于
辽宁岫岩县，毕业于鲁迅美术学院。历任沈阳
美术学院美术系、沈阳大学师范学院美术系副主

任、副教授，中国美术家协会会员。出版有《刘
明油画创意》。

J0034619
刘绍昆油画作品选　刘绍昆绘
天津　天津人民美术出版社［1996 年］29cm（16 开）
ISBN：7-5305-0611-0 定价：CNY16.00
（当代油画家自选集）

J0034620
刘溢　刘溢绘
南宁　广西美术出版社 1996 年 63 页 21cm（32 开）
ISBN：7-80625-108-1 定价：CNY28.00
（中国现代艺术品评丛书）
　　本书为现代中国油画画册与美术评论。

J0034621
罗工柳油画选　罗工柳绘
北京　海豚出版社 1996 年 40 张 目录及年表 1
册（26cm）29×40cm 散页盒装
ISBN：7-80051-878-7 定价：CNY125.00
　　外文书名：Selected Oil-Paintings of Luo
Gongliu. 作者罗工柳（1916—2004），画家、教授。
广东开平人，毕业于杭州艺术专科学校和鲁迅艺
术文学院美术系。中央美术学院教授。著有《罗
工柳画集》《巨匠周刊·罗工柳·专集》《罗工柳艺
术对话录》等。

J0034622
马常利油画写生集　马常利绘
天津　天津人民美术出版社 1996 年 50 页
25×26cm ISBN：7-5305-0595-5 定价：CNY96.00
　　外文书名：Oil-Paint Sketches of Ma Changli.

J0034623
马来西亚风情：邓崇龙油画选　邓崇龙绘
广州　岭南美术出版社 1996 年 10 张 13×18cm
定价：CNY10.00

J0034624
马路　马路绘
南宁　广西美术出版社 1996 年 68 页 21cm（32 开）
ISBN：7-80625-114-6 定价：CNY28.00
（中国现代艺术品评丛书）
　　本书为现代中国油画画册与美术评论。作

者马路(1958—　)，中央美术学院壁画系讲师，中国美术家协会会员。

J0034625

马忠群画集　马忠群绘

沈阳　辽宁美术出版社　1996年　25×23cm

ISBN：7-5314-1414-7　定价：CNY89.00

J0034626

祁海峰油画作品选　祁海峰绘

天津　天津人民美术出版社［1996年］29cm(16开)

ISBN：7-5305-0611-0　定价：CNY16.00

（当代油画家自选集）

J0034627

邱瑞敏油画作品选　邱瑞敏绘

天津　天津人民美术出版社［1996年］29页

29cm(16开)ISBN：7-5305-0611-0

定价：CNY16.00

（当代油画家自选集）

J0034628

色彩集　（4）中国美术学院出版社图书编辑部编

杭州　中国美术学院出版社　1996年　42cm(8开)

ISBN：7-81019-509-3　定价：CNY18.00

（美术作品示范系列）

　　外文书名：Colour Selected.

J0034629

尚扬油画作品选　尚扬绘

天津　天津人民美术出版社［1996年］29cm(16开)

ISBN：7-5305-0611-0　定价：CNY16.00

（当代油画家自选集）

　　作者尚扬(1936—　)，画家。四川开县人，研究生毕业于湖北艺术学院美术系。历任湖北人民出版社美术编辑，湖北美术学院教授、副院长，华南师范大学美术研究所所长，首都师范大学美术系教授、硕士研究生导师，中国油画学会副主席，中国美术家协会理事，中国美术家协会油画艺术委员会委员等。代表作品《黄河船夫》《爷爷的河》《二十八宿图》。

J0034630

石冲　石冲绘

南宁　广西美术出版社　1996年　64页　21cm(32开)

ISBN：7-80625-112-X　定价：CNY28.00

（中国现代艺术品评丛书）

　　本书为现代中国油画画册与美术评论。

J0034631

石冲油画作品选　石冲绘

天津　天津人民美术出版社［1996年］29cm(16开)

ISBN：7-5305-0611-0　定价：CNY16.00

（当代油画家自选集）

J0034632

宋齐鸣油画作品选　宋齐鸣绘

天津　天津人民美术出版社［1996年］29cm(16开)

ISBN：7-5305-0611-0　定价：CNY16.00

（当代油画家自选集）

J0034633

孙建平油画集　（1985年~1995年）孙建平绘

天津　天津杨柳青画社　1996年　86页　29cm(16开)

ISBN：7-80503-304-8　定价：CNY53.90

　　外文书名：Collection of Paintings by Sun Jianping. 作者孙建平(1948—　)，画家。天津人，毕业于天津美术学院油画专业。曾任天津美术学院绘画系油画教研室主任、中国美术家协会会员。作品有《韦启美先生》《剧终》《同仇敌忾》《高原秋》等。

J0034634

孙建平油画作品选　孙建平绘

天津　天津人民美术出版社［1996年］29cm(16开)

ISBN：7-5305-0611-0　定价：CNY16.00

（当代油画家自选集）

J0034635

妥木斯油画作品选　妥木斯绘

天津　天津人民美术出版社［1996年］29页

29cm(16开)ISBN：7-5305-0611-0

定价：CNY16.00

（当代油画家自选集）

J0034636

汪宏钰画集　汪宏钰绘

上海　上海书画出版社　1996年　29cm(16开)

ISBN：7-80635-035-7　定价：CNY26.00

本书为现代中国油画画册。

J0034637

王光新油画艺术　王光新绘

乌鲁木齐　新疆人民出版社　1996年　25×26cm

ISBN：7-228-03932-7　定价：CNY38.00

外文书名：Mr. Wang Guangxing's Art of Oil Painting.

J0034638

王宏剑油画作品选　王宏剑绘

天津　天津人民美术出版社［1996年］29cm（16开）

ISBN：7-5305-0611-0　定价：CNY16.00

（当代油画家自选集）

J0034639

王玉萍油画作品选　王玉萍绘

天津　天津人民美术出版社［1996年］29页

29cm（16开）ISBN：7-5305-0611-0

定价：CNY16.00

（当代油画家自选集）

J0034640

王玉琦油画作品选　王玉琦绘

天津　天津人民美术出版社［1996年］29cm（16开）

ISBN：7-5305-0611-0　定价：CNY16.00

（当代油画家自选集）

作者王玉琦（1958—　），旅美画家。生于河北清苑，毕业于天津美术学院。中国美术家协会会员、中国油画家协会会员、北美中国艺术家协会会员、加拿大肖像画家协会艺术指导、美国肖像画家协会会员。出版有《中国油画肖像百年》《中国油画五十年》《中国古典主义油画》《王玉琦作品选》《王玉琦油画技法》等。

J0034641

王元珍油画作品选　王元珍绘

天津　天津人民美术出版社［1996年］29cm（16开）

ISBN：7-5305-0611-0　定价：CNY16.00

（当代油画家自选集）

J0034642

吴云华油画作品选　吴云华绘

天津　天津人民美术出版社［1996年］29页

29cm（16开）ISBN：7-5305-0611-0

定价：CNY16.00

（当代油画家自选集）

作者吴云华（1944—　），国家一级美术师。出生于黑龙江省，祖籍辽宁辽阳。毕业于鲁迅美术学院。中国美术家协会会员、中国油画学会理事、辽宁省美术家协会副主席、辽宁画院副院长。代表作品油画《采铜尖兵》《粮官奶奶》《1976年唐山》等，国画《我该是中国的一部分·斯诺》等，创作油画作品《抗美援朝 跨过鸭绿江》。画作《萌》获首届体育美展铜奖并被中国奥委会收藏。出版有《吴云华油画自选集》。

J0034643

谢鹏程油画集　谢鹏程绘

长沙　湖南美术出版社　1996年　25×26cm

ISBN：7-5356-0900-7　定价：CNY34.00

J0034644

徐永义油画集

济南　山东美术出版社　1996年　33页　26cm（16开）

ISBN：7-5330-0994-0　定价：CNY30.00

J0034645

阎平　阎平绘

南宁　广西美术出版社　1996年　64页　21cm（32开）

ISBN：7-80625-110-3　定价：CNY28.00

（中国现代艺术品评丛书）

本书为现代中国油画画册与美术评论。

J0034646

杨肃生画集　（中英文本）［杨肃生绘］

乌鲁木齐　新疆人民出版社　1996年　44页

26×26cm ISBN：7-228-04092-9　定价：CNY58.00

本画册收入杨肃生的"生命的呼唤""远古的生命""胡杨·大漠""丝路情"等风景油画作品。

J0034647

油画集　（1）陶小明编

杭州　中国美术学院出版社　1996年　42cm（8开）

ISBN：7-81019-526-3　定价：CNY18.00

（美术作品示范系列）

J0034648

油画集　（2）中国美术学院综合绘画工作室编

杭州　中国美术学院出版社　1996年　42cm（8开）

ISBN：7-81019-527-1　定价：CNY18.00
（美术作品示范系列）

J0034649

张京生油画作品选　张京生绘

天津　天津人民美术出版社［1996年］29cm（16开）

ISBN：7-5305-0611-0　定价：CNY16.00

（当代油画家自选集）

　　作者张京生（1940—　　），画家。生于北京，毕业于中央美术学院油画系。天津美术学院教授、硕士生导师，中国美术家协会会员。

J0034650

张鹏油画作品选　张鹏绘

天津　天津人民美术出版社［1996年］29cm（16开）

ISBN：7-5305-0611-0　定价：CNY16.00

（当代油画家自选集）

J0034651

张钦若油画作品选　张钦若绘

天津　天津人民美术出版社［1996年］29页

29cm（16开）ISBN：7-5305-0611-0

定价：CNY16.00

（当代油画家自选集）

J0034652

张世范油画作品选　张世范绘

天津　天津人民美术出版社［1996年］29cm（16开）

ISBN：7-5305-0611-0　定价：CNY16.00

（当代油画家自选集）

　　作者张世范（1936—2012），教授。河北冀州人，毕业于天津美术学院。曾任天津美术学院院长、教授。代表作品有《罗马尼亚艺术家——科·巴巴》《素描人体新概念》。

J0034653

张炀画集　张炀绘

济南　山东友谊出版社 1996年 25页 26cm（16开）

ISBN：7-80551-853-X　定价：CNY24.50

　　作者张炀（1958—　　），曲阜师范大学美术系任教。

J0034654

张重庆油画作品选　张重庆绘

天津　天津人民美术出版社［1996年］29页

29cm（16开）ISBN：7-5305-0611-0

定价：CNY16.00

（当代油画家自选集）

J0034655

郑岱油画作品选　郑岱绘

天津　天津人民美术出版社［1996年］29页

29cm（16开）ISBN：7-5305-0611-0

定价：CNY16.00

（当代油画家自选集）

J0034656

中国油画家　（第一集）孟庆谷主编

北京　新华出版社 1996年 106页 34cm（8开）

精装　ISBN：7-5011-3349-2　定价：CNY180.00

J0034657

中国油画肖像艺术百年展图录　中国油画学会等主办

南宁　广西美术出版社 1996年 29cm（16开）

ISBN：7-80625-121-9　定价：CNY38.00

　　外文书名：Collection of the Exhibition of China's Hundred-Year Oil Painting Portraits.

J0034658

中青年油画家百人作品　孙少楷等主编

长春　吉林美术出版社 1996年 164页 37cm

精装　ISBN：7-5386-0592-4　定价：CNY298.00

J0034659

钟以勤油画　钟以勤绘

长沙　湖南美术出版社 1996年 81页 37cm

精装　ISBN：7-5356-0882-5　定价：CNY180.00

　　外文书名：Selected Oil Paintings of Zhong Yiqin.

J0034660

周补田画集　周补田绘

上海　上海书画出版社 1996年 29cm（16开）

ISBN：7-80635-034-9　定价：CNY26.00

J0034661

周玉玮油画作品选　周玉玮绘

天津　天津人民美术出版社［1996年］29cm（16开）

ISBN：7-5305-0611-0　定价：CNY16.00

（当代油画家自选集）

J0034662
朱成林油画作品选　朱成林绘
天津 天津人民美术出版社［1996 年］29cm（16 开）
ISBN：7-5305-0611-0 定价：CNY16.00
（当代油画家自选集）

J0034663
朱伟油画作品选　朱伟绘
天津 天津人民美术出版社［1996 年］29 页
29cm（16 开）ISBN：7-5305-0611-0
定价：CNY16.00
（当代油画家自选集）

J0034664
陈克平　全心油画集　陈克平，全心绘
广州 广东高等教育出版社 1997 年 25×26cm
ISBN：7-5361-2078-8 定价：CNY60.00
　　外文书名：A Collection of Oil Paintings by
Chen Keping & Quan Xin.

J0034665
崔宪基油画集　崔宪基绘
天津 天津人民美术出版社 1997 年 25 页
25×26cm ISBN：7-5305-0779-6
定价：CNY25.00

J0034666
大象无形　（朱德群回顾展 1985-1996 中英对
照）朱德群绘
香港 香港临时市政局 1997 年 71 页 28×28cm
ISBN：962-215-152-3 定价：HKD100.00

J0034667
都市状态与品藻生活　（洪毅·雷波·秦秀杰
三人油画作品选）洪毅等绘；赵巍主编
南宁 广西美术出版社 1997 年 37cm
ISBN：7-80625-343-2 定价：CNY168.00

J0034668
顾祝君沈大慈画集　顾祝君，沈大慈绘
天津 天津人民美术出版社 1997 年 90 页
25×26cm ISBN：7-5305-0680-3
定价：CNY50.00，CNY：70.00（精装）

J0034669
海上油画续集　韩碧池编
上海 上海书画出版社 1997 年 189 页 37cm
精装 ISBN：7-80635-094-2 定价：CNY320.00
　　外文书名：A Collection of Oil Painting of
Shanghai（Part Ⅱ）.

J0034670
何坚宁油画　何坚宁绘
广州 新世纪出版社 1997 年 45 页 37cm 精装
ISBN：7-5405-1579-1 定价：CNY160.00
　　作者何坚宁（1960—　），画家。海南人，毕
业于广州美术学院油画系。历任广州画院画家、
美术家协会广东分会会员。代表作品《海南风情》
《故乡梦》《故乡的椰树》《故乡风情》《大自然系
列》等。

J0034671
花魂　（艾欣油画）艾欣绘
广州 岭南美术出版社 1997 年 12 幅 26cm（16 开）
散页套装 ISBN：7-5362-1730-7 定价：CNY30.00
　　外文书名：The Spirit of Flower.

J0034672
姜慧风俗油画　姜慧绘
北京 中国世界语出版社 1997 年 25×26cm
ISBN：7-5052-0339-8 定价：CNY［88.00］

J0034673
林加冰油画集　林加冰绘
合肥 安徽美术出版社 1997 年 29cm（18 开）
ISBN：7-5398-0586-2
定价：CNY76.00，CNY86.00（精装）
　　外文书名：Selected Oil Paintings of Lin Jiabing.

J0034674
刘英奎油画肖像写生集　刘英奎绘
成都 四川美术出版社 1997 年 53 页 29cm（16 开）
ISBN：7-5410-1250-5 定价：CNY38.00
　　外文书名：Portraits Painted from Life by Liu
Yingkui.

J0034675
牛事一牛车　施并锡编著
台北 草根出版事业公司 1997 年 197 页

21cm（32开）精装 ISBN：957-8466-09-9
定价：TWD320.00
（台湾感觉系列 02）

J0034676
齐勇立 （真纯绚丽的心灵寓言）齐勇立绘
石家庄 河北美术出版社 1997年 48页
36cm（15开）ISBN：7-5310-0905-6
定价：CNY60.00

J0034677
人体油画 中国美术学院出版社图书编辑部编
杭州 中国美术学院出版社 1997年 42cm（8开）
ISBN：7-81019-556-5 定价：CNY18.00
（美术示范作品系列 5）

J0034678
色彩集 （3）
杭州 中国美术学院出版社 1997年 重印本
42cm（8开）ISBN：7-81019-499-2
定价：CNY18.00
（美术作品示范系列）
作品选自 '95杭州中国水彩画大展。

J0034679
台中县美术瑰宝 （叶火城逝世三周年纪念
集）王正雄，廖月霞，赖惠英主编；林昌德论文
撰稿
台中县 台中县立文化中心 1997年 243页
有图照片 32cm（10开）精装
ISBN：957-00-8812-5 定价：［TWD800.00］

J0034680
谭涤夫油画作品集 谭涤夫［绘］
北京 解放军出版社 1997年 93页 25×26cm
ISBN：7-5065-3358-8 定价：CNY150.00
　　外文书名：The Album of Oil-Painting Works
of Tan Difu.

J0034681
王恤珠画集 王恤珠绘
广州 广东人民出版社 1997年 50张 29cm（16开）
套装 ISBN：7-218-02126-3 定价：CNY60.00
　　本书为中国现代油画画册，中英文本。作者
王恤珠（1930—2015），油画家。山东烟台人，毕

业于中央美术学院。曾任广东画院专业画家、一
级美术师，中国美术家协会会员，广东省美术家
协会理事，广东油画会理事。代表作品有《王恤
珠油画选集》《王恤珠画集》等。

J0034682
魏启铭作品选 魏启铭著
珠海 珠海出版社 1997年 67页 28×29cm
精装 ISBN：7-80607-309-4 定价：CNY80.00
　　本书为现代中国油画漆画画册。

J0034683
吴晓明油画集 吴晓明绘
上海 上海人民美术出版社 1997年 25×26cm
ISBN：7-5322-1847-3 定价：CNY50.00
　　外文书名：Wu Xiaoming's Oil Paintings.

J0034684
相聚在良辰 （香港名人肖像画集）刘宇一绘；
香港文汇出版社编
香港 香港文汇出版社 1997年 303页 35cm（15开）
精装 ISBN：962-374-037-9

J0034685
徐唯辛油画集 徐唯辛绘
天津 天津人民美术出版社 1997年 22页
25×26cm ISBN：7-5305-0780-X 定价：CNY25.00

J0034686
寻梦之旅 （澳门历史风采）李瑞祥编绘
澳门 澳门基金会 1997年 267页 30cm（10开）
ISBN：972-8147-99-6
　　本书与澳门理工学院合作出版。

J0034687
姚文奎油画集 姚文奎绘
上海 上海人民美术出版社 1997年 36页
26cm（16开）ISBN：7-5322-1804-X
定价：CNY80.00
　　外文书名：An Album of Yao Wenkui's Oil
Paintings.

J0034688
易乃光油画集 易乃光绘
长沙 湖南美术出版社 1997年 41页 26×25cm

ISBN：7-5356-1030-7 定价：CNY52.00

J0034689
油画 （角王专辑）
上海　上海人民美术出版社 1997 年 32 页
29cm（16 开）ISBN：7-5322-1870-8
定价：CNY30.00

J0034690
油画风景选萃 （1）尹戎生等绘
沈阳　辽宁美术出版社 1997 年 18 幅 37×26cm
ISBN：7-5314-1677-8 定价：CNY39.00
　　作者尹戎生（1930—　　），教授。四川宜宾人。
毕业于北京中央美术学院。曾任中央美术学院
油画系教授、中国美术家协会会员等。主要作品
有《夺取全国胜利》《老战士》《卢浮尔博物馆藏
画选集》等。

J0034691
油画风景选萃 （2）孙为民等绘
沈阳　辽宁美术出版社 1997 年 18 幅 37×26cm
ISBN：7-5314-1678-6 定价：CNY39.00

J0034692
赵大陆油画作品 赵大陆绘
广州　岭南美术出版社 1997 年 26 页
29cm（16 开）精装　ISBN：7-5362-1722-6
定价：CNY90.00
　　外文书名：Zhao Dalu Oil Paintings. 作者赵大
陆（1953—　　），北京师范学院美术系讲师、油画
教研室主任，北京市美术家协会会员。

J0034693
赵世杰油画作品集 赵世杰绘
沈阳　辽宁美术出版社 1997 年 53 页 24×26cm
精装　ISBN：7-5314-1273-X 定价：CNY88.00
（画家专集）

J0034694
赵兴斌油画海景创意 赵兴斌绘
沈阳　辽宁美术出版社 1997 年 48 页 24×26cm
ISBN：7-5314-1625-5 定价：CNY31.00
（画家画库 作品与技法）

J0034695
中国当代油画 （1）
郑州　河南美术出版社 1997 年 265 页 29cm（16 开）
精装　ISBN：7-5401-0574-7 定价：CNY198.00

J0034696
中国当代油画 （2）
郑州　河南美术出版社 1997 年 265 页 29cm（16 开）
精装　ISBN：7-5401-0575-5 定价：CNY198.00

J0034697
中国风景油画 胡苏，西辰主编
南宁　广西美术出版社 1997 年 168 页
37×33cm 精装　ISBN：7-80625-283-5
定价：CNY430.00

J0034698
中国油画肖像艺术百年 张祖英主编
天津　天津人民美术出版社 1997 年 183 页
29cm（16 开）精装　ISBN：7-5305-0670-6
定价：CNY140.00
　　外文书名：The Portrait of Chinese Oil Painting
in the Last Hundred Years. 主编张祖英（1940—　　），
画家。上海人，毕业于上海戏剧学院舞台美术系。
历任中国艺术研究院美术研究所研究员、中国油
画协会秘书长、中国美术家协会油画艺术委员会
秘书长。著作有《中国油画肖像艺术百年》《中
国新写实主义油画的崛起》《对中国油画发展现
状的思考》等。

J0034699
周子义油画集 周子义绘
广州　岭南美术出版社 1997 年 58 页 23×21cm
ISBN：7-5362-1603-3 定价：CNY48.00

J0034700
祝昆画集 祝昆绘；南京市美术家协会编
南昌　江西美术出版社 1997 年 29cm（16 开）
ISBN：7-80580-402-8 定价：CNY16.00
（南京当代美术家画库）

J0034701
庄言油画集 （1941—1996）庄言绘；国际艺
苑美术基金会编
北京　北京美术摄影出版社 1997 年 83 页

25cm（小 16 开）ISBN：7-80501-204-0
定价：CNY60.00

J0034702
走向新世纪 （中国青年油画展作品集）中国
油画学会编
南宁 广西美术出版社 1997 年 203 页 42cm（8 开）
ISBN：7-80625-349-1 定价：CNY260.00

J0034703
走向新世纪 （中国青年油画展优秀作品）中
国油画学会编
南昌 江西美术出版社 1997 年 28cm（大 16 开）
ISBN：7-80580-440-0 定价：CNY36.00

J0034704
陈楚波油画 陈楚波绘
广州 岭南美术出版社 1998 年 29cm（16 开）
ISBN：7-5362-1870-2 定价：CNY20.00
（广州国际艺术博览会丛书）

J0034705
陈雪敬作品集 陈雪敬绘
广州 岭南美术出版社 1998 年 29cm（16 开）
ISBN：7-5362-1870-2 定价：CNY20.00
（广州国际艺术博览会丛书）

J0034706
城市 （色彩风景）李醉编绘
上海 上海人民美术出版社 1998 年 29cm（16 开）
ISBN：7-5322-2036-2 定价：CNY9.60
（一物一景写生系列丛书）
　　本书为中国现代水彩画风景画绘画技法
画册。

J0034707
程远作品选 程远绘
天津 天津人民美术出版社［1998 年］29cm（16 开）
ISBN：7-5305-0750-8 定价：CNY22.00
（当代画家精品集 1）

J0034708
当代油画精品集 （陈建华）陈建华绘
济南 山东美术出版社 1998 年 28 页 29cm（16 开）
ISBN：7-5330-1110-4 定价：CNY32.00

作者陈建华，南京艺术学院任教。

J0034709
当代油画精品集 （顾黎明）顾黎明绘
济南 山东美术出版社 1998 年 44 页 29cm（16 开）
ISBN：7-5330-1119-8 定价：CNY38.00

J0034710
当代油画精品集 （路璋）路璋绘
济南 山东美术出版社 1998 年 44 页 29cm（16 开）
ISBN：7-5330-1111-2 定价：CNY38.00

J0034711
当代油画精品集 （吕建军）吕建军绘
济南 山东美术出版社 1998 年 28 页 29cm（16 开）
ISBN：7-5330-1113-9 定价：CNY32.00

J0034712
当代油画精品集 （毛岱宗）毛岱宗绘
济南 山东美术出版社 1998 年 28 页 29cm（16 开）
ISBN：7-5330-1108-2 定价：CNY32.00
　　作者毛岱宗（1955— ），教授。曾用名毛哲
宗，别署黛宗，字彦达，号喆之、弘轩等。山东
莱州市人，毕业于山东艺术学校美术科。山东艺
术学院美术学院院长、教授、硕士生导师，中国
美术家协会会员，山东美术家协会副主席，山东
美术家协会油画艺委会主任。作品有《农舍》《白
夜》等。

J0034713
当代油画精品集 （王克举 阎平）王克举，阎
平绘
济南 山东美术出版社 1998 年 44 页 29cm（16 开）
ISBN：7-5330-1109-0 定价：CNY38.00

J0034714
当代油画精品集 （张洪祥）张洪祥绘
济南 山东美术出版社 1998 年 44 页 29cm（16 开）
ISBN：7-5330-1112-0 定价：CNY38.00

J0034715
当代油画九人集 闫平等绘
天津 天津人民美术出版社 1998 年 106 页
30cm（10 开）精装 ISBN：7-5305-0845-8
定价：CNY180.00

J0034716
当代中国山水画·油画风景展精品选　（油画）
南宁　广西美术出版社　1998 年　26cm（16 开）
散页装　ISBN：7-80625-576-1　定价：CNY36.00

J0034717
东方意象　（鸥洋油画作品选　1986-1998）鸥
洋绘；广东美术馆编
广州　岭南美术出版社 1998 年 119 页 28×29cm
ISBN：7-5362-1824-9 定价：CNY120.00

　　作者鸥洋（1937— ），女，生于湖北武昌，
原籍江西龙南，毕业于广州美术学院，留校任
教。历任广州美术学院教授、中国美术家协会会
员、中国油画学会理事、广东美术家协会油画艺
术委员会委员、广东油画学会副主席。代表作有
《女民警》《往事涌心头》《金色的秋天》等。

J0034718
怀念大自然　张应中［绘］；郭天民编
长沙　湖南美术出版社 1998 年　25×26cm
ISBN：7-5356-1300-4 定价：CNY18.00

J0034719
老教授油画选集　中国老教授协会文艺专业
委员会编
北京　人民美术出版社　1998 年　26×23cm
ISBN：7-102-01854-1 定价：CNY84.00

J0034720
雷双作品选　雷双绘
天津　天津人民美术出版社［1998 年］29cm（16 开）
ISBN：7-5305-0750-8 定价：CNY33.00
（当代画家精品集）

J0034721
李刚油画　（陇东风情）李刚绘
兰州　甘肃人民美术出版社 1998 年 48 页
25×25cm ISBN：7-80588-240-1 定价：CNY96.00

J0034722
李克全油画展专辑　赖万发，曾能江，詹秀
铃［编辑］
彰化县　彰化县立文化中心 1998 年 76 页
有彩照 26cm（16 开）ISBN：957-02-0832-5

J0034723
李蕾油画选　李蕾绘
南京　江苏美术出版社 1998 年 31 页 25×26cm
ISBN：7-5344-0762-1 定价：CNY50.00

J0034724
梁欣基风景油画　梁欣基绘
广州　岭南美术出版社 1998 年 76 页 21×24cm
ISBN：7-5362-1881-8 定价：CNY50.00

J0034725
梁玉龙油画　梁玉龙绘
北京　人民美术出版社 1998 年 46 页 26×23cm
ISBN：7-102-01949-1 定价：CNY48.00

J0034726
罗虹画集　罗虹绘
北京　五洲传播出版社 1998 年 26×39cm 精装
ISBN：7-80113-244-0 定价：CNY298.00
（中国当代画家专辑）
　　本书为中国现代油画集，中英文本。

J0034727
毛震画集　毛震绘
郑州　河南美术出版社 1998 年 29cm（16 开）
ISBN：7-5401-0748-0 定价：CNY36.00
　　本书为现代中国油画画册，中英文本。

J0034728
潘鸿海油画选集　潘鸿海绘
福州　福建美术出版社 1998 年 72 页 29×26cm
ISBN：7-5393-0749-8 定价：CNY60.00
　　作者潘鸿海（1942— ），艺术家。上海人，
毕业于浙江美术学院油画系。历任浙江人民美
术出版社美术记者、美术编辑、编辑部主任、副
总编，《富春江画报》负责人，浙江画院院长。代
表作品有《又是一个丰收年》《鲁迅》。

J0034729
裴建华画集　［裴建华绘］
南宁　广西美术出版社 1998 年 109 页
29cm（16 开）ISBN：7-80625-547-8
定价：CNY168.00，CNY208.00（精装）
（当代中国油画家）
　　本书收录了裴建华的油画 50 余幅，包括《西

沙少女兵》《奴隶的女儿》《红树林》《林场》等。

J0034730

钱辛稻画集　赵建平主编

上海　上海人民美术出版社　1998 年　70 页

有照片　29cm（16 开）精装

ISBN：978-7-5322-2133-2　定价：CNY70.00

J0034731

任兰新作品集　任兰新绘

广州　岭南美术出版社　1998 年　29cm（16 开）

ISBN：7-5362-1870-2　定价：CNY20.00

（广州国际艺术博览会丛书）

J0034732

色彩　中国美术学院综合绘画工作室编

南京　江苏美术出版社　1998 年　42cm（8 开）

ISBN：7-5344-0757-5　定价：CNY16.00

（美术教学示范作品）

J0034733

色彩静物　（倪建明作品）倪建明［绘］

合肥　安徽美术出版社　1998 年　42cm（8 开）

ISBN：7-5398-0642-7　定价：CNY28.00

J0034734

首都师范大学油画集　首都师范大学［编］

北京　首都师范大学出版社　1998 年　92 页

25×26cm　精装　ISBN：7-81039-940-3

定价：CNY200.00

　　外文书名：Oil Painting Collection of Capital Normal University.

J0034735

孙立新油画集　孙立新绘

北京　北京美术摄影出版社　1998 年　69 页

25×24cm　ISBN：7-80501-208-3　定价：CNY70.00

J0034736

唐荀作品选　唐荀绘

天津　天津人民美术出版社　1998 年

28cm（大 16 开）ISBN：7-5305-0801-6

定价：CNY22.00

　　本书为现代中国油画画册，中英文本。

J0034737

王锦清画集　王锦清绘

天津　天津人民美术出版社　1998 年　61 页

26×25cm　ISBN：7-5305-0841-5　定价：CNY98.00

　　本书为现代中国油画画册，中英文本。

J0034738

王琨油画集　王琨绘

天津　天津人民美术出版社［1998 年］

28cm（大 16 开）ISBN：7-5305-0824-5

定价：CNY60.00

（当代油画家精品集）

J0034739

卫天霖油画集　卫天霖绘；马际主编

长沙　湖南美术出版社［1998 年］92 页

31cm（10 开）精装　ISBN：7-5356-1265-2

定价：CNY198.00

J0034740

魏志远油画　（风景·静物）魏志远绘

成都　四川美术出版社　1998 年　29cm（16 开）

ISBN：7-5410-1491-5　定价：CNY15.00

J0034741

闻立鹏油画选集　闻立鹏绘

天津　天津人民美术出版社　1998 年　167 页

28×29cm　精装　ISBN：7-5305-0781-8

J0034742

吴健作品集　吴健绘

上海　上海画报出版社 1998 年　155 页 28×29cm

ISBN：7-80530-433-5　定价：CNY220.00

　　本书为现代中国油画画册，中英文本。

J0034743

西湖柳艇图　夏圭作

天津　天津人民美术出版社　1998 年　1 张

72×40cm　定价：CNY12.00

　　本作品系现代油画。

J0034744

西洋风景油画

杭州　浙江人民美术出版社　1998 年　58×43cm

ISBN：7-5340-0806-9　定价：CNY26.00

J0034745
现代油画　常青，陈子达作品；常青，陈子达绘
杭州　浙江人民美术出版社　1998 年　58×43cm
ISBN：7-5340-0794-1　定价：CNY22.00

J0034746
萧涛生油画集　（第一集）萧涛生绘
成都　四川美术出版社　1998 年　37cm（8 开）
精装　ISBN：7-5410-1376-5　定价：CNY185.00
　　作者萧涛生（1946—　），教授、国家一级画家。四川雕塑艺术院教授、中国美术家协会会员。代表作品《卖蘑菇的小女孩》《藏族老人》《五花海》《吹响响》等。

J0034747
谢然　向阳作品　谢然，向阳绘
北京　中国世界语出版社　1998 年　29cm（16 开）
ISBN：7-5052-0381-9　定价：CNY280.00（全套）
（当代中国艺术家丛书　油画雕塑）

J0034748
油画精品
长春　吉林摄影出版社　1998 年　58×43cm
ISBN：7-80606-227-0　定价：CNY25.00

J0034749
张冬峰　张冬峰绘
南宁　广西美术出版社　1998 年　63 页　21×19cm
ISBN：7-80625-638-5
定价：CNY28.00，CNY38.00（精装）
（中国现代艺术品评丛书）
　　本书为现代中国油画画册。作者张冬峰（1958—　），画家、教授。生于广西桂林市，毕业于广西艺术学院。历任中国艺术研究院中国油画院画家、中国美术家协会油画艺术委员会委员、中国油画学会理事、南方油画山水画派会长、广西艺术学院美术系教授。代表作品有《冬峰写生》《冬峰油画》等。

J0034750
张胜画集　张胜绘
天津　天津人民美术出版社　1998 年　30 页
25×26cm　ISBN：7-5305-0798-2

J0034751
郑旭庆作品集　郑旭庆绘
广州　岭南美术出版社　1998 年　29cm（16 开）
ISBN：7-5362-1870-2　定价：CNY20.00
（广州国际艺术博览会丛书）

J0034752
中国中央美术学院油画系　（第一工作室）
朝戈，李孟军主编
石家庄　河北美术出版社　1998 年　139 页
29cm（16 开）ISBN：7-5310-1069-0
定价：CNY98.00
（世界美术工作室）

J0034753
中国美术馆馆藏油画图录　杨力舟主编
天津　天津人民美术出版社　1998 年　2 版
144 页　29cm（15 开）ISBN：7-5305-0389-8
定价：CNY74.00

J0034754
中国美术学院油画系七十周年纪念（1928—1998）
杭州　中国美术学院出版社　1998 年　110 页
28×29cm　精装　ISBN：7-81019-680-4
定价：CNY270.00

J0034755
中国中央美术学院油画系　（第二工作室）
杜键等主编
石家庄　河北美术出版社　1998 年　143 页
29cm（15 开）ISBN：7-5310-1070-4
定价：CNY99.00
（世界美术工作室）

J0034756
中国中央美术学院油画系　（第三工作室）
洪凌，李孟军主编
石家庄　河北美术出版社　1998 年　130 页
29cm（15 开）ISBN：7-5310-1071-2
定价：CNY98.00
（世界美术工作室）

J0034757
中国中央美术学院油画系　（第四工作室）

葛鹏仁，李孟军主编
石家庄 河北美术出版社 1998 年 155 页
29cm（15 开）ISBN：7-5310-1072-0
定价：CNY99.00
（世界美术工作室）

J0034758
中国中央美术学院油画系 （油画研修工作室）苏高礼，李孟军主编
石家庄 河北美术出版社 1998 年 155 页
29cm（15 开）ISBN：7-5310-1073-9
定价：CNY99.00
（世界美术工作室）

J0034759
99 开启通道 （东宇美术馆首届收藏展）
沈阳 辽宁美术出版社 1999 年 160 页
29cm（16 开）ISBN：7-5314-2167-4
定价：CNY100.00

J0034760
安力·给怒（赖安淋）创作集——爱生命尊严 安力·给怒著
台北 文化园区管理局 1999 年
96 页 25×26cm ISBN：957-02-3268-4

J0034761
澳门历程 （李瑞祥油画集）[李瑞祥绘]
北京 文物出版社 1999 年 133 页 29cm（16 开）
精装 ISBN：7-5010-1169-9 定价：CNY199.00
外文书名：Journey of Macao-An Album of Li Ruixiang's Paintings.

J0034762
程𫘦油画作品选 [程𫘦绘]
天津 天津人民美术出版社 [1999 年] 29cm（16 开）
ISBN：7-5305-0799-0 定价：CNY22.00
（当代油画家作品集）

J0034763
穿越世纪 （中央美术学院油画系研修班作品集 1982-1999）苏高礼主编
南宁 广西美术出版社 1999 年 253 页 31cm（10 开）
精装 ISBN：7-80625-716-0 定价：CNY148.00
主编苏高礼（1937—　），油画家，美术教育

家。山西平定县人。就读于中央美术学院油画系，后毕业于列宾美术学院油画大师梅尔尼科夫工作室。中国美术家协会会员、中央美术学院教授。出版《苏高礼写生画集》《苏高礼素描画集》《中国油画五十家——苏高礼》《素描教学》等。

J0034764
从质朴到绚烂 （彦涵油画）彦涵[绘]
合肥 安徽美术出版社 1999 年 29cm（16 开）
ISBN：7-5398-0733-4 定价：CNY24.00
（名画家再创辉煌系列丛书）

J0034765
当代中国中青年写实油画家——郭润文
郭润文绘；肖威编著
南昌 江西美术出版社 1999 年 87 页 25×26cm
ISBN：7-80580-565-2 定价：CNY58.00

J0034766
邓平祥油画集 邓平祥绘
北京 新华出版社 1999 年 24 页 29cm（16 开）
ISBN：7-5011-4253-X 定价：CNY18.00
作者邓平祥（1947—　），画家。湖南宁乡人，毕业于中央美术学院。历任中国美术家协会会员、湖南美术家协会常务理事、湖南油画研究会副理事长。代表作品《论第三代画家》《老牛与桥》等。

J0034767
丁国富油画展专辑 林茂锺，詹锡芬，庄蕙菁[编辑]
彰化县 彰化县立文化中心 1999 年 103 页
有肖像 26cm（16 开）ISBN：957-02-3169-6

J0034768
都市之镜 （当代美术中的都市母题）张小涛[绘]
长沙 湖南美术出版社 1999 年 26cm（16 开）
ISBN：7-5356-1305-5 定价：CNY22.00
（中国当代艺术家系列 4）

J0034769
杜泳樵油画集 杜泳樵绘
重庆 西南师范大学出版社 1999 年 95 页
38cm（6 开）精装 ISBN：7-5621-2033-1

定价：CNY258.00

J0034770

古棕油画作品选 （中英文本）［古棕绘］
天津　天津人民美术出版社［1999 年］有照片
29cm（16 开）ISBN：7-5305-0799-0
定价：CNY22.00
（当代油画家作品集）

J0034771

国靖的画
1999 年　40 页　29cm（16 开）

J0034772

胡振德油画集 （中英文本）［胡振德绘］
福州　福建美术出版社 1999 年　55 页 28×29cm
ISBN：7-5393-0868-0
定价：CNY55.00，CNY68.00（精装）
　　本书收胡振德油画 50 余幅。其中包括：《庆
典》《惠安女》《金色的沙滩》《渔家女》《海的初
恋》等。

J0034773

华夏韵油画集　周道生等［绘］
北京　长城出版社 1999 年　68 页 25×26cm
ISBN：7-80017-400-X 定价：CNY68.00

J0034774

黄小科油画集　黄小科绘
珠海　珠海出版社 1999 年　28×28cm
ISBN：7-80607-562-3 定价：CNY138.00

J0034775

贾鹃丽　贾鹃丽［绘］
南宁　广西美术出版社 1999 年　64 页　有图
21×19cm　ISBN：7-80625-732-2
定价：CNY28.00，CNY38.00（精装）
（中国现代艺术品评丛书）
　　本书为现代中国油画画册。作者贾鹃丽
（1960—　），生于浙江杭州，毕业于四川美术学
院，任教于贵州师范大学。作品有《无言歌》《红
叶》《书签》等，出版有《贾鹃丽个展专辑》《贾
鹃丽画集》等。

J0034776

姜天油画作品集　（人物 静物 风景）姜天绘
成都　四川美术出版社 1999 年 70 页 29cm（16 开）
ISBN：7-5410-1698-5 定价：CNY48.00
　　本画册收入作者的油画共 68 幅，其中包括
《老人像》《殉道》《北国之春》《东方少妇》等。

J0034777

雷洪连油画作品集　雷洪连绘
北京　蓝天出版社 1999 年　62 页 29cm（16 开）
ISBN：7-80081-886-1 定价：CNY48.00

J0034778

李金明　［李金明绘］
广州　岭南美术出版社 1999 年　163 页
29×29cm　精装　ISBN：7-5362-2031-6
定价：CNY200.00
　　本书收作者《红与白的协奏》《德意志教堂》
《巴塞尔庭院》《雪峰》《海德堡的晚钟》等油画作
品 150 余幅，中英文本。作者李金明（1942—　），
油画家。生于香港，广东鹤山人，毕业于广州美
术学院油画系。历任国家高级美术师、广东油画
会常务理事和执行秘书长、中国美术家协会会
员、广东省美术家协会理事。作品有《曙光初照
演兵场》《喜看稻菽千重浪》等，出版《李金明油
画选集》《李金明访欧作品》等。

J0034779

辽宁名人油画肖像
沈阳　辽宁美术出版社 1999 年　100 页 27×27cm
精装　ISBN：7-5314-2275-1 定价：CNY258.00
　　外文书名：Oil Portraits of Liaoning Celebrities.

J0034780

林明琛油画作品选　［林明琛绘］
天津　天津人民美术出版社［1999 年］29cm（16 开）
ISBN：7-5305-0799-0 定价：CNY22.00
（当代油画家作品集）

J0034781

路巨鼎油画作品选
天津　天津人民美术出版社 1999 年　有照片
28×28cm　ISBN：7-5305-1103-3
定价：CNY128.00
　　外文书名：The Selected Art Works of Lu Juding.

J0034782
吕建军　吕建军绘
南宁　广西美术出版社　1999 年　63 页　21 × 19cm
精装　ISBN：7-80625-717-9　定价：CNY38.00
（中国现代艺术品评丛书）
　　本书为现代中国油画画册。

J0034783
彭才年油画作品集　彭才年绘
哈尔滨　黑龙江美术出版社　1999 年　43 页
25 × 26cm　ISBN：7-5318-0696-7　定价：CNY58.00
　　外文书名：Peng Cainian's Oil Painting Works
Album.

J0034784
品江南　张晨初画；张晨桦诗
上海　百家出版社　1999 年　56 页　22cm（30 开）
ISBN：7-80656-010-6　定价：CNY22.00
　　本书为现代中国油画与抒情诗画册。

J0034785
人体造型艺术　中国美术学院出版社编
杭州　中国美术学院出版社　1999 年　156 页
28cm（大 16 开）　ISBN：7-81019-792-4
定价：CNY68.00

J0034786
人与物　（当代美术中的人物·风景·静物）莫
雄［绘］
长沙　湖南美术出版社　1999 年　26cm（16 开）
ISBN：7-5356-1309-8　定价：CNY22.00
（中国当代艺术家系列 9）

J0034787
色彩人物静物　（美术高考要领）徐伟德编绘
合肥　安徽美术出版社　1999 年　22 页　43cm
ISBN：7-5398-0753-9　定价：CNY28.00
（成才之路）

J0034788
上海油画 22 家作品集　韩碧池编
上海　上海书画出版社　1999 年　269 页　38cm（6 开）
精装　ISBN：7-80635-204-X　定价：CNY550.00

J0034789
沈行工油画作品选　［沈行工绘］
天津　天津人民美术出版社　［1999 年］有照片
29cm（16 开）　ISBN：7-5305-0799-0
定价：CNY22.00
（当代油画家作品集）
　　作者沈行工（1943—　　），画家，艺术家。浙
江宁波人，毕业于南京艺术学院。南京艺术学
院教授、硕士生导师，中国美术家协会会员，中
国油画学会理事，江苏省油画学会名誉主席，艺
术委员会主席。代表作品《小镇春深》《秋晴》
《读书人生》《蓝色的江南风景》《雪后的江南风
景》等。

J0034790
生命意志　（当代美术中的表现主义倾向）吴
高钟［绘］
长沙　湖南美术出版社　1999 年　26cm（16 开）
ISBN：7-5356-1308-X　定价：CNY22.00
（中国当代艺术家系列 8）

J0034791
石应才画集　石应才绘
北京　中国画报出版社　1999 年　29cm（16 开）
ISBN：7-80024-547-0　定价：CNY24.80
（当代中国艺术家丛书　油画作品 3）

J0034792
孙君画集　孙君绘
北京　中国画报出版社　1999 年　29cm（16 开）
ISBN：7-80024-547-0　定价：CNY24.80
（当代中国艺术家丛书　油画作品 1）

J0034793
谭涤夫油画集　谭涤夫绘
长沙　湖南美术出版社　1999 年　89 页　31cm（10 开）
精装　ISBN：7-5356-1356-X　定价：CNY120.00

J0034794
汤沐黎油画　汤沐黎绘；秋林编
重庆　重庆出版社　1999 年　96 页　25 × 26cm
ISBN：7-5366-4025-0　定价：CNY130.00

J0034795
王培昌画集　王培昌绘

天津 天津人民美术出版社 1999年 26cm（16开）
ISBN：7-5305-0920-9 定价：CNY20.00
（当代国画家系列画集）

J0034796

微型油画 （赵绍之澳门风景）澳门海事博物
馆译
澳门 澳门海事博物馆 1999年 131页
16×16cm 精装

　　外文书名：Pintura A Oleo Em Miniatura,
Paisagem De Macau.

J0034797

魏志刚油画作品选 （中英文本）[魏志刚绘]
天津 天津人民美术出版社 [1999年] 有照片
29cm（16开）ISBN：7-5305-0799-0
定价：CNY22.00
（当代油画家作品集）

　　作者魏志刚（1950— ），生于河北省保定
市。毕业于天津美术学院。中国美术家协会会员、
中国油画学会会员、天津美术家协会会员、天津
人民美术出版社编审。画作有《野火烧不尽》《犬
漠孤灵》《满月》《大漠组画》等。主要著作有《魏
志刚油画作品选》《风景油画全程训练》《水粉风
景一原野遗韵》。

J0034798

吴燮勋画集 吴燮勋绘
南宁 广西美术出版社 1999年 58页 30cm（10开）
ISBN：7-80625-690-3 定价：CNY88.00

J0034799

冼小前油画作品集 冼小前绘
北京 中国文联出版公司 1999年 12+48页
28×25cm ISBN：7-5059-3347-7
定价：CNY128.00

　　作者冼小前（1955— ），书画家。笔名廉人，
原籍广东，毕业于广西艺术学院。中国美术家协
会会员，中国书法家协会会员，中国书法艺术研
究院特聘书画家，广西美术出版社副编审、书法
编辑部主任。作品有油画《春望》《八桂英华》《法
卡边防》等。

J0034800

新锐的目光 （一九七○年前后出生的一代

英汉对照）伍劲，张凌云主编
长春 吉林美术出版社 1999年 145页
29cm（16开）ISBN：7-5386-0800-1
定价：CNY158.00，CNY188.00（精装）

　　本书收入了中国新生代美术作家的油画作
品，包括《黄花》《风景宝石》《风筝》《我的诗
人》等。

J0034801

阎文喜油画作品集 阎文喜绘
西安 陕西人民美术出版社 1999年 95页
25×26cm 精装 ISBN：7-5368-1092-X
定价：CNY98.00

J0034802

叶苗田作品 叶苗田[绘]
北京 中国画报出版社 1999年 19×21cm
ISBN：7-80024-432-6 定价：CNY21.60
（当代艺术家丛书）

J0034803

叶锡祚油画集 叶锡祚绘
福州 福建美术出版社 1999年 47页 29×26cm
ISBN：7-5393-0857-5
定价：CNY40.00，CNY60.00（精装）

　　本书为中国现代油画画册，中英文本。

J0034804

一代画风 （中国中青年油画艺术家——油画
人体艺术）王羽天等[绘]
沈阳 辽宁美术出版社 1999年 80页 25×26cm

　　本册收录了王羽天、刘仁杰、孙为民、孙洛、
冷军、罗中立等十名中国中青年油画艺术家的多
幅裸体人物油画作品。作者王羽天（1960— ），
画家、教授。出生于辽宁沈阳市。中国美术学院
油画系副教授、中国美术家协会会员。作品有《一
代画风：中国中青年油画艺术家——油画人体艺
术》等。

J0034805

艺术之维 （当代艺术语言新指向）姜建忠著
长沙 湖南美术出版社 1999年 26cm（16开）
ISBN：7-5356-1303-9 定价：CNY22.00
（中国当代艺术家系列 1）

J0034806

油画静物 （陈子达古典写实精品集）陈子达绘
福州 福建美术出版社 1999 年 43 页 29×26cm
ISBN：7-5393-0773-0 定价：CNY40.00
（当代中国油画精品）

作者陈子达（1958— ），浙江杭州人。毕业于中国美术学院油画系。作品《排球》被国际奥林匹克委员会收藏。

J0034807

油画设计专业·色彩 徐明慧编著
杭州 浙江摄影出版社 1999 年 27 页 26cm（16 开）
ISBN：7-80536-578-4 定价：CNY36.00

J0034808

油画专业·色彩 崔小冬编著
杭州 浙江摄影出版社 1999 年 27 页 26cm（16 开）
ISBN：7-80536-571-7 定价：CNY36.00

J0034809

张丽油画 张丽绘
北京 中国世界语出版社 1999 年 26 页
28×27cm ISBN：7-5052-0422-X 定价：CNY36.00
（中国当代书画家）

本书为现代中国油画画册，中英文本。

J0034810

中国当代油画 （风景）张复乘主编
郑州 河南美术出版社 1999 年 265 页
29cm（16 开）精装 ISBN：7-5401-0601-8
定价：CNY198.00

本册收有《大山的子民》《北方的村庄》《窑洞》《黄昏》《水乡印象》《小巷》《田间》《信息时代》《度过严冬》等 270 余幅风景画。主编张复乘（1946— ），画家。河南人，毕业于河南省艺术学校绘画专业。历任中国美术家协会会员、河南美术出版社副编审。主编《中国当代油画》。

J0034811

中国当代油画 （静物）张复乘主编
郑州 河南美术出版社 1999 年 265 页
29cm（13 开）精装 ISBN：7-5401-0796-0
定价：CNY198.00

本册收有《桃子》《怕碰伤的水果》《静物》《白玉兰》《秋天果实》《盘中干果》《封存的记忆》等 270 余幅静物画。

J0034812

中国当代油画名家百人小幅画展作品集 王琨，刘建平主编
天津 天津人民美术出版社 1999 年 131 页
25×26cm ISBN：7-5305-1064-9
定价：CNY100.00

外文书名：A Collection of Works from the Exhibition of 100 Famous Contemporary Chinese Oil Painters' Small-Sized Works.

油画题材的年历

J0034813

1971 年月历（农历辛亥年） （《提高警惕，保卫祖国》油画）
郑州 河南人民出版社 1970 年 1 张 54cm（4 开）
定价：CNY0.07

J0034814

1971 年月历（农历辛亥年） （《提高警惕，保卫祖国》油画）
呼和浩特 内蒙古自治区人民出版社 1970 年
1 张 76cm（2 开）定价：CNY0.16

J0034815

1971 年月历（农历辛亥年） （《敬祝我们的伟大领袖毛主席万寿无疆》油画）
乌鲁木齐 新疆人民出版社 1970 年 1 张
54cm（4 开）定价：CNY0.07

J0034816

1971 年月历（农历辛亥年） （《提高警惕，保卫祖国》油画）
乌鲁木齐 新疆人民出版社 1970 年 1 张
54cm（4 开）定价：CNY0.07

J0034817

1971 年月历（夏历辛亥年） （《提高警惕，保卫祖国》）
贵阳 贵州人民出版社 1970 年 1 张 54cm（4 开）
定价：CNY0.07

J0034818
1971 年月历（阴历辛亥年）月建节气表（《提高警惕，保卫祖国》）
济南　山东人民出版社　1970 年　1 张　54cm（4 开）
定价：CNY0.05

J0034819
[**1972 年年历**]（油画《全世界人民一定胜利》）
[郑州] 河南人民出版社 [1971 年] [1] 张
53cm（4 开）定价：CNY0.07

J0034820
[**1972 年年历**]（油画《延安精神放光芒》）
[西安] 陕西人民出版社 [1971 年] [1] 张
53cm（4 开）定价：CNY0.11

J0034821
女委员　（油画 1973 年年历）
济南　山东人民出版社 1972 年　54cm（4 开）
定价：CNY0.07

J0034822
同心岛上同声歌　（油画 1973<农历癸丑年>年历）吴景希画
福州　福建人民出版社 1972 年　1 张　54cm（4 开）
定价：CNY0.06

J0034823
心红灯亮方向明　（油画 1973<农历癸丑年>年历）南宁铁路分局业余美术创作组集体创作
南宁　广西人民出版社 1972 年　1 张　39cm（8 开）
定价：CNY0.04

J0034824
新手　（油画 1973<农历癸丑年>年历）高一呼画
福州　福建人民出版社 1972 年　1 张　54cm（4 开）
定价：CNY0.06
　　作者高一呼（1933— ），教授。湖南益阳人，毕业于湖南省立艺术学校和中央美术学院华东分院油画系。历任福建师范大学美术系副教授、油画教研室主任，中国美术家协会会员，福建分会理事。

J0034825
延安　（油画 1973< 农历癸丑年 > 年历）
西安　陕西人民出版社 1972 年　1 张　54cm（4 开）
定价：CNY0.08

J0034826
延安火炬　（油画 1973< 农历癸丑年 > 年历）
蔡亮作
西安　陕西人民出版社 1972 年　1 张　54cm（4 开）
定价：CNY0.08
　　作者蔡亮（1932—1995），油画家。福建厦门人，毕业于中央美术学院绘画系。中国美术家协会会员、美术家协会浙江分会理事、浙江油画研究会副会长、浙江美术学院教授、中国美术学院教授。主要作品有《延安火炬》《贫农的儿子》《红军三大主力会师》等。

J0034827
壮志压倒万重山　（油画　一九七三年 < 癸丑年 > 节气表）黄宗海作
[南宁] 广西人民出版社 1972 年　39cm（4 开）
定价：CNY0.04

J0034828
欢迎　（油画 1974〈农历甲寅年〉年历）广州市委宣传部美术组供稿
北京　人民美术出版社 1973 年　53cm（4 开）
定价：CNY0.05

J0034829
漓江风光　（油画 1974〈农历甲寅年〉年历）
涂克作
南宁　广西人民出版社 1973 年　53cm（4 开）
定价：CNY0.08

J0034830
天山夏牧场　（油画 1974〈农历甲寅年〉年历汉、维吾尔新文字对照）阿曼作
乌鲁木齐　新疆人民出版社 1973 年　1 册
26cm（16 开）定价：CNY0.03

J0034831
天山夏牧场　（油画 1974〈农历甲寅年〉年历汉、维吾尔新文字对照）阿曼作
乌鲁木齐　新疆人民出版社 1973 年　1 张

53cm（4开）定价：CNY0.08

J0034832
走向大课堂 （油画 1975年年历）陈守义作
[南京] 江苏人民出版社 1974年 39cm（4开）
定价：CNY0.08

    作者陈守义（1944— ），浙江温州人。毕业于浙江美术学院油画系。中国美术家协会会员、浙江美术家协会理事、浙江美术教育研究会副会长。主要作品有《山城》《水乡的回忆》《巴黎春色》等。

J0034833
祖国的花朵 （油画 1975年年历）中国出口商品交易会美术组供稿
[广州] 广东人民出版社 1974年 53cm（4开）
定价：CNY0.04

J0034834
补演 （油画 1976<丙辰年>年历）孙见光作
[南宁] 广西人民出版社 1975年 38cm（6开）
定价：CNY0.04

    作者孙见光（1926—2017），教授。河北肃宁人，就读于中央美术学院。曾任广西艺术学院美术系教授、中国美术家协会会员、广西美术家协会常务理事。出版有《速写要领》《头像入门》《人像入门》《孙见光画集》等。

J0034835
步调一致才能得胜利 （油画 1976年<农历丙辰年>年历）高虹等作
[哈尔滨] 黑龙江人民出版社 1975年
53cm（4开）定价：CNY0.10

J0034836
花开三春回乡来 （年画 1976年年历）施绍辰作
[南昌] 江西人民出版社 1975年 38cm（6开）
定价：CNY0.10

J0034837
哪里有石油哪里就是我的家 （油画 1976年<农历丙辰年>年历）张洪赞作
[哈尔滨] 黑龙江人民出版社 1975年
53cm（4开）定价：CNY0.10

J0034838
为我们伟大祖国站岗 （油画 1976年<农历丙辰年>年历）沈加蔚作
[哈尔滨] 黑龙江人民出版社 1975年
53cm（4开）定价：CNY0.10

J0034839
我们见到了毛主席 （油画 1976<农历丙辰年>年历）邓绍义作
[成都] 四川人民出版社 1975年 53cm（4开）
定价：CNY0.06

J0034840
红原县奶粉厂 （油画 1977年年历长征路线写生）崔开玺画
济南 山东人民出版社 1976年 1张 53cm（4开）
定价：CNY0.15

    作者崔开玺（1935— ），教授，画家。山东掖县人，就读于中央美术学院。任解放军艺术学院副教授、教授，中国美术家协会会员。代表作品有《演习之后》《长征路上写生》《长征途中的贺龙与任弼时》等。

J0034841
花开三春回山来 （年画 1977〈农历丁巳年〉年历）施绍辰作
兰州 甘肃人民出版社 1976年 1张 53cm（4开）
定价：CNY0.07

J0034842
井冈山 （油画 1977〈农历丁巳年〉年历）何孔德作
北京 人民美术出版社 1976年 1张 53cm（4开）
定价：CNY0.07

    作者何孔德（1925—2003），画家、国家一级美术家。四川西充人，毕业于国立重庆师范学校美术科。中国美术家协会会员。代表作《出击之前》《生命不息 冲锋不止》《卢沟桥战斗》，出版有《何孔德油画选》《何孔德画集》。

J0034843
两河口 （油画 长征路线写生 1977年）何孔德画
济南 山东人民出版社 1976年 1张 53cm（4开）
定价：CNY0.15

本作品为中国工艺美术油画长征路线写生。

J0034844
在大风大浪中成长 （油画 1977〈农历丁巳年〉年历）唐小禾，程犁作
武汉　湖北人民出版社　1976年　1张　53cm（4开）
定价：CNY0.15

J0034845
祖国的早晨 （油画 1977年年历）王芳清，王立志画
济南　山东人民出版社　1976年　1张　53cm（4开）
定价：CNY0.15

J0034846
而今迈步从头越 （油画　1978 农历戊午年年历）沈尧伊作
广州　广东人民出版社　1977年　［1张］
54cm（4开）定价：CNY0.18
　　作者沈尧伊（1943—　　），画家。浙江镇海人，毕业于中央美术学院。曾任中国人民大学徐悲鸿艺术学院教授、中国美术家协会会员、北京美术家协会理事、连环画艺术委员会主任。代表作品《而今迈步从头越》《革命理想高于天》《地球的红飘带》等。

J0034847
井冈山会师 （油画　1978 农历戊午年年历）伍启中，李瑞祥作
广州　广东人民出版社　1977年　［1张］
39cm（8开）定价：CNY0.12

J0034848
毛主席重上井冈山 （油画　1978年年历）王兆荣等作
上海　上海人民出版社　1977年　［1张］
76cm（2开）定价：CNY0.14

J0034849
伟大导师毛主席 （油画　1978 农历戊午年年历）费正作
石家庄　河北人民出版社　1977年　［1张］
54cm（4开）定价：CNY0.15
　　作者费正（1938—　　），出生于重庆市，原籍江苏启东。毕业于中央美术学院。曾在解放军部队及出版部门从事美术工作。河北画院专业画家、河北美术家协会副主席。作品有《老农》《剥蒜》《春》等。

J0034850
花 （油画 1980年年历）刘海粟作
上海　上海人民美术出版社　1979年　［1张］
53cm（4开）定价：CNY0.19
　　作者刘海粟（1896—1994），画家、美术教育家。名槃，字季芳，号海翁。江苏武进人。参与创办上海私立美术学院。曾任华东艺术专科学校校长、南京艺术学院院长。代表作《黄山云海奇观》《披狐皮的女孩》《九溪十八涧》等，有画集《黄山》《海粟老人书画集》等。

J0034851
四季水果 （油画 1981年年历）颜文樑作
杭州　浙江人民美术出版社　1980年　53cm（4开）
定价：CNY0.20

J0034852
丁香花 （1982年年历）曹辅銮作
南京　江苏人民出版社　1981年　39cm（4开）
定价：CNY0.12
　　作者曹辅銮（1935—　　），画家。上海人。毕业于南京师范学院美术系。南京艺术学院教授、硕士研究生导师。作品有水彩粉画《白绣球》《玉兰花》《睡莲》等，出版著作有《曹辅銮水粉画集》《环境艺术概论》《水粉基础》等。

J0034853
1984：花卉·油画
昆明　云南人民出版社　1983年　54cm（4开）
定价：CNY2.50

J0034854
1984：油画——世界女作家 《吉林教育》编辑部，《绿野》文学季刊编辑部编辑
长春　吉林人民出版社　1983年　78cm（2开）
定价：CNY4.50

J0034855
1984 风景年历（油画·水彩台历） 阳太阳等作
南宁　漓江出版社　1983年　13cm（60开）
定价：CNY0.50

J0034856
葛蓓莉娅 （油画 1984 年年历）黄妙发作
上海 上海人民美术出版社 1983 年 78cm（2 开）
定价：CNY0.27
　　作者黄妙发（1938—　　），别名年丰，江苏常
熟人。擅长年画。曾任上海人民美术出版社年
画宣传画编辑室副主任。作品有年画《喜临门》
《我爱中华》《儿童附捐邮票一套》（两枚）等。

J0034857
静物 （油画 1984 <农历甲子年>年历）胡善
余作
武汉 湖北人民出版社 1983 年 38cm（6 开）
定价：CNY0.10
　　作者胡善余（1909—1993），油画家、教授。
广东开平人，毕业于巴黎国立高等美术学院。历
任杭州国立艺术专科学校、中央美术学院华东分
院、浙江美术学院、中国美术学院教授。代表作
品有《市场一角》《舞女》《工地一角》等。

J0034858
1985（油画挂历）
沈阳 辽宁美术出版社 1984 年 54cm（4 开）
定价：CNY3.50

J0034859
1985（油画挂历）
天津 天津人民美术出版社 1984 年 54cm（4 开）
定价：CNY3.50

J0034860
1985 年年历 （油画）
南京 江苏美术出版社 1984 年 54×76cm
定价：CNY0.20

J0034861
少女 （油画 1985 年 <农历乙丑年>年历）笪
田摄影
成都 四川省新闻图片社 ［1984 年］1 张
54cm（4 开）定价：CNY0.20

J0034862
1986：油画挂历 蒋有作绘
郑州 河南美术出版社 1985 年 54cm（4 开）
定价：CNY3.80

　　作者蒋有作（1934—　　），画家、教授。生于
江西铅山，毕业于中央美术学院绘画系。上海戏
剧学院硕士生导师、教授。作品有《开端》《黄山
百丈泉》《浦江夜游》等。

J0034863
1986：油画肖像
石家庄 河北美术出版社 1985 年 53cm（4 开）
定价：CNY4.20

J0034864
芭蕾 （油画 1986 年年历）
天津 天津人民美术出版社 1985 年 1 张
54cm（4 开）定价：CNY0.25

J0034865
橙碧 （盆景 油画 1987 年年历）
合肥 安徽科学技术出版社 1986 年 1 张
78cm（2 开）定价：CNY0.35

J0034866
繁花似锦 （油画 1987 年年历）
昆明 云南人民出版社 1986 年 1 张 53cm（4 开）
定价：CNY0.22

J0034867
花好月圆 （油画 1986 年年历）
昆明 云南人民出版社 1986 年 1 张 53cm（4 开）
定价：CNY0.22

J0034868
母女 （油画 1987 年年历）徐昕摄影
长沙 湖南少年儿童出版社 1986 年 1 张
76cm（2 开）定价：CNY0.45

J0034869
凝 （油画 1987 年年历）
成都 四川人民出版社 1986 年 1 张 53cm（4 开）
定价：CNY0.22

J0034870
醉果 （盆景 油画 1987 年年历）
合肥 安徽科学技术出版社 1986 年 1 张
78cm（2 开）定价：CNY0.35

J0034871
万事如意 （油画 1988 年年历）
杭州 西泠印社 1987 年 1 张 38cm（6 开）
定价：CNY0.20

J0034872
一帆风顺 （油画 1988 年年历）
杭州 西泠印社 1987 年 1 张 53cm（4 开）
定价：CNY0.20

J0034873
1989：当代中国油画 （挂历）
杭州 浙江人民美术出版社 1988 年 76cm（2 开）
定价：CNY15.00

J0034874
喂 （油画 1989 年年历）
西安 陕西人民美术出版社 1988 年 1 张
76cm（2 开）定价：CNY0.96

J0034875
喂鸡 （油画 1989 年年历）
西安 陕西人民美术出版社 1988 年 1 张
78cm（2 开）定价：CNY0.55

J0034876
1990：名画鉴赏 （油画挂历）
杭州 浙江人民美术出版社 1989 年 39cm（6 开）
定价：CNY12.50

J0034877
1990：艺术画廊 （油画挂历）
天津 天津杨柳青画社 1989 年 76cm（2 开）
定价：CNY16.50

J0034878
1990：油画范本——人体肖像 （挂历）
长沙 湖南美术出版社 1989 年 78cm（3 开）
定价：CNY12.00

J0034879
贵妇 （油画 1990 年年历）
福州 福建美术出版社 1989 年 1 张 54cm（4 开）
定价：CNY0.45

J0034880
幸福与天使 （油画 1990 年年历）
沈阳 辽宁美术出版社 1989 年 1 张 54cm（4 开）
定价：CNY0.55

J0034881
浴女 （油画 1990 年农历庚午年年历）
石家庄 河北美术出版社 1989 年 1 张
78cm（2 开）定价：CNY0.65

J0034882
浴女 （油画 1990 年年历）
沈阳 辽宁美术出版社 1989 年 1 张 54cm（4 开）
定价：CNY0.55

J0034883
1991：艺林精华 （油画挂历）
上海 上海人民美术出版社 1990 年 76cm（2 开）
定价：CNY16.40

J0034884
1991：艺苑明珠 （油画挂历）
杭州 西泠印社 1990 年 76cm（2 开）
定价：CNY16.80

J0034885
春 （油画 1991 年年历）
天津 天津杨柳青画社 1990 年 1 张 38cm（6 开）
定价：CNY0.30

J0034886
冬 （油画 1991 年年历）杭稚英绘
上海 上海人民美术出版社 1990 年 1 张
78cm（2 开）定价：CNY0.75

J0034887
名画 （油画 1991 年年历）
沈阳 辽宁美术出版社 1990 年 1 张 53cm（4 开）
定价：CNY0.55

J0034888
少妇 （油画 1991 年年历）
西安 陕西人民美术出版社 1990 年 1 张
78cm（2 开）定价：CNY0.78

J0034889
夏 （油画 1991 年年历）金梅生绘
上海　上海人民美术出版社　1990 年　1 张
78cm（2 开）定价：CNY0.75

　　作者金梅生（1902—1989），画家。别名石摩，上海人。曾于商务印书馆美术科专门从事月份牌绘画，任上海市文史馆馆员、上海人民美术出版社特约年画家。作品有《新中国的歌声》《秀女饲养员》《花木兰》等。

J0034890
1992：光辉中华 （挂历）邬华敏绘
天津　天津人民美术出版社　1991 年　76cm（2 开）
ISBN：7-5305-8115-6　定价：CNY16.80

J0034891
1992：家庭乐 （油画挂历）
昆明　云南人民出版社　[1991 年]　76cm（2 开）
定价：CNY24.00

J0034892
故宫风景油画 （明信片）李凯绘；林京摄影
北京　紫禁城出版社　1991 年　8 张　15cm（64 开）
ISBN：7-80047-099-7　定价：CNY2.00

J0034893
青山秀岭伴涛声 （油画 1992 年年历）沈岫绘
沈阳　辽宁美术出版社　1991 年　1 张　53cm（4 开）
ISBN：7-5314-0679　定价：CNY0.70

J0034894
田园风光 （油画 1992 年年历）李武作
沈阳　辽宁美术出版社　[1991 年]　1 张
53cm（4 开）　ISBN：7-5314-0660
定价：CNY0.70

J0034895
1994：当代中国油画 （挂历）
杭州　浙江人民美术出版社　[1993 年]76cm×53cm
定价：CNY25.00

J0034896
1994：风雅颂 （陈逸飞油画作品选 挂历）
南昌　江西美术出版社　[1993 年]　76cm×106cm
定价：CNY29.80

J0034897
1994：王胜利油画作品 （挂历）
西安　陕西人民出版社　1993 年　12 幅 76×53cm
定价：CNY28.50

J0034898
1994：油画精品 （挂历）
杭州　西泠印社　[1993 年]　76×53cm
定价：CNY28.00

J0034899
1996：陈逸飞油画作品选 （油画挂历）陈逸飞绘
北京　中国金融出版社　1995 年　85×57cm
ISBN：7-5049-1441-X　定价：CNY25.00

　　作者陈逸飞（1946—2005），油画家，导演。生于浙江宁波，祖籍浙江镇海。毕业于上海美术专科学校。曾在上海油画雕塑创作室就职。油画作品有《黄河颂》《占领总统府》《踱步》《周庄》等。

J0034900
1996：欧洲人体油画 （油画挂历）章晓明，周道明供稿
上海　上海人民美术出版社　1995 年　77×53cm
ISBN：7-5322-1453-2　定价：CNY25.00

J0034901
1996：情 （油画挂历）吴象峰等供稿
武汉　湖北美术出版社　1995 年　74×48cm
ISBN：7-5394-0569-4　定价：CNY22.00

J0034902
1997：油画名作 （油画挂历）西泠印社编
杭州　西泠印社　1996 年　77×53cm
ISBN：7-80517-216-1　定价：CNY27.50

J0034903
1998：关则驹油画精品选 （油画挂历）关则驹绘
北京　中国文联出版公司　1997 年　43×58cm
ISBN：7-5059-2792-2　定价：CNY19.80

　　作者关则驹（1941—　），画家。出生于广东阳江，毕业于广州美术学院。代表作有《到祖国需要的地方去》《春天的气息》《可可园中的姑

娘》等。

J0034904
1998：名画欣赏 （油画挂历）福建美术出版
社编
福州 福建美术出版社 1997 年 59×43cm
ISBN：7-5393-0612-2 定价：CNY94.00

J0034905
1998：欧洲风情 （油画挂历）
南京 江苏美术出版社 1997 年 35×37cm
ISBN：7-5344-0675-7 定价：CNY25.00

J0034906
1998：神州大地 （油画挂历）顾国建绘
沈阳 辽宁画报出版社 1997 年 76×52cm
ISBN：7-80601-107-2 定价：CNY27.50
（顾国建油画风景作品选）

J0034907
1998：艺术画廊 （油画挂历）西泠印社编
杭州 西泠印社 1997 年 12 页 75×42cm
ISBN：7-80517-236-6 定价：CNY27.50

J0034908
1998：油画肖像 （油画挂历）
广州 广东人民出版社 1997 年 86×58cm
ISBN：7-218-02553-6 定价：CNY31.00

J0034909
1998：中国早期油画家油画精品选 福建
美术出版社编
福州 福建美术出版社 1997 年 86×57cm
ISBN：7-5393-0555-X 定价：CNY23.00
　本书为年历形式的中国油画作品。

J0034910
1999：春天的诗 （油画挂历）
福州 福建美术出版社 1998 年 58×43cm
ISBN：7-5393-0656-4 定价：CNY42.00

J0034911
1999：梦忆江南 （潘鸿海油画精选 油画挂
历）潘鸿海绘
北京 知识出版社 1998 年 57×43cm

ISBN：7-5015-1737-1 定价：CNY42.00

J0034912
1999：名画集锦 （油画挂历）美好景象图片
公司供稿
福州 海潮摄影艺术出版社 1998 年 57×43cm
ISBN：7-80562-529-8 定价：CNY34.00

J0034913
1999：名画乡村情 （油画挂历）上海春华设
计彩印有限公司供稿
上海 上海人民美术出版社 1998 年 76×53cm
ISBN：7-5322-1948-8 定价：CNY27.50

J0034914
1999：名画映青春 （油画挂历）上海春华设
计彩印有限公司供稿
上海 上海人民美术出版社 1998 年 76×53cm
ISBN：7-5322-1949-6 定价：CNY27.50

J0034915
1999：世界名画 （油画挂历）陈悦等供稿
上海 上海画报出版社 1998 年 76×52cm
ISBN：7-80530-343-6 定价：CNY27.50

J0034916
1999：水乡 （油画挂历）振海编辑
北京 中国画报出版社 1998 年 77×53cm
ISBN：7-80024-428-8 定价：CNY27.50

J0034917
1999：乡情 （油画挂历）
西安 陕西旅游出版社 1998 年 58×43cm
ISBN：7-5418-1573-X 定价：CNY48.00

J0034918
1999：谢楚余绘画艺术 （油画挂历）谢楚余绘
兰州 甘肃人民美术出版社 1998 年 68×63cm
ISBN：7-80588-243-6 定价：CNY198.00

J0034919
1999：谢楚余油画艺术 （油画挂历）谢楚余绘
广州 岭南美术出版社 1998 年 54×48cm
ISBN：7-5362-1831-1 定价：CNY55.00

J0034920
1999：杨云龙水彩画选 （水彩画挂历）
福州 福建美术出版社 1998年 58×43cm
ISBN：7-5393-0706-4 定价：CNY26.00

J0034921
1999：油画仿真古典名画 （油画挂历）徐彬供稿
杭州 西泠印社 1998年 34×37cm
ISBN：7-80517-253-6 定价：CNY25.00

J0034922
1999：油画精品 （油画挂历）刘建平绘
北京 知识出版社 1998年 56×42cm
ISBN：7-5015-1729-0 定价：CNY42.00

J0034923
1999：祖国万岁 （油画挂历）董希文等绘
福州 福建美术出版社 1998年 98×70cm
ISBN：7-5393-0671-8 定价：CNY34.00
　　作者董希文（1914—1973），著名油画家、美术教育家。浙江绍兴人。毕业于上海美术专科学校。曾任中央美术学院教授。代表作品有油画《开国大典》《春到西藏》《哈萨克牧羊女》《苗女赶场》《百万雄师过大江》等。

J0034924
2000：春满人间 （油画挂历）谦信供稿
上海 上海人民美术出版社 1999年 76×52cm
ISBN：7-5322-2177-6 定价：CNY27.50

J0034925
2000：法国风情 （油画挂历）张星供稿
成都 四川美术出版社 1999年 76×52cm
ISBN：7-5410-1603-9 定价：CNY45.00

J0034926
2000：高原的风 （油画挂历）胡仁樵绘
成都 四川美术出版社 1999年 52×49cm
ISBN：7-5410-1621-7 定价：CNY40.00

J0034927
2000：海之歌 （翁诞宪油画精选 油画挂历）翁诞先绘
成都 四川美术出版社 1999年 58×42cm

ISBN：7-5410-1601-2 定价：CNY45.00

J0034928
2000：江南情怀 （油画挂历）潘虹海绘
成都 四川美术出版社 1999年 58×42cm
ISBN：7-5410-1606-3 定价：CNY45.00

J0034929
2000：经典艺术 （油画挂历）展望国际文化司供稿
上海 上海画报出版社 1999年 52×49cm
ISBN：7-80530-368-1 定价：CNY45.00

J0034930
2000：经典油画 （油画挂历）
兰州 甘肃人民美术出版社 1999年 76×52cm
ISBN：7-80588-275-4 定价：CNY27.80

J0034931
2000：静物油画 （油画挂历）常青绘
杭州 中国美术学院出版社 1999年 68×97cm
ISBN：7-81019-790-8 定价：CNY22.00

J0034932
2000：绿色的情思 （油画挂历）简崇民绘
成都 四川美术出版社 1999年 35×38cm
ISBN：7-5410-1608-X 定价：CNY27.50

J0034933
2000：绿色家苑 （摄影挂历 简崇民油画作品）千目，全景供稿
上海 上海人民美术出版社 1999年 76×52cm
ISBN：7-5322-2173-3 定价：CNY27.50

J0034934
2000：玫瑰季节 （油画挂历）庞茂琨等绘
成都 四川美术出版社 1999年 52×49cm
ISBN：7-5410-1620-9 定价：CN40.00

J0034935
2000：母爱 （油画挂历）顾盼供稿
上海 上海画报出版社 1999年 76×52cm
ISBN：7-80530-478-5 定价：CNY27.50

J0034936

2000：牡丹颂 （油画挂历）顾盼供稿

上海　上海音乐出版社　1999 年　58×43cm

ISBN：7-80553-794-1　定价：CNY22.00

J0034937

2000：凝思 （油画挂历）杨飞云绘

广州　岭南美术出版社　1999 年　58×43cm

ISBN：7-5362-2007-3　定价：CNY22.00

J0034938

2000：青春年华 （油画挂历）谢楚余供稿

福州　福建美术出版社　1999 年　69×62cm

ISBN：7-5393-0790-0　定价：CNY198.00

J0034939

2000：写春秋 （油画挂历）张星供稿

成都　四川美术出版社　1999 年　76×52cm

ISBN：7-5410-1602-0　定价：CNY45.00

J0034940

2000：油画风景 （油画挂历）东方图片公司供稿

杭州　中国美术学院出版社　1999 年　58×42cm

ISBN：7-81019-789-4　定价：CNY22.00

J0034941

2000：油画精品 （油画挂历）金光远供稿

南京　江苏美术出版社　1999 年　77×52cm

ISBN：7-5344-0906-3　定价：CNY27.50

J0034942

2000：油画世界 （油画挂历）金光远供稿

北京　中国电影出版社　1999 年　43×49cm

ISBN：7-106-01481-8　定价：CNY46.80

J0034943

2000：原野 （油画挂历）李洪锦供稿

成都　四川美术出版社　1999 年　58×43cm

ISBN：7-5410-1605-5　定价：CNY45.00

J0034944

2000：原野暮色 （油画挂历）

天津　天津杨柳青画社　1999 年　58×42cm

ISBN：7-80503-458-3　定价：CNY42.00

J0034945

2000：中国当代油画艺术 （张洪赞油画作品集　油画挂历）东方印象供稿

福州　福建美术出版社　1999 年　57×42cm

ISBN：7-5393-0846-X　定价：CNY52.00

J0034946

2000：中国当代油画艺术 （油画挂历）

上海　上海画报出版社　1999 年　52×49cm

ISBN：7-80530-492-0　定价：CNY50.00

中国素描、速写作品

J0034947

村市生涯 （清）周鲲绘

北平　北平古物陈列所　1929 年　[22]页　19×26cm

　　本书收写生画 11 幅，有磨剪刀、绱鞋、补碗、卖花、卖唱等，每幅有说明文字。

J0034948

思同铅笔画集　潘思同著

上海　良友图书印刷公司　[1929 年]　19×26cm

定价：大洋八角

　　本书收 19 幅，书前有作者自序、陈秋草的序。

J0034949

农村写生画　赵望云绘；冯玉祥题诗

[1933 年]　128 页　26cm（ 16 开 ）

J0034950

赵望云农村写生集　赵望云作

天津　大公报社　1933 年　2 版　130 页　27cm（ 16 开 ）

定价：五角

　　本书为作者到河北省南部 10 余县旅行中的写生，共 130 幅，每幅画均有冯玉祥题诗。

J0034951

赵望云农村写生集　赵望云作

天津　大公报社　1934 年　5 版　130 页　27cm（ 16 开 ）

定价：五角

　　作者赵望云（1906—1977），画家。河北束鹿人。曾任西北军政委员会文化部文物处处长、中国美术家协会常务理事、陕西省美术家协会首

任主席、陕西省文化局副局长等职。主要作品有
《农村写生集》《西北旅行画集》《埃及写生画集》
《赵望云画集》等。

J0034952
凯成作品 （第四集）王凯成作
作者刊 1934 年 12 页 19cm（32 开）
定价：大洋五角
　　本画册收入 10 幅人像素描。

J0034953
浅予速写集　叶浅予作
上海 独立出版社［1936 年］［73］页 19cm（32 开）
（漫画丛书 2）
　　本书内收作者自 1935 年至 1936 年间在南
京、上海、山东等地的速写画 80 幅。作者叶浅
予（1907—1995），教授、画家。浙江桐庐人。历
任中国美术家协会副主席、中国画研究院副院
长、中央美术学院教授。曾为茅盾小说《子夜》、
老舍剧本《茶馆》等书插图。作品有长篇漫画《王
先生》《小陈留京外史》《天堂记》等。著有《画
馀记画》《十年恶梦录》等。

J0034954
赵望云塞上写生集　赵望云作；冯玉祥题诗；
杨汝泉说明
天津 大公报社出版部 1936 年 2 版 99 页
27cm（16 开）
　　本书收作者在冀南十余县游历时作的写生
画 99 幅，每幅画均有冯玉祥题诗。

J0034955
北蒙写生集　沈逸千作
天津 大公报馆 1937 年 116 页 有地图 19×25cm
定价：国币六角
　　本书为中国现代写生画册，内分晋北、察蒙、
绥蒙 3 部分，收 113 幅作品，每幅均有说明文字。

J0034956
战时描集 （第一辑）广西省立艺术馆美术部
编选
［南宁］广西省立艺术馆美术部 1940 年 12 页
21cm（32 开）定价：国币二角
　　本书为素描作品集。收录 12 幅素描，作者
有黄养辉、张安治、夏光、陈晓南、梁中铭、陆其

清、徐德华 7 位。封面用画为《力量集中》（陆其
清）。书前有编者序。

J0034957
四川的劳动者　宋莱作
作者刊 1941 年 52 页［19cm］（32 开）
　　本书内收描绘四川劳动人民生活的速写 26
幅，每幅有说明。

J0034958
西南写生画集　李显著
贵阳 文通书局 1943 年 56 页［19cm］（32 开）
　　本书为民国时期中国写生画册，收 40 幅写
生画，每幅均有说明文字。书前有作者的"前奏
曲"，书末附作者的《试论写生画》一文。

J0034959
大众铅笔画 （第一册）杨鸿仪绘
上海 大众书局 1949 年 19×27cm

J0034960
大众铅笔画 （第二册）杨鸿仪绘
上海 大众书局 1949 年 19×27cm
定价：CNY0.28（每册）

J0034961
大众铅笔画 （第一册）杨鸿仪绘
上海 大众书局 1953 年 19×27cm

J0034962
大众铅笔画 （第二册）杨鸿仪绘
上海 大众书局 1953 年 19×27cm
定价：CNY0.28（每册）

J0034963
饥饿的人民 （符罗飞画集）符罗飞作
香港 新中国书局 1949 年 24 页 17×14cm
　　书中收入作者 1947 年到湖南灾区的写生作
品 23 幅，这些作品曾在香港展出，受到各方好评。

J0034964
部队画册　陈兴华绘
［长春］新华书店 1950 年 99 页 13×18cm
（群众文娱活动小丛书）
　　本书为中国现代速写画册。

J0034965

工厂素描集　田零, 孙桂桐绘
上海　晨光出版公司 1950 年　影印本　113 页
18cm（15 开）定价：五元五角
（工厂文艺习作丛书 6）

J0034966

工厂素描集　田零, 孙桂桐作
上海　晨光出版公司 1950 年　再版　113 页
17cm（40 开）定价：五元五角
（工厂文艺习作丛书 5）

J0034967

铅笔画集　（第一册）夏意超编绘
上海　东南书局 1950 年　3 版　影印本 13×19cm
定价：旧币一元八角

J0034968

铅笔画集　（第二册）夏意超编绘
上海　东南书局 1951 年　3 版　13×19cm
定价：旧币 18,000 元

J0034969

铅笔画集　（第三册）夏意超编绘
上海　东南书局［1950—1959 年］13×19cm
定价：旧币二角

J0034970

铅笔画集　（第四册）夏意超编绘
上海　东南书局［1950—1959 年］影印本
13×19cm　定价：旧币二角

J0034971

上饶集中营　邵宇作
北京　人民美术出版社 1950 年　24 页 13×10cm
定价：CNY0.80
　　本书 24 幅作品，每幅作品都附简短的诗体
文字，揭露了国民党反动派采用劳役、吊打、站
刺笼、屠杀等残酷手段迫害被俘虏的新四军战士
的行径，反映了革命者在敌人的魔窟里写传单、
秘密斗争活动和组织暴动的壮举，以及他们冲出
集中营又投进人民群众怀抱和登上武夷山进行
游击战争的动人情景。

J0034972

首都速写　邵宇作
北京　人民美术出版社 1950 年　19cm（32 开）
定价：CNY0.80
　　作者邵宇（1919—1992），速写、水彩画、连
环画家。曾用名邵进德，辽宁丹东人。毕业于北
平美术专科学校。代表作品有《土地》《上饶集
中营》《首都速写》《选举》《早读》等。

J0034973

小学新图画　夏意超编绘
上海　华光书局 1950 年　13×19cm
　　本书为中国现代铅笔画册。

J0034974

土改素描集　中华全国美术协会上海市分会编
上海　上海电化教育出版社 1951 年　影印本
70 页 13×27cm（24 开）定价：旧币 7,500 元
　　本画册收入素描作品 70 幅。

J0034975

朝鲜战场速写　侯逸民等绘
北京　人民美术出版社 1952 年　影印本　33 页
22cm（30 开）定价：CNY0.75
　　本书为中国抗美援朝速写画册。

J0034976

铅笔人物画　董天野编绘
上海　国光书店 1952 年　影印本　61 页 13×19cm
定价：旧币 3,500 元

J0034977

首都速写　邵宇撰
北京　人民美术出版社 1952 年　影印本　35 页
26cm（16 开）统一书号：8027.315
定价：CNY1.80
　　本书以首都北京生活为题材的速写集，选入
作品 14 幅，每幅画后均由作者配有诗歌，使诗情
画意融为一体。通过对北京的街道、公园、工厂、
农村以及人民日常生活的描绘，展现了一九四九
年后首都人民为建设社会主义焕发出的崭新精
神风貌。

J0034978

新广州素描　蓝蓝编；李石祥等绘

［广州］南方通俗出版社 1952 年
定价: CNY0.25

J0034979
悲鸿素描选　徐悲鸿绘; 徐悲鸿先生遗作展览
会筹备会编
北京　人民美术出版社 1953 年　影印本　20 幅
34cm(10 开) 定价: 旧币 34,000 元
　　作者徐悲鸿(1895—1953), 著名画家、美
术教育家。原名徐寿康, 江苏宜兴市屺亭镇人,
毕业于巴黎国立美术学校。曾任教于国立中央
大学艺术系、北平大学艺术学院和北平艺术专
科学校, 后任中央美术学院院长。代表作品《愚
公移山图》《八骏图》《负伤之狮》《田横五百
士》等。

J0034980
朝鲜战场素描集　人民美术出版社辑
北京　人民美术出版社 1953 年　影印本
38cm(8 开) 定价: 旧币 24,000 元
　　本书汇集了邵宇、西野、罗工柳等多位画
家, 亲临抗美援朝朝鲜前线, 用画笔真实地反映
了战场的斗争生活片断。作品从不同的侧面表
现了志愿军战士的英勇献身精神。收入素描作
品 23 幅, 有《补征衣》《家乡的来信》《特级英雄
黄继光》《反击之前》《救护伤员》《下达攻击命
令》等。

J0034981
朝鲜战地素描集　刘仑绘
上海　华东人民美术出版社 1953 年　影印本
24 页 19cm(32 开) 定价: 旧币 3,200 元

J0034982
简笔画典　刘莲孙编绘
上海　北新书局 1953 年　79 页　15×19cm
定价: 旧币 4,500 元

J0034983
抗美援朝战地素描集　中央人民政府人民革
命军事委员会总政治部文化部编
北京　中央人民政府人民革命军事委员会总政
治部文化部 1953 年　影印本 26cm(16 开)

J0034984
铅笔名胜画　董天野编绘
上海　国光书店 1953 年　影印本　61 页 13×18cm
定价: 旧币 3,000 元

J0034985
朝鲜战场速写集　古元等绘
北京　朝花美术出版社 1954 年　影印本　79 页
25cm(小 16 开) 定价: 旧币 8,300 元
　　本书为抗美援朝战场速写画册。收入 79 幅
图。收集古元、西野、罗工柳、高虹、辛莽、刘仑、
伍必端、侯逸民 8 位画家抗美援朝时期在朝鲜战
场所作的速写。作品反映了当时朝鲜战场上中
国人民志愿军和朝鲜人民军并肩作战、抗击侵略
的英雄气概以及中朝两国人民的战斗友谊。

J0034986
风景素描　陈犁霜绘
上海　大众书局 1954 年　影印本　18 页
25cm(15 开) 定价: 旧币 4,500 元

J0034987
钢笔风景画　袁松年作
［上海］大众书局 1954 年　1 幅 定价: CNY0.35

J0034988
新铅笔画册　费新我编绘
上海　华光书局 1954 年　影印本　4 册 15×18cm
(30 开) 定价: 旧币 2,000 元
　　作者费新我(1903—1992), 书法家、画家。
学名斯恩, 原字省吾, 字立千、号立斋, 后改名
新我, 湖州南浔双林镇人。毕业于上海白鹅绘画
学校。代表作品有《怎样画毛笔画》《怎样学书
法》《楷书初阶》《怎样画铅笔画》。

J0034989
修筑宝成铁路的人们　(宝成铁路工地素描
集)吕琳绘; 刘沧浪作诗
成都　四川人民出版社 1954 年　影印本 23 页
21cm(32 开) 定价: 旧币 5,000 元

J0034990
"佛子岭水库速写" 之一　张怀江作
［北京］朝花出版社 1955 年 [1]张 39cm(8 开)
定价: CNY0.10

J0034991

"老烟筒的故事"插图之一　张文新作

[北京] 朝花出版社 1955 年 [1] 张 39cm（8 开）

定价：CNY0.10

J0034992

"上甘岭素描组画"之一　陈兴华作

[北京] 朝花出版社 1955 年 [1] 张 39cm（8 开）

定价：CNY0.10

J0034993

"探宝山组画"之一　陈因，秦征作

[北京] 朝花出版社 1955 年 [1] 张 39cm（8 开）

定价：CNY0.10

J0034994

河南素描选集　河南人民出版社编辑

郑州 河南人民出版社 1955 年 影印本

21cm（32 开）定价：CNY0.75

J0034995

简笔画典　刘莲孙编绘

上海 四联出版社 1955 年 新 1 版 影印本

79 页 15×19cm 定价：CNY0.45

J0034996

舞蹈速写　叶浅予作

[北京] 朝花出版社 1955 年 [1] 张 39cm（8 开）

定价：CNY0.10

J0034997

远方来客　秦征作

[北京] 朝花出版社 1955 年 [1] 张 39cm（8 开）

定价：CNY0.10

J0034998

在牲口圈里　朱鸣岗作

[北京] 朝花出版社 1955 年 [1] 张 39cm（8 开）

定价：CNY0.10

J0034999

炸不断的桥　邵宇作

[北京] 朝花出版社 1955 年 [1] 张 39cm（8 开）

定价：CNY0.10

J0035000

朝鲜战场速写　安靖编

北京 朝花美术出版社 1956 年 影印本

21 页 18cm（15 开）统一书号：8028.861

定价：CNY0.16

（群众美术画库）

J0035001

工业建设与工人生活　孙恩同等作；天津美术出版社辑

天津 天津美术出版社 1956 年 影印本

45 页 21cm（32 开）统一书号：8073.430

定价：CNY1.30

　　作者孙恩同（1923—　），满族，画家。毕业于东北鲁迅文艺学院。历任鲁迅美术学院教授、中国美术家协会会员、辽宁省中国画研究会副会长。作品有《长白山》《长白飞瀑》《秋色》等。

J0035002

简笔画典　刘莲孙编绘

上海 上海文化出版社 1956 年 新 1 版

影印本 78 页 15×19cm 统一书号：8077.35

定价：CNY0.28

J0035003

来自远方的民工运输大队　（官厅水库速写之一）王乃壮作

武汉 长江文艺出版社 1956 年 1 张

定价：CNY0.05

　　作者王乃壮（1929—　），画家、书法家。又名王洲，号静敛斋主、寒山稚子。浙江杭州人。曾在上海美术专科学校学西画，后就读于中央美术学院。历任清华大学美术学院教授、中国美术家协会理事、中国现代书法学会艺术顾问、中央书画社高级顾问。出版有《王乃壮花鸟》《王乃壮画集》等。

J0035004

凌架在山崖上的高空作业　（官厅水库速写之一）王乃壮作

武汉 长江文艺出版社 1956 年 1 张

定价：CNY0.05

J0035005

农村速写集　杨云龙等著

上海　上海人民美术出版社　1956 年　影印本
59 页　19cm（32 开）统一书号：T8081.1724
定价：CNY1.40

J0035006

庆祝社会主义改造的伟大胜利速写　朝花
美术出版社编
北京　朝花美术出版社　1956 年　67 页　13×19cm
统一书号：8028.950　定价：CNY0.30

J0035007

狮子滩水电站工地画集　中国美术家协会重
庆分会辑
成都　四川人民出版社　1956 年　影印本　18 页
26cm（16 开）统一书号：8118.9　定价：CNY0.50

J0035008

桂林写生　胡佩衡绘
北京　人民美术出版社　1957 年　影印本　30 幅
26×37cm　统一书号：8027.1064　定价：CNY6.30
　　作者胡佩衡（1892—1962），蒙古族，山水画
家。谱名锡铨，又名衡，字佩衡，号冷庵，外号
胡涂克图，以字行。河北涿县人。历任中国画学
研究会和湖社画会评议、华北大学教授、北京师
范大学讲师、北平艺术专科学校教授、北京中国
画研究会常务理事、北京画院画师兼院务委员。
著有《山水入门》《桂林写生》《胡佩衡画集》。

J0035009

华山速写稿　吕凤子绘
南京　江苏人民出版社　1957 年　影印本　30 页
22cm（32 开）统一书号：8100.216　定价：CNY0.60
　　本书收入画家在华山的速写手稿 30 幅，反
映画家作画的笔调风格。陈之佛、谢孝恩作序。
作者吕凤子（1886—1959），画家、艺术教育家。
生于江苏丹阳。历任苏南文化教育学院、江苏师
范学院教授，江苏省国画院筹委会主任委员，江
苏省美术家协会副主席等。著有《美术史讲稿》
《中国画法研究》《吕凤子仕女画册》《吕凤子华
山速写集》等。

J0035010

生活素描集　山东人民出版社编
济南　山东人民出版社　1957 年　影印本　41 页
19×26cm　统一书号：8099.97　定价：CNY1.00

J0035011

司徒乔新疆写生选集　司徒乔绘
上海　上海人民美术出版社　1957 年　1 册（10 幅）
38cm（6 开）统一书号：T8081.2754
定价：CNY2.00
　　本书选编作者 1943 年至 1944 年间在新疆的
写生作品。其中有水彩画：《喀尔喀基族小演员》
《维吾尔族歌手》《晨妆》《赶集去》《深谷人家》
《草原夏牧》《诵经》；水粉画：《天池》《客至》
《冬晨饮马》等。作者实地写下了新疆天然景物
的雄伟壮丽和新疆人民的勤劳、智慧、热爱生活
的情景。共 10 幅。作者司徒乔（1902—1958），
画家。原名司徒乔兴，广东开平人。就读于燕京
大学神学院，赴法国留学。曾任教于岭南大学，
后任中央美术学院教授。主要作品有《时代的前
沿》《套马图》《巩哈饮马图》。出版有《司徒乔画
集》。

J0035012

素描速写集　周诗成等绘
上海　上海人民美术出版社　1957 年　影印本
41 页　26cm（16 开）统一书号：T8081.2824
定价：CNY2.00

J0035013

吴作人速写集　吴作人绘
上海　上海人民美术出版社　1957 年　影印本　40 幅
43cm（8 开）精装　统一书号：T8081.3302
定价：CNY14.00
　　本书选了作者从 1934 年到 1956 年期间的
部分速写作品 40 幅。其中有反映异国风情的
《惊》《大车》《苏彝士》，有描绘高原景物的《藏
骑》《牧场之雪》《雅珑江上》《草原马群》；有
反映抗日战争年代饱受苦难的同胞《受难者》；
有动物速写《暹罗猫》《羚羊》《小藏犬》等。作
品包括木炭、水彩、水墨画等多种形式。作者
吴作人（1908—1997），著名画家、教授。生于
江苏苏州，祖籍安徽泾县，先后就读于苏州工
业专科学校建筑系、上海艺术大学、南国艺术
学院美术系及南京中央大学艺术系。曾任中央
美术学院院长、中国美术家协会主席等。出版
有《吴作人》《吴作人艺术馆藏品集》《吴作人
画传》等。

J0035014

赵望云石鲁埃及写生画选集　赵望云，石鲁作；中国埃及友好协会编

西安　长安美术出版社　1957年　影印本　24幅
37cm（8开）统一书号：8094.69　定价：CNY2.20

　　作者赵望云（1906—1977），画家。河北束鹿（现辛集市）人。曾任西北军政委员会文化部文物处处长、中国美术家协会常务理事、陕西省美术家协会首任主席、陕西省文化局副局长等职。主要作品有《农村写生集》《西北旅行画集》《埃及写生画集》《赵望云画集》等。作者石鲁（1919—1982），画家。原名冯亚珩，四川仁寿人，就读于成都东方美术专科学校和陕北公学院。曾任中国美术家协会常务理事、陕西省美术家协会主席、陕西省书法家协会主席、陕西省国画院名誉院长、中国画研究院院务委员等职。著有《石鲁学画录》，电影剧本《暴风中的雄鹰》等。

J0035015

江苏省画家旅行写生集　中国美术家协会南京分会筹委会辑

南京　江苏人民出版社　1958年　影印本　60页
19cm（32开）统一书号：8100.232　定价：CNY1.40

　　本书收集江苏画家深入农村、工厂和风景区，创作的描绘祖国的建设面貌的作品60余幅，有着浓厚的时代气息。

J0035016

美术干部下厂下乡生活速写　人民美术出版社编辑

北京　人民美术出版社　1958年　影印本　74页
20cm（32开）统一书号：8027.1865　定价：CNY0.42

J0035017

民主德国旅行写生　艾中信绘

北京　人民美术出版社　1958年　［42］页
26cm（16开）统一书号：9027.1187
定价：CNY5.50

　　本书收集的作品是作者于1956年夏访问民主德国所作旅行写生作品集，内容包括和平建设、生活面貌、自然景色三个方面。共36幅速写，并附有作者《民主德国的美术和美术教育》一文。作者艾中信（1915—2003），画家。上海人。历任中央美术学院教授、油画系主任、副院长，《中国大百科全书·美术》编辑委员会主任，中国美术

家协会理事等职。代表作品有《背煤》《通往乌鲁木齐》《炮兵过雪山》等，著有《徐悲鸿研究》《读画论画》《油画风采谈》等。

J0035018

徐悲鸿　（1895—1953）徐悲鸿绘

北京　人民美术出版社　1958年　影印本
1册（113幅）36cm（6开）精装
统一书号：8027.1249　定价：CNY17.00

　　作者徐悲鸿（1895—1953），著名画家、美术教育家。原名徐寿康，江苏宜兴市屺亭镇人，毕业于巴黎国立美术学校。曾任教于国立中央大学艺术系、北平大学艺术学院和北平艺术专科学校，后任中央美术学院院长。代表作品《愚公移山图》《八骏图》《负伤之狮》《田横五百士》等。

J0035019

徐悲鸿素描　徐悲鸿绘

北京　人民美术出版社　1958年　影印本　113幅
统一书号：8027.1249　定价：CNY17.00

　　本画集收录113幅，多为人体或肖像的写生，吴作人作序。

J0035020

在我们的首都　（速写集）邵宇绘

北京　北京出版社　1958年　影印本　36页　有图
18×21cm　统一书号：8071.51　定价：CNY0.24

　　作者邵宇（1919—1992），速写、水彩画、连环画家。曾用名邵进德，辽宁丹东人。毕业于北平美术专科学校。代表作品有《土地》《上饶集中营》《首都速写》《选举》《早读》等。

J0035021

长征路线写生集　董希文作

北京　人民美术出版社　1958年　1册（96幅）
25cm（小16开）精装　统一书号：8027.1276
定价：CNY9.80

　　作者1955年5月至10月随八一电影制片厂摄影队沿当年红军长征路线进行采访时作的写生集。写生作品多为油画和水粉，也有部分淡彩、钢笔、铅笔写生画，真实地介绍了中央红军长征路线上留下的史迹、壮丽山河和人民生活的新气象。作者董希文（1914—1973），著名油画家、美术教育家。浙江绍兴人。毕业于上海美术专科学校。曾任中央美术学院教授。代表作品

有油画《开国大典》《春到西藏》《哈萨克牧羊女》《苗女赶场》《百万雄师过大江》等。

J0035022

"大跃进"速写集 美群编
昆明 云南人民出版社 1959 年 49 页 15×18cm
统一书号: 8116.350 定价: CNY0.18

J0035023

访苏速写 亚明作
南京 江苏文艺出版社 1959 年 1 套(10 幅)
15cm(40 开)统一书号: 8141.655
定价: CNY0.30
　　作者亚明(1924—2002),画家、教授。原姓叶,名家炳,号敬植,后改名亚明。安徽合肥人。历任无锡市美术家协会主席、江苏省美术工作室主任、江苏省国画院副院长、中国美术家协会常务理事、香港《文汇报》中国画版主编。出版有《访苏画辑》《亚明作品选集》《亚明画集》《三湘四水集》等。

J0035024

福建前线速写 人民美术出版社编
北京 人民美术出版社 1959 年 37 幅 19cm(32 开)
统一书号: 8027.2520 定价: CNY0.47

J0035025

农民大办工业 浙江美术学院师生速写选辑
上海 上海人民美术出版社 1959 年 51 页
19cm(32 开)统一书号: T8081.4238
定价: CNY0.38

J0035026

铅笔画册 湖南人民出版社编绘
长沙 湖南人民出版社 1959 年 70 页 13×19cm
统一书号: 8109.256 定价: CNY0.22

J0035027

铅笔画帖 (静物,人物,风景,动物)北京艺术师范学院美术系编绘
北京 人民美术出版社 1959 年 [32]页
18×26cm 统一书号: 8027.2310 定价: CNY0.40

J0035028

"人民公社"速写选集 人民美术出版社编
北京 人民美术出版社 1959 年 重印本 32 页
19cm(32 开)统一书号: 8027.2475
定价: CNY0.22

J0035029

塞上写生 人民美术出版社编
北京 人民美术出版社 1959 年 影印本 56 页
20cm(32 开)统一书号: 8027.1980
定价: CNY0.33

J0035030

谢瑞阶三门峡写生集 谢瑞阶绘
郑州 河南人民出版社 1959 年 39 页
19×26cm(16 开)精装 统一书号: T8105.161
定价: CNY1.70

J0035031

新疆速写 黄胄绘
上海 上海人民美术出版社 1959 年 40 幅
26cm(16 开)统一书号: 8081.3483 定价: CNY4.00
　　作者黄胄(1925—1997),画家、社会活动家、收藏家。字映斋,河北蠡县人。历任总政治部文化部创作员、中国画研究院副院长、中国美术家协会常务理事等。代表作品有《洪荒风雪》《巡逻图》等,出版有《黄胄书画论》《黄胄作品集》《黄胄谈艺》等。

J0035032

新农村速写集
郑州 河南人民出版社 1959 年 47 页 19cm(32 开)
统一书号: T8105.102 定价: CNY1.00

J0035033

新沂农民画 李文义等作
新沂[徐州][1959 年]1 册(12 幅)30cm(10 开)
折页精装 定价: CNY8.00
　　本书反映的内容广泛,风格刚健朴实,在刻画人物形象与表现思想感情方面有独到之处。

J0035034

在农业战线上 浙江美术学院师生速写选辑
上海 上海人民美术出版社 1959 年 48 页
19cm(32 开)统一书号: T8081.4225
定价: CNY0.36

J0035035
白石老人写生　齐白石作
[上海] 朵云轩 1960 年 4 张（套）定价：CNY0.40
　　作者齐白石（1864—1957），近现代中国绘画大师，国画家、篆刻家。湖南湘潭人。原名纯芝，字渭青，号兰亭，后改名璜，字濒生，号白石等。历任国立北京艺术专科学校和京华美术专科学校教习、教授，中央美术学院名誉教授，中国文学艺术界联合会主席团委员，中国画研究会和中国美术家协会主席，中国画院名誉院长。代表作有《蛙声十里出山泉》《墨虾》等。著有《白石诗草》《齐白石作品集》《白石老人自述》等。

J0035036
陈之佛和他的画　方菁编
北京 人民美术出版社 1960 年 21 页 有图
18cm（15 开）统一书号：8027.3432 定价：CNY0.23
（群众美术画库）

J0035037
福建前线写生集　于长拱等作
上海 上海人民美术出版社 1960 年 影印本
42 页 21cm（32 开）统一书号：T8081.4641
定价：CNY1.80
　　本书为浙江美术学院油画系供稿。

J0035038
建设工地写生集　王琦作
上海 上海人民美术出版社 1960 年 影印本
35 页 21cm（32 开）统一书号：T8081.4884
定价：CNY0.80

J0035039
罗铭访闽粤侨乡写生画集　罗铭绘
北京 人民美术出版社 1960 年 26 幅 27cm（16 开）
统一书号：T8027.1660 定价：CNY2.35
　　本书为中国现代素描作品画册。作者罗铭（1912—1998）。著名画家、美术教育家。字西甫，别号西父，广东普宁南径人。曾在广州烈风艺术专科学校学西洋绘画，上海美专学西画。历任中央美术学院国画系讲师、陕西省国画院副院长等。作品有《飞越秦岭》《漓江》《竹林麻雀》等，画集有《罗铭先生国画集》《罗铭纪游画集》《罗铭画集》等。

J0035040
首都城市"人民公社"速写　人民美术出版社编
北京 人民美术出版社 1960 年 57 幅 21cm（32 开）
统一书号：8027.3777 定价：CNY0.58

J0035041
素描学习资料　中央美术学院油画系供稿
上海 上海人民美术出版社 1960 年 23 幅
19×26cm 统一书号：T8081.4643 定价：CNY0.78

J0035042
速写范本　人民美术出版社编
北京 人民美术出版社 1960 年 51 幅 26cm（16 开）
统一书号：8027.3167 定价：CNY0.90

J0035043
新安江水电站工地写生集　汪诚一等作
上海 上海人民美术出版社 1960 年 影印本 52 幅
21cm（32 开）统一书号：T8081.4572
定价：CNY2.70
　　本书系浙江美术学院油画版画系供稿。

J0035044
在引洮战线上　（速写集）兰州艺术学院编
兰州 敦煌文艺出版社 1960 年 37 幅 21×19cm
统一书号：8148.4 定价：CNY1.80

J0035045
浅予速写　（1958—1959）叶浅予作
上海 上海人民美术出版社 1961 年 67 页
21cm（32 开）统一书号：T8081.4895
定价：CNY1.00
　　本书选编作者1958—1959年期间速写作品67幅图。速写对象有工农干部、妇女；有雄伟的水库，也有猪圈瓜棚。有京剧、昆曲、粤剧、话剧各艺术家的形象。有芭蕾舞、孔雀舞、新疆舞、鄂尔多斯舞和印度尼西亚的聘礼舞、斗鸡舞等艺术形象及曲艺家蒋月泉弹唱的速写。

J0035046
舞蹈速写　李克瑜作
上海 上海人民美术出版社 1961 年 47 页
21cm（32 开）统一书号：T8081.5051
定价：CNY0.90

J0035047

血衣　王式廓画

北京 人民美术出版社 1961 年 15 页 38cm（6 开）

精装 统一书号：8027.3809 定价：CNY9.00

　　本画册素描作品 24 幅图，内容主要反映中国民主革命阶段土地改革运动中，农民对地主恶霸血腥罪行的控诉，刻画了农民在封建制度下所遭受的迫害和痛苦，表现了在党的领导下，觉悟起来的农民向地主阶级所展开的坚决的斗争。作者王式廓（1911—1973），画家、教育家。山东掖县人，毕业于上海美术专科学校。曾任中国美术家协会常务理事，中央美术学院教授、研究部主任，中国美术家协会常务理事等职。代表作品有《参军》《井冈山会师》《血衣》《毛主席和我们在一起》等。

J0035048

血衣　（铅笔画）王式廓作

北京 人民美术出版社 1961 年 ［1 幅］

定价：CNY1.50（甲种）

J0035049

血衣　（铅笔画）王式廓作

北京 人民美术出版社 1961 年 ［1 幅］

定价：CNY0.60（乙种）

J0035050

欧行写生小辑　沈柔坚作

上海 上海人民美术出版社 1962 年 12 张（套）19cm（32 开）定价：CNY0.96

　　作者沈柔坚（1919—1998），画家，教授。福建诏安人。历任上海大学美术学院教授、中国美术家协会常务理事、中国美术家协会上海分会副主席、中国版画家协会副主席。代表作品《拉纤者》《田野》《拾草》《为了正义》《庆功图》等。

J0035051

王式廓素描集　王式廓画

北京 人民美术出版社 1962 年 50 叶 有图 38cm（6 开）精装 统一书号：8027.3210

定价：CNY20.60

　　本书为中国素描作品集。选编作者以头像为主的素描作品，少量风景素描及带有一定主题性的构图素描，反映了作者绘画艺术风貌。共50 幅。

J0035052

西藏写生画集　董希文等著；人民美术出版社编

北京 人民美术出版社 1962 年 32 幅 25cm（16 开）

精装 统一书号：8027.3891 定价：CNY11.70

　　本作品描绘了西藏民主改革后藏族人民新的精神面貌和丰富多彩的幸福生活，以及西藏高原雄伟秀丽的自然风光和富有民族特色的建筑景观。

J0035053

徐悲鸿素描选　徐悲鸿画

北京 人民美术出版社 1962 年 1 册（10 幅）38cm（6 开）活页 统一书号：8027.3913

定价：CNY3.00

　　作者徐悲鸿（1895—1953），著名画家、美术教育家。原名徐寿康，江苏宜兴市屺亭镇人，毕业于巴黎国立美术学校。曾任教于国立中央大学艺术系、北平大学艺术学院和北平艺术专科学校，后任中央美术学院院长。代表作品《愚公移山图》《八骏图》《负伤之狮》《田横五百士》等。

J0035054

亚得里亚海滨的红花　（画册）邵宇作

北京 人民美术出版社 1962 年 1 册 26cm（16 开）

统一书号：8027.4027 定价：CNY7.00

J0035055

海防前线写生画集　人民美术出版社编

北京 人民美术出版社 1963 年 71 页 21cm（32 开）

统一书号：8027.4203 定价：CNY2.50

J0035056

海防前线写生画集　人民美术出版社编

北京 人民美术出版社 1963 年 ［142］页 22cm（32 开）统一书号：8027.4203

定价：CNY2.50

J0035057

江南风光　叶浅予绘

北京 人民美术出版社 1963 年 ［68］页 18cm（15 开）统一书号：8027.4068

定价：CNY1.00

　　本书系叶浅予速写集。作者叶浅予（1907—1995），教授、画家。浙江桐庐人。历任中国美术家协会副主席、中国画研究院副院长、中央美术学院教授。曾为茅盾小说《子夜》、老舍剧本《茶馆》等书插图。作品有长篇漫画《王先生》《小陈留京外史》《天堂记》等。著有《画馀记画》《十年恶梦录》等。

J0035058

祁连山区写生画选　　赵望云绘

兰州 甘肃人民出版社 1963 年 12 幅 26cm（16 开）活页 统一书号：8096.45 定价：CNY1.30

　　作者赵望云（1906—1977），画家。河北束鹿（现辛集市）人。曾任西北军政委员会文化部文物处处长、中国美术家协会常务理事、陕西省美术家协会首任主席、陕西省文化局副局长等职。主要作品有《农村写生集》《西北旅行画集》《埃及写生画集》《赵望云画集》等。

J0035059

舞台人物　　叶浅予绘

北京 人民美术出版社 1963 年 78 页 18cm（32 开）统一书号：8027.4067 定价：CNY1.05

　　本书为叶浅予人物速写集。

J0035060

叶浅予　邵宇　陆志庠　黄胄速写小辑　中国美术家协会辽宁分会供稿

沈阳 辽宁美术出版社 1963 年 20 张（套）15cm（40 开）定价：CNY0.50

J0035061

在内蒙古与广西　　叶浅予作

北京 人民美术出版社 1963 年 77 页 18cm（15 开）统一书号：8027.4069 定价：CNY1.06

J0035062

在英雄的古巴　（日记 速写集）邵宇绘

北京 人民美术出版社 1963 年 63 页 27cm（16 开）统一书号：8027.4279

定价：CNY1.20，CNY4.30（精装）

　　作者邵宇（1919—1992），速写、水彩画、连环画家。曾用名邵进德，辽宁丹东人。毕业于北平美术专科学校。代表作品有《土地》《上饶集中营》《首都速写》《选举》《早读》等。

J0035063

在英雄的古巴　（图册 日记）邵宇绘

北京 人民美术出版社 1963 年 1 册（63 幅）27cm（大 16 开）精装 统一书号：8027.4279

定价：CNY4.30

　　本书为中国现代日记速写画集。

J0035064

东北旅行写生选辑　　吴作人作

上海 上海人民美术出版社 1964 年 8 张（套）19cm（小 32 开）定价：CNY0.64

　　作者吴作人（1908—1997），著名画家、教授。生于江苏苏州，祖籍安徽泾县，先后就读于苏州工业专科学校建筑系、上海艺术大学、南国艺术学院美术系及南京中央大学艺术系。曾任中央美术学院院长、中国美术家协会主席等。出版有《吴作人》《吴作人艺术馆藏品集》《吴作人画传》等。

J0035065

访朝鲜民主主义人民共和国写生　　杨秋人作

上海 上海人民美术出版社 1964 年 10 张（套）19cm（小 32 开）定价：CNY0.80

J0035066

傅抱石东北写生画集　　傅抱石作

南京 江苏人民出版社 1964 年 23 幅 37cm（8 开）活页 统一书号：8100.956 定价：CNY5.00

　　本作品选入作者在东北的写生作品 23 幅。作者傅抱石（1904—1965），画家。原名长生、瑞麟，号抱石斋主人。生于江西南昌，祖籍江西新余，早年留学日本。历任南京师范学院教授、江苏国画院院长等职。代表作品有《山阴道上》《钟馗》《屈原》《江山如此多娇》，著有《中国古代绘画之研究》《中国绘画变迁史纲》等。

J0035067

傅抱石浙江写生画集

杭州 浙江人民美术出版社 1964 年 12 张（套）38cm（6 开）定价：CNY1.80

　　本书包括作者《钱塘江》《保俶塔》《虎跑》等 12 幅山水写生画。

J0035068

傅抱石浙江写生画选　　傅抱石作

杭州 浙江人民美术出版社 1964 年 33cm（8 开）
定价：CNY1.80

J0035069
毛主席和牧羊人谈话 （木炭画）刘文西作
北京 人民美术出版社 1964 年 ［1 张］
53cm（4 开）定价：CNY0.15
　　本作品为中国现代木炭画。作者刘文西
（1933—2019），生于浙江嵊州。曾任中国美术协
会顾问、陕西省文艺界联合会顾问、陕西省美术
家协会副主席、西安美术学院名誉院长、西安美
院研究院院长、延安市副市长。重要作品有《毛
主席和牧羊人》《东方》《解放区的天》和巨幅系
列长卷《黄土人》等近百幅。

J0035070
人物习作选 （画册）刘文西作；人民美术出
版社编
北京 人民美术出版社 1964 年 ［25］页
26cm（16 开）统一书号：8027.4294
定价：CNY2.50

J0035071
山城小景 （素描）卢柏森作
［武汉］湖北人民出版社 1964 年 ［1 张］
38cm（6 开）定价：CNY0.15

J0035072
山歌水笑林有声 （1961 年风景写生画集）
武石等作
武汉 湖北人民出版社 1964 年 13 幅 30cm（15 开）
统一书号：T8106.587 定价：CNY3.50
　　作者武石（1915—1998），画家。原名冯子
树，湖南湘潭人，毕业于上海美术专科学校。历
任湖北美术学院教授、湖北省艺术馆副馆长、中
国美术家协会湖北分会副主席。作品有《麦收》
《最后一根钢梁》《田地回老家》等，著有《武石
诗草》。

J0035073
萧传玖素描人像　萧传玖绘
上海 上海人民美术出版社 1964 年
1 袋（12 幅）39cm（8 开）统一书号：T8081.8959
定价：CNY2.20
　　作者萧传玖（1914—1968），雕塑家。生于湖

南长沙，就读于杭州艺术专科学校。历任中央美
术学院华东分院雕塑系主任、教授。雕塑作品《毛
主席像》《伐木工人》《东海渔民》《苏州姑娘》
等，出版有《萧传玖人像素描集》。

J0035074
写生作品小辑 （国画）
天津 天津美术出版社 1964 年 10 张（套）
15cm（64 开）定价：CNY0.55

J0035075
写生作品小辑 （水彩·油画）
天津 天津美术出版社 1964 年 10 张（套）
15cm（64 开）定价：CNY0.55

J0035076
血衣 （素描）王式廓作
北京 人民美术出版社 1964 年 ［1 张］
76cm（2 开）定价：CNY0.15

J0035077
赵望云祁连山区写生画选
［兰州］甘肃人民出版社 1964 年 12 张（套）
26cm（16 开）定价：CNY1.30

J0035078
红绸舞 （绫裱卷轴）叶浅予作
［上海］朵云轩 1965 年 1 轴

J0035079
人像速写　江启明［编］
香港 明朗出版社 ［1965 年］74 页 21cm（32 开）

J0035080
九四二四厂工地速写 《解放日报》美术通讯
员作；上海人民出版社编
上海 上海人民美术出版社 1971 年 29 页
18cm（15 开）统一书号：8.3.199 定价：CNY0.16

J0035081
工农兵生活速写　王维新等画
上海 上海人民出版社 1972 年 47 页 19×17cm
统一书号：8.3.558 定价：CNY0.35

J0035082
工农兵生活速写 （第二集）上海人民出版社编
上海　上海人民出版社 1974 年　54 页　17×18cm
统一书号：8171.1229　定价：CNY0.25

J0035083
工农兵生活速写 （第三集）
上海　上海人民出版社 1976 年　48 页　17×18cm
统一书号：8171.1229　定价：CNY0.25

J0035084
工农兵人物写生　青海人民出版社编辑
西宁　青海人民出版社 1973 年　17 页　15cm（40 开）
统一书号：8097.344　定价：CNY0.18

J0035085
欢庆党的第十次全国代表大会胜利召开速写选集
北京　人民美术出版社 1973 年　42 页
18cm（小 32 开）统一书号：8027.5846
定价：CNY0.30

J0035086
那达慕大会速写
呼和浩特　内蒙古人民出版社 1973 年　31 页
13×19cm 统一书号：8089.07　定价：CNY0.10

J0035087
人物素描选 （1）
天津　天津人民美术出版社 1973 年　16 幅
25×18cm 统一书号：8073.30016
定价：CNY0.45

J0035088
人物素描选 （2）
天津　天津人民美术出版社 1977 年　16 幅
25×18cm 定价：CNY0.45

J0035089
速写　辽宁人民出版社编
沈阳　辽宁人民出版社 1973 年　13×15cm
统一书号：8090.325　定价：CNY0.10

J0035090
速写选集 （欢庆党的第十次全国代表大会胜
利召开）
北京　人民美术出版社 1973 年　42 页　18cm（32 开）
统一书号：8027.5846　定价：CNY0.30

J0035091
速写选集　天津人民美术出版社编
天津　天津人民美术出版社 1973 年　72 页
21cm（32 开）统一书号：8073.50019
定价：CNY0.75

J0035092
速写选辑　人民美术出版社编辑
北京　人民美术出版社 1973 年　32 张　有图
18cm（32 开）统一书号：8027.5763　定价：CNY0.45

J0035093
海河速写写生集
石家庄　河北人民出版社 1974 年　65 页
19cm（32 开）统一书号：8086.390　定价：CNY0.40

J0035094
环球之旅 （铅笔画集）梁丹丰著
台北　明春印刷公司 1974 年　2 册
（快乐画会丛书 8）

J0035095
农业学大寨写生画　山西晋中地区“革命委
员会”文化局编
太原　山西人民出版社 1974 年　50 页　17×18cm
定价：CNY0.50

J0035096
人物素描选　上海人民出版社编
上海　上海人民出版社 1974 年　20 幅 18cm（32 开）
统一书号：8171.940　定价：CNY0.30

J0035097
速写选集
济南　山东人民出版社 1974 年　44 页　17×19cm
统一书号：8099.236　定价：CNY0.35

J0035098
大庆速写　大庆文化艺术馆编
北京　人民美术出版社 1975 年　54 页　17×18cm
定价：CNY0.40

J0035099
大寨速写　昔阳县文化馆编
北京 人民美术出版社 1975年 42幅 17×18cm
定价：CNY0.30

J0035100
沸腾的船台　上海人民出版社编
上海 上海人民出版社 1975年 51页 20cm（32开）
统一书号：8171.1304 定价：CNY0.34

J0035101
工农兵人物写生　（油画）
郑州 河南人民出版社 1975年 16幅 26cm（16开）
套装 定价：CNY0.77

J0035102
工农兵人物写生　（中国画）杨之光等绘
郑州 河南人民出版社 1975年 16幅 26cm（16开）
定价：CNY0.77

J0035103
工农兵人物写生　（素描）
郑州 河南人民出版社 1977年 24幅 26cm（16开）
定价：CNY0.75

J0035104
工农兵人物写生　（油画 2）
郑州 河南人民出版社 1978年 20幅 26cm（16开）
统一书号：8105.768 定价：CNY0.95

J0035105
工农兵人物写生　（中国画 2）
郑州 河南人民出版社 1978年 20幅 26cm（16开）
统一书号：8105.771 定价：CNY0.95

J0035106
花卉　温州市工艺美术研究所编印
北京 北京市工艺美术研究所 1975年 48页
26cm（16开）
　　本作品为中国现代素描。

J0035107
辉县人民绘宏图　（速写集）
郑州 河南人民出版社 1975年 86页 17×18cm
定价：CNY0.60

J0035108
热烈庆祝第四届全国人民代表大会胜利召开速写选集　人民美术出版社编辑部编
北京 人民美术出版社 1975年 41页 17×18cm
定价：CNY0.30

J0035109
速写
武汉 湖北人民出版社 1975年 54幅 17×18cm
定价：CNY0.48

J0035110
速写集
兰州 甘肃人民出版社 1975年 ［58］页
20cm（32开）统一书号：8096.400 定价：CNY0.32

J0035111
速写选集　（2）
天津 天津人民美术出版社 1975年 ［72］页
21×19cm 定价：CNY0.75

J0035112
速写选集　（3）
天津 天津人民美术出版社 1977年 72页
21×19cm 定价：CNY0.75

J0035113
昔阳速写　昔阳县文化馆等绘；昔阳社员业余
美术编辑组编
北京 人民美术出版社 1975年 42页
17×18cm（24开）定价：CNY0.30

J0035114
阳泉工人速写日记　人民美术出版社编
北京 人民美术出版社 1975年 184页
19cm（32开）定价：CNY0.65

J0035115
大庆速写选集　大庆文化艺术馆编
哈尔滨 黑龙江人民出版社 1976年 77幅
29×28cm 精装 定价：CNY4.70

J0035116
花卉　中央工艺美术学院染织美术系编印
北京 中央工艺美术学院染织美术系 1976年

100 页　26cm（16 开）

　　本书为中国现代素描花卉画作品画册。

J0035117
千军万马战金山 （上海石油化工总厂工地速
写）上海人民出版社编辑
上海　上海人民出版社　1976 年　76 页　17×18cm
定价：CNY0.46

J0035118
速写
沈阳　辽宁人民出版社　1976 年　64 页　20cm（32 开）
统一书号：8090.575　定价：CNY0.40

J0035119
速写　浙江美术学院供稿
杭州　浙江人民出版社　1976 年　50 幅　17×18cm
定价：CNY0.34

J0035120
速写选集
南京　江苏人民出版社　1976 年　54 幅　17×18cm
定价：CNY0.30

J0035121
创业年代 （大庆速写）邵宇作
北京　人民美术出版社　1977 年　69 页　17×18cm
定价：CNY0.55

J0035122
工农兵形象素描选　人民美术出版社编辑
北京　人民美术出版社　1977 年　16 幅　26cm（16 开）
定价：CNY0.38

J0035123
华主席的关怀暖万家 （素描）郭怀仁作
北京　人民美术出版社　1977 年　1 幅　26cm（16 开）
定价：CNY0.04

J0035124
今日长征路写生选　上海人民出版社编
上海　上海人民出版社　1977 年　84 页　17×18cm
定价：CNY0.54

J0035125
抗震速写
天津　天津人民出版社　1977 年　53 幅　17×18cm
定价：CNY0.45

J0035126
抗震速写　姚重庆等作
天津　天津人民美术出版社　1977 年　33 页
19cm（32 开）定价：CNY0.45

J0035127
毛主席和牧羊人　刘文西作
北京　人民美术出版社　1977 年　39cm（8 开）
定价：CNY0.13

J0035128
毛主席在"抗大"　刘文西作
北京　人民美术出版社　1977 年　39cm（8 开）
定价：CNY0.14

　　作者刘文西（1933—2019），生于浙江嵊州。
曾任中国美术家协会顾问、陕西省文艺界联合会
顾问、陕西省美术家协会副主席、西安美术学院
名誉院长、西安美术学院研究院院长、延安市副
市长。重要作品有《毛主席和牧羊人》《东方》《解
放区的天》和巨幅系列长卷《黄土人》等近百幅。

J0035129
毛主席在抗大　刘文西作
西安　陕西人民出版社　1977 年　39cm（8 开）
定价：CNY0.09
　　本作品为中国现代人物素描画。

J0035130
情深似海 （素描）郑毓敏作
北京　人民美术出版社　1977 年　4 页　26cm（16 开）
统一书号：8027.6620　定价：CNY0.04

J0035131
情深似海　郑毓敏作
杭州　浙江人民出版社　1977 年　54cm（4 开）
定价：CNY0.10
　　本作品为中国现代人物素描画。

J0035132
人物素描选

广州　广东人民出版社　1977 年　24 幅　26cm（16 开）
定价：CNY0.90

J0035133
人物头像　北京市工艺美术研究所编
北京　北京市工艺美术研究所　1977 年　112 页
17×18cm

J0035134
人像写生
南宁　广西人民出版社　1977 年　16 幅　26cm（16 开）
定价：CNY0.58

J0035135
新疆人物写生选
乌鲁木齐　新疆人民出版社　1977 年　1 册
22×19cm（20 开）统一书号：M8098.287
定价：CNY0.51

J0035136
血衣　王式廓作
北京　人民美术出版社　1977 年　12 页　26cm（16 开）
定价：CNY0.12
　　本作品为中国现代素描画册。

J0035137
长征路上写生　人民美术出版社编
北京　人民美术出版社　1977 年　69 页　29×28cm
定价：CNY5.30

J0035138
动物写生　黄胄绘
北京　人民美术出版社　1978 年　33 页　26cm（16 开）
统一书号：8027.6947　定价：CNY0.40
　　作者黄胄（1925—1997），画家、社会活动家、收藏家。字映斋，河北蠡县人。历任总政治部文化部创作员、中国画研究院副院长、中国美术家协会常务理事等。代表作品有《洪荒风雪》《巡逻图》等，出版有《黄胄书画论》《黄胄作品集》《黄胄谈艺术》等。

J0035139
桂林山水资料　广西壮族自治区工艺美术研究所编印
南宁　广西壮族自治区工艺美术研究所　1978 年

26cm（16 开）

J0035140
花卉　江苏省轻工业局画册编绘组编印
南京　江苏省轻工业局画册编绘组　1978 年　2 册
26cm（16 开）

J0035141
黄胄速写　黄胄绘
北京　人民美术出版社　1978 年［24 页］
26cm（16 开）统一书号：8027.6850　定价：CNY0.32

J0035142
纪念周恩来总理诞辰八十周年　伍必端画
北京　人民出版社　1978 年　38cm（6 开）
定价：CNY0.10
　　伍必端（1926—　　），回族，画家、教授。生于江苏南京。历任中央美术学院版画系主任、教授。代表作《上甘岭上的英雄》（油画）、《寂静的草地》（水彩画）、《周总理》（素描头像）等。

J0035143
毛主席在抗大　刘文西作
石家庄　河北人民出版社　1978 年　53cm（4 开）
定价：CNY0.07

J0035144
毛主席在抗大　刘文西作
沈阳　辽宁人民出版社　1978 年　38cm（6 开）
定价：CNY0.08

J0035145
毛主席在抗大　刘文西作
北京　人民美术出版社　1978 年　76cm（2 开）
定价：CNY0.14

J0035146
农业学大寨　（写生集）
郑州　河南人民出版社　1978 年　63 页　20cm（32 开）
统一书号：8105.773　定价：CNY0.50

J0035147
人物素描　上海人民美术出版社编辑
上海　上海人民美术出版社　1978 年　16 幅
26cm（16 开）定价：CNY0.66

J0035148

人物头像素描选

合肥 安徽人民出版社 1978年 16幅 26cm（16开）

统一书号：8102.964 定价：CNY0.45

J0035149

人物写生　　上海人民美术出版社编

上海 上海人民美术出版社 1978年 68页

20cm（32开）统一书号：R8081.11178

定价：CNY0.65

J0035150

上海市中小学生美术作品选　　上海人民美术

出版社编

上海 上海人民美术出版社 1978年 16幅

26cm（16开）定价：CNY0.66

J0035151

素描花卉　　周天民绘

北京 轻工业出版社 1978年 100页 26cm（16开）

定价：CNY1.30

　　作者周天民（1919—1984），国画家。字凝，

号醒吾，江苏苏州人。

J0035152

速写选集　　黄胄绘

天津 天津人民美术出版社 1978年 72页

24cm（16开）统一书号：8073.50098

定价：CNY0.68

　　作者黄胄（1925—1997），画家、社会活动

家、收藏家。字映斋，河北蠡县人。历任总政

治部文化部创作员、中国画研究院副院长、中

国美术家协会常务理事等。代表作品有《洪荒

风雪》《巡逻图》等，出版有《黄胄书画论》《黄

胄作品集》《黄胄谈艺术》等。

J0035153

王式廓素描选　　王式廓绘

天津 天津人民美术出版社 1978年 32页

26cm（16开）统一书号：8073.50088

定价：CNY0.95

　　本书选入王式廓创作的32幅作品。作品生

动地刻画出纯朴诚实的工人、农民和基层干部形

象。作者王式廓（1911—1973），画家、教育家。

山东掖县人，毕业于上海美术专科学校。曾任中

国美术家协会常务理事，中央美术学院教授、研

究部主任，中国美术家协会常务理事等职。代表

作品有《参军》《井冈山会师》《血衣》《毛主席和

我们在一起》等。

J0035154

云南写生集　（第一集）

昆明 云南人民出版社 1978年 43幅 26cm（16开）

统一书号：8116.770 定价：CNY1.70

J0035155

云南写生集　（第二集）

昆明 云南人民出版社 1979年 43幅 26cm（16开）

统一书号：8116.815 定价：CNY1.70

J0035156

茁壮成长　（少年儿童人物写生）朱乃正等绘

西宁 青海人民出版社 1978年 16幅 26cm（16开）

统一书号：8097.409 定价：CNY0.80

　　作者朱乃正（1935—2013），教授。浙江海

盐人，毕业于中央美术学院。历任中央美术学院

学术委员会主任、教授，中国美术家协会理事。

代表作品有《金色的季节》《春华秋实》《青海

长云》。

J0035157

地底的光　（洪瑞麟矿工速写集）洪瑞麟绘；

雄狮美术编辑

台北 雄狮图书公司 1979年 160页 有图

26cm（16开）定价：TWD200.00

J0035158

动物速写　　袁熙坤绘

北京 人民美术出版社 1979年 16页 26cm（16开）

统一书号：8027.7159 定价：CNY0.22

J0035159

凤凰山牡丹写生资料集　　广州美术学院工艺

美术系编

广州 广东人民出版社 1979年 109页

24cm（26开）统一书号：8111.1817 定价：CNY0.54

J0035160

革命纪念地　　轻工业部工艺美术公司编

北京 轻工业出版社 1979年 120页 26cm（16开）

统一书号：15042.1499 定价：CNY2.15
　　本书为中国现代写生画册。

J0035161
顾生岳人物速写选　顾生岳绘
杭州 浙江人民出版社 1979年 56幅 24cm（26开）
统一书号：8103.409 定价：CNY0.55
　　本书为画家顾生岳的中国现代人物画速写画册。画册中的人物速写，形象健康生动、线条优美。大部分特写画面，表现了作者娴熟的绘画技巧。

J0035162
顾生岳速写　顾生岳绘；上海人民美术出版社编
上海 上海人民美术出版社 1979年 37页
24cm（26开）统一书号：8081.11621
定价：CNY0.52
　　本书收入作者在甘南藏族地区及新疆时的速写37幅图。所收作品绝大部分是1978年所画。其中人物占绝大多数，描绘老年人的有《甘加牧场老人》，藏族《老牧民》，维吾尔族《弹琴人》《回族老人》，少年儿童有《甘加草原儿童》《甘南藏区少年》《甘南草原女孩》。青年有《翻身农民》《藏族少女》《尼迈尔草原妇女》，另有舞台速写、风光速写数幅。

J0035163
菊谱　冯凭绘
济南 齐鲁书社 1979年 100页 26cm（16开）
线装本 定价：CNY3.00
　　本书为中国菊花白描写生画册。作者冯凭（1910—2013），书画家、美术教育家。山东莱阳人。别名冯寄禅、冯子祥，号展公。历任中国美术家协会会员、山东画院名誉院长、青岛画院名誉院长、青岛工艺美术学校教授兼副校长等。代表作品有《百花谱》《诗忆画印》《冯凭书画集》等。

J0035164
刘秉江新疆速写　刘秉江绘
乌鲁木齐 新疆人民出版社 1979年 96页
24cm（26开）统一书号：M8098.339
定价：CNY1.76
　　中国现代速写画册。作者刘秉江（1937—　），教授、画家。生于北京，毕业于中央美术学院。

历任中央民族学院美术系教授、中国美术家协会理事和中国美术家协会壁画艺术委员会委员等。出版有《刘秉江新疆速写》《刘秉江少数民族素写集》《名家名画——刘秉江油画作品》等。

J0035165
刘文西藏区写生
西安 陕西人民美术出版社 1979年 33页
26cm（16开）统一书号：8199.13 定价：CNY1.10
　　作者刘文西（1933—2019），生于浙江嵊州。曾任中国美术协会顾问、陕西省文艺界联合会顾问、陕西省美术家协会副主席、西安美术学院名誉院长、西安美术学院研究院院长、延安市副市长。重要作品有《毛主席和牧羊人》《东方》《解放区的天》和巨幅系列长卷《黄土人》等近百幅。

J0035166
内蒙古写生　内蒙古人民出版社编
呼和浩特 内蒙古人民出版社 1979年 40页
24cm（26开）统一书号：8089.77 定价：CNY0.48

J0035167
人物画典　陈球安编绘
香港 万里书店 1979年 85页 有图 19cm（32开）
定价：HKD3.60
（实用美术画典）
　　外文书名：A Handbook of Figure Drawing.

J0035168
人物画习作　武钢工人俱乐部美术组编
武汉 湖北人民出版社 1979年 8页 52cm（4开）
折装 统一书号：8106.1979 定价：CNY0.16

J0035169
人物素描选　（第二集）
成都 四川人民出版社 1979年 33幅 26cm（16开）
统一书号：8118.460 定价：CNY0.90

J0035170
少数民族生活速写
上海 上海人民美术出版社 1979年 92页
20cm（32开）统一书号：8081.11816
定价：CNY1.20

J0035171

素描习作选 （1）

天津　天津人民美术出版社　1979 年　12 幅

52cm（4 开）统一书号：8073.70012

定价：CNY1.60

J0035172

素描习作选 （2）

天津　天津人民美术出版社　1979 年　12 幅

52cm（4 开）统一书号：8073.70005

定价：CNY1.60

J0035173

素描肖像　胡考绘

北京　人民美术出版社　1979 年　13 页　26cm（16 开）

统一书号：8027.6987　定价：CNY0.33

　　作者胡考（1912—1994），小说家、文艺理论家、漫画家。生于上海，祖籍浙江余姚，毕业于上海新华艺术专科学校。历任《苏北画报》社社长、《人民画报》副总编辑、中国美术家协会会员。出版有《胡考素描》《上海滩》。

J0035174

素描与随想　钱绍武绘

哈尔滨　黑龙江人民出版社　1979 年　52+16 页

38cm（6 开）统一书号：8093.544

定价：CNY7.00，CNY8.00（精装）

　　本书为中国现代素描人物画画册。作者钱绍武（1928—　），雕刻家，书法家。江苏无锡人。毕业于中央美术学院，曾赴苏留学，历任中央美术学院雕塑系主任、国家教委艺术教育委员会委员、全国城市雕塑艺术委员会委员、中国国家画院雕塑院院长等职。擅长雕塑、绘画、书法。代表作品有《大路歌》《江丰头像》《李大钊纪念碑》出版《素描与随想》《素描人体选集》。

J0035175

吴冠中彩画素描选　山东省第一轻工业科学研究所编印

济南　山东省第一轻工业科学研究所　1979 年

1 册　29×38cm（8 开）

J0035176

西藏写生集

上海　上海人民美术出版社　1979 年　84 页

24cm（16 开）统一书号：8081.11549

定价：CNY2.10

J0035177

西双版纳白描写生集　丁绍光绘

昆明　云南人民出版社　1979 年　39 幅　38cm（6 开）

统一书号：8116.829　定价：CNY1.40

　　本书收作者 1978 年以云南省西双版纳傣族自治州的山水风光、傣家风情为对象的白描写生集。以性格化的线条，寓精微于粗犷，织疏密成块面，把傣家人、傣家竹楼、亚热带风光描绘得栩栩如生，美轮美奂。吴冠中写前言。代表作有《双子》《女猎手》《幸福鸟》等。

J0035178

新疆人物写生　龚建新绘

乌鲁木齐　新疆人民出版社　1979 年　64 页

24cm（16 开）统一书号：M8098.340

定价：CNY2.20

　　本书是中国现代人物写生画册。选收作者反映新疆各民族肖像画 62 幅。作者龚建新（1938—　），满族，一级美术师。新疆奇台人，毕业于中央美术学院国画系。先后在乌鲁木齐市文化馆防疫站从事美术工作，任教于新疆艺术学院、新疆画院，并任新疆美术家协会名誉主席，中国美术家协会新疆创作中心主任。作品有《静静的卡甫河》《万里送马》《瑶池会》，出版有《新疆人物写生》等。

J0035179

云南白描写生集　袁运生绘

昆明　云南人民出版社　1979 年　40 张　38cm（6 开）

统一书号：8116.812　定价：CNY1.40

　　本书收入画家 1978 年以云南省的傣族、亚热带风光为对象的白描写生集。描绘傣家少女、少妇、老妪、热带雨林、傣家竹楼、佛寺、芭蕉、油棕等有强烈傣家特色的人文景观的 46 幅图。

J0035180

运生素描　袁运生绘

石家庄　河北人民出版社　1979 年　73 页

26cm（16 开）统一书号：8086.1077　定价：CNY0.95

　　本书为中国现代素描画册。收集作者素描、速写的代表作品《泼水节》等。

J0035181

茁壮成长 （少年儿童人物写生）

西宁 青海人民出版社 1979年 16幅 26cm（16开）

定价：CNY0.80

　　本作品为中国现代素描写生画图谱。

J0035182

自卫还击画辑

南宁 广西人民出版社 1979年 72页 20cm（32开）

统一书号：8113.540 定价：CNY0.61

J0035183

自卫还击战 （速写集）

上海 上海人民美术出版社 1979年 91页
52cm（4开）统一书号：8081.11803 定价：CNY1.20

J0035184

赤天化工地速写　周孔昭等绘

贵阳 贵州人民出版社 1980年 28页 17×18cm

定价：CNY0.35

J0035185

动物画篇　江启明绘

香港 艺美图书公司 1980年 111页 20cm（32开）

J0035186

敦煌壁画速写　邢永川绘

西安 陕西人民美术出版社 1980年 88页
17cm（40开）统一书号：8199.174 定价：CNY0.60

J0035187

非洲写生　石呈虎绘

北京 人民美术出版社 1980年 17页 25cm（15开）

统一书号：8027.7228 定价：CNY0.82

J0035188

甘南写生画选　刘文西绘

兰州 甘肃人民出版社 1980年 14页 26cm（16开）

统一书号：8096.716 定价：CNY0.55

　　作者刘文西（1933—2019），生于浙江嵊州。曾任中国美术家协会顾问、陕西省文艺界联合会顾问、陕西省美术家协会副主席、西安美术学院名誉院长、西安美术学院研究院院长、延安市副市长。重要作品有《毛主席和牧羊人》《东方》《解放区的天》和巨幅系列长卷《黄土人》等近百幅。

J0035189

黄胄速写集　黄胄绘

济南 山东人民出版社 1980年 22cm（32开）

统一书号：8099.1934 定价：CNY1.80

　　作者黄胄（1925—1997），画家、社会活动家、收藏家。字映斋，河北蠡县人。历任总政治部文化部创作员、中国画研究院副院长、中国美术家协会常务理事等。代表作品有《洪荒风雪》《巡逻图》等，出版有《黄胄书画论》《黄胄作品集》《黄胄谈艺术》等。

J0035190

黄胄速写集　［黄胄绘］

济南 山东人民出版社 1980年 56页 有图
21cm（32开）统一书号：8099.1934 定价：CNY1.80

J0035191

旅行写生画选　人民美术出版社编辑室编

北京 人民美术出版社 1980年 48页
25cm（小16开）统一书号：8027.7270

定价：CNY1.40

J0035192

内蒙古写生　内蒙古人民出版社编

呼和浩特 内蒙古人民出版社 1980年 140页
24cm（26开）定价：CNY0.48

J0035193

人物素描选

成都 四川人民出版社 1980年 20册
25cm（小16开）统一书号：8118.436

定价：CNY0.60

J0035194

素描习作选 （3）

天津 天津人民美术出版社 1980年 12张
54cm（4开）定价：CNY1.60

J0035195

速写　康诗纬编

合肥 安徽人民出版社 1980年 114页 22cm（32开）

统一书号：9102.981 定价：CNY2.65

　　作者康诗纬（1943—　　），国家一级摄影师。别名康昊，生于浙江奉化。历任安徽省文联副主席、安徽省摄影家协会主席兼秘书长、安徽省文艺评论家协会副主席、中国摄影家协会理事。出版有《速写》《摄影版画》《业余摄影实用技法》等。

J0035196

速写

兰州 甘肃人民出版社 1980年 90页 19cm（32开）

统一书号：8096.676 定价：CNY0.85

J0035197

吐鲁番速写　　顾生岳著

乌鲁木齐 新疆人民出版社 1980年 56页 22cm（16开）定价：CNY1.20

　　本书收录作者在新疆吐鲁番等地的人物速写作品《塔吉克牧人》《阿米娜》等，共57幅。汉、维吾尔新文字对照。作者顾生岳（1927—2012），画家。浙江普陀人，毕业于中央美术学院华东分院。历任浙江美术学院中国画系主任、教授，浙江画院副院长，杭州市美术家协会主席，浙江人物画研究会会长等职。著作有《顾生岳人物速写选》。

J0035198

写生画选

兰州 甘肃人民出版社 1980年 68幅 19cm（32开）

统一书号：8096.717 定价：CNY1.35

J0035199

徐悲鸿素描　　徐悲鸿绘；人民美术出版社编

北京 人民美术出版社 1980年 153页 19cm（32开）

统一书号：8027.7257 定价：CNY1.30

（中国美术家丛书）

　　本书收入绘画大师徐悲鸿的素描作品153幅，充分展现了作者的艺术魅力。由吴作人作序及艾中信撰写《尽精微致广大》评论文章。

J0035200

鱼虫写生　　张继馨编绘

天津 天津杨柳青画店 1980年 147页 13cm（60开）

统一书号：7174.013 定价：CNY1.80

　　作者张继馨（1926—　），花鸟画名家、美术教育家。又名馨子，江苏武进人。中央文史研究馆书画院研究员、江苏省文史研究馆馆员、中国美术家协会会员、江苏省花鸟画研究会顾问、苏州市职业大学艺术学院教授。作品有《草虫画谱》

《鸟类画谱》等，著有《画事一得》《笔上参禅》《馨子砚语》《颠倒葫芦》。

J0035201

园林名胜　　（工艺美术参考资料）轻工业部工艺美术公司著

北京 轻工业出版社 1980年 204页 19cm（32开）

统一书号：15043.1518 定价：CNY3.50

J0035202

在日本的日记　　邵宇绘

北京 人民美术出版社 1980年 56页 39cm（4开）

统一书号：8027.7461 定价：CNY6.00

　　本书为中国现代速写画册。

J0035203

长白山写生集　　胡悌林著

长春 吉林人民出版社 1980年 35幅 26cm（16开）

统一书号：8091.1026 定价：CNY1.50

J0035204

朱乃正素描选　　朱乃正作

上海 上海人民美术出版社 1980年 53幅 22cm（30开）统一书号：8081.11877

定价：CNY0.95

　　作者朱乃正（1935—2013），教授。浙江海盐人，毕业于中央美术学院。历任中央美术学院学术委员会主任、教授，中国美术家协会理事。代表作品有《金色的季节》《春华秋实》《青海长云》。

J0035205

祖国山水　　轻工业部工艺美术公司编

北京 轻工业出版社 1980年 234页 26cm（16开）

统一书号：15042.1527 定价：CNY4.00

　　中国现代风景画写生画册，工艺美术参考资料。

J0035206

巴基斯坦写生　　林墉绘

广州 岭南美术出版社 1981年 24页 19cm（32开）

统一书号：8111.2218 定价：CNY1.70

　　本书收入作品24帧，大部分为彩墨画，少量为线描速写。作品主要刻画了巴基斯坦各式人物形象：有儿童、少女、青年、老者，有演员、学者、学生、平民。表现他们在不同环境下多彩的身影和他们的思绪、情感。作者林墉（1942—　　），画家、国家一级美术师。广东潮州人，毕业于广州美术学院中国画系。中国美术家协会副主席、广东画院院长、美术家协会广东分会主席、暨南大学艺术中心主任。作品有《宋庆龄》《访问巴基斯坦组画》，出版有《林墉作品选》《林墉访问巴基斯坦选集》《人体速写》等。

J0035207

大别山写生画集　　张步等绘

郑州　中州书画社　1981年　23幅　19cm（32开）统一书号：8219.2　定价：CNY2.60

　　作者张步（1934—　　），画家。河北丰润人，毕业于中央美术学院中国画系。历任工人日报社美术编辑、光明日报社美术编辑组长、北京画院一级美术师、北京画院副院长、中国河山画会第一任会长。代表作品《生命之歌》《金色豫南》《神农架秋色》《丝绸之路》等。

J0035208

喀什噶尔速写　　黄胄绘

乌鲁木齐　新疆人民出版社　1981年　19cm（32开）统一书号：M8098.449　定价：CNY3.20

　　本书收录作者反映塔吉克族生活的各类速写122幅。汉、维吾尔新文字对照。作者黄胄（1925—1997），画家、社会活动家、收藏家。字映斋，河北蠡县人。历任总政治部文化部创作员、中国画研究院副院长、中国美术家协会常务理事等。代表作品有《洪荒风雪》《巡逻图》等，出版有《黄胄书画论》《黄胄作品集》《黄胄谈艺术》等。

J0035209

康波夫素描选　　康波夫绘

天津　天津人民美术出版社　1981年　31页　25cm（15开）统一书号：8073.50190　定价：CNY0.58

J0035210

全国高等艺术院校素描习作选　　王春黎等绘

上海　上海人民美术出版社　1981年　20幅　37cm（8开）套装　统一书号：8081.12231　定价：CNY2.50

J0035211

水浒人物壹百零捌图　　戴敦邦，戴红杰绘

天津　天津杨柳青画社　1981年　108页　25cm（16开）定价：CNY1.05

　　本集为画家所作《水浒》人物绣像，借鉴了陈老莲《水浒叶子》的笔法，又创新意。人物形象生动大有呼之欲出之势，充分显示了画家的独到功力。作者戴敦邦（1938—　　），国画家，教授。号民间艺人，江苏丹徒人。毕业于上海第一师范学校。历任《中国少年报》《儿童时代》美术编辑，上海交通大学人文学院教授等。主要作品《水浒人物一百零八图》《戴敦邦水浒人物谱》《戴敦邦新绘红楼梦》《戴敦邦古典文学名著画集》等；连环画代表作品有《一支驳壳枪》《水上交通站》《大泽烈火》《蔡文姬》等。

J0035212

素描　（1）

天津　天津人民美术出版社　1981年　36页　25cm（16开）统一书号：8073.50179　定价：CNY1.20

　　本辑为中央美术学院师生素描作品专辑。

J0035213

素描　（2）

天津　天津人民美术出版社　1982年　36页　25×26cm 统一书号：8073.50253　定价：CNY1.20

　　本册包括人体、人物肖像、素描习作等。

J0035214

素描　（3）天津人民美术出版社编

天津　天津人民美术出版社　1983年　36页　25cm（16开）定价：CNY1.20

J0035215

素描　（4）天津人民美术出版社编

天津　天津人民美术出版社　1983年　36页　25cm（16开）定价：CNY1.20

J0035216

素描　（5—6）

天津　天津人民美术出版社　1984年　76页　25cm（16开）定价：CNY2.40

J0035217

素描 （7）

天津 天津人民美术出版社 1984 年 36 页

25cm（16 开）定价：CNY1.20

J0035218

素描 （8）

天津 天津人民美术出版社 1985 年 25×26cm

统一书号：8073.50359 定价：CNY1.50

J0035219

素描 （9）天津人民美术出版社编

天津 天津人民美术出版社 1986 年 36 页

26cm（16 开）统一书号：8073.50253

定价：CNY1.50

J0035220

素描 （10）天津人民美术出版社编

天津 天津人民美术出版社 1986 年 36 页

26cm（16 开）统一书号：8073.50391

定价：CNY1.50

J0035221

素描 （11）

天津 天津人民美术出版社 1989 年 37 页

25cm（16 开）ISBN：7-5305-0212-3

定价：CNY7.00

J0035222

童寯素描选集 南京工学院建筑研究所编

北京 中国建筑工业出版社 1981 年 52 页

27cm（大 16 开）定价：CNY0.65

J0035223

舞台速写选 赵士英作

北京 人民美术出版社 1981 年 82 幅 19cm（32 开）

统一书号：8027.7583 定价：CNY0.75

　　作者赵士英（1938— ），山东烟台人，毕业于北京艺术师范学院美术系油画科。历任《舞蹈》美术编审，中国美术家协会、中国舞蹈家协会会员。作品有《鹰》《舞》等，出版有《舞台速写选》《赵士英舞台速写选》《外国艺术家访华演出速写专辑》《速写的话与画》《赵士英画集》等。

J0035224

西行画记 邵宇绘

北京 人民美术出版社 1981 年 129 页 36cm（6 开）

统一书号：8027.6604 定价：CNY6.00

　　作者邵宇（1919—1992），速写、水彩画、连环画家。曾用名邵进德，辽宁丹东人。毕业于北平美术专科学校。代表作品有《土地》《上饶集中营》《首都速写》《选举》《早读》等。

J0035225

西行画纪 邵宇绘

北京 人民美术出版社 1981 年 129 页 36cm（9 开）

统一书号：8027.6604 定价：CNY6.00

J0035226

熙坤速写 袁熙坤作

天津 天津人民美术出版社 1981 年 1 册

22cm（16 开）统一书号：8073.50191

定价：CNY0.35

J0035227

徐甫堡风景素描选 徐甫堡绘

长沙 湖南美术出版社 1981 年 1 册 25cm（16 开）

统一书号：8233.129 定价：CNY0.60

J0035228

杨廷宝素描选集 杨廷宝绘；南京工学院建筑研究所编

北京 中国建筑工业出版社 1981 年 56 页

25cm（16 开）统一书号：15040.3992

定价：CNY0.62

J0035229

风景写生 何孔德绘

济南 山东人民出版社 1982 年 14 幅 19cm（32 开）

套装 统一书号：8099.2442 定价：CNY0.64

　　本书系中国现代风景画、写生画画册。还附有 13 张画。作者何孔德（1925—2003），画家、国家一级美术家。四川西充人，毕业于国立重庆师范学校美术科。中国美术家协会会员。代表作《出击之前》《生命不息 冲锋不止》《卢沟桥战斗》，出版有《何孔德油画选》《何孔德画集》。

J0035230

各国写生　劳崇聘作

北京 人民美术出版社 1982年 35页 19cm（32开）

统一书号：8027.8375 定价：CNY0.80

　　本画册收入画家在亚、非、欧、美许多国家访问时所作的作品35幅。

J0035231

画家黄永玉湘西写生　黄永玉编

长沙 湖南美术出版社 1982年 22页 24cm（26开）

统一书号：8233.240 定价：CNY1.50

　　本画集共收22幅作品。其中有秀丽的湘西风光、栩栩如生的人物肖像和袅娜多姿的花卉。

J0035232

画中览胜　焦俊华绘

天津 天津人民美术出版社 1982年 78页

19cm（32开）统一书号：8073.50215

定价：CNY0.95

　　本画册是用钢笔结合中国传统的画法，描绘出了祖国山川名胜之美。

J0035233

黄山百松图　朱峰绘

上海 上海书画出版社 1982年 48页 26cm（16开）

统一书号：8172.659 定价：CNY0.59

　　本书是中国现代素描画册。作者朱峰（1944—　），原名朱景鹏、字丰，号祖山、别号黄海老客、松子等，专攻黄山画。

J0035234

黄山图画资料　歙县文化馆编绘

上海 上海人民美术出版社 1982年 94幅

19cm（32开）统一书号：8081.12850

定价：CNY0.26

　　本书从绘画写生的角度，介绍了黄山的各种胜景。全书共有图94幅。

J0035235

李克瑜舞蹈速写　李克瑜绘

上海 上海人民美术出版社 1982年 91页

19cm（32开）统一书号：8081.12811

定价：CNY1.35

　　本书收入作者近年来所写的国内外舞蹈速写91幅，作品神韵生动、物资准确、使笔流畅，

内容丰富。

J0035236

刘文西速写选　刘文西绘

天津 天津人民美术出版社 1982年 90页

17cm（40开）统一书号：8073.50227

定价：CNY1.60

　　本书共选作者速写近作90余幅，不仅有人物速写，也有大量的风景速写。作者刘文西（1933—2019），生于浙江嵊州。曾任中国美术协会顾问、陕西省文艺界联合会顾问、陕西省美术家协会副主席、西安美术学院名誉院长、西安美术学院研究院院长、延安市副市长。重要作品有《毛主席和牧羊人》《东方》《解放区的天》和巨幅系列长卷《黄土人》等近百幅。

J0035237

体育速写　冯向杰绘

天津 天津人民美术出版社 1982年 52页

19cm（32开）统一书号：8073.50223

定价：CNY0.80

　　本书是中国现代速写。作者冯向杰（1941—　），画家、国家一级美术师。自号桑泉道人，山西临猗人。北京新体育杂志社副编审、中国美术家协会会员、中国体育美术促进会常务理事。代表作品有《相扑为戏》《黄水谣》《盘古开天》等。

J0035238

舞姿拾零　古干绘

天津 天津人民美术出版社 1982年 70页

19cm（32开）统一书号：8073.50248

定价：CNY1.60

　　本书是一部舞蹈速写、黑白画专集。作者古干（1942—　），画家。中国美术家协会会员、中国现代书画学会会长、世界书法家协会荣誉顾问。

J0035239

西藏写生　人民美术出版社编辑室编

北京 人民美术出版社 1982年 51幅 25cm（16开）

统一书号：8027.8111 定价：CNY1.80

　　本画册选编部分中青年画家去西藏地区的写生作品51幅，包括国画、速写、油画。

J0035240

肖惠祥湘西速写 肖惠祥绘

长沙 湖南美术出版社 1982 年 32 页 19cm（32 开）
统一书号：8233.289 定价：CNY0.42

　　本画册选收了作者在湘西少数民族地区写生的线描作品 37 幅。

J0035241

肖惠祥新疆人物集 肖惠祥绘；新疆人民出版社编

乌鲁木齐 新疆人民出版社 1982 年 1 册
22cm（20 开）统一书号：M8098.505
定价：CNY1.90

　　本作品选收作者在新疆所作的钢笔白描与色彩人物画 46 幅。

J0035242

萧惠祥湘西速写 萧惠祥绘

长沙 湖南美术出版社 1982 年 20cm（32 开）
定价：CNY0.42

　　作者萧惠祥（1933—　　），女，画家、教授。湖南长沙人，毕业于中央美术学院版画系。任教于山西艺术学院、湖南师范学院艺术系、中央工艺美术学院特种工艺系，中国美术家协会会员。作品有壁画《科学的春天》，油画《渔女》，出版有《萧惠祥线描人物》。

J0035243

叶浅予速写集 叶浅予绘

长春 吉林人民出版社 1982 年 100 页 24cm（16 开）
统一书号：8091.1204 定价：CNY2.20

　　本画册收入作者的速写作品 100 幅。作者叶浅予（1907—1995），教授、画家。浙江桐庐人。历任中国美术家协会副主席、中国画研究院副院长、中央美术学院教授。曾为茅盾小说《子夜》、老舍剧本《茶馆》等书插图。作品有长篇漫画《王先生》《小陈留京外史》《天堂记》等。著有《画馀记画》《十年恶梦录》等。

J0035244

动物速写 祝韵琴，周国帧等绘

上海 上海人民美术出版社 1983 年 134 页
19cm（32 开）统一书号：8081.13439
定价：CNY1.05

J0035245

郭绍纲素描选集 郭绍纲绘

广州 岭南美术出版社 1983 年 116 页 25cm（15 开）
统一书号：8260.0617 定价：CNY2.40

　　本书系郭绍纲绘中国现代素描画册。作者郭绍纲（1932—　　），画家、艺术教育家。曾用名享邑。北京昌平人，毕业于中央美术学院，曾至苏联列宾美术学院学习油画。历任武汉中南美术专科学校教师，广州美术学院院长、教授。代表作《锻工像》《红帽姑娘》《牡丹盛开》等。

J0035246

胡考素描 胡考绘

北京 人民美术出版社 1983 年 24 幅 19cm（32 开）
套装 统一书号：8027.8773 定价：CNY1.20

　　作者胡考（1912—1994），小说家、文艺理论家、漫画家。生于上海，祖籍浙江余姚，毕业于上海新华艺术专科学校。历任《苏北画报》社社长、《人民画报》副总编辑，中国美术家协会会员。出版有《胡考素描》《上海滩》。

J0035247

黄胄毛笔速写 黄胄绘

石家庄 河北美术出版社 1983 年 60 页
22cm（32 开）统一书号：8087.532 定价：CNY0.90

　　本书收入作者使用毛笔搜集记录的部分创作素材 61 幅。有人物和动物毛笔速写以及草图。作者黄胄（1925—1997），画家、社会活动家、收藏家。字映斋，河北蠡县人。历任总政治部文化部创作员、中国画研究院副院长、中国美术家协会常务理事等。代表作品有《洪荒风雪》《巡逻图》等，出版有《黄胄书画论》《黄胄作品集》《黄胄谈艺术》等。

J0035248

刘秉江少数民族素描集 刘秉江绘

上海 上海人民美术出版社 1983 年 89 页
25cm（15 开）统一书号：8081.13013
定价：CNY1.90

　　作者刘秉江（1937—　　），教授、画家。生于北京，毕业于中央美术学院。历任中央民族学院美术系教授、中国美术家协会理事和中国美术家协会壁画艺术委员会委员。出版有《刘秉江新疆速写》《刘秉江少数民族写集》《名家名画——刘秉江油画作品》等。

J0035249
鸟类动态写生　贺伯英编绘
北京　中国旅游出版社　1983年　101页　26cm（16开）
统一书号：8179.349　定价：CNY1.20

J0035250
人体素描　（第一集）
成都　四川人民出版社　1983年　39cm（8开）
统一书号：8118.1238（1）定价：CNY1.95

J0035251
人体素描　（第二集）
成都　四川人民出版社　1983年　39cm（8开）
统一书号：8118.1239（2）定价：CNY1.95

J0035252
人体素描　（第三集）
成都　四川人民出版社　1983年　39cm（8开）
统一书号：8373.654（3）定价：CNY3.20

J0035253
人体素描　（第四集）
成都　四川人民出版社　1983年　39cm（8开）
统一书号：8373.1171（4）定价：CNY3.80

J0035254
王鸿炭笔风景写生　王鸿绘
北京　人民美术出版社　1983年　12幅　39cm（8开）
套装　统一书号：8027.8453　定价：CNY1.20

J0035255
彦涵纪游图选集　彦涵绘
石家庄　河北美术出版社　1983年　92页
22cm（20开）统一书号：8087.562　定价：CNY0.95

J0035256
印度风情　叶浅予绘
长沙　湖南美术出版社　1983年　94页　19cm（32开）
统一书号：8233.457　定价：CNY1.50
　　本书为中国现代速写画册。

J0035257
在大后方　（叶浅予速写集）叶浅予编
长沙　湖南美术出版社　1983年　93幅　19cm（32开）
统一书号：8233.515　定价：CNY1.60

　　本书收录了作者在抗日战争期间在四川、贵州、西康所作的速写93幅。

J0035258
陈玉先的速写　陈玉先绘；刚刚编
广州　岭南美术出版社　1984年　129页　19cm（32开）
统一书号：8260.0966　定价：CNY1.10
　　作者陈玉先（1944—　），国画家、美术家。安徽淮南人。历任《解放军报》副主编、中国美术家协会艺术委员会副主任。代表作品《井冈山斗争》《红灯记》《红色娘子军》《草原儿女》。专著《速写技法》《陈玉先插图作品选》《陈玉先中国画》。

J0035259
动物与古动物画册　李连叙等编绘
哈尔滨　黑龙江科学技术出版社　1984年　212页
19cm（32开）定价：CNY1.00
　　本画册按动物学的分类，用钢笔画的手法选绘一部分常见动物和重要的古动物。主要刻画了它们的生态形象和特点，同时配以简要的文字说明。

J0035260
杜滋龄写生作品选　杜滋龄著
天津　天津人民美术出版社　1984年　52页
26cm（16开）统一书号：8073.50319
定价：CNY3.50
　　作者杜滋龄（1941—　），教授。生于天津，毕业于中国美术学院中国画系研究生班。历任中国画学会副会长、中国艺术研究院博士生导师、南开大学教授、天津美术家协会副主席。代表作品《帕米尔初雪》《古老的歌》《大漠行》等。

J0035261
郭林速写　郭林绘
北京　人民美术出版社　1984年　17cm（40开）
定价：CNY0.21
　　郭林于1976年出生，三、四岁即开始学画，以画速写为主要的学习手段。他所画的速写，题材十分广泛，富有表现力。郭林的速写不仅可供欣赏，而且他的学画方法——即从速写入手，也许将为儿童学画提供一个成功的范例。

J0035262

冀晋秦蜀　叶浅予绘

长沙 湖南美术出版社 1984年 94幅 24cm（26开）

统一书号：8233.457 定价：CNY2.80

J0035263

素描图案大全　（快乐、有趣的图画）黄慧甄编

台北 武陵出版社 1984年 319页 有图

19cm（32开）定价：TWD90.00

J0035264

吴冠中素描选　吴冠中绘

成都 四川人民出版社 1984年 40页 22cm（16开）

统一书号：8118.1547 定价：CNY1.20

　　作者吴冠中（1919—2010），著名画家、美术教育家。江苏宜兴人，毕业于国立杭州艺术专科学校。中央工艺美术学院教授。代表作品《长江三峡》《鲁迅的故乡》《春雪》《长城》；油画代表作有《长江三峡》《北国风光》《小鸟天堂》《黄山松》《鲁迅的故乡》等；个人文集有《吴冠中谈艺集》《吴冠中散文选》《美丑缘》等。

J0035265

郑家镇写生集　郑家镇作；马健文编

香港 三联书店香港分店 1984年 87页 有图

23cm（10开）ISBN：962-04-0364-9

定价：HKD30.00

　　外文书名：Rivers and Mountains A Collection of Sketches by Cheng Kar Chun.

J0035266

傅抱石速写集　傅抱石绘

南京 江苏美术出版社 1985年 95页 27cm（25开）

统一书号：8353.6.032 定价：CNY4.00

J0035267

美术技法辅导材料　（1 素描 石膏胸像象）

张定钊画

上海 上海少年出版社 1985年 2张 107cm（全开）

定价：CNY2.20

J0035268

人体速写　林墉绘

广州 岭南美术出版社 1985年 137页 17×18cm

统一书号：8260.1411 定价：CNY2.90

　　本书作品无论是男、女人体，都分别以不同风格来表现人体之美，其中有林墉所著的《人体速写经验谈》一篇。作者林墉（1942—　），画家、国家一级美术师。广东潮州人，毕业于广州美术学院中国画系。中国美术家协会副主席、广东画院院长、美术家协会广东分会主席、暨南大学艺术中心主任。作品有《宋庆龄》《访问巴基斯坦组画》，出版有《林墉作品选》《林墉访问巴基斯坦选集》《人体速写》等。

J0035269

速写记游　傅周海绘

上海 上海人民美术出版社 1985年 106页

18cm（32开）统一书号：8081.14184

定价：CNY1.80

　　本书所收集的作品主要是不同风格的风景速写。

J0035270

速写纪游　傅周海等绘

上海 上海人民美术出版社 1985年 106页

19cm（小32开）统一书号：8081.14184

定价：CNY1.80

J0035271

泰山风景素描　周君言画

济南 山东美术出版社 1985年 50页 18cm（32开）

统一书号：8332.552 定价：CNY0.30

J0035272

辛莽素描选　辛莽绘

北京 人民美术出版社 1985年 12幅 26cm（16开）

统一书号：8027.9242 定价：CNY1.80

J0035273

新疆行　邵宇著

北京 人民美术出版社 1985年 151页 有图

29cm（10开）定价：CNY16.00

　　本书为中国现代速写画册。作者邵宇（1919—1992），速写、水彩画、连环画家。曾用名邵进德，辽宁丹东人。毕业于北平美术专科学校。代表作品有《土地》《上饶集中营》《首都速写》《选举》《早读》等。

J0035274

杨建侯素描选　杨建侯绘

上海　上海人民美术出版社　1985年　48页

有照片　18cm（32开）统一书号：8081.14570

定价：CNY0.90

J0035275

长江行　邵宇绘

北京　人民美术出版社　1985年　125页　有图

29cm（16开）统一书号：8027.9565

定价：CNY18.00

　　本书为中国现代速写画。

J0035276

赵士英舞台速写选　中国舞蹈杂志社编

北京　中国电影出版社　1985年　110页　20cm（32开）

统一书号：8061.2600　定价：CNY4.00

J0035277

中国高等美术学院素描集　（广州美术学院

分卷）郭绍纲编

长沙　湖南美术出版社　1985年　38cm（6开）

统一书号：8233.812　定价：CNY4.20

J0035278

中国高等美术学院素描集　（鲁迅美术学院

分卷）任梦璋主编

长沙　湖南美术出版社　1985年　38cm（6开）

统一书号：8233.811　定价：CNY4.20

　　主编任梦璋（1934—　　），画家，教授。河北

束鹿（现辛集市）人，毕业于中央美术学院。曾

任鲁迅美术学院教授、中国美术家协会会员、辽

宁美术家协会顾问。代表作品《平型关大捷》《攻

克锦州》《秋色》等。

J0035279

中国高等美术学院素描集　（四川美术学院

分卷）夏培耀主编

长沙　湖南美术出版社　1985年　38cm（6开）

统一书号：8233.814　定价：CNY4.20

J0035280

中国高等美术学院素描集　（天津美术学院

分卷）颜铁良主编

长沙　湖南美术出版社　1985年　35cm（15开）

统一书号：8033.929　定价：CNY2.70

J0035281

中国高等美术学院素描集　（西安美术学院

分卷）谌北新主编

长沙　湖南美术出版社　1985年　38cm（6开）

统一书号：8233.813　定价：CNY3.50

　　主编谌北新（1932—　　），画家、教授。生于

北京，祖籍江西南昌。毕业于中央美术学院绘画

系和中央美术学院油画训练班，被选送中央美术

学院马克西莫夫油画训练班深造。就职于西安

美术学院。著作有《谌北新油画风景习作辑》《谌

北新风景油画选》《谌北新油画作品》。

J0035282

中国高等美术学院素描集　（浙江美术学院

分卷）金山石主编

长沙　湖南美术出版社　1985年　38cm（6开）

统一书号：8233.810　定价：CNY4.20

　　主编金山石（1930—　　），画家、教授。浙江

宁波人。历任中国油画学会副主席、中国美术

家协会油画艺术委员会副主任、中国美术学院教

授、俄罗斯列宾美术学院荣誉教授等。代表作品

有《英勇不屈》《井冈山上》《娄山关》《重上井冈

山》《历史的潮流》等。

J0035283

中国高等美术学院素描集　（中央美术学院

分卷）靳尚谊主编

长沙　湖南美术出版社　1985年　38cm（6开）

统一书号：8233.809　定价：CNY4.20

J0035284

中国高等美术学院素描集　（中央美术学院

分卷）权正环主编

长沙　湖南美术出版社　1985年　33cm（5开）

统一书号：8233.815　定价：CNY2.70

J0035285

风景小品　朱仰慈著

西宁　青海人民出版社　1986年　55页　19cm（32开）

统一书号：8097.538　定价：CNY0.60

　　本书为中国现代风景写生画作品。

J0035286
甘肃采风 （画册）叶浅予速写
长沙 湖南美术出版社 1986 年 94 页 20cm（32 开）
统一书号：8233.965 定价：CNY2.90
　　本书收画家于 20 世纪 50 年代赴甘肃采风的速写专辑，共收集作品 94 幅。作者从各个角度记录了中国河西走廊一带的壮丽景色和风土人情。

J0035287
国外风情速写集　劳崇聘绘
北京 工人出版社 1986 年 88 页 20cm（32 开）
统一书号：8007.37 定价：CNY4.00

J0035288
韩黎坤画人体　韩黎坤绘
成都 四川美术出版社 1986 年 20cm（32 开）
统一书号：8303.760 定价：CNY3.60
　　外文书名：Sketches of Human Body of Han Likun. 作者韩黎坤（1938—　），画家。江苏苏州人，毕业于浙江美术学院版画系研究生班。历任浙江人民美术出版社美术编辑、浙江美术学院教授、中国美术学院版画系主任、学术委员会副主任、博士生导师，中国版画家协会常务理事等。代表作品有《夕照峥嵘》《韩黎坤画人体》，出版有《韩黎坤画人体》等。

J0035289
老山的英雄　（云南老山前线战地速写集）张永太绘
石家庄 河北美术出版社 1986 年 52 页 24cm（12 开）统一书号：887.1446 定价：CNY0.96
　　本书收入作者在云南老山前线战地的速写作品 52 幅。表现了中国军人浴血奋战的决心和献身精神，形象地记录了中越边境自卫反击战中中国军人血染的风采。作者张永太（1940—2014），画家。曾用名张焕瑾，笔名陆岩，字子瑜，别号潇河散人，山西榆次人，毕业于广州美术学院。历任中国艺术研究院创作员、调研员，中国美术家协会会员，中国连环画研究会理事，美术家协会山西分会理事。作品有《太行凯歌》《洪浪丹心》《爱民模范谢臣》等，连环画作有《阿妈尼》等。

J0035290
两访新疆　叶浅予绘
长沙 湖南美术出版社 1986 年 94 页 18cm（15 开）
统一书号：8233.808 定价：CNY2.90
　　本书为中国现代速写作品集。

J0035291
钱绍武人体素描选　钱绍武绘；漓江出版社编
桂林 漓江出版社 1986 年 99 页 26cm（16 开）
统一书号：8256.212 定价：CNY9.00（精装）
（人体美术丛书）
　　作者钱绍武（1928—　），雕刻家，书法家。江苏无锡人。毕业于中央美术学院，曾赴苏留学，历任中央美术学院雕塑系主任、国家教委艺术教育委员会委员、全国城市雕塑艺术委员会委员、中国国家画院雕塑院院长等职。擅长雕塑、绘画、书法。代表作品有《大路歌》《江丰头像》《李大钊纪念碑》出版《素描与随想》《素描人体选集》。

J0035292
钱绍武人体素描选　钱绍武绘；漓江出版社编
桂林 漓江出版社 1986 年 69 页 26cm（16 开）
统一书号：8256.212 定价：CNY6.00
（人体美术丛书）
　　选入中央美术学院教授、雕塑家钱绍武的 105 幅人体素描和速写。

J0035293
人体美　（人体素描 180）杨思陶，黄迪杞绘
福州 福建美术出版社 1986 年 178 页 20cm（32 开）
统一书号：8421.285 定价：CNY3.60
　　本书收入两位画家的人体素描、速写作品 180 幅。

J0035294
人体素描选　全山石，张奠宇编
杭州 浙江美术学院出版社 1986 年 67 页 26cm（16 开）统一书号：8440.014 定价：CNY1.70

J0035295
邵宇·速写·香港　邵宇著
香港 三联书店香港分店 1986 年 52 页 有图 20cm（32 开）ISBN：962-04-0416-5

定价: HKD30.00

外文书名: Shao Yu Sketches Hong Kong.

J0035296

沈柔坚速写 沈柔坚绘

杭州 浙江人民美术出版社 1986年 35页 20cm(32开) 统一书号: 8156.1070 定价: CNY0.80

　　本书选编作者作品40余幅。有反映战争年代解放区人民战士的生活和战斗情景的画卷,也有反映中华人民共和国成立后工农群众生活的画卷,还有大量的人物、山水风光速写。

J0035297

素描艺术 (第一期)

西安 陕西人民美术出版社 1986年 48页 26cm(16开) 定价: CNY1.40

J0035298

素描艺术 (第二期)

西安 陕西人民美术出版社 1987年 49页 26cm(16开) 统一书号: 8199.1266 定价: CNY1.55

J0035299

素描艺术 (第三期)

西安 陕西人民美术出版社 1989年 48页 26cm(16开) ISBN: 7-5368-0113-0 定价: CNY2.60

J0035300

素描艺术 (第一期)

西安 陕西人民美术出版社 1992年 2版 48页 26cm(16开) ISBN: 7-5368-0396-6 定价: CNY2.70

J0035301

素描艺术 (第四辑)《素描艺术》编辑部编

西安 陕西人民美术出版社 1998年 80页 29cm(16开) ISBN: 7-5368-1033-4 定价: CNY10.00

J0035302

速写选集 顾生岳等编

杭州 浙江美术学院出版社 1986年 86页 19cm(32开) 统一书号: CN8440.013 定价: CNY1.50

J0035303

速写艺术 (画册)聂干因编

武汉 湖北美术出版社 1986年 86页 25cm(16开) 定价: CNY2.60

　　作者聂干因(1936—　),画家,一级美术师。湖南涟源人。毕业于湖北艺术学院美术系。先后在湖北省戏曲学校、湖北省戏曲研究所、湖北省楚剧团从事戏曲美术教学与研究工作,任湖北省美术院专职画家、湖北美术家协会秘书长。作品有《醉酒图》《醉打》《远古神韵》等。出版有《聂干因画集》。

J0035304

万水千山途纪 (赵准旺长征路写生画选)赵准旺作

北京 解放军出版社 1986年 156页 25cm(16开) 精装 统一书号: 8185.8 定价: CNY38.00

J0035305

吴长江人体素描选 吴长江绘

成都 四川美术出版社 1986年 1册 20cm(32开) 统一书号: 8373.662 定价: CNY4.50

　　作者吴长江(1954—　),画家、教授。天津人,毕业于中央美术学院。中国人民大学艺术学院名誉院长、中央美术学院教授、中国西藏文化保护与发展协会常务理事、中国美术家协会会员、中国版画家协会会员。出版画集有《吴长江人体素描选》《吴长江画人体》《人体素描技法》等。

J0035306

赵宁安写生集 赵宁安著

北京 荣宝斋 1986年 87页 10cm(64开) 统一书号: 8030.1463 定价: CNY3.00

　　作者赵宁安(1945—　),画家、教授。山东济南人,毕业于中央美术学院研究生班。中央美术学院中国画系教授、硕士生导师,中国美术家协会会员。出版有《中国新兴版画五十年选集》《赵宁安写生集》《赵宁安白描写生选辑》《赵宁安画集》等。

J0035307

中国高等美术学院素描集 (湖北美术学院分卷)刘依闻主编

长沙 湖南美术出版社 1986年 34cm(10开)

统一书号：8233.93 定价：CNY2.70

　　本集遴选全国9所高等美术学院师生范作398幅。是《中国高等美术学院作品全集》的一个分集。主编刘依闻（1919—2018），油画家、美术教育家。湖北汉阳人，毕业于国立艺术专科学校油画专业，留校任教。历任湖北艺术学院、湖北美术学院教授、硕导及湖北美术院副院长，中国美术家协会会员、湖北美术家协会顾问及油画学会顾问。代表作品有油画《老妇》《画家与其妻》《丝绸之路》《母女俩》等，出版有《刘依闻油画集》《刘依闻素描像》。

J0035308

中华胜境　焦俊华编绘

天津　天津人民美术出版社 1986年 170页 24cm（26开）统一书号：8073.50383 定价：CNY2.20

　　本书为中国现代钢笔风景写生画。作者焦俊华（1932—　　），生于河北赵县。天津美术学院副教授、中国美术家协会会员、中国白洋淀诗书画院艺术顾问。代表作品《画中揽胜》《中国古塔》等。

J0035309

常觉圆速写集　常觉圆作

北京　朝花美术出版社 1987年 73页 26cm（16开）ISBN：7-5056-0002-8 定价：CNY9.70

J0035310

晨曦　（丁宁原速写作品）丁宁原绘

北京　人民美术出版社 1987年 4页 26cm（16开）定价：CNY0.40

（新美术画库 18）

　　作者丁宁原（1939—　　），山东青州人。毕业于山东艺术专科学校美术系。中国美术家协会会员、山东省美术家协会副主席、山东师范大学艺术系教授。主要作品有《重见光明》《出工》《胜似春光》《灵岩秋色》。出版《丁宁原速写作品》《丁宁原俄罗斯写生》等。

J0035311

动物画谱　方楚雄，林淑然编绘

广州　岭南美术出版社 1987年 132页 20cm（32开）定价：CNY2.00

J0035312

风景素描选　张雪父等绘

上海　上海人民美术出版社 1987年 48页 18cm（15开）统一书号：8081.15606 ISBN：7-5322-0026-4 定价：CNY1.30

J0035313

钢笔画世界风光　何云泉编绘

广州　岭南美术出版社 1987年 115页 有图 19cm（32开）定价：CNY2.95

　　作者何云泉（1946—　　），山水画家。生于浙江嘉兴。历任嘉兴画院艺术顾问、嘉兴市政协书画会副会长。出版画册有《世界风光》《中国名胜图》《鸳鸯湖棹歌书画双璧》《乌镇揽胜图》等。

J0035314

广州美术学院学生素描百图　广州美术学院编

广州　岭南美术出版社 1987年 89页 26cm（16开）定价：CNY3.95

　　本书收入89幅图。选登广州美术学院各系学生的部分素描作品，所收习作选自不同专业、年级，作品展现了广州美术学院近年素描教学的大致面貌。

J0035315

花卉写生　王有宗编绘

天津　天津杨柳青画社 1987年 93页 18cm（15开）ISBN：7-80503-001-4 定价：CNY1.00

J0035316

李世南速写艺术　（人物 风景）李世南绘

天津　天津杨柳青画社 1987年 239页 25×26cm（12开）ISBN：7-80503-053-7 定价：CNY7.90

　　作者李世南（1940—　　），画家。生于上海，祖籍浙江绍兴。历任中国美术家协会会员、国家一级美术师、中国国家画院特聘研究员、陕西国画院名誉院长、深圳书院专业画家。代表作《开采光明的人》《长安的思念》《南京大屠杀48周年祭》等。

J0035317

林墉速写　林墉编绘

天津　天津杨柳青画社 1987年 ［140］页

26cm（16 开）ISBN：7-80503-004-9
定价：CNY3.00

　　作者林墉（1942—　　），画家、国家一级美术师。广东潮州人，毕业于广州美术学院中国画系。中国美术家协会副主席、广东画院院长、美术家协会广东分会主席、暨南大学艺术中心主任。作品有《宋庆龄》《访问巴基斯坦组画》，出版有《林墉作品选》《林墉访问巴基斯坦选集》《人体速写》等。

J0035318

刘继卣动物画手稿　刘继卣绘
天津 天津杨柳青画社 1987 年 92 页 20cm（24 开）
统一书号：7174.045 ISBN：7-80503-002-2
定价：CNY1.32

　　作者刘继卣（1918—1983），画家。天津人。就读于天津市立美术馆西画系。曾任职于文化部艺术局、人民美术出版社，任中国美术家协会理事、北京市工笔人物画研究会副会长、北京市花鸟画研究会副会长。代表作品有《大闹天宫》《雄狮图》《孔雀开屏》《鸡毛信》等。

J0035319

美术画典　（儿童服装）冬苏，夏鸣编绘
天津 天津人民美术出版社 1987 年 222 页
19cm（32 开）ISBN：7-5305-0082-1
定价：CNY2.50

J0035320

美术画典　（乐器）薛世等编绘
天津 天津人民美术出版社 1987 年 162 页
19cm（32 开）ISBN：7-5305-0087-2
定价：CNY2.10

J0035321

美术画典　（外国建筑）胡杨等编绘
天津 天津人民美术出版社 1987 年 198 页
19cm（32 开）ISBN：7-5305-0080-5
定价：CNY2.30

J0035322

美术画典　（外国民族服装）胡杨等编绘
天津 天津人民美术出版社 1987 年 232 页
18cm（15 开）统一书号：8073.50432
ISBN：7-5305-0086-4 定价：CNY2.60

J0035323

美术画典　（西方家具）姚方等编绘
天津 天津人民美术出版社 1987 年 200 页
19cm（32 开）ISBN：7-5305-0085-6
定价：CNY2.40

J0035324

美术画典　（昆虫·爬虫·两栖类动物）王瑛等编绘
天津 天津人民美术出版社 1987 年 168 页
19cm（32 开）ISBN：7-5305-0081-3
定价：CNY2.10

J0035325

美术画典　（兽）燕夫等编绘
天津 天津人民美术出版社 1987 年 163 页
19cm（32 开）ISBN：7-5305-0078-3
定价：CNY2.10

J0035326

美术画典　（鱼）章亦等编绘
天津 天津人民美术出版社 1987 年 156 页
19cm（32 开）ISBN：7-5305-0079-1
定价：CNY2.00

J0035327

美术画典　（中国民族服装）王子等编绘
天津 天津人民美术出版社 1987 年 156 页
19cm（32 开）ISBN：7-5305-0083-X
定价：CNY2.00

J0035328

名人形象　湘渭等图；马旌文
西安 陕西人民美术出版社 1987 年 251 页
13×18cm 统一书号：8199.1356 定价：CNY1.55

J0035329

名山大川速写集　范保文绘
南京 江苏美术出版社 1987 年 ［135］页
19×17cm 定价：CNY2.30

　　作者范保文（1935—　　），教授。江苏宜兴人，毕业于南京师范学院。历任南京师范大学美术系副教授、中国美术家协会会员、江苏省水彩画协会常务理事。作品有《山魂图》《一桥飞架南北天堑变通途》，编辑有《毛泽东诗词书画精品

典藏》。

J0035330

人体百姿 龙力游等绘

郑州 河南美术出版社 1987 年 84 页 25cm（16 开）

定价：CNY3.56

J0035331

人体素描 （第一集）龙力游等绘

成都 四川美术出版社 1987 年 38cm（6 开）

定价：CNY3.80

J0035332

人体素描 （第二集）龙力游等绘

成都 四川美术出版社 1987 年 38cm（6 开）

定价：CNY3.80

J0035333

人体素描 （第三集）龙力游等绘

成都 四川美术出版社 1987 年 38cm（6 开）

定价：CNY3.80

J0035334

人体素描 （第四集）龙力游等绘

成都 四川美术出版社 1987 年 38cm（6 开）

ISBN：7-5410-0095-7 定价：CNY3.80

J0035335

人体素描 （第五集）

成都 四川美术出版社 1989 年 40 幅 38cm（6 开）

ISBN：7-5410-0397-4 定价：CNY6.00

J0035336

人体素描 视觉美学社主编

台北 武陵出版社 1987 年 187 页 有图 21cm（32 开）定价：TWD100.00

（艺术丛书）

J0035337

人体素描选 王广义等绘

天津 天津人民美术出版社 1987 年 38×26cm

统一书号：8073.70068 ISBN：7-5305-0039-2

定价：CNY2.50

J0035338

人体线条素描 吴献生著

济南 山东美术出版社 1987 年 78 页 有图版 26cm（16 开）ISBN：7-5330-0032-3

定价：CNY2.30

　　本书分 4 部分：关于素描的概念、素描工具的选择、线条素描的理论的探讨、线条素描的运用。

J0035339

人体艺术 刘巨德等绘

合肥 安徽美术出版社 1987 年 93 页 25cm（小 16 开）统一书号：8381.412

定价：CNY3.50

　　作者刘巨德（1946— ），蒙古族，画家、美术理论家。内蒙古商都人，硕士毕业于中央工艺美术学院。清华大学美术学院绘画系教授、副院长、博士生导师、学术委员会主席，清华大学吴冠中艺术研究中心主任，中国美术家协会理事，北京市美术家协会理事。代表作品有《鱼》《面对形象》《图形想象》《刘巨德素描集》等。

J0035340

人像素描选 朱加等绘

天津 天津人民美术出版社 1987 年 38×26cm

统一书号：8073.70067 ISBN：7-5305-0041-4

定价：CNY2.50

J0035341

山南海北 （风景写生画）李夜冰绘

太原 山西人民出版社 1987 年 140 页 20cm（32 开）统一书号：8088.2352 定价：CNY3.10

　　本书选录 140 幅图，作品在画法风格上大体归为两类：一类是基于西方画法略施明暗的铅笔速写；一类是脱胎于国画传统的水笔钩描，有少数硬笔白描花木写生。

J0035342

石膏素描选 韩恩甫等绘

天津 天津人民美术出版社 1987 年 38×26cm

统一书号：8073.70069 ISBN：7-5305-0040-6

定价：CNY2.50

J0035343

世界风光 200 图 张良，玉华编选绘制

北京 中国连环画出版社 1987 年 200 页 有图
19cm（32 开）ISBN：7-5061-0008-8
定价：CNY2.60

J0035344
体育速写　冯向杰编
西安 陕西人民美术出版社 1987 年 19cm（32 开）
定价：CNY1.80
　　作者冯向杰（1941— ），画家、国家一级美术师。自号桑泉道人，山西临猗人。北京新体育杂志社副编审，中国美术家协会会员，中国体育美术促进会常务理事。代表作品有《相扑为戏》《黄水谣》《盘古开天》等。

J0035345
天南海北　（朱松发写生集）朱松发绘
南京 江苏美术出版社 1987 年 111 页
19×17cm（32 开）统一书号：8353.6.067
定价：CNY2.90
　　作者朱松发（1942— ），国家一级美术师。祖籍安徽怀宁县，就读于安徽艺术学院和浙江美术学院，任职于安徽省书画院。代表作品有《囚歌》《巢湖渔歌》《梅花》等。

J0035346
外国建筑白描图选　万夫，卓廷编绘
桂林 漓江出版社 1987 年 220 页 19cm（32 开）
定价：CNY4.70

J0035347
吴长江画人体　吴长江绘
成都 四川美术出版社 1987 年 1 册（76 幅）
21cm（32 开）ISBN：7-5410-0042-6
定价：CNY3.60
　　作者吴长江（1954— ），画家、教授。天津人，毕业于中央美术学院。中国人民大学艺术学院名誉院长、中央美术学院教授、中国西藏文化保护与发展协会常务理事、中国美术家协会会员、中国版画家协会会员。出版画集有《吴长江人体素描选》《吴长江画人体》《人体素描技法》等。

J0035348
肖惠祥画人体　肖惠祥绘
成都 四川美术出版社 1987 年 1 册 20cm（32 开）

定价：CNY4.20

J0035349
肖惠祥人物线描　肖惠祥绘
成都 四川美术出版社 1987 年 1 册 有肖像
20×18cm（24 开）定价：CNY6.00

J0035350
写生牡丹画谱　周俊鹤编绘
天津 天津杨柳青画社 1987 年 84 页 19×26cm
ISBN：7-80503-001-4 定价：CNY1.94
　　作者周俊鹤，天津著名花鸟画家。

J0035351
张鸿奎川剧人物画　张鸿奎绘
成都 四川民族出版社 1987 年 10 张 13cm（60 开）
定价：CNY0.90

J0035352
张克让速写　张克让绘
北京 工人出版社 1987 年 69 页 20cm（32 开）
ISBN：7-5008-0002-9 定价：CNY3.50
　　作者张克让（1937— ），画家、邮票设计家。生于河北石家庄，祖籍辽宁。毕业于鲁迅美院版画系。在国家邮电部邮票发行局设计室从事邮票美术设计工作。代表作品《百鸟归林》等。

J0035353
中国线描　（现代人体作品选）何纬仁编
南宁 广西人民出版社 1987 年 192 页 19cm（32 开）
统一书号：8113.1296 ISBN：7-219-00297-1
定价：CNY4.40

J0035354
中国线描现代人体画选　何纬仁编
南宁 广西人民出版社 1987 年 192 页 19cm（32 开）
ISBN：7-219-00297-1 定价：CNY4.40

J0035355
中国之塔　焦俊华绘
太原 山西人民出版社 1987 年 100 页 20cm（24 开）
ISBN：7-203-00222-X 定价：CNY1.68
　　作者焦俊华（1932— ），生于河北赵县。天津美术学院副教授、中国美术家协会会员、中国白洋淀诗书画院艺术顾问。代表作品《画中揽胜》

《中国古塔》等。

J0035356
自然美 （保彬装饰速写集）保彬绘
北京 轻工业出版社 1987年 202页 18cm（15开）
ISBN：7-5019-0144-9
定价：CNY3.50，CNY5.00（精装）
　　作者保彬（1936— ），蒙古族，国画家。江
苏南通人。毕业于南京艺术学院美术系并留校
任教。南京艺术学院院长、中国美术家协会会员、
江苏美术家协会理事等。主要作品有《鹤寿图》
《华夏魂》《嫦娥奔月》等。专著有《纵横挥洒》《保
彬画集》《黄山奇松》。

J0035357
巴黎岁月 （徐悲鸿早年素描）徐悲鸿绘
台北 艺术图书公司 1988年 111页 有图
30cm（15开）定价：TWD380.00
（素描技艺术丛书）

J0035358
曹力速写集 曹力绘
成都 四川美术出版社 1988年 21cm（32开）
ISBN：7-5410-0058-2 定价：CNY2.30
（当代画家画速写）
　　作者曹力（1954— ），画家，教师。江苏南
京人。毕业于中央美术学院，并留校任壁画系教
师。代表作品有《小城印象》《牧童》《牧牛图》
《童声合唱》《马》等。

J0035359
陈文骥画人体 陈文骥绘
成都 四川美术出版社 1988年 19cm（32开）
定价：CNY3.00
（当代画家画人体丛书）
　　本书为中国现代人物画速写作品。作者陈
文骥（1954— ），教授。上海人，毕业于中央美
术学院版画系。任中央美术学院民间美术系教
师。作品有《蓝色的天空，灰色的环境》《光既逝》
《椅子，炉子》等。出版有《陈文骥人体》等。

J0035360
江成速写 邵江成绘
西安 陕西人民美术出版社 1988年 19cm（32开）
ISBN：7-5368-0130-0 定价：CNY2.30

J0035361
李世南速写艺术 （人物 风景）李世南绘
天津 天津杨柳青画社 1988年 239页 25×26cm
定价：CNY7.90
　　本书收入作者速写人物和风景作品239幅。
作者的速写可当写意画看，继承传统绘画优点，
有大海的辽阔、山川的秀美、佛国的缥缈、黄土
地的深沉。每一幅速写都在努力寻求一种更为
相宜的表现手法。

J0035362
李燕动物速写 李燕绘
西安 陕西人民美术出版社 1988年 66页
19cm（32开）ISBN：7-5368-0029-0
定价：CNY1.25

J0035363
美的速写 学明等编绘
南宁 广西民族出版社 1988年 120页 19cm（32开）
ISBN：7-5363-0181-2 定价：CNY3.80
（外国现代实用美术丛书）
　　本书为世界人物服饰速写作品。

J0035364
女人体速写 张月明著
长沙 湖南美术出版社 1988年 76页
19cm（小32开）定价：CNY2.40

J0035365
禽鸟速写 李燕生画
成都 四川美术出版社 1988年 89页 21cm（32开）
ISBN：7-5410-0122-8 定价：CNY2.50

J0035366
全山石素描选 ［全山石绘］
成都 四川美术出版社 1988年 47页 38cm（6开）
ISBN：7-5410-0096-5 定价：CNY6.10
　　外文书名：Selection of Sketches by Quan
Shanshi. 作者全山石（1930— ），画家，教授。浙
江宁波人，毕业于中央美术学院华东分院。历任
中国油画学会副主席、中国美术家协会油画艺术
委员会副主任、中国美术学院教授、俄罗斯列宾
美术学院荣誉教授等。代表作有收藏在中国革
命博物馆的《英勇不屈》《井冈山上》《娄山关》
《重上井冈山》《历史的潮流》等。

J0035367
素描头像范画　　吕树中编著
成都　四川美术出版社　1988 年　52 幅　37cm（9 开）
ISBN：7-5410-0117-1　定价：CNY7.80

J0035368
素描选集　（中央美术学院中青年教师素描首届展览）中央美术学院青年艺术研究会编
合肥　安徽美术出版社　1988 年　89 页　25cm（16 开）
ISBN：7-5398-0050-X　定价：CNY12.00
　　本书选编"中央美术学院中青年教师首届素描大展"中不同画种、不同观念，表现手法也各异的古典的、现代的作品 142 幅。内容包括：人体、肖像、石膏像、静物、风景等。

J0035369
吴冠中速写集　　吴冠中绘
成都　四川美术出版社　1988 年　60 页　21cm（32 开）
ISBN：7-5410-0132-5　定价：CNY2.20
（当代画家画速写）
　　作者吴冠中（1919—2010），著名画家、美术教育家。江苏宜兴人，毕业于国立杭州艺术专科学校。中央工艺美术学院教授。代表作品《长江三峡》《鲁迅的故乡》《春雪》《长城》；油画代表作有《长江三峡》《北国风光》《小鸟天堂》《黄山松》《鲁迅的故乡》等；个人文集有《吴冠中谈艺集》《吴冠中散文选》《美丑缘》等。

J0035370
吴宪生画人体　　吴宪生绘
成都　四川美术出版社　1988 年　1 册　21cm（32 开）
ISBN：7-5410-0121-X　定价：CNY1.30
（当代画家画人体丛书）
　　作者吴宪生（1954—　　），画家。安徽宁国人，就读于中国美术学院，后留校任教。历任中国美术学院成教学院院长，中国画系硕士导师、教授，中国美术家协会会员，浙江省美术家协会理事，浙江画院特聘画家。代表作品《思》《水墨人物画》，著作有《人体线条素描》《吴宪生水墨人体画选》《素描教学新论》。

J0035371
吴宪生人体素描　　吴宪生著
杭州　浙江美术学院出版社　1988 年　62 页
26cm（16 开）　ISBN：7-81019-027-X

定价：CNY4.60

J0035372
新疆速写　　潘丁丁绘
上海　上海人民美术出版社　1988 年　63 页
19cm（32 开）　ISBN：7-5322-0083-3
定价：CNY1.70
　　作者潘丁丁（1936—1999），画师。广东南海人。毕业于西安美院油画系，后在中央美术学院铜版画工作室进修。擅长水粉画、中国画。历任新疆军区创作组美术创作员、新疆画院一级画师。作品有《走亲戚》《沙路》等。出版有《潘丁丁画册》《潘丁丁新疆速写集》《龟兹线描集》《丝路华彩画集》。

J0035373
杨初速写集　　杨初绘
香港　云峰画院中国书画精品推广中心　1988 年
1 册　有画　28cm（16 开）

J0035374
迎春速写集　　王迎春绘
成都　四川美术出版社　1988 年　19cm（32 开）
ISBN：7-5410-0091-4　定价：CNY2.50
（当代画家画速写丛书）

J0035375
朱帆舞台速写集　　朱帆绘
天津　天津杨柳青画社　1988 年　48 页　19cm（32 开）
ISBN：7-80503-067-7　定价：CNY2.10
　　作者朱帆（1931—2006），原名朱铁民，天津日报主任编辑、天津美术家协会理事、中国美术家协会会员。出版有《朱帆舞台写生集》等。

J0035376
朱振庚速写集　　朱振庚绘
成都　四川美术出版社　1988 年　19cm（32 开）
定价：CNY2.50
（当代画家画速写丛书）
　　作者朱振庚（1939—2012），画家、教授。生于江苏徐州，祖籍天津。毕业于中央美术学院中国画系研究生班。历任中国美术家协会会员、湖北省美术家协会中国画艺委会副主任、华中师范大学美术系教授、湖北美术家协会中国画艺委员会副主任。出版有《朱振庚刻纸艺术》《朱振庚速写集》等。

J0035377
曹大士速写集　　曹大士绘
北京　对外贸易教育出版社　1989 年　25×26cm
ISBN：7-81000-391-7　定价：CNY6.50

J0035378
动物图画资料　　沈金荣编绘
上海　上海人民美术出版社　1989 年　140 页
19cm（32 开）ISBN：7-5322-0497-9
定价：CNY2.30

J0035379
杜海涛舞蹈人物速写　　杜海涛绘
西安　陕西人民美术出版社　1989 年　68 页
17cm（40 开）ISBN：7-5368-0178-5
定价：CNY2.50

J0035380
钢笔风景画帖　　周君言绘
济南　山东美术出版社　1989 年　62 页 26cm（16 开）
ISBN：7-5330-0166-4　定价：CNY2.00

J0035381
古建筑写生与透视画选　　冯建逵绘
天津　天津大学出版社　1989 年　48 页 26cm（16 开）
定价：CNY5.86

J0035382
黄欢人物写生集　　黄欢绘
成都　四川美术出版社　1989 年　18cm（28 开）
ISBN：7-5410-0308-5　定价：CNY3.00
　　作者黄欢（1977—　），女，满族，儿童画画
家。历任北京服装学院造型艺术系副教授、硕
士研究生导师，中国中央美术学院美术学博士，
国际美学协会会员，国际青年艺术家协会理事，
中国女画家协会会员。代表作品有《并非衰落
的末世百年——清代中后期的"文士"人物画》
《从直觉到理性——青少年艺术发展中的转型教
育》等。

J0035383
人体动态设计　　陈映华绘
北京　民族出版社　1989 年　42 页 17cm（35 开）

ISBN：7-105-00502-5　定价：CNY1.60

J0035384
尚扬画肖像　　尚扬绘
成都　四川美术出版社　1989 年　21×19cm
ISBN：7-5410-0288-7　定价：CNY3.50
（当代画家肖像画选）
　　作者尚扬（1936—　），画家。四川开县人，
毕业于湖北艺术学院美术系研究生。历任湖北
人民出版社美术编辑，湖北美术学院教授、副院
长，华南师范大学美术研究所所长，首都师范大
学美术系教授、硕士研究生导师，中国油画学会
副主席，中国美术家协会理事，中国美术家协会
油画艺术委员会会员等。代表作品《黄河船夫》
《爷爷的河》《二十八宿图》。

J0035385
时髦淑女素描　　周琦编
台北　欣大出版社　1989 年　157 页　有插图
19cm（32 开）定价：TWD60.00
（淑女丛书 55）

J0035386
速写　（中国大地画会作品选）海潮出版社编辑
广东　海潮出版社　1989 年　123 页　20cm（32 开）
定价：CNY4.50

J0035387
吴卫鸣速写集　　江连浩撰文；吴卫鸣摄
澳门　澳门文化学会　1989 年　64 页　有图
26cm（16 开）精装　ISBN：972-35-0071-X
定价：HKD148.00
　　外文书名：Ung va-meng Desenhos Drawings.

J0035388
香港史画　（江启明香港写生画集）江启明著
香港　香港浸会学院校外进修部　1989 年　192 页
有图　21×29cm（16 开）ISBN：962-7247-03-0
定价：HKD120.00
　　外文书名：Painting of Hong Kong Historic
Landmarks.

J0035389
雨屋速写集　　雨屋绘
成都　四川美术出版社　1989 年　21cm（32 开）

ISBN: 7-5410-0090-6 定价: CNY3.80
（当代画家画速写）

J0035390
中国西部速写　刘克宁等绘
西宁 青海人民出版社 1989年 19cm（32开）
定价: CNY1.20

　　本书收集大西北艺术家的速写作品84幅。既有人物，也有风景；有汉、藏、维吾尔、哈萨克族等各民族人物；既有写实，也有变形。技法上各有新的追求。反映中国西部的风土人情，有较强的地域与民族特色。

J0035391
百塔图　冯联承绘
北京 北京体育学院出版社 1990年 96页
有肖像 26cm（16开） ISBN: 7-81003-359-X
定价: CNY4.50

　　本书为中国现代佛塔素描画册。作者冯联承（1948— ），画家。生于河北唐山市，笔名冯界桥、冯上，曾用名冯连城，字光先，号壁卿。肄业于海军第一航空兵学校。曾任亚太国际文化艺术交流促进会秘书长、中国龙文化艺术研究会主席、中国美术家协会河北省分会会员、河北省雕塑家协会会员、工艺美术高级工程师。主要作品有《百塔图》《冯联承书法集》《中国当代印坛大观》等。

J0035392
陈向迅陈平速写集　陈向迅，陈平绘
成都 四川美术出版社 1990年 20cm（32开）
ISBN: 7-5410-0349-2 定价: CNY3.50
（当代画家画速写）

　　作者陈向迅（1956— ），画家。出生于浙江杭州。硕士毕业于中国美术学院。中国美术家协会会员，中国美术学院中国画系教授、系主任、博士生导师。代表作品有《兰江记忆》《家家唱晚》《水墨构成》。作者陈平（1960— ），画家。出生于北京，毕业于中央美术学院。中央美术学院国画系任教。

J0035393
丁锐香港速写集　丁锐绘
广州 岭南美术出版社 1990年 19cm（32开）
ISBN: 7-5362-0473-6 定价: CNY6.90

中国现代速写作品集画册。

J0035394
动物速写　许勇著
哈尔滨 黑龙江美术出版社 1990年 64页
26cm（16开） ISBN: 7-5318-0076-4
定价: CNY5.80

　　本书作者用简洁的笔触，流畅的线条，勾勒出了马、牛、驴、狗等动物在大自然中的千姿百态。共收图200幅。作者许勇（1933— ），画家。别名许涌。生于山东青岛，毕业于东北美术专科学校并留校任教。历任鲁迅美术学院教授、研究生导师，中国美术家协会会员，中国连环画研究会常务理事，中国当代工笔画学会理事，雪庐画会副会长。代表作品有《金田起义》《郑成功收复台湾》《戚继光平倭图》等。出版有《许勇画马》。

J0035395
儿童趣味立体简笔画　史绍纶等编著
沈阳 辽宁教育出版社 1990年 172页 19×26cm
ISBN: 7-5437-0803-5 定价: CNY3.90

　　本书为辽宁教育出版社与东北朝鲜民族教育出版社合作出版。

J0035396
工程素描　明方成著
重庆 重庆大学出版社 1990年 136页 有插图
19cm（小32开） 定价: CNY2.03

J0035397
海陆空大战儿童简笔画　（海）杜建国，魏天定绘；庄大伟编
上海 上海人民美术出版社 1990年 26cm（16开）
ISBN: 7-5322-0719-6 定价: CNY1.15

　　作者杜建国（1941— ），广东澄海人。笔名常开、一览等。中国美术家协会会员、中国动画学会会员、上海美术家协会漫画艺术委员会委员。上海少年报编辑。主要作品有《小兔非非》《象哥哥》《小熊和小小熊》等。编者庄大伟（1951— ），儿童文学作家，学者。毕业于上海电视大学中文专业。代表作品有《庄大伟幽默故事集》《庄大伟童话精选》《第一线上》等。

J0035398
海陆空大战儿童简笔画　（空）杜建国，魏天

定绘；庄大伟编
上海　上海人民美术出版社　1990年　26cm（16开）
ISBN：7-5322-0721-8　定价：CNY1.15

J0035399
海陆空大战儿童简笔画　（陆）杜建国，魏天
定绘；庄大伟编
上海　上海人民美术出版社　1990年　26cm（16开）
ISBN：7-5322-0720-X　定价：CNY1.15

J0035400
贾涤非素描集　贾涤非绘
长春　吉林美术出版社　1990年　105页
21×19cm（20开）ISBN：7-5386-0196-1
定价：CNY6.80
　　作者贾涤非（1957—　），教师。吉林人，毕业于鲁迅美术学院油画系。历任吉林省艺术学院副教授、中国美术家协会会员。代表作品有《十月》《阳光·温泉》《收获季节》等，出版有《贾涤非素描集》。

J0035401
俊林速写　俊林绘
石家庄　河北美术出版社　1990年　87页
19cm（32开）ISBN：7-5310-0379-1
定价：CNY5.20

J0035402
李丰田新闻速写集　李丰田绘
北京　人民美术出版社　1990年　110页
18×17cm（28开）ISBN：7-102-00861-9
定价：CNY8.60
　　外文书名：Li Fengtian's News Sketch. 作者李丰田（1939—　），画家。山西平定人。历任中国美术家协会会员、河北日报主任编辑、山西省美协副秘书长。代表作品有《南滚龙沟》《迎亲图》《山村小店》等，出版有《李丰田速写集》《李丰田画集》《西洋绘画名作选集》等。

J0035403
刘文西访日写生　刘文西绘
西安　陕西人民美术出版社　1990年　74页
26cm（16开）ISBN：7-5368-0252-8
定价：CNY8.50
　　本书选编作者1981年5、6月间访问日本时

作的写生画。反映了日本的民俗、风情以及画家访日的感受。

J0035404
山河揽胜集　（钢笔山水画稿）吴玉琳绘
石家庄　河北美术出版社　1990年　88页
26cm（16开）ISBN：7-5310-0350-3
定价：CNY6.30

J0035405
山水速写　阿山，锦声绘
天津　天津杨柳青画社　1990年　100页 21×19cm
ISBN：7-80503-121-5　定价：CNY3.70
　　这本速写是国画家阿山，锦声近年在长江三峡、大宁河小三峡、峨眉山、青城山等名山大川的写生新作。

J0035406
少年贤道人物写生
合肥　安徽美术出版社　1990年　32页　26cm（16开）
ISBN：7-5398-0144-1　定价：CNY3.80

J0035407
世界新式战车艺术图片　张国夫绘
北京　兵器工业出版社　1990年　10张 13cm（64开）
定价：CNY2.50

J0035408
素描人物范画　王尚文制作
石家庄　河北美术出版社　1990年　32页
25×25cm　ISBN：7-5310-0381-3　定价：CNY4.30
　　本画册选收32幅图。

J0035409
素描选　何思广等绘
上海　上海人民美术出版社　1990年　44页
37cm（8开）ISBN：7-5322-0803-6
定价：CNY7.20

J0035410
素描引导　谢开基等绘
南宁　广西民族出版社　1990年　100页 19cm（32开）
ISBN：7-5363-0892-2　定价：CNY5.85
（现代实用美术丛书）

J0035411

西南游踪速写　陆本瑞绘

重庆　重庆出版社　1990 年　114 页　有照片
19cm（32 开）ISBN：7-5366-0958-2
定价：CNY6.80

　　本书为中国现代速写风景画画册。作者陆
本瑞（1929—　　），别名洛山，浙江舟山人，毕业
于上海美术专科学校。历任中国出版科学研究
所常务副所长、编审，中国出版工作者协会理
事，中国美术家协会会员。出版有《西南游踪速
写》《异国风光速写》《神州风光速写》等。

J0035412

现代幻象画　（许德民幻象诗画集）许德民绘

上海　复旦大学出版社　1990 年　153 页　有照片
19cm（32 开）精装　ISBN：7-309-00532-5
定价：CNY13.50

　　本书为中国现代钢笔画画册。外文书名：
Modern Drawings of Vision. 作者许德民（1953—　　），
抽象艺术家、国家一级美术师。上海人。历任复
旦大学中文系特聘教授、上海青年美术协会会
员。著作有《中国抽象艺术学》《抽象艺术文化
论》《抽象诗》等。

J0035413

香江史趣　（第一集　港岛与离岛）江启明绘

香港　睿智顾问管理公司　1990 年　107 页　有图
21cm（32 开）ISBN：962-7385-01-8
定价：HKD95.00

　　本书为香港现代素描画册。外文书名：His-
torical Anecdotes of Hong Kong.

J0035414

杨刚速写　杨刚绘

北京　今日中国出版社　1990 年　20cm（32 开）
定价：CNY6.50

J0035415

一诗一画钢笔书法名家作品集锦　王燕民
绘；王立志等书

北京　北京体育学院出版社　1990 年　141 页
19cm（32 开）ISBN：7-81003-479-0
定价：CNY5.30

J0035416

永不回来的风景　黄永玉绘；黄昌荣等著

长沙　湖南美术出版社　1990 年　66 页　19cm（32 开）
ISBN：7-5356-0394-7　定价：CNY6.50

　　本画册分两个部分，其中一部分是黄永玉画
的凤凰故事 24 幅；另一部分是黄永玉及其孩提
时代亲朋好友写得对故乡景物印象的描绘性散
文 16 篇。

J0035417

撷拾集　张启明绘

太原　山西人民出版社　1990 年　100 页　有肖像
19cm（32 开）ISBN：7-203-01695-1
定价：CNY4.30

　　本书为中国现代速写画册。

J0035418

中国戏曲速写　高马得绘；陈汝勤编

北京　人民美术出版社　1990 年　234 页　19×17cm
ISBN：7-102-00512-1　定价：CNY14.50

　　作者高马得（1917—2007），国画家。江苏南
京人，毕业于天津河北省立水产专科学校。江苏
省国画院一级美术师、中国美术家协会会员、江
苏分会理事。代表作品《画戏话戏》《画碟余墨》
《马得水墨小品》等。

J0035419

中外名胜画中游　（多功能建筑钢笔画）王肖
生等编

北京　金盾出版社　1990 年　79 页　20cm（32 开）
定价：CNY1.90

J0035420

周建夫人体素描　周建夫绘

长沙　湖南美术出版社　1990 年　30cm（10 开）
定价：CNY8.60

　　本书收入画家近年来人体素描精品 60
幅。书前载有画家对素描认识的阐述，中央美
术学院院长靳尚谊为其写了前言。作者周建夫
（1937—　　），教授、画家。山西阳高人，毕业于
中央美术学院。历任《北京周报》美术编辑，中
央美术学院教授、教务处长，中国美术家协会会
员。作品有《凉山道》《山西对面是陕西》，出版
有《木刻技法分析》《周建夫人体素描》等。

J0035421

曹英义速写选　曹英义绘

南京 江苏美术出版社 1991年 72页 有照片
19cm（32开）ISBN：7-5344-0196-8
定价：CNY3.50

J0035422

陈钰铭速写集　陈钰铭绘

北京 长城出版社［1991年］126页 18×17cm
ISBN：7-80017-121-3 定价：CNY4.50

　　本书收入了陈钰铭创作的人物速写精品100
余幅。作者陈钰铭（1959—　），河南洛阳人，中
国美术家协会会员。

J0035423

丁中一西部写生画集　丁中一绘

开封 河南大学出版社 1991年 109幅 25cm（15开）
ISBN：7-81018-572-1 定价：CNY6.80

　　作者丁中一（1937—　），国画家。上海人，
毕业于中国美术学院中国画系。历任河南艺术
学院美术系硕士生导师、中国美术学院成人教育
分院特聘教授、河南中国人物画艺委会顾问、河
南中国山水画艺委会顾问、中国美术家协会会
员。代表作品《八大山人》《素描技法论系》《丁
中一西部写生画集》等。

J0035424

冯明速写　冯明著

长春 时代文艺出版社 1991年 92页 17×18cm
ISBN：7-5387-0382-9 定价：CNY4.40

　　作者冯明（1960—　），美术编辑。吉林长春
人。吉林《城市晚报》美术编辑、中国美术家协
会吉林分会会员。

J0035425

钢笔手绘世界风光图案集锦　陈新生编绘

南宁 广西美术出版社 1991年 137页 18×19cm
ISBN：7-80582-264-6 定价：CNY4.80

J0035426

郭绍纲素描选集　郭绍纲绘

广州 岭南美术出版社 1991年 重印本 116页
有照片 26cm（16开）ISBN：7-5362-0665-8
定价：CNY7.50

　　本书系郭绍纲绘中国现代素描画册。作者

郭绍纲（1932—　），画家、艺术教育家。曾用名
享邑。北京昌平人，毕业于中央美术学院，曾至
苏联列宾美术学院学习油画。历任武汉中南美
术专科学校教师、广州美术学院院长、教授。代
表作《锻工像》《红帽姑娘》《牡丹盛开》等。

J0035427

黑白写生与创作　常志明著

南京 南京出版社 1991年 124页 19×17cm
ISBN：7-80560-535-1 定价：CNY3.80

　　作者常志明，江苏版画作者，于江苏新华日
报社从事美术工作。

J0035428

黄格胜速写集　黄格胜绘；唐石生编

南宁 广西美术出版社 1991年 27×24cm
ISBN：7-80582-203-4 定价：CNY7.00

　　作者黄格胜（1950—　），壮族，广西武宣人。
毕业于广西艺术学院美术系研究生班。历任广西
书画院副院长、广西民族书画院院长、广西艺
术学院副院长、广西美术家协会副主席。代表作品
有《漓江百里图》《侗乡月》《我的中国心》等。

J0035429

李延声毛笔速写　李延声绘

成都 四川美术出版社 1991年 有照片
25×26cm ISBN：7-5410-0618-1 定价：CNY8.50

　　作者李延声（1943—　），画家、国家一级美术
师。原名李延生，生于陕西延安，祖籍广东中山市，
毕业于浙江美术学院。历任中国国家画院艺委会
副主任、中国美术家协会中国画艺委会委员、中国
书画函授大学教授。代表作品有《魂系山河》《慷
慨赋同仇》《山中的太阳》，出版有《正气篇人物百
图》《李延声画集》《李延声毛笔速写》等。

J0035430

刘崇速写集　（中国风景名胜）刘崇绘

北京 北京燕山出版社 1991年 101页 25cm（15开）
ISBN：7-5402-0316-1 定价：CNY12.00

J0035431

裘在兹旅行速写集　裘在兹绘

南京 南京出版社 1991年 93页 有彩照 17×18cm
ISBN：7-80560-620-X 定价：CNY6.00

　　本画集选自作者离休之后的1983—1990

年间的速写作品。外文书名：Tour Sketch Collections of Qiu Zaizi.

J0035432

三百六十行图说　田原著

长沙　湖南少年儿童出版社　1991年　256页

有图　18×17cm　ISBN：7-5358-0710-0

定价：CNY5.70

　　作者田原（1925—　），漫画家，一级美术师。祖籍江苏溧水，生于上海。原名潘有炜，笔名饭牛。中国美术家协会、中国书法家协会、中国版画家协会、中国记者协会、中国漫画家协会会员，中国工艺美术协会理事，东南大学、深圳大学教授。书画作品有《陋室铭》，出版有《中国民间玩具》《田原硬笔书法》等，设计动画片有《熊猫百货商店》等。

J0035433

速写引导　可人绘

南宁　广西民族出版社　1991年　90页　19×18cm

ISBN：7-5363-1499-X　定价：CNY6.00

（现代实用美术丛书）

J0035434

太行揽胜　（焦作风景名胜写生）钟伯友绘

郑州　河南美术出版社　1991年　81页［20×22cm］

ISBN：7-5401-0215-2　定价：CNY4.30

J0035435

炭铅笔建筑画　（钟训正旅美作品选）钟训正绘

南京　东南大学出版社　1991年　67页　26cm（16开）

ISBN：7-81023-332-7　定价：CNY14.00

J0035436

万里行踪　（关山月写生选集　第一辑　革命圣胜地）关山月绘

广州　岭南美术出版社　1991年　113页　26cm（16开）

ISBN：7-5362-0744-1　定价：CNY18.00

J0035437

万里行踪　（关山月写生选集　第二辑　洲际行）关山月绘

广州　岭南美术出版社　1992年　108页　26cm（16开）

ISBN：7-5362-0839-1　定价：CNY18.00

J0035438

万里行踪　（关山月写生选集　第三辑　从生活中来）关山月绘

广州　岭南美术出版社　1992年　108页　有照片　26cm（16开）ISBN：7-5362-0848-0

定价：CNY18.00

J0035439

万里行踪　（关山月写生选集　第四辑　祖国大地　一）关山月绘

广州　岭南美术出版社　1992年　108页　有照片　26cm（16开）ISBN：7-5362-0850-2

定价：CNY18.00

J0035440

万里行踪　（关山月写生选集　第五辑　祖国大地　2）关山月绘

广州　岭南美术出版社　1992年　108页　26cm（16开）ISBN：7-5362-0851-0　定价：CNY18.00

J0035441

魏振宝素描集　（英汉对照）魏振宝绘

南京　南京出版社　1991年　146页　有照片　26cm（16开）精装　ISBN：7-80560-435-5

定价：CNY14.50

　　外文书名：A Collection of Sketches by Wei Zhengbao. 作者魏振宝（1944—　），画家。江苏扬州人，毕业于安徽师范大学艺术系。历任芜湖市书画院专职画家，中国美术家协会、版画家协会会员。

J0035442

吴作人速写　吴作人绘

天津　天津人民美术出版社　1991年　38cm（6开）

精装　ISBN：7-5305-0270-0　定价：CNY110.00

　　作者吴作人（1908—1997），著名画家、教授。生于江苏苏州，祖籍安徽泾县，先后就读于苏州工业专科学校建筑系、上海艺术大学、南国艺术学院美术系及南京中央大学艺术系。曾任中央美术学院院长、中国美术家协会主席等。出版有《吴作人》《吴作人艺术馆藏品集》《吴作人画传》等。

J0035443

希望之路　（郭炳安三茂铁路沿线写生集）郭

炳安绘

广州 岭南美术出版社 1991 年 63 页 25×25cm

ISBN：7-5362-0707-7

外文书名：Hopeful Road.

J0035444

线条的魅力　（蒋文兵速写集）蒋文兵，顾生
岳编

杭州 浙江人民美术出版社 1991 年 26cm（16 开）

ISBN：7-5340-0286-9 定价：CNY5.40

（美术自学丛书）

本书收作者速写作品 116 幅。以人物写生
为主，间有少量的动物和风景写生，还有部分名
人的漫画肖像。

J0035445

香港史画　（江启明香港写生画集）江启明著；
廖梅姬英译

香港 浸会校外进修学院 1991 年 192 页 21×29cm

ISBN：962-7247-03-0 定价：HKD140.00

外文书名：Painting of Hong Kong Historic
Landmarks，a Collection of Paintings by Kong
Kaiming.

J0035446

张久速写作品集　张久绘

南京 南京出版社 1991 年 82 页 19cm（小 32 开）

ISBN：7-80560-291-3 定价：CNY3.75

J0035447

赵宁安白描写生选辑　赵宁安著

北京 新华出版社 1991 年 123 页 25×26cm

ISBN：7-5011-0927-3 定价：CNY15.00

本画册收集赵宁安花鸟、山水、人物等白描
写生近 250 幅，是作者近年来在全国各地写生的
作品。

J0035448

中国历代佛教画像集　王磊义编绘

北京 北京工艺美术出版社 1991 年 188 页

17×19cm ISBN：7-80526-042-7 定价：CNY7.80

本画册用线描技法对中国佛教艺术中的菩
萨、飞天、护法诸神的造像等形象进行了临摹、
绘制。编绘了我国历代佛教人物像近千例。

J0035449

周东申人体速写　周东申绘

天津 天津杨柳青画社 1991 年 66 页 有照片

17×19cm ISBN：7-80503-143-6 定价：CNY2.60

作者周东申（1938—　　），教授。毕业于浙江
美术学院版画系。历任山东工艺美术学院教授、
中国美术家协会会员、中国版画家协会会员、中
国美术家协会藏书票艺委会会员、山东版画家协
会副主席等。代表作品有《伴着童年在这里》《海
星》《皇帝的新衣》《林中伙伴》《热气球》等。

J0035450

陈丹青速写　陈丹青绘

天津 天津人民美术出版社 1992 年 96 页

26cm（16 开）精装 ISBN：7-5305-0286-7

定价：CNY11.90

（中国名家速写系列）

作者陈丹青（1953—　　），画家、艺术家、文
艺评论家。生于上海，祖籍广东，毕业于中央美
术学院。曾任教于中央美术学院、清华大学美术
学院。代表作品《西藏组画》《退步集续编》《陈
丹青素描集》《纽约琐记》等。

J0035451

冯向杰体育速写　冯向杰绘

北京 北京体育学院出版社 1992 年 76 页

25×26cm ISBN：7-81003-610-6 定价：CNY12.50

作者冯向杰（1941—　　），画家、国家一级美
术师。自号桑泉道人，山西临猗人。北京新体育
杂志社副编审、中国美术家协会会员、中国体育
美术促进会常务理事。代表作品有《相扑为戏》
《黄水谣》《盘古开天》等。

J0035452

钢笔山水画集　莫邦才绘

南宁 广西美术出版社 1992 年 64 页 有照片

17×18cm ISBN：7-80582-224-7 定价：CNY4.20

外文书名：Landscape in Pen-drawing. 作者莫
邦才（1958—　　），画家。广西阳朔人，毕业于广
西艺术学院。阳朔县中学美术教师，曾任阳朔画
院院长。代表作品《漓江雨后山更明》《瑶山春》
《壮乡》。著作有《莫邦才水墨画集》《莫邦才钢
笔山水画集》。

J0035453

海之歌 （郭修琳万里海疆行速写集）郭修琳绘

杭州　浙江人民美术出版社　1992年　129页

25×26cm　精装　ISBN：7-5340-0344-X

定价：CNY70.00

　　本书收入海洋、海岛写生和速写126幅，其中彩色12幅。作者郭修琳（1935—2012），回族，高级美术师。浙江温岭人，毕业于临海师范。中国美术家协会会员、浙江省美术家协会理事。出版有《郭修琳摄影选集》。

J0035454

华山图画资料　杨续本编著

西安　陕西人民美术出版社　1992年　94页

19cm（小32开）　ISBN：7-5368-0370-2

定价：CNY2.80

J0035455

画中行 （黄胄速写集）黄胄绘

成都　四川美术出版社　1992年　165页　26cm（16开）

ISBN：7-5410-0763-3　定价：CNY14.60

　　本书为画家福建、云南之行写生的结集。

J0035456

黄安仁美加写生集　黄安仁绘

广州　岭南美术出版社　1992年　有彩照

28cm（大16开）　ISBN：7-5362-0882-0

定价：CNY40.00，CNY48.00（精装）

　　外文书名：Selected Sketches by Huang Anren in America & Canada. 作者黄安仁（1924—2018），书画家。广东阳江人，广州健力宝海日书画会、广州友声诗书画会、广州离退休美术家协会会长。代表作品有《大地新弦》等。出版有《黄安仁画选》《黄安仁速写集》《美加写生集》《北美风情录》等。

J0035457

李宏仁人体素描艺术　李宏仁绘

广州　岭南美术出版社　1992年　56幅　有照片

26cm（16开）　ISBN：7-5362-0772-7

定价：CNY13.80

　　作者李宏仁（1931—　　），教授。北京人。历任中央美术学院版画系教授、石版画工作室主任，中国美术家协会会员，中国版画家协会会员。作品有《松鼠》《赵一曼》《旭日东升》等，出版有《李宏仁人体素描艺术》。

J0035458

刘文西新疆写生　刘文西绘

乌鲁木齐　新疆美术摄影出版社　1992年

25×23cm　ISBN：7-80547-099-5　定价：CNY27.50

　　本书收选了作者在新疆写生的部分作品156幅画，作品包括《塔吉克小姑娘》《学习》《维吾尔姑娘》《库车老人》《母与子》等。

J0035459

流韵 （肖祖臻速写选）肖祖臻绘

沈阳　辽宁美术出版社　1992年　69页 17×18cm

ISBN：7-5314-0951-8　定价：CNY5.50

　　作者肖祖臻（1943—　　），书画家。辽宁本溪人。历任沈阳日报主任编辑、中国美术家协会辽宁分会会员、沈阳市书法家协会常务理事。草书《孙过庭书楷》《十七帖》《怀素大草千字文》《黄山谷诸上座》等。

J0035460

罗江速写　罗江绘

昆明　云南民族出版社　1992年　25×26cm

ISBN：7-5367-0636-7　定价：CNY19.00

　　作者罗江（1959—　　），画家、书法家。云南楚雄人，毕业于华东师范大学。历任云南省美术家协会主席、云南美术馆馆长、云南画院院长、中国书法家协会会员、中央文史馆书画院研究员、中国美术家协会云南分会理事等。代表作品《红土感觉》《哀牢山》《乌蒙山》等。

J0035461

桥的世界　孙晓望等编著

上海　同济大学出版社　1992年　136页 21×17cm

ISBN：7-5608-0801-8　定价：CNY8.00

J0035462

禽鸟速写画集　李燕生编绘

福州　福建美术出版社　1992年　154页 26cm（16开）

定价：CNY9.50

　　本书收入作者禽鸟速写作品170多幅。作者李燕生（1945—　　），艺术家、编辑。北京人，毕业于中央美术学院附中。历任《参考消息》报社美术编辑，首都新闻美术记者协会理事，书画篆刻艺术研究所首席专家、名誉所长。出版《汉籍名言百选》《外国黑白画小品集》《国外幽默画》《百鸟百态》《禽鸟速写技法》等。

J0035463
人体速写 林墉等画
广州 岭南美术出版社 1992 年 重印本 137 页
17×18cm ISBN：7–5362–0841–3 定价：CNY5.80
　　本书精选林墉、陈衍宁、周波 3 位广东画家所画的部分人体速写 100 多幅。其作品分别以不同风格来表现人体之美，其中有男人体也有女人体，本书还收入林墉所著的人体速写经验谈一篇。

J0035464
人体速写集 钱绍武等绘
北京 人民美术出版社 1992 年 135 页 18×17cm
ISBN：7–102–01064–8 定价：CNY5.50
　　外文书名：Nude Sketches. 作者钱绍武（1928— ），雕刻家、书法家。江苏无锡人。毕业于中央美术学院，曾赴苏留学，历任中央美术学院雕塑系主任、国家教委艺术教育委员会委员、全国城市雕塑艺术委员会委员、中国国家画院雕塑院院长等职。擅长雕塑、绘画、书法。代表作品有《大路歌》《江丰头像》《李大钊纪念碑》出版《素描与随想》《素描人体选集》。

J0035465
搜尽奇峰打草稿 （山水速写）童中焘绘编
杭州 浙江美术学院出版社 1992 年 54 页
25×25cm ISBN：7–81019–153–5 定价：CNY7.80
　　作者童中焘（1939— ），画家。出生于浙江鄞县，毕业于中国美术学院中国画系，并留校任教。历任中国美术家协会会员、李可染基金会艺委会委员、中国美术学院教授等。出版有《童中焘画集》《山水速写——搜尽奇峰打草稿》《童中焘国画解析》《童中焘山水画选》等。

J0035466
速写范画 张浩等绘
石家庄 河北美术出版社 1992 年 76 页
25×26cm ISBN：7–5310–0565–4 定价：CNY13.00
　　作者张浩（1962— ），教授。生于天津，祖籍河北高阳。毕业于浙江美术学院国画系。历任中国美术学院附中教师、中国美术家协会浙江分会会员、安徽大学艺术学院客座教授。代

表作有《我的故乡》《春茶》《自由的想象系列作品》等。

J0035467
孙宪速写选集 孙宪绘
南昌 江西美术出版社 1992 年 89 页 26cm（16 开）
ISBN：7–80580–110–X 定价：CNY5.40
　　本书收入国画、山水画百余幅。外文书名：Selected Works Sketches of SunXian.

J0035468
王海翔人物速写 王海翔绘
北京 中国国际广播出版社 1992 年 60 页
26cm（16 开）ISBN：7–5078–0427–5
定价：CNY3.50

J0035469
王同仁速写 王同仁著
天津 天津人民美术出版社 1992 年 112 页
26cm（16 开）精装 ISBN：7–5305–0309–X
定价：CNY13.90
（中国名家速写系列）
　　本画册收入作者人物素描 100 余幅。作者王同仁（1937— ），教授、画家。甘肃兰州人，毕业于中央美术学院。任中央美术学院教授，中国美术家协会、中国书法家协会会员，炎黄艺术馆艺委会原副主任，北京国际艺术博览会基金会理事等。出版《王同仁作品集》《中国画大家——王同仁》《王同仁速写》等。

J0035470
王肇民素描集 王肇民绘
广州 岭南美术出版社 1992 年 75 页 有照片
25×26cm ISBN：7–5362–0755–7 定价：CNY39.00
　　本书选编作者各时期素描作品 90 幅，并自作序。其素描吸收了古典派(如米开朗琪罗、安格尔)的成分，作品于庄严之中逼射生命张力。本画集除一部分速写外，人体、人像大多是与学生一道画的。作者王肇民（1908 — 2003），画家、美术教育家。安徽萧县人。广州美术学院教授。出版有《画语拾零》《水彩画选集》，诗词选《红叶》等。

J0035471
徐达素描选 徐达绘

上海　上海人民美术出版社　1992 年　14×16cm
ISBN：7-5322-1062-6　定价：CNY7.50

J0035472

张立宪速写集　张立宪著
西安　陕西人民美术出版社　1992 年　78 页
26cm（16 开）ISBN：7-5368-0369-9
定价：CNY5.50

　　作者张立宪（1954—　），陕西渭南人。西安
美术学院附属中等美术学校副校长、中国美术家
协会陕西分会会员等。

J0035473

赵勋速写　赵勋绘
北京　北京美术摄影出版社　1992 年　有图
25×26cm　ISBN：7-80501-153-2　定价：CNY12.50
　　外文书名：Sketches by Zhao Xun.

J0035474

巴光明速写集　巴光明绘
乌鲁木齐　新疆美术摄影出版社　1993 年　93 页
18×21cm　ISBN：7-80547-135-5　定价：CNY6.00

J0035475

曾云志速写集　曾云志绘
西安　陕西人民美术出版社　1993 年　44 页
26cm（16 开）ISBN：7-5368-0610-8
定价：CNY3.90

　　外文书名：A Collection of Sketches by Zeng
Yunzhi. 作者曾云志，四川美术家协会会员，铁路
小学任职。

J0035476

陈一峰速写集　陈一峰绘
北京　民族出版社　1993 年　33 页　27×24cm
ISBN：7-105-01910-7　定价：CNY8.90

J0035477

单德林速写集　单德林绘
北京　北京工艺美术出版社　1993 年　66 页
17×18cm　ISBN：7-80526-097-4　定价：CNY5.00

J0035478

段锡速写集　段锡绘
昆明　云南美术出版社　1993 年　135 页　有照片

19×17cm　ISBN：7-80586-027-0　定价：CNY10.00
　　本书收有速写作品 135 幅。作者段锡
（1946—　），编辑。出生于云南个旧。任《云南
日报》美术编辑、云南省美术家协会理事。代表
作品有《我们从小爱学习》《葵花向太阳》。出版
有《云南美术 50 年》《50 年精品连环画鉴赏》等。

J0035479

建筑风景速写　包小枫绘
上海　同济大学出版社　1993 年　91 页 17×19cm
ISBN：7-5608-1252-X　定价：CNY4.60
　　本书精选了建筑风景速写作品 18 余幅，介绍
了速写的基本技法，钢笔速写的用线、下笔、构图
等。外文书名：Artistic View of Chinese Architecture
& Landscape Sketch. 作者包小枫（1962—　），同济大
学建筑城规学院讲师。

J0035480

将错就错　（王华祥的素描艺术）王华祥绘
石家庄　河北美术出版社　1993 年　60 页　有图
26cm（16 开）ISBN：7-5310-0578-6
定价：CNY21.00

　　本书收有画家素描作品 60 余幅，并有
作者谈创作体会与技巧的文章。作者王华祥
（1962—　），画家。出生于贵州，毕业于贵州省
艺术学校。中央美术学院造型学院副院长，中央
美术学院版画系主任、博士生导师，国际学院版
画联盟主席，西安美术学院客座教授，万圣谷美
术馆馆长，中国美术家协会会员。代表作品《将
错就错》《反向教学系统》《无主板套色木刻》等。

J0035481

李维祀素描集　李维祀绘
福州　福建美术出版社　1993 年　67 页 25×26cm
ISBN：7-5393-0234-8
定价：CNY30.00，CNY42.00（精装）

J0035482

刘秉江速写　刘秉江绘
天津　天津人民美术出版社　1993 年　127 页
有图　26cm（16 开）ISBN：7-5305-0338-3
定价：CNY13.80
（中国名家速写系列）
　　本书收有作品 114 幅。

J0035483

刘其敏素描风景选集　刘其敏绘；广州美术
学院美术研究所编
广州 岭南美术出版社 1993 年 101 页 21×28cm
精装 ISBN：7-5362-1022-1 定价：CNY35.00

作者刘其敏(1929—2010)，画家、教授。生
于河北宁河县。曾任广州美术学院教授、中国美
术家协会会员、中国版画家协会会员。代表作品
有《海滩上的防护林》《万帆待发》《盛夏》等。

J0035484

刘永杰速写　刘永杰绘
西安 三秦出版社 1993 年 26×23cm
ISBN：7-80546-751-X 定价：CNY11.90

外文书名：Liu Yongjie's Sketches. 作者刘永
杰(1950—　)，教授、画家。陕西长安人，毕业
于西安美术学院。西安美术学院教授、博士生导
师，中国美术家协会会员，陕西美术家协会副主
席。代表作品《丝路风情》《凉山秋》《厚厚的土
地》等。

J0035485

刘玉山速写集　刘玉山绘
南宁 广西美术出版社 1993 年 96 页 26×23cm
ISBN：7-80582-610-2 定价：CNY9.80

本书收有速写作品96幅。作者刘玉山
(1940—　)，美术编辑。生于北京，毕业于中央
美术学院版画系。历任国家艺术教育委员会委
员、中国美术家协会会员、人民美术出版社美术
编辑等。出版有《刘玉山画集》《刘玉山速写集》
《刘玉山黑白画作品集》《江南写生集》等。

J0035486

名山胜水速写　赵文发绘
西安 陕西人民教育出版社 1993 年 116 页
26cm(16 开) ISBN：7-5419-3121-6
定价：CNY4.40

作者赵文发(1933—　)，教师。别名晓文，
河北泊头人，毕业于西安美术学院国画系。历任
西安美术学院国画系教师、河北交河县文化馆美
术干部、河北泊头市文化馆美术组组长等。

J0035487

森林狂想曲　陈如义著
南宁 广西美术出版社 1993 年 92 页 有照片

18×26cm ISBN：7-80582-613-7 定价：CNY6.80

本书是以森林为题材的钢笔画长卷，全长共
60 多米。作者陈如义(1953—　)，教师。自号
老鸦冲人，毕业于广西艺术学院。历任广西琴鸟
股份有限公司广告科科长、中国美术家协会广西
分会会员。代表作品有《台湾相思树》《森林狂
想曲》等。

J0035488

少儿趣味简笔画　方宾编绘
南宁 广西美术出版社 1993 年 126 页 13×19cm
ISBN：7-80582-561-0 定价：CNY3.50

J0035489

四川美术学院附中素描教学作品集　米立
权等编著
成都 四川美术出版社 1993 年 47 页 38cm(6 开)
ISBN：7-5410-0848-6 定价：CNY14.50

作者米立权，四川美术学院附中任教。

J0035490

宋建舞台速写集　宋建绘
广州 岭南美术出版社 1993 年 70 页 20×18cm
ISBN：7-5362-0997-5 定价：CNY16.80

作者宋建，《广州日报》社美术编辑。

J0035491

素描　(朱刚作品)朱刚绘
济南 山东美术出版社 1993 年 32 页 26×24cm
ISBN：7-5330-0643-7 定价：CNY8.80

J0035492

童心画集　(青岛江苏路小学学生线描作品集)
王绍丽编
济南 山东美术出版社 1993 年 110 页
21×19cm ISBN：7-5330-0647-X
定价：CNY9.80，CNY12.00(精装)

作者王绍丽，青岛江苏路小学教师。

J0035493

外国人物形象 2800 例　王征发编绘
上海 上海人民美术出版社 1993 年 181 页
26cm(16 开) ISBN：7-5322-1053-1
定价：CNY9.80

本书汇集了外国各种类型的男女老少喜怒

哀乐头像，包括正面、侧面、倾斜等各种角度和不同视向的动态表情。

J0035494

王临乙王合内作品选集 （素描　雕塑）王临乙，王合内绘

北京　人民美术出版社　1993 年　52 页　26×23cm

ISBN：7-102-00993-3　定价：CNY26.00

J0035495

维吾尔族风情速写　冯国伟绘；贺平编文

乌鲁木齐　新疆青少年出版社　1993 年　19×21cm

ISBN：7-5371-1580-X　定价：CNY5.80

J0035496

异国风光速写　陆本瑞绘

南宁　广西美术出版社　1993 年　92 页　17×19cm

ISBN：7-80582-657-9　定价：CNY6.50

　　本书收有作者出访美、法、日、新加坡等国的素描 90 余幅。作者陆本瑞（1929—　），别名洛山，浙江舟山人，毕业于上海美术专科学校。历任中国出版科学研究所常务副所长、编审，中国出版工作者协会理事，中国美术家协会会员。出版有《西南游踪速写》《异国风光速写》《神州风光速写》等。

J0035497

影视剧人物装饰　郑代隆绘

太原　北岳文艺出版社　1993 年　167 页　有照片

19×18cm　ISBN：7-5378-1054-0　定价：CNY6.00

　　本书是作者的速写作品集，表现了近 800 个多姿多态的人物。作者郑代隆，美术工作者。

J0035498

浙江美术学院附中素描教学作品集　施绍辰编著

成都　四川美术出版社　1993 年　48 页　38cm（6 开）

ISBN：7-5410-0848-6　定价：CNY14.50

　　作者施绍辰（1939—　），油画家。祖籍浙江湖州，毕业于中国美术学院油画系。历任中国美术学院教授、学术委员会委员，中国美术学院附中校长，浙江美术家协会常务理事、浙江油画家协会副会长。出版专题油画集《撒哈拉风情》。

J0035499

中央美术学院附属中等美术学校素描作品集　中央美术学院附属中等美术学校业务教研室编

北京　中国文联出版公司　1993 年　96 页

26cm（16 开）ISBN：7-5059-1990-3

定价：CNY14.20

J0035500

中央美术学院附中学生生活速写集　中央美术学院附中专业课教研室编

天津　天津人民美术出版社　1993 年　109 页

25×26cm　ISBN：7-5305-0330-8　定价：CNY20.00

J0035501

周勇新疆风情速写　周勇绘

乌鲁木齐　新疆美术摄影出版社　1993 年

17×19cm　ISBN：7-80547-196-7　定价：CNY6.50

J0035502

百犬谱　晓章等绘

天津　天津人民美术出版社　1994 年　200 页

26cm（16 开）ISBN：7-5305-0364-2

定价：CNY9.20

J0035503

百鹰谱　夏晨等编绘

天津　天津人民美术出版社　1994 年　178 页

26cm（16 开）ISBN：7-5305-0407-X

定价：CNY10.40

J0035504

蔡亮素描集　蔡亮绘

长春　吉林美术出版社　1994 年　72 页　38cm（6 开）

ISBN：7-5386-0400-6　定价：CNY36.00

（当代中国画家）

　　作者蔡亮（1932—1995），油画家。福建厦门人，毕业于中央美术学院绘画系。中国美术家协会会员、美术家协会浙江分会理事、浙江油画研究会副会长、浙江美术学院教授、中国美术学院教授。主要作品有《延安火炬》《贫农的儿子》《红军三大主力会师》等。

J0035505

陈崇平画选　（汉英对照）陈崇平绘

昆明 云南美术出版社 1994 年 54 页 25×26cm
ISBN：7-80586-140-4 定价：CNY70.00

　　本书为中国现代素描画作品。作者陈崇平（1940—　　），画家。浙江镇海人，历任云南省美术家协会理事、云南省水彩画艺术委员会副主任、云南省民族画院理事。作品有《摩梭人在田间》《两姐妹》《披花毯的女儿》等。

J0035506
当代素描 （名师作品集粹 英、汉对照）詹建俊等绘
北京 北京工艺美术出版社 1994 年 70 页
28cm（大 16 开）ISBN：7-80526-121-0
定价：CNY30.00

　　本画册介绍詹建俊、靳尚谊、蔡亮、朱乃正4人的素描作品。作者詹建俊(1931—　)，满族，油画家、教授。辽宁盖平人，毕业于中央美术学院彩墨系。历任中央美术学院教授、博士生导师，中国油画学会主席，中国美术家协会顾问，欧洲人文艺术科学院客座院士等。代表作品《高原的歌》《鹰之乡》，出版《詹建俊画集》。

J0035507
动物大世界 （动物 365 种）邹本忠，刘明玉编著；邹本忠绘画
沈阳 辽宁大学出版社 1994 年 124 页 17×18cm
ISBN：7-5610-2910-1 定价：CNY9.80

J0035508
儿童百科知识简笔画典 曹太文主编
长沙 湖南少年儿童出版社 1994 年 11+515 页
26cm（16 开）ISBN：7-5358-0875-1
定价：CNY28.00

J0035509
儿童百科知识简笔画典 （古代兵器卷）曹太文，赵慧主编；何如编文
长沙 湖南少年儿童出版社 1997 年 85 页
26cm（16 开）ISBN：7-5358-1358-5
定价：CNY6.50

J0035510
儿童百科知识简笔画典 （交通工具卷）曹太文，赵慧主编；赵慧编文
长沙 湖南少年儿童出版社 1997 年 93 页
26cm（16 开）ISBN：7-5358-1355-0
定价：CNY6.90

J0035511
儿童百科知识简笔画典 （昆虫卷）曹太文，赵慧主编；姿娅编文
长沙 湖南少年儿童出版社 1997 年 80 页
26cm（16 开）ISBN：7-5358-1346-1
定价：CNY6.25

J0035512
儿童百科知识简笔画典 （禽鸟卷）曹太文，赵慧主编；诗萍编文
长沙 湖南少年儿童出版社 1997 年 93 页
26cm（16 开）ISBN：7-5358-1344-5
定价：CNY6.90

J0035513
儿童百科知识简笔画典 （水下动物卷）曹太文，赵慧主编；文玉编文
长沙 湖南少年儿童出版社 1997 年 93 页
26cm（16 开）ISBN：7-5358-1347-X
定价：CNY6.90

J0035514
儿童采风速写集 （20 双眼睛看湘西）杨景芝主编
北京 农村读物出版社 1994 年 有肖像
17×18cm ISBN：7-5048-2549-2 定价：CNY9.80

　　主编杨景芝，女，满族，教授。首都师范大学美术系副教授、中国少年儿童造型艺术学会副会长兼少儿艺术培训中心美术实验学校校长。

J0035515
风景素描 丁浩等绘画
上海 上海人民美术出版社 1994 年 90 页
17×18cm ISBN：7-5322-1344-7 定价：CNY4.50

J0035516
钢笔写生画 罗克中著
桂林 广西师范大学出版社 1994 年 80 页
26cm（16 开）ISBN：7-5633-1777-5
定价：CNY8.60
（学生书法绘画指导丛书）

J0035517
何多苓人体素描　何多苓绘
南宁　广西美术出版社　1994 年　56 页 27 × 25cm
ISBN：7-80582-706-0
定价：CNY29.80，CNY39.80（精装）
　　本书收有人体素描作品 50 余幅。

J0035518
何铁凡速写　何铁凡绘
长沙　湖南美术出版社　1994 年　100 页 25 × 26cm
ISBN：7-5356-0685-7　定价：CNY26.50
　　外文书名：Sketches of He Tiefan. 作者何铁凡
（1955—　），书画家。湖南长沙人。湖南大学岳
麓书院任教。

J0035519
花卉写生集　牟桑编绘
北京　人民美术出版社 1994 年 67 页 26cm（16 开）
ISBN：7-102-01352-3　定价：CNY4.50
　　作者牟桑（1942—　），教授。生于山东日照，
毕业于山东师范学院艺术系。历任中国美术家
协会会员、山东建筑大学艺术系教研室主任、教
授。作品有《举士奇创》《农林益鸟》《林黛玉魁
夺菊花诗》，专集有《花卉写生集》《中国太湖石
写生集》。主编《全国高校建筑学科教师美术作
品集》。

J0035520
蒋谷峰速写集　蒋谷峰绘
石家庄　花山文艺出版社　1994 年　93 页
17 × 20cm　ISBN：7-80505-451-7　定价：CNY6.60

J0035521
靳尚谊素描集　靳尚谊绘
长春　吉林美术出版社　1994 年　70 页 38cm（6 开）
ISBN：7-5386-0396-4　定价：CNY36.00
（当代中国画家）

J0035522
敬廷尧速写　敬廷尧绘
北京　中国华侨出版社　1994 年　168 页 23 × 27cm
ISBN：7-80074-883-9　定价：CNY19.80

J0035523
静物素描　武明中等绘

石家庄　河北美术出版社　1994 年　32 页
26 × 26cm　ISBN：7-5310-0610-3　定价：CNY9.80

J0035524
旧北京风情　（陈志农旧京街头速写集）陈志
农绘；中国人民政治协商会议北京市委员会文
史资料委员会编
北京　北京出版社　1994 年　125 页　有照片
25 × 26cm　ISBN：7-200-02208-X　定价：CNY28.00

J0035525
李超速写艺术　李超绘
西安　陕西人民出版社　1994 年　78 页 26 × 24cm
ISBN：7-5368-0683-3　定价：CNY13.50
　　作者李超（1914—1995），回族，戏剧家。原
名李超然，河北迁安人。中国少数民族戏剧学
会会长、中国戏剧家协会原秘书长。

J0035526
刘福臣线描艺术　刘福臣绘
哈尔滨　黑龙江美术出版社 ［1994 年］42 页
26cm（16 开）ISBN：7-5318-0282-1
定价：CNY9.80
　　外文书名：The Line Drawing Art of Liu Fuchen.

J0035527
刘继卣动物写生集　刘继卣绘；英若识，裴
立编
长春　吉林美术出版社　1994 年　148 页 25 × 26cm
ISBN：7-5386-0434-0　定价：CNY35.00
　　编者英若识（1935—2012），画家。生于北京，
毕业于中央美术学院版画系。在吉林艺术学院
任教。中国美术家协会会员。代表作品有《身先
士卒》《雪原猎归》《探家》等。

J0035528
刘巨德素描集　刘巨德绘
长春　吉林美术出版社　1994 年　70 页 38cm（6 开）
ISBN：7-5386-0395-6　定价：CNY36.00
（当代中国画家）
　　作者刘巨德（1946—　），蒙古族，画家、美
术理论家。内蒙古商都人，硕士毕业于中央工艺
美术学院。清华大学美术学院绘画系教授、副院
长、博士生导师、学术委员会主席，清华大学吴
冠中艺术研究中心主任，中国美术家协会理事，

北京市美术家协会理事。代表作品有《鱼》《面对形象》《图形想象》《刘巨德素描集》等。

J0035529

龙力游速写　龙力游绘
天津　天津人民美术出版社　1994 年　130 页
有照片 26cm（16 开）精装
ISBN：7–5305–0320–0　定价：CNY19.50
（中国名家速写系列）

J0035530

蒙古秘史线描人物　（汉蒙文对照）赛西亚乐编文；思沁绘
呼和浩特　内蒙古教育出版社　1994 年　47 页
26×20cm　ISBN：7–5311–2199–9　定价：CNY5.30

J0035531

女人体速写　陈海绘
长沙　湖南美术出版社　1994 年　21×19cm
ISBN：7–5356–0698–9　定价：CNY12.00
　　作者陈海，画家。曾用笔名田洋，海南琼山人。毕业于广州美术学院。曾任广州美术学院油画系副教授、海口画院专职画师、海南省美术家协会理事、海口市美术家协会副主席等。著有《艺术与生活：陈海》。

J0035532

人体素描　（全国美术院校考生范画）陈余等绘
石家庄　河北美术出版社　1994 年　42 页
25×26cm　ISBN：7–5310–0605–7　定价：CNY9.80

J0035533

山水速写集　王洪增等绘
天津　天津杨柳青画社　1994 年　140 页　有图
20×19cm　ISBN：7–80503–213–0　定价：CNY8.45
　　本书收王洪增、曹永祥、李凌等 14 人的速写。

J0035534

丝路采风　（赵金铭风景园林建筑速写集）赵金铭编绘
兰州　甘肃人民美术出版社　1994 年　216 页
19×26cm　ISBN：7–80588–067–0　定价：CNY20.00

J0035535

丝路画踪　（梁洪涛新疆速写集）梁洪涛绘
上海　上海书店出版社　1994 年　69 页 25×26cm
ISBN：7–80569–884–8　定价：CNY16.00
　　外文书名：Traces along the Silk Road：Collection of Sketches about Xin Jiang by Liang Hong Tao.

J0035536

素描　（第二册）孙振新主编
上海　上海画报出版社　1994 年 47 页 26cm（16 开）
ISBN：7–80530–115–8　定价：CNY5.40
（少年儿童美术技法丛书）

J0035537

孙月池素描集　孙月池绘
哈尔滨　黑龙江教育出版社　1994 年　27 页
26cm（16 开）ISBN：7–5316–2488–5
定价：CNY7.20

J0035538

孙增弟速写集　孙增弟绘
济南　山东友谊出版社　1994 年　189 页 24×26cm
ISBN：7–80551–676–6　定价：CNY36.00
　　外文书名：Selected Sketches of Sun Zengdi. 作者孙增弟（1943—　　），画家。笔名长流，山东青岛人，毕业于青岛美术专科学校。国家一级美术师、中国美术家协会山东分会会员、山东新闻美术家协会副主席、山东画院高级画师。主要作品有《暖阳》《璀璨的金秋》《邂逅相逢》等。

J0035539

万世勤速写集　万世勤绘
乌鲁木齐　新疆美术摄影出版社　1994 年　43 页
20×18cm　ISBN：7–80547–265–3　定价：CNY6.00

J0035540

现代素描　（广州美术学院学生素描）潘行健等主编
沈阳　辽宁美术出版社　1994 年　161 页 29cm（12 开）
精装　ISBN：7–5314–1215–2　定价：CNY32.00

J0035541

现代素描　（鲁迅美术学院学生素描）许荣初主编
沈阳　辽宁美术出版社　1994 年 139 页 29cm（12 开）
精装　ISBN：7–5314–1214–4　定价：CNY32.00

主编许荣初(1934—　　)，教授。出生于江苏武进，就读于东北鲁迅文艺学院美术部绘画系。曾任鲁迅美术学院学术委员会主任、辽宁省美术家协会副主席。

J0035542

现代小汽车钢笔表现图集锦　孙礼军编著
天津　天津大学出版社　1994 年　92 页　18×17cm
ISBN：7-5618-0673-6　定价：CNY7.00

J0035543

写生花卉资料　李华绘
天津　天津人民美术出版社　1994 年　92 页
26cm（16 开）ISBN：7-5305-0362-6
定价：CNY7.30
　　本书收美人蕉、凌霄、芙蓉、水仙等写生画近百幅。

J0035544

写实素描　（徐方素描艺术）徐方绘
杭州　中国美术学院出版社　1994 年　50 页
26cm（16 开）ISBN：7-81019-291-4
定价：CNY9.50
　　外文书名：Realistic Drawing.

J0035545

徐芒耀素描集　徐芒耀绘
长春　吉林美术出版社　1994 年　52 页　38cm（6 开）
ISBN：7-5386-0402-2　定价：CNY36.00
（当代中国画家）

J0035546

许荣初素描集　许荣初绘
长春　吉林美术出版社　1994 年　46 页　38cm（6 开）
ISBN：7-5386-0401-4　定价：CNY36.00
（当代中国画家）

J0035547

薛定衡风光速写　（写生）薛定衡绘
昆明　云南美术出版社　1994 年　90 页　17×18cm
ISBN：7-80586-094-7　定价：CNY20.00

J0035548

颜铁良素描集　颜铁良绘
长春　吉林美术出版社　1994 年　56 页　38cm（6 开）

ISBN：7-5386-0398-0　定价：CNY36.00
（当代中国画家）

J0035549

张林：建筑室内画选　张林绘
北京　中国建筑工业出版社　1994 年　131 页
26cm（16 开）ISBN：7-112-02254-1
定价：CNY40.00
（建筑速写与构思丛书）

J0035550

张翔素描集　张翔绘
长春　吉林美术出版社　1994 年　52 页　38cm（6 开）
ISBN：7-5386-0399-9　定价：CNY36.00
（当代中国画家）

J0035551

郑炘素描　郑炘绘
北京　外文出版社　1994 年　26cm（16 开）
ISBN：7-119-00397-6
　　外文书名：Sketches by Zhengxin.

J0035552

中央美术学院　浙江美术学院素描作品选集
天津　天津人民美术出版社　1994 年　148 页
37cm　ISBN：7-5305-0357-X　定价：CNY62.00

J0035553

周泽闻钢笔画选　周泽闻绘
西安　陕西人民美术出版社　1994 年　54 页
25×26cm　ISBN：7-5368-0637-X　定价：CNY6.60
　　作者周泽闻(1943—　　)，画家。号蒲坂居士、山雨斋人，生于山西古河东蒲坂（今永济市）。海南三立画院院长，海南电视台美术师，中国美术家协会、广东省美术家协会、海南省美术家协会会员。代表作品有《苍生》。

J0035554

朱乃正素描集　朱乃正绘
长春　吉林美术出版社　1994 年　68 页　38cm（6 开）
ISBN：7-5386-0397-2　定价：CNY36.00
（当代中国画家）
　　作者朱乃正(1935—2013)，教授。浙江海盐人，毕业于中央美术学院。历任中央美术学院学术委员会主任、教授，中国美术家协会理事。

代表作品有《金色的季节》《春华秋实》《青海长云》。

J0035555
走笔神州　李百尧，张英哲著
长春　吉林美术出版社　1994年　114页　有图
19×17cm　ISBN：7-5386-0451-0　定价：CNY9.00

J0035556
百猴谱　佳硕等绘
天津　天津人民美术出版社　1995年　151页
26cm（16开）ISBN：7-5305-0454-1
定价：CNY9.60

J0035557
百鸟百态　（李燕生禽鸟速写集）李燕生绘
合肥　安徽美术出版社　1995年　76页　26cm（16开）
ISBN：7-5398-0405-X　定价：CNY7.00
（美术资料丛书）
　　作者李燕生（1945—　），艺术家、编辑。北京人，毕业于中央美术学院附中。历任《参考消息》报社美术编辑，首都新闻美术记者协会理事，书画篆刻艺术研究所首席专家、名誉所长。出版《汉籍名言百选》《外国黑白画小品集》《国外幽默画》《百鸟百态》《禽鸟速写技法》等。

J0035558
蔡道东访越速写选集　蔡道东绘
北京　人民美术出版社　1995年　50页　26×23cm
ISBN：7-102-01521-6　定价：CNY22.00
　　外文书名：Selected Works of Sketch of Cai Daodong Visiting Vietnam. 作者蔡道东（1943—　），国家一级美术师。历任广西北海市文化局局长、广西文联委员、广西美术家协会常务理事。代表作《牛场》《港夜》《夜以继日》。

J0035559
曹大士速写集　曹大士绘
济南　山东美术出版社　1995年　20页　21×18cm
ISBN：7-5330-0850-2　定价：CNY4.80

J0035560
段正渠素描　段正渠绘
郑州　文心出版社　1995年　20×18cm
ISBN：7-80537-627-1　定价：CNY18.00

J0035561
儿童卡通简笔画　（动物篇）龙林等编绘
南宁　广西美术出版社　1995年　120页　17×19cm
ISBN：7-80582-884-9　定价：CNY5.80
（儿童卡通简笔系列丛书）

J0035562
儿童卡通简笔画　（器物篇）龙林等编绘
南宁　广西美术出版社　1995年　120页　17×19cm
ISBN：7-80582-882-2　定价：CNY5.80
（儿童卡通简笔系列丛书）

J0035563
儿童卡通简笔画　（人物篇）龙林等编绘
南宁　广西美术出版社　1995年　120页　17×19cm
ISBN：7-80582-881-4　定价：CNY5.80
（儿童卡通简笔系列丛书）

J0035564
儿童卡通简笔画　（植物篇）龙林等编绘
南宁　广西美术出版社　1995年　120页　17×19cm
ISBN：7-80582-881-4　定价：CNY5.80
（儿童卡通简笔系列丛书）

J0035565
风景这边独好　（王复才山水写生）王复才绘
长沙　湖南少年儿童出版社　1995年　90页
26cm（16开）ISBN：7-5358-1074-8
定价：CNY9.80
　　作者王复才（1944—　），画家。原名王福才，浙江宁波人，浙江美术家协会会员，中国书画家协会会员，宁波市美协常务理事。

J0035566
感性　吴卫鸣绘；姚京明，黄邦杰译
澳门　澳门文化司署　1995年　30cm（10开）
精装　ISBN：972-8147-38-4
　　外文书名：Sensibility. 本书与澳门基金会合作出版。

J0035567
龚建新速写集　（新疆　非洲风情）龚建新绘
乌鲁木齐　新疆美术摄影出版社　1995年　78页
25×26cm　ISBN：7-80547-292-0　定价：CNY21.00
　　本书收选了龚建新有关反映新疆、非洲

人物风情的 160 余幅速写作品。作者龚建新（1938—），满族，一级美术师。新疆奇台人，毕业于中央美术学院国画系。曾在乌鲁木齐市文化馆防疫站从事美术工作，任教于新疆艺术学院、新疆画院，任新疆美术家协会名誉主席、中国美术家协会新疆创作中心主任。作品有《静静的卡甫河》《万里送马》《瑶池会》，出版有《新疆人物写生》等。

J0035568

古锦其速写　　古锦其绘

珠海　珠海出版社 1995 年　25×28cm
ISBN：7-80607-090-7　定价：CNY28.80

J0035569

广州美术学院学生素描百图　　广州美术学院编

广州　岭南美术出版社 1995 年　重印本　89 页
26cm（16 开）ISBN：7-5362-0100-1
定价：CNY8.00

本书选登广州美术学院各系学生的部分素描作品 89 幅，所收习作选自不同专业、年级，作品展现了广州美术学院近年素描教学的新面貌。

J0035570

韩黎坤、吴宪生人体素描　　山东美术出版社编

济南　山东美术出版社 1995 年　52 页 21×18cm
ISBN：7-5330-0938-X　定价：CNY8.00

J0035571

何辉素描选集　　何辉绘

长沙　湖南美术出版社 1995 年　25×26cm
ISBN：7-5356-0782-9　定价：CNY12.50

作者何辉（1958—），湖南天子山人，湖南轻工业高等专科学校工艺美术系主任。

J0035572

今栋速写白描选集　　王今栋绘

郑州　河南美术出版社 1995 年　26cm（16 开）
ISBN：7-5401-0503-8　定价：CNY38.00

作者王今栋（1932—2013），画家、一级美术师。北京人。历任河南省文史研究馆馆员、河南省美术家协会副主席、中国美术家协会会员、中国画家协会理事等。代表作品《今栋山水画》。

J0035573

静物素描范画精选　　张怀林编著

福州　福建美术出版社 1995 年　34cm（10 开）
ISBN：7-5393-0306-9　定价：CNY7.00
（美术自学向导丛书）

J0035574

刘明君草原速写集　　刘明君绘

通辽　内蒙古少年儿童出版社 1995 年　75+12 页
19×21cm　ISBN：7-5312-0556-4　定价：CNY12.80

外文书名：Liu Mingjun's Sketches of Grassland.
作者刘明君（1956—），山东莱州人，中华全国新闻学会联合会会员、内蒙古美术家协会会员。

J0035575

刘维之写生画集　　（1985—1995）刘维之绘

武汉　华中理工大学出版社 1995 年　106 页
25×26cm　ISBN：7-5609-1218-4
定价：CNY25.00，CNY30.00（精装）

外文书名：Selected Works of Liu Weizhi. 作者刘维之（1939—），教授。湖北武昌人。历任湖北工业大学工业美术设计学院基础部主任、教授，湖北省工艺美术学会副会长。代表作品有国画《楚魂汨罗图》《魂系九头鸟》，出版《刘维之写生画集》。

J0035576

刘远智建筑速写　　刘远智绘

北京　中国建筑工业出版社 1995 年　106 页
26cm（16 开）ISBN：7-112-02527-3
定价：CNY21.00

作者刘远智（1935—），教授。生于辽宁大连，毕业于山东艺术专科学校美术专业。历任中国矿业大学建筑系教授、中国美术家协会会员、中国建筑学会会员。作品有《黄海黎明》《玉立千秋》《落霞》《云龙山水》等，著有《建筑水彩画技法》《建筑水粉画技巧》《水彩画水粉画技法与鉴赏》《刘远智建筑速写》等。

J0035577

名家速写大系　　（刘国辉）刘国辉绘

苏州　古吴轩出版社 1995 年　26cm（16 开）
ISBN：7-80574-193-X　定价：CNY19.80

作者刘国辉（1940—），教师、画家。江苏苏州人，毕业于浙江美术学院中国画系研究生

班。历任浙江美术学院副教授，中国美术学院教授、学术委员会委员，中国人物画高级研修班工作室导师。出版有《刘国辉画集》。

J0035578
全国美术学院学生优秀素描选　吴作人国际美术基金会，北京国际艺苑美术基金会编
福州　福建美术出版社　1995年　3版　80页
34cm（10开）ISBN：7-5393-0210-0
定价：CNY28.00

J0035579
山城老屋　（士伏线描写生）邓士伏绘
武汉　湖北美术出版社　1995年　21×19cm
ISBN：7-5394-0591-0　定价：CNY9.50

J0035580
生命之光　（许海钢笔画集）许海绘
成都　四川美术出版社［1995年］60页
17×18cm　ISBN：7-5410-1085-5　定价：CNY18.00

J0035581
石膏像素描范画精选　张怀林编著
福州　福建美术出版社　1995年　34cm（10开）
ISBN：7-5393-0305-0　定价：CNY7.00
（美术自学向导丛书）

J0035582
瞬间的艺术　（速写作品欣赏）林扬编
广州　岭南美术出版社　1995年　102页　26cm（16开）
ISBN：7-5362-1270-4　定价：CNY33.50

J0035583
素描集　（1）中国美术学院出版社美术画册编辑部编
杭州　中国美术学院出版社　1995年　42cm（8开）
ISBN：7-81019-403-8　定价：CNY18.00
　　外文书名：Drawing Selected.Volume 1.

J0035584
素描集　（2）中国美术学院出版社美术画册编辑部编
杭州　中国美术学院出版社　1995年　42cm（8开）
ISBN：7-81019-404-6　定价：CNY18.00
　　外文书名：Drawing Selected.Volume 2.

J0035585
素描艺术　（第1期）张克让主编
北京　人民美术出版社　1995年　25×26cm
ISBN：7-102-01508-9　定价：CNY9.00
　　主编张克让（1937—　），画家、邮票设计家。生于河北石家庄，祖籍辽宁。毕业于鲁迅美院版画系。在国家邮电部邮票发行局设计室从事邮票美术设计工作。代表作品《百鸟归林》等。

J0035586
速写集　（郑墨作品选）郑墨绘
杭州　中国美术学院出版社　1995年　42页
17×18cm　ISBN：7-81019-504-2　定价：CNY10.50

J0035587
孙明华速写集　孙明华绘
北京　机械工业出版社　1995年　117页　26cm（16开）
ISBN：7-111-04619-6　定价：CNY15.00

J0035588
谭智生澳门速写集　谭智生绘；苏健译
澳门　澳门基金会　1995年　84页　23×30cm
ISBN：972-8147-58-9
　　外文书名：Imagens De Macau-Coleccao Dos Esbocos De Tam Chi Sang.

J0035589
翁开恩写生　翁开恩绘
福州　福建美术出版社　1995年　22页　29cm（16开）
ISBN：7-5393-0371-9　定价：CNY18.00
　　外文书名：Weng Kaien Portrait Painting. 作者翁开恩（1939—　），教授。号竹啸庄人，福建莆田人。历任福建师范大学美术系副教授，福建画院、福州画院、福建政协画师，中国美术家协会会员，福建美术家协会理事。出版有《翁开恩画集》《翁开恩写生》《翁开恩画辑》等。

J0035590
吴学敏　张宏旺风景线描集　吴学敏，张宏旺［绘］
太原　山西人民出版社　1995年　84页　有照片
17×19cm　ISBN：7-203-03408-9　定价：CNY13.80
　　作者吴学敏，女，教师。北京人，北京教育学会美术研究会会员。作者张宏旺，北京市人，教师，北京海淀区美术家协会会员。

J0035591

萧启益速写选　萧启益绘

北京　中国建筑工业出版社　1995年　57页

26×26cm　精装　ISBN：7-112-02547-8

定价：CNY40.00

　　作者萧启益，北京市建筑设计研究院高级建筑师、中国建筑师学会会员、北京市美术家协会会员。

J0035592

萧涛生素描集　（汉英对照　第一集）萧涛生绘

成都　四川美术出版社　1995年　68页　37cm

ISBN：7-5410-0963-6　定价：CNY56.00

　　外文书名：A Selection of Sketches by Xiao Taosheng. 作者萧涛生（1946—　），教授、国家一级画家。四川雕塑艺术院教授、中国美术家协会会员。代表作品《卖蘑菇的小女孩》《藏族老人》《五花海》《吹响响》等。

J0035593

杨之光速写　杨之光绘

广州　岭南美术出版社　1995年　157页　26cm（16开）

ISBN：7-5362-1185-6　定价：CNY80.00

　　作者杨之光（1930—　），画家。又名焘甫，广东揭西人，毕业于北京中央美术学院绘画系。历任广州美术学院教授、副院长，广州画院国画系教授、副院长，美术家协会广东分会理事，岭南美术专修学院院长等职。代表作品有《毛泽东主办广东农民运动讲习所》《浴日图》《矿山新兵》，著作有《中国画人物画法》《杨之光画集》《杨之光书法集》等。

J0035594

一百儒士图　卢禺光绘画；吴伯衡编文

广州　新世纪出版社　1995年　215页　26cm（16开）

ISBN：7-5405-1129-X　定价：CNY16.00

（百图系列　5）

　　作者卢禺光（1948—　），一级美术师。原名卢延光，毕业于广州业余大学文艺创作班。历任广州美术馆馆长、广州艺术博物院院长、广州市文史研究馆副馆长、中国美术家协会会员、广州市美术家协会副主席。连环画作品有《千里送京娘》《荆钗记》《苟巨伯》《周穆王时的"第四代"机器人》等。

J0035595

赵复兴速写集　赵复兴绘

郑州　河南美术出版社　1995年　75页　26cm（16开）

ISBN：7-5401-0496-1　定价：CNY14.00

　　作者赵复兴（1939—　），笔名赵彤，室称饮墨斋，号吟墨主人，河南新乡人。河南新乡市美术家协会主席、书法家协会副主席。

J0035596

中央美术学院素描回顾作品集　（1952—1994）王华祥编

石家庄　河北美术出版社　1995年　154页

29cm（16开）ISBN：7-5310-0686-3

定价：CNY28.00

　　作者王华祥（1962—　），画家。出生于贵州，毕业于贵州省艺术学校。中央美术学院造型学院副院长，中央美术学院版画系主任、博士生导师，国际学院版画联盟主席，西安美术学院客座教授，万圣谷美术馆馆长，中国美术家协会会员。代表作品《将错就错》《反向教学系统》《无主板套色木刻》等。

J0035597

主玛·于江线画集　主玛·于江绘

北京　新华出版社　1995年　58页　25×26cm

ISBN：7-5011-2854-5　定价：CNY18.00

　　本书为中国现代素描画册。作者主玛·于江，首都师范大学美术系任教。

J0035598

百鹤谱　薛世等绘

天津　天津人民美术出版社　1996年　176页

26cm（16开）ISBN：7-5305-0514-9

定价：CNY14.00

J0035599

百牛谱　晓夫等绘

天津　天津人民美术出版社　1996年　178页

26cm（16开）ISBN：7-5305-0566-1

定价：CNY14.00

J0035600

崔岩素描作品辑　崔岩绘

济南　山东友谊出版社　1996年　32幅　26cm（16开）

统一书号：CN880551.119　套装　定价：CNY20.00

作者崔岩(1954—)，女，教授，画家。山东潍坊人。山东师范大学美术系副教授、山东省美术家协会会员。

J0035601

大西北丝路掠影 （图集）董兆俭绘
兰州 甘肃人民美术出版社 1996年 114页
17×18cm ISBN：7-80588-139-1 定价：CNY7.80
　　作者董兆俭(1932—)，国家一级美术师。天津人，毕业于上海戏剧学院舞台美术系。历任甘肃书画研究院副院长、甘肃省戏剧家协会副主席、中国舞台美术学会常务理事、甘肃舞台美术学会会长。

J0035602

当代速写 毛逸伟等编
北京 人民美术出版社 1996年 437页 26cm(16开)
ISBN：7-102-01723-5 定价：CNY28.00

J0035603

当代速写精粹 （史国良专集）史国良绘
北京 荣宝斋出版社 1996年 50页 25×26cm
ISBN：7-5003-0308-4 定价：CNY15.00
　　作者史国良(1956—)，画家。河北大城人，毕业于中央美术学院国画系。历任北京画院画家、中国美术家协会会员、中国艺术研究院研究员。代表作品《刻经》《八个壮劳力》《买猪图》等。

J0035604

当代速写精粹 （杨刚专集）杨刚绘
北京 荣宝斋出版社 1996年 50页 25×26cm
ISBN：7-5003-0360-2 定价：CNY15.00

J0035605

当代速写精粹 （周思聪专集）周思聪绘
北京 荣宝斋出版社 1996年 60页 25×26cm
ISBN：7-5003-0359-9 定价：CNY15.00
　　作者周思聪(1939—1996)，女，画家。天津宁河县人，毕业于中央美术学院中国画系。中国美术家协会原副主席、北京画院一级美术师。代表作品有《矿工图》《高原风情画》《荷之系列》等。

J0035606

当代速写精粹 （华其敏专集）华其敏绘

北京 荣宝斋出版社 1997年 60页 25×26cm
ISBN：7-5003-0394-7 定价：CNY15.00
　　作者华其敏(1953—)，画家、教授。别名田乔、果然、沙月。上海人，毕业于中央美术学院中国画系研究生班。中央美术学院教授、中国美术家协会会员。代表作品有《夸父图》《西门豹除巫》《安详的艺术》等。

J0035607

当代速写精粹 （李斛专集）李斛绘
北京 荣宝斋出版社 1997年 80页 25×26cm
ISBN：7-5003-0401-3 定价：CNY15.00
　　作者李斛(1919—1975)，画家、美术教育家。四川大竹县人，号柏风，毕业于四川省立成都师范学校和中央大学艺术系。任教于中央美术学院国画系、中央工艺美术学院装潢系。代表作品《侦察》《广州起义》《披红斗篷的老人》《关汉卿像》《齐白石像》等。

J0035608

当代速写精粹 （刘国辉专集）刘国辉绘
北京 荣宝斋出版社 1997年 50页 25×26cm
ISBN：7-5003-0393-9 定价：CNY15.00

J0035609

当代速写精粹 （彭先诚专集）彭先诚绘
北京 荣宝斋出版社 1997年 62页 25×26cm
ISBN：7-5003-0413-7 定价：CNY15.00
　　作者彭先诚(1941—)，教师，一级美术师。四川成都人，毕业于成都第二师范学校。四川省诗书画院一级美术师、中国美术家协会会员、四川美术家协会理事。代表作品《凉山小市》《西厢画意》《长恨歌》等。

J0035610

当代速写精粹 （田黎明专集）田黎明绘
北京 荣宝斋出版社 1997年 50页 25×26cm
ISBN：7-5003-0408-0 定价：CNY15.00
　　作者田黎明(1955—)，画家。生于北京，祖籍安徽合肥。中国艺术研究院博士生导师，中国艺术研究院副院长、研究生院院长，中央美术学院学术委员，中国画艺委会委员，北京市美术家协会理事。代表作品有《自然的阳光》《正午的阳光》等。

J0035611

当代速写精粹 （王彦萍专集）王彦萍绘
北京 荣宝斋出版社 1997 年 50 页 25×26cm
ISBN：7-5003-0398-X 定价：CNY15.00

J0035612

当代速写精粹 （吴冠中专集）吴冠中绘
北京 荣宝斋出版社 1997 年 74 页 25×26cm
ISBN：7-5003-0406-4 定价：CNY18.00
　　　作者吴冠中（1919—2010），著名画家、美术
教育家。江苏宜兴人，毕业于国立杭州艺术专科
学校。中央工艺美术学院教授。代表作品《长江
三峡》《鲁迅的故乡》《春雪》《长城》；油画代表
作有《长江三峡》《北国风光》《小鸟天堂》《黄山
松》《鲁迅的故乡》等；个人文集有《吴冠中谈艺
集》《吴冠中散文选》《美丑缘》等。

J0035613

当代速写精粹 （赵成民专集）赵成民绘
北京 荣宝斋出版社 1997 年 43 页 25×26cm
ISBN：7-5003-0361-0 定价：CNY15.00

J0035614

董兆惠速写 董兆惠绘
兰州 甘肃人民美术出版社 1996 年 138 页
17×19cm ISBN：7-80588-163-4 定价：CNY13.80

J0035615

儿童创意画 谢丽芳编著
长沙 湖南少年儿童出版社 1996 年 139 页
25×26cm ISBN：7-5358-1188-4 定价：CNY17.50
　　　作者谢丽芳（1949— ），女，油画家。出生
于湖南隆回，毕业于湖南省戏剧学校。历任衡阳
地区祁剧团舞美设计、广告宣传、衡阳市群众艺
术馆美术干部，长沙铁路二中学幼师美术教育，
湖南省妇女儿童活动中心儿童美术研究室主任，
副研究馆员。出版有《儿童色彩画》《儿童陶塑》
《儿童黑白画》《儿童创意画》等。

J0035616

钢笔速写 高汶漪著
北京 中国林业出版社 1996 年 42 页 有画册
25×26cm ISBN：7-5038-1632-5 定价：CNY15.00
　　　作者高汶漪，女，北京林业大学园林学院讲
师，中国美术家协会会员。

J0035617

钢笔速写 高汶漪著
北京 中国林业出版社 1996 年 42 页 有画册
25×26cm ISBN：7-5038-1632-5 定价：CNY15.00

J0035618

韩文红电力速写 韩文红绘
北京 中国水利水电出版社 1996 年 82 页
21×19cm ISBN：7-80124-326-9 定价：CNY14.00

J0035619

黑白风景 张冬峰作
南宁 广西美术出版社 1996 年 26cm（16 开）
ISBN：7-80625-035-2 定价：CNY10.00
　　　作者张冬峰（1958— ），画家、教授。生于
广西桂林市，毕业于广西艺术学院。历任中国艺
术研究院中国油画院画家、中国美术家协会油画
艺术委员会委员、中国油画学会理事、南方油画
山水画派会长、广西艺术学院美术系教授。代表
作品有《冬峰写生》《冬峰油画》等。

J0035620

金卡通高级多功能简笔画 童沁编文；朱黎
云绘
兰州 甘肃民族出版社 1996 年 2 册 19×26cm
ISBN：7-5421-0434-9 定价：CNY25.60
　　　现代中国画作品。

J0035621

李方明素描画集 李方明绘
合肥 安徽美术出版社 1996 年 16 张 38cm（6 开）
散页套装 ISBN：7-5398-0432-7
定价：CNY20.00
（中国当代画家范本选辑）

J0035622

吕剑利速写集 新疆美术摄影出版社编
乌鲁木齐 新疆美术摄影出版社 1996 年 84 页
21×18cm ISBN：7-80547-471-0 定价：CNY18.00

J0035623

美术院校师生速写选 吴作人国际美术基金
会编
福州 福建美术出版社 1996 年 164 页 26cm（16 开）
ISBN：7-5393-0522-3 定价：CNY28.00

J0035624

宓风光毛笔速写集　宓风光绘

太原　希望出版社　1996 年　104 页　17×19cm
ISBN：7-5379-1679-9　定价：CNY6.50

　　作者宓风光（1956— 　），浙江省工艺美术大师。生于浙江嵊州市。浙江泥人宓研究所所长，中国工艺美术家协会、浙江省美术家协会会员。代表作品有《中国戏剧百脸谱》《老北京人》《屈原》等。

J0035625

全国美术学院学生优秀素描选　吴作人国际美术基金会，北京国际艺苑美术基金会编

福州　福建美术出版社　1996 年　重印本　80 页
34×26cm　ISBN：7-5393-0210-0　定价：CNY30.00

　　外文书名：Collection of Excellent Sketches by Undergraduates of China's Academies of Fine Arts.

J0035626

沈雪江钢笔人体速写集　沈雪江绘

杭州　西泠印社　1996 年　28×18cm
ISBN：7-80517-183-1　定价：CNY32.00

J0035627

十用简笔画　影影，莉莉编绘

西宁　青海人民出版社　1996 年　71 页　26×19cm
ISBN：7-225-01199-5　定价：CNY13.80

J0035628

四川美术学院附中素描教学作品集　米立权等编著

成都　四川美术出版社　1996 年　重印本　47 页
38cm（8 开）　ISBN：7-5410-0845-1
定价：CNY18.50

　　作者米立权，四川美术学院附中任教。

J0035629

素描　（从眼睛到心灵）马刚等绘

南宁　广西美术出版社　1996 年　89 页　27×25cm
ISBN：7-80625-005-0　定价：CNY48.00

　　作者马刚（1962— 　），中央美术学院附中教师。

J0035630

素描集　（3）中国美术学院出版社图书编辑部编

杭州　中国美术学院出版社　1996 年　42cm（8 开）
ISBN：7-81019-486-0　定价：CNY18.00
（美术作品示范系列）

J0035631

速写选集　顾生岳等编

杭州　浙江美术学院出版社　1996 年　重印本
86 页　19×17cm　ISBN：7-81019-081-4
定价：CNY8.00

　　外文书名：Selections of Sketches. 作者顾生岳（1927—2012），画家。浙江普陀人，毕业于中央美术学院华东分院。历任浙江美术学院中国画系主任、教授，浙江画院副院长，杭州市美术家协会主席，浙江人物画研究会会长等职。著作有《顾生岳人物速写选》。

J0035632

现代素描　（中央美术学院学生素描）孙为民主编

沈阳　辽宁美术出版社　1996 年　137 页　29cm（16 开）
精装　ISBN：7-5314-1608-5　定价：CNY48.00

J0035633

雄关掠影　（嘉峪关建筑风景速写集）赵金铭编绘

兰州　甘肃人民美术出版社　1996 年　70 页
19×26cm　ISBN：7-80588-128-6　定价：CNY18.00

　　作者赵金铭（1940— 　），甘肃省城建局局长。

J0035634

颐和园风景　（钢笔写生）严跃绘；徐凤桐配诗

北京　科学普及出版社　1996 年　72 页　23×26cm
ISBN：7-110-04129-8　定价：CNY18.00

J0035635

张葆冬速写插图集　张葆冬绘

兰州　甘肃人民美术出版社　1996 年　88 页
19×17cm　ISBN：7-80588-132-4 定价：CNY10.80

　　外文书名：Sketches and Plates from Zhang Baodong.

J0035636
中国古代建筑名胜钢笔画写生 周君言著
西安 陕西人民美术出版社 1996 年 94 页
26cm（16 开）ISBN：7-5368-0884-4
定价：CNY11.50
中国现代速写作品。

J0035637
周也庄绘画集 （小画家作品选）周也庄绘；
赵雪春，贾冕编
北京 北京科学技术出版社 1996 年 72 页
17×19cm ISBN：7-5304-1325-2 定价：CNY6.20
作者周也庄（1988— ），女，时为中国儿童
少年活动中心美术班学员。

J0035638
朱明德钢笔画选 朱明德编著
北京 海潮出版社 1996 年 168 页 26cm（16 开）
ISBN：7-80054-766-3 定价：CNY22.00
作者朱明德（1950— ），河南虞城人，原名曹
运祥，北京门头沟区委任职。

J0035639
当代素描 （名师作品集粹）詹建俊等绘
北京 北京工艺美术出版社 1997 年 70 页
29cm（16 开）ISBN：7-80526-197-0
定价：CNY35.00
作者詹建俊（1931— ），满族，油画家、教
授。辽宁盖平人，毕业于中央美术学院彩墨系。
历任中央美术学院教授、博士生导师，中国油画
学会主席，中国美术家协会顾问，欧洲人文艺术
科学院客座院士等。代表作品《高原的歌》《鹰
之乡》，出版《詹建俊画集》。

J0035640
佛教名胜写生集 林良丰著；厦门南普陀寺
慈善事业基金会编
福州 福建美术出版社 1997 年 50 页
28cm（大 16 开）ISBN：7-5393-0600-9
定价：CNY26.00
作者林良丰（1962— ），画家、教师。别号
圆明，福建厦门人，毕业于福建工艺美术学校。
执教于福建工艺美术学校、福州大学工艺美术学
院。《林良丰水墨画》《林良丰画集》《佛教名胜
写生集》等。

J0035641
工业产品速写 周维奇绘
北京 朝花美术出版社 1997 年 122 页 18×17cm
ISBN：7-5056-0251-9 定价：CNY4.50

J0035642
侯继尧画选 （汉英对照）侯继尧绘
北京 中国建筑工业出版社 1997 年 123 页
26cm（16 开）ISBN：7-112-03025-0
定价：CNY55.00
（建筑速写与构思丛书）
本书为中国现代建筑绘画作品。

J0035643
康延补写生集 康延补绘
福州 福建美术出版社 1997 年 53 页 20×19cm
ISBN：7-5393-0512-6 定价：CNY96.00（全套）
（福建师生书画作品·论文辑）

J0035644
刘巨德线描 刘巨德绘
合肥 安徽美术出版社 1997 年 28 页 26cm（16 开）
ISBN：7-5398-0570-6 定价：CNY10.00
（当代名家线描画库）
作者刘巨德（1946— ），蒙古族，画家、美
术理论家。内蒙古商都人，硕士毕业于中央工艺
美术学院。清华大学美术学院绘画系教授、副院
长、博士生导师、学术委员会主席，清华大学吴
冠中艺术研究中心主任，中国美术家协会理事，
北京市美术家协会理事。代表作品有《鱼》《面
对形象》《图形想象》《刘巨德素描集》等。

J0035645
孟国华教学素描 孟国华绘
青岛 青岛出版社 1997 年 38 页 24×25cm
ISBN：7-5436-1825-7 定价：CNY12.00
外文书名：The Teaching Sketches of Meng
Guohua.

J0035646
人体素描 中国美术学院出版社图书编辑部编
杭州 中国美术学院出版社 1997 年 42cm（8 开）
ISBN：7-81019-553-0 定价：CNY18.00
（美术示范作品系列 7）

J0035647

人体速写　　中国美术学院出版社图书编辑部编

杭州　中国美术学院出版社　1997 年　42cm（8 开）

ISBN：7-81019-554-9　定价：CNY18.00

（美术示范作品系列　8）

J0035648

三百六十行大观　　沈寂主编

上海　上海画报出版社　1997 年　252 页　29cm（16 开）

ISBN：7-80530-309-6　定价：CNY68.00

　　主编沈寂（1924—2016），编剧。别名汪崇刚，曾用名汪波。出生于上海，祖籍浙江奉化人。肄业于上海复旦大学西洋文学系。曾任上海电影制片厂一级编剧。出版小说集《两代图》《盐场》《红森林》等。

J0035649

上海中等美术学校素描试卷精选　　丁国兴摄影

上海　上海人民美术出版社　1997 年　1 封［21 张］37cm　活页封套装　ISBN：7-5322-1744-2

定价：CNY23.00

J0035650

石村素描集　　石村绘

西安　陕西人民美术出版社　1997 年　91 页

25×26cm　ISBN：7-5368-0919-0　定价：CNY25.00

　　外文书名：The Album of Shicun's Sketch Art. 作者石村（1955—　　），教授。原名石建春，毕业于西安美术学院雕塑系，后留校任教，中国城市雕塑家协会理事、中国美术家协会会员。

J0035651

石膏头像　　傅东黎编

杭州　浙江人民美术出版社　1997 年　32 页

29cm（16 开）ISBN：7-5340-0722-4

定价：CNY14.00

（基础绘画写生摹本　2）

J0035652

素描静物　　傅东黎编

杭州　浙江人民美术出版社　1997 年　32 页

29cm（18 开）ISBN：7-5340-0721-6

定价：CNY14.00

（基础绘画写生摹本　3）

J0035653

素描静物范画　　周琳，张争编著

成都　四川美术出版社　1997 年　37cm

ISBN：7-5410-1368-4　定价：CNY20.00

（美术院校基础教学丛书）

J0035654

素描石膏范画　　刘勇编著

成都　四川美术出版社　1997 年　37cm

ISBN：7-5410-1367-6　定价：CNY20.00

（美术院校基础教学丛书）

J0035655

素描头像　　傅东黎编

杭州　浙江人民美术出版社　1997 年　32 页

29cm（16 开）ISBN：7-5340-0723-2

定价：CNY14.00

（基础绘画写生摹本　1）

J0035656

素描头像范画　　吕树中，钟长清编著

成都　四川美术出版社　1997 年　37cm

ISBN：7-5410-1366-8　定价：CNY20.00

（美术院校基础教学丛书）

J0035657

吴七章速写画集　　吴七章绘

福州　福建美术出版社　1997 年　35 页　20×19cm

ISBN：7-5393-0512-6　定价：CNY96.00（全套）

（福建师生书画作品·论文辑）

J0035658

吴长江人体素描　　（现代艺术家风范）吴长江绘

沈阳　辽宁美术出版社　1997 年　103 页　29cm（16 开）

ISBN：7-5314-1696-4　定价：CNY36.00

　　作者吴长江（1954—　　），画家、教授。天津人，毕业于中央美术学院。中国人民大学艺术学院名誉院长、中央美术学院教授、中国西藏文化保护与发展协会常务理事、中国美术协会会员、中国版画家协会会员。出版画集有《吴长江人体素描选》《吴长江画人体》《人体素描技法》等。

J0035659

现代素描　　（天津美术学院学生素描）高振恒

主编
沈阳 辽宁美术出版社 1997年 82页 29cm（16开）
精装 ISBN：7-5314-1790-1 定价：CNY38.00

J0035660
现代素描 （西安美术学院学生素描）杨晓阳
等主编
沈阳 辽宁美术出版社 1997年 74页 29cm（16开）
精装 ISBN：7-5314-1789-8 定价：CNY36.00

J0035661
香港·渡·九七 （梅创基写生作品集）水禾田
主编；梅创基绘
香港 水禾田制作室 1997年 259页 21×28cm
定价：HKD200.00
　　外文书名：Hong Kong Enters A New Era,
Drawing Album by Mui Chongki.

J0035662
湘西孩子笔下的世界 （儿童速写集）徐一
方，李昀蹊编
长沙 湖南美术出版社 1997年 179页
28cm（大16开） ISBN：7-5356-0981-3
定价：CNY25.00

J0035663
写生牡丹画谱 周俊鹤编绘
天津 天津杨柳青画社 1997年 重印本 84页
19×26cm（16开） ISBN：7-80503-277-7
定价：CNY12.80
　　作者周俊鹤，天津著名花鸟画家。

J0035664
艺术高校素描习作精选 张成久主编
长春 吉林美术出版社 1997年 94页 37cm
ISBN：7-5386-0624-6 定价：CNY39.00

J0035665
余南轩速写集 余南轩绘
武汉 湖北美术出版社 1997年 21×19cm
ISBN：7-5394-0678-X 定价：CNY9.00

J0035666
俞梦彦速写选集 俞梦彦绘
福州 福建美术出版社 1997年 55页 20×19cm

ISBN：7-5393-0512-6 定价：CNY96.00（全套）
（福建师生书画作品·论文辑）
　　作者俞梦彦（1943—　），教授。浙江杭州人，
毕业于福建师范大学美术学院。历任福建师范
大学美术系副教授、中国美术家协会会员、福建
省教育画院院常委会副主任等。出版有《工笔人
物画技法》《俞梦彦画集》《俞梦彦速写选》《俞
梦彦专辑》。

J0035667
张在元建筑画选 （空间构思与表现）张在元绘
北京 中国建筑工业出版社 1997年 140页
26cm（16开） ISBN：7-112-03056-0
定价：CNY60.00
（建筑速写与构思丛书）

J0035668
着衣素描 王少伦等绘
石家庄 河北美术出版社 1997年 44页
25×26cm ISBN：7-5310-0885-8 定价：CNY12.00
（全国美术院校考生范画 丛书）

J0035669
中国当代素描艺术 张文学主编
石家庄 河北美术出版社 1997年 215页 37cm
精装 ISBN：7-5310-0965-X 定价：CNY128.00
　　主编张文学（1928—2005），书画家。甘肃天
水人。毕业于汉中青职电讯科高级部无线电专
业。出版有《张文学草书大观》。

J0035670
中外人物肖像速写 （尹东权作品专集）尹东
权绘
上海 上海画报出版社 1997年 43页 25×26cm
ISBN：7-80530-284-7 定价：CNY25.00

J0035671
周昌谷速写 徐震时，王含英编
北京 人民美术出版社 1997年 26cm（16开）
ISBN：7-102-01866-5 定价：CNY23.80

J0035672
桌面人生 李浪涛绘
福州 福建美术出版社 1997年 35页 20×19cm
ISBN：7-5393-0512-6 定价：CNY96.00（全套）

（福建师生书画作品·论文辑）

J0035673
蔡萌萌素描集　　蔡萌萌绘
福州　海潮摄影艺术出版社　1998 年　34 页
25×26cm　ISBN：7-80562-574-3　定价：CNY28.00

J0035674
曹力素描集　　曹力绘
南宁　广西美术出版社　1998 年　60 页
28cm（大 16 开）ISBN：7-80625-556-7
定价：CNY26.00
（中国素描经典画库）
　　作者曹力（1954—　），画家，教师。江苏南
京人。毕业于中央美术学院，并留校任壁画系教
师。代表作品有《小城印象》《牧童》《牧牛图》
《童声合唱》《马》等。

J0035675
朝戈素描集　　朝戈绘
南宁　广西美术出版社　1998 年　60 页 29cm（16 开）
ISBN：7-80625-439-0　定价：CNY23.00
（中国素描经典画库）

J0035676
从涂鸦走向写生　（张扬速写集）张扬绘；张
永寿编
西安　陕西人民美术出版社　1998 年　105 页
26cm（16 开）ISBN：7-5368-1046-6
定价：CNY13.50

J0035677
当代人体素描艺术　　刘丛星，孙少楷主编
长春　吉林美术出版社　1998 年　136 页 37cm
ISBN：7-5386-0643-2　定价：CNY64.00

J0035678
当代石膏·静物素描艺术　　刘丛星，孙少楷
主编
长春　吉林美术出版社　1998 年　104 页 37cm
ISBN：7-5386-0645-9　定价：CNY48.00

J0035679
当代肖像素描艺术　　刘丛星，孙少楷主编
长春　吉林美术出版社　1998 年　140 页 37cm

ISBN：7-5386-0644-0　定价：CNY63.00

J0035680
当代中国线画　（动物卷）陈斌主编
武汉　湖北美术出版社　1998 年　150 页 20×26cm
ISBN：7-5394-0733-6　定价：CNY18.00

J0035681
当代中国线画　（花卉卷）江宏伟主编
武汉　湖北美术出版社　1998 年　208 页 20×26cm
ISBN：7-5394-0731-X　定价：CNY24.00
　　主编江宏伟（1957—　），画家、教授。生
于江苏无锡，毕业于南京艺术学院美术系。历
任南京艺术学院副教授，中国艺术研究院研究
员、博士生导师，中国艺术研究院艺术创作指
导委员会副主任，中央美术学院兼职教授。代
表作品《荷花栖鸟》《秋趣》。

J0035682
当代中国线画　（翎毛卷）姚舜熙主编
武汉　湖北美术出版社　1998 年　250 页 20×26cm
ISBN：7-5394-0732-8　定价：CNY26.00

J0035683
当代中国线画　（人物卷）周京新主编
武汉　湖北美术出版社　1998 年　250 页 20×26cm
ISBN：7-5394-0729-8　定价：CNY28.00
　　主编周京新（1959—　），画家、教授。祖籍
江苏通州，毕业于南京艺术学院中国画专业。曾
任南京艺术学院美术系中国画教研室主任、院
长、教授、博士生导师，江苏省国画院院长，《美
术与设计》杂志副主编。代表作品有《水浒组画
集》《周京新画集》等。

J0035684
当代中国线画　（山水卷）常进主编
武汉　湖北美术出版社　1998 年　211 页 20×26cm
ISBN：7-5394-0730-1　定价：CNY24.00

J0035685
董希文素描集　　董希文绘
南宁　广西美术出版社　1998 年　60 页
28cm（大 16 开）ISBN：7-80625-437-4
定价：CNY20.00
（中国素描经典画库）

作者董希文(1914—1973),著名油画家、美术教育家。浙江绍兴人。毕业于上海美术专科学校。曾任中央美术学院教授。代表作品有油画《开国大典》《春到西藏》《哈萨克牧羊女》《苗女赶场》《百万雄师过大江》等。

J0035686

风景素描速写　(山水写生)赵明程[绘]
沈阳 辽宁美术出版社 1998年 104页 29cm(16开)
ISBN：7-5314-1965-3 定价：CNY16.00

J0035687

冠伦素描　诸葛冠伦绘
上海 上海人民美术出版社 1998年 58页
29cm(16开) ISBN：7-5322-2129-6
定价：CNY28.00

J0035688

广西民居钢笔画写生　罗克中著
南宁 广西美术出版社 1998年 76页 21×19cm
ISBN：7-80625-478-1 定价：CNY18.60

J0035689

广州美术学院附属中等美术学校速写集
广州美术学院附属中等美术学校编
广州 岭南美术出版社 1998年 193页 26cm(16开)
ISBN：7-5362-1753-6 定价：CNY18.50

J0035690

黑白画集　迟连城绘
哈尔滨 黑龙江美术出版社 1998年 88页
21×22cm ISBN：7-5318-0498-0 定价：CNY18.00

J0035691

侯一民素描集　侯一民绘
南宁 广西美术出版社 1998年 60页 29cm(16开)
ISBN：7-80625-438-2 定价：CNY21.00
(中国素描经典画库)

作者侯一民(1930—),蒙古族,画家、雕塑家、美术教育家。河北高阳人。历任中央美术学院教授、中国壁画学会会长、中国美术家协会常务理事、全国壁画艺术委员会主任、吴作人国际美术基金会理事长。油画代表作品有《青年地下工作者》《毛主席与安源矿工》《六亿神州尽舜尧》《百花齐放》《华夏之歌》等。

J0035692

胡声平画选　胡声平绘
福州 福建美术出版社 1998年 44页 25×26cm
ISBN：7-5393-0739-0 定价：CNY60.00(全套)
(线描新概念)

本书为现代中国素描人物画及水印木刻画画册。

J0035693

江菱晔线描写生选　[江菱晔绘];福建省美术教育研究会编
福州 福建美术出版社 1998年 55页 21×19cm
ISBN：7-5393-0635-1
定价：CNY96.00(全12册)
(福建师生书画作品·论文辑 2)

本书收有小作者的速写画55幅,她的画从锅碗瓢盆到人畜禽鸟;从花草树木到亭台楼阁,线条大胆肯定,刻画又不失小女孩的认真纤细,可看性强。

J0035694

静物素描　李泽霖编
杭州 中国美术学院出版社 1998年 42cm(8开)
ISBN：7-81019-685-5 定价：CNY24.00
(素描教室)

J0035695

具象素描　涂国洪著
长沙 湖南美术出版社 1998年 52页 29cm(16开)
ISBN：7-5356-1079-X 定价：CNY25.00

作者涂国洪(1957—),绰号中国娃娃,重庆出版社任职。

J0035696

孔千素描　孔千绘
天津 天津杨柳青画社 1998年 21×23cm
ISBN：7-80503-215-7 定价：CNY26.00

J0035697

乐建文速写画集　乐建文绘
天津 天津人民美术出版社 1998年 100页
25×26cm ISBN：7-5305-0984-5 定价：CNY50.00

J0035698

林碧清人体写生选　[林碧清绘];福建省美

术教育研究会编

福州 福建美术出版社 1998 年 55 页 21×19cm
ISBN：7-5393-0635-1 定价：CNY96.00(全12册)
(福建师生书画作品・论文辑 2)

　　本书收有作者的人体写生画 55 幅。作者林
碧清(1974—　　)，女，福建永泰人。作品有《牧
女遐想》《恼》等。

J0035699

林钰源民族风情速写　林钰源绘

沈阳 辽宁美术出版社 1998 年 68 页 26cm(16 开)
ISBN：7-5314-1961-0 定价：CNY16.80
(现代艺术家风范)

J0035700

刘文西速写　刘文西绘

西安 陕西人民美术出版社 1998 年 28×25cm
ISBN：7-5368-1104-7
定价：CNY198.00，CNY220.00(精装)

　　作者刘文西(1933—2019)，生于浙江嵊州。
曾任中国美术协会顾问、陕西省文艺界联合会顾
问、陕西省美术家协会副主席、西安美术学院名
誉院长、西安美术学院研究院院长、延安市副市
长。重要作品有《毛主席和牧羊人》《东方》《解
放区的天》和巨幅系列长卷《黄土人》等近百幅。

J0035701

刘文西速写册　刘文西绘

西安 陕西人民美术出版社 1998 年 5 册
17×19cm ISBN：7-5368-1102-0 定价：CNY68.00

　　本书包括：《刘文西南方速写》《刘文西家
乡速写》《刘文西国外速写》《刘文西陕北速写》
《刘文西黄山速写》。

J0035702

美术高考辅导班学生优秀习作评析　(石膏
像、头像)韩玮主编

济南 山东美术出版社 1998 年 60 页 26cm(16 开)
ISBN：7-5330-1123-6 定价：CNY9.50

J0035703

美术高考辅导班学生优秀习作评析　(速
写、线描)韩玮主编

济南 山东美术出版社 1998 年 60 页 26cm(16 开)
ISBN：7-5330-1123-X 定价：CNY9.50

J0035704

美术院校考前生素描色彩作业评析　宫六
朝编著

石家庄 河北美术出版社 1998 年 84 页
25×26cm ISBN：7-5310-1120-4 定价：CNY24.00

　　作者宫六朝(1952—2015)，教授。生于河北
文安，毕业于河北师范大学艺术系油画专业，并
留校任教。曾任河北师范学院美术系基础教研
室主任、副教授，河北省美术家协会会员，河北
省水彩水粉画研究会会员。代表作品有《晴云》
《神道》《群鸡百态野趣图》等。

J0035705

名家精品临摹范本　(全山石素描)全山石绘

济南 山东美术出版社 1998 年 12 幅 34cm(10 开)
套装 ISBN：7-5330-1172-4 定价：CNY26.00

　　作者全山石(1930—　　)，画家，教授。浙江
宁波人，毕业于中央美术学院华东分院。历任中
国油画学会副主席、中国美术家协会油画艺术委
员会副主任、中国美术学院教授、俄罗斯列宾美
术学院荣誉教授等。代表作有收藏在中国革命
博物馆的《英勇不屈》《井冈山上》《娄山关》《重
上井冈山》《历史的潮流》等。

J0035706

名家素描艺术　吴成槐主编

沈阳 辽宁美术出版社 1998 年 206 页 29cm(16 开)
精装 ISBN：7-5314-1992-0 定价：CNY78.00

　　主编吴成槐(1943—　　)，满族，辽宁沈阳
人。辽宁民族出版社社长兼总编辑，辽宁美术家
协会、辽宁摄影家协会会员。连环画作品有《南
下路上》《大桥争夺战》，编辑设计图书《海外藏
明清绘画珍品——沈周卷》《20 世纪中国摄影
文献》。

J0035707

人体百姿　(靳军速写)靳军绘

北京 大众文艺出版社 1998 年 78 页 26cm(16 开)
ISBN：7-80094-384-4 定价：CNY19.80

J0035708

申东速写作品选　[申东绘]；福建省美术教
育研究会编

福州 福建美术出版社 1998 年 55 页 21×19cm
ISBN：7-5393-0635-1 定价：CNY96.00(全12册)

（福建师生书画作品·论文辑 2）

本画册收有《废纸》《船老大》《武夷秋色》《写生课上的女生》《水帘洞秋色》《星村》等速写作品。作者申东（1962— ），画家，教师。福州师范艺术分校常务副校长、讲师，福建省美术家教育委员会委员。作品有《船老大》《武夷秋色》等。

J0035709

深圳建筑风景画　潘玉琨编

杭州　浙江人民美术出版社　1998年　72 页
26cm（16 开）ISBN：7-5340-0829-8
定价：CNY16.00

J0035710

神州采风　（杨望科建筑风景写生艺术）杨望科绘

兰州　甘肃文化出版社　1998年　115页 21cm（32开）
ISBN：7-80608-397-9 定价：CNY26.80

J0035711

神州风光速写　陆本瑞［绘］

厦门　鹭江出版社　1998年　135 页　17×19cm
ISBN：7-80610-587-5 定价：CNY15.00

作者陆本瑞（1929— ），别名洛山，浙江舟山人，毕业于上海美术专科学校。历任中国出版科学研究所常务副所长、编审，中国出版工作者协会理事，中国美术家协会会员。出版有《西南游踪速写》《异国风光速写》《神州风光速写》等。

J0035712

诗人、城市与海　（马若龙素描集）马若龙素描；艾德诗，官龙耀文章

澳门　澳门大学［等］1998年　210页 44cm（9开）
精装 ISBN：972-8295-18-9

外文书名：O Poeta，A Cidade E O Mar，Carlos Marreiros，Desenhos.

J0035713

石膏像素描　王杰编著

郑州　河南美术出版社　1998年　2 版（修订本）
297 页 26cm（16 开）ISBN：7-5401-0038-9
定价：CNY32.50

J0035714

素描　中国美术学院综合绘画工作室编

南京　江苏美术出版社　1998年　42cm（8 开）
ISBN：7-5344-0756-7 定价：CNY16.00
（美术教学示范作品）

J0035715

素描　倪建明［绘］

合肥　安徽美术出版社　1998年　42cm（8 开）
ISBN：7-5398-0644-3 定价：CNY24.00

J0035716

孙景波素描集　孙景波绘

南宁　广西美术出版社　1998年　64 页
28cm（大 16 开）ISBN：7-80625-440-4
定价：CNY21.00
（中国素描经典画库）

作者孙景波（1945— ），画家。生于山东牟平，毕业于中央美术学院油画研究班，曾赴法国巴黎美术学院进修油画、壁画。中央美术学院教授、中国油画家学会理事、中国美术家协会会员。代表作品《阿细新歌》《阿佤山人》《青海湖》等。

J0035717

孙群钢笔画作品选　［孙群绘］；福建省美术教育研究会编

福州　福建美术出版社　1998年　55 页 21×19cm
ISBN：7-5393-0635-1 定价：CNY96.00（全 12 册）
（福建师生书画作品·论文辑 2）

本书收有《落地生根》《听风》《幽原》《俱寂》《绿叶无声》《夏枯草》《禅经堂》《野岭》等55 幅钢笔画。作者孙群（1971— ），教师。浙江绍兴市人，毕业于福建师范大学艺术学院。历任福建建筑高等专科学校城建系教师、福建师范大学美术学院壁画专业、中国钢笔画联盟常务理事、中国建筑学会室内设计协会会员、福建省美术家协会会员。作品有《落地生根》《听风》等。

J0035718

孙田成速写集　孙田成著

合肥　安徽美术出版社　1998年　65 页 19×17cm
ISBN：7-5398-0617-6 定价：CNY26.80

J0035719

孙为民素描集　孙为民绘

南宁 广西美术出版社 1998年 60页
28cm（大16开）ISBN：7-80625-553-2
定价：CNY26.00
（中国素描经典画库）

J0035720

孙滋溪素描集　孙滋溪绘

南宁 广西美术出版社 1998年 64页 29cm（16开）
ISBN：7-80625-623-7 定价：CNY28.00
（中国素描经典画库）

J0035721

唐一禾素描集　唐一禾绘

南宁 广西美术出版社 1998年 60页
28cm（大16开）ISBN：7-80625-555-9
定价：CNY26.00
（中国素描经典画库）

J0035722

王鸿风景素描　王鸿绘

北京 人民美术出版社 1998年 90页 有照片
26cm（16开）精装 ISBN：7-102-01975-0
定价：CNY96.00

J0035723

王巨贤速写选　王巨贤绘

福州 福建美术出版社 1998年 44页 25×26cm
ISBN：7-5393-0739-0 定价：CNY60.00（全套）
（线描新概念）

J0035724

王式廓素描集　王式廓绘

南宁 广西美术出版社 1998年 72页 29cm（12开）
ISBN：7-80625-621-0 定价：CNY30.00
（中国素描经典画库）

　　作者王式廓（1911—1973），画家、教育家。
山东掖县人，毕业于上海美术专科学校。曾任中
国美术家协会常务理事，中央美术学院教授、研
究部主任，中国美术家协会常务理事等职。代表
作品有《参军》《井冈山会师》《血衣》《毛主席和
我们在一起》等。

J0035725

吴毅　林珠荆　檀俊灶写生作品选　［吴毅
等绘］；福建省美术教育研究会编

福州 福建美术出版社 1998年 55页 21×19cm
ISBN：7-5393-0635-1 定价：CNY96.00（全12册）
（福建师生书画作品·论文辑 2）

　　本书收有吴毅写生画18幅，林珠荆写生画
17幅，檀俊灶写生画18幅。作者吴毅（1971—　 ），
教师。福建永泰人。闽侯师范学校教师、福建省
美术教育研究会会员。

J0035726

吴长江素描集　吴长江绘

南宁 广西美术出版社 1998年 64页
28cm（大16开）ISBN：7-80625-557-5
定价：CNY27.00
（中国素描经典画库）

　　作者吴长江（1954—　 ），画家、教授。天津
人，毕业于中央美术学院。中国人民大学艺术学
院名誉院长、中央美术学院教授、中国西藏文化
保护与发展协会常务理事、中国美术协会会员、
中国版画家协会会员。出版画集有《吴长江人体
素描选》《吴长江画人体》《人体素描技法》等。

J0035727

武夷情　（福州艺术师范学校学生采风作品）
福建省美术教育研究会编

福州 福建美术出版社 1998年 55页 21×19cm
ISBN：7-5393-0635-1 定价：CNY96.00（全12册）
（福建师生书画作品·论文辑 2）

　　本书是福州艺术师范学校九五级美术班学
生的采风作品集。有钢笔画、毛笔画，以及炭
笔画，内容有武夷山玉女峰、大王峰、农舍山庄
等乡村小景。

J0035728

现代素描　（湖北美术学院学生素描）李泽霖
主编

沈阳 辽宁美术出版社 1998年 114页 29cm（16开）
ISBN：7-5314-1994-7 定价：CNY22.00

J0035729

现代素描　（四川美术学院学生素描）马一平
主编

沈阳 辽宁美术出版社 1998年 103页 29cm（16开）

精装 ISBN：7-5314-1838-X 定价：CNY38.00

J0035730

现代素描 （中国美术学院学生素描）冯远主编
沈阳 辽宁美术出版社 1998年 82页 29cm（16开）
ISBN：7-5314-1969-6 定价：CNY17.00

  主编冯远(1952—)，教授、画家。生于上海，祖籍江苏无锡。作品有《望夫妹》《母子图》《新疆风情写生》《今生来世》。出版有《二十一世纪中国艺术家·冯远》《笔墨尘缘》。

J0035731

现代素描进阶 因之主编；谷小波摄影
长沙 湖南美术出版社 1998年 32页 26cm（16开）
ISBN：7-5356-1151-6 定价：CNY9.50
（中央美术学院学生作品）

J0035732

线的散步 （孩子们的线描画）刘芯芯编著
沈阳 辽宁美术出版社 1998年 159页 29cm（16开）
ISBN：7-5314-1910-6 定价：CNY19.50

J0035733

肖像素描 李泽霖编
杭州 中国美术学院出版社 1998年 42cm（8开）
ISBN：7-81019-686-3 定价：CNY24.00
（素描教室）

J0035734

新疆师范大学美术系教师素描作品选集
乌鲁木齐 新疆美术摄影出版社 1998年
25×26cm ISBN：7-80547-646-2 定价：CNY55.00

J0035735

徐悲鸿素描集 徐悲鸿绘
南宁 广西美术出版社 1998年 56页 29cm（16开）
ISBN：7-80625-436-6 定价：CNY20.00
（中国素描经典画库）

  作者徐悲鸿(1895—1953)，著名画家、美术教育家。原名徐寿康，江苏宜兴市屺亭镇人，毕业于巴黎国立美术学校。曾任教于国立中央大学艺术系、北平大学艺术学院和北平艺术专科学校，后任中央美术学院院长。代表作品《愚公移山图》《八骏图》《负伤之狮》《田横五百士》等。

J0035736

杨秉辉风景速写 杨秉辉绘
上海 上海画报出版社 1998年 156页 26cm（16开）
ISBN：7-80530-328-2
定价：CNY25.00，CNY32.00（精装）

J0035737

杨力舟速写集 杨力舟绘
天津 天津人民美术出版社 1998年 150页
17×19cm ISBN：7-5305-0864-4 定价：CNY38.00

J0035738

杨立舟速写集 杨立舟绘
天津 天津人民美术出版社 1998年 150页
17×19cm ISBN：7-5305-0864-4 定价：CNY38.00

J0035739

易云生素描 易云生著
武汉 华中师范大学出版社 1998年 29cm（16开）
ISBN：7-5622-1783-1 定价：CNY24.00

J0035740

影视生活速写 劳保良作
济南 山东文艺出版社 1998年 184页 17×19cm
ISBN：7-5329-1590-5 定价：CNY14.80

  劳保良(1938—2004)，一级美术设计师。浙江慈溪人，毕业于上海戏剧学院舞台艺术系。历任中国电视艺术家协会湖北分会理事、中国舞美学会理事。代表作品有油画《在南泥湾战斗的日子里》，中国画《三峡行》，水彩画《苗乡集市》，出版画集《影视生活速写》《新昌风光》等。

J0035741

袁运生素描集 袁运生绘
南宁 广西美术出版社 1998年 56页
28cm（大16开）ISBN：7-80625-554-0
定价：CNY26.00
（中国素描经典画库）

  作者袁运生(1937—)，画家、教授。生于江苏南通，毕业于中央美术学院油画系董希文工作室。历任中央工艺美术学院、中央美术学院壁画系教师，中央美术学院油画系第四画室主任、教授。主要作品有首都机场壁画《泼水节，生命的赞歌》《人类寓言》，油画《水乡的记忆》《眼睛》《追——末班车》等。出版有《运生素描》《袁运生素描集》《袁运生画集》等。

J0035742

张秉尧人体速写　张秉尧绘

北京 人民美术出版社 1998 年 58 页 29cm（16 开）

ISBN：7-102-01941-6 定价：CNY17.00

　　本书所选入的人体速写，都是作者在素描教学中，为学生画的示范作品。大部分作品，是在几分钟或十几分钟之内画成的。

J0035743

张绘速写选　张绘绘

福州 福建美术出版社 1998 年 44 页 25×26cm

ISBN：7-5393-0739-0 定价：CNY60.00（全套）

（线描新概念）

J0035744

张建强速写集　张建强［绘］

郑州 河南美术出版社 1998 年 74 页 26cm（16 开）

ISBN：7-5401-0672-7

定价：CNY20.00，CNY35.00（精装）

J0035745

张剑速写作品选　［张剑绘］；福建省美术教育研究会编

福州 福建美术出版社 1998 年 55 页 21×19cm

ISBN：7-5393-0635-1 定价：CNY96.00（全12册）

（福建师生书画作品·论文辑 2）

　　本书收有《看电视的女人》《沙发上看书的小女孩》等速写作品。作者张剑（1963—　　），画家。福建永泰县人。历任中国美术教育研究会会员、福建省陶行知研究院画院画师。作品有《看电视的女人》《沙发上看书的小女孩》等。

J0035746

张永海作品　张永海绘

福州 福建美术出版社 1998 年 44 页 25×26cm

ISBN：7-5393-0739-0 定价：CNY60.00（全套）

（线描新概念）

　　本书为现代中国速写人物画画册。

J0035747

赵敏速写　赵敏绘

沈阳 辽宁美术出版社 1998 年 123 页 有肖像

18×19cm 精装 ISBN：7-5314-1942-4

定价：CNY18.00

　　作者赵敏，辽宁美术出版社社长、总编辑、编审。

J0035748

中国古建筑速写资料集　赵德举绘

合肥 安徽美术出版社 1998 年 104 页 26cm（16 开）

ISBN：7-5398-0650-8 定价：CNY14.80

J0035749

中国美术学院师生速写作品选集

杭州 中国美术学院出版社 1998 年 637 页

28cm（大 16 开）ISBN：7-81019-665-0

定价：CNY180.00

J0035750

中国美术学院师生速写作品选集

杭州 中国美术学院出版社 1998 年 621 页

29cm（16 开）精装 ISBN：7-81019-702-9

定价：CNY150.00

J0035751

中国名胜山水百图　梁斌编绘

天津 百花文艺出版社 1998 年 120 页 26cm（16 开）

ISBN：7-5306-2731-7 定价：CNY25.00

J0035752

中国西部建筑素描　杨志威，李方方主编

济南 山东科学技术出版社 1998 年 146 页

26cm（16 开）ISBN：7-5331-2190-2

定价：CNY24.00

J0035753

周君言钢笔画选　周君言绘

天津 天津科学技术出版社 1998 年 174 页

26×26cm ISBN：7-5308-2314-0 定价：CNY50.00

（中国当代建筑美术家作品集）

J0035754

朱乃正素描集　朱乃正绘

南宁 广西美术出版社 1998 年 64 页 29cm（16 开）

ISBN：7-80625-622-9 定价：CNY28.00

（中国素描经典画库）

J0035755

沧米写生　周沧米绘

杭州　中国美术学院出版社　1999 年　147 页
29cm（16 开）ISBN：7-81019-502-6
定价：CNY68.00

作者周沧米（1929—2011），教授。浙江乐清人。又名昌米，浙江美术学院中国画系教授、西泠书画院研究员、中国美术家协会会员等。作品有《万壑争流》《春江水暖》《和露临风》《芳草萋萋》等。

J0035756

曾献忠钢笔写生集　曾献忠绘著

天津　天津人民美术出版社　1999 年　91 页
17×19cm　ISBN：7-5305-0864-4　定价：CNY26.00

J0035757

陈丹青素描集　陈丹青绘

南宁　广西美术出版社　1999 年　64 页　29cm（16 开）
ISBN：7-80625-674-1　定价：CNY33.00
（中国素描经典画库）

作者陈丹青（1953—　　），画家、艺术家、文艺评论家。生于上海，祖籍广东，毕业于中央美术学院。曾任教于中央美术学院、清华大学美术学院。代表作品《西藏组画》《退步集续编》《陈丹青素描集》《纽约琐记》等。

J0035758

陈西川素描　陈西川绘

长沙　湖南美术出版社　1999 年　82 页　26×25cm
ISBN：7-5356-1297-0　定价：CNY68.00

J0035759

陈怡画语　陈怡著

昆明　云南美术出版社　1999 年　174 页　19×17cm
ISBN：7-80586-614-7　定价：CNY29.80
本书为现代中国散文与钢笔画画册。

J0035760

陈宜明副教授速写专集　陈宜明［绘］

杭州　中国美术学院出版社　1999 年　74 页
有照片　26cm（16 开）ISBN：7-81019-730-4
定价：CNY16.00
（中国美术学院专业教师速写丛书）

J0035761

窦凤至素描　［窦凤至绘］

北京　新华出版社　1999 年　58 页　29cm（16 开）
ISBN：7-5011-4679-9　定价：CNY32.00

J0035762

樊智圃素描速写集

呼和浩特　内蒙古教育出版社　1999 年　44 页
26cm（16 开）ISBN：7-5311-3653-8
定价：CNY13.00

J0035763

风格素描　（黄志华素描集）黄志华绘

南宁　广西美术出版社　1999 年　60 页　29cm（16 开）
ISBN：7-80625-696-2　定价：CNY28.00

J0035764

高喆民速写作品集　高喆民绘

北京　国际文化出版公司　1999 年　16 页
29cm（16 开）ISBN：7-80105-709-0
定价：CNY15.00
（中国当代著名书画家系列丛书）

J0035765

广州美术学院中青年教师素描作品集

合肥　安徽美术出版社　1999 年　90 页
28cm（大 16 开）ISBN：7-5398-0811-X
定价：CNY36.00
（全国高等美术学院教师作品选）

本书收录广州美术学院中青年教师素描作品约 80 幅，其中包括《蚕食》《老人着衣像》《女青年坐像》等。

J0035766

韩黎坤教授速写专集　韩黎坤［绘］

杭州　中国美术学院出版社　1999 年　74 页
有照片　26cm（16 开）ISBN：7-81019-727-4
定价：CNY16.00
（中国美术学院专业教师速写丛书）

作者韩黎坤（1938—　　），画家。江苏苏州人，毕业于浙江美术学院版画系研究生班。历任浙江人民美术出版社美术编辑，浙江美术学院教授，中国美术学院版画系主任、学术委员会副主任、博士生导师，中国版画家协会常务理事等。代表作品有《夕照峥嵘》《韩黎坤画人体》，出版有《韩黎坤画人体》等。

J0035767

黄希舜人物速写集　黄希舜绘；深圳市美术
家协会编
深圳　海天出版社　1999 年　16 页　29cm（16 开）
ISBN：7-80654-106-3　定价：CNY360.00［全套］
（深圳美术家画库）
　　作者黄希舜（1938—　　），广东汕尾乡人，深
圳市美术家协会副主席。

J0035768

黄云写生画集　中国书画函授大学，广州书
画专修学院编
广州山水画研究学会　1999 年　60 页　有照片
25×26cm

J0035769

惊涛写生画集　惊涛绘
北京　海潮出版社　1999 年　99 页　25×26cm
ISBN：7-80151-097-6
定价：CNY98.00，CNY108.00（精装）

J0035770

静态速写　张存良绘
石家庄　河北美术出版社　1999 年　52 页
29cm（16 开）ISBN：7-5310-0979-X
定价：CNY11.00

J0035771

莒南之忆　（我们的第二故乡）王伟君，裴
沙作
济南　山东画报出版社　1999 年　207 页
19cm（小 32 开）ISBN：7-80603-366-1
定价：CNY12.80
（睹画思往录）

J0035772

考场·教室静物素描　代大权编
长春　吉林美术出版社　1999 年　127 页　29cm（16 开）
ISBN：7-5386-0792-7　定价：CNY36.00

J0035773

考生静物素描标准范本　路明等主编
长春　吉林美术出版社　1999 年　56 页　29cm（16 开）

ISBN：7-5386-0881-8　定价：CNY19.00

J0035774

考生素描头像标准范本　王铁军，宋学智
主编
长春　吉林美术出版社　1999 年　56 页　29cm（16 开）
ISBN：7-5386-0882-6　定价：CNY19.00

J0035775

考生速写标准范本　张文恒，王力主编
长春　吉林美术出版社　1999 年　48 页　29cm（16 开）
ISBN：7-5386-0886-9　定价：CNY19.00

J0035776

李习勤人体速写　李习勤绘
西安　陕西人民美术出版社　1999 年　132 页
18×20cm　ISBN：7-5368-1140-3　定价：CNY15.00
　　作者李习勤（1932—　　），画家。湖南邵东人，
历任陕西省版画艺术委员会主任、中国美术家
协会会员、中国版画家协会常务理事、中原书
画研究院名誉院长、中外书画艺术博物馆名誉
馆长。作品有《清凉世界》《秋之恋》《山沟笑
声》等，出版有《李习勤水墨选集》《李习勤色
粉画》等。

J0035777

李晓庵速写集　李晓庵［绘］
太原　山西人民出版社　1999 年　100 页　26cm（16 开）
ISBN：7-203-03941-2　定价：CNY25.00

J0035778

林鸣岗素描肖像集　（中英文本）［林鸣岗绘］
郑州　河南美术出版社　1999 年　29cm（16 开）
ISBN：7-5401-0770-7　定价：CNY18.00
（当代名家素描画典）
　　本书包括素描作品《亚拉特小姐》《复塞尔
小姐》《戴帽的老头》《路人》《远方来客》《东尼
妈妈》等 58 幅。作者林鸣岗（1952—　　），画家。
原名林民刚，生于福建福清市。著有《林鸣岗巴
黎油画近作选》《林鸣岗素描肖像集》《林鸣岗油
画选》等。

J0035779

林玉彬写生作品　福建省美术教育研究会编
福州　福建美术出版社　1999 年　55 页　21×19cm

ISBN：7-5393-0537-1 定价：CNY120.00（全套）
（福建师生书画作品·论文辑 3）

J0035780
刘德文素描集　刘德文绘
北京 社会科学文献出版社 1999 年 90 页
23×25cm ISBN：7-80149-217-X 定价：CNY38.00

J0035781
刘祥成速写插图选　刘祥成绘
青岛 青岛出版社 1999 年 106 页 24×25cm
ISBN：7-5436-2068-5 定价：CNY26.00

J0035782
刘翔复素描作品集　[刘翔复绘]
成都 四川美术出版社 1999 年 80 页 26×24cm
ISBN：7-5410-1741-8 定价：CNY50.00
　　作者刘翔复（1958—　），画家、国家一级美
术师。笔名流墨，生于河南洛阳，毕业于中国美
术学院油画系。中国版画家协会会员、中国书
法家协会会员、新疆书法家协会理事等。代表作
有《牧民的小屋》《赶巴扎的人们》《市场的诱惑》
等，出版《刘翔复素描作品集》。

J0035783
鲁迅美术学院中青年教师素描作品集　《鲁
迅美术学院中青年教师素描作品集》编委会编
合肥 安徽美术出版社 1999 年 90 页
28cm（大 16 开）ISBN：7-5398-0799-7
定价：CNY36.00
（全国高等美术学院教师作品选）

J0035784
马波生速写集　马波生著
南宁 广西美术出版社 1999 年 20×20cm
ISBN：7-80625-702-0
定价：CNY38.00，CNY58.00（精装）
　　作者马波生（1942—　），教授、国画家。字
朔江，号饕公，又号步峰，生于陕西，祖籍江苏。
代表作品有《张旭发书》《波生画集》《冬心论画
图》等。

J0035785
马立华画集　（素描卷）马立华绘
济南 山东友谊出版社 1999 年 29 页 26cm（16 开）

ISBN：7-80642-219-6 定价：CNY26.00
　　本书文中国现代素描画册，中英文本。

J0035786
闽侯尧沙职业中学师生素描作品　福建省
美术教育研究会编
福州 福建美术出版社 1999 年 55 页 21×19cm
ISBN：7-5393-0537-1 定价：CNY120.00（全套）
（福建师生书画作品·论文辑 3）

J0035787
亲近泥土　王德娟作
济南 山东画报出版社 1999 年 187 页
19cm（小 32 开）ISBN：7-80603-367-X
定价：CNY11.80
（睹画思往录）
　　作者王德娟（1932—　），教授。江苏武进
人，毕业于中央美术学院。中央美术学院附中副
教授、中国美术家协会会员。代表作品有《毛主
席和女民兵》《芬芳满人间》等。出版有《王德娟
油画选》《毕克官、王德娟——油画、素描、漫画
集》《王德娟画集》。

J0035788
青岛教育学院美术系师生素描作品集　姚
铭主编
海口 南海出版公司 1999 年 92 页 29cm（16 开）
精装 ISBN：7-5442-1497-4 定价：CNY65.00
　　本书收录了出自美术系 11 名青年教师和 50
余名学生之手的 83 幅素描作品，从中可以看出
作者们在选题、立意、手法、技巧等方面，既尊
重规律又不囿成规，表现出独特的艺术个性。

J0035789
上海高等艺术院校（系）学生素描作品集
张培础主编
上海 上海画报出版社 1999 年 194 页 25×26cm
ISBN：7-80530-463-7 定价：CNY78.00

J0035790
上海民居风情　（陈星平速写集）陈星平[著]
上海 上海人民出版社 1999 年 249 页 21×29cm
精装 ISBN：7-208-02763-3 定价：CNY70.00

J0035791

尚华装饰速写　尚华绘

郑州 河南美术出版社 1999年 105页 26cm（16开）

ISBN：7-5401-0827-4 定价：CNY50.00

　　外文书名：Selected Decorative Sketches by Shang Hua.

J0035792

设计专业·素描　刘茜编著

杭州 浙江摄影出版社 1999年 27页 26cm（16开）

ISBN：7-80536-576-8 定价：CNY35.00

J0035793

宋永进人物速写集　宋永进绘

杭州 西泠印社 1999年 67页 19×20cm

ISBN：7-80517-402-4 定价：CNY26.00

J0035794

素描　中央美术学院版画系编

苏州 古吴轩出版社 1999年 38cm（6开）

ISBN：7-80574-439-4 定价：CNY18.00

（中央美术学院专业素描丛书）

J0035795

素描　（石膏像）

南京 江苏美术出版社 1999年 重印本

42cm（8开）ISBN：7-5344-0860-1

定价：CNY16.00

（美术教学示范作品）

J0035796

素描·半身像　周海歌主编；何思广等绘

南京 江苏美术出版社 1999年 重印本 43cm

ISBN：7-5344-0861-X 定价：CNY16.00

（美术教学示范作品）

J0035797

素描静物　（美术高考要领）李方明，潘志亮主编

合肥 安徽美术出版社 1999年 22页 43cm

ISBN：7-5398-0755-5 定价：CNY24.00

（成才之路）

J0035798

素描人像　艺非主编

南宁 广西美术出版社 1999年 8册 38cm（6开）

（走进美院 系列丛书）

　　主编艺非，主编的作品有《玻璃、器皿暖光集》《男人·女人正面顶光集》《水果、瓦罐暖光集》等。

J0035799

素描石膏　（美术高考要领）章德明主编

合肥 安徽美术出版社 1999年 22页 43cm

ISBN：7-5398-0754-7 定价：CNY24.00

（成才之路）

J0035800

素描石膏范图　天津杨柳青画社编

天津 天津杨柳青画社 1999年 53cm（4开）

ISBN：7-80503-449-4 定价：CNY20.00

（美术教学示范作品）

J0035801

素描头像　（美术高考要领）徐芒耀，周培德主编

合肥 安徽美术出版社 1999年 22页 43cm

ISBN：7-5398-0756-3 定价：CNY24.00

（成才之路）

J0035802

素描香港　（都市）欧阳乃霑绘图；金依撰文

香港 三联书店（香港）公司 1999年 91页

14cm（64开）ISBN：962-04-1568-X

定价：HKD30.00

　　外文书名：HK Sketchbook.

J0035803

素描香港　（海港）欧阳乃霑绘图；金依撰文

香港 三联书店（香港）公司 1999年 91页

14cm（64开）ISBN：962-04-1629-5

定价：HKD30.00

　　外文书名：HK Sketchbook.

J0035804

素描香港　（怀旧）欧阳乃霑绘图；金依撰文

香港 三联书店（香港）公司 1999年 91页

14cm（64开）ISBN：962-04-1628-7

定价：HKD30.00

　　外文书名：HK Sketchbook.

J0035805
素描香港 （乡镇）欧阳乃霑绘图；金依撰文
香港 三联书店（香港）公司 1999 年 91 页
14cm（64 开）ISBN：962-04-1627-9
定价：HKD30.00
　　外文书名：HK Sketchbook.

J0035806
速写 曹兴军编著
杭州 浙江摄影出版社 1999 年 27 页 26cm（16 开）
ISBN：7-80536-573-3 定价：CNY35.00

J0035807
天津美术学院中青年教师素描作品集
合肥 安徽美术出版社 1999 年 90 页
28cm（大 16 开）ISBN：7-5398-0812-8
定价：CNY36.00
（全国高等美术学院教师作品选）
　　本书包括天津美术学院中青年教师素描作
品约 80 幅，其中包括《男人体》《女人体》《云》
《空》等。

J0035808
头像素描范画精选 张怀林编著
福州 福建美术出版社 1999 年 重印本
34cm（18 开）ISBN：7-5393-0457-X
定价：CNY12.00
（美术自学向导丛书）

J0035809
西安美术学院中青年教师素描作品集 《西
安美术学院中青年教师素描作品集》编委会编
合肥 安徽美术出版社 1999 年 90 页
28cm（大 16 开）ISBN：7-5398-0800-4
定价：CNY36.00
（全国高等美术学院教师作品选）

J0035810
线描画 （风景）刘玉林编
成都 四川美术出版社 1999 年 29cm（16 开）
ISBN：7-5410-1653-5 定价：CNY10.00
（中国儿童画库）

J0035811
线韵 （齐康建筑钢笔画选）齐康建著

南京 东南大学出版社 1999 年 150 页 25×26cm
ISBN：7-81050-399-5 定价：CNY30.00

J0035812
线韵画情 （徐震时速写集）徐震时绘；上海
市松江区地方史志编纂委员会办公室编
上海 汉语大词典出版社 1999 年 10+267 页
19cm（小 32 开）精装 ISBN：7-5432-0368-5
定价：CNY25.00
（松江文献系列丛书 绘画专辑）

J0035813
乡村诊所 谢宏军作
济南 山东画报出版社 1999 年 243 页
19cm（小 32 开）ISBN：7-80603-365-3
定价：CNY14.80
（睹画思往录）

J0035814
徐建新线描 徐建新绘
兰州 甘肃人民美术出版社 1999 年 60 页
20cm（32 开）ISBN：7-80588-270-3
定价：CNY18.00

J0035815
徐芒耀教授速写专集 徐芒耀［绘］
杭州 中国美术学院出版社 1999 年 74 页
有照片 26cm（16 开）ISBN：7-81019-728-2
定价：CNY16.00
（中国美术学院专业教师速写丛书）

J0035816
杨飞云素描集 杨飞云绘
南宁 广西美术出版社 1999 年 64 页 29cm（16 开）
ISBN：7-80625-682-2 定价：CNY33.00
（中国素描经典画库）

J0035817
油画版画专业·素描 曹兴军编著
杭州 浙江摄影出版社 1999 年 27 页 26cm（16 开）
ISBN：7-80536-572-5 定价：CNY35.00

J0035818
游波、董能志写生作品 福建省美术教育研
究会编

福州　福建美术出版社　1999 年　55 页 21×19cm
ISBN：7-5393-0537-1　定价：CNY120.00（全套）
（福建师生书画作品·论文辑　3）

J0035819
游文好作品　　福建省美术教育研究会编
福州　福建美术出版社　1999 年　55 页 21×19cm
ISBN：7-5393-0537-1　定价：CNY120.00（全套）
（福建师生书画作品·论文辑　3）

J0035820
于振平讲师速写专集　　于振平绘
杭州　中国美术学院出版社　1999 年　60 页
有照片 26cm（16 开）ISBN：7-81019-731-2
定价：CNY16.00
（中国美术学院专业教师速写丛书）

J0035821
赵宝平素描集　　赵宝平绘；王秋，程大利主编
北京　人民美术出版社　1999 年　114 页 37cm
精装　ISBN：7-102-02091-0　定价：CNY260.00
（中国当代名家）
　　本书为人民美术出版社与辽宁美术出版社
合作出版。

J0035822
赵望云农村写生集　　赵望云绘；冯玉祥题诗
济南　山东画报出版社　1999 年　267 页
19cm（小 32 开）ISBN：7-80603-369-6
定价：CNY17.50

J0035823
赵望云塞上写生集　　赵望云绘；冯玉祥题诗；
杨汝泉说明
济南　山东画报出版社　1999 年　207 页
19cm（小 32 开）ISBN：7-80603-370-X
定价：CNY14.00

J0035824
赵宗藻教授速写专集　　赵宗藻［绘］
杭州　中国美术学院出版社　1999 年　74 页
有照片 26cm（16 开）ISBN：7-81019-726-6
定价：CNY16.00
（中国美术学院专业教师速写丛书）
　　作者赵宗藻（1931—　　），版画家。就读于苏

州美术专科学校和南京大学美术系。历任中国
美术学院版画系主任、副院长，中国版画协会副
主席。代表作有《婺江边上》《四季春》《乡干集
会》《黄山松》等。

J0035825
中国传统人物画线描选　　张国英编
天津　天津杨柳青画社　1999 年　38cm（6 开）
ISBN：7-80503-448-6　定价：CNY12.00

J0035826
中国东部建筑素描　　赵军等主编
济南　山东科学技术出版社　1999 年　169 页
26cm（16 开）ISBN：7-5331-2501-0
定价：CNY26.00

J0035827
中国风景名胜图集　　樊保珍，卢维诚编
北京　中国轻工业出版社　1999 年　253 页
26cm（16 开）ISBN：7-5019-2347-7
定价：CNY36.00

J0035828
中国美术学院专业教师速写丛书　　吴启亚
［主编］
杭州　中国美术学院出版社　1999 年　26cm（16 开）

J0035829
中国美术院校教师素描作品集
沈阳　辽宁美术出版社　1999 年　143 页 29cm（16 开）
ISBN：7-5314-2183-6　定价：CNY22.00

J0035830
中央美术学院雕塑系素描　　中央美术学院雕
塑系编
苏州　古吴轩出版社　1999 年　38cm（6 开）
ISBN：7-80574-456-4　定价：CNY18.00
（中央美术学院专业素描丛书）

J0035831
中央美术学院中国画系素描　　中央美术学院
中国画系编
苏州　古吴轩出版社　1999 年　38cm（6 开）
ISBN：7-80574-440-8　定价：CNY18.00
（中央美术学院专业素描丛书）

中国水彩画、水粉画、粉画、蜡笔画作品

J0035832

简易水彩画 （第二册）鲍叔良绘
上海 形象艺术社 [民国] 16 页 19×13cm

J0035833

模范学生水彩画 （第三册）
上海 大方书局 [民国] 15×10cm

J0035834

现代水彩画帖 郑慎斋编
上海 广益书局 [民国] 23×15cm
　　作者郑慎斋，装帧艺术家。浙江苍南人。毕业于上海美术专科学校。曾任中国工商业美术家协会理事。编写有《高校美术课本》《现代水彩画教本》《世界名画选集》。为张资平《最后的幸福》、蒋光慈《冬天的春笑》、楚洪《爱网》等作书衣设计。

J0035835

新体写生水彩画 须戒己编纂
上海 商务印书馆 1922 年 3 版 83 页
20cm（32 开）定价：大洋四角五分
　　本书为师范学校、中学用水彩画画册。

J0035836

水彩画临本 （第 2 编）钱病鹤编；但杜宇绘
上海 大东书局 民国十二年[1923] 26cm（16 开）

J0035837

水彩画临本 （第 1 编）钱病鹤编；但杜宇绘
上海 大东书局 1934 年 14 版 [44]页 有图
横 26cm（横 16 开）
　　本书为中国现代水彩画临本，每幅画均附轮廓参考图、画法说明等。中等学校用书。

J0035838

水彩画临本 （第 3 编）钱病鹤编；但杜宇绘
上海 大东书局 1934 年 10 版 [44]页 有图
横 26cm（横 16 开）

J0035839

金陵名胜写生集 （第二集 水彩写生集）周玲荪编
上海 商务印书馆 1925 年 [36]页 19×26cm
定价：大洋一元
（国立东南大学、南京高师图画研究会丛刊）
　　本书收 12 幅画，每幅均有说明文字。书末附南京游览指南。

J0035840

水彩画风景 （上册）张眉孙作
上海 新亚书店 [1927–1949 年] 17×26cm

J0035841

梅与天水彩画 梅与天绘
上海 商务印书馆 1929 年 影印本 19×26cm
定价：大洋一元
　　本书收 12 幅作品。

J0035842

非彩画概论 倪贻德著
上海 光华书局 1930 年 118 页 20cm（32 开）
　　作者倪贻德（1901—1970），著名油画家、美术理论家和美术教育家。笔名尼特，毕业于上海美术专科学校。历任浙江美术学院教授、第一副院长，中国美术家协会理事，浙江省美术家协会副主席等职。著作有《西洋画概论》《水彩画研究》《画人行脚》《艺术漫谈》《近代艺术》。还有小说集《玄武湖之秋》《东海之滨》《百合集》等。

J0035843

水彩风景画 周玲荪编
上海 商务印书馆 民国二十二年[1933]
19×27cm ISBN：大洋一元四角
　　本书为新学制高级中学教科书，于右任题写书名。

J0035844

桑子中画集 桑子中作
济南 中华书局 1934 年 [94]页 34cm（15 开）
定价：银一元
（山东艺术学会丛书 1）
　　本书收 22 幅水彩画，每幅均有说明。

J0035845

眉孙水彩画　张眉孙编绘

上海 新亚书店 1938 年 6 版 2 册（16+15 页）

18×26cm

　　本书收 16 幅作品，每幅附说明。

J0035846

彩色粉笔画　蔡忱毅绘；沈士秋校订

上海 新亚书店 1939 年 5 版

4 册（16+16+16+ 16 页）有图 20×28cm

　　本书每册各收 16 幅画。

J0035847

丁光燮风景画展特辑　丁光燮作；黄觉寺编

南京 黄觉寺［发行者］1939 年 影印本 65 页

有图像 26cm（16 开）定价：国币四角

　　本书内收有 33 幅水彩画。另收颜文梁的《自
然的骄子——风景画家》、黄觉寺的《抒情在风景
画上的价值》、刘汝醴的《论风景画》等 20 篇理
论文章。

J0035848

水彩风景画　（下册）徐进编绘

上海 徐进画室 1939 年 24 页 有图

横 19cm（横 24 开）

　　本书收 12 幅作品。作者徐进（1960—　　），
工笔画家。北京人。徐悲鸿第三代入室弟子。
曾任中央美术学院教授、美国哥伦比亚大学客座
教授。代表作品有《贵妃赏花》《黛玉初进大观
园》等，出版《徐进画集》。

J0035849

大众水彩画　中学水彩画研究协会编纂

上海 大众书局 民国二十九年［1940］

25×18cm

J0035850

眉孙水彩画　张眉孙编绘；俞寄凡校阅

上海 新亚书店 民国三十七年［1948］4 册

19×27cm

　　本书第 1 册收有《虎视眈眈》《西施洞》《冬笋》
《大地》《明孝陵华表》等画，并有蔡元培题词及
俞寄凡序。第 2 册收有《霜叶红于二月花》《野味》
《蝶醑花醉》《南京鼓楼街》《菜蔬》等画。第 3 册
收有《为谁忙》《春野》《三鲜》《荸荠》《雪的故乡》

等画，并有朱应鹏题词及陈抱一序。第 4 册收有
《明虾》《鸡鸣寺之志公台》《迎春花》《之江一角》《
慈爱》等画，并有题词及作者赘言。每幅插画前
有作者说明。

J0035851

水彩画册　费新我作

上海 万叶书店 1950 年 15×17cm

　　作者费新我（1903—1992），书法家、画家。
学名斯恩，原字省吾，字立千、号立斋，后改名
新我，湖州南浔双林镇人。毕业于上海白鹅绘画
学校。代表作品有《怎样画毛笔画》《怎样学书
法》《楷书初阶》《怎样画铅笔画》。

J0035852

现代水彩画　（二册）张令涛作

大众书局 1951 年 2 册 定价：CNY0.18（每册）

　　作者张令涛（1903—1988），连环画艺术家。
浙江宁波人，毕业于上海美术专科学校。历任
上海文史馆馆员、中国美术家协会会员、商务印
书馆美术编辑，代表作品有《杨家将》《红楼梦》
《猎虎记》《三国归晋》《女娲补天》《东周列国
志》等。

J0035853

第一个成品　汪志杰作

北京 人民美术出版社 1953 年 1 幅

定价：CNY0.20

　　本作品为中国现代水彩画。

J0035854

苹果花开的时候　黄胄作

北京 人民美术出版社 1953 年 1 幅

定价：CNY0.17

　　作者黄胄（1925—1997），画家、社会活动
家、收藏家。字映斋，河北蠡县人。历任总政治
部文化部创作员、中国画研究院副院长、中国美
术家协会常务理事等。代表作品有《洪荒风雪》
《巡逻图》等，出版有《黄胄书画论》《黄胄作品
集》《黄胄谈艺术》等。

J0035855

让他长的更健康　王绣作

北京 人民美术出版社 1953 年 1 幅

定价：CNY0.18

本作品为中国现代水彩画。

J0035856
到天安门去　宗其香作
［北京］朝花出版社　1954年　1幅
定价：CNY0.16
　　本书为宗其香水彩画作品。作者宗其香
（1917—1999），画家、美术教育家。江苏南京人，
毕业于中央大学艺术系。曾任北平国立艺术专
科学校讲师、中央美术学院国画系教授、中国美
术家协会会员。代表作品有《艺君像》《漓江夜》
《寺前小集》等，出版有《宗其香画集》等。

J0035857
花鸟　陈之佛作
上海　上海人民美术出版社　1954年　1幅
定价：CNY0.36
　　作者陈之佛（1896—1962），画家、工艺美术
家。又名陈绍本、陈杰，号雪翁。毕业于浙江省
工业专门学校染织科机织专业，曾留学日本入
东京美术学校工艺图案科。曾任教于上海美术
专科学校及中央大学艺术系，任南京大学、南京
师范学院教授，江苏美术家协会副主席，南京艺
术学院副院长，中国美术家协会理事等职。代
表作品有《瑞安名胜古诗选》《旅美纪行》《江村
集》等。

J0035858
鲁迅先生　丁浩作
上海　上海人民美术出版社　1954年　1幅
定价：CNY0.06

J0035859
麦积山　陆鸿年作
［北京］朝花出版社　1954年　1幅
定价：CNY0.16
　　本作品为陆鸿年水彩画。作者陆鸿年
（1919—1989），教师。江苏太仓人，毕业于辅仁
大学美术系，并留校任美术系助教。历任中央美
术学院中国画系讲师、副教授。发表《法海神寺
壁画》《永乐宫壁画艺术》《中国古代壁画的一些
成就》等研究论文。

J0035860
抢修　宗其香作

［北京］朝花出版社　1954年　1幅　定价：CNY0.18

J0035861
上学　沙更思作
［北京］朝花出版社　1954年　1幅　定价：CNY0.16

J0035862
投票的日子　沙兵作
［北京］朝花出版社　1954年　1幅　定价：CNY0.18

J0035863
西湖　周素琳作
上海　上海人民美术出版社　1954年　1幅
定价：CNY0.18

J0035864
幸福的一代　侯逸民作
［北京］朝花出版社　1954年　1幅　定价：CNY0.16

J0035865
成渝线上　邵宇作
北京　朝花出版社　1955年　［1］张　39cm（8开）
定价：CNY0.10

J0035866
打风钻　（水粉画）韩乐业作
上海　上海人民美术出版社　1955年　［1］张
定价：CNY0.20

J0035867
佛子岭水库　钱延康作
上海　上海人民美术出版社　1955年　［1］张
定价：CNY0.14

J0035868
黄村庙会　侯逸民作
北京　朝花出版社　1955年　［1］张　39cm（8开）
定价：CNY0.10

J0035869
竞赛　（水粉画）吴君琪作
上海　上海人民美术出版社　1955年　［1］张
定价：CNY0.14

J0035870
灵隐 （彩墨画）潘韵作
上海 上海人民美术出版社 1955 年 [1] 张
定价: CNY0.20

J0035871
瓶花 （水粉画）林风眠作
上海 上海人民美术出版社 1955 年 [1] 张
定价: CNY0.18
　　作者林风眠（1900—1991），画家、艺术教育家。名绍琼，字凤鸣，后改风眠。广东梅县人。曾任国立艺术学院首任院长，中国美术家协会上海分会副主席。代表作品有《春晴》《江畔》《仕女》。

J0035872
全国水彩、速写选集 朝花美术出版社辑
北京 朝花美术出版社 1955 年 54 页 20cm（32 开）
定价: CNY2.10

J0035873
炒茶机安装好了 （水粉画）宋杰作
上海 上海人民美术出版社 1956 年 1 张
定价: CNY0.08

J0035874
东山岛英雄的保卫者 （水粉画）高镜德作
上海 上海人民美术出版社 1956 年 1 张
定价: CNY0.20

J0035875
和平与友谊 邵宇作
北京 人民美术出版社 1956 年 6 幅 43cm（8 开）
定价: CNY5.00
　　本作品为中国现代水粉画。

J0035876
红旗插上一江山岛 （水粉画）彭彬，文西作
北京 朝花美术出版社 1956 年 1 张
定价: CNY0.10
　　作者彭彬（1927— ），油画家。江苏吕四人，毕业于中央美术学院专修科。历任解放军总政文化部创作室创作员，军事博物馆美术创作员。作品有《遵义会议》《雄关漫道真如铁，而今漫步从头越》《巍巍长城一代风流》等。

J0035877
女炼钢实习生 （水粉画）阳太阳作
武汉 长江文艺出版社 1956 年 1 张
定价: CNY0.08
　　作者阳太阳（1909—2009），画家、艺术教育家。又名阳雪坞，晚号芦笛山翁。广西桂林人，毕业于上海艺术专科学校。代表作品有《漓江烟雨》《碧莲峰下》《塔山朝晖》《象山朝晖》等，出版《阳太阳绘画全集》《荣宝斋画谱·阳太阳山水部分》《中国近现代名家——阳太阳》《阳太阳艺术文集》等。

J0035878
晚归 （水粉画）李学淮作
上海 上海人民美术出版社 1956 年 1 张
定价: CNY0.14

J0035879
一片新缘 （水彩画）李剑晨作
上海 上海人民美术出版社 1956 年 1 张
定价: CNY0.14
　　作者李剑晨（1900—2002），教授、画家。原名李汝骅，字剑晨，河南内黄县人，毕业于北平国立艺术专科学校。历任东南大学建筑系教授、江苏省美术家协会副主席、江苏省水彩画研究会会长、中国水彩画协会名誉会长、国际水彩画联盟理事、亚洲画会主席等。出版有《水彩画创作技法》《李剑晨中国画集》等。

J0035880
原始森林下宿营 （水粉画）董希文作
北京 人民美术出版社 1956 年 1 张
定价: CNY0.16
　　作者董希文（1914—1973），著名油画家、美术教育家。浙江绍兴人。毕业于上海美术专科学校。曾任中央美术学院教授。代表作品有油画《开国大典》《春到西藏》《哈萨克牧羊女》《苗女赶场》《百万雄师过大江》等。

J0035881
在新开垦的土地上 （水彩画）林龙华作
北京 朝花美术出版社 1956 年 1 张
定价: CNY0.10

J0035882
水彩画选集　张眉孙等绘
上海　上海人民美术出版社　1957 年　影印本
50 页　77×13cm
　　本书选印张眉孙、潘思同、樊明体、李剑晨、哈定、张充仁、李咏森等 21 位画家的 50 幅作品，全部彩色印制。内容大部分是风景图，其中有自然景色、乡镇风光、名胜古迹等，另外还有少量静物作品。

J0035883
水彩画选集　张眉孙等绘
上海　上海人民美术出版社　[1957 年]影印本
50 幅　26×37cm　精装　统一书号：8081.3271
定价：CNY12.50
　　本书选印张眉孙、潘思同、樊明体、李剑晨、哈定、张充仁、李咏森等 21 位画家的 50 幅作品，全部彩色印制。内容大部分是风景图，其中有自然景色、乡镇风光、名胜古迹等，另外还有少量静物作品。

J0035884
云南水彩画写生选集　云南人民出版社编
昆明　云南人民出版社　1958 年　14 页　有图
26cm（16 开）统一书号：8116.125　定价：CNY0.90

J0035885
张充仁水彩画选　张充仁绘
北京　人民美术出版社　1958 年　10 幅　25cm（小16 开）统一书号：8027.1383　定价：CNY2.20

J0035886
儿童涂色画册　（下）少年儿童出版社编
上海　少年儿童出版社　1959 年　15×19cm
统一书号：R8024.99　定价：CNY0.11

J0035887
蜡笔画册　湖南人民出版社编
长沙　湖南人民出版社　1959 年　30 页　13×19cm
统一书号：8019.329　定价：CNY0.20

J0035888
水彩画册　湖南人民出版社编
长沙　湖南人民出版社　1959 年　30 页　13×19cm
统一书号：8109.259　定价：CNY0.20

J0035889
水彩画帖　（静物　人物　风景　动物）北京艺术师范学院美术系编绘
北京　人民美术出版社　1959 年　[32]页
19×26cm　统一书号：8027.2306　定价：CNY0.84

J0035890
水彩画小辑　王信等绘
上海　上海人民美术出版社　1959 年　10 幅
15cm（40 开）统一书号：T8081.8089
定价：CNY0.40
　　作者王信（1925—　　），画家。河北承德人。历任辽宁美术出版社专职画家、承德市群艺馆研究馆员、河北水彩画会名誉会长、河北省美术家协会顾问。画作有《早雾》《原始森林》《深山情》《山家》等。出版有《王信水彩画选辑》《王信水彩选集》《王信水彩画专辑》等。

J0035891
祖国在建设中　（水彩画选辑）王肇民等作
上海　上海人民美术出版社　1959 年　8 页
39cm（4 开）统一书号：T8081.4273
定价：CNY1.20
　　作者王肇民（1908—2003），画家、美术教育家。安徽萧县人。广州美术学院教授。出版有《画语拾零》《水彩画选集》，诗词选《红叶》等。

J0035892
黄河渡口　（水彩画）右元作
北京　人民美术出版社　1960 年　[1 张]
定价：CNY0.10

J0035893
南海风光　黄笃维画
上海　上海人民美术出版社　1960 年　8 张（套）
定价：CNY0.40

J0035894
葡萄和藕　（水彩画）张充仁作
北京　人民美术出版社　1960 年　[1 张]
定价：CNY0.06

J0035895
水彩画临本　（第 1 卷）李咏森编绘
石家庄 河北人民出版社　1960 年　3 册

27cm（16开）活页袋装 统一书号：T8087.909
定价：CNY1.60

J0035896

水彩画临本 （第2卷）李咏森编绘
石家庄 河北人民出版社 1960年 3册
27cm（16开）活页袋装 统一书号：T8087.2065
定价：CNY1.80

J0035897

水彩画临本 李咏森编绘
石家庄 河北人民出版社 1960年 18幅
26cm（16开）统一书号：T8087.999 定价：CNY1.60

J0035898

水彩画小辑 （2）吴冠中等作
上海 上海人民美术出版社 1960年 10张（套）
定价：CNY0.40

J0035899

水彩画小辑 （3）张眉孙等作
上海 上海人民美术出版社 1963年 10张（套）
［15cm］（56开）定价：CNY0.50

J0035900

水彩画小辑 （4）上海人民美术出版社编
上海 上海人民美术出版社 1963年 8张（套）
［15cm］（56开）定价：CNY0.40

J0035901

水彩画小辑 （5）李松石等作；上海人民美术
出版社编辑
上海 上海人民美术出版社 1964年 10张（套）
13cm（64开）定价：CNY0.50

J0035902

水彩画小辑 （6）上海人民美术出版社编辑
上海 上海人民美术出版社 1965年 8张（套）
15cm（56开）定价：CNY0.40

J0035903

苍兰 （水彩画）贺天健作
上海 朵云轩 1961年 ［1张］
　　作者贺天健（1891—1977），国画家、书法
家。原名贺骏，又名贺炳南，字健叟，阿难等。

江苏无锡人，毕业于西安美术学院。书法作品有
《东风吹到好江山》，出版有《贺天健画集》《贺天
健山水册》《学山水画过程自述》等。

J0035904

蜡笔画 费新我作
上海 上海人民美术出版社 1961年 影印本
重印本 32页 13×19cm 统一书号：R8081.3212
定价：CNY0.32
　　作者费新我（1903—1992），书法家、画家。
学名斯恩，原字省吾，字立千、号立斋，后改名
新我，湖州南浔双林镇人。毕业于上海白鹅绘画
学校。代表作品有《怎样画毛笔画》《怎样学书
法》《楷书初阶》《怎样画铅笔画》。

J0035905

牡丹 （水彩画）贺天健作
上海 朵云轩 1961年 ［1幅］

J0035906

攀登世界高峰 （水彩画）马乐群作
上海 上海人民美术出版社 1961年 ［1幅］
定价：CNY0.16

J0035907

水彩画选 （上集）吴栋梁等画
北京 朝花美术出版社 1961年 影印本 20幅
35cm（8开）活页 统一书号：T8028.1824
定价：CNY3.40

J0035908

水彩画选 （下集）吴栋梁等画
北京 朝花美术出版社 1961年 影印本 20幅
35cm（8开）活页 统一书号：T8028.1824
定价：CNY3.40

J0035909

推雪 （水彩画）陈辅作
［济南］山东人民出版社 1961年 ［1幅］
定价：CNY0.04

J0035910

走吧！快上课了 （水彩画）柳济生作
［济南］山东人民出版社 1961年 ［1幅］
定价：CNY0.04

J0035911
百骏图　广铎作
兰州　甘肃人民出版社 1962 年［1 幅］
78cm（2 开）定价：CNY0.15
　　本作品系中国水彩画。

J0035912
扁竹莲　乌密风作
沈阳　辽宁美术出版社 1962 年［1 幅］
26cm（16 开）定价：CNY0.06
　　本作品系中国水彩画。作者乌密风（1920—
2004），女，工艺美术家。浙江杭州人，毕业于杭
州国立艺术专科学校图案系。历任鲁迅美术学
院工艺美术系主任、副院长、染织专业教授，鲁
迅美术学院学术委员会委员、荣誉终身教授。出
版有《敦煌藻井图案》《花卉图案集》《乌密风画
集》《乌密风水彩精品集》等。

J0035913
插秧　吴冠中作
上海　上海人民美术出版社 1962 年［1 幅］
38cm（6 开）定价：CNY0.10
　　本作品系中国水彩画。

J0035914
厂内运输线　陈尊三作
沈阳　辽宁美术出版社 1962 年［1 幅］
38cm（6 开）定价：CNY0.10
　　本作品系中国水彩画。

J0035915
城墙山　乌叔养作
沈阳　辽宁美术出版社 1962 年［1 幅］
38cm（6 开）定价：CNY0.10
　　本作品系中国水彩画。作者乌叔养（1903—
1966），画家。原籍浙江镇海，生于杭州。历任江
苏省文化教育学院、鲁迅美术学院教授，辽宁省
文学艺术联合会副主席，辽宁省美术家协会理事
等。主要作品有油画《甲午海战》、中国画《葛贤
抗税》等。出版有《乌叔养作品集》。

J0035916
垂钓　汤由础作
广州　广东人民出版社 1962 年［1 幅］
38cm（6 开）定价：CNY0.30

　　本作品系中国水彩画。

J0035917
大理花　（汉维文对照）胡耀先作
乌鲁木齐　新疆人民出版社 1962 年［1 幅］
53cm（4 开）定价：CNY0.13
　　本作品系中国水彩画。

J0035918
大丽花　萧淑芳作
郑州　河南人民出版社 1962 年［1 幅］
38cm（6 开）定价：CNY0.20
　　本作品系中国水彩画。作者萧淑芳（1911—
2005），女，国画家。广东中山人。曾任中央美术
学院教授、中国美术家协会会员。出版有《走过
九十——萧淑芳画集》《萧淑芳画选》《荣宝斋萧
淑芳花卉画谱》《中国儿童游戏》《吴作人、萧淑
芳中国画集》等。

J0035919
风景　邵宇作
北京　人民美术出版社 1962 年［1 幅］
45cm（5 开）定价：CNY0.50
　　本作品系中国水彩画。

J0035920
富春江畔　崔豫章作
上海　上海人民美术出版社 1962 年［1 幅］
38cm（6 开）定价：CNY0.10
　　本作品系中国水彩画。

J0035921
富春江上　关友声作
济南　山东人民出版社 1962 年［1 幅］
78cm（2 开）定价：CNY0.12
　　本作品系中国水彩画。

J0035922
钢厂一角　廖炯模作
沈阳　辽宁美术出版社 1962 年［1 幅］
38cm（6 开）定价：CNY0.10
　　本作品系中国水彩画。

J0035923
高炉　杭鸣时作

沈阳 辽宁美术出版社 1962 年［1 幅］
38cm（6 开）定价：CNY0.10
　　本作品系中国水彩画。作者杭鸣时
（1931—　　），画家。又名杭度，生于上海，祖籍
浙江海宁，毕业于鲁迅美术学院。历任苏州城市
建设环境保护学院建筑系美术教研室主任、中国
美术家协会会员。代表作品有《夜航》《工业的
粮仓》等。

J0035924
姑娘追　（汉维文对照）列阳作
乌鲁木齐 新疆人民出版社 1962 年［1 幅］
53cm（4 开）定价：CNY0.13
　　本作品系中国水彩画。

J0035925
黄山云海　张眉孙作
上海 上海人民美术出版社 1962 年［1 幅］
53cm（4 开）定价：CNY0.50
　　本作品系中国水彩画。

J0035926
剑晨水彩画集　李剑晨画
南京 江苏人民出版社 1962 年 28 幅 39cm（4 开）
活页 统一书号：8100.955 定价：CNY5.60
　　本书收作者近年来的写生作品 28 幅，题材
有工厂、矿山、农村、渔港、古代建筑、田园景
色、风景、山岳、海洋等。

J0035927
江南市镇　古元作
沈阳 辽宁美术出版社 1962 年［1 幅］
38cm（6 开）定价：CNY0.08
　　本作品系中国水彩画。

J0035928
李超士粉画集　李超士绘
济南 山东人民出版社 1962 年 25 页 27cm（16 开）
精装 统一书号：8099.463 定价：CNY13.00

J0035929
李超士粉画集
济南 山东人民出版社 1962 年［50］页
27cm（大 16 开）绸面精装 统一书号：8099.463
定价：CNY13.00

J0035930
李超士粉画集
济南 山东人民出版社 1962 年 30cm（10 开）
纸面精装 定价：CNY11.50

J0035931
炼铁厂　许荣初作
沈阳 辽宁美术出版社 1962 年［1 幅］
38cm（6 开）定价：CNY0.10
　　本作品系中国水彩画。

J0035932
林间　潘思同作
上海 上海人民美术出版社 1962 年［1 幅］
38cm（6 开）定价：CNY0.10
　　本作品系中国水彩画。

J0035933
气象峥嵘　张眉孙作
上海 上海人民美术出版社 1962 年［1 幅］
38cm（6 开）定价：CNY0.25
　　本作品系中国水彩画。

J0035934
青岛海滨　乌叔养作
沈阳 辽宁美术出版社 1962 年［1 幅］
38cm（6 开）定价：CNY0.10
　　本作品系中国水彩画。

J0035935
山乡春早　陈强作
上海 上海人民美术出版社 1962 年［1 幅］
76cm（2 开）定价：CNY0.25
　　本作品系中国水彩画。

J0035936
深巷　古元作
沈阳 辽宁美术出版社 1962 年［1 幅］
38cm（6 开）定价：CNY0.08
　　本作品系中国水彩画。

J0035937
十月小学　古元作
沈阳 辽宁美术出版社 1962 年［1 幅］
38cm（6 开）定价：CNY0.08

本作品系中国水彩画。

J0035938
市镇之晨　古元作
沈阳　辽宁美术出版社 1962 年［1 幅］
38cm（6 开）定价：CNY0.08
　　本作品系中国水彩画。

J0035939
水彩画临本　（第 1 卷）李咏森编绘
石家庄　河北人民美术出版社 1962 年　重印本
18 幅 26cm（16 开）统一书号：T8087.999
定价：CNY1.60

J0035940
水彩画临本　（第 1 卷）李咏森绘
石家庄　河北人民美术出版社 1963 年
18 张（套）附说明 1 册 26cm（16 开）
定价：CNY1.60
　　本书为中等学校用书。

J0035941
水彩画临本　（第 2 卷）张眉荪编绘
石家庄　河北人民美术出版社 1963 年
19 张（套）附说明 1 册 26cm（16 开）
定价：CNY1.80
　　本书为中等学校用书。

J0035942
水彩画临本　（第 3 卷）李咏森编绘
石家庄河北人民美术出版社 1964 年 32 幅
有图 27cm（16 开）统一书号：T8087.2176
定价：CNY2.50

J0035943
水彩画临本　（第 3 卷）
石家庄　河北人民美术出版社 1964 年 32 幅
26cm（16 开）定价：CNY0.25
　　本书为中等学校用书。

J0035944
水彩画选集　（第 2 辑）乌叔养等作
上海　上海人民美术出版社 1962 年
1 盒（40 幅）28×40cm　统一书号：T8081.4610
定价：CNY7.50

J0035945
水彩画选辑
天津　天津美术出版社 1962 年 18 幅 28cm（16 开）
活页 统一书号：8073.2494 定价：CNY5.70

J0035946
水彩画页　杭鸣时等绘
北京　朝花美术出版社 1962 年 10 幅 35cm（8 开）
活页 统一书号：8028.1858 定价：CNY1.70

J0035947
苏州园林　瞿国樑作
上海　上海人民美术出版社 1962 年［1 幅］
76cm（2 开）定价：CNY0.25
　　本作品系中国水彩画。

J0035948
喂鸡　郑鹛作
合肥　安徽人民出版社 1962 年［1 幅］
76cm（2 开）定价：CNY0.25
　　本作品系中国水彩画。

J0035949
洗衣　吴冠中作
上海　上海人民美术出版社 1962 年［1 幅］
38cm（6 开）定价：CNY0.10
　　本作品系中国水彩画。

J0035950
绣花帽　（汉维文对照）葛德夫作
乌鲁木齐　新疆人民出版社 1962 年［1 幅］
76cm（2 开）定价：CNY0.25
　　本作品系中国水彩画。

J0035951
萱花　乌密风作
沈阳　辽宁美术出版社 1962 年［1 幅］
26cm（16 开）定价：CNY0.06
　　本作品系中国水彩画。

J0035952
迎着春天的太阳　米瑛作
兰州　甘肃人民出版社 1962 年［1 幅］
76cm（2 开）定价：CNY0.22
　　本作品系中国水彩画。

J0035953

雨后渔村　古元作

北京　人民美术出版社　1962 年［1 幅］

53cm（4 开）定价：CNY0.60

　　本作品系中国现代油画。

J0035954

春雨　樊明体作

上海　上海人民美术出版社　1963 年［1 幅］

39cm（8 开）定价：CNY0.25

　　本作品系中国水彩画。

J0035955

黄花岗　沈绍伦作

上海　上海人民美术出版社　1963 年［1 幅］

39cm（8 开）定价：CNY0.25

　　本作品系中国水彩画。作者沈绍伦
（1935—　　），画家。上海嘉定人。中国美术家协
会会员、美术家协会上海分会理事、上海水彩画
研究会会长、上海画片出版社编辑、上海人民美
术出版社宣传画编辑。代表作品有《荷塘翠鸟》
等；出版有《沈绍伦水彩画选集》等。

J0035956

静物写生　余钟志作

西安　长安美术出版社　1963 年　8 张（套）

15cm（40 开）统一书号：8146.515 定价：CNY0.57

　　本作品系中国水彩画。

J0035957

莱比锡之冬　舒传熹作

上海　上海人民美术出版社　1963 年［1 幅］

39cm（8 开）定价：CNY0.25

　　本作品系中国水彩画。

J0035958

李剑晨画选　李剑晨作

北京　人民美术出版社　1963年 10 幅 19cm（32 开）

统一书号：8027.4117 定价：CNY0.80

　　本作品系中国现代水彩画。

J0035959

李伟卿水彩画

昆明　云南人民出版社　1963 年　8 张（套）

15cm（40 开）定价：CNY0.25

　　本作品系中国现代水彩画。

J0035960

潘思同水彩画选　潘思同作

北京　人民美术出版社　1963 年 25 幅 26cm（16 开）

统一书号：8027.4154 定价：CNY5.00

J0035961

普选　邵宇作

北京　人民美术出版社　1963 年［1 幅］

39cm（8 开）定价：CNY0.15

　　本作品系中国现代水彩画。

J0035962

秋令花鲜　张举毅作

长沙　湖南人民出版社　1963 年［1 幅］

39cm（8 开）定价：CNY0.07

　　本作品系中国现代水彩画。

J0035963

水彩小画片　（汉、维文对照）

乌鲁木齐　新疆人民出版社　1963 年　13 张（套）

15cm（40 开）定价：CNY0.65

J0035964

水粉画小辑　乌密风作

沈阳　辽宁美术出版社　1963 年　8 张（套）

15cm（40 开）定价：CNY0.30

　　作者乌密风（1920—2004），女，工艺美术
家。浙江杭州人，毕业于杭州国立艺术专科学校
图案系。历任鲁迅美术学院工艺美术系主任、副
院长、染织专业教授，鲁迅美术学院学术委员会
委员、荣誉终身教授。出版有《敦煌藻井图案》
《花卉图案集》《乌密风画集》《乌密风水彩精品
集》等。

J0035965

迎春　邵宇作

北京　人民美术出版社　1963 年［1 幅］

54cm（4 开）定价：CNY0.60

　　本作品系中国水彩画。

J0035966

白果坪风景　（水彩）余靖作

［武汉］湖北人民出版社　1964 年［1 张］

38cm（6 开）定价：CNY0.25
中国现代水彩画作品。

J0035967
李有行画选　李有行作
北京　人民美术出版社 1964 年 8 幅 19cm（32 开）
统一书号：T8027.4278 定价：CNY0.64
中国现代水彩画作品。

J0035968
连珠山下　（水彩）中流作
［武汉］湖北人民出版社 1964 年 ［1 张］
38cm（6 开）定价：CNY0.25

J0035969
牧　（水彩）杜咏樵作
上海　上海人民美术出版社 1964 年 ［1 张］
38cm（6 开）定价：CNY0.15

J0035970
水彩画小辑
［沈阳］辽宁人民美术出版社 1964 年
12 张（套）15cm（64 开）定价：CNY0.27

J0035971
水彩画新辑　（第一辑）上海人民美术出版社编
上海　上海人民美术出版社 1964 年 12 幅
27cm（16 开）活页 统一书号：T8081.8955
定价：CNY2.20

J0035972
水彩画新辑　（第二辑）上海人民美术出版社编
上海　上海人民美术出版社 1964 年 10 幅
27cm（16 开）活页 统一书号：T8081.9029
定价：CNY1.90

J0035973
水彩画新辑　（第三辑）上海人民美术出版社编
上海　上海人民美术出版社 1965 年 10 幅
27cm（16 开）统一书号：T8081.9275
定价：CNY1.90

J0035974
文昌桥　（水彩）李松石作
上海　上海人民美术出版社 1964 年 ［1 张］

38cm（6 开）定价：CNY0.15

J0035975
绣球花　（水彩）李咏森作
上海　上海人民美术出版社 1964 年 ［1 张］
38cm（6 开）定价：CNY0.15

J0035976
渔港　（水彩）潘思同作
上海　上海人民美术出版社 1964 年 ［1 张］
38cm（6 开）定价：CNY0.15

J0035977
雨后清江　（水彩）高季方作
［武汉］武汉人民出版社 1964 年 ［1 张］
53cm（4 开）定价：CNY0.25

J0035978
水粉画小辑　符罗飞作；上海人民美术出版社编
上海　上海人民美术出版社 1965 年 6 张（套）
19cm（32 开）定价：CNY0.48

J0035979
1971 年月历（农历辛亥年）　（《生命不息，冲锋不止》水粉画）
郑州　河南人民出版社 1970 年 1 张 54cm（4 开）
定价：CNY0.07

J0035980
1971 年月历（农历辛亥年）　（《生命不息，冲锋不止》水粉画）
天津　天津人民美术出版社 1970 年 1 张
54cm（4 开）定价：CNY0.07

J0035981
1971 年月历（农历辛亥年）　（《生命不息，冲锋不止》水粉画）
乌鲁木齐　新疆人民出版社 1970 年 1 张
54cm（4 开）定价：CNY0.07

J0035982
革命现代京剧　（红灯记 水粉画）《解放日报》
美术通讯员创作；上海市出版"革命组"编
上海　上海市出版"革命组" 1970 年 24 张
19cm（32 开）定价：CNY0.50

J0035983

革命现代京剧 （沙家浜 水粉画）《解放日报》美术通讯员创作，《文汇报》美术通讯员创作；上海市出版"革命组"编

上海 上海市出版"革命组" 1970 年 17 张 19cm（32 开）定价：CNY0.42

J0035984

革命现代京剧《红灯记》 （水粉画画册）《解放日报》美术通讯员创作

上海 上海市出版"革命组" 1970 年 1 幅 19cm（32 开）定价：CNY0.50

J0035985

革命现代京剧《红灯记》 （水粉画画辑）《解放日报》美术通讯员创作

上海 上海市出版"革命组" 1970 年 24 幅（套） 19cm（32 开）定价：CNY0.25

J0035986

革命现代京剧《红灯记》 （水粉画画辑）《解放日报》美术通讯员创作

上海 上海市出版"革命组" 1970 年 24 幅（套） 19cm（小 32 开）精装 定价：CNY0.55

J0035987

革命现代京剧《沙家浜》 （水粉画 画册）《解放日报》《文汇报》美术通讯员创作

上海 上海市出版"革命组" 1970 年 19cm（32 开）定价：CNY0.42

本书取材于现代京剧《沙家浜》。

J0035988

革命现代京剧《沙家浜》 （水粉画 画辑）《解放日报》《文汇报》美术通讯员创作

上海 上海市出版"革命组" 1970 年 17 幅（套） 19cm（32 开）定价：CNY0.18

本书取材于现代京剧《沙家浜》。

J0035989

革命现代京剧《沙家浜》 （水粉画 画辑）《解放日报》《文汇报》美术通讯员创作

上海 上海市出版"革命组" 1970 年 17 幅（套） 19cm（32 开）精装 定价：CNY0.40

本书取材于现代京剧《沙家浜》。

J0035990

革命现代京剧《红灯记》 （水粉画）《解放日报》美术通讯员创作

西安 陕西人民出版社 1971 年 19cm（32 开）

定价：CNY0.30

J0035991

革命现代舞剧《红色娘子军》 （水粉画）《解放日报》美术通讯员创作；上海人民出版社编

上海 上海人民出版社 1971 年 28 页 19cm（32 开）

定价：CNY0.55

本书为中国现代舞剧《红色娘子军》的水粉画册专著。

J0035992

革命现代舞剧《红色娘子军》 （水粉画）《解放日报》美术通讯员创作

上海 上海人民出版社 1971 年 28 页 19cm（32 开）

定价：CNY0.29

本书为中国现代舞剧《红色娘子军》的水粉画册专著。

J0035993

船台夜战 （水粉画）江南造船厂业余美术创作组作

上海 上海人民出版社 1972 年 39cm（4 开）

定价：CNY0.10

J0035994

第一次出诊 朱乃正作

西宁 青海人民出版社 1972 年 76cm（2 开）

定价：CNY0.14

J0035995

赴宴斗鸠山

天津 天津人民美术出版社 1972 年 76cm（2 开）

定价：CNY0.10

J0035996

革命现代京剧 （海港 水粉画）《解放日报》美术通讯员创作，《文汇报》美术通讯员创作

上海 上海人民出版社 1972 年 18 张 19cm（32 开）

统一书号：8.3.457 定价：CNY0.42

J0035997

革命现代京剧《海港》（水粉画）《解放日报》
《文汇报》美术通讯员创作；上海人民出版社编
上海　上海人民出版社　1972 年　18 张（套）
19cm（32 开）定价：CNY0.42

J0035998

红色娘子军——授枪
天津　天津人民出版社　1972 年　76cm（2 开）
定价：CNY0.10

J0035999

毛主席来广西 （水粉画）广西壮族自治区
"革委会"文化局美术创作组作
南宁　广西人民出版社　1972 年　54cm（4 开）
定价：CNY0.10

J0036000

我们的朋友遍天下 （水粉画）北京第二十六
中学宣传组供稿
北京　人民出版社　1972 年　1 张　76cm（2 开）
定价：CNY0.14

J0036001

学习白求恩彻底为人民 中国人民解放军
0010 部队美术组集体创作
成都　四川人民出版社　1972 年　1 张　54cm（4 开）
定价：CNY0.06

J0036002

搞好农业广积粮 （水粉画　1974〈农历甲寅
年〉年历）高一呼画
福州　福建人民出版社　1973 年　53cm（4 开）
定价：CNY0.07

　　作者高一呼（1933—　），教授。湖南益阳人，
毕业于湖南省立艺术学校和中央美术学院华东
分院油画系。历任福建师范大学美术系副教授、
油画教研室主任，中国美术家协会会员，福建分
会理事。

J0036003

革命现代京剧 （奇袭白虎团　水粉画）《奇袭
白虎团》水粉画创作组画
［济南］山东人民出版社　1973 年　24 张
19cm（32 开）统一书号：8099.172

定价：CNY0.70

　　本画册包括并肩前进、侦查英雄严伟才、阶
级情意重如泰山、乔装砍柴察敌情、怒斥顽敌、
坚持斗争、侦察等 24 张水彩画。

J0036004

革命现代京剧《奇袭白虎团》（水粉画）《奇
袭白虎团》水粉画创作组画
济南　山东人民出版社　1973 年　19cm（32 开）
统一书号：8099.172　定价：CNY0.70

J0036005

喜见新人出新钢 傅笔抗等画
上海　上海人民出版社　1974 年［1 张］
76cm（2 开）定价：CNY0.11

J0036006

壮乡心连北京城 尤开民作
［南宁］广西人民出版社　1974 年［1 张］
53cm（4 开）定价：CNY0.07

J0036007

把大寨精神带回去 （水粉画）
上海　上海人民出版社　1975 年　1 张
19×13cm（32 开）统一书号：8171.1137
定价：CNY0.01

J0036008

丰富多采的各族群众体育活动 （水粉组画）
沈尧伊作
北京　人民体育出版社　1975 年　12 幅　26cm（16 开）
定价：CNY0.60

　　作者沈尧伊（1943—　），画家。浙江镇海人，
毕业于中央美术学院。曾任中国人民大学徐悲
鸿艺术学院教授、中国美术家协会会员、北京美
术家协会理事、连环画艺术委员会主任。代表作
品《而今迈步从头越》《革命理想高于天》《地球
的红飘带》等。

J0036009

旅大儿童画 旅大市少年宫编
北京　人民美术出版社　1975 年　18 幅　17×10cm
定价：CNY0.44

J0036010
大庆赞　徐德民等绘
北京 人民美术出版社 1976年 2张 76cm（2开）
定价：CNY0.28

J0036011
工农兵形象选
石家庄 河北人民出版社 1976年 56页
18cm（15开）统一书号：8086.611
定价：CNY0.70
　　本书为中国现代水彩画作品。

J0036012
关联昌画室之绘画　关联昌绘
香港 香港市政局 1976年 39页 19cm（32开）
定价：HKD6.00
　　本书系关联昌生平事迹，中国现代水彩画作品画册。外文书名：Tingqua Paintings from His Studio.

J0036013
美术作品形象选　上海人民出版社编
上海 上海人民出版社 1976年 75幅 20cm（32开）
统一书号：8171.1591 定价：CNY0.46
　　本书系中国现代水彩画画册专著。

J0036014
不是为了第一　茅晓峰写；缪朴画
上海 上海人民出版社 1977年 15cm（64开）

J0036015
大庆赞　徐德民等编绘
北京 人民美术出版社 1977年 24页 17×18cm
定价：CNY0.42

J0036016
人民的勤务员　沈行工绘
南京 江苏人民出版社 1977年 15cm（64开）

J0036017
转战途中　杨燕萍作
北京 人民出版社 1977年 54cm（4开）
定价：CNY0.18

J0036018
菊花　（1979<农历己未年>年历）杨健健作
西安 陕西人民出版社 1978年 1张 53cm（4开）
定价：CNY0.18
　　作者杨健健（1940—　），女，西安美术学院副教授，中国美术家协会会员。

J0036019
满目青山夕照明　李凤君作
长春 吉林人民出版社 1978年 76cm（2开）
定价：CNY0.14

J0036020
玫瑰花　（1979年年历）李宝琴作
成都 四川人民出版社 1978年 1张 53cm（4开）
定价：CNY0.15

J0036021
水彩画选　（1）上海人民美术出版社编
上海 上海人民美术出版社 1978年 20幅
26cm（16开）统一书号：8081.11060
定价：CNY1.46
　　本书为中国现代水彩画作品画册。

J0036022
水粉画人物写生
天津 天津人民美术出版社 1978年 16幅
26cm（16开）统一书号：8073.50087
定价：CNY0.90

J0036023
水粉画习作　（一）上海人民美术出版社编
上海 上海人民美术出版社 1978年 16幅
26cm（16开）统一书号：8081.11240
定价：CNY1.22

J0036024
水粉画习作　（二）上海人民美术出版社编
上海 上海人民美术出版社 1978年 16幅
26cm（16开）统一书号：8081.11259
定价：CNY1.22

J0036025
水粉写生画选　重庆市第一轻工业局等编
重庆 重庆市第一轻工业局 1978年 38cm（6开）

J0036026

我爱周爷爷　叶朴,温葆作

北京　人民出版社　1978 年　1 张　53cm（4 开）

定价：CNY0.18

　　本作品为中国现代水彩画。

J0036027

我爱周爷爷　叶朴,温葆作

北京　人民出版社　1978 年　1 张　76cm（2 开）

定价：CNY0.14

J0036028

蒋玄佁水彩画　蒋玄佁绘

上海　上海人民美术出版社　1979 年　20 幅

38cm（6 开）统一书号：8081.11577

定价：CNY3.50

　　本书为中国现代水彩画画册。作者蒋玄佁
（1930—1977），考古学家、教授。生于浙江富阳,
毕业于杭州国立艺术专科学校。同济大学建筑
系美术教授。著有《长沙——楚民族及其艺术》
《中国瓷器的发明》《吉州窑》《中国绘画材料史》
等,出版有《蒋玄佁水彩画集》。

J0036029

李剑晨水彩画　李剑晨绘

上海　上海人民美术出版社　1979 年　16 张

38cm（6 开）统一书号：8081.11446

定价：CNY2.90

　　作者李剑晨（1900—2002），教授、画家。原
名李汝骅,字剑晨,河南内黄县人,毕业于北平
国立艺术专科学校。历任东南大学建筑系教授、
江苏省美术家协会副主席、江苏省水彩画研究会
会长、中国水彩画协会名誉会长、国际水彩画联
盟理事、亚洲画会主席等。出版有《水彩画创作
技法》《李剑晨中国画集》等。

J0036030

潘鹤水彩纪游　潘鹤绘

上海　上海人民美术出版社　1979 年　19 幅

18cm（15 开）统一书号：8081.11648

定价：CNY0.91

　　本书为中国现代水彩画速写画册。作者潘
鹤（1925—　），雕塑家、书画家。广东南海人。
别名潘思伟。曾在华南人民文艺学院学习。广
州美术学院雕塑系终身教授、中国美术家协会常

务理事、全国城市雕塑艺术委员会副主任。创作
大型户外雕塑《珠海渔女》等一百多座,安放在
国内外 60 多座城市。代表作品《潘鹤雕塑作品
选集》《潘鹤水彩纪游》。

J0036031

胜局　（水粉画）高玠瑜作

成都　四川人民出版社　1979 年［1 张］

53cm（4 开）定价：CNY0.08

J0036032

水彩画　（1）上海人民美术出版社编

上海　上海人民美术出版社　1979 年　16 幅

38cm（8 开）统一书号：8081.11523

定价：CNY2.90

J0036033

水彩画　（2）上海人民美术出版社编

上海　上海人民美术出版社　1980 年　16 幅

38cm（8 开）统一书号：8081.11622

定价：CNY2.90

J0036034

水彩画　（3）上海人民美术出版社编

上海　上海人民美术出版社　1981 年　12 幅

38cm（8 开）统一书号：8081.12179

定价：CNY2.30

J0036035

水彩画　（4）上海人民美术出版社编

上海　上海人民美术出版社　1982 年　12 幅

38cm（8 开）统一书号：8081.12953

定价：CNY2.30

J0036036

水彩画选集　黄铁山等绘

长沙　湖南人民出版社　1979 年　21 幅 20cm（32 开）

统一书号：8109.1250　定价：CNY0.48

　　作者黄铁山（1939—　），画家。湖南洞口人,
毕业于湖北艺术学院。历任湖南省美术家协会
主席、湖南省文联副主席。代表作品有《黄铁山
水彩画》《圣彼得堡》《开春》等。

J0036037

水粉花卉写生　张雪茵,杨健健绘

西安　陕西人民美术出版社　1979 年　12 幅
26cm（16 开）统一书号：8199.6 定价：CNY0.60

J0036038
水粉画 （三）上海人民美术出版社编
上海　上海人民美术出版社　1979 年　16 幅
26cm（16 开）统一书号：8081.11669
定价：CNY1.43

J0036039
水粉写生画选　　吴冠中等绘
天津　天津人民美术出版社　1979 年　16 幅
26cm（16 开）统一书号：8073.50116
定价：CNY1.00

J0036040
1981 年月历 （水彩水粉画）
北京　人民美术出版社　1980 年　38cm（6 开）
定价：CNY2.20

J0036041
郭雪湖画辑　　郭雪湖绘
北京　人民美术出版社　1980 年　16 幅　39cm（4 开）
统一书号：8027.7314 定价：CNY1.70
　　本书系中国现代水彩画画册。

J0036042
胡粹中水粉画　　胡粹中绘
上海　上海人民美术出版社　1980 年　16 幅
25cm（小 16 开）套装　统一书号：8081.11817
定价：CNY1.40

J0036043
黄笃维水彩画　　黄笃维绘
上海　上海人民美术出版社　1980 年　16 幅
37cm（8 开）套装　统一书号：8081.11965
定价：CNY2.90

J0036044
水彩画选集　　徐坚等绘
郑州　河南人民出版社　1980 年　24 张　26cm（16 开）
统一书号：8105.948 定价：CNY1.50

J0036045
水彩画选集　　杨振熙等绘

郑州　河南人民出版社　1980 年　22 幅　19×25cm
散页　统一书号：8105.948 定价：CNY1.50

J0036046
水彩画选辑 （1）
北京　人民美术出版社　1980 年　16 幅　38cm（6 开）
统一书号：8027.7179 定价：CNY1.70

J0036047
水彩画选辑 （2）
北京　人民美术出版社　1982 年　16 幅　38cm（6 开）
ISBN：8027.7786 定价：CNY1.70

J0036048
水彩画选辑 （3）
北京　人民美术出版社　1982 年　16 幅　38cm（6 开）
ISBN：8027.8043 定价：CNY1.70

J0036049
水彩画选辑 （4）
北京　人民美术出版社　1983 年　16 幅　38cm（6 开）
统一书号：8027.8383 定价：CNY1.70

J0036050
水彩画选辑 （5）王维新等绘
北京　人民美术出版社　1983 年　16 幅　38cm（6 开）
统一书号：8027.8907 定价：CNY1.70

J0036051
水彩画选辑 （6）人民美术出版社编
北京　人民美术出版社　1984 年　16 幅　38cm（8 开）
ISBN：8027.9177 定价：CNY1.90

J0036052
水彩画选辑 （7）人民美术出版社编
北京　人民美术出版社　1984 年　20 幅　38cm（8 开）
ISBN：8027.8746 定价：CNY2.30

J0036053
水彩写生画选 （1）
天津　天津人民美术出版社　1980 年　18 页
25cm（16 开）统一书号：8073.50168
定价：CNY0.80

J0036054
水粉风景　黄惟一绘
成都　四川人民出版社　1980年　20幅　25cm（15开）
套装　统一书号：8118.649　定价：CNY1.00

J0036055
水粉花卉　李宝琴等绘
成都　四川人民出版社　1980年　20幅　25cm（16开）
统一书号：8118.605　定价：CNY1.20

J0036056
童寯画选　童寯绘；南京工学院建筑研究所编
北京　中国建筑工业出版社　1980年　48幅
38cm（6开）统一书号：15040.3877
定价：CNY6.50

J0036057
童寯画选　童寯绘；南京工学院建筑研究编
北京　中国建筑工业出版社　1980年　48幅
39cm（8开）套装　统一书号：15040.3877
定价：CNY11.50
　　　本书为中国现代水彩画画册。

J0036058
童年乐　香港艺术馆编
香港　香港市政局　1980年　52页　有图
23cm（16开）ISBN：962-215-022-5
定价：HKD11.00
　　　外文书名：Their Joyful Moments.

J0036059
王肇民画辑　王肇民绘
北京　人民美术出版社　1980年　12幅　39cm（8开）
统一书号：8027.7304　定价：CNY1.10
　　　作者王肇民（1908—2003），画家、美术教育
家。安徽萧县人。广州美术学院教授。出版有《画
语拾零》《水彩画选集》，诗词选《红叶》等。

J0036060
杨廷宝水彩画选　杨廷宝绘；南京工学院建
筑研究所编
北京　中国建筑工业出版社　1980年　48幅
39cm（8开）统一书号：15040.3880
定价：CNY6.50

J0036061
春暖花开　（1982年年历）施福国作
杭州　西泠印社　1981年　78cm（2开）
定价：CNY0.20

J0036062
粉画选集
北京　人民美术出版社　1981年　38幅　25cm（15开）
统一书号：8027.7742　定价：CNY1.80

J0036063
李有行作品选
成都　四川人民出版社　1981年［1张］
30cm（10开）定价：CNY2.30

J0036064
李有行作品选　李有行绘
成都　四川人民出版社　1981年　36页　25×25cm

J0036065
孟宪成水粉风景画集　孟宪成绘
天津　天津人民美术出版社　1981年　21幅
19cm（32开）统一书号：8073.50211
定价：CNY1.80
　　　本书系中国现代水粉风景画册。

J0036066
深林明珠　（简崇志水粉画选）简崇志绘
成都　四川人民出版社　1981年　20幅　25cm（16开）
统一书号：8118.970　定价：CNY1.50

J0036067
水彩画小辑　（1）上海人民美术出版社编
上海　上海人民美术出版社　1981年　11幅
18cm（32开）统一书号：8081.12230
定价：CNY0.59

J0036068
水彩画小辑　（2）杨云龙等作
上海　上海人民美术出版社　1983年　11幅
18cm（32开）统一书号：8081.13220
定价：CNY0.59

J0036069
水彩画小辑　（3）杨云龙等作

上海　上海人民美术出版社　1983 年　22 幅
18cm（32 开）统一书号：8081.13420
定价：CNY1.05
　　本辑作品共 22 幅，是从南京、青岛、上海等
地水彩画家作品中精选的。

J0036070
水粉风景　黄惟一作
成都　四川人民出版社　1981 年　20 张　27cm（16 开）
定价：CNY1.00

J0036071
水粉风景静物选辑
广州　岭南美术出版社　1981 年　16 幅　25cm（16 开）
统一书号：8111.2066　定价：CNY1.20

J0036072
水粉水彩写生
乌鲁木齐　新疆人民出版社　1981 年　19cm（32 开）
定价：CNY1.50

J0036073
1983（彩色粉笔画体育挂历） ［杭鸣时绘］
北京　人民体育出版社　1982 年　78cm（2 开）
定价：CNY2.50
　　作者杭鸣时（1931—　），画家。又名杭度，
生于上海，祖籍浙江海宁，毕业于鲁迅美术学
院。历任苏州城市建设环境保护学院建筑系美
术教研室主任、中国美术家协会会员。代表作品
有《夜航》《工业的粮仓》等。

J0036074
古元水彩画选　古元绘
成都　四川人民出版社　1982 年　15 幅　39cm（4 开）
套装　统一书号：6118.1014　定价：CNY2.20
　　本书系中国现代水彩画画册。作者古元
（1919—1996），画家。字帝源，生于广东珠海。
曾就读于鲁迅艺术学院。历任中央美术学院教
授、院长，中国美术家协会副主席，中国版画家
协会主席。作品有《减租会》《烧毁旧地契》《人
桥》《刘志丹和赤卫军》《枣园灯光》等。出版有
《古元木刻选》《古元水彩画选》等。

J0036075
广州水彩画选　岭南美术出版社编

广州　岭南美术出版社　1982 年　24 幅　25cm（15 开）
套装　统一书号：8260.0280　定价：CNY1.60
　　本画辑收入张亦豪、陈秀莪、黄超、张文博
等 22 位作家的作品 24 幅。

J0036076
林聆画选　林聆著
昆明　云南人民出版社　1982 年　29 页　26cm（16 开）
统一书号：8116.1063　定价：CNY1.12
　　本书是中国水彩画画册。

J0036077
王信水彩画选集　王信绘
沈阳　辽宁美术出版社　1982 年　34 幅　39cm（6 开）
统一书号：8161.0110　定价：CNY5.20
　　作者王信（1925—　），画家。河北承德人。
历任辽宁美术出版社专职画家、承德市群艺馆研
究馆员、河北水彩画会名誉会长、河北省美术家
协会顾问。画作有《早雾》《原始森林》《深山情》
《山家》等。出版有《王信水彩画选辑》《王信水
彩选集》《王信水彩画专辑》等。

J0036078
张玲麟画集　张玲麟著
香港　美术家出版社　1982 年　有图　26cm（16 开）
　　本书是中国现代水彩画，扉页有作者张
玲麟亲笔题签。外文书名：Chong Ling-ling's
Paintings.

J0036079
张英洪陈培荣水彩画选　张英洪、陈培荣绘
成都　四川美术出版社　1982 年　16 幅　38cm（6 开）
统一书号：83733.281　定价：CNY4.50
　　本书是中国现代水彩画集，还有 1985 年版。
作者陈培荣（1941—　），著名画家、设计家、教
育家。生于上海，毕业于上海轻工业专科学校。
中国布面水彩画及新意象画派创始人。历任上
海轻专美术系主任，上海工程技术大学广告系主
任，上海理工大学艺术设计学院院长、教授。代
表作有油画《烟云乡情》《都市掠影》系列，水彩
画《花之韵》系列。

J0036080
陈秀莪水彩画选　陈秀莪绘
广州　岭南美术出版社　1983 年　20 幅

25cm（小16开）统一书号：8260.0610
定价：CNY1.50

J0036081
樊明体水彩画　樊明体绘
上海　上海人民美术出版社　1983年　16幅
39cm（4开）套装　统一书号：8081.13186
定价：CNY2.90

J0036082
粉画选　黄裳等画
天津　天津人民美术出版社　1983年　18幅
25cm（15开）套装　统一书号：8073.70050
定价：CNY2.00

　　作者黄裳（1919—2012），散文家、戏剧评论家。原名容鼎，生于河北井陉，祖籍山东益都。毕业于上海交通大学电机系。著有《锦帆集》《过去的足迹》《珠还记》等。

J0036083
冯向杰水彩画选　冯向杰绘
西安　陕西人民美术出版社　1983年　8幅
19cm（32开）套装　统一书号：8199.483
定价：CNY0.70

　　作者冯向杰（1941—　），画家、国家一级美术师。自号桑泉道人，山西临猗人。北京新体育杂志社副编审、中国美术家协会会员、中国体育美术促进会常务理事。代表作品有《相扑为戏》《黄水谣》《盘古开天》等。

J0036084
姑苏春浓　（水粉画）余克危作
南京　江苏人民出版社　1983年　53cm（4开）
定价：CNY0.10

J0036085
胡钜湛水彩画选　胡钜湛绘
广州　岭南美术出版社　1983年　20幅
25cm（小16开）统一书号：8260.0609
定价：CNY1.50

　　作者胡钜湛（1930—　），教授。广东开平人，毕业于华南文艺学院美术部和中南美术专科学校绘画系。历任广州美术学院美术教育系教授、系主任，中国美术家协会会员，广州水彩画研究会副会长。作品有水彩画《第一代可可》《鱼水

情》《乐在其中》《虾》《红梅》等，出版有《胡钜湛水彩画选集》《水与彩的对话》等。

J0036086
梁锡鸿水彩画选　梁锡鸿绘
广州　岭南美术出版社　1983年　20幅　25cm（15开）
统一书号：8260.0684　定价：CNY1.80

J0036087
香港水彩画选集　人民美术出版社编辑室编
北京　人民美术出版社　1983年　46页　19cm（32开）
定价：CNY9.00

　　本画集是以1981年北京举办的香港水彩画展览为基础编辑的。全书共收46幅作品。

J0036088
园林夏日　（水粉画）余克危作
南京　江苏人民出版社　1983年　53cm（4开）
定价：CNY0.10

J0036089
翟翊画辑　翟翊绘
长沙　湖南美术出版社　1983年　16页
25cm（小16开）统一书号：8233.323
定价：CNY1.40
（湖南画家画丛）

　　本画册主要收集作者的粉画作品20幅，属于湖南画家画丛之一。

J0036090
曹辅銮水粉画选　曹辅銮绘
南京　江苏美术出版社　1984年　15页　19cm（32开）
统一书号：18353.6800　定价：CNY1.40

J0036091
陈培荣画选　陈培荣绘
上海　上海人民美术出版社　1984年　40页
19cm（32开）统一书号：8081.13912
定价：CNY1.90

　　本书系中国现代水彩画作品。作者注重艺术创作的本体自我价值，其作品意境深远，功力厚实，一色中变化无常，单纯中丰富无限，构图上匠心经营，简练中灵性实足。这种表达物象的精神，流溢着浓浓的沁人肺腑的气息，回味无穷，充分体现出作者的修养、情感和智慧。

J0036092

瓜叶菊　张英洪绘

上海　上海人民美术出版社 1984年 53cm（4开）

定价：CNY0.24

J0036093

何志生水彩人物画选　何志生绘

上海　上海人民美术出版社 1984年 20幅

25cm（15开）套装　统一书号：8081.13679

定价：CNY1.80

　　本书系何志生绘中国现代水彩人物画画册。

J0036094

洪世清画辑　洪世清绘

北京　人民美术出版社 1984年 12页

25cm（小16开）定价：CNY1.50

　　本画辑选编了作者近年来创作的水粉画

12幅。

J0036095

交响　张英洪作

上海　上海人民美术出版社 1984年 53cm（4开）

定价：CNY0.24

J0036096

金猴献寿图　（1985年年历）万籁鸣作

上海　书画出版社 1984年 54cm（4开）

定价：CNY0.20

J0036097

崂山风光　人民美术出版社编辑室编

北京　人民美术出版社 1984年 8幅 19cm（32开）

套装　统一书号：8027.9071 定价：CNY0.80

　　本书为中国现代水彩画作品。

J0036098

柳新生水彩画选　柳新生绘

合肥　安徽美术出版社 1984年 13幅

25cm（小16开）套装　统一书号：8381.4

定价：CNY1.30

　　本书为中国现代水彩画作品。

J0036099

吕品水彩画选　吕品绘

北京　人民美术出版社 1984年 12幅 27cm（16开）

统一书号：8027.9047 定价：CNY1.80

　　本书系中国现代水彩画画册。

J0036100

吕品水彩画选　吕品绘

济南　山东美术出版社 1984年 16幅

25cm（小16开）套装　统一书号：8332.194

定价：CNY2.20

　　本书系中国现代水彩画画册。

J0036101

青春组画　（水粉画）王晖作

贵阳　贵州人民出版社 1984年 16幅 20cm（32开）

统一书号：8115.1029 定价：CNY0.80

　　作者王晖，女，工笔画画家、一级美术师。

生于辽宁大连。毕业于中央工艺美术学院。历

任中国美术家协会会员、中国美术家协会重彩画

研究会会员、中国工笔画学会会员、中国女画家

协会会员、北京重彩画会会员、国际女画家协会

会员。代表作品《和谐家园》《细雨》《小莺》等。

J0036102

冉熙水彩画选　冉熙绘

上海　上海人民美术出版社 1984年 20幅

25cm（16开）套装　统一书号：8081.13542

定价：CNY1.66

J0036103

沈绍伦水彩画选集　沈绍伦绘

上海　上海外语教育出版社［1984年］

39cm（12开）定价：非卖品

　　作者沈绍伦（1935—　），画家。上海嘉定

人。中国美术家协会会员、美术家协会上海分会

理事、上海水彩画研究会会长、上海画片出版社

编辑、上海人民美术出版社宣传画编辑。代表作

品有《荷塘翠鸟》等；出版有《沈绍伦水彩画选

集》等。

J0036104

水彩　（人物　风景　静物第一辑）上海人民美

术出版社编辑

上海　上海人民美术出版社 1984年 26cm（16开）

统一书号：8081.13613 定价：CNY2.00

　　本辑所收的水彩画主要以风景静物为主。

J0036105
水彩 （人物　风景　静物第二辑）上海人民美术出版社编
上海　上海人民美术出版社 1984 年　26cm（16 开）
定价：CNY2.00

J0036106
水彩 （人物　风景　静物　第三辑）上海人民美术出版社编
上海　上海人民美术出版社 1985 年　26cm（16 开）
统一书号：8081.14127 定价：CNY2.50

J0036107
水彩 （人物　风景　静物　第四辑）上海人民美术出版社编
上海　上海人民美术出版社 1985 年　26cm（16 开）
统一书号：8081.14466 定价：CNY2.50

J0036108
水彩 （人物　风景　静物第五辑）上海人民美术出版社编
上海　上海人民美术出版社 1985 年　63 幅 26cm（16 开）定价：CNY2.50

J0036109
水彩 （人物　风景　静物　第六辑）上海人民美术出版社编
上海　上海人民美术出版社 1986 年　10cm（64 开）
统一书号：8081.15072 定价：CNY2.50

J0036110
水彩 （人物　风景　静物　第七辑）上海人民美术出版社编
上海　上海人民美术出版社 1987 年　26cm（16 开）
定价：CNY2.90

J0036111
水彩 （人物　风景　静物　第八辑）上海人民美术出版社编
上海　上海人民美术出版社 1987 年　26cm（16 开）
定价：CNY2.90

J0036112
水彩 （人物　风景　静物　第九辑）上海人民美术出版社编

上海　上海人民美术出版社 1988 年　26cm（16 开）
ISBN：7-5322-0144-9 定价：CNY3.20

J0036113
水彩 （人物　风景　静物 第十辑）上海人民美术出版社编
上海　上海人民美术出版社 1988 年　26cm（16 开）
ISBN：7-5322-0225-9 定价：CNY3.20

J0036114
水彩 （人物　风景　静物 第十一辑）上海人民美术出版社编
上海　上海人民美术出版社 1989 年　26cm（16 开）
ISBN：7-5322-0372-7 定价：CNY4.70

J0036115
水彩 （人物　风景　静物第十二辑）上海人民美术出版社编
上海　上海人民美术出版社 1989 年　26cm（16 开）
ISBN：7-5322-0458-8 定价：CNY4.70

J0036116
水彩 （人物　风景　静物　第十三辑）上海人民美术出版社编
上海　上海人民美术出版社 1989 年　26cm（16 开）
ISBN：7-5322-0618-1 定价：CNY4.70

J0036117
水彩 （人物　风景　静物　第十四辑）上海人民美术出版社编
上海　上海人民美术出版社 1990 年　27cm（16 开）
定价：CNY4.70

J0036118
水彩 （人物　风景　静物第十五辑）上海人民美术出版社编
上海　上海人民美术出版社 1991 年　26cm（16 开）
ISBN：7-5322-0854-0 定价：CNY4.70

J0036119
水彩 （人物　风景　静物第十六辑）上海人民美术出版社编
上海　上海人民美术出版社 1991 年　26cm（16 开）
ISBN：7-5322-0871-0 定价：CNY4.70

J0036120
水彩 （人物　风景　静物第十七辑）上海人民
美术出版社编
上海　上海人民美术出版社　1992年　26cm（16开）
ISBN：7-5322-1060-X　定价：CNY4.70

J0036121
水彩 （人物　风景　静物第十八辑）上海人民
美术出版社编
上海　上海人民美术出版社　1992年　26cm（16开）
ISBN：7-5322-1070-7　定价：CNY4.70

J0036122
水彩 （人物　风景　静物　第十九辑）上海人
民美术出版社编
上海　上海人民美术出版社　1993年　有彩图
26cm（16开）ISBN：7-5322-1176-2
定价：CNY4.70

J0036123
水彩 （人物　风景　静物　第二十一辑）上海
人民美术出版社编
上海　上海人民美术出版社　1993年　16页
有彩图　26cm（16开）ISBN：7-5322-1274-2
定价：CNY5.80

J0036124
水彩 （人物　风景　静物第二十二辑）上海人
民美术出版社编
上海　上海人民美术出版社　1994年　26cm（16开）
ISBN：7-5322-1329-3　定价：CNY6.80
　　本书收有水彩画作品60余幅。

J0036125
水彩 （人物　风景　静物第二十三辑）上海人
民美术出版社编
上海　上海人民美术出版社　1994年　26cm（16开）
ISBN：7-5322-1358-7　定价：CNY10.20
　　本书为美国水彩画会年展概况

J0036126
水彩 （人物　风景　静物　第二十四辑）上海
人民美术出版社编
上海　上海人民美术出版社　1995年　26cm（16开）
ISBN：7-5322-1393-5　定价：CNY8.50

J0036127
水彩 （人物　风景　静物　第二十五辑）上海
人民美术出版社编
上海　上海人民美术出版社　1995年　26cm（16开）
ISBN：7-5322-1412-5　定价：CNY8.60

J0036128
水彩 （人物　风景　静物　第二十六辑）上海
人民美术出版社编
上海　上海人民美术出版社　1995年　26cm（32开）
ISBN：7-5322-1481-8　定价：CNY9.60

J0036129
水彩 （人物　风景　静物　第二十七辑）上海
人民美术出版社编
上海　上海人民美术出版社　1995年　26cm（16开）
ISBN：7-5322-1524-5　定价：CNY11.20

J0036130
水彩 （人物　风景　静物第二十八辑）上海人
民美术出版社编
上海　上海人民美术出版社　1996年　26cm（16开）
ISBN：7-5322-1541-5　定价：CNY11.20

J0036131
水彩 （人物　风景　静物　第二十九辑）上海
人民美术出版社编
上海　上海人民美术出版社　1997年　26cm（16开）
ISBN：7-5322-1634-9　定价：CNY11.20

J0036132
水彩 （人物　风景　静物　第三十辑）上海人
民美术出版社编
上海　上海人民美术出版社　1997年　26cm（16开）
ISBN：7-5322-1637-3　定价：CNY11.20

J0036133
水彩 （人物　风景　静物第三十一辑）上海人
民美术出版社编
上海　上海人民美术出版社　1998年　26cm（16开）
ISBN：7-5322-1864-3　定价：CNY12.80

J0036134
水彩 （人物　风景　静物第三十二辑）上海人
民美术出版社编

上海　上海人民美术出版社　1998年　26cm（16开）
ISBN：7–5322–1865–1　定价：CNY12.80

J0036135

水彩画选　浙江水彩水粉画研究会选编
杭州　浙江人民美术出版社　1984年　1函（16张）
37cm（8开）统一书号：8156.433　定价：CNY2.10

　　本画辑选编了冯俊臣、刘航、闫幼俊、陈仲
常、何志生、杜高杰、沈铣、周诗成等11位作者
的水彩画作品17幅。

J0036136

水粉画选　浙江水彩水粉画研究会选编
杭州　浙江人民美术出版社　1984年　17幅
39cm（4开）套装　统一书号：8156.443
定价：CNY2.10

　　本画辑选编史济平、汤守仁、朱金楼、张玉
忠、陈守义、张奠宇、林跃中等16位作者水粉画
作品17幅。

J0036137

外滩初晴　（水彩）冉熙［摄影］
上海　上海人民美术出版社　1984年　1张
53cm（4开）定价：CNY0.24

J0036138

吴芳谷水彩画选　吴芳谷绘
广州　岭南美术出版社　1984年　20幅　26cm（16开）
统一书号：8260.0764　定价：CNY1.70

J0036139

洋葱　（水彩）冉熙摄影
上海　上海人民美术出版社　1984年　1张
53cm（4开）定价：CNY0.24

J0036140

张英洪画选　张英洪绘
上海　上海人民美术出版社　1984年　40页
19cm（32开）统一书号：8081.13911
定价：CNY1.90

　　作者张英洪（1931—　　），教师。字青子，上
海轻工业专科学校美术系副教授、中国美术家协
会会员、上海水彩画研究会副会长。

J0036141

中国古代玩具　（田原画集）田原绘；李树芬编
北京　外文出版社　1984年　22cm（30开）
统一书号：8085–2251　定价：CNY1.40

　　本书为中国现代水彩画作品，本集里的"玩
具"，大都是根据中国出土文物中的陶俑、木俑
及陶瓷小品勾画出来的。

J0036142

古元水彩画选辑　（1984）古元绘
上海　上海人民美术出版社　1985年　48页
26cm（16开）统一书号：8081.13827
定价：CNY7.50

　　本书选印作者1953年到1982年期间创作的
水彩风景画。有《古城门外》《内蒙草原》《延河
饮马》《山城一角》《江南三月》《太行风情》等。
这些水彩画都是室外写生，每幅画均注明创作年
代和大小尺寸。

J0036143

湖北风光　白统绪作
武汉　湖北美术出版社　1985年　2张　76cm（2开）
定价：CNY0.40

　　本书为中国湖北省现代水彩画作品。

J0036144

黄铁山水彩画集　黄铁山绘
长沙　湖南美术出版社　1985年　30页　25cm（15开）
统一书号：8233.777　定价：CNY12.50

　　本书收画家水彩画33幅，有风景、静物和
人物写生。其中《洞庭湖组画》《江华林区组画》
《张家界组画》等作品，富于浓厚的泥土气息和南
方诗情，汇西洋水彩画艺术和中国传统绘画艺术
于一体，展示了水彩画艺术的新面目。

J0036145

节节欢乐　高志华作
沈阳　辽宁美术出版社　1985年　2张　76cm（2开）
定价：CNY0.42

J0036146

金梅生作品选集　金梅生绘
上海　上海人民美术出版社　1985年　34页
26cm（16开）统一书号：8081.13699
定价：CNY18.00

本画选收录作者作品38幅,包括年画29幅、素描及水彩9幅。作者金梅生(1902—1989),画家。别名石摩,上海人。曾于商务印书馆美术科专门从事月份牌绘画,上海市文史馆馆员、上海人民美术出版社特约年画家。作品有《新中国的歌声》《秀女饲养员》《花木兰》等。

J0036147

李超士画集　(1893—1971)李超士绘
上海　上海人民美术出版社 1985年 74幅
有肖像 25cm(小16开)精装
统一书号:8081.13934 定价:CNY17.40

　　本书共包括作者的74幅粉画作品。

J0036148

美术技法辅导材料　(2 水粉静物)周有武画
上海　上海少年出版社 1985年 3张 76cm(2开)
定价:CNY2.40

J0036149

水彩画作品选
南京　江苏美术出版社 1985年 31幅 25cm(16开)
定价:CNY6.50

　　本书从我国近年来创作的大量水彩画新作中精选出了31幅不同形式和风格的作品。

J0036150

王肇民水彩画作品集　王肇民绘
广州　岭南美术出版社 1985年 1册 25cm(16开)
统一书号:8260.1407 定价:CNY12.00

　　本书收入作者在一九四九年后佳作108幅,其中水彩画72幅,精印局部8幅;国画、素描、速写等黑白图28幅。另有评介文章约2万字。作者善于汲取中外绘画艺术的长处,独树一帜:以中国画的笔力、油画的色彩表现力形成了具有民族气派和时代气息的水彩画独特风格。

J0036151

乌密风画集　乌密风绘
沈阳　辽宁美术出版社 1985年 1册 38cm(6开)
精装 统一书号:8161.0724 定价:CNY27.00

　　本画集精选作者水彩花卉作品38幅,作品色彩明丽、风格清新、生机盎然。如《牡丹》《睡莲》《玉兰》《扁竹莲》《仙人球》笔韵纵横,水色淋漓,刻画深入。

J0036152

希望　关维兴绘
北京　人民美术出版社 1985年 1册 26cm(16开)
统一书号:8027.9437 定价:CNY0.40
(新美术文库)

　　本书为中国现代水彩画画册。

J0036153

杨景更画选　杨景更绘
上海　上海人民美术出版社 1985年 54页
25×26cm(12开)统一书号:8081.14685
定价:CNY13.80

J0036154

张举毅水彩画选　张举毅绘
长沙　湖南美术出版社 1985年 有照片
26cm(16开)统一书号:8233.640 定价:CNY2.40

J0036155

张举毅水彩画选　张举毅绘
长沙　湖南美术出版社 1985年 28页 19×25cm

J0036156

张英洪、陈培荣水彩画选　张英洪,陈培荣绘
成都　四川美术出版社 1985年 16页 37×26cm

　　作者陈培荣(1941—　),著名画家、设计家、教育家。生于上海,毕业于上海轻工业专科学校。中国布面水彩画及新意象画派创始人。历任上海轻专美术系主任,上海工程技术大学广告系主任,上海理工大学艺术设计学院院长、教授。代表作有油画《烟云乡情》《都市掠影》系列,水彩画《花之韵》系列。

J0036157

重庆新貌　刘大春作
重庆　重庆出版社 1985年 2张 76cm(2开)
定价:CNY0.44

J0036158

1987年挂历:三秦风光水彩画
西安　陕西人民出版社 1986年 53cm(4开)
定价:CNY1.00

J0036159
八大锤　王利锁作
哈尔滨　黑龙江美术出版社　1986 年　1 张
76cm（2 开）定价：CNY0.20
　　本作品为中国现代水粉画。

J0036160
八大锤　赵祥林作
上海　上海人民美术出版社　1986 年　1 张
76cm（2 开）定价：CNY0.20
　　作者赵祥林（1956— ），画家。出生于内蒙古乌兰察布市，历任内蒙古国际文化交流中心理事、内蒙古收藏家协会副会长、中国地质美术家协会理事、中国博物馆协会会员、内蒙古美术家协会会员。作品有《八大锤》。

J0036161
卜镝的世界　欧阳纫诗，（史蒂文斯）Stevens，N. 编
九龙　嘉馔出版公司　1986 年　208 页　有图
29cm（15 开）精装
　　本书为中国现代水彩画作品。外文书名：
The World of Bu Di.

J0036162
读云　（王禄松新诗水彩画集）王禄松著
台北　星光出版社　1986 年　152 页　21cm（32 开）
定价：TWD450.00
（双子星丛书 401）

J0036163
靳微天靳思薇水彩画集　关瑜瑛编
香港　友联橡皮印刷厂　1986 年　107 页　有图
28cm（大 16 开）

J0036164
梁加坚水彩画集　梁加坚绘
桂林　漓江出版社　1986 年　26cm（16 开）
定价：CNY3.80

J0036165
梁加坚水彩画集　漓江出版社编
桂林　漓江出版社　1986 年　12 幅　10cm（64 开）
统一书号：8256.234 定价：CNY3.80

J0036166
刘其伟水彩集　（1986 廿四节气系列、回顾作品 1962–1986）刘其伟绘；何政广编
台北　艺术家出版社　1986 年　80 页　有图
26cm（16 开）定价：TWD180.00
（艺术家丛刊）

J0036167
神州大地　（水彩画小辑）陕西人民出版社编
西安　陕西人民出版社　1986 年　12 张 26cm（16 开）
定价：CNY0.55

J0036168
水粉画范本　（1 静物）张英洪等绘
上海　上海人民美术出版社　1986 年 26cm（16 开）
统一书号：8081.14294 定价：CNY2.70
　　作者张英洪（1931— ），教师。字青子，上海轻工业专科学校美术系副教授、中国美术家协会会员、上海水彩画研究会副会长。

J0036169
水粉画范本　（2 风景）张英洪绘
上海　上海人民美术出版社　1986 年　26cm（16 开）
统一书号：CN808114295 定价：CNY2.10

J0036170
水粉画范本　（3 风景）张英洪等绘
上海　上海人民美术出版社　1986 年　26cm（16 开）
统一书号：8081.14296 定价：CNY2.00

J0036171
水粉画范本　（4 人物）潘长臻等绘
上海　上海人民美术出版社　1986 年　26cm（16 开）
统一书号：8081.14297 定价：CNY2.50

J0036172
于人画集　（钢笔水彩画）于人绘
北京　工人出版社　1986 年　73 页
25cm（小 16 开）统一书号：8007.34
定价：CNY16.50
　　本书收作者的钢笔水彩图 73 幅。融合中国传统水墨画和西洋水彩画技法。以风光、建筑、花卉、静物为主，如《深巷卖花声》《风雨过一江春绿》《平遥古城》《云冈石窟》《恒山悬空寺》等作品。作者于人（1931— ），原名于鼎新，辽宁

铁岭人，毕业于东北鲁迅文艺学院美术部。历任
《工人日报》美术编辑、工人出版社美术编辑室主
任。编审出版有《于人画集》，作品有中国画《雪
松图》，钢笔水彩画《秋意浓》等。

J0036173
潮汕乡土　（刘培和水彩画）刘培和绘
台北　艺术图书公司　1987 年　72 页
28cm（大 16 开）精装

J0036174
崔豫章水彩画选　崔豫章［绘］
南京　江苏美术出版社　1987 年　20 页　26cm（16 开）
统一书号：8353.6.064　定价：CNY3.90

J0036175
粉画　翁逸之等绘
上海　上海人民美术出版社　1987 年　26cm（16 开）
定价：CNY2.50
　　作者翁逸之（1921—1995），生于上海青浦。
曾任上海人民美术出版社编审、中国美术家协会
会员、上海美术家协会理事、上海粉画学会顾问
等。师承张充仁，创作了许多招贴画、油画和粉
画。画作有《保卫和平是英雄建设祖国是好汉》
《全民皆兵保卫祖国》《庆祝中华人民共和国成立
三十五周年》《庆祝中国共产党成立六十周年》
《热烈庆祝五届全运会胜利召开》等。

J0036176
粉画欣赏　丁正献编
南宁　广西人民出版社　1987 年　92 页　有图
21cm（32 开）ISBN：7–219–00452–4
定价：CNY9.50

J0036177
林顺雄水彩画　林顺雄绘
台北　艺术图书公司　1987 年　144 页　26cm（16 开）
精装
　　　　外文书名：Watercolor by Lin Shun–shiung.

J0036178
秦威作品集　秦威绘
北京　中国电影出版社　1987 年　1 册（82 幅）
21cm（32 开）统一书号：8061.2804　定价：CNY3.20
　　本作品为中国现代水彩画。

J0036179
水彩画习作选　哈定等绘
天津　天津人民美术出版社　1987 年　38×26cm
统一书号：8073.70070　ISBN：7–5305–0053–8
　定价：CNY3.50
　　作者哈定（1923—2004），回族，画家。别名
哈弼时，江苏南京人。历任上海美术专科学校教
师，上海油画雕塑院画师。代表作品《塞外风光》。
出版有《哈定画选》《水彩画技法》等。

J0036180
水彩画选　崔豫章绘
南京　江苏美术出版社　1987 年　20 幅　26cm（16 开）
定价：CNY3.90

J0036181
水粉画习作选　（静物）张胜等绘
天津　天津人民美术出版社　1987 年　38cm（6 开）
ISBN：7–5305–0077–5　定价：CNY3.50

J0036182
水粉静物临摹画贴　王衍志，宋志坚编绘
济南　山东美术出版社　1987 年　16 幅　26cm（16 开）
ISBN：7–5330–0069–2　定价：CNY3.30

J0036183
谭云森水彩画选集　谭云森绘
沈阳　辽宁美术出版社　1987 年　61 页　24×26cm
统一书号：8161.0983　定价：CNY13.00

J0036184
王信水彩画辑　王信绘
石家庄　河北美术出版社　1987 年　1 册
38×27cm（8 开）ISBN：7–5310–0001–6
定价：CNY6.20

J0036185
海上演习　黄树德画
广州　岭南美术出版社　1988 年　1 张　78cm（2 开）
定价：CNY0.38
　　本作品为年画形式的中国现代水彩画。作
者黄树德（1931—　　），版画家。广东南海人，曾
进修于广州美术学院油画系。历任海军南海舰
队美术创作组组长、部队专职画家，广东水彩画
研究会副会长，广东岭南美术出版社社长兼总

编辑，中国美术家协会会员，中国版画家协会理事。出版有《黄树德版画集》《海之歌—黄树德水彩版画集》等。

J0036186

画法步骤　（水粉风景）简崇志绘画
天津　天津人民美术出版社　1988年　8张
38cm（8开）定价：CNY4.00
（绘画技法图例丛书）

J0036187

王之江水彩画临本　王之江绘
石家庄　河北美术出版社　1988年　7页
26×25cm　ISBN：7-5310-0059-8　定价：CNY3.20
　　作者王之江（1917—2010），雕刻家、艺术教育家、水彩画家。黑龙江巴彦县人。毕业于日本东京大学艺术科雕塑专业。历任天津美术学院教授、全国城市雕塑艺术委员会委员、天津市城市雕塑规划组艺术委员会委员。代表作品有《学》《马三立像》《滦水情》等。

J0036188

杨克山水粉画选　山东美术出版社编
济南　山东美术出版社　1988年　1册　18cm（32开）
ISBN：7-5330-0108-7　定价：CNY2.00

J0036189

中国当代水彩·粉画选
杭州　浙江人民美术出版社　1988年　65页
26×26cm　ISBN：7-5340-0073-4　定价：CNY19.80
　　本书精选60余位画家作品，有风景、静物、风情画等共65幅。所作绚丽多姿，有强烈的时代感，比较全面地展示了中国水彩、水粉画的崭新面貌。

J0036190

邓秀水彩　（汉英对照）邓秀绘
石家庄　河北美术出版社　1989年　10张
15cm（40开）

J0036191

广州水彩画新作选　叶献民等绘
广州　岭南美术出版社　1989年　28页　26cm（16开）
ISBN：7-5362-0316-0　定价：CNY8.10

J0036192

靳涛水彩画集　靳涛绘；山东美术出版社编
济南　山东美术出版社　1989年　10页　26cm（16开）
ISBN：7-5330-0209-1　定价：CNY3.50
　　作者靳涛（1926—2015），美术编辑、教授。山东烟台人。曾任山东省文联美术编辑、山东省美术创作工作室副主任、山东人民出版社画报编辑室主编、山东轻工业大学教授等。作品有《古木积雪》《双虎图》等，出版有《靳涛水彩画集》《靳涛作品选》。

J0036193

梁文亮水彩画集　梁文亮绘
天津　天津人民美术出版社　1989年　131页
有照片　26cm（16开）精装
ISBN：7-5305-0213-1　定价：CNY56.00
　　梁文亮（1930—　　），中国水彩画家。

J0036194

刘其伟水彩集　（八十回顾预展）陈玉珍编
台北　艺术家出版社　1989年　162页　有图
25cm（15开）定价：TWD800.00

J0036195

刘泽文水粉画选　刘泽文绘
北京　人民美术出版社　1989年　25cm（小16开）
ISBN：7-102-00554-7　定价：CNY12.50
　　作者刘泽文（1943—　　），画家，国家一级美术师。山东即墨人，曾于烟台地区新华书店担任美工，山东省出版总社烟台分社任美术编辑。代表作品《望穿碧海千层浪》，出版有《刘泽文水粉画集》。

J0036196

色粉笔人体画集　杭鸣时绘
合肥　安徽美术出版社　1989年　64页　26cm（16开）
ISBN：7-5398-0060-7　定价：CNY14.60
　　本画集包含48幅图，为女人体专辑。作者笔下的女性裸体，形象俊俏，造型生动，不但细腻逼真，而且质感极强。书中还附有作者色粉笔创作的心得体会。作者杭鸣时（1931—　　），画家。又名杭度，生于上海，祖籍浙江海宁，毕业于鲁迅美术学院。历任苏州城市建设环境保护学院建筑系美术教研室主任、中国美术家协会会员。代表作品有《夜航》《工业的粮仓》等。

J0036197

水粉风景临摹画帖　王衍，薛益寿编绘
济南　山东美术出版社　1989年　12页　26cm（16开）
ISBN：7-5330-0181-8　定价：CNY3.20

J0036198

水粉花卉静物临摹画帖　宋志坚绘
济南　山东美术出版社　1989年　16幅　26cm（16开）
ISBN：7-5330-0188-5　定价：CNY6.60

J0036199

四时花果　（粉画 1990年年历）肖正中作
杭州　浙江人民美术出版社　1989年　1张
54cm（4开）定价：CNY0.50

J0036200

涂夫水彩画选　涂夫绘
广州　岭南美术出版社　1989年　1册　26cm（16开）
ISBN：7-5362-0484-1　定价：CNY16.20

J0036201

朱俊贤秦小松水彩世界　朱俊贤，秦小松绘
天津　天津人民美术出版社　1989年　18页
25×25cm　ISBN：7-5305-0214-X　定价：CNY7.50
　　外文书名：The World of Zhu Junxian & Qin
Xiaosong's Water Color.

J0036202

春江春　（水彩 1991年年历）胡承斌绘
杭州　浙江人民美术出版社　1990年　1张
78cm（2开）定价：CNY0.75

J0036203

芬芳：杨健健水粉花卉　杨健健绘
银川　宁夏人民出版社［1990年］10张
13cm（64开）定价：CNY2.30
　　作者杨健健（1940—　），女，西安美术学院
副教授，中国美术家协会会员。

J0036204

封思孝水彩画　封思孝绘
济南　山东美术出版社　1990年　25×24cm
ISBN：7-5330-0284-9　定价：CNY7.50

J0036205

寒梅迎春　杭稚英绘
上海　上海人民美术出版社　1990年　1张
76cm（2开）定价：CNY0.45

J0036206

老北京城城门水彩画集　张先得编绘
北京　北京燕山出版社　1990年　64页
23×27cm（15开）精装　ISBN：7-5402-0247-5
定价：CNY60.00
（北京正阳门管理处丛书）
　　外文书名：A Treasury of Chinese Watercolor
Paintings of Beijing's Ancient City Gates. 作者张先
得（1929—　），美术设计师。安徽合肥人。毕业
于中央美术学院实用美术系。北京电影制片厂
一级美术师、中国电影家协会会员、中国电影美
术学会理事。担任美术设计的影片有《景泰蓝》
《游国惊梦》《探亲记》《青年鲁班》《昆仑山上一
棵草》等。

J0036207

色彩风景范画　王有嫦编著
成都　四川美术出版社　1990年　37cm（8开）
ISBN：7-5410-0527-4　定价：CNY15.00
　　本书为中国现代水粉风景画作品。

J0036208

色彩静物范画
石家庄　河北美术出版社　1990年　26页
25cm（16开）ISBN：7-5310-0368-6
定价：CNY9.50
　　本书选辑了30件优秀色彩静物范画，包括
水粉和油画，其中以水粉为主。

J0036209

色彩静物范画　黄小玲编著
成都　四川美术出版社　1990年　37cm（8开）
ISBN：7-5410-0530-4　定价：CNY16.00
　　本书为中国现代水粉静物画作品。

J0036210

色彩静物范画　黄小玲编著
成都　四川美术出版社　1990年　30页　34cm（8开）
ISBN：7-5410-0530-4　定价：CNY10.00

J0036211

水彩人体画选　陈九如［绘］

天津　天津人民美术出版社　1990 年　38cm（6 开）

ISBN：7-5305-0217-4　定价：CNY11.40

　　外文书名：Watercolour Nude Anthology. 作者陈九如（1955—　　　），教授。天津人。历任天津美术学院版画系主任、中国美术家协会会员、中国版画家协会会员。出版有《陈九如水彩人体画选》《一代画风——当代中青年水彩画家作品集》《素描五十讲》等。

J0036212

台湾水牛集　刘其伟著

台北　当代艺术出版社　1990 年　63 页　有彩图

25cm（小 16 开）定价：TWD400.00

　　外文书名：Taiwan Buffaloes.

J0036213

西湖 2000 年　（水彩 1991 年年历）徐俊卿，陈子达绘

杭州　浙江人民美术出版社　1990 年　1 张

78cm（2 开）定价：CNY0.75

　　作者陈子达（1958—　　　），浙江杭州人。毕业于中国美术学院油画系。作品《排球》被国际奥林匹克委员会收藏。

J0036214

徐坚水彩画选　徐坚绘

呼和浩特　内蒙古教育出版社　1990 年　1 册

25cm（16 开）ISBN：7-5311-1152-7

定价：CNY5.00

J0036215

园林春色　（水彩 1991 年年历）徐能海摄

杭州　浙江人民美术出版社　1990 年　1 张

78cm（2 开）定价：CNY0.75

J0036216

装饰色彩范画　钟茂兰编著

成都　四川美术出版社　1990 年　37cm（8 开）

ISBN：7-5410-0528-2　定价：CNY15.00

　　作者钟茂兰（1937—　　　），女，教授。四川成都人，毕业于四川美术学院，留校任教。四川美术学院教授、系主任、硕士生导师，中国工艺美术委员会副主任委员。主编有《民间染织美术》《中国少数民族装饰》《装饰色彩写生》等。

J0036217

古元水彩画选集　古元绘；张作明，刘玉山编

北京　人民美术出版社　1991 年　90 页　有照片

27cm（大 16 开）精装　ISBN：7-102-00903-8

定价：CNY75.00

　　本书选编作者 1953 年至 1985 年所作水彩画，包括：黄河上下，大江南北各地的风光；也有他访问匈牙利、保加利亚等国时，对异国风情的写生。作者运用水彩画特有的表现力，使其作品淳朴、清新，具有感人的艺术魅力。共 90 幅。外文书名：Selected Works of Gu Yuan's Watercolour Landscapes.

J0036218

廖其澄水彩画集　廖其澄绘

成都　四川美术出版社　1991 年　47 页　36cm（12 开）

ISBN：7-5410-0678-5　定价：CNY22.00

J0036219

区焕礼水彩画集　（1988-1990 年作品）区焕礼绘

广州　岭南美术出版社　1991 年　18×26cm

ISBN：7-5362-0652-6　定价：CNY26.00

　　外文书名：Ou Huanli's Pictures in Watercolour. 作者区焕礼（1947—　　　），画家。广西柳州人，毕业于广州美术学院附中。历任广东美术创作院副院长、广东画院特聘画家、中国美术家协会会员、广东分会副秘书长。作品有油画《胶林繁星》、水彩画《胶林晨曲》等。

J0036220

社会·风景　（刘耿一油画粉彩画集）刘耿一绘

台北　雄狮图书公司　1991 年　82 页　有图

28×29cm　精装　ISBN：957-9420-78-5

定价：TWD1200.00

　　外文书名：Society Landscape，The Oil Pastel Works by Liu Kengyi.

J0036221

丝路风情水彩画集　张阶平绘

西宁　青海人民出版社　1991 年　20 张　26cm（16 开）

ISBN：7-225-00478-6　定价：CNY3.40

J0036222

王润民水彩画集　王润民绘

济南　山东美术出版社　1991年　32页　25×24cm
ISBN：7-5330-0357-8　定价：CNY12.00

　　外文书名：Selected Watercolours of Wang Runmin.

J0036223

仙山琼阁　毛国富绘

北京　人民美术出版社　1991年　1张　76cm（2开）
定价：CNY0.65

　　本作品系中国现代水粉画。

J0036224

余熙水彩画　余熙绘

武汉　湖北美术出版社［1991年］26×26cm
ISBN：7-5394-0232-6　定价：CNY10.80

　　外文书名：Yu Xi's Watercolours.

J0036225

张厚进水彩画　张厚进绘

福州　福建美术出版社　1991年　48页　有肖像
25×26cm　ISBN：7-5393-0172-4　定价：CNY39.80

　　本书收入画家创作的海鲜蔬果、花卉树木的水彩画作品48幅。作者张厚进（1925—2002），教授、画家。福建永春人，毕业于福建师范艺术系。厦门集美大学教授，中国美协会员，福建水彩水粉研究会会长。作品有《海味》《桂鱼》《荔枝》《鲈鱼与虾》等，出版有《张厚进水彩画》《中国水彩画家——张厚进》《张厚进水彩画》。

J0036226

张连生水粉画集　张连生绘

济南　山东美术出版社　1991年　14页　36cm（12开）
ISBN：7-5330-0430-2　定价：CNY8.00

J0036227

张新德水彩画集　张新德绘

上海　同济大学出版社　1991年　16张　26cm（16开）
ISBN：7-5608-0839-5　定价：CNY10.50

J0036228

郑玉崑水彩画集　郑玉崑绘

郑州　河南美术出版社　1991年　44页　26cm（16开）
ISBN：7-5401-0225-X　定价：CNY36.00

　　作者郑玉崑（1929—　），画家。河南登封人。毕业于鲁迅美术学院。中国美术家协会会员、河南省美术家协会常务理事、河南山水画会会长。

J0036229

陈初电水彩画集　陈初电绘

上海　上海书店　1992年　25×26cm
ISBN：7-80569-651-9　定价：CNY30.00

　　外文书名：Collection of Watercolour Paintings by Chen Chudian. 作者陈初电（1944—　），画家。浙江上虞人，毕业于上海戏剧学院舞美系。中国美术家协会会员、中国水彩画家协会会员、上海水彩画研究会会员。主要作品有《热情公平》《希望天天见到您》《村姑蹴鞠图》《工地晨曲》等。出版有《陈初电水彩画集》。

J0036230

陈初电水彩画集　（汉英对照）陈初电绘

上海　上海书店　1992年　25×26cm
ISBN：7-80569-611-X　定价：CNY30.00

　　本画集共选作品30余幅。外文书名：Collection of Watercolour Paintings by Chen Chudian.

J0036231

高而颐画集　高而颐绘

杭州　浙江美术学院出版社　1992年　112页
有照片　36cm（15开）精装
ISBN：7-81019-160-8　定价：CNY190.00

　　本画册共精选画家作品70余幅。

J0036232

胡钜湛水彩画选　胡钜湛绘

广州　岭南美术出版社　1992年　55页　有彩照
25×26cm　ISBN：7-5362-0809-X　定价：CNY32.00

　　本书精选画家水彩画作品43幅，书后附作画技法介绍。外文书名：Hu Juzhan's Watercolours. 作者胡钜湛（1930—　），教授。广东开平人，毕业于华南文艺学院美术部和中南美术专科学校绘画系。历任广州美术学院美术教育系教授、系主任，中国美术家协会会员，广州水彩画研究会副会长。作品有水彩画《第一代可可》《鱼水情》《乐在其中》《虾》《红梅》等，出版有《胡钜湛水彩画选集》《水与彩的对话》等。

J0036233

吕智凯水粉画集 （汉英对照 1992）吕智凯绘

西安 陕西旅游出版社 1992 年 91 页 有照片 19×21cm ISBN：7-5418-0649-8

定价：CNY23.00, CNY28.00（精装）

本画册共收作品 38 幅。外文书名：Lu Zhikai's Gouache Painting. 作者吕智凯(1957—)，教授。生于陕西旬邑，毕业于西安美术学院和中国美术学院水彩高级研修班。西安美术学院教授、硕士生导师，中国美术家协会会员，中国美术家协会水彩画艺术委员会委员。出版有《美术技法大全－水粉静物》《水彩·水粉画教学》《吕智凯水彩画选集》等。

J0036234

水粉画 吴东梁主编

北京 高等教育出版社 1992 年 重印 43 页 有彩图 26cm（16 开）ISBN：7-04-003650-9

定价：CNY10.40

本书介绍了水粉画的工具、材料，阐述了色彩理论知识和自然界色光变化的基本规律附彩图 72 幅。主编吴东梁(1931—2011)，教授。浙江绍兴人，毕业于中央美术学院华东分院绘画系。曾任教于安徽师范大学艺术系、南京师范大学美术系。作品有《广阔天地》《女电焊工》，著有《水粉画》《色彩写生指南》《中学美术教材教法》《中国水彩画家吴东梁选辑》等。

J0036235

苏家芬水彩画集 苏家芬绘

广州 广东旅游出版社［1992 年］35 页 25×26cm ISBN：7-80521-393-3 定价：CNY28.00

本画册精选了作者 35 幅水彩作品。外文书名：The Watercolour Works of Shu Jiafen. 作者苏家芬(1945—)，女，讲师。广东新会人，毕业于广州美术学院工艺系。广东轻工业职业技术学院副教授、中国美术家协会会员、广东美术家协会理事。作品有《何芷故事选》《煤油灯下的欢乐》《猎鲨者》《笑画》《苏家芬水彩画集》等。

J0036236

素描·水粉 喻红等绘

沈阳 辽宁美术出版社 1992 年 19 页 38cm（8 开）ISBN：7-5314-0921-6 定价：CNY6.00

J0036237

王琦粉画选 王琦绘

广州 岭南美术出版社 1992 年 26×25cm ISBN：7-5362-0854-5 定价：CNY28.00

本画册共收入粉画 28 幅。作者王琦，女，曾为江西师范大学美术系教授。

J0036238

王云鹤水彩画集 王云鹤绘

上海 上海书店 1992 年 26 页 有彩照 24×26cm ISBN：7-80569-554-7 定价：CNY17.00

外文书名：Wang Yunhe's Watercolour Paintings. 作者王云鹤(1939—)，书画家。浙江宁波人。上海电视台荧屏画廊经理、中国水彩画研究会秘书长。作品有《夏日》《虹桥新区夜色》《秋色迷人》等。

J0036239

邬烈炎静物画集 邬烈炎绘

南京 南京出版社 1992 年 22 页 25×26cm ISBN：7-80560-678-1 定价：CNY12.00

作者邬烈炎(1956—)，教师。生于江苏南通市。南京艺术学院工艺美术系讲师。代表作品《色彩》。

J0036240

张易生水彩画 张易生绘

合肥 安徽美术出版社 1992 年 48 页 24×25cm ISBN：7-5398-0235-9 定价：CNY29.00

作者张易生(1934—)，教授。江苏宜兴人，毕业于清华大学建筑系。历任福州大学土建系教师、安徽省建筑师学会理事、中国美术家协会安徽水彩水粉画研究会副会长。代表作品有《春江》《夕照》《水乡》等，出版有《张易生水彩画》《建筑·速写》《合肥工业大学建筑作品专辑》等。

J0036241

赵孟琪水彩画选集 赵孟琪著

昆明 云南美术出版社 1992 年 66 页 18×20cm ISBN：7-80586-004-1 定价：CNY13.00

作者赵孟琪(1933—)，云南曲靖人。云南工学院建筑系副教授、中国美术家协会云南分会会员。

J0036242

中国水彩画 （中国水彩画展览作品选集）李伟民，沈平编；中国水彩画家学会编

杭州 浙江美术学院出版社 1992 年 62 页
29cm（16 开）ISBN：7-81019-161-6
定价：CNY35.00

　　本书为浙江美术学院出版社与香港心源美术出版社合作出版。

J0036243

雷洪意象色彩 ［雷洪绘］

成都 四川美术出版社 1993 年 43 页 26×30cm
ISBN：7-5410-0915-6 定价：CNY43.00

　　本书为意象艺术研究课题·国家科研项目系列成果丛书。作者雷洪（1953—1994），重庆江北人，四川美术学院副教授、美术教育系副主任。著作有《雷洪意象色彩》。作者孙宜生（1930—　　），教授。生于河南灵宝。毕业于西安美术学院，留校任教。出版《意象素描》《哑人意象》《意象激荡的浪花》《意象美意识流变》等论著。

J0036244

李连一水彩风景写生 李连一绘

北京 中国大百科全书出版社 ［1993 年］
16 幅 26cm（16 开）ISBN：7-5000-5304-5
定价：CNY12.00

　　本书收有绘画作品 16 幅。

J0036245

李雪柏水彩画集 李雪柏绘

南京 南京出版社 1993 年 40 页 有彩图
25×27cm ISBN：7-80560-838-5 定价：CNY34.00

　　作者李雪柏（1936—　　），水彩画家。江苏泰兴人。历任泰州市少年宫主任、吕凤子学术研究会会员、江苏省美术家协会会员等。代表作品有《李雪柏水彩画集》《吴陵乡风李雪柏水彩画选》等。

J0036246

刘凤兰水彩画集 刘凤兰绘

西安 陕西人民美术出版社 1993 年 59 页
25×26cm ISBN：7-5368-0416-4 定价：CNY36.00

　　本书收有绘画作品 53 幅。外文书名：An Album of Liu Fenglan's Watercolour Paintings. 作者刘凤兰（1944—　　），女，教授。河北沧州人，清华大学建筑学院美术教授、中国水彩画家协会会员等。代表作品《京城春雪》《春光湖影》《凤凰晨曦》等。

J0036247

钱洪兵水彩画特技 钱洪兵绘

南京 南京出版社 1993 年 32 页 26cm（16 开）
ISBN：7-80560-779-6 定价：CNY10.90

　　外文书名：Qian Hongbing Watercolour Special Techniques. 作者钱洪兵（1956—　　），教师。江苏宜兴人，毕业并工作于南京师范大学美术系。江苏省水彩画学会会员、江苏省美术家协会会员。作品有《皖南小镇》《渔家新春》《阳光下》《待发》。出版有《钱洪兵水彩画特技》。

J0036248

瑞士行 （余熙水彩写生）余熙绘

武汉 湖北美术出版社 1993 年 26cm（16 开）
定价：HKD35.00，CNY38.00，USD4.00

　　本书为湖北美术出版社与香港海洋图书公司合作出版。

J0036249

四川美术学院附中色彩教学作品集 米立权等编著

成都 四川美术出版社 1993 年 48 页 38cm（6 开）
ISBN：7-5410-0847-8 定价：CNY24.00

　　作者米立权，四川美术学院附中任教。

J0036250

魏敬先水彩画选 魏敬先绘

南京 江苏美术出版社 1993 年 27 页 25×26cm
ISBN：7-5344-0287-5 定价：CNY16.00

　　作者魏敬先（1937—　　），教授、水彩画家。江苏沛县人。毕业于南京艺术学院美术系。中国美术家协会会员、温州大学美术系教授、温州市人像绣研究所所长、浙江省水彩画研究会理事、温州市水彩画会会长。代表作品有《中国发绣艺术》《现代人像绣技法》《魏敬先水彩画选》。

J0036251

严德泰水彩画集 严德泰绘

上海 上海书店 1993 年 17 页 24×26cm
ISBN：7-80569-746-9 定价：CNY20.00

外文书名：Yan Detai's Watercolor Paintings. 作者严德泰(1929—　　)，画家。上海人。历任上海水彩画研究会会长、上海画坛之友"艺术沙龙"会长。作品有《红星农场》《龙门石窟》，出版有《严德泰水彩画集》。

J0036252

晏文正画集　　晏文正绘

青岛　青岛出版社　1993年　58页　24×26cm
ISBN：7-5436-1028-0　定价：CNY35.00

　　本画册收有画家现代水彩画作品58幅，外文书名：Painting Album of Yan Wenzheng. 作者晏文正(1926—　　)，水彩画家。山东濮县人。历任青岛教育学院教授、艺术系主任，中国美术家协会会员，中国水彩画家协会理事，山东美术家协会名誉理事，山东水彩画会名誉会长。出版有《晏文正水粉画选》《晏文正画集》《水彩画技法》《晏文正写生散记》等。

J0036253

浙江美术学院附中色彩教学作品集　　施绍辰编著

成都　四川美术出版社　1993年　48页　38cm(6开)
ISBN：7-5410-0847-8　定价：CNY24.00

　　作者施绍辰(1939—　　)，油画家。祖籍浙江湖州，毕业于中国美术学院油画系。历任中国美术学院教授、学术委员会委员，中国美术学院附中校长，浙江美术家协会常务理事、浙江油画家协会副会长。出版专题油画集《撒哈拉风情》。

J0036254

中国水彩画　　(93'中国水彩画大展作品)中国水彩画家协会编

杭州　浙江美术学院出版社　1993年　57页
28cm(大16开)　ISBN：7-81019-265-5
定价：CNY38.00

　　本书为浙江美术学院出版社与香港心源美术出版社合作出版。

J0036255

中央美术学院附属中等美术学校色彩写生作品选　　吴燕生编

北京　中国文联出版公司　1993年　54页
25×25cm　ISBN：7-5059-1991-1　定价：CNY18.00

J0036256

刘寿祥水彩画集　　刘寿祥绘

长沙　湖南美术出版社[1994年]　25×26cm
ISBN：7-5356-0645-8　定价：CNY29.00

　　本书收有绘画作品40余幅，为湖南美术出版社与香港心源美术出版社合作出版。作者刘寿祥(1958—　　)，画家、教授。湖北武汉市人，毕业于湖北艺术学院美术系师范专业。历任湖北美术学院副教授，中国美术家协会会员、中国水彩画协会理事。作品有《牧牛少年》《桥》等，出版有《刘寿祥水彩画集》《欧洲写生》等。

J0036257

卢承庆水彩画集　　卢承庆著

北京　人民美术出版社　1994年　52页　26×23cm
ISBN：7-102-01349-3　定价：CNY46.50

　　外文书名：The Selected Watercolour Paintings of Lu Chengqing.

J0036258

史海波画集　　史海波绘

北京　人民美术出版社　1994年　40页　26×23cm
ISBN：7-102-01354-X　定价：CNY33.00

　　本书为中国现代水彩画画册。作者史海波(1939—　　)，美术家。毕业于沈阳美术学校。曾任北京民族文化宫展览馆副馆长、中国美术家协会会员。出版《史海波画集》《花之情——史海波水彩画作品集》《史海波水彩画精品选》。

J0036259

魏敬先水彩画　　魏敬先绘

北京　中国文联出版公司　1994年　22页
有彩照　25×25cm　ISBN：7-5059-1997-0
定价：CNY14.60

　　外文书名：List of Watercolours by Wei Jingxian.

J0036260

张菊粉画选集　　张菊绘

广东　岭南美术出版社　1994年　43页　21×19cm
ISBN：7-5362-1103-1　定价：CNY19.00

　　本书收有绘画作品40余幅。

J0036261

中国当代水彩画艺术　　(续集)诸迪主编

北京　今日中国出版社[1994年]　65页

24×25cm ISBN：7-5072-0749-8 定价：CNY98.00

　　本书收有水彩画作品 60 幅。主编诸迪（1966—　），教授。江苏无锡人。历任中央美术学院教务处处长、城市设计学院院长、中央美术学院院长助理，文化和旅游部艺术司司长。

J0036262

中国当代水彩画艺术　　诸迪主编

北京　今日中国出版社 [1994 年] 100 页

24×25cm ISBN：7-5072-0749-8 定价：CNY128.00

　　本书收有水彩画作品 100 幅。

J0036263

白荻水彩画选集　　白荻绘

郑州　河南美术出版社 1995 年　25×25cm

ISBN：7-5401-0444-9 定价：CNY36.00

　　外文书名：Ba Di's Selected Works for Water-Colour Drawing. 作者白荻（1923—1997），河南巩义人，著名水彩画家。曾任河南水彩画研究会会长，河南省建筑美学学术委员会副主任。作品有《静静的洛河》等。

J0036264

陈十梅粉画作品　　陈十梅绘

武汉　湖北美术出版社 1995 年 12 张 26cm（16 开）

套装 ISBN：7-5394-0527-9 定价：CNY15.00

　　作者陈十梅（1916—　），女，画家。湖南醴陵人。湖北省美术院专业画家。

J0036265

金立德水彩画集　　金立德绘

南宁　广西美术出版社 1995 年 44 页 25×26cm

ISBN：7-80582-746-X

定价：CNY55.00，CNY75.00（精装）

　　外文书名：An Album of Watercolour Paintings by Jin Lide. 作者金立德（1931—　），画家。浙江镇海人。历任上海教育学院教授、上海国际交流画会副会长、中国水彩画家协会副会长、中国美术家协会会员。作品有《钢堡》《黄土地》等。

J0036266

马庆云水粉水彩画集　　马庆云绘

郑州　河南美术出版社 1995 年 69 页 24×26cm

ISBN：7-5401-0495-3 定价：CNY40.00

　　作者马庆云，女，河南大学美术系副教授、中国美术家协会会员。

J0036267

南风歌　　（韦虹色彩风景写生集）韦虹著

海口　海南出版社 1995 年 40 页 26cm（16 开）

ISBN：7-80617-187-8 定价：CNY26.00

　　作者韦虹（1947—　），画家、教师。又名心平，广西宝阳人。海南省加来师范美术讲师、海南省美术家协会会员、中国手指画研究会会员。代表作品《韦虹色彩风景写生集》《师范生实用美术——人物、动物、景物装饰画》。

J0036268

色彩静物

石家庄　河北美术出版社 1995 年 43 页

25×26cm ISBN：7-5310-0723-1 定价：CNY28.00

（全国美术院校考生范画 丛书）

J0036269

史亦芳水彩画集

北京　今日中国出版社 1995 年 86 页 有照片

25×26cm ISBN：7-5072-0828-1 定价：CNY83.00

（今日中国艺术家画库）

　　外文书名：Selected Watercolours of Shi Yifang.

J0036270

帅立学粉笔画集　　帅立学绘

南宁　广西美术出版社 1995 年 134 页 28×21cm

ISBN：7-80582-740-0 定价：CNY100.00

　　作者帅立学（1918—　），女，广西桂林人，香港画家联会会员。

J0036271

水彩画选　　梁栋编

石家庄　河北美术出版社 1995 年 45 页

25×26cm ISBN：7-5310-0708-8 定价：CNY32.00

J0036272

汪蕙珍花卉水粉画　　汪蕙珍绘

北京　中国文联出版公司 1995 年 25×25cm

ISBN：7-5059-1666-1 定价：CNY30.00

J0036273

王永钦水彩画集　　王永钦绘

福州 福建美术出版社 1995年 48页 25×26cm
ISBN：7-5393-0277-1 定价：CNY48.00
　　作者王永钦（1922—　），水彩画家。

J0036274
邢鹏翥特殊水彩画创意　　邢鹏翥［绘］
沈阳 辽宁美术出版社 1995年 57页 24×26cm
ISBN：7-5314-1279-9 定价：CNY38.00
（画家画库）
　　作者邢鹏翥，沈阳市教育学院美术系教授。

J0036275
徐之炎水彩画集　　徐之炎绘
武汉 湖北美术出版社 1995年 22页 25×25cm
ISBN：7-5394-0589-9 定价：CNY40.00
　　外文书名：The Watercolours Album of Xu
Zhiyan. 作者徐之炎（1940—1990），舞台美术设
计师。湖北洪湖人，毕业于湖北艺术学院美术系。
潜江市荆州花鼓剧团二级舞台美术设计师。

J0036276
杨家聪水彩画选　　杨家聪绘
广州 岭南美术出版社 1995年 29cm（16开）
ISBN：7-5362-1344-1 定价：CNY18.00
　　外文书名：Yang Jiacong's Watercolour Paintings.
作者杨家聪（1932—　），画家。广州市美术家协
会主席、广州水彩画研究会顾问、广州诗社副社
长。作品有《杨家聪画集》《杨家聪作品选》《杨
家聪水彩画选》《杨家聪杨毅钢笔画集》《杨家聪
文集》等。

J0036277
张奇画集　　张奇绘
上海 同济大学出版社 1995年 46页 25×26cm
ISBN：7-5608-1603-7 定价：CNY46.00
　　本书为现代中国水粉画画册，中德文本，外
文书名：Der bildband von Zhang Qi. 作者张奇
（1955—　），同济大学讲师，上海水彩画研究会
理事。

J0036278
粉画十年作品集　　李之久主编
上海 上海人民美术出版社 1996年 41页
29cm（16开）精装 ISBN：7-5322-1709-4
定价：CNY48.00

J0036279
高考水粉画范本　　赵祉平著
北京 人民美术出版社 1996年 12页 26cm（16开）
ISBN：7-102-01603-4 定价：CNY16.00

J0036280
黄笃维水彩写生集　　黄笃维［绘］
广州 岭南美术出版社 1996年 29cm（16开）
ISBN：7-5362-1196-1 定价：CNY80.00

J0036281
黄占元水彩风景画集　　黄占元绘
太原 北岳文艺出版社 1996年 26cm（16开）
ISBN：7-5378-1666-2 定价：CNY18.00

J0036282
李杏水彩画选集　　李杏绘
天津 天津人民美术出版社 1996年 36页
26×26cm ISBN：7-5305-0582-3 定价：CNY50.00
　　外文书名：Selected Watercolour Paintings of
Li Xing. 作者李杏（1945—　），高级美术师。江
西庐山人。江西庐山画院副院长、中国美术家协
会会员、中国水彩画家协会会员。

J0036283
李亚军水彩　　（汉英对照）李亚军绘
北京 新华出版社 1996年 17×19cm
ISBN：7-5011-3199-6 定价：CNY18.00
　　中国现代水彩画作品。外文书名：Water-
colour of Li Yajun.

J0036284
娄中国水彩画　　娄中国绘
福州 福建美术出版社 1996年 30页 25×26cm
ISBN：7-5393-0386-7 定价：CNY38.00
　　外文书名：Lou Zhongguo's Watercolour Paint-
ings. 作者娄中国（1942—　），高级美术师。浙江
宁波人，毕业于上海电影专科学校美术系。历任
上海电影制片厂美术设计师，中国美术家协会、
中国电影家协会上海分会会员。

J0036285
美术院校考生教学辅导临本：水粉静物
刘文圃著
石家庄 河北美术出版社 1996年 22张 37cm

ISBN：7-5310-0863-7 定价：CNY24.00

J0036286
邱玉祥水粉写生画集 邱玉祥绘
郑州 河南美术出版社 1996年 39页 26×25cm
ISBN：7-5401-0563-1 定价：CNY29.50

J0036287
区焕礼水彩画集 （1992—1996）区焕礼［绘］
广州 岭南美术出版社 1996年 31页 25×26cm
ISBN：7-5362-1446-4 定价：CNY68.00
　　外文书名：Ou Huanli's Pictures in Watercolour.
作者区焕礼(1947—)，画家。广西柳州人，毕业于广州美术学院附中。历任广东美术创作院副院长、广东画院特聘画家、中国美术家协会会员、广东分会副秘书长。作品有油画《胶林繁星》、水彩画《胶林晨曲》等。

J0036288
王国梁水彩画选 王国梁绘
北京 中国建筑工业出版社 1996年 87页
26cm（16开）ISBN：7-112-02713-6
定价：CNY50.00
（建筑速写与构思丛书）
　　作者王国梁(1943—)，生于浙江湖州。毕业于东南大学建筑系。历任东南大学建筑系主任、教授，中国美术家协会江苏分会会员，江苏省水彩画会常务理事。

J0036289
王健武色彩画集 王健武绘
乌鲁木齐 新疆人民出版社 1996年 69页
21×28cm ISBN：7-228-04096-1 定价：CNY58.00
　　外文书名：Wang Jianwu's Paintings Collection.

J0036290
张连生水粉画集 张连生绘
合肥 安徽美术出版社 1996年 16张 38cm（6开）
散页套装 ISBN：7-5398-0431-9
定价：CNY20.00
（中国当代画家范本选辑）

J0036291
张明生水彩画集 张明生绘
成都 四川美术出版社 1996年 28页 25×26cm

ISBN：7-5410-1220-3 定价：CNY45.00

J0036292
中国历史文化名城客家首府汀州风景画集
饶作勋主编；中共长汀县委等编辑
福州 福建美术出版社 1996年 43页 29cm（16开）
ISBN：7-5393-0505-3 定价：CNY38.00

J0036293
中国青年水彩画作品集 （首届中国青年水彩画大展作品集）诸迪主编
天津 天津人民美术出版社 1996年 101页
24×26cm ISBN：7-5305-0603-X
定价：CNY130.00
　　外文书名：Chinese Youth's Album of Watercolour. 主编诸迪(1966—)，教授。江苏无锡人。历任中央美术学院教务处处长、城市设计学院院长、中央美术学院院长助理，文化和旅游部艺术司司长。

J0036294
1997：彩色的梦 （水彩画挂历）福建美术出版社编
福州 福建美术出版社 1997年 27×38cm
ISBN：7-5393-0558-4 定价：CNY24.00

J0036295
1998：春韵 （旅美画家庞卡作品选 装饰画挂历）庞卡绘
上海 上海人民美术出版社 1997年 73cm（2开）
ISBN：7-5322-1692-6

J0036296
1998：水彩静物 （水彩仿真挂历）张小纲等绘
长沙 湖南美术出版社 1997年 57×43cm
ISBN：7-5356-0991-0 定价：CNY42.00

J0036297
1998：调色板 （水彩画挂历）福建美术出版社编
福州 福建美术出版社 1997年 43×28cm
ISBN：7-5393-0559-2 定价：CNY42.00

J0036298
陈震画集
杭州　浙江人民美术出版社　1997 年　48 页
有照片　25×26cm　ISBN：7-5340-0718-6
定价：CNY55.00
　　本书为中国现代水粉画漆画画册。外文书
名：A Collection of Chen Zhen's Paintings.

J0036299
当代水彩·水粉画艺术　唐华伟编
北京　民族出版社　1997 年　11+188 页
26cm（16 开）　ISBN：7-105-02953-6
定价：CNY180.00

J0036300
第七届中国水彩画大展作品选　第七届中
国水彩画大展组委会（四川美术学院）编
重庆　西南师范大学出版社　1997 年　120 页
26cm（16 开）　ISBN：7-5621-1683-0
定价：CNY58.00

J0036301
丁寺钟水彩画选　丁寺钟绘
合肥　安徽美术出版社　1997 年　12 张　25×26cm
散页套装　ISBN：7-5398-0558-7　定价：CNY20.00
（当代美术家册页）

J0036302
杜松仁画集　杜松仁绘
郑州　河南美术出版社　1997 年　29cm（16 开）
ISBN：7-5401-0603-4　定价：CNY28.00
　　本书为中国现代油画水粉画画集。

J0036303
冯中衡三峡水彩画　冯中衡绘
北京　中国三峡出版社　1997 年　82 页　24×26cm
ISBN：7-80099-266-7　定价：CNY150.00
　　外文书名：Watercolour Paintings of the Three-
Gorges by Feng Zhong Heng.

J0036304
坎勒玻卡水彩画艺术　坎勒绘
苏州　古吴轩出版社　1997 年　45 页　25×26cm
ISBN：7-80574-278-2　定价：CNY58.00

J0036305
老天使　（幸福的质问）褚士莹著
台北　探索文化事业公司　1997 年　212 页
21cm（32 开）　ISBN：957-8380-26-7
定价：TWD250.00
（人生探索 33）

J0036306
柳士瑞水彩作品选　柳士瑞绘
天津　天津人民美术出版社　1997 年　28 页
29cm（16 开）　ISBN：7-5305-0750-8
定价：CNY22.00
（当代画家精品集）

J0036307
罗次冰水彩画集　罗次冰绘
成都　四川美术出版社　1997 年　48 页　25×26cm
ISBN：7-5410-1369-2　定价：CNY45.00
　　外文书名：Luo Cibing's Collection of Wa-
tercolour Paintings.

J0036308
色彩静物范画　雷鸿智编著
成都　四川美术出版社　1997 年　37cm（8 开）
ISBN：7-5410-1345-5　定价：CNY30.00
（美术院校基础教学丛书）

J0036309
上海中等美术学校色彩试卷精选　丁国兴
摄影
上海　上海人民美术出版社　1997 年　1 封［21 张］
37cm　活页封套装　ISBN：7-5322-1743-4
定价：CNY25.00

J0036310
水彩风景画选萃　（一）黄铁山等绘
沈阳　辽宁美术出版社　1997 年　16 幅　37cm
ISBN：7-5314-1721-9　定价：CNY36.00
　　作者黄铁山（1939—　），画家。湖南洞口人，
毕业于湖北艺术学院。历任湖南省美术家协会
主席、湖南省文联副主席。代表作品有《黄铁山
水彩画》《圣彼得堡》《开春》等。

J0036311
水彩风景画选萃　（二）高殿才等绘

沈阳 辽宁美术出版社 1997年 16幅 37cm
ISBN：7-5314-1722-7 定价：CNY36.00

J0036312
宋守宏水彩画选　宋守宏绘
北京 人民美术出版社 1997年 26×23cm
ISBN：7-102-01824-X 定价：CNY36.00
　　　作者宋守宏(1939—2010)，画家。山东青
岛人，毕业于山东艺术专科学院。历任国家一
级美术师，山东青岛工艺美术学校校长，编著有
《美术基础教程》《水彩画技法》《水彩风景画基
础》等。

J0036313
一代画风　（中国中青年水彩艺术家）李平秋
等[绘]
沈阳 辽宁美术出版社 1997年 204页 24×26cm
精装 ISBN：7-5314-1634-4 定价：CNY128.00

J0036314
张举毅水彩画选　张举毅绘
天津 天津科学技术出版社 1997年 49页
26×26cm ISBN：7-5308-2177-6 定价：CNY49.00
（中国当代建筑美术家作品集）

J0036315
赵竟城水粉画集　赵竟城绘
长沙 湖南美术出版社 1997年 45页 25×26cm
ISBN：7-5356-1014-5 定价：CNY48.00

J0036316
郑捷克水彩画集　郑捷克绘
南宁 广西美术出版社 1997年 52页 25×26cm
ISBN：7-80625-266-5
定价：CNY78.00，CNY98.00（精装）

J0036317
中国北方水彩画精品集　施大光主编
沈阳 辽宁画报出版社 1997年 175页 24×26cm
ISBN：7-80601-155-2 定价：CNY120.00

J0036318
中国当代水彩画优秀画家作品精选　（一）
孙志纯编
福州 福建美术出版社 1997年 70页 29cm（16开）

ISBN：7-5393-0532-0 定价：CNY50.00

J0036319
中国当代艺术家画库　（欧阳琼琛画集）欧阳
琼琛绘
北京 中国画报出版社［1997年］26cm（16开）
ISBN：7-80024-183-1 定价：CNY5.80

J0036320
中国当代艺术家画库　（谢一辉画集）谢一
辉绘
北京 中国画报出版社［1997年］26cm（16开）
ISBN：7-80024-183-1 定价：CNY5.80

J0036321
中国当代艺术家画库　（殷保康画集）殷保
康绘
北京 中国画报出版社［1997年］26cm（16开）
ISBN：7-80024-183-1 定价：CNY5.80

J0036322
中国当代艺术家画库　（朱辉画集）朱辉绘
北京 中国画报出版社［1997年］26cm（16开）
ISBN：7-80024-183-1 定价：CNY5.80（全套）

J0036323
中国水彩画家　（陈桂芝）陈桂芝绘
杭州 中国美术学院出版社 1997年 25×25cm
ISBN：7-81019-613-8 定价：CNY30.00

J0036324
中国水彩画家　（陈立勋）陈立勋绘
杭州 中国美术学院出版社 1997年 25×25cm
ISBN：7-81019-612-X 定价：CNY30.00

J0036325
中国水彩画家　（陈兴国 汉英对照）陈兴国绘
杭州 中国美术学院出版社 1997年 25×25cm
ISBN：7-81019-611-1 定价：CNY30.00

J0036326
中国水彩画家　（封思孝 汉英对照）封思孝绘
杭州 中国美术学院出版社 1997年 25×25cm
ISBN：7-81019-603-0 定价：CNY30.00

J0036327
中国水彩画家 （吉成林）吉成林绘
杭州 中国美术学院出版社 1997 年 25×25cm
ISBN：7-81019-604-9 定价：CNY30.00

J0036328
中国水彩画家 （平龙）平龙绘
杭州 中国美术学院出版社 1997 年 25×25cm
ISBN：7-81019-608-1 定价：CNY30.00

J0036329
中国水彩画家 （魏敬先）魏敬先绘
杭州 中国美术学院出版社 1997 年 25×25cm
ISBN：7-81019-610-3 定价：CNY30.00
　　作者魏敬先(1937—　)，教授、水彩画家。
江苏沛县人。毕业于南京艺术学院美术系。中
国美术家协会会员，温州大学美术系教授，温州
市人像绣研究所所长，浙江省水彩画研究会理
事，温州市水彩画会会长。代表作品有《中国发
绣艺术》《现代人像绣技法》《魏敬先水彩画选》。

J0036330
中国水彩画家 （吴东梁）吴东梁绘
杭州 中国美术学院出版社 1997 年 25×25cm
ISBN：7-81019-607-3 定价：CNY30.00
　　作者吴东梁(1931—2011)，教授。浙江绍
兴人，毕业于中央美术学院华东分院绘画系。曾
任教于安徽师范大学艺术系、南京师范大学美术
系。作品有《广阔天地》《女电焊工》，著有《水
粉画》《色彩写生指南》《中学美术教材教法》
《中国水彩画家吴东梁选辑》等。

J0036331
中国水彩画家 （张厚进）张厚进绘
杭州 中国美术学院出版社 1997 年 25×25cm
ISBN：7-81019-606-5 定价：CNY30.00
　　作者张厚进(1925—2002)，教授、画家。福
建永春人，毕业于福建师范学院艺术系。厦门集
美大学教授、中国美术家协会会员、福建水彩水
粉研究会会长。作品有《海味》《桂鱼》《荔枝》
《鲈鱼与虾》等，出版有《张厚进水彩画》《中国
水彩画家——张厚进》《张厚进水彩画》。

J0036332
中国水彩画家 （张英洪）张英洪绘

杭州 中国美术学院出版社 1997 年 25×25cm
ISBN：7-81019-605-7 定价：CNY30.00
　　作者张英洪(1931—　)，教师。字青子，上
海轻工业专科学校美术系副教授、中国美术家协
会会员、上海水彩画研究会副会长。

J0036333
中国水彩画家 （郑起妙）郑起妙绘
杭州 中国美术学院出版社 1997 年 25×25cm
ISBN：7-81019-609-X 定价：CNY30.00

J0036334
周卫国水彩画集　周卫国绘
哈尔滨 黑龙江美术出版社 1997 年 77 页
25×26cm ISBN：7-5318-0411-5 定价：CNY56.80

J0036335
朱辉水彩画　朱辉绘
长沙 湖南美术出版社 1997 年 54 页 26×25cm
ISBN：7-5356-0942-2 定价：CNY65.00
　　外文书名：Watercolour Paintings of Zhu Hui.

J0036336
'98 全国中青年水彩画家提名展作品集
中国美术家协会水彩画艺术委员会，深圳美术
馆[编]
南宁 广西美术出版社 1998 年 有照片
29×29cm ISBN：7-80625-571-0
定价：CNY158.00

J0036337
1999：彩韵抒情 （摄影挂历 水彩画精品）
郑卫摄
南京 江苏美术出版社 1998 年 35×37cm
ISBN：7-5344-0818-0 定价：CNY26.00

J0036338
1999：妙笔生花 （著名画家李增礼水粉画精
品选 水粉画挂历）李增礼绘
福州 福建美术出版社 1998 年 42×29cm
ISBN：7-5393-0695-5 定价：CNY17.50

J0036339
1999：名家水彩仿真 （摄影挂历）芊目供稿
广州 广东人民出版社 1998 年 56×43cm

ISBN：7-218-02851-9　定价：CNY50.00

J0036340
1999：水彩花卉　（胡日龙水彩花卉选　摄影挂历）胡日龙绘
广州　岭南美术出版社 1998年 58×42cm
ISBN：7-5362-1841-9　定价：CNY48.00

J0036341
当代水彩画精品集　（高东方）高东方绘
济南 山东美术出版社 1998年 28页 29cm（16开）
ISBN：7-5330-1244-5　定价：CNY32.00
　　作者高东方（1955—　　），画家、教授。山东章丘人，生于青岛，毕业于山东省高等教育学院。中国美术家协会会员，中国水彩画家协会会员，山东水彩画会常务副会长兼秘书长，青岛科技大学文学艺术学院副主任、教授。作品有《黄海之滨的港口》《头羊》《浮城》等，出版有《水彩》《水粉》《当代水彩画精品集高东方》等。

J0036342
当代水彩画精品集　（黄铁山）黄铁山绘
济南 山东美术出版社 1998年 44页 29cm（16开）
ISBN：7-5330-1245-3　定价：CNY38.00
　　作者黄铁山（1939—　　），画家。湖南洞口人，毕业于湖北艺术学院。历任湖南省美协主席，湖南省文联副主席。代表作品有《黄铁山水彩画》《圣彼得堡》《开春》等。

J0036343
当代水彩画精品集　（宋守宏）宋守宏绘
济南 山东美术出版社 1998年 28页 29cm（16开）
ISBN：7-5330-1248-8　定价：CNY32.00
　　作者宋守宏（1939—2010），画家。山东青岛人，毕业于山东艺术专科学院。历任国家一级美术师、山东青岛工艺美术学校校长、编著有《美术基础教程》《水彩画技法》《水彩风景画基础》等。

J0036344
当代水彩画精品集　（薛益寿）薛益寿绘
济南 山东美术出版社 1998年 28页 29cm（16开）
ISBN：7-5330-1247-X　定价：CNY32.00

J0036345
当代水彩画精品集　（张小纲）张小纲绘
济南 山东美术出版社 1998年 44页 29cm（15开）
ISBN：7-5330-1246-1　定价：CNY38.00

J0036346
当代中国建筑美术名家作品集　齐人主编
哈尔滨 黑龙江科学技术出版社 1998年
107页 25×26cm ISBN：7-5388-3087-1
定价：CNY70.00

J0036347
第四届全国水彩、粉画展览作品集　（'98中国国际美术年）刘大为主编
北京 中国文联出版公司 1998年 162页
29cm（16开）ISBN：7-5059-2680-2
定价：CNY170.00
　　主编刘大为（1945—　　），教师。山东诸城人。解放军艺术学院美术系主任，中国美术家协会中国画艺术委员会委员等。出版有《刘大为画集》。

J0036348
儿童水笔画　毛慧碧等著
上海 上海书画出版社 1998年 46页 26cm（16开）
ISBN：7-80635-210-4　定价：CNY12.00
（儿童美术入门丛书）

J0036349
范瑞生作品选　范瑞生绘
天津 天津人民美术出版社［1998年］
29cm（16开）ISBN：7-5305-0750-8
定价：CNY22.00
（当代画家精品集）

J0036350
高冬水彩画集　高冬绘
哈尔滨 黑龙江美术出版社 1998年 67页
25×26cm ISBN：7-5318-0500-6
定价：CNY50.00，CNY60.00（精装）
　　本画册收有《浮光》《小白桦》《风雪黄昏》《正午时刻》《北方的雪》《水门》《水乡之晨》《龙图》《皖南古街》《坝上晨光》等水彩画作品。作者高冬（1960—　　），教授。河北人，天津河北工业大学建筑系副教授，著有《风景素描技法》等。

J0036351
高而颐画集　高而颐绘
杭州　浙江美术学院出版社［1998年］70页
有照片 36cm（15开）精装 ISBN：7-81019-160-8
定价：CNY190.00
　　本画册共精选画家作品70余幅。

J0036352
广州水彩画研究会作品集　黄树德主编
广州　岭南美术出版社 1998年 63页
28cm（大16开）ISBN：7-5362-1750-1
定价：CNY48.00
　　主编黄树德（1931—　），版画家。广东南海人，曾进修于广州美术学院油画系。历任海军南海舰队美术创作组组长、部队专职画家，广东水彩画研究会副会长，广东岭南美术出版社社长兼总编辑，中国美术家协会会员，中国版画家协会理事。出版有《黄树德版画集》《海之歌——黄树德水彩版画集》等。

J0036353
贵体侃水粉风景画集　贵体侃著
长沙　湖南美术出版社 1998年 38页 26×26cm
ISBN：7-5356-1153-2 定价：CNY36.00

J0036354
郭德菴作品选　郭德菴绘
天津　天津人民美术出版社［1998年］
29cm（16开）ISBN：7-5305-0750-8
定价：CNY22.00
（当代画家精品集）

J0036355
郭玉祥水粉画集　郭玉祥绘
北京　人民美术出版社 1998年 32页 25×26cm
ISBN：7-102-01962-9 定价：CNY45.00

J0036356
黄铁山作品选　黄铁山绘
天津　天津人民美术出版社［1998年］
29cm（16开）ISBN：7-5305-0750-8
定价：CNY22.00
（当代画家精品集）

J0036357
靳涛作品选　靳涛绘
天津　天津人民美术出版社［1998年］
29cm（16开）ISBN：7-5305-0750-8
定价：CNY22.00
（当代画家精品集）
　　作者靳涛（1926—2015），美术编辑、教授。山东烟台人。曾任山东省文联美术编辑、山东省美术创作工作室副主任、山东人民出版社画报编辑室主编、山东轻工业大学教授等。作品有《古木积雪》《双虎图》等，出版有《靳涛水彩画集》《靳涛作品选》。

J0036358
李平秋作品选　李平秋绘
天津　天津人民美术出版社［1998年］
29cm（16开）ISBN：7-5305-0750-8
定价：CNY22.00
（当代画家精品集）

J0036359
梁钢作品选　梁钢绘
天津　天津人民美术出版社［1998年］
29cm（16开）ISBN：7-5305-0750-8
定价：CNY22.00
（当代画家精品集）

J0036360
刘寿祥水彩画　（欧洲写生）刘寿祥绘
长沙　湖南美术出版社 1998年 25×26cm
ISBN：7-5356-1064-1 定价：CNY28.00
　　作者刘寿祥（1958—　），画家、教授。湖北武汉人，毕业于湖北艺术学院美术系师范专业。历任湖北美术学院副教授、中国美术家协会会员、中国水彩画协会理事。作品有《牧牛少年》《桥》等，出版有《刘寿祥水彩画集》《欧洲写生》等。

J0036361
美术高考辅导班学生优秀习作评析　（水粉静物）韩玮主编
济南　山东美术出版社 1998年 60页 26cm（16开）
ISBN：7-5330-1122-8 定价：CNY26.00

J0036362
钱洪兵作品选　　钱洪兵绘
天津　天津人民美术出版社［1998年］
29cm（16开）ISBN：7-5305-0750-8
定价：CNY27.00
（当代画家精品集）

　　作者钱洪兵（1956—　　），教师。江苏宜兴人，毕业并工作于南京师范大学美术系。江苏省水彩画学会会员、江苏省美术家协会会员。作品有《皖南小镇》《渔家新春》《阳光下》《待发》。出版有《钱洪兵水彩画特技》。

J0036363
人体水彩　　中国美术学院出版社画册编辑室编
杭州　中国美术学院出版社　1998年　42cm（8开）
ISBN：7-81019-418-6　定价：CNY18.00
（美术作品示范系列）

J0036364
色彩静物　　刘晓东编
杭州　浙江人民美术出版社　1998年　32页
29cm（15开）ISBN：7-5340-0777-1
定价：CNY18.00
（基础绘画写生摹本　4）

J0036365
色彩静物　　一斌编
杭州　中国美术学院出版社　1998年　42cm（8开）
ISBN：7-81019-689-8　定价：CNY24.00
（色彩教室）

J0036366
色彩写生集　　王其华编著
天津　天津人民美术出版社　1998年　54页
25×26cm　精装　ISBN：7-5305-0876-8
　　作者王其华（1949—　　），山东人，天津师范高等专科学校美术系主任、副教授。

J0036367
上海水彩画20家作品集　　韩碧池编
上海　上海书画出版社　1998年　254页　38cm（6开）
精装　ISBN：7-80635-201-5　定价：CNY450.00

J0036368
史海波水彩画作品集　　（花之情）史海波绘

北京　人民美术出版社　1998年　26×23cm
精装　ISBN：7-102-01805-3　定价：CNY68.00
　　作者史海波（1939—　　），美术家。毕业于沈阳美术学校。曾任北京民族文化宫展览馆副馆长、中国美术家协会会员。出版《史海波画集》《花之情——史海波水彩画作品集》《史海波水彩画精品选》。

J0036369
水彩画示范　　（风景）沈柔坚编
上海　上海画报出版社　1998年　1函（16幅）
38cm（6开）ISBN：7-80530-307-X
定价：CNY26.00
　　作者沈柔坚（1919—1998），画家，教授。福建诏安人。历任上海大学美术学院教授、中国美术家协会常务理事、中国美术家协会上海分会副主席、中国版画家协会副主席。代表作品《拉纤者》《田野》《拾草》《为了正义》《庆功图》等。

J0036370
水彩画示范　　（静物·人物）沈柔坚编
上海　上海画报出版社　1998年　1函（16页）
38cm（6开）套装　ISBN：7-80530-308-8
定价：CNY26.00

J0036371
水粉静物范画精选　　徐华翎，申亮编
福州　福建美术出版社　1998年　34cm（10开）
ISBN：7-5393-0634-3　定价：CNY25.00
（美术自学向导丛书）

J0036372
唐全心水彩画作品　　唐全心绘
长沙　湖南美术出版社　1998年　25×26cm
ISBN：7-5356-1150-8　定价：CNY65.00

J0036373
于普洁作品选　　于普洁绘
天津　天津人民美术出版社［1998年］
29cm（16开）ISBN：7-5305-0750-8
定价：CNY22.00
（当代画家精品集）

J0036374
张美莉水彩画集　　张美莉绘

福州　福建美术出版社　1998 年　61 页　25×26cm
ISBN：7-5393-0670-X
定价：CNY68.00，CNY100.00（精装）

J0036375
张元铁作品选　张元铁绘
天津　天津人民美术出版社［1998 年］
29cm（16 开）ISBN：7-5305-0750-8
定价：CNY22.00
（当代画家精品集）

J0036376
中国当代水彩画精选　江苏美术出版社编
南京　江苏美术出版社　1998 年　74 页
28cm（大 16 开）ISBN：7-5344-0834-2
定价：CNY40.00

J0036377
中国青年水彩画大展作品集
长春　吉林美术出版社　1998 年　131 页　24×26cm
ISBN：7-5386-0620-3　定价：CNY118.00

J0036378
中国水彩画　邓汝燧等主编
石家庄　河北教育出版社　1998 年　384 页
29cm（16 开）精装　ISBN：7-5434-2987-X
定价：CNY520.00

J0036379
2000：水彩精英　（美术挂历）柳毅等摄
上海　上海人民美术出版社　1999 年　52×49cm
ISBN：7-5322-2183-0　定价：CNY48.00

J0036380
陈少平作品选　［陈少平绘］
天津　天津人民美术出版社［1999 年］有照片
29cm（16 开）ISBN：7-5305-0809-1
定价：CNY22.00
（当代画家精品集）

J0036381
广东首届水彩画展作品精选集　广东省美
术家协会水彩画艺术委员会［编］
广州　岭南美术出版社　1999 年　113 页　25×26cm
ISBN：7-5362-1912-1

定价：CNY90.00，CNY120.00（精装）

J0036382
黄莘南画集　黄莘南绘；深圳市美术家协会编
深圳　海天出版社　1999 年　16 页　29cm（16 开）
ISBN：7-80654-106-3　定价：CNY360.00［全套］
（深圳美术家画库）
　　本书为中国现代水彩画册。作者黄莘南
（1935—　　），教授。广东惠阳人，深圳大学建筑
系教授。绘有《黄莘南画集》等。

J0036383
老北京·市井风情画　（中德文本）盛锡珊
绘画
北京　外文出版社　1999 年　238 页　26cm（16 开）
精装　ISBN：7-119-02180-X　定价：CNY22.80
　　通过本书精选的水粉画风俗画照片，生动地
重现了北京 20 世纪的城建、市井和市民生活。
内容包括城池街市、胡同百业、世象风俗、店堂
楼苑四部分。

J0036384
老北京·市井风情画　（中法文本）盛锡珊绘画
北京　外文出版社　1999 年　238 页　26cm（16 开）
精装　ISBN：7-119-02179-6　定价：CNY22.80

J0036385
老北京·市井风情画　（中英文本）盛锡珊绘画
北京　外文出版社　1999 年　238 页　26cm（16 开）
精装　ISBN：7-119-02178-8　定价：CNY22.80
　　作者盛锡珊（1925—2015），画家，北京人。
历任中国美术家协会、中国戏剧家协会会员，中
国国家话剧院、中国青年艺术剧院一级舞美设计
师等。舞美设计作品有《东方红》《文成公主》《红
色娘子军》。出版有《中国历史故事》《风筝》《晴
雯》《紧箍咒》《老北京市井风情画集》等。

J0036386
黎鹰水彩笔下的澳门　黎鹰绘
澳门　澳门基金会　1999 年　25×29cm
定价：MOP80.00
　　外文书名：Macau Sob as Pinceladas de Lai
Ieng.

J0036387

李景方水彩画选　李景方绘

重庆　重庆出版社　1999 年　56 页　25×26cm
ISBN：7-5366-4282-2　定价：CNY32.00

J0036388

李咏森百岁水彩画集　李咏森绘

上海　上海画报出版社　1999 年　54 页　26×26cm
ISBN：7-80530-459-9　定价：CNY50.00

J0036389

连逸卿粉画集　连逸卿绘

杭州　中国美术学院出版社　1999 年　54 页
25×25cm　ISBN：7-81019-735-5　定价：CNY68.00

J0036390

刘鹤鸣水彩画　刘鹤鸣绘

广州　岭南美术出版社　1999 年　46 页　25×26cm
ISBN：7-5362-1983-0　定价：CNY45.00

J0036391

罗宗海·感受乡土·水彩画　罗宗海绘；广东
美术馆编

广州　岭南美术出版社　1999 年　116 页　29×29cm
ISBN：7-5362-1937-7
定价：CNY148.00，CNY168.00（精装）
（现当代艺术家丛书）

J0036392

美术中考 3 小时范画　（色彩）石增琇等编著

南昌　江西美术出版社　1999 年　37cm
ISBN：7-80580-563-6　定价：CNY22.00

J0036393

聂崇良水彩画集　聂崇良绘

上海　上海书画出版社　1999 年　21×29cm
ISBN：7-80635-532-4　定价：CNY44.80

　　本书收画家的 50 余幅水彩画作品，有《篱
笆》《红房子》《黄昏》《黄金地》《蓝夜色》《咖
啡角》《红香蕉》《星期天》等。

J0036394

情景与表现　（冯振国·水彩画写生）冯振国绘

兰州　甘肃人民美术出版社　1999 年　48 页
25×26cm　ISBN：7-80588-266-5　定价：CNY48.00

J0036395

色彩·水彩风景　周海歌主编；平龙等绘

南京　江苏美术出版社　1999 年　42cm（8 开）
ISBN：7-5344-0942-X　定价：CNY16.00
（美术教学示范作品）

J0036396

色彩·水粉风景

南京　江苏美术出版社　1999 年　重印本
43cm（8 开）ISBN：7-5344-0863-6
定价：CNY16.00
（美术教学示范作品）

J0036397

水粉画　王雯，关小蕾编著

杭州　浙江人民美术出版社　1999 年　39 页
26cm（16 开）ISBN：7-5340-1006-3
定价：CNY15.00

　　本书内容包括：认识水粉、准备材料、色彩
知识、基本技法、实践。作者关小蕾（1962—　），
女，画家。广东开平人，毕业于广州美术学院版
画系。广州市少年宫美术教师、广东画院兼职画
家。代表作品《姑娘们》《姊妹》《山村日记》。

J0036398

水粉静物范图　天津杨柳青画社编

天津　天津杨柳青画社　1999 年　53cm（4 开）
ISBN：7-80503-446-X　定价：CNY30.00
（美术教学示范作品）

J0036399

谭铿作品选　（中英文本）[谭铿绘]

天津　天津人民美术出版社　[1999 年]　有照片
29cm（16 开）ISBN：7-5305-0809-1
定价：CNY22.00
（当代画家精品集）

　　外文书名：The Selected Works of Tan Keng.

J0036400

谭智生水彩画集　谭智生著

澳门　澳门基金会　1999 年　88 页　25cm（小 16 开）
ISBN：972-658-099-4　定价：MOP120.00

　　外文书名：Pintura a Aguarela de Tam Chi
Sang. 本书为澳门基金会与澳门教科文中心合作
出版。

J0036401

王伟庆画集　　王伟庆［绘］

深圳　海天出版社　1999 年　16 页　29cm（16 开）
ISBN：7-80654-106-3　定价：CNY360.00［全套］
（深圳美术家画库）

　　本书为现代中国水彩画画册。作者王伟庆
（1962—　　），画家。生于陕西西安，广东美术家
协会会员。出版作品有《王伟庆水彩画集》等。

J0036402

王晓彤作品　　王晓彤［绘］

北京　中国画报出版社　1999 年　19×21cm
ISBN：7-80024-432-6　定价：CNY21.60
（当代艺术家丛书 3）

J0036403

王肇民水彩画　　王肇民绘

广州　岭南美术出版社　1999 年　156 页　29×29cm
ISBN：7-5362-1877-X
定价：CNY130.00, CNY150.00（精装）

　　作者王肇民（1908 — 2003），画家、美术教
育家。安徽萧县人。广州美术学院教授。出版
有《画语拾零》《水彩画选集》，诗词选《红叶》等。

J0036404

文桢非画集　　文桢非绘

深圳　海天出版社　1999 年　16 页　29cm（16 开）
ISBN：7-80654-106-3　定价：CNY360.00（全套）
（深圳美术家画库）

　　本书为现代中国水彩画水粉画画册。作者
文桢非（1963—　　），画家。生于青海省，毕业于
青海师范大学美术专业。深圳市关山月美术馆
艺术总监、国家一级美术师。作品有《藏戏》《晌
午》《鱼》等。

J0036405

乡土的回忆　　（中英文本 胡晓幸水彩画集）胡
晓幸［绘］

昆明　云南美术出版社　1999 年　39 页　26cm（16 开）
ISBN：7-80586-535-3　定价：CNY48.00

　　本画集收录了作者的《黄昏的脚步》《游戏》
《泸沽湖晨曦》《老核桃树》《放学》等三十多幅
水彩画作品。作者胡晓幸（1951—　　），画家。生
于云南昆明，毕业于云南艺术学院。历任昆明画
院院长、昆明美术家协会副主席，绘有《乡土的

回忆——胡晓幸水彩画集》。

J0036406

薛义作品选　　（中英文本）［薛义绘］

天津　天津人民美术出版社［1999 年］
有照片　29cm（16 开）ISBN：7-5305-0809-1
定价：CNY22.00
（当代画家精品集）

J0036407

章立水彩画集　　章立绘

济南　山东友谊出版社　1999 年　60 页　29cm（16 开）
ISBN：7-80642-249-8　定价：CNY32.00

　　外文书名：A Collection of Zhangli's Water-
colour Paintings.

J0036408

中国红土重彩画艺术珍藏卷　　（缩样）杨德
华等著

昆明　云南民族出版社［1999 年］收藏证书
38cm（6 开）函装　ISBN：7-5367-1744-X
定价：CNY568.00

J0036409

中国云南少数民族图谱　　孔令生编绘

昆明　云南美术出版社　1999 年　1 套　19×26cm
ISBN：1780586.53　定价：CNY19.80

J0036410

中国壮族女画家苏秀玲水彩画集　　苏秀玲绘

北京　民族出版社　1999 年　80 页　25×25cm
ISBN：7-105-03393-2　定价：CNY98.00

中国版画作品

J0036411

梅花喜神谱　　（二卷）（宋）宋伯仁绘并辑

宋景定二年［1261］影印本

　　有清黄丕烈跋。

J0036412

梅花喜神谱　　（二卷）（宋）宋伯仁编

清 刻本 有图 线装

　　作者宋伯仁（1199—？），宋代诗人、画家。字器之，号雪岩。广平（今属河北）人，一作湖州人。嘉熙时为盐运司属官。工诗，善画梅。作有《梅花喜神谱》上下卷，著有《西塍集》《烟波渔隐词》等。

J0036413
梅花喜神谱 （二卷）（宋）宋伯仁撰
清 刻本 有图 线装
（知不足斋丛书）
　　九行二十一字小字双行同黑口左右双边。收于《知不足斋丛书》第二十六集中。

J0036414
梅花喜神谱 （二卷）（宋）宋伯仁绘并辑
［清］影印本
（宛委别藏）
　　收于《宛委别藏》中。

J0036415
梅花喜神谱 （二卷）（宋）宋伯仁撰
长塘鲍氏 清乾隆三十七年至道光三年［1772-1823］刻本 汇印 有图 线装
（知不足斋丛书）
　　黑口左右双边。收于《知不足斋丛书》中。

J0036416
梅花喜神谱 （二卷）（宋）宋伯仁绘并辑
长塘鲍氏 清乾隆三十七年至道光三年［1772-1823］刻本 汇印
（知不足斋丛书）
　　收于《知不足斋丛书》中。

J0036417
梅花喜神谱 （二卷）（宋）宋伯仁绘并辑
［清嘉庆］抄本
（宛委别藏）
　　收于《宛委别藏》中。

J0036418
梅花喜神谱 （二卷）（宋）宋伯仁绘并辑
沈氏古倪园 清嘉庆十六年［1811］影印本
　　据宋景定二年刻本影印。

J0036419
梅花喜神谱 （二卷）（宋）宋伯仁撰
吴县黄丕烈 清嘉庆十六年［1811］刻本 有图 线装
　　白口四周双边双鱼尾。

J0036420
梅花喜神谱 （二卷，附录一卷）（宋）宋伯仁撰并绘
云间沈氏古倪园 清嘉庆十六年［1811］刻本 线装
　　分二册。八行十二字白口四周双边双鱼尾。

J0036421
梅花喜神谱 （二卷）（宋）宋伯仁绘并辑
七十二芙蓉仙馆 清道光六年［1826］刻本

J0036422
梅花喜神谱 （二卷）（宋）宋伯仁撰
长塘鲍氏 清末 刻本 重印 有图 线装
（知不足斋丛书）
　　收于《知不足斋丛书》第二十六集中。

J0036423
梅花喜神谱 （二卷）（宋）宋伯仁编
清末 刻本 汇印 有图 线装
（知不足斋丛书）
　　收于《知不足斋丛书》第二十六集中。

J0036424
梅花喜神谱 （二卷）（宋）宋伯仁绘并辑
清咸丰 刻本

J0036425
梅花喜神谱 （二卷）（宋）宋伯仁撰
清咸丰五年［1855］刻本 有图 线装
　　黑口左右双边双鱼尾。

J0036426
梅花喜神谱 （二卷）（宋）宋伯仁绘并辑
常熟鲍氏 清同治至光绪 刻本
（后知不足斋丛书）
　　收于《后知不足斋丛书》中。

J0036427
梅花喜神谱 （二卷，附录一卷）（宋）宋伯仁撰并绘
清光绪九年［1883］刻本 线装
分二册。八行十二字白口四周双边双鱼尾。

J0036428
梅花喜神谱 （二卷）（宋）宋伯仁撰
苏州 振新书社 民国 影印本 有图 线装
（知不足斋丛书）
收于《知不足斋丛书》第二十六集中。

J0036429
梅花喜神谱 （二卷）（宋）宋伯仁绘并辑
上海 古书流通处 民国十年［1921］影印本
（知不足斋丛书）
据清鲍氏刻本影印，收于《知不足斋丛书》中。

J0036430
梅花喜神谱 （二卷）（宋）宋伯仁撰
上海 上海古书流通处 民国十年［1921］影印
本 有图 线装
（知不足斋丛书）
收于《知不足斋丛书》第二十六集中。

J0036431
梅花喜神谱 （二卷）（宋）宋伯仁编
上海 中华书局 民国十七年［1928］影印本
有图 线装
分二册。据南宋景定二年（1261）刻本影印。

J0036432
梅花喜神谱 （二卷）（宋）宋伯仁编
上海 中华书局 民国十七年［1928］影印本 有
图 线装
分二册。据南宋景定二年（1261）刻本影印。

J0036433
梅花喜神谱 （二卷）（宋）宋伯仁撰
北京 中国书店 1997年 影印本 有插图 线装
ISBN：7-80568-676-9 定价：CNY100.00
据清嘉庆十六年（1811）沈氏古倪园影宋刻
本影印。

J0036434
［离骚图］ （清）萧云从绘并注
明 刻本 有图 线装
分四册。九行二十四字白口四周单边。作
者萧云从（1596—1673），明末清初画家。字尺木，
号无闷道人，安徽芜湖人。代表作品《梅花堂遗
稿》《易存》《韵通》《太平山水图》等。

J0036435
黄氏画谱八种 （明）黄凤池辑
［1621-1644年］刻本 有图 线装
本书八种画谱，包括《五言唐诗画谱》《七
言唐诗画谱》《六言唐诗画谱》，《梅竹兰菊四谱》
《草本花诗谱》《木本花鸟谱》《名公善谱》《唐解
元仿古今画谱》（简称《古今画谱》，亦名《唐六如
画谱》）。合刊书名为《黄氏画谱八种》，亦名《集
雅斋画谱》。此套画谱以单色木版画形式刊行。
分六册。

J0036436
酒牌 （不分卷）□□辑
明 刻本

J0036437
唐解元仿古今画谱 （明）唐寅绘；（明）黄凤
池辑
清绘斋［1621-1644年］刻本 有图 线装
（黄氏画谱）
收于《黄氏画谱》中。作者唐寅（1470—
1524），明代画家、书法家、诗人。名寅，字伯
虎，又字子畏，号六如居士等，江苏苏州人。作
品有《骑驴思归图》《山路松声图》《李端端落籍
图》《秋风纨扇图》《枯槎鸲鹆图》等。作者黄凤
池，明代画家。新安（今安徽徽州）人，明万历年
间画谱类图书出版商。作品有《草本花诗谱》《唐
诗画谱》《唐解元仿古今画谱》《五言唐诗画谱》
《梅竹兰菊四谱》《张白云选名公扇谱》等。作者
黄凤池，明代画家。新安（今安徽徽州）人，明万
历年间画谱类图书出版商。作品有《草本花诗谱》
《唐诗画谱》《唐解元仿古今画谱》《五言唐诗画
谱》《梅竹兰菊四谱》《张白云选名公扇谱》等。

J0036438
唐诗画谱 （明）黄凤池辑
［1621-1644年］刻本 有图 线装

分四册。

J0036439
唐诗画谱 （明）黄凤池辑
［1621–1644 年］刻本 有图 线装
　　分三册。

J0036440
唐诗画谱 （明）黄凤池辑
上海 上海古籍出版社 1982 年 影印本 350 页
26cm（16 开）统一书号：8186.1 定价：CNY2.45
　　本书分《五言唐诗画谱》《六言唐诗画谱》
《七言唐诗画谱》三卷，各取唐诗五十首，焦竑、
董其昌、陈继儒等书，画家蔡元勋，唐世贞绘，
徽派名工刘次泉等刻，集诗、书、画、刻于一辑，
画面先诗后图，是徽派版画代表作品之一。

J0036441
唐诗画谱 （1 五言唐诗画谱）（明）黄凤池辑
北京 文物出版社 1981 年 25cm（16 开）
统一书号：8068.967 定价：CNY1.00

J0036442
唐诗画谱 （2 六言唐诗画谱）（明）黄凤池
等辑
北京 文物出版社 1982 年 25cm（16 开）
统一书号：8068.968 定价：CNY1.00

J0036443
唐诗画谱 （3 七言唐诗画谱）（明）黄凤池
等辑
北京 文物出版社 1982 年 影印本
25cm（16 开）统一书号：8068.969 定价：CNY1.00

J0036444
唐诗画谱 （4 梅竹兰菊四谱）（明）黄凤池
等辑
北京 文物出版社 1982 年 100 页 25cm（16 开）
统一书号：8068.970 定价：CNY1.00

J0036445
唐诗画谱 （5 唐解元仿古今画谱）（明）黄凤
池等辑
北京 文物出版社 1981 年 100 页 25cm（16 开）
统一书号：8068.971 定价：CNY0.95

J0036446
唐诗画谱 （6 张白云选名公扇谱）（明）黄凤
池等辑
北京 文物出版社 1982 年 影印本 25cm（16 开）
统一书号：8068.972 定价：CNY0.90

J0036447
唐诗画谱 （7 草本花诗谱）（明）黄凤池等辑
北京 文物出版社 1982 年 26cm（16 开）
统一书号：8068.973 定价：CNY1.00

J0036448
唐诗画谱 （8 木本花鸟谱）（明）黄凤池辑
北京 文物出版社 1982 年 影印本 25cm（16 开）
统一书号：8068.974 定价：CNY0.90

J0036449
唐诗画谱 （明）黄凤池等辑
北京 文物出版社 1982 年 影印本 26cm（16 开）
　精装 统一书号：8068.1088

J0036450
唐诗画谱 （明）黄凤池辑
北京 北京古籍出版社 1998 年 影印本 有插图
线装 ISBN：7-5300-0168-X 定价：CNY440.00
　　分五册。据明天启间集雅斋刻本影印。

J0036451
张白云选名公扇谱 （一卷）（明）张成龙绘；
（明）黄凤池辑
［1621–1644 年］刻本

J0036452
黄氏画谱 （八种）（明）黄凤池辑
集雅斋、清绘斋 明万历至天启 刻本 线装
　　五言唐诗画谱、六言唐诗画谱、七言唐诗画
谱、唐解元仿古今画谱、草本花诗谱、木本花鸟
谱、梅竹兰菊四谱、张白云选名公扇谱各一卷。

J0036453
图绘宗彝 （八卷）（明）杨尔曾辑
明万历 刻本 有图 线装
　　分四册。十行二十四字白口半页四周单边。

J0036454
图绘宗彝　（八卷）（明）杨尔曾辑
明万历　刻本　有图　线装
　　　分六册。十行二十二字白口四周单边。

J0036455
图绘宗彝　（八卷）（明）杨尔曾辑
明万历　刻本

J0036456
顾氏画谱　（明）顾炳辑
明万历三十一年［1603］刻本
　　　作者顾炳，明代书画艺术家。字黯然，号懔
泉，浙江钱塘人。

J0036457
诗余画谱　（不分卷）（明）汪氏辑
汪氏　明万历四十年［1612］刻本

J0036458
诗余画谱　（不分卷）
汪氏　明万历四十年［1612］刻本
　　　分二册。

J0036459
诗余画谱　（不分卷）（明）汪氏辑
民国　影印本
　　　据明刻本影印。

J0036460
诗余画谱　（二卷）（明）汪氏编
上海　中国版画史社　民国三十一年［1942］
影印本　有图　线装
（中国版画史图录）
　　　分二册。

J0036461
诗余画谱　（明）汪氏辑
上海　上海古籍出版社　1988年　199页　26cm（16开）
ISBN：7-5325-0133-7　定价：CNY3.20
　　　中国明代徽派版画。据北京图书馆藏本和
郑振铎旧藏本择优配补影印。

J0036462
［集雅斋画谱]　（八种）（明）黄凤池辑

集雅斋　明天启　刻本　有图　线装
　　　分八册。

J0036463
六言唐诗画谱　（明）黄凤池辑
［1621-1644］刻本　有图　线装

J0036464
新镌草本花诗谱　（明）黄凤池辑
集雅斋　明天启　刻本　有图　线装
（集雅斋画谱）

J0036465
新镌草本花诗谱　（明）黄凤池撰并绘
［1621-1644］刻本　线装
　　　分二册。十一行二十字白口四周单边单
鱼尾。

J0036466
新镌草木花诗谱　（明）黄凤池辑
集雅斋　明天启　刻本　有图　线装
（集雅斋画谱）

J0036467
新镌草木花诗谱　（一卷）（明）黄凤池辑
［1621—1644］刻本

J0036468
新镌六言唐诗画谱　（明）黄凤池辑
［1621—1644］刻本　有图　线装
（黄氏画谱）

J0036469
新镌六言唐诗画谱　（明）黄凤池辑
集雅斋　明天启　刻本　有图　线装
（集雅斋画谱）

J0036470
新镌梅竹兰菊四谱　（明）黄凤池辑
［1621-1644］刻本　有图　线装
（黄氏画谱）

J0036471
新镌梅竹兰菊四谱　（不分卷）（明）孙汉凌，
（明）孙继先绘

集雅斋　明万历四十八年［1620］刻本　有图
　　分二册。

J0036472
新镌梅竹兰菊四谱　（明）黄凤池辑
集雅斋　明天启　刻本　有图　线装
（集雅斋画谱）

J0036473
新镌梅竹兰菊四谱　（明）黄凤池绘并撰
［1621–1644］刻本　线装
　　分二册。十一行二十字白口四周单边单
鱼尾。

J0036474
新镌梅竹兰菊四谱　（一卷）（明）黄凤池辑
［1621–1644］刻本

J0036475
新镌木本花鸟谱　（明）黄凤池辑
［1621–1644］刻本　有图　线装
（黄氏画谱）

J0036476
新镌木本花鸟谱　（明）黄凤池辑
集雅斋　明天启　刻本　有图　线装
（集雅斋画谱）

J0036477
新镌七言唐诗画谱　（明）黄凤池辑
［1621–1644］刻本　有图　线装
（黄氏画谱）

J0036478
新镌七言唐诗画谱　（明）黄凤池辑
集雅斋　明天启　刻本　有图　线装
（集雅斋画谱）

J0036479
新镌五言唐诗画谱　（明）黄凤池辑
［1621–1644］刻本　有图　线装
（黄氏画谱）

J0036480
新镌五言唐诗画谱　（明）黄凤池辑

集雅斋　明天启　刻本　有图　线装
（集雅斋画谱）

J0036481
选刻扇谱　（明）黄凤池辑
集雅斋　明天启　刻本　有图　线装
（集雅斋画谱）

J0036482
［版画］　（清）佚名辑
清　刻本　有图　线装

J0036483
版画　（不分卷）□□绘
清　刻本　彩色套印

J0036484
版画　（不分卷）□□绘
清　刻本

J0036485
陈章侯画博古牌　（不分卷）（明）陈洪绶绘
清顺治　刻本
　　作者陈洪绶（1598—1652），明末清初著名书
画家，诗人。字章侯，幼名莲子，一名胥岸，号
老莲，别号小净名，晚号老迟、悔迟，又号悔僧、
云门僧。出生于浙江绍兴。代表作品有《九歌图》
（含《屈子行吟图》）《〈西厢记〉插图》《水浒叶
子》《博古叶子》等版刻传世，工诗善书，有《宝
纶堂集》。

J0036486
陈章侯画博古牌　（不分卷）（明）陈洪绶绘
清顺治　刻本
　　有王立承跋。

J0036487
陈章侯画博古牌　（明）陈洪绶绘
上海　中国版画史社　民国三十一年［1942］影
印本　有图　线装
（中国版画史图录）

J0036488
酒牌　（不分卷）□□辑
清　刻本

J0036489
列仙酒牌 （一卷）（清）任熊绘
清 刻本
　　作者任熊(1823—1857)，清晚期著名画家。字渭长，一字湘浦，号不舍，浙江萧山人。"海派"艺术的代表人物之一。少时得遇著名文人姚燮，在其家"大梅山馆"学画，深得宋人笔法。绘画全才。画法宗陈洪绶，与弟任薰、儿子任预、侄任颐合称"海上四任"。绘制的《高士传》《于越先贤传》《烈先酒牌》《剑侠传》合称为《任渭长四种》。

J0036490
列仙酒牌 （四十八筹）（清）任熊绘
清咸丰 刻本 有图 线装
　　分二册。白口四周单边。

J0036491
列仙酒牌 （一卷）（清）任熊绘
蔡照初 清咸丰四年［1854］刻本

J0036492
列仙酒牌 （四十八筹）（清）任熊绘
蔡照初 清咸丰四年［1854］刻本 有图 线装
　　白口四周单边。

J0036493
列仙酒牌 （一卷）（清）任熊绘；（清）王龄辑
上海 同文书局 清光绪十二年［1886］石印本
线装
（任渭长先生画传四种）
　　行款字数不一。

J0036494
列仙酒牌 （一卷）（清）任熊绘
上海 同文书局 清光绪十二年［1886］石印本

J0036495
列仙酒牌 （一卷）（清）任熊绘
上海 锦文堂书局 民国四年［1915］石印本
线装
（任渭长先生画传四种）

J0036496
列仙酒牌 （清）任熊绘

北京 人民美术出版社 1987年 影印本 48页
23cm（10开）ISBN：7-102-00283-1
定价：CNY1.75
（任渭长人物版画四种 1）
　　本书为中国清代木刻版画作品。

J0036497
列仙酒牌 任渭长绘
北京 人民美术出版社 1987年 23×13cm
ISBN：7-102-00285-8 定价：CNY1.80
（任渭长人物版画四种 2）

J0036498
列仙酒牌
太原 山西人民出版社 1987年 48页 19cm（32开）
ISBN：7-203-00242-2 定价：CNY0.65

J0036499
列仙酒牌 任渭长等编绘
北京 文物出版社 1995年 影印本 1册（1函）
26cm（16开）函套装 ISBN：7-5010-0882-5
定价：CNY60.00

J0036500
木刻图案 （清）佚名辑
清 刻本 有图 线装
　　分二册。

J0036501
南陵无双谱 （一卷）（清）金古良撰
文富堂 清 刻本
（赏奇轩合编）
　　作者金古良，清初画家。名史，字古良，号射堂，浙江山阴人。

J0036502
南陵无双谱 （一卷）（清）金古良撰并绘
清 刻本

J0036503
圣迹全图 （不分卷）□□辑
清 刻本

J0036504
水浒叶子 （不分卷）（明）陈洪绶绘

清初　刻本

J0036505
无双谱　（清）金史绘
［清］刻本　有图　线装
（［赏奇轩四种合编］）
　　半页四周单边。

J0036506
无双谱　（清）金古良撰并绘
清乾隆　印本　有图
　　据清康熙间刻本印。

J0036507
无双谱　（一卷）（清）金史绘；（清）朱圭刻
武进陶氏涉园　民国十七年［1928］石印本
线装
（喜咏轩丛书）

J0036508
无双谱　（一卷）金古良绘；中华书局上海编辑
所编
北京　中华书局　1961 年　影印本　有图
28cm（16 开）线装　定价：CNY1.50
（中国古代版画丛刊）
　　本书又名《南陵无双谱》，刊刻于清康熙
三十三年（1694），绘者从汉代至宋 1400 多年间，
挑选了 40 位广为称道的名人，如项羽、苏武、李
白、司马迁等，绘成绣像并题诗文。行款字数不
一。收于《中国古代版画丛刊》之五中。

J0036509
无双谱　（清）金古良绘
石家庄　河北美术出版社　1996 年　80 页
29cm（16 开）ISBN：7-5310-0815-7
定价：CNY19.00
（中国古代版画精品系列丛书）

J0036510
无双谱　（清）金古良撰并绘
北京　中国书店　1996 年　影印本　有图　线装
定价：CNY60.00

J0036511
无双谱

北京　中国文联出版公司　1997 年　85 页
29cm（16 开）ISBN：7-5059-2708-6
定价：CNY21.20
（明清画谱撷萃）

J0036512
无双谱，又名，南陵无双谱　（清）金古良撰
并绘
清康熙　刻本　有图　线装

J0036513
太平山水图画　（一卷）（清）张万选辑；（清）
萧云从绘
裒古堂　清顺治五年［1648］刻本
　　作者萧云从（1596—1673），明末清初画家。
字尺木，号无闷道人，安徽芜湖人。代表作品《梅
花堂遗稿》《易存》《韵通》《太平山水图》等。

J0036514
太平山水图画　（一卷）（清）萧云从绘
裒古堂　清顺治五年［1648］刻本

J0036515
后梅花喜神谱　（清）郑淳绘
清道光　刻本　有图　线装
　　分二册。

J0036516
竹坡轩梅册　（清）郑淳撰
清道光　刻本

J0036517
［版画］　佚名辑
清末　刻本　有图　线装

J0036518
［酒牌］　（清）佚名绘
清末　影印本　有图　线装

J0036519
任渭长四种　（清）任熊绘
萧山王氏养龢堂　清咸丰至光绪　刻本
　　本书包括《高士传一卷》《剑侠传一卷续剑
侠传一卷》《于越先贤传一卷》《列仙酒牌一卷》。

J0036520
圣迹图 （不分卷）□□辑
清末 刻本

J0036521
三十二剑客图 （不分卷）（清）任熊绘
清咸丰六年［1856］刻本

J0036522
圣迹图 （不分卷）□□辑
清同治十三年［1874］刻本

J0036523
四君子诗画舫 （不分卷）（明）黄凤池辑
金陵王氏 清光绪九年［1883］影印本
　　分二册。作者黄凤池，明代画家。新安(今安徽徽州)人，明万历年间画谱类图书出版商。作品有《草本花诗谱》《唐诗画谱》《唐解元仿古今画谱》《五言唐诗画谱》《梅竹兰菊四谱》《张白云选名公扇谱》等。

J0036524
水浒画像 （一卷）（明）陈洪绶绘
上海 同文书局 清光绪十年［1884］石印本

J0036525
南陵无双谱 （一卷）（清）金古良撰
上海 同文书局 清光绪十二年［1886］石印本
（赏奇轩合编）
　　收于《赏奇轩合编》中。

J0036526
陈章侯人物册 （一卷）（明）陈洪绶绘
上海 神州国光社 清宣统元年［1909］珂罗版印本

J0036527
［版画］
民国 刻本 朱印 有图 线装

J0036528
博古页子 （明）陈洪绶绘
民国 石印本
（蟫隐庐丛书）

J0036529
精刻萧尺木太平山水全图 （清）萧云从绘
上海 艺苑真赏社 民国 影印本 有图 线装

J0036530
默铸版画集
［民国］26cm（16开）
　　本书收11幅木刻画。

J0036531
太平山水图画 （清）张万选编注
民国 影印本 有图 经折装

J0036532
新四军抗日故事画集 战斗报社编
战斗报社 ［民国］28页 16cm（25开）
　　本书为木刻连环图画。

J0036533
渔翁杀敌 张望著
［重庆］教育部民众读物编审委员会 ［民国］22页 有图 18cm（15开）
（民众文库）

J0036534
全图四生全谱
民国七年［1918］刻本 有图 线装
　　分四册。

J0036535
圣迹图 （不分卷）□□辑
曹锟 民国十二年［1923］影印本

J0036536
陈章侯绘博古叶子 （明）陈洪绶绘
上虞罗振常蟫隐庐 民国十九年［1930］石印本 有图 线装

J0036537
陈章侯绘博古叶子 （明）汪道昆撰文;（清）陈洪绶绘
上海 上虞罗振常蟫蟫庐 民国十九年［1930］影印本 有图 线装

J0036538

陈章侯绘博古叶子　（明）汪道昆撰；（明）陈
洪绶绘
上海　上虞罗振玉　民国十九年［1930］影印本
有图　线装

J0036539

刀味集　罗守愚著
泸县　星期日周报　1930 年　14 页　25cm（15 开）
定价：六角
（星期日丛书 2）
　　本书收 24 幅木刻画，书前有作者前言。

J0036540

老英雄范筑先　（连环图画　第一册）教育部
民众读物编审委员会编
［重庆］教育部民众读物编审委员会［1931–
1949 年］16 叶　13×18cm　定价：五分
（民众文库）
　　本书为描写抗战故事的木刻连环画。

J0036541

老英雄范筑先　（连环图画　第二册）教育部
民众读物编审委员会编
［重庆］教育部民众读物编审委员会
［1931—1949 年］16 叶　13×18cm　定价：五分
（民众文库）

J0036542

老英雄范筑先　（连环图画　第三册）教育部
民众读物编审委员会编
［重庆］教育部民众读物编审委员会
［1931—1949 年］16 叶　13×18cm　定价：五分
（民众文库）

J0036543

老英雄范筑先　（连环图画　第四册）教育部
民众读物编审委员会编
［重庆］教育部民众读物编审委员会
［1931—1949 年］16 叶　13×18cm　定价：五分
（民众文库）

J0036544

刘玉田弃商入伍　（连环图画）教育部民众读
物编审委员会编

［重庆］教育部民众读物编审委员会
［1931—1949 年］16 叶　13×18cm　定价：五分
（民众文库）
　　本书描写抗战故事的木刻连环画。

J0036545

清桢木刻画　（第一集）罗清桢绘
民国二十二年［1933］刻本　有图　线装

J0036546

现代中国木刻选　（现代三卷一期插绘特辑）
现代杂志社编
上海　现代杂志社［1933 年］8 页　25cm（16 开）
　　本书收 8 幅木刻画。

J0036547

现代版画　（第一集）李桦等作
广州　现代创作版画研究会　1934 年　1 册
26cm（16 开）环筒页装
　　本书为现代创作版画研究会第一回半年展
专号，收 42 幅木刻画。作者李桦（1907—1994），
教授、画家。曾用名浪沙、小泉。广东番禺人。
毕业于广州市立美术学校，留学日本。历任中央
美术学院教授兼版画系主任、中国文联全国委
员、中国版画家协会主席等。代表作品《怒吼吧，
中国》，组画《怒潮》《征服黄河》等。

J0036548

干青木刻初集　段干青作
北平　震东印书馆［1935 年］29 叶　26cm（16 开）
线装　定价：大洋五角
　　本书收 29 幅木刻画。

J0036549

怒吼吧中国之图　刘岘刻
上海　未名木刻社［1935 年］［70］页　19cm（32 开）
精装　定价：一元
　　本书内容《怒吼吧中国》为特力雅可夫著的
剧本，由刘岘改为木刻连续图，共 28 幅。书前
有《"怒吼吧，中国"说明》。作者刘岘（1915—
1990），版画家。河南兰封县人（现为兰考县）。
毕业于日本东京美术学校。历任人民文学出版
社美术编审，中国美术馆研究部主任。出版《阿
Q 正传画集》《怒吼吧中国之图》《罪与罚图》
《子夜之图》《刘岘木刻选集》等。

J0036550
一个平凡的故事 胡其藻作
现代创作版画研究会［1935 年］58 页
20cm（32 开）
（现代版画连环木刻 2）
本书为木刻连环画，共 29 幅。

J0036551
子夜之图 刘岘刻
上海 未名木刻社［1935 年］28 页 20cm（32 开）
据茅盾《子夜》原著木刻。

J0036552
版画选集 鲁迅编
上海 文化生活出版社 1936年 21页 26cm（16开）
定价：CNY0.40

J0036553
中华木刻集 （第二集）马映晖编
上海 中华木刻会出版部 1936 年［43］页 有图
26cm（16 开）定价：大洋五角
本书为中国现代木刻画册，收 41 幅木刻画。

J0036554
路碑 新波作
上海 潮锋出版社 1937 年［70］页 有图
21cm（32 开）定价：四角，六角（精装）
本书为中国现代木刻画册，收 30 幅木刻画。

J0036555
我们是要选择战 X.ZH. 作
上海 生活书局 1937 年 33 页 19cm（32 开）
定价：三角
本书为中国现代木刻画册，收《鲁迅先生遗像》《永远不能遗忘的一幕》《还我河山》《最后关头》《出动的前夜》《不许敌人越雷池一步》《战到最末一道壕沟》《赶紧把敌人赶出我们的国土》《抗战战绩》《邹韬奋先生像》等 33 幅木刻画。封面题为《野火》，扉画《暴风雨》。

J0036556
子夜之图 刘岘刻
上海 未名木刻社 1937 年 28 页 有图
23cm（10 开）定价：大洋六角
本书为据茅盾《子夜》原著创作的木刻组画，书前有作者前记及茅盾的《子夜木刻叙说》。

J0036557
国立艺专抗敌木刻选 （第一集 纪念“八一三”一周年）国立艺专抗敌宣传委员会编
沅陵 国立艺专抗敌宣传委员会 1938 年 36 叶
28cm（16 开）环筒页装 定价：国币一元五角
本书收录了韩秀石、许铁生、黄守堡、敖纫兰、马基光、夏明、萧远徽、吴藏石、娄连恂的作品 37 幅。书前有滕固作序。

J0036558
抗战木刻
广州 现代版画会 1938 年 10 页［19 × 26cm］
本书为中国现代木刻画册。

J0036559
抗战木刻选集 （1）军事委员会政治部编
［武汉］军事委员会政治部［1938 年］
26cm（16 开）

J0036560
抗战木刻选集 （2）军事委员会政治部编
［武汉］军事委员会政治部［1938 年］
26cm（16 开）
本书收《战士头像》（罗工柳），《挣扎》（韩秀石），《偷渡》（王琦），《战士》（马达），《收获》（力群），《抢救》（沃渣），《骆驼队》（李桦），《再到前线去》（马基光），《活跃于冰天雪地中的我游击队》（王琦）等人的木刻画 29 幅。

J0036561
抗战木刻选集 （3）军事委员会政治部编
［武汉］军事委员会政治部［1938 年］25 页
18cm（15 开）
本书收《召唤》（李桦），《突击》（罗清桢），《丰收》（古元），《在冬夜里》（陈烟桥），《战友》（新波），《收获》（施展）等 26 幅木刻画。书后有编后记。

J0036562
抗战木刻选集 （4）军事委员会政治部编
［武汉］军事委员会政治部［1938 年］有图
18cm（15 开）
本书收 21 幅木刻作品：《开荒》（王式廓），《防空》（沃渣），《袭击》（陈烟桥），《军渡》（张文元),《后方建设》(张敏时),《训儿》(卢鸿基)等。

J0036563

从侮虐里起来 (版画集) 王传本, 高岗编

绍兴 战棋社 [1939 年] 52 叶 16×19cm

定价: 四角

　　本书为抗战版画。包括《中华民国的创造者——孙总理》《领导全国抗战的蒋总裁》《我们不能失去一寸土地》《青纱帐起正男儿杀敌时》《冒着敌人炮火前进》《当风暴来的时候》《失去了土地的人》等共 52 幅木刻。出版时间根据编者序言落笔时间推断。

J0036564

大闹王家庄 吴政著

江西省立民众教育馆 1939 年 20 页 有图 22cm(32 开) 线装 定价: 国币三角

　　本书用版画连环画的形式讲述抗战时期发生在王家庄的一个悲壮的故事。

J0036565

抗敌木刻集 抗敌画报社编

城固 抗敌画报社 1939 年 46 页 26cm(16 开) 环筒页装 定价: 六角

　　本书收《为国家生存而牺牲为民族解放而奋斗》(段干青刻),《汉奸的下场》(李桦刻),《起来不愿做奴隶的人们》(吴君奋刻),《游击队员的生活》(力群刻),《最后余生》(张志远刻),《敌人对我青年之惨行》(周吉仁刻),《保卫大西北》(赖少其刻),《炮兵》(朱天马刻),《寻求光明》(铁华刻),《弟兄们前进呀!》(段干青刻)等 48 幅木刻。书前有《序》(南雁),书后有《编者的话》。

J0036566

燎原集 李桦, 李海流著

木刻流动出版社 1939 年 23 页 20cm(32 开) (抗战木刻丛刊)

　　本书收录了木刻创作 8 幅,包括:《汉奸, 杀无赦!》《谁使我无家?》《在野战病院手术室里》《瞭望》《报告》《憩息》《沦陷之后》《努力战时生产》。另收集体讨论文章《过去木运之检讨及今后木运发展之途径》。书后有后记。

J0036567

全国抗战版画 (第一辑) 仇宇主编

上海 原野出版社 1939 年 47 页 20cm(32 开)

定价: 国币四角

　　本书收沃渣、陈烟桥、建庵、罗工柳、李桦等人的木刻画 46 幅。

J0036568

抗战木刻选集 ("七七"三周年纪念木刻流动展览会纪念画集) 中华全国木刻界抗敌协会湖南分会编

长沙 文地书局 1940 年 22 叶 26cm(16 开)

定价: 0.70

　　本书为"七七"三周年纪念木刻流动展览会纪念画集,收《保卫卢沟桥》(为纪念"七七"三周年而作)、《爸爸的遗物》、《军民合作》、《战后之奉新城》、《汪记傀儡戏》、《复仇》、《胜利之夜》、《勇敢的士兵》、《和平妥协的末路》、《建立新空军》等 23 幅木刻作品。书前有编者的《前言》和《"七七"三周年纪念木刻流动展览会长沙首次展出简评》(冯白鲁)。

J0036569

奎宁君奇遇记 叶浅予等作

桂林 耕耘出版社 [1940—1949] 68 页 19cm(32 开)

(漫画木刻丛刊 A 集)

　　本书内收叶浅予、丁聪、周令钊、大风、特伟等人的漫画 7 幅;新波、温涛、林仰峥、建庵、黄超等人的木刻 9 幅;《想象力与创作力》(李桦),《漫画的质》(黄茅),《木刻漫画》(卫),《短谈版画》(建庵),《灵魂的鞭挞》(新波),《漫谈绘画艺术》(余迪)等 6 篇论文。

J0036570

棱范木刻 (第一集) 金逢孙等刻

杭州 杭州树范中学木刻队 1940 年 13 叶 25cm(15 开) 定价: 二角五分

　　本书为中国现代木刻画册。

J0036571

木刻集 (1)

合肥 安徽党政军工作人员训练班俱乐部 1940 年 油印本 26cm(16 开)

　　本书为中国现代油印木刻画册专著。

J0036572
前哨　理仁等作
［浙江］［1940］14 页［13×19cm］
（堡垒丛书 2）
　　本书收 15 幅木刻画。

J0036573
太平山水图画　（清）张万选编注
中国版画史社　民国二十九年［1940］影印本
有图　线装
（中国版画史图录）
　　收于《中国版画史图录》第十六册中。

J0036574
铁骑
丽水　战时木刻研究社　1940 年 16 叶 26cm（16 开）
定价：二角八分
（木刻丛集 4）
　　本书为中国现代木刻画册，收录《牧马》（荒烟）、《瞭望哨》（项荒途）、《枪在肩，犁在手》（马塞）、《敌军的恶行》（罗清桢）、《伤兵，难民，与失业工人》（野夫）、《整理子弹》（沙兵）等 13 幅木刻作品。

J0036575
血的收获　（良口战役木刻画集）梁永泰作
香港　新艺社　1940 年 71 页 21cm（32 开）
定价：港币五角
（新艺社丛书 3）
　　本书为中国现代木刻画册，收 36 幅木刻画，均附说明。作者梁永泰（1921—1956），版画家。广东惠阳（今惠州桥东）人。曾任中华书局美术编辑。主要作品有《血的动脉》《铁的动脉》《从前没有人到过的地方》《在动物园里》等。

J0036576
烟桥木刻选　陈烟桥著
重庆　烽火社　1940 年 28 页［19cm］（32 开）
（烽火小丛书 25）
　　本书为中国现代木刻画册，收 11 幅木刻画。书末附作者的《中国的新木刻的产生发展和最近的趋势》一文。作者陈烟桥（1911—1970），版画家。曾用名陈炳奎，笔名李雾城、米启郎。就读于广州市立美术专科学校西画科和上海新华艺术专科学校西洋画系。历任《新华日报》美术科

主任，中国美术家协会上海分会副秘书长、美术家协会广西分会主席等。代表作品有木刻《建设中的佛子岭》《鲁迅和他的伙伴们》等。

J0036577
战地　陆田作
吉安　战地文化社　1940 年 18 页 24cm（26 开）
定价：二角五分
（战地丛书 2）
　　本书为现代中国版画册，收录《领导全国抗战的蒋总裁》《这也是皇军的"文明"？》《可怜皇军也有今日（湘北战后）》《农村妇女们迫切的需要我们去教育他们！》《在前方流血，在后方出钱！》《鬼子快来了！把东西搬到山上去！》《女政工人员帮助出征家属采茶子》《救护伤兵》《虽然只一条毛巾，却表示无限的诚意！》《战士们非常需要书报》等木刻作品。书前有胡雨林序，书后有后记。

J0036578
战鼓　（鲁迅纪念木刻展专号）
青田　战时木刻研究社研究组　1940 年 16 页 24cm（26 开）定价：二角五分
（木刻丛集 3）
　　本书为鲁迅纪念木刻展专号，收录了《农民歌咏班》（李桦）、《准备！敌人就在前面》（马塞）、《国防前哨》（郝立群）、《战友》（黄新波）、《军事第一》（金逢孙）等 13 幅木刻作品。书前有《编者前言》，书后有《编后》。

J0036579
版画集　（高原文艺 1）兰州新西北社编
兰州　兰州新西北社　1941 年 16 页 26cm（16 开）
　　本书为中国现代版画作品集。

J0036580
健鹰木刻集　（第一集）梅健鹰作
重庆　作者刊　1941 年 14 页 26cm（16 开）
定价：国币一元
　　本书为中国现代木刻画册，收《前方与后方》《嘉陵江船夫》《心长嫌线短，聊慰出征人》《收获在四川》《救护》《抗战》《反攻》《始祖鸟》等 14 幅抗战题材木刻作品。封面题名画为《以刀代枪》。书后有文《自白》，并配有木刻画《稍息》。

J0036581
康乐儿童战时十二能 康乐木刻研究社刻
永嘉 永嘉县县立康乐小学 1941年 26页
[10×27cm]
　　本书收12幅康乐小学儿童木刻画。"康乐儿童战时十二能"由该小学训育股拟订，十二能指十二种技能。

J0036582
木刻集 李长文等著
[北平] 国立四中 1941年 22cm(30开)
　　本书为中国现代木刻画册，收录《冲锋》《日寇的最后表情》《前哨》《夜袭》《国家需要你》《日寇》《游击队》《战场上的日寇》《狂炸之后》《胜利的微笑》《烽火》《最后胜利》等28幅木刻作品。

J0036583
木刻集 朱鸣冈作
中华全国木刻界抗敌协会福建分会 1941年
20页 26cm(16开) 定价：一元八角
　　本书为木刻画集，收《山高林又密，兵强马又壮》《孩子，你爹给鬼子飞机炸死了！》《他们为国家而流血，我们为他们而出力》等21幅作品。封面题名为"木刻集(1940—2091 朱鸣冈作)"。

J0036584
木刻选集 (一)唐英伟编
香港 香港木刻分会 1941年 23页 22cm(30开)
定价：HKD0.10
　　本书为中国现代木刻画册。

J0036585
女英雄双枪王八妹 林筱，田鲁作
永安 改进出版社 1941年 51页 9×15cm
定价：三角二分
(木刻连环图画 2)
　　本书内容是抗战故事。收《女英雄双枪王八妹》《班长范文标》两篇木刻连环画。

J0036586
厦门三儿童 (木刻集之一)康乐木刻研究社刻
永嘉 永嘉县县立康乐小学战时儿童生活委员会 1941年 [20]页 横20cm(横32开)
　　本书为木刻连环画，共10幅。为康乐小学毕业集体创作。

J0036587
收获 (木刻集)广西省立艺术馆美术部编
南宁 广西省立艺术馆美术部 1941年 14页
26cm(16开) 定价：国币六角
　　本书为中国现代版画作品集。

J0036588
铁流版画集 (第1集)上海铁流漫画木刻研究社编
上海 上海铁流漫画木刻研究社 1941年 38页
27cm(16开)
　　本书收木刻、素描、磁刻、纸刻、石刻、砖刻作品32幅。书前收《给美术工作者》(尼特)，《木刻的欣赏》(虞复)，《论木刻题材》(士平)，《论木刻大众化》(麦杆)等4篇论文。

J0036589
幼苗集 育才学校绘画组编
北碚 育才学校 1941年 再版 32页 26cm(32开)
(育才木刻小丛刊)
　　本书收育才学校学生张作民、伍必端等10余人的木刻画15幅。

J0036590
子密木刻习作集 刘子密刻
著者自刊 1941年 木版彩色套印本 24页
18cm(15开)

J0036591
陈章侯水浒页子 (明)陈洪绶绘
上海 中国版画史社 民国三十一年[1942]
影印本 有图 线装
(中国版画史图录)
　　作者陈洪绶(1598—1652)，明末清初著名书画家，诗人。字章侯，幼名莲子，一名胥岸，号老莲，别号小净名，晚号老迟、悔迟，又号悔僧、云门僧。出生于浙江绍兴。代表作品有《九歌图》(含《屈子行吟图》)《〈西厢记〉插图》《水浒叶子》《博古叶子》等版刻传世，工诗善书，有《宝纶堂集》。

J0036592
黄氏诸家版画集 (二卷)郑振铎编

上海 中国版画史社 民国三十一年［1942］
影印本 有图 线装
（中国版画史图录）

　　分二册。作者郑振铎（1898—1958），社会
活动家、作家、学者、翻译家、收藏家。生于浙
江永嘉县，祖籍福建长乐。毕业于北京铁路管理
学校。历任全国文联福利部部长、全国文协研究
部长、中国科学院考古研究所所长、文化部副部
长、中国作家协会理事等。代表作品有《插图本
中国文学史》《中国文学研究》《中国版画史图
录》《猫》《我们是少年》等。

J0036593
嘉道以来版画集　郑振铎编
上海 中国版画史社 民国三十一年［1942］
影印本 有图 线装
（中国版画史图录）

J0036594
嘉隆版画集　郑振铎编
上海 中国版画史社 民国三十一年［1942］
影印本 有图 线装
（中国版画史图录）

J0036595
金陵所镌版画集　郑振铎编
上海 中国版画史社 民国三十一年［1942］
影印本 有图 线装
（中国版画史图录）

J0036596
康乾版画集　郑振铎编
上海 中国版画史社 民国三十一年［1942］
影印本 有图 线装
（中国版画史图录）

J0036597
明初版画集　郑振铎编
上海 中国版画史社 民国三十一年［1942］
影印本 有图 线装
（中国版画史图录）

J0036598
明刊画谱墨谱选集　郑振铎编
上海 中国版画史社 民国三十一年［1942］

影印本 有图 线装
（中国版画史图录）

J0036599
明清之际版画集　（二集）郑振铎编
上海 中国版画史社 民国三十一年［1942］
影印本 有图 线装
（中国版画史图录）

J0036600
木刻新选　余所亚编
桂林 白虹书店 1942年 12页 27cm（16开）
定价：五元
　　本书为民国时期中国木刻版画册，选收李
桦、新波、荒烟、建庵等人的木刻画12幅。

J0036601
三民主义故事画册　陈可璋作
曲江 中心出版社 1942年 28页 18cm（15开）
定价：国币三元
　　本书为中国现代组画画册，收《码头工人
买彩票》《左宗棠做大龙头》《醉汉变成富家翁》
《相信车夫》等12个短篇故事，每个故事均附木
刻图一幅。书末附作者的《一点感想》。

J0036602
胜利的启示　（建设新湖北专号）湖北青年美
术研究会编
湖北青年美术研究会 1942年 34页 有图
26cm（16开）定价：国币三元
（木刻丛集 2）
　　本书为民国时期中国木刻版画册，收湖北青
年的木刻画18幅，每幅均有解说词。

J0036603
太平山水图画　（清）张万选编注
上海 中国版画史社 民国三十一年［1942］
影印本 有图 线装
（中国版画史图录）

J0036604
唐宋元版画集　郑振铎编
上海 中国版画史社 民国三十一年［1942］
影印本 有图 线装
（中国版画史图录）

J0036605

万历版画集　郑振铎编
上海　中国版画史社　民国三十一年［1942］
影印本　有图　线装
（中国版画史图录）

J0036606

汪刘郑鲍诸家所镌版画集
上海　中国版画史社　民国三十一年［1942］
影印本　有图　线装
（中国版画史图录）

J0036607

我控诉　特伟画；建庵刻
艺群出版社　1942年　96页　19cm（32开）
　　本书为民国时期中国版画画册，著者通称：
刘建庵。

J0036608

阿Q的造像　刘建庵刻
桂林　远方书店　1943年　58页　19cm（32开）
中国现代版画插图画册，本册收有50幅木
刻画，据《阿Q正传》所刻。

J0036609

清乡木刻集　（参战之辑）王迎晓等著
苏州　清乡区党务办事处宣传科　1943年
13×18cm　定价：三元
　　本书为创作于抗战期间的木刻作品集。有
陆国帏序及著者自序。

J0036610

童年　（高尔基画传）刘建庵木刻
桂林　文学出版社　1943年　30页　22cm（16开）
定价：国币四十元
　　本书收30幅木刻画，有说明文字。

J0036611

西洋美术选集　刘建庵刻
桂林　远方书店　1943年［30］页　26cm（16开）
　　本书将18位世界名画家的20幅名作刻成
版画，编成此集。书后有18位画家的简介及著
者的后记。

J0036612

爱与憎　麦非，乐平著
崇安　中国木刻用品合作工厂　1944年　30页　横
15cm（15开）
（新艺丛书）
　　本书系中国现代木刻画册，内收张乐平、麦
非、叶冈、西崖等人的漫画30幅，以及（英）大卫
罗作品一幅。所有作品均在1940年至1941年间
的《前线日报》"星画"副刊上发表过。

J0036613

民族健康　安怀作
崇安　中国木刻用品合作工厂　1944年　62页
20×20cm
（新艺丛书）
　　本书收套色木刻画15幅，每幅附有题记。

J0036614

明代版画书籍展览会目录　北京中法汉学研
究所编
北京　北京中法汉学研究所　1944年　167页
有图　24cm（26开）定价：二十五元
　　本书共分甲、乙组，共收款目145条。书末
附笔画索引。

J0036615

黔桂版画集　（第二集）唐英伟著
广西　华侨出版社　1944年　20页　28cm（16开）
定价：国币三十元
　　本书收20幅木刻画。

J0036616

荣誉军人　邸爽秋设计；尚莫宗，王琦木刻
重庆　教育编译馆　1944年　52页　13×18cm
（抗敌建国长篇故事木刻画　第2集）

J0036617

三兄弟踊跃从军　邸爽秋设计；尚莫宗，王琦
绘刻
重庆　教育编译馆　1944年　70页　18cm（32开）
环筒页装
（抗敌建国长篇故事木刻画　第1集）

J0036618

沙丁木刻集　沙丁刻

［1944 年］［40］页 20cm（32 开）
　　本书收 40 幅木刻画。

J0036619
中国合作运动史木刻画集　野夫作
崇安 中国合作经济研究社 1944 年 84 页
有图 20cm（32 开）定价：国币八十元
　　本书以木刻画形式，配合文字说明，宣传合
作运动。

J0036620
木刻联展纪念册　王琦等作
台北 北新创造出版社 ［1945 年］石印本
［11］页［13×19cm］环筒页装
　　本书内收王琦、黄荣灿、陈烟桥、梁永泰、
丁正献、刃锋、王树艺、陆地等人的木刻画 8 幅。
书前有社 8 位作者的短文《为什么要开联展？》。
该联展于 1945 年 10 月在重庆夫子池励志社举办。

J0036621
胜利木刻集　孝鋆等作
枚友木刻社 1945 年 17 页 24×18cm
（木刻丛刊）
　　本书为民国时期抗战宣传木刻画册。收于
《木刻丛刊》之一中。

J0036622
五项建设画刊　程济之作
重庆 三民主义青年团重庆支团 1945 年 1 册
25cm（16 开）
　　本书为民国时期中国版画画册。

J0036623
郑笺诗谱　郑伯英藏并编
成都 诗婢家 民国三十四年［1945］刻本
水墨彩色套印 有图 线装
　　分二册。白纸本。

J0036624
抗战八年木刻选集　中华全国木刻协会编选
［上海］开明出版社 1946 年 定价：CNY2.10

J0036625
抗战八年木刻选集　（1937—1945）中华全
国木刻协会编

北平 开明书店 1946 年 2 版 ［136］页 有图
26cm（16 开）精装 定价：国币十元
　　本书收野夫、陈烟桥、夏凤、木桦、王琦、
刃锋、古元、王秉国、郭钧、李少言、沙清泉、李
桦、计桂生、梁永泰、力群、武石等 75 人的木刻
画 100 幅。目录和摘要为中英文。书前有《中
国新兴木刻的发生与成长》，书末附作者中英文
简传。

J0036626
抗战八年木刻选集　（1937—1945）中华全
国木刻协会编辑
上海 开明书店 1946 年 64 页 13cm（64 开）
　　本书收有抗战时期 100 幅木刻画。

J0036627
抗战八年木刻选集　（1937—1945）中华全
国木刻协会编
上海 开明书店 1946 年 有图 26cm（16 开）
定价：国币七元
　　本选集包括抗战期间 75 位作家的 100 幅
木刻作品。外文书名：Woodcuts of War-time
China.

J0036628
抗战八年木刻选集　（1937—1945）中华全
国木刻协会编
上海 开明书店 1949 年 再版 有图 26cm（16 开）
定价：CNY2.10
　　本选集包括抗战期间 75 位作家的 100 幅
木刻作品。外文书名：Woodcuts of War-time
China.

J0036629
抗战八年木刻选集　（1937—1945）中华全
国木刻协会编
上海 开明书店 1951 年 3 版 ［136］页 有图
26cm（16 开）定价：旧币 21,000 元

J0036630
抗战八年木刻选集　（1937—1945）中华全
国木刻协会编选
北京 开明书店 1951 年 3 版 影印本 99 页
26cm（16 开）定价：旧币 21,000 元

J0036631
民兵的故事 （木刻连续画）彦涵作
[哈尔滨] 东北画报社 1946 年 44 页
18cm（15 开）定价：二十五元
（东北画报丛刊 3）
　　本书为民国时期中国版画连环画，收《花姑娘》《青抗先马福才》《围困"王八"》等 3 个故事。

J0036632
木刻新选 北方版画社编
北方版画社 民国三十五年 [1946] 29 页
18cm（15 开）定价：五元
（北方版画丛刊 1）

J0036633
木刻选集 东北画报社编
东北画报社 1946 年 影印本 [84] 页 有乐谱
26cm（16 开）定价：八十元，一百元（精装）
　　本书收沃渣、彦涵、王流秋、古元、力群、刘迅等 10 余人的木刻画 41 幅。书前有徐悲鸿的《全国木刻展》一文。

J0036634
木刻选集 新艺术社编
上海 联合书店 1946 年 52 页 有图 23cm（10 开）
　　本书内选收夏风、张晓非、王流秋、计桂森、郭钧等 7 人的木刻画 52 幅。

J0036635
药 （鲁迅短篇小说 木刻插图十二幅）葛原刻
上海 中华全国木刻协会新艺丛书社 1946 年
30 页 [19×21cm]（20 开）
　　本书第一部分为小说《药》原文，第二部分为木刻图，共 12 幅。

J0036636
"土改"木刻集 彦涵，古元作
[1947 年] 影印本 [28] 页 30cm（12 开）
　　本书为中国现代木刻画册，收有 14 幅木刻版画。作者彦涵（1916—2011），版画家、美术教育家。江苏连云港人。中央美术学院教授、中国美术家协会艺术委员会主任。出版有《彦涵版画》《彦涵画集》《彦涵中国画集》《文学之画》等。作者古元（1919—1996），画家。字帝源，生于广东珠海。曾就读于鲁迅艺术学院。历任中央美术

学院教授、院长，中国美术家协会副主席，中国版画家协会主席。作品有《减租会》《烧毁旧地契》《人桥》《刘志丹和赤卫军》《枣园灯光》等。出版有《古元木刻选》《古元水彩画选》等。

J0036637
北方木刻
[上海] 高原书店 1947 年 125 页 25cm（15 开）
　　本书内收古元、力群、王流秋、赵洴滨等人的木刻、窗花剪纸、年画等作品，共 125 幅。书前有郭沫若的序（英汉对照），书末附跋。

J0036638
黑土子的故事 （连环木刻）沃渣刻
东北画报社 1947 年 再版 74 页 18cm（15 开）
（东北画报丛刊）
　　本书系沃渣刻中国现代木刻连环画。

J0036639
黑土子的故事 （连环木刻画）华山著；沃渣木刻；东北画报社编
[哈尔滨] 东北画报社 1947 年 74 页
[19cm]（32 开）
（东北画报丛刊）
　　本书系华山著，沃渣木刻，东北画报社编辑中国现代木刻连环画。收于《东北画报丛刊》之五中。

J0036640
狼牙山五壮士 华山著；彦涵木刻；东北画报社编
哈尔滨 东北画报社 1947 年 再版 32 页
20cm（32 开）
（东北画报丛刊）
　　本书为民国时期中国木刻版画画册。收于《东北画报丛刊》之一中。

J0036641
怒潮 （四幅连续木刻）李桦作
新艺丛书社 1947 年 [8] 页 18×38cm
　　本书为民国时期中国木刻版画画册。

J0036642
刃锋木刻集 汪刃锋作
上海 开明书店 1947 年 [60] 页 18cm（32 开）

定价：国币一元

　　本书收集作者 1940 年至 1946 年间的木刻画 30 幅。作者汪刃锋（1918—2010），版画家。原名汪亦伦，笔名刃锋，别署仞峰。安徽全椒人。曾在重庆陶行知创办的育才学校任绘画教师，任中国木刻协会常务理事兼展览部长，于北京市文联创作部从事专业创作，任中国版画家协会副秘书长、北京画院专业画家。代表作品有《高尔基像》《嘉陵纤夫》等。

J0036643

刃锋木刻集　汪刃锋刻

上海 开明书店 1948 年 3 版 33 页 19cm（32 开）

J0036644

刃锋木刻集　汪刃锋刻

上海 开明书店 1949 年 4 版 30 页 20cm（32 开）定价：CNY0.40

J0036645

纪利子　吕琳作

［山西］晋绥军区政治部 1948 年 30 页 26cm（16 开）

　　本书为民国时期中国木刻版画连环画册。

J0036646

纪利子　（连环木刻）吕琳作

晋绥军区政治部 1948 年 ［30］页 26cm（16 开）

　　本书为民国时期中国木刻连环画册。

J0036647

狼牙山五壮士　（连环木刻）华山著；东北画报社编

东北画报社 民国三十七年［1948］再版 77 页 有图 18cm（15 开）定价：CNY6.00

（东北画报丛刊 1）

J0036648

狼牙山五壮士　（连环木刻）华山文；彦涵刻

东北画报社 1948 年 再版 32 页 有图 18cm（15 开）

（东北画报丛刊）

　　本书以木刻连环画插图的形式，讲述 1941 年晋察冀边区反日寇扫荡中涌现出的狼牙山五壮士的英勇事迹。

J0036649

两个互助组　夏风画

大连 大众书店 1948 年 25 页 12×15cm

　　本书为民国时期中国木刻版画连环画册。

J0036650

民兵的故事　（木刻连续画）彦涵作

东北画报社 1948 年 再版 44 页 19cm（32 开）（东北画报丛刊 3）

　　本书收《花姑娘》《青抗先马福才》《围困"王八"》等 3 个故事。

J0036651

南中国的画像　汪刃锋作

上海 金屋书店 民国三十七年［1948］25+10 页 24cm（26 开）定价：五元

J0036652

舍命救君子　赵域作

［哈尔滨］东北画报社 1948 年 再版 ［30］页 9×12cm

（通俗美术小丛书 3）

　　本书包括《烟袋的故事》《勇敢机智的史振标》《送伤号抓敌兵》等 7 篇短篇连环画。

J0036653

新木刻　（苏）罗果夫（В.Н.Рогов）编

上海 时代书报出版社 1948 年 145 页 有图 18cm（32 开）

　　本书中前一部分为"木刻创作"，收陆田、李桦、龙延霸、赵延年、刃锋等人的木刻画 75 幅；后一部分为"理论与技法"，收《鲁迅的艺术思想和他所介绍的艺术理论》《我们在鲁迅先生的信里学习着》《门外话》《古元的木刻》《怎样木刻》《怎样拓印》等 21 篇文章，作者有吕木成、李桦、陈烟桥、野夫、张怀江等人。

J0036654

中国版画集　中华全国木刻协会编

上海 晨光出版公司 1948 年 影印本 107 页 有图 20cm（32 开）定价：金元四元

　　本书收刃锋、邵克萍、赵延年、古元等 60 余人的木刻画 97 幅，书前有《中国新兴木刻发展史》。

J0036655
不朽的战士　林军作
第一野战军政治部战斗剧社　1949 年　影印本
26cm（16 开）
　　本书为中国现代木刻版画连环画册。

J0036656
古元木刻选集　古元作
东北画报社　1949 年　影印本 ［56］页 26cm（16 开）
（东北画报社版画丛书 1）
　　本书收 28 幅木刻画。

J0036657
古元木刻选集　古元作
北京 人民美术出版社 1952 年 2 版 影印本
37cm（8 开）精装 定价：旧币 100,000 元

J0036658
古元木刻选集　古元作
北京 人民美术出版社 1952 年 1 册（43 幅）
37cm（8 开）定价：CNY2.20，CNY4.50（精装）
　　本书系古元作中国现代版画画册。

J0036659
古元木刻选集　古元作
北京 人民美术出版社 1953 年 3 版 影印本
有图 26cm（16 开）定价：旧币 22,000 元

J0036660
古元木刻选集　古元绘；张作明，刘玉山编
北京 人民美术出版社 1993 年 112 页 27×24cm
精装 ISBN：7-102-01313-2 定价：CNY86.00
　　本画册反映出作者从早期受欧洲版画影响
的表现手法，向人民群众喜闻乐见的中国传统技
法的转变，进而创造出了独特的中国民族气派
的风格。外文书名：Selected Works of Gu Yuan's
Woodcuts.

J0036661
纪利子　（木刻连环画）吕琳作
第一野战军政治部战斗剧社 1949 年 28 页
26cm（16 开）

J0036662
狼牙山五壮士　（木刻连环故事）华山故事；

彦涵木刻
上海 群育出版社 1949 年 33 页 有图
18cm（15 开）

J0036663
狼牙山五壮士　（连环木刻）华山文；彦涵刻
新华书店 1949 年 再版 32 页 有图 18cm（15 开）
　　本书为中国现代木刻版画连环画册。

J0036664
木刻　（第 1 辑）余白墅编
上海 波涛出版社 1949 年 影印本 ［34］页
有图 30cm（10 开）
　　本书收赵延年、烟桥、野夫、余白墅、徐甫
堡、麦杆等 13 人的木刻画 17 幅。

J0036665
木刻　（第一辑）余白墅编
上海 上海波涛出版社 1949 年 影印本
　　本书为中国现代版画画册。

J0036666
木刻画集　艾炎等作
人民战士出版社 1949 年 24 页 有图 26cm（16 开）
　　本书收 23 幅木刻画。

J0036667
女英雄刘胡兰　安明阳刻
新华书店 1949 年 25 页 18cm（15 开）
　　本书为中国现代木刻连环画。

J0036668
新中国版画集　全国美术协会编选
上海 晨光出版公司 1949 年 影印本 173 页
20cm（32 开）定价：二四元（基价）
　　本书内分上、下卷，收彦涵、石鲁、古元、力
群、马达、夏风、李桦等人的木刻画 80 幅。

J0036669
彦涵木刻选集　彦涵作
东北画报社 1949 年 影印本 ［20］页
［19×26cm］（16 开）
（东北画报社版画丛书 2）
　　本书收 20 幅木刻画。

J0036670

战争与生产 （木刻与漫画）钱小晦作
大连 新中国书局 1949 年 34 页 有图
18cm（15 开）定价：二元七角
　　本书内收木刻画 20 幅，漫画 16 幅。

J0036671

阿 Q 正传插画 鲁迅原著；丁聪作画
上海 上海出版公司 1950 年 3 版 17cm（21 开）
定价：CNY4.00
　　本书系中国现代版画插图画册，据《阿 Q 正
传》所刻。作者丁聪（1916—2009），著名漫画家、
舞台美术家。生于上海。曾任《人民画报》副总
编辑、中国美术家协会漫画艺术委员会主任。作
品有《鲁迅小说插图》《丁聪插图》《四世同堂》
《骆驼祥子》作品插图。

J0036672

纪利子 （连环木刻）吕琳作
［西安］新华书店西北宗分店 1950 年 ［30］页
13cm（60 开）
　　本书为中国现代木刻版画连环画画册。

J0036673

纪利子的故事 吕琳木刻；韩果作诗
上海 商务印书馆 1950 年 28 页 有图
26cm（16 开）定价：六元
　　本书为中国现代木刻版画连环画画册。

J0036674

坚持大别山斗争 （木刻）关夫生等作
上海 杂志公司 1950 年 影印本 51 页 有图
18cm（15 开）定价：三元五角
　　本书为中国现代版画画册。

J0036675

可扬·延年木刻选 杨可扬，赵延年作；全国
美协上海分会辑
上海 大东书局 1950 年 影印本 81 页 有图
19cm（32 开）定价：八元
　　本书内容为杨可扬、赵延年所作的木刻版画
画册选集。

J0036676

杨柳青版画 杨柳青绘

天津 天津美术出版社 ［1950–1999 年］15 页
有图 38×55cm（4 开）

J0036677

中国版画集 中华全国木刻协会编
上海 晨光出版公司 1950 年 3 版 107 页 有图
20cm（32 开）定价：二十四元
　　本书收刃锋、邵克萍、赵延年、古元等 64 人
的木刻画 97 幅，书前有《中国新兴木刻发展史》。

J0036678

**中国人民解放军三十周年纪念美术展览会
版画选辑** 上海人民美术出版社辑
上海 上海人民美术出版社 ［1950–1959 年］
影印本 10 页

J0036679

白毛女木刻和诗 牛耕作；邵子南诗
重庆 西南人民出版社 1951 年 影印本
统一书号：西南 0013（21—10）
定价：旧币 4,000 元
　　本书为歌剧《白毛女》木刻和诗歌的集子。

J0036680

版画 （第一辑）木刻研究室编
北京 人民美术出版社 1951 年 有图
21cm（32 开）定价：旧币 7,200 元
　　本书系中国现代木刻版画画册合集。

J0036681

进军西南木刻集 （美术作品集）艾炎等作；
中国人民解放军西南军区政治部编
重庆 中国人民解放军西南军区政治部 1951 年
影印本 有图 26cm（16 开）
（人民战士图画丛书）

J0036682

狼牙山五壮士 （木刻连环画）华山文；彦
涵刻
北京 人民美术出版社 1951 年 16 页 19cm（32 开）
定价：旧币 3,900 元

J0036683

木刻选集 洛阳市文联美术研究会编
洛阳 洛阳市文联 1951 年 石印本

（反美侵略文艺丛书 4）

J0036684
木刻选集 （第一辑）郑州市美术工作者协会
选辑
河南 郑州市文联 1951 年 15 页 有图
18cm（15 开）定价：旧币 2,000 元

J0036685
人民的新时代 石可刻
北京 人民美术出版社 1951 年 27 叶 15×19cm
定价：旧币 3,900 元

J0036686
荣宝斋新记诗笺谱
［北京］荣宝斋 1951 年 定价：CNY20.00

J0036687
沙清泉木刻选集 （1940 年至 1950 年）沙清
泉作
山河书店 1951 年 影印本 38 页 26cm（16 开）

J0036688
新北京画辑 北京市文学艺术工作者联合会
编辑出版部编
北京 北京市文学艺术工作者联合会编辑出版
部 1951 年 8 幅

J0036689
一九五〇年木刻集 上海木刻研究会辑
上海 华东人民出版社 1951 年 影印本 1 册
有图 21cm（32 开）精装 定价：旧币 54,000 元

J0036690
笺谱十二种
［北京］荣宝斋 1953 年 定价：CNY4.00
　　本书为中国工艺美术。

J0036691
守望 古元作
北京 人民美术出版社 1953 年 定价：CNY0.20

J0036692
写给最敬爱的毛主席 古元作
北京 人民美术出版社 1953 年 定价：CNY0.16

本作品为中国现代木刻版画。

J0036693
北海之冬 古元作
［北京］朝花出版社 1954 年 定价：CNY0.10

J0036694
笺谱八种
［北京］荣宝斋 1954 年 定价：CNY2.50

J0036695
京郊大道 古元作
［北京］朝花出版社 1954 年 定价：CNY0.16

J0036696
绫边笺谱画片
［北京］荣宝斋 1954 年 定价：CNY0.75

J0036697
前进在康藏高原上 艾炎作
［北京］朝花出版社 1954 年 定价：CNY0.16
　　本作品为中国现代木刻版画。

J0036698
天安门的早晨 古元作
［北京］朝花出版社 1954 年 ［1 张］
定价：CNY0.10

J0036699
彦涵木刻选集 彦涵作；人民美术出版社辑
北京 人民美术出版社 1954 年 影印本 1 册
有图 26cm（16 开）定价：旧币 22,000 元

J0036700
从前没有人到过的地方 梁永泰作
［北京］朝花出版社 1955 年 ［1］张 39cm（8 开）
定价：CNY0.10
　　本作品为梁永泰版画。作者梁永泰（1921—
1956），版画家。广东惠阳（今惠州桥东）人。曾
任中华书局美术编辑。主要作品有《血的动脉》
《铁的动脉》《从前没有人到过的地方》《在动物
园里》等。

J0036701
反对使用原子武器 沃渣作

[北京] 朝花出版社 1955年 [1]张 39cm(8开)
定价: CNY0.10

J0036702
故乡 张建文作
[北京] 朝花出版社 1955年 [1]张 39cm(8开)
定价: CNY0.10

J0036703
红楼梦版画集 阿英辑
上海 上海出版公司 1955年 影印本 96页
有图 20cm(32开) 定价: 二元
　　作者阿英(1900—1977), 现代著名剧作家、
文艺批评家。安徽芜湖人, 别名钱杏邨、钱德赋。
著有诗歌、小说、散文, 尤以戏剧成就最高, 代
表作品有历史剧《李闯王》等, 著有《阿英文集》。

J0036704
红楼梦版画集 阿英编
上海 上海出版公司 1955年 定价: CNY2.00

J0036705
护林 俞沙丁作
[北京] 朝花出版社 1955年 [1]张 39cm(8开)
定价: CNY0.10

J0036706
护林 (玻璃版画) 俞沙丁作
上海 上海人民美术出版社 1955年 [1]张
39cm(8开) 定价: CNY0.15
　　本作品为俞沙丁玻璃版画。

J0036707
嘉陵春晓 宋广训作
[北京] 朝花出版社 1955年 [1]张 39cm(8开)
定价: CNY0.10

J0036708
拉上斜坡 张怀江绘
[北京] 朝花出版社 1955年 [1]张 39cm(8开)
定价: CNY0.10

J0036709
苗岭山麓 林军绘
[北京] 朝花出版社 1955年 [1]张 39cm(8开)

定价: CNY0.12

J0036710
荣宝斋木版水印画展览 中国美术家协会,
人民美术出版社主办
北京 主办者刊 1955年 11页 有图 19cm(32开)

J0036711
收获 戚单作
[北京] 朝花出版社 1955年 [1]张 39cm(8开)
定价: CNY0.10

J0036712
彦涵的木刻 彦涵著; 力群编
北京 朝花美术出版社 1955年 影印本 20页
有图 17cm(20开) 定价: CNY0.16
(群众美术书库)
　　作者彦涵(1916—2011), 版画家、美术教育
家。江苏连云港人。中央美术学院教授、中国美
术家协会艺术委员会主任。出版有《彦涵版画》
《彦涵画集》《彦涵中国画集》《文学之画》等。编
者力群(1912—2012), 画家。原名郝力群。山西
灵石人, 毕业于国立杭州艺术专科学校。历任中
国版画家协会副主席、山西省美术院名誉院长、
山西省美术家协会名誉主席。木刻版画作品有
《鲁迅像》《病》《收获》。

J0036713
造船 江平作
[北京] 朝花出版社 1955年 [1]张 39cm(8开)
定价: CNY0.10

J0036714
采花仕女 (杨柳青版画)
天津 天津美术出版社 1956年 1张
定价: CNY0.20

J0036715
春牛象 (杨柳青版画)
天津 天津美术出版社 1956年 1张
定价: CNY0.20

J0036716
打龙袍 (杨柳青版画)
天津 天津美术出版社 1956年 1张

定价: CNY0.20

J0036717
贵子连登同拜华堂 （杨柳青版画）
天津 天津美术出版社 1956 年 1 张
定价: CNY0.20

J0036718
虹霓关 （杨柳青版画）
天津 天津美术出版社 1956 年 1 张
定价: CNY0.20

J0036719
冷宫救昭君 （杨柳青版画）
天津 天津美术出版社 1956 年 1 张
定价: CNY0.20

J0036720
刘元普双生贵子 （杨柳青版画）
天津 天津美术出版社 1956 年 1 张
定价: CNY0.20

J0036721
门神 （杨柳青版画）
天津 天津美术出版社 1956 年 1 张
定价: CNY0.20

J0036722
拿谢虎 （杨柳青版画）
天津 天津美术出版社 1956 年 1 张
定价: CNY0.20

J0036723
七子夺盔九子夺梅 （杨柳青版画）
天津 天津美术出版社 1956 年 1 张
定价: CNY0.20

J0036724
麒麟送子 （杨柳青版画）
天津 天津美术出版社 1956 年 1 张
定价: CNY0.20

J0036725
三美人 （杨柳青版画）
天津 天津美术出版社 1956 年 1 张

定价: CNY0.20

J0036726
三星图 （杨柳青版画）
天津 天津美术出版社 1956 年 1 张
定价: CNY0.20

J0036727
文艳王奉命归故里 （杨柳青版画）
天津 天津美术出版社 1956 年 1 张
定价: CNY0.20

J0036728
五子爱莲 （杨柳青版画）
天津 天津美术出版社 1956 年 1 张
定价: CNY0.20

J0036729
西湖 （腐蚀铜版画）曹剑锋作
上海 上海人民美术出版社 1956 年 1 张
定价: CNY0.14
　本作品为中国现代铜版画。

J0036730
响往 李少言作
武汉 长江文艺出版社 1956 年 1 张
定价: CNY0.05
　本图片为中国现代木刻作品。

J0036731
杂剧 （杨柳青版画）
天津 天津美术出版社 1956 年 1 张
定价: CNY0.20

J0036732
战磐河 （杨柳青版画）
天津 天津美术出版社 1956 年 1 张
定价: CNY0.20

J0036733
赵云截江夺阿斗 （杨柳青版画）
天津 天津美术出版社 1956 年 1 张
定价: CNY0.20

J0036734
忠义堂 （杨柳青版画）
天津 天津美术出版社 1956年 1张
定价：CNY0.20

J0036735
不倒的红旗 （"广州起义"木刻组画）黄新波作
广州 广东人民出版社 1957年 6页 38cm（6开）
统一书号：8111.47 定价：CNY0.80
　　作者黄新波（1916—1980），版画家。原名黄裕祥，笔名一工，广东台山人。曾任中国美术家协会广东分会主席、广东画院院长。木刻作品集有《路碑》《心曲》，还出版有《新波木刻选集》《黄新波作品选集》《新波版画集》《春华散记》（香港版）等。

J0036736
陈老莲版画选集 黄涌泉编
北京 中国古典艺术出版社 1957年 影印本
78页 有图 18cm（15开）统一书号：8029.33
定价：CNY1.00

J0036737
第二届全国美术展览会版画选集 人民美术出版社编
北京 人民美术出版社 1957年 影印本 127页
有图 21cm（32开）统一书号：8027.948
定价：CNY4.40

J0036738
高尔基的童年 （木刻连环画）刘建菴作
北京 朝花美术出版社 1957年 影印本 20页
有图 18cm（15开）统一书号：8028.1185
定价：CNY0.33

J0036739
古元的木刻 古元作；王琦编
北京 朝花美术出版社 1957年 影印本 20页
有图 18cm（15开）统一书号：T8028.722
定价：CNY0.16

J0036740
刘岘木刻集 刘岘作
北京 朝花美术出版社 1957年 影印本［42］页

有图 20cm（32开）统一书号：8028.1555
定价：CNY2.45
　　作者刘岘（1915—1990），版画家。河南兰封县人（现为兰考县）。毕业于日本东京美术学校学习。历任人民文学出版社美术编审，中国美术馆研究部主任。出版《阿Q正传画集》《怒吼吧中国之图》《罪与罚图》《子夜之图》《刘岘木刻选集》等。

J0036741
刘岘木刻集 刘岘作
北京 朝花美术出版社 1957年 影印本 61页
有图 20cm（32开）统一书号：8028.1555
定价：CNY2.45

J0036742
鹿的角和脚 （木刻）郭维颂，张运辉作
汉口 长江文艺出版社 1957年 影印本 12页
有图 15cm（40开）统一书号：T8107.45
定价：CNY0.07

J0036743
荣宝斋的木版水印画 鲁耕编
北京 朝花美术出版社 1957年 影印本 19页
18cm（32开）统一书号：T8028.1203
定价：CNY0.16
（群众美术画库）

J0036744
新木刻画选 力群编
北京 朝花美术出版社 1957年 影印本［12］页
有图 17cm（32开）统一书号：T8028.1607
定价：CNY0.16
（群众美术画库）

J0036745
中国民间木版年画 李静森编
北京 朝花美术出版社 1957年 影印本 19页
有图 17cm（40开）统一书号：T8028.1346
定价：CNY0.16
　　本书为年画形式的中国版画作品。

J0036746
版画新辑 力群等作
上海 上海人民美术出版社 1958年 影印本 10页

有图　26cm（16 开）统一书号：T8081.3637
定价：CNY1.00

J0036747
第二届全国版画展览会作品选集　力群，李桦编
北京　人民美术出版社　1958 年　影印本　86 页
有图　26cm（16 开）统一号：8027.128
定价：CNY7.50

J0036748
福建木雕木画集　吴敏等编
福州　福建人民出版社　1958 年　影印本　18 页
有图　18cm（15 开）定价：CNY0.18
（福建省工艺美术丛书）

　　本书讲述的木雕、木画均为福建著名的工艺品。着重介绍了诏安花板浮雕、莆田装饰雕刻、福州圆雕人物和软木风景画作品18件。

J0036749
黄永玉木刻集　（1946—1957）李静森编
北京　人民美术出版社　1958 年　［76］页　有图
24cm（26 开）精装　统一号：T8027.1322
定价：CNY5.00

J0036750
李桦木刻选集　李桦作
北京　人民美术出版社　1958 年　68 页　有图
27cm（16 开）精装　统一号：8027.1283
定价：CNY5.85

　　本画集选取作者1934—1937年早期作品如《丽日》《山居》《细雨》等；抗日战争时期作品《开到前线去》《雪地行军》等；1945—1949年创作的《粮丁去后》《怒潮》（组画）、《民主的行进》等；1949年后则有《抢修发电机》等。作品富有生活气息，早期作品豪放自然，后来逐步严谨细致。

J0036751
罗清桢木刻作品选集　罗清桢作；上海人民美术出版社辑
上海　上海人民美术出版社　1958 年　影印本
54 页　有图　21cm（32 开）精装
统一书号：T8081.3520　定价：CNY0.18

J0036752
明刊名山图版画集　何乐之编
上海　上海人民美术出版社　1958 年　影印本
有图　26cm（16 开）线装　定价：CNY2.40

　　本画集收明代版画"名山图"55 幅，如燕山、钟山、茅山、九华山、黄山、天目山、雁荡山、武当山、衡山、包山、虎丘山、京口三山、小金山等，中国名山几乎尽收其间。此外有松江的九峰三泖、西湖、岳阳楼、赤壁、陕西凤县的连云栈道、长江三峡、桂林、福建莆田的木兰陂。

J0036753
圣迹图　郑振铎编
北京　古典文学出版社　1958 年　影印本
28cm（16 开）蝴蝶装
（中国古代版画丛刊）

　　本作品为中国明代版画。据明正统九年（1444 年）刊本影印。四周双边版画右为描述圣贤事迹。收于《中国古代版画丛刊》中。

J0036754
天竺灵签　郑振铎编
上海　古典文学出版社　1958 年　影印本　有图
28cm（16 开）线装
（中国古代版画丛刊）

　　本作品为中国古代版画。收于《中国古代版画丛刊》初编第二种中。

J0036755
新波木刻选集　黄笃维编
北京　人民美术出版社　1958 年　［35］页
有图　24cm（16 开）统一号：8027.1654
定价：CNY1.25

J0036756
"跃进"版画集　浙江美术学院版画系编辑
杭州　浙江人民美术出版社　1958 年　影印本
有图　39cm（4 开）精装　统一号：8156.007
定价：CNY20.00

J0036757
中国版画选　荣宝斋编选
北京　荣宝斋　1958 年　刻本　线装
分二册。

J0036758
中国古代版画丛刊 （六卷 第一函）
北京 中华书局 1958–1959 年 影印本 有图
28cm（16 开）蝴蝶装 定价：CNY22.60
　　本书包括:《天工开物》(明)宋应星著;《天
竺灵签》《历代古人像赞》《忠义水浒传》。行款
不一。

J0036759
中国古代版画丛刊 （二十五卷 第三函）
北京 中华书局 1958–1959 年 影印本 有图
28cm（16 开）蝴蝶装 定价：CNY19.60
　　本书包括:《便民图纂》(明)邝璠著;《圣迹
图》(明)张楷辑;《日记故事》(元)虞韶辑,(明)
熊大木注。行款不一。

J0036760
中国古代版画丛刊 （第 1 函）
北京 中华出版社 1959 年 影印本
定价：CNY22.60, CNY44.50（特藏本）

J0036761
中国古代版画丛刊 （第 2 函）
北京 中华出版社 1959 年 影印本
定价：CNY18.40, CNY43.40（特藏本）

J0036762
中国古代版画丛刊 （第 3 函）
北京 中华出版社 1959 年 影印本
定价：CNY19.60, CNY39.00（特藏本）

J0036763
中国古代版画丛刊 （第 4 函）
北京 中华出版社 1960 年 影印本 线装本
定价：CNY50.20

J0036764
中国古代版画丛刊 （元明戏曲叶子 明万历
间蓝印本）中华书局上海编辑所编
北京 中华出版社 1960 年 定价：CNY2.30

J0036765
中国古代版画丛刊 （第五函）中华书局上海
编辑所编
北京 中华书局 1961 年 12 册 线装 定价：

CNY56.20（罗文纸本）, CNY22.30（毛边纸本）

J0036766
**中国人民解放军建军三十周年纪念美术展
览会版画选辑** 夏子颐等作
上海 上海人民美术出版社 1958 年 26×38cm
统一书号：T8081.3178 定价：CNY1.60

J0036767
忠义水浒传插图 （一百回）郑振铎编
上海 古典文学出版社 1958 年 影印本 有图
28cm（16 开）线装
（中国古代版画丛刊）
　　收于《中国古代版画丛刊》中。作者郑振铎
（1898—1958），社会活动家、作家、学者、翻译
家、收藏家。生于浙江永嘉县,祖籍福建长乐。
毕业于北京铁路管理学校。历任全国文联福利
部部长、中国科学院考古研究所所长、文化部副
部长、中国作家协会理事等。代表作品有《插图
本中国文学史》《中国文学研究》《中国版画史图
录》《猫》《我们是少年》等。

J0036768
安徽木刻选集 安徽省文联编
合肥 安徽人民出版社 1959 年 30 页 34cm（8 开）
精装 统一书号：8102.112 定价：CNY3.60

J0036769
百花齐放 （木刻插图本）郭沫若著
北京 人民日报出版社 1959 年 103 页 21cm（32 开）
精装 统一书号：10132.5 定价：CNY1.90
　　本书为中国木刻插图本。作者郭沫若
（1892—1978 年），文学家、历史学家。原名开
贞,字鼎堂,号尚武,乳名文豹,笔名沫若、麦克
昂、郭鼎堂,四川乐山人,毕业于日本九州帝国
大学。历任中国科学院首任院长、中国科学技术
大学首任校长、苏联科学院外籍院士。代表作《郭
沫若全集》《甲骨文字研究》《中国史稿》等。

J0036770
版画小辑 （1）黄丕谟等作
上海 上海人民美术出版社 1959 年 10×13cm
定价：CNY0.48

J0036771
版画小辑　（2）黄丕谟等作
上海　上海人民美术出版社　1959 年　10×13cm
定价：CNY0.48

J0036772
版画小辑　（3）张白敏等作
上海　上海人民美术出版社　1961 年　10×13cm
定价：CNY0.48

J0036773
版画小辑　（4）古元等作
上海　上海人民美术出版社　1961 年　10×13cm
定价：CNY0.48

J0036774
版画小辑　（5）邵克萍等作
上海　上海人民美术出版社　1961 年　10×13cm
定价：CNY0.48

J0036775
版画小辑　（6）陈天然等作
上海　上海人民美术出版社　1963 年　10 张（套）
13cm（60 开）定价：CNY0.50

J0036776
版画小辑　（7）祝石等作
上海　上海人民美术出版社　1964 年　10 张（套）
13cm（60 开）定价：CNY0.50

J0036777
版画小辑　（8）正威等作
上海　上海人民美术出版社　1965 年　10 张（套）
13cm（60 开）定价：CNY0.70

J0036778
版画小辑　（9）吴哲辉等作
上海　上海人民美术出版社　1966 年　8 张
13cm（60 开）定价：CNY0.56

J0036779
便民图纂　（十五卷）(明)邝璠撰
北京　中华书局　1959 年　影印本　29cm（13 开）
线装　统一书号：10018.186　定价：CNY6.30
（中国古代版画丛刊）

本书为中国明代版画，据明万历间刊本影印。分四册。半叶十行十九字白口四周单边。收于《中国古代版画丛刊》中。

J0036780
第三届全国版画展览会作品选集　人民美术出版社编
北京　人民美术出版社　1959 年　65 页　有图
19cm（32 开）统一书号：T8027.2609
定价：CNY2.47

J0036781
贵州木刻选编　美协贵州分会筹委会编
贵阳　美协贵州分会筹委会　1959 年　66 页
有图　19cm（32 开）

J0036782
海歌　（画册）黄树德等绘；上海人民美术出版社编
上海　上海人民美术出版社　1959 年　60 页
有图　22cm（32 开）统一书号：T8081.4596
定价：CNY4.00
（工农兵美术作品选　第二辑 1）
　　作者黄树德(1931—　)，版画家。广东南海人，曾进修于广州美术学院油画系。历任海军南海舰队美术创作组组长、部队专职画家，广东水彩画研究会副会长，广东岭南美术出版社社长兼总编辑，中国美术家协会会员，中国版画家协会理事。出版有《黄树德版画集》《海之歌——黄树德水彩版画集》等。

J0036783
京津版画选集　中国美术家协会天津分会，天津美术出版社编
天津　天津美术出版社　1959 年　45 页　有图
21cm（32 开）统一书号：8073.979　定价：CNY1.00

J0036784
京剧版画　王树村编选；陶君起注解
北京　北京出版社　1959 年　201 页　有图
22cm（32 开）统一书号：8071.57　定价：CNY4.50

J0036785
救荒本草　(明)朱橚编
北京　中华书局　1959 年　影印本　29cm（13 开）

线装　统一书号：10018.265　定价：CNY1.70
（中国古代版画丛刊）

　　本书为中国明代版画，据明嘉靖四年（1525年）刊本影印。分四册。半叶图旁有解释。

J0036786
群众业余木刻选　（第一辑）上海人民美术出版社编
上海　上海人民美术出版社　1959年　48页
有图　19cm（32开）统一书号：T8081.4472
定价：CNY0.34

J0036787
任渭长木刻人物　（清）任渭长刻；汪子豆编
上海　上海人民美术出版社　1959年　62帧
22cm（25开）线装本　统一书号：T8081.4228
定价：CNY0.90

J0036788
日记故事　中华书局上海编辑所编
北京　中华书局　1959年　影印本　29cm（16开）
线装　统一书号：10018.245　定价：CNY6.20
（中国古代版画丛刊）

　　本书为中国明代版画。据明嘉靖二一年间刊本影印。分二册。据明嘉靖二十一年间刊本影印。半叶上面为插图下面十四行十八字黑口四周双边。

J0036789
山东民间木版年画　中国美术家协会山东分会，山东省群众艺术馆编
济南　山东人民出版社　1959年　影印本
38cm（6开）

J0036790
上海风光　（木刻）戌戈等刻
上海　上海人民美术出版社　1959年　有图
17cm（32开）统一书号：T8081.8165
定价：CNY0.32

J0036791
十年来版画选集　（1949—1959）古元等绘
上海　上海人民美术出版社　1959年　有图
27cm（16开）精装　统一书号：T8081.4548
定价：CNY20.00

　　本书选自1949年至1959年间的全国版画部分作品106幅。其中有黑白木刻、套色木刻、水印套色木刻和铜版、石版、砖刻等多样形式、多种风格的画。按创作年代的先后排列，一一注明尺寸。李桦、力群为画集作序，概述中国新兴版画近30年的战斗历程以及中华人民共和国成立10年版画艺术发展的成就。

J0036792
授衣广训　中华书局上海编辑所编
北京　中华书局　1959年　影印本　29cm（12开）
线装　统一书号：10018.263　定价：CNY2.70
（中国古代版画丛刊）

　　本书为中国清代版画。据清嘉庆十三年（1808年）刊本影印。分二册。半叶八行十五字白口双鱼尾四周双边。

J0036793
危险的道路　（木刻连环画）赵敏刻；姚善堂配诗
沈阳　辽宁画报社　1959年　30页　有图
19cm（32开）统一书号：T8117.983
定价：CNY0.30

J0036794
湛江区版画展览　中国美术家协会广州分会，湛江区文学艺术协会编
湛江　湛江飞跃出版社　1959年　21页　有图
26cm（16开）定价：CNY0.15

J0036795
湛江市版画选集　湛江市文学艺术工作者联合会编
湛江　湛江市文学艺术工作者联合会　1959年
有图　19×27cm

J0036796
祖国颂　（民歌诗画）赵宗藻等著；上海人民美术出版社编
上海　上海人民美术出版社　1959年　48页
19cm（32开）精装　统一书号：T8081.4594
定价：CNY8.00

J0036797
藏族木刻佛画艺术　文金扬编

北京 人民美术出版社 1960年 125页 31cm（15开）
精装 统一书号：8027.3492 定价：CNY17.00
　　本书收入木刻佛画作品119幅图，将其分
为5个部分：显教佛像；密教佛像；传承祖师佛
像；象征吉祥劝善届像；佛塔、符咒、曼陀罗供
品佛画。

J0036798
春晓　（木刻）刘旷作
［西安］长安美术出版社 1960年［1张］
定价：CNY0.10

J0036799
锻炼　中国美术家协会广州分会编
广州 广东人民出版社 1960年 28页 有图
21cm（32开）统一书号：8111.366
定价：CNY0.50
（珠海版画丛辑 第一辑）

J0036800
甘肃木刻选　甘肃省文联编
兰州 敦煌文艺出版社 1960年 影印本 1套
25幅 38cm（6开）

J0036801
古元木刻选　古元作
天津 天津美术出版社 1960年 14页 有图
18cm（15开）统一书号：8073.2248 定价：CNY0.56

J0036802
金色的海洋　（套色木刻）晁楣作
［沈阳］辽宁美术出版社 1960年［1张］
定价：CNY0.08
　　作者晁楣（1931— ），著名版画家。生于
山东菏泽。历任中国美术家协会理事、中国版画
家协会副主席、黑龙江省美术家协会名誉主席、
黑龙江省版画会会长，建有"晁楣版画艺术陈列
馆""晁楣艺术馆"。代表作品有《第一道脚印》《红
妆素裹》《松谷》等。

J0036803
猎　（木刻）晁楣作
［沈阳］辽宁美术出版社 1960年［1张］
定价：CNY0.08

J0036804
凌烟阁功臣图　（清）刘源绘，（清）朱圭刻；中
华书局上海编辑所编
北京 中华书局 1960年 影印本 有图
28cm（16开）线装 定价：CNY1.70
（中国古代版画丛刊）
　　行款字数不一。收于《中国古代版画丛刊》
之四中。

J0036805
凌烟阁功臣图　（清）刘源绘
北京 中华书局 1960年 影印本 29cm（12开）
线装 统一书号：10018.265 定价：CNY1.70
（中国古代版画丛刊）
　　据清康熙五十三年（1714年）刊本影印。半
叶图旁有解释。作者刘源，清代版画家。字伴阮，
号猿仙，河南祥符（今开封）人。作品有《墨竹图》。

J0036806
牛　（木刻）晁楣作
［沈阳］辽宁美术出版社 1960年［1张］
定价：CNY0.08

J0036807
群众业余木刻选　（第二辑）上海人民美术出
版社编
上海 上海人民美术出版社 1960年 50页
有图 19cm（32开）统一书号：T8081.4714
定价：CNY0.80

J0036808
山东民间木版年画　中国美术家协会山东分
会，山东省群众艺术馆编
济南 山东人民出版社 1960年 影印本
1册（31幅）27×37cm 精装
统一书号：8099.338 定价：CNY8.00

J0036809
四川版画选　（1949—1959）四川十年文学艺
术集编辑委员会编
成都 四川人民出版社 1960年 71页 有图
27cm（16开）精装 统一书号：8118.327
定价：CNY12.00

J0036810
完达山林区的早晨 （木刻）晁楣作
［沈阳］辽宁美术出版社 1960 年 ［1 张］
定价：CNY0.10

J0036811
为了六十一个阶级弟兄　中央美术学院版画系同学集体创作
北京 人民美术出版社 1960 年 影印本 13 页
有图 17cm（40 开）统一书号：8027.3774
定价：CNY0.65
　　本作品为中国现代版画。

J0036812
雪山红日　雁翼诗；牛文，李唤民绘
重庆 重庆人民出版社 1960 年 76 页 有图
18cm（32 开）统一书号：8114.162 定价：CNY1.00
　　本作品为中国现代版画诗歌作品选集。

J0036813
元明戏曲叶子　中华书局上海编辑所编
北京 中华书局 1960 年 影印本 1 函 1 册 有图
28cm（16 开）线装特藏 定价：CNY2.30
（中国古代版画丛刊 五）

J0036814
"跃进"中的湛江　（版画选集）阿涛等作；黄笃维编
上海 上海人民美术出版社 1960 年 45 页
有图 21cm（32 开）统一书号：T8081.4648
定价：CNY3.40
　　作者阿涛（1928—　），本名钟锦涛，广东佛山人，曾任广东美术家协会理事、湛江美术协会主席、中国美术家协会会员等。曾多次获得版画展奖项。

J0036815
湛江农民版画　黄笃维编
北京 人民美术出版社 1960 年 33 页 有图
21cm（32 开）统一书号：8027.3449 定价：CNY0.32

J0036816
中国人民解放军第二届美术作品展览会版画选集　上海人民美术出版社编
上海 上海人民美术出版社 1960 年 有图

26cm（16 开）统一书号：T8081.4976
定价：CNY10.00

J0036817
重建家园　（木刻）修军作
北京 人民美术出版社 1960 年 ［1 张］
定价：CNY0.10

J0036818
把家乡建设得更好　吴强年作
［成都］四川人民出版社 1961 年 ［1 张］
定价：CNY0.06
　　本作品系中国现代木刻版画。

J0036819
白蛇传
天津 天津荣宝斋 1961 年
　　本作品系中国现代版画。

J0036820
傍晚　晁楣作
［沈阳］辽宁美术出版社 1961 年 定价：CNY0.10
　　本作品系中国现代木刻版画。

J0036821
锄草归来　晁楣作
［沈阳］辽宁美术出版社 1961 年 ［1 张］
定价：CNY0.08
　　本图系中国现代木刻版画。

J0036822
东方红　张路作
［沈阳］辽宁美术出版社 1961 年 定价：CNY0.07
　　本作品系中国现代木刻版画。

J0036823
高粱　杜鸿年作
［沈阳］辽宁美术出版社 1961 年 ［1 张］
定价：CNY0.10
　　本作品系中国现代木刻版画。

J0036824
高山粮川　正威作
［成都］四川人民出版社 1961 年 ［1 张］
定价：CNY0.06

本作品系中国现代木刻版画。

J0036825

古长城内外　刘旷作

北京　人民美术出版社　1961年［1张］

定价: CNY0.60

　　本图系中国现代木刻版画作品。

J0036826

过草地　李焕民作

［成都］四川人民出版社　1961年［1张］

定价: CNY0.08

　　本作品系中国现代木刻版画。作者李焕民（1930—2016），一级美术师。生于北京，就读于北平国立艺术专科学校。历任中国美术家协会副主席、四川省文联党组书记、执行副主席、四川美术展览馆馆长、四川省美术家协会名誉主席。代表作品《藏族女孩》《初踏黄金路》等。

J0036827

酣酣斋酒牌　中华书局上海编辑所编

北京　中华书局　1961年　影印本　有图

28cm（16开）线装　定价: CNY2.20

（中国古代版画丛刊）

　　酣酣斋的酒牌是刻在木板上而且印成了册页的。每个酒牌刻绘一图，"图中所绘，大都是放旷多才的酒徒，如孔融、嵇康、刘伶、阮籍、陶潜、贺知章、郑虔、张旭、石曼卿等，而以李白冠其首"（《跋》）。每一牌上，以一个饮酒名士的事迹，构思一组人物画面，附有一段文字图说，并在牌的顶部标明该牌所代表的钱两数额。收于《中国古代版画丛刊》五中。

J0036828

合练　廖罗平作

［济南］山东人民出版社　1961年［1张］

定价: CNY0.04

　　本作品系中国现代木刻版画。

J0036829

红军过雪山　宋广训作

［成都］四川人民出版社　1961年［1张］

定价: CNY0.08

　　本作品系中国现代木刻版画。

J0036830

淮北变江南　赖少其等作

上海　上海人民美术出版社　1961年［1张］

定价: CNY0.80

　　本图系中国现代木刻版画。作者赖少其（1915—2000），艺术家。斋号木石斋，广东普宁市人。毕业于广州美术专科学校。历任上海美术家协会副主席、中国共产党安徽省委宣传部副部长、广州市美术家协会名誉主席、中国版画家协会副主席。

J0036831

机车出厂　陈辅，刘文泉作

［济南］山东人民出版社　1961年［1张］

定价: CNY0.04

　　本作品系中国现代木刻版画。作者刘文泉（1935— ），山东招远人。青岛画院副院长、中国美术家协会会员、中国书法家协会会员。

J0036832

离骚图　（十卷）（清）萧云从绘；中华书局上海编辑所编

北京　中华书局　1961年　影印本　有图

28cm（16开）线装　定价: CNY3.80

（中国古代版画丛刊）

　　作者创作并刊于顺治二年（1645）的《离骚图》，是为《离骚》《九歌》《天问》等所作的插图，计绘有《离骚》一图，《九歌》九图，《天问》五十四图，《远游》五图，其中《远游图》今不可见。该作品无论是构图立意还是刀工技法，都达到了清初版画艺术的最高水平。分一函三册。半叶九行二十四字小字双行字同四周单边。收于《中国古代版画丛刊》五中。

J0036833

列仙全传　（九卷）（明）王世贞辑；中华书局上海编辑所编

北京　中华书局　1961年　影印本　有图

28cm（16开）线装　定价: CNY5.20

（中国古代版画丛刊）

　　分一函三册。收于《中国古代版画丛刊》五中。作者王世贞（1526—1590），明代文学家。字元美，号凤州、弇州山人。太仓（今属江苏）人。著有《弇州山人四部稿》《读书后》等。

J0036834

流动加油车　张祯麒作

［沈阳］辽宁美术出版社 1961 年 定价：CNY0.08

　　本作品系中国现代木刻版画。

J0036835

木刻画片　王威作

［郑州］河南人民出版社 1961 年 10 张（套）

定价：CNY0.30

J0036836

南泥湾　张建文作

北京　人民美术出版社 1961 年 ［1 张］

定价：CNY0.60

　　本作品系中国现代木刻版画。

J0036837

破冰捕鱼　晁楣，张祯麒作

［沈阳］辽宁美术出版社 1961 年 定价：CNY0.10

　　本作品系中国现代木刻版画。作者晁楣
（1931—　），著名版画家。生于山东菏泽。历任
中国美术家协会理事、中国版画家协会副主席、
黑龙江省美术家协会名誉主席、黑龙江省版画
会会长，建有“晁楣版画艺术陈列馆”“晁楣艺
术馆”。代表作品有《第一道脚印》《红妆素裹》
《松谷》等。作者张祯麒（1934—　），版画家、
一级美术师。生于海南海口市。中国美术家协
会会员、中国版画家协会理事、黑龙江省版画院
副院长。出版有《张祯麒版画选》《张祯麒版画
集》等。

J0036838

汽车列车　许庆山作

［济南］山东人民出版社 1961 年 ［1 张］

定价：CNY0.04

　　本作品系中国现代木刻版画。

J0036839

抢夺泸定桥　江碧波作

［成都］四川人民出版社 1961 年 ［1 张］

定价：CNY0.08

　　本作品系中国现代木刻版画。作者江碧波
（1939—　），女，画家。浙江镇海人，毕业于四
川美术学院。历任四川美术学院版画系主任、中
国美术家协会理事。代表作品《歌乐山群雕》《白

云深处》《近邻》等。

J0036840

巧渡金沙江　袁吉中作

［成都］四川人民出版社 1961 年 ［1 张］

定价：CNY0.08

　　本作品系中国现代木刻版画。

J0036841

秦川之春　邸杰作

［西安］长安美术出版社 1961 年 ［1 张］

定价：CNY0.16

　　本作品系中国现代木刻版画。

J0036842

陕北江南——南泥湾　张建文作

［西安］长安美术出版社 1961 年 ［1 张］

定价：CNY0.16

　　本作品系中国现代木刻版画。

J0036843

收了一坡又一坡　吴凡作

［成都］四川人民出版社 1961 年 ［1 张］

定价：CNY0.06

　　本作品系中国现代木刻版画。作者吴凡
（1923—2015），画家。重庆人。历任中国美术家
协会理事、中国版画家协会理事、四川美术家协
会副主席。现为四川美术家协会顾问、一级美术
师、四川省诗书画院艺术顾问、成都画院顾问。
出版有《吴凡作品集》《吴凡版画集》《吴凡艺
术》等。

J0036844

太音大全集　（五卷）中华书局上海编辑所编

北京　中华书局 1961 年 影印本 有图

28cm（16 开）线装 定价：CNY4.00

（中国古代版画丛刊）

　　分一函三册。半叶十一行二十六字小字双
行字同大黑口双鱼尾四周双边。收于《中国古代
版画丛刊》五中。

J0036845

现代水印版画　（第 1 辑）赵延年等作

［上海］朵云轩 1961 年 12 幅

　　作者赵延年（1924—2014），教授、版画家。

生于浙江湖州，就读于上海美术专科学校学习木刻。历任浙江美术学院教授、浙江版画家协会名誉会长、浙江漫画研究会顾问等。作品有《负木者》《鲁迅先生》《起来饥寒交迫的奴隶》等，出版有《赵延年版画选》。

J0036846

旭日东升　赖少其等作

北京　人民美术出版社 1961 年［1 张］

定价：CNY0.60

　　本图系中国现代木刻版画。

J0036847

雪原追鹿　晁楣作

［沈阳］辽宁美术出版社 1961 年　定价：CNY0.10

　　本作品系中国现代木刻版画。

J0036848

杨家岭的春天　杨青作

［西安］长安美术出版社 1961 年［1 张］

定价：CNY0.16

　　本作品系中国现代木刻版画。

J0036849

枣园新春　修军作

北京　人民美术出版社 1961 年［1 张］

定价：CNY0.60

　　本图系中国现代木刻版画作品。

J0036850

长城内外　刘旷作

［西安］长安美术出版社 1961 年［1 张］

定价：CNY0.16

　　本作品系中国现代木刻版画。

J0036851

百年大计　酆中铁作

［上海］朵云轩 1962 年

　　本作品系中国现代版画。

J0036852

北大荒版画选　北大荒画报社编

北京　人民美术出版社 1962 年　彩色影印本

42 页　有图 27cm（16 开）统一书号：8027.3839

定价：CNY14.60

本书选印晁楣、张祯麒等十几位作者所作的42 幅套色版画作品，书前的序，对北大荒版画的创作概况作了介绍。

J0036853

边陲春光　赵明远作

［上海］朵云轩 1962 年

　　本作品系中国现代版画。

J0036854

编笋　蒋正鸿作

［上海］朵云轩 1962 年

　　本作品系现代中国版画。

J0036855

冰上打陀螺　贺金安作

［上海］朵云轩 1962 年

　　本作品系中国现代版画。

J0036856

采来带露轻裁剪　为愿芳香遍万家　杨讷维作

广州　广东人民出版社 1962 年 38cm（6 开）

定价：CNY0.20

　　本作品系中国现代版画。作者杨讷维（1912— ），画家。广西藤县人。历任广西《梧州日报》《贵县日报》编辑、总编辑，《广西日报》编辑主任，华南文艺学院美术部教授，中国美术家协会广东分会秘书长、副主席。作品有《抢救河堤决口》《新闻怨》《沉默的抗议》《失踪后的下落》《广州起义组画》等。出版有《怒向刀丛觅小诗》《杨讷维作品选集》。

J0036857

朝雾　莫测作

［上海］朵云轩 1962 年

　　本作品系中国现代版画。作者莫测（1928— ），画家，编辑。出生于江苏盱眙。历任中国美术家协会理事、中国版画艺术委员会委员、中国版画家协会常务理事、中国水利电力文学艺术协会副主席、一级美术师。代表作品《拿鱼》《峡江春闹》。出版有《莫测木刻选集》《三川新曲——莫测木刻选》《莫测黑白木刻》《莫测版画集》等。

J0036858
晨炊　徐楞作
[上海] 朵云轩 1962 年
　　本作品系中国现代版画。

J0036859
初夏　赖少其作
[上海] 朵云轩 1962 年
　　本作品系中国现代版画。

J0036860
丛林夏日　曾景初作
[上海] 朵云轩 1962 年
　　本作品系中国现代版画。作者曾景初
（1918—2001），美术编辑。笔名秦肃、荆楚、特
西等。湖南双峰人，上海美专肄业。历任长沙《国
民日报》《湖南日报》《晚晚报》美术编辑，北京
《铁路画报》美术编辑，华北人民出版社美术编
辑，天津人民美术出版社美术编辑，中国美术家
协会会员，中国版画协会会员。作品有《沸腾的
矿山》《场上》《四等车上》等。

J0036861
打场　曾景初作
[上海] 朵云轩 1962 年
　　本作品系中国现代版画。

J0036862
大鸽子　李平凡作
[上海] 朵云轩 1962 年
　　本作品系中国现代版画。

J0036863
傣寨小学　赵明远作
[上海] 朵云轩 1962 年
　　本作品系中国现代版画。

J0036864
笛声送归舟　古元作
沈阳 辽宁美术出版社 1962 年 38cm（6 开）
定价：CNY0.08
　　本作品系中国现代版画。

J0036865
读　张运辉作

[上海] 朵云轩 1962 年
　　本作品系中国现代版画。

J0036866
鹅场秋色　李锦堂作
广州 广东人民出版社 1962 年 38cm（6 开）
定价：CNY0.30
　　本作品系中国现代版画。

J0036867
凤翔木版年画　（第 1 辑）陕西省群众艺术馆编
西安 长安美术出版社 1962 年 8 张（套）
15cm（25 开）定价：CNY0.50
（陕西民间美术小画片）

J0036868
高尔基　刘岘作
[上海] 朵云轩 1962 年 1 张
　　本作品系中国现代版画。

J0036869
歌德写作的别墅　沈柔坚作
[上海] 朵云轩 1962 年
　　本作品系中国现代版画。

J0036870
瓜棚　张运辉作
[上海] 朵云轩 1962 年
　　本作品系中国现代版画。

J0036871
海滨　吴俊发作
[上海] 朵云轩 1962 年
　　本作品系中国现代版画。作者吴俊发
（1927— ），生于江西广丰。中国版画家协会副
主席，江苏省美术家协会顾问。作品有《吴俊发
水墨画集》等。

J0036872
海港　吕蒙作
[上海] 朵云轩 1962 年
　　本作品系中国现代版画。作者吕蒙（1915—
1996），版画家。原名徐京祥，笔名徐华，浙江永
康人。曾任上海美术出版社社长兼总编、上海市
美术家协会秘书长、上海中国画院院长、上海文

联理事。

J0036873
红领巾　徐匡作
［上海］朵云轩 1962 年
　　本作品系中国现代版画。作者徐匡（1938— ），国家一级美术师。生于湖南长沙，毕业于中央美术学院附中。历任四川美术家协会常务理事、中国美术家协会会员。代表作品《走过草地》《天路》《高原的阳光》等。

J0036874
嘉陵江上　徐匡作
［上海］朵云轩 1962 年
　　本作品系中国现代版画。

J0036875
假日　王琦作
［上海］朵云轩 1962 年
　　本作品系中国现代版画。

J0036876
捡雁蛋　张作良作
沈阳 辽宁美术出版社 1962 年 38cm（6 开）
定价：CNY0.10
　　本作品系中国现代版画。

J0036877
建立农村政权　易振生，朱定一作
上海 上海人民美术出版社 1962 年 38cm（6 开）
定价：CNY0.25
　　本作品系现代中国版画。

J0036878
解冻　晁楣作
沈阳 辽宁美术出版社 1962 年 38cm（6 开）
定价：CNY0.10
　　本作品系中国现代版画。

J0036879
金沙江畔　江敉作
［上海］朵云轩 1962 年
　　本作品系中国现代版画。

J0036880
课余劳动　余白墅，刘王斌作
［上海］朵云轩 1962 年
　　本作品系中国现代版画。作者刘王斌（1921— ），画家。湖南攸县人。历任上海人民美术出版社副编审、上海美术家协会会员、上海中山艺术院理事。代表作品有《鸭司令》《沙恭达罗》《鱼乐图》《荷花童子舞》《鲤鱼跳龙门》《欢欢喜喜》等。

J0036881
列宁　刘岘作
［上海］朵云轩 1962 年 1 张
　　本作品系中国现代版画。

J0036882
炉前大战　王琦作
［上海］朵云轩 1962 年
　　本作品系中国现代版画。

J0036883
鲁迅与瞿秋白　俞启慧作
［上海］朵云轩 1962 年
　　本作品系中国现代版画。

J0036884
麦子熟了　晁楣作
沈阳 辽宁美术出版社 1962 年 38cm（6 开）
定价：CNY0.10
　　本作品系中国现代版画。

J0036885
满地锦　沈柔坚作
［上海］朵云轩 1962 年
　　本作品系中国现代版画。

J0036886
满网　张路作
［上海］朵云轩 1962 年
　　本作品系中国现代版画。

J0036887
苗岭春晓　贾宜群作
［上海］朵云轩 1962 年
　　本作品系中国现代版画。

J0036888
闵行　杨涵作
［上海］朵云轩 1962 年［1 幅］
　　本作品系现代中国版画。作者杨涵(1920—2014)，编辑。原名桂森，浙江温州人。历任上海人民美术出版社副社长、副总编、编审。主要木刻作品《淮海战役》《赔碗》《修运河水闸》。

J0036889
木刻小画片　毛德慧等作
乌鲁木齐 新疆人民出版社 1962 年 20 张(套)
13cm(64 开) 定价: CNY1.00
　　本作品系中国现代版画。

J0036890
牧归　张桢麒作
［上海］朵云轩 1962 年
　　本作品系中国现代版画。

J0036891
奶牛　亚军作
［上海］朵云轩 1962 年
　　本作品系中国现代版画。

J0036892
年青人　黄新波作
广州 广东人民出版社 1962 年 38cm(6 开)
定价: CNY0.20
　　本作品系中国现代版画。作者黄新波(1916—1980)，版画家。原名黄裕祥，笔名一工，广东台山人。曾任中国美术家协会广东分会主席、广东画院院长。木刻作品集有《路碑》《心曲》，还出版有《新波木刻选集》《黄新波作品选集》《新波版画集》《春华散记》(香港版)等。

J0036893
牛群　陈天然作
［上海］朵云轩 1962 年
　　本作品系中国现代版画。

J0036894
平湖　莫测作
［上海］朵云轩 1962 年
　　本作品系中国现代版画。

J0036895
浦江月色　杨可扬作
［上海］朵云轩 1962 年
　　本作品系中国现代版画。

J0036896
秋汛时节　徐楞作
［上海］朵云轩 1962 年
　　本作品系中国现代版画。

J0036897
群燕竞飞　俞启慧作
［上海］朵云轩 1962 年
　　本作品系中国现代版画。

J0036898
三年　(版画集)黄新波作
广州 广东人民出版社 1962 年 20 幅 39cm(4 开)
活页精装 统一书号: 8111.414 定价: CNY3.00

J0036899
山村前后　赵宗藻作
［上海］朵云轩 1962 年
　　本作品系中国现代版画。

J0036900
山地冬播　陈天然作
［上海］朵云轩 1962 年
　　本作品系中国现代版画。

J0036901
陕北之春　修军作
［上海］朵云轩 1962 年
　　本作品系中国现代版画。

J0036902
守护员　徐甫堡作
［上海］朵云轩 1962 年
　　本作品系中国现代版画。

J0036903
水库成群渠道成网　鄷中铁作
［上海］朵云轩 1962 年
　　本作品系中国现代版画。

J0036904

水上猎人　莫测作

［上海］朵云轩 1962 年

　　本作品系中国现代版画。

J0036905

水乡　古元作

沈阳 辽宁美术出版社 1962 年 38cm（6 开）

定价：CNY0.08

　　本作品系中国现代版画。作者古元（1919—
1996），画家。字帝源，生于广东珠海。曾就读于
鲁迅艺术学院。历任中央美术学院教授、院长，
中国美术家协会副主席，中国版画家协会主席。
作品有《减租会》《烧毁旧地契》《人桥》《刘志丹
和赤卫军》《枣园灯光》等。出版有《古元木刻选》
《古元水彩画选》等。

J0036906

泰戈尔　刘岘作

［上海］朵云轩 1962 年 1 张

　　本作品系中国现代版画。

J0036907

托儿所　杨涵作

［上海］朵云轩 1962 年

　　本作品系中国现代版画。

J0036908

外滩傍晚　沈柔坚作

［上海］朵云轩 1962 年

　　本作品系中国现代版画。

J0036909

晚归　王琦作

［上海］朵云轩 1962 年

　　本作品系中国现代版画。

J0036910

西湖西泠桥　张漾兮作

［上海］朵云轩 1962 年

　　本作品系中国现代版画。作者张漾兮
（1912—1964），四川成都人，毕业于四川美术专
门学校西画科。历任成都《新民报》编辑、四川
省立艺术专科学校教师。代表作品有《送饭到田
间》《西泠桥》，出版有《张漾兮木刻选集》。

J0036911

喜迎春　亿平作

［上海］朵云轩 1962 年

　　本作品系中国现代版画。

J0036912

夏令营　亚君作

［上海］朵云轩 1962 年

　　本作品系中国现代版画。

J0036913

现代水印版画　（第 2 辑）蒋正鸿等作

［上海］朵云轩 1962 年 12 幅

J0036914

响洪甸风光　莫测作

［上海］朵云轩 1962 年

　　本作品系中国现代版画。

J0036915

小八路　杨涵作

［上海］朵云轩 1962 年

　　本作品系中国现代版画。

J0036916

小饲养员　余白墅，刘王斌作

［上海］朵云轩 1962 年

　　本作品系中国现代版画。

J0036917

晓　赵延年作

［上海］朵云轩 1962 年

　　本作品系中国现代版画。

J0036918

新版画选　人民美术出版社编辑

北京 人民美术出版社 1962 年 1 册 52cm（4 开）

活页函装 统一书号：8027.3872 定价：CNY42.00

　　本书选收古元、李平凡、李少言等近一二年
来创作的版画 21 幅。

J0036919

新英雄谱　顾炳鑫画；左海题词

［北京］荣宝斋 1962 年［1 张］线装本

　　本书是荣宝斋 20 世纪 60 年代用木版水印

出版的一本书画集，集中歌颂了八位英雄人物。作者顾炳鑫（1923—2001），美术家。笔名甘草、朽木，江苏宝山人。历任中国美术家协会理事、上海美术家协会主席团委员、上海美术家协会连环画艺术委员会主任。代表作品有连环画《渡江侦察记》《列宁在十月》等。

J0036920
休息　陈天然作
［上海］朵云轩 1962 年
　　本作品系中国现代版画。作者陈天然（1926—2018），书画家、版画家、诗人。河南巩义人。历任中国美术家协会、中国书法家协会常务理事，河南省书画院院长。代表作品有《牛群》《套耙》《山地冬播》等。

J0036921
学习　徐匡作
［上海］朵云轩 1962 年
　　本作品系中国现代版画。

J0036922
雪后　沈柔坚作
［上海］朵云轩 1962 年
　　本作品系中国现代版画。

J0036923
一个女拖拉机手　徐甫堡作
［上海］朵云轩 1962 年
　　本作品系中国现代版画。

J0036924
一楼盖成一楼又起　李桦作
［上海］朵云轩 1962 年
　　本作品系中国现代版画。作者李桦（1907—1994），教授、画家。曾用名浪沙、小泉。广东番禺人。毕业于广州市立美术学校，留学日本。历任中央美术学院教授兼版画系主任、中国文联全国委员、中国版画家协会主席等。代表作品《怒吼吧，中国》，组画《怒潮》《征服黄河》等。

J0036925
移山造海　王琦作
［上海］朵云轩 1962 年
　　本作品系中国现代版画。

J0036926
有趣的故事　路荑作
［上海］朵云轩 1962 年
　　本作品系中国现代版画。

J0036927
渔村　郑通校作
［上海］朵云轩 1962 年
　　本作品系中国现代版画。

J0036928
云雾深处　俞启慧作
［上海］朵云轩 1962 年
　　本作品系中国现代版画。

J0036929
在锻工场里　王琦作
［上海］朵云轩 1962 年
　　本作品系中国现代版画。

J0036930
战黄河　李桦作
［上海］朵云轩 1962 年
　　本作品系现代中国版画。

J0036931
重庆木刻
重庆 重庆人民出版社 1962 年 14 幅 17cm（40 开）
统一书号：8114.205 定价：CNY0.70

J0036932
重庆木刻　吴凡等作
重庆 重庆人民出版社 1962 年 21 张（套）17cm（40 开）定价：CNY0.50
（《红岩》插图专辑）
　　本作品系中国现代版画。作者吴凡（1923—2015），画家。重庆人。历任中国美术家协会理事、中国版画家协会理事、四川美术家协会副主席。现为四川美术家协会顾问、一级美术师、四川省诗书画院艺术顾问、成都画院顾问。出版有《吴凡作品集》《吴凡版画集》《吴凡艺术》等。

J0036933
紫金庵十八罗汉　（第 8 集）张颖摄
上海 上海人民美术出版社 1962 年 18 张（套）

19cm（32开）定价：CNY1.50

　　本书系中国版画作品。

J0036934
阿诗玛　黄永玉作
北京　人民美术出版社　1963年　38cm（6开）
定价：CNY0.15

　　作者黄永玉（1924—　），土家族，教授。历任中央美术学院教授，全国政协委员，中国美术家协会常务理事、副主席。作品有《春潮》《百花》《人民总理人民爱》《阿诗玛》等。出版有《黄永玉木刻集》《黄永玉画集》。

J0036935
版画
天津　天津美术出版社　1963年　15张（套）
[9×15cm]　定价：CNY0.70

J0036936
版画艺术　（第1套）上海人民美术出版社编
上海　上海人民美术出版社　1963年　14幅
38cm（6开）活页　统一书号：T8081.8853
定价：CNY2.60

J0036937
版画艺术　（第2套）上海人民美术出版社编
上海　上海人民美术出版社　1964年　14张（套）
38cm（6开）定价：CNY2.60

J0036938
版画艺术　（第3套）上海人民美术出版社编
上海　上海人民美术出版社　1964年　38cm（6开）
12张（套）活页　统一书号：T8081.9112
定价：CNY2.30

J0036939
版画艺术　（第4套）上海人民美术出版社编
上海　上海人民美术出版社　1965年　38cm（6开）
活页　统一书号：T8081.9209　定价：CNY1.00

J0036940
版画艺术　（第5套）上海人民美术出版社编
上海　上海人民美术出版社　1966年　38cm（6开）
活页　统一书号：T8081.9493　定价：CNY0.80

J0036941
北方的早晨　晁楣作
上海　朵云轩　1963年　54cm（4开）

J0036942
碧海渔歌　郑通校作
上海　朵云轩　1963年　38cm（6开）

J0036943
边寨春早　赵明远作
上海　朵云轩　1963年　38cm（6开）

J0036944
冰上行　张作良作
上海　朵云轩　1963年　54cm（4开）

J0036945
草原夜色　晁楣作
沈阳　辽宁美术出版社　1963年　定价：CNY0.06

J0036946
茶山晨曲　郑震作
上海　朵云轩　1963年　54cm（4开）

J0036947
成都杜甫草堂一角　杨可扬作
上海　朵云轩　1963年　38cm（6开）

J0036948
出海　路蕖作
上海　朵云轩　1963年　38cm（6开）

J0036949
春潮　黄永玉作
上海　朵云轩　1963年　54cm（4开）

J0036950
春夜　力群作
天津　天津美术出版社　1963年　54cm（4开）
定价：CNY0.05

J0036951
沸腾的马钢　易振生作
上海　朵云轩　1963年　38cm（6开）

J0036952
高粱　杜鸿作
上海　朵云轩　1963 年　54cm（4 开）

J0036953
"公社"姑娘　吴强年作
成都　四川人民出版社　1963 年　13cm（64 开）
定价：CNY0.10

J0036954
河水让路　沈柔坚作
上海　朵云轩　1963 年　54cm（4 开）

J0036955
黑龙江版画选集
哈尔滨　黑龙江美术出版社　1963 年　50 页
有图　22cm（32 开）精装　统一书号：8.63
定价：CNY12.00

J0036956
红花开遍苗岭山　贾宜群作
上海　朵云轩　1963 年　54cm（4 开）定价：CNY1.10

J0036957
虹　张路作
上海　朵云轩　1963 年　54cm（4 开）

J0036958
黄山宾馆　郑震等作
上海　朵云轩　1963 年　76cm（2 开）

J0036959
黄新波作品选集　黄新波作；中国美术家协
会，人民美术出版社编
北京　人民美术出版社　1963 年　40 页　有图
27cm（16 开）精装　统一书号：8027.4119
定价：CNY5.00

J0036960
假日　古元作
上海　朵云轩　1963 年　38cm（6 开）

J0036961
江南春雨　赖少其作
上海　朵云轩　1963 年　54cm（4 开）

J0036962
江畔帆影移　范一辛作
上海　朵云轩　1963 年　38cm（6 开）

J0036963
菊　吕蒙作
上海　朵云轩　1963 年　54cm（4 开）

J0036964
李少言作品选集　李少言作；中国美术家协
会，人民美术出版社编
北京　人民美术出版社　1963 年　有图
27cm（16 开）精装　统一书号：8027.3973
定价：CNY6.00
　　作者李少言（1918—2002），画家。山东临沂
人。曾任中国美术家协会副主席、中国版画家协
会副主席、四川省文联副主席等。作品有黑白木
刻《重建》《川藏路上水帘洞》，套色木刻《老街
新貌》等，出版有《李少言版画选》《李少言作品
选集》等。

J0036965
鲁迅收藏中国现代木刻选集　（1931—1936）
北京鲁迅博物馆，上海鲁迅纪念馆编
北京　人民美术出版社　1963 年　186 页　有图
27cm（16 开）统一书号：8027.4145
定价：CNY6.80
（鲁迅美术丛书）
　　本书汇编鲁迅收藏的 1931—1936 年的中国
现代木刻 97 幅，包括江丰、李桦、力群、刘岘、
野夫等 27 位版画家的作品。

J0036966
绿牡丹巴骆和大闹酸枣岭
南京　江苏人民出版社　1963 年　54cm（4 开）
定价：CNY0.10
　　本作品以上两种为桃花坞木刻年画。

J0036967
绿荫下　吴家华作
上海　朵云轩　1963 年　54cm（4 开）

J0036968
码头　赖少其作
上海　朵云轩　1963 年　[1 幅] 54cm（4 开）

J0036969
闵行新姿　邵克萍作
上海　朵云轩　1963 年　38cm（6 开）

J0036970
牧场情话　张作良作
上海　朵云轩　1963 年　54cm（4 开）

J0036971
穆桂英大破天门阵
南京　江苏人民出版社　1963 年　54cm（4 开）

J0036972
牛文作品选集　牛文作；中国美术家协会，人
民美术出版社编
北京　人民美术出版社　1963 年　40 页　27cm（16 开）
精装　统一书号：8027.4147　定价：CNY6.00
　　本作品系现代中国版画。作者牛文（1922—
2009），著名版画家，一级美术师。生于山西灵石，
毕业于延安鲁迅文艺学院美术系。离休老红军。
曾任中国美术家协会理事，中国美术家协会四川
分会副主席、秘书长。版画作品有《丈地》《东方
红太阳升》。出版有《牛文作品选集》《牛文版画
选》《雪山红日》。

J0036973
葡萄架下　晁楣作
沈阳　辽宁美术出版社　1963 年　30cm（10 开）
定价：CNY0.06

J0036974
群山初醒　张路作
沈阳　辽宁美术出版社　1963 年　30cm（10 开）
定价：CNY0.06

J0036975
人民日报黑白版画选
北京　人民日报出版社　1963 年 ［120］页　有图
24cm（16 开）统一书号：8132.1　定价：CNY1.50
　　本书系中国现代版画作品。

J0036976
山城晓雾　谢梓文作
上海　朵云轩　1963 年　54cm（4 开）

J0036977
上海版画选集　沈柔坚等作；上海人民美术
出版社编
上海　上海人民美术出版社　1963 年　75 页
有图 26cm（16 开）精装　统一书号：T8081.5216
定价：CNY12.00
　　本书选编 1958 年到 1962 年间，上海 38 位
版画家的版画作品 57 件，多数为彩色套印。概
括了上海版画创作的面貌和成绩。作品题材既
有工业建设、农业生产和部队生活，也有风景、
静物和书籍插图等。

J0036978
树里人家　王琦作
上海　朵云轩　1963 年　38cm（6 开）

J0036979
水从天上来　张路作
沈阳　辽宁美术出版社　1963 年　30cm（10 开）
定价：CNY0.06

J0036980
水仙花　荒烟作
上海　朵云轩　1963 年　38cm（6 开）
　　作者荒烟（1920—1989），版画家。原名张伟
耀，曾用名张亘、张燕平，笔名雪松、白荻。广
东兴宁兴城人。代表作品《荒烟木刻选》。

J0036981
泰山翠华　（套色木刻）杨涵作
上海　上海人民美术出版社　1963 年
19cm（小 32 开）定价：CNY0.08

J0036982
天山归牧　晁楣作
沈阳　辽宁美术出版社　1963 年　30cm（10 开）
定价：CNY0.06

J0036983
托尔斯泰　刘岘作
上海　朵云轩　1963 年　38cm（6 开）

J0036984
晚归　余白墅作
上海　朵云轩　1963 年　38cm（6 开）

J0036985
吴凡作品选集 吴凡作；中国美术家协会，人民美术出版社编
北京 人民美术出版社 1963年 [40]页 有图
27cm（16开）精装 统一书号：8027.3902
定价：CNY6.00
　　本作品系中国现代版画选集。

J0036986
峡中钻探 荒烟作
上海 朵云轩 1963年 38cm（6开）

J0036987
夏 古元作
北京 人民美术出版社 1963年 54cm（4开）
定价：CNY0.60

J0036988
新版画选
北京 人民美术出版社 1963年 13cm（64开）
定价：CNY0.50

J0036989
新垦地 邵克萍作
上海 朵云轩 1963年 54cm（4开）

J0036990
扬青稞 李唤民作
北京 人民美术出版社 1963年 38cm（6开）
定价：CNY0.15

J0036991
杨讷维作品选集 杨讷维作；中国美术家协会，人民美术出版社编
北京 人民美术出版社 1963年 20页 有乐谱
27cm（16开）精装 统一书号：8027.3972
定价：CNY5.00

J0036992
野水无桥马代渡 张路作
沈阳 辽宁美术出版社 1963年 定价：CNY0.06

J0036993
雨后 张作良作
上海 朵云轩 1963年 54cm（4开）

中国现代版画作品。

J0036994
岳阳楼 曾景初作
上海 朵云轩 1963年 38cm（6开）

J0036995
赵宗藻作品选集 赵宗藻作；中国美术家协会，人民美术出版社编
北京 人民美术出版社 1963年 20页 有图
27cm（16开）精装 统一书号：8027.3931
定价：CNY6.00
　　本书为中国现代版画选集。作者赵宗藻
（1931— ），版画家。就读于苏州美术专科学校
和南京大学美术系。历任中国美术学院版画系
主任、副院长，中国版画协会副主席。代表作有
《婺江边上》《四季春》《乡干集会》《黄山松》等。

J0036996
中国人民解放军新疆军区生产建设兵团版画作品选集 上海人民美术出版社编
上海 上海人民美术出版社 1963年 40页
有图 22cm（30开）精装 统一书号：T8081.5371
定价：CNY5.20

J0036997
阿诗玛 （一）黄永玉作
[上海] 朵云轩 1964年 两幅
　　本作品系中国现代版画。

J0036998
版画选辑 （第1辑）
北京 人民美术出版社 1964年 10张（套）
26×38cm 精装 定价：CNY1.00

J0036999
北方的九月 晁楣作
上海 上海人民美术出版社 1964年 38cm（6开）
定价：CNY0.20
　　本作品系中国现代版画。

J0037000
北方九月 晁楣作
上海 上海人民美术出版社 1964年 53cm（4开）
定价：CNY0.30

J0037001

沧海绿珠　殷翔云作

上海　上海人民美术出版社　1964年　38cm（6开）

定价：CNY0.15

　　本作品系中国现代版画。

J0037002

晁楣作品选集　晁楣作；中国美术家协会上海分会，上海人民美术出版社编

上海　上海人民美术出版社　1964年　有图

27cm（16开）精装　统一书号：8081.5357

定价：CNY6.00

　　本书选编木刻家从1957年到1963年间的作品20幅。其中有描绘转业军人进军"北大荒"的《第一道脚印》，有表现开拓者征服荒原、与困难搏斗的《解冻》，有赞美劳动改造了大自然的《黑土草原》，以及表现盛大丰收和创业者胜利喜悦的《麦收序曲》《夏日》《歌晌》等。

J0037003

出港　陈幸一作

［沈阳］辽宁美术出版社　1964年　38cm（6开）

定价：CNY0.08

　　本作品系中国现代版画。

J0037004

初踏黄金路　李唤民作

北京　人民美术出版社　1964年　53cm（4开）

定价：CNY0.30

　　本作品系中国现代版画。

J0037005

春的喧闹　杜鸿年作

北京　人民美术出版社　1964年　53cm（4开）

定价：CNY0.60

　　本作品系中国现代版画。

J0037006

春回大地　晁楣作

北京　人民美术出版社　1964年　53cm（4开）

定价：CNY0.30

　　本作品系中国现代版画。

J0037007

朵云轩木版水印信笺

［上海］朵云轩　1964年　20张（套）

J0037008

黑龙江版画　（旅行新疆作品选）晁楣等作

哈尔滨　黑龙江美术出版社　1964年　1套12幅

26cm（16开）统一书号：8.82　定价：CNY2.30

J0037009

黑龙江版画　（旅行新疆作品选）晁楣等作

［哈尔滨］黑龙江美术出版社　1964年

12张（套）12cm（60开）定价：CNY0.70

J0037010

嘉陵锦绣　酆中铁作

北京　人民美术出版社　1964年　53cm（4开）

定价：CNY0.30

　　本作品系中国现代版画。

J0037011

列宁在拉兹里夫湖畔祖国的草棚　刘旷作

［北京］长安美术出版社　1964年　38cm（6开）

定价：CNY0.20

　　本作品系中国现代版画。

J0037012

猎　莫燃作

北京　人民美术出版社　1964年　53cm（4开）

定价：CNY0.30

　　本作品系中国现代版画。

J0037013

漫水渡头　（水印木刻）李莉作

［武汉］湖北人民出版社　1964年　38cm（6开）

定价：CNY0.25

　　本作品系中国现代版画。

J0037014

美术明信片　（版画）

北京　人民美术出版社　1964年　10张（套）

13cm（60开）定价：CNY0.60

J0037015

明亮的阳光　项而躬等作

上海　上海人民美术出版社　1964年　38cm（6开）

定价：CNY0.15

本作品系中国现代版画。

J0037016
南海凯歌 张晃作
上海 上海人民美术出版社 1964 年 38cm（6 开）
定价: CNY0.15
　　本作品系中国现代版画。

J0037017
年年逢春年年乐，今春人更乐 李树勤作
北京 人民美术出版社 1964 年 53cm（4 开）
定价: CNY0.30
　　本作品系中国现代版画。

J0037018
宁夏木刻选 宁夏回族自治区文学艺术工作
者联合会编
银川 宁夏回族自治区人民出版社 1964 年
40 页 有图 26cm（16 开）统一书号: 8157.45
定价: CNY4.00, CNY6.00（精装）
　　本书收入木刻作品 40 幅图。其中画家力群
作品 7 幅，其余为学员作。作品内容有表现工业、
农业、畜牧业生产，有刻画青少年学习生活，有
歌颂工人、农民、垦荒者、医生的劳动，还有民
族团结、秀丽山川和花卉方面的题材。李桦为画
册作序。

J0037019
农业技术学校的新课堂 张新予,朱琴葆作
北京 人民美术出版社 1964 年 53cm（4 开）
定价: CNY0.60
　　本作品系中国现代版画。

J0037020
炮击之后 韩柯作
上海 上海人民美术出版社 1964 年 38cm（6 开）
定价: CNY0.15
　　本作品系中国现代版画。

J0037021
入伍第一课 张敏之作
上海 上海人民美术出版社 1964 年 38cm（6 开）
定价: CNY0.15
　　本作品系中国现代版画。

J0037022
山村秋景 董其中作
北京 人民美术出版社 1964 年 53cm（4 开）
定价: CNY0.30
　　本作品系中国现代版画。

J0037023
社干会上 李习勤作
北京 人民美术出版社 1964 年 53cm（4 开）
定价: CNY0.30
　　本作品系中国现代版画。

J0037024
四川版画
[成都] 四川人民出版社 1964 年 10 张（套）
13cm（64 开）定价: CNY0.60

J0037025
四川版画
成都 四川人民出版社 1964 年 15 张（套）
15cm（64 开）定价: CNY0.35

J0037026
苏州河上的黄昏 苏正刚作
北京 人民美术出版社 1964 年 53cm（4 开）
定价: CNY0.30
　　本作品系中国现代版画。作者苏正刚
（1937—1993），画家。上海人。中国美术家协会
会员，中国版画协会会员。擅长连环画、版画、
中国画。

J0037027
套版简帖 赖少其编
上海 上海人民美术出版社 1964 年 40 页
有图 26cm（16 开）统一书号: T8081.5230
定价: CNY8.00

J0037028
喜雨江南 黄丕谟作
北京 人民美术出版社 1964 年 53cm（4 开）
定价: CNY0.30
　　本作品系中国现代版画。作者黄丕谟
（1925—2015），版画家、一级美术师。生于上海
崇明岛，历任中国美术家协会会员，中国版画家
协会常务理事、江苏省版画家协会副会长。出版

有《黄丕谟水印版画集》《黄丕谟画集》等。

种不同的手法描绘了部队训练、生产、生活等各国方面。其中《风格赞》组画极富艺术感染力。

J0037029
乡村小学　徐匡作
北京　人民美术出版社 1964 年　53cm（4 开）
定价：CNY0.30
　　本作品系中国现代版画。

J0037030
小站　吴凡作
北京　人民美术出版社 1964 年　53cm（4 开）
定价：CNY0.30
　　本作品系中国现代版画。

J0037031
新笺谱　（水印木刻）中国美术家协会四川分会编
［成都］四川人民出版社 1964 年　10 张（套）
26cm（16 开）定价：CNY0.30

J0037032
雪地训练　马庆廉作
上海　上海人民美术出版社 1964 年　38cm（6 开）
定价：CNY0.15
　　本作品系中国现代版画。

J0037033
训练场上对对红　杜承舜作
上海　上海人民美术出版社 1964 年　38cm（6 开）
定价：CNY0.15
　　本作品系中国现代版画。

J0037034
艳阳秋　张祯麒作
北京　人民美术出版社 1964 年　53cm（4 开）
定价：CNY0.30
　　本作品系中国现代版画。

J0037035
中国人民解放军第三届美术作品展览会版画作品小辑　上海人民美术出版社编
上海　上海人民美术出版社 1964 年　8 张（套）
13cm（64 开）定价：CNY0.56
　　本画集选自 1964 年全军第三届美术作品展览版画展品 120 幅，其中 31 幅获奖。作品以各

J0037036
子承父志　程玉国作
上海　上海人民美术出版社 1964 年　38cm（6 开）
定价：CNY0.15
　　本作品系中国现代版画。

J0037037
《南方来信》木刻组画　中国美术家协会四川分会集体创作
北京　人民美术出版社 1965 年　13 张（套）
26cm（16 开）定价：CNY1.00

J0037038
被压迫民族联合起来，坚决反对美帝国主义！　赵延年作
［上海］朵云轩 1965 年　38cm（8 开）
定价：CNY0.10

J0037039
稻香千里　胡知敏作
［南昌］江西人民出版社 1965 年　53cm（4 开）
定价：CNY0.10

J0037040
反帝烈火　（支持亚洲、非洲、拉丁美洲人民反帝斗争画选集）
天津　天津美术出版社 1965 年　9 张（套）
15cm（64 开）定价：CNY0.35

J0037041
"公社"初春　宛英毅作
北京　人民美术出版社 1965 年　38cm（6 开）
定价：CNY0.05

J0037042
"公社"姑娘　吴强年作
［上海］朵云轩 1965 年　38cm（6 开）
定价：CNY0.13

J0037043
故乡　赵成源作
［沈阳］辽宁美术出版社 1965 年

25cm（小 16 开）定价：CNY0.10

J0037044
红岩插图 （木刻画集）中国美术家协会四川分会编
[成都] 四川人民出版社 1965 年 19 张（套）
38cm（6 开）定价：CNY0.88

J0037045
假坟 古元作
北京 人民美术出版社 1965 年 53cm（4 开）
定价：CNY0.30
　　作者古元（1919—1996），画家。字帝源，生于广东珠海。曾就读于鲁迅艺术学院。历任中央美术学院教授、院长，中国美术家协会副主席，中国版画家协会主席。作品有《减租会》《烧毁旧地契》《人桥》《刘志丹和赤卫军》《枣园灯光》等。出版有《古元木刻选》《古元水彩画选》等。

J0037046
江苏水印木刻 吴俊发等作
上海 上海人民美术出版社 1965 年 8 张（套）
19cm（小 32 开）定价：CNY0.64

J0037047
开路 陈正元作
[南昌] 江西人民出版社 1965 年 53cm（4 开）
定价：CNY0.10

J0037048
抗日烽火
北京 人民美术出版社 1965 年 10 张（套）
19cm（小 32 开）定价：CNY0.30

J0037049
两船歌声 劳思作
北京 人民美术出版社 1965 年 53cm（4 开）
定价：CNY0.30

J0037050
毛主席的好战士——雷锋 （木刻）吴强年作
北京 人民美术出版社 1965 年 53cm（4 开）
定价：CNY0.08

J0037051
毛主席的好战士——雷锋 （木刻）吴强年作
北京 人民美术出版社 1965 年 38cm（8 开）
定价：CNY0.05

J0037052
明亮的阳光 广州部队钢八连创作小组作
北京 人民美术出版社 1965 年 53cm（4 开）
定价：CNY0.30

J0037053
明容与堂刻水浒传图 中华书局上海编辑所编
上海 中华书局 1965 年 53cm（4 开）线装
定价：CNY4.60

J0037054
木刻小辑
[沈阳] 辽宁美术出版社 1965 年 8 张（套）
15cm（64 开）定价：CNY0.28

J0037055
木刻选集 上海人民美术出版社编
上海 上海人民美术出版社 1965 年 54 页
有图 19cm（32 开）统一书号：T8081.5477
定价：CNY0.38

J0037056
南方来信 （木刻组画）
[成都] 四川人民出版社 1965 年 10 张（套）
15cm（25 开）定价：CNY0.30

J0037057
南海前哨钢八连 （木刻组画）广州部队"钢八连组画"创作组作；章明配诗
[沈阳] 辽宁美术出版社 1965 年 8 张（套）
15cm（64 开）定价：CNY0.20

J0037058
农具厂炉间 吴俊发作
北京 人民美术出版社 1965 年 53cm（4 开）
定价：CNY0.30

J0037059
朋友自远方来 李习勤作
北京 人民美术出版社 1965 年 53cm（4 开）

定价：CNY0.30

J0037060

邳县农村业余木刻小辑

上海　上海人民美术出版社　1965 年　6 张（套）

19cm（小 32 开）定价：CNY0.48

J0037061

栖霞山　张新予作

北京　人民美术出版社　1965 年　53cm（4 开）

定价：CNY0.30

J0037062

入仓　杜鸿年作

[沈阳] 辽宁美术出版社　1965 年

25cm（小 16 开）定价：CNY0.10

J0037063

山绿人红　张育麟作

[南昌] 江西人民出版社　1965 年　53cm（4 开）

定价：CNY0.10

J0037064

朔二姐　（援越抗美木刻组画）王以时，吴孔

春作

[成都] 四川人民出版社　1965 年　9 张（套）

19cm（小 32 开）定价：CNY0.04

J0037065

万帆待发　刘其敏作

北京　人民美术出版社　1965 年　53cm（4 开）

定价：CNY0.30

　　作者刘其敏（1929—2010），画家、教授。生

于河北宁河县。曾任广州美术学院教授、中国美

术家协会会员、中国版画家协会会员。代表作品

有《海滩上的防护林》《万帆待发》《盛夏》等。

J0037066

纤夫恨　（木刻组画）徐匡作

上海　上海人民美术出版社　1965 年　10 张（套）

19cm（小 32 开）定价：CNY0.10

J0037067

向阳花开　傅作仁，董振凡作

[哈尔滨] 黑龙江美术出版社　1965 年

53cm（4 开）定价：CNY0.08

J0037068

小站　吴凡作

[上海] 朵云轩　1965 年

J0037069

雪地训练　马庆廉作

北京　人民美术出版社　1965 年　53cm（4 开）

定价：CNY0.30

J0037070

巡道工　黄乃源作

北京　人民美术出版社　1965 年　53cm（4 开）

定价：CNY0.10

　　作者黄乃源（1931—2004），教授。江西萍乡

市人。毕业于西北艺术学院（西安美术学院前身），

并留校任教。中国美术家协会会员、陕西美术家

协会理事、陕西油画学会副会长。作品有《巡道

工》《巨轮》《萍矿洗煤厂》等。出版画册有《黄

乃源油画风景习作选》《黄乃源油画作品选》《黄

乃源油画风景写生集》等。

J0037071

艳阳秋　吴哲辉作

北京　人民美术出版社　1965 年　38cm（6 开）

定价：CNY0.05

J0037072

一场骗局　（木刻组画）李少首，李焕民作

上海　上海人民美术出版社　1965 年　8 张（套）

19cm（小 32 开）定价：CNY0.08

J0037073

援越抗美画片　黑龙江美术出版社编辑

[哈尔滨] 黑龙江美术出版社　1965 年　8 张（套）

15cm（64 开）定价：CNY0.40

J0037074

越南民族英雄阮文追　赵延年等作

上海　上海人民美术出版社　1965 年　12 张（套）

26cm（16 开）定价：CNY0.24

J0037075

战鼓　江敉作

［上海］朵云轩 1965 年 38cm（6 开）
定价：CNY0.10

J0037076
中国人民解放军第三届美术作品展览会版画选集　中国人民解放军总政治部编
上海 上海人民美术出版社 1965 年 120 页
有图 26cm（16 开）精装 统一书号：T8081.5527
定价：CNY14.00（乙种）
　　本书从展出的 652 件版画中选收 120 幅。作品题材丰富，表现手法多样，有歌颂毛主席和学习毛主席著作的作品，有宣扬革命传统的《风格赞》组画。绝大部分作品刻画了陆海空及各兵种在不同环境、不同季节紧张艰苦的练兵场面，还有反映官兵团结、军民团结互助、值勤站岗、文娱生活的生动画面，亦有刻画战斗史绩的画幅。

J0037077
中国现代木刻
［北京］外文出版社 1965 年 25cm（小 16 开）

J0037078
大江东去　（中、英、法文对照）鄞中铁作
北京 人民美术出版社 1966 年 ［1 张］
53cm（4 开）定价：CNY0.30

J0037079
革命人爱看革命戏　陈琦，万强麟作
上海 上海人民美术出版社 1966 年 ［1 张］
38cm（6 开）定价：CNY0.05

J0037080
化镣为剑　（中、英、法文对照）江敉作
北京 人民美术出版社 1966 年 ［1 张］
53cm（4 开）定价：CNY0.30

J0037081
开路　其加达瓦作
上海 上海人民美术出版社 1966 年 ［1 张］
38cm（8 开）定价：CNY0.05

J0037082
战斗的越南　（援越抗美版画集）
［南宁］广西壮族自治区人民出版社 1966 年
12 张 19cm（32 开）定价：CNY0.28

J0037083
大海航行靠舵手　中央美术学院版画战斗组作
北京 人民美术出版社 1967 年 ［1 张］
107cm（全开）定价：CNY0.10

J0037084
毛主席版画肖像汇编　阜新市毛泽东思想宣传站［编］
阜新 阜新市毛泽东思想宣传站 1968 年 有图
13×19cm
　　本书系中国现代版画肖像画册。

J0037085
"庄户学"　（木刻组画）临沂地区"庄户学"美术创作组［作］
济南 山东人民出版社 1972 年 有图 14×19cm
统一书号：8.099.82 定价：CNY0.30

J0037086
版画　（纪念毛主席《在延安文艺座谈会上的讲话》发表三十周年福建省美术摄影作品展览会版画选）
福州 福建人民出版社 1972 年 11 张 19cm（32 开）
统一书号：8.56 定价：CNY0.21

J0037087
版画　（第一辑）上海人民出版社编
上海 上海人民出版社 1972 年 10 张（套）
19cm（32 开）统一书号：8.3.406 定价：CNY0.19

J0037088
版画　（第二辑 第一口油井组画专辑）晁楣作；上海人民出版社编
上海 上海人民出版社 1972 年 6 张（套）
19cm（32 开）定价：CNY0.15

J0037089
版画　（第三辑）上海人民出版社编
上海 上海人民出版社 1972 年 10 张（套）
19cm（32 开）定价：CNY0.22

J0037090
版画　（第三辑 解放军生活专辑）延风作
上海 上海人民出版社 1972 年 7 张（套）
19cm（32 开）统一书号：8.3.435 定价：CNY0.17

J0037091
版画 （第四辑　解放军生活专辑）上海人民出版社编
上海　上海人民出版社　1972年　有图　19cm（32开）
统一书号：8.3.504　定价：CNY0.22

J0037092
版画 （第五辑）中国人民解放军新疆军区生产建设兵团农六师政治部供稿
上海　上海人民出版社　1974年　有图　19cm（32开）
统一书号：8171.785　定价：CNY0.19

J0037093
版画 （第六辑）钧兵，张祯麒等作
上海　上海人民出版社　1974年　有图　19cm（32开）
统一书号：8171.1043　定价：CNY0.22

J0037094
版画 （第七辑）蔡茂清等作
上海　上海人民出版社　1975年　10幅　19cm（32开）
统一书号：8171.1044　定价：CNY0.22

J0037095
版画 （第八辑）上海市纺织工业局业余美术创作组等作
上海　上海人民出版社　1975年　10幅　19cm（32开）
定价：CNY0.22

J0037096
版画 （第九辑）上海市工人文化宫供稿
上海　上海人民出版社　1977年　11幅　19cm（32开）
定价：CNY0.24

J0037097
版画小辑 （1）
郑州　河南人民出版社　1972年　10页　有图
15cm（40开）定价：CNY0.25

J0037098
版画小辑
郑州　河南人民出版社　1972年　10张（套）
15cm（40开）定价：CNY0.25

J0037099
成长　江苏省展览馆供稿

南京　江苏人民出版社　1972年　54cm（4开）
定价：CNY0.07

J0037100
第一师范 （代代新人学工农）邱钧毓，杨安久作
长沙　湖南人民出版社　1972年　54cm（4开）
定价：CNY0.06

J0037101
东海前哨筑长城 （济南部队版画选）济南部队美术创作学习班[创作]
济南　山东人民出版社　1972年　有图　19cm（32开）
统一书号：8099.117　定价：CNY0.48

J0037102
洞庭果熟　苏州市业余美术创作组作
南京　苏州人民出版社　1972年　54cm（4开）
定价：CNY0.07

J0037103
洞庭湖畔育新人　苏州市业余美术创作组作
南京　江苏人民出版社　1972年　54cm（4开）
定价：CNY0.07

J0037104
革命路线育新苗 （套色木刻）朱冰作
兰州　甘肃人民出版社　1972年　54cm（4开）
定价：CNY0.08

J0037105
耕耘 （套色木刻）耿汉作
兰州　甘肃人民出版社　1972年　[1幅]
39cm（4开）定价：CNY0.04
　　本画册为甘肃省纪念毛主席《在延安文艺座谈会上的讲话》发表三十周年美术作品选，中国现代版画作品。

J0037106
耕耘 （套色木刻）耿汉作
兰州　甘肃人民出版社　1972年　[1幅]
84cm（2开）定价：CNY0.12

J0037107
广州农民运动讲习所　廖宗怡作

北京 人民美术出版社 1972 年 54cm（4 开）
定价：CNY0.07

　　作者廖宗怡（1937— ），画家、国家一级美术师。广东汕头人，广州美术学院进修。历任中国美术家协会会员、中国书法家协会会员、广州军区政治部创作室创作员。代表作品有《最高的奖赏》《广州农民运动讲习所》《阵地午餐》《山中那十九座坟茔》等。

J0037108
瀚海前哨　（套色木刻）晓岗作
兰州 甘肃人民出版社 1972 年 54cm（4 开）
定价：CNY0.08

J0037109
红日映油海　石油一厂美术创作组作
沈阳 辽宁人民出版社 1972 年 54cm（4 开）
定价：CNY0.06

J0037110
红日照东江　（木刻组画）甘肃日报社供稿
兰州 甘肃人民出版社 1972 年 有图 19×27cm
统一书号：8096.224 定价：CNY0.38

J0037111
红日照东江　（木刻组画）
兰州 甘肃人民出版社 1972 年 76cm（2 开）
定价：CNY0.10

J0037112
淮河新貌　淮安县文艺创作组作
南京 江苏人民出版社 1972 年 54cm（4 开）
定价：CNY0.07

J0037113
接班　李德暄作
沈阳 辽宁人民出版社 1972 年 54cm（4 开）
定价：CNY0.06

J0037114
决不要忘记过去
上海 上海人民出版社 1972 年 76cm（2 开）
定价：CNY0.09

J0037115
牢记前辈血泪仇
上海 上海人民出版社 1972 年 76cm（2 开）
定价：CNY0.09

J0037116
木刻小画片
南宁 广西人民出版社 1972 年 9 页 15cm（40 开）
统一书号：8113.66 定价：CNY0.20

J0037117
奴隶们创造历史　（版画）奴隶们创造历史创作组编
成都 四川人民出版社 1972 年 13 张（套）
19cm（32 开）定价：CNY0.28

J0037118
劈风斩浪　启东县业余美术创作组作
南京 江苏人民出版社 1972 年 54cm（4 开）
定价：CNY0.07

J0037119
贫下中农的好医生　新华日报美术组作
南京 江苏人民出版社 1972 年 54cm（4 开）
定价：CNY0.07

J0037120
千里戈壁迎亲人　（套色木刻）常正源作
兰州 甘肃人民出版社 1972 年 54cm（4 开）
定价：CNY0.08

J0037121
清水塘　（颗颗红心齐颂党）邱钧毓，杨安久作
长沙 湖南人民出版社 1972 年 54cm（4 开）
定价：CNY0.06

J0037122
全国美术作品展览版画选辑　（版画）
北京 人民美术出版社 1972 年 有图 14×19cm
统一书号：8027.5587 定价：CNY0.40

J0037123
任凭风云多变幻　开封军分区供稿
郑州 河南人民出版社 1972 年 76cm（2 开）
定价：CNY0.14

J0037124
日新月异　大连冷冻机械厂业余美术创作组作
北京 人民美术出版社 1972 年 54cm（4 开）
定价：CNY0.07

J0037125
山高水长情谊深　（套色木刻）胡有全作
兰州 甘肃人民出版社 1972 年 54cm（4 开）
定价：CNY0.08

J0037126
山区农民学大寨　四川省重庆市南桐矿区青
年"公社"堡堂大队贫下中农美术组［创作］
［成都］四川人民出版社［1972 年］有图
10×15cm 定价：CNY0.18

J0037127
文家市　（秋收起义旗永红）邱钧毓，杨安久作
长沙 湖南人民出版社 1972 年 1 张 54cm（4 开）
定价：CNY0.06

J0037128
喜欢看鲜奶运四方　（套色木刻）陈元武作
兰州 甘肃人民出版社 1972 年 1 张 54cm（4 开）
定价：CNY0.08

J0037129
巡逻　曾照欣作
北京 人民美术出版社 1972 年 1 张 54cm（4 开）
定价：CNY0.07

J0037130
夜巡　曹修德等作
北京 人民美术出版社 1972 年 1 张 54cm（4 开）
定价：CNY0.07

J0037131
以粮为纲　全面发展
武汉 湖北人民出版社 1972 年 1 张 76cm（2 开）
定价：CNY0.14

J0037132
育新苗　启东县业余美术创作组作
南京 江苏人民出版社 1972 年 54cm（4 开）
定价：CNY0.07

J0037133
战天斗地　淮安县文艺创作组作
南京 江苏人民出版社 1972 年 54cm（4 开）
定价：CNY0.07

J0037134
哲里木盟版画选　哲里木盟版画创作组创作
长春 吉林人民出版社 1972 年 20 张（套）
26cm（16 开）定价：CNY0.70

J0037135
中华儿女多奇志　（套色木刻）高其增作
兰州 甘肃人民出版社 1972 年 54cm（4 开）
定价：CNY0.08

J0037136
重访井冈山　王恤珠作
广州 广东人民出版社 1972 年 76cm（2 开）
定价：CNY0.14

J0037137
版画选　（1 战斗在崇山峻岭 铁道兵生活组画）
天津 天津人民美术出版社 1973 年 10 幅（套）
19cm（32 开）定价：CNY0.45

J0037138
版画选　（2 天津工农兵版画作品选）
天津 天津人民美术出版社 1973 年 10 幅（套）
19cm（32 开）定价：CNY0.35

J0037139
版画选辑　（1 江苏省启东县业余版画专辑）
南京 江苏人民出版社 1973 年 有图 19cm（32 开）
统一书号：8100.4.003 定价：CNY0.53

J0037140
版画选辑　（2 江苏省南京市版画专辑）
南京 江苏人民出版社 1974 年 有图 19cm（32 开）
统一书号：8100.4.006 定价：CNY0.40

J0037141
版画选辑　（3 江苏省版画展览作品选）
南京 江苏人民出版社 1974 年 有图 19cm（32 开）
统一书号：8100.4.008 定价：CNY0.60

J0037142
版画作品选辑
天津　天津人民美术出版社　1973 年　11 幅（套）
19cm（32 开）定价：CNY0.37

J0037143
春绿山乡　张璟文作
广州　广东人民出版社　1973 年　38cm（6 开）
定价：CNY0.04

J0037144
春绿山乡　（套色木刻）张璟文作
北京　人民美术出版社　1973 年　53cm（4 开）
定价：CNY0.07

J0037145
党委会前　（工人）郑丽华作
广州　广东人民出版社　1973 年　38cm（6 开）
定价：CNY0.03

J0037146
发扬"一滴水"精神　白崇易等合作
太原　山西人民出版社　1973 年　107cm（全开）
定价：CNY0.32

J0037147
风景这边独好　姜学亮作
北京　人民美术出版社　1973 年　53cm（4 开）
定价：CNY0.07

J0037148
高山放牧　（套色木刻）邓子敬作
北京　人民美术出版社　1973 年　53cm（4 开）
定价：CNY0.07

J0037149
工人医生　（水印木刻）鲍培忠作
上海　上海人民出版社　1973 年　26cm（16 开）
定价：CNY0.05

J0037150
淮河新歌　淮安县美术创作组作
北京　人民美术出版社　1973 年　53cm（4 开）
定价：CNY0.07

J0037151
会战"一二五"　（套色木刻）蔡兵作
上海　上海人民出版社　1973 年　26cm（16 开）
定价：CNY0.05

J0037152
金铺村岭　曾松龄作
广州　广东人民出版社　1973 年　38cm（6 开）
定价：CNY0.04

J0037153
金铺村岭　（套色木刻）曾松龄作
北京　人民美术出版社　1973 年　53cm（4 开）
定价：CNY0.07

J0037154
军民鱼水情组画　（之一　大课堂）郭守祥等作
太原　山西人民出版社　1973 年　53cm（4 开）
定价：CNY0.08

J0037155
军民鱼水情组画　（之二　请老师）郭守祥等作
太原　山西人民出版社　1973 年　53cm（4 开）
定价：CNY0.08

J0037156
军民鱼水情组画　（之三　学"学愚公"移山）
郭守祥等作
太原　山西人民出版社　1973 年　53cm（4 开）
定价：CNY0.08

J0037157
军民鱼水情组画　（之四　向老"班长"学习）
郭守祥等作
太原　山西人民出版社　1973 年　53cm（4 开）
定价：CNY0.08

J0037158
军民鱼水情组画　（之五　为革命多打粮）郭
守祥等作
太原　山西人民出版社　1973 年　53cm（4 开）
定价：CNY0.08

J0037159
流水欢歌　邓子敬作

广州　广东人民出版社　1973 年　38cm（6 开）
定价：CNY0.04

J0037160

芦荡鸡鸣　陆士兵，丁立松作
南京　江苏人民出版社　1973 年　76cm（2 开）
定价：CNY0.14

　　作者丁立松（1938—　）画家、一级美术师。江苏通州人。启东版画院院长。作品有《炎夏乐章》，出版有《丁立松画集》。

J0037161

明刊名山图版画集　何乐之编
上海　上海人民出版社　1973 年　新 1 版　55 页
有图　18×26cm　统一书号：8171.775
定价：CNY0.52

　　本书收明代版画"名山图"55 幅，中国名山几乎尽收其间，如燕山、钟山、茅山、九华山、黄山、天目山、雁荡山、武当山、衡山、庐山等，此外有松江的九峰三泖、西湖、岳阳楼、赤壁、陕西省凤县的连云栈道、长江三峡、桂林、福建莆田的木兰陂。

J0037162

木刻画片
乌鲁木齐　新疆人民出版社　1973 年　18cm（15 开）
统一书号：M8098.23　定价：CNY0.32

J0037163

农民木刻组画选　四川省文化局群众文化工作室编
[成都]四川省文化局群众文化工作室　1973 年
48 页　有图　20cm（32 开）

J0037164

奴隶们创造历史　（木刻组画）凉山彝族自治州美术组等[创作]
北京　人民美术出版社　1973 年　有图　15×18cm
统一书号：8027.5682　定价：CNY0.24

J0037165

全国美术作品展览会选辑　（版画）
北京　人民美术出版社　1973 年　12 幅（套）
19cm（32 开）定价：CNY0.40

　　本作品为纪念毛主席《在延安文艺座谈会上

的讲话》发表三十周年。

J0037166

热气腾腾　（工人）祝益民作
广州　广东人民出版社　1973 年　38cm（6 开）
定价：CNY0.04

J0037167

山村十月　杜应强作
广州　广东人民出版社　1973 年　38cm（6 开）
定价：CNY0.04

　　作者杜应强（1939—　），画家、高级美术师。广东澄海人。历任汕头画院院长、中国美术家协会会员、中国版画家协会会员、广东省美术家协会常务理事。出版有《杜应强水墨画集》《杜应强版画集》《杜应强画集·百榕图》等。

J0037168

山寨新声　（套色木刻）刘幼陶作
北京　人民美术出版社　1973 年　[1 张]
53cm（4 开）定价：CNY0.07

J0037169

韶山　（六亿神州心向阳）邱钧毓，杨安久作
长沙　湖南人民出版社　1973 年　1 张　53cm（4 开）
定价：CNY0.06

J0037170

水印木刻选辑
北京　人民美术出版社　1973 年　有图　17cm（32 开）
统一书号：8027.5690　定价：CNY0.34

J0037171

我爱北京天安门　（版画　1974 年年历）速泰熙作
南京　江苏人民出版社　1973 年　1 张　53cm（4 开）
定价：CNY0.07

J0037172

向母校汇报　（套色木刻）程勉作
北京　人民美术出版社　1973 年　1 张　53cm（4 开）
定价：CNY0.07

J0037173

鱼水情深　肖映川作

北京　人民美术出版社　1973 年　53cm（4 开）
定价：CNY0.05

J0037174
枣园灯光　（套色木刻）古元作
北京　人民美术出版社　1973 年　53cm（4 开）
定价：CNY0.07

J0037175
战备轻骑队　廖宗怡执笔
北京　人民美术出版社　1973 年　53cm（4 开）
定价：CNY0.07

J0037176
版画小辑　湖北省中国画、连环画、版画、摄
影艺术作品展览办公室供稿
武汉　湖北人民出版社　1974 年　19cm（32 开）
统一书号：8106.1453　定价：CNY0.36

J0037177
版画选辑　（黑龙江生产建设部队青年版画）
郝伯义等作
北京　人民美术出版社　1974 年　18cm（15 开）
统一书号：8027.5838　定价：CNY0.34

J0037178
出发之前　张宏锋作
北京　人民美术出版社　1974 年　［1 张］
38cm（6 开）定价：CNY0.04

J0037179
春到草原　仁真朗加作
北京　人民美术出版社　1974 年　［1 张］
38cm（6 开）定价：CNY0.04

J0037180
大寨新貌　郭守祥作
北京　人民美术出版社　1974 年　［1 张］
38cm（6 开）定价：CNY0.04

J0037181
沸腾的矿山　阎峰樵，杨传龙，高绪洪作
北京　人民美术出版社　1974 年　［1 张］
38cm（6 开）定价：CNY0.04

J0037182
广东版画选　人民美术出版社编
北京　人民美术出版社　1974 年　17×18cm
定价：CNY0.55

J0037183
黑龙江生产建设部队青年版画选　黑龙江
生产建设部队政治部编
北京　人民美术出版社　1974 年　48 页　17×18cm
统一书号：8027.5799　定价：CNY0.60

J0037184
淮海战歌　赖少其等作
北京　人民美术出版社　1974 年　［1 张］
38cm（6 开）定价：CNY0.04

J0037185
淮海战歌　（版画　1975 年年历）安徽省文化
局版画组集体创作
［合肥］安徽人民出版社　1974 年　53cm（4 开）
定价：CNY0.16

J0037186
淮河新春　武忠平作
北京　人民美术出版社　1974 年　［1 张］
38cm（6 开）定价：CNY0.04

J0037187
井冈杜鹃年年红　邹达清作
北京　人民美术出版社　1974 年　［1 张］
38cm（6 开）定价：CNY0.04

J0037188
开卷考试　董克俊，蒲国昌合作
［贵阳］贵州人民出版社　1974 年　［1 张］
53cm（4 开）定价：CNY0.07
　　作者董克俊（1939—2019），一级美术师。
曾用笔名邹周，出生于重庆。历任贵阳市画院
副院长、中国美术家协会理事、中国版画家协会
常务理事、美术家协会贵州分会副主席、贵阳市
美术家协会主席。作品有《春返苗山》等，出版
有《雪峰寓言木刻插图集》《董克俊版画新作选
集》。作者蒲国昌（1937—　），教授。四川成都
人，毕业于中央美术学院。擅长版画、中国画，
现为贵州大学艺术学院教授、硕士生导师。作

品有《节日》《召唤》《机器时代》系列,《石榴》
系列,《人——人》系列等。

J0037189
课后　魏振保作
北京　人民美术出版社 1974 年［1 张］
38cm（6 开）定价：CNY0.04

J0037190
渔海怒涛　李孔安作
北京　人民美术出版社 1974 年［1 张］
38cm（6 开）定价：CNY0.04

J0037191
安徽黑白版画选　安徽省创作研究室编
合肥 安徽人民出版社 1975 年 16 幅 19cm（32 开）
统一书号：8102.764 定价：CNY0.35

J0037192
把大寨精神带回去　阳泉市, 叶欣等作
［太原］山西人民出版社 1975 年［1 张］
53cm（4 开）定价：CNY0.07

J0037193
版画图录
天津　天津人民美术出版社 1975 年 165 页
17×10cm 定价：CNY0.88

J0037194
版画小集　（1）黑龙江生产建设兵团编
哈尔滨 黑龙江人民出版社 1977 年 14 幅
19cm（32 开）定价：CNY0.75

J0037195
版画小集　（2）黑龙江生产建设兵团编
哈尔滨 黑龙江人民出版社 1977 年 12 幅
19cm（32 开）定价：CNY0.65

J0037196
版画小集　（3）黑龙江生产建设兵团编
哈尔滨 黑龙江人民出版社 1975 年 14 幅
19cm（32 开）定价：CNY0.75

J0037197
版画选　（4）

天津　天津人民美术出版社 1975 年 8 幅
19cm（32 开）定价：CNY0.35

J0037198
常备不懈　孙乐廷作
北京　人民美术出版社 1975 年［1 张］
53cm（4 开）定价：CNY0.06

J0037199
朝霞映油厂　隋贵民作
北京　人民美术出版社 1975 年［1 张］
38cm（6 开）定价：CNY0.03

J0037200
出发之前　张宏锋作
［贵阳］贵州人民出版社 1975 年［1 张］
53cm（4 开）定价：CNY0.07

J0037201
船台盛开大庆花　王克华作
北京　人民美术出版社 1975 年［1 张］
38cm（6 开）定价：CNY0.04

J0037202
船台盛开大庆花　（版画选）上海人民出版社编
上海　上海人民出版社 1975 年 10 幅 38cm（6 开）
定价：CNY0.60

J0037203
春雨　史立新作
［武汉］湖北人民出版社 1975 年［1 张］
53cm（4 开）定价：CNY0.07

J0037204
大庆工人赞　（组画）大庆油田《大庆工人赞》
组画创作组作
北京　人民美术出版社 1975 年 12 幅 17×10cm
定价：CNY0.30

J0037205
高原油田之夜　（套色木刻）里果作
［西宁］青海人民出版社 1975 年［1 张］
53cm（4 开）定价：CNY0.07

J0037206
工人理论队伍在成长 （木刻组画）上海市工
人文化宫版画创作学习班作
上海　上海人民出版社　1975年　5幅　26cm（16开）
定价：CNY0.20

J0037207
古老盐湖换新装 （套色木刻）里果作
［西宁］青海人民出版社　1975年　[1张]
53cm（4开）定价：CNY0.07

J0037208
广阔天地绘新图
天津　天津人民美术出版社　1975年　29幅
24cm（26开）统一书号：8073.50038
定价：CNY1.50

J0037209
黑白木刻集 上海人民出版社编
上海　上海人民出版社　1975年　65幅　20cm（32开）
统一书号：8171.1082　定价：CNY0.27

J0037210
淮河新春 武忠平作
［合肥］安徽人民出版社　1975年　[1张]
53cm（4开）定价：CNY0.07

J0037211
教育革命开新花 （旅大市第十五中学学生版
画集）旅大市文学艺术馆编
沈阳　辽宁人民出版社　1975年　38页　18cm（15开）
统一书号：8090.590　定价：CNY0.17

J0037212
金星闪闪 王克华作
北京　人民美术出版社　1975年　[1张]
53cm（4开）定价：CNY0.07

J0037213
扩建 胡传治作
北京　人民美术出版社　1975年　[1张]
38cm（6开）定价：CNY0.04

J0037214
旅大工人版画选 旅大市文学艺术馆编

沈阳　辽宁人民出版社　1975年　24幅　26cm（16开）
定价：CNY0.90

J0037215
千军万马上战场 （工人理论队伍斗争中成长
组画之一）上海工人文化宫版画组［作］
上海　上海人民出版社　1975年　[1张]
38cm（6开）定价：CNY0.10

J0037216
瑞雪初晴 （套色木刻）里果，光绍天作
［西宁］青海人民出版社　1975年　[1张]
53cm（4开）定价：CNY0.07

J0037217
沈阳部队版画选 沈阳部队政治部供稿
沈阳　辽宁人民出版社　1975年　32幅　19cm（32开）
定价：CNY0.40

J0037218
水印木刻集 邓福觉，张文祥作
南宁　广西人民出版社　1975年　10幅　16×14cm
定价：CNY0.55

J0037219
万水千山只等闲 丰中铁作
［成都］四川人民出版社　1975年　[1张]
76cm（2开）定价：CNY0.11

J0037220
万水千山只等闲 （铁道兵战斗在成昆线 组画）
天津　天津人民美术出版社　1975年　[1张]
107cm（全开）定价：CNY0.35

J0037221
新课堂 王万喜作
［武汉］湖北人民出版社　1975年　[1张]
53cm（4开）定价：CNY0.07

J0037222
宣讲小分队 隋贵民作
北京　人民美术出版社　1975年　[1张]
38cm（6开）定价：CNY0.03

J0037223

艳阳秋 查世铭作

［武汉］湖北人民出版社 1975 年［1张］

53cm（4 开）定价：CNY0.07

J0037224

液压支架进矿山 郭礼成作

北京 人民美术出版社 1975 年［1张］

38cm（6 开）定价：CNY0.04

J0037225

亦工亦农绘新图 （版画组画）大庆文化艺术

馆供稿；大庆油田工人业余创作组作

北京 人民美术出版社 1975 年 6张 18cm（32 开）

定价：CNY0.31

J0037226

银河飞渡 郭玉和作

［武汉］湖北人民出版社 1975 年［1张］

53cm（4 开）定价：CNY0.07

J0037227

银河金浪 宿文同作

［合肥］安徽人民出版社 1975 年［1张］

53cm（4 开）定价：CNY0.07

J0037228

油田战歌 （版画组画）

天津 天津人民美术出版社 1975 年 9 幅

19cm（32 开）套装 统一书号：8073.60202

定价：CNY0.35

J0037229

战场 赵子荣作

北京 人民美术出版社 1975 年［1张］

53cm（4 开）定价：CNY0.06

J0037230

战大摆 赵建杰作

北京 人民美术出版社 1975 年［1张］

38cm（6 开）定价：CNY0.04

J0037231

湛江版画选 人民美术出版社编

北京 人民美术出版社 1975 年 49幅 19cm（24开）

统一书号：8027.6090 定价：CNY0.60

J0037232

支援农业第一线 （套色木刻）苗罡作

［西宁］青海人民出版社 1975 年［1张］

53cm（4 开）定价：CNY0.07

J0037233

版画选辑

北京 人民美术出版社 1976年 16幅 19cm（32开）

定价：CNY0.52

J0037234

版画选辑 辽宁人民出版社编

沈阳 辽宁人民出版社 1976年 16幅 26cm（16开）

定价：CNY0.80

J0037235

不平凡的远航 （木刻组画）上海人民出版社编

上海 上海人民出版社 1976年 7幅 19cm（32开）

统一书号：8171.1433 定价：CNY0.12

J0037236

不许奴隶制复辟 （木刻）徐匡作

［成都］四川人民出版社 1976年［1张］

38cm（6 开）定价：CNY0.03

　　作者徐匡（1938— ），国家一级美术师。生
于湖南长沙，毕业于中央美术学院附中。历任四
川美术家协会常务理事、中国美术家协会会员。
代表作品《走过草地》《天路》《高原的阳光》等。

J0037237

草地诗篇 （黑白木刻选辑）上海人民出版社编

上海 上海人民美术出版社 1976年 16幅

19cm（32开）统一书号：8171.1611 定价：CNY0.54

J0037238

出水蛟龙 范元和作

北京 人民美术出版社 1976年［1幅］

53cm（4 开）定价：CNY0.06

J0037239

春雨 （水印套色木刻）朱理存作

上海 上海人民出版社 1976年［1幅］

38cm（6 开）定价：CNY0.04

J0037240
大别山下大寨花　赖少其等作
北京　人民美术出版社 1976 年［1 幅］
53cm（4 开）定价：CNY0.07

J0037241
翻身农奴的期望　（木刻）李焕民作
［成都］四川人民出版社 1976 年［1 张］
38cm（6 开）定价：CNY0.03

J0037242
工业学大庆　（淮海煤乡）赖少其作
北京　人民美术出版社 1976 年［1 幅］
53cm（4 开）定价：CNY0.07

J0037243
火红的前哨　（套色木刻选辑）上海人民出版
社编辑
上海　上海人民出版社 1976 年 12 幅 26cm（16 开）
套装　定价：CNY0.50

J0037244
抗震赞歌　（辽南军民战震灾木刻组画）南勇
哲等作
沈阳　辽宁人民出版社 1976 年 10 幅 19cm（32 开）
定价：CNY0.20

J0037245
力量的源泉　（套色木刻）赵宗藻作
上海　上海人民出版社 1976 年［1 幅］
38cm（6 开）定价：CNY0.10

J0037246
旅大中学生版画　旅大工人业余美术编辑组编
北京　人民美术出版社 1976 年 20cm（32 开）
定价：CNY0.40
　　本书系辽宁现代版画画册专著。

J0037247
马克思主义是最明快的哲学　（木刻）李以
泰作
上海　上海人民出版社 1976 年［1 幅］
38cm（6 开）定价：CNY0.10

J0037248
木刻　广西人民出版社编
南宁　广西人民出版社 1976 年 10 幅 19cm（32 开）
定价：CNY0.44
　　本书为中国现代版画画册，内收 10 幅。

J0037249
劈山引水绘新图　（木刻组画）庄河县农民版
画学习班集体创作
沈阳　辽宁人民出版社 1976 年 18 页 17×18cm
定价：CNY0.30

J0037250
松花江两岸　（版画集）
长春　吉林人民出版社 1976 年 28×20cm
定价：CNY1.30

J0037251
太行新装　李颖作
天津　天津杨柳青画店 1976 年 4 幅
定价：CNY1.10
　　本作品为胶印四条屏画轴，中国现代年画
作品。

J0037252
伟大导师　张强作
武汉　湖北人民出版社 1976 年 1 张 76cm（2 开）
定价：CNY0.14

J0037253
伟大导师　张强作
北京　人民美术出版社 1976 年［1 幅］
53cm（4 开）定价：CNY0.07

J0037254
与敌周旋　（《西沙民兵》木刻组画之一）宋飞
等作
上海　上海人民出版社 1976 年［1 张］
38cm（6 开）定价：CNY0.10

J0037255
版画作品　人民美术出版社编
北京　人民美术出版社 1977 年 8 页 26cm（16 开）
定价：CNY0.08

J0037256
车间红医工　高晓莉作
北京 人民美术出版社 1977 年 54cm（4 开）
定价：CNY0.07

J0037257
春华散记　（黄新波版画集）黄新波绘
香港 生活·读书·新知三联书店香港分店 1977年
28cm（大 16 开）定价：HKD16.00, US$6.40
　　本画集收画家 1963 年至 1975 年画作 20 幅。
作者黄新波（1916—1980），版画家。原名黄裕祥，
笔名一工，广东台山人。曾任中国美术家协会广
东分会主席、广东画院院长。木刻作品集有《路
碑》《心曲》，还出版有《新波木刻选集》《黄新
波作品选集》《新波版画集》《春华散记》（香港
版）等。

J0037258
春雨　（水印木刻选辑）上海人民出版社编
上海 上海人民出版社 1977年 12幅 26cm（16开）
套装 定价：CNY0.50

J0037259
钢琴艺术的新主人　（版画）陈庆心，许钦
松作
北京 人民美术出版社 1977年 1张 26cm（16开）
定价：CNY0.04

J0037260
高州澄海农民版画选　广东省美术摄影展览
办公室编
广州 广东人民出版社 1977年 34页 17×18cm
定价：CNY0.60

J0037261
黑白木刻集　（2）上海人民出版社编
上海 上海人民出版社 1977年 64页 17×18cm
定价：CNY0.36
　　本书为中国现代木刻版画画册。

J0037262
洪湖曙光——为纪念贺龙同志而作　杨先
让作
北京 人民美术出版社 1977年 54cm（4开）
定价：CNY0.06

　　作者杨先让（1930—　），画家、教授。生于
山东牟平，毕业于中央美术学院绘画系。历任人
民美术出版社编辑和创作员，中央美术学院民间
美术系主任、教授，中国民间美术学会常务副会
长等职务。代表作品有《晌午》《渔村》《杨先让
木刻选集》《黄河十四走民艺考》等。

J0037263
华主席和我们心连心　董达荣，章学林作
北京 人民美术出版社 1977年 39cm（8开）
定价：CNY0.04

J0037264
淮北煤乡　（套色木刻）赖少其等作
上海 上海人民出版社 1977年 39cm（8开）
定价：CNY0.10

J0037265
减租会　人民美术出版社编辑室编；古元作
北京 人民美术出版社 1977年 12幅 26cm（16开）
定价：CNY0.12
　　本作品为中国现代木刻版画。

J0037266
今日矿山分外红　刘继德作
北京 人民美术出版社 1977年 54cm（4开）
定价：CNY0.07

J0037267
紧跟毛主席在大风大浪中前进　沈尧伊作
北京 人民美术出版社 1977年 39cm（8开）
定价：CNY0.14

J0037268
敬爱的周总理永远活在我们心中　杨先让作
北京 人民出版社 1977年 54cm（4开）
定价：CNY0.16

J0037269
敬爱的周总理永远活在我们心中　杨先让作
北京 人民出版社 1977年 39cm（6开）
定价：CNY0.08

J0037270
毛主席的战士最听党的话　（版画）司徒绵作

北京 人民美术出版社 1977年 1张 26cm(16开)
统一书号: 8027.6629 定价: CNY0.04
　　本书系中国现代版画画册。

J0037271
铁心务农　金伟作
北京 人民美术出版社 1977年 54cm(4开)
定价: CNY0.07

J0037272
万水千山只等闲　(铁道兵战斗在成昆线)铁
道兵业余美术组作
北京 人民美术出版社 1977年 14幅 19cm(32开)
统一书号: 8027.6108 定价: CNY0.70

J0037273
伟大导师　张强作
北京 人民美术出版社 1977年 39cm(8开)
定价: CNY0.14

J0037274
延安新貌　古元作
北京 人民美术出版社 1977年 54cm(4开)
定价: CNY0.07
　　作者古元(1919—1996),画家。字帝源,生
于广东珠海。曾就读于鲁迅艺术学院。历任中
央美术学院教授、院长,中国美术家协会副主
席,中国版画家协会主席。作品有《减租会》《烧
毁旧地契》《人桥》《刘志丹和赤卫军》《枣园灯
光》等。出版有《古元木刻选》《古元水彩画选》等。

J0037275
沿途一望生气蓬勃——毛主席视察安徽
赖少其等作
北京 人民美术出版社 1977年 39cm(8开)
定价: CNY0.14

J0037276
扎根边疆　铁心务农　(知识青年版画选辑)
黑龙江国营农场总局供稿;黑龙江国营农场知
识青年绘
北京 人民美术出版社 1977年 12幅 19cm(32开)
统一书号: 8027.6432 定价: CNY0.40

J0037277
征途上　(版画)人民美术出版社编
北京 人民美术出版社 1977年 8页 26cm(16开)
统一书号: 8027.6619 定价: CNY0.08

J0037278
峥嵘岁月　区焕章作
北京 人民美术出版社 1977年 39cm(8开)
定价: CNY0.14

J0037279
峥嵘岁月　王为政,李问汉作
上海 上海人民出版社 1977年 39cm(8开)
定价: CNY0.10
　　作者王为政(1944—　),教授、画家。字北
辰,江苏丰县人。历任中国美术家协会会员、中
国作家协会会员、俄罗斯美术家协会荣誉会员、
北京画院艺术委员会委员、北京齐白石艺术研究
会副会长。代表作品有《听画》《傲骨》《瑞士之
旅》《王为政画集》等。作者李问汉(1937—　),
画家。生于安徽天长市。中央美术学院毕业。
北京画院山水画创作研究室主任、一级美术师、
中国美术家协会会员。作品有《幽谷禽声》《高
原秋趣》等。

J0037280
"五四"时代的周恩来同志　杨先让作
成都 四川人民出版社 1978年 1张 38cm(6开)
定价: CNY0.10

J0037281
**庆祝中国人民解放军建军五十周年美术作
品展览图录**　(版画)
天津 天津人民美术出版社 1978年 92幅
18cm(15开) 统一书号: 8073.50103
定价: CNY0.56

J0037282
人民海军向前进　中国人民解放军37001部
队政治部编
沈阳 辽宁美术出版社 1978年 18页 24cm(16开)
统一书号: 8117.1611 定价: CNY0.15

J0037283
山河新貌　(丰中铁木刻选)丰中铁绘

成都　四川人民出版社 1978 年 14 幅 38cm（6 开）
统一书号：8118.396 定价：CNY0.80

J0037284
四川版画形象选
成都　四川人民出版社 1978 年 32 幅 26cm（16 开）
定价：CNY0.90

J0037285
向"硬骨头六连"学习　李敦学等绘
上海　上海人民美术出版社 1978 年 8 幅
19cm（32 开）统一书号：8081.11358
定价：CNY0.25
　　本书系中国现代版画画册。

J0037286
新波版画集　黄新波绘
北京　人民美术出版社 1978 年 121 页 38cm（6 开）
精装 统一书号：8027.6853 定价：CNY11.00
　　本画集选收作者反映各个不同时期的现实
生活、比较有代表性的作品 138 幅。这些作品凝
聚着作者热爱人民、热爱艺术，以深厚的感情从
事版画创作的坚强毅力。画集是作者 40 多年创
作成就的一个概括。附有林墨撰写的《新波版画
创作的历程》文章 1 篇，对新波的创作经历作了
全面评述。

J0037287
张祯麒版画选　张祯麒绘
上海　上海人民美术出版社 1978 年 24 幅
26cm（16 开）统一书号：8081.11329
定价：CNY1.70
　　作者张祯麒（1934—　　），版画家、一级美术
师。生于海南海口市。中国美术家协会会员、中
国版画家协会理事、黑龙江省版画院副院长。出
版有《张祯麒版画选》《张祯麒版画集》等。

J0037288
晁楣版画选　晁楣绘
北京　人民美术出版社 1979 年 17 页 26cm（16 开）
统一书号：8027.7081 定价：CNY0.90

J0037289
广东版画选
广州　广东人民出版社 1979 年 24 张 26cm（16 开）

定价：CNY0.50

J0037290
泪洒长街送总理　（版画）吴强年作
成都　四川人民出版社 1979 年［1 张］
78cm（2 开）定价：CNY0.16

J0037291
明陈洪绶水浒叶子　（明）陈洪绶绘；李一
氓藏
上海　上海人民美术出版社 1979 年 影印本 有
图 线装

J0037292
明陈洪绶水浒叶子　李一氓供稿
上海　上海人民美术出版社 1979 年 62 页
38cm（6 开）线装本 定价：CNY2.50

J0037293
莫测木刻选集　莫测绘
北京　人民美术出版社 1979 年 53 幅 20cm（32 开）
统一书号：8027.6951 定价：CNY0.84
　　本书为中国现代木刻画册专著，内收 53 幅。

J0037294
西湖十景　（明清版画）（明）俞思冲，（清）李
卫等编
上海　上海人民美术出版社 1979 年 影印本
线装

J0037295
西湖十景　（一卷）李一氓编
上海　上海人民美术出版社 1979 年 影印本 有图
28cm（大 16 开）线装 统一书号：8081.11833
定价：CNY2.50
　　本书是中国古代版画画集。图均两面连式，
崇祯镌者，绘刻疏放俊秀；清雍正镌，绘刻较工
整拘束。

J0037296
赵延年木刻插图　赵延年绘；上海人民美术
出版社编
上海　上海人民美术出版社 1979 年 20 幅
26cm（16 开）统一书号：8081.11663
定价：CNY1.66

中国现代木刻版画画册。

J0037297
祖国大地 （版画）徐匡作
成都 四川人民出版社 1979 年 ［1 张］
53cm（4 开）定价：CNY0.08

J0037298
版画 （1）李桦等主编
北京 人民美术出版社 1980 年 44 页 26cm（16 开）
定价：CNY0.75
　　本书是中国现代版画画册。

J0037299
版画 （2）李桦等主编
北京 人民美术出版社 1980 年 44 页 26cm（16 开）
定价：CNY0.75

J0037300
版画 （3）李桦等主编
北京 人民美术出版社 1982 年 44 页 26cm（16 开）
定价：CNY0.75

J0037301
春华长艳 黄新波作
上海 上海人民美术出版社 1980 年 ［1］张
53cm（4 开）定价：CNY0.22
　　本作品系中国版画。

J0037302
鄞中铁作品选 鄞中铁绘
成都 四川人民出版社 1980 年 25 幅 27cm（16 开）
统一书号：8118.509 定价：CNY2.00

J0037303
甘肃版画选
兰州 甘肃人民出版社 1980 年 32 幅 26cm（16 开）
套装 统一书号：8096.689 定价：CNY0.97

J0037304
高州版画 高州县文联编印
高州县文联 1980 年 31 幅 19cm（小 32 开）

J0037305
劲草木刻丛刊 （1）天津人民美术出版社编

天津 天津人民美术出版社 1980 年 36 页
24cm（18 开）
　　本书是中国木刻版画画册

J0037306
劲草木刻丛刊 （2）天津人民美术出版社编
天津 天津人民美术出版社 1981 年 36 页
20cm（18 开）统一书号：8073.50132
定价：CNY0.40

J0037307
劲草木刻丛刊 （3）天津人民美术出版社编
天津 天津人民美术出版社 1981 年 36 页
24cm（18 开）统一书号：8073.50207
定价：CNY0.40

J0037308
劲草木刻丛刊 （4）天津人民美术出版社编
天津 天津人民美术出版社 1981 年 36 页
24cm（18 开）统一书号：8073.50222
定价：CNY0.40

J0037309
劲草木刻丛刊 （5）天津人民美术出版社编
天津 天津人民美术出版社 1982 年 40 页
24cm（18 开）统一书号：8073.50240
定价：CNY0.50

J0037310
劲草木刻丛刊 （6）天津人民美术出版社编
天津 天津人民美术出版社 1982 年 40 页
24cm（18 开）定价：CNY0.50

J0037311
劲草木刻丛刊 （7）天津人民美术出版社编
天津 天津人民美术出版社 1983 年 40 页
21×18cm 统一书号：8073.50262 定价：CNY0.50

J0037312
劲草木刻丛刊 （8）天津人民美术出版社编
天津 天津人民美术出版社 1983 年 40 页
24cm（18 开）统一书号：8073.50267
定价：CNY0.50

J0037313

劲草木刻丛刊 （9）天津人民美术出版社编

天津 天津人民美术出版社 1983 年 40 页

21×18cm 统一书号：8073.50287 定价：CNY0.50

J0037314

劲草木刻丛刊 （10）天津人民美术出版社编

天津 天津人民美术出版社 1983 年 40 页

24cm（18 开）统一书号：8073.50293

定价：CNY0.50

J0037315

劲草木刻丛刊 （11）天津人民美术出版社编

天津 天津人民美术出版社 1984 年 40 页

24cm（18 开）定价：CNY0.50

J0037316

劲草木刻丛刊 （12）天津人民美术出版社编

天津 天津人民美术出版社 1984 年 40 页

24cm（18 开）定价：CNY0.50

J0037317

劲草木刻丛刊 （13）天津人民美术出版社编

天津 天津人民美术出版社 1985 年 40 页

24cm（18 开）统一书号：8073.50350

定价：CNY0.50

J0037318

劲草木刻丛刊 （14）天津人民美术出版社编

天津 天津人民美术出版社 1985 年 40 页

24cm（18 开）定价：CNY0.50

J0037319

任渭长木刻人物 ［汪子豆］选编

上海 上海人民美术出版社 1980 年 168 页

［21×19cm］线装本 定价：CNY7.00

J0037320

山川新曲 （莫测版画选）莫测作

上海 上海人民美术出版社 1980 年 16 幅

25cm（16 开）套装 统一书号：8081.11733

定价：CNY1.45

　　作者莫测（1928—　），画家，编辑。出生于江苏盱眙。历任中国美术家协会理事、版画艺术委员会委员、中国版画家协会常务理事、中国水利电力文学艺术协会副主席、一级美术师。代表作品《拿鱼》《峡江春闹》。出版有《莫测木刻选集》《三川新曲——莫测木刻选》《莫测黑白木刻》《莫测版画集》等。

J0037321

山水动物花卉 （版画小品选）曾进顺编

上海 上海人民美术出版社 1980 年 60 页

19cm（32 开）统一书号：8081.11948

定价：CNY0.30

J0037322

杨先让木刻选集 杨先让作

北京 人民美术出版社 1980 年 70 幅 19cm（32 开）

统一书号：8027.7211 定价：CNY1.50

J0037323

版画艺术与创作 梅创基编著

［香港］教育出版社 1981 年 149 页 有彩图

26cm（16 开）

　　外文书名：The Art of Print-Making.

J0037324

纪念鲁迅诞辰一百周年陕西省版画作品选 中国美术家协会陕西分会版画组编

西安 中国美术家协会陕西分会版画组 1981 年

152 页 20cm（32 开）

J0037325

鲁迅编印画集辑存 （1）上海人民美术出版社编

上海 上海人民美术出版社 1981 年 80 页

25cm（小 16 开）统一书号：8081.12303（1）

定价：CNY0.95

J0037326

鲁迅编印画集辑存 （2）上海人民美术出版社编

上海 上海人民美术出版社 1981 年 65 页

25cm（15 开）统一书号：8081.12302（2）

定价：CNY0.75

J0037327

鲁迅编印画集辑存 （3）上海人民美术出版社编

上海　上海人民美术出版社　1981 年　129 页
25cm（15 开）统一书号：8081.12304（3）
定价：CNY1.25

J0037328
鲁迅编印画集辑存　（4）上海人民美术出版
社编
上海　上海人民美术出版社　1981 年　103 页
25cm（15 开）统一书号：8081.12301（4）
定价：CNY1.30

J0037329
梅　沙鸥著
哈尔滨　黑龙江人民出版社　1981 年　208 页
19cm（32 开）统一书号：10093.366
定价：CNY0.48
　　本书系中国现代版画画册。

J0037330
秦川黑白木刻选　安正中等编
宝鸡　宝鸡市群众艺术馆　1981 年　84 页
26cm（16 开）
　　作者安正中（1934—2003），河南镇平人。毕
业于西安美术学院油画系，擅长油画、版画。中
国美术家协会会员、中国版画家协会会员、陕西
美术家协会常务理事。代表作品有《源远流长》
《山夜》《西望太白峰》等。

J0037331
四川版画选　中国美术家协会四川分会，四川
人民出版社编
成都　四川人民出版社 1981 年 154 幅 27cm（16 开）
精装　统一书号：8118.510　定价：CNY29.00
　　本书共收入自 1950 年至 1978 年间的四川各
类版画作品 154 幅。全面介绍了中华人民共和
国成立 30 年以来当地版画创作成就的画集。

J0037332
长江版画　上海人民美术出版社著
上海　上海人民美术出版社　1981 年　16 幅
16cm（25 开）统一书号：8081.121701
定价：CNY1.40

J0037333
中国古典文学版画选集　傅惜华编

上海　上海人民美术出版社　1981 年　2 册
25cm（小 16 开）统一书号：8081.11553
定价：CNY8.50
　　本书从元、明、清三代著名的杂剧、传奇、
戏曲、说唱、小说、传记、诗词等 200 余种书籍
中，收录插图 800 余幅。按地区编排，由远及近。
释文对书籍的编撰者、类别、出版时间、地点、
绘者、镌者均作介绍。

J0037334
中国新兴版画五十年选集　（1931—1981）
中国新兴版画五十年选集编辑委员会编
上海　上海人民美术出版社　1981 年　2 册
27cm（16 开）精装　统一书号：8081.1239
定价：CNY40.00
　　全书收选作品 437 件共 456 幅，作者 240 人。
前后有史论性文章《中国新兴版画五十年》、历史
资料《中国新兴版画五十年大事记》和作者简历
等文字 5 万余言及史料性图片资料 20 余帧。画
集是中国新兴版画在鲁迅倡导和扶植下，从幼稚
到成熟、从单一到多样、从国内走向世界 50 年
来历史发展的总结。是一部具有史料性、文献性
和艺术性的结集。

J0037335
晁楣版画　晁楣作
哈尔滨　黑龙江人民出版社　1982 年　84 页
25cm（小 16 开）统一书号：8093.718
定价：CNY12.00

J0037336
画艺术　（六）上海人民美术出版社编
上海　上海人民美术出版社　1982 年　40 页
［30cm］定价：CNY1.20
　　本书是中国现代版画选集。

J0037337
画艺术　（七）上海人民美术出版社编
上海　上海人民美术出版社　1982 年　40 页
［30cm］定价：CNY1.20

J0037338
画艺术　（八）上海人民美术出版社编
上海　上海人民美术出版社　1982 年　40 页
［30cm］定价：CNY1.20

J0037339

豢涵版画　豢涵绘

北京 人民美术出版社 1982年 220幅 37cm（8开）

统一书号：8027.7447 定价：CNY33.00

本书是中国现代版画画册。

J0037340

晋绥解放区木刻选

成都 四川人民出版社 1982年 88幅 39cm（4开）

统一书号：8118.630 定价：CNY4.50

本书共选收具有质朴明快的风格和浓郁的生活气息的晋绥解放区的木刻90余幅。表现了八路军和解放军为民族解放而奋斗的战斗生活；反映军民鱼水情以及边区军民生产自足、丰衣足食的生动情景。

J0037341

李流丹版画　李流丹绘

成都 四川人民出版社 1982年 67幅 25cm（15开）

统一书号：8118.1241 定价：CNY4.00

本画册所选编的67幅版画家李流丹1942—1948年间的代表作。

J0037342

李流丹版画　（画册）[李流丹绘]

成都 四川人民出版社 1982年 有图 25×26cm

统一书号：8118.1241 定价：CNY4.00

J0037343

李少言版画选　李少言作

成都 四川人民出版社 1982年 55页 27cm（16开）

统一书号：8118.1064 定价：CNY4.00

本书编选了作者自1941年到1970年的版画作品共86幅。作品有朴实明快、真挚严谨和抒情的特点。有黑白木刻、套色木刻、水印套色木刻、肖像、拓片、新笺谱以及邮票、火柴盒贴画等。

J0037344

六言唐诗画谱　（明）黄凤池等辑

北京 文物出版社 1982年 25cm（小16开）

定价：CNY1.00

（唐诗画谱 2）

作者黄凤池，明代画家。新安（今安徽徽州）人，明万历年间画谱类图书出版商。作品有《草本花诗谱》《唐诗画谱》《唐解元仿古今画谱》《五言唐诗画谱》《梅竹兰菊四谱》《张白云选名公扇谱》等。

J0037345

龙宫奇遇　霍允庆画

济南 山东人民出版社 1982年 76cm（2开）

定价：CNY0.18

本作品是中国现代年画。作者霍允庆（1944—　　），笔名静轩，山东龙口人。擅长年画、中国画。曾在龙口文化馆从事美术工作，二级美术师。作品有《丰收时节》《劈山救母》《年方八八》等。

J0037346

梦幻　（木刻连环画）童汀苗改编；赵延年木刻

杭州 浙江人民美术出版社 1982年 45页

17×19cm 统一书号：8156.253 定价：CNY0.28

本书是中国现代连环画，根据同名梦幻330话剧改编。

J0037347

莫测黑白木刻　莫测作

南京 江苏人民出版社 1982年 18页 19cm（32开）

统一书号：8100.6.001 定价：CNY0.35

本书为中国现代版画画册。收入莫测24幅木刻图。

J0037348

彦涵版画　彦涵绘

北京 人民美术出版社 1982年 202页 有图册

36×27cm（9开）精装 统一书号：8027.7447

定价：CNY33.00

J0037349

杨涵木刻选　杨涵绘

北京 人民美术出版社 1982年 50页 24cm（16开）

统一书号：8027.7421 定价：CNY1.30

本书收入杨涵的木刻作品50幅。作者杨涵（1920—2014），编辑。原名桂森，浙江温州人。历任上海人民美术出版社副社长、副总编、编审。主要木刻作品《淮海战役》《赔碗》《修运河水闸》。

J0037350

浙江版画五十年　《浙江版画五十年》编辑委员会编

杭州　浙江人民美术出版社　1982 年　148 幅
17cm（40 开）统一书号：8156.192
定价：CNY2.90

本书精选了 100 多位新老版画家在各个历史时期的代表作 148 幅。其中有《病》《诉苦》《青稞》《忧》等。

J0037351

中国现代黑白木刻选　马克编

上海　上海人民美术出版社　1982 年　160 幅
22cm（30 开）统一书号：8081.13017
定价：CNY3.20

本书选集的绝大部分是 1980 年的作品，包括全国各地 160 位老中青作者的作品 160 幅。

J0037352

避暑山庄三十六景　李一泯供稿

北京　人民美术出版社　1983 年　20cm（32 开）
统一书号：8027.8274　定价：CNY1.90
（中国古代风景版画丛刊）

J0037353

避暑山庄三十六景　李一泯供稿

北京　人民美术出版社　1984 年　25cm（18 开）
线装　定价：CNY3.90
（中国古代风景版画丛刊）

J0037354

避暑山庄三十六景　李一泯供稿

北京　人民美术出版社　1984 年　2 版　27cm（16 开）
统一书号：8027.8274　定价：CNY3.90
（中国古代风景版画丛刊）

J0037355

第六届全国版画展览会作品选集

北京　人民美术出版社　1983 年　140 页　27cm（16 开）
精装　统一书号：8027.7716　定价：CNY25.00

J0037356

杜应强版画选　杜应强绘

广州　岭南美术出版社　1983 年　25 幅　26cm（16 开）
统一书号：8260.0508　定价：CNY1.40

作者杜应强（1939—　　），画家、高级美术师。广东澄海人。历任汕头画院院长、中国美术家协会会员、中国版画家协会会员、广东省美术家协会常务理事。出版有《杜应强水墨画集》《杜应强版画集》《杜应强画集·百榕图》等。

J0037357

顾氏画谱　（明）顾炳摹辑

北京　文物出版社　1983 年　25cm（15 开）
统一书号：8068.1193
定价：CNY2.00，CNY4.80（精装）

本书所收录之作品，系顾氏摹仿历代名画家的绘画作品而成，故名《顾氏画谱》。

J0037358

黄肇昌作品辑　黄肇昌绘

长沙　湖南美术出版社　1983 年　25 幅　25cm（15 开）
统一书号：8233.324　定价：CNY1.00
（湖南画家画丛）

本书是现代中国画中的版画。

J0037359

江苏水印木刻集　江苏省版画家协会编

南京　金陵书画社　1983 年　50 页　27cm（16 开）
精装　统一书号：8234.032　定价：CNY15.80

中国现代水印木刻版画画册。

J0037360

李焕民版画选　李焕民绘画

成都　四川人民出版社　1983 年　44 页　25cm（12 开）
统一书号：8118.489　定价：CNY4.20

本书收集作者西藏、四川甘孜州、阿坝州等地深入生活，创作的反映藏族农牧民现实生活的版画作品。包括：《攻读》《藏族女孩》《初踏黄金路》等。书中共收入画家黑白及套色木刻 44 幅。

J0037361

梁栋木刻选集　梁栋作

北京　人民美术出版社　1983 年　72 幅　19cm（32 开）
统一书号：8027.8032　定价：CNY4.90

J0037362

讷维版画选　讷维作

广州　岭南美术出版社　1983 年　38 页
25cm（小 16 开）定价：CNY3.40

作者讷维(1912—),画家。广西藤县人。原名杨讷维。历任广西《梧州日报》《贵县日报》编辑、总编辑,《广西日报》编辑主任,华南文艺学院美术部教授,中国美术家协会广东分会秘书长、副主席。作品有《抢救河堤决口》《新闻怨》《沉默的抗议》《失踪后的下落》《广州起义组画》等。出版有《怒向刀丛觅小诗》《杨讷维作品选集》。

J0037363

宁夏版画 宁夏人民出版社编

银川 宁夏人民出版社 1983年 58页 27cm(16开)
统一书号: 8157.420 定价: CNY2.40

本书精选1976—1982年7年间宁夏版画作者70幅有代表性的作品,其中套色版画24幅,黑白版画46幅。作品具有浓厚的生活气息和地方色彩,表现生气勃勃的健康情感和火热的现实生活。

J0037364

石嘴山版画 (二集)石嘴山市文化馆编

石嘴山[宁夏] 石嘴山市美术书法学会 1983年
76页 21cm(32开)

本作品收入石嘴山市画家创作的版画76幅。

J0037365

孙煌石刻版画 孙煌作

福州 福建人民出版社 1983年 102幅 22cm(32开)
定价: CNY1.80

本书收入作者的作品100多幅。均以寿山石为材料,进行石刻版画的制作,经过多年探索,形成了富有金石味的石刻版画风格。作者孙煌(1939—),画家。毕业于厦门工艺美术学院,留校任教。历任福建省画院专业画家,中国美术家协会会员,中国版画家协会会员。出版有《孙煌石刻版画》。

J0037366

王树艺木刻选集 王树艺作

北京 人民美术出版社 1983年 52幅 39cm(6开)
定价: CNY5.00

本画册收作者于中华人民共和国成立前后创作的木刻作品共52幅。作者王树艺(1917—1999),画家。贵州毕节人。就读于国立社会教育学院艺术系。历任贵州省文联副主席、中国美术家协会贵州分会名誉主席。代表作品有版画《狱中纪实》《八市喜盈盈》,中国画《牡丹》等。出版有《王树艺木刻选集》《王树艺花鸟画选集》和美术论文集《片瓦集》。

J0037367

喜咏轩丛书 (一)(清)陶湘刊订

台北 广文书局 1983年 影印本 22×30cm
精装 定价: TWD9800.00(全二十二册)

J0037368

喜咏轩丛书 (二 钦定授衣广训二卷)
(清)陶湘刊订

台北 广文书局 1983年 影印本 22×30cm
精装 定价: TWD9800.00(全二十二册)

J0037369

喜咏轩丛书 (三)(清)陶湘刊订

台北 广文书局 1983年 影印本 22×30cm
精装 定价: TWD9800.00(全二十二册)

本册内容包括:《宝砚堂砚辨》《吴县沈氏绣谱》《云间丁氏绣谱》《月壶题画诗》《曹州牡丹谱》等。

J0037370

喜咏轩丛书 (四)(清)陶湘刊订

台北 广文书局 1983年 影印本 22×30cm
精装 定价: TWD9800.00(全二十二册)

本册内容包括:《笔畴》《忏摩录》《牧牛图》颂图一卷,颂一卷。

J0037371

喜咏轩丛书 (五)(清)陶湘刊订

台北 广文书局 1983年 影印本 22×30cm
精装 定价: TWD9800.00(全二十二册)

本册内容包括:《问山亭主人遗诗》《捋扯集》《红香馆诗草》《双清阁诗》《诗余》《芸香馆遗诗》《吟莪馆遗诗》。

J0037372

喜咏轩丛书 (六 秦楼月 明清传奇五种)
(清)陶湘刊订;(清)朱素臣撰

台北 广文书局 1983年 影印本 22×30cm
精装 定价: TWD9800.00(全二十二册)

J0037373

喜咏轩丛书 （七 绣襦记 明清传奇五种）
（清）陶湘刊订

台北 广文书局 1983 年 影印本 22×30cm

精装 定价：TWD9800.00（全二十二册）

J0037374

喜咏轩丛书 （八 红梨记 附红梨杂剧 明清
传奇五种）（清）陶湘刊订

台北 广文书局 1983 年 影印本 22×30cm

精装 定价：TWD9800.00（全二十二册）

J0037375

喜咏轩丛书 （九 幽闺记 拜月亭 明清传奇
五种）（清）陶湘刊订

台北 广文书局 1983 年 影印本 22×30cm

精装 定价：TWD9800.00（全二十二册）

J0037376

喜咏轩丛书 （十 鸳鸯绿传奇 明清传奇五种）
（清）陶湘刊订

台北 广文书局 1983 年 影印本 22×30cm

精装 定价：TWD9800.00（全二十二册）

J0037377

喜咏轩丛书 （十一）（清）陶湘刊订

台北 广文书局 1983 年 影印本 1 册
22×30cm（16 开）精装

定价：TWD9800.00（全二十二册）

　　本册内容包括：《离骚图经》《陈老莲离骚图
像》《四库馆补绘萧氏离骚图》。

J0037378

喜咏轩丛书 （十二）（清）陶湘刊订

台北 广文书局 1983 年 影印本
22×30cm（16 开）精装

定价：TWD9800.00（全二十二册）

J0037379

喜咏轩丛书 （十三 明刻传奇图像十种）（清）
陶湘刊订

台北 广文书局 1983 年 影印本 1 册 22×30cm

精装 定价：TWD9800.00（全二十二册）

　　本册内容包括：《琵琶记》《红拂记》《董西
厢记》《西厢记》《明珠记》《南柯记》《紫钗记》

《燕子笺》等。

J0037380

喜咏轩丛书 （十四 明刻传奇图像十种）（清）
陶湘刊订

台北 广文书局 1983 年 影印本 1 册 22×30cm

精装 定价：TWD9800.00（全二十二册）

　　本册内容包括：王文衡绘的《牡丹亭》《邯
郸梦》。

J0037381

喜咏轩丛书 （十五 凌烟阁功臣画像）（清）陶
湘刊订

台北 广文书局 1983 年 影印本 1 册 22×30cm

精装 定价：TWD9800.00（全二十二册）

　　本册内容包括：《凌烟阁功臣画像》朱上如
刻，刘源绘；《无双谱》金史绘，朱上如刻。

J0037382

喜咏轩丛书 （十六 清圣祖耕织图诗）（清）陶
湘刊订；（清）焦秉贞绘；（清）朱上如刻

台北 广文书局 1983 年 影印本 1 册 22×30cm
（16 开）精装 定价：TWD9800.00（全二十二册）

J0037383

喜咏轩丛书 （十七 清圣祖避暑山庄图咏）
（清）陶湘刊订；（清）朱上如刻；（清）沈喻绘

台北 广文书局 1983 年 影印本 1 册 22×30cm

精装 定价：TWD9800.00（全二十二册）

J0037384

喜咏轩丛书 （十八 御制恭和避暑山庄图咏）
（清）陶湘刊订

台北 广文书局 1983 年 影印本 22×30cm

精装 定价：TWD9800.00（全二十二册）

　　作者陶湘（1870—1940），近代实业家、藏书
家、刻书家。江苏武进（常州）人。字兰泉，号涉
园。清末曾任道员，后办实业。曾任故宫博物院
图书馆专业委员。编有《武进陶氏书目丛刊》《书
目丛刊》，著有《毛氏汲古阁刻书目录》《明内府
经长书目》等。一说：1871 年生。

J0037385

喜咏轩丛书 （十九 云台二十八将图）（清）陶
湘刊订；（清）张菊如绘

台北　广文书局　1983年　影印本　22×30cm
精装　定价：TWD9800.00（全二十二册）

J0037386

喜咏轩丛书　（二十）（清）陶湘刊订
台北　广文书局　1983年　影印本　22×30cm
精装　定价：TWD9800.00（全二十二册）

J0037387

喜咏轩丛书　（二十一　园冶）（清）陶湘刊订
台北　广文书局　1983年　影印本　21cm（32开）
精装　定价：TWD9800.00（全二十二册）

J0037388

喜咏轩丛书　（二十二　还初道人著书二种）
（清）陶湘刊订
台北　广文书局　1983年　影印本　21cm（32开）
精装　定价：TWD9800.00（全二十二册）

　　本册内容包括：《琵琶记》《红拂记》《董西
厢记》《西厢记》《明珠记》《南柯记》《紫钗记》
《燕子笺》等。

J0037389

云台三十三将图　（清）张士葆作；张志琚刻
成都　四川人民出版社　1983年　影印本　32页
19cm（32开）统一书号：8118.1253
定价：CNY0.40
　　本书是中国清代人物画版画选集。

J0037390

中国版画年鉴　（1982）中国版画年鉴编辑委
员会编
沈阳　辽宁美术出版社　1983年　390+148页
21cm（32开）统一书号：8161.0119
定价：CNY4.65
　　本年鉴除着重汇集了1981年度我国版画
界的基本情况外，还收录了1977年以来的部分
资料。

J0037391

中国版画年鉴　（1983）中国版画年鉴编辑委
员会编
沈阳　辽宁美术出版社　1984年　262页　有图
21cm（32开）统一书号：8161.0505
定价：CNY2.90

　　本年鉴共分8个栏目：版画述评、版画纪事、
版画展览、版画文章、版画书刊、版画评奖、版
画家传、附图。

J0037392

中国版画年鉴　（1984）《中国版画年鉴》编辑
委员会编
沈阳　辽宁美术出版社　1985年　560页　有图版
20cm（32开）统一书号：8161.0522.125
定价：CNY7.20

J0037393

中国版画年鉴　（1985）《中国版画年鉴》编辑
委员会编
沈阳　辽宁美术出版社　1986年　380页　有图版
20cm（32开）定价：CNY5.50

J0037394

中国版画年鉴　（1986）中国版画年鉴编辑委
员会编
沈阳　辽宁美术出版社　1987年　259页　20cm（32开）
统一书号：CN8161.1015　定价：CNY3.20

J0037395

中国版画年鉴　（1987）中国版画年鉴编委会编
沈阳　辽宁美术出版社　1988年　447页　有附图
20cm（32开）ISBN：7-5314-0022-7
定价：CNY5.80
　　本书记述了1987年度中国版画艺术创作、
学术研究及国际交流活动等内容。

J0037396

中国版画年鉴　（1988—1989）《中国版画年
鉴》编辑委员会编
沈阳　辽宁美术出版社　1990年　252页　20cm（32开）
ISBN：7-5314-0680-2　定价：CNY10.00
　　本年鉴记述1987和1988年两年间中国现代
版画艺术活动、创作、评论、理论、技法、展览、
人物、奖励、国际交流及其艺术成就。着重介绍
了中国藏书票小版画和儿童版画活动、海峡两岸
版画艺术交流、北大荒版画30年纪念活动和全
国版画艺术讨论会的概况。大部分作品在国际
国内大型儿童画展览和比赛中获奖，

J0037397

中国版画年鉴　（1990）中国版画年鉴编辑委员会编

沈阳　辽宁美术出版社　1991年　282页　有图　20cm（32开）ISBN：7-5314-0884-8　定价：CNY11.50

　　本年鉴记载1989年中国版画创作、版画理论、版画活动及版画国际交流等方面的情况。涉及"中国版画家协会常务理事会扩大会议""中国工业版画展览""第七届全国美术作品展览"版画部分图录。

J0037398

中国版画年鉴　（1991）中国版画年鉴编辑委员会编

沈阳　辽宁美术出版社　1992年　292页　20cm（32开）ISBN：7-5314-0688-8　定价：CNY28.00

　　本年鉴通过版画述评、纪事、展览、文章、人物、资料、书刊、评奖、附图等栏目，翔实反映了中国1990年度版画艺术活动、创作、学术及国际交流的成果。突出介绍了第十届全国版画作品展览和全国青年版画大展的盛况及图录。

J0037399

中国版画年鉴　（1992）中国版画年鉴编辑委员会编

沈阳　辽宁美术出版社　1995年　263页　20cm（32开）ISBN：7-5314-1152-0　定价：CNY29.80

J0037400

中国传统版画艺术特展　黄才郎编

台北　文化建设委员会　1983年　311页　有图　27cm（16开）精装　定价：TWD1000.00

　　外 文 书 名：Special Exhibition Collectors' Show of Traditional Chinese Woodcut Prints.

J0037401

阿涛版画选　阿涛绘

广州　岭南美术出版社　1984年　25cm（12开）统一书号：8260.0929　定价：CNY1.70

　　作者阿涛（1928—　　），本名钟锦涛，广东佛山人，曾任广东美术家协会理事、湛江美术家协会主席、中国美术家协会会员等。曾多次获得版画展奖项。

J0037402

版画艺术　（第15期）上海人民美术出版社编

上海　上海人民美术出版社　1984年　40页　25cm（18开）定价：CNY1.40

　　本丛刊系中国现代版画画册。

J0037403

曾景初版画选集　曾景初作

长沙　湖南美术出版社　1984年　42页　25cm（小16开）统一书号：8233.579　定价：CNY1.40

（湖南画家画丛）

J0037404

陈望版画集　陈望绘

广州　岭南美术出版社　1984年　19cm（32开）统一书号：8260.0928　定价：CNY2.80

　　作者陈望（1922—2006），画家。生于广东揭阳县，毕业于广西省立艺术师范学校。曾任汕头地区文联副主席、汕头市文联名誉主席。作品有《农民诵诗》《旱年》等，出版有《木刻选集》《陈望版画集》等。

J0037405

董其中版画选　董其中绘

上海　上海人民美术出版社　1984年　53页　19cm（32开）统一书号：8081.13724　定价：CNY1.50

J0037406

杜鸿年版画选集　杜鸿年绘

北京　人民美术出版社　1984年　64幅　19cm（32开）统一书号：8027.8579　定价：CNY1.90

J0037407

戈沙版画选　戈沙绘

北京　人民美术出版社　［1984年］12页　有照片　35cm（18开）统一书号：8027.9647　定价：CNY2.00

（版画系列丛刊）

　　作者戈沙（1931—2015），俄罗斯族，画家、演员。黑龙江人，毕业于中央美术学院。历任《西北画报》创作室主任、《长春画报》编辑、《吉林日报》高级编辑、中国美术家协会会员、中国版画家协会常务理事。代表作品《胡杨魂》《布达拉宫》《古老的歌》《傲蕾·一兰》《幸福有梦》等。

J0037408
郝伯义版画选　郝伯义绘
北京　人民美术出版社［1984 年］12 页　有照片
35cm（18 开）统一书号：8027.9648 定价：CNY2.00
（版画系列丛刊）

J0037409
河北版画集　河北省版画研究会编辑
石家庄　河北美术出版社 1984 年 60 页
27cm（16 开）统一书号：8087.875 定价：CNY6.00

J0037410
刘岘木刻选集　刘岘绘
北京　人民美术出版社 1984 年 98 页 39cm（4 开）
统一书号：8027.7387 定价：CNY4.90
　　本书收集了作者的木刻作品 218 幅。作者
刘岘（1915—1990），版画家。河南兰封县人（现
为兰考县）。毕业于日本东京美术学校学习。历
任人民文学出版社美术编审、中国美术馆研究部
主任。出版《阿 Q 正传画集》《怒吼吧中国之图》
《罪与罚图》《子夜之图》《刘岘木刻选集》等。

J0037411
讷维木刻　讷维刻
北京　人民美术出版社 1984 年 116 页 27cm（16 开）
统一书号：8027.7802 定价：CNY10.70
　　本书收集了版画家的木刻作品。作者讷维
（1912—　），画家。广西藤县人。原名杨讷维。
历任广西《梧州日报》《贵县日报》编辑、总编辑，
《广西日报》编辑主任、华南文艺学院美术部教
授、中国美术家协会广东分会秘书长、副主席。
作品有《抢救河堤决口》《新闻怒》《沉默的抗议》
《失踪后的下落》《广州起义组画》等。出版有《怒
向刀丛觅小诗》《杨讷维作品选集》。

J0037412
水印木刻选集　周济祥编
长沙　湖南美术出版社 1984 年 83 幅 39cm（4 开）
统一书号：8233.573
定价：CNY16.00，CNY20.00（精装）
　　这本 83 幅的水印木刻作品选集，是从全国
比较广泛的范围内收选的，大都为出版时近年新
作。在作者阵容中，既有大批长期从事水印木刻
的著名画家，也有近年来脱颖而出的新秀。作
品的题材内容大都来自现实生活，具有浓郁的生

活气息和鲜明的地方特色。

J0037413
塘沽版画选
天津　天津人民美术出版社 1984 年 64 页
25cm（16 开）统一书号：8073.50337
定价：CNY9.50

J0037414
铁佛寺　（木刻连环画）莫朴等编绘
北京　人民美术出版社 1984 年 68 页 17×18cm
（24 开）统一书号：8027.8420 定价：CNY1.05
（连环画艺术研究丛书）
　　《铁佛寺》创作于 1942 年，由莫朴、亚君、吕
蒙三人集体创作，共 110 幅。作品描写抗日战争
我根据地军民同暗藏在抗战阵营中的土匪、特务
破坏分子做斗争的故事。

J0037415
王琦版画集　王琦绘
北京　人民美术出版社 1984 年 186 幅 25cm（16 开）
精装 统一书号：8027.8120 定价：CNY17.50
　　本画集收集作者于中华人民共和国成立前
后创作的作品共 186 幅。作者王琦，著名版画艺
术家和美术理论家。

J0037416
王琦版画集　王琦作
北京　人民美术出版社 1984 年 132 页 25cm（16 开）
精装 定价：CNY17.50
　　本画集收集作者于中华人民共和国成立前
后创作的作品共 180 幅，其中彩色 14 幅。

J0037417
吴门十二景　（木版水印）（明）沈周绘
上海　上海书画出版社 1984 年 1 册 35cm（15 开）
精装
　　本画集是中国明代水印木刻版画画册。作
者沈周（1427—1509），明代书画家。字启南，号
石田、白石翁、有居竹居主人等。长洲（今江苏
苏州）人。传世作品有《庐山高图》《秋林话旧图》
《沧州趣图》。著有《石田集》《客座新闻》等。

J0037418
吴燃版画选集　吴燃作

天津 天津人民美术出版社 1984 年 73 页 22cm（16 开）精装 统一书号：8073.50247 定价：CNY3.00

作者吴燃（1928—　　），美术家。安徽萧县人。历任部队文工团员、美术编辑、创作员等，中国美术家协会会员，中国版画家协会理事，天津美术家协会副主席，天津画院一级美术师。主要作品有《汲水》《下岗》《沃野》《山涧秋色》《长天秋水》《井台》等。

J0037419
雪峰寓言木刻插图　董克俊绘
贵阳 贵阳市文联美协 1984 年 101 页 21cm（32 开）
作者董克俊（1939—2019），一级美术师。曾用笔名邹周，出生于重庆。历任贵阳市画院副院长、中国美术家协会理事、中国版画家协会常务理事、美术家协会贵州分会副主席、贵阳市美术家协会主席。作品有《春返苗山》等，出版有《雪峰寓言木刻插图集》《董克俊版画新作选集》。

J0037420
研究生版画选　李桦编
长沙 湖南美术出版社 1984 年 1 册 26cm（16 开）统一书号：8233.635 定价：CNY3.60

本画集选入 20 世纪 80 年代初六个美术学院版画系的第一批 21 位研究生的毕业创作和毕业后的作品 52 幅。作者李桦（1907—1994），教授、画家。曾用名浪沙、小泉。广东番禺人。毕业于广州市立美术学校，留学日本。历任中央美术学院教授兼版画系主任、中国文联全国委员、中国版画家协会主席等。代表作品《怒吼吧，中国》，组画《怒潮》《征服黄河》等。

J0037421
应野平黄山胜境笺　（木版水印画笺）应野平绘
上海 朵云轩 1984 年 40 张 26cm（16 开）
本书为中国现代水印木刻画册。作者应野平（1910—1990），教授。曾名野萍、野苹。浙江宁海人。历任新华艺术专科学校教授、上海人民美术出版社编辑室副主任、上海美术专科学校和上海大学美术学院教授。代表作品有《应野平山水画集》《应野平山水画辑》《应野平山水画册》。

J0037422
云贵版画选　中国美术家协会云南分会，中国美术家协会贵州分会编
昆明 云南人民出版社 1984 年 112 页 20cm（32 开）统一书号：8116.1211 定价：CNY2.80

本书选编云南、贵州两省部分作者出版时近几年来创作的版画作品 200 幅。

J0037423
中国古代版画百图　周芜编著
北京 人民美术出版社 1984 年 19cm（32 开）统一书号：8027.8258 定价：CNY1.65

本书选编了从唐至清具有代表性的版画作品百余件。文中对作品的内容、时代特点，以及艺术性都做了简要的介绍。作者周芜（1921—1990），版画家、教授。原名周邦杰，曾用名白沙、蓝青，安徽巢县人。曾在陕北公学院、延安鲁迅艺术学院、陇东抗大七分校学习。曾任教于安徽大学、安徽师范大学、安徽省教育学院。出版有《徽版画史论集》《中国版画史图录》《中国现代版画与民间年画》等。

J0037424
晁楣版画　晁楣绘
哈尔滨 黑龙江人民出版社 1985 年 97 页 26cm（16 开）精装 统一书号：8093.1004 定价：CNY18.90

J0037425
江敉版画选　江敉作
成都 四川美术出版社 1985 年 60 页 25cm（小 16 开）统一书号：8373.318 定价：CNY7.50

J0037426
浪花集　（朱纯一，张家瑞，陈辛一版画作品选）朱纯一等绘
沈阳 辽宁美术出版社 1985 年 25cm（小 16 开）定价：CNY15.00

J0037427
力群版画选集　（1982）力群作
太原 山西人民出版社 1985 年 76 页 25cm（12 开）定价：CNY7.00

本书收入作者 76 幅版画作品。

J0037428

林军版画选　林军作

成都 四川美术出版社 1985年 107页 25cm(15开)

统一书号：8373.414 定价：CNY12.50

J0037429

刘岘版画选　刘岘作

成都 四川美术出版社 1985年 25cm(12开)

统一书号：8373.254 定价：CNY4.50

作者刘岘(1915—1990)，河南兰封县人(现为兰考县)，版画家。

J0037430

刘岘木刻　(肖像集)刘岘刻

郑州 河南美术出版社 1985年 19cm(32开)

统一书号：8386.422 定价：CNY1.10

本书为中国现代木刻版画画册。

J0037431

吕琳版画选　吕琳作

成都 四川美术出版社 1985年 47页 25cm(小16开) 统一书号：8373.304

定价：CNY6.00

本书系中国现代版画画册专著。

J0037432

任渭长画传四种　(清)任渭长著

北京 中国书店 1985年 20cm(32开)

定价：CNY2.55

作者任渭长(1823—1857)，原名任熊，清晚期著名画家。字渭长，一字湘浦，号不舍，浙江萧山人。"海派"艺术的代表人物之一。少时得遇著名文人姚燮，在其家"大梅山馆"学画，深得宋人笔法。绘画全才。画法宗陈洪绶，与弟任薰，儿子任预、侄任颐合称"海上四任"。绘制的《高士传》《于越先贤传》《烈先酒牌》《剑侠传》合称为《任渭长四种》。

J0037433

任渭长先生画传四种　徐鄂编

北京 中国书店 1985年 影印本 20cm(32开)

定价：CNY2.55

J0037434

台湾传统版画源流特展　黄才郎主编

台北 文化建设委员会 1985年

302页 有图 27cm(16开)

外文书名：Traditional Woodblock Prints of Taiwan.

J0037435

唐士名胜图会　(日)冈田玉山等编绘

北京 北京古籍出版社 1985年 影印本 2册 27cm(16开) 定价：CNY15.00, CNY19.00(精装)

本书是日本作家冈田玉山等编绘，成书于1802年。全书共六集，主要收集有北京和河北省的版画。本影印本将日文译成中文附在每册之后。

J0037436

吴凡版画选　吴凡作

成都 四川美术出版社 1985年 1册 25cm(16开)

统一书号：8373.332 定价：CNY8.70

本画集收入画家的黑白、套色及水印套色木刻 39幅。

J0037437

吴强年版画选　吴强年作

成都 四川美术出版社 1985年 1张 25cm(16开)

统一书号：8373.379 定价：CNY5.00

J0037438

徐匡版画选　徐匡作

成都 四川美术出版社 1985年 85页 25cm(16开)

统一书号：8373.398 定价：CNY9.30

本书编选作者自1957年至1983年间创作的作品85幅。其中包括黑白木刻、套色木刻、拓片、水印套色木刻、贺年片和火柴盒贴画等。这些作品有精细刻画的，也有灵活勾画的。

J0037439

扎鲁特版画　扎鲁特民族版画研究会编

呼和浩特 内蒙古人民出版社 1985年 58页 20cm(32开) 定价：CNY0.85

本书收集了内蒙古哲里木扎鲁特旗的爱好者的创作版画61幅。

J0037440

哲里木版画选　内蒙古人民出版社编

呼和浩特 内蒙古人民出版社 1985年 70页

24cm（26 开）统一书号：M8089.531
定价：CNY1.70

本书收哲里木版画作品 70 余幅。有黑白木刻、水印油印套色木刻等不同品种。充满草原气息，表现蒙古族人民的新思想、新风尚。

J0037441

中国版画家新作选 （1984）四川美术出版社编
成都 四川美术出版社 1985 年 2 册（495 页）
25×26cm 定价：CNY5.00（2 册）

J0037442

中国版画家新作选 四川美术出版社编
成都 四川美术出版社 1985 年 2 册（495 页）
25cm（小 16 开）统一书号：8373.438
定价：CNY5.00

J0037443

中国古代木刻画选集 郑振铎编著
北京 人民美术出版社 1985 年 影印本 有图线装
本作品分 10 册。

J0037444

朱鸣冈作品选集 朱鸣冈作
沈阳 辽宁美术出版社 1985 年 38cm（6 开）
精装 统一书号：8161.0513 定价：CNY25.00
本书是现代中国版画画册。

J0037445

安徽版画选 师松龄选编
合肥 安徽美术出版社 ［1986 年］96 页
25cm（15 开）统一书号：8381.286
定价：CNY14.00

本书选编安徽省 80 余位新老版画家创作的版画作品 135 幅图。其中大部分是描绘江淮地区人民积极发展生产，为实现四个现代化而奋斗的情景。

J0037446

北大荒风情版画选 上海人民美术出版社编
上海 上海人民美术出版社 1986 年 90 页
25cm（15 开）统一书号：8081.14302
定价：CNY18.20

本书选编 1982 年至 1984 年之间创作的作品 90 幅图，作者大多数是北大荒版画艺术园地的新秀，他们扎根于北大荒泥土上，立足垦区，表现垦区，讴歌生活，用版画艺术揭示改革开放后，北大荒垦区喜人的深刻变化，同时也给人以智慧的启迪。画集图注和目录均印中英文对照。

J0037447

博古叶子 （清）陈洪绶作；（清）黄子和刻
成都 四川美术出版社 1986 年 48 页 19cm（32 开）
统一书号：8373.20 定价：CNY0.90

作者陈洪绶（1598—1652），明末清初著名书画家，诗人。字章侯，幼名莲子，一名胥岸，号老莲，别号小净名，晚号老迟、悔迟，又号悔僧、云门僧。出生于浙江绍兴。代表作品有《九歌图》（含《屈子行吟图》）《〈西厢记〉插图》《水浒叶子》《博古叶子》等版刻传世，工诗善书，有《宝纶堂集》。

J0037448

程十发仙乐仕女笺 程十发绘
上海 朵云轩 1986 年 40 页 35cm（15 开）
（木版水印画笺）

J0037449

刘宗河版画选集 刘宗河绘
贵阳 贵州美术出版社 ［1986 年］51 页
25×23cm（15 开）统一书号：8396.0016
定价：CNY6.00

本画册共收入作者作品 50 多幅。描绘了贵州壮丽的自然风光和丰富多彩的少数民族风情，具有贵州高原的民族特色和浓郁的诗情画意。在水印木刻的技法上，独创一板多次套印的方法，使作品既有刀味和木刻的特点，又融合了中国水墨画的韵味，画面雅淡恬静，水色淋漓，充分表现出贵州山区的乡土气息。

J0037450

任渭长高士传像 上海书画社编
上海 上海书画出版社 1986 年 26 页 20cm（32 开）
统一书号：8172.1451 定价：CNY0.50

J0037451

任渭长剑侠传像 （清）任渭长绘
上海 上海书画出版社 1986 年 33 页 24cm（26 开）

统一书号：8172.1449 定价：CNY0.60
（中国画传统线描资料）

J0037452
任渭长列仙酒牌 （清）任渭长绘
上海 上海书画出版社 1986年 48页 24cm（26开）
定价：CNY0.87
（中国画传统线描资料）

J0037453
任渭长于越先贤像 上海书画社编
上海 上海书画出版社 1986年 80页 20cm（32开）
统一书号：8172.145B 定价：CNY1.24

J0037454
水浒叶子 （明）陈老莲作
成都 四川美术出版社 1986年 40页 19cm（32开）
统一书号：8373.19 定价：CNY0.85

J0037455
四季芳香 王玉琦作
广州 岭南美术出版社 1986年 1张 76cm（2开）
定价：CNY0.23
　　本作品为年画形式的中国版画。作者王玉
琦（1958— ），旅美画家。生于河北清苑，毕业
于天津美术学院。中国美术家协会会员、中国油
画家协会会员、北美中国艺术家协会会员、加拿
大肖像画家协会艺术指导、美国肖像画家协会
会员。出版有《中国油画肖像百年》《中国油画
五十年》《中国古典主义油画》《王玉琦作品选》
《王玉琦油画技法》等。

J0037456
苏州水印木刻集 苏州市版画艺术研究会，
苏州市版画创作室编
成都 四川美术出版社 1986年 60页 26cm（16开）
统一书号：8373.718 定价：CNY11.70

J0037457
徐冰木刻小品 徐冰作
长沙 湖南美术出版社 1986年 128页 25cm（16开）
统一书号：8233.968 定价：CNY1.80

J0037458
中国版画 （第八届全国版画展作品选 1981-

1983）李桦，王琦主编；中国版画家协会编
成都 四川美术出版社 1986年 75页
25cm（小16开）统一书号：8373.334
定价：CNY11.60

J0037459
中国古代版画百图 周芜编著
台北 兰亭书店 1986年 207页 有图
21cm（32开）定价：TWD120.00
（文化丛书）
　　作者周芜（1921—1990），版画家、教授。原
名周邦杰，曾用名白沙、蓝青，安徽巢县人。曾
在陕北公学院、延安鲁迅艺术学院、陇东抗大七
分校学习。曾任教于安徽大学、安徽师范大学、
安徽省教育学院。出版有《徽版画史论集》《中
国版画史图录》《中国现代版画与民间年画》等。

J0037460
中国铁道儿童版画选集 张桂林编
北京 人民美术出版社 ［1986年］21×18cm
ISBN：7-102-00436-2 定价：CNY11.50

J0037461
阿城版画 （汉英对照）新月编
北京 文化艺术出版社 1987年 62页 21cm（32开）
ISBN：7-5039-0028-8 定价：CNY8.00

J0037462
版画丛刊 （第一期）江苏版画家协会编
南京 江苏美术出版社 1987年 54页 19×17cm

J0037463
藏书票百龙图 四川藏书票研究会，四川少
年儿童出版社编辑
成都 四川少年儿童出版社 1987年 ［12］页
26cm（16开）ISBN：7-5365-0117-X
定价：CNY1.00
　　本书选收具有代表性的龙图藏书票100幅。
其中有"龙"字书法、"龙年藏书"票、天安门前
的龙柱及各种龙形图案。

J0037464
春晖 （徐冰版画作品）徐冰绘
北京 人民美术出版社 1987年 4页 26cm（16开）
折装 定价：CNY0.45

（新美术画库 19 ）

J0037465
董克俊版画集　董克俊绘
天津　天津人民美术出版社 1987 年　124 页
21cm（ 32 开 ）ISBN：7-5305-0063-5
定价：CNY7.50
　　本书收辑作者黑白木刻作品102 幅。作者
用"黑白"的眼光观察世界，同时也用"黑白"的
语言表现世界。

J0037466
奉献　（冉茂魁牛茗桂版画作品）冉茂魁，牛茗
桂作
北京　人民美术出版社 1987 年　26cm（ 16 开 ）
折装　统一书号：8027.9723 定价：CNY0.45
（新美术画库 20 ）

J0037467
高士传图像　（清）任渭长绘
北京　人民美术出版社 1987 年　34 页 23cm（ 27 开 ）
ISBN：7-102-00284-X 定价：CNY1.80
（任渭长人物版画四种 4 ）

J0037468
贵州民族头饰　蒋志伊著；贵州民族文化宫编
贵阳　贵州民族出版社［1987 年］56 页 有图
13cm（ 60 开 ）定价：CNY1.00
　　本书以版画的形式介绍了贵州少数民族的
头饰。

J0037469
剑侠像传　任渭长绘
北京　人民美术出版社 1987 年　23cm（ 27 开 ）
ISBN：7-102-00285-8 定价：CNY1.80
（任渭长人物版画四种 2 ）

J0037470
苏州传统版画台湾收藏展　黄才郎执行主
编；牟安德等译
台北　文化建设委员会 1987 年
317 页 27cm（ 16 开 ）
　　外文书名：Collector's Show of Traditional
Soochow Woodblock Prints in Taiwan，R. O. C.

J0037471
修军木刻作品选　修军作
天津　天津人民美术出版社 1987 年 69 页
有照片 25cm（ 16 开 ）ISBN：7-5305-0076-7
定价：CNY13.00
　　本书编入了作者在不同阶段的代表作品共
66 幅图。作品感情真挚，艺术效果强烈，形成
了独特的个人风格，既有蕴藏深厚、构图宏伟之
作，也有轻松幽默的小品。编入他的代表作品包
括《冬之晨》《塞上情》《山岳》《大海》等。

J0037472
於越先贤像传　（清）任渭长绘
北京　人民美术出版社 1987 年 23cm（ 27 开 ）
ISBN：7-102-00285-8 定价：CNY1.80
（任渭长人物版画四种 2 ）

J0037473
於越先贤像传赞　（清）任渭长绘
北京　人民美术出版社 1987 年 2 册 23cm（ 27 开 ）
ISBN：7-102-00282-3 定价：CNY3.45
（任渭长人物版画四种 3 ）

J0037474
渔家　（丛如日作品）丛如日绘
北京　人民美术出版社 1987 年 26cm（ 16 开 ）
折装　定价：CNY0.55
（新美术画库 27 ）

J0037475
张胜远火笔画集　张胜远绘
济南　山东友谊书社 1987 年 76 页 有照片
26cm（ 16 开 ）ISBN：7-80551-012-1
定价：CNY7.20
　　作者张胜远（1954—　），山水画家。亦名况
远、山夫。生于山东邹城市。杭州西泠书画院专
职画师。代表作品有《张胜远山水画选》《况达
画选》。

J0037476
中国高等美术学院版画集（四川美术学院分
卷）江碧波主编
长沙　湖南美术出版社 1987 年 ［30］页
37cm（ 8 开 ）ISBN：7-5356-0112-X
定价：CNY8.50

（中国高等美术学院作品全集 版画集）

　　本套书共8册，精选中央美术学院等8所美术学院40余年创作的版画作品303帧。作者江碧波（1939—　　），女，画家。浙江镇海人，毕业于四川美术学院。历任四川美术学院版画系主任、中国美术家协会理事。代表作品《歌乐山群雕》《白云深处》《近邻》等。

J0037477
中国高等美术学院版画集（浙江美术学院分卷）邬继德主编
长沙 湖南美术出版社 1987年 37cm（8开）
ISBN：7-5356-0102-2 定价：CNY8.50
（中国高等美术学院作品全集 版画集）
　　主编邬继德（1942—　　），画家、教授。浙江余杭人，毕业于浙江美术学院版画研究生班。历任中国美术学院版画系副主任、副教授，中国美术家协会会员，浙江版画家协会副会长。出版有《邬继德作品选》等画册。

J0037478
中国高等美术学院版画集 （广州美术学院分卷）张信让主编
长沙 湖南美术出版社 1988年 37cm（8开）
ISBN：7-5356-0111-1 定价：CNY6.50
（中国高等美术学院作品全集 版画集）

J0037479
中国高等美术学院版画集 （湖北美术学院分卷）刘述杰主编
长沙 湖南美术出版社 1988年 37cm（8开）
ISBN：7-5356-0084-0 定价：CNY4.50
（中国高等美术学院作品全集 版画集）

J0037480
中国高等美术学院版画集 （鲁迅美术学院分卷）路坦主编
长沙 湖南美术出版社 1988年 37cm（8开）
ISBN：7-5356-0101-4 定价：CNY6.50
（中国高等美术学院作品全集 版画集）

J0037481
中国高等美术学院版画集 （天津美术学院分卷）田昆主编
长沙 湖南美术出版社 1988年 37cm（8开）

ISBN：7-5356-0080-8 定价：CNY4.50
（中国高等美术学院作品全集 版画集）

J0037482
中国高等美术学院版画集 （西安美术学院分卷）李习勤主编
长沙 湖南美术出版社 1988年 37cm（8开）
ISBN：7-5356-0085-9 定价：CNY6.50
（中国高等美术学院作品全集 版画集）
　　主编李习勤（1932—　　），画家。湖南邵东人，历任陕西省版画艺术委员会主任、中国美术家协会会员、中国版画家协会常务理事、中原书画研究院名誉院长、中外书画艺术博物馆名誉馆长。作品有《清凉世界》《秋之恋》《山沟笑声》等，出版有《李习勤水墨选集》《李习勤色粉画》等。

J0037483
中国高等美术学院版画集 （中央美术学院分卷）宋源文，吴长江主编
长沙 湖南美术出版社 1988年 37cm（8开）
ISBN：7-5356-0022-0 定价：CNY8.50
（中国高等美术学院作品全集 版画集）

J0037484
中日藏书票作品选 王叠泉编
重庆 重庆出版社 1987年 113页 19cm（32开）
ISBN：7-5366-0220-0 定价：CNY5.80

J0037485
陈烟桥木刻选集 陈烟桥绘；陈超南，陈伟南编
上海 上海人民美术出版社 1988年 69页
有照片 26cm（16开）ISBN：7-5322-0220-8
定价：CNY8.30
　　本集收集作者黑白木刻63幅，套色木刻6幅，分为中华人民共和国成立前后两部分。中华人民共和国成立前的作品如《失望的人们》《荒》《破落户》等；中华人民共和国成立后的作品如《解放上海》《解放军与农民》等。

J0037486
大千世界 （黑白连环组画）张国琳著
兰州 甘肃人民出版社 1988年 66页 19cm（32开）
ISBN：7-226-00285-X 定价：CNY3.00

J0037487

韩承霖版画集　［韩承霖绘］

哈尔滨　黑龙江美术出版社　1988 年

21×18cm（21 开）ISBN：7-5318-0025-X

定价：CNY9.80

　　本书收入作者版画作品 39 幅。如《山村集市》《夜宿》《水力采煤》等，表现了作者对祖国、对人民、对生活的无限热爱。作者韩承霖（1935—1977），山东人，笔名甘露。

J0037488

浣沙记　（明）梁辰鱼著

台北　台北故宫博物院　1988 年　影印本

21cm（32 开）精装

（明代版画丛刊 9）

J0037489

离骚图　（清）萧云从绘

台北　台北故宫博物院　1988 年　影印本

21cm（32 开）精装

　　作者萧云从（1596—1673），明末清初画家。字尺木，号无闷道人，安徽芜湖人。代表作品《梅花堂遗稿》《易存》《韵通》《太平山水图》等。

J0037490

离骚图人物画选　（清）萧云从编绘

上海　上海书画出版社　1988 年　46 页　26cm（16 开）

ISBN：7-80512-156-7　定价：CNY0.85

（中国画传统线描资料）

J0037491

廖修平　［画册］廖修平绘

广州　岭南美术出版社　1988 年　74 页　有图版

25cm（小 16 开）ISBN：7-5362-0290-3

定价：CNY29.00

（海外画丛）

　　本书收作者 1965 至 1985 年间创作的部分作品共 57 帧。此外，还有评介文章、外国画评和有关资料。收入"海外画丛"。本书为岭南美术出版社与三联书店（香港）有限公司合作出版。

J0037492

牡丹亭还魂记　（明）汤显祖编

台北　台北故宫博物院　1988 年　影印本

21cm（32 开）精装

（明代版画丛刊 3）

J0037493

牛文版画选　牛文绘

成都　四川美术出版社　1988 年　60 页

25×26cm（12 开）ISBN：7-5410-0237-2

定价：CNY11.00

　　本书编选作者的黑白、套色木刻作品 60 幅。其中有画家反映老解放区军民斗争生活的作品，有中华人民共和国成立后画家深入藏族地区、表现藏族人民新生活和川藏高原独特风貌的作品。

外文书名：The Selected Wood Engravings of Niu Wen.

J0037494

琵琶记　（元）高东嘉著

台北　台北故宫博物院　1988 年　影印本

21cm（32 开）精装

（明代版画丛刊 2）

　　作者高明（约 1305—约 1371），元代戏曲家。字则诚，号菜根道人。浙江瑞安人。代表作品《次韵酬高应文》《琵琶记》。

J0037495

吴愉萃雅　（明）梯月主人选辑

台北　台北故宫博物院　1988 年　影印本　1 册

21cm（32 开）精装

（明代版画丛刊 7）

J0037496

吴忠翰版画选　吴忠翰绘

福州　福建美术出版社　1988 年　52 页　20cm（32 开）

ISBN：7-5393-0023-X　定价：CNY4.80

J0037497

五闹焦帕记

台北　台北故宫博物院　1988 年　影印本　1 册

21cm（32 开）精装

（明代版画丛刊 10）

J0037498

西厢记　（元）王实甫著

台北　台北故宫博物院　1988 年　影印本　1 册

21cm（32 开）精装

（明代版画丛刊 4）

J0037499

杨家府世代忠勇演义　台北故宫博物院编
台北　台北故宫博物院出版社　1988 年　影印本
1 册　21cm（32 开）精装
（明代版画丛刊 1）

J0037500

易琼画选　易琼绘
桂林　漓江出版社　1988 年　65 页　有肖像
19cm（32 开）ISBN：7-5407-0343-1
　　本书为中国现代肖像版画画册。

J0037501

幽闺记　（元）施惠撰
台北　台北故宫博物院出版社　1988 年　影印本
21cm（32 开）精装
（明代版画丛刊 8）

J0037502

寓言百图　刘岘［绘］
成都　四川美术出版社　1988 年　100 页　17×18cm
ISBN：7-5410-0077-9　定价：CNY2.80

J0037503

月露音　（明）凌虚子辑
台北　台北故宫博物院　1988 年　影印本
21cm（32 开）精装
（明代版画丛刊 6）

J0037504

中国古代版画丛刊　（1　新定三礼图、天竺灵
签、太音大全集、圣迹图、历代古人像赞，武经
总要前集）郑振铎编
上海　上海古籍出版社　1988 年　778 页　26cm（16开）
精装　ISBN：7-5325-0517-0　定价：CNY31.60

J0037505

中国古代版画丛刊　（2　救荒、本草、日记故
事、忠义水浒传插图、便民图纂）郑振铎编
上海　上海古籍出版社　1988 年　1002 页
26cm（16 开）精装　ISBN：7-5325-0518-9
定价：CNY38.55

J0037506

中国古代版画丛刊　（3　列仙全传、顾氏画

谱、酣酣斋酒牌、天工开物）郑振铎编
上海　上海古籍出版社　1988 年　1094 页
26cm（16 开）精装　ISBN：7-5325-0519-7
定价：CNY41.50

J0037507

中国古代版画丛刊　（4　元明戏曲叶子、离骚
图、凌烟阁功臣图、无双谱、白岳凝烟、授衣广
训）郑振铎编
上海　上海古籍出版社　1988 年　726 页　26cm（16 开）
精装　ISBN：7-5325-0520-0　定价：CNY30.40

J0037508

中国女版画家作品选　马克，张安吾编
济南　山东美术出版社　1988 年　25cm（小 16 开）
ISBN：7-5330-0121-4　定价：CNY25.00
　　本书收中国女版画家黄裳、傅文淑等 41 人
的黑白木刻、套色木刻、水印木刻、丝网版、石
版、纸版等作品 84 幅。外文书名：Engravings by
Chinese Women Artists.

J0037509

陈柏坚版画选　陈柏坚绘
广州　岭南美术出版社　1989 年　26cm（16 开）
定价：CNY5.80
　　作者陈柏坚，导演，摄影师。毕业于华南师
范大学电教系。广州书画研究会会长、教授。作
品有《Enjoy play in 2012》《灰机灰机》《岛国奇
欲记》。

J0037510

陈伯坚版画选　陈伯坚绘
广州　岭南美术出版社　1989 年　27 页　26cm（16开）
ISBN：7-5362-0381-0　定价：CNY5.80

J0037511

儿童版画选　舍冷业西编
通辽　内蒙古少年儿童出版社　1989 年　49 页
17cm（40 开）ISBN：7-5312-0070-8
定价：CNY2.50
　　本书所收大部分为国际国内大型儿童画展
览和比赛中的获奖作品，有黑白木刻、套色木
刻、水印纸版画、石膏水印等 50 幅儿童版画。
从内容到形式、技法都展现了孩子们天真烂漫的
情怀。用蒙、汉、英、日等四种文字对照出版。

J0037512
黄丕谟水印版画 ［黄丕谟绘］；日中艺术交流中心，南京大学出版社编
南京 南京大学出版社 1989年 58页
23×26cm（15开）精装 ISBN：7-305-00349-2
定价：CNY40.00
　　本书收录作者水印版画51幅。附有作者简历。

J0037513
可扬版画集 可扬绘
上海 上海人民美术出版社 1989年 79页
有照片 26cm（16开）ISBN：7-5322-0156-2
定价：CNY36.00
　　本书收集作者从1943年到1987年所作版画作品79幅。代表作有中华人民共和国成立前的《教授》等黑白木刻，中华人民共和国成立后的《木场小景》《江南春晓》《老画家》《鲁迅故乡行木刻组画》等套色木刻。

J0037514
前程似锦 （一）邵黎阳等［作］
上海 上海书画出版社 1989年 1张 78cm（2开）
定价：CNY0.75
　　作者邵黎阳（1942— ），画家。浙江镇海人。历任《解放军报》美术编辑、上海人民美术出版编辑部主任。作品有版画《山高攀》《胜利的旗帜》《航标灯》，油画《房东》《马石山十勇士》《天福山起义》等。著有《藏书票入门》。

J0037515
前程似锦 （二）邵黎阳等［作］
上海 上海书画出版社 1989年 1张 78cm（2开）
定价：CNY0.75

J0037516
前程似锦 （三）邵黎阳等［作］
上海 上海书画出版社 1989年 1张 78cm（2开）
定价：CNY0.75

J0037517
前程似锦 （四）邵黎阳等［作］
上海 上海书画出版社 1989年 1张 78cm（2开）
定价：CNY0.75

J0037518
前程似锦 （摄影 1990年年历 一）邵黎阳等［作］
上海 上海书画出版社 1989年 1张 78cm（2开）
定价：CNY0.75

J0037519
前程似锦 （摄影 1990年年历 二）邵黎阳等［作］
上海 上海书画出版社 1989年 1张 78cm（2开）
定价：CNY0.75

J0037520
前程似锦 （摄影 1990年年历 三）邵黎阳等［作］
上海 上海书画出版社 1989年 1张 78cm（2开）
定价：CNY0.75

J0037521
前程似锦 （摄影 1990年年历 四）邵黎阳等［作］
上海 上海书画出版社 1989年 1张 78cm（2开）
定价：CNY0.75

J0037522
吴家华版画选集 吴家华绘
贵阳 贵州民族出版社 1989年 87页 有照片
21×18cm（22开）ISBN：7-5412-0081-6
定价：CNY8.80
　　作者吴家华（1932— ），版画家。出生于贵州贵阳，毕业于贵阳师范学院艺术科美术专业，并留校任教。历任中国美术家协会、版画家协会、藏书票研究会会员，贵州版画研究会副会长，贵州民族学院特聘客座教授。代表作品有《吴家华版画选集》。

J0037523
艺坛拾萃 （张望版画选 一）张望绘
沈阳 春风文艺出版社 1989年 16页 26cm（16开）
定价：CNY3.00
　　作者张望（1916—1993），画家、思想家。原名张发赞，笔名致平、克之、张抨，广东大埔县百侯镇南山村人，代表作品《新美术评论集》。

J0037524

陈望版画新作　陈望作

广州 岭南美术出版社 1990年 42页

25×26cm（12开）ISBN：7-5362-0606-2

定价：CNY15.00

　　本书收入作者20世纪30年代末作品40余幅，并有作者创作心得的文章。

J0037525

大兴安岭版画　洪石主编

哈尔滨 黑龙江美术出版社 1990年 102页

25×27cm 精装 ISBN：7-5318-0099-3

定价：CNY52.00

　　本书收入33位大兴安岭版画作者的反映大兴安岭的自然风貌及人民生活的102幅作品。

J0037526

李忠翔版画集　李忠翔绘

成都 四川美术出版社 1990年 35页

25×26cm（12开）ISBN：7-5410-0582-7

　　作者李忠翔（1940—　　），一级美术师。重庆人，毕业于云南艺术学院美术系版画专业。历任云南省展览馆、省文化局美术设计与创作员、云南画院副院长、中国美术家协会理事，云南美术家协会副主席。版画作品有《心中的歌》《雪山梦》等，出版有《李忠翔版画集》《李忠翔版画1990—1994》等。

J0037527

刘晓刚版画选集　刘晓刚作

济南 山东人民出版社 1990年 38页 21cm（32开）

ISBN：7-5330-0295-4 定价：CNY3.00

J0037528

绿秀：赵晓沫版画作品　赵晓沫绘

北京 人民美术出版社［1990年］

27cm（大16开）定价：CNY1.30

（新美术画库 39）

J0037529

民间木版画　张道一编

南京 江苏美术出版社 1990年 238页

19×17cm（30开）ISBN：7-5344-0130-5

定价：CNY18.50

（江苏民间美术丛书）

　　本书收录编者30多年间精心收集的民间木版画290幅。作者张道一（1932—　　），教授。生于山东齐东县，就读于华东大学文艺系和山东大学艺术系。历任东南大学艺术学教授、博士生导师，苏州大学艺术学院院长。出版有《张道一文集》。

J0037530

莫日根版画选　莫日根绘

通辽 内蒙古少年儿童出版社 1990年 50页

21cm（32开）ISBN：7-5312-0210-7

定价：CNY3.00

　　本书收有作者《习》《戈壁日出》《气象员》等50多幅版画精品。版画特点是以人物为主，有人有景，反映农村牧区的生活景象。

J0037531

荣宝斋木版水印书画选编　荣宝斋选编

北京 荣宝斋 1990年 50页 有图 26cm（16开）

　　本书为荣宝斋自1950年以来，刻制印刷的水印书画作品的图录。按传统书画的形式分为：画轴篇、画片篇、画册、册页、信笺篇、手卷篇。将历年水印的书画作品意义载录，并注明作品年代、作者姓名、作品尺寸，以及作者、作品简介。

J0037532

实幻画集　乙朔编

深圳 海天出版社 1990年 36页 25×26cm

ISBN：7-80542-287-7 定价：CNY13.50

　　本册收集4位青年画家的作品近30幅，介绍了作者以及实幻画的技艺、特点，以及发展趋向，读者可以从画中看到实物拓印画的实幻性和它们的艺术性。

J0037533

中国民间木刻版画　吕胜中编著

长沙 湖南美术出版社 1990年 227页 26cm（16开）

ISBN：7-5356-0360-2 定价：CNY15.00

　　本书精选了中国近20个省的30余个木版画产地的木版画作品，其中有天津杨柳青、山东潍县杨家埠、苏州桃花坞、山西临汾、四川绵竹等地的作品。其内容有历史人物与事件、民间传说、劳作耕织、四时山水、花鸟草木、神怪幽冥等共203幅。

J0037534

中国水印木刻版画　梅创基编著
台北　雄狮图书公司 1990 年 2 版 111 页
21cm（32 开）ISBN：957-9420-19-X
定价：TWD130.00
（雄狮丛书 10-018）

J0037535

爱的世界　（顾国建西北军旅黑白艺术作品选）
顾国建绘
西安　陕西旅游出版社 1991 年 72 页
［20×22cm］ISBN：7-5418-0260-3 定价：CNY4.50

J0037536

版画纪程　（鲁迅藏中国现代木刻全集）上海
鲁迅纪念馆，江苏古籍出版社编
南京　江苏古籍出版社 1991 年 5 册（1737+30 页）
28cm（大 16 开）精装 ISBN：7-80519-316-9
　　本书包括鲁迅收藏的现代版画、连续画、个
人专集、多人合集《木刻界》和散文作品 5 册。

J0037537

大理黑白版画　（［画册］）大理州文联，大理
州美协编
昆明　云南民族出版社 1991 年 93 页 17×18cm
ISBN：7-5367-0472-0 定价：CNY5.00

J0037538

荒烟木刻选　荒烟刻
北京　光明日报出版社 1991 年 75 页 26×27cm
精装 ISBN：7-80014-920-X 定价：CNY38.00
　　荒烟是我国著名的老一辈木刻家，生前任中
国版画家协会顾问。他的作品早在 20 世纪 40 年
代即负盛名。本书编选他各时期代表性作品 64
幅，铜版精印，且附有著名作家端木蕻良的序和
荒烟传略、作品年表等。

J0037539

黄树德版画集　黄树德绘
广州　岭南美术出版社 1991 年 有彩照
23×21cm ISBN：7-5362-0745-X
定价：CNY18.00，CNY22.00（精装）
　　本书精选作者 50 帧板刻画作品。作品大多
反映大海、渔村、海岛、沿海风光和海军生活。
也收入作者的创作札记《回顾、总结、创新》。

J0037540

江苏水印版画三十年文集　《文集》编委会编
南京　南京出版社 1991 年 308 页 21cm（32 开）
精装 ISBN：7-80560-304-9 定价：CNY12.00

J0037541

李桦藏书票　李桦编
上海　上海书画出版社 1991 年 66 页 有照片及
彩图 17×18cm ISBN：7-80512-523-6
定价：CNY15.60
　　本书收入了作者收藏的 20 世纪 50 至 80 年
代的版画 100 帧。作者李桦（1907—1994），教授、
画家。曾用名浪沙、小泉。广东番禺人。毕业于
广州市立美术学校，留学日本。历任中央美术学
院教授兼版画系主任、中国文联全国委员、中国
版画家协会主席等。代表作品《怒吼吧，中国》，
组画《怒潮》《征服黄河》等。

J0037542

鲁迅木刻形象百图　高信编
西安　陕西人民教育出版社 1991 年 114 页
20cm（32 开）ISBN：7-5419-2044-4
定价：CNY2.90
　　本书辑录了从 1933 年至 1990 年各个不
同历史时期中国木刻名家所刻鲁迅先生形象，
共 103 幅，及资料"许广平谈鲁迅"。作者高信
（1942—　），研究员。原名李高信，陕西商州人，
毕业于陕西商县中学。中国作家协会、中国鲁迅
研究学会会员，商洛地区文研室主任，《丹江文
艺》主编，陕西鲁迅研究学会会长。著有随笔集
《品书人语》《北窗书语》《书海小语》《鲁迅笔名
探索》。

J0037543

陆放画集　陆放绘；宋忠元主编
杭州　浙江美术学院出版社 1991 年 60 页
有照片 25×26cm 精装 ISBN：7-81019-111-X
定价：CNY80.00
　　本书为现代水印木刻与油印木刻中国画
画册。外文书名：Lu Fang Woodcuts. 作者陆放
（1932—　），教授，画家。江苏昆山人，毕业于
浙江美术学院，留校任教。中国美术家协会会员。
作品有《苏堤春晓》《江南水乡》《沙漠绿洲》等。
出版有《水印木刻简述》《陆放画集》。主编宋忠
元（1932—2013），教授。上海奉贤人，毕业于浙

江美术学院，留校任教。历任中国美术学院教授、副院长，中国美术家协会理事，浙江省美术协会副主席，浙江省文联委员等职。代表作品《文成公主入藏图》《游春图》《邓白像》等。

J0037544

山东版画作品选集　秦胜洲编
济南　山东美术出版社　1991 年　95 页
〔20×22cm〕ISBN：7-5330-0464-7
定价：CNY12.50

J0037545

孙煌石刻版画　孙煌著
福州　福建美术出版社　1991 年　26cm（16 开）
ISBN：7-5393-0132-5　定价：CNY5.50
（福建省画院作品集成）
　　作者以寿山石为材料，进行石刻版画的制作，经过多年探索，形成了富有金石味的石刻版画风格。本书收入作品 100 多幅。作者孙煌（1939—　），画家。毕业于厦门工艺美术学院，留校任教。历任福建省画院专业画家、中国美术家协会会员、中国版画家协会会员。出版有《孙煌石刻版画》。

J0037546

太行木刻选集　王大斌主编
太原　山西人民出版社　1991 年　236 页　26×27cm
精装　ISBN：7-203-01917-9　定价：CNY55.00
　　本书反映了太行区人民在党的领导下进行的革命斗争的优良传统。收 76 位木刻工作者的391 幅作品。

J0037547

西厢记图　（明刊彩色套印）
天津　天津人民美术出版社　1991 年　20 幅
26cm（16 开）ISBN：7-5305-0157-7
定价：CNY29.80

J0037548

张怀江画集　张怀江绘
杭州　浙江美术学院出版社　1991 年　64 页
有照片　26cm（16 开）精装
ISBN：7-81019-074-1　定价：CNY80.00
　　本书为现代中国版画画册。作者张怀江（1922—1989），版画家、教授。原名隆超，笔名

施木、槐岗等。浙江乐清人，毕业于上海美术专科学校，从版画家野夫学习木刻。曾任杭州西湖艺术专科学校版画系讲师，浙江美术学院教务长、教授。代表作有《鲁迅和方志敏》《农村妇女》等。

J0037549

赵延年画集　赵延年绘；宋忠元主编
杭州　浙江美术学院出版社　1991 年　77 页
有照片　26cm（16 开）精装
ISBN：7-81019-073-3　定价：CNY80.00
　　本书为现代中国版画画册。

J0037550

中外著名文学家木刻肖像选　颜仲刻；李吉庆编
北京　人民文学出版社　1991 年　86 页　有图
17×19cm　ISBN：7-02-001303-1　定价：CNY9.00
　　本书选有中外著名文学家等近百幅木刻肖像作品。每幅图附有文学家简介。作者颜仲（1930—2008），画家，教师。毕业于中央美术学院华东分院。曾任人民文学出版社美术编辑，哈尔滨艺术学院、哈尔滨二十八中、四十一中美术教师，中国美术家协会会员，中国版画家协会会员。代表作品《鲁迅像》。

J0037551

丁绍光画选　（汉英对照）上海图书出版贸易公司编
北京　外文出版社　1992 年　64 页　33cm　精装
ISBN：7-119-01562-1
　　外文书名：Selected Paintings of Ting Shao Kuang. 丁绍光（1939—　），画家。出生于陕西城固县，毕业于中央工艺美术学院。任教于云南艺术学院。代表作品有《版纳晨曦》《生命之源》《西双版纳》《催眠曲》《和谐》。

J0037552

东方魂　（江碧波作品集）江碧波绘
北京　外文出版社　1992 年　125 页　33cm　精装
ISBN：7-119-01403-X
　　本书收集女画家江碧波创新之作 110 余幅，作品反映了中国西南少数民族地区的民风民情、自然风貌；抒发了画家异国任教时的思乡之情、怀古之情和奇发异想。

J0037553
冯兆平　《广州美术研究》编辑部编
广州　岭南美术出版社　1992 年　123 页　有照片
19cm（32 开）ISBN：7-5362-0825-1
定价：CNY6.50
（广东美术家丛书）
　　本书包括冯兆平的自述、作品及作品赏析、评论等。

J0037554
广东省顺德市齐杏中学学生版画选集　周
翠园等作；肖国祥，梁家宜策划
广州　岭南美术出版社　1992 年　21×19cm
ISBN：7-5362-0812-X　定价：CNY10.00

J0037555
蒋振华版画集　蒋振华作
乌鲁木齐　新疆美术摄影出版社　1992 年　39 页
20×19cm　ISBN：7-80547-093-6　定价：CNY4.20
　　本书共收集作者创作的作品 50 余幅，大都具有浓郁的边疆民族特色。外文书名：A Collection of Jiang Zhenhua's Woodcuts. 作者蒋振华（1941—　），画家、美术评论家。生于江苏丰县，毕业于中央美术学院版画系。历任中国美术家协会会员、中国版画家协会理事、新疆版画研究会会长、新疆美术家协会秘书长。作品有《龟兹古渡》《海市蜃楼》等。

J0037556
卢西林版画选　卢西林画
广州　岭南美术出版社　1992 年　26 页　26cm（16 开）
ISBN：7-5362-0400-X　定价：CNY18.00

J0037557
七彩世界　（儿童粉印版画作品选）左志丹编选
成都　四川少年儿童出版社　1992 年　182 页
19×21cm　ISBN：7-5365-0887-5　定价：CNY25.00
　　本书收集经过专业培训的 5—11 岁儿童的粉印版画作品 197 幅。作者左志丹，画家、教师。毕业于四川美术学院绘画专业。历任中国美术家协会少儿美术艺术委员会委员、四川省美术家协会少儿美术艺术委员会主任、中国少年儿童艺术造型学会常务理事。作品集有《东碰西撞——四川少儿美术》《七彩世界》《线描写生教程》《少儿线描写生》等。

J0037558
其加达瓦版画选　其加达瓦绘
成都　四川美术出版社　1992 年　53 页　25×26cm
ISBN：7-5410-0689-0　定价：CNY18.50

J0037559
曲靖版画院画集　（英汉对照）曲靖版画院编
昆明　云南民族出版社　1992 年　56 页　25×25cm
ISBN：7-5367-0441-0　定价：CNY25.00
　　外文书名：Paintings Selected from Qu Jing Print Institute.

J0037560
沈民义版画集　沈民义画
苏州　古吴轩出版社　1992 年　25×25cm
ISBN：7-80574-030-5　定价：CNY12.80
（当代吴门画库）
　　本画全集收图 300 幅图，共 10 集。作者沈民义（1941—　），画家。江苏苏州人。曾任苏州版画院副院长、吴作人艺术馆副馆长、中国美术家协会会员。代表作品《临河的窗》，出版有《沈民义版画集》。

J0037561
沈柔坚版画选集　（汉英对照）沈柔坚绘
上海　上海书店　1992 年　有照片　26×22cm
ISBN：7-80569-592-X　定价：CNY55.00
　　外文书名：Selected Prints of Shen Roujian.
作者沈柔坚（1919—1998），画家，教授。福建诏安人。历任上海大学美术学院教授、中国美术家协会常务理事、中国美术家协会上海分会副主席、中国版画家协会副主席。代表作品《拉纤者》《田野》《拾草》《为了正义》《庆功图》等。

J0037562
苏州版画院作品选　周文祥主编；苏州版画院编
苏州　古吴轩出版社　1992 年　63 页　25×26cm
ISBN：7-80574-022-4　定价：CNY40.00
　　本画册收有苏州版画作品 63 幅。

J0037563
肖映川版画选：潮汕农家系列　肖映川绘
广州　岭南美术出版社　1992 年　29cm（16 开）
ISBN：7-5362-0857-X　定价：CNY25.00

J0037564

薛鹤黑白版画选　薛鹤绘

合肥 安徽美术出版社 1992 年 44 页 17×19cm
ISBN：7-5398-0213-8 定价：CNY2.20

作者薛鹤（1937—　），版画家。字蓼夫，安徽霍邱人，毕业于合肥师范学院中文系，后进修于西安美术学院。历任淮南画院副院长、副研究馆员，中国版画家协会会员，中国美术家协会安徽分会会员。木刻版画作品有《巍巍大别山》《湖面上》《都市一角》等。

J0037565

杨廷宾木刻肖像选集　杨廷宾著

北京 中国美术馆 1992 年 111 页 17×19cm

J0037566

郑振强黑白版画选　郑振强刻

广州 岭南美术出版社 1992 年 12 幅
19cm（小 32 开）ISBN：7-5362-0866-9
定价：CNY2.00

J0037567

中国当代版画　（汉英对照）丁立松等作

合肥 安徽美术出版社 1992 年 25×26cm
ISBN：7-5398-0203-8

本书收集全国近 20 多个省、市、自治区、直辖市 200 位专业作者自改革开放以来的优秀作品 200 幅图。体现鲁迅先生倡导新兴木刻版画以来，版画所获得的丰硕成果。本画册有铜版、石版、丝网版、纸版、石拓彩版、综合版等多种版画艺术品。外文书名：The Chinese Contemporary Prints.

J0037568

中国的石版画　刘超编；高天恩译

香港 士佳绅美术公司 1992 年 47 页 21cm（32 开）
定价：HKD50.00

J0037569

中国古代民俗版画　王树村编著

北京 新世界出版社 1992 年 190 页 26×23cm
精装 ISBN：7-80005-165-X 定价：CNY78.00

本书收入 200 幅中国民间民俗版画，包括：田家祭礼诸神、各行各业祖师、民间佛道杂神、婚丧民俗版画和岁时风俗版画。作者王树村（1923—2009），画家。天津人，毕业于华北大学美术科。曾在中国美术研究所、中国艺术研究院从事创作、编辑、研究工作，任中国民间美术协会副会长，中国民俗学会理事、顾问、研究员。主要著作《杨柳青年画资料集》《中国美术全集·石刻线画、民间年画》。

J0037570

中国新兴版画六十年选集　李习勤，孙新元主编

西安 陕西人民美术出版社 1992 年 20cm（32 开）
ISBN：7-5368-0322-2 定价：CNY18.00

本书选收作者作品 450 幅。

J0037571

珠海美　杨创基著

香港 中华文化出版社 1992 年 146 页 有图
20cm（32 开）定价：HKD13.00

J0037572

安正中版画选　安正中绘

西安 陕西人民美术出版社 1993 年 25×26cm
ISBN：7-5368-0536-5 定价：CNY4.80

本书收有版画作品 30 余幅。作者安正中（1934—2003），河南镇平人。毕业于西安美术学院油画系，擅长油画、版画。中国美术家协会会员、中国版画家协会会员、陕西美术家协会常务理事。代表作品有《源远流长》《山夜》《西望太白峰》等。

J0037573

观世音像百印谱　杨坚水编刻

广州 岭南美术出版社 1993 年 100 页 有图
26cm（16 开）ISBN：7-5362-1023-X
定价：CNY22.50

作者杨坚水（1936—　），戏剧舞台美术家，以石刻图像印章闻名于世。字羊冰，号九都山人，福建南安人。毕业于上海戏剧学院舞台美术系并留校任教。后历任广州军区空军政治部文工团舞台美术设计，广东话剧院实验剧团副团长、儿童剧团团长、艺术创作室主任等职。出版有《百龙图印谱》《观世音像百印谱》《孙中山百图印谱》等。

J0037574

金陵古版画　周芜编著

南京　江苏美术出版社 1993年 463页 26cm（16开）
精装　ISBN：7-5344-0280-8 定价：95.00

　　本书收入金陵古代版画 400 余幅，外文书
名：Ancient Woodblock Prints in Jinling. 作者周
芜（1921—1990），版画家、教授。原名周邦杰，
曾用名白沙、蓝青，安徽巢县人。曾在陕北公学
院、延安鲁迅艺术学院、陇东抗大七分校学习。
曾任教于安徽大学、安徽师范大学、安徽省教育
学院。出版有《徽版画史论集》《中国版画史图
录》《中国现代版画与民间年画》等。

J0037575

李树彤金石像印集　李树彤著

沈阳　辽宁美术出版社 1993年 204页 有彩照
25cm（小 16 开）精装 ISBN：7-5314-1020-6
定价：CNY51.80

　　本书有政治家群像、军事家群像、美国历届
总统群像等。作者李树彤（1957— ），笔名肖克，
祖籍辽宁海城。辽宁省《税务》月刊美术编辑、
中国摄影家协会辽宁分会会员。

J0037576

力群版画选集　力群著

北京　人民美术出版社 1993年 27×24cm
精装　ISBN：7-102-00337-4 定价：CNY50.00

　　作者力群（1912—2012），画家。原名郝力群。
山西灵石人，毕业于国立杭州艺术专科学校。历
任中国版画家协会副主席、山西省美术院名誉院
长、山西省美术家协会名誉主席。木刻版画作品
有《鲁迅像》《病》《收获》。

J0037577

民族风情版画集　李万增绘

贵阳　贵州民族出版社 1993年 50页 20×19cm
ISBN：7-5412-0351-3 定价：CNY8.00

　　本书包括木刻作品 50 幅。

J0037578

莫测黑白版画选集　莫测绘

北京　中国连环画出版社 1993年 97页
21×19cm ISBN：7-5061-0573-X 定价：CNY15.00

　　作者莫测（1928— ），画家，编辑。出生于
江苏盱眙。历任中国美术家协会理事、版画艺术

委员会委员、中国版画家协会常务理事、中国水
利电力文学艺术协会副主席、一级美术师。代表
作品《拿鱼》《峡江春闹》。出版有《莫测木刻选
集》《三川新曲——莫测木刻选》《莫测黑白木
刻》《莫测版画集》等。

J0037579

温治邦版画选　温治邦作

广州　岭南美术出版社 1993年 26页 26×25cm
ISBN：7-5362-0965-7 定价：CNY12.00

　　本书收入版画作品 28 幅。

J0037580

新疆黑白版画　蒋振华主编

乌鲁木齐　新疆美术摄影出版社 1993年 121页
17×18cm ISBN：7-80547-149-5 定价：CNY12.00

　　作者蒋振华（1941— ），画家、美术评论
家。生于江苏丰县，毕业于中央美术学院版画
系。历任中国美术家协会会员、中国版画家协会
理事、新疆版画研究会会长、新疆美术家协会秘
书长。作品有《龟兹古渡》《海市蜃楼》等。

J0037581

亚平黑白小品　肖亚平绘

西安　陕西旅游出版社 1993年 102页 18×19cm
ISBN：7-5418-0973-X 定价：CNY5.80

J0037582

彦涵版画集　彦涵绘

北京　外文出版社 1993年 150页 有照片及图
38cm（8 开）精装 ISBN：7-119-01667-9

　　本书收有作者的版画作品 220 幅。

J0037583

袁采然画集　袁采然绘

桂林　广西师范大学出版社 1993年 52页
20×19cm ISBN：7-5633-1583-7 定价：CNY8.40

　　本画册共收入版画作品 55 幅。作者袁采然
（1934— ），版画家，世界书画家协会常务理事，
被国内多个高等艺术院校和新闻出版单位聘为
教授、编审。

J0037584

湛江版画集　阿涛等编著

广州　岭南美术出版社 1993年 60页 25×26cm

ISBN：7-5362-0914-2　定价：CNY50.00

　　本书选自党的十一届三中全会以来至1990年湛江版画作者在广东获奖、入选全国美展和全国版送出国展览的作品。外文书名：Zhan Jiang Printmaking Selections.

J0037585

浙江美术学院版画系教师作品集　翰黎坤，邬继德编著

杭州　浙江美术学院出版社　1993年　69页24×26cm　ISBN：7-81019-231-0　定价：CNY80.00

　　外 文 书 名：Selections of the Works by the Print Teachers of Zhejiang Academy of Fine Arts.

J0037586

稚趣童心　（杜应机版画集）杜应机绘

广州　岭南美术出版社　1993年　32页　21×19cmISBN：7-5362-0984-3　定价：CNY5.00

　　作者杜应机（1924—　　），版画家。广东澄海人。历任中国老年书画研究会创作员、广东美术家协会会员、潮汕版画会会员。

J0037587

中国水印版画　李平凡等编著

福州　福建美术出版社　1993年　177页　29cm（16开）精装　ISBN：7-5393-0229-1　定价：CNY228.00

　　本书包括：中国古代水印版画概述和古代水印版画图版、中国现代水印版画和现代水印版图版。外文书名：The Art of Chinese Watercolor Printing.作者李平凡（1922—2011），版画家。原名李文琨，别名里肯，天津津南人。历任人民美术出版社编辑、编审，《版画世界》主编，日本国际版画研究会顾问，平凡友好画院名誉院长。出版有《平凡木刻版画》《李平凡画文集》《李平凡画集》等，编辑《中华人民版画集》《中国古代木刻画选集》《中国水印版画》等。

J0037588

中国灶君神祃　薄松年编著

台北　渤海堂文化事业公司　1993年　153页有图　26cm（16开）精装　ISBN：957-9324-98-0定价：TWD350.00

　　作者薄松年（1932—2019），著名美术史论家。河北保定人。毕业于中央美术学院绘画系。中央美术学院教授、中国美术家协会会员等。代

表作品《中国绘画》。

J0037589

朱天玲版画集　朱天玲绘；新疆美术摄影出版社编

乌鲁木齐　新疆美术摄影出版社　1993年　96页28cm（16开）ISBN：7-80547-212-2定价：CNY58.00，CNY68.00（精装）

　　外 文 书 名：A Collection of Prints of Zhu Tianling.作者朱天玲（1947—　　），广东兴宁人，深圳《明镜》杂志社美术编辑、中国美术家协会会员、中国版画家协会会员、深圳美术家协会理事。

J0037590

艾生黑白版画作品集　艾生编绘

西安　陕西人民美术出版社　1994年　25×26cmISBN：7-5368-0320-6　定价：CNY10.00

J0037591

陈琦版画集　陈琦绘

南京　江苏美术出版社　1994年　29页　25×26cmISBN：7-5344-0383-9　定价：CNY28.00（中青年画家艺术档案）

J0037592

陈望版画五十年　陈望作

广州　岭南美术出版社　1994年　170页　29cm（16开）ISBN：7-5362-1097-3　定价：CNY50.00

　　作者陈望（1922—2006），画家。生于广东揭阳县，毕业于广西省立艺术师范学校。曾任汕头地区文联副主席、汕头市文联名誉主席。作品有《农民诵诗》《早年》等，出版有《木刻选集》《陈望版画集》等。

J0037593

陈聿强水印丝网版画　陈聿强绘

北京　国际文化出版公司　1994年　54页29cm（16开）精装　ISBN：7-80105-176-9定价：CNY60.00

J0037594

邓文华木刻集　邓文华作

西安　陕西人民美术出版社　1994年　32页25×26cm　ISBN：7-5368-0715-5　定价：CNY28.80

J0037595

郭金洲版画选　郭金洲编绘

西安　陕西人民美术　1994年　61页　20×18cm

ISBN：7-5368-0633-7　定价：CNY6.30

　　本书收有版画作品48幅。

J0037596

海峡两岸版画交流展　杨国台总编辑

高雄　变形虫设计协会　1994年　75页　有照片

30cm（10开）精装

J0037597

何永坤画集　何永坤绘

昆明　云南美术出版社　1994年　60页　25×26cm

ISBN：7-80586-143-9　定价：CNY65.00

　　本书为现代中国版画画册。作者何永坤
（1953—　），教授。出生于昆明，祖籍浙江鄞县，
云南艺术学院工艺美术系任教。作品有《山果》
《青草地》等。

J0037598

环翠堂园景图卷　周芜供稿

南京　江苏美术出版社　1994年　1卷　27×16cm

函套装　ISBN：7-5344-0254-9　定价：CNY146.00

J0037599

可扬藏书票　杨可扬绘画

上海　上海人民美术出版社　1994年　100页

有图　18cm（小32开）精装

ISBN：7-5322-1356-0　定价：CNY32.00

　　作者杨可扬（1914—2010），版画家。原名杨
嘉昌，笔名A扬、阿扬等，浙江遂昌人。历任中
国木刻研究会浙区理事、中华全国木刻协会常务
理事、上海版画会会长等。代表作品有《木合工
厂》《老教师》《张老师早!》《江南古镇》《上海，
您好!》等。

J0037600

李雷版画选　李雷绘

合肥　安徽美术出版社　1994年　12张　26×25cm

散页套装　ISBN：7-5398-0369-X　定价：CNY15.00

J0037601

李忠翔版画　（1990-1994　汉、英、日文对照）

李忠翔绘

昆明　云南美术出版社　1994年　34×29cm

ISBN：7-80586-144-7　定价：CNY88.00

　　作者李忠翔（1940—　），一级美术师。重
庆人，毕业于云南艺术学院美术系版画专业。历
任云南省展览馆、省文化局美术设计与创作员，
云南画院副院长，中国美术家协会理事，云南美
术家协会副主席。版画作品有《心中的歌》《雪
山梦》等，出版有《李忠翔版画集》《李忠翔版画
1990—1994》等。

J0037602

冉茂魁版画集　（中英对照）冉茂魁绘

沈阳　辽宁美术出版社　1994年　72页　25×26cm

精装　ISBN：7-5314-1016-8　定价：CNY68.00

　　外文书名：Ran Maokui Print Collection. 作
者冉茂魁（1936—2004），画家，国家一级美术
师。又名朗卓红。辽宁海城人。中国美术家协
会、中国版画家协会会员，中国藏书票研究会理
事。代表作《一只飞翔的鸟》《赤道晚霞》《瓜叶
菊》等。

J0037603

王玉辉画集　（汉英对照）王玉辉绘

昆明　云南美术出版社　1994年　48页　25×26cm

ISBN：7-80586-040-8　定价：CNY49.50

J0037604

邬继德作品选　邬继德绘

杭州　中国美术学院社　1994年　［100］页

25×26cm　精装　ISBN：7-81019-355-4

定价：CNY120.00

　　本书为中国现代版画画册。作者邬继德
（1942—　），画家、教授。浙江余杭人，毕业于
浙江美术学院版画研究生班。历任中国美术学
院版画系副主任、副教授，中国美术家协会会
员，浙江版画家协会副会长。出版有《邬继德作
品选》等画册。

J0037605

郑爽版画选　郑爽绘

广州　新世纪出版社　1994年　46页　25×26cm

ISBN：7-5405-0871-X　定价：CNY48.00

　　本书收有版画作品25幅。作者郑爽，女，
版画家、教授。祖籍福建。中国美术家协会常务
理事、中国版画家协会常务理事、广州美术学院

教授。

J0037606
郑文华木刻集　郑文华著
西安　陕西人民美术出版社　1994 年　32 页
25×26cm　ISBN：7-5368-0715-5　定价：CNY28.80

J0037607
中国古代版画丛刊二编　（第六辑　程氏墨
苑）上海古籍出版社编
上海　上海古籍出版社　1994 年　影印本
2 册（1680+69+11 页）26cm（16 开）精装
ISBN：7-8325-1698-9　定价：CNY183.60

J0037608
中国古代版画丛刊二编　（第一辑）上海古
籍出版社编
上海　上海古籍出版社　1994 年　影印本　有图
26cm（16 开）精装　ISBN：7-5325-1743-8
定价：CNY79.60
　　本书包括：《梅花喜神谱》（宋）宋伯仁编绘；
《饮膳正要》《元刻饮膳正要残卷》（元）忽思慧撰；
《山海经图》（明）胡文焕编。

J0037609
中国古代版画丛刊二编　（第二辑）上海古
籍出版社编
上海　上海古籍出版社　1994 年　影印本
825+131+24 页　26cm（16 开）精装
ISBN：7-5325-1691-1　定价：CNY87.30
　　本书包括：《释氏源流》（明释）宝成编撰；《水
陆道场神鬼图像》阙名作；《牧牛图》《题普明禅
师颂》。本书据明成化二十二年内府刻本、明刻
本、万历三十七年释袾宏刻本影印。

J0037610
中国古代版画丛刊二编　（第三辑）上海古
籍出版社编
上海　上海古籍出版社　1994 年　影印本
550+154 页　有插图　26cm（16 开）精装
ISBN：7-5325-1796-9　定价：CNY66.50
　　本书包括：《孔圣家语图》（明）吴嘉谟集校；
《孔门儒教列传》阙名撰。据明万历十七年刻本、
明刻本影印。

J0037611
中国古代版画丛刊二编　（第四辑）上海古
籍出版社编
上海　上海古籍出版社　1994 年　影印本
474+326 页　有图　26cm（16 开）精装
ISBN：7-5325-1826-4　定价：CNY73.70
　　本书包括《古今列女传评林》（汉）刘向撰，
（明）茅坤补，彭烊评；《青楼韵语》（明）张梦征
汇选，朱元亮辑注。

J0037612
中国古代版画丛刊二编　（第五辑）上海古
籍出版社编
上海　上海古籍出版社　1994 年　影印本　734 页
有插图　26cm（16 开）精装
ISBN：7-5325-1829-9　定价：CNY68.80
　　本书收入《闺范》。据明万历间泊如斋刻本
影印。

J0037613
中国古代版画丛刊二编　（第七辑）上海古
籍出版社编
上海　上海古籍出版社　1994 年　影印本
350+199+224 页　26cm（16 开）精装
ISBN：7-5325-1690-3　定价：CNY73.40
　　本书包括《唐诗画谱》（明）黄凤池辑；《诗
馀画谱》（明）汪氏辑；《元曲选图》（明）臧懋循
编。据明万历间集雅斋刻本、万历间刻本、万历
四十四年刻本影印。

J0037614
中国古代版画丛刊二编　（第八辑）上海古
籍出版社编
上海　上海古籍出版社　1994 年　影印本
27cm（16 开）精装　ISBN：7-5325-1831-0
定价：CNY85.10
　　本书包括：《海内奇观》（明）杨尔曾辑；《名
山图》（明）墨绘斋摹；《太平山水图画》（清）张
万选编，（清）萧云从绘；《古歙山川图》（清）吴
逸绘。

J0037615
中国古代版画丛刊二编　（第九辑　瑞世良
英）上海古籍出版社编
上海　上海古籍出版社　1994 年　影印本　678 页

26cm（16 开）精装　ISBN：7-5325-1830-2
定价：CNY64.80

J0037616

阿鸽　（画册）阿鸽绘
成都　四川民族出版社　1995 年　40 页　29cm（18 开）
ISBN：7-5409-1574-9
定价：CNY60.00，CNY80.00（精装）
（四川少数民族画家画库）

　　作者阿鸽（1948—　），女，彝族，四川凉山人。全名金叶阿鸽，别名邓明英。毕业于四川美术学院附中，擅长版画。中国美术家协会四川分会主席，中国版画家协会会员、理事等。主要作品有《三月》《鸽子》等。

J0037617

董振平版画　董振平绘
台中　新展望文化公司　1995 年　32 页　有画
30cm（10 开）

J0037618

冯兆平版画选　冯兆平绘
广州　岭南美术出版社　1995 年　29cm（16 开）
ISBN：7-5362-1327-1　定价：CNY18.00
　　作者冯兆平（1941—　），画家。广东阳江人。中国美术家协会会员。中国海洋画家协会副主席、广东省美术家协会副主席、湛江市美术家协会主席、湛江市博物馆馆长。出版有《冯兆平》《冯兆平版画选》《中国当代实力派画家丛书——冯兆平》等。

J0037619

戈沙画集　戈沙绘
长春　吉林美术出版社　1995 年　25×26cm
ISBN：7-5386-0478-2　定价：CNY20.00
（五环画库）

　　本书为中国现代版画画册。作者戈沙（1931—2015），俄罗斯族，画家、演员。黑龙江人，毕业于中央美术学院。历任《西北画报》创作室主任、《长春画报》编辑、《吉林日报》高级编辑、中国美术家协会会员、中国版画家协会常务理事。代表作品《胡杨魂》《布达拉宫》《古老的歌》《傲蕾·一兰》《幸福有梦》等。

J0037620

黄庭相版画选　黄庭相绘
汕头　汕头大学出版社　1995 年　26×26cm
ISBN：7-81036-076-0　定价：CNY40.00
　　作者黄庭相（1941—　），版画家。广东普宁人。普宁市美术家协会副会长、中国版画家协会会员。

J0037621

季世成画集　季世成绘
长春　吉林美术出版社　1995 年　25×26cm
ISBN：7-5386-0478-2　定价：CNY20.00
（五环画库）

　　本书为中国现代版画画册。作者季世成（1957—　），吉林长春人。吉林日报社书画院创作部主任，中国美术家协会、版画家协会会员。

J0037622

狼牙山五壮士　（木刻连环画）华山［编文］；
彦涵木刻
北京　中国铁道出版社　1995 年　37 页　19×15cm
ISBN：7-113-02143-3　定价：CNY3.80

　　本书为纪念反法西斯战争胜利五十周年而编辑出版。

J0037623

林夫版画集　林夫绘；中共苍南县委党史研究室，温州革命烈士纪念馆编
杭州　浙江人民美术出版社　1995 年　98 页
26cm（16 开）　ISBN：7-5340-0599-X
定价：CNY25.00

　　作者林夫（1911—1942），画家、篆刻家、革命家。浙江苍南人，毕业于上海美术专科学校西画系。代表作品有《母亲》《捉鬼》《世界上人口密度最高的地方》。

J0037624

薛周琦版画选集　（汉英对照）薛周琦绘
乌鲁木齐　新疆美术摄影出版社　1995 年　90 页
17×19cm　ISBN：7-80547-299-8　定价：CNY12.00

J0037625

应天齐西递村系列艺术作品　（汉英对照）
应天齐作
广州　新世纪出版社　1995 年　25×26cm

ISBN：7-5405-1169-9 定价：CNY43.00

J0037626
於越先贤传 （清）任渭长等编绘
北京 文物出版社 1995 年 影印本 2 册（1 函）
26cm（16 开）函套装 ISBN：7-5010-0881-7
定价：CNY165.00

J0037627
赵经寰画集 赵经寰绘；张永满译
香港 香港当代中国出版社 1995 年 111 页
29cm（16 开）ISBN：962-460-008-2
定价：HKD120.00
　　外文书名：Selected Artworks of Zhao Jing-
Huan.

J0037628
澳门民间传统木版画 陈炜恒编撰
澳门 澳门基金会 1996 年 261 页 30×30cm
精装 ISBN：972-8147-85-6
　　外文书名：Xilogravura Tradicional E Fol-
clórica De Macau.

J0037629
陈武星砖刻版画 陈武星刻
福州 福建美术出版社 1996 年 25cm（小 16 开）
精装 ISBN：7-5393-0526-6 定价：CNY48.00

J0037630
大雅楼画宝 周慕桥原稿
北京 中国书店 1996 年 240 页 19×26cm
ISBN：7-80568-691-2 定价：CNY20.00
　　本书为民国时期版画画册。

J0037631
丁昭光 杨永善撰文
昆明 云南人民出版社 1996 年 90 页 有彩图
27×28cm ISBN：7-222-02049-7 定价：CNY110.00

J0037632
古本戏曲十大名著版画全编 首都图书馆
编辑
北京 线装书局 1996 年 2 册（499+504 页）
26cm（16 开）精装 ISBN：7-80106-027-X
定价：CNY296.00

J0037633
古本小说版画图录 首都图书馆编
北京 线装书局 1996 年 影印本 有图 线装
ISBN：7-80106-024-5 定价：CNY2200.00
　　本书分 16 册。

J0037634
古本小说四大名著版画全编 首都图书馆
编辑
北京 线装书局 1996 年 影印版 4 册
26cm（16 开）精装 ISBN：7-80106-028-8
定价：CNY580.00

J0037635
古今图书集成图 书目文献出版社编
北京 书目文献出版社 1996 年 2 册（2220 页）
26cm（16 开）精装 ISBN：7-5013-1237-0
定价：CNY450.00

J0037636
顾氏画谱 [（明）顾炳绘]
石家庄 河北美术出版社 1996 年 237 页
29cm（16 开）ISBN：7-5310-0819-X
定价：CNY38.00
（中国古代版画精品系列丛书）
　　本书所收录之作品，系顾氏摹仿历代名画家
的绘画作品而成，故名《顾氏画谱》。

J0037637
徽派版画艺术 张国标编撰
合肥 安徽美术出版社 1996 年 310 页 25×26cm
精装 ISBN：7-5398-0444-0
　　作者张国标（1936—　），教授、研究馆员。
安徽巢县人，毕业于安徽师范学院艺术系。历任
中国古版画研究会会员、全国民间美术学会安徽
分会常务理事、黄山市美术家协会副主席。画作
有《战宏图》《墨雨布丘壑点点故乡情》《恨不题
诗满山谷》，著有《新安画派史论》《徽派版画艺
术》《海阳漫话》等。

J0037638
剑侠图传 [（清）任熊绘]
石家庄 河北美术出版社 1996 年 131 页
29cm（16 开）ISBN：7-5310-0820-3
定价：CNY28.00

（中国古代版画精品系列丛书）

J0037639
孔子圣迹图
石家庄 河北美术出版社 1996年 影印本
148页 26×37cm ISBN：7-5310-0825-4
定价：CNY39.00
　　本书为中国现代连环画，据北京民社1934
年刊本，明正统刊本影印。

J0037640
离骚图 （清）萧云从绘
石家庄 河北美术出版社 1996年 54页
29cm（16开）ISBN：7-5310-0818-1
定价：CNY18.00
（中国古代版画精品系列丛书）
　　作者萧云从（1596—1673），明末清初画家。
字尺木，号无闷道人，安徽芜湖人。代表作品《梅
花堂遗稿》《易存》《韵通》《太平山水图》等。

J0037641
李秀版画集 （汉、英、日文对照）李秀创作
昆明 云南美术出版社 1996年 50页 29cm（16开）
ISBN：7-80586-305-9 定价：CNY68.00

J0037642
李亿平版画 李亿平绘
广州 岭南美术出版社 1996年 47页 25×26cm
ISBN：7-5362-1502-9 定价：CNY78.00
　　外文书名：Prints of Li Yiping.

J0037643
列仙全传
石家庄 河北美术出版社 1996年 309页
29cm（16开）ISBN：7-5310-0812-2
定价：CNY49.00
（中国古代版画精品系列丛书）

J0037644
林智信迎妈祖版画 林智信［绘］
台北 历史博物馆 1996年 有彩图 2附件
36cm（15开）精折装 ISBN：957-00-8158-9

J0037645
凌烟阁功臣图 （清）刘源绘
石家庄 河北美术出版社 1996年 60页
29cm（16开）ISBN：7-5310-0816-5
定价：CNY18.00
（中国古代版画精品系列丛书）
　　作者刘源，清代版画家。字伴阮，号猿仙，
河南祥符（今开封）人。作品有《墨竹图》。

J0037646
冉茂魁藏书票集 冉茂魁［作］
北京 海潮出版社 1996年 有照片 14×12cm
精装 ISBN：7-80054-771-X 定价：CNY30.00
　　作者冉茂魁（1936—2004），画家，国家一级
美术师。又名朗卓红。辽宁海城人。中国美术
家协会、中国版画家协会会员、中国藏书票研究
会理事。代表作《一只飞翔的鸟》《赤道晚霞》《瓜
叶菊》等。

J0037647
上海图书馆藏藏书票作品选集 上海图书
馆编
上海 上海人民美术出版社 1996年 113页
19×21cm ISBN：7-5322-1742-6 定价：CNY90.00

J0037648
水浒叶子
石家庄 河北美术出版社 1996年 120页
29cm（15开）ISBN：7-5310-0813-0
定价：CNY29.00
（中国古代版画精品系列丛书）
　　本书由《水浒叶子》《水浒全传》合订。

J0037649
苏一民版画 苏一民绘
西安 陕西人民美术出版社 1996年 54页
25×26cm ISBN：7-5368-0893-3 定价：CNY63.00

J0037650
王统照作品选 （木刻集）王统照［作］
海口 海南摄影美术出版社 1996年 23页
28cm（大16开）ISBN：7-80637-010-2
定价：CNY28.00
　　外文书名：The Selected Works of Wang
Tongzhao. 作者王统照（1939—　），教授。海南
琼山人。历任海南大学副教授、中国美术家协会
会员、中国版画家协会常务理事。

J0037651

杨子江诗词　杨子江著

广州 广东人民出版社 1996年 180页 20cm（32开）

ISBN：7-218-02191-3 定价：CNY9.50

J0037652

赵修柱版画作品选　赵修柱编绘

北京 华文出版社 1996年 28×29cm

ISBN：7-5075-0541-3 定价：CNY120.00

J0037653

中国纸马　陶思炎著

台北 东大图书公司 1996年 216页 26cm（16开）

ISBN：957-19-1940-3 定价：旧台币 10.40

（沧海美术 艺术特辑 4）

J0037654

朱宣咸木刻版画集　（1946-1995 中英日文本）[朱宣咸作]

重庆 重庆出版社 1996年 25×24cm

精装 ISBN：7-5366-3434-X 定价：CNY50.00

　　本画集收录了作者的版画作品五十幅，包括：《战火》《严冬的前奏》《爸爸也可以回家了》《嘉陵江上》等。作者朱宣咸（1927—2002），国画家、版画家、漫画家。浙江台州人，中国美术家协会会员。出版有《朱宣咸花鸟画选辑》《朱宣咸风景木刻版画选辑》等。

J0037655

1998：版画艺术　（版画挂历）湖南美术出版社编

长沙 湖南美术出版社 1997年 57×43cm

ISBN：7-5356-0992-9 定价：CNY42.00

J0037656

曹文汉版画集　曹文汉作

长春 吉林美术出版社 1997年 64页 24×26cm

精装 ISBN：7-5386-0488-X 定价：CNY98.00

　　作者曹文汉（1937—　），教授。北京人，毕业于中央美术学院版画系。历任吉林省艺术学院美术系教师、东北师范大学美术系教授、中国美术家协会会员、中国版画家协会会员、中国藏书票艺委会委员、吉林省作家协会会员。作品有《上市场》《毕加索》《莎士比亚》等。论著有《古元传》《版画技法与鉴赏》《古元的木刻艺术》《中国新兴木刻的延安学派》等。

J0037657

草本花诗画谱

北京 中国文联出版公司 1997年 107页 29cm（16开）ISBN：7-5059-2702-7

定价：CNY24.00

（明清画谱撷萃）

J0037658

陈老莲木刻画　（明）陈洪绶绘；首都图书馆编

北京 学苑出版社 1997年 影印本 有图及像 线装 ISBN：7-5077-1304-0 定价：CNY236.00

　　本书分二册。据明崇祯十一年（1638）至顺治八年（1651）刻本影印。作者陈洪绶（1598—1652），明末清初著名书画家，诗人。字章侯，幼名莲子，一名胥岸，号老莲，别号小净名，晚号老迟、悔迟，又号悔僧、云门僧。出生于浙江绍兴。代表作品有《九歌图》（含《屈子行吟图》）《〈西厢记〉插图》《水浒叶子》《博古叶子》等版刻传世，工诗善书，有《宝纶堂集》。

J0037659

陈力画集　陈力绘

昆明 云南美术出版社 1997年 23页 29cm（16开）

ISBN：7-80586-332-6 定价：CNY45.00

　　本书为中国现代版画画册，中英文本。

J0037660

鄞中铁作品选　鄞中铁编

成都 四川人民出版社 1997年 25页 25cm（小16开）

J0037661

古本戏曲版画图录　[金沛霖主编]；首都图书馆编辑

北京 学苑出版社 1997年 影印本 5册 28cm（大16开）精装 ISBN：7-5077-1238-9

定价：CNY2180.00

　　本书辑录了大量中国古本戏曲版画，以求再现中国古代戏曲版画的辉煌，并借此对这份丰富多彩的历史文化财富做了一次相对全面、系统的梳理与总结。

J0037662

观世音菩萨三十二大悲心忏　（明）丁云鹏
绘；黄秀英编
天津　天津人民美术出版社　1997 年　30 页
37cm　ISBN：7-5305-0418-5　定价：CNY7.20

J0037663

孔子圣迹图　孔祥林主编
济南　山东友谊出版社　1997 年　1 册（104 页）
9×19cm　ISBN：7-80551-954-4　定价：CNY3.00
　　本书为中国明代版画连环画。

J0037664

冷冰川的世界　（画集）冷冰川绘
南京　江苏美术出版社　1997 年　重印本
100 页　26cm（16 开）ISBN：7-5344-0344-8
定价：CNY30.00
　　外文书名：A Collection of Leng Bingchuan's
Works.

J0037665

李少言版画集　李少言绘；王伟主编
成都　四川美术出版社　1997年　150页　29cm（20开）
ISBN：7-5410-1352-8
定价：CNY180.00，CNY198.00（精装）
　　本书是作者版画集，有《重建》《川藏路上
水帘洞》，套色木刻《老街新貌》，其他作品如《地
雷战》《黄河渡伤员》《湖畔》《红岩》等。

J0037666

名公扇谱
北京　中国文联出版公司　1997 年　101 页
29cm（16 开）ISBN：7-5059-2707-8
定价：CNY23.60
（明清画谱撷萃）

J0037667

明代木刻观音画谱　（明）丁云鹏等编绘
上海　上海古籍出版社　1997年　144页　29cm（16开）
ISBN：7-5325-2172-9　定价：CNY55.00

J0037668

木本花鸟画谱
北京　中国文联出版公司　1997 年　102 页
29cm（16 开）ISBN：7-5059-2703-5

定价：CNY23.60
（明清画谱撷萃）

J0037669

任渭长画传四种　（清）任熊绘
北京　中国书店　1997 年　影印本　128 页
20cm（32 开）ISBN：7-80568-763-3
定价：CNY19.00
（中国历代书画丛书）

J0037670

邵克萍版画集　邵克萍著
上海　上海人民美术出版社　1997 年　95 页
26×26cm　精装　ISBN：7-5322-1830-9
定价：CNY150.00

J0037671

唐六如仿古今画谱
北京　中国文联出版公司　1997 年　99 页
29cm（16 开）ISBN：7-5059-2701-9
定价：CNY22.80
（明清画谱撷萃）

J0037672

唐诗六言画谱
北京　中国文联出版公司　1997 年　112 页
29cm（16 开）ISBN：7-5059-2705-1
定价：CNY24.60
（明清画谱撷萃）

J0037673

唐诗七言画谱
北京　中国文联出版公司　1997 年　115 页
29cm（16 开）ISBN：7-5059-2706-X
定价：CNY25.00
（明清画谱撷萃）

J0037674

唐诗五言画谱
北京　中国文联出版公司　1997 年　115 页
29cm（16 开）ISBN：7-5059-2704-3
定价：CNY25.00
（明清画谱撷萃）

J0037675

王金旭版画集　王金旭绘

北京 中国文学出版社 1997年 62页 29cm（16开）

ISBN：7-5071-0392-7

　　外文书名：A Collection of Prints by Wang Jinxu. 作者王金旭（1939—　　），编辑、画家。河南浚县人。国家一级美术师、中国美术家协会会员、中国版画家协会常务理事、中国藏书票研究会常务理事。作品有《钢铁长城》《神州朝晖》《边陲抒情》，出版有《王金旭版画集》等。

J0037676

王金旭版画集　（中英日法文本）［王金旭绘］

北京 中国文学出版社 1997年 62页 29cm（16开）

精装 ISBN：7-5071-0393-5 定价：CNY120.00

　　本书收入《飞翔的旋律》《春风曲》《雄鸡图》《群虎图》《女娲图》《彩陶图》等70多幅版画作品。

J0037677

闲花房　（二十四节气及其他　冷冰川的世界）

冷冰川绘

北京 三联书店 1997年 127页 31cm（10开）

ISBN：7-108-01112-3 定价：CNY60.00

J0037678

中国藏书票　中国藏书票收藏馆编

深圳 岭南美术出版社 1997年 影印本 有彩图 线装 ISBN：7-5362-1700-5 定价：CNY980.00

　　本书分二册。

J0037679

1999：陆放版画　陆放绘

北京 知识出版社 1998年 56×42cm

ISBN：7-5015-1731-2 定价：CNY42.00

J0037680

儿童纸版画　牛桂生著

上海 上海书画出版社 1998年 46页 26cm（16开）

ISBN：7-80635-212-0 定价：CNY12.00

（儿童美术入门丛书）

　　本作品系中国现代版画。

J0037681

粉印版画　左志丹编著

成都 四川科学技术出版社 1998年 114页

21×19cm

（少年儿童课余爱好丛书）

　　本书根据儿童年龄、心理、智力的特点，由浅入深地进行编排，将教师的范画和学生的课堂作业相对照，培养少儿的审美能力。

J0037682

黑白与灵性　（王熙西纸版画）王熙西绘

长沙 湖南美术出版社 1998年 97页 25×26cm

ISBN：7-5356-1127-3 定价：CNY28.00

J0037683

刘春杰版画集　刘春杰［绘］

哈尔滨 黑龙江美术出版社 1998年 42页

19×22cm ISBN：7-5318-0514-6 定价：CNY25.00

（黑龙江版画家画库）

J0037684

明朗的天　（1937-1949解放区木刻版画集）

李小山，邹跃进主编

长沙 湖南美术出版社 1998年 12+328+26页

38cm（6开）精装 ISBN：7-5356-1299-7

定价：CNY495.00

J0037685

清殿版画汇刊　（一 御制耕织图　御制避暑山庄三十六景诗图）刘托，孟白主编

北京 学苑出版社 1998年 影印本 329页

28cm（16开）精装 ISBN：7-5077-1410-1

定价：CNY4650.00（全十六册）

　　清代康熙年后在武英殿刊印的书籍称为殿本，书中的版画称为殿版画，本册收《御制耕织图》和《御制避暑山庄三十六景诗图》。

J0037686

清殿版画汇刊　（二 万寿盛典图）刘托，孟白主编

北京 学苑出版社 1998年 影印本 327页

28cm（16开）精装 ISBN：7-5077-1410-1

定价：CNY4650.00（全十六册）

　　清代康熙年后在武英殿刊印的书籍称为殿本，书中的版画称为殿版画，本册收康熙五十二年的刻本《万寿盛典图》。

J0037687
清殿版画汇刊 （三　钦定古今图书集成图）
刘托, 孟白主编
北京　学苑出版社　1998年　影印本　353页
28cm（16开）精装　ISBN：7-5077-1410-1
定价：CNY4650.00（全十六册）
　　清代康熙年后在武英殿刊印的书籍称为殿
本, 书中的版画称为殿版画, 本册收康熙四十五
年刊刻的《钦定古今图书集成图》。

J0037688
清殿版画汇刊 （四　龙藏　钦定授时通考图
钦定清凉山志图　琉球国志略图）刘托, 孟白
主编
北京　学苑出版社　1998年　影印本　353页　有地图
28cm（16开）精装　ISBN：7-5077-1410-1
定价：CNY4650.00（全十六册）
　　清代康熙年后在武英殿刊印的书籍称为殿
本, 书中的版画称为殿版画, 本册收《龙藏》《钦
定授时通考图》《钦定清凉山志图》《琉球国志
略图》。

J0037689
清殿版画汇刊 （五　圆明园四十景诗图）刘
托, 孟白主编
北京　学苑出版社　1998年　影印本　325页
28cm（16开）精装　ISBN：7-5077-1410-1
定价：CNY4650.00（全十六册）
　　清代康熙年后在武英殿刊印的书籍称为殿
本, 书中的版画称为殿版画, 本册收乾隆七年刊
刻的《圆明园四十景诗图》。

J0037690
清殿版画汇刊 （六～七　钦定西清古鉴）刘
托, 孟白主编
北京　学苑出版社　1998年　影印本　2册（984页）
28cm（16开）精装　ISBN：7-5077-1410-1
定价：CNY4650.00（全十六册）
　　清代康熙年后在武英殿刊印的书籍称为殿
本, 书中的版画称为殿版画, 本书六～七册收乾
隆十六年刊刻《钦定西清古鉴》。

J0037691
清殿版画汇刊 （八　盘山志图　皇朝礼器图
式）刘托, 孟白主编

北京　学苑出版社　1998年　影印本　372页
28cm（16开）精装　ISBN：7-5077-1410-1
定价：CNY4650.00（全十六册）
　　清代康熙年后在武英殿刊印的书籍称为殿
本, 书中的版画称为殿版画, 本册收《盘山志图》
《皇朝礼器图式》。

J0037692
清殿版画汇刊 （九　皇清职贡图）刘托, 孟白
主编
北京　学苑出版社　1998年　影印本　319页
28cm（16开）精装　ISBN：7-5077-1410-1
定价：CNY4650.00（全十六册）
　　清代康熙年后在武英殿刊印的书籍称为殿
本, 书中的版画称为殿版画, 本册收乾隆二十二
年刊刻的《皇清职贡图》。

J0037693
清殿版画汇刊 （十～十一　南巡盛典图）刘
托, 孟白主编
北京　学苑出版社　1998年　影印本　2册（732页）
28cm（16开）精装　ISBN：7-5077-1410-1
定价：CNY4650.00（全十六册）
　　清代康熙年后在武英殿刊印的书籍称为殿
本, 书中的版画称为殿版画, 本册收乾隆三十五
年刊刻的《南巡盛典图》。

J0037694
清殿版画汇刊 （十二　墨法集要　武英殿聚
珍版程式　钦定授衣广训　钦定大清会典图）
刘托, 孟白主编
北京　学苑出版社　1998年　影印本　367页
28cm（16开）精装　ISBN：7-5077-1410-1
定价：CNY4650.00（全十六册）
　　清代康熙年后在武英殿刊印的书籍称为殿
本, 书中的版画称为殿版画, 本册收《墨法集要》
《武英殿聚珍版程式》和《钦定授衣广训》和《钦
定大清会典图》。

J0037695
清殿版画汇刊 （十三　西巡盛典图）刘托, 孟
白主编
北京　学苑出版社　1998年　影印本　426页　有地
图　28cm（16开）精装　ISBN：7-5077-1410-1
定价：CNY4650.00（全十六册）

清代康熙年后在武英殿刊印的书籍称为殿本，书中的版画称为殿版画，本册收嘉庆二十三年刊刻的《西巡盛典图》。

J0037696
清殿版画汇刊 （十四 养正图解 钦定元王恽承华事略补图）刘托，孟白主编
北京 学苑出版社 1998年 影印本 402页
28cm（16开）精装 ISBN：7-5077-1410-1
定价：CNY4650.00（全十六册）
　清代康熙年后在武英殿刊印的书籍称为殿本，书中的版画称为殿版画，本册收《养正图解》和《钦定元王恽承华事略补图》。

J0037697
清殿版画汇刊 （十五～十六 钦定书经图说）
刘托，孟白主编
北京 学苑出版社 1998年 影印本 2册（738页）
28cm（16开）精装 ISBN：7-5077-1410-1
定价：CNY4650.00（全十六册）
　清代康熙年后在武英殿刊印的书籍称为殿本，书中的版画称为殿版画，本书十五～十六册收光绪三十一年刊刻的《钦定书经图说》。

J0037698
松江农民丝网版画 上海市松江区地方史志编纂委员会办公室编
上海 汉语大词典出版社 1998年 186页 有图
20cm（32开）精装 ISBN：7-5432-0329-4
定价：CNY48.00
（松江文献系列丛书 绘画专辑 1）

J0037699
王薇嘉画集 王薇嘉绘
北京 华文出版社 1998年 44页 26cm（16开）
ISBN：7-5075-0764-5 定价：CNY78.00
　本书为现代中国版画画册，中英文本。

J0037700
王训月版画集 王训月［绘］
哈尔滨 黑龙江美术出版社 1998年 42页
19×22cm ISBN：7-5318-0515-4 定价：CNY25.00
（黑龙江版画家画库）

J0037701
许钦松版画集 （1975~1998）许钦松绘；广东美术馆编
广州 岭南美术出版社 1998年 108页 29×29cm
ISBN：7-5362-1885-0
定价：CNY120.00，CNY280.00（精装）

J0037702
易阳画集 易阳著
武汉 湖北美术出版社 1998年 55页 26cm（16开）
ISBN：7-5394-0698-4 定价：CNY28.00

J0037703
赵海鹏画集 赵海鹏绘
苏州 古吴轩出版社 1998年 95页 25×25cm
精装 ISBN：7-80574-356-8 定价：CNY98.00

J0037704
中国古版画 （人物卷 教化类）刘昕主编
长沙 湖南美术出版社 1998年 11+320页
25×26cm ISBN：7-5356-1155-9 定价：CNY68.00

J0037705
中国古版画 （人物卷 戏剧类）刘昕主编
长沙 湖南美术出版社 1998年 11+319页
25×26cm ISBN：7-5356-1156-7 定价：CNY68.00

J0037706
中国古版画 （人物卷 小说类）刘昕主编
长沙 湖南美术出版社 1998年 11+317页
25×26cm ISBN：7-5356-1154-0 定价：CNY68.00

J0037707
中国古版画 （人物卷 绣像类）刘昕主编
长沙 湖南美术出版社 1998年 11+321页
25×26cm ISBN：7-5356-1157-5 定价：CNY68.00

J0037708
中国古版画 （地理卷 名山图）刘昕主编
长沙 湖南美术出版社 1999年 11+321页
25×26cm ISBN：7-5356-1162-1 定价：CNY68.00

J0037709
中国古版画 （地理卷 山川图）刘昕主编
长沙 湖南美术出版社 1999年 11+321页

25×26cm ISBN：7-5356-1164-8 定价：CNY68.00

J0037710

中国古版画 （地理卷 山志图）刘昕主编
长沙 湖南美术出版社 1999 年 11+320 页
25×26cm ISBN：7-5356-1165-6 定价：CNY68.00

J0037711

中国古版画 （地理卷 胜景图）刘昕主编
长沙 湖南美术出版社 1999 年 11+321 页
25×26cm ISBN：7-5356-1163-X 定价：CNY68.00

J0037712

中国古代佛教版画集 周心慧主编
北京 学苑出版社 1998 年 3 册（141+214+222 页）
37cm 精装 ISBN：7-5077-1126-9
定价：CNY780.00，CNY860.00（锦盒装）
　　本画集按作品梓行时代分装 3 册。第 1 册：
唐、五代、宋、元佛教版画；第 2 册：明代佛教版
画；第 3 册清及民初佛教版画，共收作品 505 幅，
涉及版本 309 种。

J0037713

百出京剧画谱 王树村选编；陶君起注解
哈尔滨 黑龙江美术出版社 1999 年 199 页
19×21cm ISBN：7-5318-0589-8 定价：CNY48.00

J0037714

藏书票 徐家林，刘玉林编
成都 四川美术出版社 1999 年 29cm（16 开）
ISBN：7-5410-1654-3 定价：CNY10.00
（中国儿童画库）

J0037715

程兆星版画 （中英文本）程兆星编著
郑州 河南美术出版社 1999 年 20×19cm
ISBN：7-5401-0800-2 定价：CNY28.00
　　本书收有《苍天》《日·月》《掘》《她去哪里》
《送行的乐队》《顺流》《生灵》《春夏秋冬》等 20
余幅版画作品。作者程兆星（1957—　），画家。
生于山西阳泉，毕业于解放军艺术学院美术系。
任职于郑州高炮学院，为河南省美术家协会理
事。编著《程兆星版画》《程兆星油画》《程兆星
水墨作品》。

J0037716

第十四届全国版画展作品集 神州版画博物
馆编
南宁 广西美术出版社 1999 年 217 页 29×27cm
精装 ISBN：7-80625-748-9 定价：CNY200.00
　　本书包括《钢魂》《金风拂地》《故乡的阳
光》《平常人》《背负》《新兵·老兵》《浪漫的花
季节》等版画作品。

J0037717

丁绍光作品集 俞璟璐，谢从荣主编
福州 福建教育出版社 1999 年 重印本 77 页
有照片图版 33cm（12 开）精装
ISBN：7-5334-2643-6 定价：CNY180.00
　　本书为现代中国版画画册。外文书名：Art
of Ting Shaokuang.

J0037718

杜鸿年版画集 杜鸿年著
哈尔滨 黑龙江美术出版社 1999 年 42 页
19×21cm ISBN：7-5318-0583-9 定价：CNY25.00
（黑龙江版画家画库）

J0037719

粉印版画 徐家林编
成都 四川美术出版社 1999 年 29cm（16 开）
ISBN：7-5410-1655-1 定价：CNY10.00
（中国儿童画库）

J0037720

黑龙江版画家画库 晁楣，姚凤林主编
哈尔滨 黑龙江美术出版社 1999 年 19×21cm

J0037721

侯秀婷画集 侯秀婷绘
深圳 海天出版社 1999 年 16 页 29cm（16 开）
ISBN：7-80654-106-3 定价：CNY360.00（全套）
（深圳美术家画库）
　　本书为现代中国版画画册。作者侯秀婷
（1957—　），女，高级美术教师。笔名秀亭、一
亭、逸亭。生于辽宁抚顺。中国中小学藏书票联
合会副会长、深圳市女画家协会会员、深圳市艺
术教育研究会会员。作品有《爱莲颂》等。

J0037722
黄泰华版画集　黄泰华［作］
哈尔滨　黑龙江美术出版社 1999 年 42 页
19×21cm ISBN：7-5318-0585-5 定价：CNY25.00
（黑龙江版画家画库）

J0037723
建安古版画　周芜等编著
福州 福建美术出版社 1999 年 494 页 29cm（16 开）
精装 ISBN：7-5393-0879-6 定价：CNY180.00
　　本书收古代版画约 100 幅。其中有：《列女
传》《妙法莲花经引首》《武王伐纣平话》《乐毅
图齐平话》等。

J0037724
历代名人绣像选　刘建超，高家瑞主编
天津 天津杨柳青画社 1999 年 190 页 26cm（16 开）
ISBN：7-80503-452-4 定价：CNY28.00

J0037725
木版画　刘玉林编
成都 四川美术出版社 1999 年 29cm（16 开）
ISBN：7-5410-1652-7 定价：CNY10.00
（中国儿童画库）

J0037726
清代御制铜版画
北京 国际文化出版公司 1999 年 56cm 经折装
ISBN：7-80105-679-5 定价：CNY3800.00
　　本书《平定西域战图》包括《平定伊犁受降》
《黑水围解》等 16 幅铜版画；《平定台湾战图》包
括《攻克斗六门》《厦门登岸》等 12 幅铜版画。

J0037727
日本藏中国古版画珍品　周芜等编著
南京 江苏美术出版社 1999 年 655 页
28cm（大 16 开）精装 ISBN：7-5344-0956-X
定价：CNY98.00

J0037728
邵明江版画集　邵明江［作］
哈尔滨 黑龙江美术出版社 1999 年 42 页
19×21cm ISBN：7-5318-0586-3 定价：CNY25.00
（黑龙江版画家画库）

J0037729
王炜版画世界　王炜编著
北京 中国文联出版公司 1999 年 56 页
29cm（16 开）ISBN：7-5059-3188-1
定价：CNY20.00

J0037730
香港藏书票协会会员作品集　（99'）香港藏
书票协会编
香港 香港三联书店（香港）有限公司 1999 年
118 页 28cm（大 16 开）ISBN：962-855-121-3

J0037731
心灵寓言　（冷冰川的世界）冷冰川绘
北京 人民日报出版社 1999 年 84 页 37cm
ISBN：7-80153-055-1（精装）定价：CNY120.00

J0037732
阎敏画集　阎敏［绘］
深圳 海天出版社 1999 年 16 页 29cm（16 开）
ISBN：7-80654-106-3 定价：CNY360.00［全套］
（深圳美术家画库）
　　本书为现代中国版画画册。作者阎敏
（1957—　），美术师。江西宜春人，先后毕业于
江西省宜春师专艺术系、华南师大美术系，结业
于中央美术学院版画系。深圳宝安画院美术师、
中国美术家协会会员、中国版画家协会会员。出
版作品有《阎敏画集》。

J0037733
杨凯生版画集　杨凯生［作］
哈尔滨 黑龙江美术出版社 1999 年 42 页
19×21cm ISBN：7-5318-0581-2 定价：CNY25.00
（黑龙江版画家画库）

J0037734
姚天沐版画　姚天沐绘
北京 人民美术出版社 1999 年 46 页 25×26cm
ISBN：7-102-01998-X 定价：CNY56.00

J0037735
云南纸马　高金龙编著
哈尔滨 黑龙江美术出版社 1999 年 78 页
29cm（15 开）ISBN：7-5318-0613-4
定价：CNY35.00

（中华民俗艺术精粹丛书）

本书为年画形式的中国版画作品。

J0037736
张路版画集 张路［作］
哈尔滨 黑龙江美术出版社 1999 年 42 页
19×21cm ISBN：7-5318-0584-7 定价：CNY25.00
（黑龙江版画家画库）

J0037737
张作良版画集 张作良［作］
哈尔滨 黑龙江美术出版社 1999 年 42 页
19×21cm ISBN：7-5318-0582-0 定价：CNY25.00
（黑龙江版画家画库）

J0037738
中国国家图书馆藏书票 （英汉对照）孙蓓
欣，李致忠主编
北京 北京图书馆出版社 1999 年 61 页
29cm（16 开）折页函套精装
ISBN：7-5013-1637-6 定价：CNY780.00
本书是中国国家图书馆为纪念甲骨文发现
100 周年发行的由著名版画家根据殷商时期的甲
骨文实物及拓片的照片设计的珍藏版藏书票集。

J0037739
中国萌芽木刻集 （鲁迅评析中国现代木刻典
藏）鲁迅博物馆编；萧振鸣主编
福州 福建教育出版社 1999 年 影印暨胶印本
有插图 33cm（5 开）线装 ISBN：7-5334-2868-4
定价：CNY680.00
本书分 2 册。

J0037740
中国优秀版画家作品选 （1979—1999）中
国版画家协会，青岛市文化局编
北京 中国大百科全书出版社 1999 年 261 页
29cm（16 开）ISBN：7-5000-6254-0
定价：CNY288.00

中国宣传画作品

J0037741
国民公约图解 （1）豫鄂皖苏边区党政分会
战地宣传委员会编
豫鄂皖苏边区党政分会战地宣传委员会
［1931—1949 年］12 页 9×13cm
（战地小丛书 第 1 集）
本书以图文并茂的形式，宣传抗战期间制定
的《国民公约》。

J0037742
抗战画集 姜存松编
浙江省教育厅［1931—1949 年］88 页 13×18cm
（战时民众教育丛书 4）
本书包括抗战建国纲领图解、浙江省战时政
治纲领图解、国内外风云人物图、全民抗战图、
敌人暴行图、抗战故事图、各种武器图、最后胜
利图等 10 辑。书前有战时民众教育丛书发刊旨趣。

J0037743
春耕运动画报 （第 1 期）
中华苏维埃共和国临时中央政府土地人民委员
部 1933 年 石印本 1 页 53cm（4 开）

J0037744
春耕运动画报 （第 1 期）中华苏维埃共和国
临时中央政府土地人民委员部编
［瑞金］中华苏维埃共和国临时中央政府土地人
民委员部 1933 年 复制本 1 张 36×52cm

J0037745
儿童诗歌救国公债 （图画集）徐绍昌编著；
丁熙绘图；救国公债劝募委员会编
长沙 商务印书馆 1938 年 5 版 28 页 26×19cm
本书中，每幅宣传画配诗一首。

J0037746
通俗抗战画曲集 卢东序编绘；陈新作曲
［江苏］江苏来汉新闻记者工作协进团 1938 年
12 页［19cm］（32 开）
本书为中国现代宣传画册，收 12 幅图画，
每幅附有歌词。前有曲调一首。

J0037747

抗战画集　郑棣编

丽水 郑棣［自刊］1939 年 74 页 19cm（32 开）

　　本书为反映抗日战争的宣传画册。全书分国际风云人物、战争利器、抗战宣传、战场素描、敌寇暴行、国际国内名画等 14 类。

J0037748

不学习文化能行吗?　（画册）联政宣传部编

联政宣传部 1945 年 锌板印本 20 页 20cm（32 开）（连队文化丛书）

　　本书宣传学文化的必要及其方法。每幅图前均有解说。 收于《连队文化丛书》第四中。

J0037749

儿童文画　（1–3 册）陆静山著; 舜田绘

成都 实学书局 1945 年 再版 3 册（16+16+16 页）20cm（32 开）

　　本书内容为向儿童宣传如何抗日, 每幅画都配有说明文字。

J0037750

人民解放军优良传统　（画册）盐阜画报社绘

盐阜 华中新华书店盐阜分店 1948 年 影印本 32 页 横 13cm（64 开）

J0037751

华北解放纪念　（传单画）华北人民政府, 中共中央华北局, 中国人民解放军华北军区敬赠

华北人民政府 1949 年 1 张 有图 13×11cm

　　本宣传画与中国人民解放军华北军区合作出版。

J0037752

塔山英勇守备战画报特刊　中国人民解放军第四十一军政治部编

北京 中国人民解放军第四十一军政治部 1949 年 26cm（16 开）

J0037753

战士画册　苏北扬州军分区前哨报社编

扬州 苏北扬州军分区前哨报社 1949 年 23 页 19cm（32 开）

　　本书为诉苦大会画刊, 附说唱韵文。

J0037754

遵纪爱民

华中新华书店总店 1949 年 ［42］页 11×13cm

　　本书内分三大纪律、八项注意、入城纪律守则等部分, 收 19 幅画, 每幅配有说明文字。

J0037755

时事宣传画

［济南］山东新华出版社 1950 年 19cm（32 开）

定价: CNY1.20

J0037756

宣传画参考资料　（第一辑）中央美术学院抗美援朝委员会编

北京 人民美术出版社 1950 年 16 页 19cm（32 开）

定价: CNY1.70

J0037757

宣传画参考资料　（第二辑）中央美术学院抗美援朝委员会编

北京 人民美术出版社 1950 年 16 页 19cm（32 开）

定价: CNY1.70

J0037758

宣传画参考资料　（第三辑）

北京 人民美术出版社 1951 年 17 页 19cm（32 开）

定价: 旧币 1,700 元

J0037759

宣传画参考资料　（第四辑）

北京 人民美术出版社 1951 年 17 页 19cm（32 开）

定价: CNY1.70

J0037760

宣传画参考资料　（第五辑）

北京 人民美术出版社 1951 年 17 页 19cm（32 开）

定价: 旧币 1,700 元

J0037761

宣传画参考资料　（第六辑）

北京 人民美术出版社 1951 年 16 页 19cm（32 开）

定价: 旧币 1,700 元

J0037762

宣传画参考资料　（第七辑）

北京 人民美术出版社 1951年 18页 19cm（32开）
定价：旧币 1,700 元

J0037763
宣传画参考资料 （第八辑）
北京 人民美术出版社 1951年 18页 19cm（32开）
定价：旧币 1,700 元

J0037764
一九五〇年春节宣传画选　北京市人民美术
工作室绘编
北京 新华书店 1950年 影印本 31页
22cm（20开）定价：CNY5.40

J0037765
一九五〇年春节宣传画巡回展览
北京 1950年 31页 22cm（20开）

J0037766
抗美援朝保家卫国宣传画选集　中央美术
学院研究部编
北京 人民美术出版社 1951年 影印本 30页
21cm（32开）定价：旧币 7,500 元

J0037767
美帝侵华漫画册　刘天放，石佐理作
［济南］山东人民出版社 1951年
定价：CNY0.52

J0037768
"中华人民共和国宪法" 宣传画册　辽宁省
美术工作室编绘
东北画报 1952年 定价：CNY0.17
　　中国现代宣传画作品。

J0037769
粉粹美帝细菌战　大众美术社美术室编
［上海］大众美术出版社 1952年 定价：CNY0.15
　　中国现代宣传画作品。

J0037770
警惕糖衣砲弹　天放等画；宫琦等词
［济南］山东人民出版社 1952年 1幅
定价：CNY0.18
　　中国现代宣传画作品。

J0037771
增产竞赛红旗飘　作良编绘
太原 山西人民出版社 1952年 20cm（32开）
定价：旧币 2,000 元
　　中国现代宣传画画册。

J0037772
宣传画参考资料汇编　人民美术出版社编
北京 人民美术出版社 1953年 113页 有图
26cm（16开）定价：旧币 8,000 元

J0037773
建设优良的现代化的革命军队　中国人民
解放军总政治部文化部编
北京 中国人民解放军总政治部文化部 1954年
26cm（16开）
　　中国现代宣传画作品。

J0037774
战争贩子的嘴脸　沈同衡作
上海 上海出版公司 1954年 19cm（32开）
定价：CNY0.75
　　中国现代宣传画作品。

J0037775
庆祝社会主义改造胜利画集　张乐平等绘
上海 上海人民美术出版社 1956年 44页
21cm（32开）统一书号：T8081.1284
定价：CNY0.60
　　现代中国宣传画作品画册。作者张乐平
（1910—1992），漫画家。浙江海盐人。曾任中国
美术家协会上海分会、解放日报社、上海少年儿
童出版社专业画家。漫画"三毛"形象的创作者。
代表作品《三毛流浪记》《三毛从军记》。

J0037776
中国的宣传画　沈鹏编
北京 朝花美术出版社 1957年 21页 18cm（15开）
统一书号：T8028.1461 定价：CNY0.16
（群众美术画库）
　　作者沈鹏（1931—　），美术评论家、书法
家、诗人。生于江苏江阴。历任中国文联副主席、
中国书法家协会主席、中国美术出版总社顾问以
及《中国书画》主编、炎黄书画院副院长、中国
书画函授大学教授、《书法之友》杂志名誉主席等

职。书法作品有著作:《书画论评》《沈鹏书画谈》《三余吟草》《沈鹏书法选》《沈鹏书法作品集》。

J0037777
中国农业宣传画　文堉,景濂编
北京 朝花美术出版社 1957年 21页 18cm(15开)
统一书号: T8028.1484 定价: CNY0.16
（群众美术画库）

J0037778
点石斋画报时事画选　郑为编
北京 中国古典艺术出版社 1958年 影印本
139页 26cm(16开)统一书号: 8029.67
定价: CNY3.50
　　　本书分5部分。第一部分,中法战争、中日战争;第二部分,中国人民的穷根——皇帝、地主、军阀、贪官污吏;第三部分,帝国主义势力在中国;第四部分,旧社会人民的生活疾苦;第五部分,中国人民反帝、反封建斗争。对每一图画的内容都有介绍。

J0037779
敢想敢做　姜启才等画
上海 上海人民美术出版社 1958年 42页
20cm(32开)统一书号: T8081.4215
定价: CNY0.32
（工农兵美术作品选辑 五）
　　　中国现代宣传画画册。

J0037780
时事漫画宣传画选集　（第一辑）天津美术出版社辑
天津 天津美术出版社 1958年 68页 17cm(32开)
统一书号: 8073.978 定价: CNY0.18

J0037781
宣传画与壁画　中央美术学院编
北京 人民美术出版社 1958年 31页 21cm(32开)
统一书号: T802.2082 定价: CNY0.27
（美术兵丛书）

J0037782
璧山人民画集　（第一集）璧山 "人民公社" 编
璧山[重庆]璧山人民出版社 [1959年]
石印本 13页 19×26cm

J0037783
电影宣传画集　中国电影出版社编辑
北京 中国电影出版社 1959年 [41幅]
28cm(26开)统一书号: 8061.360
定价: CNY6.50

J0037784
共产主义诗画　阮未青绘
杭州 浙江人民出版社 1959年 38页 19cm(32开)
统一书号: 8103.58 定价: CNY0.35
　　　中国现代宣传画作品。

J0037785
军民一家　上海人民美术出版社编
上海 上海人民美术出版社 1959年 50页
19cm(32开)统一书号: T8081.4451
定价: CNY0.50
（工农兵美术作品选辑 七）
　　　中国现代宣传画作品。

J0037786
劳动锻炼诗画册　中共重庆市委下放干部工作委员会编
重庆 重庆人民出版社 1959年 105页 38cm(6开)
精装 统一书号: 8114.158 定价: CNY7.30
　　　中国现代宣传画作品画册。

J0037787
双报喜　上海人民美术出版社编
上海 上海人民美术出版社 1959年 45页
19cm(32开)统一书号: T8081.4214
定价: CNY0.34
（工农兵美术作品选辑 六）
　　　中国现代宣传画作品。

J0037788
宣传画册　中共乐平县委宣传部,乐平县文化馆合编
1959年 31页 13×18cm(36开)

J0037789
"八字宪法" 是个宝,粮棉产量步步高　周积寅作
[南京]江苏文艺出版社 1960年 [1张]
定价: CNY0.11

中国现代宣传画作品。

J0037790

"四化"早实五谷大丰收 中央工艺美术学院绘画系集体创作

北京 人民美术出版社 1960年 [1张]

定价: CNY0.13

中国现代宣传画作品。

J0037791

阿姨象妈妈宝宝是鲜花 李新作

[南京] 江苏文艺出版社 1960年 [1张]

定价: CNY0.11

中国现代宣传画作品。作者李新(1944—),河南罗山县人。驻马店日报社编委会委员、中国摄影家协会会员。摄有《李新摄影作品集》等。

J0037792

艾森豪威尔独白 中国美术家协会辽宁分会编;郭沫若诗;鲁迅美术学院画

[沈阳] 辽宁美术出版社 1960年 [1张]

定价: CNY0.11

中国现代宣传画作品。

J0037793

艾森豪威尔滚出去! 云南艺术学院集体创作

[昆明] 云南人民出版社 1960年 [1张]

定价: CNY0.10

中国现代宣传画作品。

J0037794

爱国卫生"十大倡议" 上海人民美术出版社连编室集体创作

上海 上海人民美术出版社 1960年 6张

定价: CNY0.66

中国现代宣传画作品。

J0037795

爱学习爱劳动做毛主席的好孩子 青海人民出版社美术组作

[西宁] 青海人民出版社 1960年 [1张]

定价: CNY0.15

中国现代宣传画作品。

J0037796

安全运输支援建设 陈磐作

上海 上海人民美术出版社 1960年 [1张]

定价: CNY0.11

中国现代宣传画作品。

J0037797

八字宪法 徐凤明绘

[石家庄] 河北人民美术出版社 1960年 8张

定价: CNY0.32

中国现代宣传画作品。

J0037798

八字宪法字字千金 符仕柱作

[长沙] 湖南人民出版社 1960年 [1张]

定价: CNY0.13

中国现代宣传画作品。

J0037799

把技术革命深入到一切劳动中去! 王弘力, 黄锡龄作

[沈阳] 辽宁美术出版社 1960年 [1幅]

定价: CNY0.11

中国现代宣传画作品。作者王弘力(1927—2019),连环画家。生于天津,祖籍山东蓬莱。历任中国美术家协会会员、沈阳文史馆馆员、《辽西画报》《辽西文艺》编辑、辽宁美术出版社编审。代表作品有连环画《十五贯》《天仙配》等

J0037800

把全部力量贡献给社会主义和共产主义!
郭钟瑜画

上海 上海人民美术出版社 1960年 [1张]

定价: CNY0.11

中国现代宣传画作品。

J0037801

白云看见不想走 傅若云作

[成都] 四川人民出版社 1960年 [1张]

定价: CNY0.08

中国现代宣传画作品。

J0037802

办好公共食堂 粮食部编;费声福作

北京 人民美术出版社 1960年 [1张]

定价: CNY0.10

中国现代宣传画作品。作者费声福(1927—　　)，祖籍浙江慈溪。毕业于中央美术学院。历任中国连环画出版社编审、《中国连环画》副主编、中国美术家协会连环画艺术委员会副主任、中国连环画研究会常务理事兼秘书长。作品有《神火》《游赤壁》。

J0037803

保持警惕坚持斗争　　上海人民美术出版社制
上海　上海人民美术出版社 1960 年
定价: CNY0.11
　　中国现代摄影宣传画。

J0037804

保卫我们和平幸福繁荣富强的祖国　　朱旭，俞士梅作
上海　上海人民美术出版社 1960 年 [1 张]
定价: CNY0.11
　　中国现代宣传画作品。

J0037805

奔向农业生产第一线!　　刘涛作
[福州] 福建人民出版社 1960 年 [1 张]
定价: CNY0.11
　　中国现代宣传画作品。

J0037806

边疆小唱画片　　(德宏傣文) 郁风作
昆明　云南民族出版社 1960 年 10 张 15cm(40 开)
统一书号: M8145.44 定价: CNY0.35

J0037807

边收、边耕、边种、力争农业丰收!　　翁逸之，游龙姑作
上海　上海人民美术出版社 1960 年 [1 张]
定价: CNY0.11
　　中国现代宣传画作品。

J0037808

遍地盛开"跃进"花　　赵澍萍作
[济南] 山东人民出版社 1960 年 [1 张]
定价: CNY0.11
　　中国现代宣传画作品。

J0037809

不准随地吐痰!　　哈琼文作
上海　上海人民美术出版社 1960 年 [1 张]
定价: CNY0.11
　　中国现代宣传画作品。作者哈琼文(1925—2012)，回族，北京人。毕业于中央大学艺术系。上海人民美术出版社编审、上海文史研究馆馆员、中国美术家协会会员、美术家协会上海分会理事。擅长油画、宣传画。主要作品有油画《鲁迅——致电党中央祝贺长征胜利到达陕北》、宣传画《毛主席万岁》等。

J0037810

不做伸手派要当革新家　　顾宗贤，沈复明作
上海　上海人民美术出版社 1960 年 [1 张]
定价: CNY0.11
　　中国现代宣传画作品。

J0037811

菜场新貌　　李畹等合作
[南京] 江苏文艺出版社 1960 年 [1 张]
定价: CNY0.12
　　中国现代宣传画作品。

J0037812

操作自动化生产一条龙　　黄善来作
上海　上海人民美术出版社 1960 年 [1 幅]
定价: CNY0.11
　　中国现代宣传画作品。

J0037813

草原上的文化队　　何逸梅作
上海　上海人民美术出版社 1960 年 [1 张]
定价: CNY0.12
　　中国现代宣传画作品。作者何逸梅(1894—1972)，画家。号明斋。江苏吴县(今属苏州)人。上海商务印书馆图画部第一批练习生之一。主要从事月份牌画创作，兼作工商装潢美术设计。

J0037814

常常洗澡身体好，常常洗手毛病少!　　都冰如作
上海　上海人民美术出版社 1960 年 [1 张]
定价: CNY0.11
　　中国现代宣传画作品。作者都冰如(1903—

1987），编辑。字能，别署九五客，浙江海宁人，毕业于上海专科师范学校。历任商务印书馆、香港商务《东方画报》《健与力》美术编辑、四川重庆国立劳作师范美术教师、上海文史馆馆员等职。作品有《长恨歌》《正气歌》《万马奔腾》。

J0037815

车间大革命操作电钮撤生产一条龙面貌日日新　翁逸之作

上海　上海人民美术出版社　1960年［1幅］

定价：CNY0.11

中国现代宣传画作品。作者翁逸之（1921—1995），生于上海青浦。曾任上海人民美术出版社编审、中国美术家协会会员、上海美术家协会理事、上海粉画学会顾问等。师承张充仁，创作了许多招贴画、油画和粉画。画作有《保卫和平是英雄建设祖国是好汉》《全民皆兵保卫祖国》《庆祝中华人民共和国成立三十五周年》《庆祝中国共产党成立六十周年》《热烈庆祝五届全运会胜利召开》等。

J0037816

乘风破浪全面"跃进"　江南春，韩敏作

上海　上海人民美术出版社　1960年［1张］

定价：CNY0.24

中国现代宣传画作品。作者韩敏（1929—　），连环画、年画画家。浙江杭州人。历任上海人民美术出版社创作员、上海书画研究院院长、中国美术家协会委员、上海市美术家协会理事、上海文史馆馆员。代表作品有《郑板桥》等。

J0037817

乘胜前进誓夺钢铁优质高产低成本　浙江美术学院附中高四作

［杭州］浙江人民美术出版社　1960年［1幅］

定价：CNY0.12

中国现代宣传画作品。

J0037818

乘胜再"跃进"生产满堂红　任兴作

天津　天津美术出版社　1960年［1张］

定价：CNY0.10

中国现代宣传画作品。作者任兴（1936—　），浙江绍兴人，生于天津，毕业于西安美术专科学校油画系。历任天津美术出版社美术编辑、羊城

晚报社美术编辑。绘有《魔术师斗法（少年连环画库）》。

J0037819

创奇迹，夺头名，迎接红五月！　路登作

［南京］江苏文艺出版社　1960年［1幅］

定价：CNY0.11

中国现代宣传画作品。

J0037820

春肥　吴懋祥绘

［石家庄］河北人民美术出版社　1960年［1张］

定价：CNY0.06

中国现代宣传画作品。作者吴懋祥（1932—　），画家、国家一级美术师。别名彼岸，字铁矛，河南温县人。曾任《河南日报》社美术组组长、高级编辑，中国美术家协会会员，中国连环画研究会理事，中国美术家协会河南分会理事，河南书画院院外画师，嵩阳书画院副院长。作品有《老石工》《栋》《修渠人》《麦收季节》等。

J0037821

春耕干劲大确保大丰收　妥木斯作

［天津］天津美术出版社　1960年［1张］

定价：CNY0.12

中国现代宣传画作品。

J0037822

春满大院福满门　邓庆铭，薛红缨合作

［沈阳］辽宁美术出版社　1960年［1张］

定价：CNY0.11

中国现代宣传画作品。

J0037823

从繁琐家务劳动解放出来，一心到社会主义建设中去！　张伟绘

［石家庄］河北人民美术出版社　1960年［1张］

定价：CNY0.12

中国现代宣传画作品。

J0037824

从小养成节约的习惯　韩伍作

天津　天津少儿美术出版社　1960年［1张］

定价：CNY0.12

中国现代宣传画作品。作者韩伍（1936—　），

画家。浙江杭州人，毕业于行知艺术学校。中国
美术家协会会员、儿童时代社《哈哈画报》主编、
上海市美术家协会理事。作品有《五彩路》《微
湖山上》《灯花》等，出版有《韩伍画集》《小巷
童年》《诗经彩绘》等。

J0037825
促进农业技术改造是我们光荣的任务　郭
仁义等摄影
上海　上海人民美术出版社 1960 年［1 张］
定价：CNY0.11
　　　中国现代摄影宣传画。

J0037826
大办农业、大办粮食　湖北人民出版社编
［武汉］湖北人民出版社 1960 年　6 张
定价：CNY0.18
　　　中国现代宣传画作品。

J0037827
大除四害促进生产　河南省卫生防疫站供稿
［郑州］河南人民出版社 1960 年［1 张］
定价：CNY0.06
　　　中国现代宣传画作品。

J0037828
大搞炊具改革提高工效和菜饭质量　范里
等作
［贵阳］贵州人民出版社 1960 年［1 张］
定价：CNY0.08
　　　中国现代宣传画作品。

J0037829
大搞工具改革加速实现农业机械化　郭仁
义，陆星辰摄影
上海　上海人民美术出版社 1960 年
定价：CNY0.11
　　　中国现代摄影宣传画。

J0037830
大搞农业十大基本建设　湖北艺术学院美术
系绘
［武汉］湖北人民出版社 1960 年　4 张
定价：CNY0.40
　　　中国现代宣传画作品。

J0037831
大搞群众运动加速实现水利化　胡今叶作
［南京］江苏文艺出版社 1960 年［1 张］
定价：CNY0.11
　　　中国现代宣传画作品。

J0037832
大搞卫生消灭四害
上海　上海人民美术出版社 1960 年［1 张］
定价：CNY0.11
　　　中国现代宣传画作品。

J0037833
大鼓干劲掀起林业生产新高潮　邓庆铭作
［沈阳］辽宁美术出版社 1960 年［1 张］
定价：CNY0.11
　　　中国现代宣传画作品。

J0037834
大家的衣服我来洗　邵晶坤绘
北京　北京出版社 1960 年［1 张］
定价：CNY0.15
　　　中国现代宣传画作品。

J0037835
大家都来参加乒乓球活动！　王尊义作
［济南］山东人民出版社 1960 年［1 张］
定价：CNY0.11
　　　中国现代宣传画作品。

J0037836
大家都来支援农业！　郑陶，王振良作
［杭州］浙江人民美术出版社 1960 年［1 张］
定价：CNY0.12
　　　中国现代宣传画作品。

J0037837
大力发展捕鱼事业　高喆民作
天津　天津美术出版社 1960 年［1 张］
定价：CNY0.12
　　　中国现代宣传画作品。

J0037838
大力发展养猪事业　张重庆作
北京　人民美术出版社 1960 年［1 张］

定价: CNY0.13
　　中国现代宣传画作品。

J0037839
大力发展养猪事业!　　黄锡龄作
[沈阳] 辽宁美术出版社 1960 年 [1 张]
定价: CNY0.11
　　中国现代宣传画作品。

J0037840
大力开垦荒地取粮食丰收　　湖南人民艺术服
务社作
[长沙] 湖南人民出版社 1960 年 [1 张]
定价: CNY0.12
　　中国现代宣传画作品。

J0037841
大力开展以粮、钢为中心的增产节约运动
杜琦作
[重庆] 重庆人民出版社 1960 年 [1 张]
定价: CNY0.13
　　中国现代宣传画作品。

J0037842
大力增产原煤矿石支援夺铁保钢大战　　浙
江美术学院油画系二年级作
[杭州] 浙江人民美术出版社 1960 年 [1 幅]
定价: CNY0.12
　　中国现代宣传画作品。

J0037843
大力支援农业技术改造　　张士英作
[成都] 四川人民出版社 1960 年 [1 张]
定价: CNY0.12
　　中国现代宣传画作品。

J0037844
**大闹技术革新大闹技术革命向高精尖进
军**　　冯一鸣作
天津 天津美术出版社 1960 年 [1 幅]
定价: CNY0.12
　　中国现代宣传画作品。

J0037845
大闹技术革命高速建设社会主义!　　关嵩

茂作
[沈阳] 辽宁美术出版社 1960 年 [1 幅]
定价: CNY0.11
　　中国现代宣传画作品。

J0037846
大闹技术革命向机械化自动化进军　　毛颂
恩作
上海 上海人民美术出版社 1960 年 [1 幅]
定价: CNY0.11
　　中国现代宣传画作品。

J0037847
大闹技术革新生产展翅高飞　　贺安成作
[长沙] 湖南人民出版社 1960 年 [1 幅]
定价: CNY0.12
　　中国现代宣传画作品。

J0037848
大兴水利移山造海　　王华,柴夫作
[西安] 长安美术出版社 1960 年 [1 张]
定价: CNY0.12
　　中国现代宣传画作品。

J0037849
大张旗鼓　大造声势　大除五害　　集智作
[武汉] 湖北人民出版社 1960 年 [1 张]
定价: CNY0.13
　　中国现代宣传画作品。

J0037850
到农业生产第一线去!　　翁逸之,曹有成作
上海 上海人民美术出版社 1960 年 [1 张]
定价: CNY0.11
　　中国现代宣传画作品。

J0037851
到天空去放行　　戴铁郎画
天津 天津少儿美术出版社 1960 年 [1 张]
定价: CNY0.12
　　中国现代宣传画作品。

J0037852
到业余学校去　　庞卡作
上海 上海人民美术出版社 1960 年 [1 张]

定价：CNY0.11

中国现代宣传画作品。作者庞卡(1935—　)。画家。又名庞抱俊。上海人。历任上海人民美术出版社年画编辑、创作员。作品有《从小爱科学》《秧苗青青春来早》《爱人民》等。

J0037853

第一炉钢水　　梁洪涛作

上海　上海人民美术出版社　1960 年 ［1 幅］

定价：CNY0.12

中国现代宣传画作品。

J0037854

东风吹来春色满城　　中央工艺美术学院集体创作

北京　人民美术出版社　1960 年 ［1 张］

定价：CNY0.13

中国现代宣传画作品。

J0037855

动脑筋攻尖端　　蒋有作

上海　上海人民美术出版社　1960 年 ［1 张］

定价：CNY0.11

中国现代宣传画作品。

J0037856

读毛主席的著作　听毛主席的话　做毛主席的好学生　　何钟台作

［杭州］浙江人民美术出版社　1960 年 ［1 张］

定价：CNY0.12

中国现代宣传画作品。

J0037857

锻炼身体，建设祖国　　何国中作

天津　天津美术出版社　1960 年 ［1 张］

定价：CNY0.13

中国现代宣传画作品。

J0037858

多炼钢铁，支援农业　　贾青青绘

［石家庄］河北人民美术出版社　1960 年 ［1 张］

定价：CNY0.12

中国现代宣传画作品。

J0037859

多养牲畜多积肥　　赵敏生作

天津　天津美术出版社　1960 年 ［1 张］

定价：CNY0.12

中国现代宣传画作品。

J0037860

多养猪养好猪　　范联辉摄影

上海　上海人民美术出版社　1960 年

定价：CNY0.11

中国现代摄影宣传画。

J0037861

多种葵花献给国家　　张从新作

［沈阳］辽宁美术出版社　1960 年 ［1 张］

定价：CNY0.11

中国现代宣传画作品。

J0037862

发奋图强大办农业鼓足干劲多收粮食　　高喆民绘

［石家庄］河北人民美术出版社　1960 年 ［1 张］

定价：CNY0.12

中国现代宣传画作品。

J0037863

发愤图强建设祖国　　钱大昕作

上海　上海人民美术出版社　1960 年 ［1 张］

定价：CNY0.22

中国现代宣传画作品。钱大昕(1922—　)，画家。上海人。擅长宣传画、美术编辑。历任上海人民美术出版社年画宣传画编辑室副主任、副总编辑、编审。作品有《争取更大丰收献给社会主义》《列宁——无产阶级革命的伟大导师》《延河长流鱼水情深》，合著有《怎样画宣传画》。

J0037864

发扬革命传统从胜利走向胜利　　路登作

上海　上海人民美术出版社　1960 年 ［1 张］

定价：CNY0.11

中国现代宣传画作品。

J0037865

发扬共产主义风格广泛开展技术革新运动　　刘馗作

［沈阳］辽宁美术出版社 1960 年［1 幅］

定价: CNY0.06

中国现代宣传画作品。

J0037866

发扬民兵的光荣传统为了建设为了保卫社会主义　游龙姑作

上海 上海人民美术出版社 1960 年［1 张］

定价: CNY0.11

中国现代宣传画作品。

J0037867

发展多种经营争取全面大丰收　岑毅鸣作

［广州］广东人民出版社 1960 年［1 张］

定价: CNY0.16

中国现代宣传画作品。

J0037868

反对帝国主义，争取民族解放！　沈复明作

上海 上海人民美术出版社 1960 年［1 张］

定价: CNY0.11

中国现代宣传画作品。作者沈复明（1935—　），画家。即沈丰明，浙江海盐人，毕业于鲁迅美术学院。负责上海人民美术出版社、广西人民出版社出版发行工作。作品有《希望寄托在你们身上》《歌唱大团结》《备战备荒为人民》《到工农兵去》《做红色接班人》《反对帝国主义争取民族解放》《大寨花盛开》《漓水春风客舟轻》等。

J0037869

肥猪兴旺五谷丰登　黄胄绘

［石家庄］河北人民美术出版社 1960 年［1 张］

定价: CNY0.12

中国现代宣传画作品。

J0037870

丰收喜讯迎东风　麦浪滚滚架飞龙　今朝进军机械化　一片黄金一片红　游龙姑作

上海 上海人民美术出版社 1960 年［1 张］

定价: CNY0.11

中国现代宣传画作品。

J0037871

妇女什么都能干，什么都干得好　（红、勤、巧、俭的先进集体）重庆市妇女联合会编

重庆 重庆人民出版社 1960 年［1 张］

定价: CNY0.16

中国现代宣传画作品。

J0037872

改革农具促进生产　郭钟瑜作

上海 上海人民美术出版社 1960 年［1 张］

定价: CNY0.11

中国现代宣传画作品。

J0037873

敢想敢干，作技术革命的急先锋！　王永扬作

天津 天津美术出版社 1960 年［1 张］

定价: CNY0.12

中国现代宣传画作品。作者王永扬（1934—　），画家。浙江鄞县人，出生于上海。杭州国立艺术专科学校绘画系毕业。中国美术家协会会员、中国版画家协会会员、天津美术家协会常务理事。作品有《白求恩》《农村小景》《今天苦战为了万年幸福》《灯心绒》等。

J0037874

敢想敢干苦干巧干　顾祝君作

天津 天津美术出版社 1960 年［1 张］

定价: CNY0.12

中国现代宣传画作品。

J0037875

钢铁盛开"跃进"花　吴羹作

［南京］江苏人民出版社 1960 年［1 幅］

定价: CNY0.12

中国现代宣传画作品。作者吴羹（1914—1970），画家。号菊逸，贵州贵阳人，历任江苏人民出版社美编室副主任，江苏文艺出版社美编室编辑，中国美术家协会会员。作品有《锄小麦》等。

J0037876

高举红旗沿着党的道路飞跃前进　江敉作

［成都］四川人民出版社 1960 年［1 张］

定价: CNY0.12

中国现代宣传画作品。

J0037877

高举毛泽东思想红旗奋勇前进　李平野作
[武汉] 湖北人民出版社 1960 年 [1 张]
定价: CNY0.13
　　中国现代宣传画作品。

J0037878

高举毛泽东思想红旗奋勇前进　孙福兴作
[沈阳] 辽宁美术出版社 1960 年 [1 张]
定价: CNY0.11
　　中国现代宣传画作品。

J0037879

高举毛泽东思想红旗奋勇前进　马鹏作
[杭州] 浙江人民美术出版社 1960 年 [1 张]
定价: CNY0.12
　　中国现代宣传画作品。

J0037880

高速度地建设社会主义　吴诒,郭钟瑜画
上海　上海人民美术出版社 1960 年 [1 张]
定价: CNY0.11
　　中国现代宣传画作品。

J0037881

高速发展养猪事业,农牧双喜满堂红!
李炎,叶洛作
[西安] 长安美术出版社 1960 年 [1 张]
定价: CNY0.12
　　中国现代宣传画作品。

J0037882

高举毛泽东思想的旗帜前进　集智作
[武汉] 湖北人民出版社 1960 年 [1 张]
定价: CNY0.13
　　中国现代宣传画作品。

J0037883

高举毛泽东思想的旗帜前进!　嵇锡林作
[南京] 江苏文艺出版社 1960 年 [1 张]
定价: CNY0.11
　　中国现代宣传画作品。

J0037884

搞好饮食卫生,预防食物中毒!　卫生部卫

生教育所绘制
[北京] 人民卫生出版社 1960 年 [1 张]
定价: CNY0.11
　　中国现代宣传画作品。

J0037885

个人卫生习惯化　山西省卫生厅编
天津　天津美术出版社 1960 年 [1 张]
定价: CNY0.07
　　中国现代宣传画作品。

J0037886

各行各业都来支援农业　马三和画
[武汉] 湖北人民出版社 1960 年 [1 张]
定价: CNY0.13
　　中国现代宣传画作品。

J0037887

各民族人民大团结万岁!　　胡悌麟作
天津　天津美术出版社 1960 年 [1 张]
定价: CNY0.12
　　中国现代宣传画作品。作者胡悌麟(1935—
2017),教授。江苏镇江人,毕业于东北美术专科
学校油画系。吉林艺术学院教授、中国美术家协
会理事。作品有《孤儿》《万水千山》《瑞雪》等。

J0037888

给高原披上绿装让青海更加美丽　李临潘作
[西宁] 青海人民出版社 1960 年 [1 张]
定价: CNY0.15
　　中国现代宣传画作品。

J0037889

给农业以现代化的技术装备是工人阶级的
光荣任务　彭召民作
天津　天津美术出版社 1960 年 [1 张]
定价: CNY0.12
　　中国现代宣传画作品。

J0037890

给青海披上绿装　崔振国作
[西宁] 青海人民出版社 1960 年 [1 张]
定价: CNY0.15
　　中国现代宣传画作品。

J0037891

给群山穿上新衣　陈加逊, 吴作光作

[武汉] 湖北人民出版社 1960 年 [1 张]

定价: CNY0.13

　　中国现代宣传画作品

J0037892

工农群众知识化知识分子劳动化　姜振民作

[济南] 山东人民出版社 1960 年 [1 张]

定价: CNY0.11

　　中国现代宣传画作品。作者姜振民
(1936—)，编辑。生于山东济南。历任《济南
日报》美术助理编辑，山东省科协宣传部科普美
术编辑，山东人民出版社少儿读物编辑部美术
编辑，山东文艺出版社办公室副主任、美术副编
审，中国美术家协会会员。出版有《姜振民曼画
集》，长篇连环画《白美丽小姐》等。

J0037893

工农协作紧农具大革新　马永春作

上海　上海人民美术出版社 1960 年 [1 张]

定价: CNY0.11

　　中国现代宣传画作品。

J0037894

工业支援农业城市支援农村　马三和作

[武汉] 湖北人民出版社 1960 年 [1 张]

定价: CNY0.13

　　中国现代宣传画作品。

J0037895

工业支援农业加强工农联盟　晏文正绘

[石家庄] 河北人民美术出版社 1960 年 [1 张]

定价: CNY0.12

　　中国现代宣传画作品。

J0037896

工业支援农业是工人阶级的光荣任务!

杨培钊, 周炳长合作

[南京] 江苏文艺出版社 1960 年 [1 张]

定价: CNY0.11

　　中国现代宣传画作品。

J0037897

公共食堂标语画　青海人民出版社美术编辑

室作

[西宁] 青海人民出版社 1960 年 8 张

定价: CNY0.73

　　中国现代宣传画作品。

J0037898

公共食堂好　云南人民出版社编

[昆明] 云南人民出版社 1960 年 [1 张]

定价: CNY0.13

　　中国现代宣传画作品。

J0037899

公共食堂万年红　曾国涅, 许一禾作

[成都] 四川人民出版社 1960 年 [1 张]

定价: CNY0.12

　　中国现代宣传画作品。

J0037900

"公社"科学研究所　马易作

[西宁] 青海人民出版社 1960 年 [1 张]

定价: CNY0.15

　　中国现代宣传画作品。

J0037901

"公社"托儿所　殷象益作

[武汉] 湖北人民出版社 1960 年 [1 张]

定价: CNY0.07

　　中国现代宣传画作品。

J0037902

共产党万岁　冬深作

[昆明] 云南人民出版社 1960 年 [1 幅]

定价: CNY0.07

　　中国现代宣传画作品。

J0037903

**鼓起冲天干劲开展声势浩大的技术革新和
技术革命**　林楷作

北京　人民美术出版社 1960 年 [1 幅]

定价: CNY0.13

　　中国现代宣传画作品。

J0037904

鼓足干劲再创高产优质新纪录　哈琼文, 曹
有成作

上海　上海人民美术出版社 1960 年［1 张］
定价：CNY0.11
　　中国现代宣传画作品。

J0037905
光荣的劳动幸福的生活　詹建俊作
北京　人民美术出版社 1960 年［1 张］
定价：CNY0.13
　　中国现代宣传画作品。

J0037906
广泛开展群众体育运动　沈复明作
上海　上海人民美术出版社 1960 年［1 张］
定价：CNY0.11
　　中国现代宣传画作品。

J0037907
国际劳动节万岁　冯健亲作
上海　上海人民美术出版社 1960 年［1 幅］
定价：CNY0.22
　　中国现代宣传画作品。作者冯健亲
（1939—　　），画家。浙江海宁人，毕业于南京艺
术学院美术系油画专业。历任南京艺术学院院
长、南京艺术学院工艺系副教授。代表作品《冯
健亲作品集》《素描》等。

J0037908
还针　刘端绘
［石家庄］河北人民美术出版社 1960 年［1 张］
定价：CNY0.10
　　中国现代宣传画作品。

J0037909
孩子保育好妈妈生产劲头高　叶其璋，陈达
林作
上海　上海人民美术出版社 1960 年［1 张］
定价：CNY0.11
　　中国现代宣传画作品。

J0037910
和平友谊团结　（庆祝三八国际妇女节五十周
年 1910-1960）陈冠真作
上海　上海人民美术出版社 1960 年［1 幅］
定价：CNY0.11
　　中国现代宣传画作品。

J0037911
嘿！打球去　歌娃作
天津　天津少儿美术出版社 1960 年［1 张］
定价：CNY0.12
　　中国现代宣传画作品。

J0037912
**欢呼第二个五年计划的主要指标提前三年
完成**　杨文秀，钱大昕作
上海　上海人民美术出版社 1960 年［1 张］
定价：CNY0.11
　　中国现代宣传画作品。

J0037913
欢呼第二个五年计划提前三年胜利完成
中央工艺美术学院装饰绘画系集体创作
北京　人民美术出版社 1960 年［1 张］
定价：CNY0.13
　　中国现代宣传画作品。

J0037914
欢呼毛泽东思想的光辉胜利　吕慕惠作
［沈阳］辽宁美术出版社 1960 年［1 张］
定价：CNY0.06
　　中国现代宣传画作品。

J0037915
欢呼祖国的伟大胜利
［重庆］重庆人民出版社 1960 年［1 张］
定价：CNY0.16
　　中国现代宣传画作品。

J0037916
欢庆我们的节日　沈复明作
天津　天津少儿美术出版社 1960 年［1 幅］
定价：CNY0.12
　　中国现代宣传画作品。

J0037917
欢迎！　刘端，吴菊芬绘
［石家庄］河北人民美术出版社 1960 年［1 张］
定价：CNY0.12
　　中国现代宣传画作品。

J0037918

辉煌的成就伟大的胜利　中央工艺美术学院装饰绘画系集体创作

北京　人民美术出版社　1960年［1张］

定价：CNY0.13

中国现代宣传画作品。

J0037919

回击艾森豪威尔　中央工艺美术学院集体创作

北京　人民美术出版社　1960年［1张］

定价：CNY0.13

中国现代宣传画作品。

J0037920

火烧"瘟神"　中央工艺美术学院集体创作

北京　人民美术出版社　1960年［1张］

定价：CNY0.13

中国现代宣传画作品。

J0037921

积极开展少年科技活动　做探索自然秘密的小尖兵　金桂泉摄制

上海　上海人民美术出版社　1960年　20cm（32开）

定价：CNY0.11

中国现代摄影宣传画。

J0037922

积下千担肥增产万斤粮　吴诒作

上海　上海人民美术出版社　1960年［1张］

定价：CNY0.11

中国现代宣传画作品。

J0037923

计划用粮节约用粮　陈绪初等作

［武汉］湖北人民出版社　1960年［1张］

定价：CNY0.13

中国现代宣传画作品。

J0037924

继承光荣传统，做党的好儿女　吕小鹏作

天津　天津美术出版社　1960年［1张］

定价：CNY0.12

中国现代宣传画作品。

J0037925

稷山化　山西省卫生厅编

天津　天津美术出版社　1960年［1张］

定价：CNY0.12

中国现代宣传画作品。

J0037926

加强工农联盟，促进农业四化　曹光作

［沈阳］辽宁美术出版社　1960年［1张］

定价：CNY0.11

中国现代宣传画作品。

J0037927

加速扫除文盲，逐步实现农业机械化，改变一穷二白的面貌　范璞作

［成都］四川人民出版社　1960年［1张］

定价：CNY0.12

中国现代宣传画作品。

J0037928

家畜兴旺　陆关荣作

天津　天津美术出版社　1960年［1张］

定价：CNY0.13

中国现代宣传画作品。

J0037929

家务劳动社会化，彻底解放妇女生产力　王角作

北京　人民美术出版社　1960年［1张］

定价：CNY0.13

中国现代宣传画作品。作者王角（1917—1995），画家。吉林九台人，别名大珂，毕业于辽宁美术专科学校。历任《东北画报》社美术记者，人民美术出版社美术编辑、创作室创作员。作品有《花径》《金色的谷》《江姐》等。

J0037930

坚守着光荣的岗位！　李新作

［南京］江苏文艺出版社　1960年［1张］

定价：CNY0.11

中国现代宣传画作品。作者李新（1944—　　），河南罗山县人，驻马店日报社编委会委员，中国摄影家协会会员。摄有《李新摄影作品集》等。

J0037931

建立制度，做到卫生工作经常化　默公作

［北京］人民卫生出版社　1960 年［1 张］

定价：CNY0.11

　　中国现代宣传画作品。

J0037932

讲卫生光荣　河南省卫生防疫站供稿

［郑州］河南人民出版社　1960 年［1 张］

定价：CNY0.06

　　中国现代宣传画作品。

J0037933

讲卫生真光荣　肖代贤作

［武汉］湖北人民出版社　1960 年［1 张］

定价：CNY0.13

　　中国现代宣传画作品。

J0037934

叫荒山变成万宝山！　洪浩然，洪淮南作

［福州］福建人民出版社　1960 年［1 张］

定价：CNY0.11

　　中国现代宣传画作品。

J0037935

教育儿童遵守交通规则宣传画 （之一）北京市交通安全委员会，公安局编绘

［北京］群众出版社 1960年［1 张］定价：CNY0.08

　　中国现代宣传画作品。

J0037936

教育儿童遵守交通规则宣传画 （之二）北京市交通安全委员会，公安局编绘

［北京］群众出版社 1960年［1 张］定价：CNY0.08

　　中国现代宣传画作品。

J0037937

教育儿童遵守交通规则宣传画 （之三）北京市交通安全委员会，公安局编绘

［北京］群众出版社 1960年［1 张］定价：CNY0.08

　　中国现代宣传画作品。

J0037938

教育儿童遵守交通规则宣传画 （之四）北京市交通安全委员会，公安局编绘

［北京］群众出版社 1960年［1 张］定价：CNY0.08

　　中国现代宣传画作品。

J0037939

教育儿童遵守交通规则宣传画 （之五）北京市交通安全委员会，公安局编绘

［北京］群众出版社 1960年［1 张］定价：CNY0.08

　　中国现代宣传画作品。

J0037940

教育为无产阶级政治服务教育与生产劳动相结合　张隆基作

上海　上海人民美术出版社　1960 年［1 张］

定价：CNY0.11

　　中国现代宣传画作品。

J0037941

街街道道办工厂妇女彻底得解放满城春风处处新社会主义早建成　叶文西，章志敏作

上海　上海人民美术出版社　1960 年［1 张］

定价：CNY0.11

　　中国现代宣传画作品。

J0037942

节日的食堂　吴哲夫作

上海　上海人民美术出版社　1960 年［1 张］

定价：CNY0.12

　　中国现代宣传画作品。作者吴哲夫，画家。擅长年画。师从杭穉英，在上海"穉英画室"工作，长期共事，集体创作，被称为"杭派"月份牌画家。作品有《节日的食堂》《向解放军叔叔致敬》《老手带新手》等。

J0037943

结成广泛的统一战线战胜帝国主义　吴耘作

北京　人民美术出版社　1960 年［1 张］

定价：CNY0.13

　　中国现代宣传画作品。

J0037944

姐妹们：立雄心大志做建设尖兵！　孙晴义作

［杭州］浙江人民美术出版社　1960 年［1 张］

定价：CNY0.12

　　中国现代宣传画作品。

J0037945
解放思想大闹技术革命　　张银彤作
[郑州] 河南人民出版社 1960 年 [1 幅]
定价: CNY0.08
　　中国现代宣传画作品。

J0037946
今天是"船模"爱好者　明天当造船红旗手　邓致影, 金桂泉摄制
上海　上海人民美术出版社 1960 年
定价: CNY0.11
　　中国现代摄影宣传画。

J0037947
今天是红领巾明天是红旗手　　郭钟瑜作
上海　上海人民美术出版社 1960 年 [1 张]
定价: CNY0.11
　　中国现代宣传画作品。

J0037948
今天是红领巾明天是红旗手　　于化里作
天津　天津少儿美术出版社 1960 年 [1 张]
定价: CNY0.12
　　中国现代宣传画作品。

J0037949
具有共产主义风格的人们　（英德县马口抢救火灾事件组画）中国美术家协会广州分会编
[广州] 广东人民出版社 1960 年 9 张
定价: CNY0.40
　　中国现代宣传画作品。

J0037950
决心做一个祖国社会主义建设的接班人
胡振玉作
上海　上海人民美术出版社 1960 年 [1 张]
定价: CNY0.11
　　中国现代宣传画作品。

J0037951
军民联欢　　汤义方作
上海　上海人民美术出版社 1960 年 [1 张]
定价: CNY0.12
　　中国现代宣传画作品。

J0037952
开河筑渠修水利　旱涝无忧保丰收　　郭仁仪等摄影
上海　上海人民美术出版社 1960 年
定价: CNY0.11
　　中国现代摄影宣传画。

J0037953
开门红　　赵光涛作
[南京] 江苏文艺出版社 1960 年 [1 幅]
定价: CNY0.08
　　中国现代宣传画作品。

J0037954
开门红日日红月月红满堂红　　吕安维等作
[西安] 长安美术出版社 1960 年 [1 幅]
定价: CNY0.12
　　中国现代宣传画作品。

J0037955
开展超产运动把灾害损失双倍地夺回!
黄成贤绘
[福州] 福建人民出版社 1960 年 [1 张]
定价: CNY0.11
　　中国现代宣传画作品。

J0037956
开展国防体育运动学习科学知识和军事技术　　翁逸之作
上海　上海人民美术出版社 1960 年 [1 张]
定价: CNY0.11
　　中国现代宣传画作品。

J0037957
开展以机械化、半机械化、半自动化为中心的技术革新和技术革命运动　　任兴作
[天津] 天津美术出版社 1960 年 [1 幅]
定价: CNY0.12
　　中国现代宣传画作品。

J0037958
开展以粮、钢为中心的增产节约运动　　黄锡龄作
[沈阳] 辽宁美术出版社 1960 年 [1 张]
定价: CNY0.11

中国现代宣传画作品。

J0037959

颗粒归仓，不浪费一粒粮食！　钱大昕，杨文秀作

上海　上海人民美术出版社　1960年

定价：CNY0.11

J0037960

葵花朵朵向太阳　人人热爱共产党　陈绍勉作

上海　上海人民美术出版社　1960年［1张］

定价：CNY0.11

中国现代宣传画作品。

J0037961

劳武结合全民皆兵　冯宝诚作

［长沙］湖南人民出版社　1960年［1张］

定价：CNY0.13

中国现代宣传画作品。

J0037962

理论威力大人红厂也红　胡成美，韩和平作

上海　上海人民美术出版社　1960年［1张］

定价：CNY0.11

中国现代宣传画作品。作者韩和平（1932—2019），连环画家、教授。吉林东宁人，毕业于中央美术学院华东分院绘画系。曾在上海人民美术出版社从事连环画创作，历任上海大学美术学院油画系副主任、副教授，艺术研究所主任。作品连环画有《铁道游击队》《红岩》等。

J0037963

力争上游　朱竹修等作

［成都］四川人民出版社　1960年［1张］

定价：CNY0.06

中国现代宣传画作品。

J0037964

立大志攀高峰大闹技术革命　王珏作

［济南］山东人民出版社　1960年［1幅］

定价：CNY0.11

中国现代宣传画作品。

J0037965

立共产主义的雄心大志，做毛泽东时代的

新型妇女！　（红、勤、巧、俭的先进妇女）重庆市妇女联合会编

重庆　重庆人民出版社　1960年［1张］

定价：CNY0.16

中国现代宣传画作品。

J0037966

立无产阶级大志　登科学技术高峰　金桂泉摄影

上海　上海人民美术出版社　1960年

定价：CNY0.11

中国现代摄影宣传画。

J0037967

立壮志树雄心学赶超萧德训做技术革命的红旗手！　于化鲤，那启明作

天津　天津美术出版社　1960年［1张］

定价：CNY0.12

中国现代宣传画作品。

J0037968

领导干部深入生产第一线　高哲民作

天津　天津美术出版社　1960年［1张］

定价：CNY0.12

中国现代宣传画作品。

J0037969

六十年代第一个春天　丁浩，徐行作

上海　上海人民美术出版社　1960年［1张］

定价：CNY0.11

中国现代宣传画作品。

J0037970

美丽的首都　吴冠中等绘

北京　中国少年儿童出版社　1960年　19cm（32开）

统一书号：R8056.106　定价：CNY0.30

本书系中国现代宣传画画册。

J0037971

猛攻高精尖力争第一流　尚文编文；颜梅华，王仲清画

上海　上海人民美术出版社　1960年［1张］

定价：CNY0.11

中国现代宣传画作品。

J0037972
灭虫如杀敌保苗如保粮　高喆民绘
［石家庄］河北人民美术出版社 1960 年［1 张］
定价：CNY0.12
　　中国现代宣传画作品。

J0037973
**民兵组织即是军事组织　又是劳动组织
又是教育组织　又是体育组织**　山东艺术
专科学校美术专修科三年级学生集体创作
［济南］山东人民出版社 1960 年［1 张］
定价：CNY0.11
　　中国现代宣传画作品。

J0037974
年年如意岁岁增产　都冰如作
上海 上海人民美术出版社 1960 年［1 张］
定价：CNY0.12
　　中国现代宣传画作品。作者都冰如（1903—
1987），编辑。字能，别署九五客，浙江海宁人，
毕业于上海专科师范学校。历任商务印书馆、香
港商务《东方画报》《健与力》美术编辑，四川重
庆国立劳作师范学校美术教师，上海文史馆馆员
等职。作品有《长恨歌》《正气歌》《万马奔腾》。

J0037975
农村四化　（机械化、水利化、化学化、电气
化）吕树中等作
［成都］四川人民出版社 1960 年［1 张］
定价：CNY0.48
　　中国现代宣传画作品。

J0037976
农村宣传队　吴懋祥绘
［石家庄］河北人民美术出版社 1960 年［1 张］
定价：CNY0.10
　　中国现代宣传画作品。

J0037977
农村宣传画参考资料　上海人民美术出版社
编辑
上海 上海人民美术出版社 1960 年 1 套（23 幅）
18cm（15 开）统一书号：T8081.8423
定价：CNY0.25

J0037978
农林牧付渔五业齐"跃进"　黄景绘
［石家庄］河北人民美术出版社 1960 年［1 张］
定价：CNY0.12
　　中国现代宣传画作品。

J0037979
**农业是国民经济的基础　各行各业都来支
援农业**　黄鸿仪，丁德邻合作
［南京］江苏文艺出版社 1960 年［1 张］
定价：CNY0.11
　　中国现代宣传画作品。

J0037980
农业是基础，各行各业都来支援　任兴作
天津 天津美术出版社 1960 年［1 张］
定价：CNY0.12
　　中国现代宣传画作品。

J0037981
农业是基础，各行各业都来支援！　湖南
人民出版社美术组作
［长沙］湖南人民出版社 1960 年［1 张］
定价：CNY0.13
　　中国现代宣传画作品。

J0037982
农业战线添精兵搞好生产有保证　高哲民作
天津 天津美术出版社 1960 年［1 张］
定价：CNY0.12
　　中国现代宣传画作品。

J0037983
努力学习毛主席著作高速建设社会主义
汪诚一作
［杭州］浙江人民美术出版社 1960 年［1 张］
定价：CNY0.12
　　中国现代宣传画作品。

J0037984
女工屏　庞卡作
上海 上海人民美术出版社 1960 年［1 张］
定价：CNY0.24
　　中国现代宣传画作品。

J0037985

抛老牛，骑骏马，高速度实现自动化！　冯培山，沈霖摄制

上海　上海人民美术出版社　1960 年

定价：CNY0.11

　　中国现代摄影宣传画。

J0037986

培育祖国的花朵　樊德康作

［南昌］江西人民出版社　1960 年［1 张］

定价：CNY0.11

　　中国现代宣传画作品。

J0037987

青年们！到劳动中去锻炼自己　蚁美楷作

天津　天津美术出版社　1960 年［1 张］

定价：CNY0.12

　　中国现代宣传画作品。

J0037988

青年们，争当养猪红旗突击手！

［昆明］云南人民出版社　1960 年［1 张］

定价：CNY0.13

　　中国现代宣传画作品。

J0037989

庆祝"六一"儿童节　潘龙骧绘

［石家庄］河北人民美术出版社　1960 年［1 幅］

定价：CNY0.11

　　中国现代宣传画作品。

J0037990

庆祝"三八"国际劳动妇女节五十周年　尹戒生作

北京　人民美术出版社　1960 年［1 幅］

定价：CNY0.32

　　中国现代宣传画作品。

J0037991

庆祝第二个五年计划提前三年胜利完成

中央工艺美术学院装饰绘画系集体创作

北京　人民美术出版社　1960 年［1 张］

定价：CNY0.13

　　中国现代宣传画作品。

J0037992

庆祝六一国际儿童节　姚中玉作

上海　上海人民美术出版社　1960 年［1 幅］

定价：CNY0.11

　　中国现代宣传画作品。

J0037993

庆祝五一国际劳动节　袁运甫作

北京　人民美术出版社　1960 年［1 幅］

定价：CNY0.13

　　中国现代宣传画作品。作者袁运甫(1933—2017)，画家、教育家。江苏南通人，毕业于中央美术学院。历任清华大学美术学院教授、博士生导师、装饰艺术研究所所长，中央工艺美术学院教授，清华大学张仃艺术研究中心主任，中国国家画院公共艺术院院长等。代表作品有《祖国大地》《江山胜揽》《晨曦》等。

J0037994

庆祝中苏友好同盟互助条约签订十周年

袁运甫作

北京　人民美术出版社　1960 年［1 幅］

定价：CNY0.16

　　中国现代宣传画作品。

J0037995

穷山变成花果山　高季芳作

［武汉］湖北人民出版社　1960 年［1 张］

定价：CNY0.10

　　中国现代宣传画作品。

J0037996

全党全民大办农业大办粮食　林涛绘

［石家庄］河北人民美术出版社　1960 年［1 张］

定价：CNY0.12

　　中国现代宣传画作品。

J0037997

全力以赴地投入增产节约的洪流中　张雪茵等作

［西安］长安美术出版社　1960 年［1 张］

定价：CNY0.12

　　中国现代宣传画作品。

J0037998
全力支援农业四化！　高喆民作
天津　天津美术出版社 1960 年［1 张］
定价：CNY0.12
　　中国现代宣传画作品。

J0037999
全面"跃进"　罗次冰，李国成作
［成都］四川人民出版社 1960 年［1 张］
定价：CNY0.12
　　中国现代宣传画作品。

J0038000
全民皆兵，保卫和平　中央美术学院会中创作
北京　北京出版社 1960 年［1 张］定价：CNY0.12
　　中国现代宣传画作品。

J0038001
全世界妇女团结起来保卫世界和平　侯峰
民作
上海　上海人民美术出版社 1960 年［1 张］
定价：CNY0.11
　　中国现代宣传画作品。

J0038002
全世界劳动人民大团结万岁　冯健亲作
上海　上海人民美术出版社 1960 年 2 张
定价：CNY0.22
　　中国现代宣传画作品。作者冯健亲（1939—　），
画家。浙江海宁人，毕业于南京艺术学院美术系
油画专业。历任南京艺术学院院长，南京艺术学
院工艺系副教授。代表作品《冯健亲作品集》《素
描》等。

J0038003
全世界人民大团结万岁　臧尔康作
［沈阳］辽宁美术出版社 1960 年［1 张］
定价：CNY0.11
　　中国现代宣传画作品。

J0038004
全心全意培养共产主义接班人　杨文秀作
上海　上海人民美术出版社 1960 年［1 张］
定价：CNY0.11
　　中国现代宣传画作品。

J0038005
让城乡人民一年四季吃到更多更好的蔬菜
上海人民美术出版社制
上海　上海人民美术出版社 1960 年［1 张］
定价：CNY0.11
　　中国现代宣传画作品。

J0038006
人民的荣誉　（父子双模范）赵光涛作
［南京］江苏文艺出版社 1960 年［1 张］
定价：CNY0.08
　　中国现代宣传画作品。

J0038007
人民心向共产党幸福日子万年长　吴诒作
上海　上海人民美术出版社 1960 年［1 幅］
定价：CNY0.11
　　中国现代宣传画作品。

J0038008
人人称赞服务站办事热心又周全　中央工
艺美术学院集体创作
北京　人民美术出版社 1960 年［1 张］
定价：CNY0.13
　　中国现代宣传画作品。

J0038009
人人创成绩层层破纪录　黄善来，吴诒作
上海　上海人民美术出版社 1960 年［1 张］
定价：CNY0.11
　　中国现代宣传画作品。

J0038010
**人人动脑筋，个个闹革命，向机械化自动
化进军**　陆星辰制
上海　上海人民美术出版社 1960 年［1 幅］
定价：CNY0.11
　　中国现代宣传画作品。

J0038011
人人动手消灭四害　游龙姑作
上海　上海人民美术出版社 1960 年［1 张］
定价：CNY0.11
　　中国现代宣传画作品。

J0038012

人人搞革新处处有发明　吴诒作

上海　上海人民美术出版社　1960 年［1 幅］

定价：CNY0.11

中国现代宣传画作品。

J0038013

人人运动，个个健康，生产有劲，指标冲天

钱大昕作

上海　上海人民美术出版社　1960 年［1 张］

定价：CNY0.11

中国现代宣传画作品。

J0038014

人人争做红旗手纪念三八妇女节　曹辅銮，
高增修作

［南京］江苏文艺出版社　1960 年［1 幅］

定价：CNY0.11

中国现代宣传画作品。

J0038015

人手一拍，不让一个苍蝇漏网　杨文秀作

上海　上海人民美术出版社　1960 年［1 张］

定价：CNY0.11

中国现代宣传画作品。

J0038016

认真学习毛泽东思想　李秋鸣作

［南京］江苏文艺出版社　1960 年［1 张］

定价：CNY0.11

中国现代宣传画作品。

J0038017

认真学习毛泽东思想　邓庆铭，黄锡令作

天津　天津人民美术出版社　1960 年［1 张］

定价：CNY0.11

中国现代宣传画作品。

J0038018

认真学习毛泽东思想　贡振宝作

天津　天津人民美术出版社　1960 年［1 张］

定价：CNY0.11

中国现代宣传画作品。

J0038019

认真学习毛泽东思想做党的好儿女　丁德
邻，黄鸿仪作

［南京］江苏文艺出版社　1960 年［1 张］

定价：CNY0.11

中国现代宣传画作品。作者丁德邻
（1943—　），画家。江苏南京人。毕业于南京艺
术学院。中国美术家协会会员、常州市美术家协
会副主席、原常州刘海粟美术馆副馆长。主要作
品有《水》《山那边》《后山》等。

J0038020

认真学习毛主席思想，加速社会主义建设

甘肃省公安厅绘

［兰州］敦煌文艺出版社　1960 年［1 张］

定价：CNY0.15

中国现代宣传画作品。

J0038021

日本人民的爱国正义斗争一定会取得胜利

董辰生作

北京　人民美术出版社　1960 年［1 张］

定价：CNY0.13

中国现代宣传画作品。

J0038022

日日红月月红满堂红　杨文秀作

上海　上海人民美术出版社　1960 年［1 幅］

定价：CNY0.11

中国现代宣传画作品。作者杨文秀（1929—
？），女，山东郓城人。毕业于华东艺术专科学
校。擅长宣传画、年画。曾任上海人民美术出版
社创作干部。作品有《猪多肥多粮产高》《好婆
媳》《小医生》等。

J0038023

戎冠秀　田零作

［石家庄］河北人民美术出版社　1960 年［1 张］

定价：CNY0.16

中国现代宣传画作品。

J0038024

山区里"公社"的明天　陈立作

［南宁］广西人民出版社　1960 年［1 张］

定价：CNY0.12

中国现代宣传画作品。

J0038025

社队干部带头参加生产　武德祖绘

[石家庄] 河北人民美术出版社 1960 年 [1 张]

定价：CNY0.12

　　中国现代宣传画作品。

J0038026

社会主义突飞猛进资本主义望尘莫及　周令钊作

北京 人民美术出版社 1960 年 [1 幅]

定价：CNY0.13

　　中国现代宣传画作品。

J0038027

社会主义阵营空前团结富强　梁青山作

上海 上海人民美术出版社 1960 年 [1 幅]

定价：CNY0.11

　　中国现代宣传画作品。

J0038028

深入开展以粮、钢为中心的增产节约运动

柯明作

[南京] 江苏文艺出版社 1960 年 [1 张]

定价：CNY0.11

　　中国现代宣传画作品。作者柯明(1922—2014)，画家。就读于国立杭州艺术专科学校西画科。历任《新华日报》美术编辑、江苏人民出版社高级美术编审、中国美术家协会理事、少儿美术艺术委员会委员、中国出版工作者协会装帧艺术研究会常务理事。水墨画作品《阿福》《荷花灯》等。

J0038029

生产结合革新革新促进生产　沈绍伦作

上海 上海人民美术出版社 1960 年 [1 幅]

定价：CNY0.11

　　中国现代宣传画作品。

J0038030

生产是能手运动是健将　许联华作

上海 上海人民美术出版社 1960 年 [1 张]

定价：CNY0.11

　　中国现代宣传画作品。

J0038031

生产自动，劳动轻松　吴诒作

上海 上海人民美术出版社 1960 年 [1 幅]

定价：CNY0.11

　　中国现代宣传画作品。

J0038032

牲畜圈里勤打扫一年四季疾病少　晏文正绘

[石家庄] 河北人民美术出版社 1960 年 [1 张]

定价：CNY0.12

　　中国现代宣传画作品。

J0038033

十年来宣传画选集　吴耘等绘

上海 上海人民美术出版社 1960 年 135 幅

27cm(16 开) 精装 统一书号：T8081.4517

定价：CNY17.00

　　本书收集 1949—1959 年间宣传画佳作 135 幅，其中有哈琼文作的《毛主席万岁》，钱大昕的《争取更大的丰收献给社会主义》，翁逸之的《为在今年内完成和接近完成第二个五年计划的主要指标而奋勇前进！》，杨文秀的《猪多肥多粮产高》，阙文的《我们热爱和平》，蒋兆和作并有齐白石题字的《把学习成绩告诉志愿军叔叔》等。

J0038034

实现河网化，开遍幸福花！　黄名芊作

[南京] 江苏文艺出版社 1960 年 [1 张]

定价：CNY0.11

　　中国现代宣传画作品。

J0038035

实现河网化天旱水涝都不怕　黄善来，吴诒作

上海 上海人民美术出版社 1960 年 [1 张]

定价：CNY0.11

　　中国现代宣传画作品。

J0038036

食堂办得好社员干劲高　陈磐作

上海 上海人民美术出版社 1960 年 [1 张]

定价：CNY0.11

　　中国现代宣传画作品。

J0038037
食堂家底发展好，社员生产干劲高　粮食
部编；林楷作
北京　人民美术出版社 1960 年［1 张］
定价：CNY0.10
　　　中国现代宣传画作品。

J0038038
食堂巧做千家饭，吃饱吃好又吃省
朱铁民绘
［石家庄］河北人民美术出版社 1960 年［1 张］
定价：CNY0.12
　　　中国现代宣传画作品。

J0038039
誓夺红旗　（高产、优质、低耗、安全）
朱兴年绘
［石家庄］河北人民美术出版社 1960 年［1 幅］
定价：CNY0.12
　　　中国现代宣传画作品。

J0038040
书记挂帅办好公共食堂　刘星源作
［贵阳］贵州人民出版社 1960 年［1 张］
定价：CNY0.08
　　　中国现代宣传画作品。

J0038041
蔬菜丰收　杨馥如作
上海　上海人民美术出版社 1960 年［1 张］
定价：CNY0.12
　　　中国现代宣传画作品。作者杨馥如（1918—
1992），江苏无锡人。曾任进艺辉图片社设计室
主任。代表作品有《十二生肖娃娃图》《万象更
新》《庆丰收》《农家乐》等。

J0038042
树雄心，立大志，争取做个"四高一好"的
先进妇女！　蔡培，殷全元作
［武汉］湖北人民出版社 1960 年［1 张］
定价：CNY0.13
　　　中国现代宣传画作品。

J0038043
树雄心立大志齐"跃进"攀高峰　贺友直，

江南春作
上海　上海人民美术出版社 1960 年［1 张］
定价：CNY0.11
　　　中国现代宣传画作品。作者贺友直（1922—
2016），连环画家。出生于上海，祖籍浙江宁波。
曾任上海人民美术出版社编审、连环画艺术委员
会主任、上海市美术家协会第四届副主席、中国
连环画研究会第二届副会长等职。代表作品《朝
阳沟》《山乡巨变》等。

J0038044
树雄心立大志生产自救重建家园　李春作
［沈阳］辽宁美术出版社 1960 年［1 张］
定价：CNY0.11
　　　中国现代宣传画作品。

J0038045
水库工地摆擂台英雄好汉上阵来！
高哲民绘
［石家庄］河北人民美术出版社 1960 年［1 张］
定价：CNY0.12
　　　中国现代宣传画作品。

J0038046
四川省少数民族地区畜牧业在发展中　四
川民族出版社编
成都　四川民族出版社 1960 年　定价：CNY0.08
　　　中国现代摄影宣传画。

J0038047
四川省少数民族地区丰富多彩飞跃发展的
多种经营　四川民族出版社编
成都　四川民族出版社 1960 年　定价：CNY0.08
　　　中国现代摄影宣传画。

J0038048
四川省少数民族地区劳动人民当家做主幸
福生活日新月异　四川民族出版社编
成都　四川民族出版社 1960 年　定价：CNY0.08
　　　中国现代摄影宣传画。

J0038049
四川省少数民族地区农业生产飞跃发展
四川民族出版社编
成都　四川民族出版社 1960 年　定价：CNY0.08

中国现代摄影宣传画。

J0038050

四川省少数民族地区新兴工业遍地开花交通贸易星罗网布　四川民族出版社编

成都　四川民族出版社　1960年　定价：CNY0.08

中国现代摄影宣传画。

J0038051

苏联宇宙火箭到月宫　杨莹泽，刘多成作

［成都］四川人民出版社　1960年　［1张］

定价：CNY0.06

中国现代宣传画作品。

J0038052

提高机械化程度，向自动化半自动化前进！　沈复明作

上海　上海人民美术出版社　1960年　［1幅］

定价：CNY0.11

中国现代宣传画作品。

J0038053

提高警惕，加强国防，保卫祖国建设　沙更思作

北京　人民美术出版社　1960年　［1张］

定价：CNY0.13

中国现代宣传画作品。

J0038054

体育画资料集锦　徐金荣绘

长春　吉林人民出版社　1960年　75页　15×19cm

统一书号：8091.99　定价：CNY0.30

J0038055

天天向上　张汝济作

北京　人民美术出版社　1960年　［1张］

定价：CNY0.13

中国现代宣传画作品。作者张汝济（1931— ），二级美术师。毕业于中央美术学院绘画系。历任人民美术出版社美术创作员、图书画册编辑室美术编辑、创作室专业画家。代表作有《阿克山的早晨》《翔》《永远保持同群众一起劳动的光荣传统》等。

J0038056

天天向上　山东艺术专科学校美术专修科二年级学生集体创作

［济南］山东人民出版社　1960年　［1张］

定价：CNY0.11

J0038057

听党的话，做一代有文化的农民，建设社会主义的新农村　林涛作

［石家庄］河北人民美术出版社　1960年　［1张］

定价：CNY0.12

J0038058

同心协力全力保钢　任兴作

天津　天津美术出版社　1960年　［1幅］

定价：CNY0.12

J0038059

团结友爱幸福　龚艺岚作

上海　上海人民美术出版社　1960年　［1张］

定价：CNY0.11

J0038060

万户一家春满城　上海人民美术出版社宣传画组集体创作

上海　上海人民美术出版社　1960年　［1张］

定价：CNY0.44

J0038061

万炮齐发轰"瘟神"　任率英，王叔晖作

北京　人民美术出版社　1960年　［1张］

定价：CNY0.13

作者任率英（1911—1989），画家。原名散表，河北束鹿（现辛集市）人。擅长工笔画、连环画、年画。历任中国美术家协会会员、中国连环画研究会顾问、北京东方书画研究社社长、北京工笔重彩画协会副会长、北京中国画研究会理事。代表作品《嫦娥奔月》《洛神图》《梁红玉击鼓战金山》等。作者王叔晖（1912—1985），女，国画家。字郁芬，生于天津，祖籍浙江绍兴。历任出版总署美术科员、新华书店总管理处美术室图案组组长、人民美术出版社连环画创作组组长。代表作《西厢记》《林黛玉》《夜宴桃李园》《杨门女将》等。

J0038062
为超额完成国家计划而奋斗　王永扬作
天津　天津美术出版社 1960 年［1 张］
定价：CNY0.24

J0038063
为钢铁持续"跃进"而战　沙莎摄影
郑州　河南人民出版社 1960 年　定价：CNY0.08
　　本作品为中国现代摄影宣传画。

J0038064
为了争取特大丰收　刘秉礼作
［广州］广东人民出版社 1960 年［1 张］
定价：CNY0.16
　　作者刘秉礼(1932—2000)，广东广州人。历
任电影院美术员，出版社设计组组长、创作员，
演出公司美工室美术组长，美术公司副经理，广
州市美术公司艺术指导。作品有《心怀祖国，放
眼世界》《毛主席视察广州造纸厂》《知识是致富
的宝库》等。

J0038065
为粮而战为钢而战　杜牧野，杨松林作
［济南］山东人民出版社 1960 年［1 张］
定价：CNY0.11

J0038066
为农业机械化提供更多更好的装备　曹有
成作
上海　上海人民美术出版社 1960 年［1 张］
定价：CNY0.11

J0038067
为生产服务为群众服务　杨奠安作
［武汉］湖北人民出版社 1960 年［1 张］
定价：CNY0.07

J0038068
为实现农业电气化而奋斗　黄泰来作
［杭州］浙江人民美术出版社 1960 年［1 张］
定价：CNY0.12

J0038069
为实现农业机械化而奋斗　林以友作
［杭州］浙江人民美术出版社 1960 年［1 张］
定价：CNY0.12

J0038070
为实现农业水利化而奋斗　张广，叶公贤作
［杭州］浙江人民美术出版社 1960 年［1 张］
定价：CNY0.12

J0038071
**为提前两三年实现全国农业发展纲要而奋
斗**　黄锡龄作
［沈阳］辽宁美术出版社 1960 年［1 张］
定价：CNY0.11

J0038072
伟大的友谊和平的保障　哈琼文作
上海　上海人民美术出版社 1960 年［1 幅］
定价：CNY0.11
　　作者哈琼文(1925—2012)，回族，北京人。
毕业于中央大学艺术系。上海人民美术出版社
编审、上海文史研究馆馆员、中国美术家协会会
员、美术家协会上海分会理事。擅长油画、宣传
画。主要作品有油画《鲁迅——致电党中央祝贺
长征胜利到达陕北》、宣传画《毛主席万岁》等。

J0038073
伟大的友谊和平的理想　许力民作
上海　上海人民美术出版社 1960 年［1 幅］
定价：CNY0.11

J0038074
伟大的中国共产党万岁　姜纯朴作
［沈阳］辽宁美术出版社 1960 年［1 张］
定价：CNY0.14

J0038075
卫生工作为生产服务　袁维清，沈复明作
上海　上海人民美术出版社 1960 年［1 张］
定价：CNY0.11

J0038076
未来的航海家　何艳荣作
上海　上海人民美术出版社 1960 年［1 张］
定价：CNY0.11

J0038077
文姬归汉（1—4）赵宏本，林雪岩作
上海　上海人民美术出版社　1960年［1张］
定价：CNY0.24

J0038078
我们生活在幸福的毛泽东时代　吴凡等作
［南京］江苏文艺出版社　1960年［1张］
定价：CNY0.11

J0038079
我们是建设社会主义的突击手　王波作
［南京］江苏文艺出版社　1960年［1张］
定价：CNY0.11

J0038080
我们是明天的共青团员　赵静东作
天津　天津少儿美术出版社　1960年［1张］
定价：CNY0.12
　　　作者赵静东(1930—　　)，人物画家，天津人，毕业于中央美术学院。历任北京通俗读物出版社编辑、天津人民美术出版社副编审。作品《中华女儿经》《战斗的青春》《连心镇》《儿女风尘记》等。出版有《赵静东人物画选》《五个儿童抓特务》等。

J0038081
我们要和时间赛跑　高喆民作
天津　天津美术出版社　1960年［1张］
定价：CNY0.12
　　　中国现代宣传画作品。

J0038082
我们要做明天的银翼机械师　陈磐作
上海　上海人民美术出版社　1960年［1张］
定价：CNY0.11

J0038083
我们也要储蓄　邵靓云作
上海　上海人民美术出版社　1960年［1张］
定价：CNY0.12

J0038084
我们一定要实现国民经济的继续"跃进"也一定能实现国民经济的继续"跃进"　田郁文作
北京　人民美术出版社　1960年［1张］
定价：CNY0.13

J0038085
我们在党的阳光照耀下成长！　詹建俊作
天津　天津少儿美术出版社　1960年［1张］
定价：CNY0.10

J0038086
我为人人最光荣　杨文秀作
上海　上海人民美术出版社　1960年［1张］
定价：CNY0.11

J0038087
无线电操纵飞机模型　徐寄萍作
上海　上海人民美术出版社　1960年［1张］
定价：CNY0.12
　　　作者徐寄萍(1919—2005)，上海人。曾任上海美术家协会会员、上海人民美术出版社特约年画作者等职。主要作品有《帮妈妈做事》《学雷锋做好事》《擦亮眼睛》等。

J0038088
五好红旗食堂　中共湖南省委集体生活福利办公室编；湖南人民出版社美术组绘
［长沙］湖南人民出版社　1960年［1张］
定价：CNY0.13

J0038089
五一劳动节万岁！　高增修作
［南京］江苏文艺出版社　1960年［1幅］
定价：CNY0.11

J0038090
响应党的号召，全民动员，支援抗旱　宋怀林作
［西安］长安美术出版社　1960年［1张］
定价：CNY0.12

J0038091
响应党的号召大力发展畜牧业　浙江幻灯制片厂，浙江美术学院附中高四作
［杭州］浙江人民出版社　1960年［1张］
定价：CNY0.11

J0038092

向光荣的劳动妇女致敬　曹剑峰作

上海　上海人民美术出版社　1960 年［1 幅］

定价：CNY0.11

　　作者曹剑峰（1932—2010），铜版画家。江苏溧阳人，毕业于中央美术学院华东分院绘画系。曾任浙江树人大学艺术学院院长、第 11 届全国版画展评委会主任委员。作品有《西湖》《土改组画—斗霸》《潮》等。出版有《铜版画艺术》。

J0038093

向建设社会主义的女英雄们致敬　陈辅作

［济南］山东人民出版社　1960 年［1 幅］

定价：CNY0.11

J0038094

向毛主席报喜　程十发作

上海　上海人民美术出版社　1960 年［1 张］

定价：CNY0.12

　　作者程十发（1921—2007），画家。出生于上海金山，毕业于上海美术专科学校国画系。代表作品有《丽人行》《迎春图》《列宁的故事》《孔乙己》等。出版有《程十发近作选》《程十发花鸟习作选》《程十发作品展》。

J0038095

向农业战线上的红色标兵学习　蔡培作

［武汉］湖北人民出版社　1960 年［1 张］

定价：CNY0.13

J0038096

向伟大祖国的保卫者致敬！　　袁维清作

上海　上海人民美术出版社　1960 年［1 张］

定价：CNY0.11

J0038097

向新的目标前进　方菁，高颖如作

北京　人民美术出版社　1960 年［1 张］

定价：CNY0.26

J0038098

向英雄的钢铁工人致敬！　　高喆民作

天津　天津美术出版社　1960 年［1 幅］

定价：CNY0.12

J0038099

向英雄学习，向英雄致敬！　　陆绍权作

［广州］广东人民出版社　1960 年［1 张］

定价：CNY0.12

J0038100

消除"四害"人寿年丰，讲究卫生移风易俗

康师尧绘

［西安］长安美术出版社　1960 年［1 张］

定价：CNY0.12

　　作者康师尧（1921—1985），笔名康巽，河南博爱县人，曾任美术家协会陕西分会创作委员会委员、陕西书法篆刻研究会理事等。

J0038101

小朋友植树去　　邵晶坤作

天津　天津少儿美术出版社　1960 年［1 张］

定价：CNY0.12

J0038102

小羊羔，肥又壮　李化吉作

天津　天津少儿美术出版社　1960 年［1 张］

定价：CNY0.12

J0038103

心红手巧鼓干劲誓夺水稻"万粒斤"　严幼俊作

［杭州］浙江人民美术出版社　1960 年［1 张］

定价：CNY0.12

J0038104

旭日东升百鸟和鸣　　矫野松作

上海　上海人民美术出版社　1960 年［1 张］

定价：CNY0.12

J0038105

旭日东升万象新　　沈复明，黄善赉作

上海　上海人民美术出版社　1960 年　2 张

定价：CNY0.24

J0038106

学好文化，向农业现代化进军　恽振霖作

天津　天津美术出版社　1960 年［1 张］

定价：CNY0.12

J0038107
学毛主席著作听毛主席的话　上海人民美术出版社制
上海　上海人民美术出版社　1960 年［1 张］
定价：CNY0.11

J0038108
学文化闹革新创奇迹　周瑞庄作
上海　上海人民美术出版社　1960 年［1 幅］
定价：CNY0.11

J0038109
学习毛泽东思想，从胜利走向更大的胜利
宋怀林作
［西安］长安美术出版社　1960 年［1 张］
定价：CNY0.12

J0038110
学习毛泽东思想攀登科学高峰　姬寿彭作
［沈阳］辽宁美术出版社　1960 年［1 张］
定价：CNY0.11

J0038111
学习毛泽东著作从胜利走向胜利　雷贞恕，
古月作
上海　上海人民美术出版社　1960 年［1 张］
定价：CNY0.11

J0038112
学习文化实现四化　黄一萍作
［成都］四川人民出版社　1960 年［1 张］
定价：CNY0.12

J0038113
学先进赶先进超先进　刘文西，王有宗作
［西安］长安美术出版社　1960 年［1 张］
定价：CNY0.12

J0038114
亚洲的风暴　游龙姑作
上海　上海人民美术出版社　1960 年［1 张］
定价：CNY0.11

J0038115
养成节约美德　支援国家建设　周令豪作

天津　天津美术出版社　1960 年［1 张］
定价：CNY0.12

J0038116
养得多养得快养得好　袁运甫作
天津　天津美术出版社　1960 年［1 张］
定价：CNY0.12

J0038117
养得好教得好玩得好生活得好　曹有成［作］
上海　上海人民美术出版社　1960 年［1 张］
定价：CNY0.11

J0038118
养万头猪肥万亩田收万石粮　黄啸空作
［郑州］河南人民出版社　1960 年［1 张］
定价：CNY0.12

J0038119
养猪光荣　张子恩作
上海　上海人民美术出版社　1960 年［1 张］
定价：CNY0.11

J0038120
一朵花香不是春万紫千红才是春　于化鲤作
天津　天津美术出版社　1960 年［1 张］
定价：CNY0.12
　　作者于化鲤（1933—　　），画家。又名于化，
天津人。曾任天津人民美术出版社副总编。主
要作品有《于化鲤漫画作品选集》《宝船》《有朋
自远方来》等。

J0038121
一九五九年的成就光辉灿烂　徐思作
［沈阳］辽宁美术出版社　1960 年［1 张］
定价：CNY0.06
　　作者徐思（1927—2006），年画家、漫画家、
连环画家。笔名子冶、何溪。辽宁桓仁人。中国
美术家协会会员。代表作品有《51 号兵站》《战
袍姻缘》《水漫金山寺》等。

J0038122
一年之计在于春！　郑实予作
［西宁］青海人民出版社　1960 年［1 张］
定价：CNY0.15

J0038123
一切被压迫民族争取独立民主自由的斗争一定会胜利！　吴耘作
上海　上海人民美术出版社　1960年［1张］
定价：CNY0.13
　　作者吴耘(1922—1977)，漫画家。上海人，就读于上海美术专科学校。历任新四军挺进纵队战地服务团美术组长、第七师政治部文工团美术股长，《漫画》月刊编辑部工作等。创作有漫画《难兄难弟》《把胜利的旗帜插遍全中国》等，出版有《吴耘美术作品选》。

J0038124
一人有事，万人相助！ 一处困难，八方支援！　谭裕钊作
［广州］广东人民出版社　1960年 定价：CNY0.10
　　作者谭裕钊(1929—)，漫画家。广东鹤山人。曾任中华书局广州编辑室美术编辑，为《少先队员》《广东青年》《商报》等报刊绘制漫画和插图，广东省美术家协会会员。作品有《古谐今译》《笑话·笑画》《益智故事精华》等。

J0038125
一天一个大鸡蛋　赵静东作
天津　天津美术出版社　1960年［1张］
定价：CNY0.12

J0038126
以钢铁而战　亚明等画
上海　上海人民美术出版社　1960年［1幅］
定价：CNY0.12

J0038127
以钢为纲齐"跃进"胜利花开满堂红　靳尚谊作
北京　人民美术出版社　1960年［1幅］
定价：CNY0.13

J0038128
以钢为纲为钢而战　湖南人民艺术服务社作
［长沙］湖南人民出版社　1960年［1幅］
定价：CNY0.13

J0038129
以高速度的步伐继续"跃进"　高哲民作

天津　天津美术出版社　1960年［1张］
定价：CNY0.12

J0038130
以讲卫生为光荣以不讲卫生为耻辱
上海　上海人民美术出版社　1960年［1张］
定价：CNY0.11

J0038131
以粮为纲全面"跃进"　玄一，长虹作
［长沙］湖南人民出版社　1960年［1张］
定价：CNY0.13

J0038132
以毛泽东思想武装起来！　哈琼文作
上海　上海人民美术出版社　1960年［1张］
定价：CNY0.22
　　作者哈琼文(1925—2012)，回族，北京人。毕业于中央大学艺术系。上海人民美术出版社编审、上海文史研究馆馆员、中国美术家协会会员、美术家协会上海分会理事。擅长油画、宣传画。主要作品有油画《鲁迅——致电党中央祝贺长征胜利到达陕北》、宣传画《毛主席万岁》等。

J0038133
以苏联为首的社会主义阵营大团结万岁
张之进制
上海　上海人民美术出版社　1960年［1幅］
定价：CNY0.11

J0038134
以完成和超额完成今年的国民经济计划向党献礼　人民美术出版社图片组集体创作
北京　人民美术出版社　1960年［1张］
定价：CNY0.32

J0038135
英雄浑身都是胆　挥手攻下技术关　有勇有谋有干劲　脚登喜报飞上天　哈琼文作
上海　上海人民美术出版社　1960年［1幅］
定价：CNY0.11

J0038136
永远听党的话　周瑞庄，沈绍伦作
上海　上海人民美术出版社　1960年［2张］

75cm（4开）定价：CNY0.11

J0038137
永远听党的话　周瑞庄，沈绍伦作
上海　上海人民美术出版社　1960年［2张］
53cm（4开）定价：CNY0.06

J0038138
永远做党的好儿女　陆绍权作
上海　上海人民美术出版社　1960年［1张］
定价：CNY0.11

J0038139
永远做多、快、好、省的红旗手!　沈一等作
天津　天津美术出版社　1960年［1张］
定价：CNY0.12

J0038140
用毛泽东思想把我们的头脑武装起来　蓬
静如，李美英作
天津　天津美术出版社　1960年［1张］
定价：CNY0.12

J0038141
用毛泽东思想武装起来攀登科学文化高峰　刘永凯作
北京　人民美术出版社　1960年［1张］
定价：CNY0.16
　　作者刘永凯（1927—　），画家。字阿刘，黑
龙江齐齐哈尔人，毕业于中央美术学院。历任人
民美术出版社美术编辑、连环画创作组副组长。
代表作品《石林湖畔》《西双版纳》《渔夫和金鱼
的故事》《中国古代神话故事》《清宫演义》等。

J0038142
用毛泽东思想武装我们的头脑　沈一等作
天津　天津人民美术出版社　1960年［1张］
定价：CNY0.12

J0038143
**用毛泽东思想武装我们的头脑做工人阶级
的英勇战士**　周光玠作
北京　人民美术出版社　1960年［1张］
定价：CNY0.16

J0038144
**用我们的双手把祖国建设得更美丽更富
强**　张重庆作
北京　人民美术出版社　1960年［1张］
定价：CNY0.13

J0038145
预防肠道传染病　山西省卫生厅编
天津　天津美术出版社　1960年［1张］
定价：CNY0.07

J0038146
“跃进”花开满堂红　郭玢草稿；黄善贲，袁
维清画
上海　上海人民美术出版社　1960年［1张］
定价：CNY0.12

J0038147
“跃进”花开年年红　沈霖，星辰摄影
上海　上海人民美术出版社　1960年
定价：CNY0.11
　　本作品为中国现代摄影宣传画。

J0038148
“跃进”之花　汤义方作
上海　上海人民美术出版社　1960年［1张］
定价：CNY0.12

J0038149
运输装卸向机械化自动化进军　驷友作
［武汉］湖北人民出版社　1960年［1幅］
定价：CNY0.13

J0038150
运用科学理论提高生产水平　马乐群作
上海　上海人民美术出版社　1960年［1幅］
定价：CNY0.11

J0038151
在毛泽东思想的光辉照耀下前进　杨甦作
［广州］广东人民出版社　1960年［1张］
定价：CNY0.16

J0038152
在毛泽东思想的旗帜下多快好省地建设社

会主义　丁世弼作

[南昌] 江西人民出版社 1960 年 [1 张]

定价: CNY0.11

　　作者丁世弼(1939—2018)，画家、国家一级美术师。字仲宜，江西南昌人。历任中国美术家协会会员、江西省美术家协会副主席。代表作有《渔岛怒潮》《秋瑾》《陈赓大将》《红楼梦》等。

J0038153

在毛泽东思想光辉照耀下大闹技术革命高速度建设社会主义　贺福作

[西宁] 青海人民出版社 1960 年 [1 张]

定价: CNY0.15

J0038154

在毛泽东思想光辉照耀下奋勇前进　任兴作

天津　天津美术出版社 1960 年 [1 张]

定价: CNY0.12

J0038155

在毛泽东思想光辉照耀下胜利前进！

翁逸之作

上海　上海人民美术出版社 1960 年 [1 张]

定价: CNY0.11

J0038156

在毛泽东思想指导下大闹技术革命　王德威作

[杭州] 浙江人民美术出版社 1960 年 [1 张]

定价: CNY0.12

J0038157

增产甘蔗，支援工业　陆绍权，刘秉礼作

[广州] 广东人民出版社 1960 年 [1 张]

定价: CNY0.16

J0038158

增产粮钢建设社会主义　杨文秀，哈琼文作

上海　上海人民美术出版社 1960 年 [1 张]

定价: CNY0.22

J0038159

战胜洪水誓保丰收！　李春作

[沈阳] 辽宁美术出版社 1960 年 [1 张]

定价: CNY0.11

J0038160

掌握科学技术加速农业机械化　周安琪作

上海　上海人民美术出版社 1960 年 [1 张]

定价: CNY0.11

J0038161

掌握现代化技术更好地为社会主义建设服务　赵延年作

上海　上海人民美术出版社 1960 年 [1 幅]

定价: CNY0.11

J0038162

争粮食丰收夺钢铁超产　顾祝君作

天津　天津美术出版社 1960 年 [1 张]

定价: CNY0.12

J0038163

争取时间集中力量夺铁保钢　高喆民，阎茂如作

天津　天津美术出版社 1960 年 [1 幅]

定价: CNY0.12

J0038164

争取做一个卫生积极分子！　中央卫生部卫生教育所绘

[北京] 人民卫生出版社 1960 年 [1 张]

定价: CNY0.06

J0038165

征服宇宙的伟大创举　赵华胜作

[沈阳] 辽宁美术出版社 1960 年 [1 张]

定价: CNY0.11

　　作者赵华胜，辽宁画院院长。

J0038166

支援国家建设支援城市巩固工农联盟　湖南人民艺术服务社作

[长沙] 湖南人民出版社 1960 年 [1 张]

定价: CNY0.13

J0038167

支援南朝鲜人民的爱国正义斗争　刘永凯作

北京　人民美术出版社 1960 年 [1 张]

定价: CNY0.10

J0038168
支援农业是工业战线职工的光荣任务　徐
思作
[沈阳] 辽宁美术出版社 1960年 [1张]
定价: CNY0.11

J0038169
中朝人民团结起来!　王永扬作
天津　天津美术出版社 1960年 [1张]
定价: CNY0.12

J0038170
中朝人民心连心　马乐群, 郑鹍作
上海　上海人民美术出版社 1960年 [1张]
定价: CNY0.12

J0038171
中国共产党万岁　毛主席万岁　刘永凯, 朱
章超作
北京　人民美术出版社 1960年 [1张]
定价: CNY0.32

J0038172
**中国人民坚决支持亚洲非洲拉丁美洲的民
族民主运动**　曹有成, 翁逸之作
上海　上海人民美术出版社 1960年 [1张]
定价: CNY0.11

J0038173
中华人民共和国万岁　游龙姑作
上海　上海人民美术出版社 1960年 [1张]
定价: CNY0.22

J0038174
中苏友谊万岁　李天祥, 赵友萍作
北京　人民美术出版社 1960年 [1幅]
定价: CNY0.13
　　中国现代宣传画作品。

J0038175
猪多、肥多、粮多　湖南人民艺术服务社作
[长沙] 湖南人民出版社 1960年 [1张]
定价: CNY0.13

J0038176
猪多肥多, 肥多粮多, 粮多猪更多　廖连贵
等合作
[武汉] 湖北人民出版社 1960年 [1张]
定价: CNY0.13

J0038177
猪多肥多, 肥多粮多, 粮多猪更多　叶坚作
[西安] 长安美术出版社 1960年 [1张]
定价: CNY0.12

J0038178
猪多肥多粮多　徐洪锋, 孔祥仁作
[南京] 江苏文艺出版社 1960年 [1张]
定价: CNY0.11

J0038179
猪多肥多粮食多　杜显清作
[成都] 四川人民出版社 1960年 [1张]
定价: CNY0.12
　　作者杜显清(1922—2012), 国画家。别名杜
大石, 四川三台县人。曾任四川美术学院绘画系
教授、中国美术家协会会员。代表作有《小雪》
《阿妈》《秋韵》《松鹰图》《簪花图》。

J0038180
猪多粮多　王安庭作
天津　天津美术出版社 1960年 [1张]
定价: CNY0.12

J0038181
猪是百宝箱　山西人民出版社编
[太原] 山西人民出版社 1960年 [1张]
定价: CNY0.26

J0038182
**猪是农家宝肥是地里金人靠地来养苗靠粪
来长**　中央工艺美术学院装饰绘画系集体创作
北京　人民美术出版社 1960年 [1张]
定价: CNY0.13

J0038183
**猪是农家宝肥是田中金养猪能积肥利国又
利民**　晏文正绘
[石家庄] 河北人民美术出版社 1960年 [1张]

定价: CNY0.12

J0038184
猪为六畜之首　李景芳作
[成都] 四川人民出版社 1960 年 [1 张]
定价: CNY0.12

J0038185
猪养田田养猪猪越多粮越丰　李骞等作
[广州] 广东人民出版社 1960 年 [1 张]
定价: CNY0.12

J0038186
注意安全促进生产持续"跃进"!　任兴作
天津　天津美术出版社 1960 年 [1 幅]
定价: CNY0.12

J0038187
准备着,为共产主义事业而奋斗!　苏天赐作
[南京] 江苏文艺出版社 1960 年 [1 张]
定价: CNY0.11

J0038188
自己的事自己做　金立德作
天津　天津少儿美术出版社 1960 年 [1 张]
定价: CNY0.12
　　作者金立德(1931—　),画家。浙江镇海人。
历任上海教育学院教授、上海国际交流画会副会
长、中国水彩画家协会副会长、中国美术家协会
会员。作品有《钢堡》《黄土地》等。

J0038189
组织起来无限好　集体生活幸福多　沈霖
等摄影
上海　上海人民美术出版社 1960 年
定价: CNY0.11

J0038190
组织起来走集体化道路　陈善禄作
上海　上海人民美术出版社 1960 年 [1 张]
定价: CNY0.11

J0038191
祖国长青　管毅中, 李岭安作
[长沙] 湖南人民出版社 1960 年 [1 张]

定价: CNY0.13

J0038192
昨天是家庭妇女今天是生产能手　赵静东作
天津　天津美术出版社 1960 年 [1 张]
定价: CNY0.12

J0038193
作文教战线上的红旗手　陕西省文教群英会
筹委会供稿
[西安] 长安美术出版社 1960 年 [1 张]
定价: CNY0.12

J0038194
做好食堂卫生预防肠道传染病　福建省卫
生厅卫生宣传教育所编; 陈加谷画
[福州] 福建人民出版社 1960 年 [1 张]
定价: CNY0.11

J0038195
做一个探索无线电秘密的小尖兵　陈菊仙作
上海　上海人民美术出版社 1960 年 [1 张]
定价: CNY0.11
　　中国现代宣传画作品。作者陈菊仙
(1929—　　) 女, 浙江温州人。毕业于中央美术
学院华东分院。擅长年画。上海人民美术出版
社画家。主要作品有《捉麻雀》《个个争当小雷
锋》《共同富万家乐》等。著有《年画述要》。

J0038196
做有伟大革命志气的新一代　裴沙作
天津　天津美术出版社 1960 年 [1 张]
定价: CNY0.11
　　中国现代宣传画作品。

J0038197
**把党的大办农业大办粮食的政策贯彻到群
众中去**　冯宝诚绘
[长沙] 湖南人民出版社 1961 年 [1 张]
定价: CNY0.13
　　本作品系中国宣传画作品。

J0038198
爸爸在队里干活　我在家里也干活!　春光作
[哈尔滨] 黑龙江美术出版社 1961 年 [1 张]

定价: CNY0.13

本作品系中国宣传画作品。

J0038199

百花齐放　万紫千红　蔡振华作

上海　上海人民美术出版社　1961年 [1张]

定价: CNY0.11

本作品为中国宣传画。作者蔡振华(1912—?),工艺美术家、漫画家。毕业于国立杭州艺术专科学校。主要从事工商美术设计工作。中国美术家协会理事、上海市文联委员、上海美术教育研究会会长等。主要作品有《郎心如铁》《国立杭州艺院教授群像图》《丰》等。

J0038200

保畜增膘　应接春耕　李子纯,姚洪发作

[沈阳]辽宁美术出版社　1961年 [1张]

定价: CNY0.11

本书为中国宣传画作品。

J0038201

保证粮钢丰收　黄景绘

石家庄　河北人民美术出版社　1961年 [1张]

定价: CNY0.12

本书为中国宣传画作品。

J0038202

从胜利走向胜利　陈绪初作

[武汉]湖北人民出版社　1961年 [1张]

定价: CNY0.13

本作品为中国宣传画。

J0038203

大办农业大办粮食　杨文秀作

上海　上海人民美术出版社　1961年 [1张]

107cm(全开) 定价: CNY0.22

本作品为中国宣传画。

J0038204

大办农业大办粮食　杨文秀作

上海　上海人民美术出版社　1961年 [1张]

54cm(4开) 定价: CNY0.09

本作品为中国宣传画。作者杨文秀(1929—?),女,山东郓城人。毕业于华东艺术专科学校。擅长宣传画、年画。曾任上海人民美术出版

社创作干部。作品有《猪多肥多粮产高 》《好婆媳》《小医生》等。

J0038205

大办农业多产粮食　甘露作

[哈尔滨]黑龙江美术出版社　1961年 [1张]

定价: CNY0.13

本作品为中国宣传画。

J0038206

大家动手大办农业大搞副食品生产　陆绍权作

上海　上海人民美术出版社　1961年 [1张]

定价: CNY0.11

本作品为中国宣传画。

J0038207

大家来支援农业　黄鸿仪,丁德邻合作

[南京]江苏人民出版社　1961年 [1张]

定价: CNY0.12

本作品为中国宣传画。作者丁德邻(1943—　),画家。江苏南京人。毕业于南京艺术学院。中国美术家协会会员、常州市美术家协会副主席、原常州刘海粟美术馆副馆长。主要作品有《水》《山那边》《后山》等。

J0038208

党是各族人民的红太阳　林以友等作

上海　上海人民美术出版社　1961年 [1张]

定价: CNY0.11

本作品为中国宣传画。

J0038209

党是各族人民的太阳　龚艺岚作

上海　上海人民美术出版社　1961年 [1张]

定价: CNY0.22

本作品为中国宣传画。

J0038210

到第一线去到农业战线上去　崔振国作

[西宁]青海人民出版社　1961年 [1张]

定价: CNY0.15

本作品为中国宣传画。

J0038211

到农业生产第一线去　李中文作

［郑州］河南人民出版社 1961 年 ［1 张］

定价：CNY0.13

　　本作品为中国宣传画。

J0038212

稻香千里飘　人人逞英豪　盛此君作

北京 人民美术出版社 1961 年 ［1 张］

定价：CNY0.13

　　本作品为中国宣传画。作者盛此君（1915—1996），广西贵县人，在上海美术专科学校毕业后赴日本新宿洋画研究所学习。中华人民共和国成立后，历任新闻出版总署美术室干部、人民美术出版社专业画家。作品有年画《1981 年农历图》，绘画版连环画《小玲玲找弟弟》，宣传画《祖国建设花怒放，提高警惕防虎狼》等。

J0038213

第 26 届世界乒乓球锦标赛　（1961.4.5–14）

［北京］人民体育出版社 1961 年 ［1 张］

定价：CNY0.05

　　本作品为中国宣传画。

J0038214

动员一切力量战胜干旱力争丰收　张琳作

［郑州］河南人民出版社 1961 年 ［1 张］

定价：CNY0.07

　　本作品为中国宣传画。

J0038215

发挥更大的积极性和创造性为建设社会主义而奋斗！　沈绍伦作

上海 上海人民美术出版社 1961 年 ［1 张］

定价：CNY0.11

　　本作品为中国宣传画。

J0038216

发扬革命英雄主义　人人争当五好民兵！
赵光涛作

上海 上海人民美术出版社 1961 年 ［1 张］

定价：CNY0.11

　　本作品为中国宣传画。

J0038217

发扬实事求是艰苦奋斗的优良传统　嵇锡林作

［南京］江苏人民出版社 1961 年 ［1 张］

定价：CNY0.13

　　本作品为中国宣传画。

J0038218

发扬延安作风艰苦奋斗夺取农业丰收　陈白一作

［长沙］湖南人民出版社 1961 年 ［1 张］

定价：CNY0.13

　　本作品为中国宣传画。作者陈白一（1926—2014），美术师。湖南邵阳人，毕业于华中艺术专科学校。历任湖南书画研究院院长、中国当代工笔画学会副会长、湖南省美术家协会顾问、湖南师范大学艺术学院客座教授。代表作品《小港堵口图》《听壁脚》《喜丰收》《工农联盟》等。

J0038219

妇女们！为大办农业贡献力量　杨文秀作

上海 上海人民美术出版社 1961 年 ［1 张］

定价：CNY0.11

　　本作品为中国宣传画。

J0038220

敢于斗争敢于胜利　黄迪杞作

［福州］福建人民出版社 1961 年 ［1 张］

定价：CNY0.12

　　本作品为中国宣传画。作者黄迪杞（1929—　），字晴川，福建福清人。毕业于福建师范大学艺术系。历任福建人民出版社、福建画报社美术编辑，福建美术出版社美术编辑、编审，福建省美协常务理事、理事，中国年画研究会理事，福州涌泉书画社社长，中国美术家协会会员。作品有《郑成功收复台湾》《满堂红》《丰碑》。出版《黄迪杞古典人物画辑》《黄迪杞书画集》《黄迪杞画集》等。

J0038221

各行各业都来支援农业，力争粮食丰收
杜琦作

重庆 重庆人民出版社 1961 年 ［1 张］

定价：CNY0.13

　　本书为中国宣传画作品。

J0038222

各行各业支援农业，争取粮食更大丰收

高喆民作

［石家庄］河北人民美术出版社 1961 年［1 张］

　　本作品为中国宣传画。

J0038223

更高地举起马克思列宁主义的旗帜前进！

刘文西作

［西安］长安美术出版社 1961 年［1 张］

定价：CNY0.25

　　本作品为中国宣传画。

J0038224

供应城市更多的蔬菜　　刘洪镇作

上海　上海人民美术出版社 1961 年［1 张］

定价：CNY0.11

　　本作品为中国宣传画。

J0038225

鼓足干劲，力争高产优质！　　高珩瑜，吕沐风作

上海　上海人民美术出版社 1961 年［1 张］

定价：CNY0.11

　　本作品为中国宣传画。

J0038226

贯彻以农业为基础的方针力争农业丰收

贵州大学艺术系油画专业二年级学生集体创作

［贵阳］贵州人民出版社 1961 年［1 张］

定价：CNY0.14

　　本作品为中国宣传画。

J0038227

光荣归于党　　钱大昕作

上海　上海人民美术出版社 1961 年［1 张］

107cm（全开）定价：CNY0.22

　　本作品为中国宣传画。

J0038228

光荣归于党　　钱大昕作

上海　上海人民美术出版社 1961 年［1 张］

76cm（2 开）定价：CNY0.20

　　本作品为中国宣传画。

J0038229

光荣归于党　　钱大昕作

上海　上海人民美术出版社 1963 年 76cm（2 开）

精印镶边　定价：CNY0.50

　　本作品系中国现代宣传画。

J0038230

光荣归于党　　（汉、藏文对照版）钱大昕作

上海　上海人民美术出版社 1963 年 76cm（2 开）

定价：CNY0.18

　　本作品系中国现代宣传画。

J0038231

光荣归于党　　（汉、朝文对照版）钱大昕作

上海　上海人民美术出版社 1963 年 76cm（2 开）

定价：CNY0.18

　　本作品系中国现代宣传画。

J0038232

光荣归于党　　（汉、傣仂、拉祜文对照版）钱大昕作

上海　上海人民美术出版社 1963 年 76cm（2 开）

定价：CNY0.18

　　本作品系中国现代宣传画。

J0038233

光荣归于党　　（汉、傣纳、景颇文对照版）钱大昕作

上海　上海人民美术出版社 1963 年 76cm（2 开）

定价：CNY0.18

　　本作品系中国现代宣传画。

J0038234

光荣归于党　　（汉、傈僳文对照版）钱大昕作

上海　上海人民美术出版社 1963 年 76cm（2 开）

定价：CNY0.18

　　本作品系中国现代宣传画。

J0038235

光荣归于党　　（汉、蒙文对照版）钱大昕作

上海　上海人民美术出版社 1963 年 76cm（2 开）

定价：CNY0.18

　　本作品系中国现代宣传画。

J0038236
光荣归于党 （汉、僮文对照版）钱大昕作
上海　上海人民美术出版社　1963 年　76cm（2 开）
定价：CNY0.18
　　本作品系中国现代宣传画。

J0038237
光荣归于党 （汉、佤文对照版）钱大昕作
上海　上海人民美术出版社　1963 年　76cm（2 开）
定价：CNY0.18
　　本作品系中国现代宣传画。

J0038238
光荣归于党 （汉、维、哈文对照版）钱大昕作
上海　上海人民美术出版社　1963 年　76cm（2 开）
定价：CNY0.18
　　本作品系中国现代宣传画。

J0038239
好好学习　夏同生摄影
［沈阳］辽宁美术出版社　1961 年　［1 张］
定价：CNY0.10
　　本书系中国摄影宣传画作品。

J0038240
**好种出好苗　好树结好桃　种子年年选
产量节节高**　李子纯，姚洪发作
［沈阳］辽宁美术出版社　1961 年　［1 张］
定价：CNY0.11
　　本作品为中国年画。

J0038241
**积极响应全国民兵代表会议十大倡议，加
强民兵建设**　周明画；中国人民解放军广西军
区政治部编
［南宁］广西人民出版社　1961 年　［1 张］
定价：CNY0.10
　　本作品为中国宣传画。

J0038242
计划用粮　节约用粮　贵州大学艺术油画专
业一年级学生集体创作
［贵阳］贵州人民出版社　1961 年　［1 张］
定价：CNY0.14
　　本作品为中国宣传画。

J0038243
加强民兵建设，增强国防力量！　胡金叶作
上海　上海人民美术出版社　1961 年　［1 张］
定价：CNY0.11
　　本作品为中国宣传画。

J0038244
加强训练随时听从祖国召唤　（门画）冯显
遹作
［成都］四川人民出版社　1961 年　［2 张］
定价：CNY0.14
　　本作品为中国年画。

J0038245
家长们，带好您们的孩子！　余武章绘
［北京］群众出版社　1961 年　［1 张］定价：CNY0.10
　　本作品为中国宣传画。

J0038246
坚持鼓足干劲力争上游的革命精神　金志
远作
［南京］江苏人民出版社　1961 年　［1 张］
定价：CNY0.13
　　本作品为中国宣传画。

J0038247
**交换和调剂自己生产的商品活跃农村经
济**　方小石作
［贵阳］贵州人民出版社　1961 年　［1 张］
定价：CNY0.14
　　本作品为中国宣传画。

J0038248
快收多藏保管好　一窖蔬菜半窖粮　孙介
凡作
［沈阳］辽宁美术出版社　1961 年　［1 张］
定价：CNY0.11
　　本作品为中国宣传画。

J0038249
脸儿白手儿净身体健康不生病　李美作
［沈阳］辽宁美术出版社　1961 年　［1 张］
定价：CNY0.11
　　本作品为中国宣传画。

J0038250
练好本领保国防　五好战士人人当　雷坦作
上海　上海人民美术出版社 1961 年［1 张］
定价：CNY0.11

J0038251
练好本领保卫社会主义建设　翁逸之作
［北京］人民体育出版社 1961 年［1 张］
定价：CNY0.16

J0038252
练好本领时刻准备狠击侵略者　冯显逼作
［成都］四川人民出版社 1961 年［1 张］
定价：CNY0.14
　　本作品系年画形式的中国宣传画作品。

J0038253
粮是宝中宝全在粪上找　宋仁堂作
［沈阳］辽宁美术出版社 1961 年［1 张］
定价：CNY0.11
　　本作品为中国宣传画。

J0038254
六亿人民心向党跟着红旗建天堂　尹戎生作
北京　人民美术出版社 1961 年［1 张］
定价：CNY0.16
　　本作品为中国宣传画。

J0038255
鲁迅的方向，就是中华民族新文化的方向
（纪年鲁迅诞生八十周年 1881–1981）钱大昕作
上海　上海人民美术出版社 1961 年［1 张］
54cm（4 开）定价：CNY0.06
　　本作品为中国宣传画。

J0038256
鲁迅的方向，就是中华民族新文化的方向
（纪年鲁迅诞生八十周年 1881–1981）钱大昕作
上海　上海人民美术出版社 1961 年［1 张］
19cm（32 开）定价：CNY0.05
　　本作品为中国宣传画。

J0038257
**毛主席和亚洲、非洲、拉丁美洲人民在一
起**　伍必端，靳尚宜作

北京　人民美术出版社 1961 年［1 张］
定价：CNY1.30
　　本作品系中国宣传画。

J0038258
毛主席万岁　赵延年等作
［杭州］浙江人民美术出版社 1961 年［1 张］
定价：CNY0.12
　　本作品系中国宣传画。

J0038259
毛主席像太阳照到哪里哪里亮　侯峰民作
上海　上海人民美术出版社 1961 年［1 张］
定价：CNY0.22

J0038260
农业是我的志愿立志做个新型的农民　严
幼俊等作
上海　上海人民美术出版社 1961 年［1 张］
定价：CNY0.11
　　本作品系中国现代宣传画。

J0038261
培养三八作风　发扬优良传统！　赵光涛作
上海　上海人民美术出版社 1961 年［1 张］
定价：CNY0.11
　　本作品系中国现代宣传画。

J0038262
千方百计，争取农业丰收！　章慕伟作
［南京］江苏人民出版社 1961 年［1 张］
定价：CNY0.13
　　本作品系中国现代宣传画。

J0038263
勤积肥保丰收　麦放明作
［贵阳］贵州人民出版社 1961 年［1 张］
定价：CNY0.14
　　本作品系中国现代宣传画。

J0038264
**庆祝光荣、伟大、正确的中国共产党诞生
四十周年**　高增修作
［南京］江苏人民出版社 1961 年［1 张］
定价：CNY0.13

本作品系中国现代宣传画。

J0038265

庆祝中国共产党成立四十周年 （1921—1961）人民美术出版社图片组集体创作
北京 人民美术出版社 1961年［1张］
定价：CNY0.32
　　本作品系中国现代宣传画。

J0038266

庆祝中国共产党诞生四十周年 于化鲤绘
［石家庄］河北人民美术出版社 1961年［1张］
定价：CNY0.12
　　本作品系中国现代宣传画。

J0038267

全党全民大办农业大办粮食 李鸿祥作
［哈尔滨］黑龙江美术出版社 1961年［1张］
定价：CNY0.13
　　本作品系中国现代宣传画。

J0038268

全党全民支援农业 （1—4）张秀山作
［沈阳］辽宁美术出版社 1961年［4张］
定价：CNY0.24
　　本作品系中国现代宣传画。

J0038269

全世界人民大团结万岁！ 杜琦作
重庆 重庆人民出版社 1961年［1张］
定价：CNY0.13
　　本作品系中国现代宣传画。

J0038270

全体民兵积极行动起来，坚决贯彻十大倡议！ 胡今叶作
上海 上海人民美术出版社 1961年［1张］
定价：CNY0.11
　　本作品系中国现代宣传画。

J0038271

让先进种子遍地开花结果 沈一等绘
［石家庄］河北人民美术出版社 1961年［1张］
定价：CNY0.12
　　本作品系中国现代宣传画。

J0038272

人定胜天 叶其璋,李子复作
上海 上海人民美术出版社 1961年［1张］
定价：CNY0.11
　　本作品系中国现代宣传画。

J0038273

人人心向共产党 李春作
［沈阳］辽宁美术出版社 1961年［1张］
定价：CNY0.11
　　本作品系中国现代宣传画。

J0038274

适时播种好处多 广西僮族自治区气象局编;陈立作
［南宁］广西人民出版社 1961年［1张］
定价：CNY0.10
　　本作品系中国现代宣传画。

J0038275

树雄心立大志攀登科学技术高峰 郑鸿路作
［沈阳］辽宁美术出版社 1961年［1张］
定价：CNY0.11
　　本作品系中国现代宣传画。

J0038276

饲养家禽益处多 增加收入好生活 吕复慧作
［沈阳］辽宁美术出版社 1961年［1张］
定价：CNY0.11
　　本作品系中国现代宣传画。作者吕复慧（1922— ），女，满族，鲁迅美术学院油画系教授。

J0038277

缩短时间节约原料生产又多又好的钢 黄景绘
［石家庄］河北人民美术出版社 1961年［1幅］
定价：CNY0.12
　　本作品系中国现代宣传画。

J0038278

提高钢的质量 增加钢的品种 曹辅銮等作

[南京] 江苏人民出版社 1961年 [1张]

定价: CNY0.13

本作品系中国现代宣传画。作者曹辅銮（1935—　），画家。上海人。毕业于南京师范学院美术系。南京艺术学院教授、硕士研究生导师。作品有水彩粉画《白绣球》《玉兰花》《睡莲》等，出版著作《曹辅銮水粉画集》《环境艺术概论》《水粉基础》等。

J0038279

天上无云不下雨　地上无土不生根　如果没有共产党　各族人民哪能翻身　沈绍伦作

上海 上海人民美术出版社 1961年 [1张]

定价: CNY0.22

本作品系中国现代宣传画。

J0038280

为夺取1961年农业丰收而战　陈白一绘

[长沙] 湖南人民出版社 1961年 [1张]

定价: CNY0.13

本作品系中国现代宣传画。作者陈白一（1926—2014），美术师。湖南邵阳人，毕业于华中艺术专科学校。历任湖南书画研究院院长、中国当代工笔画学会副会长、湖南省美术家协会顾问、湖南师范大学艺术学院客座教授。代表作品《小港堵口图》《听壁脚》《喜丰收》《工农联盟》等。

J0038281

伟大的中国共产党万岁　王志英作

[南昌] 江西人民出版社 1961年 [1张]

定价: CNY0.22

本作品系中国现代宣传画。

J0038282

伟大的中国共产党万岁　于化鲤, 何国华作

天津 天津美术出版社 1961年 [1幅]

定价: CNY0.24

本作品系中国现代宣传画。

J0038283

我们的胜利是马克思列宁主义在中国的胜利　靳尚谊作

北京 人民美术出版社 1961年 [1张]

定价: CNY0.16

本作品系中国现代宣传画。

J0038284

我们是共产主义的接班人　詹建俊作

天津 天津美术出版社 1961年 [1张]

定价: CNY0.12

本作品系中国现代宣传画。

J0038285

我们是身体康强朝气蓬勃的建设者　田郁文作

[北京] 人民体育出版社 1961年 [1张]

定价: CNY0.16

本作品系中国现代宣传画。

J0038286

我们永远跟着党　张若一作

哈尔滨 黑龙江美术出版社 1961年 [1张]

定价: CNY0.13

本作品系中国现代宣传画。

J0038287

希望寄托在你们身上　赵钧龙等作

上海 上海人民美术出版社 1961年 [1张]

定价: CNY0.22

本作品系中国现代宣传画。

J0038288

学习三八作风　发扬光荣传统　阳太阳等合作

[南宁] 广西人民出版社 1961年 [1张]

定价: CNY0.10

本作品系中国现代宣传画。

J0038289

延安作风万岁　哈琼文作

上海 上海人民美术出版社 1961年 [1张]

定价: CNY0.22

本作品系中国现代宣传画。作者哈琼文（1925—2012），回族，北京人。毕业于中央大学艺术系。上海人民美术出版社编审、上海文史研究馆馆员、中国美术家协会会员、美术家协会上海分会理事。擅长油画、宣传画。主要作品有油画《鲁迅——致电党中央祝贺长征胜利到达陕北》、宣传画《毛主席万岁》等。

J0038290

沿着列宁的方向前进　文兵作

上海　上海人民美术出版社 1961 年［1 张］

定价：CNY0.22

　　本作品系中国现代宣传画。

J0038291

一定要在我们这一代手里把新农村建设起来　沙更世作

北京　人民美术出版社 1961 年［1 张］

定价：CNY0.13

　　本作品系中国现代宣传画。作者沙更世（1926—　），编辑。又名沙更思，浙江鄞县人。历任西泠印社会员、人民画报、人民美术出版社编辑、创作员、中央民族学院中国画教研室主任、硕士研究生工作室副主任、导师，中国美术协会、中国书法协会会员。作品有《雪山浴日》《江山如此多娇》等。出版有《沙孟海篆刻集》《二十世纪书法经典——沙孟海卷》《沙更世书画篆刻选集》。

J0038292

已经站起来的古巴人民是不可战胜的　申申作

［沈阳］辽宁美术出版社 1961 年［1 张］

定价：CNY0.11

　　本作品系中国现代宣传画。

J0038293

以农为荣以农为乐建设幸福美好的新农村　湖南人民艺术服务社作

［长沙］湖南人民出版社 1961 年［1 张］

定价：CNY0.13

　　本作品系中国现代宣传画。

J0038294

英雄向秀丽　吴哲夫作

上海　上海人民美术出版社 1961 年［1 张］

定价：CNY0.12

　　本作品系中国现代宣传画。

J0038295

有志青年到农村去　黄野作

［福州］福建人民出版社 1961 年［1 张］

定价：CNY0.11

　　本作品系中国现代宣传画。

J0038296

在党的政策方针指导下胜利前进！

［昆明］云南人民出版社 1961 年［1 张］

定价：CNY0.13

　　本作品系中国现代宣传画。

J0038297

在党和毛主席的领导下奋勇前进（庆祝伟大的中国共产党诞生四十周年）朱乃正作

［西宁］青海人民出版社 1961 年［1 张］

定价：CNY0.15

　　本作品系中国现代宣传画。

J0038298

在毛泽东旗帜下天天向上　符仕柱作

［长沙］湖南人民出版社 1961 年［1 张］

定价：CNY0.13

　　本作品系中国现代宣传画。

J0038299

在毛泽东思想的旗帜下前进　刘秉亮作

［沈阳］辽宁美术出版社 1961 年［1 幅］

定价：CNY0.11

　　本作品系中国现代宣传画。

J0038300

政策贯彻好丰收有保障　贵州大学艺术系油画专业二年级学生集体创作

［贵阳］贵州人民出版社 1961 年［1 张］

定价：CNY0.14

　　本作品系中国现代宣传画。

J0038301

支援农业是工人阶级光荣任务　沈文，柯玲作

［福州］福建人民出版社 1961 年［1 张］

定价：CNY0.11

　　本作品系中国现代宣传画。

J0038302

治黄八大好　山东艺专绘

［石家庄］河北人民美术出版社 1961 年［1 张］

定价：CNY0.12

本作品系中国现代宣传画。

J0038303
中国共产党万岁 （1921—1961）林一本作
[长沙]湖南人民出版社 1961年 [1张]
定价：CNY0.13
　　本作品系中国现代宣传画。

J0038304
中国共产党万岁 朱家安画
[长春]吉林人民出版社 1961年 [1张]
定价：CNY0.12

J0038305
中国共产党万岁 黄锡龄作
[沈阳]辽宁美术出版社 1961年 [1张]
定价：CNY0.11

J0038306
中国共产党万岁 （1921—1961）人民美术出
版社装帧设计组集体创作
北京 人民美术出版社 1961年 [1张]
定价：CNY0.16
　　本作品系中国现代宣传画。

J0038307
中国共产党万岁 薛瑞忠作
[济南]山东人民出版社 1961年 [1张]
定价：CNY0.11
　　本作品系中国现代宣传画。

J0038308
中国共产党万岁 孙晴仪，史美良作
[杭州]浙江人民美术出版社 1961年 [1张]
定价：CNY0.12
　　本作品系中国现代宣传画。

J0038309
中国共产党万岁，毛主席万岁 周炳辰作
[南京]江苏人民出版社 1961年 [1张]
定价：CNY0.13
　　本作品系中国现代宣传画。

J0038310
中华人民共和国万岁 王角作

北京 人民美术出版社 1961年 [1张]
定价：CNY0.16
　　本作品系中国现代宣传画。

J0038311
中苏友谊万古长青 沙更世作
北京 人民美术出版社 1961年 [1张]
定价：CNY0.16
　　本作品系中国现代宣传画。

J0038312
种地选好种 一垅顶两垅 踪跡作
[哈尔滨]黑龙江美术出版社 1961年 [1张]
定价：CNY0.13

J0038313
祖国保卫者 范远鹏作
上海 上海人民美术出版社 1961年 [1张]
定价：CNY0.11

J0038314
祖国强大的国防力量 张碧梧作
上海 上海人民美术出版社 1961年 [1张]
定价：CNY0.13
　　作者张碧梧(1905—1987)，画家。江苏江阴
人。曾任上海人民美术出版社特约年画作者、中
国美术家协会会员。代表作品有《百万雄师渡长
江》《养小鸡捐飞机》等。

J0038315
按劳分配多劳多得 刘左钧作
长沙 湖南人民出版社 1962年 76cm（2开）
定价：CNY0.13
　　本作品系中国现代宣传画。

J0038316
按劳分配多劳多得 高汝法作
银川 宁夏回族自治区人民出版社 1962年
76cm（2开）定价：CNY0.18
　　本作品系中国现代宣传画。

J0038317
把青春献给祖国 杨文秀作
上海 上海人民美术出版社 1962年 [1张]
107cm（全开）定价：CNY0.22

本作品系中国现代宣传画。

J0038318

保卫革命胜利果实　陆绍权作；中国美术家
协会广东分会编
广州　广东人民出版社 1962 年　53cm（4 开）
定价：CNY0.13

J0038319

保卫古巴革命！　哈琼文作
上海　上海人民美术出版社 1962 年 ［1 张］
107cm（全开）定价：CNY0.36
　　本作品系中国现代宣传画。

J0038320

保卫祖国　建设祖国　谭裕钊，杨家聪作
广州　广东人民出版社 1962 年　53cm（4 开）
定价：CNY0.10
　　本作品系中国现代宣传画。

J0038321

大地春暖　百花竞艳　蔡振华作
上海　上海人民美术出版社 1962 年 ［1 张］
76cm（2 开）定价：CNY0.11
　　本作品系中国现代宣传画。作者蔡振华
（1912—？），工艺美术家、漫画家。毕业于国立
杭州艺术专科学校。主要从事工商美术设计工
作。中国美术家协会理事、上海市文联委员、上
海美术教育研究会会长等。主要作品有《郎心如
铁》《国立杭州艺院教授群像图》《丰》等。

J0038322

敌人从哪里窜犯，就叫它在哪里死亡！
殷弗康作
长沙　湖南人民出版社 1962 年　76cm（2 开）
定价：CNY0.18
　　本作品系中国现代宣传画。

J0038323

敌人在哪里窜犯　就把它消灭在哪里　陈
惠明作
武汉　湖北人民出版社 1962 年　76cm（2 开）
定价：CNY0.18
　　本作品系中国现代宣传画。作者陈惠明
（1933—　　），湖北嘉鱼人，毕业于中南美术专科

学校。中国美术家协会会员、湖北省美术家协会
理事、中国连环画研究会常务理事、湖北连环画
研究会会长。曾为《中国历代寓言选》《长诗望
红台》《古寓言今译》等图书作国画插图。

J0038324

发奋图强，建设社会主义！　刘永凯作
北京　人民美术出版社 1962 年　76cm（2 开）
定价：CNY0.18
　　本作品系中国现代宣传画。

J0038325

发奋图强，攀登科学技术高峰　葛维墨作
北京　人民美术出版社 1962 年 ［1 张］
76cm（2 开）定价：CNY0.18
　　本作品系中国现代宣传画。

J0038326

发愤图强　自力更生　高喆民作
上海　上海人民美术出版社 1962 年 ［1 张］
107cm（全开）定价：CNY0.18
　　本作品系中国现代宣传画。

J0038327

发扬革命英雄主义，人人争当五好民兵！
澍群作
长沙　湖南人民出版社 1962 年 ［1 张］
76cm（2 开）定价：CNY0.18
　　本作品系中国现代宣传画。

J0038328

发展多种经营争取全面增产　曹有成作
上海　上海人民美术出版社 1962 年 ［1 张］
76cm（2 开）定价：CNY0.18
　　本作品系中国现代宣传画。

J0038329

发展集体生产争取农业丰收　游龙姑作
上海　上海人民美术出版社 1962 年 ［1 张］
107cm（全开）定价：CNY0.36
　　本作品系中国现代宣传画。

J0038330

更高地举起毛泽东文艺思想的旗帜前进
（纪念毛主席"在延安文艺座谈会上的讲话"发

表二十周年）李春作
沈阳 辽宁美术出版社 1962 年［1 张］
76cm（2 开）定价：CNY0.12
　　　本作品系中国现代宣传画。

J0038331
古巴主权决不允许侵犯！ 王角作
北京 人民美术出版社 1962 年 76cm（2 开）
定价：CNY0.25
　　　本作品系中国现代宣传画。

J0038332
积极参加集体生产　夺取农业丰收 符仕
柱作
长沙 湖南人民出版社 1962 年［1 张］
76cm（2 开）定价：CNY0.13
　　　本作品系中国现代宣传画。

J0038333
加强战备　严守海防 解放军画报社供稿
北京 人民美术出版社 1962 年 76cm（2 开）
定价：CNY0.25
　　　本作品系中国现代宣传画。

J0038334
坚决彻底消灭空中强盗！ 黄振永作
北京 人民美术出版社 1962 年 76cm（2 开）
定价：CNY0.25
　　　本作品系中国现代宣传画。作者黄振永
（1930—　），四川成都人。擅长宣传画、年画。
曾在空军美术训练班学习。历任沈阳军区美术
创作员、成都军区空军政治部创作员。作品有《我
爱祖国的蓝天》，年画《幽谷飞瀑》《海之歌》等。

J0038335
肩靠肩心连心争取年年好收成 周瑞庄作
上海 上海人民美术出版社 1962 年［1 张］
107cm（全开）定价：CNY0.36
　　　本作品系中国现代宣传画。作者周瑞庄
（1930—　），画家。又名睿庄，浙江湖州人。历
任上海人民美术出版社专职画家、编审，中国美
术家协会会员。代表作品有《世界人民反帝斗争
必胜》《越南南方人民越战越强　坚决打击美国
侵略者》《繁荣昌盛》《注意清洁卫生　美化校园
环境》《星火燎原》等。

J0038336
建设祖国　保卫祖国 郑捷作
长春 吉林人民出版社 1962 年 53cm（4 开）
定价：CNY0.10
　　　本作品系中国现代宣传画。

J0038337
觉醒了的人民，必将得到最后的胜利！
文兵作
北京 人民美术出版社 1962 年［1 张］
76cm（2 开）定价：CNY0.25
　　　本作品系中国现代宣传画。

J0038338
解放军叔叔好 沈绍伦作
上海 上海人民美术出版社 1962 年 76cm（2 开）
定价：CNY0.11
　　　本作品系中国现代宣传画。

J0038339
军民联防　巩固边疆 解放军画报社供稿
北京 人民美术出版社 1962 年 76cm（2 开）
定价：CNY0.25
　　　本作品系中国现代宣传画。

J0038340
开展狩猎改善生活保护庄稼支援建设 宋
仁棠作
沈阳 辽宁美术出版社 1962 年［1 张］
76cm（2 开）定价：CNY0.12
　　　本作品系中国现代宣传画。

J0038341
练好本领　保卫祖国 解放军画报社供稿
北京 人民美术出版社 1962 年 76cm（2 开）
定价：CNY0.25
　　　本作品系中国现代宣传画。

J0038342
练好本领，消灭一切敢于进犯的敌人！
蚁美楷画
长春 吉林人民出版社 1962 年 76cm（2 开）
定价：CNY0.18
　　　本作品系中国现代宣传画。

J0038343

柳外闻燕语大田春播时　盛此君作

北京 人民美术出版社 1962 年［1 张］

76cm（2 开）定价：CNY0.13

　　本作品系中国现代宣传画。

J0038344

麦香千里谢亲人　（汉维文对照）张一弓作

乌鲁木齐 新疆人民出版社 1962 年［1 张］

76cm（2 开）定价：CNY0.25

　　本作品系中国现代宣传画。

J0038345

民兵三大任务十项要求　张世祥画

长春 吉林人民出版社 1962 年［1 张］

76cm（2 开）定价：CNY0.18

　　本作品系中国现代宣传画。

J0038346

民兵三项任务十项要求　白秋吟作

福州 福建人民出版社 1962 年［1 张］

76cm（2 开）定价：CNY0.11

　　本作品系中国现代宣传画。

J0038347

民兵三项任务十项要求　（民兵宣传画之五）

胡今叶作

上海 上海人民美术出版社 1962 年 76cm（2 开）

定价：CNY0.11

　　本作品系中国现代宣传画。

J0038348

**农村是一个广阔的天地，在那里是可以大
有作为的**　章耀达作

郑州 河南人民出版社 1962 年［1 张］

76cm（2 开）定价：CNY0.18

　　本作品系中国现代宣传画。

J0038349

农村天地广阔　青年大有可为　杨松林作

上海 上海人民美术出版社 1962 年［1 张］

76cm（2 开）定价：CNY0.18

　　本作品系中国现代宣传画。

J0038350

农业前景无限好　沈绍伦作

上海 上海人民美术出版社 1962 年［1 张］

76cm（2 开）定价：CNY0.18

　　本作品系中国现代宣传画。

J0038351

努力生产支援前线　陈子云作

长沙 湖南人民出版社 1962 年 76cm（2 开）

定价：CNY0.18

　　本作品系中国现代宣传画。

J0038352

努力生产支援前线　肃清敌特巩固后方

高季芳，殷全元作

武汉 湖北人民出版社 1962 年 共 2 张

76cm（2 开）定价：CNY0.36

　　本作品系中国现代宣传画。

J0038353

**勤学苦练　又红又专　为建设社会主义而
奋斗**　胡成美作

上海 上海人民美术出版社 1962 年［1 张］

26cm（16 开）定价：CNY0.11

　　本作品系中国现代宣传画。

J0038354

**清贫，洁白朴素的生活，正是我们革命者
能够战胜许多困难的地方！**　（摘自方志敏
"清贫"）张奠宇作

上海 上海人民美术出版社 1962 年［1 张］

76cm（2 开）定价：CNY0.11

　　本作品系中国现代宣传画。

J0038355

全国人民心一条　永远跟着共产党　陈惠
明作

［武汉］湖北人民出版社 1962 年［1 张］

76cm（2 开）定价：CNY0.18

　　本作品系中国现代宣传画。作者陈惠明
（1933—　），湖北嘉鱼人，毕业于中南美术专科
学校。中国美术家协会会员、湖北省美术家协会
理事、中国连环画研究会常务理事、湖北连环画
研究会会长。曾为《中国历代寓言选》《长诗望
红台》《古寓言今译》等图书作国画插图。

J0038356

全民团结一致，永远跟着共产党！　尹积
昌作；中国美术家协会广东分会编
广州　广东人民出版社 1962 年［1 张］
53cm（4 开）定价：CNY0.13
　　本作品系中国现代宣传画。

J0038357

全世界劳动人民大团结万岁　冯健亲，冯
芷作
上海　上海人民美术出版社 1962 年［1 张］
76cm（2 开）定价：CNY0.22
　　本作品系中国现代宣传画。

J0038358

人民公敌蒋介石　（民兵宣传教育挂图）中国
人民解放军河南省军区政治部编
郑州　河南人民出版社 1962 年　9 张（套）
76cm（2 开）
　　本作品系中国现代宣传画。

J0038359

人强马壮夺丰收　张生鑫作
哈尔滨　黑龙江美术出版社 1962 年［1 张］
76cm（2 开）定价：CNY0.25
　　本作品系中国现代宣传画。

J0038360

上山入林小秋收　野生百宝下山来　孙介
凡作
沈阳　辽宁美术出版社 1962 年［1 张］
76cm（2 开）定价：CNY0.18
　　本作品系中国现代宣传画。

J0038361

深耕细作保苗丰收　邓庆铭作
沈阳　辽宁美术出版社 1962 年［1 张］
76cm（2 开）定价：CNY0.12
　　本作品系中国现代宣传画。

J0038362

生产更多更好的日用品满足人民需要　严
保才，彭博望作
长沙　湖南人民出版社 1962 年　76cm（2 开）
定价：CNY0.18

　　本作品系中国现代宣传画。

J0038363

生活是艺术的源泉　钱大昕作
上海　上海人民美术出版社 1962 年［1 张］
107cm（全开）定价：CNY0.22
　　本作品系中国现代宣传画。

J0038364

时刻警惕，保卫祖国！　王永扬作
天津　天津美术出版社 1962 年 76cm（2 开）
定价：CNY0.18
　　本作品系中国现代宣传画。

J0038365

时刻准备着　杨涵作
上海　上海人民美术出版社 1962 年 76cm（2 开）
定价：CNY0.11
　　本作品系中国现代宣传画。

J0038366

适时早播种　争取好收成　李春作
沈阳　辽宁美术出版社 1962 年［1 张］
76cm（2 开）定价：CNY0.11
　　本作品系中国现代宣传画。

J0038367

誓死保卫祖国，古巴必胜！　任兴作
天津　天津美术出版社 1962 年［1 张］
76cm（2 开）定价：CNY0.18
　　本作品系中国现代宣传画。

J0038368

随时准备消灭敌人　钱大昕作
上海　上海人民美术出版社 1962 年 76cm（2 开）
定价：CNY0.11
　　本作品系中国现代宣传画。

J0038369

提高警惕　捍卫领空　解放军画报社供稿
北京　人民美术出版社 1962 年 76cm（2 开）
定价：CNY0.25
　　本作品系中国现代宣传画。

J0038370

提高警惕　加强战斗准备　袁耀锷,廖炯模作

沈阳　辽宁美术出版社　1962年　76cm（2开）

定价：CNY0.18

　　本作品系中国现代宣传画。

J0038371

提高警惕，保卫社会主义建设！　秉坤等作

长沙　湖南人民出版社　1962年　76cm（2开）

定价：CNY0.18

　　本作品系中国现代宣传画。

J0038372

为了独立，自由！　詹建俊作

北京　人民美术出版社　1962年［1张］

76cm（2开）定价：CNY0.13

　　本作品系中国现代宣传画。

J0038373

伟大的五一国际劳动节万岁　周绍森作

沈阳　辽宁美术出版社　1962年［1张］

76cm（2开）定价：CNY0.11

　　本作品系中国现代宣传画。

J0038374

伟大祖国万寿无疆　黄锡龄作

沈阳　辽宁美术出版社　1962年［1张］

38cm（6开）定价：CNY0.10

　　本作品系中国现代宣传画。

J0038375

卫生挂图　龚智煌绘；福建省卫生厅卫生宣教

所编

福州　福建人民出版社　1962年　4张　53cm（4开）

定价：CNY0.22

　　本作品系中国现代宣传画。

J0038376

卫生挂图　何耀先绘；福建省卫生厅卫生宣教

所编

福州　福建人民出版社　1962年　4张　53cm（4开）

定价：CNY0.22

　　本作品系中国现代宣传画。

J0038377

宣传画选

辽宁　辽宁美术出版社　1962年　10张（套）

13cm（60开）定价：CNY0.28

J0038378

学习和发扬人民解放军的"三八"作风　澍

群，作中绘；湖南省军区政治部编

长沙　湖南人民出版社　1962年　76cm（2开）

定价：CNY0.13

　　本作品系中国现代宣传画。

J0038379

学习延安作风　发扬革命传统　王角作

北京　人民美术出版社　1962年［1张］

76cm（2开）定价：CNY0.25

　　本作品系中国现代宣传画。

J0038380

严阵以待　冯子祥作；中国美术家协会广东分

会编

广州　广东人民出版社　1962年　53cm（4开）

定价：CNY0.13

　　本作品系中国现代宣传画。

J0038381

羊成群　羔满坡　肉多　肥多　皮毛多

路长龄，吴旭东作

沈阳　辽宁美术出版社　1962年　76cm（2开）

定价：CNY0.18

　　本作品系中国现代宣传画。

J0038382

养兔好　兔是农家宝　黄来铎作

沈阳　辽宁美术出版社　1962年［1张］

76cm（2开）定价：CNY0.12

　　本作品系中国现代宣传画。

J0038383

以农为荣　踪跡作

哈尔滨　黑龙江美术出版社　1962年［1张］

76cm（2开）定价：CNY0.25

　　本作品系中国现代宣传画。

J0038384

以农为荣　以农为乐　高汝法作

银川　宁夏回族自治区人民出版社　1962年
［1张］76cm（2开）定价：CNY0.18

　　本作品系中国现代宣传画。

J0038385

艺高气壮　无敌不摧　哈琼文作

上海　上海人民美术出版社　1962年　76cm（2开）
定价：CNY0.11

　　本作品系中国现代宣传画。

J0038386

在毛泽东的旗帜下胜利前进！　黄传伟，孙
能子作

北京　人民美术出版社　1962年　［1张］
76cm（2开）定价：CNY0.25

　　本作品系中国现代宣传画。

J0038387

增产煤炭　节约用煤　乔明宽，李春作

沈阳　辽宁美术出版社　1962年　76cm（2开）
定价：CNY0.11

　　本作品系中国现代宣传画。

J0038388

增产农具　支援农业　张士莹作

上海　上海人民美术出版社　1962年　76cm（2开）
定价：CNY0.18

　　本作品系中国现代宣传画。

J0038389

中苏人民的友谊万古长青　戈韦作

上海　上海人民美术出版社　1962年　［1张］
76cm（2开）定价：CNY0.11

　　本作品系中国现代宣传画。

J0038390

衷心培育接班人　赵澍萍作

上海　上海人民美术出版社　1962年　［1张］
76cm（2开）定价：CNY0.11

　　本作品系中国现代宣传画。

J0038391

祖国处处是家乡　游龙姑作

上海　上海人民美术出版社　1962年　［1张］
107cm（全开）定价：CNY0.36

　　本作品系中国现代宣传画。

J0038392

祖国万岁　晚成作

沈阳　辽宁美术出版社　1962年　［1张］
107cm（全开）定价：CNY0.16

　　本作品系中国现代宣传画。

J0038393

祖国万岁　洪波，杨先让作

北京　人民美术出版社　1962年　［1张］
76cm（2开）定价：CNY0.25

　　本作品系中国现代宣传画。

J0038394

祖国万岁　胡振玉作

上海　上海人民美术出版社　1962年　［1张］
107cm（全开）定价：CNY0.36

　　本作品系中国现代宣传画。

J0038395

做品德优秀的好学生　郭钟瑜作

上海　上海人民美术出版社　1962年　［1张］
76cm（2开）定价：CNY0.11

　　本作品系中国现代宣传画。

J0038396

把更多的工业产品运往农村！　何克敌，刘
秉礼合作

广州　广东人民出版社　1963年　76cm（2开）
定价：CNY0.25

J0038397

把青春献给社会主义新农村　肇毓厚，李宝
义作

沈阳　辽宁美术出版社　1963年　76cm（2开）
定价：CNY0.18

　　本作品系中国现代宣传画。

J0038398

比劳动热情　比生产干劲　彭召民作

上海　上海人民美术出版社　1963年　76cm（2开）
定价：CNY0.18

本作品系中国宣传画。作者彭召民(1935—　)，生于四川广安，毕业于西南师范学院美术系。历任韶山毛主席旧居陈列馆美术创作组组长、重庆市美术家协会副主席兼秘书长、重庆市美术家协会主席、中国美术家协会理事、重庆书画艺术院副院长。作品有《孔子》《彭大将军》《罗汉图》《观荷图》《故里》《三峡情》《高原小鹰》等。

J0038399
不忘阶级苦　握紧手中枪　李宝义，李春合作
沈阳　辽宁美术出版社　1963年　76cm（2开）
定价：CNY0.18
　　本作品系中国现代宣传画。

J0038400
不要忘记过去！　李玉滋，赵国荃合作
太原　山西人民出版社　1963年　76cm（2开）
定价：CNY0.18
　　本作品系中国现代宣传画。

J0038401
草原上的文化队　（汉、蒙文对照）何逸梅作
上海　上海人民美术出版社　1963年　76cm（2开）
定价：CNY0.18
　　作者何逸梅(1894—1972)，画家。号明斋。江苏吴县（今属苏州）人。上海商务印书馆图画部第一批练习生之一。主要从事月份牌画创作，兼作工商装潢美术设计。

J0038402
大力支援农业　翁逸之作
上海　上海人民美术出版社　1963年　108cm（全开）定价：CNY0.36
　　本作品系中国现代宣传画。

J0038403
大力支援农业　巩固工农联盟　钱生发作
沈阳　辽宁美术出版社　1963年　76cm（2开）
定价：CNY0.18
　　本作品系中国现代宣传画。作者钱生发，连环画家。绘有连环画《80年代》《小萝卜头》《在轮船上》等。

J0038404
到农村去！　张奠宇作
杭州　浙江人民美术出版社　1963年　76cm（2开）
定价：CNY0.18

J0038405
敌人从哪里来　就把它消灭在哪里　中国人民解放军浙江省军区政治部编
杭州　浙江人民美术出版社　1963年　76cm（2开）
定价：CNY0.18

J0038406
东风遍地红旗舞　万里河山气象新　陈白一作
长沙　湖南人民出版社　1963年　76cm（2开）
定价：CNY0.18
　　本作品系中国现代宣传画。作者陈白一(1926—2014)，美术师。湖南邵阳人，毕业于华中艺术专科学校。历任湖南书画研究院院长、中国当代工笔画学会副会长、湖南省美术家协会顾问、湖南师范大学艺术学院客座教授。代表作品《小港堵口图》《听壁脚》《喜丰收》《工农联盟》等。

J0038407
锻炼身体　建设祖国　保卫祖国　周瑞庄作
上海　上海人民美术出版社　1963年　76cm（2开）
定价：CNY0.18

J0038408
对敌斗争的光辉榜样　中国人民解放军浙江省军区政治部编
杭州　浙江人民美术出版社　1963年　76cm（2开）
定价：CNY0.18

J0038409
多种棉花　支援国家　沙仁摄影
沈阳　辽宁美术出版社　1963年　54cm（4开）
定价：CNY0.10
　　本作品系中国现代摄影宣传画。

J0038410
发奋图强力争农业好收成　高喆民作
天津　天津美术出版社　1963年　108cm（全开）
定价：CNY0.36

J0038411
发扬革命传统　坚持参加劳动　钱生发作
沈阳　辽宁美术出版社　1963 年　76cm（2 开）
定价：CNY0.18

J0038412
发扬先进思想　推广先进经验　上海人民
美术出版社编
上海　上海人民美术出版社　1963 年
108cm（全开）定价：CNY0.36

J0038413
发展农业生产　大搞科学试验　向光作
杭州　浙江人民美术出版社　1963 年　76cm（2 开）
定价：CNY0.18

J0038414
发展生产　年年丰收　江南春作
北京　人民美术出版社　1963 年　54cm（4 开）
定价：CNY0.10

J0038415
敢于斗争敢于胜利的人民是不可战胜的
李宝义作
沈阳　辽宁美术出版社　1963 年　108cm（全开）
定价：CNY0.36

J0038416
干部参加集体生产劳动的伟大革命意义
（山西昔阳县四级干部参加生产劳动的光辉范
例）新华社供稿
北京　人民美术出版社　1963 年　108cm（全开）
定价：CNY0.30

J0038417
各族人民亲密团结　伟大祖国繁荣富强
翁逸之作
上海　上海人民美术出版社　1963 年
108cm（全开）定价：CNY0.36
　　本作品系中国现代宣传画。

J0038418
给解放军叔叔补衣服　张文波摄
上海　上海人民美术出版社　1963 年　76cm（2 开）
定价：CNY0.18

J0038419
工农商学兵都来学习好八连　杨文秀等作
上海　上海人民美术出版社　1963 年
108cm（全开）定价：CNY0.36
　　本作品系中国现代宣传画。

J0038420
共产主义战士——雷锋　（挂图）中国青年
出版社编辑
北京　中国青年出版社　1963 年　108cm（全开）
定价：CNY0.20
　　本作品系中国现代宣传画。

J0038421
鼓足干劲　集中力量　争取农业大丰收
符仕柱作
长沙　湖南人民出版社　1963 年　76cm（2 开）
定价：CNY0.18
　　本作品系中国现代宣传画。

J0038422
好好学习　天天向上　裴学度作
贵阳　贵州人民出版社　1963 年　1 张　54cm（4 开）
定价：CNY0.10

J0038423
好好学习　天天向上　邓文新画
长春　吉林人民出版社　1963 年　76cm（2 开）
定价：CNY0.18

J0038424
好好学习　天天向上　黄妙发作
上海　上海人民美术出版社　1963 年　76cm（2 开）
定价：CNY0.18
　　作者黄妙发（1938—　），别名年丰，江苏常
熟人。擅长年画。曾任上海人民美术出版社年
画宣传画编辑室副主任。作品有年画《喜临门》
《我爱中华》《儿童附捐邮票一套》（两枚）等。

J0038425
黄继光　邱少云　米立权作
成都　四川人民出版社　1963 年　1 张　76cm（2 开）
定价：CNY0.18
　　作者米立权，四川美术学院附中任教。

J0038426

黄继光　邱少云 （藏、汉文对照版）米立权作
[成都] 四川民族出版社 1964 年　2 张
38cm（6 开）定价：CNY0.04

J0038427

黄继光　邱少云　米立权作
成都　四川人民出版社 1965 年　1 张　53cm（4开）
定价：CNY0.04

J0038428

黄继光　邱少云　米立权作
成都　四川人民出版社 1979 年　[1 张]
76cm（2 开）定价：CNY0.11

J0038429

集体经济无限好　粮棉丰收喜盈盈　吕小
鹏作
天津　天津美术出版社 1963 年　76cm（2 开）
定价：CNY0.18
　　　本作品系中国宣传画。

J0038430

**集中力量支援农牧业生产，争取农牧业的
丰收！**　（汉、蒙文对照）张光璧作
呼和浩特　内蒙古人民出版社 1963 年
76cm（2 开）定价：CNY0.25
　　　本作品系中国宣传画。

J0038431

集中全力　支援农业　刘秉礼，何克敌合作
广州　广东人民出版社 1963 年　76cm（2 开）
定价：CNY0.25
　　　本作品系中国宣传画。

J0038432

继承革命优良传统　学习艰苦奋斗作风
周瑞庄作
上海　上海人民美术出版社 1963 年　76cm（2 开）
定价：CNY0.18
　　　本作品系中国宣传画。

J0038433

坚持集体化道路　努力发展农业生产！
刘文西作

西安　长安美术出版社 1963 年　76cm（2 开）
定价：CNY0.18
　　　本作品系中国宣传画。

J0038434

**坚决把工业部门的工作转移到以农业为基
础的轨道上来**　孙晴义作
杭州　浙江人民美术出版社 1963 年　76cm（2 开）
定价：CNY0.18
　　　本作品系中国宣传画。

J0038435

坚决支持美国黑人的正义斗争！　曹有成作
上海　上海人民美术出版社 1963 年
108cm（全开）定价：CNY0.36
　　　本作品系中国宣传画。

J0038436

**坚决支持美国黑人反对种族歧视的正义斗
争！**　张汝济作
北京　人民美术出版社 1963 年　76cm（2 开）
定价：CNY0.18
　　　本作品系中国宣传画。

J0038437

**坚决支持亚洲、非洲、拉丁美洲人民的反
帝斗争美术作品选辑**
北京　人民美术出版社 1963 年　12 张（套）
13cm（60 开）定价：CNY0.50
　　　本作品系中国宣传画。

J0038438

**坚决支持亚洲非洲拉丁美洲人民的反帝斗
争**　周瑞庄作
上海　上海人民美术出版社 1963 年
108cm（全开）定价：CNY0.36
　　　本作品系中国宣传画。

J0038439

艰苦奋斗提高技术改进质量增加品种　钱
大昕作
上海　上海人民美术出版社 1963 年
108cm（全开）定价：CNY0.36
　　　本作品系中国宣传画。

J0038440

交公粮 卖余粮 爱国 爱社 爱集体
游龙姑作
上海 上海人民美术出版社 1963 年
108cm（全开）定价：CNY0.36
　　本作品系中国宣传画。

J0038441

今天好好打基础 明天勇敢攀高峰 邵晶坤作
天津 天津美术出版社 1963 年 76cm（2 开）
定价：CNY0.18

J0038442

精打细算为国家创造财富 翁逸之作
上海 上海人民美术出版社 1963 年
108cm（全开）定价：CNY0.36

J0038443

雷锋同志模范事迹挂图 中国人民革命军事
博物馆编
北京 人民美术出版社 1963 年 21 张（套）
76cm（2 开）定价：CNY3.60
　　本作品系中国宣传画。

J0038444

立志在农村干一辈子 吴士林绘
石家庄 河北人民美术出版社 1963 年
76cm（2 开）定价：CNY0.18
　　本作品系中国宣传画。

J0038445

练好本领 保卫祖国 冯显通作
成都 四川人民出版社 1963 年 76cm（2 开）
定价：CNY0.18
　　本作品系中国宣传画。

J0038446

满怀信心 争取农业大丰收 沈绍伦作
上海 上海人民美术出版社 1963 年
108cm（全开）定价：CNY0.36
　　本作品系中国宣传画。

J0038447

毛主席的好战士——雷锋
石家庄 河北人民美术出版社 1963 年
76cm（2 开）定价：CNY0.15
　　本作品系中国现代宣传画。

J0038448

毛主席的好战士——雷锋 陈子云作
长沙 湖南人民出版社 1963 年 76cm（2 开）
定价：CNY0.18
　　本作品系中国现代宣传画。

J0038449

毛主席的好战士——雷锋 杨鉴，周泽国画
长春 吉林人民出版社 1963 年 76cm（2 开）
定价：CNY0.25
　　本作品系中国现代宣传画。

J0038450

毛主席的好战士——雷锋
北京 中国电影出版社 1963 年 76cm（2 开）
定价：CNY0.18
　　本作品系中国现代宣传画。

J0038451

毛主席万岁 田郁文作
北京 人民美术出版社 1963 年 108cm（全开）
定价：CNY0.50
　　本作品系中国现代宣传画。

J0038452

毛主席万岁 哈琼文作
上海 上海人民美术出版社 1963 年 76cm（2 开）
精印镶边 定价：CNY0.50
　　本作品系中国现代宣传画。作者哈琼文
（1925—2012），回族，北京人。毕业于中央大学
艺术系。上海人民美术出版社编审、上海文史研
究馆馆员、中国美术家协会会员、美术家协会上
海分会理事。擅长油画、宣传画。主要作品有
油画《鲁迅——致电党中央祝贺长征胜利到达陕
北》、宣传画《毛主席万岁》等。

J0038453

美帝国主义从越南南方滚出去！ 哈琼文作
上海 上海人民美术出版社 1963 年 ［1 张］
108cm（全开）定价：CNY0.36
　　本作品系中国现代宣传画。

J0038454

民兵的三项任务和十项要求　中国人民解放军河南省军区政治部编绘

郑州　河南人民出版社　1963 年　76cm（2 开）

定价：CNY0.18

　　本作品系中国现代宣传画。

J0038455

民兵三项任务十项要求　周明画

南宁　广西僮族自治区人民出版社　1963 年　76cm（2 开）定价：CNY0.18

　　本作品系中国现代宣传画。

J0038456

南京路上好八连　（1—4）王稼穰等改编；高山，尤崇仁绘

北京　人民美术出版社　1963 年　4 张　76cm（2 开）

定价：CNY0.72

　　本作品系中国现代宣传画。

J0038457

南山松柏青又青，人人爱社莫变心。莫学杨柳半年绿，要学松柏四季青。　李光烈画

长沙　湖南人民出版社　1963 年　76cm（2 开）

定价：CNY0.18

　　本作品系中国现代宣传画。

J0038458

年青人朝气勃勃建设社会主义新农村　彭召民作

天津　天津美术出版社　1963 年　76cm（2 开）

定价：CNY0.18

　　本作品系中国现代宣传画。

J0038459

努力增产棉花　支援国家建设　吴敏作

沈阳　辽宁美术出版社　1963 年　76cm（2 开）

定价：CNY0.18

　　本作品系中国现代宣传画。作者吴敏（1931—　），画家。擅长宣传画。浙江平湖人。1949 年参军，海军政治部创作室创作员。1983 年获全国宣传画创作荣誉奖。作品有《敌人磨刀我们也要磨刀》《神圣的使命》（在全国宣传画展览中获奖）、《光荣：万里海疆的保卫者》等。

J0038460

齐心插下幸福秧　秋收定打万担粮　黄铁山作

长沙　湖南人民出版社　1963 年　76cm（2 开）

定价：CNY0.18

　　本作品系中国现代宣传画。作者黄铁山（1939—　），画家。湖南洞口人，毕业于湖北艺术学院。历任湖南省美术家协会主席、湖南省文联副主席。代表作品有《黄铁山水彩画》《圣彼得堡》《开春》等。

J0038461

千方百计争取以粮棉为中心的农业全面丰收！　周大正作

杭州　浙江人民美术出版社　1963 年　76cm（2 开）

定价：CNY0.18

　　本作品系中国现代宣传画。

J0038462

庆祝甘南藏族自治州成立十周年　（汉、藏文对照）杨春晖作

兰州　甘肃民族出版社　1963 年　108cm（全开）

定价：CNY0.36

　　本作品系中国现代宣传画。

J0038463

庆祝广西僮族自治区成立五周年　曾日文作

南宁　广西僮族自治区人民出版社　1963 年　76cm（2 开）定价：CNY0.18

　　本作品系中国现代宣传画。

J0038464

全世界无产者联合起来！　葛维墨作

北京　人民美术出版社　1963 年　76cm（2 开）

定价：CNY0.18

　　本作品系中国现代宣传画。

J0038465

全世界无产者联合起来反对我们的共同敌人　文兵作

合肥　安徽人民出版社　1963 年　76cm（2 开）

定价：CNY0.18

　　本作品系中国现代宣传画。

J0038466

热爱劳动　沈绍伦作

上海　上海人民美术出版社　1963年　76cm（2开）

定价：CNY0.18

　　本作品系中国现代宣传画。

J0038467

人人争当五好社员　贺安诚作

长沙　湖南人民出版社　1963年　76cm（2开）

定价：CNY0.18

　　本作品系中国现代宣传画。

J0038468

生产队的"好头行人"——刘希廷　赵兵摄

长春　吉林人民出版社　1963年　1张　76cm（2开）

定价：CNY0.25

　　本作品系中国现代摄影宣传画。

J0038469

提高警惕　保卫国防　王珏作

济南　山东人民出版社　1963年　1张　76cm（2开）

定价：CNY0.18

　　本作品系中国现代宣传画。

J0038470

听党的话　跟党走　把心交给党　中央美

术学院华东分院油画系供稿

上海　上海人民美术出版社　1963年　1张

76cm（2开）定价：CNY0.13

　　本作品系中国现代宣传画。

J0038471

为建设社会主义的大农业而奋斗！　林以

友，纪乃进作

杭州　浙江人民美术出版社　1963年　1张

76cm（2开）定价：CNY0.18

　　本作品系中国现代宣传画。

J0038472

为建设社会主义的新中国奋勇前进（蒙、

汉文对照）徐坚作

呼和浩特　内蒙古人民出版社　1963年　1张

76cm（2开）定价：CNY0.25

　　本作品系中国现代宣传画。

J0038473

为社会主义建设多贡献力量　周大正作

杭州　浙江人民美术出版社　1963年　1张

76cm（2开）定价：CNY0.18

　　本作品系中国现代宣传画。

J0038474

为支援农业贡献力量　贺安成作

长沙　湖南人民出版社　1963年　1张　76cm（2开）

定价：CNY0.18

　　本作品系中国现代宣传画。

J0038475

伟大的祖国万寿无疆　普庆作

上海　上海人民美术出版社　1963年　1张

108cm（全开）定价：CNY0.36

　　本作品系中国现代宣传画。

J0038476

向抗洪勇士们致敬！　阎善盛作

天津　天津美术出版社　1963年　1张　76cm（2开）

定价：CNY0.18

　　本作品系中国现代宣传画。

J0038477

向雷锋叔叔学习，做共产主义接班人。

石家庄　河北人民美术出版社　1963年　1张

76cm（2开）定价：CNY0.15

　　本作品系中国现代宣传画。

J0038478

向雷锋同志学习　冯健亲作

南京　江苏人民出版社　1963年　1张　76cm（2开）

定价：CNY0.18

　　本作品系中国现代宣传画。作者冯健亲

（1939—　），画家。浙江海宁人，毕业于南京艺

术学院美术系油画专业。历任南京艺术学院院

长、南京艺术学院工艺系副教授。代表作品《冯

健亲作品集》《素描》等。

J0038479

向雷锋同志学习　王珏，于阳春合作

济南　山东人民出版社　1963年　1张　76cm（2开）

定价：CNY0.18

　　本作品系中国现代宣传画。

J0038480

向南京路上好八连学习　上海人民美术出版社编辑

上海　上海人民美术出版社　1963 年　1 张　108cm（全开）定价：CNY0.50

　　本作品系中国现代宣传画。

J0038481

向南京路上好八连学习　游龙姑作

上海　上海人民美术出版社　1963 年　1 张　108cm（全开）定价：CNY0.36

　　本作品系中国现代宣传画。

J0038482

向伟大的共产主义战士李定国同志学习　陈子云作

长沙　湖南人民出版社　1963 年　1 张　76cm（2 开）定价：CNY0.18

　　本作品系中国现代宣传画。

J0038483

幸福花儿朝太阳　吕小鹏作

天津　天津少年儿童美术出版社　1963 年　1 张　76cm（2 开）定价：CNY0.18

J0038484

修好水利　确保丰收　何克敌，刘秉礼合作

广州　广东人民出版社　1963 年　1 张　76cm（2 开）定价：CNY0.25

J0038485

续红色家谱　传革命精神　冯芷作

上海　上海人民美术出版社　1963 年　1 张　76cm（2 开）定价：CNY0.18

J0038486

学习雷锋　做毛主席的好孩子　上海人民美术出版社制

上海　上海人民美术出版社　1963 年　1 张　76cm（2 开）定价：CNY0.18

J0038487

学习雷锋同志的榜样，做毛主席的好战士！　张汝济作

北京　人民美术出版社　1963 年　1 张　108cm（全开）

定价：CNY0.50

J0038488

学习雷锋做一个坚强的无产阶级革命战士　钱大昕作

上海　上海人民美术出版社　1963 年　1 张　108cm（全开）定价：CNY0.36

J0038489

学习毛泽东思想做共产主义接班人　游龙姑作

上海　上海人民美术出版社　1963 年　1 张　76cm（2 开）定价：CNY0.15

J0038490

以农为荣　以农为乐　沈绍伦作

上海　上海人民美术出版社　1963 年　1 张　76cm（2 开）定价：CNY0.18

J0038491

忆苦思甜——农村今昔对比　上海人民美术出版社编辑

上海　上海人民美术出版社　1963 年　1 张　108cm（全开）定价：CNY0.36

J0038492

永远保持同群众一起劳动的革命传统　张汝济作

北京　人民美术出版社　1963 年　76cm（2 开）定价：CNY0.15

J0038493

永远保持同群众一起劳动的革命传统　周瑞庄作

上海　上海人民美术出版社　1963 年　76cm（2 开）定价：CNY0.18

J0038494

增强民族团结，加速社会主义建设！

（汉、藏文对照）小婕作

兰州　甘肃民族出版社　1963 年　108cm（全开）定价：CNY0.36

J0038495

争取民族解放　保卫民族独立！　钱大昕作

上海 上海人民美术出版社 1963 年
108cm（全开）定价: CNY0.36

J0038496

争取农业丰收　繁荣社会主义经济　曹有
成作

上海 上海人民美术出版社 1963 年
108cm（全开）定价: CNY0.36

J0038497

争取做个五好社员！　（汉、蒙文对照）王玉
泉作

呼和浩特 内蒙古人民出版社 1963 年 76cm（2
开）定价: CNY0.25

J0038498

志在农村　庞卡作

上海 上海人民美术出版社 1963 年 76cm（2 开）
定价: CNY0.18

　　本作品系年画形式的中国宣传画。

J0038499

种子年年选　产量年年高　孙忠靖摄

上海 上海人民美术出版社 1963 年 76cm（2 开）
定价: CNY0.18

　　本作品系中国现代摄影宣传画。

J0038500

祖国保卫者　（1—4）马乐群作

上海 上海人民美术出版社 1963 年 4 张
54cm（4 开）定价: CNY0.36

　　本作品为中国现代宣传画。作者马乐群
（1933—　　），画家。上海人，曾在上海现代画室
学习绘画及西洋美术史等。历任上海画片出版
社年画创作员、上海美术出版社年画编辑。作品
有《人民不允许浪费粮食的行为》《海防前线宣
传员》《金杯红花传捷报》《激流勇进》等。

J0038501

祖国强大的国防力量　（汉、藏文对照版）张
碧梧作

上海 上海人民美术出版社 1963 年 76cm（2 开）
定价: CNY0.18

　　本作品系中国现代宣传画。

J0038502

祖国强大的国防力量　（汉、朝文对照版）张
碧梧作

上海 上海人民美术出版社 1963 年 76cm（2 开）
定价: CNY0.18

J0038503

祖国强大的国防力量　（汉、傣仂、拉祜文对
照版）张碧梧作

上海 上海人民美术出版社 1963 年 76cm（2 开）
定价: CNY0.18

J0038504

祖国强大的国防力量　（汉、傣纳、景颇文对
照版）张碧梧作

上海 上海人民美术出版社 1963 年 76cm（2 开）
定价: CNY0.18

J0038505

祖国强大的国防力量　（汉、傈僳文对照版）
张碧梧作

上海 上海人民美术出版社 1963 年 76cm（2 开）
定价: CNY0.18

J0038506

祖国强大的国防力量　（汉、蒙文对照版）张
碧梧作

上海 上海人民美术出版社 1963 年 76cm（2 开）
定价: CNY0.18

J0038507

祖国强大的国防力量　（汉、僮文对照版）张
碧梧作

上海 上海人民美术出版社 1963 年 76cm（2 开）
定价: CNY0.18

J0038508

祖国强大的国防力量　（汉、维、哈文对照版）
张碧梧作

上海 上海人民美术出版社 1963 年 76cm（2 开）
定价: CNY0.18

J0038509

罪恶的地主庄园　四川省文化局美术工作室,
四川人民出版社编

成都　四川人民出版社 1963 年 19 张（套）
54cm（4 开）定价：CNY1.00

　　本作品为四川省大邑县"地主庄园陈列馆"
介绍。

J0038510
做一个人民的小勤务员　韩伍作
上海　上海人民美术出版社 1963 年 76cm（2 开）
定价：CNY0.18

　　作者韩伍（1936—　），画家。浙江杭州人，
毕业于行知艺术学校。中国美术家协会会员、儿
童时代社《哈哈画报》主编、上海市美术家协会
理事。作品有《五彩路》《微湖山上》《灯花》等，
出版有《韩伍画集》《小巷童年》《诗经彩绘》等。

J0038511
**做一颗红色的种子，到祖国最需要的地方
生根、发芽、开花、结果！**　哈琼文作
上海　上海人民美术出版社 1963 年
108cm（全开）定价：CNY0.36

J0038512
爱清洁　讲卫生　钱大昕作
上海　上海人民美术出版社 1964 年 ［1 张］
76cm（2 开）定价：CNY0.15

J0038513
把革命进行到底！　周昭坎，文兵作
［合肥］安徽人民出版社 1964 年 ［1 张］
76cm（2 开）定价：CNY0.15

　　本作品系中国宣传画。

J0038514
把青春献给边疆建设　沈绍伦，周端庄作
上海　上海人民美术出版社 1964 年 ［1 张］
76cm（2 开）定价：CNY0.15

　　本作品系中国宣传画。

J0038515
把青春献给祖国的边疆建设　（上海青年在
新疆）金桂泉等摄
上海　上海人民美术出版社 1964 年 ［1 张］
107cm（全开）定价：CNY0.30

　　本作品系中国现代摄影宣传画。

J0038516
办好农村俱乐部　邓二龙，蔡福礼绘
［南宁］广西僮族自治区人民出版社 1964 年
［1 张］76cm（2 开）定价：CNY0.15

　　本作品系中国宣传画。

J0038517
办好农村俱乐部　（新华社新闻展览照片　农
村普及版）杨震河摄
［北京］新华通讯社 1964 年 17 张（套）
38cm（6 开）定价：CNY1.00

　　本作品是中国现代摄影宣传画。

J0038518
比学赶帮　齐争上游　王永扬作
天津　天津美术出版社 1964 年 ［1 张］
76cm（2 开）定价：CNY0.15

　　本作品系中国宣传画。

J0038519
不忘阶级恨　永做革命人　吴云初，曹辅銮作
天津　天津美术出版社 1964 年 ［1 张］
76cm（2 开）定价：CNY0.15

　　本作品系中国宣传画。作者曹辅銮
（1935—　），画家。上海人。毕业于南京师范学
院美术系。南京艺术学院教授、硕士研究生导师。
作品有水彩粉画《白绣球》《玉兰花》《睡莲》等，
出版著有《曹辅銮水粉画集》《环境艺术概论》
《水粉基础》等。

J0038520
赤胆忠心的好战士吴兴春　解放军画报社
供稿
北京　人民美术出版社 1964 年 ［1 张］
76cm（2 开）定价：CNY0.15

　　本作品系中国宣传画。

J0038521
大唱革命歌曲　任兴作
天津　天津美术出版社 1964 年 ［1 张］
76cm（2 开）定价：CNY0.15

　　本作品系中国宣传画。

J0038522
大兴干部参加劳动之风　（新华社新闻展览

照片 农村普及版）董荣贵等摄
［北京］新华通讯社 1964 年 16 张（套）
38cm（6 开）定价：CNY1.00
　　本作品为中国现代摄影宣传画。

J0038523
大学毛主席著作　王遥作
［哈尔滨］黑龙江美术出版社 1964 年 ［1 张］
107cm（全开）定价：CNY0.40
　　本作品系中国宣传画。

J0038524
大寨人的革命精神　（新华社新闻展览照片
农村普及版）周树铭等摄
［北京］新华通讯社 1964 年 17 张（套）
38cm（6 开）定价：CNY1.00
　　本作品为中国现代摄影宣传画。

J0038525
敌人从哪里来　就把它消灭在哪里　钟筱
琛，徐天敏作
［南京］江苏人民出版社 1964 年 ［1 张］
76cm（2 开）定价：CNY0.15
　　本作品系中国宣传画。

J0038526
敌人磨刀　我们也磨刀　吴敏作
北京 人民美术出版社 1964 年 ［1 张］
76cm（2 开）定价：CNY0.15

J0038527
**读毛主席的书　听毛主席的话　按毛主席
的指示办事**　李秀实作
［哈尔滨］黑龙江美术出版社 1964 年 ［1 张］
107cm（全开）定价：CNY0.40
　　本作品系中国宣传画。

J0038528
**读毛主席的书　听毛主席的话　按毛主席
的指示办事**　符仕柱作
长沙 湖南人民美术出版社 1964 年 ［1 张］
107cm（全开）定价：CNY0.15
　　本作品系中国宣传画。

J0038529
锻炼身体　吕小鹏作
天津 天津美术出版社 1964 年 ［1 张］
76cm（2 开）定价：CNY0.15
　　本作品系中国宣传画。

J0038530
朵朵葵花朝太阳　颗颗红心向着党　翁逸
之作
上海 上海人民美术出版社 1964 年 ［1 张］
76cm（2 开）定价：CNY0.15
　　本作品为中国现代宣传画。

J0038531
奋发图强　自力更生　李春，李宝义作
［沈阳］辽宁美术出版社 1964 年 ［1 张］
76cm（2 开）定价：CNY0.15

J0038532
奋发图强　自力更生　建设祖国　翁逸之作
上海 上海人民美术出版社 1964 年 ［1 张］
107cm（全开）定价：CNY0.30

J0038533
奋发图强　自力更生　建设祖国　高喆民作
天津 天津美术出版社 1964 年 ［1 张］
76cm（2 开）定价：CNY0.15

J0038534
奋发图强争取农业大丰收　王伟戍作
上海 上海人民美术出版社 1964 年 ［1 张］
107cm（全开）定价：CNY0.30

J0038535
奋发图强争取农业大丰收　王伟戍作
上海 上海人民美术出版社 1964 年 ［1 张］
76cm（2 开）定价：CNY0.15

J0038536
干一辈子革命　读一辈子毛主席的书　周
端庄作
上海 上海人民美术出版社 1964 年 ［1 张］
107cm（全开）定价：CNY0.30

J0038537

干一辈子革命　读一辈子毛主席的书　周端庄作

上海　上海人民美术出版社　1964 年［1 张］76cm（2 开）定价：CNY0.15

　　本作品系中国现代宣传画。

J0038538

歌唱我们伟大的祖国　王重敏作

［沈阳］辽宁美术出版社　1964 年［1 张］76cm（2 开）定价：CNY0.15

J0038539

跟前辈学习把青春献给农业　张嵩祖作

上海　上海人民美术出版社　1964 年［1 张］76cm（2 开）定价：CNY0.15

J0038540

工人阶级的好战士——刘昆　是有福作

［长沙］湖南人民出版社　1964 年［1 张］76cm（2 开）定价：CNY0.15

J0038541

巩固集体经济，发展农业生产　（汉、僮文对照）萧南兵编词；韦宣劳绘

［南宁］广西僮族自治区人民出版社　1964 年［1 张］76cm（2 开）定价：CNY0.15

J0038542

共产党是人民的红太阳　江南春作

上海　上海人民美术出版社　1964 年［1 张］76cm（2 开）定价：CNY0.15

　　本作品系中国现代连环画。

J0038543

共产主义战士欧阳海　高山，尤崇仁作

北京　人民美术出版社　1964 年［1 张］76cm（2 开）定价：CNY0.15

　　本作品系中国现代连环画。

J0038544

鼓足干劲迎接农业生产新高潮　臧尔康作

［沈阳］辽宁美术出版社　1964 年［1 张］76cm（2 开）定价：CNY0.15

　　本作品系中国现代宣传画。

J0038545

好好学习　天天向上　杨志坚作

［南京］江苏人民出版社　1964 年　2 张 53cm（4 开）定价：CNY0.10

J0038546

好好学习　天天向上　（中文、越南文对照版）黄妙发作

上海　上海人民美术出版社　1964 年［1 张］76cm（2 开）

　　本作品系中国现代宣传画。作者黄妙发（1938—　），别名年丰，江苏常熟人。擅长年画。曾任上海人民美术出版社年画宣传画编辑室副主任。作品有年画《喜临门》《我爱中华》《儿童附捐邮票一套》（两枚）等。

J0038547

红领巾胸前飘　人虽小志气高　叶其璋作

［杭州］浙江人民美术出版社　1964 年［1 张］76cm（2 开）定价：CNY0.15

　　本作品系中国现代宣传画。

J0038548

红旗民兵营　中国人民解放军河北省石家庄军分区政治部编

［石家庄］河北人民美术出版社　1964 年　8 张（套）53cm（4 开）定价：CNY0.45

　　本作品系中国现代宣传画。

J0038549

红在农村　专在农村　王兴邦绘；李万章刻

［石家庄］河北人民美术出版社　1964 年　2 张 53cm（4 开）定价：CNY0.15

　　本作品系中国现代宣传画。

J0038550

积极开展女少年乒乓球活动　钱生发作

上海　上海人民美术出版社　1964 年［1 张］76cm（2 开）定价：CNY0.15

J0038551

继承革命传统做红色接班人　杭鸣时作

［沈阳］辽宁美术出版社　1964 年［1 张］76cm（2 开）定价：CNY0.15

　　本作品系中国现代宣传画。作者杭鸣时

（1931—　），画家。又名杭度，生于上海，祖籍浙江海宁，毕业于鲁迅美术学院。历任苏州城市建设环境保护学院建筑系美术教研室主任、中国美术家协会会员。代表作品有《夜航》《工业的粮仓》等。

J0038552

继承光荣的革命传统　周瑞庄作

上海　上海人民美术出版社　1964 年［1 张］

76cm（2 开）定价：CNY0.15

　　本作品系中国现代宣传画。

J0038553

加强国防　保卫祖国　孙新元作

［西安］长安美术出版社　1964 年　2 张

53cm（4 开）定价：CNY0.15

　　本作品系中国现代年画。

J0038554

加强训练随时听从祖国召唤　（藏、汉文对照版）冯显通作

［成都］四川民族出版社　1964 年［1 张］

76cm（2 开）定价：CNY0.08

　　本作品系中国现代宣传画。

J0038555

坚决贯彻机电提灌为主，提蓄结合，综合利用的水利方针　范璞，唐德泉作

［成都］四川人民出版社　1964 年［1 张］

76cm（2 开）定价：CNY0.15

　　本作品系中国现代宣传画。

J0038556

建设社会主义新农村　（新华社新闻展览照片 农村普及版）阮均等摄

［北京］新华通讯社　1964 年　29 张(套)

38cm（6 开）定价：CNY1.70

　　本作品为中国现代摄影宣传画。

J0038557

建设社会主义新山区　（介绍湖南省岳阳县毛田区）上海人民美术出版社编；常春摄

上海　上海人民美术出版社　1964 年　21 张(套)

13cm（60 开）定价：CNY1.68

　　作者常春（1933—　），河北阜城人。原名李

凤楼。先后任《解放日报》记者、上海人民美术出版社编辑室主任等职，并兼任《摄影家》杂志主编。中国摄影协会上海分会会员。主要作品有《出击》《横跨激流》《上工》等。

J0038558

建设祖国　保卫祖国　沈绍伦作

上海　上海人民美术出版社　1964 年［1 张］

76cm（2 开）定价：CNY0.15

J0038559

阶级敌人心不死，咱要握紧枪杆子　华克雄作

北京　人民美术出版社　1964 年［1 张］

76cm（2 开）定价：CNY0.15

J0038560

决不能忘记过去　（新华社新闻展览照片 农村普及版）

［北京］新华通讯社　1964 年　33 张(套)

38cm（6 开）定价：CNY1.00

　　本作品为中国现代摄影宣传画。

J0038561

开山劈岭灌良田　曾日文作

［南宁］广西僮族自治区人民出版社　1964 年［1 张］76cm（2 开）定价：CNY0.15

　　本作品为中国现代宣传画。

J0038562

劳动人民知识化　周端庄作

上海　上海人民美术出版社　1964 年［1 张］

76cm（2 开）定价：CNY0.15

J0038563

牢记过去苦　珍惜今日甜　梁丙卓作

［郑州］河南人民出版社　1964 年［1 张］

76cm（2 开）定价：CNY0.15

J0038564

牢记阶级恨　不忘血泪仇　（新华社新闻展览照片 农村普及版）章耕辛摄

［北京］新华通讯社　1964 年　8 张(套)

38cm（6 开）定价：CNY1.00

　　本作品为中国现代摄影宣传画。

J0038565

牢记前辈血泪仇　黄渊原画；范一辛改画
上海　上海人民美术出版社 1964 年 ［1 张］
76cm（2 开）定价：CNY0.15
　　本作品为中国现代宣传画。

J0038566

立下愚公移山志　建设稳产高产田　彭召
民作
天津　天津美术出版社 1964 年 ［1 张］
76cm（2 开）定价：CNY0.15
　　本作品系中国现代宣传画。

J0038567

练好本领时刻准备狠击侵略者　（藏、汉文
对照版）冯显通作
［成都］四川民族出版社 1964 年 ［1 张］
76cm（2 开）定价：CNY0.08
　　本作品为年画形式的中国宣传画。

J0038568

辽源煤矿今昔　中国摄影学会吉林分会，吉
林人民出版社编
［长春］吉林人民出版社 1964 年 2 张(套)
76cm（2 开）定价：CNY0.40
　　本作品为中国现代宣传画。

J0038569

烈火燎原　（亚洲、非洲和拉丁美洲人民的革
命斗争 新华社新闻展览照片 农村普及版）
［北京］新华通讯社 1964 年 16 张(套)
38cm（6 开）定价：CNY1.00
　　本作品为中国现代摄影宣传画。

J0038570

毛主席万岁　张汝济作
北京　人民美术出版社 1964 年 ［1 张］
76cm（2 开）定价：CNY0.15

J0038571

毛主席万岁！　田郁文作
北京　人民美术出版社 1964 年 ［1 张］
76cm（2 开）定价：CNY0.20

J0038572

毛主席著作像太阳　范璞唐德泉作
［成都］四川人民出版社 1964 年 ［1 张］
76cm（2 开）定价：CNY0.15

J0038573

南京路上好八连事迹挂图　中国人民革命军
事博物馆编
上海　上海人民美术出版社 1964 年 24 张(套)
76cm（2 开）定价：CNY3.60

J0038574

农业前景无限好　劳动青年乐无穷　任兴作
天津　天津美术出版社 1964 年 ［1 张］
76cm（2 开）定价：CNY0.15
　　作者任兴(1936—　)，浙江绍兴人，生于天
津，毕业于西安美术专科学校油画系。历任天津
美术出版社美术编辑，羊城晚报社美术编辑。绘
有《魔术师斗法(少年连环画库)》。

J0038575

努力学习　吕小鹏作
天津　天津美术出版社 1964 年 ［1 张］
76cm（2 开）定价：CNY0.15

J0038576

女少年们，打乒乓球去！　喜栋作
［北京］人民体育出版社 1964 年 ［1 张］
76cm（2 开）定价：CNY0.15

J0038577

青年英雄挂图　杨先让等画
［北京］中国青年出版社 1964 年 14 张(套)
53cm（4 开）定价：CNY1.00

J0038578

庆祝阿克塞哈萨克族自治县成立十周年
（哈、汉文对照）志新作
［兰州］甘肃民族出版社 1964 年 ［1 张］
76cm（2 开）定价：CNY0.15

J0038579

庆祝中华人民共和国成立十五周年　（新华
社新闻展览照片 农村普及版）孟庆彪等摄
［北京］新华通讯社 1964 年 16 张(套)

38cm（6开）定价：CNY1.50

　　本作品为中国现代摄影宣传画。

J0038580
全民皆兵　保卫祖国　翁逸之作
上海　上海人民美术出版社　1964年　［1张］
76cm（2开）定价：CNY0.15

　　作者翁逸之（1921—1995），生于上海青浦县。曾任上海人民美术出版社编审、中国美术家协会会员、上海美术家协会理事、上海粉画学会顾问等。师承张充仁，创作了许多招贴画、油画和粉画。画作有《保卫和平是英雄建设祖国是好汉》《全民皆兵保卫祖国》《庆祝中华人民共和国成立三十五周年》《庆祝中国共产党成立六十周年》《热烈庆祝五届全运会胜利召开》等。

J0038581
全民皆兵　保卫祖国　翁逸之作
上海　上海人民美术出版社　1964年　［1张］
107cm（全开）定价：CNY0.30

J0038582
全世界无产者同被压迫人民被压迫民族联合起来　冯健亲作
上海　上海人民美术出版社　1964年
［1张］（双全张）定价：CNY0.60

J0038583
让郭兴福教学方法普及全军　陈其作
上海　上海人民美术出版社　1964年　［1张］
76cm（2开）定价：CNY0.15

J0038584
热爱劳动　吕小鹏作
天津　天津美术出版社　1964年　［1张］
76cm（2开）定价：CNY0.15

J0038585
热爱劳动做毛主席的好孩子　周光玠作
［沈阳］辽宁美术出版社　1964年　［1张］
76cm（2开）定价：CNY0.15

J0038586
人民的好干部——和振古　张建中，李忠翔绘

［昆明］云南人民出版社　1964年　20张（套）
26cm（16开）定价：CNY0.60

　　本作品为中国现代宣传画。

J0038587
人民武装的两面红旗　（郭庄民兵营和留庄民兵营　新华社新闻展览照片　农村普及版）王旭东等摄
［北京］新华通讯社　1964年　25张（套）
38cm（6开）定价：CNY1.50

　　本作品为中国现代摄影宣传画。

J0038588
人人争当红旗手　游龙姑作
上海　上海人民美术出版社　1964年　［1张］
76cm（2开）定价：CNY0.15

J0038589
人人种树　绿化祖国　郑祥裕作
［南宁］广西僮族自治区人民出版社　1964年
［1张］76cm（2开）定价：CNY0.15

J0038590
人人种树　人人爱树　广西僮族自治区林业厅编绘
［南宁］广西僮族自治区人民出版社　1964年
［1张］76cm（2开）定价：CNY0.15

J0038591
上海今昔　上海人民美术出版社编辑
上海　上海人民美术出版社　1964年　24张（套）
13cm（60开）定价：CNY1.92

J0038592
社会主义教育宣传图片　（第1辑）
［沈阳］辽宁美术出版社　1964年　24张（套）
26cm（16开）定价：CNY0.60

J0038593
社会主义教育宣传图片　（第2辑）
［沈阳］辽宁美术出版社　1964年　24张（套）
26cm（16开）定价：CNY0.60

J0038594
社会主义教育宣传图片　（第3辑　知识青年

的革命道路）张甸摄；彭祖龙文
[沈阳] 辽宁美术出版社 1964 年 23 张（套）
26cm（16 开）定价：CNY0.60

J0038595
社会主义教育宣传图片 （第 4 辑 学大寨之志长大寨之风走大寨之路）高亚雄等摄；谢华夫文
[沈阳] 辽宁美术出版社 1964 年 24 张（套）
26cm（16 开）定价：CNY0.60

J0038596
社会主义教育宣传图片 （第 5 辑）
[沈阳] 辽宁美术出版社 1964 年 23 张（套）
26cm（16 开）定价：CNY0.60

J0038597
社会主义教育宣传图片 （第 6 辑 红旗民兵营）辽宁美术出版社编辑
沈阳 辽宁美术出版社 1965 年 19 张（套）
27cm（16 开）定价：CNY0.60

J0038598
社会主义教育宣传图片 （第 7 辑 吕传良的控诉）辽宁美术出版社编；金县阶级教育展览馆供稿
沈阳 辽宁美术出版社 1965 年 20 张（套）
26cm（16 开）定价：CNY0.60

J0038599
圣狮大队 （全省农村革命化的一面旗帜）路华等摄
[广州] 广东画报社 1964 年 8 张（套）
53cm（4 开）定价：CNY0.80

J0038600
胜利必将属于英雄的越南人民！ 阎善盛作
天津 天津美术出版社 1964 年 [1 张]
76cm（2 开）定价：CNY0.15

J0038601
胜利属于巴拿马人民！ 吕小鹏作
天津 天津美术出版社 1964 年 [1 张]
76cm（2 开）定价：CNY0.15

J0038602
世界人民反帝斗争必胜 周瑞庄作
上海 上海人民美术出版社 1964 年 [1 张]
107cm（全开）定价：CNY0.30

J0038603
四川"白毛女" （新华社新闻展览照片 农村普及版）郑震孙等摄
[北京] 新华通讯社 1964 年 12 张（套）
38cm（6 开）定价：CNY0.70
本作品为中国现代摄影宣传画。

J0038604
四川白毛女 郑震孙等摄
北京 人民美术出版社 1964 年 [1 张]
76cm（2 开）定价：CNY0.15
本作品为中国现代宣传画，新华社供稿。

J0038605
送瘟神三字经 汤义方，汪绚秋画
上海 上海人民美术出版社 1964 年 [1 张]
76cm（2 开）定价：CNY0.15

J0038606
听毛主席的话 移风易俗 搞好卫生 （介绍上海市卫生先进单位南翔镇）上海人民美术出版社编辑
上海 上海人民美术出版社 1964 年 [1 张]
76cm（2 开）定价：CNY0.15

J0038607
为六亿人民站岗 游龙姑作
上海 上海人民美术出版社 1964 年 [1 张]
76cm（2 开）定价：CNY0.15

J0038608
为农业生产服务 （新华社新闻展览照片 农村普及版）许万育等摄
[北京] 新华通讯社 1964 年 21 张（套）
38cm（6 开）定价：CNY1.00

J0038609
卫生为生产 生产讲卫生 曹有成作
上海 上海人民美术出版社 1964 年 [1 张]
76cm（2 开）定价：CNY0.15

J0038610
慰问英雄战士　喜到光荣人家　哈琼文作
上海　上海美术出版社　1964 年［1 张］
76cm（2 开）定价：CNY0.15
　　　　作者哈琼文（1925—2012），回族，北京人。
毕业于中央大学艺术系。上海人民美术出版社
编审、上海文史研究馆馆员、中国美术家协会会
员、美术家协会上海分会理事。擅长油画、宣传
画。主要作品有油画《鲁迅——致电党中央祝贺
长征胜利到达陕北》、宣传画《毛主席万岁》等。

J0038611
我们的朋友遍天下　丁浩作
上海　上海人民美术出版社　1964 年［1 张］
76cm（2 开）定价：CNY0.15

J0038612
我们的朋友遍天下　沈绍伦作
上海　上海人民美术出版社　1964 年［1 张］
107cm（全开）定价：CNY0.30

J0038613
我们决不辜负革命前辈的希望　茹民康作
天津　天津美术出版社　1964 年［1 张］
76cm（2 开）定价：CNY0.15

J0038614
我们要做红色的革命接班人　沈复明，陈绍
勉作
上海　上海人民美术出版社　1964 年［1 张］
107cm（全开）定价：CNY0.30

J0038615
我们要做红色的革命接班人　（树立革命的
雄心壮志　承担新时代的重任）沈复明，陈绍
勉作
上海　上海人民美术出版社　1964 年［1 张］
76cm（2 开）定价：CNY0.15

J0038616
向解放军学习！　黄本贵作
［南昌］江西人民出版社　1964 年［1 张］
76cm（2 开）定价：CNY0.15

J0038617
向雷锋叔叔学习　叶其璋作
上海　上海人民美术出版社　1964 年［1 张］
76cm（2 开）定价：CNY0.15

J0038618
宣传画小辑　（1）哈琼文等作
上海　上海人民美术出版社　1964 年　12 张（套）
19cm（小 32 开）定价：CNY1.00

J0038619
宣传画小辑　（2）
上海　上海人民美术出版社　1965 年　8 张（套）
19cm（32 开）定价：CNY0.08

J0038620
宣传画小辑　（3）
上海　上海人民美术出版社　1965 年　8 张（套）
19cm（32 开）定价：CNY0.08

J0038621
宣传画小辑　（4）吕恩谊作
上海　上海人民美术出版社　1966 年　5 页
19cm（32 开）统一书号：T8081.9644
定价：CNY0.05

J0038622
学大寨　赶大寨　沈复明作
［南宁］广西僮族自治区人民出版社　1964 年
［1 张］76cm（2 开）定价：CNY0.15

J0038623
学好样　做好事　乐小英作
上海　上海人民美术出版社　1964 年［1 张］
76cm（2 开）定价：CNY0.15
　　　　作者乐小英（1921—1984），原名乐汉英，笔
名守松、锹嘉，浙江镇海人。先后任《大报》《亦
报》美术编辑和《新民晚报》美术组组长，中国美
术家协会上海分会漫画组组长。主要作品有《刘
胡兰》《五彩路》《乐小英儿童连环画选》等，出
版有《大家做好事》《动脑筋爷爷》《乐小英儿童
漫画集》等。

J0038624
学习"硬六连"的革命硬骨头作风　人民美

术出版社编辑

北京　人民美术出版社　1964 年　2 张(套)

76cm(2 开)定价: CNY0.30

　　本作品为中国现代宣传画,解放军画报社供稿。

J0038625

学习大庆精神,把革命热情同科学态度结合起来! (新华社新闻展览照片　农村普及版)袁苓等摄

[北京]新华通讯社　1964 年　21 张(套)

38cm(6 开)定价: CNY1.30

　　本作品为中国现代摄影宣传画。

J0038626

学习郭兴福学法　人民美术出版社编

北京　人民美术出版社　1964 年　2 张(套)

76cm(2 开)定价: CNY0.30

　　本作品为中国现代宣传画,解放军画报社供稿。

J0038627

学习解放军　决心争五好　任兴作

天津　天津美术出版社　1964 年 [1 张]

76cm(2 开)定价: CNY0.15

J0038628

学习解放军实现革命化　沈绍伦作

上海　上海人民美术出版社　1964 年 [1 张]

76cm(2 开)定价: CNY0.15

J0038629

学习解放军实现革命化　沈绍伦作

上海　上海人民美术出版社　1964 年 [1 张]

107cm(全开)定价: CNY0.30

J0038630

学习毛泽东思想　做共产主义接班人 游龙姑作

上海　上海人民美术出版社　1964 年 [1 张]

107cm(全开)定价: CNY0.30

J0038631

血衣 [王式廓绘]

北京　人民美术出版社　1964 年　10 张(套)

19cm(小 32 开)定价: CNY0.40

J0038632

英雄的大寨人 (用革命精神建设山区的好榜样)毓明,彦颖编文;捷三,守中绘画

北京　人民美术出版社　1964 年　2 张(套)

76cm(2 开)定价: CNY0.30

　　中国现代宣传画作品,由《群众画报》供稿。

J0038633

拥军优属　巩固国防　上海市民政局编;上海人民美术出版社连环画编辑室绘

上海　上海人民美术出版社　1964 年 [1 张]

76cm(2 开)定价: CNY0.15

J0038634

拥军优属　人人有责　上海市民政局编;上海人民美术出版社连环画编辑室绘

上海　上海人民美术出版社　1964 年 [1 张]

76cm(2 开)定价: CNY0.15

J0038635

永记血泪仇 (贫农许大妈家史)张建中,李忠翔绘

[昆明]云南人民出版社　1964 年　16 张(套)

26cm(16 开)定价: CNY0.50

J0038636

有空就学　有空就练　华克雄作

北京　人民美术出版社　1964 年 [1 张]

76cm(2 开)定价: CNY0.15

J0038637

越学心里越亮堂　林龙华作

[沈阳]辽宁美术出版社　1964 年 [1 张]

76cm(2 开)定价: CNY0.15

J0038638

在毛主席思想红旗指引下奋勇前进　庞卡作

上海　上海人民美术出版社　1964 年 [1 张]

107cm(全开)定价: CNY0.30

J0038639

在毛主席思想红旗指引下奋勇前进　庞卡作

上海　上海人民美术出版社　1964 年 [1 张]

76cm（2开）定价：CNY0.15

J0038640
赵梦桃同志模范事迹挂图
［西安］长安美术出版社 1964年 5张（套）
76cm（2开）定价：CNY0.75

J0038641
争取年年好收成　翁雨农，健二作
上海 上海人民美术出版社 1964年［1张］
76cm（2开）定价：CNY0.15

J0038642
知识分子劳动化　哈琼文作
上海 上海人民美术出版社 1964年［1张］
76cm（2开）定价：CNY0.15

J0038643
知识青年到农村是光荣的革命行动　姜维
常作
［沈阳］辽宁美术出版社 1964年［1张］
76cm（2开）定价：CNY0.15

J0038644
知识青年的好榜样——董加耕　（新华社新
闻展览照片 农村普及版）唐理奎，丁峻摄
［北京］新华通讯社 1964年 13张（套）
38cm（6开）定价：CNY0.80
　　本作品为中国现代摄影宣传画。

J0038645
植树造林好处多　广西僮族自治区林业厅编绘
［南宁］广西僮族自治区人民出版社 1964年
［1张］76cm（2开）定价：CNY0.15

J0038646
志在农村　温崇圣作
［沈阳］辽宁美术出版社 1964年［1张］
53cm（4开）定价：CNY0.08
　　作者温崇圣（1938—　），画家。祖籍山东莱
州市，历任鲁迅美术学院教授、中国美术家协会
会员、辽宁省美术家协会理事、辽宁中国画研究
会副会长、大连市中国画研究会会长。作品有《畅
通无阻》《掠夺》《铁证》等。

J0038647
志在农村　周洪才作
［沈阳］辽宁美术出版社 1964年［1张］
76cm（2开）定价：CNY0.15

J0038648
志在农村　江碧波作
［成都］四川人民出版社 1964年［1张］
38cm（6开）定价：CNY0.08
　　作者江碧波（1939—　），女，画家。浙江镇
海人，毕业于四川美术学院。历任四川美术学院
版画系主任、中国美术家协会理事。代表作品《歌
乐山群雕》《白云深处》《近邻》等。

J0038649
志在农村　那启明作
天津 天津美术出版社 1964年 4张 53cm（4开）
定价：CNY0.30
　　作者那启明（1936—　）满族，北京人。擅
长民间美术。1958年毕业于中央美术学院附中。
任天津杨柳青画社编辑部主任、编审。作品有《白
求恩》《团结图》《多彩夕阳》《喜迎春》。

J0038650
治山治水建设新农村　彭召民作
［成都］四川人民出版社 1964年［1张］
76cm（2开）定价：CNY0.15

J0038651
中国共产党万岁　张汝济等作
北京 人民美术出版社 1964年［1张］
76cm（2开）定价：CNY0.15

J0038652
中华人民共和国万岁　张汝济作
北京 人民美术出版社 1964年［1张］
76cm（2开）定价：CNY0.15

J0038653
助人为乐　徐寄萍作
上海 上海人民美术出版社 1964年［1张］
76cm（2开）定价：CNY0.15
　　本作品是中国现代宣传画。作者徐寄萍
（1919—2005），上海人。曾任上海美术家协会会
员、上海人民美术出版社特约年画作者等职。主

要作品有《帮妈妈做事》《学雷锋做好事》《擦亮眼睛》等。

J0038654

祝贺肃南裕固族自治县成立十周年　娄溥义作

[兰州] 甘肃民族出版社 1964 年 [1 张]
76cm（2 开）定价：CNY0.15

　　中国现代宣传画作品。

J0038655

祖国的需要就是我们的志愿！　钱大昕作

上海 上海人民美术出版社 1964 年 [1 张]
76cm（2 开）定价：CNY0.30

　　中国现代宣传画作品。

J0038656

祖国万岁　哈琼文作

上海 上海人民美术出版社 1964 年 [1 张]
107cm（全开）定价：CNY0.30

　　中国现代宣传画作品。作者哈琼文（1925—2012），回族，北京人。毕业于中央大学艺术系。上海人民美术出版社编审、上海文史研究馆馆员、中国美术家协会会员、美术家协会上海分会理事。擅长油画、宣传画。主要作品有油画《鲁迅——致电党中央祝贺长征胜利到达陕北》、宣传画《毛主席万岁》等。

J0038657

做革命接班人　刘秉礼作

广州 岭南美术出版社 1964 年 [1 张]
76cm（2 开）定价：CNY0.15

　　中国现代宣传画作品。

J0038658

做红色接班人　于晋鲤作

天津 天津杨柳青画店 1964 年 [1 张]
53cm（4 开）定价：CNY0.09

　　中国现代宣传画作品。

J0038659

做一颗红色的种子，到祖国最需要的地方生根、发芽、开花、结果！　哈琼文作

上海 上海人民美术出版社 1964 年 [1 张]
76cm（2 开）定价：CNY0.15

　　中国现代宣传画作品。

J0038660

百万翻身农奴的榜样——西藏自治区乃东县结巴乡朗生互助组　农业部编

北京 人民美术出版社 1965 年 6 张(套)
53cm（4 开）定价：CNY0.42

（农业靠大寨精神 全国大寨式农业典型展览挂图 19）

　　本作品为中国现代摄影宣传画。本书与上海人民美术出版社合作出版。

J0038661

半农半读 又红又专　夏克政作

南昌 江西人民出版社 1965 年 76cm（2 开）
定价：CNY0.15

　　中国现代宣传画作品。

J0038662

半农半读育新人　徐力荪作

南京 江苏人民出版社 1965 年 76cm（2 开）
定价：CNY0.15

　　中国现代宣传画作品。

J0038663

半农半读育新人　彭召民作

上海 上海人民美术出版社 1965 年 76cm（2 开）
定价：CNY0.15

　　中国现代宣传画作品。

J0038664

半农半读育新人　叶其璋作

上海 上海人民美术出版社 1965 年 76cm（2 开）
定价：CNY0.15

　　中国现代宣传画作品。

J0038665

北京郊区粮食高产红旗——持续五年全面增产 更好地为首都服务　农业部编

北京 人民美术出版社 1965 年 8 张(套)
53cm（4 开）定价：CNY0.48

（农业靠大寨精神 全国大寨式农业典型展览挂图 27）

　　本作品为中国现代摄影宣传画。本书与上海人民美术出版社合作出版。

J0038666
边防巡逻兵　刘继敏，苑成心作
天津　天津美术出版社　1965年［1张］
76cm（2开）定价：CNY0.15
　　中国现代年画作品。

J0038667
兵民是胜利之本　（纪念伟大抗日战争胜利
二十周年）李宝义作
沈阳　辽宁美术出版社　1965年　76cm（2开）
定价：CNY0.15
　　中国现代宣传画作品。

J0038668
**不管敌机白天来、黑夜来、高空来、低空
来，来者必歼！**　人伟信作
上海　上海人民美术出版社　1965年
107cm（全开）定价：CNY0.30
　　中国现代宣传画作品。

J0038669
草原上的文化队　何逸梅作
上海　上海人民美术出版社　1965年［1张］
76cm（2开）定价：CNY0.15
　　中国现代宣传画作品。作者何逸梅（1894—
1972），画家。号明斋。江苏吴县（今属苏州）人。
上海商务印书馆图画部第一批练习生之一。主
要从事月份牌画创作，兼作工商装潢美术设计。

J0038670
**充分发挥贫下中农的作用，建设社会主义
新农村！**　朝风作
南京　江苏人民出版社　1965年　76cm（2开）
定价：CNY0.15
　　中国现代宣传画作品。

J0038671
传家宝　新华通讯社供稿；人民美术出版社
编辑
北京　人民美术出版社　1965年　76cm（2开）
定价：CNY0.15
　　中国现代宣传画作品。

J0038672
打得好　打得准　打得狠！　安杰，柴海利作

南京　江苏人民出版社　1965年　76cm（2开）
定价：CNY0.15
　　中国现代宣传画作品。

J0038673
大唱革命歌曲　大鼓革命干劲　游龙姑作
上海　上海人民美术出版社　1965年　76cm（2开）
定价：CNY0.15
　　中国现代宣传画作品。

J0038674
大寨精神大发扬　集体经济更巩固　宋仁
棠作
沈阳　辽宁美术出版社　1965年　76cm（2开）
定价：CNY0.15
　　中国现代宣传画作品。

J0038675
戴花要戴大红花　刘秉礼作
广州　广东人民出版社　1965年　76cm（2开）
定价：CNY0.15
　　中国现代宣传画作品。作者刘秉礼（1932—
2000），广东广州人。历任电影院美术员，出版
社设计组组长、创作员，演出公司美工室美术组
长，美术公司副经理，广州市美术公司艺术指
导。作品有《心怀祖国，放眼世界》《毛主席视察
广州造纸厂》《知识是致富的宝库》等。

J0038676
当家人　（社会主义教育展览画片）章学林
等作
杭州　浙江人民美术出版社　1965年　4张（套）
26cm（16开）定价：CNY0.10
　　中国现代宣传画作品。

J0038677
到大江大海去锻炼　彭召民作
成都　四川人民出版社　1965年［1张］
76cm（2开）定价：CNY0.15
　　中国现代宣传画作品。

J0038678
到江河湖海去游泳　王俊极作
北京　人民体育出版社　1965年　76cm（2开）
定价：CNY0.15

中国现代宣传画作品。

J0038679

到农村去　到边疆去　到祖国最需要的地方去　赴疆作

南京　江苏人民出版社　1965 年　76cm（2 开）

定价：CNY0.15

　　中国现代宣传画作品。

J0038680

东山堡垒"铜山岛"（人民武装建设的一面旗帜）上海人民美术出版社编；邓守智等摄

上海　上海人民美术出版社　1965 年　29 张（套）

38cm（6 开）定价：CNY1.20

　　本作品为中国现代摄影宣传画。

J0038681

读毛主席的书　听毛主席的话　照毛主席的指示办事　（新闻展览照片 农村普及版）

北京　新华通讯社　1965 年　17 张（套）

38cm（6 开）定价：CNY1.00

　　本作品为中国现代摄影宣传画。

J0038682

读毛主席的书　听毛主席的话　照毛主席的指示办事　（新闻展览照片农村普及版）新华通讯社供稿

北京　中国青年出版社　1965 年　17 张（套）

38cm（6 开）定价：CNY0.52

　　中国现代摄影宣传画作品。

J0038683

读毛主席的书　听毛主席的话　照毛主席的指示办事　做毛主席的好学生　漆德琰作

南昌　江西人民出版社　1965 年　76cm（2 开）

定价：CNY0.15

　　中国现代宣传画作品。作者漆德琰（1932—　　），教授，画家。江西高安人，毕业于鲁迅美术学院。历任《江西画报》社编辑、江西文艺学院教师、江西革命博物馆创作员、重庆建筑大学教授、中国水彩画学会理事、重庆水彩画学会会长。擅长水彩画、油画、壁画。代表作品《井冈山会师》《石板哨小屋》《归牧》《水乡》等。出版有《漆德琰水彩画作品与技法》《漆德琰水彩画选》《水彩写

生技法示范》等。

J0038684

读毛主席著作　做红色接班人　李骏作

北京　人民美术出版社　1965 年　76cm（2 开）

定价：CNY0.15

　　中国现代宣传画作品。

J0038685

对谁狠？对谁亲？　（新闻展览照片　农村普及版）

北京　新华通讯社　1965 年　8 张（套）

38cm（6 开）定价：CNY0.40

　　本作品为中国现代摄影宣传画。

J0038686

发扬大庆自力更生精神　冯真作

北京　人民美术出版社　1965 年　76cm（2 开）

定价：CNY0.15

　　中国现代宣传画作品。

J0038687

发扬革命传统永远前进　宋春和作

上海　上海人民美术出版社　1965 年　76cm（2 开）

定价：CNY0.15

　　中国现代宣传画作品。

J0038688

发扬革命精神为实现第三个五年计划而奋斗！　刘秉礼作

上海　上海人民美术出版社　1965 年

107cm（全开）定价：CNY0.30

　　中国现代宣传画作品。

J0038689

发扬国际主义精神随时准备同越南人民并肩作战　李中文作

郑州　河南人民出版社　1965 年［1 张］

76cm（2 开）定价：CNY0.15

　　中国现代宣传画作品。

J0038690

发扬王杰同志革命精神　陈绍宪作

广州　广东人民出版社　1965 年　76cm（2 开）

定价：CNY0.15

中国现代宣传画作品。

J0038691

奋发图强改天换地　李秀实作
上海　上海人民美术出版社　1965 年　76cm（2 开）
定价：CNY0.15

　　中国现代宣传画作品。作者李秀实（1933— ），风景油画家。生于辽宁锦州，毕业于中央美术学院油画系。历任中华美术研究院副院长、中国美术家协会理事、中国油画学会理事。代表作品《过去·现在·未来》《从油画民族化谈起》，出版有《李秀实油画选》《我对墨骨油画的思考》等。

J0038692

丰福生怎样学习毛主席著作　福建前线空军部队政治部编；许介康，郑瑞德摄影
福州　福建人民出版社　1965 年　2 张　76cm（2 开）
定价：CNY0.22

　　本作品为中国现代摄影宣传画。

J0038693

复仇的竹尖桩　佘菊初，吴洪生作
长沙　湖南人民出版社　1965 年　76cm（2 开）
定价：CNY0.15

　　中国现代宣传画作品。

J0038694

改造穷山区　建设新农村——湖南省岳阳县毛田区　农业部编
北京　人民美术出版社　1965 年　7 张（套）
53cm（4 开）定价：CNY0.48
（农业靠大寨精神　全国大寨式农业典型展览挂图 6）

　　本作品为中国现代摄影宣传画。本书与上海人民美术出版社合作出版。

J0038695

敢于胜利　善于斗争　梁玉龙作
北京　人民体育出版社　1965 年　107cm（全开）
定价：CNY0.30

　　中国现代宣传画作品。

J0038696

干部坚持劳动　才能坚持革命　（壮、汉文对照版）黄建辉作

南宁　广西民族出版社　1965 年　76cm（2 开）
定价：CNY0.15

　　中国现代宣传画作品。

J0038697

干部坚持劳动　才能坚持革命　高玠瑜作
成都　四川人民出版社　1965 年　76cm（2 开）
定价：CNY0.15

　　中国现代宣传画作品。

J0038698

高举毛泽东思想红旗，把毛泽东思想真正学到手　（新闻展览照片　农村普及版）人民美术出版社编；中国人民革命军事博物馆供稿
北京　人民美术出版社　1965 年　3 张（套）
54cm（3 全开）定价：CNY0.78

　　本作品为中国现代摄影宣传画。

J0038699

高举毛泽东思想红旗奋勇前进　曹辅銮等作
南京　江苏人民出版社　1965 年　76cm（2 开）
定价：CNY0.15

　　中国现代宣传画作品。作者曹辅銮（1935— ），画家。上海人。毕业于南京师范学院美术系。南京艺术学院教授、硕士研究生导师。作品有水彩粉画《白绣球》《玉兰花》《睡莲》等，出版著作有《曹辅銮水粉画集》《环境艺术概论》《水粉基础》等。

J0038700

高举毛泽东思想伟大红旗，勇当开路先锋！　王泽民作
北京　人民美术出版社　1965 年　76cm（2 开）
定价：CNY0.15

　　中国现代宣传画作品。

J0038701

高举总路线红旗　建设稳产高产农田——广东省珠江三角洲地区　农业部编
北京　人民美术出版社　1965 年　10 张（套）
53cm（4 开）定价：CNY0.72
（农业靠大寨精神　全国大寨式农业典型展览挂图 32）

　　本作品为中国现代摄影宣传画。本书与上海人民美术出版社合作出版。

J0038702
高尚的人——模范饲养员王传河 （新闻展览照片 农村普及版）
北京 新华通讯社 1965 年 定价：CNY0.20
　　本作品为中国现代摄影宣传画。

J0038703
搞好环境卫生　增进人民健康　钱生发作
上海 上海人民美术出版社 1965 年 76cm（2 开）
定价：CNY0.15
　　中国现代宣传画作品。作者钱生发，连环画家。绘有连环画《80 年代》《小萝卜头》《在轮船上》等。

J0038704
搞好农业　多打粮食　以实际行动支援越南兄弟！　章耀达作
郑州 河南人民出版社 1965 年 ［1 张］
76cm（2 开）定价：CNY0.15
　　中国现代宣传画作品。

J0038705
革命的女战士　生产的红旗手　刘秉礼［作］
上海 上海人民美术出版社 1965 年
107cm（全开）定价：CNY0.30
　　中国现代宣传画作品。

J0038706
革命的女战士　生产的红旗手　刘秉礼［作］
上海 上海人民美术出版社 1965 年 76cm（2 开）
定价：CNY0.15
　　中国现代宣传画作品。

J0038707
革命斗争的先锋　生产建设的闯将　刘秉礼作
广州 广东人民出版社 1965 年 76cm（2 开）
定价：CNY0.15
　　中国现代宣传画作品。

J0038708
革命后代在成长 （社会主义教育展览画片）
宋珍妮等作
杭州 浙江人民美术出版社 1965 年 6 张（套）
26cm（16 开）定价：CNY0.15
　　中国现代宣传画作品。

J0038709
革命英雄作榜样　刘秉礼作
广州 广东人民出版社 1965 年 76cm（2 开）
定价：CNY0.15
　　中国现代宣传画作品。作者刘秉礼（1932—2000），广东广州人。历任电影院美术员、出版社设计组组长、创作员，演出公司美工室美术组长，美术公司副经理，广州市美术公司艺术指导。作品有《心怀祖国，放眼世界》《毛主席视察广州造纸厂》《知识是致富的宝库》等。

J0038710
鼓足干劲，齐心协力，为争取今年农业大丰收而奋斗！　韩承霖、李秀实作
哈尔滨 黑龙江美术出版社 1965 年 76cm（2 开）
定价：CNY0.15
　　中国现代宣传画作品。

J0038711
管好生产队的财务靠大家 （连环画图片）
中共玉林地委农村政治部编
南宁 广西壮族自治区人民出版社 1965 年
76cm（2 开）定价：CNY0.15
　　中国现代宣传画作品。

J0038712
广泛深入地开展增产节约运动　掀起工业生产新高潮　哈琼文等作
上海 上海人民美术出版社 1965 年 3 张（全开）
定价：CNY0.90
　　中国现代宣传画作品。

J0038713
红在农村　专在农村　陈谷平作
南京 江苏人民出版社 1965 年 2 张 53cm（4 开）
定价：CNY0.20
　　中国现代宣传画作品。

J0038714
红在农村　专在农村　改造农村　建设农村　柴海利等作
南京 江苏人民出版社 1965 年 76cm（2 开）
定价：CNY0.15

中国现代宣传画作品。

J0038715
黄继光　雷厚荣作
成都　四川人民出版社　1965 年　53cm（4 开）
定价：CNY0.08
　　中国现代宣传画作品。

J0038716
计划生育好处多　冯一鸣，任兴作
天津　天津美术出版社　1965 年　76cm（2 开）
定价：CNY0.15
　　中国现代宣传画作品。

J0038717
纪念伟大抗日战争胜利二十周年展览会图片选辑
北京　文物出版社　1965 年　16 张（套）
15cm（42 开）统一书号：7068.1096
定价：CNY0.30
　　中国现代宣传画作品。

J0038718
纪念伟大抗日战争胜利二十周年展览会图片二辑
北京　文物出版社　1965 年　8 张（套）
15cm（42 开）定价：CNY0.20
　　中国现代宣传画作品。

J0038719
纪念伟大抗日战争胜利二十周年展览会图片三辑
北京　文物出版社　1965 年　12 张（套）
15cm（42 开）定价：CNY0.25
　　中国现代宣传画作品。

J0038720
继承儿童团光荣传统　做共产主义接班人
秦大虎，王玉方作
上海　上海人民美术出版社　1965 年　76cm（2 开）
定价：CNY0.15
　　中国现代宣传画作品。

J0038721
继承光荣的革命传统　郭荣作

[南京] 江苏人民出版社　1965 年 ［1 张］
76cm（2 开）定价：CNY0.15
　　中国现代宣传画作品。

J0038722
加强锻炼　增强体质　阎善盛作
天津　天津美术出版社　1965 年　76cm（2 开）
定价：CNY0.15
　　中国现代宣传画作品。

J0038723
加强国防　保卫祖国　孙新元作
[西安] 长安美术出版社　1965 年　2 版　1 张
76cm（2 开）定价：CNY0.15
　　中国现代年画作品。

J0038724
坚持半农半读方向　培养能文能武新人
王重敏作
沈阳　辽宁美术出版社　1965 年　76cm（2 开）
定价：CNY0.15
　　中国现代宣传画作品。

J0038725
坚持半农半读方向　培育能文能武新人
潘仕勤作
贵阳　贵州人民出版社　1965 年　1 张　76cm（2 开）
定价：CNY0.15
　　中国现代宣传画作品。

J0038726
坚持半农半读方向　培育能文能武新人
潘仕勤作
贵阳　贵州人民出版社　1965 年　1 张　53cm（4 开）
定价：CNY0.08
　　中国现代宣传画作品。

J0038727
坚决为实现第三个五年计划而奋斗　钱大昕作
上海　上海人民美术出版社　1965 年 ［1 张］
107cm（全开）定价：CNY0.30
　　中国现代宣传画作品。

J0038728

将革命进行到底！　哈琼文作

北京　人民美术出版社　1965 年　76cm（2 开）

定价：CNY0.15

　　中国现代宣传画作品。

J0038729

将革命进行到底！　王文涛原画；周安琪，

王玉方重画

上海　上海人民美术出版社　1965 年　76cm（2 开）

定价：CNY0.15

　　中国现代宣传画作品。

J0038730

讲究饮食卫生　纪宇作

天津　天津美术出版社　1965 年　76cm（2 开）

定价：CNY0.15

　　中国现代宣传画作品。

J0038731

阶级教育展览馆　（维、哈、蒙、汉文对照）熊

新野作

[乌鲁木齐] 新疆人民出版社　1965 年　[1 张]

38cm（6 开）定价：CNY0.08

　　中国现代宣传画作品。

J0038732

绝不要忘记过去　范一辛作

上海　上海人民美术出版社　1965 年　76cm（2 开）

定价：CNY0.15

　　中国现代宣传画作品。

J0038733

军民骨肉亲　（新闻展览照片　农村普及版）解

放军画报社供稿

北京　新华通讯社　1965 年　12 张（套）

38cm（6 开）定价：CNY0.70

　　本作品为中国现代摄影宣传画。

J0038734

开展国防体育运动　保卫社会主义祖国

钱伯庸作

北京　人民体育出版社　1965 年　76cm（2 开）

定价：CNY0.15

　　中国现代宣传画作品。

J0038735

颗颗红心为集体，齐心合力夺丰收　彭召

民作

北京　人民美术出版社　1965 年　76cm（2 开）

定价：CNY0.15

　　中国现代宣传画作品。

J0038736

苦练杀敌本领　做毛主席的好民兵　陈其

等作

南京　江苏人民出版社　1965 年　76cm（2 开）

定价：CNY0.15

　　中国现代宣传画作品。

J0038737

苦练杀敌本领，誓做越南人民后盾！　任

川作

长春　吉林人民出版社　1965 年　[1 张]

107cm（全开）定价：CNY0.30

　　中国现代宣传画作品。

J0038738

苦练杀敌本领，随时响应祖国号召！　靳

尚谊作

北京　人民美术出版社　1965 年　76cm（2 开）

定价：CNY0.15

　　中国现代宣传画作品。作者靳尚谊（1934—　　），

满族，画家、教授。河南焦作人，毕业于中央美

术学院绘画系和马克西莫夫油画训练班。曾任

中央美术学院院长、教授、博士生导师，中国美

术家协会主席、中国文联副主席。代表作品有《塔

吉克新娘》《青年歌手》《蓝衣少女》等，出版有

《靳尚谊油画选》《靳尚谊肖像作品选集》等。

J0038739

劳武结合，苦练杀敌本领！　（汉、藏文对照

版）柴夫作

成都　四川民族出版社　1965 年　76cm（2 开）

定价：CNY0.08

　　中国现代宣传画作品。

J0038740

牢记阶级仇　紧握手中枪　黄青作

郑州　河南人民出版社　1965 年　76cm（2 开）

定价：CNY0.15

中国现代宣传画作品。

J0038741
牢记阶级仇　紧握手中枪 胡振玉作
上海　上海人民美术出版社 1965 年 76cm（2 开）
定价：CNY0.15
中国现代宣传画作品。

J0038742
立志做坚强的革命后代 孙忠祥，卢叶梓作
长沙　湖南人民出版社 1965 年 76cm（2 开）
定价：CNY0.15
中国现代宣传画作品。

J0038743
立志做无产阶级革命接班人 新苗作
南京　江苏人民出版社 1965 年 76cm（2 开）
定价：CNY0.15
中国现代宣传画作品。

J0038744
**廖江初　丰福生　黄祖示学习毛主席著作
挂图** 中国人民革命军事博物馆编
上海　上海人民美术出版社 1965 年 31 张（套）
53cm（4 开）定价：CNY2.00
中国现代宣传画作品。

J0038745
林海娘子军 叶大开摄影
福州　福建人民出版社 1965 年 76cm（2 开）
定价：CNY0.15
本作品为中国现代摄影宣传画。

J0038746
**六亿五千万中国人民誓作越南兄弟的坚强
后盾！** 唐建绩作
南京　广西壮族自治区人民出版社 1965 年
[1 张] 76cm（2 开）定价：CNY0.15
中国现代宣传画作品。

J0038747
满怀革命豪情投入生产新高潮 彭召民作
成都　四川人民出版社 1965 年 76cm（2 开）
定价：CNY0.15
中国现代宣传画作品。

J0038748
毛主席的好战士王杰 （新闻展览照片　农村
普及版）
北京　新华通讯社 1965 年 8 张（套）
38cm（6 开）定价：CNY0.30
本作品为中国现代摄影宣传画。

J0038749
毛主席的好战士——王杰 李守才等作
郑州　河南人民出版社 1965 年 107cm（全开）
定价：CNY0.22
中国现代宣传画作品。

J0038750
毛主席的好战士——王杰 鲁迅美术学院，
辽宁美术出版社编绘
沈阳　辽宁美术出版社 1965 年 107cm（全开）
定价：CNY0.30
中国现代宣传画作品。

J0038751
毛主席的好战士——王杰 美术家协会天津
分会美术组集体创作
天津　天津美术出版社 1965 年 76cm（2 开）
定价：CNY0.15
中国现代宣传画作品。

J0038752
毛主席怎样说的　我就怎样做 中国人民
银行吉林省分行画
长春　吉林人民出版社 1965 年 76cm（2 开）
定价：CNY0.12
中国现代宣传画作品。

J0038753
**毛主席怎样说的　我就怎样做——像王杰
同志那样学习毛主席著作** 哈琼文作
上海　上海人民美术出版社 1965 年
107cm（全开）定价：CNY0.30
中国现代宣传画作品。

J0038754
**毛主席怎样说的　我就怎样做——像王杰
同志那样学习毛主席著作** 哈琼文作
上海　上海人民美术出版社 1965 年 76cm（2 开）

定价：CNY0.15

　　中国现代宣传画作品。

J0038755

毛主席怎样说的，我就怎样做！——王杰

刘秉礼作

广州　广东人民出版社　1965 年　76cm（2 开）

定价：CNY0.15

　　中国现代宣传画作品。

J0038756

面向农村　为五亿农民服务　林日雄作

石家庄　河北人民美术出版社　1965 年

76cm（2 开）定价：CNY0.15

　　中国现代宣传画作品。

J0038757

民兵三项任务十项要求　云南省军区政治部

编绘

昆明　云南人民出版社　1965 年　76cm（2 开）

定价：CNY0.15

　　中国现代宣传画作品。

J0038758

南方来信　（彩色连环画挂图）黄君度等编绘

南宁　广西壮族自治区人民出版社　1965 年

17 张（套）38cm（8 开）定价：CNY0.15

　　中国现代宣传画作品。

J0038759

南方怒火　（连环画挂图之一）姜维朴等编；

董洪元等绘

北京　人民美术出版社　1965 年　8 张（套）

38cm（6 开）定价：CNY0.15

　　中国现代宣传画作品。作者姜维朴（1926—
2019），编辑。山东黄县人，毕业于山东大学文
艺系。历任人民美术出版社《连环画报》编辑室
主任、副主编，中国连环画出版社总编辑等。代
表作品有《鲁迅论连环画》《要摄取事物的本质》
《连环画艺术论》等。绘者董洪元（1926—　），钢
笔画家、连环画家。上海人。笔名红叶。钢笔连
环画代表作品有《高尔基》三部曲。

J0038760

农牧结合　以牧促农——贵州省威宁彝族

回族苗族自治县　农业部编

北京　人民美术出版社　1965 年　6 张（套）

53cm（4 开）定价：CNY0.36

（农业靠大寨精神　全国大寨式农业典型展览挂
图 21）

　　本作品为中国现代摄影宣传画。本书与上
海人民美术出版社合作出版。

J0038761

千仇万恨录　（湖南省社会主义阶级教育图片
集）湖南省展览馆，湖南人民出版社编

长沙　湖南人民出版社　1965 年　26cm（16 开）

精装　定价：CNY2.50

　　中国现代宣传画作品。

J0038762

千仇万恨录　（湖南省社会主义阶级教育展览
图片）湖南省展览馆，湖南人民出版社编

长沙　湖南人民出版社　1965 年　72 张（套）

26cm（16 开）定价：CNY1.20

　　中国现代宣传画作品。

J0038763

青少年们！积极参加四项体育活动　钱生
发作

上海　上海人民美术出版社　1965 年　76cm（2 开）

定价：CNY0.15

　　中国现代宣传画作品。

J0038764

庆丰收　鼓干劲　翁葆樯，翁雨农作

上海　上海人民美术出版社　1965 年［1 张］

76cm（2 开）定价：CNY0.15

　　中国现代宣传画作品。

J0038765

庆祝肃北蒙古族自治县成立十五周年

（汉、蒙文对照版）苏朗作

兰州　甘肃民族出版社　1965 年　76cm（2 开）

定价：CNY0.15

　　中国现代宣传画作品。作者苏朗（1938—　），
画家。原名严国保，湖北武汉人。就读于武昌艺
术师范学校和西北师范学院艺术系。历任中国
美术家协会会员、甘肃人民出版社副审。代表
作品有《黄河渡》《煦风吹不尽》《奶站笑语》等。

J0038766

庆祝天祝藏族自治县成立十五周年 （藏、汉文对照版）李明强作
兰州 甘肃民族出版社 1965 年 76cm（2 开）
定价: CNY0.15
　　中国现代宣传画作品。

J0038767

全国各民族大团结万岁 张奠宇, 张玉忠作
上海 上海人民美术出版社 1965 年 [1 张]
76cm（2 开）定价: CNY0.15
　　中国现代宣传画作品。

J0038768

全民皆兵　保卫祖国 邓守智等摄
上海 上海人民美术出版社 1965 年
107cm（全开）定价: CNY0.30
　　本作品为中国现代摄影宣传画。

J0038769

全民皆兵　威力无穷 吉林省军区政治部,
中国摄影学会吉林分会编
长春 吉林人民出版社 1965 年 4 张(套)
53cm（4 开）定价: CNY0.24
　　中国现代宣传画作品。

J0038770

全世界劳动人民大团结万岁 （中, 英, 法, 西班牙文对照版）冯健亲, 冯芷作
上海 上海人民美术出版社 1965 年 [1 张]
76cm（2 开）
　　中国现代宣传画作品。

J0038771

全世界无产者同被压迫人民、被压迫民族联合起来! 张文新作
北京 人民美术出版社 1965 年 [1 张]
107cm（全开）定价: CNY0.30
　　中国现代宣传画作品。

J0038772

全心全意为人民服务 周昭坎作
上海 上海人民美术出版社 1965 年 76cm（2 开）
定价: CNY0.15
　　中国现代宣传画作品。

J0038773

让千千万万个王杰式的青年成长起来!
高喆民作
天津 天津美术出版社 1965 年 107cm（全开）
定价: CNY0.30
　　中国现代宣传画作品。

J0038774

人人动手搞好环境卫生 阎善盛作
天津 天津美术出版社 1965 年 76cm（2 开）
定价: CNY0.15
　　中国现代宣传画作品。

J0038775

人人争五好　个个学先进　广泛开展群众性的技术革新技术革命运动 睦关荣作
南京 江苏人民出版社 1965 年 76cm（2 开）
定价: CNY0.15
　　中国现代宣传画作品。

J0038776

上海市郊十个县 540 万亩耕地粮油菜大面积稳产高产 农业部编
北京 人民美术出版社 1965 年 10 张(套)
53cm（4 开）定价: CNY0.66
（农业靠大寨精神　全国大寨式农业典型展览挂图 30）
　　本作品为中国现代摄影宣传画。与上海人民美术出版社合作出版。

J0038777

上山下乡的好青年 （新闻展览照片 农村普及版）
北京 新华通讯社 1965 年 13 张(套)
38cm（6 开）定价: CNY0.65
　　本作品为中国现代摄影宣传画。

J0038778

深入开展比学赶帮运动　大力推进生产建设新高潮 范保文作
南京 江苏人民出版社 1965 年 76cm（2 开）
定价: CNY0.15
　　中国现代宣传画作品。作者范保文（1935— ）, 教授。江苏宜兴人, 毕业于南京师范学院。历任南京师范大学美术系副教授、中国

美术家协会会员、江苏省水彩画协会常务理事。
作品有《山魂图》《一桥飞架南北天堑变通途》,
编辑有《毛泽东诗词书画精品典藏》。

J0038779
生产必须安全　安全为了生产　冯一鸣作
天津　天津美术出版社　1965年　76cm(2开)
定价: CNY0.15
　　中国现代宣传画作品。

J0038780
胜利必定属于英雄的越南人民!　阎善
盛作
天津　天津美术出版社　1965年　[1张]
76cm(2开)　定价: CNY0.15
　　中国现代宣传画作品。

J0038781
胜利归来　蒋其华作
合肥　安徽人民出版社　1965年　76cm(2开)
定价: CNY0.15
　　中国现代宣传画作品。

J0038782
胜利一定属于多米尼加人民!　兰里作
南京　江苏人民出版社　1965年　76cm(2开)
定价: CNY0.15
　　中国现代宣传画作品。

J0038783
胜利一定属于多米尼加人民!　董辰生作
北京　人民美术出版社　1965年　76cm(2开)
定价: CNY0.15
　　中国现代宣传画作品。

J0038784
胜利一定属于多米尼加人民!　冯一鸣作
天津　天津美术出版社　1965年　76cm(2开)
定价: CNY0.15
　　中国现代宣传画作品。

J0038785
时刻准备着,支援越南人民!　马显龙作
长春　吉林人民出版社　1965年　[1张]
76cm(2开)　定价: CNY0.15

中国现代宣传画作品。

J0038786
**时刻准备着同越南人民一起打败美国侵略
者!**　唐洪民,铁恩厚作
哈尔滨　黑龙江美术出版社　1965年　[1张]
76cm(2开)　定价: CNY0.15
　　中国现代宣传画作品。

J0038787
实行三结合大搞技术革新和技术革命　周
安琪作
上海　上海人民美术出版社　1965年　76cm(2开)
定价: CNY0.15
　　中国现代宣传画作品。

J0038788
送瘟神　(江西省余江县消灭血吸虫病前后变
化)上海人民美术出版社编
上海　上海人民美术出版社　1965年
107cm(全开)　定价: CNY0.30
　　中国现代宣传画作品。

J0038789
送瘟神　(江西省余江县消灭血吸虫病前后变
化)上海人民美术出版社编
上海　上海人民美术出版社　1965年　21张(套)
27cm(大16开)　定价: CNY0.42
　　中国现代宣传画作品。

J0038790
**送瘟神　改自然　创高产——江西省余江
县**　农业部编
北京　人民美术出版社　1965年　6张(套)
53cm(4开)　定价: CNY0.42
(农业靠大寨精神　全国大寨式农业典型展览挂
图12)
　　本作品为中国现代摄影宣传画。与上海人
民美术出版社合作出版。

J0038791
**随时准备战斗,随时准备参军,随时准备
到任何地方去,战胜任何敌人!**　振民作
昆明　云南人民出版社　1965年　76cm(2开)
定价: CNY0.15

中国现代宣传画作品。

中国现代宣传画作品。

J0038792
提高警惕　常备不懈　孙一之作
上海　上海人民美术出版社　1965 年　76cm（2 开）
定价：CNY0.15
　　中国现代宣传画作品。

J0038793
提高警惕，加强国防，支持越南人民的正义斗争！　孙新元作
西安　长安美术出版社　1965 年 ［1 张］
76cm（2 开）定价：CNY0.15
　　中国现代宣传画作品。

J0038794
听毛主席的话　向白求恩学习　符仕柱作
长沙　湖南人民出版社　1965 年　76cm（2 开）
定价：CNY0.15
　　中国现代宣传画作品。

J0038795
同仇敌忾，随时准备和越南人民并肩作战
萧奕力作
南宁　广西壮族自治区人民出版社　1965 年
［1 张］76cm（2 开）定价：CNY0.15
　　中国现代宣传画作品。

J0038796
为革命而学　王文里作
沈阳　辽宁美术出版社　1965 年　2 张　76cm（2 开）
定价：CNY0.30
　　中国现代宣传画作品。

J0038797
为革命而学　把毛泽东思想真正学到手
臧尔康作
沈阳　辽宁美术出版社　1965 年　76cm（2 开）
定价：CNY0.15
　　中国现代宣传画作品。

J0038798
为革命敢超世界先进水平　钱大昕作
上海　上海人民美术出版社　1965 年
107cm（全开）定价：CNY0.30

J0038799
为贫农下中农子女办学　（介绍河北省阳原县耕读小学）田明，黄韬鹏摄
上海　上海人民美术出版社　1965 年　18 张（套）
26cm（16 开）定价：CNY0.32
　　中国现代摄影宣传画作品。

J0038800
为五亿农民服务　洪世清，纪乃近作
上海　上海人民美术出版社　1965 年　76cm（2 开）
定价：CNY0.15
　　中国现代宣传画作品。

J0038801
伟大的英雄的越南人民必胜！　王同仁，孙滋溪作
北京　人民美术出版社　1965 年 ［1 张］
76cm（2 开）定价：CNY0.15
　　中国现代宣传画作品。

J0038802
伟大祖国伟大党　彭绍民，江晋林作
成都　四川人民出版社　1965 年　76cm（2 开）
定价：CNY0.15
　　中国现代宣传画作品。

J0038803
我国最北部地区的一面红旗　农业部编
北京　人民美术出版社　1965 年　7 张（套）
53cm（4 开）定价：CNY0.48
（农业靠大寨精神　全国大寨式农业典型展览挂图 16）
　　本作品为中国现代摄影宣传画。与上海人民美术出版社合作出版。

J0038804
我们心中的太阳　钱运选作
上海　上海人民美术出版社　1965 年　76cm（2 开）
定价：CNY0.15
　　中国现代宣传画作品。

J0038805
我们一定要消灭血吸虫病　我们一定能够

消灭血吸虫病 （挂图）湖北人民出版社编绘
武汉　湖北人民出版社　1965 年　3 张(套)
76cm（2 开）定价：CNY0.50
　　中国现代宣传画作品。

J0038806
我听党的话　枪听我的话　孙忠祥作
长沙　湖南人民出版社　1965 年　76cm（2 开）
定价：CNY0.15
　　中国现代宣传画作品。

J0038807
下苦功夫　学巧本领　周昭坎，吴雪熊作
上海　上海人民美术出版社　1965 年　76cm（2 开）
定价：CNY0.15
　　中国现代宣传画作品。

J0038808
向雷锋叔叔学习　做无产阶级好儿女　寿
伦健作
上海　上海人民美术出版社　1965 年　76cm（2 开）
定价：CNY0.15
　　中国现代宣传画作品。

J0038809
向毛主席的好战士王杰同志学习　上海人
民美术出版社制
上海　上海人民美术出版社　1965 年 ［1 张］
107cm（全开）定价：CNY0.30
　　中国现代宣传画作品。

J0038810
向毛主席的好战士王杰同志学习　上海人
民美术出版社编制
上海　上海人民美术出版社　1965 年　76cm（2 开）
定价：CNY0.15
　　中国现代宣传画作品。

J0038811
向贫农下中农代表致敬　冯芷，冯健亲作
南京　江苏人民出版社　1965 年　76cm（2 开）
定价：CNY0.15
　　中国现代宣传画作品。

J0038812
向王杰同志学习　顾竹君作
天津　天津美术出版社　1965 年　107cm（全开）
定价：CNY0.30
　　中国现代宣传画作品。

J0038813
**向王杰同志学习　活学活用毛主席著作
一心一意为革命**
北京　人民美术出版社　1965 年　107cm（全开）
定价：CNY0.26
　　中国现代宣传画作品。与上海人民美术出
版社合作出版。

J0038814
向英勇的多米尼加人民致敬！　王永扬作
天津　天津美术出版社　1965 年　107cm（全开）
定价：CNY0.30
　　中国现代宣传画作品。

J0038815
向张英勇同志学习　（连环画片）胡忠甲绘编
合肥　安徽人民出版社　1965 年　76cm（2 开）
定价：CNY0.15
　　中国现代宣传画作品。

J0038816
心怀祖国　放眼世界　梁玉龙作
北京　人民体育出版社　1965 年　107cm（全开）
定价：CNY0.30
　　中国现代宣传画作品。

J0038817
学大庆精神　哈琼文作
上海　上海人民美术出版社　1965 年　76cm（2 开）
定价：CNY0.15
　　中国现代宣传画作品。作者哈琼文(1925—
2012)，回族，北京人。毕业于中央大学艺术系。
上海人民美术出版社编审、上海文史研究馆馆
员、中国美术家协会会员、美术家协会上海分会
理事。擅长油画、宣传画。主要作品有油画《鲁
迅——致电党中央祝贺长征胜利到达陕北》、宣
传画《毛主席万岁》等。

J0038818
学大庆精神　哈琼文作
上海　上海人民美术出版社　1965 年
107cm（全开）定价：CNY0.30
　　中国现代宣传画作品。

J0038819
学大庆人　走大庆路　（浙江省富春江冶炼
厂发扬革命精神多快好省发展生产　社会主义
的教育展览图片 1）任立，王昌浩摄影
杭州　浙江人民美术出版社　1965 年　12 张（套）
27cm（大 16 开）定价：CNY0.24
　　中国现代摄影宣传画作品。

J0038820
学大寨　赶大寨　（新闻展览照片　农村普及版）
北京　新华通讯社　1965 年　9 张（套）
38cm（10 开）定价：CNY0.15
　　本作品为中国现代摄影宣传画。

J0038821
学大寨之风　长大寨之志　走大寨之路
尹戎生作
北京　人民美术出版社　1965 年　76cm（2 开）
定价：CNY0.15
　　中国现代宣传画作品。

J0038822
学习、继承儿童团的革命传统　春雷作
南京　江苏人民出版社　1965 年　76cm（2 开）
定价：CNY0.15
　　中国现代宣传画作品。

J0038823
**学习大协车站　活学活用毛主席著作　全
心全意为人民服务！**　刘玉璞作
济南　山东人民出版社　1965 年　76cm（2 开）
定价：CNY0.15
　　中国现代宣传画作品。

J0038824
学习雷锋好榜样　（新闻展览照片　农村普
及版）
北京　新华通讯社　1965 年　9 张（套）
38cm（6 开）定价：CNY0.45

本作品为中国现代摄影宣传画。

J0038825
学习雷锋同志的榜样　做毛主席的好战士！
张汝济作
北京　人民美术出版社　1965 年　76cm（2 开）
定价：CNY0.15
　　中国现代宣传画作品。

J0038826
**学习王杰同志一不怕苦、二不怕死的革命
精神**　王松引作
哈尔滨　黑龙江美术出版社　1965 年　76cm（2 开）
定价：CNY0.15
　　中国现代宣传画作品。

J0038827
学音西赶音西　创造更多的音西　黄迪杞作
福州　福建人民出版社　1965 年　76cm（2 开）
定价：CNY0.15
　　中国现代宣传画作品。作者黄迪杞
（1929— ），字晴川，福建福清人。毕业于福建
师范大学艺术系。历任福建人民出版社、福建
画报社美术编辑，福建美术出版社美术编辑、编
审，福建省美协常务理事、理事，中国年画研究
会理事，福州涌泉书画社社长。中国美术家协会
会员。作品有《郑成功收复台湾》《满堂红》《丰
碑》。出版《黄迪杞古典人物画辑》《黄迪杞书画
集》《黄迪杞画集》等。

J0038828
血泪斑斑的仇恨　（资产阶级罪恶录）人民美
术出版社编辑
北京　人民美术出版社　1965 年　28 张（套）
38cm（6 开）定价：CNY0.77
　　中国现代宣传画作品。

J0038829
血腥的罪证　（浙江省平湖地主庄园陈列馆介
绍　新闻展览照片　农村普及版）
北京　新华通讯社　1965 年　13 张（套）
38cm（6 开）定价：CNY0.80
　　本作品为中国现代摄影宣传画。

J0038830

严肃认真一丝不苟　张文涛作

上海　上海人民美术出版社 1965 年　76cm（2 开）

定价：CNY0.15

中国现代宣传画作品。

J0038831

严阵以待　周瑞庄作

上海　上海人民美术出版社 1965 年

107cm（全开）定价：CNY0.30

中国现代宣传画作品。作者周瑞庄

（1930—　　），画家。又名睿庄，浙江湖州人。历

任上海人民美术出版社专职画家，编审，中国美

术家协会会员。代表作品有《世界人民反帝斗争

必胜》《越南南方人民越战越强　坚决打击美国

侵略者》《繁荣昌盛》《注意清洁卫生　美化校园

环境》《星火燎原》等。

J0038832

盐碱窝变成棉粮仓　（连环画片）盐阜大众美

术组作

南京　江苏人民出版社 1965 年　2 张　76cm（2 开）

定价：CNY0.30

中国现代宣传画作品。

J0038833

养成个人卫生习惯　阎善盛作

天津　天津美术出版社 1965 年　76cm（2 开）

定价：CNY0.15

中国现代宣传画作品。

J0038834

一不怕苦　二不怕死　（学习王杰同志一心

为革命的崇高精神）哈琼文作

上海　上海人民美术出版社 1965 年

107cm（全开）定价：CNY0.30

中国现代宣传画作品。

J0038835

一不怕苦　二不怕死　（学习王杰同志一心

为革命的崇高精神）哈琼文作

上海　上海人民美术出版社 1965 年　76cm（2 开）

定价：CNY0.15

中国现代宣传画作品。

J0038836

一面大寨式的旗帜——南滚龙沟　河北省

石家庄专员公署办公室供稿

石家庄　河北人民美术出版社 1965 年　8 张

53cm（4 开）定价：CNY0.45

中国现代宣传画作品。

J0038837

一声令下　立即出动　坚决、彻底、干净、

全部地消灭侵略者　人伟信作

上海　上海人民美术出版社 1965 年　76cm（2 开）

定价：CNY0.15

中国现代宣传画作品。

J0038838

一心为革命　单柏钦作

广州　广东人民出版社 1965 年　76cm（2 开）

定价：CNY0.15

中国现代宣传画作品。

J0038839

一心一意为革命　杨鉴画

长春　吉林人民出版社 1965 年　76cm（2 开）

定价：CNY0.15

中国现代宣传画作品。

J0038840

沂蒙在变——山东省临沂专区山水林田综

合治理概况　农业部编

北京　人民美术出版社 1965 年　12 张（套）

53cm（4 开）定价：CNY0.72

（农业靠大寨精神　全国大寨式农业典型展览挂

图 9）

本作品为中国现代摄影宣传画。与上海人

民美术出版社合作出版。

J0038841

以革命的精神做好社会主义商业工作　鲍

培忠，郑通校作

上海　上海人民美术出版社 1965 年　76cm（2 开）

定价：CNY0.15

中国现代宣传画作品。

J0038842

以实际行动援越抗美　王惠珠作

石家庄　河北人民美术出版社　1965 年［1 张］
76cm（2 开）定价：CNY0.15
　　中国现代宣传画作品。

J0038843
以实际行动支援越南人民抗美救国斗争！
黄鸿仪作
南京　江苏人民出版社　1965 年［1 张］
107cm（全开）定价：CNY0.30
　　中国现代宣传画作品。

J0038844
英雄的多米尼加人民反美斗争必胜！　洪
涛作
南京　江苏人民出版社　1965 年　76cm（2 开）
定价：CNY0.15
　　中国现代宣传画作品。

J0038845
英雄的越南人民，全世界人民支持你！
韦宣劳作
南宁　广西壮族自治区人民出版社　1965 年
［1 张］76cm（2 开）定价：CNY0.15
　　中国现代宣传画作品。

J0038846
英雄的越南人民必胜　（第二号射手）彭涛作
武汉　湖北人民出版社　1965 年　53cm（4 开）
定价：CNY0.08
　　中国现代宣传画作品。

J0038847
英雄的越南人民必胜　（虎穴歼敌）刘善洲作
武汉　湖北人民出版社　1965 年　53cm（4 开）
定价：CNY0.08
　　中国现代宣传画作品。

J0038848
英雄的越南人民必胜　（女民兵英雄谢氏娇）
周道悟作
武汉　湖北人民出版社　1965 年　53cm（4 开）
定价：CNY0.08
　　中国现代宣传画作品。

J0038849
英雄的越南人民必胜　（气壮山河的烈士武
士兴）罗德泰作
武汉　湖北人民出版社　1965 年　53cm（4 开）
定价：CNY0.08
　　中国现代宣传画作品。

J0038850
英雄的越南人民必胜　（阮氏灼大娘的战斗
决心）欧迪高作
武汉　湖北人民出版社　1965 年　53cm（4 开）
定价：CNY0.08
　　中国现代宣传画作品。

J0038851
英雄的越南人民必胜　（阮越凯大战直升飞
机）祝泉源作
武汉　湖北人民出版社　1965 年　53cm（4 开）
定价：CNY0.08
　　中国现代宣传画作品。

J0038852
英雄的越南人民必胜　（拾姐虎穴擒敌）张
咏作
武汉　湖北人民出版社　1965 年　53cm（4 开）
定价：CNY0.08
　　中国现代宣传画作品。

J0038853
英雄的越南人民必胜　（以一当百的战士阿
连）万启仁作
武汉　湖北人民出版社　1965 年　53cm（4 开）
定价：CNY0.08
　　中国现代宣传画作品。

J0038854
英雄的越南人民必胜　（英勇不屈的黎文酉）
万启仁作
武汉　湖北人民出版社　1965 年　53cm（4 开）
定价：CNY0.08
　　中国现代宣传画作品。

J0038855
英雄的越南人民必胜　（英勇善战的战
士——黎光功）李伦作

武汉　湖北人民出版社　1965 年　53cm（4 开）

定价：CNY0.08

中国现代宣传画作品。

J0038856

英雄的越南人民必胜　（游击队姑娘）周道悟作

武汉　湖北人民出版社　1965 年　53cm（4 开）

定价：CNY0.08

中国现代宣传画作品。

J0038857

英雄的越南人民必胜！万恶的美帝国主义必败！

武汉　湖北人民出版社　1965 年［3 张］

76cm（2 开）定价：CNY0.15

中国现代宣传画作品。

J0038858

英雄的越南人民必胜！万恶的美国强盗必败　孟秉坤，叶建森作

长沙　湖南人民出版社　1965 年［1 张］

76cm（2 开）定价：CNY0.15

中国现代宣传画作品。

J0038859

英雄的越南人民是不可战胜的　陈宗舜等作

沈阳　辽宁美术出版社　1965 年［1 张］

76cm（2 开）定价：CNY0.15

中国现代宣传画作品。

J0038860

永不忘记阶级斗争　（资产阶级罪恶录）中国美术家协会四川分会供稿

成都　四川人民出版社　1965 年　17 张（套）

53cm（4 开）定价：CNY1.00

中国现代宣传画作品。

J0038861

用毛泽东思想改造山区——辽宁省阜新蒙古族自治县治理三沟经验　农业部编

北京　人民美术出版社　1965 年　7 张（套）

53cm（4 开）定价：CNY0.42

（农业靠大寨精神　全国大寨式农业典型展览挂图 7）

本作品为中国现代摄影宣传画。与上海人民美术出版社合作出版。

J0038862

用毛泽东思想武装起来　做坚强的革命接班人　张延龄作

天津　天津美术出版社　1965 年　76cm（2 开）

定价：CNY0.15

中国现代宣传画作品。

J0038863

游泳安全卫生与救护　人民体育出版社编辑

北京　人民体育出版社　1965 年　107cm（全开）

定价：CNY0.24

中国现代宣传画作品。

J0038864

预防肠道传染病　乔保华作

石家庄　河北人民美术出版社　1965 年

76cm（2 开）定价：CNY0.15

中国现代宣传画作品。

J0038865

"跃进"中的陆川县——广西壮族自治区陆川县　农业部编

北京　人民美术出版社　1965 年　8 张（套）

53cm（4 开）定价：CNY0.48

（农业靠大寨精神　全国大寨式农业典型展览挂图 25）

本作品为中国现代摄影宣传画。与上海人民美术出版社合作出版。

J0038866

越南军民打得好　张碧梧作

上海　上海人民美术出版社　1965 年［1 张］

76cm（2 开）定价：CNY0.15

中国现代宣传画作品。

J0038867

越南军民打得好，打得准，打得狠！　哈琼文作

上海　上海人民美术出版社　1965 年

107cm（全开）定价：CNY0.30

中国现代宣传画作品。

J0038868

越南军民打得好，打得准，打得狠！　哈琼
文作
上海　上海人民美术出版社　1965 年　76cm（2 开）
定价：CNY0.15
　　　中国现代宣传画作品。

J0038869

越南人民必胜　（组画）上海人民美术出版社
编辑
上海　上海人民美术出版社　1965 年　8 张（套）
19cm（32 开）定价：CNY0.08

J0038870

越南人民必胜　张子恩作
西安　长安美术出版社　1965 年　[1 张]
76cm（2 开）定价：CNY0.15
　　　中国现代宣传画作品。

J0038871

越南人民必胜！　章志敏，周昭坎作
北京　人民美术出版社　1965 年　[1 张]
76cm（2 开）定价：CNY0.15
　　　中国现代宣传画作品。

J0038872

越南人民打得好　朱定一，张静波作；温耀
渊诗
[合肥] 安徽人民出版社　1965 年　[1 张]
76cm（2 开）定价：CNY0.15
　　　中国现代宣传画作品。

J0038873

越南人民打得好　张汝为作
天津　天津美术出版社　1965 年　[1 张]
76cm（2 开）定价：CNY0.15
　　　中国现代宣传画作品。

J0038874

越南人民的正义斗争必胜！　钟群作
昆明　云南人民出版社　1965 年　[1 张]
76cm（2 开）定价：CNY0.15
　　　中国现代宣传画作品。

J0038875

**运动员也要像解放军那样思想上经常有杆
枪**　王俊极作
北京　人民体育出版社　1965 年　76cm（2 开）
定价：CNY0.15
　　　中国现代宣传画作品。

J0038876

栽桑养蚕，发展多种经营　玠瑜作
成都　四川人民出版社　1965 年　76cm（2 开）
定价：CNY0.15
　　　中国现代宣传画作品。

J0038877

**在毛泽东思想指引下，建设强大的社会主
义祖国**　冯芷，冯健亲作
南京　江苏人民出版社　1965 年　107cm（全开）
定价：CNY0.30
　　　中国现代宣传画作品。作者冯健亲
（1939—　），画家。浙江海宁人，毕业于南京艺
术学院美术系油画专业。历任南京艺术学院院
长、南京艺术学院工艺系副教授。代表作品《冯
健亲作品集》《素描》等。

J0038878

在自力更生的道路上　（新闻展览照片　农村
普及版）佟德印等摄
北京　新华通讯社　1965 年　16 张（套）
38cm（6 开）定价：CNY1.00
　　　本作品为中国现代摄影宣传画。

J0038879

**造林二十年　赤地变绿乡——广东省电白
县**　农业部编
北京　人民美术出版社　1965 年　5 张（套）
53cm（4 开）定价：CNY0.36
（农业靠大寨精神　全国大寨式农业典型展览挂
图 14）
　　　本作品为中国现代摄影宣传画。与上海人
民美术出版社合作出版。

J0038880

怎样预防猪瘟，猪肺疫　云南省科学技术协
会等编；李光学，刘宗其绘图
昆明　云南人民出版社　1965 年　76cm（2 开）

定价: CNY0.15
　　中国现代宣传画作品。

J0038881
掌握科学技术　促进农业生产　宋杰作
上海　上海人民美术出版社 1965 年 76cm（2 开）
定价: CNY0.15
　　中国现代宣传画作品。

J0038882
阵地六姐妹　（连环画挂图之一）赵一唐等编绘
北京　人民美术出版社 1965 年　5 张（套）
38cm（6 开）定价: CNY0.10
　　中国现代宣传画作品。

J0038883
阵地六姐妹　张延龄，韩书彧作
天津　天津美术出版社 1965 年 [1 张]
76cm（2 开）定价: CNY0.15
　　中国现代宣传画作品。

J0038884
征服干旱　粮食连续八年增产——新疆维吾尔自治区皮山县　农业部编
北京　人民美术出版社 1965 年　6 张（套）
53cm（4 开）定价: CNY0.36
（农业靠大寨精神　全国大寨式农业典型展览挂图 15）
　　本作品为中国现代摄影宣传画。本书与上海人民美术出版社合作出版。

J0038885
征服江河湖海　苦练水上硬功　孙一之，吴炎华作
上海　上海人民美术出版社 1965 年 76cm（2 开）
定价: CNY0.15
　　中国现代宣传画作品。

J0038886
征服穷山恶水，建设高产农田　（广东四会县芙蓉大队自力更生群策群力改变自然面貌）
中共肇庆地委宣传部, 肇庆专署文化局编
广州　广东人民出版社 1965 年 2 页 76cm（2 开）
定价: CNY0.15
　　中国现代宣传画作品。

J0038887
支持越南人民　杜滋龄作
天津　天津美术出版社 1965 年 [1 张]
76cm（2 开）定价: CNY0.15
　　中国现代宣传画作品。作者杜滋龄(1941—),教授。生于天津，毕业于中国美术学院中国画系研究生班。历任中国画学会副会长、中国艺术研究院博士生导师、南开大学教授、天津美术家协会副主席。代表作品《帕米尔初雪》《古老的歌》《大漠行》等。

J0038888
支援世界人民的反帝斗争！　（中、英、法、西班牙文对照版）游龙姑作
北京　人民美术出版社 1965 年 [1 张]
76cm（2 开）
　　中国现代宣传画作品。

J0038889
志在农村　（1966 年〈丙午年〉年历）陈钧，罗展桓作
[西安] 长安美术出版社 1965 年 53cm（4 开）
定价: CNY0.08

J0038890
中国人民解放军第三届美术作品展览会宣传画小辑　上海人民美术出版社编
上海　上海人民美术出版社 1965 年　8 张（套）
13cm（60 开）定价: CNY0.56

J0038891
中国人民随时准备同越南人民并肩战斗！　彭彬作
北京　人民美术出版社 1965 年 [1 张]
107cm（全开）定价: CNY0.30
　　中国现代宣传画作品。作者彭彬(1927—),油画家。江苏吕四人，毕业于中央美术学院专修科。历任解放军总政文化部创作室创作员、军事博物馆美术创作员。作品有《遵义会议》《雄关漫道真如铁，而今漫步从头越》《巍巍长城一代风流》等。

J0038892
中华人民共和国万岁　刘秉礼作
上海　上海人民美术出版社 1965 年

107cm（全开）定价：CNY0.30

　　中国现代宣传画作品。

J0038893

中越团结万岁！ 庄言作

北京 人民美术出版社 1965 年［1 张］

76cm（2 开）定价：CNY0.15

　　中国现代宣传画作品。

J0038894

重新安排林县河山——河南省林县提前三年实现《全国农业发展纲要》规定的粮食生产指标 农业部编

北京 人民美术出版社 1965 年 6 张（套）

53cm（4 开）定价：CNY0.48

（农业靠大寨精神 全国大寨式农业典型展览挂图 8）

　　本作品为中国现代摄影宣传画。与上海人民美术出版社合作出版。

J0038895

助人为乐 杨树有作

［沈阳］辽宁美术出版社 1965 年［1 张］

76cm（2 开）定价：CNY0.15

　　本作品是中国现代宣传画。作者杨树有，主要绘制的年画作品有《花好月圆》《湖光山色》《勤劳有余福寿来》等。

J0038896

抓革命 促生产 抓样板 带全面——江苏省苏州专区 农业部编

北京 人民美术出版社 1965 年 8 张（套）

53cm（4 开）定价：CNY0.48

（农业靠大寨精神 全国大寨式农业典型展览挂图 31）

　　本作品为中国现代摄影宣传画。与上海人民美术出版社合作出版。

J0038897

准备为实现第三个五年计划而奋斗 钱大昕作

上海 上海人民美术出版社 1965 年

107cm（全开）定价：CNY0.30

　　中国现代宣传画作品。

J0038898

自力更生是法宝　穷山沟变成米粮川 （新闻展览照片 农村普及版）花皑摄影

北京 新华通讯社 1965 年 13 张（套）

38cm（6 开）定价：CNY0.65

　　本作品为中国现代摄影宣传画。

J0038899

走大寨之路 钱大昕作

上海 上海人民美术出版社 1965 年

107cm（全开）定价：CNY0.30

　　中国现代宣传画作品。

J0038900

走大寨之路 钱大昕作

上海 上海人民美术出版社 1965 年 76cm（2 开）

定价：CNY0.15

　　中国现代宣传画作品。

J0038901

祖国领海　不容侵犯　坚决、彻底、干净、全部消灭来犯之敌 张绍方作

上海 上海人民美术出版社 1965 年 76cm（2 开）

定价：CNY0.15

　　中国现代宣传画作品。

J0038902

遵化——农业生产大幅度增长的旗帜 河北日报社供稿

石家庄 河北人民美术出版社 1965 年 2 张

76cm（2 开）定价：CNY0.22

　　中国现代宣传画作品。

J0038903

做一个红色小宣传员 翁葆楠作

上海 上海人民美术出版社 1965 年 76cm（2 开）

定价：CNY0.15

　　中国现代宣传画作品。

J0038904

"为人民利益而死，就比泰山还重" （刘英俊同志为保卫人民生命安全英勇献身）崔明华作

北京 人民美术出版社 1966 年［1 张］

76cm（2 开）定价：CNY0.15

中国现代宣传画作品。

J0038905

"为人民利益而死，就比泰山还重"（刘英俊同志为保卫人民生命安全英勇献身）崔明华作

北京　人民美术出版社 1966 年［1 张］

38cm（8 开）定价：CNY0.05

　　中国现代宣传画作品。

J0038906

把毛主席的指示印在脑子里，……（向32111 无产阶级革命英雄主义钻井队血战火海的勇士们学习）上海人民美术出版社宣传画组作

上海　上海人民美术出版社 1966 年［1 张］

119×161cm 定价：CNY0.36

　　中国现代宣传画作品。

J0038907

常备不懈　高枫作

［武汉］湖北人民出版社 1966 年［1 张］

76cm（2 开）定价：CNY0.15

　　中国现代宣传画作品。

J0038908

敌人胆敢来侵犯　就把它消灭在人民战争的汪洋大海之中　游龙姑等作

上海　上海人民美术出版社 1966 年［1 张］

76cm（2 开）定价：CNY0.60

　　中国现代宣传画作品。

J0038909

点滴不浪费　勤俭办企业　上海工人文化宫业余美术创作组作

上海　上海人民美术出版社 1966 年［1 张］

76cm（2 开）定价：CNY0.15

　　中国现代宣传画作品。

J0038910

发展旱田灌溉　实行科学种田　邓庆铭作

［沈阳］辽宁美术出版社 1966 年［1 张］

76cm（2 开）定价：CNY0.15

　　中国现代宣传画作品。

J0038911

发展体育运动　增强人民体质　体育报社编

上海　上海人民美术出版社 1966 年［1 张］

76cm（2 开）定价：CNY0.15

　　本作品系中国宣传画。

J0038912

防洪治涝　夺取丰收　秦永春作

［沈阳］辽宁美术出版社 1966 年［1 张］

76cm（2 开）定价：CNY0.15

　　中国现代宣传画作品。作者秦永春(1936—)，高级美术师。历任中国美术家协会会员、中国电影家协会会员、沈阳市美术家协会副主席、沈阳市美术家协会顾问。作品《丰收忙》《蝙蝠》《天云山传奇》，出版有《中国当代美术家精品集——秦永春》。

J0038913

高举毛泽东思想伟大红旗奋勇前进　翁逸之作

上海　上海人民美术出版社 1966 年［1 张］

76cm（2 开）定价：CNY0.15

　　中国现代宣传画作品。

J0038914

高举毛泽东思想伟大红旗突出政治所向无敌　高泉，许致远作

上海　上海人民美术出版社 1966 年［1 张］

76cm（2 开）定价：CNY0.16

　　中国现代宣传画作品。作者高泉(1936—2014)，油画家、教授。安徽蚌埠人。历任解放军艺术学院教授、中国革命军事博物馆创作室主任、中国美术家协会会员、威海海洋画院院长等。代表作包括《大海》《萧秋》《英雄交响》《黄河壶口》。出版有《海之歌——高泉海景画集》。

J0038915

好好学习　天天向上　做毛主席的好孩子　肖正中作

［杭州］浙江人民美术出版社 1966 年［1 张］

76cm（2 开）定价：CNY0.15

　　中国现代宣传画作品。

J0038916

欢迎你们　让我们一起来建设社会主义新

边疆！　翁逸之作
上海　上海人民美术出版社 1966 年［1 张］
107cm（全开）定价：CNY0.30
　　中国现代宣传画作品。

J0038917
坚决拥护党的八届十一中全会公报热烈欢呼毛泽东思想新的伟大胜利　人民美术出版社创作组集体创作
北京　人民美术出版社 1966 年［1 张］
76cm（2 开）定价：CNY0.15
　　中国现代宣传画作品。

J0038918
毛泽东思想是一切工作的指导方针！　周诗成作
［杭州］浙江人民美术出版社 1966 年［1 张］
76cm（2 开）定价：CNY0.12
　　中国现代宣传画作品。

J0038919
毛主席，我们心中的太阳！　朱允敦，安志学作
［沈阳］辽宁美术出版社 1966 年［1 张］
53cm（4 开）定价：CNY0.15
　　中国现代宣传画作品。

J0038920
毛主席的好工人——尉凤英同志　（1—2）
尉凤英事迹展览办公室编
北京　人民美术出版社 1966 年［1 张］
76cm（2 开）定价：CNY0.20
　　中国现代宣传画作品。

J0038921
毛主席的好民警——张学让　西安市文化馆编绘
［西安］长安美术出版社 1966 年［1 张］
76cm（2 开）定价：CNY0.15
　　中国现代宣传画作品。

J0038922
毛主席的好战士——王杰　（处处助人为乐）
上海教育出版社编绘
上海　上海教育出版社 1966 年［1 张］

53cm（4 开）定价：CNY0.06
　　中国现代宣传画作品。

J0038923
毛主席的好战士——王杰　（革命战士爱人民）上海教育出版社编绘
上海　上海教育出版社 1966 年［1 张］
53cm（4 开）定价：CNY0.06
　　中国现代宣传画作品。

J0038924
毛主席的好战士——王杰　（为革命不怕牺牲）上海教育出版社编绘
上海　上海教育出版社 1966 年［1 张］
53cm（4 开）定价：CNY0.06
　　中国现代宣传画作品。

J0038925
毛主席的好战士——王杰　（勇挑重担不怕困难）上海教育出版社编绘
上海　上海教育出版社 1966 年［1 张］
53cm（4 开）定价：CNY0.06
　　中国现代宣传画作品。

J0038926
毛主席的好战士——王杰　（学习王杰同志一心为革命的崇高精神）
［北京］中国电影出版社 1966 年［1 张］
76cm（2 开）定价：CNY0.15
　　中国现代宣传画作品。

J0038927
毛主席是我们心中的红太阳　胡振玉作
上海　上海人民美术出版社 1966 年［1 张］
76cm（2 开）定价：CNY0.15
　　中国现代宣传画作品。

J0038928
毛主席著作像太阳照得心里亮堂堂　陈赤作
［武汉］湖北人民出版社 1966 年［1 张］
76cm（2 开）定价：CNY0.15
　　中国现代宣传画作品。

J0038929
培养既能劳动又有文化的红色接班人　曹

辅銮作
[南京]江苏人民出版社 1966年［1张］
76cm（2开）定价：CNY0.15
　　中国现代宣传画作品。作者曹辅銮(1935—　)，
画家。上海人。毕业于南京师范学院美术系。
南京艺术学院教授、硕士研究生导师。作品有水
彩粉画《白绣球》《玉兰花》《睡莲》等，出版著
作有《曹辅銮水粉画集》《环境艺术概论》《水粉
基础》等。

J0038930
贫下中农的贴心人——焦裕禄　陈应麟作
[郑州]河南人民出版社 1966年［1张］
76cm（2开）定价：CNY0.15
　　中国现代宣传画作品。

J0038931
平时为了战时　一切立足于打　高泉，许致
远作
上海　上海人民美术出版社 1966年［1张］
76cm（2开）定价：CNY0.15
　　中国现代宣传画作品。

J0038932
全民植树造林　改造山河面貌　孙文超作
[沈阳]辽宁美术出版社 1966年［1张］
76cm（2开）定价：CNY0.15
　　中国现代宣传画作品。

J0038933
热爱毛主席　盛赞新中国　（新闻展览照片
农村普及版）
[北京]新华通讯社 1966年 8张(套)
38cm（6开）定价：CNY0.25
　　本作品为中国现代摄影宣传画。

J0038934
人民战争胜利万岁　上海人民美术出版社宣
传画组创作
上海　上海人民美术出版社 1966年［1张］
76cm（2开）定价：CNY0.12
　　中国现代宣传画作品。

J0038935
誓把遗愿化宏图　李中文作

[郑州]河南人民出版社 1966年［1张］
76cm（2开）定价：CNY0.15
　　中国现代宣传画作品。

J0038936
誓作越南兄弟的坚强后盾！　辽宁美术出版
社集体创作
上海　上海人民美术出版社 1966年［1张］
76cm（2开）定价：CNY0.15
　　中国现代宣传画作品。

J0038937
双手换新天　（山西省盂县是怎样开展学大寨
运动的 新闻展览照片 农村普及版）
[北京]新华通讯社 1966年 8张(套)
38cm（6开）定价：CNY0.40
　　本作品为中国现代摄影宣传画。

J0038938
提高警惕，加强战备！　洪渭中作
[福州]福建人民出版社 1966年［1张］
76cm（2开）定价：CNY0.11
　　中国现代宣传画作品。

J0038939
天天学　天天用　全自立作
上海　上海人民美术出版社 1966年［1张］
107cm（全开）定价：CNY0.30
　　中国现代宣传画作品。

J0038940
听党话跟党走　不断革命彻底革命　钱生
发，李之复作
上海　上海人民美术出版社 1966年［1张］
76cm（2开）定价：CNY0.15
　　中国现代宣传画作品。

J0038941
为革命而学习　应凤仙，周安琪作
上海　上海人民美术出版社 1966年［1张］
76cm（2开）定价：CNY0.15
　　中国现代宣传画作品。

J0038942
为革命种田　用科学种田　陆泽之作

上海　上海人民美术出版社 1966 年［1 张］
76cm（2 开）定价：CNY0.15
　　中国现代宣传画作品。

J0038943
伟大的导师　伟大的领袖　伟大的统帅
伟大的舵手毛主席万岁！　（新闻展览照片
农村普及版）
［北京］新华通讯社 1966 年 16 张（套）
38cm（6 开）定价：CNY0.50
　　本作品为中国现代摄影宣传画。

J0038944
向刘英俊同志学习
北京　人民美术出版社 1966 年［1 张］
38cm（6 开）定价：CNY0.05
　　中国现代宣传画作品。

J0038945
向刘英俊同志学习捍卫最高指示　沈阳部
队政治部供稿
北京　人民美术出版社 1966 年［1 张］
76cm（2 开）定价：CNY0.15
　　中国现代宣传画作品。

J0038946
向刘英俊同志学习宣传最高指示　沈阳部
队政治部供稿
北京　人民美术出版社 1966 年［1 张］
76cm（2 开）定价：CNY0.15
　　中国现代宣传画作品。

J0038947
向刘英俊同志学习学习最高指示　沈阳部
队政治部供稿
北京　人民美术出版社 1966 年［1 张］
76cm（2 开）定价：CNY0.15
　　中国现代宣传画作品。

J0038948
向刘英俊同志学习执行最高指示　沈阳部
队政治部供稿
北京　人民美术出版社 1966 年［1 张］
76cm（2 开）定价：CNY0.15
　　中国现代宣传画作品。

J0038949
向毛泽东同志的好学生——焦裕禄同志学
习　保彬，郭永安作
［南京］江苏人民出版社 1966 年［1 张］
76cm（2 开）定价：CNY0.15
　　中国现代宣传画作品。作者保彬（1936—　），
蒙古族，国画家。江苏南通人。毕业于南京艺术
学院美术系并留校任教。南京艺术学院院长、中
国美术家协会会员、江苏美术家协会理事等。主
要作品有《鹤寿图》《华夏魂》《嫦娥奔月》等。
专著有《纵横挥洒》《保彬画集》《黄山奇松》。

J0038950
向毛主席的好学生焦裕禄同志学习　乌叔
养，杭鸣时作
［沈阳］辽宁美术出版社 1966 年［1 张］
76cm（2 开）定价：CNY0.15
　　中国现代宣传画作品。

J0038951
向毛主席的好战士刘英俊同志学习　冯芷，
吕文强作
［南京］江苏人民出版社 1966 年［1 张］
76cm（2 开）定价：CNY0.15
　　中国现代宣传画作品。

J0038952
向毛主席的好战士刘英俊同志学习　辽宁
美术出版社集体创作
［沈阳］辽宁美术出版社 1966 年［1 张］
76cm（2 开）定价：CNY0.15
　　中国现代宣传画作品。

J0038953
向毛主席的好战士刘英俊同志学习
北京　人民美术出版社 1966 年［1 张］
76cm（2 开）定价：CNY0.15
　　中国现代宣传画作品。

J0038954
向毛主席的好战士刘英俊同志学习　上海
人民美术出版社制
上海　上海人民美术出版社 1966 年［1 张］
76cm（2 开）定价：CNY0.15
　　中国现代宣传画作品。

J0038955

向毛主席的好战士刘英俊同志学习　天津
美术出版社杨柳青画店集体创作
天津　天津美术出版社 1966 年［1 张］
107cm（全开）定价：CNY0.30
　　中国现代宣传画作品。

J0038956

向人民的好儿子刘英俊同志学习　宋春和作
上海　上海人民美术出版社 1966 年［1 张］
76cm（2 开）定价：CNY0.15
　　本作品为中国现代宣传画。

J0038957

向王杰叔叔学习　当好革命接班人　叶其
璋，吴健作
上海　上海人民美术出版社 1966 年［1 张］
76cm（2 开）定价：CNY0.15
　　中国现代宣传画作品。

J0038958

向王杰叔叔学习　做革命接班人　张怀仁作
天津　天津美术出版社 1966 年［1 张］
76cm（2 开）定价：CNY0.15
　　中国现代宣传画作品。

J0038959

**向王杰同志学习活学活用毛主席著作一心
一意为革命**　哈孜·艾买提作
［乌鲁木齐］新疆人民出版社 1966 年［1 张］
107cm（全开）定价：CNY0.30
　　中国现代宣传画作品。作者哈孜·艾买提
（1935—2017），新疆喀什市人，毕业于新疆大学。
历任中国文联委员、中国美术家协会顾问、新疆
文史馆名誉馆长、中国维吾尔历史文化研究会
和中国油画学会常务理事等职。代表作品有《牛
背习羊图》《唱不尽的心声》《万方乐奏有于阗》
《地毯·维吾尔人》等。

J0038960

向中国工人阶级的伟大战士刘美泉学习
王松引作
［哈尔滨］黑龙江美术出版社 1966 年［1 张］
76cm（2 开）定价：CNY0.15
　　中国现代宣传画作品。

J0038961

象焦裕禄那样忠心耿耿为革命　李自强作
［郑州］河南人民出版社 1966 年［1 张］
76cm（2 开）定价：CNY0.15
　　中国现代宣传画作品。

J0038962

心中有了毛泽东思想刀山火海也敢闯　（向
32111 英雄钻井队学习）
上海　上海人民美术出版社 1966 年［1 张］
76cm（2 开）定价：CNY0.12
　　中国现代宣传画作品。

J0038963

**学解放军，学大寨，学大庆，高举毛泽东思
想伟大红旗奋勇前进！**　冯芷，王波作
［南京］江苏人民出版社 1966 年［1 张］
76cm（2 开）定价：CNY0.15
　　中国现代宣传画作品。

J0038964

**学习黎坪垦殖场青年建设山区的革命精
神**　长安美术出版社编辑
［西安］长安美术出版社 1966 年［1 张］
107cm（全开）定价：CNY0.30
　　中国现代宣传画作品。

J0038965

学习毛泽东思想　贯彻毛泽东思想……
［郑州］河南人民出版社 1966 年［1 张］
53cm（4 开）定价：CNY0.04
　　中国现代宣传画作品。

J0038966

**学习毛主席著作　投身三大革命运动　走
革命化的道路**　（学习张德龙同志和工农群众
结合，全心全意为人民服务的精神）秦明良作
［长沙］湖南人民出版社 1966 年［1 张］
76cm（2 开）定价：CNY0.15
　　中国现代宣传画作品。

J0038967

学习王杰　一心为革命　一切为革命　彭
召民作
天津　天津美术出版社 1966 年［1 张］

76cm（2开）定价：CNY0.15

　　中国现代宣传画作品。

J0038968

一九六五年上海群众业余美术作品展览会宣传画小辑　上海人民美术出版社编

上海　上海人民美术出版社　1966年　8张

19cm（32开）定价：CNY0.08

J0038969

医疗卫生工作要更好地为五亿农民服务！

蒋昌一, 沈行工作

［南京］江苏人民美术出版社　1966年［1张］

76cm（2开）定价：CNY0.15

　　中国现代宣传画作品。作者蒋昌一（1943—　），画家、国家一级美术师。湖南湘乡人，毕业于南京艺术学院美术系。历任上海美术设计公司干部、上海油画雕塑院院长、中国美术家协会会员、上海美术家协会常务理事、上海美术家协会绘画艺术委员会主任。代表作品《团结》《国旗像太阳一样红》《革命风雨催我长》等。作者沈行工（1943—　），画家，艺术家。浙江宁波人，毕业于南京艺术学院。南京艺术学院教授、硕士生导师，中国美术家协会会员，中国油画学会理事，江苏省油画学会名誉主席、艺术委员会主席。代表作品《小镇春深》《秋晴》《读书人生》《蓝色的江南风景》《雪后的江南风景》等。

J0038970

以梁社开为榜样　做无产阶级的医务工作者　秦天健作

［西安］长安美术出版社　1966年［1张］

107cm（全开）定价：CNY0.30

　　中国现代宣传画作品。

J0038971

以毛泽东思想为武器　批判旧世界　建设新世界　上海人民美术出版社宣传画组作

上海　上海人民美术出版社　1966年［1张］

107cm（全开）定价：CNY0.30

　　中国现代宣传画作品。

J0038972

以毛泽东思想为武器横扫一切牛鬼蛇神……　上海人民美术出版社宣传画组作

上海　上海人民美术出版社　1966年［1张］

76cm（2开）定价：CNY0.15

　　中国现代宣传画作品。

J0038973

以毛泽东思想为武器横扫一切牛鬼蛇神……　上海人民美术出版社宣传画组作

上海　上海人民美术出版社　1966年［1张］

107cm（全开）定价：CNY0.30

　　中国现代宣传画作品。

J0038974

永远跟着毛主席　阮蜀蓉文；范曾绘

北京　人民美术出版社　1966年　2张　76cm（2开）定价：CNY0.30

　　中国现代宣传画作品。作者范曾（1938—　），画家、学者。字十翼，别署抱冲斋主，江苏南通人。毕业于中央美术学院中国画系。历任中央工艺美术学院讲师、副教授，南开大学东方艺术系教授、博士生导师，中国艺术研究院终身研究员等。代表作品有《庄子显灵记》《范曾自述》《老子出关》《钟馗神威》等。

J0038975

永远学习"老三篇"　上海人民美术出版社年画创作组绘

上海　上海人民美术出版社　1966年［1张］

76cm（2开）定价：CNY0.12

　　中国现代宣传画作品。

J0038976

越南军民打得好　张碧梧作

上海　上海人民美术出版社　1966年［1张］

38cm（6开）定价：CNY0.04

　　中国现代宣传画作品。作者张碧梧（1905—1987），画家。江苏江阴人。曾任上海人民美术出版社特约年画作者、中国美术家协会会员。代表作品有《百万雄师渡长江》《养小鸡捐飞机》等。

J0038977

战天斗地　抗旱夺粮　铁扬作

［石家庄］河北人民美术出版社　1966年［1张］

76cm（2开）定价：CNY0.15

　　中国现代宣传画作品。

J0038978

争取更大丰收　支援国家建设　陈绍勉，沈复明作

上海　上海人民美术出版社　1966 年［1 张］

76cm（2 开）定价：CNY0.15

　　中国现代宣传画作品。

J0038979

中国七亿人民是越南人民的坚强后盾　上海人民美术出版社宣传画组作

上海　上海人民美术出版社　1966 年［1 张］

76cm（2 开）定价：CNY0.15

　　中国现代宣传画作品。

J0038980

中国人民誓为越南人民的后盾！中国是越南的后方！

［南京］江苏人民出版社　1966 年［1 张］

76cm（2 开）定价：CNY0.15

　　中国现代宣传画作品。

J0038981

中国人民誓为越南人民的后盾！中国是越南的后方！　天津美术出版社集体创作

天津　天津美术出版社　1966 年［1 张］

76cm（2 开）定价：CNY0.12

　　中国现代宣传画作品。

J0038982

中华人民共和国万岁！　上海人民美术出版社宣传画组作

上海　上海人民美术出版社　1966 年［1 张］

107cm（全开）定价：CNY0.30

　　中国现代宣传画作品。

J0038983

中越人民团结在一起战斗在一起胜利在一起　上海人民美术出版社宣传画组作

上海　上海人民美术出版社　1966 年［1 张］

76cm（2 开）定价：CNY0.15

　　中国现代宣传画作品。

J0038984

最大的战斗力是用毛泽东思想武装起来的人　李伟信作

上海　上海人民美术出版社　1966 年［1 张］

76cm（2 开）定价：CNY0.15

　　中国现代宣传画作品。

J0038985

做大庆式工人　办大庆式企业　王玉方作

上海　上海人民美术出版社　1966 年［1 张］

107cm（全开）定价：CNY0.30

　　中国现代宣传画作品。

J0038986

到工厂去　到农村去！　广西革命美术工作者供稿

［南宁］广西壮族自治区人民出版社　1967 年

［1 张］53cm（4 开）定价：CNY0.03

　　中国现代宣传画作品。

J0038987

到工农中去扎根

北京　人民美术出版社　1967 年［1 张］

38cm（6 开）定价：CNY0.02

　　中国现代宣传画作品。

J0038988

奋起毛泽东思想千钧棒痛打落水狗

上海　上海人民美术出版社　1967 年［1 张］

76cm（2 开）定价：CNY0.12

　　中国现代宣传画作品。

J0038989

港九爱国同胞动员起来，坚决反击英帝国主义的挑衅！

上海　上海人民美术出版社　1967 年［1 张］

76cm（2 开）定价：CNY0.12

　　中国现代宣传画作品。

J0038990

高举毛泽东思想伟大红旗……　杨列章作

上海　上海人民美术出版社　1967 年［1 张］

76cm（2 开）定价：CNY0.12

　　中国现代宣传画作品。

J0038991

高举毛泽东思想伟大红旗奋勇前进　吉林鲁艺作

[长春] 吉林人民出版社 1967 年 [1 张]
76cm（2 开）定价：CNY0.08
　　中国现代宣传画作品。

J0038992
跟着毛泽东世界一片红
上海　上海人民美术出版社 1967 年 [1 张]
76cm（2 开）定价：CNY0.12
　　中国现代宣传画作品。

J0038993
欢呼全世界进入毛泽东思想的新时代　烟
台专区莱阳县纪格庄 "公社" 供稿
[济南] 山东人民出版社 1967 年 [1 张]
76cm（2 开）定价：CNY0.12
　　中国现代宣传画作品。

J0038994
坚持走社会主义道路　建设社会主义新农村
[南昌] 江西省新华书店 1967 年 [1 张]
76cm（2 开）定价：CNY0.10
　　中国现代宣传画作品。

J0038995
坚决按党中央十六条办事　中央美术学院版
画战斗组作
北京　人民美术出版社 1967 年 [1 张]
38cm（6 开）定价：CNY0.03
　　中国现代宣传画作品。

J0038996
坚决响应毛主席的拥军爱民伟大号召
上海　上海人民美术出版社 1967 年 [1 张]
76cm（2 开）定价：CNY0.12
　　中国现代宣传画作品。

J0038997
坚决与工农兵相结合　向工农兵学习
上海　上海人民美术出版社 1967 年 [1 张]
76cm（2 开）定价：CNY0.12
　　中国现代宣传画作品。

J0038998
坚决支持香港爱国同胞的正义斗争！
[广州] 广东人民出版社 1967 年 [1 张]

76cm（2 开）定价：CNY0.12
　　中国现代宣传画作品。

J0038999
军爱民　民拥军　军民团结一条心
上海　上海人民美术出版社 1967 年 [1 张]
76cm（2 开）定价：CNY0.12
　　中国现代宣传画作品。

J0039000
军民团结一条心　试看天下谁能敌
上海　上海人民美术出版社 1967 年 [1 张]
76cm（2 开）定价：CNY0.12
　　中国现代宣传画作品。

J0039001
毛泽东思想是世界人民革命的灯塔　济南
部队军人俱乐部美术组供稿
[济南] 山东人民出版社 1967 年 [1 张]
76cm（2 开）定价：CNY0.12
　　中国现代宣传画作品。

J0039002
毛主席是世界革命人民心中的红太阳
北京　人民美术出版社 1967 年 3 张 76cm（2 开）
定价：CNY0.36
　　中国现代宣传画作品。

J0039003
毛主席是世界革命人民心中的红太阳
上海　上海人民美术出版社 1967 年 [1 张]
76cm（2 开）定价：CNY0.12
　　中国现代宣传画作品。

J0039004
**毛主席是世界革命人民心中最红最红的红
太阳**
上海　上海人民美术出版社 1967 年 [1 张]
76cm（2 开）定价：CNY0.12
　　中国现代宣传画作品。

J0039005
**毛主席是世界革命人民心中最红最红的红
太阳**
上海　上海人民美术出版社 1967 年 [1 张]

107cm（全开）定价：CNY0.24

中国现代宣传画作品。

J0039006

毛主席是世界人民心中的红太阳

上海　上海人民美术出版社　1967 年 ［1 张］

76cm（2 开）定价：CNY0.12

中国现代宣传画作品。

J0039007

毛主席是世界人民心中的红太阳

上海　上海人民美术出版社　1967 年 ［1 张］

107cm（全开）定价：CNY0.24

中国现代宣传画作品。

J0039008

毛主席是我们心中的红太阳　中国革命摄影

协会编

北京　人民美术出版社　1967 年　25cm（15 开）

定价：CNY2.80

中国现代摄影宣传画。

J0039009

毛主席是我们心中的红太阳　中国革命摄影

协会编

上海　上海人民美术出版社　1967 年　64 张

53cm（4 开）定价：CNY3.06

中国现代摄影宣传画。

J0039010

毛主席是我们心中的红太阳　中国革命摄影

协会编

上海　上海人民美术出版社　1967 年　13cm（64 开）

精装　定价：CNY0.65

中国现代摄影宣传画。

J0039011

毛主席是我们心中最红最红的红太阳

上海　上海人民美术出版社　1967 年 ［1 张］

76cm（2 开）定价：CNY0.12

中国现代宣传画作品。

J0039012

毛主席万岁

北京　人民美术出版社　1967 年　13cm（64 开）

定价：CNY0.08

中国现代摄影宣传画。

J0039013

**毛主席支持我支持　毛主席热爱我热
爱……**　济南部队军人俱乐部美术组供稿

［济南］山东人民出版社　1967 年 ［1 张］

76cm（2 开）定价：CNY0.12

中国现代宣传画作品。

J0039014

毛主席著作像太阳，字字句句闪金光。……

上海　上海人民美术出版社　1967 年 ［1 张］

76cm（2 开）定价：CNY0.12

中国现代宣传画作品。

J0039015

切实把卫生工作的重点转向农村！

上海　上海人民美术出版社　1967 年 ［1 张］

76cm（2 开）定价：CNY0.12

中国现代宣传画作品。

J0039016

庆祝建国十八周年

上海　上海人民美术出版社　1967 年 ［1 张］

76cm（2 开）定价：CNY0.12

中国现代宣传画作品。

J0039017

让毛泽东思想占领一切文艺阵地！

上海　上海人民美术出版社　1967 年 ［1 张］

76cm（2 开）统一书号：T8081.10039

定价：CNY0.12

中国现代宣传画作品。

J0039018

热烈欢呼我国第一颗氢弹爆炸成功！

上海　上海人民美术出版社　1967 年 ［1 张］

107cm（全开）定价：CNY0.24

中国现代宣传画作品。

J0039019

热烈欢呼新天津的诞生

天津　天津人民美术出版社　1967 年 ［1 张］

76cm（2 开）定价：CNY0.08

中国现代宣传画作品。

J0039020
三大纪律八项注意
［哈尔滨］黑龙江人民出版社 1967 年［1 张］
76cm（2 开）定价：CNY0.08
　　中国现代宣传画作品。

J0039021
团结在一起　战斗在一起　胜利在一起
上海　上海人民美术出版社 1967 年［1 张］
76cm（2 开）定价：CNY0.12

J0039022
完全彻底为人民 （向伟大的共产主义战士吕祥璧同志学习）
上海　上海人民美术出版社 1967 年［1 张］
76cm（2 开）定价：CNY0.12
　　中国现代宣传画作品。

J0039023
伟大的导师　伟大的领袖　伟大的统帅
伟大的舵手　毛主席万岁
上海　上海人民美术出版社 1967 年［1 张］
76cm（2 开）定价：CNY0.12
　　中国现代宣传画作品。

J0039024
伟大的导师　伟大的领袖　伟大的统帅
伟大的舵手　毛主席万岁
上海　上海人民美术出版社 1967 年［1 张］
107cm（全开）定价：CNY0.24
　　中国现代宣传画作品。

J0039025
伟大的导师　伟大的领袖　伟大的统帅
伟大的舵手毛主席万岁 中央美术学院版画战斗组作
天津　天津人民美术出版社 1967 年［1 张］
76×107cm 定价：CNY0.16
　　中国现代宣传画作品。

J0039026
伟大的毛泽东思想开创了……
上海　上海人民美术出版社 1967 年［1 张］

76cm（2 开）定价：CNY0.12
　　中国现代宣传画作品。

J0039027
我们心中最红最红的红太阳毛主席万岁！
万万岁！
上海　上海人民美术出版社 1967 年［1 张］
76cm（2 开）定价：CNY0.12
　　中国现代宣传画作品。

J0039028
向毛主席的好战士刘英俊同志学习 胡振玉绘
［石家庄］河北人民美术出版社 1967 年［1 张］
53cm（4 开）定价：CNY0.10
　　中国现代宣传画作品。

J0039029
向一心为公的共产主义战士蔡永祥同志学
习 赵光涛作
北京　人民美术出版社 1967 年［1 张］
76cm（2 开）定价：CNY0.12
　　中国现代宣传画作品。

J0039030
向支左爱民模范排学习　向支左爱民模范
李文忠学习 风雷激作
［南昌］江西人民出版社 1967 年［1 张］
76cm（2 开）定价：CNY0.12
　　中国现代宣传画作品。

J0039031
学习毛泽东思想　贯彻毛泽东思想……
［郑州］河南人民出版社 1967 年［1 张］
53cm（4 开）定价：CNY0.04
　　中国现代宣传画作品。

J0039032
学习十六条，熟悉十六条，掌握十六条，运
用十六条
天津　天津人民美术出版社 1967 年［1 张］
76×107cm 定价：CNY0.08
　　中国现代宣传画作品。

J0039033

学习十六条，熟悉十六条，掌握十六条，运用十六条

天津　天津人民美术出版社　1967 年［1 张］

53cm（4 开）定价：CNY0.04

　　中国现代宣传画作品。

J0039034

沿着毛主席指引的道路奋勇前进　济南部队军人俱乐部美术组供稿

［济南］山东人民出版社　1967 年［1 张］

76cm（2 开）定价：CNY0.12

　　中国现代宣传画作品。

J0039035

沿着以毛主席为代表的无产阶级革命路线胜利前进！　中央美术学院版画战斗组作

天津　天津人民美术出版社　1967 年［1 张］

76cm（2 开）定价：CNY0.08

　　中国现代宣传画作品。

J0039036

战无不胜的毛泽东思想万岁

上海　上海人民美术出版社　1967 年［1 张］

107cm（全开）定价：CNY0.24

　　中国现代宣传画作品。

J0039037

战无不胜的毛泽东思想万岁！

上海　上海人民美术出版社　1967 年［1 张］

76cm（2 开）定价：CNY0.12

　　中国现代宣传画作品。

J0039038

针锋相对，坚决斗争！

［广州］广东人民出版社　1967 年［1 张］

76cm（2 开）定价：CNY0.12

　　中国现代宣传画作品。

J0039039

中国共产党万岁！毛主席万岁！

上海　上海美术出版社　1967 年［1 张］

76cm（2 开）定价：CNY0.12

　　中国现代宣传画作品。

J0039040

抓革命　促生产

上海　上海人民美术出版社　1967 年［1 张］

76cm（2 开）定价：CNY0.12

　　中国现代宣传画作品。

J0039041

大海航行靠舵手　干革命靠毛泽东思想　（热烈欢呼上海市一九六八年活学活用毛泽东思想积极分子代表大会胜利召开）

上海　上海人民美术出版社　1968 年［1 张］

76cm（2 开）定价：CNY0.12

　　中国现代宣传画作品。

J0039042

对伟大导师毛主席心怀一个"忠"字对伟大毛泽东思想狠抓一个"用"字

上海　上海人民美术出版社　1968 年［1 张］

107cm（全开）定价：CNY0.24

　　中国现代宣传画作品。

J0039043

奋发图强　自力更生　建设祖国　翁逸之作

上海　上海人民美术出版社　1968 年［1 张］

107cm（全开）

　　中国现代宣传画作品。

J0039044

工人阶级必须领导一切　（热烈庆祝中国共产党第九次全国代表大会胜利召开）

［武汉］湖北人民出版社　1968 年［1 张］

76cm（2 开）定价：CNY0.10

　　中国现代宣传画作品。

J0039045

工人阶级必须领导一切！

天津　天津人民美术出版社　1968 年［1 张］

107cm（全开）定价：CNY0.16

　　中国现代宣传画作品。

J0039046

贺相魁——舍身滚山火，一心为人民　吉起作

［石家庄］河北人民出版社　1968 年［1 张］

76cm（2 开）定价：CNY0.10

中国现代宣传画作品。

J0039047

紧跟毛主席伟大战略部署抓革命，促生产，促工作，促战备。

天津　天津人民美术出版社　1968 年［1 张］107cm（全开）定价：CNY0.16

　　中国现代宣传画作品。

J0039048

紧跟伟大领袖毛主席奋勇前进！

上海　上海人民美术出版社　1968 年［1 张］107cm（全开）定价：CNY0.24

　　中国现代宣传画作品。

J0039049

紧跟伟大领袖毛主席奋勇前进！

天津　天津人民美术出版社　1968 年［1 张］107cm（全开）定价：CNY0.16

　　中国现代宣传画作品。

J0039050

紧跟伟大领袖毛主席奋勇前进！胜利是属于我们的。

［成都］四川人民出版社　1968 年［1 张］76cm（2 开）定价：CNY0.10

　　中国现代宣传画作品。

J0039051

敬祝毛主席万寿无疆

上海　上海人民美术出版社　1968 年［1 张］107cm（全开）定价：CNY0.24

　　中国现代宣传画作品。

J0039052

敬祝我们伟大的领袖毛主席万寿无疆！万寿无疆！

［西安］陕西省工农兵艺术馆“革命委员会”［印］1968 年［1 张］76cm（2 开）

　　中国现代宣传画作品。

J0039053

军民团结如一人　试看天下谁能敌　浙江工农兵美术大学供稿

［杭州］浙江人民美术出版社　1968 年［1 张］

76cm（2 开）定价：CNY0.12

　　中国现代宣传画作品。

J0039054

颗颗红心向太阳

上海　上海人民美术出版社　1968 年［1 张］107cm（全开）定价：CNY0.24

　　中国现代宣传画作品。

J0039055

毛泽东思想是世界革命人民的指路明灯！　浙江工农兵美术大学供稿

［杭州］浙江人民美术出版社　1968 年［1 张］76cm（2 开）定价：CNY0.12

　　中国现代宣传画作品。

J0039056

毛泽东同志是当代最伟大的马克思列宁主义者

上海　上海人民美术出版社　1968 年［1 张］107cm（全开）定价：CNY0.24

　　中国现代宣传画作品。

J0039057

毛主席挥手我前进　南京市东方红美术工作团供稿

［南京］江苏人民出版社　1968 年［1 张］76cm（2 开）定价：CNY0.12

　　中国现代宣传画作品。

J0039058

毛主席热爱我热爱　毛主席支持我支持……

［合肥］安徽人民出版社　1968 年［1 张］53cm（4 开）定价：CNY0.04

　　中国现代宣传画作品。

J0039059

毛主席热爱我热爱，毛主席支持我支持……

上海　上海人民美术出版社　1968 年［1 张］107cm（全开）定价：CNY0.12

　　中国现代宣传画作品。

J0039060

毛主席是世界革命人民的大救星

上海　上海人民美术出版社　1968 年［1 张］

76cm（2 开）定价：CNY0.12

　　　中国现代宣传画作品。

J0039061

毛主席是我们心中的红太阳　　中国革命摄影

协会编

上海　上海人民美术出版社　1968 年　13cm（64 开）

塑套装　定价：CNY0.10

　　　中国现代摄影宣传画。

J0039062

目前正当春耕时节

［杭州］浙江人民美术出版社　1968 年［1 张］

76cm（2 开）定价：CNY0.12

　　　中国现代宣传画作品。

J0039063

南京长江大桥通车是毛泽东思想的伟大胜

利！　　南京艺术学院美术系供稿

［南京］江苏人民出版社　1968 年［1 张］

107cm（全开）定价：CNY0.24

　　　中国现代宣传画作品。

J0039064

庆祝中华人民共和国成立十八周年　　新华

社记者摄

北京　人民美术出版社　1968 年［1 张］

76cm（2 开）定价：CNY0.14

　　　中国现代摄影宣传画作品。

J0039065

庆祝中华人民共和国成立十九周年

上海　上海人民美术出版社　1968 年［1 张］

76cm（2 开）定价：CNY0.42

　　　中国现代宣传画作品。

J0039066

全民界马克思列宁主义者在反帝、反修斗

争中联合起来！

上海　上海人民美术出版社　1968 年［1 张］

76cm（2 开）定价：CNY0.10

　　　中国现代宣传画作品。

J0039067

全世界无产者，联合起来！

上海　上海人民美术出版社　1968 年［1 张］

76cm（2 开）定价：CNY0.10

　　　中国现代宣传画作品。

J0039068

热烈欢呼我国成功地进行了一次新的氢弹

试验！

天津　天津人民美术出版社　1968 年［1 张］

107cm（全开）定价：CNY0.16

　　　中国现代宣传画作品。

J0039069

热烈欢呼中国共产党的第九次全国代表大

会胜利召开！

［杭州］浙江人民美术出版社　1968 年［1 张］

76cm（2 开）定价：CNY0.08

　　　中国现代宣传画作品。

J0039070

热烈欢呼中国共产党第八届扩大的第十二

次中央委员会全会公报的发表！

上海　上海人民美术出版社　1968 年［1 张］

107cm（全开）定价：CNY0.24

　　　中国现代宣传画作品。

J0039071

热烈欢呼中国共产党第八届扩大的第十二

次中央委员会全会公报发表　　河北艺术师范

学院供稿

天津　天津人民美术出版社　1968 年［1 张］

107cm（全开）定价：CNY0.16

　　　中国现代宣传画作品。

J0039072

为人民立新功　　（象英雄四排和李文忠同志那

样破私立公把毛主席的最新指示落实到行动上）

上海　上海人民美术出版社　1968 年［1 张］

76cm（2 开）定价：CNY0.12

　　　中国现代宣传画作品。

J0039073

为人民利益而死，就比泰山还重　　（汉藏文

对照　学习门合同志宣传画之二）

［西宁］青海人民出版社 1968 年［1 张］
76cm（2 开）定价：CNY0.12
　　中国现代宣传画作品。

J0039074
伟大的、光荣的、正确的中国共产党万岁！
上海 上海人民美术出版社 1968 年［1 张］
107cm（全开）定价：CNY0.28
　　中国现代宣传画作品。

J0039075
伟大的巴黎公社革命传统万岁！
上海 上海人民美术出版社 1968 年［1 张］
76cm（2 开）定价：CNY0.10
　　中国现代宣传画作品。

J0039076
**伟大的导师　伟大的领袖　伟大的统帅
伟大的舵手毛主席万岁！**
［福州］福建人民出版社 1968 年［1 张］
53cm（4 开）定价：CNY0.04
　　中国现代宣传画作品。

J0039077
**伟大的导师　伟大的领袖　伟大的统帅
伟大的舵手毛主席万岁！**
［南昌］江西人民出版社 1968 年［1 张］
76cm（2 开）定价：CNY0.08
　　中国现代宣传画作品。

J0039078
**伟大的导师　伟大的领袖　伟大的统帅
伟大的舵手毛主席万岁！万岁！万万
岁！**　新华社稿
上海 上海人民美术出版社 1968 年［1 张］
53cm（4 开）
　　中国现代宣传画作品。

J0039079
无私才能无畏　（向无产阶级革命战士郭嘉宏
学习）
上海 上海人民美术出版社 1968 年［1 张］
76cm（2 开）定价：CNY0.12
　　中国现代宣传画作品。

J0039080
无限忠于毛主席
［成都］四川人民出版社 1968 年［1 张］
76cm（2 开）定价：CNY0.10
　　中国现代宣传画作品。

J0039081
无限忠于毛主席　无限忠于毛泽东思想……
［福州］福建人民出版社 1968 年［1 张］
76cm（2 开）定价：CNY0.08
　　中国现代宣传画作品。

J0039082
无限忠于毛主席　无限忠于毛泽东思想……
［长沙］湖南人民出版社 1968 年［1 张］
53cm（4 开）定价：CNY0.05
　　中国现代宣传画作品。

J0039083
无限忠于毛主席　无限忠于毛泽东思想……
（浙江工农兵美术大学版画系供稿）季阳作
［杭州］浙江人民美术出版社 1968 年［1 张］
76cm（2 开）定价：CNY0.10
　　中国现代宣传画作品。作者季阳（1941—　），
画家。上海人。毕业于浙江美术学院版画系。
曾任职于《浙北报》社、嘉兴地区电影公司、浙江
省电影公司。中国美术学院视传设计系研究生
教研室主任。作品有版画《忧》《啊，瑞雪》，招
贴画《听从祖国召唤》《胭脂》等。出版有《电影
宣传》《平面广告艺术》《编排艺术》等。

J0039084
无限忠于人民　无限忠于党……
［银川］宁夏回族自治区人民出版社 1968 年
［1 张］53cm（4 开）定价：CNY0.04
　　中国现代宣传画作品。

J0039085
向门合同志学习，以实际行动……
天津 天津人民美术出版社 1968 年［1 张］
107cm（全开）定价：CNY0.20
　　中国现代宣传画作品。

J0039086
向无限忠于毛主席革命路线的好干部门合

同志学习
北京 北京出版社 1968 年［1 张］76cm（2 开）
定价：CNY0.16
　　中国现代宣传画作品。

J0039087
向无限忠于毛主席革命路线的好干部门合
同志学习
上海 上海人民美术出版社 1968 年［1 张］
76cm（2 开）定价：CNY0.12
　　中国现代宣传画作品。

J0039088
向无限忠于毛主席革命路线的好干部门合
同志学习
上海 上海人民美术出版社 1968 年［1 张］
107cm（全开）定价：CNY0.24
　　中国现代宣传画作品。

J0039089
像焦裕禄同志那样　一心为革命　一切为
人民　丁荣魁，吴诒作
上海 上海人民美术出版社 1968 年［1 张］
76cm（2 开）定价：CNY0.15
　　中国现代宣传画作品。

J0039090
学习门合同志无限忠于人民……
上海 上海人民美术出版社 1968 年［1 张］
76cm（2 开）定价：CNY0.12
　　中国现代宣传画作品。

J0039091
一切想着毛主席　一切服从毛主席……
［合肥］安徽人民出版社 1968 年［1 张］
53cm（4 开）定价：CNY0.04
　　本作品为中国现代宣传画。全称：一切想着
毛主席　一切服从毛主席　一切紧跟毛主席　一切
为着毛主席。

J0039092
一切想着毛主席　一切服从毛主席……
［银川］宁夏回族自治区人民出版社 1968 年
［1 张］53cm（4 开）定价：CNY0.04
　　中国现代宣传画作品。

J0039093
一切想着毛主席　一切服从毛主席……
北京 人民美术出版社 1968 年［1 张］
76cm（2 开）定价：CNY0.14
　　中国现代宣传画作品。

J0039094
以门合同志为光辉榜样无限忠于毛主席革
命路线
北京 北京出版社 1968 年［1 张］76cm（2 开）
定价：CNY0.16
　　中国现代宣传画作品。

J0039095
永远忠于伟大的领袖毛主席……
［合肥］安徽人民出版社 1968 年［1 张］
76cm（2 开）定价：CNY0.08
　　中国现代宣传画作品。

J0039096
在毛泽东思想基础上加强军民团结
上海 上海人民美术出版社 1968 年［1 张］
76cm（2 开）定价：CNY0.12
　　中国现代宣传画作品。

J0039097
战士最爱读毛主席的书　解放军报社供稿
北京 人民美术出版社 1968 年［1 张］
76cm（全开）定价：CNY0.15
　　中国现代宣传画作品。

J0039098
战无不胜的毛泽东思想万岁！毛主席的革
命路线胜利万岁！
上海 上海人民美术出版社 1968 年［1 张］
107cm（全开）定价：CNY0.24
　　中国现代宣传画作品。

J0039099
走大寨之路　钱大昕作
上海 上海人民美术出版社 1968 年［1 张］
107cm（全开）
　　中国现代宣传画作品。

J0039100

储粮储草　备战备荒

［长春］吉林人民出版社　1969 年［1 张］

76cm（2 开）定价：CNY0.14

中国现代宣传画作品。

J0039101

大海航行靠舵手　干革命靠毛泽东思想

（热烈庆祝中国共产党第九次全国代表大会胜利
召开）

［武汉］湖北人民出版社　1969 年［1 张］

107cm（全开）定价：CNY0.12

中国现代宣传画作品。

J0039102

大海航行靠舵手　干革命靠毛泽东思想

上海　上海人民美术出版社　1969 年［1 张］

107cm（全开）

中国现代宣传画作品。

J0039103

党的第九次全国代表大会胜利万岁

上海　上海人民美术出版社　1969 年［1 张］

107cm（全开）定价：CNY0.24

中国现代宣传画作品。

J0039104

独立自主自力更生

［长春］吉林人民出版社　1969 年［1 张］

76cm（2 开）定价：CNY0.14

中国现代宣传画作品。

J0039105

工人阶级必须领导一切

上海　上海人民美术出版社　1969 年［1 张］

107cm（全开）定价：CNY0.24

中国现代宣传画作品。

J0039106

狠抓革命　猛促生产

［长春］吉林人民出版社　1969 年［1 张］

76cm（2 开）定价：CNY0.14

中国现代宣传画作品。

J0039107

红太阳照亮了炊事房

上海　上海人民美术出版社　1969 年［1 张］

53cm（4 开）定价：CNY0.07

中国现代宣传画作品。

J0039108

红太阳照亮了大寨前进的道路

［北京］外文出版社　1969 年　25cm（小 16 开）

定价：CNY2.90

中国现代摄影宣传画。

J0039109

紧跟伟大领袖毛主席奋勇前进！　上海人
民美术出版社集体创作

上海　上海人民美术出版社　1969 年［1 张］

53cm（4 开）定价：CNY0.07

中国现代宣传画作品。

J0039110

紧跟伟大领袖毛主席奋勇前进！　上海人
民美术出版社集体创作

上海　上海人民美术出版社　1969 年［1 张］

107cm（全开）定价：CNY0.32

中国现代宣传画作品。

J0039111

敬祝毛主席万寿无疆

［南昌］江西省新华书店　1969 年［1 张］

38cm（6 开）定价：CNY0.03

中国现代宣传画作品。

J0039112

毛泽东思想是我们心中的红太阳　郑荣庚作

上海　上海人民美术出版社　1969 年　2 张

76cm（2 开）定价：CNY0.30

中国现代宣传画作品。

J0039113

**毛泽东同志是当代最伟大的马克思列宁主
义者**

［南京］江苏人民出版社　1969 年［1 张］

76cm（2 开）定价：CNY0.10

中国现代宣传画作品。

J0039114

毛泽东同志是当代最伟大的马克思列宁主义者

［南京］江苏人民出版社 1969 年［1 张］

107cm（全开）定价：CNY0.28

中国现代宣传画作品。

J0039115

毛主席啊　世界革命人民无限热爱您

上海 上海人民美术出版社 1969 年［1 张］

107cm（全开）定价：CNY0.24

中国现代宣传画作品。

J0039116

农村是一个广阔的天地　在那里是可以大有作为的

上海 上海人民美术出版社 1969 年［1 张］

107cm（全开）

中国现代宣传画作品。

J0039117

庆祝伟大的中华人民共和国成立二十周年

［西宁］青海省毛主席著作出版发行管理处

1969 年［1 张］76cm（2 开）定价：CNY0.14

中国现代宣传画作品。

J0039118

庆祝中华人民共和国成立二十周年口号

［石家庄］河北人民美术出版社 1969 年［1 张］

76cm（2 开）定价：CNY0.08

中国现代宣传画作品。

J0039119

热烈欢呼中国共产党第九次全国代表大会的胜利召开

上海 上海人民美术出版社 1969 年［1 张］

107cm（全开）定价：CNY0.32

中国现代宣传画作品。

J0039120

热烈欢呼中国共产党第九次全国代表大会胜利召开　《毛泽东思想胜利万岁》馆供稿

［南昌］江西省新华书店 1969 年［1 张］

76cm（2 开）定价：CNY0.10

中国现代宣传画作品。

J0039121

热烈庆祝中国共产党第九次全国代表大会胜利闭幕！

［武汉］湖北人民出版社 1969 年［1 张］

76cm（2 开）定价：CNY0.14

中国现代宣传画作品。

J0039122

三条石血泪史　天津红桥区三条石历史博物馆供稿

天津 天津人民美术出版社 1969 年 13cm（60 开）

定价：CNY0.25

中国现代宣传画作品。

J0039123

世界人民热烈欢呼中国共产党第九次全国代表大会胜利召开

［南昌］江西省新华书店 1969 年［1 张］

76cm（2 开）定价：CNY0.10

中国现代宣传画作品。

J0039124

誓死保卫祖国的神圣领土！

上海 上海人民美术出版社 1969 年［1 张］

107cm（全开）

中国现代宣传画作品。

J0039125

誓死保卫祖国神圣领土

［沈阳］辽宁省新华书店 1969 年［1 张］

76cm（2 开）定价：CNY0.24

中国现代宣传画作品。

J0039126

提高警惕　保卫祖国

［广州］广东人民出版社 1969 年［1 张］

76cm（2 开）定价：CNY0.17

中国现代宣传画作品。

J0039127

提高警惕　保卫祖国

［沈阳］辽宁省新华书店 1969 年［1 张］

107cm（全开）定价：CNY0.24

中国现代宣传画作品。

J0039128
提高警惕　保卫祖国
［济南］山东人民出版社 1969 年［1 张］
107cm（全开）定价：CNY0.28
中国现代宣传画作品。

J0039129
提高警惕　保卫祖国　随时准备歼灭入侵之敌
［济南］山东人民出版社 1969 年［1 张］
53cm（4 开）定价：CNY0.06
中国现代宣传画作品。

J0039130
提高警惕，保卫祖国！随时准备歼灭入侵之敌！
北京 人民美术出版社 1969 年［1 张］
76cm（2 开）定价：CNY0.12
中国现代宣传画作品。

J0039131
团结起来，争取更大的胜利
［长春］吉林人民出版社 1969 年［1 张］
85cm（2 开）定价：CNY0.84
中国现代宣传画作品。

J0039132
为人民鞠躬尽瘁 （向共产主义战士杨水才同志学习）
［成都］四川人民出版社 1969 年［1 张］
76cm（2 开）定价：CNY0.14
中国现代宣传画作品。

J0039133
为伟大领袖毛主席争光　为社会主义祖国争光
［南昌］江西省新华书店 1969 年［1 张］
76cm（2 开）定价：CNY0.10
中国现代宣传画作品。

J0039134
伟大导师　伟大领袖　伟大统帅　伟大舵手毛主席万岁！
［合肥］安徽人民出版社 1969 年［1 张］
76cm（2 开）定价：CNY0.14

中国现代宣传画作品。

J0039135
伟大的、光荣的、正确的中国共产党万岁！ （热烈欢呼中国共产党第九次全国代表大会胜利召开）
［济南］山东人民出版社 1969 年［1 张］
107cm（全开）定价：CNY0.20
中国现代宣传画作品。

J0039136
伟大的、光荣的、正确的中国共产党万岁！……
［武汉］湖北人民出版社 1969 年［1 张］
53cm（4 开）定价：CNY0.14
中国现代宣传画作品。

J0039137
伟大的领袖　光辉的历程 （庆祝中国共产党第九次全国代表大会胜利召开）
［合肥］安徽人民出版社 1969 年［1 张］
76cm（2 开）定价：CNY0.10
中国现代宣传画作品。

J0039138
伟大的领袖毛主席万岁
［长春］吉林人民出版社 1969 年［1 张］
76cm（2 开）定价：CNY0.14
中国现代宣传画作品。

J0039139
伟大的领袖毛主席万岁！万岁！万万岁！
［乌鲁木齐］新疆人民出版社 1969 年［1 张］
53cm（4 开）定价：CNY0.07
中国现代宣传画作品。

J0039140
伟大的马克思主义、列宁主义、毛泽东思想万岁！
天津 天津人民美术出版社 1969 年［1 张］
85cm（2 开）定价：CNY0.84
中国现代宣传画作品。

J0039141
伟大的战无不胜的毛泽东思想万岁！ （热

烈庆祝中国共产党第九次全国代表大会胜利
召开）
［长沙］湖南人民出版社 1969 年［1 张］
76cm（2 开）定价：CNY0.12
　　中国现代宣传画作品。

J0039142
我们伟大的社会主义祖国万岁
［长春］吉林人民出版社 1969 年［1 张］
76cm（2 开）定价：CNY0.14
　　中国现代宣传画作品。

J0039143
无限忠于毛主席　无限忠于毛泽东思想……
［昆明］云南人民出版社 1969 年［1 张］
53cm（4 开）定价：CNY0.03
　　中国现代宣传画作品。

J0039144
无限忠于伟大的领袖毛主席……
［西安］陕西人民出版社 1969 年［1 张］
53cm（4 开）定价：CNY0.04
　　中国现代宣传画作品。

J0039145
胸怀朝阳何所惧　敢将青春献人民 （向
"一不怕苦、二不怕死"的上海市黄山茶林场
十一位知识青年学习）江西余江县插队落户上
海知识青年创作
上海　上海人民美术出版社 1969 年［1 张］
107cm（全开）定价：CNY0.24
　　中国现代宣传画作品。

J0039146
沿着毛主席指引的方向奋勇前进
上海　上海人民美术出版社 1969 年［1 张］
107cm（全开）定价：CNY0.24
　　中国现代宣传画作品。

J0039147
一不怕苦　二不怕死　加强战备　保卫祖国
［长春］吉林人民出版社 1969 年［1 张］
107cm（全开）定价：CNY0.28
　　中国现代宣传画作品。

J0039148
一不怕苦二不怕死的革命精神万岁！
［长春］吉林人民出版社 1969 年［1 张］
107cm（全开）定价：CNY0.28
　　中国现代宣传画作品。

J0039149
**一不怕苦二不怕死紧跟毛主席奋勇向
前** （向共产党员刘邦贤同志学习）江西省展
览馆供稿
［南昌］江西人民出版社 1969 年［1 张］
76cm（2 开）定价：CNY0.10
　　中国现代宣传画作品。

J0039150
以毛泽东同志为领袖的中国共产党万岁！
［南京］江苏人民出版社 1969 年［1 张］
107cm（全开）定价：CNY0.28
　　中国现代宣传画作品。

J0039151
拥军爱民
上海　上海人民美术出版社 1969 年［1 张］
76cm（2 开）定价：CNY0.12
　　中国现代宣传画作品。

J0039152
永远沿着毛主席指引的方向奋勇前进！
毛泽东思想胜利万岁馆供稿
［南昌］江西省新华书店 1969 年［1 张］
76cm（2 开）定价：CNY0.10
　　中国现代宣传画作品。

J0039153
有来犯者，坚决彻底干净全部消灭之！
合肥市美术创作组供稿
［合肥］安徽人民出版社 1969 年［1 张］
107cm（全开）定价：CNY0.24
　　中国现代宣传画作品。

J0039154
战无不胜的毛泽东思想万岁　毛泽东思想胜
利万岁馆供稿
［南昌］江西省新华书店 1969 年［1 张］
76cm（2 开）定价：CNY0.10

中国现代宣传画作品。

J0039155

中国共产党第九次全国代表大会万岁

［南京］江苏人民出版社 1969 年［1 张］
［76cm］（2 开）定价：CNY0.42
　　中国现代宣传画作品。

J0039156

中国领土不容侵犯！

［昆明］云南人民出版社 1969 年［1 张］
76cm（2 开）定价：CNY0.08
　　中国现代宣传画作品。

J0039157

抓革命，促生产，促工作，促战备　（热烈庆
祝中国共产党第九次全国代表大会胜利召开）
［武汉］湖北人民出版社 1969 年［1 张］
76cm（2 开）定价：CNY0.12
　　中国现代宣传画作品。

J0039158

"穷棒子" 精神创大业　辽宁省毛泽东思想宣
传馆编
沈阳　辽宁省新华书店 1970 年 4 张（套）
76cm（2 开）定价：CNY0.50
　　中国现代宣传画，反映丹东市微型电机厂白
手起家、艰苦创业的事迹（展览图片）。

J0039159

爱国主义和国际主义的榜样——黄继光

上海　上海人民出版社 1970 年 1 张 76cm（2 开）
统一书号：8.2.171 定价：CNY0.11

J0039160

不朽的英雄——杨根思

上海　上海人民出版社 1970 年［1 张］
76cm（2 开）定价：CNY0.11
　　中国现代人物宣传画作品，反映特级战斗英
雄杨根思的英雄事迹。

J0039161

翻身不忘共产党　幸福全靠毛主席　上海
市半工半读、中专、技校下乡上山办公室供稿
上海　上海人民出版社 1970 年［1 张］

76cm（2 开）定价：CNY0.11
　　中国现代宣传画作品。

J0039162

**奋发图强　赶超世界先进水平　为伟大领
袖毛主席争光**　建设武钢四号高炉工人美术
创作组作
武汉　湖北人民出版社 1970 年［1 张］
76cm（2 开）定价：CNY0.12
　　中国现代宣传画作品。

J0039163

**高标准　严要求　一丝不苟　精心设计
精心施工　让毛主席满意**　建设武钢四号高
炉工人美术创作组作
武汉　湖北人民出版社 1970 年［1 张］
76cm（2 开）定价：CNY0.12
　　中国现代宣传画作品。

J0039164

**高举《鞍钢宪法》的光辉旗帜，夺取工业生
产的更大胜利！**　辽宁省毛泽东思想宣传馆
供稿
沈阳　辽宁省新华书店 1970 年 1 张 76cm（2 开）
定价：CNY0.12
　　中国现代宣传画作品。

J0039165

广阔天地炼红心　南京市化工系统工人美术
创作学习班供稿
南京　江苏人民出版社 1970 年 76cm（2 开）
定价：CNY0.12
　　本书系中国现代宣传画作品。

J0039166

广阔天地炼红心　（展览图片）辽宁日报社图
片组供稿
沈阳　辽宁省新华书店 1970 年 11 张（套）
39cm（4 开）定价：CNY0.45
　　本书为中国上山下乡青年工作思想政治教
育展览图片。

J0039167

国际主义战士——罗盛教

上海　上海人民出版社 1970 年［1 张］

76cm（2开）定价：CNY0.11

　　本书系中国现代人物宣传画作品，反映了英雄模范罗盛教的国际主义精神。

J0039168

合作医疗就是好 （庄河县红山"公社"合作医疗制度不断巩固和发展 展览图片）辽宁日报社图片组编

沈阳 辽宁省新华书店 1970年 8张（套）

76cm（2开）定价：CNY0.35

　　中国现代合作医疗宣传画作品。

J0039169

红太阳照亮了碱厂堡 （展览图片）辽宁省毛泽东思想宣传馆编

沈阳 辽宁省新华书店 1970年 4张（套）

76cm（2开）定价：CNY0.50

　　本书系中国现代展览图片宣传作品。

J0039170

集体主义的英雄——邱少云

上海 上海人民出版社 1970年 ［1张］

76cm（2开）定价：CNY0.11

　　本书系中国现代人物宣传画，内容展示了英雄邱少云的集体主义精神。

J0039171

加强反侵略战争准备一秒也等不得 （向无限忠于毛主席的英雄边防战士五大彪学习）

长春 吉林人民出版社 1970年 ［1张］

76cm（2开）定价：CNY0.14

　　本作品为中国现代宣传画。

J0039172

坚持劳动　继续革命 乐平县毛泽东思想宣传站供稿

南昌 江西省新华书店 1970年 ［1张］

76cm（2开）定价：CNY0.10

　　本书系中国现代宣传画作品。

J0039173

靠毛泽东思想办商店 （向财贸战线先进集体桦树分销店学习 展览图片）

延吉 延边人民出版社 1970年 2张 76cm（2开）

定价：CNY0.20

本作品为中国现代宣传画展览图片。

J0039174

靠毛泽东思想办商店 （向桦树分销店学习）

延吉 延边人民出版社 1970年 ［1张］

76cm（2开）定价：CNY0.14

　　本书系中国现代宣传画作品。

J0039175

立下愚公移山志　誓把荒山变良田

昆明 云南人民出版社 1970年 ［1张］

76cm（2开）定价：CNY0.12

　　本书系中国现代宣传画作品，反映云南荒山改良田的经验。

J0039176

毛主席旧居韶山

天津 天津人民美术出版社 1970年 ［1张］

76cm（2开）定价：CNY0.14

　　革命纪念地风光摄影作品。

J0039177

农业学大寨 《南方日报》美术组供稿

广州 广东人民出版社 1970年 1张 78cm（2开）

定价：CNY0.07

　　本作品为中国现代宣传画。

J0039178

全国人民团结起来　争取更大的胜利 浙江展览馆美术组供稿

杭州 浙江人民美术出版社 1970年 ［1张］

108cm（全开）定价：CNY0.24

　　本作品为中国现代宣传画。

J0039179

全力以赴，务歼入侵之敌 中国人民解放军7105部队供稿

昆明 云南人民出版社 1970年 ［1张］

76cm（2开）定价：CNY0.10

　　本作品为中国现代宣传画。

J0039180

全世界人民团结起来，打败美国侵略者及其一切走狗！ 牡丹江纺织厂，牡丹江树脂厂工人美术通讯员供稿

哈尔滨 黑龙江人民出版社 1970 年［1 张］
108cm（全开）定价：CNY0.30

　　本作品为中国现代宣传画。

J0039181
全世界无产者，联合起来！　丰城县毛泽东
思想宣传站供稿
南昌 江西省新华书店 1970 年［1 张］
76cm（2 开）定价：CNY0.10

　　本作品为中国现代宣传画。

J0039182
让哲学从哲学家的课堂上和书本里解放出
来　新疆维吾尔自治区首次活学活用毛泽东思
想积极分子代表大会供稿
乌鲁木齐 新疆人民出版社 1970 年［1 张］
76cm（2 开）定价：CNY0.14

　　本作品为中国现代宣传画。

J0039183
热烈欢呼"四届人大"胜利召开　浙江日报
美术组供稿
杭州 浙江人民美术出版社 1970 年［1 张］
108cm（全开）定价：CNY0.24

　　本作品为中国现代宣传画。

J0039184
热烈欢呼江西省第二届活学活用毛泽东思
想积极分子和"四好""五好"代表大会胜
利召开　乐平县毛泽东思想宣传站供稿
南昌 江西省新华书店 1970 年［1 张］
76cm（2 开）定价：CNY0.10

　　本作品为中国现代宣传画。

J0039185
认真落实农业"八字宪法"，誓夺农业大丰
收！　辽宁省毛泽东思想宣传馆供稿
沈阳 辽宁省新华书店 1970 年 76cm（2 开）
定价：CNY0.12

　　本书系中国现代宣传画作品。

J0039186
如果他们要打　就把他们彻底消灭
长沙 湖南人民出版社 1970 年［1 张］
76cm（2 开）定价：CNY0.10

　　本作品为中国现代宣传画。

J0039187
赛球响彻《东方红》
杭州 浙江人民美术出版社 1970 年［1 张］
76cm（2 开）定价：CNY0.12

　　本作品为中国现代宣传画。

J0039188
身不离劳动　心不离群众
杭州 浙江人民美术出版社 1970 年 1 张
108cm（全开）定价：CNY0.30

　　本书系中国现代宣传画作品。

J0039189
生命不息　奋斗不止　（中国人民解放军空
军某部副部队长、优秀共产党员张孔铨先进事
迹 展览图片）
西安 陕西人民出版社 1970 年 9 张（套）
39cm（8 开）定价：CNY0.28

J0039190
生命不息，冲锋不止　中国人民革命军事博
物馆美术组集体创作
石家庄 河北人民出版社 1970 年［1 张］
76cm（2 开）定价：CNY0.16

　　本作品为中国现代宣传画。

J0039191
生命不息，冲锋不止　中国人民革命军事博
物馆美术组集体创作
沈阳 辽宁省新华书店 1970 年［1 张］
76cm（2 开）定价：CNY0.14

　　本作品为中国现代宣传画。

J0039192
生命不息，冲锋不止　中国人民革命军事博
物馆美术组集体创作
北京 人民美术出版社 1970 年［1 张］
108cm（全开）定价：CNY0.32

　　本作品为中国现代宣传画。

J0039193
生命不息，冲锋不止　中国人民革命军事博
物馆美术组集体创作

北京　人民美术出版社 1970 年［1 张］
76cm（2 开）定价：CNY0.16
　　本作品为中国现代宣传画。

J0039194
生命不息，冲锋不止　中国人民革命军事博物馆美术组集体创作
天津　天津人民美术出版社 1970 年［1 张］
108cm（全开）定价：CNY0.28
　　本作品为中国现代宣传画。

J0039195
树雄心　立壮志　实现工农业生产新"跃进"　黑龙江省农业展览馆供稿
哈尔滨　黑龙江人民出版社 1970 年［1 张］
108cm（全开）定价：CNY0.30
　　本作品为中国现代宣传画。

J0039196
谁敢侵犯我们就叫它灭亡　鹰潭镇毛泽东思想宣传站供稿
南昌　江西省新华书店 1970 年［1 张］
76cm（2 开）定价：CNY0.10
　　本作品为中国现代宣传画。

J0039197
水源人民在继续革命的大道上奋勇前进
（展览图片）辽宁省毛泽东思想宣传馆编
沈阳　辽宁省新华书店 1970 年 6 张（套）
76cm（2 开）定价：CNY0.75
　　本书系中国现代宣传画作品展览图片。

J0039198
随时准备歼灭入侵之敌　谢令虎作
西安　陕西人民出版社 1970 年［1 张］
108cm（全开）定价：CNY0.26
　　本作品为中国现代宣传画。

J0039199
泰山压顶不弯腰　（浙江省桐庐县南堡大队用毛泽东思想战胜特大洪灾的英雄事迹　展览图片）杭州市毛泽东思想宣传站供稿
杭州　浙江人民美术出版社 1970 年 10 张（套）
54cm（4 开）定价：CNY0.50
　　本作品为中国现代宣传画展览图片。

J0039200
提高警惕　保卫祖国
长春　吉林人民出版社 1970 年［1 张］
76cm（2 开）定价：CNY0.14
　　本作品为中国现代宣传画。

J0039201
提高警惕　保卫祖国
天津　天津人民美术出版社 1970 年 1 张
76cm（2 开）定价：CNY0.14
　　本作品为中国现代战备教育宣传画。

J0039202
提高警惕　保卫祖国　新疆维吾尔自治区首次活学活用毛泽东思想积极分子代表大会供稿
乌鲁木齐　新疆人民出版社 1970 年［1 张］
108cm（全开）定价：CNY0.28
　　本作品为中国现代宣传画。

J0039203
提高警惕　保卫祖国
昆明　云南人民出版社 1970 年［1 张］
76cm（2 开）定价：CNY0.12
　　本作品为中国现代宣传画。

J0039204
提高警惕，保卫祖国！　关琦铭作
沈阳　辽宁省新华书店 1970 年［1 张］
76cm（2 开）定价：CNY0.12
　　本作品为中国现代宣传画。

J0039205
提高警惕，保卫祖国！　关琦铭作
天津　天津人民美术出版社 1970 年［1 张］
108cm（全开）定价：CNY0.28
　　本作品为中国现代宣传画。

J0039206
提高警惕，保卫祖国！随时准备歼灭入侵之敌！　关琦铭作
北京 人民美术出版社 1970 年［1 张］108cm（全开）
定价：CNY0.32（甲种纸），CNY0.24（乙种纸）
　　本作品为中国现代宣传画。

J0039207
团结起来　争取更大的胜利
广州　广东人民出版社　1970年［1张］
108cm（全开）定价：CNY0.50
　　本作品为中国现代宣传画。

J0039208
团结起来　争取更大的胜利　新疆维吾尔自
治区首次活学活用毛泽东思想积极分子代表大
会供稿
乌鲁木齐　新疆人民出版社　1970年［1张］
76cm（2开）定价：CNY0.14
　　本作品为中国现代宣传画。

J0039209
完全彻底为人民　（向无产阶级先锋战士杨健
生学习）
广州　广东人民出版社　1970年［1张］
76cm（2开）定价：CNY0.11
　　本作品系中国现代人物宣传画。

J0039210
为革命造就一代新人　（向海龙县"五·七"中
学学习）
长春　吉林人民出版社　1970年［1张］
108cm（全开）定价：CNY0.28
　　本作品为中国现代宣传画。

J0039211
为革命种田　用科学种田　合肥矿山机器厂
供稿
合肥　安徽省"革命委员会"出版发行局　1970年
［1张］108cm（全开）定价：CNY0.22
　　本作品为中国现代宣传画。

J0039212
为革命种田　用科学种田　合肥矿山机器厂
供稿
合肥　安徽省"革命委员会"出版发行局　1970年
［1张］76cm（2开）定价：CNY0.11
　　本作品系中国现代宣传画。

J0039213
**为伟大领袖毛主席争光，为伟大社会主义
祖国争光**

广州　广东人民出版社　1970年［1张］
76cm（2开）定价：CNY0.11
　　本作品为中国现代宣传画。

J0039214
伟大的、光荣的、正确的中国共产党万岁！
江西省展览馆，江西省美工人员第二期毛泽东
思想学习班供稿
南昌　江西省新华书店　1970年［1张］
76cm（2开）定价：CNY0.10
　　本作品为中国现代宣传画。

J0039215
伟大祖国的尊严不可辱　（珍宝岛自卫反击
战十英雄事迹 展览图片）解放军画报社供稿
上海　上海市出版"革命组"　1970年　13张（套）
39cm（8开）定价：CNY0.50
　　本作品系中国珍宝岛自卫反击战十英雄事
迹展览图片。

J0039216
**我国第一颗人造地球卫星发射成功是毛泽
东思想的伟大胜利**
石家庄　河北人民出版社　1970年［1张］
76cm（2开）定价：CNY0.14
　　本作品为中国现代宣传画。

J0039217
**我国第一颗人造地球卫星发射成功是毛泽
东思想的伟大胜利**　云南省勘察设计院供稿
昆明　云南人民出版社　1970年　3张　108cm（全开）
定价：CNY0.96
　　本作品为中国现代宣传画。

J0039218
**无产阶级的先锋战士　三大革命运动的闯
将**　（向优秀共产党员、生产队长、带头人的
光辉榜样徐度乐同志学习）合肥市文艺创作组
供稿
合肥　安徽人民出版社　1970年　1张　108cm（全开）
定价：CNY0.24
　　本作品系中国现代人物宣传画，展示了优秀
共产党员、生产队长、带头人徐度乐的光辉榜样
形象。

J0039219
务歼入侵之敌
石家庄　河北人民出版社　1970 年［1 张］
76cm（2 开）定价：CNY0.12
　　本作品为中国现代宣传画。

J0039220
西房身　（辽中平原的大寨　展览图片）辽宁省
毛泽东思想宣传馆编
沈阳　辽宁省新华书店　1970 年　4 张（套）
76cm（2 开）定价：CNY0.50
　　本书系中国现代宣传画作品展览图片。

J0039221
胸怀朝阳何所惧　敢将青春献人民　（向
"一不怕苦，二不怕死"的上海市黄山茶林场
十一位知识青年学习）江西余江县插队落户上
海知识青年创作
上海　上海人民美术出版社　1970 年［1 张］
76cm（2 开）定价：CNY0.12
　　本作品系中国现代宣传画，展示了上海市黄
山茶林场十一位知识青年胸怀朝阳何所惧的奉
献精神。

J0039222
胸怀革命全局　做好本职工作
兰州　甘肃人民出版社　1970 年［1 张］
76cm（2 开）定价：CNY0.12
　　本作品为中国现代宣传画。

J0039223
**学大庆　学六厂　赶大通　夺取工业新胜
利！**　合肥矿山机器厂供稿
合肥　安徽省出版发行局　1970 年［1 张］
108cm（全开）定价：CNY0.22
　　本作品为中国现代宣传画，反映合肥矿山学
赶超的新成绩。

J0039224
沿着毛主席革命路线胜利前进！　（热烈欢
呼新疆维吾尔自治区首次活学活用毛泽东思想
积极分子代表大会的胜利召开！）新疆维吾尔
自治区首次活学活用毛泽东思想积极分子代表
大会供稿
乌鲁木齐　新疆人民出版社　1970 年［1 张］

108cm（全开）定价：CNY0.28
　　本作品为中国现代宣传画。

J0039225
要节约闹革命
杭州　浙江人民美术出版社　1970 年［1 张］
108cm（全开）定价：CNY0.30
　　本作品为中国现代宣传画。

J0039226
要准备打仗　中国人民解放军 7685 部队供稿
昆明　云南人民出版社　1970 年［1 张］
76cm（2 开）定价：CNY0.08
　　本作品为中国现代宣传画。

J0039227
一定要消灭血吸虫病　江西省展览馆美工教
育组供稿
南昌　江西省新华书店　1970 年［1 张］
76cm（2 开）定价：CNY0.10
　　本作品系中国现代宣传画。

J0039228
一心想着为国家多作贡献
长春　吉林人民出版社　1970 年　1 张　76cm（2 开）
定价：CNY0.14
　　本作品为中国现代宣传画，反映中国工业建
设的事迹。

J0039229
以实际行动欢庆"四届人大"的召开　陕西
省直属文化系统美术学习班供稿
西安　陕西人民出版社　1970 年［1 张］
108cm（全开）定价：CNY0.22
　　本作品为中国现代宣传画。

J0039230
拥军爱民
上海　上海人民美术出版社　1970 年［1 张］
76cm（2 开）定价：CNY0.12
　　本作品为中国现代宣传画。

J0039231
**用毛泽东思想武装起来的人，是最大的战
斗力！**　辽宁省毛泽东思想宣传馆供稿

沈阳 辽宁省新华书店 1970 年［1 张］

76cm（2 开）定价：CNY0.12

　　本作品为中国现代宣传画。

J0039232

在斗争中学　在斗争中用

长沙 湖南人民出版社 1970 年［1 张］

76cm（2 开）定价：CNY0.12

　　本作品为中国现代宣传画。

J0039233

政治宣传画小辑　（1）

杭州 浙江人民美术出版社 1970 年 13 张（套）

26cm（16 开）定价：CNY0.26

　　本作品为中国现代宣传画。

J0039234

中国人民有志气　建设武钢四号高炉工人美术创作组作

武汉 湖北人民出版社 1970 年 108cm（全开）

定价：CNY0.28

　　本作品为中国现代宣传画，反映了武钢工的建设成就。

J0039235

种田人就是能学好用好哲学　杭州市毛泽东思想宣传站供稿

杭州 浙江人民美术出版社 1970 年［1 张］

76cm（2 开）定价：CNY0.10

　　本作品为中国现代宣传画。

J0039236

自力更生奏凯歌　艰苦奋斗创奇迹

上海 上海人民出版社 1970 年 76cm（2 开）

定价：CNY0.11

　　本作品为中国现代宣传画。

J0039237

祖国神圣领土不容侵犯！

昆明 云南人民出版社 1970 年［1 张］

76cm（2 开）定价：CNY0.12

　　本作品为中国现代宣传画。

J0039238

最坚决地支持世界人民反对美帝的斗争

毛泽东同志主办农民运动讲习所旧址纪念馆供稿

广州 广东人民出版社 1970 年［1 张］

76cm（2 开）定价：CNY0.16

　　本作品为中国现代宣传画。

J0039239

做工农业大发展的促进派

长春 吉林人民出版社 1970 年［1 张］

108cm（全开）定价：CNY0.28

　　本作品为中国现代宣传画。

J0039240

“四届人大”的召开是全国人民的心愿！

平津战役展览馆创作

天津 天津人民美术出版社 1971 年［1 张］

76cm（2 开）定价：CNY0.11

　　本作品为中国现代宣传画。

J0039241

“五·七”道路育新人　通河县业余美术创作组绘

哈尔滨 黑龙江人民出版社 1971 年［1 张］

76cm（2 开）定价：CNY0.14

　　本作品为中国现代宣传画，反映部队支援水泥厂发展的事迹。

J0039242

“五·七”路上炼红心　继续革命永向前　上海市新闻出版系统“五·七”干校供稿

上海 上海人民出版社 1971 年［1 张］

108cm（全开）统一书号：8.3.272

定价：CNY0.22

　　本作品为中国现代宣传画。

J0039243

《五·七指示》万岁！　中国人民解放军成都部队供稿

北京 人民美术出版社 1971 年［1 张］

108cm（全张）定价：CNY0.32

　　本作品为中国现代宣传画。

J0039244

巴黎公社万岁　（纪念巴黎公社一百周年）合江地区文艺工作团供稿

[哈尔滨]黑龙江人民出版社 1971 年［1 张］
76cm（2 开）定价：CNY0.14

　　本作品为中国现代宣传画。

J0039245

把活学活用毛主席哲学思想的群众推向新高潮！

天津 天津人民美术出版社 1971 年［1 张］
107cm（全开）定价：CNY0.22

　　中国现代宣传画作品。

J0039246

把毛泽东思想传遍千家万户　如东县毛泽东思想宣传馆供稿

南京 江苏人民出版社 1971 年［1 张］
76cm（2 开）定价：CNY0.12

　　中国现代宣传画作品。

J0039247

把毛泽东思想更广泛地传播到全世界　如东县工农兵美术学习班供稿

南京 江苏人民出版社 1971 年［1 张］
76cm（2 开）定价：CNY0.11

　　中国现代宣传画作品。

J0039248

办好县社工业为农业服务　河北人民出版社创作组绘

石家庄 河北人民出版社 1971 年［1 张］
76cm（2 开）定价：CNY0.12

　　本作品为中国现代宣传画。

J0039249

保卫祖国永远向前进　常玉昌作

哈尔滨 黑龙江人民出版社 1971 年［1 张］
7cm（128 开）定价：CNY0.16

　　中国现代宣传画作品。

J0039250

备战备荒保菜增粮　海淀区宣传站供稿

北京 人民出版社 1971 年［1 张］76cm（2 开）
定价：CNY0.14

　　中国现代宣传画作品。

J0039251

常备不懈　严防敌人突然袭击　西安人民防空领导小组办公室供稿

西安 陕西人民出版社 1971 年［1］张
76cm（2 开）定价：CNY0.11

　　中国现代宣传画作品。

J0039252

从来就没有什么救世主　也不靠神仙皇帝　要创造人类的幸福　全靠我们自己
上海美术设计公司供稿

上海 上海人民出版社 1971 年［1 张］
108cm（全开）定价：CNY0.22

　　中国现代宣传画作品。

J0039253

打不尽豺狼绝不下战场　如东县工农美术学习班供稿

上海 上海人民出版社 1971 年［1 张］
76cm（2 开）定价：CNY0.11

　　中国现代宣传画作品。

J0039254

打倒复活的日本军国主义
沈阳 辽宁省新华书店 1971 年［1 张］
107cm（全开）定价：CNY0.24

　　中国现代宣传画作品。

J0039255

大地由我巧安排　靖安县毛泽东思想宣传站供稿

南昌 江西省新华书店 1971 年［1 张］
76cm（2 开）定价：CNY0.10

　　中国现代宣传画作品。

J0039256

大搞综合利用，为国家创造更多财富　北京酿酒总厂业余美术创作组供稿

北京 人民美术出版社 1971 年［1 张］
76cm（2 开）定价：CNY0.12

　　中国现代宣传画作品。

J0039257

当好革命接班人　（学习革命现代京剧《红灯记》中的李铁梅）《奇袭白虎团》美术创作组著

济南　山东人民出版社　1971 年［1 张］
76cm（2 开）定价：CNY0.12
　　中国现代宣传画作品。

J0039258
第四届全国人民代表大会胜利万岁！
［沈阳］辽宁人民出版社　1971 年［1 张］
76cm（2 开）定价：CNY0.10
　　本作品为中国现代宣传画。

J0039259
第四届全国人民代表大会胜利万岁！
沈阳　辽宁人民出版社　1971 年［1］张
107cm（全开）定价：CNY0.20
　　本作品为中国现代宣传画。

J0039260
对无产阶级伟大导师毛主席心怀一个"忠"字　对战无不胜的毛泽东思想狠抓一个"用"字
石家庄　河北人民美术出版社　1971 年［1 张］
53cm（4 开）定价：CNY0.04
　　本作品为中国现代宣传画。

J0039261
发扬革命传统永远前进　北京酿酒总场业余美术组供稿
北京　人民出版社　1971 年［1 张］107cm（全开）
定价：CNY0.30
　　本作品为中国现代宣传画。

J0039262
发扬我军一不怕苦二不怕死的革命精神
石家庄　河北人民美术出版社　1971 年［1 张］
76cm（2 开）定价：CNY0.16
　　本作品为中国现代宣传画。

J0039263
发扬延安精神　中国人民解放军纪念《"五·七"指示》五周年办公室供稿
上海　上海人民出版社　1971 年　1 张　53cm（4 开）
定价：CNY0.25
　　本作品为中国现代宣传画。

J0039264
发展体育运动　增强人民体质
北京　人民出版社　1971 年［1 张］107cm（全开）
定价：CNY0.28
　　本作品为中国现代宣传画。

J0039265
奋发图强　赶超世界先进水平　为伟大领袖毛主席争光　建设武钢四号高炉工人美术组创作
武汉　湖北人民出版社　1971 年［1 张］
76cm（2 开）定价：CNY0.12
　　本作品为中国现代宣传画。

J0039266
高唱革命歌胜利向前进　前锋业余美术创作组供稿
杭州　浙江人民出版社　1971 年［1］张
107cm（全开）定价：CNY0.28
　　本作品为中国现代宣传画。

J0039267
革命传统代代传　王春雄作
广州　广东人民出版社　1971 年［1 张］
76cm（2 开）定价：CNY0.11
　　本作品为中国现代宣传画。

J0039268
工人师傅上讲台　湘潭军分区供稿
南京　江苏人民出版社　1971 年［1 张］
76cm（2 开）定价：CNY0.12
　　本书为纪念毛主席《在延安文艺座谈会上的讲话》发表 30 周年美术作品选。

J0039269
工业学大庆
哈尔滨　黑龙江人民出版社　1971 年［1 张］
76cm（2 开）定价：CNY0.12
　　本作品为中国现代宣传画。与人民美术出版社合作出版。

J0039270
工业学大庆　（走毛主席指引的中国工业化的道路！）吉林日报美术组供稿
长春　吉林人民出版社　1971 年［1 张］

108cm（全开）定价：CNY0.28

　　本作品为中国现代宣传画。

J0039271

工业学大庆

沈阳　辽宁省新华书店 1971 年［1 张］

108cm（全开）定价：CNY0.24

　　本作品系中国现代宣传画，反映了工业战线学习大庆自力更生、艰苦奋斗的精神。

J0039272

工业学大庆　大庆工人业余美术创作学习班，上海文化系统二十一连供稿

上海　上海人民出版社 1971 年［1 张］

108cm（全开）定价：CNY0.22

　　本作品为中国现代宣传画。

J0039273

工业学大庆

天津　天津人民美术出版社 1971 年［1 张］

108cm（2 开）定价：CNY0.22

　　本作品系中国现代宣传画，反映了工业战线学习大庆自力更生、艰苦奋斗的精神。

J0039274

工业学大庆　当社会主义的创业派

延吉　延边人民出版社 1971 年［1 张］

76cm（2 开）定价：CNY0.10

　　本作品系中国现代宣传画，反映了工业战线学大庆、勇当社会主义创业派的精神。

J0039275

管叫山河换新装　浙江展览馆供稿

杭州　浙江人民出版社 1971 年［1］张

107cm（全开）定价：CNY0.20

　　本作品为中国现代宣传画。

J0039276

广阔天地炼红心

沈阳　辽宁省新华书店 1971 年［1 张］

76cm（2 开）定价：CNY0.10

　　中国现代宣传画。绘画精美，反映了有志青年洪志英在农村广阔天地茁壮成长的动人故事。

J0039277

广阔天地炼红心

沈阳　辽宁省新华书店 1971 年［1 张］

108cm（全开）定价：CNY0.20

J0039278

海河工地炼红心　河北人民出版社创作组绘

石家庄　河北人民出版社 1971 年［1］张

76cm（2 开）定价：CNY0.12

　　中国现代宣传画作品。

J0039279

捍卫毛主席革命路线的大英雄大庆油田铁人——王进喜　大庆工人业余美术创作学习班作

上海　上海人民出版社 1971 年［1 张］

76cm（2 开）定价：CNY0.11

　　中国现代宣传画作品。

J0039280

好好学习　天天向上　杭州市江干区毛泽东思想宣传队供稿

杭州　浙江人民出版社 1971 年［1］张

76cm（2 开）定价：CNY0.14

　　中国现代宣传画作品

J0039281

狠抓矿山建设　大打矿山之仗　为实现发展国民经济第四个五年计划而奋斗　山东张家洼工程指挥部宣传组供稿

上海　上海人民出版社 1971 年［1 张］

76cm（2 开）定价：CNY0.114

　　中国现代宣传画作品。

J0039282

狠抓矿山建设大打矿山之仗　芜湖市毛泽东思想宣传站供稿

合肥　安徽省"革命委员会"出版发行局 1971 年［1 张］107cm（全开）定价：CNY0.22

　　中国现代宣传画作品。

J0039283

狠抓矿山建设大打矿山之仗　张家洼工程指挥部宣传组供稿

杭州　浙江人民出版社 1971 年［1 张］

76cm（2开）定价：CNY0.10

　　中国现代宣传画作品。

J0039284

欢度　节日不忘战备

北京　人民美术出版社　1971年　[1张]

76cm（2开）定价：CNY0.12

　　中国现代宣传画作品。

J0039285

绘宏图　昆明围湖造田美术展览会供稿

昆明　云南人民出版社　1971年　[1张]

76cm（2开）定价：CNY0.20

　　中国现代宣传画作品。

J0039286

继承和发扬鲁迅的革命精神（纪念鲁迅诞生九十周年）上海美术设计公司供稿

上海　上海美术出版社　1971年　[1张]

107cm（全开）定价：CNY0.26

　　中国现代宣传画作品。

J0039287

继续革命永向前

天津　天津人民美术出版社　1971年　[1张]

76cm（2开）定价：CNY0.11

　　中国现代宣传画作品。

J0039288

坚决歼灭敢于入侵之敌

广州　广东人民出版社　1971年　[1张]

76cm（2开）定价：CNY0.17

　　中国现代宣传画作品。

J0039289

将革命进行到底

沈阳　辽宁省新华书店　1971年　[1张]

76cm（2开）定价：CNY0.12

　　中国现代宣传画作品。

J0039290

接受贫下中农的再教育　扎根农村干革命

上海市半工半读、中专、技校下乡上山办公室供稿

上海　上海人民出版社　1971年　定价：CNY0.11

中国现代宣传画作品

J0039291

紧跟毛主席就是胜利

石家庄　河北人民出版社　1971年　[1]张

76cm（2开）定价：CNY0.12

　　中国现代宣传画作品。

J0039292

紧跟毛主席就是胜利

石家庄　河北人民出版社　1971年　[1]张

107cm（全开）定价：CNY0.32

　　中国现代宣传画作品。

J0039293

紧跟毛主席就是胜利　上海国棉一厂工人业余美术组创作

上海　上海人民出版社　1971年　[1]张

38cm（6开）定价：CNY0.07

　　中国现代宣传画作品。

J0039294

紧跟毛主席就是胜利　上海国棉一厂工人业余美术组创作

上海　上海人民出版社　1971年　[1]张

107cm（全开）定价：CNY0.26

　　本作品为中国现代宣传画。

J0039295

紧跟伟大领袖毛主席奋勇前进　上海人民美术出版社集体创作

上海　上海人民美术出版社　1971年　[1]张

76cm（2开）定价：CNY0.12

　　中国现代宣传画作品。

J0039296

军民联防　铁壁铜墙

石家庄　河北人民出版社　1971年　[1张]

76cm（2开）定价：CNY0.12

　　中国现代宣传画作品。

J0039297

军民联防　铁壁铜墙　射阳县业余美术创作组供稿

南京　江苏人民出版社　1971年　[1张]

76cm（2开）定价：CNY0.11

中国现代宣传画作品。

J0039298

军民联防　铁壁铜墙

北京　人民美术出版社 1971年［1张］

107cm（全开）定价：CNY0.12

中国现代宣传画作品。

J0039299

开发矿业　蛟河煤矿宣传组，长春市电机厂政

工组供稿

长春　吉林人民出版社 1971年［1张］

76cm（2开）定价：CNY0.14

本作品为中国现代宣传画。

J0039300

颗颗红心忠于党　誓夺革命生产新胜利

上海市新闻出版系统"五·七"干校供稿

上海　上海人民出版社 1971年［1张］

107cm（全开）定价：CNY0.22

本作品为中国现代宣传画。

J0039301

马克思主义、列宁主义、毛泽东思想万岁！

解放军画报社供稿

北京　人民美术出版社 1971年［1张］

108cm（全开）定价：CNY0.32

本作品为中国现代宣传画。

J0039302

马克思主义、列宁主义、毛泽东思想万岁！

解放军画报社供稿

北京　人民美术出版社 1971年［1张］

76cm（2开）定价：CNY0.16

本作品为中国现代宣传画。

J0039303

毛泽东思想使我们心明眼亮　上海市美术学

院供稿

上海　上海人民出版社 1971年［1张］

76cm（2开）定价：CNY0.11

本作品中国现代宣传画。

J0039304

毛泽东思想育新人　5251部队供稿

西安　陕西人民出版社 1971年［1张］

108cm（全开）定价：CNY0.22

本作品为中国现代宣传画。

J0039305

毛主席的革命路线胜利万岁　中国人民解放

军海军美术工作者集体创作

济南　山东人民出版社 1971年 21页 17×19cm

统一书号：8.099.25 定价：CNY0.70

本书系中国现代宣传画画册。

J0039306

毛主席的革命路线胜利万岁　中国人民解放

军海军美术工作者集体创作

济南　山东人民出版社 1971年 12页 17×19cm

定价：CNY0.40

本书系中国现代宣传画画册专著。

J0039307

毛主席的革命文艺路线胜利万岁！　中国

出口商品陈列馆供稿

广州　广东人民出版社 1971年［1张］

78cm（2开）定价：CNY0.10

本作品为中国现代宣传画。

J0039308

毛主席的书天天读天天用　广州部队供稿

广州　广东人民出版社 1971年［1张］

54cm（4开）定价：CNY0.06

本作品为中国现代宣传画。

J0039309

毛主席是我们心中的红太阳　中国人民解放

军纪念《"五·七"指示》五周年办公室供稿

上海　上海人民出版社 1971年［1张］

54cm（4开）定价：CNY0.25

本作品为中国现代宣传画。

J0039310

没有一个人民的军队　便没有人民的一切

汕头地区新华书店供稿

广州　广东人民出版社 1971年［1张］

76cm（2开）定价：CNY0.14

本作品为中国现代宣传画。

J0039311
拿起哲学武器进行战斗 （向罗迈生同志学习）
南昌 江西省新华书店 1971年 ［1］张
76cm（2开）定价：CNY0.10
　　本作品为中国现代宣传画。

J0039312
念念不忘突出无产阶级政治 6409部队政
治部业余美术学习班创作
杭州 浙江人民出版社 1971年 ［1张］
107cm（全开）定价：CNY0.20
　　中国现代宣传画作品。

J0039313
农业学大寨 北安铁路运输段机务工代会供稿
哈尔滨 黑龙江人民出版社 1971年 ［1张］
76cm（2开）定价：CNY0.14
　　中国现代宣传画作品。

J0039314
努力活学活用毛主席的哲学思想
石家庄 河北人民出版社 1971年 ［1张］
76cm（2开）定价：CNY0.12
　　中国现代宣传画作品。

J0039315
全世界人民一定胜利 上海油画雕塑创作室
供稿
上海 上海人民出版社 1971年 ［1张］
107cm（全开）定价：CNY0.21
　　中国现代宣传画作品。

J0039316
全世界无产者，联合起来！ 解放军画报社
供稿
北京 人民美术出版社 1971年 ［1张］
107cm（全开）定价：CNY0.23
　　中国现代宣传画作品。

J0039317
全世界无产者，联合起来！ 解放军画报社
供稿
北京 人民美术出版社 1971年 ［1张］

76cm（2开）定价：CNY0.16
　　中国现代宣传画作品。

J0039318
全世界无产者，联合起来！ 济南军区美术
学习班创作
济南 山东人民出版社 1971年 ［1张］
107cm（全开）定价：CNY0.26
　　中国现代宣传画作品。

J0039319
让哲学变为群众手里的尖锐武器 北京市
七十六中供稿
北京 人民出版社 1971年 ［1张］107cm（全开）
定价：CNY0.30
　　中国现代宣传画作品。

J0039320
让哲学变为群众手里的尖锐武器
杭州 浙江人民美术出版社 1971年 ［1张］
107cm（全开）定价：CNY0.20
　　中国现代宣传画作品。

J0039321
热烈欢呼第四届全国人民代表大会胜利召
开 山东省展览工作室供稿
济南 山东人民出版社 1971年 ［1张］
107cm（全开）定价：CNY0.26
　　中国现代宣传画作品。

J0039322
热烈欢呼四届人大胜利召开
长沙 湖南人民出版社 1971年 ［1张］
107cm（全开）定价：CNY0.28
　　中国现代宣传画作品。

J0039323
热烈欢呼四届人大胜利召开
长沙 湖南人民出版社 1971年 ［1张］
76cm（2开）定价：CNY0.14
　　中国现代宣传画作品。

J0039324
热烈欢呼四届人大胜利召开
天津 天津人民美术出版社 1971年 ［1张］

76cm（2开）定价：CNY0.11
　　中国现代宣传画作品。

J0039325
热烈庆祝四届人大胜利召开
北京 人民美术出版社 1971年［1张］
76cm（2开）定价：CNY0.12
　　中国现代宣传画作品。

J0039326
热烈庆祝四届人大胜利召开
天津 天津人民美术出版社 1971年［1张］
107cm（全开）定价：CNY0.22
　　中国现代宣传画作品。

J0039327
热烈庆祝伟大的中国共产党诞生五十周年！ 马玉岩作
哈尔滨 黑龙江出版社 1971年［1张］
107cm（全开）定价：CNY0.28
　　中国现代宣传画作品。

J0039328
人不犯我　我不犯人　人若犯我　我必犯人
石家庄 河北人民美术出版社 1971年［1张］
76cm（2开）定价：CNY0.16
　　中国现代宣传画作品。

J0039329
人不犯我　我不犯人　人若犯我　我必犯人 湘潭军分区供稿
长沙 湖南人民出版社 1971年［1张］
76cm（2开）定价：CNY0.12
　　中国现代宣传画作品。

J0039330
认真读书　深入批修 北京工农兵陶瓷厂供稿
北京 人民出版社 1971年［1张］107cm（全开）定价：CNY0.11
　　中国现代宣传画作品。

J0039331
认真看书学习，弄通马克思主义

沈阳 辽宁省新华书店 1971年［1张］
76cm（2开）定价：CNY0.12
　　中国现代宣传画作品。

J0039332
认真看书学习，弄通马克思主义 上海市新闻出版系统"五·七"干校供稿
上海 上海人民出版社 1971年［1张］
108cm（全开）定价：CNY0.22
　　中国现代宣传画作品。

J0039333
认真看书学习，弄通马克思主义 浙江工农兵画报社供稿
杭州 浙江人民出版社 1971年［1张］
76cm（2开）定价：CNY0.10
　　中国现代宣传画作品。

J0039334
弱国能够打败强国　小国能够打败大国
杭州市美术工作团创作
［杭州］浙江人民出版社 1971年［1］张
107cm（全开）定价：CNY0.40
　　中国现代宣传画作品。

J0039335
身在煤海　放眼世界
石家庄 河北人民出版社 1971年［1张］
107cm（全开）定价：CNY0.32
　　中国现代宣传画作品。

J0039336
誓为实现共产主义伟大理想英勇奋斗 杭州市美术工作团作
杭州 浙江人民出版社 1971年［1张］
153cm（2全开）定价：CNY0.40
　　中国现代宣传画作品。

J0039337
提高警惕　保卫祖国 毛泽东同志主办农民运动讲习所旧址供稿
广州 广东人民出版社 1971年［1］张
76cm（2开）定价：CNY0.11
　　中国现代宣传画作品。

J0039338

提高警惕　加强战备　西安人民防空领导小组办公室供稿

西安　陕西人民出版社　1971年［1张］

76cm（2开）定价：CNY0.11

　　中国现代宣传画作品。

J0039339

团结起来到明天　（附"国际歌"曲谱）上海美术设计公司供稿

上海　上海人民出版社　1971年［1张］

107cm（全开）定价：CNY0.22

　　中国现代宣传画作品。

J0039340

团结起来争取更大的胜利

广州　广东人民出版社　1971年［1张］

107cm（全开）定价：CNY0.28

　　中国现代宣传画作品。

J0039341

为革命多快好省打深井　河北人民出版社创作组绘

石家庄　河北人民出版社　1971年［1张］

76cm（2开）定价：CNY0.12

　　中国现代宣传画作品。

J0039342

为毛主席争光　为社会主义祖国争光　江苏省体育训练队供稿

南京　江苏人民出版社　1971年［1张］

76cm（2开）定价：CNY0.11

　　中国现代宣传画作品。

J0039343

为世界革命人民服务

天津　天津人民美术出版社　1971年［1张］

76cm（2开）定价：CNY0.11

　　中国现代宣传画作品。

J0039344

围海造田为人民　广州部队供稿

广州　广东人民出版社　1971年［1张］

78cm（2开）定价：CNY0.07

　　中国现代宣传画作品。

J0039345

围海造田为人民　广州部队供稿

广州　广东人民出版社　1971年［1张］

53cm（4开）定价：CNY0.05

　　中国现代宣传画作品。

J0039346

伟大的、光荣的、正确的中国共产党万岁　河北人民出版社创作组绘

石家庄　河北人民出版社　1971年［1张］

76cm（2开）定价：CNY0.14

　　中国现代宣传画作品。

J0039347

伟大的、光荣的、正确的中国共产党万岁

长沙　湖南人民出版社　1971年［1张］

76cm（2开）定价：CNY0.14

　　中国现代宣传画作品。

J0039348

伟大的、光荣的、正确的中国共产党万岁

长沙　湖南人民出版社　1971年［1张］

107cm（全开）定价：CNY0.28

　　中国现代宣传画作品。

J0039349

伟大的、光荣的、正确的中国共产党万岁！　甘肃人民出版社工人美术创作学习班供稿

兰州　甘肃人民出版社　1971年［1张］

107cm（全开）定价：CNY0.28

　　中国现代宣传画作品。

J0039350

伟大的、光荣的、正确的中国共产党万岁！（热烈庆祝中国共产党诞生五十周年！）

昆明　云南省人民出版社　1971年［1张］

107cm（全开）定价：CNY0.28

　　为庆祝中国共产党诞生五十周年宣传画。

J0039351

伟大的导师毛主席万岁

天津　天津人民美术出版社　1971年［1张］

76cm（2开）定价：CNY0.14

　　中国现代宣传画作品。

J0039352
伟大的领袖毛主席万岁！万岁！万万岁！
天津　天津人民美术出版社 1971 年［1 张］
76cm（2 开）定价：CNY0.14
　　中国现代宣传画作品。

J0039353
伟大的马克思主义、列宁主义、毛泽东思想万岁！　鲁迅美术学院创作
沈阳　辽宁新华书店出版社 1971 年［1 张］
107cm（全开）定价：CNY0.24
　　中国现代宣传画作品。

J0039354
伟大的中国人民解放军万岁　辽宁军区政治部美术创作组
沈阳　辽宁省新华书店 1971 年［1 张］
76cm（2 开）定价：CNY0.12
　　中国现代宣传画作品。

J0039355
伟大领袖毛主席亲临黑龙江省视察并题词　黑龙江省展览馆供稿
哈尔滨　黑龙江人民出版社 1971 年［1 张］
76cm（2 开）定价：CNY0.14
　　中国现代宣传画作品。

J0039356
我们的边防是搞政治边防　景洪县文化馆供稿
昆明　云南人民出版社 1971 年［1 张］
107cm（全开）定价：CNY0.28
　　中国现代宣传画作品。

J0039357
想贫下中农所想　急贫下中农所急
沈阳　辽宁省新华书店 1971 年［1 张］
76cm（2 开）定价：CNY0.12
　　中国现代宣传画作品。

J0039358
向海进军　河北人民出版社创作组绘
石家庄　河北人民出版社 1971 年［1 张］
76cm（2 开）定价：CNY0.12
　　中国现代宣传画作品。

J0039359
胸怀朝阳干革命亦农亦医为人民
沈阳　辽宁新华书店 1971 年［1 张］
76cm（2 开）定价：CNY0.10
　　中国现代宣传画作品。

J0039360
宣传画小辑　（1）上海人民出版社编
上海　上海人民出版社 1971 年 10 张 19cm（32 开）
定价：CNY0.19
　　中国现代宣传画作品。

J0039361
宣传画小辑　（2）上海人民出版社编
上海　上海人民出版社 1972 年 10 张 19cm（32 开）
定价：CNY0.19

J0039362
宣传画小辑　（3）上海人民出版社编
上海　上海人民出版社 1972 年 8 张 19cm（32 开）
统一书号：8.3.432 定价：CNY0.18

J0039363
宣传画小辑　（4）上海人民出版社编
上海　上海人民出版社 1974 年 1 册 18cm（32 开）
统一书号：8171.737 定价：CNY0.25

J0039364
宣传画小辑　（5）上海人民出版社编
上海　上海人民出版社 1976 年 12 幅 19cm（32 开）
定价：CNY0.25

J0039365
学大寨斗天地放眼世界夺丰年　佛山市毛泽东思想宣传站供稿
广州　广东人民出版社 1971 年［1 张］
76cm（2 开）定价：CNY0.11
　　中国现代宣传画作品。

J0039366
学好社会主义文化课　抚顺市建二公司供稿
沈阳　辽宁省新华书店 1971 年［1 张］
76cm（2 开）定价：CNY0.12
　　中国现代宣传画作品。

J0039367

学习革命现代京剧沙家浜军民团结如一人试看天下谁能敌

济南 山东人民出版社 1971年［1张］

76cm（2开）定价：CNY0.13

中国现代京剧《沙家浜》宣传画作品。

J0039368

延安精神代代相传 中国人民解放军兰州部队供稿

北京 人民美术出版社 1971年［1张］

76cm（2开）定价：CNY0.12

中国现代宣传画作品。

J0039369

严惩飞贼

石家庄 河北人民美术出版社 1971年［1张］

76cm（2开）定价：CNY0.16

中国现代宣传画作品。

J0039370

沿着毛主席的革命路线胜利前进 天津市工艺美术设计院绘

天津 天津人民美术出版社 1971年［1张］

107cm（全开）定价：CNY0.22

中国现代宣传画作品。

J0039371

沿着毛主席革命路线高歌猛进

天津 天津人民美术出版社 1971年［1张］

107cm（全开）定价：CNY0.22

中国现代宣传画作品。

J0039372

沿着毛主席革命路线胜利前进 （纪念中国共产党诞生五十周年）

福州 福建省新华书店 1971年［1张］

76cm（2开）定价：CNY0.14

为纪念中国共产党诞生五十周年宣传画。

J0039373

沿着毛主席革命路线胜利前进 梅边石作

杭州 浙江人民出版社 1971年［1张］

107cm（全开）定价：CNY0.20

中国现代宣传画作品。

J0039374

沿着毛主席五·七指示的光辉大道奋勇前进 中国人民革命军事博物馆供稿

北京 人民美术出版社 1971年［1张］

107cm（全开）定价：CNY0.32

中国现代宣传画作品。

J0039375

沿着毛主席五·七指示的光辉大道奋勇前进 中国人民革命军事博物馆供稿

北京 人民美术出版社 1971年［1张］

76cm（2开）定价：CNY0.12

中国现代宣传画作品。

J0039376

沿着毛主席五·七指示的光辉道路奋勇前进 中国人民解放军纪念《"五·七"指示》五周年办公室供稿

上海 上海人民出版社 1971年［1张］

107cm（全开）定价：CNY0.22

中国现代宣传画作品。

J0039377

沿着五·七指示指引的方向胜利前进！

五二五一部队供稿

西安 陕西人民出版社 1971年［1张］

107cm（全开）定价：CNY0.22

中国现代宣传画作品。

J0039378

眼睛时刻盯着敌人 楚汉绘

石家庄 河北人民出版社 1971年［1］张

76cm（2开）定价：CNY0.12

中国现代宣传画作品。

J0039379

遥望天安门 心向毛主席

天津 天津人民美术出版社 1971年［1］张

107cm（全开）定价：CNY0.22

中国现代宣传画作品。

J0039380

野营训练炼红心 永远紧跟毛主席 西安人民防空指挥部办公室供稿

西安 陕西人民出版社 1971年［1］张

76cm（2开）定价：CNY0.11

　　本作品为中国现代宣传画。

J0039381

野营训练炼红心　永远紧跟毛主席　西安
人民防空指挥部办公室供稿

西安　陕西人民出版社 1971 年［1］张

107cm（全开）定价：CNY0.22

　　本作品为中国现代宣传画。

J0039382

一定要根治海河　河北人民出版社创作组绘

石家庄　河北人民出版社 1971 年［1 张］

76cm（2开）定价：CNY0.12

　　中国现代宣传画作品。

J0039383

一定要消灭血吸虫病　浙江常山县毛泽东思
想宣传站供稿

杭州　浙江人民出版社 1971 年［1 张］

76cm（2开）定价：CNY0.10

　　中国现代宣传画作品。

J0039384

一分为二看自己　永为革命掌好权　河北
人民出版社创作组绘

石家庄　河北人民出版社 1971 年［1 张］

76cm（2开）定价：CNY0.12

　　中国现代宣传画作品。

J0039385

一切归功于毛主席、归功于党　中国人民解
放军济南部队某部政治部供稿

济南　山东人民出版社 1971 年［1 张］

76cm（2开）定价：CNY0.13

　　中国现代宣传画作品。

J0039386

一切行动听指挥　步调一致才能得胜利
上海油画雕塑创作室供稿

上海　上海人民出版社 1971 年［1 张］

108cm（全开）定价：CNY0.22

　　中国现代宣传画作品。

J0039387

以优异的成绩庆祝四届人大的召开！

天津　天津人民美术出版社 1971 年［1 张］

107cm（全开）定价：CNY0.22

　　中国现代宣传画作品，为庆祝四届人大的
召开。

J0039388

银球传友谊　友谊遍全球

杭州　浙江人民出版社 1971 年［1 张］

107cm（全开）定价：CNY0.20

　　本作品为中国现代宣传画。

J0039389

英特纳雄耐尔一定要实现　（纪念巴黎公社
一百周年）

西安　陕西人民出版社 1971 年［1 张］

107cm（全开）定价：CNY0.32

　　为纪念巴黎公社一百周年的宣传画作品。

J0039390

**用新的胜利庆祝伟大的中国共产党诞生
五十周年**　济南铁路局毛泽东思想宣传站
供稿

济南　山东人民出版社 1971 年［1 张］

76cm（2开）定价：CNY0.13

　　中国现代宣传画作品。

J0039391

用新的胜利庆祝中国共产党诞生五十周年

北京　人民美术出版社 1971 年［1 张］

76cm（2开）定价：CNY0.12

　　为庆祝中国共产党诞生五十周年所作的宣
传画作品。

J0039392

友谊第一　欧洋作

广州　广东人民出版社 1971 年［1 张］

76cm（2开）定价：CNY0.11

　　中国现代宣传画作品。

J0039393

在斗争中学会识别真假马克思主义　云南
生产建设兵团一师政治部供稿

昆明　云南人民出版社 1971 年［1 张］

107cm（全开）定价：CNY0.20

　　中国现代宣传画作品。

J0039394

在斗争中学会识别真假马克思主义　云南
生产建设兵团一师政治部供稿
昆明　云南人民出版社　1971 年［1 张］
76cm（2 开）定价：CNY0.12

　　中国现代宣传画作品。

J0039395

**战无不胜的马克思主义、列宁主义、毛泽
东思想万岁！**　甘肃人民出版社工人美术创
作学习班供稿
兰州　甘肃人民出版社　1971 年［1 张］
76cm（2 开）定价：CNY0.14

　　中国现代宣传画作品。

J0039396

针针线线炼红心　勤俭节约为革命　大庆
工人美术创作学习班作
上海　上海人民出版社　1971 年［1 张］
76cm（2 开）定价：CNY0.11

　　中国现代宣传画作品。

J0039397

中国人民志愿军特级英雄——黄继光
上海　上海人民出版社　1971 年　2 版［1 张］
76cm（2 开）定价：CNY0.11

　　中国现代宣传画作品。

J0039398

中国应当对于人类有较大的贡献　（独立自
主，自力更生，鼓足干劲，力争上游，多快好省
地建设社会主义祖国，支援世界革命）
天津　天津人民美术出版社　1971 年［1 张］
108cm（全开）定价：CNY0.22

　　中国现代宣传画作品。

J0039399

忠于毛主席　忘我献青春　（舍身救列车的
伟大战士邹前方）贵州省军区政治部供稿
贵阳　贵州人民出版社　1971 年［1 张］
76cm（2 开）定价：CNY0.14

　　中国现代宣传画作品。

J0039400

抓革命　促生产　夺取新的胜利
北京　人民出版社　1971 年［1 张］107cm（全开）
定价：CNY0.28

　　中国现代宣传画作品。

J0039401

必须把布匹抓紧　上海国棉八厂供稿
上海　上海人民出版社　1972 年　108cm（全开）
定价：CNY0.22

　　中国现代宣传画作品。

J0039402

不可抗拒的历史潮流　上海工艺美术工厂
供稿
上海　上海人民出版社　1972 年　76cm（2 开）
定价：CNY0.11

　　中国现代宣传画作品。内容包括：国家要独
立 民族要解放 人民要革命，坚决支持日本人民
反对美日反动派复活日本军国主义的斗争。

J0039403

不要忘记过去　沈汉武作
武汉　湖北人民出版社　1972 年　76cm（2 开）
定价：CNY0.12

　　中国现代宣传画作品。

J0039404

**春风吹，禾苗壮，"红小兵"，浇水忙，贫下
中农好榜样，广阔天地做课堂**　龚智煌画
福州　福建人民出版社　1972 年　54cm（4 开）
定价：CNY0.07

　　中国现代宣传画作品。

J0039405

大办民兵师　实行全民皆兵　上海民兵指挥
部供稿
上海　上海人民出版社　1972 年　108cm（全开）
定价：CNY0.22

　　中国现代宣传画作品。

J0039406

大打矿山之仗　徐州市利国铁矿工人业余美
术创作组作
南京　江苏人民出版社　1972 年　76cm（2 开）

定价：CNY0.11
　　中国现代宣传画作品。

J0039407
大打矿山之仗　冯霞作
太原　山西人民出版社　1972 年　76cm（2 开）
定价：CNY0.12
　　中国现代宣传画作品。

J0039408
大搞技术革新争取高产优质低消耗　徐致
远作
上海　上海人民出版社　1972 年　76cm（2 开）
定价：CNY0.11
　　中国现代宣传画作品。

J0039409
大搞农具改革促进农业机械化　张玉良画
石家庄　河北人民出版社　1972 年　76cm（2 开）
定价：CNY0.16
　　中国现代宣传画作品。

J0039410
大力发展养猪事业　芜湖县文化馆供稿
合肥　安徽人民出版社　1972 年　76cm（2 开）
定价：CNY0.11
　　中国现代宣传画作品。

J0039411
大力增产化肥　支援农业生产　上海美术
设计公司供稿
上海　上海人民出版社　1972 年　108cm（全开）
定价：CNY0.22
　　中国现代宣传画作品。

J0039412
到工农兵群众中去　张胜作
天津　天津人民出版社　1972 年　108cm（全开）
定价：CNY0.22
　　中国现代宣传画作品。

J0039413
到江河湖海锻炼去！　刘秉礼作
广州　广东人民出版社　1972 年　76cm（2 开）
定价：CNY0.12

中国现代宣传画作品。作者刘秉礼（1932—2000），广东广州人。历任电影院美术员，出版社设计组组长、创作员，演出公司美工室美术组长，美术公司副经理，广州市美术公司艺术指导。作品有《心怀祖国，放眼世界》《毛主席视察广州造纸厂》《知识是致富的宝库》等。

J0039414
到农村去接受贫下中农再教育　马玉岩作
哈尔滨　黑龙江人民出版社　1972 年
108cm（全开）定价：CNY0.32
　　中国现代宣传画作品。

J0039415
到人民生活的源泉中去　田林县文化馆美术
组供稿
南宁　广西人民出版社　1972 年　76cm（2 开）
定价：CNY0.10
　　中国现代宣传画作品。

J0039416
多出化肥　支援农业　天津市化工局美术创
作学习班作
天津　天津人民美术出版社　1972 年　76cm（2 开）
定价：CNY0.11
　　中国现代宣传画作品。

J0039417
夺高产　迎丰收　大寨红花遍地开
上海　上海人民出版社　1972 年　108cm（全开）
定价：CNY0.22
　　中国现代宣传画作品。

J0039418
发扬我军一往无前的战斗传统　中国人民
解放军 0010 部队美术组集体创作
成都　四川人民出版社　1972 年　76cm（2 开）
定价：CNY0.12
　　中国现代宣传画作品。

J0039419
发扬延安精神　到工农兵中去　上海美术
设计公司供稿
上海　上海人民出版社　1972 年　108cm（全开）
定价：CNY0.22

中国现代宣传画作品。

J0039420

发展体育运动　增强人民体质　曾乘作
广州　广东人民美术出版社　1972年　76cm（2开）
定价：CNY0.12
　　中国现代宣传画作品。

J0039421

发展体育运动　增强人民体质　韩喜增画
石家庄　河北人民出版社　1972年　76cm（2开）
定价：CNY0.12
　　中国现代宣传画作品。作者韩喜增（1942— ），河北邢台人。毕业于中央美术学院年画、连环画系研究生班，受教于冯真教授、杨先让教授。擅长连环画、年画。中国美术家协会会员、国家一级美术师。曾任河北省美术家协会副主席、邢台市文联副主席、邢台市美术家协会主席。代表作品《人民的好总理》《虎子》《雄狮》。

J0039422

发展体育运动　增强人民体质　王俊生，杜滋龄作
天津　天津人民美术出版社　1972年
108cm（全开）定价：CNY0.22
　　中国现代宣传画作品。作者杜滋龄（1941— ），教授。生于天津，毕业于中国美术学院中国画系研究生班。历任中国画学会副会长、中国艺术研究院博士生导师、南开大学教授、天津美术家协会副主席。代表作品《帕米尔初雪》《古老的歌》《大漠行》等。

J0039423

高唱革命歌奋勇向前进　彝良一中供稿；云南人民出版社美术组改画
昆明　云南人民出版社　1972年　76cm（2开）
定价：CNY0.10
　　中国现代宣传画作品。

J0039424

高唱革命歌奋勇向前进　彝良一中供稿；云南人民出版社美术组改画
昆明　云南人民出版社　1972年　108cm（全开）
定价：CNY0.20
　　中国现代宣传画作品。

J0039425

高唱国际歌团结向前进　四八〇〇部队业余美术创作组供稿
石家庄　河北人民出版社　1972年　108cm（全开）
定价：CNY0.32
　　中国现代宣传画作品。

J0039426

高唱国际歌团结向前进
成都　四川人民出版社　1972年　76cm（2开）
定价：CNY0.14
　　中国现代宣传画作品。

J0039427

高唱无产阶级战歌　上海警备区供稿
上海　上海人民出版社　1972年　108cm（全开）
定价：CNY0.22
　　中国现代宣传画作品。

J0039428

高举《鞍钢宪法》的光辉旗帜　夺取钢铁工业的更大胜利　第一冶金建筑公司工人美术创作组供稿
北京　人民美术出版社　1972年　76cm（2开）
定价：CNY0.11
　　中国现代宣传画作品。

J0039429

革命传统代代传　上海警备区业余美术创作组作
上海　上海人民出版社　1972年　76cm（2开）
定价：CNY0.11
　　中国现代宣传画作品。

J0039430

革命的文艺工作者到工农兵群众中去　张文学画
石家庄　河北人民出版社　1972年　76cm（2开）
定价：CNY0.16
　　中国现代宣传画作品。

J0039431

工农兵是文艺的主人　（纪念毛主席《在延安文艺座谈会上的讲话》发表三十周年）临潼中学供稿

上海 上海人民出版社 1972 年 108cm（全开）
定价：CNY0.22
　　中国现代宣传画作品。

J0039432
工农兵文艺红烂漫 （纪念毛主席的光辉著作《在延安文艺座谈会上的讲话》发表三十周年）梁岩画
石家庄 河北人民出版社 1972 年 76cm（2 开）
定价：CNY0.16
　　中国现代宣传画作品。

J0039433
工人师傅上讲台 沈广耀作
南京 江苏人民出版社 1972 年 76cm（2 开）
定价：CNY0.14
　　中国现代宣传画作品。

J0039434
工业学大庆 漆德琰执笔；江西省展览馆作
南昌 江西人民出版社 1972 年 76cm（2 开）
定价：CNY0.14
　　中国现代宣传画作品。作者漆德琰（1932— ），教授，画家。江西高安人，毕业于鲁迅美术学院。历任《江西画报》社编辑、江西文艺学院教师、江西革命博物馆创作员、重庆建筑大学教授、中国水彩画学会理事、重庆水彩画学会会长。擅长水彩画、油画、壁画。代表作品《井冈山会师》《石板哨小屋》《归牧》《水乡》等。出版有《漆德琰水彩画作品与技法》《漆德琰水彩画选》《水彩写生技法示范》等。

J0039435
工业学大庆 山东省展览工作室供稿
济南 山东人民出版社 1972 年 76cm（2 开）
定价：CNY0.13
　　中国现代宣传画作品。

J0039436
工业学大庆 夺取新胜利 冯霞，王德兴作
太原 山西人民出版社 1972 年 76cm（2 开）
定价：CNY0.12
　　中国现代宣传画作品。

J0039437
工业学大庆 农业学大寨 全国学人民解放军 解放军学全国人民 鲁迅美术学院集体创作
沈阳 辽宁人民出版社 1972 年 108cm（全开）
定价：CNY0.24
　　中国现代宣传画作品。

J0039438
鼓足干劲，力争上游，多快好省地建设社会主义 李道武，黄正元，周建志合作
沈阳 辽宁人民出版社 1972 年 108cm（全开）
定价：CNY0.12
　　中国现代宣传画作品。

J0039439
鼓足干劲争上游 继续革命永向前 孙承宏作
上海 上海人民出版社 1972 年 108cm（全开）
定价：CNY0.22
　　中国现代宣传画作品。

J0039440
广阔天地 大有作为 黄兆源作
哈尔滨 黑龙江人民出版社 1972 年 76cm（2 开）
定价：CNY0.16
　　中国现代宣传画作品。

J0039441
广阔天地 大有作为 何业琦作；宁波地区征文办公室供稿
杭州 浙江人民出版社 1972 年 76cm（2 开）
定价：CNY0.14
　　中国现代宣传画作品。

J0039442
好好学习 天天向上 倪芳华作
南昌 江西人民出版社 1972 年 76cm（2 开）
定价：CNY0.14
　　中国现代宣传画作品。

J0039443
好好学习 天天向上 海淀区羊坊店街道中心小学供稿
北京 人民出版社 1972 年 76cm（2 开）

定价：CNY0.14
　　中国现代宣传画作品。

J0039444
好好学习　天天向上　育新中学，临潼中学
供稿
上海　上海人民出版社　1972 年　76cm（2 开）
定价：CNY0.11
　　中国现代宣传画作品。

J0039445
好好学习　天天向上　宋玉星作
天津　天津人民出版社　1972 年　76cm（2 开）
定价：CNY0.11
　　中国现代宣传画作品。

J0039446
红灯照，闪闪亮，铁梅好榜样，革命传统代
代传，红色江山万年长　龚智煌画
福州　福建人民出版社　1972 年　54cm（4 开）
定价：CNY0.07
　　中国现代宣传画作品。

J0039447
"红小兵"，斗志昂，端起枪，瞄前方，学习
叔叔解放军，练好本领保国防　龚智煌画
福州　福建人民出版社　1972 年　54cm（4 开）
定价：CNY0.07
　　中国现代宣传画作品。

J0039448
积极开展群众性的体育运动　郝慧芬，张
胜作
天津　天津人民美术出版社　1972 年　76cm（2 开）
定价：CNY0.11
　　中国现代宣传画作品。

J0039449
积极开展社会主义劳动竞赛　杨克山画
济南　山东人民出版社　1972 年　108cm（全开）
定价：CNY0.26
　　中国现代宣传画作品。

J0039450
积极开展社会主义劳动竞赛　杨克山画

济南　山东人民出版社　1972 年　76cm（2 开）
定价：CNY0.13
　　中国现代宣传画作品。

J0039451
急农业之所急　高季方作
武汉　湖北人民出版社　1972 年　76cm（2 开）
定价：CNY0.12
　　中国现代宣传画作品。

J0039452
纪念"二七"大罢工五十周年　（1923—
1973）郑州铁路局业余美术创作组作；郑州市
"二七"大罢工革命史画创作办公室供稿
郑州　河南人民出版社　1972 年　76cm（2 开）
定价：CNY0.14
　　中国现代宣传画作品。

J0039453
纪念毛主席的光辉著作《在延安文艺座谈
会上的讲话》发表三十周年　古元，詹建
俊画
北京　人民美术出版社　1972 年　76cm（2 开）
定价：CNY0.14
　　中国现代宣传画作品。

J0039454
纪念毛主席的光辉著作《在延安文艺座谈
会上的讲话》发表三十周年　古元，詹建
俊画
北京　人民美术出版社　1972 年　108cm（全开）
定价：CNY0.28
　　中国现代宣传画作品。

J0039455
继承革命志　当好接班人　郭兆龙作
天津　天津人民美术出版社　1972 年　76cm（2 开）
定价：CNY0.10
　　中国现代宣传画作品。

J0039456
加紧锻炼　加紧施工　中国人民解放军 0010
部队美术组集体创作
成都　四川人民出版社　1972 年　76cm（2 开）
定价：CNY0.12

中国现代宣传画作品。

J0039457

加强纪律性　革命无不胜　吴健作

上海　上海人民出版社　1972 年　76cm（2 开）

定价：CNY0.11

　　中国现代宣传画作品。

J0039458

加速实现农业机械化　（因地制宜　群策群力）

牟秀清作

沈阳　辽宁人民出版社　1972 年　76cm（2 开）

定价：CNY0.12

　　中国现代宣传画作品。

J0039459

加速实现农业机械化　上海美术设计公司

供稿

上海　上海人民出版社　1972 年　108cm（全开）

定价：CNY0.22

　　中国现代宣传画作品。

J0039460

坚持"三落实"方向　搞好民兵建设　诸葛

增义作

天津　天津人民美术出版社　1972 年　76cm（2 开）

定价：CNY0.11

　　中国现代宣传画作品。

J0039461

坚持劳动　继续革命　杨成仁作

哈尔滨　黑龙江人民出版社　1972 年　76cm（2 开）

定价：CNY0.16

　　中国现代宣传画作品。

J0039462

坚持劳动　继续革命　杨成仁作

哈尔滨　黑龙江人民出版社　1972 年

108cm（全开）定价：CNY0.32

　　中国现代宣传画作品。

J0039463

坚持数年　必有好处　沈绍伦作

上海　上海人民出版社　1972 年　108cm（全开）

定价：CNY0.22

中国现代宣传画作品。作者沈绍伦（1935—　），画家。上海嘉定人。中国美术家协会会员、美术家协会上海分会理事、上海水彩画研究会会长、上海画片出版社编辑、上海人民美术出版社宣传画编辑。代表作品有《荷塘翠鸟》等；出版有《沈绍伦水彩画选集》等。

J0039464

坚定不移地执行毛主席革命路线的好干部——门合　上海中华印刷厂供稿

上海　上海人民出版社　1972 年　76cm（2 开）

定价：CNY0.11

　　中国现代宣传画作品。

J0039465

坚决执行毛主席的《五·七指示》　一五五七

部队美术组供稿

太原　山西人民出版社　1972 年　76cm（2 开）

定价：CNY0.10

　　中国现代宣传画作品。

J0039466

建设三级修造网加速农业机械化　张文

学画

石家庄　河北人民出版社　1972 年　76cm（2 开）

定价：CNY0.16

　　中国现代宣传画作品。

J0039467

节约用水，支援社会主义建设！　诸葛增

仁作

天津　天津人民美术出版社　1972 年　76cm（2 开）

定价：CNY0.11

　　中国现代宣传画作品。

J0039468

进行一次思想和政治路线方面的教育　黑

龙江北安铁路机务段供稿

北京　人民美术出版社　1972 年　76cm（2 开）

定价：CNY0.11

　　中国现代宣传画作品。

J0039469

军爱民　民拥军　团结战斗如一人　南京部

队美术创作学习班供稿

上海　上海人民出版社　1972年　76cm（2开）
定价：CNY0.11
　　中国现代宣传画作品。

J0039470
军民联防　铁壁铜墙
北京　人民美术出版社　1972年　76cm（2开）
中国现代宣传画作品。

J0039471
军民团结严守海防　如东县毛泽东思想宣传
馆供稿
上海　上海人民出版社　1972年　76cm（2开）
定价：CNY0.11
　　中国现代宣传画作品。

J0039472
抗严寒　化冰雪　胸有朝阳　（无产阶级英
雄形象永远鼓舞我们前进）盐城工农兵文化馆
供稿
南京　江苏人民出版社　1972年　76cm（2开）
定价：CNY0.14
　　中国现代宣传画作品。

J0039473
刻苦钻研　优质高产　鹿逊理作
沈阳　辽宁人民出版社　1972年　76cm（2开）
定价：CNY0.12
　　中国现代宣传画作品。

J0039474
苦练杀敌本领　南京部队美术创作学习班供稿
上海　上海人民出版社　1972年　76cm（2开）
定价：CNY0.11
　　中国现代宣传画作品。

J0039475
力争上游　辽宁省毛泽东思想宣传馆创作组作
沈阳　辽宁人民出版社　1972年　78cm（2开）
定价：CNY0.08
　　中国现代宣传画作品。

J0039476
炼红思想　练硬作风　中国人民解放军0010
部队美术组集体创作

成都　四川人民出版社　1972年　76cm（2开）
定价：CNY0.12
　　中国现代宣传画作品。

J0039477
满腔仇恨　紧握钢枪　中国人民解放军0010
部队美术组集体创作
成都　四川人民出版社　1972年　76cm（2开）
定价：CNY0.12
　　中国现代宣传画作品。

J0039478
毛泽东思想照亮了戏剧舞台　福州红湖电影
院供稿
福州　福建人民出版社　1972年　76cm（2开）
定价：CNY0.14
　　中国现代宣传画作品。

J0039479
毛主席的革命文艺路线胜利万岁　胡振宇
等画
石家庄　河北人民出版社　1972年　76cm（2开）
定价：CNY0.16
　　中国现代宣传画作品。作家胡振宇（1939—　　），
画家。浙江宁波人。浙江美术学院油画系毕业，
国家选派赴比利时皇家美术学院留学。历任浙
江美院油画系主任、造型学部副主任。代表作品
有《功》《一生难忘1976》《峥嵘岁月》《百年沧
桑》《白求恩》，出版有《胡振宇油画作品》画册。

J0039480
毛主席的革命文艺路线胜利万岁　（纪念毛
主席《在延安文艺座谈会上的讲话》发表三十周
年）杨克山画
济南　山东人民出版社　1972年　76cm（2开）
定价：CNY0.13
　　中国现代宣传画作品。

J0039481
毛主席的好战士雷锋　抚顺市雷锋纪念馆
供稿
沈阳　辽宁人民出版社　1972年　76cm（2开）
定价：CNY0.12
　　中国现代宣传画作品。

J0039482

毛主席的无产阶级文艺路线胜利万岁 徐英培执笔；江西省展览馆集体创作

南昌 江西人民出本版社 1972 年 108cm（全开）

定价：CNY0.28

中国现代宣传画作品。

J0039483

毛主席革命文艺路线胜利万岁 鲁迅美术学院集体创作

沈阳 辽宁人民出版社 1972 年 76cm（2 开）

定价：CNY0.12

中国现代宣传画作品。

J0039484

毛主席建军思想是民兵建设的根本 上海民兵指挥部供稿

上海 上海人民出版社 1972 年 108cm（全开）

定价：CNY0.22

中国现代宣传画作品。

J0039485

农业学大寨 黑龙江北安铁路机务段供稿

北京 人民美术出版社 1972 年 76cm（2 开）

定价：CNY0.11

中国现代宣传画作品。

J0039486

农业学大寨 山东省展览工作室供稿

济南 山东人民出版社 1972 年 76cm（2 开）

定价：CNY0.13

中国现代宣传画作品。

J0039487

农业学大寨 连年创高产 唐山陶瓷学校美术教研组画

石家庄 河北人民出版社 1972 年 76cm（2 开）

定价：CNY0.12

中国现代宣传画作品。

J0039488

努力塑造工农兵英雄形象 杭州市轻工业局，杭州缝纫机厂供稿

杭州 浙江人民出版社 1972 年 108cm（全开）

定价：CNY0.28

中国现代宣传画作品。

J0039489

青少年们积极参加体育锻炼 上海市体育运动委员会，上海市轻工业局业余美术创作组供稿

上海 上海人民出版社 1972 年 108cm（全开）

定价：CNY0.22

中国现代宣传画作品。

J0039490

穷棒子精神万岁 （上海绒毯三厂勤俭办厂组画）上海纺织局工代会美术创作组作

上海 上海人民出版社 1972 年 19cm（32 开）

统一书号：8.3.522 定价：CNY0.40

中国现代宣传画作品。

J0039491

全国学人民解放军 解放军学全国人民 陈祖煌作；靖安县毛泽东思想宣传站供稿

南昌 江西人民出版社 1972 年 76cm（2 开）

定价：CNY0.14

中国现代宣传画作品。

J0039492

全国学人民解放军 解放军学全国人民 中国人民解放军后字二七三部队供稿

上海 上海人民出版社 1972 年 108cm（全开）

定价：CNY0.22

中国现代宣传画作品。

J0039493

全世界人民必胜 马玉岩作

哈尔滨 黑龙江人民出版社 1972 年 108cm（全开）定价：CNY0.32

中国现代宣传画作品。

J0039494

全世界无产者联合起来 林墉等作

广州 广东人民出版社 1972 年（双全张）

定价：CNY0.64

中国现代宣传画作品。

J0039495

人民军队永远向前进 黑龙江生产建设兵团

某部供稿

哈尔滨 黑龙江人民出版社 1972 年 76cm（2 开）

定价：CNY0.16

　　中国现代宣传画作品。

J0039496

人民军队永远向前进 黑龙江生产建设兵团
某部供稿

哈尔滨 黑龙江人民出版社 1972 年
108cm（全开）定价：CNY0.32

　　中国现代宣传画作品。

J0039497

人民战士处处爱人民 南京部队美术创作学
习班作

南京 江苏人民出版社 1972 年 76cm（2 开）

定价：CNY0.11

　　中国现代宣传画作品。

J0039498

人民战士处处爱人民 辛连生作

沈阳 辽宁人民出版社 1972 年 76cm（2 开）

定价：CNY0.12

　　中国现代宣传画作品。

J0039499

人民战士处处爱人民

太原 山西人民出版社 1972 年 76cm（2 开）

定价：CNY0.10

　　中国现代宣传画作品。

J0039500

认清形势　加强战备 中国人民解放军 0010
部队美术组集体创作

成都 四川人民出版社 1972 年 76cm（2 开）

定价：CNY0.12

　　中国现代宣传画作品。

J0039501

认真看书学习　弄通马克思主义 郑富州作

郑州 河南人民出版社 1972 年 76cm（2 开）

定价：CNY0.14

　　中国现代宣传画作品。

J0039502

认真看书学习　弄通马克思主义 许福华作

济南 山东人民出版社 1972 年 76cm（2 开）

定价：CNY0.13

　　中国现代宣传画作品。

J0039503

认真看书学习弄通马克思主义 北京师范学
院革命文艺系供稿

北京 人民出版社 1972 年 108cm（全开）

定价：CNY0.28

　　中国现代宣传画作品。

J0039504

社会主义矿山的主人！ 吉林日报美术组
供稿

长春 吉林人民出版社 1972 年 1 张 108cm（全开）

定价：CNY0.32

　　中国现代宣传画作品。

J0039505

深入工农兵　改造世界观 上海人民出版社
美术通讯员作

上海 上海人民出版社 1972 年 1 张 108cm（全开）

定价：CNY0.22

　　中国现代宣传画作品。

J0039506

水利是农业的命脉 刘仁杰作

沈阳 辽宁人民出版社 1972 年 1 张 76cm（2 开）

定价：CNY0.12

　　中国现代宣传画作品。作者刘仁杰（1951—　　）
教师。辽宁大连人，鲁迅美术学院油画专业研究
生。历任鲁迅美术学院油画系主任、教授、第一
工作室主任导师。中国美术家协会会员、中国油
画学会常务理事、辽宁油画学会副主席、北京艺
鸣盛世文化传媒有限公司特邀艺术顾问。代表
作品有《雁南飞》《风》《绿地》《夏》。出版有《刘
仁杰油画作品》。

J0039507

**踢球跳绳打乒乓，体育场上歌声亮，练好
身体为人民，革命意志坚如钢** 龚智煌画

福州 福建人民出版社 1972 年 1 张 54cm（4 开）

定价：CNY0.07

中国现代宣传画作品。

中国现代宣传画作品。

J0039508

提高警惕　保卫祖国　李伯安作

郑州　河南人民出版社　1972年　1张　108cm（全开）
定价：CNY0.28

　　中国现代宣传画作品。

J0039514

团结起来争取更大的胜利　刘海志画

石家庄　河北人民出版社　1972年　1张
76cm（2开）定价：CNY0.12

　　中国现代宣传画作品。

J0039509

提高警惕　保卫祖国　陕西省艺术学校供稿

西安　陕西人民出版社　1972年　1张　54cm（4开）
定价：CNY0.06

　　中国现代宣传画作品。

J0039515

团结起来争取更大的胜利　刘欣画

济南　山东人民出版社　1972年　1张　76cm（2开）
定价：CNY0.13

　　中国现代宣传画作品。

J0039510

**铁人精神永远放光芒——向中国工人阶级
的先锋战士王进喜同志学习**　南充地区美术
组创作

成都　四川人民出版社　1972年　1张　76cm（2开）
定价：CNY0.12

　　中国现代宣传画作品。

J0039516

为革命搞好安全生产　上海市劳动局供稿

上海　上海人民出版社　1972年　1张　108cm（全开）
定价：CNY0.22

　　中国现代宣传画作品。

J0039517

为革命攀登世界体育高峰　上海市体育委员
会，上海市轻工业局业余美术创作组供稿

上海　上海人民出版社　1972年　1张　108cm（全开）
定价：CNY0.22

　　中国现代宣传画作品。

J0039511

团结起来　争取更大的胜利　曾宪阳作

贵阳　贵州人民出版社　1972年　1张　76cm（2开）
定价：CNY0.14

　　本作品为中国现代宣传画。作者曾宪阳
（1940—2008），漫画家。贵州贵阳人。曾任贵州
省美术出版社副总编辑、贵州省漫画研究会副会
长。主要作品有《昨天我发薪》《乱弹琴》《三思
而后行》等。

J0039518

为革命勤奋学习　临潼中学，育新中学供稿

上海　上海人民出版社　1972年　1张　76cm（2开）
定价：CNY0.11

　　中国现代宣传画作品。

J0039512

团结起来到明天，共产主义一定要实现

宜宾地、市美术创作组供稿

成都　四川人民出版社　1972年　1张　76cm（2开）
定价：CNY0.12

　　中国现代宣传画作品。

J0039519

为革命认真读书　用理论指导实践　辛克
靖，伍振权创作

［武汉］湖北人民出版社　1972年　1张
76cm（2开）定价：CNY0.14

　　中国现代宣传画作品。

J0039513

**团结起来到明天，英特纳雄耐尔就一定要
实现**　杭州钢铁厂业余美术创作组，浙江人民
出版社美术创作组合作

杭州　浙江人民出版社　1972年　1张　108cm（全开）
定价：CNY0.28

J0039520

为工农兵服务，同工农兵结合！

北京　人民美术出版社　1972年　1张　76cm（2开）
定价：CNY0.11

　　中国现代宣传画作品。

J0039521

为工农兵服务，同工农兵结合！

北京 人民美术出版社 1972年 1张 108cm（全开）

定价：CNY0.28

　　中国现代宣传画作品。

J0039522

为扭转北煤南运而斗争　黄石袁仓煤矿易发
生，湖北省群众文化处伍陈雷作

武汉 湖北人民出版社 1972年 1张 76cm（2开）

定价：CNY0.12

　　中国现代宣传画作品。

J0039523

为人民服务　戴润翰作

沈阳 辽宁人民出版社 1972年 1张 76cm（2开）

定价：CNY0.12

　　中国现代宣传画作品。

J0039524

为实现农业电气化而奋斗　上海美术设计公
司供稿

上海 上海人民出版社 1972年 1张 108cm（全开）

定价：CNY0.22

　　中国现代宣传画作品。

J0039525

伟大的中国人民解放军万岁！　辽宁军区政
治部美术创作组作

沈阳 辽宁人民出版社 1972年 1张 108cm（全开）

定价：CNY0.24

　　中国现代宣传画作品。

J0039526

文艺为工农兵服务　上海美术设计公司供稿

上海 上海人民出版社 1972年 1张
108cm（全张）定价：CNY0.22

　　中国现代宣传画作品。

J0039527

向工人阶级学习　梁岩画

石家庄 河北人民出版社 1972年 1张
76cm（2开）定价：CNY0.16

　　中国现代宣传画作品。

J0039528

**小树苗，肩上扛，唱着歌儿上山岗，棵棵树
苗栽成行，革命苗儿长得壮。**　龚智煌画

福州 福建人民出版社 1972年 1张 54cm（4开）

定价：CNY0.07

　　中国现代宣传画作品。

J0039529

**小铁锤，小叮当，从小学把工人当，学习工
人好榜样，建设祖国献力量。**　龚智煌画

福州 福建人民出版社 1972年 1张 54cm（4开）

定价：CNY0.07

　　中国现代宣传画作品。

J0039530

胸怀朝阳干革命　完全彻底为人民　徐州
市蔬菜公司业余美术创作组供稿

南京 江苏人民出版社 1972年 1张 76cm（2开）

定价：CNY0.14

　　中国现代宣传画作品。

J0039531

胸怀壮志建设祖国　5671部队政治部供稿

西安 陕西人民出版社 1972年 1张 76cm（2开）

定价：CNY0.11

　　中国现代宣传画作品。

J0039532

修旧利废　大挖增产节约的潜力　天津市
建设局业余美术创作小组作

天津 天津人民美术出版社 1972年 1张
76cm（2开）定价：CNY0.11

　　中国现代宣传画作品。

J0039533

学大庆精神　鼓革命干劲　天津市建设局业
余美术创作小组作

天津 天津人民美术出版社 1972年 1张
108cm（全开）定价：CNY0.22

　　中国现代宣传画作品。

J0039534

学大庆精神作大庆人　么玉明作

天津 天津人民美术出版社 1972年 1张
108cm（全开）定价：CNY0.14

中国现代宣传画作品。

J0039535

学大寨夺高产　为革命争贡献　滨海县文化馆供稿

南京 江苏人民出版社 1972 年 1 张 76cm（2 开）

定价：CNY0.14

　　中国现代宣传画作品。

J0039536

学大寨夺高产　为革命做出更大贡献　刘永春作

哈尔滨 黑龙江人民出版社 1972 年 1 张 108cm（全开）定价：CNY0.32

　　中国现代宣传画作品。

J0039537

学革命戏　做革命人

北京 人民美术出版社 1972 年 1 张 76cm（2 开）

定价：CNY0.11

　　中国现代宣传画作品。

J0039538

学革命戏　做革命人

北京 人民美术出版社 1972 年 1 张 108cm（全开）

定价：CNY0.28

　　中国现代宣传画作品。

J0039539

严格进行训练　提高杀敌本领　驻沪空军部队政治部供稿

上海 上海人民出版社 1972 年 1 张 108cm（全开）

定价：CNY0.22

　　中国现代宣传画作品。

J0039540

沿着毛主席的革命文艺路线胜利前进　济南部队美术学习班集体创作

济南 山东人民出版社 1972 年 1 张 76cm（2 开）

定价：CNY0.14

　　中国现代宣传画作品。

J0039541

沿着毛主席的革命文艺路线胜利前进　（纪念《在延安文艺座谈会上的讲话》发表三十周年）

南充地区美术创作组作

成都 四川人民出版社 1972 年 1 张 76cm（2 开）

定价：CNY0.12

　　中国现代宣传画作品。

J0039542

沿着毛主席的无产阶级文艺路线胜利前进　陕西省艺术学校工农兵美训班集体创作

西安 陕西人民出版社 1972 年 1 张 108cm（全开）

定价：CNY0.22

　　中国现代宣传画作品。

J0039543

沿着毛主席的无产阶级文艺路线胜利前进　（纪念《在延安文艺座谈会上的讲话》发表三十周年）

昆明 云南人民出版社 1972 年 1 张 108cm（全开）

定价：CNY0.20

　　中国现代宣传画作品。

J0039544

沿着毛主席的无产阶级文艺路线胜利前进　杭州市美术工作团供稿

杭州 浙江人民出版社 1972 年 1 张 76cm（2 开）

定价：CNY0.14

　　中国现代宣传画作品。

J0039545

沿着长征的路前进　南充地区美术创作组供稿

成都 四川人民出版社 1972 年 1 张 76cm（2 开）

定价：CNY0.12

　　中国现代宣传画作品。

J0039546

阳光雨露育新苗　赵建华作

天津 天津人民美术出版社 1972 年 1 张 76cm（2 开）定价：CNY0.11

　　中国现代宣传画作品。

J0039547

一切行动听指挥，步调一致才能得胜利

上海油画雕塑创作室供稿

上海 上海人民出版社 1972 年 1 张 76cm（2 开）

定价：CNY0.11

　　中国现代宣传画作品。

J0039548
一生奋斗为革命　（忠实执行毛主席革命路线的共产党员傅春华同志）傅春华事迹宣传组供稿
太原　山西人民出版社　1972年　1张　76cm（2开）
定价：CNY0.16
　　中国现代宣传画作品。

J0039549
以粮为纲　全面发展　陶治安作
沈阳　辽宁人民出版社　1972年　1张　76cm（2开）
定价：CNY0.12
　　中国现代宣传画作品。

J0039550
以路线为纲　严格训练　杨德彪作
上海　上海人民出版社　1972年　1张　108cm（全开）
定价：CNY0.22
　　中国现代宣传画作品。

J0039551
忆光荣传统　学革命路线　费正画
石家庄　河北人民出版社　1972年　1张
76cm（2开）定价：CNY0.12
　　中国现代宣传画作品。作者费正（1938—　　），出生于重庆市，原籍江苏启东。毕业于中央美术学院。曾在解放军部队及出版部门从事美术工作。河北画院专业画家、河北美术家协会副主席。作品有《老农》《剥蒜》《春》等。

J0039552
忆苦思甜　江西美术训练班作
南昌　江西人民出版社　1972年　1张　108cm（全开）
定价：CNY0.28
　　中国现代宣传画作品。

J0039553
银球传友谊　上海市体育运动委员会，上海市轻工业局业余美术创作组供稿
上海　上海人民出版社　1972年　1张　108cm（全开）
定价：CNY0.22
　　中国现代宣传画作品。

J0039554
银球传友谊　友谊遍全球　谌学诗作；抚州

市毛泽东思想宣传站供稿
南昌　江西人民出版社　1972年　1张　108cm（全开）
　　中国现代宣传画作品。作者谌学诗（1942—　　），江西人。江西省美术家协会会员。曾从事美术设计、美术编辑等工作。多幅作品为人民美术出版社、上海美术出版社等出版发行。

J0039555
英特纳雄耐尔就一定要实现　北京市美术公司创作组供稿
北京　人民美术出版社　1972年　76cm（2开）
定价：CNY0.11
　　中国现代宣传画作品。

J0039556
英特纳雄耐尔就一定要实现　北京美术公司创作组供稿
北京　人民美术出版社　1972年　108cm（全张）
定价：CNY0.28
　　中国现代宣传画作品。

J0039557
用思想革命化带动农业机械化　刘业通画
石家庄　河北人民出版社　1972年　76cm（2开）
定价：CNY0.16
　　中国现代宣传画作品。作者刘业通（1968—　　），河北清苑人，毕业于天津美术学院，任河北师范大学美术系副主任。

J0039558
扎根农村　胸怀全球　古蔺县美术创作组供稿
成都　四川人民出版社　1972年　76cm（2开）
定价：CNY0.12
　　中国现代宣传画作品。

J0039559
政治宣传画选
北京　人民美术出版社　1972年　51页　18cm（15开）
定价：CNY0.70
　　中国现代宣传画作品。

J0039560
志在农村　姚国安作
南昌　江西人民出版社　1972年　76cm（2开）

定价: CNY0.14

　　年画形式的中国宣传画作品。

J0039561

志在农村　徐德元作

沈阳　辽宁人民出版社　1972年　76cm（2开）

定价: CNY0.12

　　年画形式的中国宣传画作品。作者徐德元（1949— ），画家。辽宁鞍山人。曾任辽宁美协会员、岫岩美协主席等职。主要作品有《农家乐》《中华魂》《闹灯馆》等。

J0039562

中、非人民情谊深　常州市工农兵美术创作学习班供稿

上海　上海人民出版社　1972年　108cm（全开）

定价: CNY0.22

　　中国现代宣传画作品。

J0039563

中华人民共和国万岁　王耀璋作

上海　上海人民出版社　1972年　108cm（全开）

定价: CNY0.22

　　中国现代宣传画作品。

J0039564

抓革命　促生产　促工作　促备战　太原西山矿务局美术创作组创作

太原　山西人民出版社　1972年　108cm（全开）

定价: CNY0.24

　　中国现代宣传画作品。

J0039565

抓紧抓细　常备不懈　中国人民解放军0010部队美术组集体创作

成都　四川人民出版社　1972年　76cm（2开）

定价: CNY0.12

　　中国现代宣传画作品。

J0039566

自己动手土法上马加速实现农业机械化

宋丕胜画

石家庄　河北人民出版社　1972年　76cm（2开）

定价: CNY0.16

　　中国现代宣传画作品。

J0039567

自力更生　艰苦奋斗　陕西省艺术学校供稿

西安　陕西人民出版社　1972年　54cm（4开）

定价: CNY0.06

　　中国现代宣传画作品。

J0039568

祖国的好山河寸土不让　4800部队业余美术创作组作

石家庄　河北人民出版社　1972年　76cm（2开）

定价: CNY0.16

　　中国现代宣传画作品。

J0039569

做农业生产的好后勤　梁嘉权作

沈阳　辽宁人民出版社　1972年　76cm（2开）

定价: CNY0.12

　　中国现代宣传画作品。

J0039570

"五七"路上炼红心　焕发精神干革命　尚宣斌作

上海　上海人民出版社　1973年　1张　107cm（全开）

定价: CNY0.22

　　中国现代宣传画作品。

J0039571

把青春献给新农村　沈绍伦作

上海　上海人民出版社　1973年　107cm（全开）

定价: CNY0.22

　　中国现代宣传画作品。

J0039572

百倍警惕　游龙姑执笔

上海　上海人民出版社　1973年　76cm（2开）

定价: CNY0.11

　　中国现代宣传画作品。

J0039573

备战、备荒、为人民　卢叶子，刘仕钦作

长沙　湖南人民出版社　1973年　76cm（2开）

定价: CNY0.14

　　中国现代宣传画作品。

J0039574

边防巡逻兵　刘继敏作

天津　天津人民美术出版社　1973 年　76cm（2 开）

定价：CNY0.11

　　中国现代宣传画作品。

J0039575

不忘童工血泪仇　誓作革命接班人　吴健作

上海　上海人民出版社　1973 年　107cm（全开）

定价：CNY0.22

　　中国现代宣传画作品。

J0039576

大办农业夺高产　大寨红花遍地开　张中光作

武汉　湖北人民出版社　1973 年　76cm（2 开）

定价：CNY0.12

　　中国现代宣传画作品。

J0039577

大办农业广积粮　刘仲杰作

武汉　湖北人民出版社　1973 年　76cm（2 开）

定价：CNY0.14

　　中国现代宣传画作品。

J0039578

大干才能大变　欧治渝,彭召民画

成都　四川人民出版社　1973 年　76cm（2 开）

定价：CNY0.14

　　中国现代宣传画作品。

J0039579

大搞科学种田　实现粮棉双高产　张义春等画

石家庄　河北人民出版社　1973 年　76cm（2 开）

定价：CNY0.11

　　中国现代宣传画作品。

J0039580

大搞农田基本建设　争取农业更大丰收

（汉、藏文标题）光绍天,里果作

西宁　青海人民出版社　1973 年　76cm（2 开）

定价：CNY0.14

　　中国现代宣传画作品。

J0039581

大家都来做广播体操

合肥　安徽人民出版社　1973 年　76cm（2 开）

定价：CNY0.11

　　中国现代宣传画作品。

J0039582

大上农业　快上农业

西宁　青海人民出版社　1973 年　76cm（2 开）

定价：CNY0.14

　　中国现代宣传画作品。

J0039583

到广阔的天地里去　朱成林作

西宁　青海人民出版社　1973 年　76cm（2 开）

定价：CNY0.11

　　中国现代宣传画作品。

J0039584

到农村去　走与工农相结合的道路　晏文正画

济南　山东人民出版社　1973 年　76cm（2 开）

定价：CNY0.14

　　中国现代宣传画作品。

J0039585

多出矿石多炼钢　任梦章作

沈阳　辽宁人民出版社　1973 年　76cm（2 开）

定价：CNY0.12

　　中国现代宣传画作品。

J0039586

夺丰收　广积粮　上海人民出版社宣传画创作组

上海　上海人民出版社　1973 年　76cm（2 开）

定价：CNY0.11

　　中国现代宣传画作品。

J0039587

夺丰收　广积粮　上海人民出版社宣传画创作组

上海　上海人民出版社　1973 年　107cm（全开）

定价：CNY0.22

　　中国现代宣传画作品。

J0039588

发展养猪事业　促进农业生产　朱克运作
合肥　安徽人民出版社　1973 年　76cm（2 开）
定价：CNY0.11
　　中国现代宣传画作品。

J0039589

放养水生饲料　发展养猪事业　王旭，杨云龙作
南京　江苏人民出版社　1973 年　76cm（2 开）
定价：CNY0.41
　　中国现代宣传画作品。

J0039590

搞好农业广积粮　高一呼绘
福州　福建人民出版社　1973 年　76cm（2 开）
定价：CNY0.14
　　中国现代宣传画作品。作者高一呼（1933—　），教授。湖南益阳人，毕业于湖南省立艺术学校和中央美术学院华东分院油画系。历任福建师范大学美术系副教授、油画教研室主任，中国美术家协会会员，福建分会理事。

J0039591

革命传统代代传　宋贤珍作
杭州　浙江人民出版社　1973 年　76cm（2 开）
定价：CNY0.14
　　中国现代宣传画作品。

J0039592

革命青年应该努力做到身体好　学习好工作好　杨尧作
广州　广东人民出版社　1973 年　76cm（2 开）
定价：CNY0.12
　　中国现代宣传画作品。

J0039593

各行各业大力支援农业　许金宝绘
福州　福建人民出版社　1973 年　76cm（2 开）
定价：CNY0.14
　　中国现代宣传画作品。作者许金宝（1942—　），画家。字荔山，福建莆田人，毕业于福建师院艺术系。历任全国美术教育研究会会员，福建老年书画研究会顾问，福建教育学院美术教研室主任、副教授，福建教育学院美术教研室主任，福

州画院画师等。有作品《搏海凯歌》。

J0039594

工人阶级有志气　自力更生创新业　翟祖华作
上海　上海人民出版社　1973 年　107cm（全开）
定价：CNY0.22
　　中国现代宣传画作品。作者翟祖华（1947—　），教授。上海人，毕业于上海轻工业高等专科学校。任上海应用技术学院艺术设计专业副教授。陶瓷壁画有《豫国春色》，漆画有《天华秋实》《星辰之梦》《满目青山夕照明》，丙烯壁画有《人间遍种自由花》。

J0039595

鼓干劲　比先进　为社会主义建设作出新贡献　徐通潮，庞卡作
上海　上海人民出版社　1973 年　107cm（全开）
定价：CNY0.22
　　中国现代宣传画作品。作者庞卡（1935—　）。画家。又名庞抱俊。上海人。历任上海人民美术出版社年画编辑、创作员。作品有《从小爱科学》《秧苗青青春来早》《爱人民》等。

J0039596

鼓足干劲　夺取新的胜利　左国顺作
郑州　河南人民出版社　1973 年　107cm（全开）
定价：CNY0.28
　　中国现代宣传画作品。

J0039597

鼓足干劲　力争上游　多快好省地建设社会主义　陈德周作
郑州　河南人民出版社　1973 年　107cm（全开）
定价：CNY0.28
　　中国现代宣传画作品。

J0039598

鼓足干劲　力争上游　多快好省地建设社会主义　上海人民出版社宣传画创作组
上海　上海人民出版社　1973 年　107cm（全开）
定价：CNY0.22
　　中国现代宣传画作品。

J0039599

鼓足干劲　力争上游　夺取更大丰收　谭
尚忍，叶俊康作
上海　上海人民出版社　1973 年　76cm（2 开）
定价：CNY0.11
　　中国现代宣传画作品。作者谭尚忍（1940—　），
上海人。上海美术家协会和上海摄影家协会会
员、上海人民美术出版社副编审。作品有《儿童
武书》《民族英雄岳飞》等。

J0039600

**鼓足干劲，力争上游，以优异的成绩向党
献礼！**　贺方作
武汉　湖北人民出版社　1973 年　107cm（全开）
定价：CNY0.28
　　中国现代宣传画作品。

J0039601

鼓足干劲学大寨　八一八二部队供稿
郑州　河南人民出版社　1973 年　76cm（2 开）
定价：CNY0.14
　　中国现代宣传画作品。

J0039602

鼓足干劲学大寨　大干快变多贡献　刘仁
术作
沈阳　辽宁人民出版社　1973 年　76cm（2 开）
定价：CNY0.11
　　中国现代宣传画作品。

J0039603

广大青少年，都来参加体育活动！　王慎
仁作
沈阳　辽宁人民出版社　1973 年　76cm（2 开）
定价：CNY0.12
　　中国现代宣传画作品。

J0039604

广阔天地　苗壮成长　冯鹤亭绘
南昌　江西人民出版社　1973 年　76cm（2 开）
定价：CNY0.11
　　中国现代宣传画作品。

J0039605

广阔天地炼红心　湖北省群众文化馆美工队

供稿
武汉　湖北人民出版社　1973 年　76cm（2 开）
定价：CNY0.11
　　中国现代宣传画作品。

J0039606

广阔天地新苗壮　中共广州市委宣传部美术
组作
广州　广东人民出版社　1973 年　76cm（2 开）
定价：CNY0.12
　　中国现代宣传画作品。

J0039607

广阔天地新苗壮　广州市委宣传部美术组绘
北京　人民美术出版社　1973 年　107cm（全开）
定价：CNY0.22
　　中国现代宣传画作品。

J0039608

国家要独立　民族要解放　人民要革命
范一辛作
上海　上海人民出版社　1973 年　76cm（2 开）
定价：CNY0.11
　　中国现代宣传画作品。

J0039609

好好学习　天天向上　朱旭，龙云绪作
南京　江苏人民出版社　1973 年　76cm（2 开）
定价：CNY0.14
　　中国现代宣传画作品。

J0039610

好好学习　天天向上　倪芳华作
南昌　江西人民出版社　1973 年　76cm（2 开）
定价：CNY0.14
　　中国现代宣传画作品。

J0039611

好好学习　天天向上　俞创硕，尹福康等摄
上海　上海人民出版社　1973 年　[1 张]
107cm（全开）定价：CNY0.20
　　中国现代摄影宣传画作品。

J0039612

欢欣鼓舞庆"十大"　潘世勋作

天津 天津人民出版社 1973 年 76cm（2 开）
定价：CNY0.14

　　中国现代宣传画作品。

J0039613
积极开展青少年体育活动　莫树滋作
南京 江苏人民出版社 1973 年 76cm（2 开）
定价：CNY0.14

　　中国现代宣传画作品。作者莫树滋（1941—　），
画家、国家一级美术师。江苏常州人，毕业于南
京师范学院美术系。中国美术家协会会员。代
表作品有《理想》《花香鸟语处处香》《路——瞿
秋白造像》《三杰图》，出版有《莫树滋画集》。

J0039614
计划生育好处多　陈匡民绘；辽宁省计划生
育委员会办公室供稿
沈阳 辽宁人民出版社 1973 年 76cm（2 开）
定价：CNY0.11

　　中国现代宣传画作品。

J0039615
继承和发扬鲁迅的革命精神　庞卡作
上海 上海人民出版社 1973 年 76cm（2 开）
定价：CNY0.11

　　中国现代宣传画作品。

J0039616
坚持储粮　备战备荒　梁英昌作
杭州 浙江人民出版社 1973 年 76cm（2 开）
定价：CNY0.11

　　中国现代宣传画作品。

J0039617
**坚决贯彻执行党的"十大"提出的各项战斗
任务**　宣积慧作
上海 上海人民出版社 1973 年 107cm（全开）
定价：CNY0.22

　　中国现代宣传画作品。

J0039618
坚决走与工农相结合的道路　王子和作
哈尔滨 黑龙江人民出版社 1973 年
107cm（全开）定价：CNY0.32

　　中国现代宣传画作品。

J0039619
艰苦奋斗是我们的政治本色　中共广州市委
宣传部美术组作
北京 人民美术出版社 1973 年 107cm（全开）
定价：CNY0.22

　　中国现代宣传画作品。

J0039620
科学种田创高产　多为革命做贡献　张义
春，柳忠福画
石家庄 河北人民出版社 1973 年 76cm（2 开）
定价：CNY0.11

　　中国现代宣传画作品。

J0039621
苦练杀敌本领　赵光涛作
天津 天津人民美术出版社 1973 年 76cm（2 开）
定价：CNY0.11

　　中国现代宣传画作品。

J0039622
苦练杀敌本领，巩固海防！　陈衍宁作
广州 广东人民出版社 1973 年 76cm（2 开）
定价：CNY0.12

　　中国现代宣传画作品。作者陈衍宁（1945—　），
广东博罗县人。毕业于广州美术学院舞台美术
大专班。中国美术家协会会员、广东画院专业画
家。擅中国人物画。代表作有《母与子》《山风》
《晨光》等。

J0039623
劳动妇女是伟大的革命力量　龙云绪作
南京 江苏人民出版社 1973 年 76cm（2 开）
定价：CNY0.14

　　中国现代宣传画作品。

J0039624
雷锋的故事　上海人民出版社编；王利国，杨
顺泰绘
上海 上海人民出版社 1973 年 4 张（套）
76cm（2 开）定价：CNY0.48

　　中国现代宣传画作品。

J0039625
练好本领　保卫祖国　燕平孝作；西安电影

制片厂供稿

西安　陕西人民出版社　1973年　76cm（2开）

定价：CNY0.11

　　中国现代宣传画作品。

J0039626

毛主席的好战士雷锋　张胜作

天津　天津人民美术出版社　1973年　76cm（2开）

定价：CNY0.11

　　中国现代宣传画作品。

J0039627

毛主席和我们心连心

济南　山东人民出版社　1973年　18×26cm

统一书号：8099.192　定价：CNY0.80

　　中国现代宣传画作品。

J0039628

煤油灯下刻苦学　继续革命方向明　（纪念“南京路上好八连”命名十周年）上海警务区业余美术创作组

上海　上海人民出版社　1973年　107cm（全开）

定价：CNY0.22

　　中国现代宣传画作品。

J0039629

农村是广阔的天地　高泉作

北京　人民美术出版社　1973年　76cm（2开）

定价：CNY0.11

　　中国现代宣传画作品。作者高泉（1936—2014），油画家、教授。安徽蚌埠人。历任解放军艺术学院教授、中国革命军事博物馆创作室主任、中国美术家协会会员、威海海洋画院院长等。代表作包括《大海》《肃秋》《英雄交响》《黄河壶口》。出版有《海之歌——高泉海景画集》。

J0039630

农业的根本出路在于机械化　王柏生绘

福州　福建人民出版社　1973年　76cm（2开）

定价：CNY0.14

　　中国现代宣传画作品。

J0039631

贫下中农欢迎你们　董录盛画

济南　山东人民出版社　1973年　76cm（2开）

定价：CNY0.14

　　中国现代宣传画作品。

J0039632

千里野营炼红心　高泉，钱志林作

天津　天津人民美术出版社　1973年　76cm（2开）

定价：CNY0.11

　　中国现代宣传画作品。

J0039633

青少年们积极参加体育锻炼！　上海市体育运动委员会，上海市轻工业局业余美术创作组供稿

上海　上海人民出版社　1973年　76cm（2开）

定价：CNY0.11

　　中国现代宣传画作品。

J0039634

庆祝党的“十大”胜利召开！　王百顺，陶治安作

沈阳　辽宁人民出版社　1973年　76cm（2开）

定价：CNY0.11

　　中国现代宣传画作品。

J0039635

庆祝上海市第六次妇女代表大会胜利召开　薛宣作

上海　上海人民出版社　1973年　107cm（全开）

定价：CNY0.22

　　中国现代宣传画作品。

J0039636

庆祝中国共产党第十次全国代表大会胜利召开　沈绍伦执笔

上海　上海人民出版社　1973年　107cm（全开）

定价：CNY0.22

　　中国现代宣传画作品。

J0039637

庆祝中华人民共和国成立二十四周年　蒋昌一作

上海　上海人民出版社　1973年　76cm（2开）

定价：CNY0.11

　　中国现代宣传画作品。作者蒋昌一（1943—　），画家、国家一级美术师。湖南湘乡人，毕业于

南京艺术学院美术系。历任上海美术设计公司
干部、上海油画雕塑院院长、中国美术家协会会
员、上海美术家协会常务理事、上海美术家协会
绘画艺术委员会主任。代表作品《团结》《国旗
像太阳一样红》《革命风雨催我长》等。

J0039638

全国各族人民大团结万岁　倪芳华，马宏道绘
南昌　江西人民出版社　1973 年　107cm（全开）
定价：CNY0.28
　　　中国现代宣传画作品。

J0039639

全世界人民大团结万岁　钱生发作
上海　上海人民出版社　1973 年　107cm（全开）
定价：CNY0.21
　　　中国现代宣传画作品。

J0039640

热烈欢呼党的"十大"胜利召开　陈衍宁作
广州　广东人民出版社　1973 年　76cm（2 开）
定价：CNY0.14
　　　中国现代宣传画作品。

J0039641

**热烈欢呼中国共产党第十次代表大会胜利
召开！**　霍季民等作
成都　四川人民出版社　1973 年　76cm（2 开）
定价：CNY0.11
　　　中国现代宣传画作品。

J0039642

**热烈欢呼中国共产党第十次全国代表大会
胜利召开**　李德照，范有信作
兰州　甘肃人民出版社　1973 年　107cm（全开）
定价：CNY0.32
　　　中国现代宣传画作品。

J0039643

**热烈欢呼中国共产党第十次全国代表大会
胜利召开**　湖北省群众文化处美工队供稿
武汉　湖北人民出版社　1973 年　107cm（全开）
定价：CNY0.28
　　　中国现代宣传画作品。

J0039644

**热烈庆祝国庆，努力加快社会建设的步
伐！**　陕西省艺术学校供稿；秦天健作
西安　陕西人民出版社　1973 年　107cm（全开）
定价：CNY0.28
　　　中国现代宣传画作品。

J0039645

**热烈庆祝中国共产党第十次全国代表大会
胜利召开**　梁岩画
石家庄　河北人民出版社　1973 年　76cm（2 开）
定价：CNY0.14
　　　中国现代宣传画作品。

J0039646

人民战士为人民　光涛等作
上海　上海人民出版社　1973 年　76cm（2 开）
定价：CNY0.11
　　　中国现代宣传画作品。

J0039647

人人动手除害灭病　周有武作
上海　上海人民出版社　1973 年　76cm（2 开）
定价：CNY0.11
　　　中国现代宣传画作品。

J0039648

**认真落实农业"八字宪法"夺取粮食生产上
《纲要》**
福州　福建人民出版社　1973 年　76cm（2 开）
定价：CNY0.14
　　　中国现代宣传画作品。

J0039649

身不离劳动　心不离群众　莫树滋，康自
强作
南京　江苏人民出版社　1973 年　1 张　76cm（2 开）
定价：CNY0.14
　　　中国现代宣传画作品。

J0039650

身不离劳动　心不离群众　张文涛作
沈阳　辽宁人民出版社　1973 年　1 张　76cm（2 开）
定价：CNY0.11
　　　中国现代宣传画作品。

J0039651

身体好，学习好，工作好　吴敏作
天津　天津人民出版社 1973年 1张 107cm（全开）
定价：CNY0.22
　　　中国现代宣传画作品。

J0039652

实践一次　提高一步　王双贵作
天津　天津人民美术出版社 1973年 1张
76cm（2开）定价：CNY0.11
　　　中国现代宣传画作品。

J0039653

是谁创造了人类世界　是我们劳动群众
周瑞庄，金纪发执笔
上海　上海人民出版社 1973年 1张 76cm（2开）
定价：CNY0.22
　　　中国现代宣传画作品。

J0039654

誓把山河重安排　关则驹作
广州　广东人民出版社 1973年 1张 76cm（2开）
定价：CNY0.14
　　　中国现代宣传画作品。作者关则驹(1941—)，
画家。出生于广东阳江，毕业于广州美术学院。
代表作有《到祖国需要的地方去》《春天的气息》
《可可园中的姑娘》等。

J0039655

誓夺煤炭高产　左国顺，靳仁令作
郑州　河南人民出版社 1973年 1张 76cm（2开）
定价：CNY0.14
　　　中国现代宣传画作品。

J0039656

随时准备歼灭入侵之敌　叶文西，游龙姑作
上海　上海人民出版社 1973年 1张 107cm（全开）
定价：CNY0.22
　　　中国现代宣传画作品。

J0039657

提高警惕　保卫祖国　姚殿科作
沈阳　辽宁人民出版社 1973年 1张 76cm（2开）
定价：CNY0.11
　　　中国现代宣传画作品。

J0039658

提高警惕　严守海疆　赵秉泉，陈辛一作
天津　天津人民美术出版社 1973年 1张
76cm（2开）定价：CNY0.11
　　　中国现代宣传画作品。

J0039659

提高路线觉悟　保证优质高产
福州　福建人民出版社 1973年 1张 76cm（2开）
定价：CNY0.14
　　　中国现代宣传画作品。

J0039660

提高路线觉悟　练好杀敌本领　廖宗怡作；
广州部队供稿
北京　人民美术出版社 1973年 1张 76cm（2开）
定价：CNY0.11
　　　中国现代宣传画作品。

J0039661

团结起来　争取更大的胜利　江南春作
上海　上海人民出版社 1973年 1张 76cm（2开）
定价：CNY0.11
　　　本作品为中国现代宣传画。

J0039662

团结起来　争取更大的胜利　江南春作
上海　上海人民出版社 1973年 1张 107cm（全开）
定价：CNY0.22
　　　本作品为中国现代宣传画。

J0039663

团结起来，争取更大的胜利！　冯健亲作
南京　江苏人民出版社 1973年 1张 76cm（2开）
定价：CNY0.14
　　　中国现代宣传画作品。作者冯健亲(1939—)，
画家。浙江海宁人，毕业于南京艺术学院美术系
油画专业。历任南京艺术学院院长、南京艺术学
院工艺系副教授。代表作品《冯健亲作品集》《素
描》等。

J0039664

团结起来，争取更大的胜利！　徐英培执笔
南昌　江西人民出版社 1973年 1张 76cm（2开）
定价：CNY0.14

中国现代宣传画作品。

J0039665

团结起来，争取更大的胜利！　赵大鹜作

北京　人民美术出版社　1973年　1张　107cm（全开）

定价：CNY0.22

　　中国现代宣传画作品。

J0039666

团结胜利的党的第十次全国代表大会万岁　龙云绪，曹立侃作

南京　江苏人民出版社　1973年　1张　76cm（2开）

定价：CNY0.14

　　中国现代宣传画作品。

J0039667

团结胜利的党的第十次全国代表大会万岁　浙江人民出版社绘制

杭州　浙江人民出版社　1973年　1张　107cm（全开）

定价：CNY0.28

　　中国现代宣传画作品。

J0039668

万岁！伟大的社会主义祖国　哈琼文执笔

上海　上海人民出版社　1973年　1张　107cm（全开）

定价：CNY0.22

　　中国现代宣传画作品。作者哈琼文（1925—2012），回族，北京人。毕业于中央大学艺术系。上海人民美术出版社编审、上海文史研究馆馆员、中国美术家协会会员、美术家协会上海分会理事。擅长油画、宣传画。主要作品有油画《鲁迅——致电党中央祝贺长征胜利到达陕北》、宣传画《毛主席万岁》等。

J0039669

万岁！伟大的社会主义祖国　潘鸿海作

杭州　浙江人民出版社　1973年　1张　76cm（2开）

定价：CNY0.11

　　中国现代年画作品。

J0039670

为革命锻炼身体　蒋峻，王乔申作

上海　上海人民出版社　1973年　1张　76cm（2开）

定价：CNY0.11

　　中国现代宣传画作品。

J0039671

为革命刻苦学习　吴健作

上海　上海人民出版社　1973年　1张　76cm（2开）

定价：CNY0.11

　　中国现代宣传画作品。

J0039672

为革命勤奋工作　赵渭凉作

上海　上海人民出版社　1973年　1张　76cm（2开）

定价：CNY0.11

　　中国现代宣传画作品。

J0039673

为革命勤学苦练　王承武作

杭州　浙江人民出版社　1973年　1张　76cm（2开）

定价：CNY0.11

　　中国现代宣传画作品。

J0039674

为革命钻研技术　孟咸昌作

上海　上海人民出版社　1973年　1张　76cm（2开）

定价：CNY0.11

　　中国现代宣传画作品。

J0039675

为农业机械化多作贡献　中共广州市委宣传部美术组供稿

北京　人民美术出版社　1973年　1张　107cm（全开）

定价：CNY0.22

　　中国现代宣传画作品。

J0039676

为农业机械化贡献力量　秦明良作

长沙　湖南人民出版社　1973年　1张　76cm（2开）

定价：CNY0.14

　　中国现代宣传画作品。

J0039677

为人民服务最光荣　中共广州市委宣传部美工室作

广州　广东人民出版社　1973年　1张　76cm（2开）

定价：CNY0.11

　　中国现代宣传画作品。

J0039678
为社会主义祖国站岗　汪宏钰作
上海　上海人民出版社　1973年　1张　76cm（2开）
定价：CNY0.11
　　中国现代宣传画作品。

J0039679
为实现"十大"提出的战斗任务而奋斗！
于振立作
沈阳　辽宁人民出版社　1973年　1张　76cm（2开）
定价：CNY0.11
　　中国现代宣传画作品。

J0039680
伟大、光荣、正确的中国共产党万岁！　丁
健生作
南昌　江西人民出版社　1973年　1张　107cm（全开）
定价：CNY0.32
　　中国现代宣传画作品。

J0039681
伟大的光荣的正确的中国共产党万岁　施
绍辰，章仁缘执笔
南昌　江西人民出版社　1973年　1张　107cm（全开）
定价：CNY0.28
　　中国现代宣传画作品。

J0039682
文艺工作者必须到工农兵中去　肖宣兵作
上海　上海人民出版社　1973年　1张　76cm（2开）
定价：CNY0.11
　　中国现代宣传画作品。

J0039683
我们是"公社"小社员　燕平孝作
西安　陕西人民出版社　1973年　1张　107cm（全开）
定价：CNY0.22
　　中国现代宣传画作品。

J0039684
想延安时代　学延安精神　骆耀棠作
北京　人民美术出版社　1973年　1张　107cm（全开）
定价：CNY0.22
　　中国现代宣传画作品。

J0039685
向雷锋叔叔学习　李忠为作
昆明　云南人民出版社　1973年　1张　107cm（全开）
定价：CNY0.22
　　中国现代宣传画作品。

J0039686
向雷锋同志学习　廖国宁，周荷生绘
福州　福建人民出版社　1973年　1张　76cm（2开）
定价：CNY0.14
　　中国现代宣传画作品。

J0039687
向雷锋同志学习　招炽挺作
广州　广东人民出版社　1973年　1张　76cm（2开）
定价：CNY0.12
　　中国现代宣传画作品。作者招炽挺（1945—　　），
画家。广东南海人。历任广州军区文艺创作室
专业画家、中国美术家学会会员、广东美术家协
会常务理事。代表作品有《山高情长》《愿做桂
林人》《蓝天的女儿》。

J0039688
向雷锋同志学习　（发扬"精神"努力攻读毛
主席著作）章耀达作
郑州　河南人民出版社　1973年　1张　76cm（2开）
定价：CNY0.14
　　中国现代宣传画作品。

J0039689
向雷锋同志学习　赵成民作
北京　人民出版社　1973年　1张　76cm（2开）
定价：CNY0.14
　　中国现代宣传画作品。

J0039690
向雷锋同志学习　高泉作
北京　人民美术出版社　1973年　1张　107cm（全开）
定价：CNY0.22
　　中国现代宣传画作品。作者高泉（1936—
2014），油画家、教授。安徽蚌埠人。历任解放
军艺术学院教授、中国革命军事博物馆创作室
主任、中国美术家协会会员、威海海洋画院院长
等。代表作包括《大海》《肃秋》《英雄交响》《黄
河壶口》。出版有《海之歌——高泉海景画集》。

J0039691

向雷锋同志学习 王立志画
济南 山东人民出版社 1973年 1张 76cm（2开）
定价：CNY0.13
　　中国现代宣传画作品。

J0039692

向雷锋同志学习，到祖国最需要的地方去！
吴海鹰作
广州 广东人民出版社 1973年 1张 76cm（2开）
定价：CNY0.12
　　中国现代宣传画作品。

J0039693

向伟大的共产主义战士雷锋学习 王兴吉画
长春 吉林人民出版社 1973年 1张 107cm（全开）
定价：CNY0.32
　　中国现代宣传画作品。

J0039694

象陈岱山同志那样把革命的理想建立在革命的需要上 长春第一汽车制造厂工人美术创作组画
长春 吉林人民出版社 1973年 1张 76cm（2开）
定价：CNY0.16
　　中国现代宣传画作品。

J0039695

宣传画小辑 （坚决打胜辽宁农业翻身仗专辑）
辽宁人民出版社编
沈阳 辽宁人民出版社 1973年 10张 19cm（32开）
统一书号：8090.329 定价：CNY0.22
　　中国现代宣传画作品。

J0039696

学大庆精神　大打矿山之仗 陈尚敦作
成都 四川人民出版社 1973年 1张 76cm（2开）
定价：CNY0.12
　　中国现代宣传画作品。

J0039697

学雷锋　见行动 潘嘉峻作
广州 广东人民出版社 1973年 1张 76cm（2开）
定价：CNY0.12
　　中国现代宣传画作品。

J0039698

学习雷锋　爱集体　爱劳动 （汉、维吾尔新文字标题）李灼作
乌鲁木齐 新疆人民出版社 1973年 1张
76cm（2开）定价：CNY0.14
　　中国现代宣传画作品。

J0039699

学习雷锋把有限的生命投到无限的革命事业中去 乔保华作
天津 天津人民美术出版社 1973年 1张
76cm（2开）定价：CNY0.11
　　中国现代宣传画作品。

J0039700

学习雷锋做一颗永不生锈的螺丝钉 乔保华作
天津 天津人民美术出版社 1973年 1张
76cm（2开）定价：CNY0.11
　　中国现代宣传画作品。

J0039701

学习马克思刻苦读书的精神 潘鸿海作
杭州 浙江人民出版社 1973年 1张 76cm（2开）
定价：CNY0.14
　　中国现代宣传画作品。

J0039702

学习人民为人民 （纪念"南京路上好八连"命名十周年）上海警务区业余美术创作组
上海 上海人民出版社 1973年 1张 107cm（全开）
定价：CNY0.22
　　中国现代宣传画作品。

J0039703

学习做新中国的新主人 许金国
上海 上海人民出版社 1973年 1张 76cm（2开）
定价：CNY0.11
　　中国现代宣传画作品。

J0039704

严格训练　严格要求 广廷勃作
沈阳 辽宁人民出版社 1973年 1张 76cm（2开）
定价：CNY0.12
　　中国现代宣传画作品。

J0039705
沿着党的"十大"指引的方向胜利前进!
伍启中作
广州 广东人民出版社 1973年 1张 107cm(全开)
定价: CNY0.28
　　中国现代宣传画作品。

J0039706
沿着党的"十大"指引的方向胜利前进!
伍启中作
广州 广东人民出版社 1973年 1张 76cm(2开)
定价: CNY0.14
　　中国现代宣传画作品。

J0039707
沿着毛主席的革命路线胜利前进　沈行工,
陈守义作
南京 江苏人民出版社 1973年 1张 107cm(全开)
定价: CNY0.28
　　中国现代宣传画作品。

J0039708
沿着毛主席的革命路线胜利前进　张汝为作
天津 天津人民美术出版社 1973年 1张
76cm(2开)定价: CNY0.14
　　中国现代宣传画作品。

J0039709
一丝不苟　精益求精　杭州钢铁厂业余美术
创作组,浙江人民出版社美术创作组合作
杭州 浙江人民出版社 1973年 1张 107cm(全开)
定价: CNY0.28
　　中国现代宣传画作品。

J0039710
一心为革命一切为革命　金铭,马乐群作
上海 上海人民出版社 1973年 1张 76cm(2开)
定价: CNY0.11
　　中国现代宣传画作品。

J0039711
**以革命和生产的新成绩庆祝上海市工会第
五次代表大会的召开**　尚宣斌［作］
上海 上海人民出版社 1973年 1张 107cm(全开)
定价: CNY0.22

中国现代宣传画作品。

J0039712
以雷锋同志为榜样 （汉、维吾尔新文字标
题）葛德夫作
乌鲁木齐 新疆人民出版社 1973年 1张
76cm(2开)定价: CNY0.14
　　中国现代宣传画作品。

J0039713
以粮为纲　全面发展　路唤华作
杭州 浙江人民出版社 1973年 1张 76cm(2开)
定价: CNY0.14
　　中国现代宣传画作品。

J0039714
以粮为纲　五业兴旺　陈惠明作
武汉 湖北人民出版社 1973年 1张 76cm(2开)
定价: CNY0.26
　　中国现代宣传画作品。作者陈惠明(1933—　),
湖北嘉鱼人,毕业于中南美术专科学校。中国美
术家协会会员、湖北省美术家协会理事、中国连
环画研究会常务理事、湖北连环画研究会会长。
曾为《中国历代寓言选》《长诗望红台》《古寓言
今译》等图书作国画插图。

J0039715
以优异的成绩向"十大"献礼　张文新作
天津 天津人民出版社 1973年 1张 76cm(2开)
定价: CNY0.14
　　中国现代宣传画作品。

J0039716
用大寨精神重新安排河山　朱同,李文龙作
太原 山西人民出版社 1973年 76cm(2开)
定价: CNY0.12
　　中国现代宣传画作品。

J0039717
**用优异成绩向中国共产党第十次全国代表
大会献礼!**　张德录作
太原 山西人民出版社 1973年 76cm(2开)
定价: CNY0.16
　　中国现代宣传画作品。

J0039718

用优异的成绩庆祝中国共产党第十次全国代表大会胜利召开　沙璘作
昆明　云南人民出版社　1973 年　107cm（全开）
定价：CNY0.22
　　中国现代宣传画作品。

J0039719

在党的"十大"路线指引下奋勇前进！　柏芳景作
沈阳　辽宁人民出版社　1973 年　76cm（2 开）
定价：CNY0.11
　　中国现代宣传画作品。

J0039720

在十大路线指引下　鼓足干劲　继续前进
许致远，王麟坤合作
上海　上海人民出版社　1973 年　76cm（2 开）
定价：CNY0.11
　　中国现代宣传画作品。

J0039721

扎根农村志不移　誓做山区一青松　翁逸之作
上海　上海人民出版社　1973 年　76cm（2 开）
定价：CNY0.11
　　中国现代宣传画作品。

J0039722

召之即来　来之能战　战之能胜　周庆复执笔
上海　上海人民出版社　1973 年　107cm（全开）
定价：CNY0.11
　　中国现代宣传画作品。

J0039723

召之即来　来之能战　战之能胜　吴敏作
天津　天津人民美术出版社　1973 年　76cm（2 开）
定价：CNY0.11
　　中国现代宣传画作品。

J0039724

争分夺秒　加速社会主义建设　金纪发执笔
上海　上海人民出版社　1973 年　76cm（2 开）
定价：CNY0.11

中国现代宣传画作品。作者金纪发（1965—　），画家、教师。上海人，毕业于上海美术学院油画系。上海大学美术学院油画系副教授。作品有《四季歌》《欢歌》《高歌》《夏日的情思》《怡人》等，出版有《金纪发油画集》。

J0039725

知识青年到农村去！　陕西省艺术学校供稿
西安　陕西人民出版社　1973 年　76cm（2 开）
定价：CNY0.16
　　中国现代宣传画作品。

J0039726

知识青年到农村去插队落户干革命　祝林恩作；哈尔滨市道外区文化馆供稿
哈尔滨　黑龙江人民出版社　1973 年　107cm（全开）定价：CNY0.32
　　中国现代宣传画作品。

J0039727

志在农村　林允武作
长春　吉林人民出版社　1973 年　76cm（2 开）
定价：CNY0.16
　　中国现代宣传画作品。

J0039728

志在山河　陈延作
兰州　甘肃人民出版社　1973 年　76cm（2 开）
定价：CNY0.16
　　中国现代宣传画作品。作者陈延（1940—　），广东汕头大学美术设计系教授。

J0039729

中国共产党第十次全国代表大会胜利万岁　秦明良等作
长沙　湖南人民出版社　1973 年　76cm（2 开）
定价：CNY0.14
　　中国现代宣传画作品。

J0039730

中华人民共和国万岁
北京　人民美术出版社　1973 年　76cm（2 开）
定价：CNY0.11
　　中国现代宣传画作品。

J0039731
中华人民共和国万岁　王伟成，沈绍伦作
上海　上海人民出版社　1973 年　107cm（全开）
定价：CNY0.22
　　中国现代宣传画作品。

J0039732
中华人民共和国万岁　浙江人民出版社绘制
杭州　浙江人民出版社　1973 年　107cm（全开）
定价：CNY0.28
　　中国现代宣传画作品。

J0039733
子弟兵为人民　人民热爱子弟兵　上海警
务区六三九七部队政治部创作组［创作］
上海　上海人民出版社　1973 年　76cm（2 开）
定价：CNY0.11
　　中国现代宣传画作品。

J0039734
子弟兵为人民　人民热爱子弟兵　上海警
务区六三九七部队政治部创作组［创作］
上海　上海人民出版社　1973 年　107cm（全开）
定价：CNY0.22
　　中国现代宣传画作品。

J0039735
自力更生　艰苦奋斗　加快社会主义建设
上海船厂，上海人民出版社美术组宣传画小组
上海　上海人民出版社　1973 年　107cm（全开）
定价：CNY0.22
　　中国现代宣传画作品。

J0039736
综合利用大有文章可做　刘小兵作
天津　天津人民美术出版社　1973 年　76cm（2 开）
定价：CNY0.11
　　中国现代宣传画作品。

J0039737
做雷锋这样的人　肖正中作
杭州　浙江人民出版社　1973 年　76cm（2 开）
定价：CNY0.10
　　中国现代宣传画作品。

J0039738
做无产阶级革命事业接班人　覃奕汉作
广州　广东人民出版社　1973 年　76cm（2 开）
定价：CNY0.12
　　中国现代宣传画作品。

J0039739
"五·七"道路宽又广　永葆青春斗志昂　潘
胜前执笔
上海　上海人民出版社　1974 年　［1 张］
76cm（2 开）定价：CNY0.11
　　中国现代宣传画作品。

J0039740
安全生产人人有责　上海市劳动局供稿
上海　上海人民出版社　1974 年　［1 张］
76cm（2 开）定价：CNY0.11
　　中国现代宣传画作品。

J0039741
奔向广阔天地　张彬，陈东学作
［沈阳］辽宁人民出版社　1974 年　［1 张］
76cm（2 开）定价：CNY0.11
　　中国现代宣传画作品。

J0039742
步调一致才能得胜利　刘海志画
［石家庄］河北人民出版社　1974 年　［1 张］
76cm（2 开）定价：CNY0.11
　　中国现代宣传画作品。

J0039743
擦亮眼睛　吴祯祥等作
上海　上海人民出版社　1974 年　［1 张］
38cm（6 开）定价：CNY0.10
　　中国现代宣传画作品。

J0039744
擦亮眼睛　汪宏钰等原作；徐寄萍，吴哲夫画
上海　上海人民出版社　1974 年　［1 张］
76cm（2 开）定价：CNY0.11
　　中国现代年画作品。

J0039745
常备不懈　沈行功作

［南京］江苏人民出版社 1974 年［1 张］
76cm（2 开）定价：CNY0.14

中国现代宣传画作品。

J0039746

朝气蓬勃　团结前进　朱乃正作
［西宁］青海人民出版社 1974 年［1 张］
76cm（2 开）定价：CNY0.11

中国现代宣传画作品。

J0039747

赤脚医生遍山村　合作医疗气象新　上海
人民出版社集体创作；王麟坤执笔
上海 上海人民出版社 1974 年［1 张］
76cm（2 开）定价：CNY0.11

中国现代宣传画作品。

J0039748

赤脚医生防治好　合作医疗巩固牢　上海
文化馆业余美术创作组［作］
上海 上海人民出版社 1974 年［1 张］
76cm（2 开）定价：CNY0.11

中国现代宣传画作品。

J0039749

大干大变绘新图　高国芳画
［长春］吉林人民出版社 1974 年［1 张］
76cm（2 开）定价：CNY0.14

中国现代宣传画作品。

J0039750

大干快变　掀起农田基本建设新高潮　郭
文涛作
［兰州］甘肃人民出版社 1974 年［1 张］
107cm（全开）定价：CNY0.28

中国现代宣传画作品。作者郭文涛（1941—　），
画家。河北交河人。毕业于西北师范大学美术系。
中国美术家协会会员、甘肃省美术家协会副主
席、兰州市美术家协会主席、兰州市文联主席、
兰州市政协副主席。代表作品《军长之路》（合作）、
连环画《四明传奇》、国画《夕照图》。出版有《郭
文涛画集》等。

J0039751

大干快上　迎接国民经济的新"跃进"　杨

克山画
［济南］山东人民出版社 1974 年［1 张］
107cm（全开）定价：CNY0.28

中国现代宣传画作品。

J0039752

大搞农田基本建设　实行科学种田
延吉 延边人民出版社 1974 年 2 张 76cm（2 开）
定价：CNY0.28

J0039753

**大力开展革命文艺活动　巩固社会主义思
想文化阵地**　陈守义作
上海 上海人民出版社 1974 年［1 张］
76cm（2 开）定价：CNY0.11

中国现代宣传画作品。作者陈守义（1944—　），
浙江温州人。毕业于浙江美术学院油画系。中
国美术家协会会员、浙江美术家协会理事、浙江
美术教育研究会副会长。主要作品有《山城》《水
乡的回忆》《巴黎春色》等。

J0039754

大力支农夺丰收　静安区工人文化宫，上海
工农动力机厂，上海机床附件一厂工人业余美
术创作组［作］
上海 上海人民出版社 1974 年［1 张］
107cm（全开）定价：CNY0.22

中国现代宣传画作品。

J0039755

大批大干促大变　聂文生作
［太原］山西人民出版社 1974 年［1 张］
76cm（2 开）定价：CNY0.14

中国现代宣传画作品。

J0039756

大上快上　搞好家田基本建设　程国英作
［成都］四川人民出版社 1974 年［1 张］
76cm（2 开）定价：CNY0.14

中国现代宣传画作品。作者程国英（1922—
1967），黑龙江哈尔滨人。别名程果。毕业于中
央美术学院。擅长油画、水彩画。曾任清华大学
土建系教师。作品有《南京古鸡鸣寺》《井冈山
风暴》《土地革命时的赤卫队》等。

J0039757
到农村去，走与工农相结合的道路！ 沙璘作
[昆明]云南人民出版社 1974年 [1张]
107cm（全开）定价：CNY0.22
　　　中国现代宣传画作品。

J0039758
斗争生活出艺术　劳动人民是主人 王维新，王利国执笔
上海　上海人民出版社 1974年 [1张]
107cm（全开）定价：CNY0.22
　　　中国现代宣传画作品。

J0039759
独立自主　自力更生　夺取工业生产的更大胜利 沪东工人文化宫美术创作组[作]；潘宝兴，倪基民执笔
上海　上海人民出版社 1974年 [1张]
76cm（2开）定价：CNY0.11
　　　中国现代宣传画作品。

J0039760
读革命书　学革命人　当革命接班人 莫树滋作
[南京]江苏人民出版社 1974年 [1张]
76cm（2开）定价：CNY0.14
　　　中国现代宣传画作品。

J0039761
读书务农　无尚光荣 成泽文，陈腾光画
[成都]四川人民出版社 1974年 [1张]
76cm（2开）定价：CNY0.14
　　　中国现代宣传画作品。

J0039762
夺丰收广积粮 刘宗武作
[郑州]河南人民出版社 1974年 [1张]
76cm（2开）定价：CNY0.11
　　　中国现代宣传画作品。

J0039763
夺取抓革命　促生产、促工作、促战备的新胜利！ 张学乾作
[兰州]甘肃人民出版社 1974年 [1张]
107cm（全开）定价：CNY0.28
　　　中国现代宣传画作品。

J0039764
妇女能顶半边天 孙荃作
北京　人民美术出版社 1974年 [1张]
107cm（全开）定价：CNY0.28
　　　中国现代宣传画作品。

J0039765
妇女能顶半边天 程敏生作
天津　天津人民美术出版社 1974年 [1张]
76cm（2开）定价：CNY0.14

J0039766
改山治水植青松　扎根山区干革命 沈广耀作
[南京]江苏人民出版社 1974年 [1张]
76cm（2开）定价：CNY0.14
　　　中国现代宣传画作品。

J0039767
干部深入基层　带头大干苦干 袁吉中，袁奕贤作
[成都]四川人民出版社 1974年 [1张]
76cm（2开）定价：CNY0.14
　　　中国现代宣传画作品。

J0039768
刚下火线　又上战场 熊鹏虎作
[广州]广东人民出版社 1974年 [1张]
76cm（2开）定价：CNY0.14
　　　中国现代宣传画作品。

J0039769
歌唱社会主义祖国 裴振江作
[合肥]安徽人民出版社 1974年 [1张]
107cm（全开）定价：CNY0.22
　　　中国现代宣传画作品。

J0039770
革命师生是同一战壕的战友 王元珍作
北京　人民美术出版社 1974年 [1张]
76cm（2开）定价：CNY0.14
　　　中国现代宣传画作品。

J0039771

革命师生是同一战壕里的战友　唐山陶校
美术班工农兵学员教师作
[石家庄] 河北人民出版社 1974 年 [1 张]
76cm（2 开）定价：CNY0.11
　　中国现代宣传画作品。

J0039772

革命师生同战壕共战斗　凌镜清作
[广州] 广东人民出版社 1974 年 [1 张]
76cm（2 开）定价：CNY0.14
　　中国现代宣传画作品。

J0039773

各国各族人民大团结万岁　南通市美术创作
组集体创作
[南京] 江苏人民出版社 1974 年 [1 张]
76cm（2 开）定价：CNY0.14
　　中国现代宣传画作品。

J0039774

各国各族人民大团结万岁　路章画
[济南] 山东人民出版社 1974 年 [1 张]
76cm（2 开）定价：CNY0.14
　　中国现代宣传画作品。

J0039775

各行各业都来支援农业　（汉、维文标题）吴
烈勇作
[乌鲁木齐] 新疆人民出版社 1974 年 [1 张]
76cm（2 开）定价：CNY0.14
　　中国现代宣传画作品。

J0039776

各族人民大团结万岁　王怀庆，温葆作
北京 人民出版社 1974 年 [1 张] 107cm（全开）
定价：CNY0.28
　　中国现代宣传画作品。

J0039777

各族人民高唱东方红　（庆祝中华人民共和
国建国二十五周年）付启中作
[昆明] 云南人民出版社 1974 年 [1 张]
107cm（全开）定价：CNY0.28
　　中国现代宣传画作品。

J0039778

各族人民团结起来，争取更大的胜利　（摄
影 1975〈农历乙卯年〉年历）
天津 天津杨柳青画店 1974 年 53cm（4 开）
定价：CNY0.25
　　中国现代摄影宣传画作品。

J0039779

工人讲师上讲台　教育革命谱新篇　潘荷
生执笔
上海 上海人民出版社 1974 年 [1 张]
76cm（2 开）定价：CNY0.11
　　中国现代宣传画作品。

J0039780

鼓足干劲，力争上游，夺取新的胜利！
（庆祝中华人民共和国建国二十五周年）张德
录作
[太原] 山西人民出版社 1974 年 [1 张]
76cm（2 开）定价：CNY0.11
　　中国现代宣传画作品。

J0039781

广阔天地　大有作为　朱同，李孝龙作
[太原] 山西人民出版社 1974 年 [1 张]
76cm（2 开）定价：CNY0.14
　　中国现代宣传画作品。

J0039782

**国家的统一，人民的团结，国内各民族的
团结，这是我们的事业必定要胜利的基本
保证**　广州市美术服务公司美工创作组作
[广州] 广东人民出版社 1974 年 [1 张]
76cm（2 开）定价：CNY0.14
　　中国现代宣传画作品。

J0039783

**国家的统一，人民的团结，国内各民族的
团结，这是我们的事业必定要胜利的基本
保证**　广州市美术服务公司美工创作组作
[广州] 广东人民出版社 1974 年 [1 张]
107cm（全开）定价：CNY0.28
　　中国现代宣传画作品。

J0039784

合作医疗根深叶茂　赤脚医生遍地开花
陈之川作
[昆明] 云南人民出版社 1974年 [1张]
53cm（4开）定价：CNY0.06
　　　中国现代宣传画作品。

J0039785

合作医疗根深叶茂　赤脚医生遍地开花
陈之川作
[昆明] 云南人民出版社 1974年 [1张]
76cm（2开）定价：CNY0.11
　　　中国现代宣传画作品。

J0039786

合作医疗就是好 （汉、维、哈、蒙文标题）谢
瑞君作
[乌鲁木齐] 新疆人民出版社 1974年 [1张]
76cm（2开）定价：CNY0.14
　　　中国现代宣传画作品。

J0039787

和群众同劳动　和群众心连心　徐纯中作
上海　上海人民出版社 1974年 [1张]
76cm（2开）定价：CNY0.11
　　　中国现代宣传画作品。作者徐纯中（1947—　　），
教授。生于上海，祖籍浙江镇海。历任复旦大学
和上海大学教授、上海炎黄画院院长、中央美术
学院硕士、日本东京艺术大学博士、美国注册建
筑师。代表作品《金训华》《辫子刘》《爱之海》等。

J0039788

红花遍地开 （新风俗画集）绍梅编
上海　上海人民出版社 1974年 17×19cm
统一书号：R10171.361 定价：CNY0.24
　　　中国现代宣传画作品。

J0039789

红花献给毛主席 （热烈庆祝中华人民共和国
成立二十五周年）宋惠民作
[沈阳] 辽宁人民出版社 1974年 [1张]
107cm（全开）定价：CNY0.22
　　　中国现代宣传画作品。

J0039790

互相学习　共同提高　李森林作
[太原] 山西人民出版社 1974年 [1张]
76cm（2开）定价：CNY0.14
　　　中国现代宣传画作品。

J0039791

欢欣鼓舞庆祝四届人大　严坚，林震作
[沈阳] 辽宁人民出版社 1974年 [1张]
107cm（全开）定价：CNY0.22
　　　中国现代宣传画作品。

J0039792

积极开展群众性体育活动　廖艺群作
[北京] 人民体育出版社 1974年 [1张]
107cm（全开）定价：CNY0.28
　　　中国现代宣传画作品。

J0039793

积极开展职工体育运动　王耀璋作
上海　上海人民出版社 1974年 [1张]
76cm（2开）定价：CNY0.11
　　　中国现代宣传画作品。

J0039794

积极送子女务农　建设社会主义新农村！
陈光健作
[西安] 陕西人民出版社 1974年 [1张]
76cm（2开）定价：CNY0.11
　　　中国现代宣传画作品。作者陈光健（1936—　　），
女，四川荣昌人。毕业于浙江美术学院，并留校
工作，后调入西安美术学院任教。中国美术家
协会会员、当代工笔画会会员、陕西省国画院画
师。主要作品有《在社员家里》《自习》《老师》等。

J0039795

计划生育好　湖南省"革命委员会"计划生育
领导小组办公室编；刘德华作
长沙　湖南人民出版社 1974年 [1张]
76cm（2开）定价：CNY0.11
　　　中国现代宣传画作品。

J0039796

继承革命志　当好接班人　张方作
[合肥] 安徽人民出版社 1974年 [1张]

76cm（2开）定价：CNY0.14
　　中国现代宣传画作品。

J0039797
加强革命团结　在社会主义大道上前进！
张胜作
天津　天津人民美术出版社　1974年［1张］
107cm（全开）定价：CNY0.28
　　中国现代宣传画作品。

J0039798
加强训练　常备不懈　中国人民解放军
六三七八部队业余美术创作组［作］
上海　上海人民出版社　1974年［1张］
76cm（2开）定价：CNY0.11
　　中国现代宣传画作品。

J0039799
加强战备，随时准备歼灭入侵之敌！
张洪文绘
［沈阳］辽宁人民出版社　1974年［1张］
76cm（2开）定价：CNY0.11
　　中国现代宣传画作品。

J0039800
坚持乡村　继续革命　朱大海画
［长春］吉林人民出版社　1974年［1张］
76cm（2开）定价：CNY0.14
　　中国现代宣传画作品。

J0039801
坚持知识青年上山下乡的正确方向！
陈菊菊，傅金雨作
［合肥］安徽人民出版社　1974年［1张］
76cm（2开）定价：CNY0.11
　　中国现代宣传画作品。

J0039802
坚决贯彻党的十大路线夺取新的胜利！
裴振江作
［合肥］安徽人民出版社　1974年［1张］
107cm（全开）定价：CNY0.22
　　中国现代宣传画作品。

J0039803
接过战笔　战斗到底　尚振亚，刘恩斌绘画
［沈阳］辽宁人民出版社　1974年［1张］
76cm（2开）定价：CNY0.11
　　中国现代宣传画作品。

J0039804
节约用粮　备战备荒　李恩源作
天津　天津人民美术出版社　1974年［1张］
76cm（2开）定价：CNY0.11
　　中国现代宣传画作品。

J0039805
解放军叔叔教我学打靶　周有武等作
上海　上海人民出版社　1974年［1张］
76cm（2开）定价：CNY0.11
　　中国现代宣传画作品。

J0039806
军民鱼水情谊深　刘干文，汪宏钰作
上海　上海人民出版社　1974年［1张］
76cm（2开）定价：CNY0.11
　　中国现代宣传画作品。

J0039807
科学种田夺高产　（汉、维文标题）邹强作
［乌鲁木齐］新疆人民出版社　1974年［1张］
53cm（4开）定价：CNY0.07
　　中国现代宣传画作品。

J0039808
劳动妇女是伟大的革命力量　黄浦区工人文
化科技馆群众业余美术小组集体创作
上海　上海人民出版社　1974年［1张］
76cm（2开）定价：CNY0.11
　　中国现代宣传画作品。

J0039809
鲁迅——"五四"新文化运动的英勇旗手
鸿海，长亮合作
［杭州］浙江人民出版社　1974年［1张］
107cm（全开）定价：CNY0.22
　　中国现代宣传画作品。

J0039810

毛主席的革命路线胜利万岁！——热烈欢呼第四届全国人民代表大会胜利召开　刘恩斌, 晁德仁作

北京　人民美术出版社 1974 年［1 张］

107cm（全开）定价: CNY0.28

　　中国现代宣传画作品。作者晁德仁(1948—　)，画家。河南清丰县人。中国美术家协会会员、大连市美术家协会副主席兼秘书长、大连市青年美术家协会主席。主要作品有《迎春》《制止空气污染》等。

J0039811

毛主席革命文艺路线胜利万岁　丁加生等作

上海　上海人民出版社 1974 年［1 张］

107cm（全开）定价: CNY0.22

　　中国现代宣传画作品。

J0039812

能文能武　井维春绘

［沈阳］辽宁人民出版社 1974 年［1 张］

107cm（全开）定价: CNY0.22

　　中国现代宣传画作品。

J0039813

农业 "八字宪法" 好　任美君等作

上海　上海人民出版社 1974 年［1 张］

76cm（2 开）定价: CNY0.11

　　中国现代宣传画作品。

J0039814

农业的根本出路在于机械化　孙为国作

［南京］江苏人民出版社 1974 年［1 张］

76cm（2 开）定价: CNY0.11

　　中国现代宣传画作品。

J0039815

努力完成和超额完成国民经济计划　管鹤奎作

［南京］江苏人民出版社 1974 年［1 张］

76cm（2 开）定价: CNY0.14

　　中国现代宣传画作品。

J0039816

切实地完成和超额完成发展国民经济的国

家计划　曾道宗作

［西宁］青海人民出版社 1974 年［1 张］

76cm（2 开）定价: CNY0.11

　　中国现代宣传画作品。

J0039817

庆祝中华人民共和国成立二十五周年　柏芳景作

沈阳　辽宁人民出版社 1974 年［1 张］

76×106cm 定价: CNY0.22

　　中国现代宣传画作品。

J0039818

庆祝中华人民共和国成立二十五周年　金纪发, 邵隆海作

上海　上海人民出版社 1974 年［1 张］

153cm（2 开）定价: CNY0.56

　　中国现代宣传画作品。作者金纪发(1965—　)，画家、教师。上海人，毕业于上海美术学院油画系。上海大学美术学院油画系副教授。作品有《四季歌》《欢歌》《高歌》《夏日的情思》《怡人》等，出版有《金纪发油画集》。

J0039819

庆祝中华人民共和国成立二十五周年　驰轮作

［杭州］浙江人民出版社 1974 年［1 张］

107cm（全开）定价: CNY0.28

　　中国现代宣传画作品。

J0039820

群众是真正的英雄　朱同画

［太原］山西人民出版社 1974 年［1 张］

107cm（全开）定价: CNY0.32

　　中国现代宣传画作品。

J0039821

热烈欢呼第四届全国人民代表大会的伟大胜利　左国顺作

［郑州］河南人民出版社 1974 年［1 张］

76cm（2 开）定价: CNY0.11

　　中国现代宣传画作品。

J0039822

热烈欢呼第四届全国人民代表大会胜利召

开　韦君琳作
[合肥]安徽人民出版社　1974年　[1张]
76cm（2开）定价：CNY0.11
　　中国现代宣传画作品。

J0039823
热烈欢呼第四届全国人民代表大会胜利召
开　龙云绪，曹立侃作
[南京]江苏人民出版社　1974年　[1张]
107cm（全开）定价：CNY0.28
　　中国现代宣传画作品。

J0039824
热烈欢呼第四届全国人民代表大会胜利召
开　言师中，蒋陈阡画
[济南]山东人民出版社　1974年　[1张]
107cm（全开）定价：CNY0.28
　　中国现代宣传画作品。

J0039825
热烈欢呼第四届全国人民代表大会胜利召
开　江南春，姚中玉作
上海　上海人民出版社　1974年　[1张]
107cm（全开）定价：CNY0.22
　　中国现代宣传画作品。作者姚中玉，画家。
曾任湖南省艺术家书画院会员、长沙市书法家协
会会员等职。主要作品有《迎风燕舞》《向天歌》
《一唱雄鸡天下白》《春情》《富贵吉祥》等。

J0039826
热烈欢呼第四届全国人民代表大会胜利召
开　程国英画
[成都]四川人民出版社　1974年　[1张]
76cm（2开）定价：CNY0.14
　　中国现代宣传画作品。作者程国英（1922—
1967），黑龙江哈尔滨人。别名程果。毕业于中
央美术学院。擅长油画、水彩画。曾任清华大学
土建系教师。作品有《南京古鸡鸣寺》《井冈山
风暴》《土地革命时的赤卫队》等。

J0039827
热烈欢呼第四届全国人民代表大会胜利召
开！　范瑜作
[昆明]云南人民出版社　1974年　[1张]
107cm（全开）定价：CNY0.22

　　中国现代宣传画作品。

J0039828
热烈欢呼第四届全国人民代表大会胜利
召开沿着毛主席的革命路线奋勇前进　吴
敏作
北京　人民美术出版社　1974年　[1张]
107cm（全开）定价：CNY0.28
　　中国现代宣传画作品。作者吴敏（1931—　），
画家。擅长宣传画。浙江平湖人。1949年参军，
海军政治部创作室创作员。1983年获全国宣传
画创作荣誉奖。作品有《敌人磨刀我们也要磨
刀》《神圣的使命》（在全国宣传画展览中获奖）、
《光荣：万里海疆的保卫者》等。

J0039829
热烈欢呼四届人大的胜利召开　尚德周作
[西安]陕西人民出版社　1974年　[1张]
76cm（2开）定价：CNY0.11
　　中国现代宣传画作品。

J0039830
热烈欢呼四届人大胜利召开　李恩合，王宝
森画
[石家庄]河北人民出版社　1974年　[1张]
76cm（2开）定价：CNY0.14
　　中国现代宣传画作品。

J0039831
热烈欢呼四届人大胜利召开　黄铁山作
[长沙]湖南人民出版社　1974年　[1张]
76cm（2开）定价：CNY0.14
　　中国现代宣传画作品。作者黄铁山（1939—　），
画家。湖南洞口人，毕业于湖北艺术学院。历
任湖南省美术家协会主席、湖南省文联副主席。
代表作品有《黄铁山水彩画》《圣彼得堡》《开
春》等。

J0039832
热烈欢呼四届人大胜利召开　李宝义，王百
顺作
[沈阳]辽宁人民出版社　1974年　[1张]
107cm（全开）定价：CNY0.22
　　中国现代宣传画作品。

J0039833
热烈欢呼新宪法诞生　辽宁省宣传馆供稿
［沈阳］辽宁人民出版社 1974 年［1 张］
107cm（全开）定价：CNY0.22
　　　　中国现代宣传画作品。

J0039834
热烈庆祝中华人民共和国成立二十五周年　洪渭中执笔
［福州］福建人民出版社 1974 年［1 张］
107cm（全开）定价：CNY0.28
　　　　中国现代宣传画作品。

J0039835
热烈庆祝中华人民共和国成立二十五周年　（1949—1974）李德照作
［兰州］甘肃人民出版社 1974 年［1 张］
107cm（全开）定价：CNY0.28
　　　　中国现代宣传画作品。

J0039836
热烈庆祝中华人民共和国成立二十五周年　吴敏作
北京 人民美术出版社 1974 年［1 张］
107cm（全开）定价：CNY0.28
　　　　中国现代宣传画作品。

J0039837
热烈庆祝中华人民共和国第四届全国人民代表大会胜利召开！　王德兴，张国凡合作
［太原］山西人民出版社 1974 年［1 张］
76cm（2 开）定价：CNY0.16
　　　　中国现代宣传画作品。

J0039838
人民战士学人民　陈纪仁作
上海 上海人民出版社 1974 年［1 张］
76cm（2 开）定价：CNY0.11
　　　　中国现代宣传画作品。

J0039839
认真锻炼身体好　周智诚作
上海 上海人民出版社 1974 年［1 张］
76cm（2 开）定价：CNY0.11
　　　　中国现代宣传画作品。

J0039840
三大革命当闯将　妇女能顶半边天　谢惠兵画
［成都］四川人民出版社 1974 年［1 张］
76cm（2 开）定价：CNY0.14
　　　　中国现代宣传画作品。

J0039841
上山下乡怀壮志　战天斗地绘新图　黄启后执笔
上海 上海人民出版社 1974 年［1 张］
76cm（2 开）定价：CNY0.11
　　　　中国现代宣传画作品。

J0039842
上山下乡志不移　曾红膺等作
［南宁］广西人民出版社 1974 年［1 张］
76cm（2 开）定价：CNY0.14
　　　　中国现代宣传画作品。

J0039843
社会主义到处都在胜利地前进　于振立作
北京 人民美术出版社 1974 年［1 张］
107cm（全开）定价：CNY0.28
　　　　中国现代宣传画作品。

J0039844
社会主义到处都在胜利地前进　沈尧伊，颜铁良作
天津 天津人民美术出版社 1974 年［1 张］
107cm（全开）定价：CNY0.28
　　　　中国现代宣传画作品。

J0039845
社会主义到处都在胜利地前进　王小明作
［杭州］浙江人民出版社 1974 年［1 张］
107cm（全开）定价：CNY0.28
　　　　中国现代宣传画作品。

J0039846
社会主义矿山在前进　王启军，贺成作
［南京］江苏人民出版社 1974 年［1 张］
76cm（2 开）定价：CNY0.11
　　　　中国现代宣传画作品。

J0039847
社会主义祖国欣欣向荣　瞿祖华作
上海　上海人民出版社　1974年［1张］
107cm（全开）定价：CNY0.22
　　　中国现代宣传画作品。

J0039848
十大路线指航向　满怀豪情夺丰收　瞿谷
寒，奚国荣作
上海　上海人民出版社　1974年［1张］
107cm（全开）定价：CNY0.22
　　　中国现代宣传画作品。作者瞿谷寒（1938— ），
画家。生于上海浦东，就读于扬州艺术学校学习
美术。历任上海美术家协会会员、上海连环画研
究会会员、上海民盟书画院画师。代表作品有《宋
史演义》连环画，《少小离家老大回》《瞿谷寒画
集》等。

J0039849
四届"人大"传喜讯　满怀豪情促生产　张
汝为，裘沙作
天津　天津人民美术出版社　1974年［1张］
76cm（2开）定价：CNY0.14
　　　中国现代宣传画作品。

J0039850
四届"人大"胜利万岁　（我们是国家的主人）
李醒滔，梁照堂作
［广州］广东人民出版社　1974年［1张］
107cm（全开）定价：CNY0.28
　　　中国现代宣传画作品。

J0039851
四届人大传喜讯　团结胜利向前进　洪渭
中执笔
［福州］福建人民出版社　1974年［1张］
107cm（全开）定价：CNY0.28
　　　中国现代宣传画作品。

J0039852
四届人大胜利万岁　段忠谦等作
［太原］山西人民出版社　1974年［1张］
107cm（全开）定价：CNY0.28
　　　中国现代宣传画作品。

J0039853
随时准备歼灭入侵之敌　龙云绪作
［南京］江苏人民出版社　1974年［1张］
107cm（全开）定价：CNY0.28
　　　中国现代宣传画作品。

J0039854
随时准备歼灭入侵之敌　周补田［作］
［杭州］浙江人民出版社　1974年［1张］
76cm（2开）定价：CNY0.11
　　　中国现代宣传画作品。

J0039855
提高警惕　加强战备　黄鹤群作
［南京］江苏人民出版社　1974年［1张］
76cm（2开）定价：CNY0.11
　　　中国现代宣传画作品。

J0039856
提高警惕　随时准备歼灭入侵之敌　郑乃
荣作
北京　人民美术出版社　1974年［1张］
107cm（全开）定价：CNY0.22
　　　中国现代宣传画作品。

J0039857
田头宣传　谭尚忍作
上海　上海人民出版社　1974年［1张］
76cm（2开）定价：CNY0.11
　　　中国现代宣传画作品。作者谭尚忍（1940— ），
上海人。上海美术家协会和上海摄影家协会会
员、上海人民美术出版社副编审。作品有《儿童
武书》《民族英雄岳飞》等。

J0039858
团结起来，在社会主义大道上胜利前进！
辽宁展览馆供稿
［沈阳］辽宁人民出版社　1974年［1张］
107cm（全开）定价：CNY0.22
　　　中国现代宣传画作品。

J0039859
团结起来，争取更大的胜利！　胡振宇作
［石家庄］河北人民出版社　1974年［1张］
76cm（2开）定价：CNY0.11

中国现代宣传画作品。作家胡振宇(1939—　)，画家。浙江宁波人。浙江美术学院油画系毕业，国家选派赴比利时皇家美术学院留学。历任浙江美院油画系主任、造型学部副主任。代表作品有《功》《一生难忘1976》《峥嵘岁月》《百年沧桑》《白求恩》，出版有《胡振宇油画作品》画册。

J0039860

团结起来，争取更大的胜利！　北京人民出版社美术组绘

北京　人民出版社　1974年［1张］107cm（全开）

定价：CNY0.28

中国现代宣传画作品。

J0039861

团结起来，争取更大的胜利！　阎永生作

北京　人民美术出版社　1974年［1张］

107cm（全开）定价：CNY0.28

中国现代宣传画作品。

J0039862

团结起来，争取更大的胜利！　段忠谦，王可伟作

［太原］山西人民出版社　1974年［1张］

153cm（2全开）定价：CNY0.56

中国现代宣传画作品。

J0039863

团结起来，争取更大的胜利！　张义替作

［西安］陕西人民出版社　1974年［1张］

107cm（全开）定价：CNY0.28

中国现代宣传画作品。

J0039864

团结起来，争取更大的胜利！　上海人民出版社集体创作；哈琼文执笔

上海　上海人民出版社　1974年［1张］

153cm（2全开）定价：CNY0.56

中国现代宣传画作品。作者哈琼文(1925—2012)，回族，北京人。毕业于中央大学艺术系。上海人民美术出版社编审、上海文史研究馆馆员、中国美术家协会会员、美术家协会上海分会理事。擅长油画、宣传画。主要作品有油画《鲁迅——致电党中央祝贺长征胜利到达陕北》、宣传画《毛主席万岁》等。

J0039865

团结战斗　沿着社会主义道路胜利前进

（热烈欢呼第四届全国人民代表大会胜利召开）

小戈作

［杭州］浙江人民出版社　1974年［1张］

107cm（全开）定价：CNY0.28

中国现代宣传画作品。

J0039866

团结战斗反帝反霸　李同欣，朱正善作

上海　上海人民出版社　1974年［1张］

107cm（全开）定价：CNY0.22

中国现代宣传画作品。

J0039867

团结战斗生气勃勃　（庆祝中华人民共和国建国二十五周年）刘仁杰画

［长春］吉林人民出版社　1974年［1张］

107cm（全开）定价：CNY0.28

中国现代宣传画作品。

J0039868

推广优良品种，争取粮食更高产　刘仁杰作

［长春］吉林人民出版社　1974年［1张］

76cm（2开）定价：CNY0.14

中国现代宣传画作品。

J0039869

为革命实行计划生育　曹新林作

郑州　河南人民出版社　1974年［1张］

76cm（2开）定价：CNY0.14

中国现代宣传画作品。作者曹新林(1940—　)，画家。湖南望城县人。毕业于广州美术学院油画系，曾任河南省书画院副院长、河南省美术家协会副主席、河南油画学会会长。主要作品有《粉笔生涯》《江边》等。出版有《曹新林绘画作品选》专集。

J0039870

为革命实行计划生育　向阳作

上海　上海人民出版社　1974年［1张］

76cm（2开）定价：CNY0.11

中国现代宣传画作品。

J0039871

为加快社会主义建设步伐大干苦干　彭召民作

［成都］四川人民出版社 1974 年［1 张］

76cm（2 开）定价：CNY0.14

　　中国现代宣传画作品。作者彭召民（1935— ），生于四川广安，毕业于西南师范学院美术系。历任韶山毛主席旧居陈列馆美术创作组组长、重庆市美术家协会副主席兼秘书长、重庆市美术家协会主席、中国美术家协会理事、重庆书画艺术院副院长。作品有《孔子》《彭大将军》《罗汉图》《观荷图》《故里》《三峡情》《高原小鹰》等。

J0039872

为建设社会主义新农村贡献力量　崇明县农业展览馆美术组［作］；郑怀岭执笔

上海 上海人民出版社 1974 年［1 张］

76cm（2 开）定价：CNY0.11

　　中国现代宣传画作品。

J0039873

为了歼灭侵略者　吴祯祥作

［南京］江苏人民出版社 1974 年［1 张］

76cm（2 开）定价：CNY0.14

　　中国现代宣传画作品。

J0039874

为社会主义建设大干快上　潘宝，徐增元作

上海 上海人民出版社 1974 年［1 张］

107cm（全开）定价：CNY0.22

　　中国现代宣传画作品。

J0039875

为社会主义建设增光　余小仪作

上海 上海人民出版社 1974 年［1 张］

76cm（2 开）定价：CNY0.11

　　中国现代宣传画作品。作者余小仪（1949— ），油画家。生于上海，毕业于上海纺专美术系（现上海东华大学美术系），后又分别就读于纽约美格埃弗斯学院和杜鲁大学。中央美术学院、厦门大学艺术学院客座教授，美国肖像画家协会会员。主要作品有《爱祖国爱海洋》《变戏法》《沉香扇》等。

J0039876

为中国和全世界人民服务　长宁区工人业余美术创作组集体创作；孟咸昌，陈伟民执笔

上海 上海人民出版社 1974 年［1 张］

76cm（2 开）定价：CNY0.11

　　中国现代宣传画作品。

J0039877

伟大的国家　灿烂的前程　（热烈庆祝第四届全国人民代表大会胜利召开！）吉林铁路局供稿

［长春］吉林人民出版社 1974 年［1 张］

107cm（全开）定价：CNY0.28

　　中国现代宣传画作品。

J0039878

伟大的领袖毛主席万岁　吴性清，江南春作

上海 上海人民出版社 1974 年［1 张］

107cm（全开）定价：CNY0.28

　　中国现代宣传画作品。

J0039879

伟大的领袖毛主席万岁　吴性清，江南春作

上海 上海人民出版社 1974 年［1 张］

76cm（2 开）定价：CNY0.11

　　中国现代宣传画作品。

J0039880

伟大的人民共和国万岁　焦焕之，孙荃作

北京 人民美术出版社 1974 年［1 张］

107cm（全开）定价：CNY0.28

　　中国现代宣传画作品。

J0039881

伟大的社会主义祖国万年红　张汝为作

天津 天津人民美术出版社 1974 年［1 张］

153 开（2 全开）定价：CNY0.56

　　中国现代宣传画作品。作者张汝为（1944— ），画家，国家一级美术师。浙江镇海人。历任中国美术家协会会员、天津美术家协会顾问、天津画院专职画家。主要作品有《共产主义是千秋万代的崇高事业》《大海的女儿》等。

J0039882

伟大的社会主义祖国万岁　李瑞祥作

［广州］广东人民出版社 1974年［1张］
107cm（全开）定价：CNY0.28
　　中国现代宣传画作品。

J0039883
伟大的社会主义祖国万岁　李瑞祥作
［广州］广东人民出版社 1974年［1张］
76cm（2开）定价：CNY0.14
　　中国现代宣传画作品。

J0039884
伟大的社会主义祖国万岁！　张子恩作
［西安］陕西人民出版社 1974年［1张］
107cm（全开）定价：CNY0.22
　　中国现代宣传画作品。

J0039885
伟大的中国共产党万岁　江南春，姚中玉作
上海　上海人民出版社 1974年［1张］
76cm（2开）定价：CNY0.11
　　中国现代宣传画作品。

J0039886
伟大祖国欣欣向荣　徐昌明，任美君作
上海　上海人民出版社 1974年［1张］
107cm（全开）定价：CNY0.22
　　中国现代宣传画作品。

J0039887
我爱祖国的大草原　张子虎画
［成都］四川人民出版社 1974年［1张］
76cm（2开）定价：CNY0.14
　　中国现代宣传画作品。

J0039888
我国的领土决不许侵犯　于牧作
上海　上海人民出版社 1974年［1张］
107cm（全开）定价：CNY0.22
　　中国现代宣传画作品。

J0039889
喜盖新仓广积粮　贺成作
［南京］江苏人民出版社 1974年［1张］
76cm（2开）定价：CNY0.11
　　中国现代宣传画作品。作者贺成（1945—　），

国家一级美术师。字峰然，号古杨。出生于山东枣庄，毕业于南京艺术学院。中国美术家协会会员、中华诗词学会会员、江苏省艺术研究院研究员、江苏省国画院人物画创研所所长等。代表作品《共和之光》《欲与江山共娇》《马背上的歌》《辛亥风云》等。

J0039890
下米千斤　不丢一粒　王福增，马天骐作
［沈阳］辽宁人民出版社 1974年［1张］
76cm（2开）定价：CNY0.11
　　中国现代宣传画作品。

J0039891
向工农兵学习　为工农兵服务　廖艺群作
［北京］人民体育出版社 1974年［1张］
107cm（全开）定价：CNY0.28
　　中国现代宣传画作品。

J0039892
向工农兵学习　为工农兵服务　陈初电等作
上海　上海人民出版社 1974年［1张］
107cm（全开）定价：CNY0.22
　　中国现代宣传画作品。作者陈初电（1944—　），画家。浙江上虞人，毕业于上海戏剧学院舞美系。中国美术家协会会员、中国水彩画家协会会员、上海水彩画研究会会员。主要作品有《热情公平、希望天天见到您》《村姑蹴鞠图》《工地晨曲》等。出版有《陈初电水彩画集》。

J0039893
向伟大的社会主义祖国献礼　黄保源，莫树滋作
［南京］江苏人民出版社 1974年［1张］
76cm（2开）定价：CNY0.14
　　中国现代宣传画作品。

J0039894
新老干部团结紧　朝气蓬勃干革命　孟咸昌执笔
上海　上海人民出版社 1974年［1张］
76cm（2开）定价：CNY0.11
　　中国现代宣传画作品。

J0039895
宣传画选 （1）
天津 天津人民美术出版社 1974 年 12 幅
18cm（32 开）统一书号：8073.60204
定价：CNY0.36

J0039896
宣传画选 （2）
天津 天津人民美术出版社 1978 年 12 幅
19cm（32 开）定价：CNY0.36

J0039897
宣传画选 （3）
天津 天津人民美术出版社 1978 年 12 幅
19cm（32 开）定价：CNY0.36

J0039898
宣传画页 （1）
天津 天津人民美术出版社 1974 年 76cm（2 开）
定价：CNY0.08

J0039899
宣传画页 （2）
天津 天津人民美术出版社 1974 年 76cm（2 开）
定价：CNY0.08

J0039900
宣传画页 （3）
天津 天津人民美术出版社 1974 年 76cm（2 开）
定价：CNY0.08

J0039901
宣传画页 （4）
天津 天津人民美术出版社 1974 年 76cm（2 开）
定价：CNY0.08

J0039902
学会打坦克本领 崔开玺作
天津 天津人民美术出版社 1974 年 ［1 张］
76cm（2 开）定价：CNY0.11
中国现代宣传画作品。作者崔开玺(1935—)，
教授，画家。山东掖县人，就读于中央美术学院。
任解放军艺术学院副教授、教授，中国美术家协
会会员。代表作品有《演习之后》《长征路上写
生》《长征途中的贺龙与任弼时》等。

J0039903
学习工人叔叔勤俭节约好思想 静安区工
人文化宫工人业余美术创作组等［作］
上海 上海人民出版社 1974 年 ［1 张］
76cm（2 开）定价：CNY0.11
中国现代宣传画作品。

J0039904
学习雷锋为人民 （汉、维吾尔新文字标题）
秦清泉作
［乌鲁木齐］新疆人民出版社 1974 年 ［1 张］
76cm（2 开）定价：CNY0.14
中国现代宣传画作品。

J0039905
学英雄 见行动——革命真理党指挥枪
"学英雄见行动"工人业余美术创作组集体创作；
潘胜前执笔
上海 上海人民出版社 1974 年 ［1 张］
76cm（2 开）定价：CNY0.11
中国现代宣传画作品。

J0039906
学英雄 见行动——将革命进行到底 "学
英雄见行动"工人业余美术创作组集体创作；徐
孝廉执笔
上海 上海人民出版社 1974 年 ［1 张］
76cm（2 开）定价：CNY0.11
中国现代宣传画作品。

J0039907
学英雄 见行动——人换思想地换装 "学
英雄见行动"工人业余美术创作组集体创作；华
庭玉执笔
上海 上海人民出版社 1974 年 ［1 张］
76cm（2 开）定价：CNY0.11
中国现代宣传画作品。

J0039908
学英雄 见行动——人民战争威力壮 "学
英雄见行动"工人业余美术创作组集体创作；陈
守凯执笔
上海 上海人民出版社 1974 年 ［1 张］
76cm（2 开）定价：CNY0.11
中国现代宣传画作品。

J0039909

学英雄　见行动——要把那最艰巨的重担挑在肩　"学英雄见行动"工人业余美术创作组集体创作；孙承宏执笔

上海　上海人民出版社　1974 年［1 张］

76cm（2 开）定价：CNY0.11

中国现代宣传画作品。

J0039910

沿着毛主席的革命路线奋勇前进　奔射画

［石家庄］河北人民出版社　1974 年［1 张］

76cm（2 开）定价：CNY0.11

中国现代宣传画作品。

J0039911

沿着毛主席的革命文艺路线胜利前进　沈尧伊作

北京　人民美术出版社　1974 年［1 张］

107cm（全开）定价：CNY0.28

中国现代宣传画作品。

J0039912

沿着毛主席的革命文艺路线胜利前进　沈尧伊作

北京　人民美术出版社　1974 年［1 张］

76cm（2 开）定价：CNY0.14

中国现代宣传画作品。

J0039913

沿着与工农相结合的道路走到底！　汪洋作

［沈阳］辽宁人民出版社　1974 年［1 张］

76cm（2 开）定价：CNY0.11

中国现代宣传画作品。

J0039914

一切行动听指挥　步调一致才能得胜利　吴祯等合作

［杭州］浙江人民出版社　1974 年［1 张］

76cm（2 开）定价：CNY0.11

中国现代宣传画作品。

J0039915

移风易俗　破旧立新　劲时作

上海　上海人民出版社　1974 年［1 张］

76cm（2 开）定价：CNY0.11

中国现代宣传画作品。

J0039916

以实际行动回答"四年、五年总可以了吧"！（纪念毛主席发出农业学大寨号召十周年）丁健生作

［太原］山西人民出版社　1974 年［1 张］

76cm（2 开）定价：CNY0.14

中国现代宣传画作品。

J0039917

以抓革命促生产的实际行动庆祝四届人大胜利召开　全祝明作

［石家庄］河北人民出版社　1974 年［1 张］

76cm（2 开）定价：CNY0.11

中国现代宣传画作品。

J0039918

以抓革命促生产的优异成绩欢庆四届人大胜利召开　蒋昌一等作

上海　上海人民出版社　1974 年［1 张］

153cm（2 开）定价：CNY0.56

中国现代宣传画作品。作者蒋昌一（1943—　），画家、国家一级美术师。湖南湘乡人，毕业于南京艺术学院美术系。历任上海美术设计公司干部、上海油画雕塑院院长、中国美术家协会会员、上海美术家协会常务理事、上海美术家协会绘画艺术委员会主任。代表作品《团结》《国旗像太阳一样红》《革命风雨催我长》等。

J0039919

在斗争中培养理论队伍　王伟成等［作］

上海　上海人民出版社　1974 年［1 张］

107cm（全开）定价：CNY0.22

中国现代宣传画作品。作者王伟成，曾任上海人民美术出版社年画、宣传画编辑室主任。

J0039920

在斗争中培养马克思主义理论队伍　杭州钢铁厂工会业余美术小组作

［杭州］浙江人民出版社　1974 年［1 张］

107cm（全开）定价：CNY0.22

中国现代宣传画作品。

J0039921
在广阔天地里锻炼成长　刘仁杰作
[沈阳]辽宁人民出版社 1974年［1张］
76cm（2开）定价：CNY0.11
　　中国现代宣传画作品。作者刘仁杰（1951— ）教师。辽宁大连人，鲁迅美术学院油画专业研究生。历任鲁迅美术学院油画系主任、教授、第一工作室主任导师，中国美术家协会会员，中国油画学会常务理事，辽宁油画学会副主席，北京艺鸣盛世文化传媒有限公司特邀艺术顾问。代表作品有《雁南飞》《风》《绿地》《夏》。出版有《刘仁杰油画作品》。

J0039922
在毛主席革命路线指引下胜利前进　南通市美术创作组集体创作
[南京]江苏人民出版社 1974年［1张］
107cm（全开）定价：CNY0.28
　　中国现代宣传画作品。

J0039923
在社会主义大道上前进！　傅启中作
[昆明]云南人民出版社 1974年［1张］
107cm（全开）定价：CNY0.22
　　中国现代宣传画作品。

J0039924
扎根农村　永远革命　曹新林作
[郑州]河南人民出版社 1974年［1张］
76cm（2开）定价：CNY0.14
　　中国现代宣传画作品。作者曹新林（1940— ），画家。湖南望城县人。毕业于广州美术学院油画系，曾任河南省书画院副院长、河南省美术家协会副主席、河南油画学会会长。主要作品有《粉笔生涯》《江边》等。出版有《曹新林绘画作品选》专集。

J0039925
志在农村　（汉、蒙文标题）韩兴业作
[呼和浩特]内蒙古人民出版社 1974年［1张］
76cm（2开）定价：CNY0.11
　　年画形式的中国宣传画作品。

J0039926
志在农村　刘志谋作
[西安]陕西人民出版社 1974年［1张］
76cm（2开）定价：CNY0.11
　　年画形式的中国宣传画作品。作者刘志谋（1939— ），陕西长安人，毕业于西安美院附中，任职于武功县文化馆做美术创作与辅导工作。历任陕西省美术家协会会员，陕西省书法家协会会员，陕西省书画艺术研究院研究员、副院长，中国国学研究会研究员等。

J0039927
中华人民共和国万岁　王伟戍，沈绍伦作
上海 上海人民出版社 1974年［1张］
76cm（2开）定价：CNY0.11
　　中国现代宣传画作品。

J0039928
抓革命　促生产　促工作　促战备　宋守国[作]
上海 上海人民出版社 1974年［1张］
107cm（全开）定价：CNY0.22
　　中国现代宣传画作品。

J0039929
抓革命　促生产　发展大好形势　鸣耀作
[杭州]浙江人民出版社 1974年［1张］
107cm（全开）定价：CNY0.28
　　中国现代宣传画作品。

J0039930
壮志满胸怀　山河重安排　嘉定县业余美术创作组[作]
上海 上海人民出版社 1974年［1张］
76cm（2开）定价：CNY0.11
　　中国现代宣传画作品。

J0039931
走毛主席指引的路　王百顺作
[沈阳]辽宁人民出版社 1974年［1张］
76cm（2开）定价：CNY0.11
　　中国现代宣传画作品。作者王百顺（1939— ），画家。辽宁营口人，祖籍河北密云。鲁迅美术学院油画系毕业。曾在辽宁美术出版社担任美术创作室和编辑室主任。后在沈阳师范学院艺术系任教。中国美术家协会会员。作品有《无题》《人民功臣》《同欢共乐》等。

J0039932

做好反侵略战争的准备　常玉昌作

［哈尔滨］黑龙江人民出版社 1974 年［1 张］

107cm（全开）定价：CNY0.28

　　中国现代宣传画作品。

J0039933

《水浒》宋江投降派的卑劣嘴脸　（组画）任梅编；北京手扶拖拉机厂等绘

北京 人民美术出版社 1975 年 1 张 107cm（全开）

统一书号：8027.6232 定价：CNY0.28

　　中国现代宣传画作品。

J0039934

《水浒》中宋江投降派的丑恶嘴脸　（组画）

辽宁人民出版社编文；苏家屯文化馆绘画

［沈阳］辽宁人民出版社 1975 年［1 张］

107cm（全开）定价：CNY0.22

　　中国现代宣传画作品。

J0039935

把颠倒的历史再颠倒过来

天津 天津人民美术出版社 1975 年［1 张］

76cm（2 开）统一书号：8073.10165

定价：CNY0.14

　　中国现代宣传画作品。

J0039936

办好社会主义大院　巩固无产阶级专政

唐迅画

［长春］吉林人民出版社 1975 年［1 张］

76cm（2 开）定价：CNY0.14

　　中国现代宣传画作品。

J0039937

办好文化室　占领思想文化阵地　劳汝根作

［广州］广东人民出版社 1975 年［1 张］

76cm（2 开）定价：CNY0.14

　　中国现代宣传画作品。

J0039938

北京送来的礼物　伍启中等作

北京 人民美术出版社 1975 年［1 张］

76cm（2 开）定价：CNY0.11

　　年画形式的中国宣传画作品。

J0039939

毕业回乡干革命　誓做一代新农民　王儒伯，朱欣馨作

郑州 河南人民出版社 1975 年［1 张］

107cm（全开）定价：CNY0.28

　　中国现代宣传画作品。

J0039940

不失时机　搞好春耕

［沈阳］辽宁人民出版社 1975 年［1 张］

76cm（2 开）

　　中国现代宣传画作品。

J0039941

彩练当空舞　江山更好看　赵延平，孟咸昌执笔；上海市美术学校第五期工农兵学习班集体创作

上海 上海人民出版社 1975 年［1 张］

76cm（2 开）定价：CNY0.11

　　中国现代宣传画作品。

J0039942

草原新苗　王金辉画

［长春］吉林人民出版社 1975 年［1 张］

76cm（2 开）定价：CNY0.14

　　年画形式的中国宣传画作品。

J0039943

处处是战场　岳瑞敏作

上海 上海人民出版社 1975 年［1 张］

76cm（2 开）定价：CNY0.11

　　中国现代宣传画作品。

J0039944

从现在起我们应该有所准备！　陈绍宪作

广州 广东人民出版社 1975 年［1 张］

76cm（2 开）定价：CNY0.14

　　中国现代宣传画作品。

J0039945

从小锻炼身体好　鸥洋作

［北京］人民体育出版社 1975 年［1 张］

76cm（2 开）定价：CNY0.11

　　中国现代宣传画作品。

J0039946
从小锻炼身体好　杨受安作
［成都］四川人民出版社 1975 年［1 张］
76cm（2 开）定价：CNY0.11
　　中国现代宣传画作品。

J0039947
从小就爱学英雄
［南宁］广西人民出版社 1975 年［1 张］
76cm（2 开）定价：CNY0.14
　　中国现代宣传画作品。

J0039948
大办农业机械化　夺取农业大丰收　余云
鹏，王麟坤作
上海　上海人民出版社 1975 年［1 张］
107cm（全开）定价：CNY0.22
　　中国现代宣传画作品。

J0039949
大干快变加速实现大寨县　复县宣传画学习
班创作
［沈阳］辽宁人民出版社 1975 年［1 张］
76cm（2 开）定价：CNY0.11
　　中国现代宣传画作品。

J0039950
大干快上　夺取农业大丰收　凌镜清作
［广州］广东人民出版社 1975 年［1 张］
76cm（2 开）定价：CNY0.14
　　中国现代宣传画作品。

J0039951
大干快上修水利　打好粮食生产仗　王惠
仪作
［乌鲁木齐］新疆人民出版社 1975 年［1 张］
76cm（2 开）定价：CNY0.14
　　中国现代宣传画作品。

J0039952
大干快上支援农业　岳西岩作；洛阳东方红
拖拉机厂"革委会"供稿
［郑州］河南人民出版社 1975 年［1 张］
107cm（全开）定价：CNY0.28
　　中国现代宣传画作品。

J0039953
大干快上支援农业机械化　周长根作
［南京］江苏人民出版社 1975 年［1 张］
76cm（2 开）定价：CNY0.14
　　中国现代宣传画作品。

J0039954
大搞技术革新加快社会主义建设步伐　王
也良作
上海　上海人民出版社 1975 年［1 张］
76cm（2 开）定价：CNY0.11
　　中国现代宣传画作品。

J0039955
大家动手　除害灭病　赵国瑛执笔；南翔镇
党委供稿
上海　上海人民出版社 1975 年［1 张］
76cm（2 开）定价：CNY0.11
　　中国现代宣传画作品。

J0039956
大讲革命故事　占领农村文化阵地　赵绍
虎作
［南京］江苏人民出版社 1975 年［1 张］
76cm（2 开）定价：CNY0.14
　　中国现代宣传画作品。

J0039957
大力发展养猪事业　复县宣传馆学习班创作
［沈阳］辽宁人民出版社 1975 年［1 张］
76cm（2 开）定价：CNY0.11
　　中国现代宣传画作品。

J0039958
大力发展养猪事业　陈庆心作
上海　上海人民出版社 1975 年［1 张］
76cm（2 开）定价：CNY0.11
　　中国现代宣传画作品。

J0039959
大力发展养猪业　言师中画
［济南］山东人民出版社 1975 年［1 张］
76cm（2 开）定价：CNY0.11
　　中国现代宣传画作品。

J0039960
大力支援农业　广州市美术工作室供稿
［广州］广东人民出版社 1975 年［1 张］
76cm（2 开）定价：CNY0.14
　　中国现代宣传画作品。

J0039961
大力支援农业　夺取更大丰收　白英寰作
［沈阳］辽宁人民出版社 1975 年［1 张］
107cm（全开）定价：CNY0.22
　　中国现代宣传画作品。

J0039962
大力支援农业　巩固工农联盟　徐文华作
上海　上海人民出版社 1975 年 2 张 76cm（2 开）
定价：CNY0.22
　　中国现代宣传画作品。

J0039963
大批资本主义　大干社会主义　李仁洪等作
［南昌］江西人民出版社 1975 年 76cm（2 开）
定价：CNY0.11
　　中国现代宣传画作品。

J0039964
大批资本主义　大干社会主义　焦焕之作
北京　人民美术出版社 1975 年［1 张］
107cm（全开）定价：CNY0.28
　　中国现代宣传画作品。

J0039965
大破"猫冬"旧习　大搞农田基本建设　任
梦璋，孙国岐作
［沈阳］辽宁人民出版社 1975 年［1 张］
76cm（2 开）
　　中国现代宣传画作品。作者任梦璋（1934—　　），
画家，教授。河北来鹿（现辛集市）人，毕业于中
央美术学院。曾任鲁迅美术学院教授、中国美术
家协会会员、辽宁美术家协会顾问。代表作品《平
型关大捷》《攻克锦州》《秋色》等。

J0039966
大寨县的六条标准　广东人民艺术学院绘画
系工农兵学员绘
［广州］广东人民出版社 1975 年［1 张］

107cm（全开）定价：CNY0.28
　　中国现代宣传画作品。

J0039967
锻炼身体建设社会主义新农村　张颂南作
［北京］人民体育出版社 1975 年［1 张］
76cm（2 开）定价：CNY0.11
　　中国现代宣传画作品。

J0039968
多出煤出好煤支援社会主义建设　刘杜画
［济南］山东人民出版社 1975 年［1 张］
107cm（全开）定价：CNY0.28
　　中国现代宣传画作品。

J0039969
夺丰收　广积粮　于宝剑，张万臣作
［沈阳］辽宁人民出版社 1975 年［1 张］
76cm（2 开）定价：CNY0.11
　　中国现代宣传画作品。

J0039970
夺丰收　广积粮　于宝俭，张万臣作；辽宁省
新金县文教局，辽宁省新金县文化馆供稿
北京　人民美术出版社 1975 年［1 张］
107cm（全开）定价：CNY0.28
　　中国现代宣传画作品。

J0039971
发扬革命传统加强战备训练　李忠为作
［昆明］云南人民出版社 1975 年［1 张］
76cm（2 开）定价：CNY0.11
　　中国现代宣传画作品。

J0039972
发扬革命传统争取更大光荣　（纪念中国工
农红军长征四十周年）张建中作
［昆明］云南人民出版社 1975 年［1 张］
76cm（2 开）定价：CNY0.11
　　中国现代宣传画作品。作者张建中
（1928—　　），画家。

J0039973
发扬革命精神　夺取新的胜利　宣灿源作
上海　上海人民出版社 1975 年［1 张］

76cm（2开）定价：CNY0.11

中国现代宣传画作品。

J0039974

发扬无产阶级革命精神　坚持参加集体生产劳动　李荣洲作

［南京］江苏人民出版社　1975年［1张］

76cm（2开）定价：CNY0.14

中国现代宣传画作品。

J0039975

发展农民理论队伍　刘铁汉作

北京　人民美术出版社　1975年［1张］

76cm（2开）定价：CNY0.11

中国现代宣传画作品。

J0039976

发展农民理论队伍　刘铁汉作

上海　上海人民出版社　1975年［1张］

76cm（2开）定价：CNY0.11

中国现代宣传画作品。

J0039977

奋发图强　自力更生　发展生产　重建家园

［沈阳］辽宁人民出版社　1975年［1张］

76cm（2开）

中国现代宣传画作品。

J0039978

奋发图强加速社会主义建设　周瑞庄执笔

上海　上海人民出版社　1975年［1张］

76cm（2开）定价：CNY0.11

中国现代宣传画作品。作者周瑞庄（1930—　），画家。又名睿庄，浙江湖州人。历任上海人民美术出版社专职画家、编审，中国美术家协会会员。代表作品有《世界人民反帝斗争必胜》《繁荣昌盛》《注意清洁卫生美化校园环境》《星火燎原》等。

J0039979

妇女能顶半边天　管教山河换新颜　王大为作；辽宁省复县文化馆供稿

北京　人民美术出版社　1975年［1张］

76cm（2开）定价：CNY0.11

中国现代宣传画作品。

J0039980

高举"鞍钢宪法"的光辉旗帜，夺取工业生产的更大胜利！　张文涛作

［沈阳］辽宁人民出版社　1975年［1张］

107cm（全开）定价：CNY0.22

中国现代宣传画作品。

J0039981

搞好计划生育　为农业大变贡献力量　李宝峰作

［兰州］甘肃人民出版社　1975年［1张］

76cm（2开）定价：CNY0.14

中国现代宣传画作品。作者李宝峰（1938—2019），国画家、一级美术师。辽宁抚顺市人，就读于鲁迅美术学院附中。历任甘肃画院副院长、甘肃美术家协会副主席、中国美术家协会会员。代表作品有《李宝峰草原风情录》《李宝峰画集》等。

J0039982

搞好计划生育的热心人　单锡和执笔

上海　上海人民出版社　1975年［1张］

76cm（2开）定价：CNY0.11

中国现代宣传画作品。作者单锡和（1940—　），画家。江西高安人。毕业于南京艺术学院油画系。任教于上海东华大学。上海服饰协会理事、全国工艺美术教学专业委员会委员。擅长水粉画、年画和装饰画。主要作品有《夏夜静静》《浓浓情怀》等，著有《单锡和装饰油画集》《单锡和线描装饰画》等。

J0039983

革命儿歌好　王怀庆，赵士英作

北京　人民出版社　1975年［1张］76cm（2开）定价：CNY0.14

中国现代宣传画作品。

J0039984

各行各业齐动员　大干农业做贡献　韦自强作

［兰州］甘肃人民出版社　1975年［1张］

76cm（2开）定价：CNY0.14

中国现代宣传画作品。

J0039985
各族运动员团结齐向前　沈尧伊, 沈尧定作
[北京] 人民体育出版社 1975 年 [1 张]
107cm（全开）定价: CNY0.28
　　中国现代宣传画作品。

J0039986
鼓干劲争上游夺取农业新丰收　张安朴执
笔; 嘉定县业余美术组创作
上海　上海人民出版社 1975 年 [1 张]
107cm（全开）定价: CNY0.22
　　中国现代宣传画作品。

J0039987
**鼓足干劲力争上游掀起社会主义建设新高
潮**　王龙生等作
[成都] 四川人民出版社 1975 年 [1 张]
76cm（2 开）定价: CNY0.14
　　中国现代宣传画作品。

J0039988
观风雨辨方向不信天命干革命　黄增立作
天津　天津人民美术出版社 1975 年 [1 张]
76cm（2 开）定价: CNY0.11
　　中国现代宣传画作品。

J0039989
广泛开展农村体育活动　赵坤汉作
[北京] 人民体育出版社 1975 年 [1 张]
107cm（全开）定价: CNY0.28
　　中国现代宣传画作品。

J0039990
广阔天地　大有作为　张树权作; 辽宁省新
金县总工会供稿
北京　人民美术出版社 1975 年 [1 张]
76cm（2 开）定价: CNY0.11
　　中国现代宣传画作品。

J0039991
广阔天地新苗苗壮　张宝贵, 王义胜作
[沈阳] 辽宁人民出版社 1975 年 [1 张]
107cm（全开）定价: CNY0.22
　　中国现代宣传画作品。

J0039992
好好学习　天天向上　欧激文作
[广州] 广东人民出版社 1975 年 76cm（2 开）
定价: CNY0.14
　　中国现代宣传画作品。

J0039993
好好学习　天天向上　欧激文作
[广州] 广东人民出版社 1975 年 53cm（4 开）
定价: CNY0.07
　　中国现代宣传画作品。

J0039994
合作医疗好　陈玉铭作
[郑州] 河南人民出版社 1975 年 [1 张]
76cm（2 开）定价: CNY0.14
　　中国现代宣传画作品。

J0039995
红花向阳开　祖国春长在　广州美术工作
室作
[北京] 人民体育出版社 1975 年 [1 张]
107cm（全开）定价: CNY0.28
　　中国现代宣传画作品。

J0039996
积极参加体育运动为革命锻炼身体　广州
美术工作室作
[北京] 人民体育出版社 1975 年 [1 张]
107cm（全开）定价: CNY0.28
　　中国现代宣传画作品。

J0039997
积极参加义务劳动　加速社会主义建设
王慎仁作
[沈阳] 辽宁人民出版社 1975 年 [1 张]
107cm（全开）定价: CNY0.22
　　中国现代宣传画作品。

J0039998
积极开展群众体育活动　王纯言作
[北京] 人民体育出版社 1975 年 [1 张]
107cm（全开）定价: CNY0.28
　　中国现代宣传画作品。作者王纯言（1946—
1997）, 版画家、装潢美术家。上海人, 毕业于上

海师范大学美术专业，后在上海交通大学工业设计专业、中央工艺美术学院装潢系进修。中国美术家协会上海分会会员、中国工业美术协会会员。代表作品有插图书籍《新道德三字经》等。

J0039999

积极培养无产阶级革命事业接班人　曹华作；大连印染厂供稿

北京　人民美术出版社 1975 年 [1 张]

107cm（全开）定价：CNY0.28

　　中国现代宣传画作品。

J0040000

计划生育好　宋厚成作；户县文化馆供稿

[西安] 陕西人民出版社 1975 年 [1 张]

76cm（2 开）定价：CNY0.11

　　中国现代宣传画作品。

J0040001

计划生育墙报　史一绘；云南省卫生局编

[昆明] 云南人民出版社 1975 年 [1 张]

107cm（全开）定价：CNY0.22

　　中国现代宣传画作品。

J0040002

计划生育墙报　史一绘；云南省卫生局编

[昆明] 云南人民出版社 1975 年 [1 张]

76cm（2 开）定价：CNY0.11

　　中国现代宣传画作品。

J0040003

计划生育宣传标语　（共六张）兰州市计划生育办公室编绘

[兰州] 甘肃人民出版社 1975 年 [1 张]

76cm（2 开）定价：CNY0.56

　　中国现代宣传画作品。

J0040004

继续革命迈大步　自力更生创大业　侯德剑作

[南京] 江苏人民出版社 1975 年 [1 张]

107cm（全开）定价：CNY0.28

　　中国现代宣传画作品。侯德剑(1949—　)，画家，江苏南通人。南通书法国画研究院院长、南通市美术家协会主席、中国美术家协会会员、国家一级美术师、江苏省政协书画室特聘画师。擅长中国画、连环画。作品有连环画《东进、东进》，中国画《牛戏图》《铁流》（合作）等。

J0040005

加快建设社会主义大农业　李武英作

[武汉] 湖北人民出版社 1975 年 [1 张]

107cm（全开）定价：CNY0.28

　　中国现代宣传画作品。

J0040006

加速农业机械化的步伐为农业现代化而奋斗　刘文西作

北京　人民美术出版社 1975 年 [1 张]

107cm（全开）定价：CNY0.28

　　中国现代宣传画作品。

J0040007

加速实现农业机械化　济南市电影发行公司宣传组集体创作

[济南] 山东人民出版社 1975 年 [1 张]

76cm（2 开）定价：CNY0.11

　　中国现代宣传画作品。

J0040008

坚持走"七·二一"道路造成工人阶级知识分子的新部队　上海机床厂工人业余美术组，上海人民出版社宣传画创作组 [作]

上海　上海人民出版社 1975 年 [1 张]

107cm（全开）定价：CNY0.22

　　中国现代宣传画作品。

J0040009

坚决抵制资产阶级思想的腐蚀！　杜启锋作

[广州] 广东人民出版社 1975 年 [1 张]

76cm（2 开）定价：CNY0.11

　　中国现代宣传画作品。

J0040010

坚决拥护中华人民共和国宪法　广州市美术服务公司美工室创作组作

[广州] 广东人民出版社 1975 年 [1 张]

76cm（2 开）定价：CNY0.14

　　中国现代宣传画作品。

J0040011
坚决执行、勇敢捍卫新宪法　王简兆作
[成都]四川人民出版社 1975 年 [1 张]
76cm（2 开）定价：CNY0.11
　　　中国现代宣传画作品。

J0040012
艰苦奋斗创大业　黄铁山作
[长沙]湖南人民出版社 1975 年 [1 张]
76cm（2 开）定价：CNY0.14
　　　中国现代宣传画作品。作者黄铁山(1939—　)，
画家。湖南洞口人，毕业于湖北艺术学院。历
任湖南省美术家协会主席、湖南省文联副主席。
代表作品有《黄铁山水彩画》《圣彼得堡》《开
春》等。

J0040013
接过战笔　战斗到底　肖振亚，刘恩斌作；
辽宁省庄河县第一中学，辽宁省庄河县文化馆
供稿
北京 人民美术出版社 1975 年 [1 张]
107cm（全开）定价：CNY0.28
　　　中国现代宣传画作品。

J0040014
接过战笔　战斗到底　肖振亚，刘恩斌作；
辽宁省庄河县第一中学，辽宁省庄河县文化馆
供稿
北京 人民美术出版社 1975 年 [1 张]
76cm（2 开）定价：CNY0.11
　　　中国现代宣传画作品。

J0040015
接过战笔　战斗到底　肖振亚，刘恩斌作；
辽宁省庄河县第一中学，辽宁省庄河县文化馆
供稿
北京 人民美术出版社 1975 年 [1 张]
38cm（6 开）定价：CNY0.04
　　　中国现代宣传画作品。

J0040016
决裂旧观念　做新型农民　梁兵作
[沈阳]辽宁人民出版社 1975 年 [1 张]
107cm（全开）定价：CNY0.22
　　　中国现代宣传画作品。

J0040017
军民同备战　革命情谊深　钱逸敏作
上海 上海人民出版社 1975 年 [1 张]
76cm（2 开）定价：CNY0.11
　　　中国现代宣传画作品。作者钱逸敏，画家。
上海人，毕业于上海大学美术学院工艺系，擅长
连环画、插图。曾任上海人民美术出版社编辑、
中国美术家协会上海分会会员、上海连环画研究
会会员、上海编辑学会会员、全国低幼读物研究
会会员。作品有《红楼梦故事》《故事大王画库》
《变形金刚》等。

J0040018
军民鱼水相依　筑成钢铁长城　戴恒扬，林
聪作
上海 上海人民出版社 1975 年 [1 张]
76cm（2 开）定价：CNY0.11
　　　中国现代宣传画作品。作者戴恒扬(1946—　)，
教授。浙江奉化人，毕业于上海戏剧学院舞台美
术系。历任上海戏剧学院美术系教师、副教授、
教授。代表作品《在希望的田野上》《秦香莲》等。

J0040019
开展对《水浒》的评论　奔射画
[石家庄]河北人民出版社 1975 年 [1 张]
76cm（2 开）定价：CNY0.11
　　　中国现代宣传画作品。

J0040020
**开展对《水浒》的评论　使人民都知道投降
派**　鲁迅美术学院供稿
[沈阳]辽宁人民出版社 1975 年 [1 张]
107cm（全开）定价：CNY0.22
　　　中国现代宣传画作品。

J0040021
开展军事体育活动　保卫社会主义祖国
李少文作
[北京]人民体育出版社 1975 年 [1 张]
76cm（2 开）定价：CNY0.11
　　　中国现代宣传画作品。

J0040022
劳动妇女是伟大的革命力量　刘润民画
[长春]吉林人民出版社 1975 年 [1 张]

76cm（2开）定价：CNY0.14

　　中国现代宣传画作品。

J0040023

劳动妇女是伟大的革命力量　丁德邻作

[南京]江苏人民出版社 1975年［1张］

76cm（2开）定价：CNY0.14

　　中国现代宣传画作品。作者丁德邻（1943— ），画家。江苏南京人。毕业于南京艺术学院。中国美术家协会会员、常州市美术家协会副主席、原常州刘海粟美术馆副馆长。主要作品有《水》《山那边》《后山》等。

J0040024

立志务农斗志昂　火红青春献给党　符克霖[作]

上海 上海人民出版社 1975年［1张］

107cm（全开）定价：CNY0.22

　　中国现代宣传画作品。

J0040025

利用《水浒》做反面教材　使人民都知道投降派　高国芳画

[长春]吉林人民出版社 1975年［1张］

107cm（全开）定价：CNY0.28

　　中国现代宣传画作品。

J0040026

练打"乌龟壳"　孙国礼作

[哈尔滨]黑龙江人民出版社 1975年［1张］

76cm（2开）定价：CNY0.14

　　年画形式的中国宣传画作品。

J0040027

领导带头干　大干促大变　高友林作

[兰州]甘肃人民出版社 1975年［1张］

107cm（全开）定价：CNY0.22

　　中国现代宣传画作品。

J0040028

领导带头干　建设大寨县　复县宣传画学习班创作

[沈阳]辽宁人民出版社 1975年［1张］

76cm（2开）定价：CNY0.11

　　中国现代宣传画作品。

J0040029

毛主席的革命文艺路线胜利万岁　陈十梅作

[武汉]湖北人民出版社 1975年［1张］

107cm（全开）定价：CNY0.28

　　中国现代宣传画作品。作者陈十梅（1916— ），女，画家。湖南醴陵人，湖北省美术院专业画家。

J0040030

毛主席会见白求恩同志　张福龙作

天津 天津人民美术出版社 1975年［1张］

76cm（2开）定价：CNY0.14

　　中国现代年画作品。作者张福龙（1942— ），画家。天津人。曾任天津杨柳青画社、天津画院专业画家等职。主要作品有《毛主席和青年农民》《杨柳春风》《山娃》等。

J0040031

农村需要我　我更需要农村　刘孝仁等作

[沈阳]辽宁人民出版社 1975年［1张］

107cm（全开）定价：CNY0.22

　　中国现代宣传画作品。

J0040032

农村需要我们　我们热爱农村　莫树滋作

[南京]江苏人民出版社 1975年［1张］

76cm（2开）定价：CNY0.14

　　中国现代宣传画作品。作者莫树滋（1941— ），画家、国家一级美术师。江苏常州人，毕业于南京师范学院美术系。中国美术家协会会员。代表作品有《理想》《花香鸟语处处香》《路——瞿秋白造像》《三杰图》，出版有《莫树滋画集》。

J0040033

农业的根本出路在于机械化　广州市美术工作室供稿

[广州]广东人民出版社 1975年［1张］

76cm（2开）定价：CNY0.14

　　中国现代宣传画作品。

J0040034

农业的根本出路在于机械化　王龙生等作

[成都]四川人民出版社 1975年［1张］

76cm（2开）定价：CNY0.11

　　中国现代宣传画作品。

J0040035

农业学大寨　大干促大变　曹新林作；郑州市少年宫供稿

[郑州]河南人民出版社　1975 年［1 张］

107cm（全开）定价：CNY0.28

　　中国现代宣传画作品。作者曹新林（1940—　　），画家。湖南望城县人。毕业于广州美术学院油画系，曾任河南省书画院副院长、河南省美术家协会副主席、河南油画学会会长。主要作品有《粉笔生涯》《江边》等。出版有《曹新林绘画作品选》专集。

J0040036

农业学大寨　普及大寨县　上海人民出版社集体创作

上海　上海人民出版社　1975 年［1 张］

107cm（全开）定价：CNY0.22

　　中国现代宣传画作品。

J0040037

农业学大寨，干部社员齐心干！　张京生，王元珍作

天津　天津人民美术出版社　1975 年［1 张］

76cm（2 开）定价：CNY0.14

　　中国现代宣传画作品。

J0040038

庆祝中华人民共和国成立二十六周年　丁仪新，沈绍伦作

上海　上海人民出版社　1975 年［1 张］

76cm（2 开）定价：CNY0.33

　　中国现代宣传画作品。

J0040039

全党动员　大办农业　为普及大寨县而奋斗　伍启中作

[广州]广东人民出版社　1975 年［1 张］

76cm（2 开）定价：CNY0.14

　　中国现代宣传画作品。

J0040040

全党动员　大办农业　为普及大寨县而奋斗　钟增亚，朱辉作；衡阳市文化馆供稿

[长沙]湖南人民出版社　1975 年［1 张］

107cm（全开）定价：CNY0.28

　　中国现代宣传画作品。

J0040041

全党动员　大办农业　为普及大寨县而奋斗　龙云绪作

[南京]江苏人民出版社　1975 年　2 张

107cm（全开）定价：CNY0.56

　　中国现代宣传画作品。

J0040042

全党动员　大办农业　为普及大寨县而奋斗　复县宣传画学习班创作

[沈阳]辽宁人民出版社　1975 年［1 张］

107cm（全开）定价：CNY0.22

　　中国现代宣传画作品。

J0040043

全党动员　大办农业　为普及大寨县而奋斗　孙荃作

北京　人民美术出版社　1975 年［1 张］

107cm（全开）定价：CNY0.28

　　中国现代宣传画作品。

J0040044

全党动员　大办农业　为普及大寨县而奋斗！　陈明画；胶南县文化馆供稿

[济南]山东人民出版社　1975 年［1 张］

107cm（全开）定价：CNY0.28

　　中国现代宣传画作品。

J0040045

全党动员，大办农业，为普及大寨县而奋斗　北京市顺义县业余美术组创作组，人民美术出版社前薛大队编辑组编绘

北京　人民美术出版社　1975 年［1 张］

107cm（全开）定价：CNY0.15

　　中国现代宣传画作品。

J0040046

全党动员，大办农业，为普及大寨县而奋斗　边秉贵，颜铁良作

天津　天津人民美术出版社　1975 年［1 张］

76cm（2 开）定价：CNY0.14

　　中国现代宣传画作品。

J0040047

全面规划　加强领导　加快建设社会主义大农业　山西省水利局供稿

[太原] 山西人民出版社 1975 年 [1 张]

107cm（全开）定价：CNY0.28

中国现代宣传画作品。

J0040048

全世界无产者联合起来　上海市外贸局业余美术组 [作]

上海 上海人民出版社 1975 年 [1 张]

107cm（全开）定价：CNY0.22

中国现代宣传画作品。

J0040049

热烈欢呼第四届全国人民代表大会胜利召开　常玉昌，祝林恩作

[哈尔滨] 黑龙江人民出版社 1975 年 [1 张]

107cm（全开）定价：CNY0.28

中国现代宣传画作品。

J0040050

热烈欢送知识青年上山下乡干革命　施福国，汪幼军 [作]

上海 上海人民出版社 1975 年 [1 张]

107cm（全开）定价：CNY0.22

中国现代宣传画作品。

J0040051

认真落实"鞍钢宪法" 夺取更大胜利　白显文，王瑞作

[沈阳] 辽宁人民出版社 1975 年 [1 张]

76cm（2 开）定价：CNY0.11

中国现代宣传画作品。

J0040052

认真学习毛主席关于理论问题的重要指示　言师中，蒋陈阡画

[济南] 山东人民出版社 1975 年 [1 张]

107cm（全开）定价：CNY0.28

中国现代宣传画作品。

J0040053

认真执行"鞍钢宪法" 依靠群众推动企业大上快变　凌国伟作

[沈阳] 辽宁人民出版社 1975 年 [1 张]

76cm（2 开）定价：CNY0.11

中国现代宣传画作品。

J0040054

认真执行和勇敢捍卫新的宪法　于振立，关满生作；辽宁省金文化馆，旅大市沙河口区宣传站供稿

北京 人民美术出版社 1975 年 [1 张]

107cm（全开）定价：CNY0.28

中国现代宣传画作品。

J0040055

认真执行新宪法　勇敢捍卫新宪法　蒋陈阡，李向阳画

[济南] 山东人民出版社 1975 年 [1 张]

107cm（全开）定价：CNY0.28

中国现代宣传画作品。

J0040056

认真执行新宪法　勇敢捍卫新宪法　沈绍伦等

上海 上海人民出版社 1975 年 [1 张]

107cm（全开）定价：CNY0.22

中国现代宣传画作品。

J0040057

社会是课堂　拜群众为师　李生权作

[沈阳] 辽宁人民出版社 1975 年 [1 张]

76cm（2 开）定价：CNY0.11

中国现代宣传画作品。

J0040058

身不离劳动　心不离群众　曹瑞林作

[郑州] 河南人民出版社 1975 年 [1 张]

107cm（全开）定价：CNY0.28

中国现代宣传画作品。

J0040059

深入开展工业学大庆的群众运动！　姚泉福等作

[哈尔滨] 黑龙江人民出版社 1975 年 [1 张]

107cm（全开）定价：CNY0.28

中国现代宣传画作品。

J0040060

生产斗争的闯将　阶级斗争的尖兵　董瑞
岳作；上海民兵指挥部政工组供稿
上海　上海人民出版社　1975 年［1 张］
107cm（全开）定价：CNY0.22
　　中国现代宣传画作品。

J0040061

时刻做好准备　保卫社会主义祖国　吴祯
祥等作
上海　上海人民出版社　1975 年［1 张］
107cm（全开）定价：CNY0.22
　　中国现代宣传画作品。

J0040062

实行科学种田　粮食年年增产　复县宣传
画学习班创作
［沈阳］辽宁人民出版社　1975 年［1 张］
76cm（2 开）定价：CNY0.11
　　中国现代宣传画作品。

J0040063

实行晚婚和计划生育　解放妇女劳动力
钟世家作；辽宁省计划生育办公室供稿
［沈阳］辽宁人民出版社　1975 年［1 张］
76cm（2 开）定价：CNY0.11
　　中国现代宣传画作品。

J0040064

誓为革命多出煤　贺成作
［南京］江苏人民出版社　1975 年［1 张］
76cm（2 开）定价：CNY0.14
　　中国现代宣传画作品。作者贺成（1945—　），
国家一级美术师。字峰然，号古杨。出生于山东
枣庄，毕业于南京艺术学院。中国美术家协会会
员、中华诗词学会会员、江苏省艺术研究院研究
员、江苏省国画院人物画创研所所长等。代表
作品《共和之光》《欲与江山共娇》《马背上的歌》
《辛亥风云》等。

J0040065

送子务农　广东人民艺术学院绘画系工农兵
学员集体创作
［广州］广东人民出版社　1975 年［1 张］
76cm（2 开）定价：CNY0.14

中国现代宣传画作品。

J0040066

提高警惕　常备不懈　王中一作；上海民兵
指挥部政工组供稿
上海　上海人民出版社　1975 年［1 张］
76cm（2 开）定价：CNY0.11
　　中国现代宣传画作品。

J0040067

提高警惕保卫祖国　于牧作
上海　上海人民出版社　1975 年［1 张］
107cm（全开）定价：CNY0.22
　　中国现代宣传画作品。

J0040068

**天崩地裂撑得住，泰山压顶不弯腰，重灾
面前不低头，强渡"长江"志更坚**　任梦璋，
吴云华作
［沈阳］辽宁人民出版社　1975 年［1 张］
76cm（2 开）
　　中国现代宣传画作品。作者任梦璋（1934—　），
画家，教授。河北束鹿（现辛集市）人，毕业于中
央美术学院。曾任鲁迅美术学院教授、中国美术
家协会会员、辽宁美术家协会顾问。代表作品《平
型关大捷》《攻克锦州》《秋色》等。作者吴云华
（1944—　），国家一级美术师。出生于黑龙江省，
祖籍辽宁辽阳。毕业于鲁迅美术学院。中国美
术家协会会员、中国油画学会理事、辽宁省美术
家协会副主席、辽宁画院副院长。代表作品油画
《采铜尖兵》《粮官奶奶》《1976 年唐山》等，国画
《我该是中国的一部分·斯诺》等，创作油画作品
《抗美援朝　跨过鸭绿江》。画作《萌》获首届体育
美术作品展铜奖并被中国奥林匹克委员会收藏。
出版有《吴云华油画自选集》。

J0040069

天地广阔　前程似锦　黄希舜，陈威作
［广州］广东人民出版社　1975 年［1 张］
76cm（2 开）定价：CNY0.14
　　中国现代宣传画作品。

J0040070

团结、战斗、友谊　达明成，金纪发作
上海　上海人民出版社　1975 年［1 张］

107cm（全开）定价：CNY0.22
　　中国现代宣传画作品。

J0040071
团结起来，争取更大的胜利！　薛斌摄
北京　人民美术出版社 1975 年［1 张］
53cm（4 开）定价：CNY0.014
　　中国现代宣传画作品。

J0040072
团结战斗　严阵以待 —— 上海警备区 83303 部队　钱逸敏［作］
上海　上海人民出版社 1975 年［1 张］
76cm（2 开）定价：CNY0.11
　　中国现代宣传画作品。作者钱逸敏，画家。上海人，毕业于上海大学美术学院工艺系，擅长连环画、插图。曾任上海人民美术出版社编辑，中国美术家协会上海分会会员，上海连环画研究会会员，上海编辑学会会员，全国低幼读物研究会会员。作品有《红楼梦故事》《故事大王画库》《变形金刚》等。

J0040073
团结战斗学大寨　大干大变夺丰收　傅治森作；辽宁省金县石河 “公社” 供稿
北京　人民美术出版社 1975 年［1 张］
107cm（全开）定价：CNY0.28
　　中国现代宣传画作品。

J0040074
为 1980 年基本实现农业机械化而奋斗　唐小禾，程犁作
［武汉］湖北人民出版社 1975 年［1 张］
107cm（全开）定价：CNY0.28
　　中国现代宣传画作品。作者唐小禾（1941—　），画家。祖籍湖北武昌，生于四川江津县。毕业于湖北艺术学院美术系。历任湖北美术学院院长、湖北省美术院副院长、湖北省美术家协会主席、中国美术家协会壁画艺术委员会主任。代表作品有《在大风大浪中前进》《葛洲坝人》《火中的凤凰》《楚乐》等。作者程犁（1941—　），女，湖北武汉人。毕业于湖北美术学院。中国美术家协会会员、中国美术家协会湖北分会理事。主要作品有《楚乐》《葛洲坝人》《1976~ 中国的十月》等。

J0040075
为把我国建设成为社会主义的现代化强国而努力　陈德周作；漯河市磷肥厂供稿
［郑州］河南人民出版社 1975 年［1 张］
107cm（全开）定价：CNY0.28
　　中国现代宣传画作品。

J0040076
为把我国建设成为社会主义的现代化强国而努力　沈行工作
［南京］江苏人民出版社 1975 年［1 张］
107cm（全开）定价：CNY0.28
　　中国现代宣传画作品。

J0040077
为革命锻炼身体　李鸿远作
［北京］人民体育出版社 1975 年［1 张］
76cm（2 开）定价：CNY0.11
　　中国现代宣传画作品。

J0040078
为革命实行计划生育　丛志远作
［南京］江苏人民出版社 1975 年［1 张］
76cm（2 开）定价：CNY0.11
　　中国现代宣传画作品。

J0040079
为建设伟大的社会主义祖国而锻炼　宋惠民作
［北京］人民体育出版社 1975 年［1 张］
107cm（全开）定价：CNY0.28
　　中国现代宣传画作品。

J0040080
为普及大寨县，实现农业机械化而奋斗！
张惠民，吕安未作；陕西省艺术学院供稿
［西安］陕西人民出版社 1975 年［1 张］
107cm（全开）定价：CNY0.28
　　中国现代宣传画作品。

J0040081
为普及大寨县而奋斗　广州市美术工作室供稿
［广州］广东人民出版社 1975 年［1 张］
76cm（2 开）定价：CNY0.14
　　中国现代宣传画作品。

J0040082

为普及大寨县贡献自己的青春　徐希作

北京　人民美术出版社　1975年［1张］

107cm（全开）定价：CNY0.28

　　中国现代宣传画作品。作者徐希(1940—2015)，画家。曾用名徐振武，浙江绍兴人。毕业于浙江美术学院。曾任人民美术出版社编辑、一级美术师、中国美术家协会会员。代表作品《长城》《布达拉宫》《湖上晨曲》《江南喜雨》等。

J0040083

为社会主义建设多炼钢铁　张文涛作

［沈阳］辽宁人民出版社　1975年［1张］

107cm（全开）定价：CNY0.22

　　中国现代宣传画作品。

J0040084

为实现四届人大提出的战斗任务而努力

陆继良作

［合肥］安徽人民出版社　1975年［1张］

107cm（全开）定价：CNY0.22

　　中国现代宣传画作品。

J0040085

为在1980年基本实现农业机械化而奋斗

邱瑞敏作

上海　上海人民出版社　1975年［1张］

107cm（全开）定价：CNY0.22

　　中国现代宣传画作品。

J0040086

伟大祖国　欣欣向荣　徐昌明，任美君作

上海　上海人民出版社　1975年［1张］

76cm（2开）定价：CNY0.11

　　中国现代宣传画作品。

J0040087

我们是革命的新一代　祝福新作

［沈阳］辽宁人民出版社　1975年［1张］

107cm（全开）定价：CNY0.22

　　中国现代宣传画作品。

J0040088

我们是中国共产党领导下的工农子弟兵

井维春作

沈阳　辽宁人民出版社　1975年［1张］

107cm（全开）定价：CNY0.22

　　中国现代宣传画作品。

J0040089

我为革命多炼钢　丁仪新，余云鹏作

上海　上海人民出版社　1975年［1张］

107cm（全开）定价：CNY0.22

　　中国现代宣传画作品。

J0040090

我为祖国献宝藏　黄启乐作

［昆明］云南人民出版社　1975年［1张］

76cm（2开）定价：CNY0.11

　　中国现代宣传画作品。作者黄启乐，《奥秘》的副主编。

J0040091

务歼入侵之敌　江富元作

［兰州］甘肃人民出版社　1975年［1张］

53cm（4开）定价：CNY0.07

　　中国现代宣传画作品。

J0040092

务歼一切入侵之敌　孙谊强等作

天津　天津人民美术出版社　1975年［1张］

76cm（2开）定价：CNY0.11

　　中国现代宣传画作品。

J0040093

向刘世雄、热衣木江学习、打好交通运输仗　（宣传画册）新疆艺术学校美术科73级创作；新疆人民出版社编文

乌鲁木齐　新疆人民出版社　1975年　1册

19cm（32开）定价：CNY0.23

　　中国现代宣传画作品。

J0040094

小朋友们来锻炼　长大接好革命班　广州美术工作室作

［北京］人民体育出版社　1975年［1张］

107cm（全开）定价：CNY0.28

　　中国现代宣传画作品。

J0040095

胸怀革命壮志　勇攀世界高峰　宋惠民作

［北京］人民体育出版社 1975年［1张］

107cm（全开）定价：CNY0.28

中国现代宣传画作品。

J0040096

虚心向群众学习一心为群众服务　张德俊作

［南京］江苏人民出版社 1975年［1张］

76cm（2开）定价：CNY0.14

中国现代宣传画作品。作者张德俊（1946— ），画家。江苏海安人。毕业于南京艺术学院美术系。曾任常州市刘海粟美术馆馆长、中国美术家协会年画艺术委员会委员等职。主要作品有《凤仪亭》《天翻地覆慨而慷》《紫金山顶的瑰宝》等。

J0040097

学大庆　大干社会主义　金自立［作］；上海市长宁区工人文化宫业余美术创作组供稿

上海 上海人民出版社 1975年［1张］

107cm（全开）定价：CNY0.22

中国现代宣传画作品。

J0040098

学大庆　赶金山　誓为辽化建设做贡献　于振立作

［沈阳］辽宁人民出版社 1975年［1张］

107cm（全开）定价：CNY0.22

中国现代宣传画作品。

J0040099

学大寨精神，搞好农田基本建设！　陈汉中作

［广州］广东人民出版社 1975年［1张］

76cm（2开）定价：CNY0.14

中国现代宣传画作品。

J0040100

学冬子　做党的好孩子　桂林市印刷厂设计室供稿

［南宁］广西人民出版社 1975年［1张］

76cm（2开）定价：CNY0.14

中国现代宣传画作品。

J0040101

学革命理论促工业生产　蔡康非，周瑞庄作

上海 上海人民出版社 1975年［1张］

107cm（全开）定价：CNY0.22

中国现代宣传画作品。

J0040102

学好理论　反修防修　鲁迅美术学院供稿

［沈阳］辽宁人民出版社 1975年［1张］

107cm（全开）定价：CNY0.22

中国现代宣传画作品。

J0040103

学好理论　坚持乡村　做消灭三大差别的促进派　徐德元画

［长春］吉林人民出版社 1975年［1张］

76cm（2开）定价：CNY0.14

中国现代宣传画作品。作者徐德元（1949— ），画家。辽宁鞍山人。曾任辽宁美术家协会会员、岫岩美术家协会主席等职。主要作品有《农家乐》《中华魂》《闹灯官》等。

J0040104

学好理论做继续革命的带头人　鲁迅美术学院供稿

［沈阳］辽宁人民出版社 1975年［1张］

76cm（2开）定价：CNY0.11

中国现代宣传画作品。

J0040105

学会打坦克　对付侵略者　孙谊强等作

天津 天津人民美术出版社 1975年［1张］

76cm（2开）定价：CNY0.11

中国现代宣传画作品。

J0040106

学理论　促大干　陈玉其作

［南昌］江西人民出版社 1975年［1张］

76cm（2开）

中国现代宣传画作品。

J0040107

学理论　促大干　争分夺秒建辽化　于振立，齐传玉作

［沈阳］辽宁人民出版社 1975年［1张］

107cm（全开）定价：CNY0.22

中国现代宣传画作品。

J0040108

学理论　鼓干劲　夺取钢铁生产的新胜利　张胜作

天津　天津人民美术出版社　1975年［1张］

76cm（2开）定价：CNY0.14

　　中国现代宣传画作品。

J0040109

学理论　评《水浒》反修防修　徐家昌，王义胜作；鲁迅美术学院供稿

［沈阳］辽宁人民出版社　1975年［1张］

107cm（全开）定价：CNY0.22

　　中国现代宣传画作品。

J0040110

学理论　抓路线　猛促钢铁生产　凌国伟作

［沈阳］辽宁人民出版社　1975年［1张］

107cm（全开）定价：CNY0.22

　　中国现代宣传画作品。

J0040111

学理论　抓路线　为普及大寨县而奋斗　伍振权作

［武汉］湖北人民出版社　1975年［1张］

107cm（全开）定价：CNY0.28

　　中国现代宣传画作品。

J0040112

学理论抓路线促工农业生产！　孙顺正画

［济南］山东人民出版社　1975年［1张］

107cm（全开）定价：CNY0.28

　　中国现代宣传画作品。

J0040113

学理论抓路线加速社会主义建设　郑小鹏作

［哈尔滨］黑龙江人民出版社　1975年［1张］

107cm（全开）定价：CNY0.28

　　中国现代宣传画作品。

J0040114

学习毛主席的指示　开展对《水浒》的评论　（组画）

［石家庄］河北人民出版社　1975年［1张］

107cm（全开）定价：CNY0.20

　　中国现代宣传画作品。

J0040115

学习潘冬子　做党的好孩子　江苏人民出版社作

［南京］江苏人民出版社　1975年［1张］

76cm（2开）定价：CNY0.14

　　中国现代宣传画作品。

J0040116

学习潘冬子　做党的好孩子　戚道彦，单联孝作；大连电瓷厂供稿

北京　人民美术出版社　1975年［1张］

107cm（全开）定价：CNY0.28

　　中国现代宣传画作品。

J0040117

学习潘冬子　做党的好孩子　戚道彦，单联孝作；大连电瓷厂供稿

北京　人民美术出版社　1975年［1张］

76cm（2开）定价：CNY0.14

　　中国现代宣传画作品。

J0040118

学习潘冬子做革命接班人　杨受安作

［成都］四川人民出版社　1975年［1张］

76cm（2开）定价：CNY0.11

　　中国现代宣传画作品。

J0040119

学习四届人大文件　贯彻四届人大精神　上海人民出版社编

上海　上海人民出版社　1975年［1张］

107cm（全开）定价：CNY0.22

　　中国现代宣传画作品。

J0040120

学习无产阶级专政理论促进工业生产　甘肃省总工会供稿

［兰州］甘肃人民出版社　1975年［1张］

107cm（全开）定价：CNY0.28

　　中国现代宣传画作品。

J0040121

沿着毛主席的革命文艺路线胜利前进　沈尧伊作

北京　人民美术出版社　1975年　2版［1张］

107cm（全开）定价：CNY0.28
　　中国现代宣传画作品。

J0040122
要有那么一股劲　井维春作
[沈阳]辽宁人民出版社 1975 年 [1 张]
107cm（全开）定价：CNY0.22
　　中国现代宣传画作品。

J0040123
一心干革命　双手献栋梁　王学聪画
[长春]吉林人民出版社 1975 年 [1 张]
107cm（全开）定价：CNY0.28
　　中国现代宣传画作品。

J0040124
以更大的丰收　献给社会主义　游龙姑作
上海　上海人民出版社 1975 年 [1 张]
107cm（全开）定价：CNY0.22
　　中国现代宣传画作品。

J0040125
以粮为纲　全面发展　复县宣传馆学习班创作
[沈阳]辽宁人民出版社 1975 年 [1 张]
76cm（2 开）定价：CNY0.11
　　中国现代宣传画作品。

J0040126
以实际行动做缩小三大差别的促进派　郭
一平执笔；福州市会场组集体创作
[福州]福建人民出版社 1975 年 [1 张]
76cm（2 开）定价：CNY0.14
　　中国现代宣传画作品。

J0040127
迎风浪练精兵　翟大伦作；上海市民兵指挥
部供稿
上海　上海人民出版社 1975 年 [1 张]
76cm（2 开）定价：CNY0.11
　　中国现代宣传画作品。

J0040128
**用《水浒》做反面教材　使人民都知道投降
派**　孙景全画
[济南]山东人民出版社 1975 年 [1 张]

76cm（2 开）定价：CNY0.14
　　中国现代宣传画作品。

J0040129
**用《水浒》做反面教材　使人民都知道投降
派**　（组画）山东师范学院中文系编文；山东省
"五·七"艺校美术队绘画
[济南]山东人民出版社 1975 年　2 张
76cm（2 开）定价：CNY0.28
　　中国现代宣传画作品。

J0040130
用社会主义新思想占领文化阵地　陈绍勉
等作
上海　上海人民出版社 1975 年 [1 张]
76cm（2 开）定价：CNY0.11
　　中国现代宣传画作品。

J0040131
跃向新高度　柏方景，孙逊作
[北京]人民体育出版社 1975 年 [1 张]
107cm（全开）定价：CNY0.28
　　中国现代宣传画作品。

J0040132
越学心里越亮堂　徐凡作
[南京]江苏人民出版社 1975 年 [1 张]
76cm（2 开）定价：CNY0.11
　　中国现代宣传画作品。

J0040133
在"鞍钢宪法"的光辉照耀下乘胜前进　蔡
国栋作
[沈阳]辽宁人民出版社 1975 年 [1 张]
107cm（全开）定价：CNY0.22
　　中国现代宣传画作品。

J0040134
**在斗争中发展壮大马克思主义的理论队
伍**　朱也青作；大连高压阀门厂供稿
北京　人民美术出版社 1975 年 [1 张]
107cm（全开）定价：CNY0.28
　　中国现代宣传画作品。

J0040135
在斗争中建立马克思主义理论队伍 沈行
工作
[南京]江苏人民出版社 1975年[1张]
76cm(2开)定价: CNY0.14
　　中国现代宣传画作品。

J0040136
早干早变大干大变 袁吉中,袁奕贤作
[成都]四川人民出版社 1975年[1张]
76cm(2开)定价: CNY0.11
　　中国现代宣传画作品。

J0040137
扎根边疆干革命 黄增立作
天津 天津人民美术出版社 1975年[1张]
76cm(2开)定价: CNY0.14
　　中国现代宣传画作品。

J0040138
扎根农村干革命 屠伯雄作
[杭州]浙江人民出版社 1975年[1张]
76cm(2开)定价: CNY0.11
　　中国现代宣传画作品。

J0040139
**扎根农村干革命　做缩小三大差别的促进
派** 王西京作;西安日报社供稿
[西安]陕西人民出版社 1975年[1张]
76cm(2开)定价: CNY0.11
　　中国现代宣传画作品。

J0040140
仗怎样打　兵就怎样练 孙谊强等作
天津 天津人民美术出版社 1975年[1张]
76cm(2开)定价: CNY0.11
　　中国现代宣传画作品。

J0040141
争分秒夺高产誓为革命多贡献 钟世家作
[沈阳]辽宁人民出版社 1975年[1张]
76cm(2开)定价: CNY0.11
　　中国现代宣传画作品。

J0040142
抓革命　促生产 金天安,刘毓学作
[兰州]甘肃人民出版社 1975年 2张
38cm(6开)定价: CNY0.07
　　中国现代宣传画作品。

J0040143
抓革命　促生产 李广清作
[昆明]云南人民出版社 1975年 76cm(2开)
定价: CNY0.11
　　中国现代宣传画作品。

J0040144
抓紧时间　做好反侵略战争准备 孙谊强
等作
天津 天津人民美术出版社 1975年[1张]
76cm(2开)定价: CNY0.11
　　中国现代宣传画作品。

J0040145
抓理论学习　促工业生产 赵虹等作
[贵阳]贵州人民出版社 1975年[1张]
107cm(全开)定价: CNY0.28
　　中国现代宣传画作品。

J0040146
自力更生因地制宜加速实现农业机械化
复县宣传画学习班创作
[沈阳]辽宁人民出版社 1975年[1张]
76cm(2开)定价: CNY0.11
　　中国现代宣传画作品。

J0040147
祖国建设　蒸蒸日上 徐景达,徐昌明[作]
上海 上海人民出版社 1975年[1张]
107cm(全开)定价: CNY0.22
　　中国现代宣传画作品。

J0040148
做党的好孩子 单联孝,戚道彦作
[沈阳]辽宁人民出版社 1975年[1张]
76cm(2开)定价: CNY0.11
　　中国现代宣传画作品。

J0040149

做党的好孩子　王金泰作
北京　人民出版社　1975年［1张］76cm（2开）
定价：CNY0.14
　　　中国现代宣传画作品。作者王金泰（1945—　　），书画家。号甫元，生于北京，祖籍山东。历任中国少年儿童出版社《中学生》杂志美术编辑、中国美术家协会北京分会会员、中华孔子学会会员、中国书画家联谊会理事。出版有《中华少年精英百图》《古诗童趣图》《金泰画集》《中华佛禅文化百图》等。

J0040150

"看样板戏去！"　阳泉市手管局农机厂工人业余美术组作
北京　人民美术出版社　1976年　1张　53cm（4开）
定价：CNY0.05
　　　中国现代宣传画作品。

J0040151

八亿人民的心愿　刘江（绘图）执笔
广州　广东人民出版社　1976年　1张　76cm（2开）
定价：CNY0.14
　　　中国现代宣传画作品。作者刘江，浙江美术学院国画系教授。

J0040152

把"四人帮"破坏生产的损失夺回来　抚顺市宣传画学习班创作
沈阳　辽宁人民出版社　1976年　1张　107cm（全开）
定价：CNY0.22
　　　中国现代宣传画作品。

J0040153

把青春献给社会主义新农村　胡正伟作
银川　宁夏人民出版社　1976年　1张　76cm（2开）
定价：CNY0.11
　　　中国现代宣传画作品。作者胡正伟（1941—　　），美术家。宁夏银川人。曾进修于广州美术学院、中央美术学院中国画进修班。历任宁夏书画院副院长、中国美术家协会会员、宁夏美术家协会副主席。主要作品有《苏武牧羊》《塔塔尔族》《知心话》《风沙中》等。

J0040154

把医疗卫生工作的重点放到农村去　新金县宣传画学习班作
沈阳　辽宁人民出版社　1976年　1张　107cm（全开）
定价：CNY0.22
　　　中国现代宣传画作品。

J0040155

拜老师学一门至几门手艺　马汉光作
广州　广东人民出版社　1976年　1张　76cm（2开）
定价：CNY0.14
　　　中国现代宣传画作品。

J0040156

处处盛开向阳花　向阳院里育新人　孟咸昌等作
上海　上海人民出版社　1976年　1张　76cm（2开）
定价：CNY0.11
　　　中国现代宣传画作品。

J0040157

从工农兵中选拔大学生　广州市美术工作室供稿
广州　广东人民出版社　1976年　1张　76cm（2开）
定价：CNY0.14
　　　中国现代宣传画作品。

J0040158

大干促大变　普及大寨县　哈琼文作
上海　上海人民出版社　1976年　1张　107cm（全开）
定价：CNY0.28
　　　中国现代宣传画作品。作者哈琼文（1925—2012），回族，北京人。擅长油画、宣传画。毕业于中央大学艺术系。上海人民美术出版社编审、上海文史研究馆馆员、中国美术家协会会员、美术家协会上海分会理事。主要作品有油画《鲁迅——致电党中央祝贺长征胜利到达陕北》、宣传画《毛主席万岁》等。

J0040159

大干苦战学大寨　加速建成大寨县　阎文喜作
西安　陕西人民出版社　1976年　1张　107cm（全开）
定价：CNY0.28
　　　中国现代宣传画作品。

J0040160

大干社会主义有功　大干社会主义光荣

任梦璋，广廷勃作

沈阳　辽宁人民出版社　1976年　1张　107cm（全开）

定价：CNY0.22

　　中国现代宣传画作品。作者任梦璋（1934— ），画家，教授。河北束鹿（现辛集市）人，毕业于中央美术学院。曾任鲁迅美术学院教授、中国美术家协会会员、辽宁美术家协会顾问。代表作品《平型关大捷》《攻克锦州》《秋色》等。

J0040161

大搞技术革新，提高机械化，自动化水平

广东省计划委员会科技处编

广州　广东省科学技术出版社　1976年　1张　76cm（2开）

　　中国现代宣传画作品。

J0040162

大家齐动手除害又灭病　凌启宁作

上海　上海人民出版社　1976年　1张　76cm（2开）

定价：CNY0.11

　　中国现代宣传画作品。

J0040163

大力发展养猪事业　叶武林作

北京　人民美术出版社　1976年　1张　76cm（2开）

定价：CNY0.14

　　中国现代宣传画作品。

J0040164

大力发展养猪业　汪苗作

杭州　浙江人民出版社　1976年　1张　76cm（2开）

定价：CNY0.14

　　中国现代宣传画作品。作者汪苗（1943— ），画家。原名汪苗根，浙江萧山人。浙江省义乌画院院长、高级画师，中国美术家协会、版画家协会会员。

J0040165

大力支援农业积极多作贡献　卢显常作

广州　广东人民出版社　1976年　1张　76cm（2开）

定价：CNY0.14

　　中国现代宣传画作品。

J0040166

大批促大干　普及大寨县　李宝峰作

兰州　甘肃人民出版社　1976年　1张　107cm（全开）

定价：CNY0.28

　　中国现代宣传画作品。作者李宝峰（1938—2019），国画家、一级美术师。辽宁抚顺市人，就读于鲁迅美术学院附中。历任甘肃画院副院长、甘肃美术家协会副主席、中国美术家协会会员。代表作品有《李宝峰草原风情录》《李宝峰画集》等。

J0040167

大批资本主义　大干社会主义　刘二刚作

南京　江苏人民出版社　1976年　1张　76cm（2开）

定价：CNY0.14

　　中国现代宣传画作品。

J0040168

大批资本主义　大干社会主义

沈阳　辽宁人民出版社　1976年　1张　76cm（2开）

定价：CNY0.11

　　中国现代宣传画作品。

J0040169

党心大快　军心大快　民心大快　袁浩等绘

北京　人民出版社　1976年　1张　76cm（2开）

定价：CNY0.14

　　中国现代宣传画作品。

J0040170

党心大快　军心大快　民心大快　夏壳熹作

成都　四川人民出版社　1976年　1张　76cm（2开）

定价：CNY0.11

　　中国现代宣传画作品。

J0040171

到大风大浪中锻炼　唐小禾，程犁作

北京　人民体育出版社　1976年　1张　107cm（全开）

定价：CNY0.28

　　中国现代宣传画作品。

J0040172

到大风大浪中锻炼　唐小禾，程犁作

北京　人民体育出版社　1976年　1张　76cm（2开）

定价：CNY0.11

中国现代宣传画作品。

中国现代宣传画作品。

J0040173
到大江大海去锻炼！　江郁之作
广州 广东人民出版社 1976年 1张 76cm（2开）
定价：CNY0.14
　　中国现代宣传画作品。

J0040174
到农村去　到边疆去　到人民最需要的地方去！　岫岩县宣传画学习班创作
沈阳 辽宁人民出版社 1976年 1张 107cm（全开）
定价：CNY0.22
　　中国现代宣传画作品。

J0040175
地动山摇何所惧　抗震救灾为人民　中国人民解放军五二八五四部队政治部供稿
北京 人民美术出版社 1976年 1张 107cm（全开）
中国现代宣传画作品。

J0040176
独立自主　自力更生　大干社会主义
广州 广东人民出版社 1976年 1张 76cm（2开）
定价：CNY0.14
　　中国现代宣传画作品。

J0040177
夺取农业大丰收誓为革命多贡献　李荣洲作
南京 江苏人民出版社 1976年 1张 107cm（全开）
定价：CNY0.28
　　中国现代宣传画作品。

J0040178
发扬革命加拼命的精神，大干社会主义
高光明作
乌鲁木齐 新疆人民出版社 1976年 1张
76cm（2开）定价：CNY0.14
　　中国现代宣传画作品。

J0040179
发扬光荣传统　保持革命精神　梁岩，李恩合作
石家庄 河北人民出版社 1976年 1张
76cm（2开）定价：CNY0.11

J0040180
发展工农兵理论队伍推动上层建筑领域社会主义革命　新金县宣传画学习班作
沈阳 辽宁人民出版社 1976年 1张 107cm（全开）
定价：CNY0.22
　　中国现代宣传画作品。

J0040181
发展工业以钢为纲　冯建亲，陈德曦作
南京 江苏人民出版社 1976年 1张 76cm（2开）
定价：CNY0.14
　　中国现代宣传画作品。

J0040182
粉碎"四人帮"生产打胜仗　董录盛画
济南 山东人民出版社 1976年 1张 76cm（2开）
定价：CNY0.11
　　中国现代宣传画作品。

J0040183
奋发图强自力更生　发展生产重建家园
郑庆衡作
天津 天津人民美术出版社 1976年 1张
76cm（2开）定价：CNY0.10
　　中国现代宣传画作品。作者郑庆衡（1939—1996），教授。河北玉田县人。历任中国美术家协会会员，南开大学教授，东方文化艺术系主任，天津市美术家协会理事。出版有《郑庆衡画集》。

J0040184
干部到农业生产第一线去！　刘绍珉作
南宁 广西人民出版社 1976年 1张 76cm（2开）
定价：CNY0.14
　　中国现代宣传画作品。

J0040185
高举大寨红旗夺取农业丰收　张安朴作
上海 上海人民出版社 1976年 1张 76cm（2开）
定价：CNY0.11
　　中国现代宣传画作品。作者张安朴（1947—　），画家。上海嘉定人。曾任上海美术家协会理事、上海硬笔画研究会会长、上海《解放日报》社美

术编辑部主任等职。主要作品有《书籍是知识的窗户》《希望的田野》《光辉的前程》等。

J0040186
歌与画　（抗震特刊）《人民音乐》,《美术》编辑部合编
北京 人民美术出版社 1976年 1张 107cm（全开）
中国现代宣传画作品。

J0040187
革命人爱看革命样板戏　骆耀棠作
北京 人民美术出版社 1976年 1张 107cm（全开）
定价：CNY0.28
　　中国现代宣传画作品。

J0040188
革命样板戏好　张广，肖万庆作
北京 人民美术出版社 1976年 1张 53cm（4开）
定价：CNY0.05
　　中国现代宣传画作品。

J0040189
各行各业要为普及大寨县作出贡献　郑小鹏作
哈尔滨 黑龙江人民出版社 1976年 1张 107cm（全开）定价：CNY0.28
　　中国现代宣传画作品。

J0040190
工人理论队伍在斗争中成长　李恩合作
石家庄 河北人民出版社 1976年 1张 76cm（2开）定价：CNY0.11
　　中国现代宣传画作品。

J0040191
工业学大庆　李希广作
哈尔滨 黑龙江人民出版社 1976年 1张 107cm（全开）定价：CNY0.28
　　中国现代宣传画作品。

J0040192
工业学大庆　杨克山作
北京 人民美术出版社 1976年 1张 107cm（全开）
定价：CNY0.28
　　中国现代宣传画作品。

J0040193
广阔天地　大有作为　岫岩县宣传画学习班创作
沈阳 辽宁人民出版社 1976年 1张 107cm（全开）
定价：CNY0.22

J0040194
合作医疗好　林钧相作
沈阳 辽宁人民出版社 1976年 1张 76cm（2开）
定价：CNY0.11
　　中国现代宣传画作品。

J0040195
华主席和我们心连心　余小仪，戚永昌作
上海 上海人民出版社 1976年 1张 107cm（全开）
定价：CNY0.28
　　中国现代宣传画作品。

J0040196
化悲痛为力量　继承毛主席遗志　把无产阶级革命事业进行到底　上海人民出版社宣传画组绘
上海 上海人民出版社 1976年 1张 107cm（全开）
定价：CNY0.28
　　中国现代宣传画作品。

J0040197
化悲痛为力量　继承毛主席遗志　把无产阶级革命事业进行到底　上海人民出版社宣传画组绘
上海 上海人民出版社 1976年 1张 53cm（4开）
定价：CNY0.07
　　中国现代宣传画作品。

J0040198
化悲痛为力量　以实际行动悼念毛主席
翟祖华等(绘图)执笔
上海 上海人民出版社 1976年 1张 107cm（全开）
定价：CNY0.28
　　中国现代宣传画作品。

J0040199
积极开展打坦克训练　梁卓舒供稿
广州 广东人民出版社 1976年 1张 76cm（2开）
定价：CNY0.14

中国现代宣传画作品。

J0040200

纪念鲁迅、学习鲁迅的彻底革命精神! 张霭维作

广州 广东人民出版社 1976年 1张 76cm（2开）

定价：CNY0.14

中国现代宣传画作品。

J0040201

纪念鲁迅学习鲁迅 哈琼文作

上海 上海人民出版社 1976年 1张 107cm（全开）

定价：CNY0.28

中国现代宣传画作品。作者哈琼文（1925—2012），回族，北京人。毕业于中央大学艺术系。上海人民美术出版社编审、上海文史研究馆馆员、中国美术家协会会员、美术家协会上海分会理事。擅长油画、宣传画。主要作品有油画《鲁迅——致电党中央祝贺长征胜利到达陕北》、宣传画《毛主席万岁》等。

J0040202

继承毛主席的遗志 将革命进行到底 蔡尚群，黄德祥作

南宁 广西人民出版社 1976年 1张 76cm（2开）

定价：CNY0.14

中国现代宣传画作品。

J0040203

继承毛主席的遗志，把无产阶级革命事业进行到底 方振等作

成都 四川人民出版社 1976年 1张 76cm（2开）

定价：CNY0.11

中国现代宣传画作品。

J0040204

继承毛主席的遗志，把无产阶级革命事业进行到底! 尹戎生等作

北京 人民美术出版社 1976年 1张 107cm（全开）

定价：CNY0.28

中国现代宣传画作品。

J0040205

继承毛主席遗志，把无产阶级革命事业进行到底 浙江美术学院供稿

杭州 浙江人民出版社 1976年 1张 107cm（全开）

定价：CNY0.24

中国现代宣传画作品。

J0040206

继承毛主席遗志 掀起学习马列和毛主席著作的新高潮 王耀璋等作

上海 上海人民出版社 1976年 1张 107cm（全开）

定价：CNY0.28

中国现代宣传画作品。

J0040207

继续革命永不停步 刘仁杰画

长春 吉林人民出版社 1976年 1张 107cm（全开）

定价：CNY0.28

中国现代宣传画作品。

J0040208

加快建设大寨县的步伐 杨涤江，张万杰作

哈尔滨 黑龙江人民出版社 1976年 1张 107cm（全开）定价：CNY0.28

中国现代宣传画作品。

J0040209

加快建设社会主义大农业 邵茂桂，何冠群画

济南 山东人民出版社 1976年 1张 76cm（2开）

定价：CNY0.11

中国现代宣传画作品。

J0040210

加快农业机械化的步伐 杨涤江执笔

哈尔滨 黑龙江人民出版社 1976年 1张 107cm（全开）定价：CNY0.28

中国现代宣传画作品。作者杨涤江（1949— ），画家。浙江绍兴人。于哈尔滨师范大学艺术系美术专业学习，擅长油画。曾任海宁市美术家协会主席。代表作品有《荒原情》《孤儿》《太行山上》《伟大的使命》等。

J0040211

加强军民联防 保卫社会主义祖国 汪宏钰等作

上海 上海人民出版社 1976年 1张 107cm（全开）

定价：CNY0.28

中国现代宣传画作品。

J0040212

加强战备　练好杀敌本领　陈衍宁作

北京　人民美术出版社　1976年　1张　76cm（2开）

定价：CNY0.14

　　中国现代宣传画作品。作者陈衍宁（1945—　　），广东博罗县人。毕业于广州美术学院舞台美术大专班。中国美术家协会会员、广东画院专业画家。擅中国人物画。代表作有《母与子》《山风》《晨光》等。

J0040213

加速建设社会主义大农业　孙雨田画

济南　山东人民出版社　1976年　1张　76cm（2开）

定价：CNY0.11

　　中国现代宣传画作品。作者孙雨田（1948—　　），研究员。笔名山野、别署恋蒲斋，生于山东济宁。毕业于山东师范大学美术系。历任淄博书画院副研究馆员、山东画院高级画师、中国美术家协会会员。出版作品有《蒲松龄》《七彩绫》《汉武帝》《粘年糕》等。

J0040214

坚持阶级斗争　大搞科学种田　林钧相（绘画）执笔

北京　人民美术出版社　1976年　1张　76cm（2开）

定价：CNY0.14

　　中国现代宣传画作品。

J0040215

坚持开门办学　广州市美术工作室供稿

广州　广东人民出版社　1976年　1张　76cm（2开）

定价：CNY0.14

　　中国现代宣传画作品。

J0040216

坚持三同继续革命　立新船厂业余美术组，上海人民出版社宣传画组合作

上海　上海人民出版社　1976年　1张　107cm（全开）

定价：CNY0.28

　　中国现代宣传画作品。

J0040217

坚决拥护中共中央的两个决议　山东人民出版社画

济南　山东人民出版社　1976年　1张　76cm（2开）

定价：CNY0.11

　　中国现代宣传画作品。

J0040218

建成大寨县　县委是关键　张学乾作

兰州　甘肃人民出版社　1976年　1张　107cm（全开）

定价：CNY0.28

　　中国现代宣传画作品。

J0040219

建成大寨县　县委是关键

广州　广东人民出版社　1976年　1张　76cm（2开）

定价：CNY0.14

　　中国现代宣传画作品。

J0040220

教育革命的方向不容篡改　鲁迅美术学院美术75队供稿

沈阳　辽宁人民出版社　1976年　1张　107cm（全开）

定价：CNY0.22

　　中国现代宣传画作品。

J0040221

教育革命结硕果　新型大学育新人　关满生作

北京　人民美术出版社　1976年　1张　76cm（2开）

定价：CNY0.14

　　中国现代宣传画作品。

J0040222

紧跟毛主席在大风大浪中锻炼成长　唐小禾，程犁作

北京　人民体育出版社　1976年　1张　107cm（全开）

定价：CNY0.28

　　中国现代宣传画作品。

J0040223

紧跟毛主席在大风大浪中锻炼成长　唐小禾，程犁作

北京　人民体育出版社　1976年　1张　76cm（2开）

定价：CNY0.14

　　中国现代宣传画作品。

J0040224

举旗抓纲又一仗　上海船厂《船台战歌》创作

组绘

上海　上海人民出版社　1976年　1张　76cm（2开）

定价：CNY0.11

中国现代宣传画作品。

J0040225

军民团结战斗战胜地震灾害　商沐忠作

天津　天津人民美术出版社　1976年　1张

76cm（2开）定价：CNY0.10

中国现代宣传画作品。

J0040226

开门办科研道路宽又广　新金县宣传画学习

班作

沈阳　辽宁人民出版社　1976年　1张　107cm（全开）

定价：CNY0.22

中国现代宣传画作品。

J0040227

开门办学的丰硕成果不容抹煞　吉林师范

大学艺术系工农兵学员集体创作

长春　吉林人民出版社　1976年　1张　107cm（全开）

定价：CNY0.28

中国现代宣传画作品。

J0040228

抗震救灾宣传画　《抗震救灾宣传画》编绘

组绘

北京　地震出版社　1976年　7幅　52cm（4开）

定价：CNY0.90

J0040229

抗震救灾宣传画　聂昌硕等作

北京　人民出版社　1976年　1张　107cm（全开）

定价：CNY0.28

中国现代宣传画作品。

J0040230

可上九天揽月，可下五洋捉鳖！　阳泉市手

管局农机厂工人业余美术组作

北京　人民美术出版社　1976年　1张　53cm（4开）

定价：CNY0.05

中国现代宣传画作品。

J0040231

领导我们事业的核心力量是中国共产党，
指导我们思想的理论基础是马克思列宁主义

北京　人民美术出版社　1976年　1张　107cm（全开）

定价：CNY0.28

这是一幅语录配画的宣传画，上半部是周树
桥油画《湖南共产主义小组》，下半部是语录。

J0040232

毛泽东思想的光辉永远照耀着我们前进的
道路　陈明画

济南　山东人民出版社　1976年　1张　76cm（2开）

定价：CNY0.14

中国现代宣传画作品。

J0040233

毛泽东主席是当代最伟大的马克思主义者

唐小禾作

武汉　湖北人民出版社　1976年　1张　107cm（全开）

定价：CNY0.28

中国现代宣传画作品。

J0040234

毛主席词　（念奴娇·鸟儿问答）

福州　福建人民出版社　1976年　1张　76cm（2开）

定价：CNY0.08

中国现代宣传画作品。

J0040235

毛主席词　（水调歌头·重上井冈山）

福州　福建人民出版社　1976年　1张　76cm（2开）

定价：CNY0.08

中国现代宣传画作品。

J0040236

毛主席词二首　（《水调歌头·重上井冈山》
《念奴娇·鸟儿问答》）

南昌　江西人民出版社　1976年　1张　107cm（全开）

定价：CNY0.24

中国现代宣传画作品。

J0040237

毛主席词二首　（《水调歌头·重上井冈山》
《念奴娇·鸟儿问答》）

北京　人民美术出版社　1976年　1张　107cm（全开）

定价: CNY0.28
　　中国现代宣传画作品。

J0040238
毛主席词二首　（《水调歌头·重上井冈山》《念奴娇·鸟儿问答》)
上海　上海人民出版社　1976年　1张　38cm（6开）
定价: CNY0.08
　　中国现代宣传画作品。

J0040239
毛主席词二首　（《水调歌头·重上井冈山》《念奴娇·鸟儿问答》)
上海　上海人民出版社　1976年　1张　38cm（6开）
定价: CNY0.10
　　中国现代宣传画作品。

J0040240
毛主席词二首　（《水调歌头·重上井冈山》《念奴娇·鸟儿问答》)
上海　上海人民出版社　1976年　1张　107cm（全开）
定价: CNY0.28
　　中国现代宣传画作品。

J0040241
毛主席的"五·七"指示　吴敏作
北京　人民美术出版社　1976年　1张　107cm（全开）
定价: CNY0.28
　　中国现代宣传画作品。

J0040242
毛主席教导我们学理论　耿建, 张自嶷作
上海　上海人民出版社　1976年　38cm（6开）
定价: CNY0.10
　　这幅画该社另以"年画"形式出版, 列在"年画"类。

J0040243
毛主席教导我们学理论　耿建, 张自嶷作
上海　上海人民出版社　1976年　1张　76cm（2开）
定价: CNY0.14
　　中国现代年画作品。

J0040244
毛主席是我们心中永远不落的红太阳　谷

纲画
长春　吉林人民出版社　1976年　1张　107cm（全开）
定价: CNY0.28
　　中国现代宣传画作品。

J0040245
毛主席无限信任华主席　全国军民热烈拥护华主席　查世铭作
武汉　湖北人民出版社　1976年　1张　107cm（全开）
定价: CNY0.28
　　中国现代宣传画作品。

J0040246
毛主席无限信任华主席　全国军民热烈拥护华主席　马金东画
济南　山东人民出版社　1976年　1张　76cm（2开）
定价: CNY0.14
　　中国现代宣传画作品。

J0040247
毛主席无限信任华主席　全国军民热烈拥护华主席　江南春作
上海　上海人民出版社　1976年　1张　107cm（全开）
定价: CNY0.28
　　中国现代宣传画作品。

J0040248
毛主席无限信任华主席　全国军民热烈拥护华主席　江南春作
上海　上海人民出版社　1976年　1张　76cm（2开）
定价: CNY0.14
　　中国现代宣传画作品。

J0040249
毛主席永远活在我们心中　秦大虎等画
济南　山东人民出版社　1976年　1张　76cm（2开）
定价: CNY0.14
　　中国现代宣传画作品。作者秦大虎(1938—　),教授。历任中国美术学院油画系教授、中国美术家协会会员、中国油画家协会理事、浙江美术家协会常务理事、浙江美术家协会常务理事等职。作品有《在战斗中成长》《老将》《田喜嫂》等。出版有《秦大虎油画选》《秦大虎的绘画世界》和《油画创作》等。

J0040250

农村需要我们　我们更需要农村　岫岩县
宣传画学习班创作
沈阳　辽宁人民出版社 1976年 1张 107cm（全开）
定价：CNY0.22
　　中国现代宣传画作品。

J0040251

农业的根本出路在于机械化　巫子强作
贵阳　贵州人民出版社 1976年 1张 107cm（全开）
定价：CNY0.28
　　中国现代宣传画作品。作者巫子强（1939—　），
回族，生于云南昆明。毕业于四川美术学院油画
专业。历任铜仁县文化馆馆长、铜仁县文化局局
长、铜仁地区文联主席、贵州民族学院艺术系主
任、贵州民族学院副教授。作品有《日日夜夜》
《无辜者》《小鬼》等。

J0040252

农业的根本出路在于机械化　英原明作
长沙　湖南人民出版社 1976年 1张 107cm（全开）
定价：CNY0.28
　　中国现代宣传画作品。

J0040253

农业的根本出路在于机械化　上海人民出版
社南汇小组集体创作
上海　上海人民出版社 1976年 1张 76cm（2开）
定价：CNY0.11
　　中国现代宣传画作品。

J0040254

农业的根本出路在于机械化　上海人民出版
社南汇小组集体创作
上海　上海人民出版社 1976年 1张 107cm（全开）
定价：CNY0.22
　　中国现代宣传画作品。

J0040255

劈风斩浪向前进大风浪里炼红心　哈思庄
等作
上海　上海人民出版社 1976年 1张 107cm（全开）
定价：CNY0.22
　　现代宣传画作品，庆祝毛主席"七·一六"畅
游长江十周年。

J0040256

普及大寨县　县委是关键　巫子强作
贵阳　贵州人民出版社 1976年 1张 107cm（全开）
定价：CNY0.28
　　中国现代宣传画作品。

J0040257

普及大寨县　知识青年做贡献　王义胜，徐
家昌作
沈阳　辽宁人民出版社 1976年 1张 76cm（2开）
定价：CNY0.11
　　中国现代宣传画作品。

J0040258

普及大寨县双手谱新篇　沈尧伊作
天津　天津人民美术出版社 1976年 1张
76cm（2开）定价：CNY0.11
　　中国现代宣传画作品。

J0040259

千歌万舞献给党　红心向着华主席　尹家
琅画
上海　上海人民出版社 1976年 1张 107cm（全开）
定价：CNY0.28
　　中国现代宣传画作品。

J0040260

千军横扫"四人帮"　沈绍伦作
上海　上海人民出版社 1976年 1张 107cm（全开）
定价：CNY0.28
　　中国现代宣传画作品。

J0040261

青春热血谱壮歌——田德军的故事　雷作
霖等绘
沈阳　辽宁人民出版社 1976年 1张 107cm（全开）
定价：CNY0.22
　　中国现代宣传画作品。

J0040262

**全党动员　大办农业　为普及大寨县而奋
斗**　郑小鹏（绘画）执笔
哈尔滨　黑龙江人民出版社 1976年 1张
107cm（全开）定价：CNY0.28
　　中国现代宣传画作品。

J0040263

全党动员　大办农业　为普及大寨县而奋斗

太原　山西人民出版社　1976年　1张　107cm（全开）

定价：CNY0.28

中国现代宣传画作品。

J0040264

全党动员　大办农业　为普及大寨县而奋斗

刘永贤作

西安　陕西人民出版社　1976年　1张　76cm（2开）

定价：CNY0.11

中国现代宣传画作品。

J0040265

全党动员　大办农业　为普及大寨县而奋斗

上海人民出版社南汇小组集体创作

上海　上海人民出版社　1976年　1张　76cm（2开）

定价：CNY0.11

中国现代宣传画作品。

J0040266

全党动员，大办农业，为普及大寨县而奋斗

程犁，唐小禾绘

武汉　湖北人民出版社　1976年　1张　107cm（全开）

定价：CNY0.28

中国现代宣传画作品。

J0040267

全党动员，大办农业，为普及大寨县而奋斗

湖北省文艺创作室美工队集体创作

武汉　湖北人民出版社　1976年　5张　76cm（2开）

定价：CNY0.70

中国现代宣传画作品。

J0040268

全党动员，大办农业，为普及大寨县而奋斗

曾纪纲作

成都　四州人民出版社　1976年　1张　76cm（2开）

定价：CNY0.11

中国现代宣传画作品。

J0040269

全党动员，大办农业，为普及大寨县而奋斗！　刘骥林，张惠林合作

贵阳　贵州人民出版社　1976年　1张　107cm（全开）

定价：CNY0.28

中国现代宣传画作品。

J0040270

群众性学习马列主义、毛泽东思想运动蓬勃发展　新金县宣传画学习班作

沈阳　辽宁人民出版社　1976年　1张　107cm（全开）

定价：CNY0.22

中国现代宣传画作品。

J0040271

热烈欢呼、坚决拥护党中央的两项英明决议　（木刻组画）云南省文化局美术摄影工室供稿

昆明　云南人民出版社　1976年　1张　107cm（全开）

定价：CNY0.16

中国现代宣传画作品。

J0040272

热烈欢呼《毛泽东选集》第五卷出版　掀起学习毛泽东思想的新高潮　姜坤作

长沙　湖南人民出版社　1976年　1张　76cm（2开）

定价：CNY0.14

中国现代宣传画作品。作者姜坤（1940—　），画家。字荣彬，后改字坤，笔名茳野、山梦、天涯客等。生于湖南邵阳。历任湖南省文史馆员、中国美术家协会会员。代表作品《山里新人》《山外山·姜坤郑小娟画展》，出版有《名山画稿》《国画人体艺术》《当代美术家画库·姜坤卷》《姜坤中国画集》《姜坤作品集》等。

J0040273

热烈欢呼华国锋同志为我党领袖　秦大虎画

济南　山东人民出版社　1976年　1张　76cm（2开）

定价：CNY0.11

中国现代宣传画作品。

J0040274

热烈欢呼华国锋同志为我党领袖　热烈欢呼粉碎王张江姚反党集团　陈锡岩画

济南　山东人民出版社　1976年　1张　107cm（全开）

定价：CNY0.28

中国现代宣传画作品。

J0040275
**热烈欢呼衷心拥护华主席为我们党的领
袖** 沈阳市胶版印刷厂设计室集体创作
沈阳 辽宁人民出版社 1976年 1张 107cm(全开)
定价：CNY0.22
　　中国现代宣传画作品。

J0040276
**热烈庆祝粉碎"四人帮"篡党夺权阴谋的伟
大胜利**
杭州 浙江人民出版社 1976年 1张 107cm(全开)
定价：CNY0.28
　　中国现代宣传画作品。

J0040277
**热烈庆祝华国锋同志任中共中央主席、中
央军委主席** 上海人民出版社宣传画组作
上海 上海人民出版社 1976年 1张 107cm(全开)
定价：CNY0.28
　　中国现代宣传画作品。

J0040278
**热烈庆祝华国锋同志任中共中央主席、中
央军委主席 热烈庆祝粉碎"四人帮"篡党
夺权阴谋的伟大胜利** 刘仁杰作
沈阳 辽宁人民出版社 1976年 1张 107cm(全开)
定价：CNY0.22
　　中国现代宣传画作品。

J0040279
热烈庆祝中国共产党诞生五十五周年
沈阳 辽宁人民出版社 1976年 1张 107cm(全开)
定价：CNY0.22
　　中国现代宣传画作品。

J0040280
热情支持社会主义新生事物 董录盛画
济南 山东人民出版社 1976年 1张 76cm(2开)
定价：CNY0.11
　　中国现代宣传画作品。

J0040281
人定胜天 河北人民出版社作
石家庄 河北人民出版社 1976年 1张
76cm(2开) 定价：CNY0.11

中国现代宣传画作品。

J0040282
人定胜天 （天崩地裂何所惧 双手描绘新天
地）上海人民出版社宣传画组作
上海 上海人民出版社 1976年 1张 107cm(全开)
定价：CNY0.28
　　中国现代宣传画作品。

J0040283
人民解放军永远是个战斗队 汪宏钰作
上海 上海人民出版社 1976年 1张 107cm(全开)
定价：CNY0.22
　　中国现代宣传画作品。

J0040284
人民送我上大学 阶级委托记心间 卢浩作
南京 江苏人民出版社 1976年 1张 76cm(2开)
定价：CNY0.14
　　中国现代宣传画作品。

J0040285
人民送我上大学 阶级委托记心间 于大
武作
北京 人民美术出版社 1976年 1张 107cm(全开)
定价：CNY0.28
　　中国现代宣传画作品。

J0040286
社会主义新生事物 男到女家结婚落户
华尘等绘画
广州 广东省科学技术出版社 1976年 1张
76cm(2开)
　　中国现代宣传画作品。

J0040287
社会主义新生事物好 高国芳画
长春 吉林人民出版社 1976年 1张 107cm(全开)
定价：CNY0.28
　　中国现代宣传画作品。

J0040288
社会主义新生事物好 成励志作
南京 江苏人民出版社 1976年 1张 107cm(全开)
定价：CNY0.28

中国现代宣传画作品。

J0040289

社会主义新生事物在斗争中阔步前进 邱瑞敏作

上海 上海人民出版社 1976年 1张 107cm（全开）

定价：CNY0.28

中国现代宣传画作品。

J0040290

社会主义新生事物在斗争中阔步前进 邱瑞敏作

上海 上海人民出版社 1976年 1张 76cm（2开）

定价：CNY0.14

中国现代宣传画作品。

J0040291

深入开展工业学大庆的群众运动 周建志作

北京 人民美术出版社 1976年 1张 107cm（全开）

定价：CNY0.28

中国现代宣传画作品。

J0040292

深入开展教育革命　坚持开门办学 吴长江作

天津 天津人民美术出版社 1976年 1张 76cm（2开）定价：CNY0.11

中国现代宣传画作品。

J0040293

时刻准备上战场 徐金良画

长春 吉林人民出版社 1976年 1张 76cm（2开）

定价：CNY0.14

中国现代宣传画作品。

J0040294

实行老中青三结合　加强领导班子建设 新金县宣传画学习班作

沈阳 辽宁人民出版社 1976年 1张 107cm（全开）

定价：CNY0.22

中国现代宣传画作品。

J0040295

世上无难事　只要肯登攀 李醒滔，梁照堂作

广州 广东人民出版社 1976年 1张 76cm（2开）

定价：CNY0.14

中国现代宣传画作品。

J0040296

世上无难事　只要肯登攀 尚德周作

西安 陕西人民出版社 1976年 1张 76cm（2开）

定价：CNY0.11

中国现代宣传画作品。

J0040297

誓将无产阶级革命事业进行到底 郑竹天画

长春 吉林人民出版社 1976年 1张 107cm（全开）

定价：CNY0.28

中国现代宣传画作品。

J0040298

随时准备歼灭敢于入侵之敌 李立民作

南宁 广西人民出版社 1976年 1张 76cm（2开）

定价：CNY0.14

中国现代宣传画作品。

J0040299

泰山压顶不弯腰 （唐山人民抗震救灾组画）

人民美术出版社印刷厂工人业余美术编创组作

北京 人民美术出版社 1976年 1张 107cm（全开）

中国现代宣传画作品。

J0040300

泰山压顶不弯腰 天津人民美术出版社集体创作

天津 天津人民美术出版社 1976年 1张 76cm（2开）定价：CNY0.14

中国现代宣传画作品。

J0040301

唐山人民在抗震救灾斗争中胜利前进 北京部队炮兵政治部等速写配诗

北京 人民美术出版社 1976年 1张 107cm（全开）

中国现代宣传画作品。

J0040302

团结战斗加速建成大寨县 颜承富执笔

北京 人民美术出版社 1976年 1张 76cm（2开）

统一书号：8027.6518 定价：CNY0.14

中国现代宣传画作品。

J0040303

团结战斗人定胜天 河北人民出版社作
石家庄 河北人民出版社 1976 年 1 张
76cm（2 开）定价：CNY0.11
中国现代宣传画作品。

J0040304

团结战斗学大寨 誓把山河面貌改 姚尔
畅作
上海 上海人民出版社 1976 年 1 张 76cm（2 开）
定价：CNY0.11
中国现代宣传画作品。

J0040305

为把我国建设成为社会主义强国而奋斗
王慎仁作
沈阳 辽宁人民出版社 1976 年 1 张 107cm（全开）
定价：CNY0.22
中国现代宣传画作品。

J0040306

为革命大养其猪 陈庆心作
广州 广东人民出版社 1976 年 1 张 76cm（2 开）
定价：CNY0.11
中国现代宣传画作品。

J0040307

为工农兵服务向工农兵学习 新金县宣传画
学习班作
沈阳 辽宁人民出版社 1976 年 1 张 107cm（全开）
定价：CNY0.22
中国现代宣传画作品。

J0040308

为工业学大庆、农业学大寨当好先行
长春 吉林人民出版社 1976 年 1 张 107cm（全开）
定价：CNY0.28
中国现代宣传画作品。

J0040309

为农业机械化而奋斗 任振江作
银川 宁夏人民出版社 1976 年 1 张 76cm（2 开）
定价：CNY0.11
中国现代宣传画作品。

J0040310

为普及大寨县而奋斗 张玉良作
石家庄 河北人民出版社 1976 年 1 张
76cm（2 开）定价：CNY0.11
中国现代宣传画作品。

J0040311

为普及大寨县而奋斗 叶作钧作
银川 宁夏人民出版社 1976 年 1 张 76cm（2 开）
定价：CNY0.11
中国现代宣传画作品。

J0040312

为普及大寨县贡献力量 齐传玉（绘画）执笔
北京 人民美术出版社 1976 年 1 张 76cm（2 开）
定价：CNY0.14
中国现代宣传画作品。

J0040313

为在 1980 年基本实现农业机械化而奋斗
胡振宇作
石家庄 河北人民出版社 1976 年 1 张
76cm（2 开）定价：CNY0.11
中国现代宣传画作品。作家胡振宇（1939— ），
画家。浙江宁波人。浙江美术学院油画系毕业，
国家选派赴比利时皇家美术学院留学。历任浙
江美院油画系主任、造型学部副主任。代表作品
有《功》《一生难忘 1976》《峥嵘岁月》《百年沧
桑》《白求恩》，出版有《胡振宇油画作品》画册。

J0040314

为祖国多炼钢炼好钢 钟志宏作
石家庄 河北人民出版社 1976 年 1 张
76cm（2 开）定价：CNY0.11
中国现代宣传画作品。

J0040315

伟大的创举 邵劲之编文；程犁画
武汉 湖北人民出版社 1976 年 1 册 19cm（32 开）
定价：CNY0.18
中国现代宣传画作品。

J0040316

伟大的创举 士明编文；沈行工，陈守义绘画
南京 江苏人民出版社 1976 年 1 册

17×18cm（24开）定价：CNY0.16

　　中国现代宣传画作品。作者沈行工（1943—　），画家，艺术家。浙江宁波人，毕业于南京艺术学院。南京艺术学院教授、硕士生导师、中国美术家协会会员、中国油画学会理事、江苏省油画学会名誉主席、艺术委员会主席。代表作品《小镇春深》《秋晴》《读书人生》《蓝色的江南风景》《雪后的江南风景》等。作者陈守义（1944—　），浙江温州人。毕业于浙江美术学院油画系。中国美术家协会会员、浙江美术家协会理事、浙江美术教育研究会副会长。主要作品有《山城》《水乡的回忆》《巴黎春色》等。

J0040317

伟大的历史性胜利　夏立业，李德钊作

广州　广东人民出版社　1976年　1张　76cm（2开）定价：CNY0.14

　　中国现代宣传画作品。

J0040318

伟大的社会主义祖国到处莺歌燕舞　王慎仁作

沈阳　辽宁人民出版社　1976年　1张　107cm（全开）定价：CNY0.22

　　中国现代宣传画作品。

J0040319

文艺战线今胜昔！　阳泉市人民文化馆供稿

太原　山西人民出版社　1976年　1张　107cm（全开）定价：CNY0.28

　　中国现代宣传画作品。

J0040320

我家祖国的蓝天　李醒滔，梁照堂作

北京　人民体育出版社　1976年　1张　107cm（全开）定价：CNY0.28

　　中国现代宣传画作品。

J0040321

我们党胜利了　无产阶级胜利了　人民胜利了　孙彬，王龙生作

成都　四川人民出版社　1976年　1张　76cm（2开）定价：CNY0.11

　　中国现代宣传画作品。

J0040322

我为祖国献石油　吴瑞龙作

北京　人民美术出版社　1976年　1张　107cm（全开）定价：CNY0.28

　　中国现代宣传画作品。

J0040323

无限风光在险峰　潘晋拔，夏晔作

上海　上海人民出版社　1976年　1张　76cm（2开）定价：CNY0.14

　　中国现代宣传画作品。

J0040324

希望寄托在你们身上　北京朝阳区群众美术创作组绘

沈阳　辽宁人民出版社　1976年　1张　76cm（2开）定价：CNY0.11

　　中国现代宣传画作品。

J0040325

希望寄托在你们身上　北京朝阳区群众美术创作组绘

北京　人民出版社　1976年　1张　76cm（2开）定价：CNY0.14

　　中国现代宣传画作品。

J0040326

希望寄托在你们身上　北京朝阳区群众美术创作组绘

天津　天津人民美术出版社　1976年　1张　76cm（2开）定价：CNY0.14

　　中国现代宣传画作品。

J0040327

希望寄托在你们身上　北京朝阳区群众美术创作组绘

杭州　浙江人民出版社　1976年　1张　76cm（2开）定价：CNY0.14

　　中国现代宣传画作品。

J0040328

掀起学习马列著作和毛主席著作的新高潮　朱庆学，李国庆作

[郑州]河南人民出版社　1976年　1张　76cm（2开）定价：CNY0.14

中国现代宣传画作品。

J0040329
掀起学习马列著作和毛主席著作的新高潮
尹毅画
济南　山东人民出版社　1976年　1张　76cm（2开）
定价：CNY0.14
　　中国现代宣传画作品。

J0040330
新生事物春满园　妇女顶起半边天　哈思
庄，张成荣画
上海　上海人民出版社　1976年　1张　76cm（2开）
定价：CNY0.11
　　中国现代宣传画作品。

J0040331
**新生事物是不可战胜的——上海机床厂
七·二一工人大学在斗争中前进**　上海航道
局工人美术组编绘
北京　人民美术出版社　1976年　1张　107cm（全开）
定价：CNY0.20
　　中国现代宣传画作品。

J0040332
新生事物赞（宣传画十二幅）
广州　广东人民出版社　1976年　12张　53cm（4开）
定价：CNY0.84
　　中国现代宣传画作品。

J0040333
新生事物赞（组画）　芦芒配诗
上海　上海人民出版社　1976年　13张　53cm（4开）
定价：CNY0.95
　　中国现代宣传画作品。

J0040334
新型学校育新人　陈慧荪作
南昌　江西人民出版社　1976年　1张　76cm（2开）
定价：CNY0.11
　　中国现代宣传画作品。

J0040335
胸怀祖国　放眼世界　徐英修作
北京　人民美术出版社　1976年　1张　53cm（4开）

定价：CNY0.04
　　中国现代宣传画作品。

J0040336
学大庆起宏图　雷德祖作
南宁　广西人民出版社　1976年　1张　76cm（2开）
定价：CNY0.14
　　中国现代宣传画作品。作者雷德祖（1942—
1991），连环画家、编辑。生于广西南宁，毕业于
广西艺术学院。历任中国美术家协会会员、广
西美术家协会副主席、中国连环画研究会常务理
事、《美术界》主编。代表作有《斯巴达克思》《世
界名著连环画丛书》等。

J0040337
学大寨精神　献革命青春　胡悌林画
长春　吉林人民出版社　1976年　1张　107cm（全开）
定价：CNY0.28
　　中国现代宣传画作品。

J0040338
学大寨子　扎根牧区献青春　黄冠余，秦
龙作
天津　天津人民美术出版社　1976年　1张
76cm（2开）定价：CNY0.11
　　中国现代宣传画作品。作者秦龙（1939—　），
连环画画家。生于成都，毕业于中央工艺美术学
院。历任中国美术家协会会员、中国美术家协会
插图装帧艺术委员会副主任、人民出版社美术编
辑。连环画作品《希腊神话的故事》《秦龙画集》。

J0040339
学好理论，加强防御，准备打仗！　梁卓舒
供稿
广州　广东人民出版社　1976年　1张　76cm（2开）
定价：CNY0.11
　　中国现代宣传画作品。

J0040340
学理论　抓路线　为实现大寨县而奋斗
周跃潮作
南宁　广西人民出版社　1976年　1张　76cm（2开）
定价：CNY0.11
　　中国现代宣传画作品。

J0040341

学理论　抓路线　重新安排河山　潘滋培作

银川　宁夏人民出版社　1976年　1张　76cm（2开）

定价：CNY0.11

　　中国现代宣传画作品。

J0040342

学理论抓路线做农业学大寨的带头人　程大利作

南京　江苏人民出版社　1976年　1张　107cm（全开）

定价：CNY0.28

　　中国现代宣传画作品。作者程大利（1945—　），书画家、编辑出版家、美术理论家。江苏徐州人。历任江苏美术出版社社长兼总编辑、副编审，中国美术家协会会员，江苏省国画院特邀画师，中国年画研究会常务理事等。主要作品有《曲尽箫笙息》《风云际会时》《闲云》《太行岂止铁壁高》《汉风流宕》等。

J0040343

学习大寨

银川　宁夏人民出版社　1976年　1张　76cm（2开）

定价：CNY0.11

　　中国现代宣传画作品。摘自中共中央政治局委员、国务院副总理华国锋在全国农业学大寨会议上的总结报告。

J0040344

学习大寨

西安　陕西人民出版社　1976年　1张　76cm（2开）

定价：CNY0.08

　　中国现代宣传画作品。摘自中共中央政治局委员、国务院副总理华国锋在全国农业学大寨会议上的总结报告。

J0040345

学习大寨干部"五带头"精神　发扬大寨"五不倒"精神

北京　人民美术出版社　1976年　1张　107cm（全开）

定价：CNY0.28

　　中国现代宣传画作品。

J0040346

学习雷锋永做人民的勤务员　井维春作

北京　人民美术出版社　1976年　1张　76cm（2开）

定价：CNY0.14

　　中国现代宣传画作品。

J0040347

学习鲁迅的革命精神　王怀庆作

北京　人民美术出版社　1976年　1张　76cm（2开）

定价：CNY0.14

　　中国现代宣传画作品。

J0040348

沿着大寨的道路阔步前进

南昌　江西人民出版社　1976年　1张　76cm（2开）

定价：CNY0.11

　　中国现代宣传画作品。

J0040349

沿着毛主席的无产阶级革命路线乘胜前进！　方世聪（绘画）执笔

上海　上海人民出版社　1976年　1张　107cm（全开）

定价：CNY0.28

　　中国现代宣传画作品。作者方世聪（1941—　），画家。毕业于国立上海美术专科学校油画系。历任上海美术家协会会员，上海戏剧学院美术系油画教研室主任、教授，上海黄浦画院副院长。代表作《华夏魂》《东方少女》《潜在的能量》《激情的艺术》《塞纳河夕照》等。

J0040350

沿着毛主席的无产阶级路线胜利前进　哈尔滨师范学院艺术系供稿

哈尔滨　黑龙江人民出版社　1976年　1张　76cm（2开）定价：CNY0.14

　　中国现代宣传画作品。

J0040351

沿着毛主席指引的教育革命方向前进　鲁迅美术学院美术75队供稿

沈阳　辽宁人民出版社　1976年　1张　107cm（全开）

定价：CNY0.22

　　中国现代宣传画作品。

J0040352

要抓革命，促生产，促工作，促战备，把各方面的工作做得更好　于振立作

北京　人民美术出版社　1976年　1张　153cm（2开）

定价: CNY0.56

　　中国现代宣传画作品。

J0040353

一代新人茁壮成长　魏华邦, 眭关荣作

南京 江苏人民出版社 1976年 2张 107cm(全开)

定价: CNY0.56

　　中国现代宣传画作品。

J0040354

一定要把淮河修好　李中文作

郑州 河南人民出版社 1976年 1张 107cm(全开)

定价: CNY0.28

　　中国现代宣传画作品。

J0040355

一切行动听从以华主席为首的党中央指挥

蒋昌一画

上海 上海人民出版社 1976年 1张 107cm(全开)

定价: CNY0.28

　　中国现代宣传画作品。作者蒋昌一(1943—),
画家、国家一级美术师。湖南湘乡人, 毕业于
南京艺术学院美术系。历任上海美术设计公司
干部、上海油画雕塑院院长、中国美术家协会会
员、上海美术家协会常务理事、上海美术家协会
绘画艺术委员会主任。代表作品《团结》《国旗
像太阳一样红》《革命风雨催我长》等。

J0040356

以阶级斗争为纲　大干社会主义　阎文喜作

西安 陕西人民出版社 1976年 1张 76cm(2开)

定价: CNY0.11

　　中国现代宣传画作品。

J0040357

**以阶级斗争为纲　夺取抗震救灾斗争的胜
利**　沈尧伊作

天津 天津人民美术出版社 1976年 1张
76cm(2开)定价: CNY0.10

　　中国现代宣传画作品。

J0040358

**以阶级斗争为纲　为在一九八〇年基本上
实现农业机械化而奋斗**　杨宝成(绘画)执笔

北京 人民美术出版社 1976年 1张 107cm(全开)

定价: CNY0.28

　　中国现代宣传画作品。

J0040359

以阶级斗争为纲乘胜前进　孙振挺作

西安 陕西人民出版社 1976年 1张 107cm(全开)

定价: CNY0.22

　　中国现代宣传画作品。

J0040360

以阶级斗争为纲搞好农业机械化　胡仁樵,
曹世慧作

成都 四川人民出版社 1976年 1张 107cm(全开)

定价: CNY0.28

　　中国现代宣传画作品。

J0040361

以阶级斗争为纲普及大寨县

杭州 浙江人民出版社 1976年 1张 76cm(2开)

定价: CNY0.11

　　中国现代宣传画作品。

J0040362

以阶级斗争为纲为普及大寨县而奋斗　浙
江美术学院工农兵学员作

杭州 浙江人民出版社 1976年 1张 76cm(2开)

定价: CNY0.11

　　中国现代宣传画作品。

J0040363

以阶级斗争为纲, 大搞"挖潜、革新、改造"

广东省计划委员会科技处编

广州 广东省科学技术出版社 1976年 1张
76cm(2开)

　　中国现代宣传画作品。

J0040364

英雄的人民不可战胜　梁岩, 李恩合作

石家庄 河北人民出版社 1976年 1张
76cm(2开)定价: CNY0.11

　　中国现代宣传画作品。

J0040365

英雄的人民不可战胜　(首都军民英勇抗震
救灾斗争速写)

北京　人民美术出版社　1976年　1张　107cm（全开）
中国现代宣传画作品。

J0040366
英雄人民不可战胜
天津　天津人民美术出版社　1976年　1张
76cm（2开）定价：CNY0.14
　　　中国现代宣传画作品。

J0040367
永葆革命青春　曾从军，高金洲作
昆明　云南人民出版社　1976年　1张　76cm（2开）
定价：CNY0.11
　　　中国现代宣传画作品。

J0040368
永远靠毛泽东思想战斗　一切听从以华国锋主席为首的党中央的指挥　阳泉矿工人业余美术组作
北京　人民美术出版社　1976年　1张　53cm（4开）
定价：CNY0.07
　　　中国现代宣传画作品。

J0040369
永远沿着毛主席开辟的革命航道奋勇前进　蔡迪安作
武汉　湖北人民出版社　1976年　1张　107cm（全开）
定价：CNY0.28
　　　中国现代宣传画作品。

J0040370
永远沿着毛主席开辟的革命航道奋勇前进　辽宁省金县文化馆供稿
天津　天津人民美术出版社　1976年　1张　107cm（全开）定价：CNY0.28
　　　中国现代宣传画作品。

J0040371
用革命的文艺占领农村的文化阵地　辽宁省新金县宣传画学习班集体创作
北京　人民美术出版社　1976年　1张　107cm（全开）
定价：CNY0.28
　　　中国现代宣传画作品。

J0040372
渔业学大寨　大干促大变　浙江美术学院工农兵学员作
杭州　浙江人民出版社　1976年　1张　76cm（2开）
定价：CNY0.11
　　　中国现代宣传画作品。

J0040373
愚公移山改造中国　重新安排河山　秦天健，彭吕作
西安　陕西人民出版社　1976年　1张　107cm（全开）
定价：CNY0.28
　　　中国现代宣传画作品。

J0040374
在华主席为首的党中央领导下抓革命　促生产　促工作　促战备　周俊杰作
郑州　河南人民出版社　1976年　1张　76cm（2开）
定价：CNY0.14
　　　中国现代宣传画作品。

J0040375
在毛主席的无产阶级教育路线指引下茁壮成长　何韵兰作
天津　天津人民美术出版社　1976年　1张
76cm（2开）定价：CNY0.14
　　　中国现代宣传画作品。作者何韵兰（1937—　），女，教授、画家。浙江海宁人，历任中央戏剧学院舞台美术系副教授、中国美术家协会会员、北京市女美术家联谊会会长。作品有《信念》《湖》《京剧脸谱》等，出版有《韵兰集》《何韵兰作品集》。

J0040376
在批判旧世界中建设新世界　（朝阳农学院在斗争中胜利前进）朝阳地区朝农教育"革命组"画工农业余美术创作组，连环画报记者编绘
北京　人民美术出版社　1976年　1张　107cm（全开）
定价：CNY0.20
　　　中国现代宣传画作品。

J0040377
战天斗地学大寨　干部群众齐心干　上海人民出版社南汇小组集体创作
上海　上海人民出版社　1976年　1张　107cm（全开）

定价：CNY0.22

　　中国现代宣传画作品。

J0040378

战天斗地学大寨　干部群众齐心干　上海
人民出版社南汇小组集体创作

上海　上海人民出版社　1976年　1张　76cm（2开）
定价：CNY0.11

　　中国现代宣传画作品。

J0040379

**中国和世界各国人民、运动员之间的友谊
万岁！**　沈尧伊作

北京　人民体育出版社　1976年　1张　107cm（全开）
定价：CNY0.28

　　中国现代宣传画作品。

J0040380

中华人民共和国万岁　上海戏剧学院美术系
集体创作

上海　上海人民出版社　1976年　1张　107cm（全开）
定价：CNY0.28

　　中国现代宣传画作品。

J0040381

中华人民共和国万岁

天津　天津人民美术出版社　1976年　1张
107cm（全开）定价：CNY0.22

　　中国现代宣传画作品。

J0040382

重返农村当农民　岫岩县宣传画学习班创作
沈阳　辽宁人民出版社　1976年　1张　107cm（全开）
定价：CNY0.22

　　中国现代宣传画作品。

J0040383

重新学习继续革命　新金县宣传画学习班作
沈阳　辽宁人民出版社　1976年　1张　107cm（全开）
定价：CNY0.22

　　中国现代宣传画作品。

J0040384

猪多肥多粮多　黄孝仁，郑树楠作
广州　广东人民出版社　1976年　1张　76cm（2开）

定价：CNY0.14

　　中国现代宣传画作品。

J0040385

抓革命　促生产　促工作　促战备　庞泰
嵩作

南宁　广西人民出版社　1976年　1张　76cm（2开）
定价：CNY0.14

　　中国现代宣传画作品。

J0040386

抓革命　促生产　促工作　促战备　庞泰
嵩作

南宁　广西人民出版社　1976年　1张　53cm（4开）
定价：CNY0.07

　　中国现代宣传画作品。

J0040387

抓革命　促生产　大力发展钢铁工业　董
文斗等作

北京　人民美术出版社　1976年　1张　107cm（全开）
定价：CNY0.28

　　中国现代宣传画作品。

J0040388

**抓革命　促生产　以实际行动夺回地震造
成的损失。**　杜滋龄作

天津　天津人民美术出版社　1976年　1张
76cm（2开）定价：CNY0.10

　　中国现代宣传画作品。作者杜滋龄（1941—　），
教授。生于天津，毕业于中国美术学院中国画系
研究生班。历任中国画学会副会长、中国艺术研
究院博士生导师、南开大学教授、天津美术家协
会副主席。代表作品《帕米尔初雪》《古老的歌》
《大漠行》等。

J0040389

走五·七道路坚持继续革命　刘长顺（绘画）
执笔

北京　人民美术出版社　1976年　1张　76cm（2开）
定价：CNY0.14

　　中国现代宣传画作品。

J0040390

祖国山河一片红　集体创作

上海　上海人民出版社 1976年 1张 107cm（全开）
定价：CNY0.28
　　中国现代宣传画作品。

J0040391
祖国山河一片红　集体创作
上海　上海人民出版社 1976年 1张 76cm（2开）
定价：CNY0.14
　　中国现代宣传画作品。

J0040392
最紧密地团结在华主席为首的党中央周围　曹新林作
郑州　河南人民出版社 1976年 1张 107cm（全开）
定价：CNY0.28
　　中国现代宣传画作品。作者曹新林
（1940—　　），画家。湖南望城县人。毕业于广州
美术学院油画系，曾任河南省书画院副院长、河
南省美术家协会副主席，河南油画学会会长。主
要作品有《粉笔生涯》《江边》等。出版有《曹新
林绘画作品选》专集。

J0040393
最紧密地团结在以华国锋同志为首的党中央周围　唐航画
长春　吉林人民出版社 1976年 1张 107cm（全开）
定价：CNY0.28
　　中国现代宣传画作品。

J0040394
最紧密地团结在以华国锋主席为首的党中央周围　陈伟民（绘画）执笔
上海　上海人民出版社 1976年 1张 107cm（全开）
定价：CNY0.28
　　中国现代宣传画作品。

J0040395
最紧密地团结在以华国锋主席为首的党中央周围　坚决同王、张、江、姚"四人帮"反党集团斗争到底
北京　人民美术出版社 1976年 1张 107cm（全开）
定价：CNY0.24
　　中国现代宣传画作品。

J0040396
做阶级斗争的闯将　岫岩县宣传画学习班创作
沈阳　辽宁人民出版社 1976年 1张 107cm（全开）
定价：CNY0.22
　　中国现代宣传画作品。

J0040397
做限制资产阶级法权的促进派　岫岩县宣传画学习班创作
沈阳　辽宁人民出版社 1976年 1张 107cm（全开）
定价：CNY0.22
　　中国现代宣传画作品。

J0040398
按照毛主席军事路线建设过硬连队　池长尧作
杭州　浙江人民出版社 1977年 76cm（2开）
定价：CNY0.11
　　中国现代宣传画作品。

J0040399
把"四人帮"干扰破坏耽误的时间夺回来　李志宽作
长沙　湖南人民出版社 1977年 76cm（2开）
定价：CNY0.11
　　中国现代宣传画作品。

J0040400
把"四人帮"破坏生产的损失夺回来　庞涛作
北京　人民出版社 1977年 76cm（2开）
定价：CNY0.14
　　中国现代宣传画作品。

J0040401
把"四人帮"押上历史的审判台　古月作
成都　四川人民出版社 1977年 76cm（2开）
定价：CNY0.11
　　中国现代宣传画作品。

J0040402
把毛泽东思想千秋万代传下去　邓乃荣等作
天津　天津人民美术出版社 1977年
108cm（全开）定价：CNY0.28
　　中国现代宣传画作品。

J0040403

拜工人为师　自觉接受工人监督　吉林市
宣传画学习班创作；高杰执笔
长春　吉林人民出版社　1977年　108cm（全开）
定价：CNY0.28
　　　中国现代宣传画作品。

J0040404

铲除"四害"人心大快生产大上　大连港务
局工人业余美术创作组作
沈阳　辽宁人民出版社　1977年　76cm（2开）
定价：CNY0.11
　　　中国现代宣传画作品。

J0040405

彻底揭发批判"四人帮"　常觉圆画
长春　吉林人民出版社　1977年　108cm（全开）
定价：CNY0.28
　　　中国现代宣传画作品。

J0040406

彻底揭发批判"四人帮"　孙荃作
北京　人民美术出版社　1977年　76cm（2开）
定价：CNY0.14
　　　中国现代宣传画作品。

J0040407

**彻底清算"四人帮"扼杀影片《创业》、否定
大庆红旗的罪行**　顾朴等绘；北京人民美术
出版社编
北京　人民美术出版社　1977年　108cm（全开）
定价：CNY0.24
　　　中国现代宣传画作品。

J0040408

打倒"四人帮"，生产打胜仗！　邓昌裕，陈
昌其绘
成都　四川人民出版社　1977年　76cm（2开）
定价：CNY0.11
　　　中国现代宣传画作品。

J0040409

打烂"四人帮"浙江有希望
杭州　浙江人民出版社　1977年　108cm（全开）
定价：CNY0.22

中国现代宣传画作品。

J0040410

打烂"四人帮"浙江有希望
杭州　浙江人民出版社　1977年　76cm（2开）
定价：CNY0.11
　　　中国现代宣传画作品。

J0040411

大干促大变普及大寨县　王义胜，张宝贵作
沈阳　辽宁人民出版社　1977年　76cm（2开）
定价：CNY0.11
　　　中国现代宣传画作品。

J0040412

大干快上，为普及大寨县而奋战！　傅启
中作
昆明　云南人民出版社　1977年　108cm（全开）
定价：CNY0.22
　　　中国现代宣传画作品。

J0040413

大干社会主义光荣　钱大泾作
南京　江苏人民出版社　1977年　76cm（2开）
定价：CNY0.11
　　　中国现代宣传画作品。

J0040414

大干社会主义光荣　郑荣庚作
上海　上海人民出版社　1977年　108cm（全开）
定价：CNY0.28
　　　中国现代宣传画作品。

J0040415

大干社会主义光荣　郦伟农作
杭州　浙江人民出版社　1977年　76cm（2开）
定价：CNY0.11
　　　中国现代宣传画作品。

J0040416

**大干社会主义有理　大干社会主义有功
大干社会主义光荣**　蒋振立作
南宁　广西人民出版社　1977年　76cm（2开）
定价：CNY0.11
　　　中国现代宣传画作品。

J0040417

**大干社会主义有理　大干社会主义有功
大干社会主义光荣**　徐希作

北京　人民美术出版社　1977 年　76cm（2 开）
定价：CNY0.14

　　中国现代宣传画作品。

J0040418

**大干社会主义有理　大干社会主义有功
大干社会主义光荣**　马洪琪，卞志文作

太原　山西人民出版社　1977 年　108cm（全开）
定价：CNY0.28

　　中国现代宣传画作品。

J0040419

**大干社会主义有理　大干社会主义有功
大干社会主义光荣**　李少襄作

成都　四川人民出版社　1977 年　76cm（2 开）
定价：CNY0.11

　　中国现代宣传画作品。

J0040420

**大干社会主义有理　大干社会主义有功
大干社会主义光荣　大干了还要大干**
周昭坎作

合肥　安徽人民出版社　1977 年　108cm（全开）
定价：CNY0.22

　　中国现代宣传画作品。

J0040421

**大搞农田基本建设，誓把"四人帮"造成的
损失夺回来！**　李金明作

广州　广东人民出版社　1977 年　76cm（2 开）
定价：CNY0.14

　　中国现代宣传画作品。作者李金明（1942—　　），
油画家。生于香港，广东鹤山人，毕业于广州美
术学院油画系。历任国家高级美术师、广东油画
会常务理事和执行秘书长、中国美术家协会会
员、广东省美术家协会理事。作品有《曙光初照
演兵场》《喜看稻菽千重浪》等，出版《李金明油
画选集》《李金明访欧作品》等。

J0040422

大批资本主义　大干社会主义　张光奎，许
三连作

郑州　河南人民出版社　1977 年［1 张］
54cm（4 开）定价：CNY0.06

　　中国现代宣传画作品。

J0040423

大庆工人学"两论"创业有了指路灯　汪铁，
冯正梁作

上海　上海人民出版社　1977 年　108cm（全开）
定价：CNY0.28

　　中国现代宣传画作品。作者冯正梁（1954—　　），
画家、教授。生于上海，上海师范大学艺术学士、
美国弗吉尼亚州莱德佛大学艺术硕士。历任美
国水彩画会、中国水彩画会、美国色粉画协会会
员，莱德佛大学教授。

J0040424

大庆式企业目前的标准

合肥　安徽人民出版社　1977 年　108cm（全开）
定价：CNY0.20

　　中国现代宣传画作品。

J0040425

大庆式企业目前的标准

银川　宁夏人民出版社　1977 年　76cm（2 开）
定价：CNY0.11

　　中国现代宣传画作品。

J0040426

大庆式企业目前的标准

西宁　青海人民出版社　1977 年　108cm（全开）
定价：CNY0.24

　　中国现代宣传画作品。

J0040427

大寨县目前的标准

合肥　安徽人民出版社　1977 年　108cm（全开）
定价：CNY0.20

　　中国现代宣传画作品。

J0040428

党支部是钢铁堡垒　连队干部是顶梁柱
（向"硬骨头六连"学习）翁逸之作

上海　上海人民出版社　1977 年　76cm（2 开）
定价：CNY0.14

　　中国现代宣传画作品。

J0040429

到农村去　到祖国最需要的地方去　沈阳市宣传画学习班作

沈阳　辽宁人民出版社　1977 年　108cm（全开）

定价：CNY0.22

中国现代宣传画作品。

J0040430

动员全党全国工人阶级为普及大庆式企业而奋斗　沈阳宣传画学习班作

沈阳　辽宁人民出版社　1977 年　76cm（2 开）

定价：CNY0.11

中国现代宣传画作品。

J0040431

独立自主自力更生把我国建设成为强大的社会主义国家　创作学习班集体创作

天津　天津人民美术出版社　1977 年　76cm（2 开）

定价：CNY0.14

新金县农民宣传画作品。

J0040432

朵朵红花献英雄　千万铁人如潮涌　金纪发作

上海　上海人民出版社　1977 年　108cm（全开）

定价：CNY0.28

中国现代宣传画作品。作者金纪发（1965— ），画家、教师。上海人，毕业于上海美术学院油画系。上海大学美术学院油画系副教授。作品有《四季歌》《欢歌》《高歌》《夏日的情思》《怡人》等，出版有《金纪发油画集》。

J0040433

发扬革命传统争取更大光荣　翁逸之作

上海　上海人民出版社　1977 年　108cm（全开）

定价：CNY0.28

中国现代宣传画作品。作者翁逸之（1921—1995），生于上海青浦。曾任上海人民美术出版社编审、中国美术家协会会员、上海美术家协会理事、上海粉画学会顾问等。师承张充仁，创作了许多招贴画、油画和粉画。画作有《保卫和平是英雄建设祖国是好汉》《全民皆兵保卫祖国》《庆祝中华人民共和国成立三十五周年》《庆祝中国共产党成立六十周年》《热烈庆祝五届全运会胜利召开》等。

J0040434

发扬会战传统　坚持"两论"起家　张汝济，王角作

北京　人民美术出版社　1977 年　76cm（2 开）

定价：CNY0.14

中国现代宣传画作品。

J0040435

发扬铁人精神，造就一支反修防修的铁人式队伍　徐震时作

北京　人民美术出版社　1977 年　76cm（2 开）

定价：CNY0.14

中国现代宣传画作品。

J0040436

发展生产　重建家园　高志华，郑新雨作

沈阳　辽宁人民出版社　1977 年　76cm（2 开）

定价：CNY0.11

本作品系中国宣传画。

J0040437

粉碎"四人帮"普及大寨县　吴棣作

北京　人民美术出版社　1977 年　76cm（2 开）

定价：CNY0.14

中国现代宣传画作品。

J0040438

粉碎"四人帮"生产得解放　广廷勃，任梦璋作

沈阳　辽宁人民出版社　1977 年　108cm（全开）

定价：CNY0.22

中国现代宣传画作品。作者任梦璋（1934— ），画家，教授。河北束鹿（现辛集市）人，毕业于中央美术学院。曾任鲁迅美术学院教授、中国美术家协会会员、辽宁美术家协会顾问。代表作品《平型关大捷》《攻克锦州》《秋色》等。

J0040439

粉碎"四人帮"扬眉吐气地大干社会主义　大连港务局工人业余美术创作组作

沈阳　辽宁人民出版社　1977 年　76cm（2 开）

定价：CNY0.11

中国现代宣传画作品。

J0040440

高举"鞍钢宪法"伟大红旗掀起抓革命促生产高潮　沈阳宣传画学习班作

沈阳　辽宁人民出版社　1977 年　76cm（2 开）

定价：CNY0.11

　　中国现代宣传画作品。

J0040441

高举鞍钢宪法光辉旗帜，夺取工业生产的新胜利！　孙泽清执笔

天津　天津人民美术出版社　1977 年　76cm（2 开）

定价：CNY0.14

　　中国现代宣传画作品。

J0040442

高举大寨红旗大干社会主义　张宝贵，王宜胜作

沈阳　辽宁人民出版社　1977 年　76cm（2 开）

定价：CNY0.11

　　中国现代宣传画作品。

J0040443

高举红旗　将革命进行到底　（隆重纪念解放军建军五十周年和井冈山革命根据地创建五十周年）邹达青作

南昌　江西人民出版社　1977 年　108cm（全开）

定价：CNY0.28

　　中国现代宣传画作品。

J0040444

高举毛泽东思想伟大红旗　在华主席为首的党中央领导下胜利前进　王继权绘

福州　福建人民出版社　1977 年　76cm（2 开）

定价：CNY0.14

　　中国现代宣传画作品。

J0040445

高举毛主席的伟大旗帜　将无产阶级革命事业进行到底　刘润民画

长春　吉林人民出版社　1977 年　108cm（全开）

定价：CNY0.28

　　中国现代宣传画作品。

J0040446

高举毛主席的伟大旗帜　将无产阶级革命

事业进行到底　于振立作

沈阳　辽宁人民出版社　1977 年　76cm（2 开）

定价：CNY0.11

　　中国现代宣传画作品。

J0040447

高举毛主席的伟大旗帜　将无产阶级革命事业进行到底　吴敏作

北京　人民美术出版社　1977 年　108cm（全开）

定价：CNY0.28

　　中国现代宣传画作品。

J0040448

高举毛主席的伟大旗帜　将无产阶级革命事业进行到底　吕恩谊作

北京　人民美术出版社　1977 年　108cm（全开）

定价：CNY0.28

　　中国现代宣传画作品。

J0040449

高举毛主席的伟大旗帜　将无产阶级革命事业进行到底　吕恩谊作

北京　人民美术出版社　1977 年　39cm（6 开）

定价：CNY0.14

　　中国现代宣传画作品。

J0040450

高举毛主席的伟大旗帜　紧跟华主席前进　李荣洲作

南京　江苏人民出版社　1977 年　108cm（全开）

定价：CNY0.14

　　中国现代宣传画作品。

J0040451

高举毛主席的伟大旗帜　紧跟华主席前进　李荣洲作

南京　江苏人民出版社　1977 年　76cm（2 开）

定价：CNY0.14

　　中国现代宣传画作品。

J0040452

高举毛主席的伟大旗帜　紧跟华主席胜利前进　赵兴琪，李德照作

兰州　甘肃人民出版社　1977 年　76cm（2 开）

定价：CNY0.14

中国现代宣传画作品。

J0040453

高举毛主席的伟大旗帜　紧跟英明领袖华主席胜利前进 （热烈欢呼中国共产党第十一次全国代表大会胜利召开）杨受安作

成都　四川人民出版社　1977年　76cm（2开）

定价：CNY0.14

　　中国现代宣传画作品。

J0040454

高举毛主席的伟大旗帜　为实现国防现代化而奋斗　蔡循生作

郑州　河南人民出版社　1977年　108cm（全开）

定价：CNY0.28

　　中国现代宣传画作品。

J0040455

高举毛主席的伟大旗帜前进　唐小禾，程犁作

武汉　湖北人民出版社　1977年　108cm（全开）

定价：CNY0.28

　　中国现代宣传画作品。

J0040456

高举毛主席的伟大旗帜前进　赵大鹏，王胜军作

北京　人民出版社　1977年　76cm（2开）

定价：CNY0.14

　　中国现代宣传画作品。

J0040457

高举毛主席的伟大旗帜　在华主席领导下胜利前进 （热烈欢呼中国共产党第十一次全国代表大会胜利召开）曹新林作

郑州　河南人民出版社　1977年　108cm（全开）

定价：CNY0.28

　　中国现代宣传画作品。作者曹新林（1940—　），画家。湖南望城县人。毕业于广州美术学院油画系，曾任河南省书画院副院长、河南省美术家协会副主席、河南油画学会会长。主要作品有《粉笔生涯》《江边》等。出版有《曹新林绘画作品选》专集。

J0040458

高举毛主席的伟大旗帜　走我国自己工业发展的道路 （大庆基本经验）顾光编；贺友直，韩敏绘

上海　上海人民出版社　1977年　108cm（全开）

定价：CNY0.36

　　中国现代宣传画作品。

J0040459

高举毛主席伟大旗帜　紧跟华主席胜利前进 （热烈庆祝中国共产党第十一次全国代表大会召开）李醒滔，梁照堂作

广州　广东人民出版社　1977年　76cm（2开）

定价：CNY0.14

　　中国现代宣传画作品。

J0040460

高举毛主席伟大旗帜　紧跟华主席胜利前进 （热烈庆祝中国共产党十届三中全会胜利召开）李醒滔，梁照堂作

广州　广东人民出版社　1977年　76cm（2开）

定价：CNY0.14

　　中国现代宣传画作品。

J0040461

革命加拼命，誓把"四人帮"造成的损失夺回来！　罗国强作

广州　广东人民出版社　1977年　76cm（2开）

定价：CNY0.14

　　中国现代宣传画作品。

J0040462

工农携手向前进

北京　人民美术出版社　1977年　76cm（2开）

定价：CNY0.14

　　中国现代宣传画作品。

J0040463

工人参加管理坚持企业社会主义方向　吉林市宣传画学习班集体创作；车忠义，唐士成执笔

长春　吉林人民出版社　1977年　108cm（全开）

定价：CNY0.28

　　中国现代宣传画作品。

J0040464

工业学大庆　普及大庆式企业　梁运清等作
北京　人民出版社　1977 年　76cm（2 开）
定价：CNY0.14
　　中国现代宣传画作品。

J0040465

贯彻 "鞍钢宪法" 开展工业学大庆的群众运动　葛长志作
天津　天津人民美术出版社　1977 年　76cm（2 开）
定价：CNY0.14
　　中国现代宣传画作品。

J0040466

广阔天地炼红心扎根农村干革命　宋洁作
西安　陕西人民出版社　1977 年　76cm（2 开）
定价：CNY0.11
　　中国现代宣传画作品。

J0040467

广阔天地新一代　沈阳市宣传画学习班作
沈阳　辽宁人民出版社　1977 年　76cm（2 开）
定价：CNY0.11
　　中国现代宣传画作品。

J0040468

好好学习　天天向上　（窗顶）张初华等画
济南　山东人民出版社　1977 年　54cm（4 开）
定价：CNY0.06
　　中国现代宣传画作品。

J0040469

合作医疗好　向际纯作
成都　四川人民出版社　1977 年　76cm（2 开）
定价：CNY0.11
　　中国现代宣传画作品。作者向际纯(1942—　)，
教授、编辑。出生于四川武胜。历任《科幻世界》
美术副编审、四川音乐美术学院客座教授、成都
蓝谷电脑艺术学校校长。

J0040470

狠批 "四人帮" 生产展新貌　旅大市工农兵
宣传画创作学习班作
北京　人民美术出版社　1977 年　76cm（2 开）
定价：CNY0.14

中国现代宣传画作品。

J0040471

狠批 "四人帮" 掀起工业学大庆农业学大寨新高潮　王永强绘
上海　上海人民出版社　1977 年　108cm（全开）
定价：CNY0.28
　　中国现代宣传画作品。

J0040472

红心向着华主席　超产捷报传四方　常觉圆画
长春　吉林人民出版社　1977 年　108cm（全开）
定价：CNY0.28
　　中国现代宣传画作品。

J0040473

互相学习　共同提高　赵仲贤作
上海　上海人民出版社　1977 年　76cm（2 开）
定价：CNY0.11
　　中国现代宣传画作品。

J0040474

华国锋同志为我党领袖是毛主席的英明决策　赵钧龙作
西安　陕西人民出版社　1977 年　108cm（全开）
定价：CNY0.28
　　中国现代宣传画作品。

J0040475

华主席，台湾儿女热爱您　张乃馨，翁平作
沈阳　辽宁人民出版社　1977 年　76cm（2 开）
定价：CNY0.11
　　中国现代宣传画作品。

J0040476

华主席，台湾儿女热爱您　张乃馨，翁平作
太原　山西人民出版社　1977 年　76cm（2 开）
定价：CNY0.12
　　中国现代宣传画作品。

J0040477

华主席，台湾儿女热爱您　翁平，张乃馨作
天津　天津人民美术出版社　1977 年　76cm（2 开）
定价：CNY0.11

中国现代宣传画作品。

中国现代宣传画作品。

J0040478
华主席，我们无限热爱您　巩平等作
北京　人民出版社　1977 年　76cm（2 开）
定价：CNY0.14
　　中国现代宣传画作品。

J0040479
华主席啊各族人民热爱您　（热烈庆祝中华
人民共和国成立二十八周年）王慎仁作
沈阳　辽宁人民出版社 1977 年 76cm（2 开）
定价：CNY0.11
　　中国现代宣传画作品。

J0040480
华主席登上天安门　人民领袖爱人民　王
伟成作
上海　上海人民出版社　1977 年　108cm（全开）
定价：CNY0.28
　　中国现代宣传画作品。

J0040481
华主席登上天安门　人民领袖爱人民　王
伟成作
上海　上海人民出版社　1977 年　76cm（2 开）
定价：CNY0.14
　　中国现代宣传画作品。

J0040482
华主席关心咱震生　李树基，郭常信画
石家庄　河北人民出版社　1977 年　76cm（2 开）
定价：CNY0.14
　　中国现代宣传画作品。

J0040483
华主席关心咱震生　李树基，郭常信画
沈阳　辽宁人民出版社　1977 年　76cm（2 开）
定价：CNY0.11
　　中国现代宣传画作品。

J0040484
华主席和各族人民心连心　郭殿魁等画
长春　吉林人民出版社　1977 年　108cm（全开）
定价：CNY0.28

J0040485
华主席和我们心连心　何孔德，高虹作
石家庄　河北人民出版社　1977 年　54cm（4 开）
定价：CNY0.07
　　中国现代宣传画作品。作者何孔德（1925—
2003），画家、国家一级美术家。四川西充人，毕
业于国立重庆师范学校美术科。中国美术家协
会会员。代表作《出击之前》《生命不息 冲锋不
止》《卢沟桥战斗》，出版有《何孔德油画选》《何
孔德画集》。

J0040486
华主席和我们心连心　高云作
南京　江苏人民出版社　1977 年　76cm（2 开）
定价：CNY0.14
　　中国现代宣传画作品。作者高云（1956—　），
国家一级美术师。毕业于南京艺术学院中国画
专业。历任中国美术家协会理事、中国画艺术委
员会委员、全国美术馆专委会副主任、江苏省美
术家协会副主席、江苏省美术馆馆长、南京艺术
学院客座教授。

J0040487
华主席和我们心连心　刘仁杰作
沈阳　辽宁人民出版社　1977 年　76cm（2 开）
定价：CNY0.11
　　中国现代宣传画作品。

J0040488
华主席和我们心连心　高虹作
北京　人民美术出版社　1977 年　76cm（2 开）
定价：CNY0.14
　　中国现代宣传画作品。

J0040489
华主席和我们在一起　刘庆涛画
长春　吉林人民出版社　1977 年　76cm（2 开）
定价：CNY0.14
　　中国现代宣传画作品。

J0040490
华主席和我们在一起　周正等作
西安　陕西人民出版社　1977 年　76cm（2 开）

定价：CNY0.22

中国现代宣传画作品。

J0040491

华主席和我们在一起　何孔德, 高虹作

天津　天津人民美术出版社　1977 年　76cm（2 开）

定价：CNY0.14

中国现代宣传画作品。

J0040492

华主席挥手我们胜利前进　王一定作

杭州　浙江人民出版社　1977 年　76cm（2 开）

定价：CNY0.14

中国现代宣传画作品。作者王一定（1949—　），画家。浙江杭州人，浙江美术学院毕业。浙江农业商贸职业学院艺术设计系学科带头人，装潢美工教研室主任、讲师。作品有《飒爽新姿》（合作）、《祖国·早晨好》。

J0040493

华主席率领我们学大寨　黄华榜作

武汉　湖北人民出版社　1977 年　76cm（2 开）

定价：CNY0.14

中国现代宣传画作品。

J0040494

华主席是我们的英明领袖和统帅　陈其, 陈坚作

南京　江苏人民出版社　1977 年　108cm（全开）

定价：CNY0.28

中国现代宣传画作品。作者陈坚（1959—　），山东青岛人。曾任中国美术家协会水彩画艺术委员会副主任兼秘书长、北京市美术家协会水彩画艺术委员会副主任、北京水彩画学会副会长。主要作品有《塔吉克老人》《塔吉克姑娘》《逝》等。

J0040495

华主席我们热爱您　何幼明作

南宁　广西人民出版社　1977 年　76cm（2 开）

定价：CNY0.14

中国现代宣传画作品。

J0040496

华主席引来幸福水　陈白一等作

长沙　湖南人民出版社　1977 年　76cm（2 开）

定价：CNY0.14

中国现代宣传画作品。作者陈白一（1926—2014），美术师。湖南邵阳人，毕业于华中艺术专科学校。历任湖南书画研究院院长、中国当代工笔画学会副会长、湖南省美术家协会顾问、湖南师范大学艺术学院客座教授。代表作品《小港堵口图》《听壁脚》《喜丰收》《工农联盟》等。

J0040497

画笔作刀枪揭批"四人帮"　王红作

兰州　甘肃人民出版社　1977 年　108cm（全开）

定价：CNY0.28

中国现代宣传画作品。

J0040498

欢庆五届人大召开实现抓纲治国的战略决策　傅金雨, 陈菊菊作

合肥　安徽人民出版社　1977 年　108cm（全开）

定价：CNY0.22

中国现代宣传画作品。

J0040499

欢庆中华人民共和国成立二十八周年　张宝贵, 王义胜作

沈阳　辽宁人民出版社　1977 年　76cm（2 开）

定价：CNY0.11

中国现代宣传画作品。

J0040500

欢迎您, 来自第三世界的朋友们　刘秉礼作

上海　上海人民出版社　1977 年　108cm（全开）

统一书号：8171.2147　定价：CNY0.28

中国现代宣传画作品。

J0040501

计划生育好　坚持晚稀少（摄影 1978 农历戊午年年历）黄福坤摄；福建省计划生育领导小组办公室编

福州　福建人民出版社　1977 年 ［1 张］

54cm（4 开）定价：CNY0.07

中国现代摄影宣传画作品。

J0040502

纪念毛主席《在延安文艺座谈会上的讲话》

发表三十五周年　傅启中作
昆明　云南人民出版社　1977 年　108cm（全开）
定价：CNY0.22
　　　中国现代宣传画作品。

J0040503
纪念中国人民解放军建军五十周年　梁卓舒作
广州　广东人民出版社　1977 年　76cm（2 开）
定价：CNY0.14
　　　中国现代宣传画作品。

J0040504
纪念中国人民解放军建军五十周年　熊传政作
昆明　云南人民出版社　1977 年　76cm（2 开）
定价：CNY0.11
　　　中国现代宣传画作品。

J0040505
继承毛主席遗志　听从华主席指挥　马云桥作
沈阳　辽宁人民出版社　1977 年　108cm（全开）
定价：CNY0.22
　　　中国现代宣传画作品。

J0040506
加快我国工业发展速度努力赶超世界先进水平　王影兵作
西安　陕西人民出版社　1977 年　76cm（2 开）
定价：CNY0.11
　　　中国现代宣传画作品。

J0040507
加强民兵训练　做好反侵略战争的准备　关愈作
广州　广东人民出版社　1977 年　76cm（2 开）
定价：CNY0.14
　　　中国现代宣传画作品。

J0040508
加强战备提高警惕随时准备歼灭一切敢于入侵之敌！　新金县农民宣传画创作学习班创作
天津　天津人民美术出版社　1977 年　76cm（2 开）

定价：CNY0.11
　　　中国现代宣传画作品。

J0040509
加速实现科学技术现代化　薛正安，姜振民画
济南　山东人民出版社　1977 年　76cm（2 开）
定价：CNY0.11
　　　中国现代宣传画作品。作者姜振民（1936—　　），编辑。生于山东济南。历任《济南日报》美术助理编辑，山东省科协宣传部科普美术编辑，山东人民出版社少儿读物编辑部美术编辑，山东文艺出版社办公室副主任、美术副编审、中国美术家协会会员。出版有《姜振民曼画集》，长篇连环画《白美丽小姐》等。

J0040510
坚持大庆道路　发扬铁人精神　周树桥作
广州　广东人民出版社　1977 年　76cm（2 开）
定价：CNY0.14
　　　中国现代宣传画作品。

J0040511
坚持以阶级斗争为纲　促进普及大寨县运动　陈衍宁作
广州　广东人民出版社　1977 年　54cm（4 开）
定价：CNY0.07
　　　中国现代宣传画作品。

J0040512
坚决贯彻落实党的"十一大"提出的各项战斗任务　万腾青作
合肥　安徽人民出版社　1977 年　108cm（全开）
定价：CNY0.28
　　　中国现代宣传画作品。

J0040513
坚决拥护以华主席为首的新的中央委员会　潘衡生作
哈尔滨　黑龙江人民出版社　1977 年　76cm（2 开）
定价：CNY0.11
　　　中国现代宣传画作品。作者潘蘅生（1949—　　），画家。上海人。历任黑龙江省京剧团美术设计、《剧作家》杂志美术编辑、中国美术家协会会员、黑龙江省美术家协会副主席。兼擅连环画、油画、

水墨画。出版有《潘蘅生油画作品精选》《美术家潘蘅生》等。

J0040514

坚决走与工农兵相结合的道路　戴恒扬，林聪作

上海　上海人民出版社　1977年　108cm（全开）

定价：CNY0.28

　　中国现代宣传画作品。作者戴恒扬（1946— ），教授。浙江奉化人，毕业于上海戏剧学院舞台美术系。历任上海戏剧学院美术系教师、副教授、教授。代表作品《在希望的田野上》《秦香莲》等。

J0040515

艰苦奋斗创新业　扎根农村志不移　冯向杰作

北京　人民美术出版社　1977年　76cm（2开）

定价：CNY0.14

　　中国现代宣传画作品。作者冯向杰（1941— ），画家、国家一级美术师。自号桑泉道人，山西临猗人。北京新体育杂志社副编审、中国美术家协会会员、中国体育美术促进会常务理事。代表作品有《相扑为戏》《黄水谣》《盘古开天》等。

J0040516

揭批"四人帮"革命生产向前进　李醒滔，梁照堂作

广州　广东人民出版社　1977年　76cm（2开）

定价：CNY0.11

　　中国现代宣传画作品。

J0040517

紧跟华主席把毛主席开创的革命事业进行到底　谢森作

南宁　广西人民出版社　1977年　76cm（2开）

定价：CNY0.14

　　中国现代宣传画作品。

J0040518

紧跟华主席奋勇向前进　（热烈欢庆中国共产党第十一次全国代表大会胜利召开）邓乃荣等作

天津　天津人民美术出版社　1977年　76cm（2开）

定价：CNY0.14

　　中国现代宣传画作品。

J0040519

紧跟华主席高举毛主席的伟大旗帜胜利前进　陈祖煌作

南昌　江西人民出版社　1977年　76cm（2开）

定价：CNY0.14

　　中国现代宣传画作品。

J0040520

紧跟华主席胜利向前进　（热烈欢呼中国共产党第十一次全国代表大会胜利召开）高国芳画

长春　吉林人民出版社　1977年　108cm（全开）

定价：CNY0.28

　　中国现代宣传画作品。

J0040521

紧跟领袖华主席　继续革命永向前　潘蘅生作

哈尔滨　黑龙江人民出版社　1977年　76cm（2开）

定价：CNY0.14

　　中国现代宣传画作品。作者潘蘅生（1949— ），画家。上海人。历任黑龙江省京剧团美术设计、《剧作家》杂志美术编辑、中国美术家协会会员、黑龙江省美术家协会副主席。兼擅连环画、油画、水墨画。出版有《潘蘅生油画作品精选》《美术家潘蘅生》等。

J0040522

紧密地团结在以华主席为首的党中央周围夺取更大的胜利

北京　人民美术出版社　1977年　108cm（全开）

定价：CNY0.28

　　中国现代宣传画作品。

J0040523

紧密团结在以华主席为首的党中央周围　刘秉礼作

广州　广东人民出版社　1977年　76cm（2开）

定价：CNY0.14

　　中国现代宣传画作品。

J0040524

紧密团结在以华主席为首的党中央周围　言师中画

济南　山东人民出版社　1977年　76cm（2开）

定价：CNY0.14

中国现代宣传画作品。

J0040525

紧密团结在以华主席为首的党中央周围夺取新的胜利　成砺志作

南京　江苏人民出版社　1977年　2张　76cm（2开）

定价：CNY0.42

中国现代宣传画作品。作者成砺志（1954— ），江苏扬州人。国家一级美术师、中国美术家协会会员。主要作品《六老图·邓小平》《我为祖国争光》《春暖万家》等。

J0040526

敬爱的华主席各族人民无限热爱您　陆矛德，成砺志作

南京　江苏人民出版社　1977年　76cm（2开）

定价：CNY0.14

J0040527

敬爱的周总理　我们热爱您　崔注中作

南宁　广西人民出版社　1977年［1张］76cm（2开）定价：CNY0.14

中国现代宣传画作品。

J0040528

敬爱的周总理，我们永远怀念您！　刘润民，傅植桂画

长春　吉林人民出版社　1977年　108cm（全开）

定价：CNY0.28

中国现代宣传画作品。

J0040529

敬爱的周总理永远活在我们心中　刘春华作

天津　天津人民美术出版社　1977年　76cm（2开）

定价：CNY0.14

中国现代宣传画作品。作者刘春华（1944— ），国家一级美术师。别名刘成华。黑龙江泰来人，毕业于中央工艺美术学院。历任北京画院院长、北京美术家协会副主席、中国美术家协会理事等。代表作品有《毛主席去安源》《敬爱的周总理永远活在我们心中》《屈子求索图》等。

J0040530

军爱民　民拥军　军民同歌庆胜利　聂皎，汪宏钰作

上海　上海人民出版社　1977年　108cm（全开）

定价：CNY0.28

中国现代宣传画作品。

J0040531

军民并肩同战斗　百倍警惕守边疆　李中良，高泉作

天津　天津人民美术出版社　1977年　108cm（全开）定价：CNY0.28

中国现代宣传画作品。

J0040532

开展社会主义劳动竞赛大干社会主义　陈伟民画

上海　上海人民出版社　1977年　108cm（全开）

定价：CNY0.28

中国现代宣传画作品。

J0040533

劳武结合保海防　刘仁杰作

沈阳　辽宁人民出版社　1977年　76cm（2开）

定价：CNY0.11

中国现代宣传画作品。

J0040534

雷锋精神代代传　李伯安，朱鸿年作

郑州　河南人民出版社　1977年　108cm（全开）

定价：CNY0.22

中国现代宣传画作品。

J0040535

迈步学大庆　攀登新高峰　王国福，张德俊作

南京　江苏人民出版社　1977年　76cm（2开）

定价：CNY0.11

中国现代宣传画作品。

J0040536

迈开大步学大庆　支农争作新贡献　莫树滋作

上海　上海人民出版社　1977年　76cm（2开）

定价：CNY0.14

中国现代宣传画作品。

J0040537
满杯豪情献厚礼高歌欢庆五届人大　王宏
亮作
沈阳　辽宁人民出版社　1977 年　76cm（2 开）
定价：CNY0.11
　　中国现代宣传画作品。

J0040538
毛泽东思想的光辉永远普照祖国大地　（热
烈庆祝《毛泽东选集》第五卷出版）马金东，刘
泽文作
天津　天津人民美术出版社　1977 年　76cm（2 开）
定价：CNY0.14
　　中国现代宣传画作品。

J0040539
**毛泽东思想的光辉永远照耀着我们前进的
道路**　杨受安作
成都　四川人民出版社　1977 年　76cm（2 开）
定价：CNY0.14
　　中国现代宣传画作品。

J0040540
毛泽东思想永放光芒　（热烈庆祝《毛泽东选
集》第五卷出版）柒万里，梁启德作
南宁　广西人民出版社　1977 年　76cm（2 开）
　　本作品为中国现代宣传画。与广西新华书
店合作出版。作者柒万里（1954—　），苗族，教
授，画家。生于广西南宁，毕业于广西艺术学院
美术系。历任广西艺术学院设计学院院长、教
授、硕士研究生导师，兼任新岭南书画研究院院
长，广西美术家协会副主席，广西民族书画院副
院长。编著有《最新人体线描引导》《仕女白描
画谱》《山水白描画谱》《黑白画》等。

J0040541
毛泽东思想永放光芒　（热烈庆祝《毛泽东选
集》第五卷出版）李东升作
天津　天津人民美术出版社　1977 年　76cm（2 开）
定价：CNY0.14
　　中国现代宣传画作品。

J0040542
毛泽东思想永远指引我们前进！　何岸作
广州　广东人民出版社　1977 年　76cm（2 开）
定价：CNY0.14
　　中国现代宣传画作品。作者何岸（1957—　），
画家。广东广州人。进修于广州美术学院油画
系，南海舰队军人俱乐部美术员。代表作品有《关
怀》等。

J0040543
毛泽东思想指方向　万里长空不迷航
北京　人民美术出版社　1977 年　76cm（2 开）
定价：CNY0.14
　　中国现代宣传画作品。

J0040544
毛主席的人民战争思想永放光芒
北京　人民美术出版社　1977 年　76cm（2 开）
定价：CNY0.14
　　中国现代宣传画作品。

J0040545
毛主席是我们心中永远不落的红太阳
宋慧民作
沈阳　辽宁人民出版社　1977 年　108cm（全开）
定价：CNY0.22
　　中国现代宣传画作品。

J0040546
毛主席是我们心中永远不落的红太阳
方振等作
成都　四川人民出版社　1977 年　76cm（2 开）
定价：CNY0.14
　　中国现代宣传画作品。

J0040547
毛主席永远活在我们心中　邱瑞敏作
上海　上海人民出版社　1977 年　108cm（全开）
定价：CNY0.28
　　中国现代宣传画作品。

J0040548
**缅怀毛主席丰功伟绩　紧跟华主席继续革
命**　梁照堂，李醒滔作
广州　广东人民出版社　1977 年　76cm（2 开）

定价: CNY0.14
中国现代宣传画作品。

J0040549
农业的根本出路在于机械化 张文作
石家庄 河北人民出版社 1977 年 76cm（2 开）
定价: CNY0.11
中国现代宣传画作品。

J0040550
农业的根本出路在于机械化 刘南作
昆明 云南人民出版社 1977 年 76cm（2 开）
定价: CNY0.11
中国现代宣传画作品。

J0040551
努力奋斗建设强大的海军
北京 人民美术出版社 1977 年 76cm（2 开）
定价: CNY0.14
中国现代宣传画作品。

J0040552
努力提高马克思主义的理论水平 马清
潮作
西安 陕西人民出版社 1977 年 76cm（2 开）
定价: CNY0.11
中国现代宣传画作品。

J0040553
努力学习为了祖国的明天 冯忆南作
南京 江苏人民出版社 1977 年 76cm（2 开）
定价: CNY0.11
中国现代宣传画作品。

J0040554
努力掌握现代化军事技术 卢士林, 高少
飞画
济南 山东人民出版社 1977 年 76cm（2 开）
定价: CNY0.14
中国现代宣传画作品。

J0040555
普通劳动者 刘泽文等作
北京 人民美术出版社 1977 年 76cm（2 开）
定价: CNY0.11

中国现代宣传画作品。

J0040556
千万个雷锋在成长 梁照堂等作
广州 广东人民出版社 1977 年 76cm（2 开）
定价: CNY0.14
中国现代宣传画作品。作者梁照堂(1946—)，
国画家、书法金石家、美术理论家。字天岳，号
楚庭，广东顺德人。曾入广州画院学习中国画及
书法篆刻，后修读于中央美术学院及浙江美术学
院。任教于广州美术学院、中山大学、华南艺大
诸院校，中国美术家协会会员、中国书法家协会
会员、广东青年书法家协会副主席、广东省书法
家协会理事、广州市美术家协会副主席等。出版
有《梁照堂国画集》《梁照堂书法集》。

J0040557
前程似锦 温尚光作
南京 江苏人民出版社 1977 年 76cm（2 开）
定价: CNY0.11
中国现代宣传画作品。

J0040558
前进在毛主席的伟大旗帜下 顾盼, 池长
尧作
杭州 浙江人民出版社 1977 年 76cm（2 开）
定价: CNY0.11
中国现代宣传画作品。

J0040559
**全党、全国工人阶级动员起来 为普及大
庆式企业而奋斗** 曾纪纲作
成都 四川人民出版社 1977 年 108cm（全开）
定价: CNY0.28
中国现代宣传画作品。

J0040560
**全党动员 大办农业 为普及大寨县而奋
斗** 陈德周作
郑州 河南人民出版社 1977 年 108cm（全开）
定价: CNY0.28
中国现代宣传画作品。

J0040561
全党动员, 普及大寨县 孙景波作

昆明 云南人民出版社 1977年 76cm（2开）

定价：CNY0.11

> 中国现代宣传画作品。

J0040562

全党动员大办农业为普及大寨县而奋斗

温江地区文化馆创作

成都 四川人民出版社 1977年 76cm（2开）

定价：CNY0.11

> 中国现代宣传画作品。

J0040563

全国各族人民衷心爱戴华主席　曹辅銮作

南京 江苏人民出版社 1977年 76cm（2开）

定价：CNY0.14

> 中国现代宣传画作品。作者曹辅銮（1935—　），画家。上海人。毕业于南京师范学院美术系。南京艺术学院教授、硕士研究生导师。作品有水彩粉画《白绣球》《玉兰花》《睡莲》等，出版著作有《曹辅銮水粉画集》《环境艺术概论》《水粉基础》等。

J0040564

全面贯彻执行"鞍钢宪法"为普及大庆式企而业奋斗　全自立画

上海 上海人民出版社 1977年 108cm（全开）

统一书号：8171.2040 定价：CNY0.28

> 中国现代宣传画作品。

J0040565

全面贯彻执行农业八字宪法　天津工艺美术设计院创作组创作

天津 天津人民美术出版社 1977年

108cm（全开）定价：CNY0.28

> 中国现代宣传画作品。

J0040566

让毛泽东思想的伟大红旗万代飘扬　李伯安，朱鸿年作

郑州 河南人民出版社 1977年 76cm（2开）

定价：CNY0.11

> 中国现代宣传画作品。

J0040567

热烈欢呼《毛泽东选集》第五卷出版　华佛尘，陈衍宁作

广州 广东人民出版社 1977年 76cm（2开）

定价：CNY0.14

> 中国现代宣传画作品。作者陈衍宁（1945—　），广东博罗县人。毕业于广州美术学院舞台美术大专班。中国美术家协会会员，广东画院专业画家。擅中国人物画。代表作有《母与子》《山风》《晨光》等。

J0040568

热烈欢呼《毛泽东选集》第五卷出版　谢森作

南宁 广西人民出版社 1977年 76cm（2开）

中国现代宣传画作品。本书与广西新华书店合作出版。

J0040569

热烈欢呼《毛泽东选集》第五卷出版　王子和作

哈尔滨 黑龙江人民出版社 1977年 76cm（2开）

定价：CNY0.11

> 中国现代宣传画作品。

J0040570

热烈欢呼《毛泽东选集》第五卷出版　崔炳良作

武汉 湖北人民出版社 1977年 108cm（全开）

定价：CNY0.28

> 中国现代宣传画作品。

J0040571

热烈欢呼《毛泽东选集》第五卷出版　李建国作

南京 江苏人民出版社 1977年 108cm（全开）

定价：CNY0.28

> 中国现代宣传画作品。

J0040572

热烈欢呼《毛泽东选集》第五卷出版　刘秉江作

北京 人民出版社 1977年 76cm（2开）

定价：CNY0.14

> 中国现代宣传画作品。

J0040573

热烈欢呼《毛泽东选集》第五卷出版　刘泽文，王立志画

济南　山东人民出版社　1977 年　76cm（2 开）

定价：CNY0.11

中国现代宣传画作品。

J0040574

热烈欢呼《毛泽东选集》第五卷出版　李松年，李森林作

太原　山西人民出版社　1977 年　108cm（全开）

定价：CNY0.28

中国现代宣传画作品。

J0040575

热烈欢呼《毛泽东选集》第五卷出版　王麟坤作

上海　上海人民出版社　1977 年　108cm（全开）

定价：CNY0.28

中国现代宣传画作品。

J0040576

热烈欢呼《毛泽东选集》第五卷出版　王麟坤作

上海　上海人民出版社　1977 年　76cm（2 开）

定价：CNY0.14

中国现代宣传画作品。

J0040577

热烈欢呼《毛泽东选集》第五卷出版　杨受安作

成都　四川人民出版社　1977 年　76cm（2 开）

定价：CNY0.11

中国现代宣传画作品。

J0040578

热烈欢呼《毛泽东选集》第五卷出版　郑胜天作

杭州　浙江人民出版社　1977 年　108cm（全开）

定价：CNY0.28

中国现代宣传画作品。

J0040579

热烈欢呼《毛泽东选集》第五卷出版发行　周绍坎作

合肥　安徽人民出版社　1977 年　108cm（全开）

定价：CNY0.22

中国现代宣传画作品。

J0040580

热烈欢呼党的第十一次全国代表大会的胜利召开　于保勋作

杭州　浙江人民出版社　1977 年　108cm（全开）

定价：CNY0.28

中国现代宣传画作品。

J0040581

热烈欢呼党的十一大胜利召开　刘仁杰作

沈阳　辽宁人民出版社　1977 年　108cm（全开）

定价：CNY0.22

中国现代宣传画作品。

J0040582

热烈欢呼第五届全国人民代表大会胜利召开　韦智仁作

南宁　广西人民出版社　1977 年　76cm（2 开）

定价：CNY0.11

中国现代宣传画作品。

J0040583

热烈欢呼华国锋同志任中共中央主席中央军委主席　丘玮作

南昌　江西人民出版社　1977 年　76cm（2 开）

定价：CNY0.11

中国现代宣传画作品。

J0040584

热烈欢呼全国工业学大庆会议胜利召开　徐希，孙荃作

北京　人民美术出版社　1977 年　76cm（2 开）

定价：CNY0.14

中国现代宣传画作品。

J0040585

热烈欢呼我们党又有了自己的领袖　张学乾执笔

兰州　甘肃人民出版社　1977 年　76cm（2 开）

定价：CNY0.14

中国现代宣传画作品。

J0040586

热烈欢呼五届人大的胜利召开　易乃光，张京德作

长沙　湖南人民出版社　1977 年　78cm（2 开）

定价：CNY0.14

　　中国现代宣传画作品。

J0040587

热烈欢呼五届人大胜利召开！　刘仁杰作

沈阳　辽宁人民出版社　1977 年　108cm（全开）

定价：CNY0.22

　　中国现代宣传画作品。

J0040588

热烈欢呼中国共产党第十一次全国代表大会胜利召开　周昭坎作

合肥　安徽人民出版社　1977 年　108cm（全开）

定价：CNY0.22

　　中国现代宣传画作品。

J0040589

热烈欢呼中国共产党第十一次全国代表大会胜利召开　靳庆金等画

济南　山东人民出版社　1977 年　76cm（2 开）

定价：CNY0.14

　　中国现代宣传画作品。

J0040590

热烈欢呼中国共产党第十一次全国代表大会胜利召开　赵仁成作

西安　陕西人民出版社　1977 年　108cm（全开）

定价：CNY0.28

　　中国现代宣传画作品。

J0040591

热烈欢呼中国共产党第十一次全国代表大会胜利召开　刘永焕作

成都　四川人民出版社　1977 年　76cm（2 开）

定价：CNY0.14

　　中国现代宣传画作品。

J0040592

热烈欢呼衷心拥护华主席为我们党的领袖　沈阳市胶版印刷厂设计室创作

沈阳　辽宁人民出版社　1977 年　76cm（2 开）

定价：CNY0.11

　　中国现代宣传画作品。

J0040593

热烈欢庆党的十一大胜利召开　李松年，李森林作

太原　山西人民出版社　1977 年　108cm（全开）

定价：CNY0.28

　　中国现代宣传画作品。

J0040594

热烈欢庆中国共产党第十一次全国代表大会胜利召开　张汝为，张胜作

天津　天津人民美术出版社　1977 年　76cm（2 开）

定价：CNY0.14

　　中国现代宣传画作品。

J0040595

热烈欢迎全国工业学大庆会议代表　张汝济，王角作

北京　人民美术出版社　1977 年　76cm（2 开）

定价：CNY0.14

　　中国现代宣传画作品。

J0040596

热烈庆祝党的"十一大"胜利召开　广西人民出版社宣传画学习班作

南宁　广西人民出版社　1977 年　76cm（2 开）

定价：CNY0.11

　　中国现代宣传画作品。

J0040597

热烈庆祝党的第十一次全国代表大会的胜利召开　王利国作

上海　上海人民出版社　1977 年　108cm（全开）

定价：CNY0.28

　　中国现代宣传画作品。

J0040598

热烈庆祝党的十届三中全会胜利召开　新金县文化供稿

石家庄　河北人民出版社　1977 年　76cm（2 开）

定价：CNY0.11

　　中国现代宣传画作品。

J0040599

热烈庆祝党的十一大胜利召开　陆新森作

石家庄　河北人民出版社　1977年　76cm（2开）

定价：CNY0.11

中国现代宣传画作品。

J0040600

热烈庆祝第五届全国人民代表大会胜利召开　王遵义，高少飞作

北京　人民美术出版社　1977年　108cm（全开）

定价：CNY0.28

中国现代宣传画作品。

J0040601

热烈庆祝第五届全国人民代表大会胜利召开　傅启中作

昆明　云南人民出版社　1977年　108cm（全开）

定价：CNY0.22

中国现代宣传画作品。

J0040602

热烈庆祝第五届全国人民代表大会胜利召开　孙晴仪，佟燕作

杭州　浙江人民出版社　1977年　108cm（全开）

定价：CNY0.28

中国现代宣传画作品。

J0040603

热烈庆祝五届人大胜利召开　袁慰吾作

广州　广东人民出版社　1977年　76cm（2开）

定价：CNY0.14

中国现代宣传画作品。

J0040604

热烈庆祝五届人大胜利召开　安耀华作

石家庄　河北人民出版社　1977年　76cm（2开）

定价：CNY0.11

中国现代宣传画作品。

J0040605

热烈庆祝中国共产党第十一次全国代表大会胜利召开　沙璐作

昆明　云南人民出版社　1977年　108cm（全开）

定价：CNY0.22

中国现代宣传画作品。

J0040606

热烈庆祝中国共产党第十一次全国代表大会胜利召开！　肖成章，谢珍珠作

武汉　湖北人民出版社　1977年　108cm（全开）

定价：CNY0.28

中国现代宣传画作品。

J0040607

热烈庆祝中国人民解放军建军五十周年　井维春作

沈阳　辽宁人民出版社　1977年　108cm（全开）

定价：CNY0.22

中国现代宣传画作品。

J0040608

热烈庆祝中国人民解放军建军五十周年　高泉，崔开玺作

北京　人民美术出版社　1977年　108cm（全开）

定价：CNY0.28

中国现代宣传画作品。作者高泉（1936—2014），油画家、教授。安徽蚌埠人。历任解放军艺术学院教授、中国革命军事博物馆创作室主任、中国美术家协会会员、威海海洋画院院长等。代表作包括《大海》《肃秋》《英雄交响》《黄河壶口》。出版有《海之歌——高泉海景画集》。作者崔开玺（1935—　），教授，画家。山东掖县人，就读于中央美术学院。任解放军艺术学院副教授、教授，中国美术家协会会员。代表作品有《演习之后》《长征路上写生》《长征途中的贺龙与任弼时》等。

J0040609

热情支持社会主义新生事物

北京　人民美术出版社　1977年　76cm（2开）

定价：CNY0.14

中国现代宣传画作品。

J0040610

人民的心愿　革命的武器

北京　人民美术出版社　1977年　76cm（2开）

定价：CNY0.14

中国现代宣传画作品。

J0040611

人民的重托——热烈庆祝五届全国人大胜

利召开　陈中华作
南宁　广西人民出版社　1977 年　76cm（2 开）
定价：CNY0.11
　　中国现代宣传画作品。

J0040612
人民军队处处爱人民　旅大市工农兵宣传画创作学习班作
北京　人民美术出版社　1977 年　76cm（2 开）
定价：CNY0.14
　　中国现代宣传画作品。

J0040613
人民军队永向前　梁兵作
沈阳　辽宁人民出版社　1977 年　76cm（2 开）
定价：CNY0.11
　　中国现代宣传画作品。

J0040614
人民军队忠于党　（庆祝中国人民解放军建军五十周年）郑向农，高少飞画
济南　山东人民出版社　1977 年　76cm（2 开）
定价：CNY0.11
　　中国现代宣传画作品。

J0040615
认真实行三同　坚持继续革命　王立志，孟晋元作
北京　人民美术出版社　1977 年　76cm（2 开）
定价：CNY0.14
　　中国现代宣传画作品。

J0040616
认真学习党的十一大文件　陈明画
济南　山东人民出版社　1977 年　76cm（2 开）
定价：CNY0.11
　　中国现代宣传画作品。

J0040617
认真学习马列著作和毛主席著作深入揭发批判"四人帮"　奔射作
石家庄　河北人民出版社　1977 年　76cm（2 开）
定价：CNY0.11
　　中国现代宣传画作品。

J0040618
认真学习毛主席著作　陈衍宁作
广州　广东人民出版社　1977 年　76cm（2 开）
定价：CNY0.14
　　中国现代宣传画作品。

J0040619
社会主义文艺百花争艳　（纪念毛主席《在延安文艺座谈会上的讲话》发表三十五周年）刘秉礼作
广州　广东人民出版社　1977 年　76cm（2 开）
定价：CNY0.14
　　中国现代宣传画作品。

J0040620
深揭狠批"四人帮"大治之年齐心干　屠文星作
上海　上海人民出版社　1977 年　108cm（全开）
定价：CNY0.28
　　中国现代宣传画作品。

J0040621
深揭狠批"四人帮"革命生产打胜仗　臧玉珍作
兰州　甘肃人民出版社　1977 年　76cm（2 开）
定价：CNY0.14
　　中国现代宣传画作品。

J0040622
深揭狠批"四人帮"掀起工业学大庆高潮　沈阳宣传画学习班作
沈阳　辽宁人民出版社　1977 年　76cm（2 开）
定价：CNY0.11
　　中国现代宣传画作品。

J0040623
深入开展学习马列主义、毛泽东思想的群众运动　高国芳画
长春　吉林人民出版社　1977 年　108cm（全开）
定价：CNY0.28
　　中国现代宣传画作品。

J0040624
时刻不忘虎狼在前　姜纯朴作
沈阳　辽宁人民出版社　1977 年　76cm（2 开）

统一书号：8090.1106 定价：CNY0.11
　　中国现代宣传画作品。

J0040625
团结起来，争取更大的胜利 （热烈欢呼党
的第十一次全国代表大会胜利召开）哈琼文作
上海　上海人民出版社　1977年　108cm（全开）
定价：CNY0.28
　　中国现代宣传画作品。

J0040626
为革命搞好科研为祖国多作贡献 （向李四
光同志学习）孟咸昌作
上海　上海人民出版社　1977年　108cm（全开）
定价：CNY0.28
　　中国现代宣传画作品。

J0040627
为革命实行晚婚　宋钦海作
沈阳　辽宁人民出版社　1977年　76cm（2开）
定价：CNY0.11
　　中国现代宣传画作品。

J0040628
为革命学习文化　刘仁杰作
天津　天津人民美术出版社　1977年　76cm（2开）
定价：CNY0.14
　　中国现代宣传画作品。

J0040629
为加速我军的革命化现代化建设而奋斗
钱逸敏作
上海　上海人民出版社　1977年　76cm（2开）
定价：CNY0.14
　　中国现代宣传画作品。作者钱逸敏，画家。
上海人，毕业于上海大学美术学院工艺系，擅长
连环画、插图。曾任上海人民美术出版社编辑、
中国美术家协会上海分会会员、上海连环画研究
会会员、上海编辑学会会员、全国低幼读物研究
会会员。作品有《红楼梦故事》《故事大王画库》
《变形金刚》等。

J0040630
为建设十来个大庆油田而斗争　邱百平等画
济南　山东人民出版社　1977年　76cm（2开）

定价：CNY0.11
　　中国现代宣传画作品。作者邱百平（1964—　），
毕业于中央工艺美术学院。历任北京战友歌舞
团从事美术设计工作，中央工艺美术学院，清
华大学美术学院绘画系副主任、教授、基础部主
任，北京市美术家协会油画艺术委员会委员，中
央工艺美术学院基础部主任。作品有《中国现
代美术选集》，著作有《油画作品选》《考前色彩
指导》《速写——清华大学美术学院学生作品精
选》等。

J0040631
为普及大庆式企业而奋斗　江小竽作
南京　江苏人民出版社　1977年　76cm（2开）
定价：CNY0.14
　　中国现代宣传画作品。

J0040632
为普及大庆式企业而奋斗　言师中，夏文东画
济南　山东人民出版社　1977年　76cm（2开）
定价：CNY0.11
　　中国现代宣传画作品。

J0040633
为普及大寨县而奋斗 （建设大寨县的六条
标准）人民美术出版社编绘
北京　人民美术出版社　1977年　108cm（全开）
定价：CNY0.28
　　中国现代宣传画作品。

J0040634
为普及大寨县贡献青春　王中一作
上海　上海人民出版社　1977年　76cm（2开）
定价：CNY0.14
　　中国现代宣传画作品。

J0040635
为普及大寨县加油　陈若晖作
福州　福建人民出版社　1977年　108cm（全开）
定价：CNY0.28
　　中国现代宣传画作品。

J0040636
为实现党的十一大提出的战斗任务而奋斗
王慎仁作

沈阳 辽宁人民出版社 1977 年 76cm（2 开）

定价：CNY0.11

中国现代宣传画作品。

J0040637

为实现毛主席的宏伟规划而奋斗！ 陈腾光作

成都 四川人民出版社 1977 年 76cm（2 开）

定价：CNY0.14

中国现代宣传画作品。

J0040638

为实现抓纲治国的战略决策而奋斗 （热烈欢呼第五届全国人民代表大会胜利召开）李国庆作

郑州 河南人民出版社 1977 年 108cm（全开）

定价：CNY0.28

中国现代宣传画作品。

J0040639

为早日实现四个现代化贡献力量 周智诚，郭力作

上海 上海人民出版社 1977 年 108cm（全开）

定价：CNY0.28

中国现代宣传画作品。

J0040640

伟大的创举 （列宁与共产主义星期六义务劳动 组画）王永祥，延风撰文；延安画刊《伟大的创举》创作组绘画

西安 陕西人民出版社 1977 年 17 幅 19cm（32 开）

定价：CNY0.56

中国现代宣传画作品。

J0040641

伟大的共产主义战士雷锋 共青团辽宁省委编

沈阳 辽宁人民出版社 1977 年 108cm（全开）

定价：CNY0.22

中国现代宣传画作品。

J0040642

伟大的军队 光辉的历程 （热烈庆祝中国人民解放军建军五十周年）刘润民画

长春 吉林人民出版社 1977 年 108cm（全开）

定价：CNY0.28

中国现代宣传画作品。

J0040643

伟大的领袖和导师毛主席永远活在我们心中 成砺志作

南京 江苏人民出版社 1977 年 1 幅 76cm（2 开）

定价：CNY0.42

中国现代宣传画作品。作者成砺志（1954— ），江苏扬州人。国家一级美术师，中国美术家协会会员。主要作品《六老图·邓小平》《我为祖国争光》《春暖万家》等。

J0040644

伟大的社会主义祖国万岁 刘二刚作

南京 江苏人民出版社 1977 年 76cm（2 开）

定价：CNY0.11

中国现代宣传画作品。作者刘二刚（1947— ），国家一级美术师。字梦铁，又字柔克，江苏镇江人。曾供职于镇江国画院、南京书画院。代表作品有《二刚国画小品集》《刘二刚书画选集》《庙亭山随笔》等。

J0040645

伟大的胜利 人民的节日 金纪发作

上海 上海人民出版社 1977 年 108cm（全开）

定价：CNY0.28

中国现代宣传画作品。作者金纪发（1965— ），画家、教师。上海人，毕业于上海美术学院油画系。上海大学美术学院油画系副教授。作品有《四季歌》《欢歌》《高歌》《夏日的情思》《怡人》等，出版有《金纪发油画集》。

J0040646

伟大光荣正确的中国共产党万岁 （庆祝中国共产党第十一次全国代表大会胜利召开）李志国作

天津 天津人民美术出版社 1977 年 76cm（2 开）

定价：CNY0.14

中国现代宣传画作品。

J0040647

文艺为工农兵服务 （纪念《在延安文艺座谈会上的讲话》发表三十五周年）毛文彪作

北京 人民美术出版社 1977 年 108cm（全开）

定价：CNY0.28

中国现代宣传画作品。作者毛文彪(1950—)，美术家。浙江奉化人。擅长油画、宣传画。海军政治部创作室美术创作员。主要作品有《期望》《郑和下西洋》《远航归来》等。

J0040648

我们的斗争需要马克思主义　欧治渝作

成都　四川人民出版社　1977 年　76cm（2 开）

定价：CNY0.11

中国现代宣传画作品。

J0040649

我们的朋友遍天下　万福堂作

上海　上海人民出版社　1977 年　108cm（全开）

定价：CNY0.28

中国现代宣传画作品。

J0040650

我们热爱华主席　李醒滔作

广州　广东人民出版社　1977 年　76cm（2 开）

定价：CNY0.36

中国现代宣传画作品。

J0040651

我们一定要高举毛主席树立的大庆红旗

长沙　湖南人民出版社　1977 年　76cm（2 开）

定价：CNY0.08

中国现代宣传画作品。

J0040652

我为农业送骏马　区惠民作

广州　广东人民出版社　1977 年　76cm（2 开）

定价：CNY0.14

中国现代宣传画作品。

J0040653

掀起学习毛主席著作的新高潮　魏丹驹等作

南京　江苏人民出版社　1977 年　76cm（2 开）

定价：CNY0.14

中国现代宣传画作品。

J0040654

掀起学习毛主席著作的新高潮　李树基作

沈阳　辽宁人民出版社　1977 年　108cm（全开）

定价：CNY0.22

中国现代宣传画作品。

J0040655

掀起学习毛主席著作的新高潮　孙景全画

济南　山东人民出版社　1977 年　76cm（2 开）

定价：CNY0.11

中国现代宣传画作品。

J0040656

掀起学习毛主席著作新高潮　袁尧书作

合肥　安徽人民出版社　1977 年　108cm（全开）

定价：CNY0.22

中国现代宣传画作品。

J0040657

向华主席报喜　成砺志作

南京　江苏人民出版社　1977 年　76cm（2 开）

定价：CNY0.14

中国现代宣传画作品。作者成砺志(1954—)，江苏扬州人。国家一级美术师、中国美术家协会会员。主要作品《六老图·邓小平》《我为祖国争光》《春暖万家》等。

J0040658

向科学技术现代化进军　张绍城绘画

广州　广东省科学技术出版社　1977 年　76cm（2 开）

中国现代宣传画作品。

J0040659

向雷锋同志学习　招炽挺等作

广州　广东人民出版社　1977 年　76cm（2 开）

定价：CNY0.32

中国现代宣传画作品。

J0040660

向雷锋同志学习　井维春作

沈阳　辽宁人民出版社　1977 年　76cm（2 开）

定价：CNY0.11

中国现代宣传画作品。

J0040661

向雷锋同志学习　刘书军作

济南　山东人民出版社　1977 年　76cm（2 开）

定价：CNY0.11
　　中国现代宣传画作品。

J0040662
向雷锋同志学习　张觉民作
上海　上海人民出版社　1977 年　76cm（2 开）
定价：CNY0.14
　　中国现代宣传画作品。

J0040663
向雷锋同志学习　于保勋作
杭州　浙江人民出版社　1977 年　76cm（2 开）
定价：CNY0.11
　　中国现代宣传画作品。

J0040664
向雷锋同志学习做无产阶级革命事业接班人　丁加生作
上海　上海人民出版社　1977 年　76cm（2 开）
定价：CNY0.14
　　中国现代宣传画作品。

J0040665
象雷锋同志那样热爱毛泽东思想　阿二作
南宁　广西人民出版社　1977 年　76cm（2 开）
定价：CNY0.14
　　中国现代宣传画作品。

J0040666
心向华主席狠批"四人帮"生产打胜仗
（阳泉工人美术大字报选）阳泉工人业余美术编辑分部选编；阳泉市农机厂工人业余美术编辑组等作
北京　人民美术出版社　1977 年　108cm（全开）
定价：CNY0.28
　　中国现代宣传画作品。

J0040667
心中的太阳永不落　刘春华作
北京　人民出版社　1977 年　108cm（全开）
定价：CNY0.28
　　中国现代宣传画作品。作者刘春华（1944—　），国家一级美术师。别名刘成华。黑龙江泰来人，毕业于中央工艺美术学院。历任北京画院院长、北京美术家协会副主席、中国美术家协会理事

等。代表作品有《毛主席去安源》《敬爱的周总理永远活在我们心中》《屈子求索图》等。

J0040668
新的岗位　陈中民作
武汉　湖北人民出版社　1977 年　76cm（2 开）
定价：CNY0.14
　　中国现代宣传画作品。

J0040669
星星之火　可以燎原　周瑞庄作
上海　上海人民出版社　1977 年　108cm（全开）
定价：CNY0.28
　　中国现代宣传画作品。

J0040670
学大庆　鼓干劲　开展社会主义劳动竞赛
大连机车厂工人美术组作
北京　人民美术出版社　1977 年　76cm（2 开）
定价：CNY0.11
　　中国现代宣传画作品。

J0040671
学大庆干社会主义一丝不苟　柒万里作
南宁　广西人民出版社　1977 年　76cm（2 开）
定价：CNY0.11
　　中国现代宣传画作品。作者柒万里（1954—　），苗族，教授，画家。生于广西南宁，毕业于广西艺术学院美术系。历任广西艺术学院设计学院院长、教授、硕士研究生导师，兼任新岭南书画研究院院长，广西美术家协会副主席，广西民族书画院副院长。编著有《最新人体线描引导》《仕女白描画谱》《山水白描画谱》《黑白画》等。

J0040672
学大庆人走大庆道路创大庆业绩　沈绍伦作
上海　上海人民出版社　1977 年　108cm（全开）
定价：CNY0.28
　　中国现代宣传画作品。

J0040673
学铁人精神　走大庆道路　张子恩作
西安　陕西人民出版社　1977 年　108cm（全开）
定价：CNY0.22
　　中国现代宣传画作品。

J0040674

学铁人精神，甩开膀子大干社会主义！　楼家本作

北京　人民美术出版社　1977 年　76cm（2 开）

定价：CNY0.14

　　中国现代宣传画作品。

J0040675

学习大庆人"三老""四严""四个一样"的革命作风　孟咸昌作

上海　上海人民出版社　1977 年　108cm（全开）

定价：CNY0.28

　　中国现代宣传画作品。

J0040676

学习雷锋好榜样　石炯，陈绍勉作

上海　上海人民出版社　1977 年　108cm（全开）

定价：CNY0.28

　　中国现代宣传画作品。

J0040677

血染战旗红　勇士坚如钢　（向"硬骨头六连"学习）王麟坤作

上海　上海人民出版社　1977 年　76cm（2 开）

定价：CNY0.14

　　中国现代宣传画作品。

J0040678

沿着毛主席的建军路线奋勇前进　卢浩作

南京　江苏人民出版社　1977 年　108cm（全开）

定价：CNY0.28

　　中国现代宣传画作品。

J0040679

眼睛盯着敌人　心里想着打仗　（向"硬骨头六连"学习）周瑞庄作

上海　上海人民出版社　1977 年　76cm（2 开）

定价：CNY0.14

　　中国现代宣传画作品。

J0040680

阳光灿烂照前程　沈阳市宣传画学习班作

沈阳　辽宁人民出版社　1977 年　76cm（2 开）

定价：CNY0.11

　　中国现代宣传画作品。

J0040681

要扫除一切害人虫　黄启庚作

广州　广东人民出版社　1977 年　76cm（2 开）

定价：CNY0.14

　　中国现代宣传画作品。

J0040682

一定要把大庆经验真正学到手

上海　上海人民出版社　1977 年　4 张（套）

108cm（全开）定价：CNY0.64

　　中国现代宣传画作品。

J0040683

一定要把揭批"四人帮"的伟大斗争进行到底　四川人民出版社绘

成都　四川人民出版社　1977 年　76cm（2 开）

定价：CNY0.11

　　中国现代宣传画作品。

J0040684

一切行动听指挥步调一致才能得胜利

北京　人民美术出版社　1977 年　76cm（2 开）

定价：CNY0.14

　　中国现代宣传画作品。

J0040685

一切行动听指挥秋毫无犯纪律严　（向"硬骨头六连"学习）游龙姑作

上海　上海人民出版社　1977 年　76cm（2 开）

定价：CNY0.14

　　中国现代宣传画作品。作者游龙姑（1923—1993），女，画家。福建福州人。毕业于南京国立中央大学艺术系。曾任中国美术家协会会员、上海人民美术出版社副编审等职。主要作品有《支援世界人民的反帝斗争》《改革开放，建设有中国特色的社会主义》等。

J0040686

彝族人民歌唱华主席　（摄影 1978 年年历）

成都　四川民族出版社　1977 年［1 张］

54cm（4 开）定价：CNY0.13

　　中国现代摄影宣传画作品。

J0040687

以讲卫生为光荣　不讲卫生为耻辱　王也

良作

上海 上海人民出版社 1977年 76cm（2开）

定价：CNY0.14

中国现代宣传画作品。

J0040688

以优异成绩献给党 余小仪作

上海 上海人民出版社 1977年 108cm（全开）

定价：CNY0.28

中国现代宣传画作品。

J0040689

以优异成绩向中国共产党第十一次全国代表大会献礼 梁二柱，马洪琪作

北京 人民美术出版社 1977年 108cm（全开）

定价：CNY0.28

中国现代宣传画作品。

J0040690

以优异成绩迎接全国工业学大庆会议胜利召开 沈阳宣传画学习班作

沈阳 辽宁人民出版社 1977年 76cm（2开）

定价：CNY0.11

中国现代宣传画作品。

J0040691

以优异成绩迎接全国工业学大庆会议召开 王玉方等作

上海 上海人民出版社 1977年 108cm（全开）

定价：CNY0.23

中国现代宣传画作品。

J0040692

亿万人民的共同心愿 （热烈欢呼《毛泽东选集》第五卷出版）薛行彪作

福州 福建人民出版社 1977年 108cm（全开）

定价：CNY0.28

中国现代宣传画作品。作者薛行彪（1944—2018），画家。福建福清人，毕业于福建师范学院艺术系，后进修于浙江美术学院油画系。历任福建师范大学美术系主任、教授，福建省画院常务副院长，福建省美术家协会主席，中国美术家协会会员等职。

J0040693

亿万人民的共同心愿 （热烈欢呼《毛泽东选集》第五卷出版）毛文彪作

北京 人民美术出版社 1977年 108cm（全开）

定价：CNY0.28

中国现代宣传画作品。

J0040694

亿万人民的共同心愿 （热烈庆祝毛主席纪念堂胜利建成）崔开玺，高泉作

北京 人民美术出版社 1977年 108cm（全开）

定价：CNY0.28

中国现代宣传画作品。作者崔开玺（1935— ），教授，画家。山东掖县人，就读于中央美术学院。任解放军艺术学院副教授、教授，中国美术家协会会员。代表作品有《演习之后》《长征路上写生》《长征途中的贺龙与任弼时》等。作者高泉（1936—2014），油画家、教授。安徽蚌埠人。历任解放军艺术学院教授、中国革命军事博物馆创作室主任、中国美术家协会会员、威海海洋画院院长等。代表作包括《大海》《肃秋》《英雄交响》《黄河壶口》。出版有《海之歌——高泉海景画集》。

J0040695

亿万人民的共同心愿 （热烈欢呼《毛泽东选集》第五卷出版）孙振廷作

西安 陕西人民出版社 1977年 76cm（2开）

定价：CNY0.11

中国现代宣传画作品。

J0040696

硬骨头精神代代相传 （向"硬骨头六连"学习）哈琼文作

上海 上海人民出版社 1977年 76cm（2开）

定价：CNY0.14

中国现代宣传画作品。作者哈琼文（1925—2012），回族，北京人。毕业于中央大学艺术系。上海人民美术出版社编审、上海文史研究馆馆员、中国美术家协会会员、美术家协会上海分会理事。擅长油画、宣传画。主要作品有油画《鲁迅——致电党中央祝贺长征胜利到达陕北》、宣传画《毛主席万岁》等。

J0040697

永远高举和捍卫毛主席的伟大旗帜　陈衍
宁绘
广州　广东人民出版社　1977 年　76cm（2 开）
定价：CNY0.14
　　　中国现代宣传画作品。

J0040698

永远高举坚决捍卫毛主席的伟大旗帜！　蒋
陈阡，李向阳画
济南　山东人民出版社　1977 年　76cm（2 开）
定价：CNY0.14
　　　中国现代宣传画作品。

J0040699

永远高举毛主席的伟大旗帜前进　张胜作
天津　天津人民美术出版社　1977 年
108cm（全开）定价：CNY0.28
　　　中国现代宣传画作品。

J0040700

永远沿着毛主席的革命路线奋勇前进　费
正作
石家庄　河北人民出版社　1977 年　108cm（全开）
定价：CNY0.28
　　　中国现代宣传画作品。

J0040701

永远沿着毛主席的革命路线奋勇前进　费
正作
石家庄　河北人民出版社　1977 年　76cm（2 开）
定价：CNY0.14
　　　中国现代宣传画作品。

J0040702

**永远沿着毛主席的革命文艺路线胜利前
进**　（纪念毛主席《在延安文艺座谈　会上的讲
话》发表三十五周年）陈延作
兰州　甘肃人民出版社　1977 年　108cm（全开）
定价：CNY0.28
　　　中国现代宣传画作品。作者陈延（1940—　　），
广东汕头大学美术设计系教授。

J0040703

永远沿着毛主席的建军路线前进　（纪念中

国人民解放军建军五十周年）周补田作
杭州　浙江人民出版社　1977 年　76cm（2 开）
定价：CNY0.11
　　　中国现代宣传画作品。

J0040704

用实际行动欢庆党的十一大　万兆泉等绘
广州　广东人民出版社　1977 年　76cm（2 开）
定价：CNY0.14
　　　中国现代宣传画作品。

J0040705

再大批　再大干　建设高标准的大寨县
新金县农民宣传画创作学习班创作
天津　天津人民美术出版社　1977 年　76cm（2 开）
定价：CNY0.11
　　　中国现代宣传画作品。

J0040706

在党的"十一大"光辉照耀下乘胜前进　杨
永葳作
南宁　广西人民出版社　1977 年　76cm（2 开）
定价：CNY0.11
　　　中国现代宣传画作品。

J0040707

在党的十一大精神鼓舞下奋勇前进　汪泽
成，贺安成作
长沙　湖南人民出版社　1977 年　76cm（2 开）
定价：CNY0.14
　　　中国现代宣传画作品。

J0040708

**在华主席为首的党中央领导下沿着毛主席
的革命路线胜利前进**　费正作
石家庄　河北人民出版社　1977 年　108cm（全开）
定价：CNY0.28
　　　中国现代宣传画作品。

J0040709

**在华主席为首的党中央领导下沿着毛主席
的革命路线胜利前进**　费正作
石家庄　河北人民出版社　1977 年　76cm（2 开）
定价：CNY0.14
　　　中国现代宣传画作品。

J0040710

在华主席英明领导下　团结战斗乘胜前进
秦明良作
长沙　湖南人民出版社　1977 年　76cm（2 开）
定价：CNY0.14
　　中国现代宣传画作品。

J0040711

在毛主席的旗帜下　紧跟华主席胜利前进　沈绍伦作
上海　上海人民出版社　1977 年　108cm（全开）
定价：CNY0.28
　　中国现代宣传画作品。

J0040712

在毛主席的伟大旗帜下　紧跟英明领袖华主席胜利前进　罗远安作
成都　四川人民出版社　1977 年　76cm（2 开）
定价：CNY0.11
　　中国现代宣传画作品。

J0040713

在英明领袖华主席统帅下胜利前进　王群，林明深作
长沙　湖南人民出版社　1977 年　76cm（2 开）
定价：CNY0.11
　　中国现代宣传画作品。

J0040714

争分夺秒为社会主义多做贡献　唐宝山作
沈阳　辽宁人民出版社　1977 年　76cm（2 开）
定价：CNY0.11
　　中国现代宣传画作品。

J0040715

中国人民解放军是毛主席亲自缔造、领导和指挥的人民军队　吴敏作
北京　人民美术出版社　1977 年　39cm（8 开）
定价：CNY0.14
　　中国现代宣传画作品。

J0040716

中华人民共和国万岁　王麟坤作
上海　上海人民出版社　1977 年　108cm（全开）
定价：CNY0.28

　　中国现代宣传画作品。

J0040717

衷心拥护华主席　（摄影　1978 年年历）广西画报供稿
南宁　广西人民出版社　1977 年 ［1 张］
54cm（4 开）定价：CNY0.16
　　中国现代摄影宣传画作品。

J0040718

重上井冈山　马振声，朱理存作
沈阳　辽宁人民出版社　1977 年　76cm（2 开）
定价：CNY0.11
　　中国现代宣传画作品。作者马振声（1939— ），国家一级美术师。北京人，毕业于中央美术学院中国画系。历任中国美术家协会会员、四川省美术家协会专业美术创作员、重庆国画院名誉院长、中央文史研究馆馆员。作品有《爱国诗人陆游》《酒歌图》《逢场》等。作者朱理存（1940— ），画家，擅工笔人物。江苏宜兴人，中央美术学院毕业。在中国美术家协会四川分会从事专业创作。中国美术家协会会员、当代工笔画会副会长。作品有《牧民的女儿》《梅花香自苦寒来》《秋实》《赶场天》等作品。

J0040719

重上井冈山　马振声，朱理存作
北京　人民美术出版社　1977 年　39cm（8 开）
定价：CNY0.14
　　中国现代宣传画作品。

J0040720

重上井冈山　马振声，朱理存作
上海　上海人民出版社　1977 年　1 页　39cm（8 开）
定价：CNY0.10
　　中国现代宣传画作品。

J0040721

重上井冈山　马振声，朱理存作
成都　四川人民出版社　1977 年　54cm（4 开）
定价：CNY0.07
　　中国现代宣传画作品。

J0040722

重上井冈山　马振声，朱理存作

天津　天津人民美术出版社 1977 年　76cm（2 开）
定价：CNY0.14
　　中国现代宣传画作品。

J0040723
猪多粮多　陈红作
南宁　广西人民出版社 1977 年［1 张］
76cm（2 开）定价：CNY0.14
　　中国现代宣传画作品。

J0040724
猪多粮多　陈红作
南宁　广西人民出版社 1977 年［1 张］
54cm（4 开）定价：CNY0.07
　　中国现代宣传画作品。

J0040725
抓纲学大庆生产日日新　赵延平, 沈平国作
上海　上海人民出版社 1977 年　76cm（2 开）
定价：CNY0.14
　　中国现代宣传画作品。

J0040726
抓纲治国掀起学习毛主席著作新高潮
许明耀作
上海　上海人民出版社 1977 年　108cm（全开）
定价：CNY0.28
　　中国现代宣传画作品。

J0040727
抓革命　促生产　把"四人帮"干扰破坏造成的损失夺回来　胡振宇作
石家庄　河北人民出版社 1977 年　76cm（2 开）
定价：CNY0.11
　　中国现代宣传画作品。

J0040728
走大庆道路　创大庆业绩　郭殿奎等画
长春 吉林人民出版社 1977 年 76cm（2 开）
定价：CNY0.14
　　中国现代宣传画作品。

J0040729
走大庆道路，坚持向共产主义远大目标前进！　马常利, 尹戎生作

北京　人民美术出版社 1977 年　76cm（2 开）
定价：CNY0.14
　　中国现代宣传画作品。

J0040730
走大庆的创业道路学大庆的严细作风　大连机车厂工人美术组作
北京　人民美术出版社 1977 年　76cm（2 开）
定价：CNY0.11
　　中国现代宣传画作品。

J0040731
最紧密地团结在以华国锋主席为首的党中央周围　李明强作
兰州 甘肃人民出版社 1977 年 76cm（2 开）
定价：CNY0.14
　　中国现代宣传画作品。

J0040732
最紧密地团结在以华国锋主席为首的党中央周围　新金县农民宣传画创作学习班创作
天津 天津人民美术出版社 1977 年 76cm（2 开）
定价：CNY0.14
　　中国现代宣传画作品。

J0040733
尊师爱生树新风　潘宝兴作
上海　上海人民出版社 1977 年　76cm（2 开）
定价：CNY0.14
　　中国现代宣传画作品。

J0040734
做红色接班人　谌学诗作
南昌 江西人民出版社 1977 年 76cm（2 开）
定价：CNY0.11
　　中国现代宣传画作品。作者谌学诗(1942—　)，江西人。江西省美术家协会会员。曾从事美术设计、美术编辑等工作。多幅作品为人民美术出版社、上海美术出版社等出版发行。

J0040735
爱读书读好书　哈琼文作
上海 上海人民美术出版社 1978 年
107cm（全开）统一书号：8081.11860
定价：CNY0.28

中国现代宣传画作品。作者哈琼文(1925—2012),回族,北京人。毕业于中央大学艺术系。上海人民美术出版社编审、上海文史研究馆馆员、中国美术家协会会员、美术家协会上海分会理事。擅长油画、宣传画。主要作品有油画《鲁迅——致电党中央祝贺长征胜利到达陕北》、宣传画《毛主席万岁》等。

J0040736

爱科学 学科学 用科学 赵经寰作

兰州 甘肃人民出版社 1978年 1张 76cm(2开)

定价:CNY0.14

中国现代宣传画作品。

J0040737

把工业学大庆的群众运动推向新阶段! 郑荣国作

昆明 云南人民出版社 1978年 76cm(2开)

定价:CNY0.11

中国现代宣传画作品。

J0040738

把科学知识献给社会主义大农业 刘仁杰作

沈阳 辽宁美术出版社 1978年 76cm(2开)

统一书号:8117.1594 定价:CNY0.11

中国现代宣传画作品。作者刘仁杰(1951—),教师。辽宁大连人,鲁迅美术学院油画专业研究生。历任鲁迅美术学院油画系主任、教授、第一工作室主任导师,中国美术家协会会员,中国油画学会常务理事,辽宁油画学会副主席,北京艺鸣盛世文化传媒有限公司特邀艺术顾问。代表作品有《雁南飞》《风》《绿地》《夏》。出版有《刘仁杰油画作品》。

J0040739

把青春贡献给新的长征 王炎林作

西安 陕西人民出版社 1978年 107cm(全开)

定价:CNY0.22

中国现代宣传画作品。作者王炎林(1940—2010),画家。河南郑州人,毕业于西安美术学院油画系。历任西安电影制片厂美术设计师、西安市美术家协会副主席、中国美术家协会会员等。代表作品《我和鸟儿交朋友》《绿化祖国造福后代》等。

J0040740

把青春献给四个现代化 廖炯模作

沈阳 辽宁美术出版社 1978年 76cm(2开)

定价:CNY0.11

中国现代宣传画作品。

J0040741

把青春献给祖国把知识献给人民 韩喜增作

石家庄 河北人民出版社 1978年 76cm(2开)

定价:CNY0.11

中国现代宣传画作品。作者韩喜增(1942—),河北邢台人。毕业于中央美术学院年画、连环画系研究生班,受教于冯真教授、杨先让教授。擅长连环画、年画。中国美术家协会会员,国家一级美术师。曾任河北省美术家协会副主席、邢台市文联副主席、邢台市美术家协会主席。代表作品《人民的好总理》《虎子》《雄狮》。

J0040742

奔向2000年 (动员起来,为实现新时期的总任务而奋斗)黄鸿恩画

福州 福建人民出版社 1978年 76cm(2开)

定价:CNY0.14

中国现代宣传画作品。

J0040743

出大力、流大汗、为社会主义多作贡献 杨克山作

北京 人民美术出版社 1978年 76cm(2开)

定价:CNY0.11

中国现代宣传画作品。

J0040744

创造优异成绩为祖国争光 胡振宇作

石家庄 河北人民出版社 1978年 107cm(全开)

定价:CNY0.28

中国现代宣传画作品。

J0040745

春风桃李颂园丁 周瑞庄作

上海 上海人民美术出版社 1978年

107cm(全开) 定价:CNY0.22

中国现代宣传画作品。作者周瑞庄(1930—),画家。又名睿庄,浙江湖州人。历任上海人民美术出版社专职画家、编审,中国美术家协会会

员。代表作品有《世界人民反帝斗争必胜》《越南南方人民越战越强 坚决打击美国侵略者》《繁荣昌盛》《注意清洁卫生 美化校园环境》《星火燎原》等。

J0040746

从小爱科学长大攀高峰　王玉炳作

郑州 河南人民出版社 1978 年 76cm（2 开）

定价：CNY0.11

　　中国现代宣传画作品。

J0040747

从小爱科学长大攀高峰　蒋明作

哈尔滨 黑龙江人民出版社 1978 年 76cm（2 开）

定价：CNY0.11

　　中国现代宣传画作品。

J0040748

从小爱科学长大攀高峰　陈维邦，苏民作

上海 上海人民美术出版社 1978 年 76cm（2 开）

定价：CNY0.11

　　中国现代宣传画作品。

J0040749

从小学科学立志攀高峰　李孝成作

西安 陕西人民出版社 1978 年 76cm（2 开）

定价：CNY0.14

　　中国现代宣传画作品。

J0040750

大地回春百花吐艳　金纪发作

上海 上海人民美术出版社 1978 年

107cm（全开）定价：CNY0.28

　　中国现代宣传画作品。作者金纪发（1965—　），画家、教师。上海人，毕业于上海美术学院油画系。上海大学美术学院油画系副教授。作品有《四季歌》《欢歌》《高歌》《夏日的情思》《怡人》等，出版有《金纪发油画集》。

J0040751

大搞工业技术革命早日实现四个现代化

刘维汉作

广州 广东人民出版社 1978 年 76cm（2 开）

定价：CNY0.14

　　中国现代宣传画作品。

J0040752

大力发展机械化养猪事业　孙精国作

南京 江苏人民出版社 1978 年 76cm（2 开）

定价：CNY0.11

　　中国现代宣传画作品。

J0040753

大力开展"质量信得过"活动　张汝济等作

北京 人民美术出版社 1978 年 76cm（2 开）

定价：CNY0.14

　　中国现代宣传画作品。作者张汝济（1931—　），二级美术师。毕业于中央美术学院绘画系。历任人民美术出版社美术创作员、图书画册编辑室美术编辑、创作室专业画家。代表作有《阿克山的早晨》《翔》《永远保持同群众一起劳动的光荣传统》等。

J0040754

大力开展社会主义劳动竞赛　汪泽成作

长沙 湖南人民出版社 1978 年 76cm（2 开）

定价：CNY0.11

　　中国现代宣传画作品。

J0040755

代表人民意志鼓足干劲奋勇前进　张汝为作

天津 天津人民美术出版社 1978 年 76cm（2 开）

定价：CNY0.14

　　热烈庆祝第五届全国人民代表大会胜利召开宣传画。

J0040756

党是太阳我是花　翁元章作

上海 上海人民美术出版社 1978 年 ［1 张］

76cm（2 开）定价：CNY0.11

　　中国现代宣传画作品。

J0040757

党政干部三大纪律、八项注意

石家庄 河北人民出版社 1978 年 76cm（2 开）

定价：CNY0.12

　　中国现代宣传画作品。

J0040758

党政干部三大纪律、八项注意

沈阳 辽宁美术出版社 1978 年 76cm（2 开）

定价: CNY0.11

中国现代宣传画作品。

J0040759

党政干部三大纪律、八项注意

西宁 青海人民出版社 1978年 76cm（2开）

定价: CNY0.14

中国现代宣传画作品。

J0040760

党政干部三大纪律、八项注意

太原 山西人民出版社 1978年 76cm（2开）

定价: CNY0.14

中国现代宣传画作品。

J0040761

动员起来为实现新时期总任务而奋斗
李树基作

沈阳 辽宁美术出版社 1978年 76cm（2开）

定价: CNY0.11

中国现代宣传画作品。

J0040762

多为祖国献才华　方隆昌作

武汉 湖北人民出版社 1978年 76cm（2开）

定价: CNY0.14

中国现代宣传画作品。作者方隆昌（1944— ），湖北武汉人。毕业于湖北艺术学院。中国美术家协会、中国装帧艺术研究会、中国连环画研究会会员，湖北美术编辑研究会会长。主要作品有中国画《喂猪》、连环画《向警予》《宋史故事》等。

J0040763

发挥工人阶级的主力军作用加速实现四个现代化　晁德仁作

北京 人民美术出版社 1978年 76cm（2开）

定价: CNY0.14

中国现代宣传画作品。作者晁德仁（1948— ），画家。河南清丰县人。中国美术家协会会员、大连市美术家协会副主席兼秘书长、大连市青年美术家协会主席。主要作品有《迎春》《制止空气污染》等。

J0040764

发扬雷锋精神　学习硬骨头六连　杜克礼作

郑州 河南人民出版社 1978年 53cm（4开）

定价: CNY0.06

中国现代宣传画作品。

J0040765

高举大庆红旗夺取新的胜利　薛雁群作

天津 天津人民美术出版社 1978年 76cm（2开）

定价: CNY0.14

中国现代宣传画作品。

J0040766

高举毛主席的伟大旗帜，为加速实现新时期的总任务而奋斗　蔡循生作

郑州 河南人民出版社 1978年 107cm（全开）

定价: CNY0.28

本书系纪念伟大领袖和导师毛泽东主席诞辰八十五周年宣传画作品。

J0040767

高举毛主席的伟大旗帜紧跟华主席胜利前进!　马云桥等绘画

沈阳 辽宁人民出版社 1978年 2张（套）

107cm（全开）定价: CNY0.44

中国现代宣传画作品。

J0040768

高举毛主席的伟大旗帜　在以华主席为首的党中央领导下奋勇前进　陈广华, 刘文甫作

石家庄 河北人民出版社 1978年 76cm（2开）

定价: CNY0.14

中国现代宣传画作品。

J0040769

高速度地前进!　（建设祖国保卫祖国）蔡振华作

上海 上海人民美术出版社 1978年

107cm（全开）定价: CNY0.28

中国现代宣传画作品。作者蔡振华（1912—?），工艺美术家、漫画家。毕业于国立杭州艺术专科学校。主要从事工商美术设计工作。中国美术家协会理事、上海市文联委员、上海美术教育研究会会长等。主要作品有《郎心如铁》《国立杭州艺院教授群像图》《丰》等。

J0040770

各行各业都要关心农业　支援农业　为农业的发展开绿灯　黎林作

广州　广东人民出版社 1978 年 76cm（2 开）

定价：CNY0.14

中国现代宣传画作品。

J0040771

各族人民大团结向四个现代化进军　张所家等作

杭州　浙江人民出版社 1978 年 107cm（全开）

定价：CNY0.28

中国现代宣传画作品。

J0040772

各族人民的心声　丁红章作

南京　江苏人民出版社 1978 年 107cm（全开）

定价：CNY0.28

中国现代宣传画作品。

J0040773

各族人民热烈欢庆第五届全国人民代表大会胜利召开　魏铁生，张颂南作

北京　人民美术出版社 1978 年 76cm（2 开）

定价：CNY0.11

中国现代宣传画作品。

J0040774

各族人民衷心热爱英明领袖华主席　郭长福作

银川　宁夏人民出版社 1978 年 76cm（2 开）

定价：CNY0.11

中国现代宣传画作品。

J0040775

根据中国共产党在整个社会主义历史阶段的基本路线，全国人民在新时期的总任务是：……　（中华人民共和国宪法）

银川　宁夏人民出版社 1978 年 76cm（2 开）

定价：CNY0.08

中国现代宣传画作品。

J0040776

工业学大庆普及大庆式企业　杨一耕作

郑州　河南人民出版社 1978 年 76cm（2 开）

定价：CNY0.11

中国现代宣传画作品。

J0040777

攻克技术关为实现四个现代化做贡献　林让玉作

天津　天津人民出版社 1978 年 76cm（2 开）

定价：CNY0.14

中国现代宣传画作品。

J0040778

攻克科学城堡攀登科学高峰　潘滋培作

银川　宁夏人民出版社 1978 年 76cm（2 开）

定价：CNY0.11

中国现代宣传画作品。

J0040779

攻克科学城堡攀登世界高峰　张德俊等作

南京　江苏人民出版社 1978 年 107cm（全开）

定价：CNY0.28

中国现代宣传画作品。

J0040780

光辉照征途　王麟坤作

上海　上海人民美术出版社 1978 年 107cm（全开）定价：CNY0.28

中国现代宣传画作品。

J0040781

光荣属于攀登科技高峰的人们　张树权作

沈阳　辽宁人民出版社 1978 年 76cm（2 开）

定价：CNY0.11

中国现代宣传画作品。

J0040782

光荣属于人民教师　王慎艺作

北京　人民美术出版社 1978 年 76cm（2 开）

定价：CNY0.11

中国现代宣传画作品。

J0040783

国家提倡和推行计划生育

兰州　甘肃人民出版社 1978 年 53cm（4 开）

定价：CNY0.07

中国现代宣传画作品。

J0040784

好好学习　天天向上　　杨尧作
广州　广东人民出版社　1978 年　76cm（2 开）
定价：CNY0.14
　　中国现代宣传画作品。

J0040785

好好学习　天天向上　　关满生作
北京　人民美术出版社　1978 年　76cm（2 开）
定价：CNY0.11
　　中国现代宣传画作品。

J0040786

好好学习　天天向上　　（窗顶）张初华等画
济南　山东人民出版社　1978 年　2 版　53cm（4 开）
定价：CNY0.06
　　中国现代宣传画作品。

J0040787

好好学习　天天向上　　钱运选作
天津　天津人民美术出版社　1978 年　76cm（2 开）
定价：CNY0.11
　　中国现代宣传画作品。

J0040788

好好学习　天天向上　　段锡，何永明作
昆明　云南人民出版社　1978 年　76cm（2 开）
定价：CNY0.11
　　中国现代宣传画作品。

J0040789

好好学习　天天向上　　段锡，何永明作
昆明　云南人民出版社　1978 年　53cm（4 开）
定价：CNY0.06
　　中国现代宣传画作品。作者段锡（1946—　　），
彝族，美术编辑。生于云南个旧市，历任《云南
日报》主任编辑、云南省美术家协会理事、中国
美术家协会云南分会会员等。著有《红土高原的
画卷》《1910 年的列车》等。

J0040790

华主席和全国各族人民心连心　　王肇达作
杭州　浙江人民出版社　1978 年　107cm（全开）
定价：CNY0.28
　　中国现代宣传画作品。

J0040791

华主席和我们心连心　　钟志宏等作
石家庄　河北人民出版社　1978 年　4 张（套）
78cm（2 开）定价：CNY0.38
　　中国现代宣传画作品。

J0040792

华主席和我们心连心　　张永新等作
哈尔滨　黑龙江人民出版社　1978 年　76cm（2 开）
定价：CNY0.11
　　中国现代宣传画作品。

J0040793

华主席和我们心连心　　叶俊康作
上海　上海人民美术出版社　1978 年　76cm（2 开）
定价：CNY0.14
　　中国现代宣传画作品。

J0040794

华主席和我们心连心　　韩德雅，卓昌勇作
成都　四川人民出版社　1978 年　53cm（4 开）
定价：CNY0.07
　　中国现代宣传画作品。

J0040795

华主席领导我们继续长征　　顾盼，宗文龙作
杭州　浙江人民出版社　1978 年　107cm（全开）
定价：CNY0.28
　　中国现代宣传画作品。

J0040796

华主席领导我们学大寨　　秦天健等作
哈尔滨　黑龙江人民出版社　1978 年　76cm（2 开）
定价：CNY0.11
　　中国现代宣传画作品。

J0040797

华主席率领我们学大寨　　刘曼玲改编；吴山
明等绘
北京　人民美术出版社　1978 年　12 幅　18cm（15 开）
统一书号：8027.6902　定价：CNY0.28
　　中国现代连环画作品。

J0040798

华主席率领我们学大寨　　吴山明等作

北京 人民美术出版社 1978 年 2 张(套)
76cm(2 开) 定价: CNY0.28

　　中国现代宣传画作品。作者吴山明(1941—),
画家。生于浙江浦江县,毕业于中国美术学院
中国画系人物专业。历任中国美术学院学术委
员会委员,中国画系教授、博士生导师,造型艺
术学部主任。代表作品有《意笔人物画选》等,
著作有《吴山明意笔人物线描集》《吴山明画
集》等。

J0040799
**华主席是我党我军我国各族人民的英明领
袖和统帅**　刘恩斌作
沈阳 辽宁人民出版社 1978 年 107cm(全开)
定价: CNY0.22
　　中国现代宣传画作品。

J0040800
**华主席是我党我军我国各族人民的英明领
袖和统帅**　刘恩斌作
沈阳 辽宁人民出版社 1978 年 76cm(2 开)
定价: CNY0.11
　　中国现代宣传画作品。

J0040801
华主席我们热爱您　吕振敏,陆新森作
石家庄 河北人民出版社 1978 年 76cm(2 开)
定价: CNY0.14
　　中国现代宣传画作品。

J0040802
华主席我们热爱您　王伟戍作
上海 上海人民美术出版社 1978 年 53cm(4 开)
定价: CNY0.07
　　中国现代宣传画作品。

J0040803
华主席我们热爱您　王伟戍作
上海 上海人民美术出版社 1978 年 76cm(2 开)
定价: CNY0.45(镶铁边)
　　中国现代宣传画作品。

J0040804
华主席引来幸福水　徐凡作
南京 江苏人民出版社 1978 年 76cm(2 开)

定价: CNY0.11
　　中国现代宣传画作品。

J0040805
欢迎来自世界各国的朋友们　沈绍伦作
上海 上海人民美术出版社 1978 年
107cm(全开) 定价: CNY0.28
　　中国现代宣传画作品。

J0040806
积极开展群众体育活动　陈承齐作
石家庄 河北人民出版社 1978 年 107cm(全开)
定价: CNY0.28
　　中国现代宣传画作品。

J0040807
积极预防呼吸道传染病　广州市爱国卫生运
动委员会等编
广州 广东省科学技术出版社 1978 年
76cm(2 开)
　　中国现代宣传画作品。

J0040808
积极预防呼吸道传染病　广东省卫生防疫站
等合编
广州 广东省科学技术出版社 1978 年
76cm(2 开)
　　中国现代宣传画作品。

J0040809
计划生育好　陇兵作
兰州 甘肃人民出版社 1978 年 76cm(2 开)
定价: CNY0.14
　　中国现代宣传画作品。

J0040810
计划生育好　颜国强作
长沙 湖南人民出版社 1978 年 76cm(2 开)
定价: CNY0.11
　　中国现代宣传画作品。

J0040811
计划生育好　马泳春作
上海 上海人民美术出版社 1978 年 76cm(2 开)
定价: CNY0.11

中国现代宣传画作品。

J0040812

计划生育好处多　吕学勤画

济南　山东人民出版社　1978年　76cm（2开）

定价：CNY0.11

　　中国现代宣传画作品。作者吕学勤（1936—1993），画家。别名理园，山东临朐人。历任中国美术家协会理事，山东美术家协会副主席，山东省美术馆一级美术师。代表作品有《雨后江山分外明》《春风得意图》《科研小组》等。

J0040813

继承光荣传统遵守革命纪律　张天放作

北京　人民美术出版社　1978年　76cm（2开）

定价：CNY0.11

　　中国现代宣传画作品。

J0040814

加快步伐向科学技术现代化进军　刘仁杰作

北京　人民美术出版社　1978年　76cm（2开）

定价：CNY0.11

　　中国现代宣传画作品。作者刘仁杰（1951—　），教师。辽宁大连人，鲁迅美术学院油画专业研究生。历任鲁迅美术学院油画系主任、教授、第一工作室主任导师，中国美术家协会会员，中国油画学会常务理事，辽宁油画学会副主席，北京艺鸣盛世文化传媒有限公司特邀艺术顾问。代表作品有《雁南飞》《风》《绿地》《夏》。出版有《刘仁杰油画作品》。

J0040815

加强社会主义法制，实现天下大治　梁照堂作

广州　广东人民出版社　1978年　76cm（2开）

定价：CNY0.14

　　中国现代宣传画作品。

J0040816

加强我军现代化建设　刘亚平作

上海　上海人民出版社　1978年　107cm（全开）

定价：CNY0.28

　　中国现代宣传画作品。

J0040817

加速实现农业现代化　曾成金作

杭州　浙江人民出版社　1978年　76cm（2开）

定价：CNY0.11

　　中国现代宣传画作品。作者曾成金（1947—　），画家。浙江平阳县人。毕业于浙江美术学院附中，后考入浙江美术学院中国画系进修学习。中国美术家协会会员、浙江省美术家协会会员、平阳县美术家协会主席。主要作品有《南雁荡山水古诗画意百图》《曾成金中国画小品系列》《百子新图》等。

J0040818

加速实现四个现代化创出高速度　陈逸飞作

上海　上海人民美术出版社　1978年　107cm（全开）定价：CNY0.22

　　中国现代宣传画作品。作者陈逸飞（1946—2005），油画家，导演。生于浙江宁波，祖籍浙江镇海。毕业于上海市美术专科学校。曾在上海油画雕塑创作室就职。油画作品有《黄河颂》《占领总统府》《踱步》《周庄》等。

J0040819

紧跟英明领袖华主席，为实现新时期的总任务而奋斗　吴厚信画

长春　吉林人民出版社　1978年　107cm（全开）

定价：CNY0.28

　　中国现代宣传画作品。

J0040820

紧密地团结在英明领袖华主席为首的党中央周围　张景全画

济南　山东人民出版社　1978年　76cm（2开）

定价：CNY0.14

　　中国现代宣传画作品。

J0040821

尽快赶上现代科学技术日新月异的步伐

王立志，薛正安画

济南　山东人民出版社　1978年　76cm（2开）

定价：CNY0.11

　　中国现代宣传画作品。

J0040822

举国欢腾唱四化万众一心共长征　江南春作

上海　上海人民美术出版社　1978 年　76cm（2 开）
定价：CNY0.11
　　中国现代宣传画作品。

J0040823
句句说在咱心里　　范迪安画
福州　福建人民出版社　1978 年　76cm（2 开）
定价：CNY0.14
　　中国现代宣传画作品。

J0040824
军民团结情谊深　　王肖生，张连作
上海　上海人民美术出版社　1978 年　76cm（2 开）
定价：CNY0.11
　　中国现代宣传画作品。

J0040825
科学的春天来了　　王肇达作
杭州　浙江人民出版社　1978 年　76cm（2 开）
定价：CNY0.11
　　中国现代宣传画作品。

J0040826
科学的未来祖国的希望　　凌启宁作
上海　上海人民美术出版社　1978 年　76cm（2 开）
定价：CNY0.11
　　中国现代宣传画作品。

J0040827
刻苦学习，为祖国勇攀科技高峰　　吴海鹰作
广州　广东人民出版社　1978 年　76cm（2 开）
定价：CNY0.14
　　中国现代宣传画作品。

J0040828
刻苦钻研又红又专　　曹有成，章涪陵作
上海　上海人民美术出版社　1978 年　76cm（2 开）
定价：CNY0.14
　　中国现代宣传画作品。

J0040829
雷锋精神永放光芒　　王百顺作
沈阳　辽宁人民出版社　1978 年　76cm（2 开）
定价：CNY0.11
　　中国现代宣传画作品。

J0040830
练兵场上新一代　　陈挺通作
广州　广东人民出版社　1978 年　76cm（2 开）
定价：CNY0.14
　　年画形式的中国宣传画作品。

J0040831
列宁
北京　人民美术出版社　1978 年　53cm（4 开）
定价：CNY0.05
　　中国现代宣传画作品。

J0040832
毛主席永远活在我们心中　　周瑞庄作
上海　上海人民美术出版社　1978 年
107cm（全开）定价：CNY0.28
　　中国现代宣传画作品。

J0040833
毛主席主持制定的党政干部三大纪律、八项注意
兰州　甘肃人民出版社　1978 年　76cm（2 开）
定价：CNY0.08
　　中国现代宣传画作品。

J0040834
毛主席著作对我来说好比粮食和武器，好比汽车上的方向盘……　　郭文涛画
兰州　甘肃人民出版社　1978 年　76cm（2 开）
　　本作品为中国现代宣传画。完整书名：毛主席著作对我来说好比粮食和武器，好比汽车上的方向盘。人不吃饭不行，打仗没有武器不行，开车没有方向盘不行，干革命不学习毛主席著作不行！

J0040835
明灯照征程心连工农兵　　邱瑞敏作
上海　上海人民美术出版社　1978 年
107cm（全开）定价：CNY0.28
　　中国现代宣传画作品。

J0040836
农村黑板报参考资料　　抚顺市群众艺术馆编
抚顺　抚顺市群众艺术馆　1978 年　14 页
26cm（16 开）定价：CNY0.30

J0040837

努力攀登科学高峰为社会主义建设服务
高万佳作
合肥 安徽人民出版社 1978年 107cm（全开）
定价：CNY0.28
　　中国现代宣传画作品。

J0040838

努力攀登现代科学技术高峰 靳合德作
石家庄 河北人民出版社 1978年 76cm（2开）
定价：CNY0.11
　　中国现代宣传画作品。

J0040839

努力学好基础科学知识为祖国建设贡献力量 周建志作
北京 人民美术出版社 1978年 76cm（2开）
定价：CNY0.11
　　中国现代宣传画作品。

J0040840

攀登科学高峰为实现四个现代化多做贡献 邓乃荣，张汝为作
天津 天津人民美术出版社 1978年 76cm（2开）
定价：CNY0.14
　　中国现代宣传画作品。

J0040841

培养又红又专的新一代 华尘，郭池作
广州 广东人民出版社 1978年 76cm（2开）
定价：CNY0.14
　　中国现代宣传画作品。

J0040842

普及与提高相结合　努力发展体育事业 朱德贤，王麟坤作
上海 上海人民美术出版社 1978年
107cm（全开）定价：CNY0.28
　　中国现代宣传画作品。

J0040843

勤学苦练赶超世界先进水平 安耀华作
石家庄 河北人民出版社 1978年 107cm（全开）
定价：CNY0.28
　　中国现代宣传画作品。

J0040844

庆祝"六一"国际儿童节 施福国作
上海 上海人民美术出版社 1978年
107cm（全开）定价：CNY0.28
　　中国现代宣传画作品。

J0040845

全国工业学大庆会议提出的大庆式企业目前的标准
昆明 云南人民出版社 1978年 76cm（2开）
定价：CNY0.10
　　中国现代宣传画作品。

J0040846

全国人民团结奋斗实现四个现代化 王继权画
福州 福建人民出版社 1978年 76cm（2开）
定价：CNY0.14
　　中国现代宣传画作品。

J0040847

全民皆兵准备打仗 雷坦，邵增虎作
北京 人民美术出版社 1978年 76cm（2开）
定价：CNY0.11
　　中国现代宣传画作品。

J0040848

全世界无产者联合起来 柏芳景作
沈阳 辽宁人民出版社 1978年 76cm（2开）
定价：CNY0.11
　　中国现代宣传画作品。

J0040849

热烈欢呼第五届全国人民代表大会胜利召开 薛晓林作
兰州 甘肃人民出版社 1978年 107cm（全开）
定价：CNY0.28
　　中国现代宣传画作品。

J0040850

热烈欢呼第五届全国人民代表大会胜利召开 潘衡生作
哈尔滨 黑龙江人民出版社 1978年 76cm（2开）
定价：CNY0.11
　　本作品为中国现代宣传画。作者潘蘅生

（1949—　），画家。上海人。历任黑龙江省京剧团美术设计、《剧作家》杂志美术编辑、中国美术家协会会员、黑龙江省美术家协会副主席。兼擅连环画、油画、水墨画。出版有《潘蘅生油画作品精选》《美术家潘蘅生》等。

J0040851

热烈欢呼第五届全国人民代表大会胜利召开　夏侯，尚武作

武汉　湖北人民出版社　1978 年　107cm（全开）

定价：CNY0.28

中国现代宣传画作品。

J0040852

热烈欢呼第五届全国人民代表大会的胜利召开　陆海林，李万春作

成都　四川人民出版社　1978 年　76cm（2 开）

定价：CNY0.11

中国现代宣传画作品。作者陆海林，年画作家。连云港市市美术馆馆长。

J0040853

热烈庆祝第五届全国人民代表大会胜利召开　江南春作

上海　上海人民美术出版社　1978 年　107cm（全开）定价：CNY0.22

中国现代宣传画作品。

J0040854

热烈庆祝第五届全国人民代表大会胜利召开　江南春作

上海　上海人民美术出版社　1978 年　76cm（2 开）

定价：CNY0.11

中国现代宣传画作品。

J0040855

热烈庆祝宁夏回族自治区成立二十周年

任振江作

银川　宁夏人民出版社　1978 年　76cm（2 开）

定价：CNY0.11

中国现代宣传画作品。

J0040856

热烈庆祝宁夏回族自治区成立二十周年

郭长福作

银川　宁夏人民出版社　1978 年　76cm（2 开）

定价：CNY0.11

中国现代宣传画作品。

J0040857

热烈庆祝宁夏回族自治区成立二十周年

王自立作

银川　宁夏人民出版社　1978 年　76cm（2 开）

定价：CNY0.11

中国现代宣传画作品。

J0040858

热烈庆祝宁夏回族自治区成立二十周年

吴忠民作

银川　宁夏人民出版社　1978 年　76cm（2 开）

定价：CNY0.11

中国现代宣传画作品。

J0040859

热烈庆祝全国科学大会的召开　（为在 20 世纪末全面实现四个现代化的宏伟目标而奋斗）

李巍，武辉夏作

成都　四川人民出版社　1978 年　107cm（全开）

定价：CNY0.22

中国现代宣传画作品。作者李巍（1938—　），教授。江苏连云港人。历任四川美术学院设计艺术系教授、中国广告协会学术委员会委员等。出版有《现代广告设计》《广告策略妙招》《幽默广告艺术》等。

J0040860

热烈庆祝中华人民共和国成立二十九周年　林加冰作

合肥　安徽人民出版社　1978 年　76cm（2 开）

定价：CNY0.28

中国现代宣传画作品。

J0040861

热烈庆祝中华人民共和国成立二十九周年　林树春，刘振林作

沈阳　辽宁美术出版社　1978 年　76cm（2 开）

定价：CNY0.11

中国现代宣传画作品。

J0040862

热烈拥护第五届全国人民代表大会胜利召开　周有武作

上海　上海人民美术出版社　1978年

107cm（全开）定价：CNY0.22

中国现代宣传画作品。

J0040863

热烈拥护新宪法坚决执行新宪法　刘泽文画

济南　山东人民出版社　1978年　76cm（2开）

定价：CNY0.11

中国现代宣传画作品。

J0040864

人的生命是有限的，可是为人民服务是无限的，我要把有限的生命，投入到无限的为人民服务之中去。　郭文涛画

兰州　甘肃人民出版社　1978年　76cm（2开）

定价：CNY0.14

中国现代宣传画作品。

J0040865

人民教师光荣　邹常玉，林树春作

沈阳　辽宁人民出版社　1978年　76cm（2开）

定价：CNY0.11

中国现代宣传画作品。

J0040866

人人讲卫生处处要清洁　孙为国作

南京　江苏人民出版社　1978年　76cm（2开）

定价：CNY0.11

中国现代宣传画作品。

J0040867

人学王进喜厂举大庆旗　蒋昌一作

上海　上海人民美术出版社　1978年　76cm（2开）

定价：CNY0.14

中国现代宣传画作品。作者蒋昌一（1943—　），画家、国家一级美术师。湖南湘乡人，毕业于南京艺术学院美术系。历任上海美术设计公司干部、上海油画雕塑院院长、中国美术家协会会员、上海美术家协会常务理事、上海美术家协会绘画艺术委员会主任。代表作品《团结》《国旗像太阳一样红》《革命风雨催我长》等。

J0040868

认真上好文化课　齐传玉作

北京　人民美术出版社　1978年　76cm（2开）

定价：CNY0.11

中国现代宣传画作品。

J0040869

生产优质品光荣　张广，徐希作

北京　人民美术出版社　1978年　1张　76cm（2开）

定价：CNY0.14

中国现代宣传画作品。

J0040870

十年规划一定要实现　潘长臻，陆放作

杭州　浙江人民出版社　1978年　1张　107cm（全开）

定价：CNY0.28

中国现代宣传画作品。

J0040871

十年规划展宏图　（1976—1985）河北人民出版社编绘

石家庄　河北人民出版社　1978年　1张

107cm（全开）定价：CNY0.24

中国现代宣传画作品。

J0040872

时刻准备着　黄增立作

南宁　广西人民出版社　1978年　1张　76cm（2开）

定价：CNY0.14

中国现代宣传画作品。

J0040873

实行计划生育，好生保育儿童　顾东升摄影；田原绘画

南京　江苏人民出版社　1978年　1张　53cm（4开）

定价：CNY0.14

中国现代宣传画作品。

J0040874

实现四化展宏图伟大祖国万年春　莫树滋等作

南京　江苏人民出版社　1978年　1张　107cm（全开）

定价：CNY0.28

中国现代宣传画作品。

J0040875

实现总任务完成新长征　高泉作

石家庄 河北人民出版社 1978年 1张
76cm（2开）定价：CNY0.11

　　中国现代宣传画作品。作者高泉（1936—
2014），油画家、教授。安徽蚌埠人。历任解放
军艺术学院教授、中国革命军事博物馆创作室
主任、中国美术家协会会员、威海海洋画院院长
等。代表作包括《大海》《肃秋》《英雄交响》《黄
河壶口》。出版有《海之歌——高泉海景画集》。

J0040876

**使我们中国人口能有计划的生育，是一个
伟大的事业**　（周总理对计划生育工作的指示）

兰州 甘肃人民出版社 1978年 53cm（4开）
定价：CNY0.07

　　中国现代宣传画作品。

J0040877

世世代代高举毛主席的伟大旗帜　蔡亮，张
自嶷作

西安 陕西人民出版社 1978年 1张 107cm（全开）
定价：CNY0.28

　　纪念伟大领袖和导师毛主席诞辰八十五周
年宣传画作品。作者蔡亮（1932—1995），油画家。
福建厦门人，毕业于中央美术学院绘画系。中国
美术家协会会员、美术家协会浙江分会理事、浙
江油画研究会副会长、浙江美术学院教授、中国
美术学院教授。主要作品有《延安火炬》《贫农
的儿子》《红军三大主力会师》等。

J0040878

树雄心壮志攀科学高峰　潘鸿海作

杭州 浙江人民出版社 1978年 1张 76cm（2开）
定价：CNY0.11

　　中国现代宣传画作品。

J0040879

四化舞东风祖国万年春　哈琼文作

上海 上海人民美术出版社 1978年 1张
107cm（全开）定价：CNY0.28

　　中国现代宣传画作品。作者哈琼文（1925—
2012），回族，北京人。毕业于中央大学艺术系。
上海人民美术出版社编审、上海文史研究馆馆
员、中国美术家协会会员、美术家协会上海分会

理事。擅长油画、宣传画。主要作品有油画《鲁
迅——致电党中央祝贺长征胜利到达陕北》、宣
传画《毛主席万岁》等。

J0040880

台湾同胞是我们的骨肉兄弟　王慎仁作

沈阳 辽宁美术出版社 1978年 1张 76cm（2开）
定价：CNY0.11

　　中国现代宣传画作品。

J0040881

提供优质产品全心全意为人民服务　张永
典作

北京 人民美术出版社 1978年 1张 76cm（2开）
定价：CNY0.14

　　中国现代宣传画作品。

J0040882

体育宣传画选　人民体育出版社汇编

北京 人民体育出版社 1978年 16幅（套）
26cm（16开）统一书号：8015.1621
定价：CNY0.80

J0040883

铁人精神永放光芒　吴焕宇作

银川 宁夏人民出版社 1978年 1张 76cm（2开）
定价：CNY0.11

　　中国现代宣传画作品。

J0040884

**同学们要做德智体全面发展的社会主义新
人**　刘长顺作

北京 人民美术出版社 1978年 1张 76cm（2开）
定价：CNY0.11

　　中国现代宣传画作品。

J0040885

**团结起来，为建设社会主义的现代化强国
而奋斗！**　晁德仁作

沈阳 辽宁美术出版社 1978年 1张 76cm（2开）
定价：CNY0.11

　　中国现代宣传画作品。作者晁德仁（1948—　　），
画家。河南清丰县人。中国美术家协会会员、大
连市美术家协会副主席兼秘书长、大连市青年美
术家协会主席。主要作品有《迎春》《制止空气

污染》等。

J0040886

团结起来，为建设社会主义的现代化强国而奋斗！ 张惠民，王天葆作

西安 陕西人民出版社 1978年 1张 107cm（全开）

定价：CNY0.22

中国现代宣传画作品。

J0040887

团结起来，争取更大的胜利 雷季雨等作

长春 吉林人民出版社 1978年 1张 107cm（全开）

定价：CNY0.28

热烈庆祝第五届全国人民代表大会胜利召开，宣传画作品。

J0040888

团结起来，争取更大的胜利 陈丹青作

南京 江苏人民出版社 1978年 1张 107cm（全开）

定价：CNY0.28

中国现代宣传画作品。作者陈丹青（1953—　），画家、艺术家、文艺评论家。生于上海，祖籍广东，毕业于中央美术学院。曾任教于中央美术学院、清华大学美术学院。代表作品《西藏组画》《退步集续编》《陈丹青素描集》《纽约琐记》等。

J0040889

团结起来为建设社会主义的现代化强国而奋斗 王立志等画

济南 山东人民出版社 1978年 2张（套）76cm（2开）定价：CNY0.28

中国现代宣传画作品。

J0040890

万岁！伟大的社会主义祖国 袁慰吾作

广州 广东人民出版社 1978年 1张 76cm（2开）

定价：CNY0.14

中国现代宣传画作品。

J0040891

万岁！伟大的祖国 刘润民画

长春 吉林人民出版社 1978年 1张 107cm（全开）

定价：CNY0.28

中国现代宣传画作品。

J0040892

万岁伟大的祖国 （1949—1978）曹印生作

杭州 浙江人民出版社 1978年 1张 107cm（全开）

定价：CNY0.28

中国现代宣传画作品。

J0040893

为把我国建成伟大的社会主义现代化强国而奋斗 桂润年作

长沙 湖南人民出版社 1978年 1张 76cm（2开）

统一书号：8109.1076 定价：CNY0.11

中国现代宣传画作品。

J0040894

为把祖国建设成为四个现代化的伟大强国时刻准备着 郭天民作

长沙 湖南人民出版社 1978年 1张 76cm（2开）

定价：CNY0.11

中国现代宣传画作品。

J0040895

为创建十来个"大庆"油田而斗争 杨克山作

北京 人民美术出版社 1978年 1张 107cm（全开）

定价：CNY0.28

中国现代宣传画作品。

J0040896

为高速度发展社会主义经济作贡献 王百顺作

沈阳 辽宁美术出版社 1978年 1张 76cm（2开）

定价：CNY0.11

中国现代宣传画作品。

J0040897

为国防现代化而奋斗 杨娌娅，李立作

杭州 浙江人民出版社 1978年 1张 76cm（2开）

定价：CNY0.14

中国现代宣传画作品。杨娌娅（1954—　），女，祖籍山西，出生于河北。国家一级美术师。1978年在中国美术学院油画系学习，毕业于南京大学。任南京大学宣传部副处长、中国美术家协会会员、江苏省油画学会理事、南京大学油画学会会长、新加坡新神州艺术院顾问。作品有油画《阵地》《边陲之晨》《霞》，宣传画《为国防现代化而奋斗》等。作者李立（1925—2014），书法

家、教授。原名心挈，湖南湘潭县（今属株洲）人。历任中国书法家协会理事，中国书法家协会湖南分会副主席、顾问，湖南省工艺美术书画研究会会长，湖南高等轻工业专科学校教授，西泠印社成员。代表作品《毛主席诗词印谱选》《李立金石书画集》等。

J0040898

为国民经济的高速度发展贡献力量　陈一年等作

广州　广东人民出版社　1978年　1张　76cm（2开）

定价：CNY0.14

中国现代宣传画作品。

J0040899

为极大地提高整个中华民族的科学文化水平而奋斗　李希广作

哈尔滨　黑龙江人民出版社　1978年　1张 76cm（2开）定价：CNY0.11

中国现代宣传画作品。

J0040900

为科学技术现代化贡献才华　王大为作

沈阳　辽宁人民出版社　1978年　1张　76cm（2开）

定价：CNY0.11

中国现代宣传画作品。

J0040901

为科学技术现代化贡献力量　王炎林作

西安　陕西人民出版社　1978年　1张　107cm（全开）

定价：CNY0.28

中国现代宣传画作品。

J0040902

为了祖国的未来　李金明作

广州　广东人民出版社　1978年　1张　76cm（2开）

定价：CNY0.14

中国现代宣传画作品。作者李金明（1942—　），油画家。生于香港，广东鹤山人，毕业于广州美术学院油画系。历任国家高级美术师、广东油画会常务理事和执行秘书长、中国美术家协会会员、广东省美术家协会理事。作品有《曙光初照演兵场》《喜看稻菽千重浪》等，出版《李金明油画选集》《李金明访欧作品》等。

J0040903

为实现科技现代化而奋斗！　宋惠民作

沈阳　辽宁人民出版社　1978年　1张　107cm（全开）

定价：CNY0.22

中国现代宣传画作品。

J0040904

为实现农业机械化多作贡献　叶作均作

银川　宁夏人民出版社　1978年　1张　76cm（2开）

定价：CNY0.11

中国现代宣传画作品。

J0040905

为实现四个现代化的宏伟规划而奋斗　赵松柏等作

南宁　广西人民出版社　1978年　1张　76cm（2开）

定价：CNY0.14

中国现代宣传画作品。

J0040906

为实现四个现代化而奋斗　张学乾作

兰州　甘肃人民出版社　1978年　1张　107cm（全开）

定价：CNY0.28

中国现代宣传画作品。作者张学乾（1944—　），甘肃兰州人。西北师范大学敦煌艺术学院美术系教授、中国美术家协会会员、中国油画学会团体会员成员、甘肃美术家协会副主席。出版有《张学乾美术作品选》《素描艺术在线法》等著作。主要作品有《孩子　鸽子》《塬上家什》《高原晴雪》等。

J0040907

为实现四个现代化而奋斗　刘杰作

西宁　青海人民出版社　1978年　1张　76cm（2开）

定价：CNY0.14

中国现代宣传画作品。作者刘杰（1940—　），祖籍山东，师承著名画家韩美林。毕业于解放军艺术学院，中国美术家协会会员。作品有《金色飘带》《海峡系列油画》《向世界屋脊进军》等。

J0040908

为实现四个现代化而刻苦学习　郭文涛画

兰州　甘肃人民出版社　1978年　1张　107cm（全开）

定价：CNY0.28

中国现代宣传画作品。作者郭文涛（1941—　），画家。河北交河人。毕业于西北师范大学美术系。中国美术家协会会员、甘肃省美术家协会副主席、兰州市美术家协会主席、兰州市文联主席、兰州市政协副主席。代表作品《军长之路》(合作)、连环画《四明传奇》、国画《夕照图》。出版有《郭文涛画集》等。

J0040909

为实现新时期的总任务而奋斗　江爱松,卓家琪画

福州 福建人民出版社 1978年 1张 76cm(2开)
定价: CNY0.14

中国现代宣传画作品。

J0040910

为实现新时期的总任务而奋斗　冯椒生作

长沙 湖南人民出版社 1978年 1张 76cm(2开)
定价: CNY0.14

中国现代宣传画作品。

J0040911

为实现新时期的总任务而奋斗　高杰,张成九画

长春 吉林人民出版社 1978年 1张 107cm(全开)
定价: CNY0.28

中国现代宣传画作品。

J0040912

为实现新时期的总任务而奋斗　姜成楠,袁庆禄作

北京 人民美术出版社 1978年 1张 107cm(全开)
统一书号: 8027.6973 定价: CNY0.28

中国现代宣传画作品。作者姜成楠(1944—),画家。字雪父,曾用名孔羽、一南,斋号红叶居等。出生于北京,祖籍辽宁新金。历任北京军区炮兵政治部宣传处文化干事,北京军区政治部文艺创作室美术创作员、美术组长,中国书画收藏家协会艺术顾问,河北美术学院名誉院长、教授等职。著有《用笔八要》《谈墨韵》《书画气功研究》等。

J0040913

为实现新时期的总任务而奋斗　武尚功作

太原 山西人民出版社 1978年 1张 107cm(全开)
定价: CNY0.28

中国现代宣传画作品。

J0040914

为实现新时期的总任务而奋斗　曾纪纲作

成都 四川人民出版社 1978年 1张 107cm(全开)
定价: CNY0.22

中国现代宣传画作品。

J0040915

为实现新时期的总任务而奋斗!　朱敦俭作

南京 江苏人民出版社 1978年 1张 107cm(全开)
定价: CNY0.28

中国现代宣传画作品。

J0040916

为实现新时期的总任务而奋斗!　刘仁杰作

沈阳 辽宁美术出版社 1978年 1张 76cm(2开)
定价: CNY0.11

中国现代宣传画作品。

J0040917

为实现新时期的总任务而奋斗!　辽宁人民出版社集体创作

沈阳 辽宁人民出版社 1978年 1张 107cm(全开)
定价: CNY0.22

中国现代宣传画作品。

J0040918

为实现新时期的总任务而奋斗!　孙振廷作

西安 陕西人民出版社 1978年 1张 76cm(2开)
定价: CNY0.11

中国现代宣传画作品。

J0040919

为实现新时期的总任务而奋斗!　翁逸之[作]

上海 上海人民美术出版社 1978年 1张 107cm(全开)定价: CNY0.28

中国现代宣传画作品。

J0040920

为实现新时期的总任务而奋斗!　薛邢高作

杭州 浙江人民出版社 1978年 1张 76cm(2开)
定价: CNY0.11

中国现代宣传画作品。

J0040921

为实现新时期的总任务贡献青春！　武辉夏作
成都　四川人民出版社　1978年　1张　76cm（2开）
定价：CNY0.11
　　中国现代宣传画作品。

J0040922

为实现新时期总任务而奋斗　潘蘅生作
哈尔滨　黑龙江人民出版社　1978年　1张
76cm（2开）定价：CNY0.11
　　中国现代宣传画作品。作者潘蘅生（1949— ），
画家。上海人。历任黑龙江省京剧团美术设计、
《剧作家》杂志美术编辑、中国美术家协会会员、
黑龙江省美术家协会副主席。兼擅连环画、油画、
水墨画。出版有《潘蘅生油画作品精选》《美术
家潘蘅生》等。

J0040923

为四个现代化贡献青春　赵渭凉作
上海　上海人民美术出版社　1978年　1张
107cm（全开）定价：CNY0.28
　　中国现代宣传画作品。

J0040924

为完成十年规划的战斗任务而奋斗！　冯健
亲作
南京　江苏人民出版社　1978年　1张　107cm（全开）
定价：CNY0.28
　　中国现代宣传画作品。作者冯健亲（1939— ），
画家。浙江海宁人，毕业于南京艺术学院美术系
油画专业。历任南京艺术学院院长、南京艺术学
院工艺系副教授。代表作品《冯健亲作品集》《素
描》等。

J0040925

为伟大祖国纵声歌唱　梁照堂作
广州　广东人民出版社　1978年　1张　76cm（2开）
定价：CNY0.14
　　中国现代宣传画作品。

J0040926

为祖国的科学技术现代化作出新贡献　劳
汝根作
广州　广东人民出版社　1978年　1张　76cm（2开）
定价：CNY0.14
　　中国现代宣传画作品。

J0040927

伟大的党领导我们继续长征　胡杰作
长沙　湖南人民出版社　1978年　1张　76cm（2开）
定价：CNY0.14
　　中国现代宣传画作品。

J0040928

卫星飞上天红旗代代传　郭常信作
沈阳　辽宁美术出版社　1978年　1张　76cm（2开）
定价：CNY0.11
　　中国现代宣传画作品。

J0040929

我们爱科学　龚定平，贺保银作
石家庄　河北人民出版社　1978年　1张
76cm（2开）定价：CNY0.11
　　中国现代宣传画作品。

J0040930

我们爱科学　周国军作
沈阳　辽宁人民出版社　1978年　1张　76cm（2开）
定价：CNY0.11
　　中国现代宣传画作品。作者周国军（1954— ），
满族，辽宁凤城人。毕业于广州美术学院中国画
系。历任丹东市文联专业画家、中国美术家协会
会员、丹东美术家协会主席。作品《国风》《厚土》
《悠悠牧歌》《亘立千秋》，出版有《中国当代美
术家精品集——周国军画集》。

J0040931

我们从小爱科学　袁慰吾作
广州　广东人民出版社　1978年　1张　76cm（2开）
定价：CNY0.14
　　中国现代宣传画作品。

J0040932

我们热爱华主席　周思聪作
郑州　河南人民出版社　1978年　1张　76cm（2开）
定价：CNY0.11
　　中国现代宣传画作品。

J0040933

我们热爱华主席　周思聪作

北京　人民美术出版社　1978年　1张　76cm（2开）
定价：CNY0.14

　　中国现代宣传画作品。

J0040934

我一定要紧紧依靠党，依靠群众……　郭
文涛画

兰州　甘肃人民出版社　1978年　1张　76cm（2开）
定价：CNY0.14

　　本作品为中国现代宣传画。题名全文《我一
定要紧紧依靠党，依靠群众，永远做群众的小学
生，永远听党的话，忠于党的事业，做毛主席的
好战士》。

J0040935

鲜花送模范　王可伟作

北京　人民美术出版社　1978年　1张　76cm（2开）
定价：CNY0.11

　　中国现代宣传画作品。

J0040936

向科学技术现代化进军　廖志惠，林发荣作

贵阳　贵州人民出版社　1978年　1张　76cm（2开）
定价：CNY0.14

　　中国现代宣传画作品。

J0040937

向科学技术现代化进军　程犁作

武汉　湖北人民出版社　1978年　1张　107cm（全开）
定价：CNY0.28

　　中国现代宣传画作品。

J0040938

向科学技术现代化进军　王怀庆作

北京　人民出版社　1978年　1张　107cm（全开）
定价：CNY0.28

　　中国现代宣传画作品。

J0040939

向科学技术现代化进军　傅启中作

昆明　云南人民出版社　1978年　1张　76cm（2开）
定价：CNY0.11

　　中国现代宣传画作品。

J0040940

向雷锋同志学习　吕化成作

西安　陕西人民出版社　1978年　1张　76cm（2开）
定价：CNY0.11

　　中国现代宣传画作品。

J0040941

向四个现代化献粮　张安朴作

上海　上海人民美术出版社　1978年　1张
76cm（2开）定价：CNY0.14

　　中国现代宣传画作品。

J0040942

向着四个现代化的社会主义强国进军　李
孝诚作

西安　陕西人民出版社　1978年　1张　76cm（2开）
定价：CNY0.11

　　中国现代宣传画作品。

J0040943

新宪法　（人民的心愿）周瑞庄作

上海　上海人民美术出版社　1978年　1张
107cm（全开）定价：CNY0.28

　　中国现代宣传画作品。

J0040944

**胸怀革命大志做一代有文化科学知识的新
人**　张万臣作

沈阳　辽宁人民出版社　1978年　1张　76cm（2开）
定价：CNY0.11

　　中国现代宣传画作品。作者张万臣（1962—　　），
满族，军旅书画家。河北丰宁人，毕业于首都师
范大学美术系。历任中国美术家协会会员、中国
国际书画艺术研究会理事、中国人民解放军总装
备部专职画家。出版有《张万臣画集》。

J0040945

学：很重要，不学无术，就没有本领……郭
文涛等画

兰州　甘肃人民出版社　1978年　1张　76cm（2开）
定价：CNY0.14

　　中国现代宣传画作品。

J0040946

学习鲁迅的革命精神　顾盼，潘鸿海作

北京　人民美术出版社　1978年　1张　76cm（2开）
定价：CNY0.14
　　　中国现代宣传画作品。

J0040947
学习新宪法宣传新宪法遵守新宪法　吴可
人作
南京　江苏人民出版社　1978年　1张　107cm（全开）
定价：CNY0.28
　　　中国现代宣传画作品。

J0040948
学习新宪法宣传新宪法遵守新宪法　山东
师范学院艺术系供稿
济南　山东人民出版社　1978年　2张（套）
76cm（2开）定价：CNY0.22
　　　中国现代宣传画作品。

J0040949
学习学习再学习　陈初电，孙雄飞作
上海　上海人民美术出版社　1978年　1张
107cm（全开）定价：CNY0.28
　　　中国现代宣传画作品。作者陈初电(1944—　)，
画家。浙江上虞人，毕业于上海戏剧学院舞美系。
中国美术家协会会员、中国水彩画家协会会员、
上海水彩画研究会会员。主要作品有《热情公平、
希望天天见到您》《村姑蹴鞠图》《工地晨曲》等。
出版有《陈初电水彩画集》。

J0040950
学习学习再学习　潘鸿海作
杭州　浙江人民出版社　1978年　1张　76cm（2开）
定价：CNY0.14
　　　中国现代宣传画作品。

J0040951
学习周总理为中华崛起而读书　徐家昌作
沈阳　辽宁美术出版社　1978年　1张　76cm（2开）
定价：CNY0.11
　　　中国现代宣传画作品。

J0040952
严格训练做好反侵略战争的准备　吴祯祥作
上海　上海人民美术出版社　1978年　1张
107cm（全开）定价：CNY0.28

中国现代宣传画作品。

J0040953
一花引来万花开　李孝诚等作
西安　陕西人民出版社　1978年　1张　107cm（全开）
定价：CNY0.22
　　　中国现代宣传画作品。

J0040954
以钢为纲高速度发展社会主义工业　王永
强作
上海　上海人民美术出版社　1978年　1张
107cm（全开）定价：CNY0.28
　　　中国现代宣传画作品。

J0040955
以粮为纲大办农业　王麟坤作
上海　上海人民美术出版社　1978年　1张
107cm（全开）定价：CNY0.28
　　　中国现代宣传画作品。

J0040956
友谊花朵代代开　梁照堂作
沈阳　辽宁美术出版社　1978年　107cm（全开）
定价：CNY0.22
　　　中国现代宣传画作品。

J0040957
友谊之花　王麟坤作
上海　上海人民美术出版社　1978年
107cm（全开）定价：CNY0.28
　　　中国现代宣传画作品。

J0040958
又红又专努力攀登科技高峰　胡杰作
长沙　湖南人民出版社　1978年　76cm（2开）
定价：CNY0.11
　　　中国现代宣传画作品。

J0040959
渔岛喜交爱国粮　安茂让作
上海　上海人民美术出版社　1978年　76cm（2开）
ISBN：8081.11029　定价：CNY0.11
　　　中国现代年画作品。作者安茂让(1940—　)，
山东日照市人。师范院校毕业。从事美术教育

和群众美术辅导工作。曾任日照市农民画协名誉会长、日照市美术馆副馆长、山东美术家协会会员。主要作品有《春风吹绿黄河岸》《山林卫士》《世界之最》等。

J0040960

在华主席领导下，为实现毛主席周总理规划的四个现代化而奋斗　李醒滔，梁照堂作

西安　陕西人民出版社　1978年　107cm（全开）

定价：CNY0.28

　　中国现代宣传画作品。

J0040961

在科学技术方面来一个大的"跃进"　孙顺正画

济南　山东人民出版社　1978年　76cm（2开）

　　中国现代宣传画作品。作者孙顺正（1942— ），画家。山东济南人，毕业于山东艺术专科学校油画专业。曾任济南搪瓷厂技术科美术设计、山东人民出版社美术编辑。画作有中国画《故情》《杨柳风》《盗仙草》等，出版有《孙顺正工笔重彩古装人物画精选》。

J0040962

在新的长征中发挥妇女半边天作用　吴敏作

北京　人民美术出版社　1978年　76cm（2开）

定价：CNY0.11

　　中国现代宣传画作品。

J0040963

展望1985年　池长尧作

杭州　浙江人民出版社　1978年　107cm（全开）

　　中国现代宣传画作品。

J0040964

战斗的号召光辉的榜样　哈琼文作

上海　上海人民出版社　1978年　107cm（全开）

定价：CNY0.28

　　中国现代宣传画作品。作者哈琼文（1925—2012），回族，北京人。毕业于中央大学艺术系。上海人民美术出版社编审、上海文史研究馆馆员、中国美术家协会会员、美术家协会上海分会理事。擅长油画、宣传画。主要作品有油画《鲁迅——致电党中央祝贺长征胜利到达陕北》、宣传画《毛主席万岁》等。

J0040965

争分夺秒奔向2000年　陈方远画

福州　福建人民出版社　1978年　107cm（全开）

定价：CNY0.28

　　中国现代宣传画作品。

J0040966

争分夺秒奔向2000年　陈方远画

福州　福建人民出版社　1978年　76cm（2开）

定价：CNY0.14

　　中国现代宣传画作品。

J0040967

整顿好企业的标准

昆明　云南人民出版社　1978年　76cm（2开）

定价：CNY0.10

　　中国现代宣传画作品。

J0040968

忠诚党的教育事业　汪必强作

合肥　安徽人民出版社　1978年　76cm（2开）

定价：CNY0.11

　　中国现代宣传画作品。

J0040969

忠诚党的教育事业　娄溥义，陈少伯作

兰州　甘肃人民出版社　1978年　76cm（2开）

定价：CNY0.14

　　中国现代宣传画作品。

J0040970

抓纲治国展宏图　徐昌明，任美君作

上海　上海人民美术出版社　1978年　107cm（全开）定价：CNY0.28

　　中国现代宣传画作品。

J0040971

祖国的花朵人民的希望　宋惠民作

沈阳　辽宁美术出版社　1978年　76cm（2开）

定价：CNY0.11

　　中国现代宣传画作品。

J0040972

尊师爱生建立新型的师生关系　王金祥作

北京　人民美术出版社　1978年　76cm（2开）

定价: CNY0.11
中国现代宣传画作品。

J0040973
做实现农业现代化的生力军　刘振林作
沈阳　辽宁美术出版社　1978 年　76cm（2 开）
定价: CNY0.11
中国现代宣传画作品。

J0040974
做新长征的英勇突击队　孙荃作
北京　人民美术出版社　1978 年　76cm（2 开）
定价: CNY0.14
中国现代宣传画作品。

J0040975
做遵守新宪法的模范　李醒滔，王诗茵作
广州　广东人民出版社　1978 年　76cm（2 开）
定价: CNY0.14
中国现代宣传画作品。

J0040976
安定团结万象更新　周瑞庄作
上海　上海人民美术出版社　1979 年 ［1 张］
107cm（全开）统一书号: 8081.11636
定价: CNY0.28
中国现代宣传画作品。

J0040977
俺们妇女也要为农业机械化作贡献　刘泽
文作
北京　人民美术出版社　1979 年 ［1 张］
76cm（2 开）定价: CNY0.14
中国现代宣传画作品。

J0040978
把青春献给四个现代化　陈延作
西安　陕西人民美术出版社　1979 年 ［1 张］
76cm（2 开）定价: CNY0.14
中国现代宣传画作品。作者陈延
（1940—　），广东汕头大学美术设计系教授。

J0040979
把青春献给新长征的壮丽事业　杨永东作
武汉　湖北人民出版社　1979 年 ［1 张］

76cm（2 开）定价: CNY0.14
中国现代宣传画作品。

J0040980
把我军战斗力提高到现代化水平　邱百平作
长沙　湖南人民出版社　1979 年 ［1 张］
76cm（2 开）定价: CNY0.11
中国现代宣传画作品。

J0040981
百鸟和鸣　前程似锦 （庆祝中华人民共和
国成立三十周年）周瑞庄作
上海　上海人民美术出版社　1979 年 ［1 张］
107cm（全开）定价: CNY0.28
中国现代宣传画作品。

J0040982
保持高度警惕随时准备歼灭敢于来犯之
敌　张文源作
成都　四川人民出版社　1979 年 ［1 张］
76cm（2 开）定价: CNY0.11
中国现代宣传画作品。

J0040983
波兰天文学家哥白尼 （人的天职在勇于探
索真理）翁逸之作
上海　上海人民美术出版社　1979 年 ［1 张］
76cm（2 开）统一书号: 8081.11590
定价: CNY0.14
中国现代宣传画作品。

J0040984
灿烂的新时期　王麟坤作
上海　上海人民美术出版社　1979 年 ［1 张］
107cm（全开）定价: CNY0.28
中国现代宣传画作品。

J0040985
创优异成绩　为祖国争光　李醒滔，梁照
堂作
北京　人民体育出版社　1979 年 ［1 张］
107cm（全开）定价: CNY0.22
中国现代宣传画作品。

J0040986
春天的花 （科技现代化赞）宋惠民等作
沈阳 辽宁美术出版社 1979年［1张］
107cm（全开）定价: CNY0.22
　　中国现代宣传画作品。

J0040987
从小锻炼健康成长 （四川省第四届运动会）
简崇民作
成都 四川人民出版社 1979年［1张］
107cm（全开）定价: CNY0.22
　　中国现代宣传画作品。

J0040988
从小立志学英雄长大为国建奇功　张文
源作
成都 四川人民出版社 1979年［1张］
76cm（2开）定价: CNY0.11
　　中国现代宣传画作品。

J0040989
当新长征的好后勤　李孝诚，王炎林作
西安 陕西人民出版社 1979年［1张］
107cm（全开）定价: CNY0.22
　　中国现代宣传画作品。

J0040990
德国物理学家爱因斯坦 （1879–1955 真理
是经得起经验的考验的。）王麟坤作
上海 上海人民美术出版社 1979年［1张］
76cm（2开）定价: CNY0.14

J0040991
电影宣传画选 （一）中国电影出版社编
北京 中国电影出版社 1979年 12幅 26cm（16开）
统一书号: 8061.1291 定价: CNY0.70
　　电影（艺术）宣传画画册。

J0040992
**锻炼身体锻炼意志为实现四个现代化贡献
力量**　梁照堂，李醒滔作
北京 人民体育出版社 1979年［1张］
107cm（全开）定价: CNY0.22
　　中国现代宣传画作品。

J0040993
儿女自有擎旗者化作力量继开来　张千一，
张恢作
上海 上海人民美术出版社 1979年［1张］
76cm（2开）定价: CNY0.11
　　中国现代宣传画作品。

J0040994
发扬"五四"精神　勇当新长征突击手　劳
汝根作
广州 广东人民出版社 1979年［1张］
76cm（2开）定价: CNY0.14
　　中国现代宣传画作品。

J0040995
发展经济　保障供给　刘宗琪作
昆明 云南人民出版社 1979年［1张］
76cm（2开）定价: CNY0.11

J0040996
发展体育运动　增强人民体质　王遵义画
济南 山东人民出版社 1979年［1张］
76cm（2开）定价: CNY0.11
　　中国现代宣传画作品。作者王遵义（1938—　），
画家。擅长油画、中国画。山东临沂人。在山东
省体委、济南军区文工团长期从事舞台美术设
计工作。作品《姐妹俩》《未包扎完的绷带》《胜
利之路》为中国美术馆收藏，《甘作春泥育新苗》
《爱鸟》获全国宣传画大展二、三等奖，《回天无
力》获第八届全国美术作品展览优秀奖。

J0040997
发展体育运动为四个现代化服务　赵萌作
合肥 安徽人民出版社 1979年［1张］
107cm（全开）定价: CNY0.22
　　中国现代宣传画作品。

J0040998
法国物理学家居里夫人 （1867–1934 "我们
应该有恒心，尤其要有自信力"）沈绍伦作
上海 上海人民美术出版社 1979年［1张］
76cm（2开）统一书号: 8081.11589
定价: CNY0.14

J0040999

法律面前人人平等　　周瑞庄作
上海　上海人民美术出版社 1979 年 ［1 张］
107cm（全开）定价：CNY0.28
　　　中国现代宣传画作品。

J0041000

改进服务态度提高服务质量　　周昭坎作
合肥　安徽人民出版社 1979 年 ［1 张］
76cm（2 开）定价：CNY0.14
　　　中国现代宣传画作品。

J0041001

钢花怒放春烂漫　　刘克敏作
上海　上海人民美术出版社 1979 年 ［1 张］
107cm（全开）定价：CNY0.28
　　　中国现代宣传画作品。

J0041002

歌唱我们亲爱的祖国　　玉荣奖作
郑州　河南人民出版社 1979 年 ［1 张］
107cm（全开）定价：CNY0.28
　　　中国现代宣传画作品。

J0041003

各族人民大团结　万众一心奔四化　（庆祝
中华人民共和国成立三十周年）王麟坤作
上海　上海人民美术出版社 1979 年 ［1 张］
107cm（全开）定价：CNY0.28
　　　中国现代宣传画作品。

J0041004

各族人民大团结万岁　　高泉，杨克山作
北京　人民美术出版社 1979 年 ［1 张］
153cm（2 全开）定价：CNY0.56
　　　中国现代宣传画作品。

J0041005

弓上弦剑出鞘　　鹿逊理，刘庆孝作
北京　人民体育出版社 1979 年 ［1 张］
107cm（全开）定价：CNY0.22
　　　中国现代宣传画作品。作者刘庆孝（1944—　　），
山东艺术学院美术设计系副教授。

J0041006

光荣属于保卫四化的英雄　　雷垣，王琼作
长沙　湖南人民出版社 1979 年 ［1 张］
76cm（2 开）定价：CNY0.11
　　　中国现代宣传画作品。

J0041007

光荣属于勇攀高峰的人们　　樊学达作
长沙　湖南人民出版社 1979 年 ［1 张］
76cm（2 开）定价：CNY0.11
　　　中国现代宣传画作品。

J0041008

好好学习　天天向上　　庞泰嵩，黄三才作
南宁　广西人民出版社 1979 年 ［1 张］
76cm（2 开）定价：CNY0.14
　　　中国现代宣传画作品。

J0041009

好好学习　天天向上　　庞泰嵩，黄三才作
南宁　广西人民出版社 1979 年 ［1 张］
53cm（4 开）定价：CNY0.07
　　　中国现代宣传画作品。

J0041010

华主席视察大庆　　刘耀中编文；曹新林绘画
郑州　河南人民出版社 1979 年 24 页
19cm（小 32 开）定价：CNY0.28
　　　中国现代宣传画作品。作者曹新林（1940—　　），
画家。湖南望城县人。毕业于广州美术学院油
画系，曾任河南省书画院副院长、河南省美术家
协会副主席、河南油画学会会长。主要作品有《粉
笔生涯》《江边》等。出版有《曹新林绘画作品选》
专集。

J0041011

欢迎你，凯旋归来的子弟兵！　　姚仲华作
昆明　云南人民出版社 1979 年 ［1 张］
76cm（2 开）定价：CNY0.11
　　　中国现代宣传画作品。

J0041012

黄道婆　　陈丽君作
上海　上海人民美术出版社 1979 年 ［1 张］
76cm（2 开）定价：CNY0.14

宣传画作品"黄道婆"，黄道婆是中国棉纺织革新家。

J0041013
黄道婆 （杨柳青年画）张锡武作
天津 天津杨柳青画店 1979 年［1 张］
76cm（2 开）定价：CNY0.14
　　中国现代宣传画作品。作者张锡武（1927—　），画家。字青松，河北河间人。历任天津国画研究所副所长、天津杨柳青画社副编审、中国美术家协会会员等。代表作品《淀上渔歌》《李时珍问药图》，出版有《张锡武画选》《牡丹的画法》等。

J0041014
火红的青春献给新的长征 潘嘉俊绘
长沙 湖南人民出版社 1979 年［1 张］
76cm（2 开）定价：CNY0.11
　　中国现代宣传画作品。

J0041015
积极储蓄支援四化 中国人民银行江苏省分行供稿
南京 江苏人民出版社 1979 年［1 张］
76cm（2 开）定价：CNY0.14
　　中国现代宣传画作品。

J0041016
极大地提高整个中华民族的科学文化水平 赵经寰作
石家庄 河北人民出版社 1979 年［1 张］
76cm（2 开）定价：CNY0.14
　　中国现代宣传画作品。

J0041017
计划生育好 段锡作
昆明 云南人民出版社 1979 年［1 张］
76cm（2 开）定价：CNY0.11
　　中国现代宣传画作品。作者段锡（1946—　），彝族，美术编辑。生于云南个旧市，历任《云南日报》主任编辑、云南省美术家协会理事、中国美术家协会云南分会会员等。著有《红土高原的画卷》《1910 年的列车》等。

J0041018
加快实现科学技术现代化 李志国，张兆

年作
天津 天津人民美术出版社 1979 年［1 张］
76cm（2 开）定价：CNY0.14
　　中国现代宣传画作品。

J0041019
加强法制　发扬民主　促进四化 郭天民作
长沙 湖南人民出版社 1979 年［1 张］
76cm（2 开）定价：CNY0.11
　　中国现代宣传画作品。

J0041020
加速实现农业现代化 张汝为作
天津 天津人民美术出版社 1979 年［1 张］
76cm（2 开）定价：CNY0.14
　　中国现代宣传画作品。

J0041021
柬埔寨反抗越南侵略的斗争
沈阳 辽宁美术出版社 1979 年［1 张］
76cm（2 开）定价：CNY0.11
（《辽宁画报》画刊 1 1979）
　　中国现代宣传画作品。

J0041022
江山美如画　祖国万年春 刘秉礼作
广州 广东人民出版社 1979 年［1 张］
76cm（2 开）定价：CNY0.14
　　中国现代宣传画作品。作者刘秉礼（1932—2000），广东广州人。历任电影院美术员，出版社设计组组长、创作员，演出公司美工室美术组长，美术公司副经理，广州市美术公司艺术指导。作品有《心怀祖国，放眼世界》《毛主席视察广州造纸厂》《知识是致富的宝库》等。

J0041023
军民鱼水一家亲 周有武作
上海 上海人民美术出版社 1979 年［1 张］
76cm（2 开）定价：CNY0.11
　　中国现代宣传画作品。

J0041024
开展军事体育活动　为国防建设服务 （四川省第四届运动会）杨受安作

成都 四川人民出版社 1979 年［1 张］
107cm（全开）定价：CNY0.22
　　中国现代宣传画作品。

J0041025
科学是生产力　北京科学普及创作协会编；
文国章作
北京 人民美术出版社 1979 年［1 张］
76cm（2 开）定价：CNY0.14
　　中国现代宣传画作品。

J0041026
科学有险阻　苦战能过关　赵仁成作
西安 陕西人民美术出版社 1979 年［1 张］
76cm（2 开）定价：CNY0.11
　　中国现代宣传画作品。

J0041027
科学有险阻　苦战能过关　哈琼文作
上海 上海人民美术出版社 1979 年［1 张］
107cm（全开）定价：CNY0.28
　　中国现代宣传画作品。作者哈琼文（1925—
2012），回族，北京人。毕业于中央大学艺术系。
上海人民美术出版社编审、上海文史研究馆馆
员、中国美术家协会会员，美术家协会上海分会
理事。擅长油画、宣传画。主要作品有油画《鲁
迅——致电党中央祝贺长征胜利到达陕北》、宣
传画《毛主席万岁》等。

J0041028
刻苦锻炼　攀登世界体育高峰　宋惠民作
北京 人民体育出版社 1979 年［1 张］
107cm（全开）定价：CNY0.22
　　中国现代宣传画作品。

J0041029
李时珍　（1518—1593）哈琼文作
上海 上海人民美术出版社 1979 年［1 张］
76cm（2 开）定价：CNY0.14
　　李时珍是我国的医学家和药物学家，他撰辑
成的《本草纲目》书中载有中国药用植物 1892 种，
11,000 多个单方。

J0041030
炼好身体　陈承齐画

石家庄 河北人民出版社 1979 年［1 张］
76cm（2 开）定价：CNY0.11
　　中国现代宣传画作品。

J0041031
没有毛主席就没有新中国　（庆祝中华人民
共和国成立三十周年）曹新林作
郑州 河南人民出版社 1979 年［1 张］
107cm（全开）定价：CNY0.30
　　中国现代宣传画作品。作者曹新林（1940—　），
画家。湖南望城县人。毕业于广州美术学院油
画系，曾任河南省书画院副院长、河南省美术家
协会副主席、河南油画学会会长。主要作品有《粉
笔生涯》《江边》等。出版有《曹新林绘画作品选》
专集。

J0041032
美国科学家和发明家托·阿·爱迪生（1847—
1931）　哈琼文作
上海 上海人民美术出版社 1979 年［1 张］
76cm（2 开）定价：CNY0.14

J0041033
你追我赶勇攀高峰　鹿逊理，刘庆孝作
北京 人民体育出版社 1979 年［1 张］
107cm（全开）定价：CNY0.22
　　中国现代宣传画作品。

J0041034
攀登世界体育高峰为祖国争光！　王立志画
济南 山东人民出版社 1979 年［1 张］
76cm（2 开）定价：CNY0.11
　　中国现代宣传画作品。

J0041035
普及与提高相结合　努力发展体育事业
严坚作
北京 人民体育出版社 1979 年［1 张］
107cm（全开）定价：CNY0.22
　　中国现代宣传画作品。

J0041036
勤学苦练勇猛顽强　严坚作
北京 人民体育出版社 1979 年［1 张］
107cm（全开）定价：CNY0.22

中国现代宣传画作品。

J0041037
青春献给新长征　王玉炳作
郑州　河南人民出版社　1979 年［1 张］
76cm（2 开）定价：CNY0.14
　　中国现代宣传画作品。

J0041038
庆祝六·一儿童节　高燕，王小飞作
长沙　湖南人民出版社　1979 年［1 张］
76cm（2 开）定价：CNY0.11
　　中国现代宣传画作品。

J0041039
庆祝六·一国际儿童节　沈绍伦作
上海　上海人民美术出版社　1979 年［1 张］
76cm（2 开）定价：CNY0.14
　　中国现代宣传画作品。

J0041040
庆祝中华人民共和国成立 30 周年　（1949—1979）少达作
杭州　浙江人民出版社　1979 年［1 张］
76cm（2 开）定价：CNY0.14
　　中国现代宣传画作品。

J0041041
庆祝中华人民共和国成立三十周年
（1949—1979）高国芳画
长春　吉林人民出版社　1979 年［1 张］
107cm（全开）定价：CNY0.28
　　中国现代宣传画作品。

J0041042
庆祝中华人民共和国成立三十周年　宋惠民等作
沈阳　辽宁美术出版社　1979 年［1 张］
107cm（全开）定价：CNY0.22
　　中国现代宣传画作品。

J0041043
全国人民大团结万岁　（热烈庆祝中华人民共和国成立三十周年）夏亮熹作
成都　四川人民出版社　1979 年［1 张］

107cm（全开）定价：CNY0.22
　　中国现代宣传画作品。

J0041044
让理想插上翅膀　北京科学普及创作协会编；李书邦作
北京　人民美术出版社　1979 年［1 张］
76cm（2 开）定价：CNY0.14
　　中国现代宣传画作品。

J0041045
热烈欢呼自卫还击战的重大胜利！　云南省文化局美影工作室，云南省群众艺术馆供稿
昆明　云南人民出版社　1979 年［1 张］
76cm（2 开）定价：CNY0.08
　　中国现代宣传画作品。

J0041046
热烈庆祝中华人民共和国成立三十周年
林加冰作
合肥　安徽人民出版社　1979 年［1 张］
107cm（全开）定价：CNY0.28
　　中国现代宣传画作品。

J0041047
热烈庆祝中华人民共和国成立三十周年
樊文江作
西安　陕西人民出版社　1979 年［1 张］
107cm（全开）定价：CNY0.14
　　中国现代宣传画作品。

J0041048
热烈庆祝中华人民共和国成立三十周年
黄宗瑞，李志国作
天津　天津人民美术出版社　1979 年［1 张］
76cm（2 开）定价：CNY0.14
　　中国现代宣传画作品。

J0041049
热烈庆祝中华人民共和国成立三十周年
张建中作
昆明　云南人民出版社　1979 年［1 张］
107cm（全开）定价：CNY0.22
　　中国现代宣传画作品。

J0041050

热烈庆祝自卫还击战的重大胜利！　何能作
昆明　云南人民出版社　1979年［1张］
76cm（2开）定价：CNY0.11
　　中国现代宣传画作品。

J0041051

人人争当技术革命的标兵　庞黎明，熊照志作
北京　人民美术出版社　1979年［1张］
76cm（2开）定价：CNY0.11
　　中国现代宣传画作品。作者庞黎明（1947—　），教授。毕业于天津工艺美术学校，后留校任教。中国装潢设计委员会委员、中国美术家协会会员、中国工艺美术家协会会员。著作有《水粉画技法》《水粉人物写生技法》《素描人物技法》等。

J0041052

认真学习、模范遵守新宪法　陈逸飞作
合肥　安徽人民出版社　1979年［1张］
107cm（全开）定价：CNY0.28
　　中国现代宣传画作品。作者陈逸飞（1946—2005），油画家，导演。生于浙江宁波，祖籍浙江镇海。毕业于上海美术专科学校。曾在上海油画雕塑创作室就职。油画作品有《黄河颂》《占领总统府》《踱步》《周庄》等。

J0041053

荣誉属于为四化做出贡献的人！　王百顺作
沈阳　辽宁美术出版社　1979年［1张］
76cm（2开）定价：CNY0.11
　　中国现代宣传画作品。

J0041054

神州争飞跃健儿勇登攀　张绍城作
北京　人民体育出版社　1979年［1张］
107cm（全开）定价：CNY0.22
　　中国现代宣传画作品。

J0041055

树雄心　立壮志　向科学技术现代化进军！　北京科学普及创作协会编；王国伦，丰效渔作
北京　人民美术出版社　1979年［1张］
76cm（2开）定价：CNY0.14
　　中国现代宣传画作品。

J0041056

水乡人民送瘟神　其中作
合肥　安徽人民出版社　1979年［1张］
76cm（2开）定价：CNY0.14
　　中国现代宣传画作品。

J0041057

思想解放的先驱　捍卫真理的战士　（党的好女儿张志新烈士永生！）林震，王百顺作
沈阳　辽宁美术出版社　1979年［1张］
107cm（全开）定价：CNY0.22
　　中国现代宣传画作品。

J0041058

天涯海角多知音　沈绍伦作
上海　上海人民美术出版社　1979年［1张］
107cm（全开）定价：CNY0.28
　　中国现代宣传画作品。

J0041059

同心同德搞四化　陈培荣作
上海　上海人民美术出版社　1979年［1张］
76cm（2开）定价：CNY0.14
　　中国现代宣传画作品。作者陈培荣（1941—　），著名画家、设计家、教育家。生于上海，毕业于上海轻工业专科学校。中国布面水彩画及新意象画派创始人。历任上海轻专美术系主任，上海工程技术大学广告系主任，上海理工大学艺术设计学院院长、教授。代表作有油画《烟云乡情》《都市掠影》系列，水彩画《花之韵》系列。

J0041060

团结起来为实现新时期的总任务而奋斗
林加冰作
合肥　安徽人民出版社　1979年［1张］
107cm（全开）定价：CNY0.28
　　中国现代宣传画作品。

J0041061

团结友谊　团结友谊　陈丽君作
上海　上海人民美术出版社　1979年［1张］
107cm（全开）定价：CNY0.28
　　中国现代宣传画作品。

J0041062

万岁！伟大的祖国　林之跃作

合肥　安徽人民出版社　1979 年［1 张］

107cm（全开）定价：CNY0.28

　　中国现代宣传画作品。

J0041063

万岁！伟大的祖国　徐启雄作

杭州　浙江人民出版社　1979 年［1 张］

76cm（2 开）定价：CNY0.14

　　中国现代宣传画作品。

J0041064

万众一心奔向四个现代化　林世清作

武汉　湖北人民出版社　1979 年［1 张］

76cm（2 开）定价：CNY0.14

　　中国现代宣传画作品。

J0041065

为了子孙生活美好　（农业现代化赞）宋惠民
等作

沈阳　辽宁美术出版社　1979 年［1 张］

107cm（全开）定价：CNY0.22

　　中国现代宣传画作品。

J0041066

为了祖国的未来　沈绍伦，王伟成作

长沙　湖南人民出版社　1979 年［1 张］

76cm（2 开）定价：CNY0.14

　　中国现代宣传画作品。

J0041067

为社会主义现代化大干快上　黄宗瑞，杨
明作

天津　天津人民美术出版社　1979 年［1 张］

76cm（2 开）定价：CNY0.14

　　中国现代宣传画作品。

J0041068

为实现四个现代化而奋斗　梁任岭作

南宁　广西人民出版社　1979 年［1 张］

76cm（2 开）定价：CNY0.14

　　中国现代宣传画作品。

J0041069

为实现新时期的总任务而奋斗　（美术宣传
资料）西安红旗手表厂政治部供稿；贺惠群等
编绘

西安　陕西人民出版社　1979 年　68 页　19cm（32 开）

统一书号：8094.648　定价：CNY0.18

　　中国现代宣传画作品。

J0041070

为四化勤奋学习　翁逸之作

上海　上海人民美术出版社　1979 年［1 张］

76cm（2 开）统一书号：8081.11637

定价：CNY0.14

　　中国现代宣传画作品。

J0041071

为四化探求更多的未知数　陈如学，潘瑞
林作

南京　江苏人民出版社　1979 年［1 张］

76cm（2 开）定价：CNY0.14

　　中国现代宣传画作品。

J0041072

为四化争当红旗手　陈丽君作

上海　上海人民美术出版社　1979 年［1 张］

76cm（2 开）定价：CNY0.11

　　中国现代宣传画作品。

J0041073

为现代化建设培养人才　姚重庆作

天津　天津人民美术出版社　1979 年［1 张］

76cm（2 开）定价：CNY0.14

　　中国现代宣传画作品。作者姚重庆（1943—　　），
山东济南人。毕业于中央美术学院附中。擅长
油画、连环画、年画。曾任天津人民美术出版社
美术编审、中国出版社工作者协会年画艺术委员
会秘书长。主要作品《彭大将军》《油画展厅》《周
恩来的青少年时代》等。

J0041074

**为在 1985 年实现粮食年产 8000 亿斤而奋
斗**　周光玠作

北京　人民美术出版社　1979 年［1 张］

76cm（2 开）定价：CNY0.11

　　中国现代宣传画作品。

J0041075

伟大祖国百花吐艳 （热烈庆祝中华人民共和
国成立三十周年）张汝为作

天津 天津人民美术出版社 1979 年［1 张］

76cm（2 开）定价：CNY0.14

　　中国现代宣传画作品。

J0041076

喂！步子再快一点 （工业现代化赞）宋惠民
等作

沈阳 辽宁美术出版社 1979 年［1 张］

76cm（2 开）定价：CNY0.22

　　中国现代宣传画作品。

J0041077

我爱长征突击手　长大也为四化飞 （庆祝
中华人民共和国成立三十周年）哈琼文作

上海 上海人民美术出版社 1979 年［1 张］

107cm（全开）定价：CNY0.28

　　中国现代宣传画作品。作者哈琼文（1925—
2012），回族，北京人。毕业于中央大学艺术系。
上海人民美术出版社编审、上海文史研究馆馆
员。中国美术家协会会员、美术家协会上海分会
理事。擅长油画、宣传画。主要作品有油画《鲁
迅——致电党中央祝贺长征胜利到达陕北》、宣
传画《毛主席万岁》等。

J0041078

我们从小爱科学 北京科学普及创作协会编；
何冰作

北京 人民美术出版社 1979 年［1 张］

76cm（2 开）定价：CNY0.14

　　中国现代宣传画作品。

J0041079

我为祖国献宝藏 周昭坎作

上海 上海人民美术出版社 1979 年［1 张］

76cm（2 开）定价：CNY0.11

　　中国现代宣传画作品。

J0041080

五业兴旺齐发展　加速农业现代化 张安
朴作

上海 上海人民美术出版社 1979 年［1 张］

76cm（2 开）定价：CNY0.14

中国现代宣传画作品。

J0041081

希望寄托在你们身上 雷金池作

石家庄 河北人民出版社 1979 年［1 张］

76cm（2 开）定价：CNY0.14

　　中国现代宣传画作品。

J0041082

献身现代化　攀登新高峰 邱百平作

北京 人民美术出版社 1979 年［1 张］

76cm（2 开）定价：CNY0.11

　　中国现代宣传画作品。

J0041083

想一想我们为四个现代化做了些什么 北
京科学普及创作协会编；邢占魁作

北京 人民美术出版社 1979 年［1 张］

76cm（2 开）定价：CNY0.14

　　中国现代宣传画作品。

J0041084

学好科学文化 李庚辰画

石家庄 河北人民出版社 1979 年［1 张］

76cm（2 开）定价：CNY0.11

　　中国现代宣传画作品。

J0041085

学雷锋　树新风 安耀华画

石家庄 河北人民出版社 1979 年［1 张］

76cm（2 开）定价：CNY0.11

　　中国现代宣传画作品。

J0041086

**以周总理为榜样为建设四个现代化的社会
主义强国努力奋斗！** 阎文喜作

西安 陕西人民美术出版社 1979 年［1 张］

76cm（2 开）定价：CNY0.14

　　中国现代宣传画作品。

J0041087

英国科学家查理·达尔文 （1809—1882）
周瑞庄作

上海 上海人民美术出版社 1979 年［1 张］

76cm（2 开）定价：CNY0.14

J0041088

英国科学家牛顿　　陈丽君作

上海　上海人民美术出版社　1979 年［1 张］

76cm（2 开）定价：CNY0.14

　　中国现代宣传画作品。

J0041089

友谊第一　比赛第二　　黄堃源作

北京　人民体育出版社　1979 年［1 张］

107cm（全开）定价：CNY0.22

　　中国现代宣传画作品。作者黄堃源，国家一级美术师。广州画院专业画家、中国美术家协会会员。油画作品有《凤凰花开》《小鸟天堂》《八骏》《胡杨树》《源远流长》等。

J0041090

在知识的海洋里寻找力量　　潘隆正作

成都　四川人民出版社　1979 年［1 张］

76cm（2 开）定价：CNY0.11

　　中国现代宣传画作品。作者潘隆正（1944—　），笔名晓牛，出生于重庆市，毕业于西南师范大学美术系。历任重庆出版社美编室副主任、重庆出版集团（美术）副编审、全国年画研究会理事、西南大学育才学院美术学院副教授、重庆沧白书画院副院长。作品有《红岩英烈——许晓轩》《挺进大西南》《娃娃送宝·幸福吉祥》《哼哈二将》《秦琼、敬德》《在知识的海洋里寻珍探宝》等。

J0041091

早规划早动手早见效大搞农田基本建设

辛连生作

沈阳　辽宁美术出版社　1979 年［1 张］

76cm（2 开）定价：CNY0.11

　　中国现代宣传画作品。

J0041092

张衡　　（〈东汉〉〈公元 78–139〉）沈绍伦作

上海　上海人民美术出版社　1979 年［1 张］

76cm（2 开）定价：CNY0.14

　　中国现代宣传画作品。张衡（公元 78 年 –139 年），东汉时期天文学家、数学家、发明家、地理学家。字平子。著有《灵宪》《浑仪图注》《算罔论》《二京赋》《归田赋》等。

J0041093

蒸蒸日上　欣欣向荣　　杨华明作

兰州　甘肃人民出版社　1979 年［1 张］

107cm（全开）定价：CNY0.28

　　中国现代宣传画作品。

J0041094

知识就是力量　　北京科学普及创作协会编；张祖英作

北京　人民美术出版社　1979 年［1 张］

76cm（2 开）定价：CNY0.14

　　中国现代宣传画作品。

J0041095

中国共产党万岁　　（庆祝中华人民共和国成立三十周年）翁逸之作

上海　上海人民美术出版社　1979 年［1 张］

107cm（全开）定价：CNY0.28

　　中国现代宣传画作品。

J0041096

中华人民共和国万岁　　易乃光作

长沙　湖南人民出版社　1979 年［1 张］

76cm（2 开）定价：CNY0.14

　　中国现代宣传画作品。

J0041097

中华人民共和国万岁　　高泉，杨克山作

北京　人民美术出版社　1979 年［1 张］

153cm（2 开）定价：CNY0.56

　　中国现代宣传画作品。

J0041098

周总理战斗在红岩村　　史正吉编；白铭州绘

长春　吉林人民出版社　1979 年　21 页

19cm（小 32 开）定价：CNY0.27

　　中国现代宣传画作品。

J0041099

祖冲之　　（429—500）周瑞庄作

上海　上海人民美术出版社　1979 年［1 张］

76cm（2 开）定价：CNY0.14

　　祖冲之是我国古代伟大的科学家。精确算出圆周率 3.1415926—3.1415927。

J0041100

祖国，飞向您灿烂的未来 梁照堂, 李醒滔作
西安 陕西人民美术出版社 1979 年［1 张］
76cm（2 开）定价：CNY0.14
　　中国现代宣传画作品。

J0041101

祖国，四海欢腾！ 宋惠民等作
沈阳 辽宁美术出版社 1979 年［1 张］
76cm（2 开）定价：CNY0.11
　　中国现代宣传画作品。

J0041102

祖国，万紫千红！ 宋惠民等作
沈阳 辽宁美术出版社 1979 年［1 张］
76cm（2 开）定价：CNY0.11
　　中国现代宣传画作品。

J0041103

**祖国，向您致敬——庆祝中华人民共和国
成立三十周年** 陈维贤, 毛振业作
贵阳 贵州人民出版社 1979 年［1 张］
76cm（2 开）定价：CNY0.14
　　中国现代宣传画作品。

J0041104

祖国必须强大 （国防现代化赞）宋惠民等作
沈阳 辽宁美术出版社 1979 年［1 张］
107cm（全开）定价：CNY0.22
　　中国现代宣传画作品。

J0041105

祖国处处红花开 方隆昌作
武汉 湖北人民出版社 1979 年［1 张］
107cm（全开）定价：CNY0.28
　　中国现代宣传画作品。作者方隆昌（1944—　），
湖北武汉人。毕业于湖北艺术学院。中国美术
家协会、中国装帧艺术研究会、中国连环画研究
会会员、湖北美术编辑研究会会长。主要作品有
中国画《喂猪》、连环画《向警予》《宋史故事》等。

J0041106

祖国大地百花争艳 （庆祝伟大的中华人民共
和国成立三十周年 1949—1979）张育良作
石家庄 河北人民出版社 1979 年［1 张］

76cm（2 开）定价：CNY0.14
　　中国现代宣传画作品。

J0041107

祖国的宝岛——台湾 孙忠祥绘
长沙 湖南人民出版社 1979 年［1 张］
76cm（2 开）定价：CNY0.14
　　中国现代宣传画作品。

J0041108

祖国的春天 秦天健作
西安 陕西人民美术出版社 1979 年［1 张］
76cm（2 开）定价：CNY0.11
　　中国现代宣传画作品。

J0041109

祖国万岁 （热烈庆祝中华人民共和国成立
三十周年）施绍辰作
南昌 江西人民出版社 1979 年［1 张］
107cm（全开）定价：CNY0.28
　　中国现代宣传画作品。

J0041110

爱清洁　讲卫生 哈琼文作
上海 上海人民美术出版社 1980 年［1］张
76cm（2 开）定价：CNY0.14
　　本作品系中国宣传画。作者哈琼文（1925—
2012），回族，北京人。毕业于中央大学艺术系。
上海人民美术出版社编审、上海文史研究馆馆
员、中国美术家协会会员、美术家协会上海分会
理事。擅长油画、宣传画。主要作品有油画《鲁
迅——致电党中央祝贺长征胜利到达陕北》、宣
传画《毛主席万岁》等。

J0041111

八十年代一天也不能耽误 邓乃荣, 马树青作
天津 天津人民美术出版社 1980 年［1］张
76cm（2 开）定价：CNY0.16
　　中国现代宣传画作品。

J0041112

把青春献给四个现代化 陈承其作
石家庄 河北人民出版社 1980 年［1］张
76cm（2 开）定价：CNY0.16
　　本作品系中国宣传画。

J0041113
保护测量标志人人有责
北京 测绘出版社 1980年 [1]张 76cm（2开）
定价：CNY0.16
　　本作品系中国宣传画。

J0041114
朝霞灿烂心花开放　同心同德齐奔四化
姚重庆作
天津 天津人民美术出版社 1980年 [1]张
76cm（2开）定价：CNY0.16
　　本作品系中国宣传画。

J0041115
大干四化争当模范　李志国作
天津 天津人民美术出版社 1980年 [1]张
76cm（2开）定价：CNY0.16
　　本作品系中国宣传画。

J0041116
到宇宙去　袁佑琦作
长沙 湖南人民出版社 1980年 [1]张
76cm（2开）定价：CNY0.11
　　本作品系中国宣传画。

J0041117
道道工序把关　力争优质高产　哈琼文作
上海 上海人民美术出版社 1980年 [1]张
108cm（全开）定价：CNY0.28
　　本作品系中国宣传画。

J0041118
发扬艰苦奋斗的创业精神　黄宗瑞作
天津 天津人民美术出版社 1980年 [1]张
76cm（2开）定价：0.16
　　本作品系中国宣传画。

J0041119
繁花似锦迎四化　沈绍伦作
上海 上海人民美术出版社 1980年 [1]张
76cm（2开）定价：CNY0.16
　　本作品系中国宣传画。作者沈绍伦(1935—)，
画家。上海嘉定人。中国美术家协会会员、美术
家协会上海分会理事、上海水彩画研究会会长、
上海画片出版社编辑、上海人民美术出版社宣传

画编辑。代表作品有《荷塘翠鸟》等；出版有《沈
绍伦水彩画选集》等。

J0041120
计划生育好　张明堂，赵益超作
太原 山西人民出版社 1980年 [1]张
76cm（2开）定价：CNY0.18
　　本作品是中国现代宣传画。

J0041121
坚持锻炼身体积极参加文娱活动　刘克敏作
上海 上海人民美术出版社 1980年 [1]张
76cm（2开）定价：CNY0.14
　　本作品系中国宣传画。

J0041122
满怀信心　破浪前进　杨明作
天津 天津人民美术出版社 1980年 [1]张
76cm（2开）定价：CNY0.16
　　本作品系中国宣传画。

J0041123
每逢佳节倍思亲　哈琼文作
上海 上海人民美术出版社 1980年 [1]张
76cm（2开）定价：CNY0.16
　　本作品系中国宣传画。作者哈琼文(1925—
2012)，回族，北京人。毕业于中央大学艺术系。
上海人民美术出版社编审、上海文史研究馆馆
员、中国美术家协会会员、美术家协会上海分会
理事。擅长油画、宣传画。主要作品有油画《鲁
迅——致电党中央祝贺长征胜利到达陕北》、宣
传画《毛主席万岁》等。

J0041124
**努力学习准备为社会主义现代化贡献力
量**　徐文华作
上海 上海人民美术出版社 1980年 [1]张
76cm（2开）定价：CNY0.14
　　本作品系中国宣传画。

J0041125
女编织家黄道婆　江恩莲作
广州 广东人民出版社 1980年 [1]张
76cm（2开）定价：CNY0.14
　　本作品系中国宣传画。

J0041126

起得早锻炼身体好　周瑞庄作

上海　上海人民美术出版社　1980 年［1］张

76cm（2 开）定价：CNY0.14

　　本作品系中国宣传画。

J0041127

前进吧，祖国　（庆祝中华人民共和国成立 31 周年）张汝为作

天津　天津人民美术出版社　1980 年［1］张

76cm（2 开）定价：CNY0.16

　　本作品系中国宣传画。

J0041128

勤奋学习　发扬新风　沈绍伦作

上海　上海人民美术出版社　1980 年［1］张

76cm（2 开）定价：CNY0.14

　　本作品系中国宣传画。

J0041129

情深谊长花更艳　金纪发作

上海　上海人民美术出版社　1980 年［1］张

108cm（全开）定价：CNY0.28

　　本作品系中国宣传画。作者金纪发（1965— ），画家、教师。上海人，毕业于上海美术学院油画系。上海大学美术学院油画系副教授。作品有《四季歌》《欢歌》《高歌》《夏日的情思》《怡人》等，出版有《金纪发油画集》。

J0041130

全家都支持——终身只要一个孩　（为了实现四个现代化）安耀华作

石家庄　河北人民出版社　1980 年［1］张

76cm（2 开）定价：CNY0.16

　　本作品系中国宣传画。

J0041131

热爱劳动　生活俭朴　张安朴作

上海　上海人民美术出版社　1980 年［1］张

76cm（2 开）定价：CNY0.14

　　本作品系中国宣传画。

J0041132

人人争做计划生育的模范　张雪茵作

西安　陕西人民美术出版社　1980 年［1］张

76cm（2 开）定价：CNY0.13

　　本作品系中国宣传画。

J0041133

团结友爱一家亲　周瑞庄作

上海　上海人民美术出版社　1980 年［1］张

76cm（2 开）定价：CNY0.16

　　本作品系中国宣传画。

J0041134

为了下一代生活更美好　龚定平作

石家庄　河北人民出版社　1980 年［1］张

76cm（2 开）定价：CNY0.16

　　本作品系中国宣传画。

J0041135

文艺复兴　群星灿烂　谌学诗作

南昌　江西人民出版社　1980 年［1］张

76cm（2 开）定价：CNY0.16

　　本作品系中国宣传画。作者谌学诗（1942— ），江西人。江西省美术家协会会员。曾从事美术设计、美术编辑等工作。多幅作品为人民美术出版社、上海美术出版社等出版发行。

J0041136

向新一代最可爱的人学习　庞卡作

上海　上海人民美术出版社　1980 年［1］张

76cm（2 开）定价：CNY0.16

　　本作品系中国宣传画。

J0041137

一个孩子好　王炎林作

西安　陕西人民美术出版社　1980 年［1］张

76cm（2 开）定价：CNY0.13

　　本作品系中国宣传画。

J0041138

一心为了实现四个现代化　张自嶷作

西安　陕西人民美术出版社　1980 年［1］张

76cm（2 开）定价：CNY0.11

　　本作品系中国宣传画。作者张自嶷（1935— ），女，画家、教授。江西萍乡人，毕业于中央美术学院绘画系。曾在中国美术家协会陕西分会、陕西文化局创作组从事创作，中国美术学院教授。出版有《蔡亮、张自嶷油画选》《素描基础技法》。

J0041139
勇攀科学高峰　郭檬作
天津　天津人民美术出版社　1980年［1］张
76cm（2开）定价：CNY0.16
　　本作品系中国宣传画。

J0041140
用优质产品为人民增添生活的欢乐　（第三
次全国质量月9月1日—30日）邱百平作
北京　人民美术出版社　1980年［1］张　76cm（2开）
　　本作品系中国宣传画。

J0041141
优质产品将为四化积累巨大的财富　（第三
次全国质量月9月1日—30日）邱百平作
北京　人民美术出版社　1980年［1］张　76cm（2开）
　　本作品系中国宣传画。

J0041142
**增产节约　实现四化　人人为祖国多做贡
献**　杨明，张兆年作
天津　天津人民美术出版社　1980年［1］张
76cm（2开）定价：CNY0.16
　　本作品系中国宣传画。

J0041143
争当新长征突击手　王麟坤作
上海　上海人民美术出版社　1980年［1］张
108cm（全开）定价：CNY0.28
　　本作品系中国宣传画。

J0041144
只生一个好　金纪发作
上海　上海人民美术出版社　1980年［1］张
76cm（2开）定价：CNY0.16
　　本作品系中国宣传画。作者金纪发（1965—　），
画家、教师。上海人，毕业于上海美术学院油画
系。上海大学美术学院油画系副教授。作品有《四
季歌》《欢歌》《高歌》《夏日的情思》《怡人》等，
出版有《金纪发油画集》。

J0041145
只生一个娃利国又利家　吴海鹰作
广州　广东人民出版社　1980年［1］张
76cm（2开）定价：CNY0.14

本作品系中国宣传画。

J0041146
遵守学校纪律　遵守公共秩序　汪铁，黄英
浩作
上海　上海人民美术出版社　1980年［1］张
76cm（2开）定价：CNY0.14
　　本作品系中国宣传画。作者黄英浩（1949—　），
油画家。浙江镇海人，出生于上海。历任上海油
画雕塑研究院专业油画家、文汇报文艺部美术
编辑。主要作品有鲁迅小说连环画《祝福》《一
件小事》，巴金文学作品《秋天里的春天》《寒夜》
插图等。

J0041147
"五讲""四美"　尹其云作
南京　江苏人民出版社　1981年　5张　78cm（2开）
定价：CNY0.45

J0041148
"五讲""四美"　（1—4）
西安　陕西人民美术出版社　1981年　4张
54cm（4开）定价：CNY0.22

J0041149
"五讲""四美"　（1—4）
上海　上海教育出版社　1981年　2张　76cm（2开）
定价：CNY0.22

J0041150
"五讲""四美"花盛开　区辉作
武汉　湖北人民出版社　1981年　76cm（2开）
定价：CNY0.18
　　本作品是中国现代宣传画。

J0041151
啊，祖国！　朱敦俭作
南京　江苏人民出版社　1981年　76cm（2开）
定价：CNY0.18
　　本作品是中国现代宣传画。

J0041152
**爱祖国　爱人民　爱劳动　爱科学　爱护
公共财物**　欧洋，杨红作
长沙　湖南人民出版社　1981年　5张　54cm（4开）

定价: CNY0.60

　　本作品是中国现代宣传画。

J0041153

把青春献给祖国　李建国作

南京 江苏人民出版社 1981 年 76cm（2 开）

定价: CNY0.18

　　本作品是中国现代宣传画。

J0041154

**白日依山尽　黄河入海流　欲穷千里目
更上一层楼**　张邦彦作

兰州 甘肃人民出版社 1981 年［1 张］
76cm（2 开）定价: CNY0.18

　　作者张邦彦（1914—1988），甘肃天水市人。
曾任职于甘肃省政府、甘肃省博物馆。著有《张
邦彦书法集》等。

J0041155

必须戴好安全帽　翁逸之作

上海 上海人民美术出版社 1981 年 76cm（2 开）

定价: CNY0.16

　　本作品是中国现代宣传画。

J0041156

不随地扔果皮　纸屑　冰棍杆等杂物　徐
明泽字; 王亚卿画

哈尔滨 黑龙江科学技术出版社 1981 年
54cm（4 开）定价: CNY0.10

　　本作品是中国现代宣传画。

J0041157

**层层险阻　烈火熔炼　冲破重压　光照人
间**　蔡振华作

上海 上海人民美术出版社 1981 年 76cm（2 开）

定价: CNY0.16

　　本作品是中国现代宣传画。作者蔡振华
（1912—？），工艺美术家、漫画家。毕业于国立
杭州艺术专科学校。主要从事工商美术设计工
作。中国美术家协会理事、上海市文联委员、上
海美术教育研究会会长等。主要作品有《郎心如
铁》《国立杭州艺院教授群像图》《丰》等。

J0041158

城镇卫生要做到五洁　何文莉画

哈尔滨 黑龙江科学技术出版社 1981 年
76cm（2 开）定价: CNY0.20

　　本作品是中国现代宣传画。

J0041159

创优质产品为生活增添锦绣　沈绍伦作

上海 上海人民美术出版社 1981 年 76cm（2 开）

定价: CNY0.16

　　本作品是中国现代宣传画。

J0041160

**从我做起　从现在做起　为四化建设作贡
献**　王百顺, 宋惠民作

沈阳 辽宁美术出版社 1981 年 108cm（全开）

定价: CNY0.26

　　本作品是中国现代宣传画。

J0041161

从小养成好作风　游龙姑, 哈琼文作

成都 四川人民出版社 1981 年 76cm（2 开）

定价: CNY0.16

　　本作品是中国现代宣传画。作者游龙姑
（1923—1993），女，画家。福建福州人。毕业于
南京国立中央大学艺术系。曾任中国美术家协
会会员、上海人民美术出版社副编审等职。主
要作品有《支援世界人民的反帝斗争》《改革开
放，建设有中国特色的社会主义》等。作者哈琼
文（1925—2012），回族，北京人。毕业于中央大
学艺术系。上海人民美术出版社编审、上海文史
研究馆馆员、中国美术家协会会员、美术家协会
上海分会理事。擅长油画、宣传画。主要作品有
油画《鲁迅——致电党中央祝贺长征胜利到达陕
北》、宣传画《毛主席万岁》等。

J0041162

大力开展"五讲""四美"活动　晁德仁作

北京 人民美术出版社 1981 年 76cm（2 开）

定价: CNY0.16

　　本作品是中国现代宣传画。作者晁德仁
（1948—　），画家。河南清丰县人。中国美术家
协会会员、大连市美术家协会副主席兼秘书长、
大连市青年美术家协会主席。主要作品有《迎春》
《制止空气污染》等。

J0041163

大兴"五讲""四美"之风　黄铁山作

长沙　湖南美术出版社　1981 年　76cm（2 开）

定价：CNY0.16

　　本作品是中国现代宣传画。作者黄铁山（1939—　），画家。湖南洞口人，毕业于湖北艺术学院。历任湖南省美术家协会主席、湖南省文联副主席。代表作品有《黄铁山水彩画》《圣彼得堡》《开春》等。

J0041164

大兴文明礼貌新风　李志国作

天津　天津人民美术出版社　1981 年　76cm（2 开）

定价：CNY0.16

　　本作品是中国现代宣传画。

J0041165

当心"老虎口"（安全第一）周瑞庄作

上海　上海人民美术出版社　1981 年　76cm（2 开）

定价：CNY0.16

　　本作品是中国现代宣传画。

J0041166

当心触电（搞好安全用电保障生命和生产的安全）钱大昕作

上海　上海人民美术出版社　1981 年　76cm（2 开）

定价：CNY0.16

　　本作品是中国现代宣传画。钱大昕（1922—　），画家。上海人。擅长宣传画、美术编辑。历任上海人民美术出版社年画宣传画编辑室副主任、副总编辑、编审。作品有《争取更大丰收献给社会主义》《列宁 ———无产阶级革命的伟大导师》《延河长流鱼水情深》，合著有《怎样画宣传画》。

J0041167

党的领导是四化建设的胜利保证　凌瑛如，唐澄波作

杭州　浙江人民美术出版社　1981 年　76cm（2 开）

定价：CNY0.15

　　本作品是中国现代宣传画。

J0041168

德智体美全面发展　春风化雨人才辈出　陈延作

兰州　甘肃人民出版社　1981 年　108cm（全开）

定价：CNY0.36

　　本作品是中国现代宣传画。

J0041169

电影宣传画集　知识出版社著

北京　知识出版社　1981 年　71 页　19cm（32 开）

统一书号：8214.2　定价：CNY1.90

J0041170

电影宣传画小辑　上海人民美术出版社著

上海　上海人民美术出版社　1981 年　80 页　19cm（32 开）套装　统一书号：8081.12716

定价：CNY1.70

J0041171

杜牧诗　蒙子军作

兰州　甘肃人民出版社　1981 年　[1 张] 76cm（2 开）定价：CNY0.18

　　作者蒙子军（1939—　），中国花鸟画家。生于陕西泾阳。毕业于西安美术学院附中。中国书法家协会理事，中国美术家协会会员，甘肃省书法家协会副主席兼创作评审委员会委员。代表作品《小河涨水》《蒙子军书画》等。

J0041172

发扬延安精神　周瑞庄作

上海　上海人民美术出版社　1981 年　76cm（2 开）

定价：CNY0.16

　　本作品是中国现代宣传画。

J0041173

防火防爆　哈琼文作

上海　上海人民美术出版社　1981 年　76cm（2 开）

定价：CNY0.16

　　本作品是中国现代宣传画。作者哈琼文（1925—2012），回族，北京人。毕业于中央大学艺术系。上海人民美术出版社编审、上海文史研究馆馆员、中国美术家协会会员，美术家协会上海分会理事。擅长油画、宣传画。主要作品有油画《鲁迅——致电党中央祝贺长征胜利到达陕北》、宣传画《毛主席万岁》等。

J0041174

富兰克林（1706—1790　美国科学家）翁逸之作

上海 上海人民美术出版社 1981 年 76cm（2 开）
定价：CNY0.16
　　本作品是中国现代宣传画。

J0041175
伽利略 （1564–1642 意大利物理学家、力学家和天文学家）哈琼文作
上海 上海人民美术出版社 1981 年 76cm（2 开）
定价：CNY0.16
　　本作品是中国现代宣传画。

J0041176
搞好饮水卫生　预防疾病传染 （喝开水不喝生水）张安朴作
上海 上海人民美术出版社 1981 年 76cm（2 开）
定价：CNY0.16
　　本作品是中国现代宣传画。

J0041177
光辉的战斗历程　龙云绪，毛逸伟作
南京 江苏人民出版社 1981 年 76cm（2 开）
定价：CNY0.18
　　本作品是中国现代宣传画。

J0041178
光荣属于党 （1921—1981）薛吉生作
武汉 湖北人民出版社 1981 年 108cm（全开）
定价：CNY0.36
　　本作品是中国现代宣传画。

J0041179
黄道婆　眭关荣等作
南京 江苏人民出版社 1981 年 4 张 54cm（4 开）
定价：CNY0.36
　　本作品是中国现代宣传画。

J0041180
计划生育光荣　徐凡作
南京 江苏人民出版社 1981 年 76cm（2 开）
定价：CNY0.18
　　本作品是中国现代宣传画。

J0041181
纪念鲁迅诞生一百周年 （1881—1981）上海人民美术出版社宣传画组绘画

上海 上海人民美术出版社 1981 年 76cm（2 开）
定价：CNY0.16
　　本作品是中国现代宣传画。

J0041182
继往开来振兴中华　金纪发作
上海 上海人民美术出版社 1981 年 76cm（2 开）
定价：CNY0.16
　　本作品是中国现代宣传画。作者金纪发（1965—　　），画家、教师。上海人，毕业于上海美术学院油画系。上海大学美术学院油画系副教授。作品有《四季歌》《欢歌》《高歌》《夏日的情思》《怡人》等，出版有《金纪发油画集》。

J0041183
加强劳动保护　搞好安全生产　金纪发作
上海 上海人民美术出版社 1981 年 76cm（2 开）
定价：CNY0.16
　　本作品是中国现代宣传画。

J0041184
坚持社会主义道路　坚持无产阶级专政……　柯明，施邦鹤作
南京 江苏人民出版社 1981 年 108cm（全开）
定价：CNY0.36
　　本作品是中国现代宣传画。题名全文《坚持社会主义道路，坚持无产阶级专政，坚持党的领导，坚持马列主义、毛泽东思想》。

J0041185
坚持四项基本原则为实现"四化"而奋斗　马金东画
济南 山东人民出版社 1981 年 76cm（2 开）
定价：CNY0.16
　　本作品是中国现代宣传画。

J0041186
建立男女平等民主和睦的新家庭　王永强作
上海 上海人民美术出版社 1981 年 76cm（2 开）
定价：CNY0.16
　　本作品是中国现代宣传画。

J0041187
讲道德　孙福魁，孙福义作
北京 人民美术出版社 1981 年 76cm（2 开）

定价: CNY0.16

　　本作品是中国现代宣传画。

J0041188

讲究文明　献身四化　徐文华等作

上海　上海人民美术出版社　1981年　76cm（2开）

定价: CNY0.16

　　本作品是中国现代宣传画。

J0041189

讲礼貌　盖明生作

北京　人民美术出版社　1981年　76cm（2开）

定价: CNY0.16

　　本作品是中国现代宣传画。

J0041190

讲卫生　陈佩玉，晁德仁作

北京　人民美术出版社　1981年　76cm（2开）

定价: CNY0.16

　　本作品是中国现代宣传画。作者晁德仁
（1948—　），画家。河南清丰县人。中国美术家
协会会员、大连市美术家协会副主席兼秘书长、
大连市青年美术家协会主席。主要作品有《迎春》
《制止空气污染》等。

J0041191

讲卫生爱整洁　（蒙汉文对照）韩金宝画

呼和浩特　内蒙古教育出版社　1981年　76cm（2开）

定价: CNY0.15

　　本作品是中国现代宣传画。作者陈谷平
（1920—　），江苏扬州人。大学文化。原扬州市
国画院画师、中国美术家协会江苏分会会员。擅
长年画、国画。作品有《戏鱼图》《门画》等。

J0041192

讲文明　刘晓东作

北京　人民美术出版社　1981年　76cm（2开）

定价: CNY0.16

　　本作品是中国现代宣传画。

J0041193

讲文明　讲礼貌　讲卫生　讲秩序　讲道德

哈琼文作

上海　上海人民美术出版社　1981年　76cm（2开）

统一书号: 8081.12533　定价: CNY0.16

　　本作品是中国现代宣传画。作者哈琼文
（1925—2012），回族，北京人。毕业于中央大学
艺术系。上海人民美术出版社编审、上海文史
研究馆馆员、中国美术家协会会员、美术家协会
上海分会理事。擅长油画、宣传画。主要作品有
油画《鲁迅——致电党中央祝贺长征胜利到达陕
北》、宣传画《毛主席万岁》等。

J0041194

讲文明　讲礼貌　讲卫生　讲秩序　讲道德

昆明　云南人民出版社　1981年　5张　39cm（4开）

定价: CNY0.20

　　本作品是中国现代宣传画。

J0041195

讲文明　讲礼貌　讲卫生　讲秩序　讲道德

昆明　云南人民出版社　1981年　5张　78cm（2开）

定价: CNY0.35

　　本作品是中国现代宣传画。

J0041196

讲文明礼貌　树社会新风　贺安成作

长沙　湖南美术出版社　1981年　54cm（4开）

定价: CNY0.08

　　本作品是中国现代宣传画。

J0041197

讲秩序　刘长海作

北京　人民美术出版社　1981年　76cm（2开）

定价: CNY0.16

　　本作品是中国现代宣传画。

J0041198

交通安全人人有责　（严防车祸）王麟坤作

上海　上海人民美术出版社　1981年　76cm（2开）

定价: CNY0.16

　　本作品是中国现代宣传画。

J0041199

**开展"五讲""四美"文明礼貌活动，建设
精神文明**　董百信设计

合肥　安徽人民出版社　1981年　［1张］

76cm（2开）　定价: CNY0.16

J0041200
李白杜甫诗　毛秉乾等书
郑州 中州书画社 1981年 2张 108cm（全开）
定价：CNY0.64

J0041201
**立志做有理想　有道德　有知识　有体力
的人**　方隆昌作
武汉 湖北人民出版社 1981年 76cm（2开）
定价：CNY0.18
　　本作品是中国现代宣传画。作者方隆昌
（1944—　），湖北武汉人。毕业于湖北艺术学院。
中国美术家协会、中国装帧艺术研究会、中国连
环画研究会会员，湖北美术编辑研究会会长。主
要作品有中国画《喂猪》、连环画《向警予》《宋
史故事》等。

J0041202
鲁迅诞辰一百周年　（1881—1936 纪念无产
阶级革命文化的伟大旗手）沈尧伊作
天津 天津人民美术出版社 1981年 76cm（2开）
定价：CNY0.16
　　本作品是中国现代宣传画。

J0041203
绿化祖国　美好环境　王麟坤作
上海 上海人民美术出版社 1981年 76cm（2开）
定价：CNY0.16
　　本作品是中国现代宣传画。

J0041204
没有共产党就没有新中国　潘小庆作
南京 江苏人民出版社 1981年 76cm（2开）
定价：CNY0.18
　　作者潘小庆（1941—　），图书封面设计家。
江苏无锡人，就读于苏州艺术专科学校。先后任
江苏人民出版社美编室主任、江苏少年儿童出版
社副社长、江南诗画院常务理事。作品入选《中
国出版年鉴》《中国现代美术全集》等。专集《潘
小庆书装艺术》。

J0041205
没有共产党就没有新中国　（1921—1981）
赵敏，费长富作
沈阳 辽宁美术出版社 1981年 108cm（全开）

定价：CNY0.26
　　本作品是中国现代宣传画。

J0041206
没有共产党就没有新中国　王西京作
西安 陕西人民美术出版社 1981年
108cm（全开）定价：CNY0.38

J0041207
美酒飘香传友情　黄保源，睦关荣作
南京 江苏人民出版社 1981年 76cm（2开）
定价：CNY0.18
　　本作品是中国现代宣传画。

J0041208
名人名言　（爱因斯坦）李海杰书
长沙 湖南科学技术出版社 1981年 54cm（4开）
定价：CNY0.08
　　本作品是中国现代宣传画。

J0041209
名人名言　（富兰克林）李海杰书
长沙 湖南科学技术出版社 1981年 54cm（4开）
定价：CNY0.08
　　本作品是中国现代宣传画。

J0041210
名人名言　（歌德）李海杰书
长沙 湖南科学技术出版社 1981年 54cm（4开）
定价：CNY0.08
　　本作品是中国现代宣传画。

J0041211
名人名言　（居里夫人）李海杰书
长沙 湖南科学技术出版社 1981年 54cm（4开）
定价：CNY0.08
　　本作品是中国现代宣传画。

J0041212
名人名言　（列宁）李海杰书
长沙 湖南科学技术出版社 1981年 54cm（4开）
定价：CNY0.08
　　本作品是中国现代宣传画。

J0041213

名人名言 （鲁迅）李海杰书

长沙 湖南科学技术出版社 1981年 54cm（4开）

定价：CNY0.08

　　本作品是中国现代宣传画。

J0041214

名人名言 （马克思）李海杰书

长沙 湖南科学技术出版社 1981年 54cm（4开）

定价：CNY0.08

　　本作品是中国现代宣传画。

J0041215

名人名言 （毛泽东）李海杰书

长沙 湖南科学技术出版社 1981年 54cm（4开）

定价：CNY0.08

　　本作品是中国现代宣传画。

J0041216

名人名言 （冼星海）李海杰书

长沙 湖南科学技术出版社 1981年 54cm（4开）

定价：CNY0.08

　　本作品是中国现代宣传画。

J0041217

努力争取做一个三好学生 吴凯作

合肥 安徽人民出版社 1981年 76cm（2开）

定价：CNY0.16

　　本作品是中国现代宣传画。

J0041218

培养有社会主义精神文明的新一代 邓乃荣作

天津 天津人民美术出版社 1981年 76cm（2开）

定价：CNY0.16

　　本作品是中国现代宣传画。

J0041219

千万个雷锋在成长 肖家松，刘柏荣作

武汉 湖北人民出版社 1981年 76cm（2开）

定价：CNY0.18

　　本作品是中国现代宣传画。

J0041220

青春的旋律　优美的心灵 沈绍伦作

上海 上海人民美术出版社 1981年 76cm（2开）

定价：CNY0.16

　　本作品是中国现代宣传画。

J0041221

清洁卫生身体好 成砺志作

长沙 湖南美术出版社 1981年 76cm（2开）

定价：CNY0.16

　　本作品是中国现代宣传年画。作者成砺志（1954—　），江苏扬州人。国家一级美术师、中国美术家协会会员。主要作品《六老图·邓小平》《我为祖国争光》《春暖万家》等。

J0041222

庆祝中国共产党成立六十周年 翁逸之作

上海 上海人民美术出版社 1981年 76cm（2开）

定价：CNY0.16

　　本作品是中国现代宣传画。

J0041223

燃烧吧！爱国的热情 钱大径作

南京 江苏人民出版社 1981年 76cm（2开）

定价：CNY0.18

　　本作品是中国现代宣传画。

J0041224

让花儿代代盛开 哈琼文作

上海 上海人民美术出版社 1981年 108cm（全开）定价：CNY0.32

　　本作品是中国现代宣传画。作者哈琼文（1925—2012），回族，北京人。毕业于中央大学艺术系。上海人民美术出版社编审、上海文史研究馆馆员、中国美术家协会会员、美术家协会上海分会理事。擅长油画、宣传画。主要作品有油画《鲁迅——致电党中央祝贺长征胜利到达陕北》、宣传画《毛主席万岁》等。

J0041225

让青春发出最美丽的火花 黄宗瑞，杨明作

天津 天津人民美术出版社 1981年 76cm（2开）

定价：CNY0.16

　　本作品是中国现代宣传画。

J0041226

热爱祖国　勤奋学习 徐文华等作

上海　上海人民美术出版社　1981 年　76cm（2 开）
定价：CNY0.16

　　本作品是中国现代宣传画。

J0041227

热烈庆祝中国共产党建党 60 周年　金铎，黄锡令作

沈阳　辽宁美术出版社　1981 年　76cm（2 开）
定价：CNY0.13

　　本作品是中国现代宣传画。

J0041228

人人动手　消灭四害　王可大画

哈尔滨　黑龙江科学技术出版社　1981 年
76cm（2 开）定价：CNY0.20

　　本作品是中国现代宣传画。

J0041229

认真听讲　遵守秩序　郭文涛作

兰州　甘肃人民出版社　1981 年　76cm（2 开）
定价：CNY0.18

　　本作品是中国现代宣传画。作者郭文涛
（1941—　），画家。河北交河人。毕业于西北师
范大学美术系。中国美术家协会会员、甘肃省美
术家协会副主席、兰州市美术家协会主席、兰州
市文联主席、兰州市政协副主席。代表作品《军
长之路》（合作）、连环画《四明传奇》、国画《夕
照图》。出版有《郭文涛画集》等。

J0041230

瑞典化学家爱弗雷·诺贝尔　（1833—1896）
王麟坤作

上海　上海人民美术出版社　1981 年　76cm（2 开）
定价：CNY0.16

　　本作品是中国现代宣传画。

J0041231

社会主义精神文明的新一代　朱丹，魏华帮作

南京　江苏人民出版社　1981 年　76cm（2 开）
定价：CNY0.18

　　本作品是中国现代宣传画。

J0041232

实现祖国四化　争取更大光荣　邱百平，陈

振新作

北京　人民美术出版社　1981 年　76cm（2 开）
定价：CNY0.16

　　本作品是中国现代宣传画。作者邱百平
（1964—　），毕业于中央工艺美术学院。曾在北
京战友歌舞团从事美术设计工作，中央工艺美术
学院、清华大学美术学院绘画系副主任、教授、
基础部主任，北京市美术家协会油画艺术委员会
委员，中央工艺美术学院基础部主任。作品有《中
国现代美术选集》，著有《油画作品选》《考前
色彩指导》《速写——清华大学美术学院学生作
品精选》等。作者陈振新（1950—　），江苏南通
市人。中国美术家协会会员、中国民间艺术家协
会会员。任职于人民美术出版社。创作和发表
了大量美术、摄影作品。主要作品有《大家动手，
植树栽花，美化环境》《期望》《林》等。

J0041233

实用科普美术资料　殷维国编绘

呼和浩特　内蒙古人民出版社　1981 年
19cm（32 开）统一书号：8089.107
定价：CNY0.32

J0041234

世上无难事　只要肯登攀　周瑞庄作

上海　上海人民美术出版社　1981 年　76cm（2 开）
定价：CNY0.16

　　本作品是中国现代宣传画。

J0041235

苏联生理学家巴甫洛夫　（1849—1936）金
纪发作

上海　上海人民美术出版社　1981 年　76cm（2 开）
定价：CNY0.16

　　本作品是中国现代宣传画。

J0041236

苏联植物育种家米丘林　（1855—1935）
沈绍伦作

上海　上海人民美术出版社　1981 年　76cm（2 开）
定价：CNY0.16

　　本作品是中国现代宣传画。

J0041237

团结一心　前程似锦　金纪发作

上海　上海人民美术出版社　1981 年　76cm（2 开）
定价：CNY0.16
　　本作品是中国现代宣传画。

J0041238
托马斯·亨特·摩尔根 （1866–1945　美国实验胚胎学家、遗传学家）沈绍伦作
上海　上海人民美术出版社　1981 年　76cm（2 开）
定价：CNY0.16
　　本作品是中国现代宣传画。

J0041239
伟大的中国共产党万岁 （热烈庆祝中国共产党成立六十周年）曹新林作
郑州　中州书画社　1981 年　76cm（2 开）
定价：CNY0.16
　　本作品是中国现代宣传画。作者曹新林（1940—　），画家。湖南望城县人。毕业于广州美术学院油画系，曾任河南省书画院副院长、河南省美术家协会副主席，河南油画学会会长。主要作品有《粉笔生涯》《江边》等。出版有《曹新林绘画作品选》专集。

J0041240
文明礼貌　热情为顾客服务 （发扬社会主义新风尚）金纪发作
上海　上海人民美术出版社　1981 年　76cm（2 开）
定价：CNY0.16
　　本作品是中国现代宣传画。

J0041241
我爱钢枪——时刻准备上战场 陈坚作
南京　江苏人民出版社　1981 年　76cm（2 开）
定价：CNY0.16
　　本作品是中国现代宣传画。作者陈坚（1959—　），山东青岛人。曾任中国美术家协会水彩画艺术委员会副主任兼秘书长、北京市美术家协会水彩画艺术委员会副主任、北京水彩画学会副会长。主要作品有《塔吉克老人》《塔吉克姑娘》《逝》等。

J0041242
我爱科学——建设现代化国防 姚尔畅作
南京　江苏人民出版社　1981 年　76cm（2 开）
定价：CNY0.16

　　本作品是中国现代宣传画。

J0041243
我爱英雄——以英雄为榜样 陈坚作
南京　江苏人民出版社　1981 年　76cm（2 开）
定价：CNY0.16
　　本作品是中国现代宣传画。

J0041244
我爱祖国——为伟大祖国站岗 张正刚作
南京　江苏人民出版社　1981 年　76cm（2 开）
定价：CNY0.16
　　本作品是中国现代宣传画。

J0041245
我按照"五讲""四美"做了吗? 杨明作
天津　天津人民美术出版社　1981 年　76cm（2 开）
定价：CNY0.16
　　本作品是中国现代宣传画。

J0041246
五讲四美 章仁缘画；许福壤书
南昌　江西人民出版社　1981 年　76cm（2 开）
定价：CNY0.16
　　本作品是中国现代宣传画。

J0041247
想想这一天 游龙姑作
成都　四川人民出版社　1981 年　76cm（2 开）
定价：CNY0.13
　　本作品是中国现代宣传画。

J0041248
心灵美　语言美　行为美　环境美
昆明　云南人民出版社　1981 年　4 张 54cm（4 开）
定价：CNY0.24
　　本作品是中国现代宣传画。

J0041249
心灵美　语言美　行为美　环境美
昆明　云南人民出版社　1981 年　4 张 76cm（2 开）
定价：CNY0.40
　　本作品是中国现代宣传画。

J0041250

心灵美　语言美　行为美　环境美　刘海志作

郑州　中州书画社　1981 年　2 张　76cm（2 开）

定价：CNY0.36

　　本作品是中国现代宣传画。

J0041251

兴五讲四美之风　让祖国春意更浓　左国顺作

郑州　中州书画社　1981 年　76cm（2 开）

定价：CNY0.16

　　本作品是中国现代宣传画。

J0041252

学雷锋　树新风　王遵义画

济南　山东人民出版社　1981 年　76cm（2 开）

定价：CNY0.13

　　本作品是中国现代宣传画。

J0041253

学雷锋　树新风

杭州　浙江人民美术出版社　1981 年　76cm（2 开）

定价：CNY0.15

　　本作品是中国现代宣传画。

J0041254

学雷锋处处为人民　金纪发作

上海　上海人民美术出版社　1981 年　76cm（2 开）

定价：CNY0.16

　　本作品是中国现代宣传画。作者金纪发（1965—　），画家、教师。上海人，毕业于上海美术学院油画。上海大学美术学院油画系副教授。作品有《四季歌》《欢歌》《高歌》《夏日的情思》《怡人》等，出版有《金纪发油画集》。

J0041255

学习雷锋好榜样

上海　上海人民美术出版社　1981 年　76cm（2 开）

定价：CNY0.14

　　本作品是中国现代宣传画。

J0041256

学习女排　振兴中华　朱敦俭作

南京　江苏人民出版社　1981 年　76cm（2 开）

定价：CNY0.18

　　本作品是中国现代宣传画。

J0041257

延河长流鱼水情深　钱大昕作

上海　上海人民美术出版社　1981 年　108cm（全开）定价：CNY0.32

　　本作品是中国现代宣传画。

J0041258

以优质产品献给人民　哈琼文作

上海　上海人民美术出版社　1981 年　76cm（2 开）

定价：CNY0.16

　　本作品是中国现代宣传画。作者哈琼文（1925—2012），回族，北京人。毕业于中央大学艺术系。上海人民美术出版社编审、上海文史研究馆馆员、中国美术家协会会员、美术家协会上海分会理事。擅长油画、宣传画。主要作品有油画《鲁迅——致电党中央祝贺长征胜利到达陕北》、宣传画《毛主席万岁》等。

J0041259

永远跟党走　王炎林作

西安　陕西人民美术出版社　1981 年　76cm（2 开）

定价：CNY0.18

　　本作品是中国现代宣传画。

J0041260

永远相信和依靠人民群众的智慧和力量　张兆年作

天津　天津人民美术出版社　1981 年　76cm（2 开）

定价：CNY0.16

　　本作品是中国现代宣传画。作者张兆年（1946—　），画家。天津人，毕业于天津工艺美校。历任天津工艺美术设计院创作室二级美术师。获奖作品有《数不清》《踏歌图》《傻俚少女》等，壁画作品有《海河晨光》《津门十景》《中国古代科技文明之光》《生命之路》等。

J0041261

有理想　有道德　有知识　有体力　孙为国作

南京　江苏人民出版社　1981 年　76cm（2 开）

定价：CNY0.18

　　本作品是中国现代宣传画。

J0041262

预防食物中毒 王亚卿绘

哈尔滨 黑龙江科学技术出版社 1981 年

76cm（2 开）定价：CNY0.20

　　本作品是中国现代宣传画。

J0041263

在党的领导下向四个现代化进军 蔡循生作

郑州 中州书画社 1981 年 76cm（2 开）

定价：CNY0.16

　　本作品是中国现代宣传画。

J0041264

詹姆斯·瓦特（1736–1819 英国蒸汽机发明家）周瑞庄作

上海 上海人民美术出版社 1981 年 76cm（2 开）

定价：CNY0.16

　　本作品是中国现代宣传画。

J0041265

振兴中华　献身四化 沈秋作

南京 江苏人民出版社 1981 年 76cm（2 开）

定价：CNY0.18

　　本作品是中国现代宣传画。

J0041266

振兴中华献身四化 王麟坤作

上海 上海人民美术出版社 1981 年 76cm（2 开）

定价：CNY0.16

　　本作品是中国现代宣传画。作者王麟坤

（1939—　），美术编辑。上海人，笔名王凌昆。

毕业于上海美术专科学校油画系。任上海人民

美术出版社副编审。作品有《祖国万岁——庆祝

中华人民共和国成立三十周年》《德国物理学家

爱因斯坦》《京韵系列》《花韵系列》等。

J0041267

只有社会主义才能救中国 冯健亲, 邬烈也作

南京 江苏人民出版社 1981 年 76cm（2 开）

定价：CNY0.18

　　本作品是中国现代宣传画。作者冯健亲

（1939—　），画家。浙江海宁人，毕业于南京艺

术学院美术系油画专业。历任南京艺术学院院

长、南京艺术学院工艺系副教授。代表作品《冯

健亲作品集》《素描》等。

J0041268

中国共产党万岁！ 林成翰作

天津 天津人民美术出版社 1981 年 76cm（2 开）

定价：CNY0.16

　　本作品是中国现代宣传画。

J0041269

中外科学家宣传画小辑 翁逸之, 哈琼文等绘

上海 上海人民美术出版社 1981 年 18 张

19cm（小 32 开）定价：CNY0.74

J0041270

助人为乐 周瑞庄作

上海 上海人民美术出版社 1981 年 76cm（2 开）

定价：CNY0.16

　　本作品是中国现代宣传画。

J0041271

助人为乐 张锦标作

上海 上海人民美术出版社 1981 年 76cm（2 开）

定价：CNY0.16

　　本作品是中国现代宣传画。作者张锦标

（1935—　），浙江嵊州市人，毕业于浙江美术学

院中国画系。历任上海书画出版社编辑、副编审。

代表作品有《熊猫宴》《宠爱》《迎千年曙光》《任

伯年群仙祝寿图》。著作有《怎样画大熊猫》。

J0041272

注意矿井安全 沈绍伦作

上海 上海人民美术出版社 1981 年 76cm（2 开）

定价：CNY0.16

　　本作品是中国现代宣传画。

J0041273

注意饮食卫生　提高健康水平（餐具消毒

食品保藏 熟食把关）徐文华作

上海 上海人民美术出版社 1981 年 76cm（2 开）

定价：CNY0.16

　　本作品是中国现代宣传画。

J0041274

祝祖国繁荣昌盛（热烈庆祝中华人民共和国

成立三十二周年）张汝为作

天津 天津人民美术出版社 1981 年 76cm（2 开）

定价：CNY0.16

本作品是中国现代宣传画。作者张汝为
（1944—　），画家，国家一级美术师。浙江镇海
人。历任中国美术家协会会员、天津美术家协会
顾问、天津画院专职画家。主要作品有《共产主
义是千秋万代的崇高事业》《大海的女儿》等。

J0041275

祖国的宝岛——台湾　张瑞恒作
天津　天津人民美术出版社　1981年　76cm（2开）
定价：CNY0.16
　　作者张瑞恒，连环画艺术家。绘有连环画
《青梅煮酒论英雄》《四化连年富有余》《三年早
知道》等。

J0041276

祖国万岁　冯健亲作
南京　江苏人民出版社　1981年　76cm（2开）
定价：CNY0.18
　　本作品是中国现代宣传画。作者冯健亲
（1939—　），画家。浙江海宁人，毕业于南京艺
术学院美术系油画专业。历任南京艺术学院院
长、南京艺术学院工艺系副教授。代表作品《冯
健亲作品集》《素描》等。

J0041277

尊敬师长　懂得礼貌　张学乾作
兰州　甘肃人民出版社　1981年　76cm（2开）
定价：CNY0.18
　　本作品是中国现代宣传画。

J0041278

尊长爱幼树新风　贾树品作
武汉　湖北人民出版社　1981年　76cm（2开）
定价：CNY0.18
　　本作品是中国现代宣传画。

J0041279

遵守社会秩序　讲究文明乘车　翁逸之作
上海　上海人民美术出版社　1981年　76cm（2开）
定价：CNY0.16
　　本作品是中国现代宣传画。

J0041280

"革命英雄主义的赞歌"宣传画
上海　上海人民美术出版社　1982年　10张

54cm（4开）定价：CNY0.85
　　本作品内容有：《向警予》张定钊作、《十八
勇士》王永强作、《赵一曼》郑荣庚作、《刘胡兰》
吴健作、《董存瑞》周有武作、《黄继光》方世聪
作、《邱少云》赵渭凉作、《雷锋》邱瑞敏作、《李
四光》刘克敏作、《中国女排》徐文华作。

J0041281

爱清洁　讲卫生　范振家作
上海　上海人民美术出版社　1982年　[1张]
76cm（2开）定价：CNY0.16

J0041282

爱清洁　讲卫生　周端庄作
上海　上海人民美术出版社　1982年　[1张]
76cm（2开）定价：CNY0.16

J0041283

从小要做好苗苗　冯忆南作
南京　江苏人民出版社　1982年　76cm（2开）
定价：CNY0.16
　　本作品是中国现代宣传画。

J0041284

电影宣传画集
北京　中国电影出版社　1982年　88页　20cm（32开）
统一书号：8061.1694　定价：CNY1.00
　　本画集共收入中外电影宣传画110幅。

J0041285

飞腾吧，伟大的中华　程犁，唐小禾作
武汉　长江文艺出版社　1982年　107cm（全开）
定价：CNY0.36
　　本作品是中国现代宣传画。

J0041286

高举十二大旗帜奋勇前进!　谢森作
南宁　广西人民出版社　1982年　76cm（2开）
定价：CNY0.16
　　本作品是中国现代宣传画。

J0041287

搞好环境卫生　建设清洁文明城镇　费长
富作
沈阳　辽宁美术出版社　1982年　76cm（2开）

定价：CNY0.13

　　本作品是中国现代宣传画。

J0041288

跟着共产党振兴中华　朱敦俭作

南京　江苏人民出版社　1982年　76cm（2开）

定价：CNY0.18

　　本作品是中国现代宣传画。

J0041289

婚事节俭好处多　浙江人民美术出版社编绘

杭州　浙江人民美术出版社　1982年　76cm（2开）

定价：CNY0.15

　　本作品是中国现代宣传画。

J0041290

婚事铺张害处大　浙江人民美术出版社编绘

杭州　浙江人民美术出版社　1982年　76cm（2开）

定价：CNY0.15

J0041291

婚事新办　移风易俗　潘鸿海作

杭州　浙江人民美术出版社　1982年　76cm（2开）

定价：CNY0.15

　　本作品是中国现代宣传画。

J0041292

积极展开全民义务植树运动　姚重庆作

天津　天津人民出版社　1982年　76cm（2开）

　　本作品是中国现代宣传画。

J0041293

建设社会主义精神文明　张学乾作

兰州　甘肃人民出版社　1982年　107cm（全开）

定价：CNY0.36

　　本作品是中国现代宣传画。

J0041294

建设社会主义精神文明　潘衡生作

哈尔滨　黑龙江人民出版社　1982年　76cm（2开）

定价：CNY0.13

　　本作品是中国现代宣传画。

J0041295

开创社会主义现代化建设的伟大的新局面

陈延作

兰州　甘肃人民出版社　1982年　107cm（全开）

定价：CNY0.32

　　本作品是中国现代宣传画。

J0041296

开创社会主义现代化建设的伟大新局面

石恒谟，宋光森作

北京　北京出版社　1982年　76cm（2开）

定价：CNY0.16

　　本作品是中国现代宣传画。

J0041297

开展"五讲""四美"活动，树立文明礼貌新风　凡恒，朱茜作

成都　四川人民出版社　1982年　76cm（2开）

定价：CNY0.16

　　本作品是中国现代宣传画。

J0041298

看谁最清洁　欧洋作

武汉　长江文艺出版社　1982年　[1张]

76cm（2开）统一书号：8107.350　定价：CNY0.16

J0041299

绿化祖国　张长青作

成都　四川人民出版社　1982年　76cm（2开）

定价：CNY0.15

　　本作品是中国现代宣传画。

J0041300

绿化祖国　造福万代　励国仪作

杭州　浙江人民美术出版社　1982年　76cm（2开）

定价：CNY0.15

　　本作品是中国现代宣传画。

J0041301

努力建设高度的社会主义精神文明　林震等作

沈阳　辽宁美术出版社　1982年　76cm（2开）

定价：CNY0.13

　　本作品是中国现代宣传画。

J0041302

勤学·爱国·守纪·整洁　南京艺术学院工艺

美术系作

南京 江苏人民出版社 1982年 4张 54cm（4开）

定价：CNY0.32

本作品是中国现代宣传画。

J0041303

全党全民动员认真搞好第三次人口普查

崔森林作

济南 山东人民出版社 1982年 76cm（2开）

定价：CNY0.16

本作品是中国现代宣传画。作者崔森林（1943— ），美术编辑。笔名黎恩、李恩。生于山东济南，毕业于济南艺术学校。任山东美术出版社副总编。作品有《省里送来显微镜》《黄河》《第一面八一军旗的诞生》《毛主席视察北园》等，小说《不屈的昆仑》插图。

J0041304

全国第三次人口普查的标准时间是1982年6月30日24时　毛文彪绘

北京 人民美术出版社［1982年］76cm（2开）

定价：CNY0.13

J0041305

全国各族人民积极参加人口普查　陈振新绘

北京 人民美术出版社［1982年］76cm（2开）

定价：CNY0.13

作者陈振新（1950— ），江苏南通市人。中国美术家协会会员、中国民间艺术家协会会员。任职于人民美术出版社。创作和发表了大量美术、摄影作品。主要作品有《大家动手，植树栽花，美化环境》《期望》《林》等。

J0041306

全面开创社会主义现代化建设新局面　镇怀，祖文作

哈尔滨 黑龙江人民出版社 1982年 76cm（2开）

定价：CNY0.16

本作品是中国现代宣传画。

J0041307

让青春美在行为中闪光（发扬社会主义新风尚）哈琼文作

上海 上海人民美术出版社 1982年 76cm（2开）

定价：CNY0.16

本作品是中国现代宣传画。

J0041308

让我们的城市更美好　何波作

武汉 长沙文艺出版社 1982年 76cm（2开）

定价：CNY0.16

本作品是中国现代宣传画。作者何波（1949— ），满族，高级美术师。笔名冰云，辽宁渤海湾人。曾就读于哈尔滨文学院。哈尔滨云野艺院院长，中国美术家协会、书法家协会会员、理事。

J0041309

热烈欢呼中国共产党第十二次全国代表大会召开　潘蘅生作

哈尔滨 黑龙江人民出版社 1982年 76cm（2开）

定价：CNY0.16

本作品是中国现代宣传画。作者潘蘅生（1949— ），画家。上海人。历任黑龙江省京剧团美术设计、《剧作家》杂志美术编辑、中国美术家协会会员、黑龙江省美术家协会副主席。兼擅连环画、油画、水墨画。出版有《潘蘅生油画作品精选》《美术家潘蘅生》等。

J0041310

热烈庆祝党的十二大胜利召开　前进歌舞团，辽宁美术出版社摄制

沈阳 辽宁美术出版社 1982年 76cm（2开）

定价：CNY0.13

本作品是中国现代宣传画。

J0041311

人口普查标语　山东省人口普查领导小组办公室绘

济南 山东人民出版社 1982年 76cm（2开）

定价：CNY0.26

J0041312

人口普查人人有责　韶川绘

兰州 甘肃人民出版社 1982年 76cm（2开）

定价：CNY0.18

J0041313

人口普查是现代化建设和安排人民生活的需要　邱百平，陈振新绘

北京　人民美术出版社　1982 年　76cm（2 开）
定价：CNY0.13

J0041314

人人讲秩序　毛文彪作
北京　北京出版社　1982 年　76cm（2 开）
定价：CNY0.13

J0041315

认真贯彻执行党的十二大精神加速实现四个现代化　安耀华，陈承其作
石家庄　河北美术出版社　1982 年　76cm（2 开）
定价：CNY0.16
　　本作品是中国现代宣传画。

J0041316

如实申报普查项目是每个公民应尽的义务
秦大虎，靳庆作
济南　山东人民出版社　1982 年　76cm（2 开）
定价：CNY0.16
　　本作品是中国现代宣传画。

J0041317

如实申报情况　搞好人口普查　邱百平绘
北京　人民美术出版社［1982 年］76cm（2 开）
定价：CNY0.13

J0041318

十二大的召开是全党同志和全国各族人民的共同心愿　沙璘作
昆明　云南人民出版社　1982 年　1 张　76cm（2 开）
定价：CNY0.13
　　本作品是中国现代宣传画。

J0041319

十二大开创了社会主义现代化建设的伟大新局面　赵力中作
昆明　云南人民出版社　1982 年　1 张　76cm（2 开）
定价：CNY0.13
　　本作品是中国现代宣传画。

J0041320

守纪律　爱学习　讲卫生　助人为乐　施邦鹤作
南京　江苏人民出版社　1982 年　1 张　54cm（4 开）

定价：CNY0.32
　　本作品是中国现代宣传画。

J0041321

提高服务质量　做五讲四美带头人　王百顺作
沈阳　辽宁美术出版社　1982 年　1 张　76cm（2 开）
定价：CNY0.13
　　本作品是中国现代宣传画。

J0041322

团结奋斗　建设四化　潘小庆作
南京　江苏人民出版社　1982 年　1 张　76cm（2 开）
定价：CNY0.18
　　本作品是中国现代宣传画。作者潘小庆（1941—　），图书封面设计家。江苏无锡人，就读于苏州艺术专科学校。先后任江苏人民出版社美编室主任、江苏少年儿童出版社副社长、江南诗画院常务理事。作品入选《中国出版年鉴》《中国现代美术全集》等。专集《潘小庆书装艺术》。

J0041323

团结起来，为开创社会主义现代化的新局面而奋斗！　王麟坤，金纪发作
上海　上海人民美术出版社　1982 年　1 张　107cm（全开）定价：CNY0.32
　　本作品是中国现代宣传画。

J0041324

团结起来，争取伟大事业的新胜利！　林震等作
沈阳　辽宁美术出版社　1982 年　1 张　76cm（2 开）
定价：CNY0.13
　　本作品是中国现代宣传画。

J0041325

娃娃爱卫生　龚智煌作
武汉　长江文艺出版社　1982 年　1 张　76cm（2 开）
定价：CNY0.16
　　本作品是中国现代宣传画。

J0041326

万岁！伟大的中国共产党　刘柏荣作
武汉　长江文艺出版社　1982 年　1 张　107cm（全开）

定价: CNY0.36

本作品是现代中国宣传画。

J0041327

为国争光　张海茹作

长沙 湖南美术出版社 1982年 1张 76cm(2开)

定价: CNY0.16

本作品是中国现代宣传画。

J0041328

为建设社会主义物质文明贡献力量　赵廷春作

哈尔滨 黑龙江人民出版社 1982年 1张 76cm(2开) 定价: CNY0.16

本作品是中国现代宣传画。

J0041329

为了您和他人的幸福　刘仲杰作

武汉 长江文艺出版社 1982年 1张 76cm(2开)

定价: CNY0.16

本作品是中国现代宣传画。

J0041330

为了祖国的明天勤奋学习　余泽银作

南京 江苏人民出版社 1982年 1张 76cm(2开)

定价: CNY0.18

本作品是中国现代宣传画。

J0041331

为全面开创社会主义现代化建设的新局面而奋斗　尚德周作

西安 陕西人民美术出版社 1982年 1张 107cm(全开) 定价: CNY0.38

本作品是中国现代宣传画。

J0041332

伟大的党　光辉的事业　胡博综作

南京 江苏人民出版社 1982年 1张 107cm(全开)

定价: CNY0.36

本作品是中国现代宣传画。作者胡博综(1941—),编审。江苏无锡人。历任中国美术家协会会员,江苏美术出版社副总编、编审、中国美术家协会连环画艺委会委员,江苏省美术家协会理事。连环画作品有《十二品正官》《倪焕之》《要是我当县长》等。

J0041333

伟大的中国共产党万岁　袁晖画

济南 山东人民出版社 1982年 1张 76cm(2开)

定价: CNY0.16

本作品是中国现代宣传画。

J0041334

伟大的中国共产党万岁　林纹,楼永年作

杭州 浙江人民美术出版社 1982年 1张 76cm(2开)定价: CNY0.15

本作品是中国现代宣传画。作者楼永年(1940),浙江萧山人,毕业于浙江美术学院工艺系。历任杭州印染厂花样设计,高级工艺美术师。代表作品《福宝寿禧》《四季平安》《福寿万年》《和合图》等。

J0041335

伟大的祖国万岁　林勇作

福州 福建人民出版社 1982年 1张 76cm(2开)

定价: CNY0.16

本作品是中国现代宣传画。

J0041336

文明礼貌绿化美化　陆平,心彰作

重庆 重庆出版社 1982年 1张 76cm(2开)

定价: CNY0.16

本作品是中国现代宣传画。

J0041337

我们的旗帜是共产主义　王晖作

北京 北京出版社 [1982年] 1张 76cm(2开)

定价: CNY0.16

J0041338

我们的旗帜是共产主义　(庆祝中国共产党第十二次全国代表大会)邱百平作

北京 人民美术出版社 1982年 1张 76cm(2开)

定价: CNY0.16

本作品是中国现代宣传画。作者邱百平(1964—),毕业于中央工艺美术学院。曾于北京战友歌舞团从事美术设计工作,中央工艺美术学院、清华大学美术学院绘画系副主任、教授、基础部主任,北京市美术家协会油画艺术委员会委员,中央工艺美术学院基础部主任。作品有《中国现代美术选集》,著作有《油画作品选》《考前

色彩指导》《速写——清华大学美术学院学生作品精选》等。

J0041339

我们的旗帜是共产主义！　林震等作

沈阳　辽宁美术出版社　1982 年　1 张　76cm（2 开）

定价：CNY0.13

　　本作品是中国现代宣传画。

J0041340

五讲·四美　张秀时设计

沈阳　辽宁美术出版社　1982 年　1 张　76cm（2 开）

定价：CNY0.13

　　本作品是中国现代宣传画。

J0041341

五讲四美标语挂图　李奔作

重庆　重庆出版社　1982 年　1 张　54cm（4 开）

定价：CNY0.32

　　本作品是中国现代宣传画。

J0041342

嬉春图　张玉民作

西安　陕西人民出版社　1982 年　1 张　78cm（2 开）

定价：CNY0.12

　　本作品是中国现代宣传画。作者张玉民（1941—　　），画家、国家一级美术师。陕西富平人。历任西安中国画院高级画师、西安美术家协会国画研究室研究员。出版有《张玉民画集》。

J0041343

向前，向前，向前！（庆祝中国人民解放军建军五十五周年）秦大虎，李兆虬作

上海　上海人民美术出版社　1982 年　1 张

107cm（全开）定价：CNY0.32

　　本作品是中国现代宣传画。

J0041344

像宋庆龄同志那样——爱孩子爱祖国的未来　何启超作

成都　四川人民出版社　1982 年　1 张　76cm（2 开）

定价：CNY0.16

　　本作品是中国现代宣传画。

J0041345

学雷锋尊师爱生树新风　吴凯作

合肥　安徽人民出版社　1982 年［1 张］

76cm（2 开）定价：CNY0.16

　　本作品是中国现代宣传画。

J0041346

学雷锋做好事　徐寄萍作

上海　上海人民美术出版社　1982 年［1 张］

76cm（2 开）定价：CNY0.16

　　本作品是年画形式的中国宣传画作品。

J0041347

学习女排·振兴中华（摄影 1983 年年历）

南昌　江西人民出版社　1982 年　1 张　54cm（4 开）

定价：CNY0.19

J0041348

学习新宪法执行新宪法　陈继武，刘金珠作

杭州　浙江人民美术出版社　1982 年　1 张

76cm（2 开）定价：CNY0.15

　　本作品是中国现代宣传画。

J0041349

学赵春娥精神　兴共产主义新风　王玉炳作

郑州　中州书画社　1982 年　1 张　76cm（2 开）

定价：CNY0.18

　　本作品是中国现代宣传画。

J0041350

沿着党的十二大指引的方向奋勇前进　陈锡岩作

济南　山东人民出版社　1982 年　1 张　76cm（2 开）

定价：CNY0.16

　　本作品是中国现代宣传画。

J0041351

一寸光阴一寸金　莫让年华付水流　张晓燕作

南京　江苏人民出版社　1982 年　1 张　76cm（2 开）

定价：CNY0.32

　　本作品是中国现代宣传画。

J0041352

一个娃娃好　穆家宏，倪嘉德摄

上海　上海人民出版社 1982 年　1 张　76cm（2 开）
定价：CNY0.16

　　本作品是年画形式的中国宣传画。

J0041353

移风易俗　婚事新办　张安朴作

上海　上海人民美术出版社 1982 年　1 张
76cm（2 开）定价：CNY0.16

　　本作品是中国现代宣传画。

J0041354

迎接社会主义经济建设全面高涨！　林震
等作

沈阳　辽宁美术出版社 1982 年　76cm（2 开）
定价：CNY0.13

　　本作品是中国现代宣传画。

J0041355

愿千家万户满意　薛吉生作

武汉　长江文艺出版社 1982 年　76cm（2 开）
定价：CNY0.16

J0041356

在党的领导下向四化迈进　曹新林作

郑州　中州书画社 1982 年　107cm（全开）
定价：CNY0.36

　　作者曹新林（1940—　　），画家。湖南望城县
人。毕业于广州美术学院油画系，曾任河南省书
画院副院长、河南省美术家协会副主席、河南油
画学会会长。主要作品有《粉笔生涯》《江边》等。
出版有《曹新林绘画作品选》专集。

J0041357

振兴中华！——八十年代一天也不能贻
误　季阳，倪旦华作

杭州　浙江人民美术出版社 1982 年　76cm（2 开）
定价：CNY0.15

　　本作品是中国现代宣传画。

J0041358

整顿公共秩序　树立文明礼貌新风　林震作

沈阳　辽宁美术出版社 1982 年　76cm（2 开）
定价：CNY0.13

　　本作品是中国现代宣传画。

J0041359

种花种树　美化环境　王麟坤作

上海　上海人民美术出版社 1982 年　76cm（2 开）
定价：CNY0.16

　　本作品是中国现代宣传画。

J0041360

遵守法纪　加强治安保卫　沈绍伦作

上海　上海人民美术出版社 1982 年　76cm（2 开）
定价：CNY0.16

　　本作品是中国现代宣传画。

J0041361

"五讲""四美"（1—4）吕长天设计

上海　上海教育出版社 1983 年　2 张　76cm（2 开）
统一书号：7150.图片 .1713　定价：CNY0.22

J0041362

爱护绿化　珍惜古树名木　周瑞庄作

上海　上海人民美术出版社 1983 年［1 张］
76cm（2 开）定价：CNY0.16

　　本作品是中国现代宣传画。

J0041363

爱科学　王麟坤作

上海　上海人民美术出版社 1983 年［1 张］
76cm（2 开）定价：CNY0.16

　　本作品是中国现代宣传画。

J0041364

爱劳动　周瑞庄作

上海　上海人民美术出版社 1983 年［1 张］
76cm（2 开）定价：CNY0.16

　　本作品是中国现代宣传画。

J0041365

爱人民　徐文华作

上海　上海人民美术出版社 1983 年［1 张］
76cm（2 开）定价：CNY0.16

　　本作品是中国现代宣传画。

J0041366

爱社会主义　哈琼文作

上海　上海人民美术出版社 1983 年［1 张］
76cm（2 开）ISBN：85322.17291　定价：CNY0.16

本作品是中国现代宣传画。

J0041367

爱卫生讲文明　沈绍伦作

上海　上海人民美术出版社　1983年［1张］
76cm（2开）定价：CNY0.16

　　作者沈绍伦(1935—　　)，画家。上海嘉定
人。中国美术家协会会员、美术家协会上海分会
理事、上海水彩画研究会会长、上海画片出版社
编辑、上海人民美术出版社宣传画编辑。代表作
品有《荷塘翠鸟》等；出版有《沈绍伦水彩画选
集》等。

J0041368

爱祖国　金纪发作

上海　上海人民美术出版社　1983年［1张］
76cm（2开）定价：CNY0.16

　　本作品是中国现代宣传画。作者金纪发
(1965—　　)，画家、教师。上海人，毕业于上海
美术学院油画系。上海大学美术学院油画系副
教授。作品有《四季歌》《欢歌》《高歌》《夏日的
情思》《怡人》等，出版有《金纪发油画集》。

J0041369

爱祖国，爱河北，为四化建设做出新贡献

石家庄　河北美术出版社　1983年［1张］
76cm（2开）定价：CNY0.14

　　本作品是中国现代宣传画。

J0041370

把青春和智慧献给四化建设事业　陈承齐作

石家庄　河北美术出版社　1983年　76cm（2开）
定价：CNY0.16

　　本作品是中国现代宣传画。

J0041371

百问不厌百挑不烦　金纪发作

上海　上海人民美术出版社　1983年　76cm（2开）
定价：CNY0.16

　　本书是中国现代宣传画。

J0041372

保持环境卫生　王百顺作

沈阳　辽宁美术出版社　1983年　76cm（2开）
定价：CNY0.13

本作品是中国现代宣传画。

J0041373

城镇绿化　云南省绿化委员会，云南省林业厅
编绘

昆明　云南人民出版社　1983年　78cm（3开）
定价：CNY0.12

　　本作品是现代中国宣传画。

J0041374

冲出亚洲走向世界　赵渭凉画

上海　少年儿童出版社　1983年　76cm（3开）
定价：CNY0.18

　　本作品是中国宣传画。

J0041375

从小爱科学——春　游龙姑，哈琼文作

成都　四川人民出版社　1983年　76cm（2开）
定价：CNY0.16

　　本作品是现代中国宣传画。作者游龙姑
(1923—1993)，女，画家。福建福州人。毕业于
南京国立中央大学艺术系。曾任中国美术家协
会会员、上海人民美术出版社副编审等职。主
要作品有《支援世界人民的反帝斗争》《改革开
放，建设有中国特色的社会主义》等。作者哈琼
文(1925—2012)，回族，北京人。毕业于中央大
学艺术系。上海人民美术出版社编审、上海文史
研究馆馆员、中国美术家协会会员、美术家协会
上海分会理事。擅长油画、宣传画。主要作品有
油画《鲁迅——致电党中央祝贺长征胜利到达陕
北》、宣传画《毛主席万岁》等。

J0041376

从小爱科学——冬　游龙姑，哈琼文作

成都　四川人民出版社　1983年　76cm（2开）
定价：CNY0.16

　　本作品是现代中国宣传画。

J0041377

从小爱科学——秋　游龙姑，哈琼文作

成都　四川人民出版社　1983年　76cm（2开）
定价：CNY0.16

　　本作品是现代中国宣传画。

J0041378

从小爱科学——夏　游龙姑，哈琼文作
成都　四川人民出版社　1983年　76cm（2开）
定价：CNY0.16
　　本作品是现代中国宣传画。

J0041379

从小养成好的习惯　爱好　情趣　赵尚义作
成都　四川人民出版社　1983年　76cm（2开）
定价：CNY0.16
　　本作品是现代中国宣传画。

J0041380

大家动手　植树栽花　美化环境　陈振新作
北京　人民美术出版社　1983年　1张　76cm（2开）
定价：CNY0.16
　　本作品是现代中国宣传画。作者陈振新
（1950—　　），江苏南通市人。中国美术家协会会
员，中国民间艺术家协会会员。任职于人民美术
出版社。创作和发表了大量美术、摄影作品。主
要作品有《大家动手，植树栽花，美化环境》《期
望》《林》等。

J0041381

**到奥林匹克运动会去　未来的世界冠军属
于你们**　陈敦，陆元林画
上海　少年儿童出版社　1983年　76cm（2开）
定价：CNY0.18
　　本作品是中国现代宣传画。

J0041382

**到本世纪末，要力争使全国工农业的年总
产值翻两番，力争把我国人口控制在十二
亿以内**　姚敏奇书写；刘淑英设计
太原　山西人民出版社　1983年　53cm（4开）
定价：CNY0.09
　　本作品是中国现代宣传画。

J0041383

电影宣传画选　四川省电影发行放映公司著
成都　四川人民出版社　1983年　46页　19cm（32开）
统一书号：8118.1227　定价：CNY1.50
　　本书收入中外电影宣传画148幅。

J0041384

反对霸权主义　维护世界和平　张兆年作
天津　天津人民美术出版社　1983年　76cm（2开）
定价：CNY0.16
　　本作品是现代中国宣传画。

J0041385

奋飞吧，中华　李建国作
南京　江苏人民出版社　1983年　107cm（全开）
定价：CNY0.18
　　本作品是中国现代宣传画。

J0041386

夫妻双方有实行计划生育的义务　姚敏奇
书写；刘淑英设计
太原　山西人民出版社　1983年　53cm（4开）
定价：CNY0.09
　　本作品是现代中国宣传画。

J0041387

搞好农村饮水卫生　王鸿才画
北京　人民卫生出版社　1983年　76cm（2开）
定价：CNY0.10
　　本作品是现代中国宣传画。

J0041388

共产主义理想一定要实现　（纪念马克思逝
世一百周年）张京生作
天津　天津人民美术出版社　1983年　76cm（2开）
定价：CNY0.16
　　本作品是中国现代宣传画。

J0041389

共产主义一定要实现　（纪念马克思逝世100
周年）王炎林作
西安　陕西人民美术出版社　1983年　107cm（全开）
定价：CNY0.38
　　本作品是中国现代宣传画。

J0041390

行为美　高光明作
乌鲁木齐　新疆人民出版社　1983年　76cm（2开）
定价：CNY0.18
　　本作品是中国现代宣传画。

J0041391
行为美　徐天苏设计
乌鲁木齐　新疆人民出版社　1983 年　78cm（3 开）
定价：CNY0.15
　　本作品是中国现代宣传画。

J0041392
护林防火　云南省绿化委员会，云南省林业厅
编绘
昆明　云南人民出版社　1983 年　78cm（3 开）
定价：CNY0.12
　　本作品是中国现代宣传画。

J0041393
环境美　宋明远作
沈阳　辽宁美术出版社　1983 年　76cm（2 开）
定价：CNY0.13
　　本作品是中国现代宣传画。作者宋明远
（1938— ），画家。出生于辽宁瓦房店。字月元，
曾于广州美院国画系山水科进修。中国美术家
协会会员、中国版画家协会会员、新加坡南洋画
院院长、北京市狮城南洋画院院长。代表作有《与
海共鸣》《激情澎湃》《红日出海》等。

J0041394
环境美　高光明作
乌鲁木齐　新疆人民出版社　1983 年　76cm（2 开）
定价：CNY0.18
　　本作品是中国现代宣传画。

J0041395
环境美　徐天苏设计
乌鲁木齐　新疆人民出版社　1983 年　78cm（3 开）
定价：CNY0.15
　　本作品是中国现代宣传画。

J0041396
环境美　刘式铮作
昆明　云南人民出版社　1983 年　76cm（2 开）
定价：CNY0.18
　　本作品是中国现代宣传画。作者刘式铮
（1947— ），云南思茅人，毕业于云南艺术学院
美术专业。历任中国美术家协会会员，中国卫生
美术创作委员会理事，云南省科普美术协会会
员，云南省健康教育协会卫生美术研究组组长，
思茅地区群众艺术馆美术干部、副馆长等职。代
表作品有《佤山春》《彝家新生》《彝族新生》《喜
悦》《竹筒舞》等。

J0041397
计划生育工作千万不能放松　姚敏奇书写；
刘淑英设计
太原　山西人民出版社　1983 年　53cm（4 开）
定价：CNY0.09
　　本作品是中国现代宣传画。

J0041398
计划生育美术宣传资料　风雷，师明编
西安　陕西人民美术出版社　1983 年　120 页
19cm（32 开）统一书号：8199.638
定价：CNY0.54
　　本书是画册形式的中国现代宣传画。

J0041399
**纪念全世界无产阶级的伟大导师马克思逝
世一百周年**　钱大昕作
上海　上海人民美术出版社　1983 年　76cm（2 开）
定价：CNY0.16
　　本作品是中国现代宣传画。